# 增订中国史学史资料编年

## 清代卷

乔治忠　朱洪斌　编著

2013年·北京

图书在版编目(CIP)数据

增订中国史学史资料编年. 清代卷 / 乔治忠，朱洪斌编著. — 北京：商务印书馆，2013
ISBN 978-7-100-10159-2

Ⅰ.①增… Ⅱ.①乔… ②朱… Ⅲ.①史学史-中国-清代 Ⅳ.①K092

中国版本图书馆CIP数据核字(2013)第173783号

所有权利保留。

未经许可，不得以任何方式使用。

**增订中国史学史资料编年**
清代卷

乔治忠　朱洪斌　编著

商 务 印 书 馆 出 版
（北京王府井大街36号　邮政编码 100710）
商 务 印 书 馆 发 行
三河市尚艺印装有限公司印刷
ISBN 978-7-100-10159-2

2013年10月第1版　　　开本 710×1000　1/16
2013年10月北京第1次印刷　印张 43 1/2　插页4
定价：160.00元

南开大学史学史学科创立者杨翼骧先生

乔治忠（右）与朱洪斌

# 南开大学
### NANKAI UNIVERSITY

修良先生：您好！

久未通信，思念良深。

近年来我的身体大不如前，除两腿有疾，行动不便外，而且眼力很坏，看书写字不久即感模糊不清，甚至眼痛，已不能写作了。

拙编《中国史学史资料编年》已出版三册，至元明为止，本拟续出第四册（清朝），但因眼力不济，难以完成，现已托我的学生乔治忠及古籍所的另一同志代为编写，写成后署他们的名字，就与我无关了。

现在想求您办一件事，即请您为《中国史学史资料编年》（一至三册）写一篇书评，批评其错误及不足。目前天气炎热，当然不宜写作，待秋凉后如果您能抽出时间来写，写成后即请寄北京师范大学史学研究所《史学史研究》编辑部，可望刊登；如您实在抽不出时间，就不用写了。

因眼力不好，不能多写。即颂

著祺

杨翼骧 2001年7月30日

杨翼骧先生给仓修良先生的信

# 纂修《增订中国史学史资料编年》感言

## （代序）

乔治忠

著名史学史专家、南开大学教授、业师杨翼骧先生，一生矢志于研讨中国史学史，在中国史学史学科建设中，以及在中国古代史的研究中，先生的贡献是多方面的。2003年春，在先生辞世后的月祭，曾写有悼念文字，及今已倏忽十载，谨摘略如下，以志怀想：

先生辞世已盈月矣，然音容笑貌，仍时时浮现于吾侪寤寐之间。念先生一生，沉潜勤勉，孜孜然治史、教学，学至深、识甚广，以学识益世者多矣，纸笔焉能尽述！乃略举一二，仅为管窥蠡测。

先生撰著，卓然立于学术之林者，约略有四：

其一曰《秦汉史纲要》，是书刊行于1956年，随即风行在莘莘学子之手，宣讲于大学课堂之上。33年后，仍被评为"筚路蓝缕之功，则非后来的著述可比"。

其二曰《中国历史大辞典·史学史卷》，先生主编其古代部分，1983年出版，为最先面世之卷，为《中国历史大辞典》全书编纂冲锋陷阵，提供经验。国内国外，一片赞扬，称之"开创性的可喜成果"。

其三曰《中国史学史资料编年》，乃多卷本著述，已出三册。是书集学术性、资料性、工具性于一身，以扎实功力体现高超学识，为研治史学史之学人铺路架桥，提供资料与启迪，意蕴有如洪波浩荡之长江、大河，吾辈被泽受益，吾乃饮河之鼠，各饱其腹而已矣。

其四曰《学忍堂文集》，是书荟萃先生论文，益精益博，创见纷呈。亦有以人生体验、治学心得指导后学之篇，其寄望也切切，其教诲也谆谆，感人肺腑，莫此为甚。

先生自1953年至南开大学任教，50年间兢兢业业，创树实多，择其要者有二：

其一，创建南开古籍整理研究所。是乃乘国家重视古籍之东风，得学校信任支持之委托，筹措部署，开基创业。招聘人员，不拘一格，更恪守规范。于时正气炽焉，淳风立焉。

其二，创建南开史学史博士点。八十年代，先生为南开大学创建了中国史学史博士点，是当时全国仅有四个同类博士点之一，南开于是拥有一项特色专业，此乃超越几多优势高校，大为南开历史学科增色。其他历史学博士点或由几名教授共同争取，而史学史则全赖先生一人的学术业绩与声望。……

其中《中国史学史资料编年》之书，是杨先生筹划甚早、致力最多而在学界影响极大的著述。先生何时决计编纂此书，今已不能确知，但1957年于《南开大学学报》发表《三国两晋史学编年》一文，表明此前即已构想成熟，且实质性撰写工作已然开展。1987年，《中国史学史资料编年》第一册出版，起于先秦，至于隋唐五代；1994年第二册面世，内容范围包括北宋、南宋以及辽、金；第三册内容是元、明两代，交稿日期乃1996年底，而当时图书出版尚为旧式铅字排印，进程迟缓，校订艰难，经两年多的辗转，才于1999年出版。

《中国史学史资料编年》第一、二、三册陆续出版，在学术界得到普遍的赞扬。公开发表的书评，刊载于《史学史研究》1987年第4期、《历史教学》1988年第1期、《史学史研究》1995年第2期、2002年第2期，论者认为本书具有"真、朴、精、博"的学术特点，考核精良，收录广泛，"在史学史研究中拥有不可替代的独到作用"；全书"具备勾画史学发展全景的学术宗旨……为深入进行史学史研究提供了极有价值的线索与门径"，在学术上做出了无私的奉献。"这样一部著作，帮助我们掌握和了解我国史学发展的梗概，对于研究具体史家或史书也创造了条件，嘉惠后学，其功大矣"。

此外，对本书编纂义例加以细细品味，还有更当彰明之处：

第一，主体内容虽为相关史学资料的原文，但却是以著作家的史识和总括史学发展全局的眼光而致力于资料纂辑，体现出对于中国史学史知识体系的深入理解，采录的内容囊括史学史学科应当关涉的各个方面，尤其对于历代政权官方的史学活动、修史制度格外重视，同时也注意收载少数民族政权下的史学史资料。而中国古代史籍异常丰富，因此不可能一览全收、巨细毕载。隋唐五代之前尚可，而自宋代雕版印刷术广泛应用于史籍刻印之后，史籍数量大增，特别是明代史籍的印行极其纷繁，良莠不齐，很多杂史、笔记，对史学史发展的影响微不足道，如果试图兼收并蓄、不遗锱铢，不仅不能实现预期，而且必然芜杂混乱、谬误丛生，尽失史学史学科的旨趣。总的看来，杨先生搜辑和选择资料，都经过审视、斟酌，顾及史学史发展的各个层面，但并非有取无舍、并非毫无重点。

第二，本书设计的编年方法，乃首举公元纪年，后列传统的帝王纪年。在政权分立时期，各政权属下在本年若有史学史资料见于选录者，即并立列该政权的纪年年号。这真是极为妥善的处置，其卓越之处，一是以公元纪年系统地展示中国史学的发展进程，时间标示浑然一体、亘古贯通，可便于查阅检索，可与国际学界接轨；二是照顾了沿袭甚久的传统纪年法，适于不同学者治史与考核的需要，但并不认同古人的正统论观念，而并立本年有史学事项的不同政权年号，清晰明了，方便学者运用资料。

第三，史籍编年体的困境之一，是难于安置年代不明的史事。本书在系年方法上多有机动性创造，例如将不明成书时间的史书，系于作者中进士之年、作者卒年、附于作者其他著述成书之年等等，这当然带有估测的约略性质，但毕竟使许多史籍资料的编辑可以操作，而多种方法的运用，亦具有力求接近实际的取向。实际上，大多史书的著成日期，只要编排在其作者的生活年代，就不会影响读者对史学发展面貌的确切认识，在这一点上不必胶柱鼓瑟，关键在于使重要史学资料得以显现。

第四，全书较多引录古代目录学著述的著录资料，此为特点，亦为优点。目录学著述曾被许多学术大家推为入学门径，以纪传体史书《艺文志》、《经籍志》为主体的非解题目录，能够提供史书传世源流的确实信息，有裨于文献考证，是史学史研究可资利用的重要环节，具有不可轻忽的史料价值。而《郡斋读书志》、《直斋书录解题》、《四库全书总目》等解题目录，对所见典籍予以精练的评介，颇具知识性、参考性、启发性，是学术研究不可不关注的资料。解题目录与原书序跋相比，固然已非"原始"史料，但解题目录大多会传达史书序跋提供的撰述原委，且考论、评析往往比序文跋语更加公允，因为序跋、特别是明代史书的序跋，夸饰、吹捧已为普遍现象，如果缺少解题目录的评论资料，会给初学者带来一定的误导。

但是，杨先生编纂这部著述的年代，各项条件都不能与现今相比拟，首先是稀见史籍和善本史书，分散于全国各地，加之保护性、垄断性管理控制，欲得一观，难乎其难！势必造成资料收集和考订的某些缺环，无法求全责备。近年来大型丛书如《四库全书》、《四库全书存目丛书》等的出版，更有电子版图书、网络图书的出现，情况大为改观，这是当年学术界所意想不到的发展。其次，当年图书无论编纂还是排版，基本属于手工操作，先是本人或委托他人从书籍中抄录资料，经过删定，再予以誊清。交于出版社后，根据稿本排列铅字，印出清样后反复校订。环节既多，且易造成文字讹误，校订费力费时，疏漏之处难免。因此，在整体文化条件大为改善的情况下，本书前三册实有适度增订之必要。

此次增订工作，总括而言，主要在三个方面力求改善：一是校改原书的讹误文字；二是增补一些必要的史学事项；三是调整和修改一些资料的系年，而使之更加准确。但增订工作不等于重新编纂，应当尽量保持杨先生原书的主体面貌，即不过多地揽入新的、不见得十分重要的史学资料，以免喧宾夺主。由于三册原书的具体情况不同，除皆应致力于文字校勘之外，各册增补、考订亦有因事制宜的偏重，谨择要说明如下：

原《中国史学史资料编年》第一册，起始于公元前841年即"共和行政"之年，这是中国具有确切年代可考的开始，此种处理无疑是十分严谨的。然而探讨中国史学的起源，应当向更久远的社会背景进行追索，本册增订的结果，决定从周武王伐纣建立西周朝代起始，因为西周之初的"殷鉴"观念，是中国史学起源的最关键促进因素。虽然西周纪年至今还未能定论，但追溯史学起源状况对于史学史学科而言，尤其重要，不能坐待准确西周纪年的获得。由于上限的提前，导致新增若干史学事项，如《尚书》某些篇目的出现、《逸周书·史记解》的撰写等等。与此同时，依据最新的研究成果，修改了《战国策》、《世本》的成书年代，将之移于第二册。另外，原书第一册没有干支纪年，今经过斟酌，决定自东汉起附入干支纪年法。以上都是增订后较大的变动，其余修订，这里不一一列举。

原《中国史学史资料编年》第二册（宋辽金卷）编纂精湛，此次增订主要是补充了一些重要的史学事项，包括官方的史学举措。例如欧阳修的《正统论》、宋哲宗时期禁毁范祖禹《唐鉴》、李焘撰《六朝通鉴博议》、南宋末年史官高斯得修史奏议等等，不一一列举。其中有国内佚失而尚存于日本的两种史籍，即诸葛深著《历代帝王绍运图》与杨次山撰《历代故事》，也补充编入。个别史书的系年也有所调整，例如将《蒙古秘史》改系于公元1252年，并且补充了较多资料。

原《中国史学史资料编年》第三册包括元代、明代的内容，明代史籍尤其丛脞繁杂，《四库全书存目丛书》等大型丛书出版之后，许多此前难以寻觅的史书，转而便于阅览，从而加重了本册的增订任务，取舍之间，不易斟酌。此次增补考订，用力远过于前二册，主要修订工作有以下几点：

1. 补充许多史学事项，其中以史书为主体，亦有史学议论、史学事件内容。例如宋遗民周密的《武林旧事》《齐东野语》，苏天爵《论修功臣列传疏》，廖道南《殿阁词林记》，王兆云《皇明词林人物考》，过庭训《本朝分省人物考》，姚允明《史书》，王士骐《皇明御倭录》，郭大有《评史心见》，刘元卿《诸儒学案》等等，不能一一列出。连同其他资料的补充，比原本增加了10万字左右。但添补史书也不得漫无涯涘，因为《中国史学史资料编年》绝不是史籍目录之书，其旨趣在于中国史学史的发展历程，过多收载驳杂史籍，于明晰史学发展的大体并无裨益。而甄择去取之间，见仁见智，难免有所失宜，唯祈博雅君子指正与鉴谅。

2. 对原来已经收载之史书，亦择要增补序跋等类资料，同时根据新见资料，对许多史书的系年做出调整和改动，有些改动的时间跨度较大，如王洙《宋史质》、徐学聚《国朝典汇》、程敏政《宋遗民录》等等。改动系年者数量颇多，不必毛举，而这样增订后，不免与原书之资料详略、前后顺序有了较大的区别，但原则上是对原书增而不减，出于对原作的尊重，极少采取删去原有资料的做法。本册有些资料的增补，乃来自日本所藏珍稀版本，例如张居正的编纂《帝鉴图说》，此次补入日本国会图书馆藏明代刻本中王希烈《帝鉴图说后序》，有助于考证其书的流布；对于魏显国《历代史书大全》，则增补了日本内阁文库所藏全本中的郭子章、许孚远两篇序言，以及该作者《史书总论》等资料。

3. 此次增订《中国史学史资料编年》（元明卷），择要补入了几种日本现存中国稀佚的古代史籍，如明宣宗《御制外戚事鉴》、顾充《皇明一统纪要》、史继偕《皇明兵制考》、张一龙《武库纂略》、林兆鼎《威暨录》等等，这些史籍多数在海外也已成为孤本，而且内容相当重要，予以增补编入，很有必要。

4. 清朝入关前已经具有不少史学性质的活动，原第三册没有涉及，今予以增补，谨按公元年限编入，同时在该年份标示清太祖或清太宗的纪年，与明朝的帝王纪年并立。

此次编纂所成的清代卷，断续拖延，历年弥久。早在2001年中，业师即委令由我全部负责编辑，嘱言可以邀请一位合作者。我当即说出所欲邀请之人，并且表明仍须先生主持并且署名。而业师正色指示：此书并非一年、二年即可撰成，自身既然不能审稿、定稿，就不署名，这不是谦让，实际是不愿意为你编纂之书担当责任和名声。届时成书的质量优劣，应当由你负责，无可推卸。这使我感到莫大的压力，颇生畏惧。随后，杨先生本年在给仓修良先生的信中申明："拙编《中国史学史资料编年》已出版三册，至元、明为止，本拟续出第四册（清朝），但因眼力不济，难以完成，现已托我的学生乔治忠及古籍所的另一同志代为编写，写成后署他们的名字，就与我无关了。"

后来，我所邀请、得到杨先生首肯的合作者退出了此事，我个人也忙于其他研究项目，仅分配自己的研究生间断地抄录一些《四库全书总目》中清代史书的提要等等资料。其中侯德仁君于我名下连续研读硕士、博士学业，且立志研究清代史学，所手抄资料较多，花费不少时间。而时代前进，科技发展，学术改观，《四库全书》检索电子版以及其他电子图书日益扩展和普及，使原来手抄的《四库提要》一类资料基本失去利用价值，因为复制、粘贴然后再细致校订的方法，既快捷又可靠，"资料编年"这类书籍的编纂，面临了方式方法的重大转型，许多准备工作虽已耗力不少却归于无用。

至 2002 年，业师对已经出版的三册《中国史学史资料编年》，表达了某些遗憾，只是并没有对我提出予以校正、增补的期许。业师逝世后，我逐渐感觉：似应将编纂第四册与修订前三册结合起来，同时完成和出版，但毕竟未得先师的明确嘱托，处于犹豫、动摇之中。经多次与同门学友谈论，未逢异议，后又得到先生之哲嗣培林君认可，才决定照此办理。于是，连续几届本专业的研究生，大部分多多少少参与了前三册文字录入和校订的工作，参加者及其工作量已经无法确计。其中值得提到的是：已经在扬州大学任教的王嘉川君，也策动和指挥学生参与了此事。增订工作于今日得以完成，可谓为"众人拾柴火焰高"的结果。而与我全面通力合作且贡献甚大者，乃朱洪斌君。朱君学术扎实，知识渊博，读书极广，专精于史事和文献的考证，有超常之解决难点的能力。在合作过程中，尝使我有"今得朱君，盖为天赐"之叹。

追忆本书增订与编纂历程，多少甘苦，未经历者无从感触，而经历者虽有感触却无法言表。此书迁延多年迟迟未成，是其貌似容易、做起来却时时捉襟见肘、难以措置。更思业师以一人之力，在条件远不如今的当年，竟撰成洋洋三册！因油然而生感愧之情。今所纂成第四册清代卷，努力承袭先师拟定的编撰理路，或许精思、深考未能圆满，但毕竟补上此册，可使整部撰述首尾完具，

似聊可弥补十年间因循、拖沓过失之万一,故述"感言"有如上文,且寄意诗作于下款:

### 《增订中国史学史资料编年》书成寄意(七律)

"编年"三册作丝纶,
义例精微立本真。
辽阔学途须达理,
苍茫史海可知津。
时移世转仍遵嘱,
业继薪传敢续麟。
借问书成何企盼?
后来才彦更莘莘!

2013 年 4 月 30 日

## 例　言

一、本书系《增订中国史学史资料编年》之清代卷。《增订中国史学史资料编年》将历代重要之史学史资料按年编列，以系统地展示中国史学史发展脉络，备学习和研究中国史学史之参考。

二、所标年代首列公元纪年年数，次列各朝帝王年号及年数，后列干支。因所引资料均为旧历年月，故以旧历为准。但旧历与公元存有岁差，为免将旧历一年之事分列两年、或在公元一年中并列两种旧历纪年，故旧历整年史事仍按一般史表通例，编列于旧历岁首之公元年内。

三、清初于公元1644年首列明崇祯年号，次列清顺治年号。考虑到南明政权史学史事迹寡弱，无足收录，故不复列南明政权年号，以免繁赘。

四、本书引录之资料，力求以原始资料与最早记载为主，包涵史家、史籍及史事等史学史内容。所录资料，首明出处，涉及稀见文献及其版本，于案语中说明。现代学者之论述，除有关年代、事迹及著述内容之考订者外，均不具录。

五、历史地理、方志类著作，仅酌取记述全国范围以及对史学发展影响较大者，一般地方志撰述，概不具录。

六、史家之生平事迹，只录其主要经历及有关史学之活动，其他如政治、军事、经济、文学、哲学等方面之事迹，一般从略。

七、重要史家之生卒年代均可考知者，除对于史学有重大影响者外，一般只列卒年，不列生年。清季重要史家如卒于民国时期者，仅列生年，并酌情编录其重要事迹和史学业绩。

八、所列史籍、史事资料之年代，如引录资料无明文记载，则加案语考订，或说明编于某年之理由。若不能确实考订其年代，则附编于某朝灭亡之年，或列入有联系的史事之后。若知该书作者之卒年，则编于卒年之下。对于重要史书，编年首取成书年代，成书年代不明者，再系于相关事件之年。不甚重要史书，可一并系于作者卒年，或编于其他相关事件之年。

九、本书首标年代，次以标题概括所录资料之内容，以下引录原文若干条。原文中有自注或他注者，加括号以小五号宋体字表示。编者另酌加案语，对引录资料商榷异同、考订旧说或补充文献、提示要旨。于是纪年、标题、资料、案语，四者分列，以求眉目清晰，便于读者参考。

十、本书引录资料原文，但引文之内往往原作者亦有引文，为避免引号的使用层层套叠，故省略整段资料之总的引号，但仍保证文字上忠于原作。

十一、增订资料来自《四部丛刊》、《四库全书》、《四库全书存目丛书》、《四库全书禁毁丛书》、《续修四库全书》等近年通行的大型丛书者，为节省篇幅而一般不注明版本。

十二、考订史实和提示资料性的案语，题为"今案"。案语谨以考订史学事实为中心，一般不作无关史实考订的分析评论。"今案"格式分两种情况：随资料文句之后注出者，加括号并且以小五号楷体字表示；在引录资料后另起一行者，首字缩四格以五号楷体字表示。

## 公元 1644 年 明思宗崇祯十七年 清世祖顺治元年 甲申

**希福等以满文选译《辽》、《金》、《元》三史，缮写成书。**

《清史列传》卷四，《希福传》：希福，姓赫舍里氏。……世居都英额，再迁哈达。太祖高皇帝既灭哈达，希福从其兄硕色率所属来归。以通满、汉、蒙古文字，召直文馆。屡奉使诸蒙古部，赐号"巴克什"，文字之任，一以委之。后隶满洲正黄旗。……崇德元年，改文馆为内三院，希福为国史院承政，寻授弘文院大学士，晋二等轻车都尉。……顺治元年，翻译《辽》、《金》、《元》三史奏进，世祖章皇帝展阅再四，赏赉有加。

《清世祖实录》卷三，顺治元年三月甲寅：大学士希福等奏言："窃稽自古史册所载，政治之得失，民生之休戚，国家之治乱，无不详悉具备。其事虽往而可以诏今，其人虽亡而足以镜世，故语云：善者吾师，不善者亦吾师。从来嬗继之圣王，未有不法此而行者也。辽、金虽未混一，而辽已得天下之半，金亦得天下之大半，至元则混一寰区，奄有天下，其法令政教皆有可观者焉。我先帝鉴古之心，永怀不释，特命臣等将《辽》、《金》、《元》三史芟削繁冗，惟取其善足为法、恶足为戒，及征伐、畋猎之事，译以满语，缮写成书。臣等敬奉纶音，将《辽史》自高祖至西辽耶律大石末年，凡十四帝，共三百七年；《金》凡九帝，共一百十九年；《元》凡十四帝，共一百六十二年，详录其有裨益者。始于崇德元年五月，竣于崇德四年六月，今敬缮成书以进，伏乞皇上万几之暇，时赐省览，懋稽古之德，弘无前之烈，臣等不胜幸甚。"奏入，上展阅再四，深加奖赏。命赐大学士希福鞍马一匹，银四十两；学士胡球、查布海、王文奎，员外郎刘弘遇、他赤哈，笔帖式能图、叶成格马各一匹，银各三十两；铿特卜尔凯、卦尔察银各四十两；卞为凤、科尔科代尼满银各三十两；硕尔格、刘朝卿、李允昌银各二十两。

**邹漪著成《启祯野乘》一集。**

邹漪《启祯野乘序》：闲居寡欢，泛澜群籍，上自秦汉，下迄金元，废书而叹曰：史才之难也，盖不一端哉。大约编年与纪传分，而纪传尤难；国史、家史与野史分，而野史尤难。编年以帝王为主，起居有注，时政有记，礼乐征伐、诏令封拜、百司庶职，各具掌故，綮如也，标岁月，按条例，即可次第成书。若纪传之作，所见异辞，所闻异辞，所传闻异辞。稗官杂记，悉为恩怨好恶之私，家传墓碑，无非门生故吏之语，折衷既难，表章非易。任国史者，地则兰台、石室，人则宰执、侍从，纡朱佩玉，贵在日月之际，而又大官给笔札，郡国上计书，尚书之副本、延英之实录，恣所渔猎，摇管风生。述家史者，一姓之谱牒，一事之终始，一人之铨除，勋伐、政事、文学，即有画凌烟而勒景钟者，首尾瞭如，而况高门华阀，芝草醴泉，渊源有自，铺张易工者乎！若夫以草莽参集贤、弘文之著作，以疏远代孝子慈孙之描画，以耳目有限而欲周山海轩辕之典故，以年代不齐而欲综官府封疆、贤奸进退、门户党部之情态，虽三长兼擅，十行俱下，犹惧莫给。余少弄柔翰，窃好掌录旧闻，间有撰述，未敢问世。今年甲申，运当鼎革，感星辰剑履之倾颓，惧沧海桑田之变易，且念明之以史事自任，纪传略具者，如海盐《吾学编》，温陵《续藏书》，晋江《名山藏》以及《史概》、《年表》，远止弘、正，近亦嘉、隆。万历以来，概秘流传，况于启、祯。乃取两朝名迹，荟萃条列，略记所知，名曰《野乘》。不列帝后，不备表志，以别于史也，万历以上无闻焉。予生也晚，非身所亲历，恐传疑也。有斗南重望，而岿然灵光，不轻点染，以避讳而远嫌也。至盖棺论定矣，或遗迹多缺，搜采未遍，则以俟续刻，宁详无简，宁核无讹也。其所称引，或本公车之疏牍，或考钜公之志状，或质舆论之口碑，或奉先达之绪论，或坛坫周旋，邮筒往还，得于同人之评跋、尺素之褒讥。迟之又久，聿告厥成。独是身不列承明，不窥天禄，万卷八千，学惭通德，怀铅抱椠，癖类子云，殊自笑也。虽然龙门氏称古良史，而掇辑不遗，自《诗》、《书》、《春秋》外，杂取之《国策》、《韩非》诸家。涑水《资治》最谨严矣，《十六国春秋》、《开元天宝遗事》、《广陵妖乱志》、《邺侯家传》咸援据焉。当吾世有子长、君实，斯编也安知非中流之一壶、狐裘之一腋哉！若曰是晋董狐所掌，且比于谋野则获，则吾岂敢。时岁次甲申梁溪邹漪流绮撰。

邹漪《启祯野乘凡例五则》：

一、予朴樕无似，雅好读史。初拟自洪、永，以迄启、祯，采录先贤嘉言懿行，人各立传，备历朝之大观，佐簪笔之不逮。苦于卷帙浩繁，剞劂无力，断自辛酉为始，万、泰以上，容次第续编。而是集纂辑之始，在壬午春初，至甲申冬季刻竣。凡先辈之卒于启、祯年间，悉其履历者，咸得登载，其或附见后人，或并及后事，俱系近日补入，以便观览。至卒于乙酉后者，另列二集，不并见云。

一、是集体仿纪传，别类分门，若品节，若行谊，若经济，若文学，若循良，若忠烈，若义烈，若隐逸，若孝友，以逮贞娅烈女，方外艺流，悉得表章，罔敢遗失。虽云才愧三长，差幸书成一得。窃见近今野史杂出，袞钺丹黄，家自为政，贪同寿米固金，滥等沉编收史，美言巧饰，秽舌飞污，妄夸入地上天之能，不识人非鬼责之祸。予用痛心疾首，矢秉虚公，按行必究其详，据言定爰其实，是非不谬，黑白井然，至人有本末，品有微彰，外见之贤奸易剖，中藏之真伪难明，忠孝廉节非钓名之资，理学文章非掩恶之具，予皆得而辩论焉。若夫皇甫之称帝羿，范晔之传蔡姬，揆天之藻，非予所取。其卷中诸君子列名前后，一以稿到之日为次第，不论爵之崇卑、卒之时日，初非有轩轾轻重之分也。

一、海内名贤搜罗未备者，指不胜屈，挂一漏万，何敢逃罪。况自北都之变，篇帙半归祖龙。食贫之士，又不克裹粮远涉，广行采访，且其后人或贤愚不一，往往以纪载之局，视为不急之务，即如云间董文敏玄宰，予鲁索行述于长君孟履，竟无一字缄寄，亦无半束报答。玉峰顾宗伯瑞屏，客冬挟刺登门求教，阍人峻拒不纳。集中所载，传述数言，殊非仰止之意。今先行初刻，聊寄缁衣，随有续刊，请正同志，或碑志，或行纪，或诗文，凡在后死者，幸勿吝示，以便登梨，但需邮筒之确，毋至珠玉浮沉为幸。至于当世名公遗老，清风亮节，足以立懦廉顽，不敢遽为立传，姑俟他日，间或因事类书，存疏议种种，以志景企，知我者谅不以阿私让我耶！

一、史才实难，古今同叹，且士趋日下，留心史事者更罕。先辈惟温陵蒋相国、漳浦黄夫子、虞山钱宗伯，一代文宗，富于著述，余皆得侍教，移日分夜，受益良多。今温陵、漳浦先后殉国，虞山秘本又付绛云一炬。噫！天之将丧斯文耶？江北李映碧先生，抗心节义，著述等身，天阻大江，不获时接几席。惟吴门金子孝章、徐子祯起、费子所中，毘陵陆子竺僧，娄东费子省公，鹿城曹子石林，同里黄子汉臣、周子鸿章，各有纪述，广予见闻。而长洲陈子皇士，近刻《两朝遗诗》百卷，胪列先民碑志颇备，邮笺商榷，荷赐匪眇。中表高学宪汇旃，怀古情深，往在楚中，三湘七泽，文献毕徵，不惜琬琰，倾箱惠教。呜呼！良友之功，胡可泯也。至松陵潘子力田，武林陆子丽京，海昌查子伊璜，各有明史之役，惜乎未见。昆山徐子季任，示予《明名臣言行录》，一出一入，断断不苟。诸子之才，皆十倍予。兹编特聊纪一得，以佐讨论云尔。

一、予自遭多难，家徒壁立，图书数卷，亦为虎狼攫取。今孑然一身，行且乞食四方，梨枣之资，悉捐糊口之产，以佐不足。劝世婆心未免过热，然亦嗜痂之癖所致。兹际右文之世，明末旧刻虽有忌讳，悉听坊行。予是集虽刻在前朝而无关当代，覃思史业者，当自会心，彼悠悠毁誉之口，非予所能知也。

时顺治岁次庚子五月既望邹漪补志于鹭宜斋。

钱谦益《牧斋有学集》卷一四，《启祯野乘序》：呜呼！史家之难，其莫难于真伪之辨乎？史家之取徵者有三：国史也，家史也，野史也。于斯三者，考覈真伪，凿凿如金石，然后可以据事迹、定褒贬。而今则何如也？自丝纶之簿，左右史之记，起居召对之籍，化为煨烬，学士大夫各以己意为记注，凭几之言可以增损，造膝之语可以窜易，死君亡父，瞒天谰人，而国史伪。自史馆之实录，太常之谥议，"琬琰"、"献徵"之记载，委诸草莽，世臣子弟各以私家为掌故，执简之辞不必登汗青，裂麻之奏不必闻朝著，飞头借面，诬生欺死，而家史伪。自贞元之朝士，天宝之父老，桑海之遗民，一一皆沉沦窜伏，委巷道路各以胸臆为信史，于是国故乱于朱紫，俗语流为丹青，循蟪蛄以寻声，傭水母以寄目，党枯仇朽，杂出于市朝，求金索米，公行其剽劫，才笔之士，不自贵重，高文大篇，可以数缣邀取，鸿名伟伐，可以一醉博易，而野史伪。韩退之论史官善恶随人，憎爱附党，巧造语言，凿空构立，何所承受取信，而可草草作传记，传万世乎？谓予不信，则又以人祸、天刑惧之曰："若无鬼神，岂可不自心惭愧；若有鬼神，将不福人。痛哉斯言！"正为今日载笔之良规，代斫之炯鉴也。

梁溪邹流漪氏，名家俊民，衔华佩实，耻国史之沦坠，慨然引为己任。先后纂述成编矣，而又不自满假，以余为守藏旧老，不择其矇瞽而问道焉。余敢以两言进：一则曰博求，二则曰虚己。夫子作《春秋》，使子夏行求十有四国宝书，此博求也；其定礼也，一曰吾闻诸老聃，再曰吾闻诸老聃，此虚己也。太史公于《国语》、《世本》、虞卿、陆贾之书，无不揽采，叙荆轲、留侯事，徵诸侍医，徵诸画工，亦此志也。具是二者，又有取退之"人祸天刑"之惧，为之元龟师保，于史也其庶矣乎！邹子抠衣敛笔，自命《野乘》，未敢掉鞅超乘，驰骋上下于迁、固、晔、寿之间，实斯言也，吾有望矣。往余领史局，漳浦石斋先生过余扬榷，辄移日分夜。就义之日，从容语其友曰："虞山尚在，国史犹未死也。"劫火之后，归老空门，每思亡友坠言，抱幽冥负人之痛。邹子，漳浦之高弟，卒能网罗纂集，以继其师之志。漳浦云车风马，在帝左右，监视阴骘，故知恒在于斯。邹子尚勉之哉！呜呼！邹子尚慎之哉！

谢国桢《增订晚明史籍考》卷二：《启祯野乘初集》十六卷，清梁溪邹漪流绮纂。……漪，无锡人，吴伟业弟子，为梅村刻《绥寇纪略》，卖屋刻书，为清廷所忌，被捕，经施闰章营救始免。是书记启、祯两朝事实人物。前有薛寀序及自序、凡例。所记人物，别类分门，若品节、经济、文学、循良、忠烈、义烈、隐逸、艺流等类，名贤畸士无不毕载，盖以表彰先哲为心，故文多平允。而其编纂之资，率多征诸四方，故有者加详，无则反略，颇足徵实。全谢山谓漪窜改梅村之书，为梅村不肖弟子，其言实有未当。

**刘尚友约于是年著成《定思小记》。**

谢国桢《增订晚明史籍考》卷八：《定思小记》一卷，清嘉定刘尚友撰。按：尚友，字企生，嘉定人，事迹不详。是书据鸣坚白室钞本影印。尚友以崇祯癸未仲冬入都，至甲申三月农民军进入北京之后，尚友均在都中，就其见闻，撰为是书。著者目睹李自成揭竿起义，进据北京，市民安堵如故。及清兵入关，北京沦陷，其纪律散漫，到处骚扰掳掠，北京乃现抢攘之情状，而首都缙绅无耻者纷纷降清，稍有气节者仓皇南逃，至罹兵劫，绸缪鼎沸之况，如在目前，痛定思痛，故曰《定思小记》也。后附《北还纪略》，为追述往事而作。

**李逊之于本年后著成《三朝野记》。**

《千顷堂书目》卷五，别史类：李逊之《三朝野记》七卷。

《明史》卷九七，《艺文志二》杂史类：李逊之《三朝野记》七卷。

谢国桢《增订晚明史籍考》卷二：《三朝野记》七卷，原题："江上遗民李逊之辑。"自序云："呜呼！今日而追溯昌、启与崇祯，正如白头宫女谈天宝遗事，又如桃花源中人重话先秦，不知其在龙汉劫前，有不令人长叹而深思者哉！逊之昔为黄口幼孤，今作苍颜老叟，痛念先忠毅尽节于哲皇，蒙旌于烈皇，国恩家教，耿耿在怀。顾以才地卑微，志识黯浅，未能阐扬先业，纂述旧闻。况三朝以来，丝纶之簿，左右史起居注之籍，俱化为煨烬，而贞元朝士，草莽遗民，又皆沉沦窜伏，无可质证。于是国政乱于朱紫，俗语流为丹青，缘饰爱憎，增易闻见者有之矣；党庇奸逆，抹杀忠义者有之矣。予不敢僭为全书，但就邸报抄传与耳目睹记及诸家文集所载，摘其切要，据事直书。间或旁托稗官，杂缀小品，要于毋偏毋徇，勿伪勿讹，若夫传疑未确者，宁缺而不录，庶几窃附识小之义，存一代之轶事乎。"李慈铭《越缦堂日记》云："是书见闻质实，议论亦平允。肤公身为党人之子，故叙珰祸情事，尤为详尽。其言崇祯朝事，多与文秉《烈皇小识》合，盖俱得之家世传闻者。惟叙国变事，诸勋贵为之影造，而是书皆载之。至谓崇祯初年，上崇尚天主教，徐上海，教中人也，既入政府，立进天主之说。是徐光启之主张邪教，由于迎合上心，此《明史》及诸书所未言者也。"按：逊之，字肤公，应升子，自称江上遗民。是书记泰昌、天启、崇祯三朝，起泰昌庚申八月至崇祯甲申三月。原书七卷，乱后散佚。……是编为梧竹山房旧抄本，共为七卷，前有自序。

## 公元 1645 年 清世祖顺治二年 乙酉

**御史赵继鼎奏请纂修《明史》。**

《清世祖实录》卷一五，顺治二年四月癸亥：御史赵继鼎奏请纂修《明史》，并博选文行鸿儒，充总裁、纂修等官。下所司知之。

**清廷着手编纂《明史》。**

《清世祖实录》卷一六，顺治二年五月癸未：内三院大学士冯铨、洪承畴、李建泰、范文程、刚林、祁充格等奏言："臣等钦奉圣谕，总裁《明史》。查旧例设有副总裁、应用学士、讲读学士等官，今请以学士詹霸、赖衮、伊图、宁完我、蒋赫德、刘清泰、李若琳、胡世安、侍读学士高珮、侍读陈具庆、朱之俊为副总裁官。其纂修等员应加选取，今选有郎廷佐、图海、罗宪汶、刘肇国、胡统虞、成克巩、张端、高珩、李奭棠为纂修官，石图等七员为收掌官，古禄等十员为满字誊录官，吴邦豸等三十六员为汉字誊录，以及收发草本等事宜。"从之。

**《资治通鉴补》作者严衍卒。**

钱大昕《疑年录》卷三：严永思七十一衍：生万历三年乙亥，卒顺治二年乙酉。

钱大昕《潜研堂文集》卷三八，《严先生衍传》：严先生衍，字永思，嘉定人。明万历中补县学生。与李流中、龚方中为善。时邑中诸名宿皆以诗文自名，先生独专心古学，耻以词华炫世。年四十有一，读司马温公《资治通鉴》而好之，晨夕探索，至忘寝食。又以温公著书，意在资治，故朝章国政述之独详，而家乘世谱纪之或略。其于人也，显荣者多而遗逸则略，方正者多而节侠则略，丈夫者多而妇女则略。乃援引正史及他书以补之，或补为正文，或补为分注。其补正文之例有二：有《通鉴》所已载，而事或阙而不周，文或简而不畅，则逐节补之；有《通鉴》所未载，而事有关于家国，言有系于劝惩，则特笔补之。

其补分注之例有三：一曰附录。事虽可采而或涉于琐，或近于幻，故不以入正文。一曰备考。《通鉴》之所载如此，他书之所载如彼，虽两不相合而事属可疑，故两存之。一曰补助。胡身之注所未备，或有讹舛，则以己意释之。其所取材，则十七史居十之九，稗官野史居十之一，而要以法戒为主。其有关劝惩，虽小史必录；苟无所取义，虽正史亦删。……当时无通史，学者咸笑以为迂，惟黄淳耀叹以为绝伦，而谈允厚为之参校史传，考订遗漏。……书成，允厚为之序，且摘《通鉴》违失若干事。……先生与允厚于史学皆实事求是，不肯妄下雌黄，其所辨正，皆确乎不可易。宋季元明，儒家好读《纲目》，如尹起莘、刘有益、王幼学、徐昭文辈，皆浅陋迂腐，虽附《纲目》以传，转为本书之累。其有功于《通鉴》者，胡身之而后，仅见此书耳。

**文秉于本年之后撰成《先拨志始》、《烈皇小识》。**

文秉《先拨志始自序》：忆童时侍先君子，言及世务，未尝不致叹于门户也。盖门户之局，胎兆于娄东，派歧于四明，崿开于淮抚，而究以国本为归宿。其为东林者，则羽翼国本者也；其为四明者，则操戈于东林者也。此外则秦、晋、齐、楚、西江称强，然声应气求，要不出此二者。……凡逆贤所摧折者，必东林人也，否则必不求异于东林者也；凡逆贤所尊显者，必四明人也，否则必不敢与四明忤者也。呜呼！四维不张，国乃灭亡，而廉耻道丧，谄附成风，孰甚于逆贤之时？教猱升木，翼虎而食，孰甚于赞导逆贤诸人？驯至于烈皇之世，所谓虽有善者，亦无如之何矣。是以见微察影之论，谓天不祚明，不在于震惊九庙、闯贼犯顺之秋，而萌于惨戮多贤、珰党煽虐之际；又不在于稽首投诚、摇尾乞怜之辈，而酿于同心拥戴、建祠颂德之徒。《诗》曰："枝叶未有害，本实先拨"，是贵辨之于早也。余年来屏居深山，先世遗书，一散不可复返，日长如年，追忆家庭见闻，辄录片纸投奁中；至今春而奁且满矣，因出己见，稍为次第。首纪国本，著门户之所由始也；终以逆案，著贞佞之所由判也；名曰《先拨志始》，所谓辨之于早也。后之君子流览于此，其于邪正之辨，得失之故，亦洞若观火矣乎！

《千顷堂书目》卷五，别史类：文秉《先拨志始》六卷。

《明史》卷九七，《艺文志二》杂史类：文秉《先拨志始》六卷。

《四库全书总目》卷五四，史部杂史类存目三：《先拨志始》二卷，明文秉撰。秉，字荪符，吴县人，大学士震孟之子。是书《江南通志》作六卷，此本乃仅二卷，然首尾无缺，或卷数有分合耶？所记皆明末遗事。上卷起万历，讫天启四年。下卷起天启五年，讫崇祯二年。如"妖书"，"梃击"、"红丸"、"移宫"三案，以及魏忠贤乱政，崇祯钦定逆案之类，靡不详载。自序谓首纪国本，著门户之所由始也；终以逆案，著贞佞之所由判也；名曰《先拨志始》，所谓辨之于早也。

文秉《烈皇小识自序》：烈皇昔由藩邸入继大统，毒雾迷空，荆棘满地，以孑身出入于刀锋箭芒之中，不动声色，巨奸立扫，真所谓聪明睿智，神武不杀者耶！仪鉴于殷，尽撤诸内奄，政事俱归于外庭，诚千载一时也。然而逆珰遗孽，但知力护残局，不复顾国家大计，即废籍诸公，亦阅历久而情面深，无复有赞皇魏公其人者。且也长山以改敕获戾，而上疑大臣不足倚矣。未几，乌程以枚卜告讦，而上疑群臣不足信矣。次年，罪督以私款偾事，而上疑边臣不足任矣。举外廷皆不可恃，势不得不仍归于内，适又有借不测之恩威，伸具瞻之喜怒者，事权乃尽归于内而不可复收。嗟乎！赫赫师尹，颠倒豪杰者乃尔。即后先臣以讲筵荷蒙圣鉴，超拔政府，真有虚己以听之意，而两月揆地，一语招尤，致负圣明特达，无以报称。天乎、人乎，岂气运使然乎！先臣罢而韩城、武陵辈进，虽圣主日见其忧勤，而群臣日流于党比，痼疾已成，不复可药矣。不肖于十七年中，备集烈皇行事，以志尧舜吾君之恩，又以志有君无臣之叹，集成巨帙数十册，可备一朝史料。因遭家难，同世藏书翰墨等项，误行寄托遂不可问，致烈皇遗迹媺行，湮没不彰，当亦有志所共痛心疾首者也。年来屏迹深山，间有客相过从，询及旧事，尚有一二仿佛胸臆间，窃恐失此不传，后悔无及。又承同志或一人一事相示，因纂抄成册，名曰《烈皇小识》，共八卷，意四方君子，当有识其大者。虽所纂十不得二三，然以备修史者之采择，亦未必无小助。迨至天不祚明，帝星告殒，守正不屈，宁以身殉，辄悲愤填膺，扼吭欲绝，涕泗滂沱，几执笔而不能下矣。竹坞遗民文秉，书于考槃之煮石亭。

《千顷堂书目》卷五，别史类：文秉……《烈皇小识》四卷。

《明史》卷九七，《艺文志二》杂史类：文秉……《烈皇小识》四卷。

谢国桢《增订晚明史籍考》卷三：《烈皇小识》八卷，明吴县文秉荪符撰。……按：是书为编年体，记崇祯一代史事，于温、周诸党及农民起义事、辽事所记独详，而于当日谏台奏疏，择录颇备。盖荪符身为党局之人，故于党事颇注意也。

今案：文秉乃明末名臣文震孟之子，研治明季历史，有著述之志，所撰各种史籍，蕴含强烈遗民感情。本书以编年体记载明崇祯朝史事，很具史料价值。其成书时间不明，而据作者《自序》称收集了崇祯帝十七年的史料，谈到崇祯帝的殉国，又言"年来屏迹深山，间有客相过从，询及旧事"，才着手编纂此书，故成书时间当在顺治二年或其后。

文秉尚撰有《先拨志始》二卷、《定陵注略》十卷、《甲乙事案》三卷等史著，均为记述明末史事各撰述中之姣姣者，史料价值颇高。可参阅谢国桢《增订晚明史籍考》有关评介，此不备述。

# 公元1646年 清世祖顺治三年 丙戌

**翻译《明洪武宝训》成。**

《清世祖实录》卷二五，顺治三年三月辛亥：译明《洪武宝训》书成。上以《宝训》一书，彝宪格言，深裨治理，御制序文载于编首，仍刊刻满、汉字颁行中外。

**陈允衡《古人幾部》刊行。**

陈允衡《古人幾部叙》：乙酉暮春，嘉禾沈摩青先生，授余一编曰《古人機部》，平湖陆叔度氏所著也。始于管夷吾，终于史天泽，凡八十一人。人系以赞，合为四卷，古之成大功、定大策者，在焉。以为天下治乱，皆决于機。如是者成，否则败；如是者定，否则涽。有味乎其言之也！余小子尝诵读之，曾几何时，而江山不可复识矣。余乃携家，将欲终隐黄山、白岳之间，庶几逢子庆、管幼安吾师乎！止于祁阳五阅月，虽险阻艰难，亦时时手是编也。忽自念既为山中之人，则有山中之书，顾何能对此，终日呫呫哉？且此八十人之中，夫亦有功成而身死，名立而毁至者，守是不变，无以语权。余因要集古人，颜曰《幾部》。大抵非明哲保身之士，则急流勇退中人也。一切谲诡，不欲不录，即巢、许者流，亦非所尚。其于叔度氏所为"機"者，或足以发邪。旅次载籍不多，未能广引一二评论，卒皆偶然所见，无当通人之目。盖贵乎智者见微而知著，举一以类百耳。

朱之瑶《幾部序》：伯玑隐于深山既久。今年暮春，偶命轻舟顾余。抱关击柝中，相见悲喜，宛然麻姑过蔡经时。伯玑萧然澹泊，无复曩昔豪荡，感激诙嘲，笑谑之怀，即余对之，如在深山也。客数月，余有安邑主道，而伯玑高闽仲叔之风，酌酒论文，他无所及。余益爽然自失，曩昔仅知其才情豪迈而已。

一日过旅次，见所著《幾部》。有心哉！进退存亡之际，其旨远，其词文。伯璣自拟山中之书，岂山中之书哉？以为函关五千言可也，以为圯上一编亦可也。萍聚诸君，争相传写。余乃授梓，亦强为我著书之意，而不使黄石微言，子房而死，无复闻者。余不文，不足序是书，聊述授梓所成。伯璣当不谓安邑主人不知己乎。丙戌新秋，年家社弟吉州朱之瑶题于易园之星亭。

《四库全书总目》卷六三，史部传记类存目五：《古人幾部》六卷，国朝陈允衡撰。允衡字伯璣，南昌人。是书所录，皆明哲保身之士，与急流勇退之人。允衡《自序》云：平湖陆叔度著《古人幾部》，始管夷吾，终史天泽，凡八十一人。古之成大功、定大策者，咸在焉。而其人亦有功成而身死，名立而毁至者。定是不变，无以语权。因更集古人，颜曰《幾部》。然其书首载尧、舜，以尧之传舜，舜之逃象，皆目为知幾，亦浅之乎窥圣人矣。岂姑以寓防患之意，不规规于品题之当否耶？

  今案：陆叔度所撰之书应为《古人機部》，《四库全书总目》偶将书名写错。而陈允衡改"機"为"幾"字，另为一书，其事甚明。若如《四库全书总目》之疏误，则此中原委反而黯然矣。

**叶錝于本年之后撰成《明纪编遗》。**

叶錝《明纪编遗自序》：纪而曰编遗者何？前之君子以《明纪编年》行之久矣，但《编年》所不及纪，则正史亦不及载，故曰"遗"。余因其遗而补述之，故曰"编遗"。遗者不遗也，编遗者编其所遗，非编其所不遗也。夫历朝典则，余敬慎展阅，悉入《传信录》中，兹乃辑其旧闻，舒以臆见，合言之、分言之，纂集六卷为一编者，以俟后之君子览之详而资之广也。余幼遵庭训，学古怀经，颇有排龙翱凤之愿。及壮云际兵燹，郁郁不能居故土，浪游四远，楫泛中流，虽冠裳之会弥殷，而雨雪之悲更戚。且居诸云迈，岵屺两丧，又自伤罔极，此身不能立天地间，遂谢绝尘俗，结庐先君子岁窀之侧，瞻依如过庭时。稍暇，取明朝实录稽询之，视三光之文耀，发昭代之弘猷，将托此心于史，以不负所学，兼慰余年，庶得全而生之、全而归之也。

盖实录所以存古今之信史，然史亦有掩其实者。史官或尚微辞，或避忌讳，或见闻互异，或好恶失平。当时不校正而传焉，误矣；后世不之疑而群然服焉，不再误乎？况野史非而疑毁，间有卮言余录，未免轻听多舛。若家乘铭状是而疑誉，岂无缀谀枯骨，喜谒金辞者博采而不裁之，则修史之多过，率籔于此。

余静思考证,端颖直书,凡君臣之作述,国家之兴衰,贤奸之进退,敌寇之始末,兵食之源流,三途用人之选擢,门户察典之报复,以及山川鬼神、天道灾祥之徵应事事昭灼若眉列,然失之略者有之,失之诬者余其免矣。是编也,或幸名山藏之,通都播之,设有知我者曰:"夫夫也,达乎《诗》、《礼》之教乃立其身,而从事于史学者也。"余心亦不泯灭矣。陈眉公云"文人之才在善用虚,史官之才在善用实",不知史官亦文人也,文人之才可务虚而不务实乎?史官虽道其实,未尝不于虚处讨论,以辩真伪所繇来。大抵秉心贵虚,不虚恐流于偏党;执简贵实,不实恐乱其是非,故文人与史官皆宜贵实。实者诚也、直也,惟诚惟直,则天地且孚焉,岂止后世人心信之哉!禾郡果山遗民叶鎣盥手焚香自序。

今案:本书专择作者所见之书语焉不详的明代史事,分立标题予以记述,类若纪事本末体。然观其内容,多以归纳法汇集同类事例,而行文中有夹叙夹议,颇多评论且饱含爱憎激情。作者叶鎣事迹待考,阅其自序,乃颇以史学自负者,又曾详读明实录,自言浪游时"冠裳之会弥殷",当时应非等闲之辈。本书记事至于南明隆武政权沦亡之年,即清顺治三年。而细味作者自序所述撰述原委,似有较长历程,应成书于本年之后的若干年,故暂系于此。

## 公元1647年 清世祖顺治四年 丁亥

**谕修《明史》务宜据事直书。**

《清世祖实录》卷三二,顺治四年五月丁卯:谕大学士刚林、祁充格曰:"尔等纂修《明史》,其间是非得失,务宜据事直书,不必意为增减,以致文过其实。"

**函可携"逆书"案发。**

陈伯陶《胜朝粤东遗民录》卷四:函可,字祖心,号剩人,博罗人本姓韩,名宗騋。父日缵,万历丁未进士,官至礼部尚书,卒,谥文恪。函可少聪颖,为名诸生,性好义……有康济天下之志。父殁,见国事日非……崇祯己卯,年二十九,遂随道独入匡山下发登具……甲申之变,悲恸形辞色,闻福王立,乙酉以请藏经金陵,居江宁顾梦游楼上。值国再变,亲见诸死事臣事,纪为私史。城逻发焉,当事疑有徒党,拷掠至数百,绝而复苏者屡,但曰某一人自为。夹木再折，血淋没趾，无二语。……招抚江南大学士洪承畴，日缵门下士也，以避嫌不为定狱……至京下刑部狱，得减戍沈阳……

《清世祖实录》卷三五，顺治四年十一月辛亥：招抚江南大学士洪承畴奏："犯僧函可，系故明礼部尚书韩日缵之子，日缵乃臣会试房师。函可出家多年，于顺治二年正月内，函可自广东来江宁，刷印藏经。值大兵平定江南，粤东路阻未回，久住省城。臣在江南，从不一见，今以广东路通回里，向臣请牌，臣给印牌，约束甚严。因出城门盘验，经笥中有福王答阮大铖书稿，字失避忌。又有《变记》一书，干预时事。函可不行焚毁，自取愆尤，臣与函可有世谊，理应避嫌，情罪轻重，不敢拟议。其僧徒金猎等四名，原系随从，历审无涉。臣谨将原给牌文及函可书帖，封送内院，乞敕部察议。"得旨："洪承畴以师弟情面，辄与函可印牌，大不合理，着议处具奏。函可等，着巴山、张大猷，差得当员役拏解来京。"

今案：函可之案件，为清代首发文字之狱，内中隐含满洲将军巴山与洪承畴之间的复杂矛盾。函可流放至沈阳，继续为僧，且活动频繁，顺治十六年（公元1660年）卒。生前著述颇丰，有《千山剩人禅师语录》、《千山诗集》等。乾隆四十年（公元1775年），查缴禁书时，函可之书被列入禁书目录，查抄焚毁，凡函可住过的寺庙及所遗碑塔，尽行拆毁。

## 公元 1648 年　清世祖顺治五年　戊子

**《自靖录》（一名《自靖录考略》、《崇祯尽忠录》）作者高承埏卒。**

朱彝尊《曝书亭集》卷七二，《前进士高公墓表》云：……公讳承埏，字寓公，一字泽外。……崇祯己卯，举于乡。明年，中会试，赐同进士出身，除知迁安县事。……调知宝坻县。……改知泾县。……阅十月……入主虞衡司事。……嘉兴城破，誓墓不出，隐居竹林村窝，聚书八十楹，多至七万余卷。所著诗文有《稽古堂集》，尝取先儒诗说五十家，撰《诗义裁中》一编。……君年四十六而卒。子三人，佑釲长也。……公晚辑《自靖录》，纪崇祯以来殉节诸臣，迄岁丁亥止。佑釲续之。……

沈明彝《自靖录序略》：吾里高愚公先生，以读书世其家，为文士；出宰冲边，全城死守，为才吏；沥血上书，为父讼冤，为孝子。甲申以后，忍死奉母，观其吊同年殉难诗云："可怜李鬵榜，偃蹇老维祯。"又病中述志云："惟将前进士，惨淡表孤坟。"盖其低回结嬾，有余悲焉，此《自靖录》所以作也。先生卒于顺治戊子正月，此书末卷载及台湾平之日，则长公佑纪所续。

《续修四库全书总目提要》（稿本）：《自靖录考略》八卷，外编一卷，明高承埏撰。承埏字寓公，一字泽外，嘉兴人。崇祯庚辰进士，官至工部虞衡司主事。是编皆载崇祯甲申迄顺治戊子，殉难臣民，各为之传。详其籍贯官爵、年月姓氏，至于学问经济、世德文章，广搜博采，极为精覈。卷一、卷二，列京师崇祯甲申殉难，凡二百四十八人。卷三先列畿辅甲申殉难，凡一百七十五人。后附戊辰迄癸未殉难，凡七百四十六人。卷四列江南崇祯乙亥迄顺治丙戌殉难，凡三百三十七人。卷五亦列江南崇祯辛未迄顺治戊子殉难，凡八百零二人。卷六列浙江顺治乙酉迄康熙丙午殉难，凡四百四十五人。卷七先列江西崇祯癸未迄顺治戊戌殉难，凡二百七十六人。后附江西顺治乙酉改选外省殉难，凡十四人。卷八先列福建崇祯戊辰迄顺治己亥殉难，凡一百九十九人。后附福建海外顺治戊子迄康熙癸亥殉难，凡十一人。外编所载，正祀烈妇凡九人，未旌烈妇烈女凡二百零三人。朱彝尊为表墓，称其晚辑《自靖录》，纪崇祯以来殉节诸臣，迄岁丁亥止，佑釲续之。沈铭彝《序》称其卒于顺治戊子正月。此书末卷载及癸亥台湾平之日，则长公佑釲所续也。王逢辰《凡例》云："烈妇烈女，间有专传，原本附列于各州县后，兹特汇为外编云。"则是编本名《自靖录》，其子复加增补，外编则王逢辰所汇也。书中于国朝忌避，概已改定，其于《钦定胜朝殉节诸臣录》中所有，已经恤赠者，亦为标明，未经恤赠者，亦为注出。则亦逢臣校刊时，加以考证也。案自古代嬗之际，其致身故国者，每多蒙以恶名，而野史流传，往往多党伐之见。观承埏病中自述，有句云："惟将前进士，惨淡表孤坟。"此是书之所以作，而亦是书之足以传也。旧刻于江宁，值书禁严时，秘不敢印，置复壁中。乾隆丁酉，承埏曾孙士敦，作令山左黄县，其婿范璐恐有讳忌，取板火之。原本十六卷，今此本仅及其半，故编中纪录死事，除京师畿辅外，惟江南、浙江、江西、福建俱有登载，余省阙如。虽残片断帙，而一代忠臣义士、烈妇烈女，未发之幽光，得以彰显。于后世非徒足资考证，于世道人心亦有裨益也，不能以其残阙而忽视之也。

谢国桢《增订晚明史籍考》卷一七：《自靖录考略》八卷，《外编》一卷，清嘉兴高承埏撰,男佑釲补,同里后学王逢辰苣亭考证。……承埏,字愚公,一字泽外。嘉兴人,明崇祯间进士,官宝坻知县。清师南下后,遂隐居不出。著有《稽古堂集》、《自靖录》等书。愚公卒于清顺治戊子,而是书末卷载及康熙癸亥清军平定台湾之时,则为其男佑釲所补撰。所记以崇祯时忠烈事迹为主,兼及丙戌、丁亥而后死难人士,由京畿而及各省,分隶各卷,广搜博采,详记其生平,故又名《崇祯忠节录》。刻于江宁,原板旋毁,流传不广,至咸丰间同里王逢辰获其手钞底稿,为之校订重刊,但经改编,书清廷所锡谥法,恐非高氏原本之旧矣。前有沈铭彝序,王逢辰凡例。

《崇祯尽忠录》平湖东村叟题云:《忠节录》为吾郡高虞部手创,嗣君念祖先生继志而成者也。沧桑之际,殉忠者易致淆讹,先生亲历四方,搜求遗轶,上自京师,下逮滇缅,或一人而传闻各异,或一事而记载不同,穷诹细访,必信而有徵乃已。既脱稿,先生年八十余,求助剞劂不少息。时谭君有年宰江宁,其世戚也,请好事者资之,闻于制府,亦喜与焉。无何,刻几半,先生卒于金陵……阅既毕,为默然以识之。康熙六十一年壬寅正月,平湖东村叟识。

《续修四库全书总目提要》(稿本):《崇祯尽忠录》三十二卷,明高承埏撰,男佑釲订补。沧桑之际,殉忠者易致淆讹,承埏亲历四方,搜求遗轶,上自京师,下逮滇缅,或一人而传闻各异,或一事而纪载不同,乃从事纂辑。起崇祯以来,迄顺治丙戌死难诸臣。先之以甲申京师殉难正祀文臣二十一人,而自崇祯二年以后殉难诸臣按卷比次于后。书成时,承埏已八十余(今案:据平湖东叟所云,年八十者应为高佑釲,字念祖),剞劂未半而卒。所锓之板,不知流落何所。原书字迹模糊,几不可识,其记室盛文力为缮写,俾成完书。是书于殉难诸臣爵里年齿,以及死节原委,考核极为完备,兼能搜访诸臣临终各诗词,罗列于每传之后,此则为他书所无也。

**清廷徵集纂修《明史》资料。**

《清世祖实录》卷四〇,顺治五年九月庚午:谕内三院:"今纂修《明史》,缺天启四年、七年实录及崇祯元年以后事迹,著在内六部、都察院等衙门,在外督抚、镇按及都、布、按三司等衙门,将所缺年分内一应上下文移,有关政事者,作速开送礼部,汇送内院,以备纂修。"

## 公元 1649 年 清世祖顺治六年 己丑

**清廷纂修《清太宗实录》。**

《清世祖实录》卷四二，清世祖顺治六年正月丁卯：……纂修《太宗文皇帝实录》。命大学士范文程、刚林、祁充格、洪承畴、冯铨、宁完我、宋权充总裁官，学士王铎、查布海、苏纳海、王文奎、蒋赫德、刘清泰、胡统虞、刘肇国充副总裁官，赐之敕曰："兹者恭修《太宗文皇帝实录》，择于顺治六年正月初八日开馆。朕惟帝王抚宇膺图，绥猷建极，凡一代之兴，必垂一代之史，以觐扬于后世，诚要务也。我太宗文皇帝应天顺人，安内攘外，在位十有七年，仰惟文德之昭，武功之盛，以及号令赏罚，典谟训诰，皆国家之大经大法。尔等稽核记注，编纂修辑，尚其夙夜勤恪，考据精详。毋浮夸以失实，毋偏执以废公，毋疏忽以致阙遗，毋怠玩以淹岁月。敬成一代之令典，永作万年之成宪，各殚乃心，以副朕意。钦此。"

**清廷规定六科文书按月汇送史馆。**

《清世祖实录》卷四二，顺治六年二月丁酉：内院大学士刚林等奏言："臣民奏章，天语批答，应分曹编辑，以垂法戒、备章程，为纂修国史之用。令六科每月录送史馆，付翰林官分任编纂。请以梁清宽、陈焌、朱之锡、黄志遴、法若真、王无咎、张宏俊、李昌垣、李中白、庄回生、孙自式、章云鹭等为编纂官。"报可。


## 公元 1650 年 清世祖顺治七年 庚寅

**清廷以满文选译《三国志》。**

《清世祖实录》卷四八，顺治七年四月辛丑：以翻译《三国志》告成，赏大学士范文程、刚林、祁充格、宁完我、洪承畴、冯铨、宋权，学士查布海、苏纳海、王文奎、伊图、胡理、刘清泰、来衮、马尔笃、蒋赫德等，鞍马、银两有差。

**钱肃润著成《南忠记》。**

《续修四库全书总目提要》（稿本）：《南忠记》一卷，原题：锡山后死钱肃润础日手辑。础日，无锡人，明末遗民。著有《尚书提要》、《十峰草堂集》等书。是书记南都殉难诸公事。原目分：为国死事，督师史公、巡抚左公；在官死事，知县顾公；在家死节，待读徐公；起义死，中书庐公；出师死，詹事黄公；出使死，御史何公；在外死，尚宝卿葛公；被难死，进士俞公；从行死，生员江公等。凡若干人。前有《自序》。

谢国桢《增订晚明史籍考》卷十：《南忠记》一卷。原题：锡山后死钱肃润础日手辑。《自序》云：忠臣义士何代无之，独其间有甚不甚耳。明兴三百年来，名臣传中，半由忠义，建文之难，史不胜书矣。思庙崩，从亡二十余人，甚表表焉。至弘光变而在京死事者少，何者？将以有为也，逮事不可为而或死于官，或死于家，或死于兵戎牢犴之中，动以千计。呜呼，明不可谓无人已。余不能死，见死者而心动焉，喟然曰：前事不彰，后死之咎也，故作此编。庚寅岁孟夏十五日，逸史氏钱肃润题。

## 公元 1651 年 清世祖顺治八年 辛卯

**刚林等奏请访求明朝天启、崇祯两代史料。**

《清世祖实录》卷五四，顺治八年闰二月癸丑：大学士刚林等奏言："臣等纂修《明史》，查天启四年及七年六月实录，并崇祯一朝事迹俱缺，宜敕内外各官广示晓谕，重悬赏格，凡钞有天启、崇祯实录或有汇集邸报者，多方购求，期于必得，或有野史、外传、集记等书，皆可备资纂辑。务须广询博访，汇送礼部，庶事实有据，信史有成。"下所司知之。

**惩治刚林依附多尔衮擅改实录罪。**

《清世祖实录》卷五四，顺治八年闰二月乙亥：刑部尚书固山额真公韩岱等审议刚林等罪状，议曰："刚林初在盛京，曾犯大罪应死，蒙皇上恩宥，乃不思感激图报，反依附睿王，朝夕献媚，罪一。……以擅改国史一案讯刚林，据供：睿王取阅《太祖实录》，令削去伊母事，遂与范文程、祁充格同抹去。后白之和硕郑亲王、和硕巽亲王、和硕端重亲王、和硕敬谨亲王，未经奏闻，擅改《实录》，隐匿不奏，罪四。……又将盛京所录太宗史册在在改抹一案，讯之刚林，据供：纂修之时，遇应增者增，应减者减。删改是实，旧稿尚存，罪七。……刚林谄附睿王，一切密谋逆迹皆为之助，应论死，籍没家产，妻子为奴。……祁充格曾犯大罪……擅改所修《太祖实录》，隐匿睿王罪状，又私自补载，及共议推崇功德、移驻永平各案，无不与刚林同预逆谋，祁充格应论死，籍没家产。范文程与刚林、祁充格同改《太祖实录》，讯之范文程，据供：前睿王令改，不能争执，然本意原欲启奏，曾告知宁完我、王文奎，后因病而止。质之宁完我、王文奎，此言是实。但范文程前既与刚林、祁充格同改，及后又不自行启奏，托言因病耽搁。范文程应革职解任，籍其家。宁完我身为大学士，王文奎身为学士，既知范文程改《实录》事，即应启奏，乃为隐藏，宁完我、王文奎俱应革职解任。于是具谳，白之和硕郑亲王、和硕巽亲王、和硕端重亲王、和硕敬谨亲王、多罗顺承郡王，诸王及满洲固山额真、内大臣，议政大臣会议：刚林、祁充格二人罪大，应斩，籍其家。范文程应革职，本身折赎，仍留原任。……宁完我、王文奎无罪，应留原任。……"奏入，得旨："刚林、祁充格着即正法。"

## 公元 1652 年 清世祖顺治九年 壬辰

**重新敕令纂修《清太宗实录》。**

《清世祖实录》卷六二，顺治九年正月辛丑：命纂修《太宗文皇帝实录》，以大学士希福、范文程、额色黑、洪承畴、宁完我充总裁官……

> 今案：此次重新启动清太宗实录之纂修，仍颁赐希福等人敕书，而其文字与顺治六年的敕书相同。

**吴伟业始著《绥寇纪略》。**

邹漪《绥寇纪略序》：昔者胜、广起而炎汉成，赤眉横而铜马帝，拔陵既动，晋阳始甲，黄巢大乱，香孩乃生，红巾竞作，滁阳遂隆。帝王之兴，必有先驱，驱鱼驱爵，势自然也。流寇两见于明代，在正德者，旋即烟消；在崇祯者，遂至屋社。说者归其咎于有君无臣，然所以有君无臣者，抑曷故哉？且寇非曹、马比也，其众乌合，其势兽散，以洪承畴之练，卢象昇之忠，曹文诏、曹变蛟、左良玉之勇，而或以赍敌，或以舆尸，岂惟天命，盖亦人事有未尽焉。余悲夫三百年全盛金瓯，一旦瓦解，拱手而莫可谁何也。求其故而不得，得梅村此记，最详且核，行文更矫健，合龙门遗法。后之览者，尚凛六马之戒，毋以蚁穴为可忽，致决堤滔天哉！康熙甲寅，逸民邹式金书。

朱彝尊《曝书亭集》卷四四，《跋绥寇纪略》：梅村吴先生，以顺治壬辰舍馆嘉兴之万寿宫，方辑《绥寇纪略》，以三字标其目，盖仿苏鹗《杜阳编》、何光远《鉴戒录》也。一曰《渑池渡》，二曰《车箱困》，三曰《真宁恨》，四曰《朱阳溃》，五曰《黑水擒》，六曰《谷房变》，七曰《开县败》，八曰《汴渠垫》，九曰《通城击》，十曰《盐亭诛》，十一曰《九江哀》，十二曰《虞渊沈》。于时先生将著书以老矣，越岁，有迫之出山者，遂补国子祭酒，非其志也。久之，其乡人发雠是编，仅十二卷而止，《虞渊沈》中、下二卷，未付枣木传刻焉。明史开局，求天下野史，有旨勿论忌讳，尽上史馆，于是先生足本出。予钞入百六丛书，归田之岁，为友人借失。后十八年，从吴兴书估购之，悦如目接先生之馨欬也。绥寇之本末，言人人殊，先生闻之于朝，虽不比见者之亲切，终胜草野传闻，庶几可资国史之采择欤。

赵翼《簷曝杂记》卷六：吴梅村著《绥寇纪略》一书，记明末流贼之祸。仿苏鹗《杜阳杂编》、何光远《鉴戒录》之例，每卷以三字命题，虽不免小说家纤仄之体，而记载详瞻，以事系日，以日系月，以月系年，其大者朝章国典、兵制军饷、勋戚之封建、藩邸之支派，以及国变后诸臣死事之忠节，无一不广搜博采。甚至流贼之混号，亦详其氏名，并贼属之伪官，亦注其姓字。不知当日何以有如许档案作为底本？盖直聚崇祯十七年邸报、奏疏、部议，一一考核，又参之以传闻，揣之以情事，而后成书。其自叙谓：北都之殉难者，以弘光中礼臣表忠之疏为鹄，而绪闻佐之；豫省以御史苏京优恤之疏为鹄，而绪闻佐之。然不特此也，保定则有陈禧之《甲申上谷纪事》，其他各省，访辑详载，虽滇、黔边裔，亦搜剔不遗。其心力可谓勤矣。每卷后又各有论断，文笔雅洁，各成一则古文，又可见其深于古学也。

揆叙《隙光亭杂识》卷二：《鹿樵纪闻》者，太仓吴梅村先生著也。先生官翰林，事崇祯帝十余年，后丁阳九百六之运，家居多暇，纂集见闻，以成此书。其于宫闱朝居，以至寇盗起灭，采辑纪载，具有原本，非如街谈巷议无稽者比，实元遗山《野史》、刘京叔《归潜》之流，可以备史家之采择。其称鹿樵者，以家园有鹿樵溪舍，先生集中常自称"鹿樵生"是也。或取梦幻之说，改为"鹿蕉"，误矣。篇末《虞渊沉》一卷，记十七年间天象变异、谶纬童谣，志五行者更不可缺。近遭俗子任意芟改，易其名为《绥寇纪略》，锓梓行世，削去《虞渊沉》全卷，而摘录数条附他卷中，尤可叹憾！当以原本为正，毋使俗本得为假面西凉也。

全祖望《鲒埼亭集外编》卷二九，《跋绥寇纪略》：陈令升曰："梅村《绥寇纪略》，不类其集，疑非梅村所为，然舍梅村亦莫能当此者。"令升盖心疑之而不敢质言也。及见林太常蠤菴所答先赠公帖子，谓此书原名《鹿樵野史》，出一遗老之手，梅村得之，遂以行世，然其中为不肖门生邹漪窜改十五，遂无完本。……

钱林《文献徵存录》卷二，《吴伟业》：……先是顺治壬辰，馆嘉兴之万寿宫，辑《绥寇纪略》，原题《鹿樵纪闻》，卷分一十有五，以三字标目，仿苏鹗《杜阳编》、何光远《鉴戒录》也。世所行邹氏本，仅十二卷，张海鹏访之娄东萧子山，系司成手录原书，介孙子潇借得之，完好如旧。黄廷鉴又将刊本再校，补尾页脱文四百七十四字，此书始无遗憾矣。今补遗《虞渊沈》中、下二卷，附录一卷，正十五卷也。……

《四库全书总目》卷四九，史部纪事本末类：《绥寇纪略》十二卷，国朝吴伟业撰。伟业字骏公，号梅村，太仓人。崇祯辛未进士，授翰林院编修。入国朝，官至国子监祭酒。是编专纪崇祯时流寇，迄于明亡，分为十二篇……每篇后加以论断。其《虞渊沈》一篇，皆记明末灾异，与篇名不相应。考朱彝尊《曝书亭集》有此书跋云：……此本为康熙甲寅邹式金所刻，在未开史局之前，故亦阙《虞渊沈》中、下二卷，而彝尊所辑百六丛书为人借失者，虽称后十八年从吴兴书贾购得，今亦不可复见，此二卷遂佚之矣。彝尊又称其书以三字标题，仿苏鹗《杜阳杂编》、何光远《鉴戒录》之例。考文章全以三字标题，始于缪袭《魏铙歌词》，鹗、光远遂沿以著书。伟业叙述时事，乃用此例，颇不免小说纤仄之体。其回护杨嗣昌、左良玉，亦涉恩怨之私，未为公论。然记事尚颇近实，彝尊所谓"闻之于朝，虽不及见者之确切，而终胜草野传闻，可资国史之采辑"，亦公论也。

今案：是书十二卷本，初刻于康熙十三年（公元1674年）。当时流行一说，谓原书名《鹿樵纪闻》，经吴氏弟子邹漪窜乱改订，甚或谓伟业窃他人之稿以成书。吴德翔《〈绥寇纪略〉与〈鹿樵纪闻〉》（载黄永年主编《古代文献研究集林》第二集，陕西师范大学出版社1992年版）对此有所辨正。

今有《学津讨原》收载之十五卷本，已补入初刻缺失之三卷。清中叶以后，复有题"娄东梅村野史"所撰之《鹿樵纪闻》一书，则为杂钞诸书，托名吴氏之伪书。

# 公元1653年 清世祖顺治十年 癸巳

**刘显绩奏请设立记注官。**

《清世祖实录》卷七一，顺治十年正月庚辰：工科都给事中刘显绩奏言："自古帝王，左史记言，右史记动，期昭示当时，垂法后世。我皇上种种美政，史不胜书，乞仿前代设立记注官，凡有诏谕及诸臣启奏，皇上一言一动，随事直书，存贮内院，以为圣子神孙万世法则。"报闻。

**陈名夏任《清太宗实录》总裁官。**

《清世祖实录》卷七一，顺治十年正月丙戌：以内翰林秘书院大学士陈名夏充纂修《太宗实录》总裁官。

**钱䥯（穤农）著成《甲申传信录》。**

钱䥯《甲申传信录序》：甲申三月，李闯蹂躏晋地，取宣府、大（今案：通行本作"取宣、大"），将薄都，都城九门甚（今案：通行本作"昼"。）闭。余以三月十有二日，南步出左安门，阉寺人（今案：通行本无"人"字）诘之而反（今案：通行本作"逡巡而返"）。十五日晨起，东步出齐化门，门者以为谒东岳大王者也，不诘而出。独与王氏子东走，日步行八十余里，止宝坻之染城所（今案：通行本"所"作"门"）村庙中。数日，闻闯入京师，遂不返。东行，访路子于遵化，谋之道，宿山麓之大安村。村人秦姓者，讯余何行，余答曰："闯寇已入京师，欲谒督臣，以募兵关左，关益万人趋京师，京师不难复也。"秦曰："此村以东至关门，故尝鏖战捽敌，从军伍之列者最夥，徒以饷匮而令赏不明，故悉退不复事军，公能使督臣以大义令之，即万人可集也。"明旦遂行，北至遵化，则三月之二十六日也。抚臣宋权已拜闯节度使，督臣王允吉削发遁去，而遵化守土之臣，方设彩亭龙案，拜读闯寇传谕郡县之檄。于是予与路子相与怆然自废，而无所复谋矣。止数日，路子遵海而南，予以舅氏在都，复步行西还。四月十有六日，复入京师。以故自李贼犯阙，至十六日以还，都不大详，且一时人士，四方咸集，当有纪录可观，余是以置而不书，而徒滞迹于燕三年。

丙戌冬，客从江南携甲申事来，所载《国变录》、《甲申纪变》、《国难纪闻》、《闻见纪略》、《国难睹纪》、《变记确传》、《燕都日记》、《陈生再生录》、《程源孤臣纪哭》、《陈方策揭》，凡十余家，繁猥不伦，异端丛出，一时简策无所折中。予于是博搜见闻，勤咨与难诸贤，讲求实录，刊讹订谬，芟除芜秽，补缺遗类，分为十篇。自丁亥至癸巳之秋，更七载而后勒成一书，名之曰《传信录》，而系之曰"甲申"，所以成一代鼎革之言也。或曰："子之所言，皆信而无疑乎？"曰："作《春秋》者，所见异辞，所闻异辞，所传闻者异辞。所见三世，所闻四世，所传闻者五世。世远而闻见因以不齐，《三传》所以多庞也。太史公成一家书，而年表与记传之年，世家与列传之事，或自为抵牾者多有，亦传闻者使之然也。予虽采之记说，咨之耳闻，犹从及见之年，余敢以自欺者欺人哉？所冀执简之臣，不以忌讳于当时之士，谓余狂言，可矣。余何疑为！"当湖穉农钱𣘗撰。

黄节《甲申传信录跋》：予往草《左萝石传》，得《传信录》而萝石之大节复著于海内。嗟夫！石铭不典，乃有桃简之祸！自东晋以后，世之所传为信史者，大都魏收官氏之志而已！奚使今日微一二孤臣遗老，以所见闻识沧海之变，更阅数百年后，先朝人物，当无复有知之者！然则信史之不足信也。予于《明史·左萝石传》，尝痛叹久之。钱穉农于癸未仲秋入都，迄甲申国变，举其所见所闻著之是篇，曰"以俟作史者取裁焉"。然其中著录多不为《明史》所采。嗟夫！是岂穉农信以传信之意耶？往者南海吴朴园辑《胜朝遗事》，尝采是篇，仅录其"睿谟留憾"一卷，盖非不信也。芝兰当户，不得不锄。嗟夫！然则是篇之不著于人间亦仅矣。予得是篇于羊石肆间，后复于嘉应谢氏得见手钞本，纸墨黝暗，视此本无以异。予因以草《左萝石传》，则视之尤宝。今夏来沪出示秋枚，曰："昔之于胜朝遗事中，未窥全豹者，今或可补其缺也。"秋枚乃谋刊之。如是，而吾会藏书楼又多一瑰宝矣！丙午八月黄节跋。

谢国桢《增订晚明史籍考》卷八：《甲申传信录》十卷，明当湖钱𣘗穉农撰。……徐鼒《小腆纪传·遗民》云："士馨，一名𣘗，字稚拙，平湖贡生。研究经史，多有撰述。晚入京师，遇甲申之变，著《甲申传信录》十卷，颇不失实，有《赓筇集诗》。"是书内容凡十事，一曰睿谟留憾，记癸未八月至甲申三月事。二曰疆场裹革，记秦晋燕殉难诸臣。三曰大行骖乘，记甲申三月在京殉难诸臣。四曰跖踊遗胔，记李自成拷掠诸臣。五曰槐国衣冠，记李自成除授京省各官。六曰赤眉寇略，记李自成始末。七曰董狐剩笈，记甲申前后楚豫燕齐事略。八曰桑郭余钤，记吴三桂借兵始末。九曰戾园疑迹，记伪太子始末。十曰使臣碧血，记左懋第北使殉节始末。按嘉业堂刻《鲁春秋》，附载《使臣碧血》篇，与此篇微有不同。是书海盐朱氏藏有注本，考证颇详，系爱新觉罗仲谦著。《国粹丛书》本后有黄节跋。

今案：是书自序，系据《四库禁毁书丛刊》影印之天津图书馆藏清钞本。现通行本皆自1906年（丙午）《国学丛书》本而来，二本对校，自序文字互有舛误，然通行本有脱文，故取《四库禁毁书丛刊》本，而将通行本文字优长处酌情予以附注。

## 公元1654年 清世祖顺治十一年 甲午

**张岱著成《石匮书》。**

张岱《琅嬛文集》卷一，《石匮书自序》：能为史者，能不为史也，东坡是也。不能为史者，能为史者也，弇州是也。弇州高抬眼，阔开口，饱蘸笔，眼前腕下，实实有"非我作史，更有谁作"之见，横据其胸中。史遂不能果作，而作不复能佳，是皆其能为史之一念有以误之也。太史公其得意诸传，皆以无意得之，不苟袭一字，不轻下一笔，银钩铁勒，简炼之手，出以生涩，至其论赞，则淡淡数语，非颊上三毫，则睛中一画，墨汁斗许，亦将安所用之也。后世得此意者，惟东坡一人，而无奈其持之坚，拒之峻，欧阳文忠、王荆公劝之不为动，其真有为见于史之不易作，与史之不可作也。

嗟嗟！东坡且犹不肯作，则后之作者，亦难乎其人矣！余之作史，尚不能万一弇州，敢言东坡？第见有明一代，国史失诬，家史失谀，野史失臆，故以二百八十二年总成一诬妄之世界。余家自太仆公以下，留心三世，聚书极多，余小子苟不稍事纂述，则茂先家藏三十余乘，亦且荡为冷烟，鞠为茂草矣。余自崇祯戊辰，遂泚笔此书，十有七年而遽遭国变，携其副本，屏迹深山，又研究十年而甫成此帙。幸余不入仕版，既鲜恩仇，不顾世情，复无忌讳，事必求真，语必务确，五易其稿，九正其讹，稍有未核，宁阙勿书。故今所成书者，上际洪武，下迄天启，后皆阙之，以俟论定。余故不能为史，而不得不为其所不能为，固无所辞罪，然能为史而能不为史者，世尚不乏其人，余其执简俟之矣。

邵廷采《思复堂文集》卷三，《明遗民所知传》：山阴张岱，字宗子，左谕德元忭曾孙也。性承忠孝，长于史学。丙戌后，屏居卧龙山之仙室。短檐危壁，沉淫于有明一代纪传，名曰《石匮藏书》，以拟郑思肖之《铁函心史》也。至于废兴存亡之际，孤臣贞士之操，未尝不感慨流连陨涕，三致意也。顺治初，丰润谷应泰提学浙江，修《纪事本末》，以五百金购请其书，慨然曰："是固当公之。公之谷君，得其人矣。"年七十余卒。衣冠揖让，绰有旧人风轨。

傅增湘《藏园群书经眼录》卷三，史部纪传类：《石匮书》二百二十卷。题蜀人张岱撰，缺卷十二至二十三凡十二卷。旧钞本，八行二十字，版心有"凤嬉堂"三字。或题会稽张某，或题剑南张某。……书凡二百二十卷，卷第间用朱笔更定，或一卷而包括数十传，或二三卷而只得一二传，盖属稿未定，或有待于重编也。仿《史记》体例，分帝纪、志、世家、列传。帝纪缺穆宗、神宗、光宗、熹宗、思宗五朝，卷十二至二十三，凡十二卷，以本书每帝纪一卷测之，则帝纪以下或尚有后妃纪及年表七卷，然前后无序，已无从考见矣。略事披览，其义例踳驳，词旨疏漏者恒所不免，陶庵词话之士，固难语于史才。……乙巳二月二十八日记。

今案：据张岱自序，是书始撰于崇祯元年戊辰（公元1628年），崇祯十七年（公元1644年）明亡后，又历十年而成，故系于本年（公元1654年）。

## 公元1655年 清世祖顺治十二年 乙未

### 清廷纂修《顺治大训》。

《清世祖实录》卷八八，清世祖顺治十二年正月辛亥：谕大学士额色黑等："朕惟平治天下，莫大乎教化之广宣；鼓动人心，莫先于观摩之有象。夫精微之道，难喻颛蒙，而质朴之言，未详证据。兹欲将历代经史所载，凡忠臣义士、孝子顺孙、贤臣廉吏、贞妇烈女及奸贪鄙诈、愚不肖等，分别门类，勒成一书，以彰法戒，名之曰《顺治大训》。即于新春开馆，特命额色黑、金之俊、吕宫为总裁官，能图、张悬锡、李霨为副总裁官，王无咎、沙澄、方拱乾、黄机、吴伟业、王熙、方悬成、曹本荣、姜元衡、张士甄、范廷元、李仪古、宋之绳、白乃贞，又满官四员为纂修官，满官四员为誊录官，典籍二员为收掌官。卿等受兹委任，需协力同心，殚思博采，务令臣民皆可诵习，观感兴起，无负朕惓惓化导之意。"

**《御制资政要览》著成。**

　　清世祖《资政要览序》：朕惟帝王为政，贤哲修身，莫不本于德而成为学，如大匠以规矩而取方圆，乐师以六律而正五音，凡古人嘉言善行，载于典籍者，皆修己治人之方，可施于今者也。朕孜孜图治，学于古训，览《四书》《五经》《通鉴》等编，得其梗概。推之十三经、二十一史及诸子之不悖于圣经者，莫不根极理道，成一家言。但卷帙浩繁，若以之教人，恐未能一时尽解其义，亦未能一时尽得其书，因思夫纪事宜撮其要，纂言当钩其元，乃采集诸书中之关于政事者为三十篇，又虑其涣而无统，于是每篇贯以大义，联以文词，于忠臣、孝子、贤人、廉吏略举事迹，其奸贪、不肖、悖乱者亦载其内，使法戒迥然。加之训诂，详其证据，譬之萃众白以为裘，范六金而成鼎，皆约而易明，文简而易阅。名曰《资政要览》。观是书者，熟思而体之，可以为笃行之善；推类而广之，可以为博雅之君子。毋求之语言文字之间，则朕谆谆教喻之心，庶乎其不虚矣。顺治十二年正月吉日序。

**济尔哈朗奏请设立起居注官。**

　　《清世祖实录》卷八九，顺治十二年二月壬戌：和硕郑亲王济尔哈朗奏言："……抑臣更有请者，垂修典谟，光昭令德，莫要于设立史官。皇上统一中原，事事以尧舜为法，但起居注官尚未设立。古之圣帝明王，进君子，退小人，顺天心，合民志，措天下于太平，垂鸿名于万世，良于史臣有赖。今宜仿古制，特设记注，置诸左右。凡皇上嘉言善行，一一记载，于以垂宪万世，传之无穷，亦治道之一助也。"上嘉其言。

**《清太宗实录》草成，敕纂太祖、太宗圣训。**

　　《清世祖实录》卷八九，顺治十二年二月丁卯：内翰林国史院侍读黄机奏言："自古仁圣之君，必祖述前谟，以昭一代文明之治。年来纂修《太祖太宗实录》告成，伏乞皇上特命诸臣详加校订，所载嘉言善政，仿《贞观政要》《洪武宝训》诸书，辑成治典，恭候皇上钦定鸿名，颁行天下。尤望于万幾之暇，朝夕省览，身体力行，绍美前休。"下所司议。

　　《清世祖实录》卷九一，顺治十二年四月癸未：谕内三院："朕惟帝王之道，法祖为先。夏贻典则，商监成宪，周重谟烈，三代隆盛，率循兹轨。钦惟我太祖武皇帝创业垂统，圣德开天；太宗文皇帝积功累仁，宏模启后。大经大法，固足范围百王；一动一言，皆可训行四海。《实录》业已告成，朕欲仿《贞观政要》、《洪武宝训》等书，分别义类，详加采辑，汇成一编，朕得朝夕仪型，子孙臣民，咸恪遵无斁，称为《太祖圣训》、《太宗圣训》，即于五月开馆。……"

**《御定人臣儆心录》成书。**

《清朝文献通考》卷二二二，史部政书类：《御制人臣儆心录》一卷，顺治十二年世祖章皇帝御撰。

清世祖《御定人臣儆心录序》曰：朕惟人臣立身制行，本诸一心，心正则为忠为直，众美集焉。不正则为奸为慝，群恶归焉。是故心者万事之本，美恶之所由出也。顾事有殊涂，心惟一致，一于国则忘其家，一于君则忘其身，如此者不特名显身荣，邦家亦允赖之矣。若夫奸邪之流，树党营私，怙权乱政，卒至身名俱丧，为国厉阶。……朕历稽往古，宵人误国，代代有之，观诸近事，复炯鉴昭然，足为永戒。恐后之为臣者，或仍蹈覆辙，负主恩而渝素志，至于身罹刑宪，悔悼无由，故推原情状而论列之，录成一编，以为"人臣儆心"之训云。顺治乙未季春日序。

## 公元1656年　清世祖顺治十三年　丙申

**清廷敕纂《通鉴全书》。**

《清世祖实录》卷九七，顺治十三年正月癸未：谕内三院："朕惟记一朝之得失，爰有史书；考百代之是非，厥惟《通鉴》。顾笔削互异，论断相衡，卷帙虽纷，得中尚寡，何以昭垂永久，号称完书？朕兹欲将诸家所纂，广加裒集，删繁考异，订为一编，名曰《通鉴全书》。……"

## 公元1657年　清世祖顺治十四年　丁酉

**孙奇逢著成《中州人物考》。**

孙奇逢《中州人物考叙》：余来中州九年矣。中州之贤豪长者，同时而我不闻，我之不能取善于乡，可知也；过去而我不闻，我之不能尚论于古，又可知也。

语云：盖棺乃定。姑无论同时，则尚友古人，可或靳欤？残年山栖，无所事事，偶于素闻素见者，得二百余人，均之为人物耳。或以理学著，或以经济称，或殉难一朝而以节义显，或抒忠有素而以直谏名，或居身不苟，立朝有闻，人亦不得以一节目之，则方正之谓也。此五者途辙虽分，而本源乃合。第就其时其地，各成一品格，所谓"君子亦仁而已矣，何必同？"或曰"武与文，则迥乎不同矣。"余曰：不然。文以经邦，武以戡乱。觭武不可，觭文亦不可。故益赞尧德曰："乃武乃文"。智、仁、信、勇、严，宁直将道？亦相道也，亦君道也。若隐逸，则不以文武著称，抱道于身，未用于世。世有不可必之行，而我无不可必之藏，所谓隐显一致耳。故序列六科，而以隐逸终焉。是集也，始自明代，以世次为叙，神庙以后，成案未定，虑有遗失，故人不厌多。在中州言中州，存之以助一己之渺修，且以备中原之人物。嗣后有闻，尚期续入。顺治丁酉立秋日，容城孙奇逢启泰氏书于兼山草堂。

孙淦《中州人物考纪事》：先徵君是考，盖丁酉以前搜集明代诸纪录，共得六十余人。已而于过成山庭训《国朝人物考》，又得数十人。高子鐈归自汝、颍，所得于同志之乐道，暨前哲之梓传者，又复六十余人。合同学诸子之采访，共二百有奇，遂成此帙。曩极慕西亭王孙《人物志》一编，恨未寓目。后淦过郾瑕，偶得之市肆敝箧中，携归参互考证，合者七八，且操觚命意后先若符也。凌稚哲迪知《统谱》中载中州人物，颇亦称详。因取二书，复与汤孔伯先生斌陆续裁酌，总计三百六十余人，惜沦断未竟，而先徵君病遂不起。今年春暮，淦与家季父在白门，周子雪客适有访求中州先贤遗集之举，因索是书。比归，编次缮副本寄之。……康熙十七年岁次戊午中秋前五日，仲孙淦沐手敬识于廑延客舍。

谢益《中州人物考序》：《中州人物考》，孙徵君夏峰先生之手辑也。益幼趋庭时，先君子谆谆以徵君所辑《理学宗传》为益诲知，先君子之私淑者久矣。及甲子年，先君子主讲真源书院，丙寅年归桐城，语益曰："余久闻夏峰先生辑有《中州人物考》，分门别类，微显阐幽，大有功于世教。余今至中州，仅得见其所辑《理学》一册，惜未窥全豹。"益敬求其详，先君子曰："孔门四科，首列德行，此《人物考》之所以首理学也。而四科以言语、政事、文学次德行，此《人物考》之所以不废经济、忠节等门也。"益敬识之不敢忘，今徵君之裔孙家秀，以《中州人物考》全编稿本示益，欲全刻以垂不朽。益回思庭训，謦咳如新，既将《理学宗传》付梓，亦即以《中州人物考》付梓，以公诸世，并序数言于简端，以敬述先君子诒益之意，并著徵君裔孙家秀绳祖之孝思云。道光甲辰甲五望后十日,谢益谨识于氾水官署之镜心斋。

《四库全书总目》卷五八,史部传记类二:《中州人物考》八卷,国朝孙奇逢撰。……是编载河南人物,分为七科,一理学,二经济,三忠节,四清直,五方正,六武功,七隐逸,而文士不与焉。盖意在黜华藻,励实行也。所录皆明人,惟忠节之末,附元蔡子英一人。人各为传赞,多者连数纸,少或仅一行,云无徵者则不详,不以详略为褒贬也。后一卷曰补遗,曰续补,不复以七科标目,盖不欲入之七科中,故托词于补续云尔。然犹与七科一例,虽布衣以公称。最后有名无传者三十四人,则直书其名矣。其赞恕于常人,而责备于贤者,颇为不苟。……

**《国榷》作者谈迁卒。**

钱朝玮《谈孺木先生传》(载《枣林诗集》附录):先生讳以训,字观若。未弱冠补弟子员,食廪饩。遭鼎革,既脱去如敝屣,异其名曰迁,字孺木。……先生生平无他好,惟好书。故二酉五车,尽皆腹笥。为人诚朴无粉饰,探之渊然,接之蔼然。……岁丁酉,予同先生应平阳司理沈公聘,遂偕往。……顾先生所晨夕校雠,编以年,序以日,手不停书者曰《国榷》。《国榷》者,即先生所辑皇明日录者。起龙飞,迄瞑晦,凡三百年事,罔不详核而备载之,约数百卷。日得十二纸为率。尝谓予曰:"志此者三十年矣。月旦一时,是非千古,不可苟也。尝旅食京师,得睹史馆秘本,又旁参诸家,寻访故老,今始就绪。好古不作,亦犹仲尼窃比老彭。虽然,我辈论世知人,有未足者。嗣是予更欲罗一代帝王将相,仿龙门体,作本纪传赞,恐不仅岁月间事。君能襄事否?"余谢不敏。言未几,忽于季冬八日遘疾,越三日,邃践两楹之奠于汾阳署。呜呼痛哉!……时盖季冬十有一日申刻也。呜呼!马革裹尸,虽昔贤壮志,然骨近南邱,魂游北旅,凡属有心,能不黯然。予获交先生晚,犹幸得为御李游,方朝夕接膝,寒冰冷署,规益良多。予敬事先生,先生亦不众人目我。尝睨予曰:"恨子不逢时。"嗟乎!玮岂敢忘于心哉!因敬述先生之得闻于予,及予之获睹于先生,书而为之传。

朱一是《为可堂初集》卷二八,《谈孺木先生墓志铭》:……按状:谈之先世汴人,宋建炎初,迪功郎肇南渡,居临安。四传徙海宁枣林村,再徙麻泾之西河。以耕读传家。先生之父曰于庭,受饩郡庠。母沈氏,生吾志。继母俞氏,生先生。幼颖异,舞象即补弟子员。性独喜古文辞,为时文应制,犹古文也,名籍籍诸生间。称既廪，然用此久不遇。稍长，益肆力于经史百家之言，即梵函玄笈，罔不搜览焉，尤究心国朝典故。……于是博采群籍，多著述，成一家言。壬午，受知蕺山张公，为布衣交，欢甚。又因张公交硜斋高公。二公天下之望，谓当世君子，无右先生者。甲申国变，金陵拥立。高入相，张为冢宰。……张公客死宣城，高公致命会稽。先生归麻泾，独居深念，忽忽如有失。丙戌，明经次及，敝屣弃去。会里中盗起，著稿与藏书尽失。先生悲悼者累月，每叹曰："余发种种，尚腆然视息人间，为著稿未传其人也。今且奈何哉？"寻与魏塘钱塞庵相国辑编近世实录，又复遍访诸故家，有所得札记之，志复所著。癸巳，受梅麓朱公聘，诣长安。如太史公之登涉，耳目所及，必采访焉。甲午八月朔，徒步百里，谒思陵。……梅村吴公者，人伦耆宿也。前二十年问余曰："若里有贤士乎？"余以先生对。时相见于燕都，始信余知言，方先生为黄漳浦。其为前辈推服如此。丙申夏，旋里。又附静园沈公之官平阳，将哭蕺山张公于墓门，未几以疾卒于平阳。当是时先生著稿再成矣。……先生初名以训，改名迁。卒于丁酉十二月十一日，距生万历甲午十月十二日，享年六十有四。配俞氏，生三子，樸、祺、祉。克绍箕裘，集先生所著《枣林集》十二卷，《史论》二卷，《北游录》八卷，《西游录》二卷，《枣林杂俎》六卷，《枣林外索》六卷，《海昌志》八卷，及杂著百卷藏于家。……

黄宗羲《南雷文案》卷八，《谈孺木墓表》：君谈氏，名迁，字孺木，海宁县人。初为诸生，不屑场屋之僻固狭陋，而好观古今之治乱，其尤所注心者，在明朝之典故。以为史之所凭者，《实录》耳。《实录》见其表，其在里者已不可见。况革除之事，杨文贞未免失实。泰陵之盛，焦泌阳又多丑正。神熹之载笔者，皆宦逆奄之舍人。至于思陵十七年之忧勤惕励，而太忠遘荒，皇寖烈焰，国灭而史亦随灭，普天心痛。于是汰十五朝之《实录》，正其是非，访崇祯十七年之邸报，补其缺文，成书，名曰《国榷》。当是时，人士身经丧乱，多欲追叙缘因，以显来世，而见闻窄狭，无所凭藉，闻君之有是书也，思欲窃之以为己有。君家徒四壁，立不见可欲者，夜有盗入其室，尽发藏稿以去。君喟然曰："吾手尚在，宁遂已乎？"从嘉善钱相国借书，复成之。阳城张太宰、胶州高相国皆以君为奇士，折节下之。其在南都，欲以史馆处君，不果。亡何，太宰、相国相继野死，君亦弃诸生，北走昌平，哭思陵。西走阳城，欲哭太宰，未至而卒，丙申岁冬十一月也。

盖君于君臣、朋友之间，实有至性，故其著书，亦非徒为盗名之秘经而已。

余观当世，不论何人，皆好言作史，岂真有三长，足掩前哲，亦不过此因彼袭，攘袂公行。苟书足以记名姓，辄不难办。权而论之，史之体有三：年经而人与事纬之者，编年也；以人经之者，列传也；以事经之者，纪事也。其间自有次第编年之法，《春秋》以来，未之有改也。有编年而后有列传，故本纪以为列传之纲。有编年而后有纪事，故纪事为《通鉴》之目。奈何今之作者矢口迁、固，而不屑于悦、宏？夫作者无乘传之求，州郡鲜上计之集，不能通知一代盛衰之始终，徒据残书数本，谀墓单辞，便思抑扬人物，是犹两造不备而定爰书也。以余所见，近日之为□□者，其人皆无与乎文章之事，而公然长篇累牍，行世藏家，辄欲与五经方驾，三志竞爽，岂以后世都可欺乎？君乃按实编年，不衒文采，未尝以作者自居，异日有正明世之事者，知在此而不在彼也。君之子祺，求余表墓，余美无溢辞，亦史法也。

  谈迁《国榷自序》：亦史氏曰：明兴垂三百载，治骎骎日以盛，而史事则学士家犹逊言之。木天金匮之藏，每乘舆代兴，则词臣云集而从事，既奏竣，扃之秘阁，即荐绅先生不得一目剽。周秦以来，史臣有专职，亦有专述，故其官与业交相劝也。明之史臣夥矣，大概备经筵侍从，既夺名山之晷，而前后有所编摩，俱奉尺一。其官如聚偶，其议如筑舍，非正三公而坿公座者，不得秉如椽焉。且明初史馆，布衣亦尚与坛坫之末，其后非公车不敢望，又其后馆阁有专属，即公车之隽，或才如班、范，未始以概进也。噫！明之于功令，斷斷甚矣。故史日益以偷，垂三百载而无敢以左史应者。神宗时，陈文宪锐意于史，而史竟乌有，虽文宪不克襄事，脱幸而史，恐不堪为唐宋六朝役，何论雁行也？计其时琅琊、新都、云杜二三君子足任鞭弭，而曾不一收溲勃之用，又曷为史哉？故史至明，遂以秘而为酝隍，泌阳之恡险也而史，江陵之严刻也而史，杨文贞、董文简之褊伎也而史，史之权不有所齮，则有所避。盖棺事定，革除事已荡为飘风冷尘，灭没半不可问，而周之顽民，所脱然刷洗者十一耳。永陵议礼，至于今甲可乙否，聚讼之舌，敝而犹新，此将何以衷之也。定庆实录告成，俄而在事诸臣半削籍，甚则投缳谢世，以国家忠厚鸿庞，昌言无忌讳，而千载上腐刑余波当能及人，史不亦可畏哉？然则今之史，拘忌文法，柱枝耳目，盲之诬，淑之短，赤之俗，不但尔尔，江左前史出一家，唐太宗命诸臣为《晋史》，始割缀而不适于一。永叔为《五代史》则著，为《新唐书》则不甚著，天下事成于独而散于同，比比是也。明作者非一人，繁简予夺之间，得失相半。郑端简号为博雅，有其学矣，惜非其才；北地才而不史；琅琊欲史而隐忍以没，又其初皆不践承明之庐；云杜寄径非久，遂老簿书钱谷间。史才难得亦难失，当宁或任耳不复任目，则虽能史者，有摧谢规避，畴以身为射之哉？故予窃感明史而痛之，屡欲振笔，辄自惭怒臂，不敢称述。间窥诸家编年，于讹陋肤冗者，妄有所损益。阅数岁，裒然成帙，不遂灰弃，举而荐之铅椠，笑古人之未工，忘己事之已拙。谅哉！虽然，尘饭涂羹，戏之云尔，持以质大君子之门，方土龙刍狗之不若，何况乎绵蕞也？天启丙寅三月朔，谈迁书于枣林之容膝轩。

此丙寅旧稿，嗣更增定。触事悽咽，续以崇祯、弘光两朝，而序仍之，终当覆瓿，聊识于后。迁又跋。

谈迁《国榷义例》：横木水上曰榷。汉武帝榷商税，今以榷史，义无所短长也。事辞道法，句榷而字横之，大抵宁洁毋靡，宁塞毋猥，宁裁毋赘，若亥豕之讹，雌黄之口，尤其慎旃，不敢恣臆于百襈之下。……天启辛酉，值内艰，读陈建《通纪》，陋之。私自笔录，渐采渐广，且六易稿，汇至百卷。丁亥八月，盗胠其箧，拊膺流涕曰："噫！吾力殚矣。"居恒借人书缀辑，又二十余年，虽尽失之，未敢废也。遂走百里之外，遍考群籍，归本于实录。其实录归安唐氏为善本，槜李沈氏、武塘钱氏稍略焉。冰毫汗茧，又若干岁，始竟前志。田夫守株，愚人刻舟，予病类之矣。江左遗民谈迁孺木识。

喻应益《国榷序》：取二百四十年之间七十二君之所行，断以一人之论，以成一家之言者，《春秋》也。《春秋》者，孔子之《春秋》，非鲁之《春秋》也。故官秩不隶于柱下，笔札不给于兰台，版册不藏于天府。《春秋》者，野史之牺象也。追云不待合而雨，河不北趋而南，天地变而戎猾夏，天乃兴秦以废古。书籍则火，孰敢摇笔而治丹铅；腹诽则诛，孰敢张口而谈国事。汉兴，初尚朴圜。天又不终废古，而后稍任经术，于是司马迁、班固之徒世其官，而西汉有史。其后皆以异代之史，而掌前世之故，或借一国之才，而参他国之志，然亦必稽当时稗官说家之言，以为张本。孙盛以枋头受吓，崔浩以谤国罹祸，则亦秦之余猛矣，又安冀国有信史哉？史失则求诸野，则野史之不可已也久矣，殆亦天之所必存，以留是非之权于万世者也。

三代而后，国家之盛，是非之明，未有隆比我明者，故野史之繁，亦未有多于今日者。然见闻或失之疏，体裁或失之偏，纪载或失之略，如橡阙焉。盐官谈孺木，乃集海盐、武进、丰城、太仓、临朐诸家之书，凡百余种，苟有足述，靡不兼收，勒为一编，名曰《国榷》。予偶游海上，受而卒业，观其志则在《春秋》，观其法则在《纲目》，取二百六十年之中十有六朝之所行事，开国中兴之烈，守成累洽之休，大政大权，胪记眉列，赫焉侈矣，洵一代之鸿业也。夫以木横水曰榷。若孺木之所采辑，巨纤毕备，久近并综，诚哉榷而取之诸家无遗言矣。孺木以帖括之暇，而效为朱墨，本盖良史才，亦由识朗而学赡，故能成其大志欤。今经五，出子者四，而史居其二。《书》之谟，则言志而不言乱；训诰则言志而亦言乱；《春秋》则言乱而不言志矣。若我明之世，质之唐虞三代之治而无愧，我明之法，防诸奸臣贼子之乱而最严。千古郅隆之盛，天用古以兴我明也。宜孺木《国榷》足以兼《尚书》、《春秋》之盛事矣。尤天所必存之书也。异日者，孺木得载笔而升木天，以文墨事天子，大书特书，其贤于龙门、扶风远矣。是编且当献而藏之金匮石室间，野史云乎哉？崇祯庚午正月，新建友弟喻应益撰。

张宗祥《国榷题记》：《国榷》一书，《自序》谓创始于天启辛酉，则天启元年（公元1621年）也。序文成于丁卯，实天启六年。喻序在庚午，则为崇祯三年（公元1630年）。书稿被盗在丁亥八月，实为清顺治四年。弘光亦早亡矣。《义例》末云："冰毫汗茧，又若干岁，始竟前志。"则此书自被盗后再行续成，在清顺治四年之后，可无疑矣。《枣林外索序》纪甲午，实顺治十一年。《北游》、《西游》当更在《外索》之后，则《国榷》之成，意者其在顺治十年前后乎？

今案：《国朝耆献类徵初编》卷四百六十三《隐逸三·谈迁》，录朱一是撰墓志铭及黄宗羲撰墓表二文，并附按语云："谈先生卒年，志、表两歧，未知孰是，因两存。"吴晗《谈迁与〈国榷〉》一文考订，其生于明神宗万历二十一年癸巳（公元1593年），卒于丁酉，年六十四。黄宗羲所撰墓表言谈迁卒于"丙申"，误。然吴晗之说亦误，其后诸家续作考订，可参阅罗仲辉《谈迁生卒年月订误》（《浙江学刊》1982年4期）、张华《谈迁生卒年辨》（《晋阳学刊》1983年5期）、杨永康《谈迁生平行事考》（《史学史研究》2006年4期），此一问题业已解决。实则朱一是《谈孺木先生墓志铭》明言："卒于丁酉十二月十一日，距生万历甲午十月十二日，享年六十有四。"即生于明神宗万历二十二年十月十二日（公元1594年11月23日），卒于清世祖顺治十四年十二月十一日（公元1658年1月14日）。朱为谈迁同乡挚交，所述生平及著述大略，较为精准。以其人不甚有名，故为后世轻忽。

据谈迁《义例》，《国榷》创稿于明天启元年（公元1621年），自序作于天启六年辛酉（公元1626年），是此时初稿完成。明崇祯三年庚午（公元1630年），喻应益获睹初稿并作序。清顺治四年丁亥（公元1647年）

原稿被窃，此后发愤重作，续至弘光。又据钱朝玮《谈孺木先生传》，清顺治十四年丁酉（公元 1657 年），二人相识，谈迁述撰书原委，有"今始就绪"之语，而钱氏亲见谈迁犹在校勘不辍。是全书当成于其去世前不久，故系于本年。

是书清代无刊本，仅以传抄存世。今通行本为张宗祥据蒋氏衍芬草堂抄本和四明卢氏抱经楼藏抄本互校后重分的整理本，计一百零四卷，卷首四卷，共一百零八卷。起自天历元年（公元 1328 年），迄于明弘光元年（公元 1645 年）。卷首四卷分为大统、天俪、天潢，各藩、舆属、勋封、恤爵、戚畹、直阁、部院、甲科、朝贡等门。

## 公元 1658 年 清世祖顺治十五年 戊戌

**改内三院为内阁，设翰林院。**

《清世祖实录》卷一一九，十五年七月戊午：谕吏部："自古帝王设官分职，共襄化理，所关甚钜。必名义符合，品级画一，始足昭垂永久，用成一代之典。本朝设内三院，有满汉大学士、学士、侍读学士等官，今斟酌往制，除去内三院秘书、弘文、国史名色，大学士改加殿阁大学士，仍为正五品，照旧例兼衔。设立翰林院，设掌院学士一员，正五品，照旧例兼衔。除掌印外，其余学士亦正五品。以上见任各官，俱照本品，改衔供职。以后升授、衔品俱照新例。内三院旧印俱销毁，照例给印。内阁，满字称为多尔吉衙门，汉字称为内阁。翰林院，满字称为笔帖黑衙门，汉字称为翰林院。其侍读学士以下员数、官衔、满名，照汉官称谓。通著察例，详议具奏。"

（光绪）《钦定大清会典事例》卷一九，吏部：（顺治）十五年，改内三院为内阁，以大学士分兼殿阁。

**黄宗羲著成《弘光实录钞》。**

黄宗羲《弘光实录钞序》：寒夜鼠啮架上，发烛照之，则弘光时邸报，臣蓄之以为史料者也。年来幽忧多疾，旧闻日落，十年三徙，聚书复阙。后死之责，谁任之乎？先取一代排比而纂之，证以故所闻见，十日得书四卷，名之曰《弘光实录钞》。为说者曰："实录，国史也。今子无所受命，冒然称之，不已僭乎？"臣曰："国史既亡，则野史即国史也。陈寿之《蜀志》，元好问之《南冠录》，亦谁命之？而不谓之国史，可乎？"为说者曰："既名实录，其曰钞者，不已赘乎？"臣曰："钞之为言，略也。凡书自备而略之者，曰钞。实录纂修，必备员开局。今以一人之闻见，能保其无略乎？其曰钞者，非备而钞之也，钞之以求其备也。"臣既削笔洗砚，慨然而叹曰："帝之不道，虽竖子小夫，亦计日而知其亡也。然诸坏政，皆起于利天下之一念。归功定策，怀仇异议。马、阮挟之以翻逆案，四镇挟之以领朝权，而诸君子亦遂有所顾忌而不敢为，于是北伐之事荒矣。迨至追理三案，其利灾乐祸之心，不感恩于闯贼者仅耳。传曰：'临祸忘忧，忧必及之。'此之谓也。呜呼！南都之建，帝之酒色几何，而东南之金帛聚于士英，士英之金帛几何，而半世之恩仇快于大铖。曾不一年，而酒色、金帛、恩仇不知何在？论世者徒伤夫帝之父死于路而不知也。尚亦有利哉！"古藏室史臣黄宗羲识，时戊戌冬十月甲子朔。

## 孙奇逢著成《畿辅人物考》。

孙奇逢《畿辅人物考序》：予考中州人物，规模略具，有燕赵士过视夏峰者，曰："吾乡勋名节义，不减中州，岂可无述。"因据案头诸书，暨夙昔所闻见者，次第之类分例义，一如中州。因思予生于明代，长于明代，垂老于明代，本朝故典人物，宜与有闻焉。按自洪武戊申十六年，传至崇祯甲申，二百七十七年。有开国、靖难之功臣，有逊国之节臣。正统己巳之变，去戊申八十余年，于时死绥授命之士，视建文时何如哉？说者曰：高皇作人之化，既历三纪，世变风移，故得养士之报。而逊国诸忠杀戮太惨，未免干和。此言不知有当否？高皇之制，中官不得干预政事，而逆谨、逆贤辈相继煽乱，屠戮忠良。夫贤人者，国之宝也。人之云亡，则邦家未有不殄瘁者。盖为善者诛，则人相惩而不为善；人相惩而不为善，则何所不至矣。谨、贤二案，士大夫以节见者亦不少，然士大夫何乐乎以节见也。甲申大难，先帝即锐意有为，而元气销铄殆尽，愈速瘳适以促之速亡耳。平时危言洁行，与临难抗节死忠，原非二致，而神京陷没，死社稷者仅二十余人，以视建文时又何如哉？呜呼！人才关气运之盛衰，士气系人才之隆替，而其原本总造于大君之一心。予述明代二百七十七年来，历几成案，案各有人，人各有事。畿辅为京师首善之地，更不可缺。第愧衰迟寡陋，闻见不博，敬俟后之君子再为考入。顺治五年八月朔日，岁寒老人孙奇逢题于夏峰之兼山草堂。

孙世玟《畿辅人物考纪事》：先徵君自移家共城后，遍考中州有明一代人物，遂取畿辅人物而并考之。两书先后告成，载在年谱者，固甚明矣。《中州考》于甲辰年发刻，而此编以稿本遗失，未获授梓。同治丙寅，玟因事赴直，谒郑松峰、武酌堂两先生，皆切询以此编未刻之故，且令赶紧搜询。玟旋里后，遍为访问，于世谊孟城郭氏家得一稿本，残阙不全，仅存四科。因即命工开雕，以待续访。刻未成，瑶峰族叔闻之，谓玟曰："此事何不相闻？稿本在余家耳。"取出观之，前有凡例，七科俱全。校对之下，与郭氏本文多不符，乃知彼系初稿，此为完璧。即命工重加刊刻，遂于戊辰年十月开雕，己巳年十月蒇事。……同治八年岁次己巳八月上浣，九世孙世玟谨识。

王辂《畿辅人物考序》：孙夏峰先生者，明代道学之宗也。其辑《理学宗传》也，取薛、王、罗、顾四子，列之正统，而以曹靖修以下六十三人附之。固已举一代之道脉，而汇其要矣。而又念性道之发，见于斯人者，不尽此也。于是分为七科，以考当代之人物。移家共城，遂取中州人物而考之，共得若干卷。而此编者，则又先生桑梓所在，见闻较多，固宜其有倍详于中州者也。统而观之，大约闻见广则无所遗，识力定则无所滥，好恶端则无歧情，情面破则无私见。务使迪德者无或湮，而后来者有可法。其有关于世道人心者，功甚巨也。《中州考》久已流传，而此编以稿本遗失，未曾授梓，知者憾之。同治己巳，先生九世孙士佩搜访得之，亟谋付之剞劂，以广其传，而属辂为序。辂于道无所见，虽曾窃读先生之书，且多未能了然者，又安敢轻发于言乎？然窃念性道之在斯人，天甚爱护之，则必生一人焉，以保存之。三代以上之道脉，发端于唐帝，而集成于孔子。有宋之道脉，发端于元公，而集成于朱子。有明之道脉，发端于薛子，而集成于先生。其列于《宗传》者，固足以汇其要。而此编及《中州考》，则又先生随其托身之所在，零星收拾，细大无遗，将孟氏所谓"存几希者"，端在于此，又岂可不为之一揭其旨也乎？抑又思之，先生之学，以"时习"为宗旨，固孔门之传也，随处而无不习，即随所处而无非学。其解"识大"、"识小"之说，曰："一入夫子之心，则各分其一节者，自统见其体。"读斯编者，傥移此语以观先生，则于先生之所得，亦庶可以略有所窥矣。是为序。时同治八年岁次己巳二月上浣，武陟后学王辂薰沐敬识。

郑元善《畿辅人物考序》：世有体道之人而道存，世有明道之人而道益存。盖识大、识小莫不有道，非有明道者为之论述而表章之，则泯灭无传者不知凡几矣。故春秋有孔子，而史鱼之直，子文之忠，陈文子之清，子产之恭敬惠义，以及生长宗邦者,如臧武仲等之知廉勇艺,皆得著闻于当时,而为法于后世。传其人也,实传其道也。夏峰先生生于燕,终于豫。当明季世,身任道统,既辑《理学宗传》,以明道之会归,并成《中州人物考》,以见道之散殊。又以畿辅为首善之区、桑梓之地,教泽涵濡,久而亲切,人才蔚起,不亚中州,随所见闻,集而录之,以为《畿辅人物考》。俾生长斯世者,亦得闻风兴起而懦立顽廉,何其嘉惠后学之心有加无已也。善与先生九世孙世玟交好有年,得尽读先生著述。丁卯春,又出是编示予,将付剞劂,因亦叹先生之道之历久而弥光也,是为序。时同治八年十月上旬,乡后学沙丘郑元善敬识。

今案:据孙世玟《纪事》云:"先徵君自移家共城后,遍考中州有明一代人物,遂取畿辅人物而并考之。两书先后告成,载在年谱者,固甚明矣。"检汤斌等所撰《孙夏峰先生年谱》,顺治七年,孙氏移家河南辉县。九年,移居夏峰。十三年,题所居夏峰草堂为兼山堂。十四年十二月,《中州人物考》著成。十五年二月,《畿辅人物考》著成。所述当可信从。故《畿辅人物考》(同治八年兼山堂刻本)孙奇逢序末署"顺治五年八月朔日岁寒老人孙奇逢题于夏峰之兼山草堂","五"字前当脱一"十"字。本书八卷,分类体例与《中州人物考》同。

## 谷应泰《明史纪事本末》成书。

谷应泰《明史纪事本末自序》:《通鉴纪事本末》者,创自建安袁枢,而北海冯琦继之。其法以事类相比附,使读者审理乱之大趋,迹政治之得失,首尾毕具,分部就班,较之盲左之编年,则包举而该浃,比之班、马之传志,则简练而隐括,盖史外之别例,而温公之素臣也。沿及明代,迄无成书,搜釐条贯,盖其难哉。余谬承学政之役,兼值右文之朝,夙夜兢兢,广稽博采,勒成一编,以补前史。……嗟乎!周治盛于文、武,汉道大于高、光,此前世之所以兴隆也;孔子伤心幽、厉,武侯痛恨桓、灵,此后世之所以衰微也。综观明政,何莫不然。昔汤臣进规,鉴于有夏;姬朝作讽,戒在殷商。惟我皇清,开天初造,揽胜国之惠逆,察已事之明验,保世滋大,毋亦于斯镜见焉。余不敏,泛澜众家,编缀是书,比于九龄之《千秋金鉴》、德秀之《大学衍义》,虽材智不逮,亦复竭其愚忠云尔。顺治戊戌冬十月,提督两浙学政金事丰润谷应泰撰。

傅以渐《明史纪事本末序》:编年之史自春王,序传之史自子长,而纪事之史古无闻焉。然而贾谊、贾山借秦为喻,《千秋金镜》述古作鉴,说者谓其言甚类纪事，特微焉而不彰，略焉而不详，故于世罕称道。至有宋袁枢，纪事始著，自此以来，史体遂三分矣。夫考一代之统系，必在编年；寻一人之终始，必存序传。若夫捆车载乘，至可汗牛，充栋集帷，尤难衡石，一事而散漫百年之中，一事而纵横数人之手，断非纪事不为功，宜其书公卿乐得而讨论，朝廷乐得而备顾问也。

有明三百年，事如梦丝，若其经营之弘远，缵绪之英伟，君臣一德而昌，上下暌否而亡，宦寺执柄而孽延数世，女戎造妖而祸发盈朝，大礼聚讼而思假天飨祖之难，盗贼蠭生而思守令险厄之要，贾子有云："前事不忘，后事之师"，一代兴衰之绪，实志古者考镜得失之林也。谷子霖苍夙有网罗百代之志，既膺简书，督学于浙，以其衡文之暇，搜辑明世全史，分纪其事，得八十篇，复各列为论断，次见于后。阅其纪事而汙隆兴废之故，贤奸理乱之形，洞若观火，较若列眉。更读其论断诸篇，又无不由源悉委，揣情摭实。贾昌之说故事，历历目前；马援之画山川，曲折具见。洵一代良史也。皇上右文求治，博购群书，金绳玉检，重研而至。行见事毕还朝，挟中郎之枕秘，遇圣天子止辇咨询，因得从容为《过秦》、《金镜》之词，自附于二贾、九龄之后，垂光史册，著美熙朝，余且得簪笔而记其后也。是为序。时顺治戊戌嘉平，太子太保武英殿大学士兼兵部尚书聊城傅以渐撰。

《四库全书总目》卷四九，史部纪事本末类：《明史纪事本末》八十卷。国朝谷应泰撰。应泰字赓虞，丰润人。顺治丁亥进士，官至浙江提学佥事。其书仿袁枢《通鉴纪事本末》之例，纂次明代典章、事迹，凡八十卷，每卷为一目。当应泰成此书时，《明史》尚未刊定，无所折衷，故纪靖难时事，深信《从亡》、《致身》诸录，以惠帝殉国为实，于滇黔游迹载之极详；又不知懿安皇后死节，而称其青衣蒙头，步入成国公第。俱不免沿野史传闻之误。然其排比纂次，详略得中，首尾秩然，于一代事实极为淹贯。每篇后各附论断，皆仿《晋书》之体，以骈偶行文，而遣词抑扬，隶事亲切，尤为曲折详尽。考邵廷采《思复堂集·明遗民传》，称：山阴张岱尝辑明一代遗事为《石匮藏书》，应泰作《纪事本末》，以五百金购请，岱慨然予之。又称：明季稗史虽多，体裁未备，罕见全书，惟谈迁编年、张岱列传两家，具有本末，应泰并采之以成纪事。据此，则应泰是编，取材颇备，集众长以成完本，其用力亦可谓勤矣。

谢国桢《增订晚明史籍考》卷一：《明史纪事本末》八十卷，原题：提督浙江学政佥事丰润谷应泰编著。……按：是书起于明太祖起兵，至甲申北都不守而止。记有明一代大事，原委起讫，极有条贯，而每篇后之论赞洞见当时症结，颇有见地，非出于史家如张宗子诸君者不能为此。……

今案：是书作者，清以来争议不断。金毓黻《中国史学史》云："谷应泰之《明史纪事本末》，则异说甚多，一说山阴张岱撰此稿，应泰以五百金购得之；一说谈迁《编年》（即所撰《国榷》一百卷）、张岱《列传》，两家具有本末，而应泰并采之，以成《纪事》（《四库提要》引邵廷采说）；一说此书出自海昌谈迁，而后论则杭州陆圻所作也（姚际恒说）；一说此书乃德清徐倬代作（朱彝尊说）。总之应泰位跻通显，倩人代作，势有可能，至攘人之善以为己有，则非有确证，不敢信其然也。"（河北教育出版社 2000 年版，第 278—279 页）是书之史源及作者问题，近现代学者续有探究，虽有分歧，但大致确认，兹书由谷应泰挂名主编，具体编者有徐倬、张坛、张岱等人，论赞"谷应泰曰"的文字，则大体取自蒋棻的《明史纪事》，所据基本史料除《鸿猷录》、《石匮书》、《石匮书后集》、《国榷》外，亦博采明代官私文献。参阅李光璧《谷氏〈明史纪事本末〉探原》（《中和月刊》1942 年 3 卷 12 期）、邱炫煜《明史纪事本末史论出自蒋棻代作说》（《第一届两岸明史学术研讨会论文》，台北政治大学 1996 年版）、陈祖武《明史纪事本末》（载仓修良主编《中国史学名著评介》第二卷，山东教育出版社 2006 年版）、徐泓《〈明史纪事本末〉的史源、作者及其编纂水平》（《史学史研究》2004 年 1 期）等文。

## 公元 1659 年 清世祖顺治十六年 己亥

### 姜图南、折库讷先后上疏奏请开馆编纂《明史》。

《清世祖实录》卷一二五，顺治十六年闰三月壬午：陕西道御史姜图南疏言："《明史》一书，虽事属前代，而纂修之典则在本朝。请发金匮藏书，敕内阁翰林诸臣，开馆编纂，广搜会订，以成信史。"疏下所司。

《清世祖实录》卷一二六，顺治十六年五月己卯：礼部议覆翰林院掌院学士折库讷等疏言："明朝一代之史，理应修辑，以昭鉴戒。请敕各直省地方官，凡收藏有明崇祯十七年朝报及召对记载，可备采择者，务期广为搜罗，速行汇送翰林院，以便题请纂修。其野史小说，不许滥收。"报可。

## 公元 1660 年　清世祖顺治十七年　庚子

**清廷议改历代帝王祭祀。**

《清世祖实录》卷一三六，顺治十七年六月己丑：礼部议覆山东道监察御史顾如华疏言："帝王庙创建于故明，及我朝增定金太祖、金世宗、辽太祖、元太祖、明太祖，共二十一帝，皆系开创之主，不及守成贤君。但守成不乏谊主，如商之中宗、高宗，周之成王、康王，其行事见于《诗》、《书》史鉴，诚为守成令主。汉之文帝，史称其节俭爱民，海内安宁，家给人足。宋之仁宗，恭俭仁恕，忠厚之政，培有宋三百年之基。明之孝宗，仁恭节用，任贤图治，忧勤惕励，始终不渝。应否入庙并祭，仰候睿裁。……"得旨："商中宗、商高宗、周成王、周康王、汉文帝、宋仁宗、明孝宗，俱入庙并祭。辽太祖、金太祖、元太祖，原未混一天下，且其行事亦不及诸帝王，不宜与祭，着停止。余依议。"

## 公元 1661 年　清世祖顺治十八年　辛丑

**顺治帝逝世，由满洲守旧派拟定"遗诏"。**

《清世祖实录》卷一四四，清世祖顺治十八年正月丁巳：丁巳夜子刻，上崩于养心殿，诏颁示天下。诏曰："朕以凉德，承嗣丕基，十八年于兹矣。自亲政以来，纪纲法度、用人行政，不能仰法太祖、太宗谟烈，因循悠忽，苟且目前，且渐习汉俗。于淳朴旧制，日有更张，以致国治未臻，民生未遂，是朕之罪一也。……宗室诸王贝勒等，皆系太祖、太宗子孙，为国藩翰，理宜优遇，以示展亲。朕于诸王贝勒等晋接既疎，恩惠复鲜，以致情谊暌隔，友爱之道未周，是朕之罪一也。满洲诸臣，或历世竭忠，或累年效力，宜加倚托，尽厥猷为，朕不能信任，有才莫展。且明季失国，多由偏用文臣，朕不以为戒，而委任汉官，即部院印信，间亦令汉官掌管，以致满臣无心任事，精力懈弛。是朕之罪一也。……祖宗创业，未尝任用中官，且明朝亡国，亦因委用宦寺。朕明知其弊，不以为戒，设立内十三衙门，委用任使，与明无异。以致营私作弊，更踰往时，是朕之罪一也。朕性耽闲静，常图安逸。燕处深宫，御朝绝少，以致与廷臣接见稀疎，上下情谊否塞，是朕之罪一也。人之行事，孰能无过，在朕日御万几，岂能一无违错，惟肯听言纳谏，则有过必知。朕每自恃聪明，不能听言纳谏，古云：良贾深藏若虚，君子盛德，容貌若愚。朕于斯言，大相违背，以致臣工缄默，不肯尽言，是朕之罪一也。朕既知有过，每日克责生悔，乃徒尚虚文，未能省改，以致过端日积，愆戾愈多，是朕之罪一也。……"

今案：顺治帝逝世，遗诏乃辅政大臣拟定，其内容显示出复旧倾向，且历数顺治帝之乖误做法。此等遗诏，极为特别，不仅显示满洲上层的政治分歧，且影响官方史学的走向。

## 清廷恢复内三院旧制。

《清圣祖实录》卷三，顺治十八年六月丁酉：谕吏部：世祖章皇帝《遗诏》内云："纪纲法度、用人行政，不能仰法太祖、太宗谟烈，渐习汉俗，于淳朴旧制，日有更张。"朕兹于一切政务，思欲率循祖制，咸复旧章，以副先帝遗命。内三院衙门自太宗皇帝时设立，今应仍复旧制，设内秘书院、内国史院、内弘文院，其内阁、翰林院名色，俱停罢。内三院应设满汉大学士、学士等官，尔部即开列衔名具奏。

## 吴绥于本年前著成《廿二史纪事提要》。

王步青《廿二史纪事提要序》：史学之例，变自司马子长，易编年为传记，而班、范因之。然子长所记，自开辟以至于汉孝武时，其书盈尺而止。后人纪事渐繁，自汉迄明，汗牛充栋。留心史学者，即专且勤焉，非几易寒暑不能卒业矣；而其中头绪实繁，莫由记忆，读者苦之。是以温公《通鉴》、朱子《纲目》又变传记之体，以上法乎《春秋》提纲挈领，令学者瞭然于目，然其取例也严，其徵事也详，一字之褒诛，定千载以上之论，故浅见寡闻之士，亦从而河汉其言。锡山吴韩章先生，为国初名宿，著述甚富。今《提要》一书，《通鉴》中择其事之有关治乱兴亡，以及民彝物则、人品心术之大者，以数字为标题，而隐括其本事，以为之注。其卷帙既不多，而历代兵刑礼乐制度文章于是而略备，诚史学之津梁，而《通鉴》、《纲目》之羽翼也。且夫，诗赋词章之士，欲撷采芳华者，往往求之于历朝小说、外传、杂记诸书，摘字句之奇艳以为用，今乃即于正史之内，每事识其一语，以为采取之资，一经标识，遂觉灿如列锦，取多用宏，其所裨于艺苑者，匪浅显矣。然则，一书而可以考古今、证得失、富词翰之英华，标论策之题识，孰有便于此者，其传世行远，又何疑焉？序而梓之，乾隆丙寅八月金沙王步青书于秦淮客寓。

汪思迥《廿二史纪事提要叙》：古今文体，近百皆听天下文士臆为之，独史置专官。编年法《春秋》，纪事法《尚书》，参互考订，以备后人观省，蕲于展卷便得其要领。无取乎繁重破碎，不易洞悉，而必迟之穷年累月、综见绩闻之余者也。金匮吴韩章先生《通鉴摘锦》，一代一朝，一人一事，摘字标题，文言制锦，便人诵习。其似（今案："似"疑为"嗣"之讹）蒙泉先生，以其历代事实依次编纪，易名《廿二史纪事提要》。……池东后学汪思迥京门叙言，时乾隆十一年丙寅夏六月立秋日也。

《四库全书总目》卷五〇，史部别史类存目：《廿二史纪事提要》八卷，国朝吴绥撰。绥字韩章，无锡人。是书成于顺治中。于诸史中择其大事为纲，而隐括原文以为之目。起自太古，迄于明末，故以廿二史为名。然实取之坊刻《纲鉴》，非采诸全史也。

## 公元 1662 年　清圣祖康熙元年　壬寅

**"庄氏史狱"案发。**

杨凤苞《秋室集》卷五，《记庄廷鑨案本末》：庄廷鑨字子襄，先世吴江人，其祖始迁居乌程之南浔，家巨富。父允城，字君唯，贡生，生三子，廷鑨其长也。少患癫疾，延良医治之，谓疾愈当损目，试之果然。廷鑨遂妄以盲史自居，其家与故相国朱文肃公家邻，因购得文肃《史概》未刻列传稿本，乃招宾朋群为增损修饰，而论断仍署朱史氏。又续纂天启、崇祯两朝事，其中多指斥之语，名曰《明书辑略》。书成而廷鑨死，允城痛伤之，为乞故礼部主事李令晳撰叙，列吴越名士十八人为参阅……顺治十七年冬刊成，颇行于世……未几李廷枢、吴之荣又发其事。初，廷枢任督粮道，之荣任归安知县，以对揭赃款，各坐绞罪系狱，遇赦得出。二人流寓浙中，越二年闻庄史事……之荣挟以恐吓庄氏，庄氏恃已呈部院，不为理。乃构于镇浙将军柯奎，将奏其逆书，允城惧，属府学生徐典（字秩三，原籍松江）居间馈松江提督梁化凤千金，梁为致书礼于奎，而事得解。之荣愤，亲诣庄氏，欲其稍馈以解惭。庄复讼诸巡道，责令归旗。之荣益愤……而巡道遣佐贰官率兵役立逐出境。之荣愤甚，誓雪仇耻，入都签标诋斥语……奏记于顾命四大臣，上闻，命满侍郎罗多等驰驿至湖州……械允城至都。时康熙元年十月也……

谢国桢《增订晚明史籍考》卷一：《明史辑略》，一作《明书辑略》。明乌程庄廷鑨等撰。清范锴《华笑庼杂笔》卷三云："明朱文肃国桢《史概》书目，纪凡五，曰大政，曰大训，曰大因，曰大志，曰大事。列传凡五，曰开国，曰逊国，曰历朝，曰类，曰外。盖自入史馆，一生心血采拾成书，仅刻其半，纪缺大因、大志，传缺历朝、类、外。后为匪人窃去稿本，售于庄氏。庄氏得之，续行补辑启祯两朝事迹，掠为己有，举以发雕，遂构史案之祸。"《费恭庵日记》云："顺治十八年辛丑十二月，湖州逆书案起，乌程南浔相国朱文肃公名国桢，博学多著述，有良史才，作《明书大事记》、《大政记》、《大训记》，俱系天启时所刻。又有《明书》一部，仿《史记》、廿一史例，未刊，然其论赞大抵俱称朱史氏，其未刻之明史亦然。相国殁后，其诸孙贫，因以其稿出售于人。浔中有贡生庄胤城者，字君维，家富，长子子襄名廷鑨，有才而瞽，欲以瞽史自居，购得此书稿，乃聘诸名士茅元铭、吴炎、吴楚、吴之铭、张隽、唐元楼、严云起、韦全祉、蒋麟徵、潘柽章约十六七人，群为删润论断，又以史中未备者，采乡先达茅瑞徵《五芝纪事》及《明末启祯遗事》，名曰《明史辑略》，求庚辰进士李令皙为之序。"

## 顾炎武编成《天下郡国利病书》、《肇域志》。

顾炎武《天下郡国利病书序》：崇祯己卯秋闱被摈，退而读书，感四国之多虞，耻经生之寡术，于是历览二十一史，以及天下郡县志书，一代名公文集，间及章奏文册之类，有得即录，共成四十余帙。一为舆地之记，一为利病之书。比遭兵火，多有散佚，亦或增补，而其书本不曾先定义例，又多往代之言地势、民风，与今不合。年老善忘，不能一一刊正，姑以初稿存之书中，以待后之君子斟酌去取云尔。壬寅七月望日，亭林山人书。

顾炎武《肇域志自序》：此书自崇祯乙卯起，先取《一统志》，后取各省府州县志，后取二十一史，参互书之，凡阅志书一千余部。本行不尽，则注之旁，旁又不尽，则别为一集，曰备录。年来糊口四方，未遑删订，以成一家之言。叹精力之已衰，惧韦编之莫就，庶后之人有同志者，为续而传之，俾区区二十余年之苦心，不终泯没尔。昆山顾炎武。

《四库全书总目》卷七二，史部地理类存目一：《天下郡国利病书》一百二十卷，国朝顾炎武撰。……是书盖杂取天下府州县志书，及历代奏疏文集，并明代实录，辑录成编。其中采掇旧文，同异兼收，间有矛盾之处，编次亦绝无体例，盖未成之稿本也。

　　黄丕烈《天下郡国利病书题词》（载本书《四部丛刊》本卷首）：昆山顾亭林先生著作富矣，予所见刊本惟《左传杜解补正》、《九经误字》、《石经考》、《金石文字记》、《音学五书》、《吴才老韵补正》、《日知录》、《谲觚十事》、《昌平山水记》、《山东考古录》、《京东考古录》、《救文格论》、杂著、诗集、文集数（今案：似脱一 '十' 字）余种而已。其传写行世者，自《天下郡国利病书》外，不多见。间读其文集，有《天下郡国利病书序》、《肇域志序》，窃疑两书何以一存一佚，书之显晦殆有幸有不幸耶！

　　乾隆乙酉九秋，友人张秋塘以《天下郡国利病书》原稿示余，共三十四册，蝇头小楷，密缀行间，楮墨具有古气，秋塘谓余曰："此亭林真迹也，盍宝之。"余留阅一夕，至山东省见卷首部页不全，书中文义亦有残阙，遂掩卷就寝而罢。明晨，秋塘索书甚急，因还之。然余犹不忍舍是书也，往晤秋塘。秋塘备述是书原委，云是传是楼旧物，而徐后归诸顾，后归诸王，此书乃得自王莲泾家。盖莲泾素藏书，而健菴系亭林之甥，其为原稿无疑，即有残阙，安知非即亭林序中所云"乱后多有散佚者"乎？重询，是书已归蒋春皋处。余方悔前此之不即归之也。阅岁至壬子春，有五柳居书友挟是书来，余且惊且喜，叩其故，知以古帖从春皋易得，方悟人各有所好，春皋所好在古帖，而是书不甚惜，余所好在古书，而是书得复来。遂以白镪十金易之。是书本数，与《苏州府志》艺文门所引子衍生曰"今传写本三十四册"之说相合。每本旁有小数，自一至三十四，惟缺第十四本。兹之强分十五为十四者，定系后人伪作。每部页标某省或某府字样，序次先后起自北直，而苏、松、常、镇、江宁、庐州、安庆、凤、宁、徽、淮、徐、扬、河南、山东、山西、陕西、四川、浙江、江西、湖广、福建、广东、广西、云南、贵州、交趾、西南夷、九边四夷而止，他省不分府，南直独分者，盖亭林籍隶南直，纪载加详，与省府有上中下之别，恐卷帙繁重，故分之也。……乾隆岁在玄黓困敦阳月上弦前一日，听松轩主人书。

　　　　今案：此处黄丕烈题词，与《士礼居藏书题跋记》卷二文字大为不同。"听松轩"为黄氏50多种室名斋号之一，见姚伯岳著《黄丕烈评传》（南京大学出版社1998年版）第53页。"乾隆岁在玄黓困敦"，即乾隆五十七年岁在壬子。又，明崇祯十二年（公元1639年），顾炎武始撰此二书，至康熙元年（公元1662年）粗略写定，系未定之稿。清代迄未梓行，仅以稿本、钞本传世。《天下郡国利病书》稿本后归黄丕烈收藏，分34册，佚失第14册，民国时辑入《四部丛刊》三编本。《肇域志》稿本早佚，旧钞颇多，谭其骧、王文楚等汇撮诸本精校，由上海古籍出版社2004年出版。据《明史·地理志》分省次序重新编排，首列南直隶，次为各布政使司，中缺北直隶及江西、四川、广西三司。关于二书关系及成稿时间，王文楚在《肇域志·前言》中已有考订。

**高兆著成《续高士传》。**

胡介《续高士传序》（载本书卷首）：人生天地，为天地用；道备万物，为万物荣。有人焉，怀才抱道，视天地为蘧庐，等万物为刍狗，而曰吾高士也。嗟乎！世亦赖有高士哉？胡介曰：是以论其世也，或亦有所不得志于其间者乎？五伦，人可自尽，唯君臣之际，有得不得焉。得则为陶渔，为版筑，甚且为鹰扬、五羖，世赖有事功；不得则为蹈海、为凿坯，甚且为叩马、斩祛，世赖有风节。事功为天地万物用，风节为天地万物荣。君臣之道，以事功著；君臣之伦，以风节存。然则不得志于君臣，而遂不敢得、不忍得焉，非外君臣也，正以存君臣也。吾友高子云客，闽南高士也，天才至性，笃于人伦。读晋玄晏先生《高士传》而有感焉，为传继之，其文雅驯，其事核，其义严，其取予慎，其寓意远，不独以士之仕也，比女子之字，仕不得复士焉，即逃于空虚而豁刻诡诞，与溺于老庄、浮图而有所托而遁者，皆不入焉。岂非以其所不得者，君臣也。吾父子、兄弟、夫妇、朋友之伦，犹得自尽焉，故所列百四十三人中，率孝友信义、有高士之怀而不诡于行，使后世不敢有洁身乱伦之高士，所以存父子、兄弟、夫妇、朋友之伦也。不得于君臣，而终不敢得焉，不忍得焉，亦所以存君臣也。此或高子之志欤！嗟乎！有高子之孝友忠信，笃于人伦，其终得志于君臣之际与否，吾不得而知，特窥其闭户著书，而首续《高士传》也，或亦有所不得于中者乎？是亦可以论高子之世矣。

陶澂《续高士传序》（载本书卷首）："……予友高子云客，少遭丧乱，自江左还旧乡，补衣蔬食，块处蓬室，肆力于学，不躐不惰，取益于友，不泛不隘，所谓寡欲修洁、自全其天者欤！尝萧然穷巷中，俗士曾不得至其门，而五父之衢，亦无能寻其履綦之迹，然则不为埃壒之所颂誉，固其宜已。计生平著书独多，今年春，《续高士传》又成。考其全编，始晋皇甫士安，断于有明之穆庙，中间千余年，共得一百四十三人。微显阐幽，循君责实。起辛丑八月，至壬寅二月，始告成事，将图藏之，以待异日。子云、而阶六先生力分俸钱，强其梓行于世。高子自谓草野胶固之性，与予略同，俾予先为序之。……今高子生今之时，弃今之学，即生乎前古，亦不免为见肘决踵、桑枢蓬户之徒，而况承兹末流，触物龃龉，宜乎寄托铅椠，以全其天，夫岂朝夕百谋者所能知也哉？呜呼！其尤可感叹也已。昔宋龚开作传，而于文宋瑞、陆君实之事独详；程克勤作《遗民录》而载瀛国公事，复援余应诗为证，此皆信史之所不及。有事纂述者，不能不存其实也。高子之续是编，固各有指归，然而开抉心眼，于古人之纤悉毕具，俾读者如见眉发，如闻叹嚘。《诗》曰："惟其有之，是以似之"。予嘉高子之有而似之也，乃为序之如此。

《四库全书总目》卷六三，史部传记类存目五：《续高士传》五卷，国朝高兆撰。兆字云客，侯官人。王晫《今世说》曰："高云客少遭丧乱，自江左还旧乡，布衣疏食，块处蓬室中。采撷隐逸，辑为《续高士传》。鉴别精严，论者谓其才识不让士安。"即此编也。据卷首陶澂《序》，称其始晋皇甫士安，断于有明之穆庙，中间千余年，其得一百四十三人。微显阐幽，循名责实。起辛丑八月，至壬寅二月始告成。盖创稿于顺治十八年，蒇事于康熙元年也。其去取颇不苟。故陈日溶《序》称其凡名人仕籍后挂冠者黜，迷溺于老佛之学者黜。然宋种放隐节不终，反登简牍；元褚伯秀实道士，所注《庄子义海纂微》，今尚著录也。

## 公元 1663 年　清圣祖康熙二年　癸卯

**"庄氏史狱"结案。**

顾炎武《亭林文集》卷五，《书吴潘二子事》：……会湖州庄氏难作，庄名廷鑨，目双盲，不甚通晓古今。以史迁有"左氏失明，乃著《国语》"之说，奋欲著书。其居邻故阁辅朱公国祯家，朱公尝取国事及公卿志状疏草，命胥钞录，凡数十帙，未成书而卒，廷鑨得之，则招致宾客，日夜编辑为《明书》，书冗杂不足道也。廷鑨死，无子，家赀可万金。其父胤城流涕曰："吾三子皆已析产，独仲子死无后，吾哀其志，当先刻其书，而后为之置嗣。"遂梓行之。……书凡百余帙，颇有忌讳语，本前人诋斥之辞未经删削者。庄氏既巨富，浙人得其书，往往持而恐吓，得所欲以去。归安令吴之荣者，以赃系狱，遇赦得出。有吏教之买此书，恐吓庄氏。庄氏欲应之，或曰："踵此而来，尽子之财不足以给，不如一讼绝之。"

遂谢之荣。之荣告诸大吏,大吏右庄氏,不直之荣。之荣入京师,摘忌讳语密奏之,四大臣大怒,遣官至杭,执庄生之父及其兄廷钺及弟侄等,并列名于书者十八人皆论死。其刻书鬻书,并知府、推官之不发觉者,亦坐之。发廷鑨之墓,焚其骨,籍没其家产。……

全祖望《鲒埼亭集外编》卷二二,《江浙两大狱记》:……明故相国乌程朱文恪公尝为明史,举大经大法者笔之,已刊行于世,未刊者为列朝诸臣传。国变后,朱氏家中落,以稿本质千金于庄廷鑨。廷鑨家故富,因窜名己作刻之,补崇祯一朝事,中多指斥昭代语。岁癸卯,归安知县吴之荣罢官,谋以告讦为功,藉此作起复地,白其事于将军松魁。魁移巡抚朱昌祚,朱牒督学胡尚衡,廷鑨并纳重赂以免,乃稍易指斥语重刊之。之荣计不行,特购得初刊本,上之法司。事闻,遣刑部侍郎出,谳狱时,廷鑨已死,戮其尸,诛弟廷钺。旧礼部侍郎李令皙曾作序,亦伏法,并及其四子。令皙幼子年十六,法司令其减供一岁,例得免死充军。对曰:"子见父兄死,不忍独生。"卒不易供而死。序中称"旧史朱氏者",指文恪也。之荣素怨南浔富人朱佑明,遂嫁祸,且指其姓名以证,并诛其五子。松魁及幕客程维藩械赴京师,魁以八议仅削其官,维藩戮于燕市。昌祚、尚衡贿谳狱者,委过于初申覆之学官,归安、乌程两学官并坐斩,而二人幸免。湖州太守谭希闵莅官甫半月,事发,与推官李焕皆以隐匿罪至绞。浒墅关榷货主事李尚白,闻阊门书坊有是书,遣役购之。适书贾他出,役坐其邻一朱姓者少待,及书贾返,朱为判价时,主事已入京,以购逆书立斩。书贾及役斩于杭,邻朱姓者因年逾七十免死,偕其妻发极边。归安茅元锡方为朝邑令,与吴之镛、之铭兄弟,尝预参校,悉被戮。时江楚诸名士列名书中者,皆死。刻工及鬻书者,同日刑。惟海宁查继佐、仁和陆圻当狱初起,先首告谓廷鑨慕其名,列之参校中,得脱罪。是狱也,死者七十余人,妇女并给边。盖浙中大吏及谳狱之侍郎,鉴于松魁,且畏之荣复有言,虽有冤者,不敢奏雪也。之荣卒以此起用,并以所籍朱佑明之产给之,后仕至右佥都。

今案:关于"庄氏史狱"的各种记载,细节上多有出入,应以杨凤苞《秋室集》卷五记述与考证最为详确。杨凤苞不仅记述"庄氏史狱"原委,且订正顾炎武、全祖望的记述讹误,对案情涉及的李令皙等人事迹,也有考述。读者可自参阅,文繁,故此处不录。

**吴炎、潘柽章以史狱罹难，合撰《明史记》未成。**

陈去病《吴节士赤民先生传》（载《碑林集补》卷三五）：吴节士赤民先生者，吴江之烂溪人也。讳炎，字赤溟，又字如晦，号媿庵。以遭逢鼎革，系心故国，不忍背弃，故更号赤民云。少承家学，为归安诸生，有声于时。未几国变，乃遁迹湖州山中，久之始出，则与其伯叔昆季为逃之盟于溪上，一时吴越间高蹈能文之士，闻声相应而来者，得数十百人，盖彬彬乎有月泉吟社、玉山雅集之遗风焉。夙与同邑潘柽章交莫逆，其才学识又相埒。居恒累欷明兴三百年间，圣君贤辅、王侯外戚、忠臣义士、名将循吏、孝子节妇、儒林文苑之伦，天官郊祀、礼乐制度，兵刑律历之属，粲然与三代比隆，而学士大夫上不能为太史公，叙述论列，成一家之言，次不能为唐山夫人者流，被之声韵、鼓吹风雅。独两人故在，且幸未老，以为将不此之任而谁任之。因相与定为目，凡得纪十八，书十二，表十，世家四十，列传二百，为《明史记》。又疏遗轶，及赫赫耳目前、足感慨后人者，得百事，作《今乐府》。《今乐府》先成，虞山宗伯钱谦益见之，大击节。先生因遂致书宗伯，求异书，乞为助。宗伯得书叹曰："吾老矣，无能为矣。绛云楼遗烬尚在，当有以畀之可也。"乃悉出所贮，付先生舁之去。昆山顾炎武故与二子善，闻其作史，亦出先朝藏籍佐之。于是先生益自憙，为《明史记》益力。友人王锡阐、戴笠皆与同志，咸为撰述。锡阐长于律历，任撰十表。笠明于近事，为编流寇、殉国诸臣事略。而先生尤长于叙事，柽章则精考覈。因各竭其能而从事焉。不半岁，竟得纪十、书五、表十、世家三十、列传六十有奇。《明史记》成且有日，而南浔庄氏史狱起，辞连先生，遂被逮。……以康熙二年癸卯五月二十六日与柽章同磔于杭州之弼教坊。……"

戴笠《潘力田传》（载《碑林集补》卷三五）：潘柽章，字圣木，一字力田，参政志伊之曾孙。……肆力于学，综贯百家。天文地理，皇极太乙之学，无不通晓，已而专精史事。谓诸史唯马迁书最有条理，后人多失其意，欲仿之作《明史记》，而友人吴炎所见略同，遂与同事。柽章分撰本纪及诸志，炎分撰世家、列传，其年表、历法则属诸王锡阐，流寇志则笠任之。私家最难得者实录，柽章鬻产购得之，而昆山顾炎武、江阴李逊之、长洲陈济生皆熟于典故，家多藏书，并出以相佐。……（钱）谦益有《实录辨证》，柽章作《国史考异》颇加驳正，数贻书往复，谦益不能夺也。撰述数年，其书既成十之六七，而南浔庄氏史狱起。参阅有柽章及炎名，俱及于难。……天下既惜两人之才，更痛其书之不就，并已就者亦不传也。……癸卯六月死于杭，年三十有八。……所著自史稿外，有

《今乐府》、《国史考异》、《松陵文献》、《杜诗博议》、《星名考》、《壬林韭溪集》，凡若干卷。

顾炎武《亭林文集》卷五，《书吴潘二子事》：先朝之史，皆天子之大臣与侍从之官承命为之，而世莫得见。其藏书之所，曰皇史宬。每一帝崩，修实录，则请前一朝之书出之，以相对勘，非是莫得见者。人间所传止有《太祖实录》。国初人朴厚，不敢言朝廷事，而史学因以废失。正德以后，始有纂为一书附于野史者，大抵草泽之所闻，与事实绝远，而反行于世，世之不见于实录者从而信之。万历中，天子荡然无讳，于是实录稍稍传写流布，至于光宗而十六朝之事具全。然其卷帙重大，非士大夫累数千金之家不能购，以是野史日盛，而谬悠之谈遍于海内。

苏之吴江有吴炎、潘柽章，二子皆高才，当国变后，年皆二十以上，并弃其诸生，以诗文自豪。既而曰："此不足传也，当成一代史书，以继迁、固之后。"于是购得实录，复旁收人家所藏文集奏疏，怀纸吮笔，早夜矻矻，其所手书，盈床满箧，而其才足以发之。及数年而有闻，予乃亟与之交。二子皆居江村，潘稍近，每出入，未尝不相过。又数年，潘子刻《国史考异》三卷，寄予于淮上，予服其精审。又一年，予往越州，两过其庐，及予之昌平、山西，犹一再寄书来。会湖州庄氏难作……慕吴、潘盛名，引以为重，列诸参阅姓名中。……所杀七十余人，而吴、潘二子与其难。当鞫讯时，或有改辞以求脱者，吴子独慷慨大骂，官不能堪，至拳踢仆地。潘子以有母故，不骂亦不辨。其平居孝友笃厚，以古人自处，则两人同也。予之适越，过潘子时，余甥徐公肃新状元及第，潘子规余慎无以甥贵稍贬其节，余谢不敢。二子少余十余岁，而予视为畏友，以此也。方庄生作书时，属客延予一至其家，予薄其人不学，竟去，以是不列名，获免于难。二子著书若干卷，未脱稿，又假予所蓄书千余卷尽亡。予不忍二子之好学笃行而不传于后也，故书之。且其人实史才，非庄生者流也。

潘柽章《吴子今乐府序》：余雅不能诗，然好言。诗自汉魏六代，被乎三唐而止矣，国朝作者崛兴，洗宋人之陋，独乐府规模古调，未能卓然。李文正咏史之作，得少陵遗意，惜其体弱，不能起其文。尝与吴子言而然之。余又好言史。少读左氏、司马书，即穷其堂奥，若班若陈，犹有良史风范，范氏芜累已多，自晋已下无讥焉。而司马《通鉴》总荀、袁诸氏之长，虽以质胜，要亦编年之善也。尝与吴子言而又然之。然余固不能为史，尝作《通鉴后纪》，起有宋，以引蒙古，其入国朝则为长编，颇采实录、家传，旁及辎轩，勒成数百卷。

而吴子适过余，深言编年之体往往一人一事而跨越数世，文易牴牾，义难综贯，又况律历兵刑之事，本末不备，故自汉以来，守太史公家法。本纪、年表，犹编年之纲，而世家、列传其目也。予窃欲续《史记》，述汉太初以后，迄宋祥兴，本纪略具，而载乘繁芜，未遑卒业。今以子之志，曷相与为《明史记》，网罗天下放失旧闻，取材于长编，而折衷于荐绅先生之能言者，以成一代之书。余又闻而然之。吴子善诗与史，皆十倍于余，而其好之笃，则余不敢多让也。草创且半，同志者或谓余两人固无狥名失实之病，然所褒贬多王侯将相有权力者，且草创之臣，见闻多隘，子其慎诸！两人谢不敢，私念是书义例出入，必欲质之当今，取信来世，故不得已而托之于诗，则《今乐府》所为作已。解题二卷，余创之，而吴子成之；其诗则吴子倡之，而余和之。既成而读之，相乐也。已而遂相为序，不敢轻乞名公长者之一言，盖非序《今乐府》之难，序吾两人所托者之难也。……夫吴子之志如此，则其辞之工拙，音之高下，且不必论，而况予乎！然其善善恶恶之合《春秋》之旨，虽余亦无弗同也者，无弗同则余又何以誉吴子？假令《乐府》出，而有识者取吾是非而非是之，则所济乎史事者，不既多哉！吴子名炎，字赤溟。原名锡玢，字显庚。邑之庄溪人。同学弟潘柽章撰。

吴炎《潘子今乐府序》：余与潘子生同邑，幼同志，长同业，又同隐也。予长潘子二龄。……是时予已薄制举业，谓非吾曹用武地。及与潘子谭，辄仆欧、苏，儿韩、柳，弟班、杨，兄左、史，犄蒙、庄，而夺之席，于是乃相视而笑，莫逆于心。自以潘子类我，潘子亦以余为类潘。……又三年，而陵谷变。……一日酒酣，潘子谓予曰："息壤在彼，而徒与子老四声，为唐后人耶？"余瞿然曰："不敢忘也。虽然，何遽废诗。夫诗亡而后《春秋》作，则诗者，盛周之史，而《春秋》者，衰周之诗也。女不睹姬姜，不为不知色；鼎不尝熊掌，不为不知味；诗不续四始，不为不知咏歌；史不仿《春秋》，不为不知纪述也。"潘子曰："善。""房中铙歌，诗之变也，而汉后无乐府；纪传书表，史之变也，而司马迁后无能方《史记》者。明兴三百年间，圣君贤辅、王侯外戚、忠臣义士、名将循吏、孝子节妇、儒林文苑之伦，大官郊祀、礼乐制度、兵刑律历之属，粲然与三代比隆，而学士大夫上不能为太史公，叙述论列，勒成一书，次不能为唐山夫人者流，被之声韵，鼓吹风雅。今予两人故在，且幸未老，不此之任，将以谁俟乎？"因相与定为目，凡得纪十八，书十二，表十，世家四十，列传二百，为《明史记》。而又相与疏佚事，及赫赫耳目前，足感慨后人者，各得数十事。潘子为题，予为解；予为题，潘子为解。损之又损，以至于百，为《今乐府》，而铙歌、骑吹、雅颂不在焉。……自《乐府》成后半岁，而得纪十，书五，表十，世家三十，列传六十有奇，盖史事已过半矣。予与子，固可谢息壤盟也。……其和余两人者，家叔父南村先生、王子寅旭也。寅旭又助余两人为史，所作十表，皆出其手。……同学弟吴炎撰。

**潘柽章于本年前著成《国史考异》、《松陵文献》。**

潘耒《遂初堂文集》卷六，《国史考异序》：作史犹治狱也。治狱者，一毫不得其情，则失入失出而天下有冤民；作史者，一事不核其实，则溢美溢恶而万世无信史。故史笔非难，博闻多识为难；博闻多识非难，参伍而折衷之为难。以司马子长为《史记》，而刘知幾辈时摘其讹；以欧阳永叔为《唐书》，而吴缜历纠其谬，则讨论之功或未尽也。

明有天下三百年，而史无成书，奋笔编纂，凡十数家，浅陋芜杂者固不足道，即号称渊雅，俨有体裁者，徐而按之，亦多疏漏舛错，不得事情，良以列朝实录秘藏天府，士大夫罕得见，而野史、家乘淆乱纷糅，惟凭一说，鲜不失真也。

亡兄力田，以著作之才，盛年隐居，潜心史事，与吴赤溟先生搜讨论撰，十就六七。亡兄尤博极群书，长于考订，谓诸书之法，莫善于司马温公，其为《通鉴》也，先成长编，别著考异，故少牴牾。李仁甫仿其体，为九朝长编，虽无考异之名，而事迹参差者，备载于分注，盖必如是，而后为良史。于是博访有明一代之书，以实录为纲领，若志乘，若文集，若墓铭、家传，凡有关史事者，一切钞撮荟萃，以类相从，稽其异同，核其虚实，积数十年，数易手稿，而成《国史考异》一书，盛为通人所称许。专言国史者，野史、家史不可胜驳，惟实录有疏略、曲笔，不容不正。参之以记载，揆之以清理，钩稽以穷其隐，画一以求其当，去取出入，皆有明证，不狥单辞，不逞臆见，信以传信，疑以传疑，全史之良，略见于此矣。方诸近代，惟王弇州《二史考》、钱牧斋《实录辨证》体制略同，然王氏略发其端，而未及博考，钱氏止成洪武一朝，而余者缺如。兹编中亦援引二书，而旁罗明辨，多补二家所未及，且有驳二家所未当者。牧斋尝见此书，而贻书亡兄，极相推服，有"周详精密，不执不偏，知史事必成，可信可传"之语。藉令天假之年，从容撰次，俾有完史，纵未敢言上追班、陈，下匹欧、宋，而视近代诸家之书，或当差胜。无端遭浔溪之难，不与其事，而横罹其祸，并自著之书，亦从灰烬，天实为之，谓之何哉！

《考异》全书，合有三十许卷，今惟存六卷，高皇、让皇、文皇三朝之事，当考正者略具焉。不忍其泯灭，支缀旧刻，使之流通。呜呼！前汉之史，成于班氏一门；梁、陈之书，纂于姚氏两世。余之谫陋，不能踵成信史，并《考异》散佚者，亦未遑补续，独抚遗编，惭恨何穷！敢述亡兄著述之本指，与裁择之苦心，用告后人，此非史也，而作史之法具焉，虽孤行天下可也。

李慈铭《越缦堂读书记》：阅潘力田《国史考异》六卷。惟太祖、惠帝、成祖三朝事，多以诸书证实录之误，极为精审，修明史者不可无此书也。力田，吴江人，次耕检讨之兄，后以湖州庄廷鑨私史之狱，牵连死，此书遂亦湮晦，今刻入《功顺堂丛书》。光绪乙酉（一八八五）五月二十一日。

潘耒《遂初堂文集》卷七，《松陵文献序》：吴江始立县，在钱氏有国时，志书昉于朱长文之《图经》。……自嘉靖至明末，又百余年，旷无纪述。亡兄力田，乃为《松陵文献》一书，献以纪先贤之事迹，文以录邑人之诗文。文集未成，而遭浔溪之祸，献集得诸烬余。后三十年，耒乃克校而梓之。

呜呼！史学之废，文人为之也。史以载事，事欲其核，事苟核矣，文即不胜，无害；事未核，而缘饰之以文，失实乱真，贻误千载，弊孰甚焉？昔人以旷世之才，作一书尝三四十年而后成，岂其文词之难耶？罔罗事迹，博考而精裁之，是为难耳。今之自命为文人者，方其读史，专求文章之波澜，意度用以资其为文，一旦操史笔，亦惟求工于文词，而事迹之虚实，记载之牴牾，有所不暇计。若然，则苟据一家之书，稍加润色，即可成史，班、马氏何须父子世为之，温公何用集天下博达之士，十九年而后成《通鉴》耶？亡兄与吴先生草创明史，先作长编，聚一代之书而分划之，或以事类，或以人类，条分件系，汇群言而骈列之，异同自出，参伍钩稽，归于至当，然后笔之于书，其详且甚如此，庶几不失古人著书之意。若《松陵文献》，一邑之书耳，亦用此法为之。凡阅前代之史，明朝之实录，天下之志乘，古今人之文集，有一字涉于吾邑者，即钩摘疏记，积累成编，非直嘉靖以后自撰百二十余传而已也，于徐、莫二志更定者，六十余传，增立者又六十余传。订讹补阙，确有根柢，文辞简质，不事浮华，无溢美，无支辞。

呜呼！良史如马迁，而班固称之不过曰："其文直，其事核"，苟直且核，史家之能事毕矣。自欧阳公后，知此义者盖寡。耒尝备员史馆，博观近代文人之作，而益服亡兄之善著书，深痛其史之散佚，而幸此书犹存，谨刻之以行世。盖吾邑之文献，得此而后足徵，且使人因此书以想见亡兄史书之大略，与其结撰之苦心，则虽不传，犹传也已。

## 黄宗羲著成《明夷待访录》。

黄宗羲《明夷待访录题辞》：余常疑孟子一治一乱之言，何三代而下有乱无治也？乃观胡翰所谓十二运者，起周敬王甲子以至于今，皆在一乱之运，向后二十年交入"大壮"，始得一治，则三代之盛犹未绝望也。前年壬寅夏，条具为治大法，未卒数章，遇火而止。今年自蓝水返于故居，整理残帙，此卷犹未失落于担头舱底，儿子某某请完之。冬十月，雨窗削笔，喟然而叹曰：昔王冕仿《周礼》，著书一卷，自谓"吾未即死，持此以遇明主，伊、吕事业不难致也"，终不得少试以死。冕之书未得见，其可致治与否，固未可知。然乱运未终，亦何能为"大壮"之交！吾虽老矣，如箕子之见访，或庶几焉。岂因"夷之初旦，明而未融"，遂秘其言也！癸卯，梨洲老人识。

全祖望《鲒埼亭集外编》卷三一，《书明夷待访录后》：《明夷待访录》一卷，姚江黄太冲徵君著。同时顾亭林贻书，叹为王佐之才，如有用之，三代可复。是岁为康熙癸卯，年未六十，而自序称梨洲老人。万西郭为余言：徵君自壬寅前，鲁阳之望未绝，天南讣至，始有潮息烟沉之叹，饰巾待尽，是书于是乎出。盖老人之称所自来已。原本不止于此，以多嫌讳弗尽出，今并已刻之板亦毁于火。徵君著书兼辆，然散亡者什九，良可惜也。全祖望跋。

傅怀祖《重刻黄梨洲先生明夷待访录序》：余姚黄别乘先生，梨洲先生之族孙也。同仕吴门，以兵后先生遗集多散佚，《明夷待访录》仅汇刻潘氏海山仙馆，无单本行世，谋重刊之。既成，属序其端，固辞不敏，不获。嗟呼！先生忠孝人也，其书内圣外王之学，布帛菽粟之言也。……是录世远年湮，士大夫或知或不知。盖行事，实也；著述，华也。实者有迹可循，昭然在人耳目；华者徒垂之空言，非用之不见其效，故有旷世而感，亦有交臂而失者。昔贾生患诸侯强大，建分封子弟之策，汉文不行，至孝武之世而大用。文中子奏太平十二策，隋主不能用，而房、魏辈窃其余绪，佐唐成贞观之治。时有遇不遇耳。况先生之作是书也，当元黄再造之日，独卧空山，屡徵不起，悲天悯人之志，顾不能自休，遂损益百王宪章，研求尽善，深藏以待请问，其曰"明夷待访"者，见箕子《洪范》之意，有王者作，援其道而审行之。……山阳后学傅怀祖谨序。

## 公元 1664 年　清圣祖康熙三年　甲辰

**《北征纪略》作者张煌言遇难。**

全祖望《鲒埼亭集》卷九，《明故权兵部尚书兼翰林院学士侍讲鄞张公神道碑铭》："……公讳煌言，字玄著，别号苍水，浙宁波府鄞县西北厢人。……生于万历庚申六月初九日，得年四十有五。……公丙戌以前文字皆无存者。今所存者，《奇零草》，甲申六月以前之作也；《冰槎集》，其杂文也；《北征录》，乙亥纪事之编也；《采薇吟》，则散军以后之作，而蒙难诸诗附焉。共八卷。……"

谢国桢《增订晚明史籍考》卷一二：《北征纪略》一卷，明鄞县张煌言玄著撰。按：煌言字玄著，明崇祯十五年举人，乙酉，清兵破南京，玄著与钱肃乐、沈宸荃等奉鲁王以海监国绍兴。江上师溃后，鲁王由绍兴屯兵沿海，退据舟山，玄著则在四明结寨抗清，与张名振等出师北上，屡败清军；而玄著所率一旅之众，屯据于天台秦川之间，其势尤强。至明永历十三年己亥七月，郑延平与玄著会师，大举北伐，由崇明直抵镇江瓜州，延平进围金陵，玄著则出兵芜湖以扼上游，收复徽州、宁国、池州、太平等四府三州二十四县，各地人民壶浆相迎。未几，延平失利退师，玄著被阻于安徽，困无所归，乃弃舟西趋英霍山寨，冀有所遇。是时，山寨义师大半零替，于是变服易姓，由休宁溯江而下，迂道返浙，整军天台，期图再举。而郑延平方收复台湾，无暇东顾，玄著乃解甲结茅于南田之悬嶴。甲辰七月，为清兵所执，送至杭州，慷慨就义于凤凰山下。

**张学礼著成《使琉球记》。**

《四库全书总目》卷六四，史部传记类存目六：《使琉球记》一卷，国朝张学礼撰。学礼字立菴，镶蓝旗汉军，官至广西道监察御史。是编乃康熙元年，学礼以兵科副理事官与行人司行人王垓奉使册封琉球国王时所记。前叙请封遣使始末，及往来道路之险；后为中山纪略，则载其土风也。时琉球国土尚质，缴故明敕印，举国内附，故学礼等有是役。盖国家遣使东瀛，此为始事云。

今案：本篇分上下两篇，上篇题曰《使琉球记》，下篇题为《中山纪略》。据上篇所载，康熙元年十月张学礼奉命出使，二年五月从福州出海，十一月返回。此为清朝首次册封琉球国王。下篇末有云："余留日无多，见闻有限，略存其概，以俟后贤广为考订，以备采风之助云尔。康熙三年岁次甲辰，书于闽之公署。"故系于本年。

## 公元1665年 清圣祖康熙四年 乙巳

**冯甦著成《滇考》。**

冯甦《滇考序》(《中国方志丛书·西南地区》第140号,台湾成文出版社1967年版):学而不明于治乱之故,无贵乎其学也;仕而不察于治乱之由,无贵乎其仕也。顾学在端其本源,而仕必镜乎往事。知往所以治,即知今所以致治矣;知往所以乱,即知今所以弭乱矣。滇固昔所称易乱而难治者也,我国家劳百万师以取之,特留藩旗,设行台大臣以理之,内而三使,外而分四道、十镇、一十八郡以交制之,其不鄙弃远人,欲与同享太平之盛之意甚厚。官此土者,顾勿能考人情、土俗所宜,登斯民于衽席,揆诸学古入官之意,不有忝乎?予小子承乏,理金齿三稔矣,幸得免覆餗。平反之暇,思进观前代之事迹,而载籍缺然。年来往还滇洱间,残编断简,以次购集,大抵稗乘苦于繁而寡要,失于怪而不经,因不揣固陋,举其事之最著者,分题汇辑为三十有七篇,名之曰《滇考》。自战国迄明世间,治乱之数,鳌然备陈,于是知滇非难治也。予之以郑纯、张翕、赛典赤诸人欲无治,不可得也;予之以张虔陀、刘深、陈典诸人欲无乱,不可得也,非易乱而难治也;予之以陈立、杨竦、韦仁寿诸人欲无转乱以为治,不可得也。传曰:"学者效也",又曰:"仕而优则学。"此予《滇考》一书之所为作乎?若山川之融结,人物之生聚,仙真佛子之出灭,则向者乘与稗备之,非予所能尽收也。予所考者,为仕而学者考也。又曰在端其本源,何也?操之以廉洁,行之以仁恕,无往而不得治焉,不必考亦可也。时康熙建元岁次乙巳仲春中浣,永昌军民府推官天台冯甦书于九隆山下之春辉堂。

魏裔介《冯少司寇滇考序》:西南徼外,大抵皆汉武所开,其雄才大略足以恢拓殊俗,渐渍风教,陵海越障,重译内属,穿鼻儋耳,委命下吏,此非腐儒小生可得而轻议者也。其后书缺有间,虽曰荒远,其盛衰畔服之故,每与中国相倚伏,非特稽古者所当考究,实谋国者所宜咨筹也。夫沈木龙尾之种,与遯水竹王之姓,语多不经,不必尽辨,即金马碧鸡不过光景隐见,五岳四渎敢于点缀佳名,"汉孰与我大?"乌足哂乎!数千年来,或奉职入贡,或劫掠城邑,或僭号称尊,或封域自守,参差不一,要岂无因而然欤?散在诸史,及稗官小说、郡邑乘志,荒惑庞杂,缙绅大夫难言之矣。少司寇再来冯公腹笥五车,才优三长,昔年游宦为永昌司,李(今案:疑应为"历")览其山川风物,稽其部落邑聚,核其境土疆界,详其得失存亡,于是为《滇考》一书,大意在于先修文德，绥辑远人，拣选良吏，务为惠怀，严饬边备，不事侵扰，屏远贪残，绝弃珍异，斯则安（今案："安"字疑衍）固圉之石画确论也。……再来先生其识远，其见超，其叙次也赡详而雅驯，其用意也高远而仁厚，岂寻常纪事之书所可比拟也乎！吾读史，自左、马、班、范而后，殆难其为继也。惟欧阳永叔《五代史》、陆放翁《南唐书》尚有典型，若先生此书，欧、陆之俦也，可以为龟鉴，可以佐庙谟，可以劝良吏，可以见兵机，可以助防御，可以资博识，可以惩螳臂，可以戒穷黩，可以备舆图，上下卷中，九善备焉，即易其名曰《滇史》，列名金匮石室之藏，其谁曰不宜。康熙庚申日躔析木之次，年家侍生柏乡魏裔介题于里居之博雅堂。

《四库全书总目》卷四九，史部纪事本末类存目:《滇考》二卷，国朝冯甦撰。甦字再来，临海人。顺治戊戌进士，官至刑部侍郎。是书乃康熙元年甦为永昌府推官时作。凡一切山川人物物产皆削不载，惟自庄蹻通滇至明末、国初，撮其沿革之旧迹、治乱之大端，标题记述，为三十七篇。每事皆首尾完具，端绪分明，非采缀琐闻、条理不相统贯者比。其名似乎舆记，其实则纪事本末之体也。其中《建文遁迹》一篇，虽不免沿《致身录》之说，至其《征麓川》、《三宣六慰》、《镇守太监》、《议开金沙江》诸篇，皆视史传为详。且著书之时，距今仅百余年，所言形势，往往足以资考证，愈于标题名胜，徒供登临吟咏者多矣。

**清廷徵集明天启、崇祯两朝史料。**

《清圣祖实录》卷一六，清圣祖康熙四年八月己巳：谕礼部："前于顺治五年九月内有旨：纂修明史因缺少天启甲子、丁卯两年实录，及戊辰年以后事迹，令内外衙门速查开送。至今未行查送。尔部即再行内外各衙门，将彼时所行事迹及奏疏、谕旨、旧案，俱著查送。在内部院委满汉官员详查，在外委该地方能干官员详查。如委之书吏、下役，仍前因循了事，不行详查，被旁人出首，定行治罪。其官民之家，如有开载明季时事之书，亦着送来，虽有忌讳之语亦不治罪。尔部即作速传谕行。"

今案：此次徵集纂修明史资料，督催甚严，较有成效。现存档案文献中有《各衙门交收天启、崇祯事迹清单》（载《国学季刊》二卷二号，1929年12月），记录徵集到的明代案卷、簿册、奏议、书籍，数量可观。盖因"庄氏史狱"，使清廷认识到官方纂修《明史》，其政治意义不可忽视。

**清廷广收明季史料，并徵召海内文士修《明史》。**

孙承泽《山书》卷首有上谕一道云：康熙四年八月二十三日上谕礼部："前于顺治五年九月内有旨：纂修《明史》，阙少天启四年、七年实录，及崇祯元年以后事迹，令内外衙门速察开送。至今未行察送，一代之史尚阙，尔部即再行内外各衙门，将彼时内外各衙门，及在内二十四衙门，有天启、崇祯时行过事迹，及奏疏、谕旨、旧案，俱着察送。这所察在内，该部院委满汉官员详察，在外专委地方能干官员详察，如委之书吏、下役，仍前因循了事，不行详察，被旁人出首，定行治罪。其官民之家，如有开载天启、崇祯时事迹之书，亦着送来，虽有忌讳之语，亦不治罪。尔部即遵谕，作速传谕行。特谕。"

《清圣祖实录》卷一七，康熙四年冬十月己巳：山东道御史顾如华疏言："伏读上谕礼部：'广搜前明天启以后事迹，以备纂修明史。'诚盛典也。查明史旧有刊本，尚非钦定之书。且天启以后，文籍残毁，苟非广搜稗史，何以考订无遗。如《三朝要典》、《同时尚论录》、《樵史》、《两朝崇信录》、《颂天胪笔》，及世族大家之纪录，高年逸叟之传闻，俱宜采访、以备考订。至于开设史局，尤宜择词臣博雅者，兼广徵海内弘通之士，同事纂辑。然后上之满汉总裁，以决去取，纂成全书，进呈御览，以成一代信史。"章下所司。

**孙承泽著成《山书》。**

本书卷首附礼部仪制司呈文："仪制司呈为遵旨呈送崇祯事迹之书事。奉本部送予告礼部左侍郎孙承泽呈称：捧读康熙四年八月二十三日上谕，中有'官民之家，如有开载天启、崇祯时事迹，亦着送来，虽有忌讳之语，亦不治罪，尔部即遵谕，作速传谕行。钦此钦遵。'时职养病山中，因检旧日抄存，辑成十八卷，装成七本等因。呈送前来，相应交送内院可也。除呈堂外，为此合用手本，前去内院典籍厅，烦为查收，转送施行。康熙七年九月。"

谢国桢《增订晚明史籍考》卷三：《山书》十八卷，原题：予告休致光禄大夫太子太保都察院右都御史管吏部左侍郎事孙承泽辑。承泽，益都人，世籍上林苑籍，故称北平，字耳北，又号退谷，明崇祯进士，官给事中。李自成入北京，曾受命为四川防御使。后又降清，仕至吏部左侍郎。收藏颇富，著有《春明梦余录》，专记明代掌故。是书记崇祯一代史事，每篇以四字或五字标题，与沈德符《野获编》体例相仿佛。然沈氏朝野咸载，此则专记崇祯一代朝章典故，以纪事之体按年登载，崇祯一代章奏事实，赖此以存者不少。……

## 公元 1666 年 清圣祖康熙五年 丙午

**孙奇逢著成《理学宗传》。**

孙奇逢《理学宗传叙》：学以圣人为归，无论在上在下，一衷于理而已矣。理者，乾之元也，天之命也，人之性也。得志则放之家国天下者，而理未尝有所增；不得志则敛诸身心意知者，而理未尝有所损，故见之行事与寄之空言，原不作歧视之，舍是天莫属其心，人莫必其命，而王路道术遂为天下裂矣。周子曰："圣希天"。程子曰："圣学本天"。又曰："余学虽有受，'天理'二字，却是自己体贴出来。"余赋性庸拙，不能副天之所与我者，幼承良友鹿伯顺提携时，证诸先正之语，尝思之：颜子死而圣学不传，孟氏殁而闻知有待，汉、隋、唐三子衍其端，濂、洛、关、闽五子大其统，嗣是而后，地各有其人，人各鸣其说，虽见有偏全，识有大小，莫不分圣人之一体焉。余因是知理未尝一日不在天下，儒者之学乃所以本诸天也。呜呼！学之有宗，犹国之有统，家之有系也。系之宗有大有小，国之统有正有闰，而学之宗有天有心。今欲稽国之运数，当必分正统焉；溯家之本原，当先定大宗焉；论学之宗传而不本诸天者，其非善学者也。……《宗传》共十一人，于宋得七，于明得四，其余有汉隋唐儒考、宋元儒考、明儒考，各若干人，尚有未尽者入补遗。补遗云者，谓其超异，与圣人端绪微有不同，不得不严毫釐千里之辨。真修之悟，其悟皆修，真悟之修，其修皆悟。诸不本天之学者，区区较量于字句口耳之习，此为学也，腐而少达。又有务为新奇，以自饰其好高眩外之智，其为学也，伪而多惑。更有以理为入门之障，而以顿悟为得道之捷者，儒、释未清，学术日晦，究不知何所底极也。此编已三易，坐卧其中，出入与偕者，逾三十年矣。少历经于贫贱，老困踬于流离。曩知饥之可以为食，寒之可以为衣，而今知跛之可以能履，眇之可以能视也。初订于渥城，自董江都而后，五十余人，以世次为叙。后至苏门，益廿余人，后高子携之会稽，倪、余二君复增所未备者，今亦十五年矣。赖天之灵，幸不填沟壑，策灯烛之光，复为是编，管窥蠡测之见，随所录而笺识之，宛对诸儒于一堂，左右提命，罔敢屑越，愿与同志者共之，并以俟后之贤者。康熙五年清明前三日，荣城后学孙奇逢谨撰。

汤斌《理学宗传序》：天之所以赋人者无二理，人之所以承天者无二学。盖天命流行，化育万物，秀而灵者为人。本性之中，五常备具。其见于外也，见亲则知孝，见长则知弟，见可矜之事则恻隐，见可耻之事则羞恶。不学不虑之良，人固无异于圣人也，惟圣人为能体察天理之本然，而朝乾夕惕，自强不息，极之尽性至命，而操持不越日用饮食之间，显之事亲从兄，而精微遂至穷神知化之际。……容城孙先生集《理学宗传》一书，自濂溪以下十一子为正宗，后列汉隋唐儒考、宋元儒考、明儒考，端绪稍异者为补遗。其大意在明天人之归，严儒、释之辨，盖五经四书之后，吾儒传心之要典也。八十年中，躬行心得，悉见于此。斌谢病归田，从学先生之门，受而读之，其折衷去取，精义微言，幸承面诲而得有闻焉。时内黄令张君仲诚，潜修默悟，力任斯道，迎先生至署，蠲俸付梓。先生命斌为序，斌何敢言哉！惟曰：天下同志，读是书者，无徒作书观也止，由此以复天之所与我者耳。吾之身，天实生之，无一体之不备；吾之性，天实命之，无一理之不全。吾性实与万物为一体，而民胞物与不能混合无间焉，吾性未尽也。吾性实与尧、舜同量，而明伦察物不能细大克全焉，吾性未尽也。吾性实与天地合德，而戒慎恐惧不能如乾健不息焉，吾性未尽也。诚由濂、洛、关、闽，以上达孔、颜、曾、孟，由孔、颜、曾、孟而证诸尧、舜、汤、文，得其所以同者，返而求之人伦日用之间，实实省察克治，实实体验扩充，使此心浑然天理，而返诸纯粹至善之初焉，则寂然不动，感而遂通，中和可以位育，而大本达道在我矣。不然，徒取先儒因时补救之言，较短量长，横分畛域，妄起干戈，不几负先生论定之苦心乎？且亦非仲诚公诸同好之意矣。陆子曰："六经注我，我注六经"，"学苟知道，六经皆我注脚"。斌惟与天下学者共勉之而已矣。康熙丙午孟冬，睢阳后学汤斌谨序。

翁方纲《翁方纲纂四库提要稿》：《理学宗传》二十六卷，国朝容城孙奇逢辑。前十一卷为宗传十一人，于宋得七人，明四人。自十二卷以后，则考自汉迄明历代诸儒。又附录五人，次其行事，采其撰著。盖以前十一人为主，而后所考诸儒为之辅。前为"内编"，后为"外编"。内黄知县张沐为刊行之，时康熙五年，奇逢年八十矣。睢阳汤斌为之序。应存其目。

### 魏裔介著成《圣学知统录》。

魏裔介《圣学知统论序》：《圣学知统录》者，述见知闻知之统也。自孟轲氏既没，圣学晦蚀，火于秦，杂霸于汉，佛老于六朝，诗赋于唐，至宋乃有濂溪、程、朱继起，伊洛渊源，粲然可观。其后为虚无幻妄之说，家天竺而人柱下，知统遂不可问矣。余因子舆氏之意而发明之，由尧舜而前，始自伏羲，以明知学之本于天，由孔子而后，终于许、薛，以明知学之不绝于人。其余未定之论，俟诸后之君子。篇中所辑，或考诸经史之正文，或徵诸先儒之格言。盖推天命人心之自然，以发大中至正之极则，而功利、杂霸、异端、曲学之私，不敢一毫驳杂于其间，诚不揣固陋，亦欲存天理，遏人欲，息邪说，放淫辞，稍有助于国家化民成俗之意也。学者志圣人之道，由是而求之水木来源，岂不昭然觉悟，而知天之所以与我者良有在乎！昔者，《论语》终篇述帝王治世之法，而推其本曰"中"；《孟子》终篇述圣贤传道之意，则揭其要曰"知"。所知维何？亦曰知厥中而已矣。知厥中，谓之见知闻知；不知厥中，不可谓之见知闻知也。吾愿学圣人者从事于格物致知之学。康熙丙午中秋朔，魏裔介序。

《四库全书总目》卷六三，史部传记类存目五：《圣学知统录》二卷，国朝魏裔介撰。裔介有《孝经注义》，已著录。是录凡载伏羲、神农、黄帝、尧、舜、禹、皋陶、汤、伊尹、莱朱、文王、太公望、散宜生、周公、孔子、颜子、曾子、子思、孟子、周子、二程子、张子、朱子、许衡、薛瑄二十六人，博徵经史，各为纪传。复引诸儒之说，附于各条之下，而衷以己说。其《自序》谓：见知闻知之统，具载于此。然惟圣知圣，惟贤知贤，惟接道统之传者能知道统之所传。《孟子》末章，惟孟子能言之耳，奈何遽以自任乎？

## 公元1667年 清圣祖康熙六年 丁未

### 《明书》作者傅维鳞卒。

《灵寿县志·工部尚书傅维鳞传》（载《碑林集》卷九）：傅维鳞，原名维桢，字掌雷，号歉斋。永淳长子也。少颖悟，郡守范志完最器识之。中崇祯壬午科举人。顺治丙戌成进士，选入翰林为庶吉士，寻授编修，分修《明史》。戊子，典试江南，旋晋左中允。以直言忤执政，出为东昌兵备道。……居二年，治行为天下最……迁太仆少卿，升通政使。甫五日，左副都御史缺……即拜左副都御史。……戊戌，迁户部右侍郎，寻加太子少保。……辛丑，假满，补工部右侍郎，升左侍郎，旋晋工部尚书。……丁未春，丁外艰，哀毁骨立，自是病日甚，夏五月卒于家。赐祭葬。所著有《明书》、《四思堂集》。

《明书》卷一七一，《叙传二》：大清鼎运肇兴，文明大启。顺治三年岁丙戌，开进士科，维鳞获中式选，改庶吉士，入内翰林国史院。明年丁亥，授编修，改内翰林秘书院。又五年，晋左春坊左中允，兼内翰林宏文院编修。鳞得分修明史，所纂不过二十余年，止类编实录，不旁采，工无庸多。鳞以清署余暇，素餐抱愧，乃搜求明兴以来行藏、印抄诸本，舆家乘、文集、碑志，得三百余部，九千余卷，参互明朝实录，考订同异，不揣固陋，纂成《明书》。乃起而言曰："鳞生也晚，遭明末造，才谞浇微，神识黯浅，然随祖父宦游，多历山川，久居京国，既闻掌故，兼得日依耆献，行年三十，未获功名，遭遇清朝，滥竽史馆，事既简静，偃息多闲，伤大官之坐糜，悲岁月之流迈，既无政事之挥霍，上匡翼之谋谟，复不得吐发谠论，敷奏章疏，效谏诤之万一。负性刚直，徒郁中怀，思惟史职，为史乃其本然。既奉简命，敕纂《明史》，列局分曹，不能悉窥全册；又止采实录，严禁旁搜，除所阅二十余年，他勿得过而问矣。妄肆野鄙，螭此《明书》。然而史亦难言矣！或生不同时，年久则事实多舛；或生与并世，地远而传闻未真。凭空结撰，无本易乖，依样葫芦，波靡不断，不得不依据曩牒，旁采遗逸。国家传信之书，莫如实录。古者史职，咸出世官，天子言动，左右必记。事既亲见，言亦耳闻，笔之于书，金石不泐。后世则不然，官无定员，职无定人，疏远人主，邈隔九重，不特宫中之动静，迥不相关，即殿上之谟谋，懵不相及，而各曹政务，又全不与闻。及易世之后，始取所贮奏章，及起居、教谕，以次誊书。又总领以勋臣，提调以宰辅，无论执笔者之邪正，改窜者之公私，而追书旧事，茫昧者多。国恫衮阙，表之有吠主之嫌；冒功伪名，暴之有操戈之衅。或夺于权势，或陨于见闻，或怵于利害，或徇于情面。孝子慈孙，每委曲欲掩覆其祖父之短；富豪权要，陵竞欲矫饰其一日之长。致使孤而无援者之谋猷勋业，灭没不彰，而奸险情态，则无以发其微而垂戒后世。嗟乎！明之实录，大概如此矣。而野史之弊，则又甚焉。或有为而作，激烈成编，图报畅荣，挟憾诬蔑，寄雌黄于睚眦，彰黼绣于党同，妄肆贬褒，谬厥圣嚚。或人品粗率，才识平庸，轻听惑滋，据为坚确。陋巷妄述廊庙之事，下市偶闻传说之言，遂信以为真，衰然成帙。或诡诞偏僻，好为其创，本前代之事，而辄作时人，实风影之谭，而妄云果有，务为可惊可愕，以取媚听闻。总之各抒胸臆，不顾传疑，是非混淆，真赝相半。而家乘又颂扬之辞，碑铭皆谀骨之作，岂可尽言哉？况合而观之，有此誉皋、夔，彼讥共、鲧，年月不同，姓名互异，龃龉违错，千状百端，而欲以一之，此其所谓难也。鳞则考证典章，恪宗文献，徵是非之互异，却忌讳之顾虑。前人多与，则存以嘉荣；故策皆疵，则彰以斧钺。即其平生良显，一事之误，则善为原心；果其素习阴谲，一言之出，则酌为诛意。名为当代讳，不敢指斥者，则直书其非。律为祖父隐，不欲明言者，则竟摘其实。至于论赞，间采旧文，或异昔称，不嫌专擅，进退录弃，颇极苦心。起元天历元年戊辰，迄明崇祯十七年甲申。于万历以前，厘然详备，泰昌而后，多有阙略，缘故牒散失，国无藏书，事近人存，野史未出，以故真闻真见，乃始濡毫，而恍惚疑似，宁俟来者。"撰述本纪、宫闱纪、表、志、记、世家、列传，凡七十七目，一百七十一卷。……

《四库全书总目》卷五〇，史部别史类存目：《明书》一百七十一卷，国朝傅维鳞撰。维鳞初名维桢，灵寿人。顺治丙戌进士，官至工部尚书。是书为其子汀州府知府燮诃所镌，冠以移取咨送诸案牍，盖康熙十八年诏修明史，徵其书入史馆。凡本纪十九卷，世家三十三卷，宫闱纪二卷，表十二卷，志二十二卷，记五卷，世家、列传七十六卷，叙传二卷。自谓搜求明代行藏印钞诸书，舆家乘、文集、碑誌，聚书三百余种，九千余卷，参互实录，考订异同，可谓博矣；然体例舛杂，不可缕数，学士祭酒表已病其繁矣。……盖一代之史，记载浩繁，非综括始终，不能得其条理，而维鳞节节叶叶，凑合成编，动辄矛盾，固亦势使之然矣。

**清廷定议纂修《清世祖实录》。**

《清圣祖实录》卷二三，清圣祖康熙六年七月己未：礼部尚书黄机等奏请纂修世祖章皇帝实录。得旨：皇考世祖章皇帝励精图治，敬天法祖，无事不以国计民生为念。鸿功伟业，载在史册，理宜纂修实录，垂示永久，以昭大典。这本说得是，着详议具奏。

《清圣祖实录》卷二四，清圣祖康熙六年九月丙午：纂修世祖章皇帝实录，命大学士班布尔善为监修总裁官，大学士巴泰、图海、魏裔介、卫周祚、李霨为总裁官。学士塞色黑、禅布、帅颜保、岳思泰、多诺、明珠、范承谟、刘秉权、周天成、刘芳躅、田逢吉、綦汝楫为副总裁官。侍读学士达哈他、马尔堪、纳桑阿、卢震、侍读喇沙里、杜冷额、内图、额色、噶卜喇、田启光、典籍伊尔哈、噶布喇、王国安、董昌国为满纂修官。侍读学士单若鲁、田种玉、侍读宋德宜、熊赐履、编修田麟、王勖、李平、张玉书、朱世熙、检讨李天馥、陈廷敬、吴本植、朱之佐、申涵盼为汉纂修官。谕曰：卿等督率各官，敬慎纂修，速竣大典，表彰谟烈，以副朕继述显扬先德之意。

# 公元1668年 清圣祖康熙七年 戊申

## 康熙帝撰《孝陵神功圣德碑文》。

《清圣祖实录》卷二五,清圣祖康熙七年正月庚戌:建孝陵神功圣德碑。其文曰:我国家肇基东土,祖功宗德,昭格皇天,恢弘景运于万年。笃生我皇考皇帝,睿圣首出,奄有万邦,大孝弘仁,武功文德,配两仪而轶千古。既奉册宝,恭上尊谥,惟陵寝宜有功德之碑。谨撰述大概,镌诸贞珉,用传永久。叙曰:皇考世祖体天隆运英睿钦文大德弘功至仁纯孝章皇帝,讳福临,太宗应天兴国弘德彰武宽温仁圣睿孝隆道显功文皇帝第九子也。……皇考生而神灵,英异非常,六龄读书,不假师资,一目数行俱下。太宗甚钟爱焉,甲申嗣登大宝。是时流寇肆逆,明祚已终,国亡君殉,万姓无归。爰整六师,一战而破百万之强寇,乃建都燕京,齐晋秦豫,传檄底定。靖寇救民,王师南下,金陵僭号者,其臣下执之以降,由是下楚蜀、平浙闽。两粤、滇黔,数年之内以次扫荡,遂成大一统之业。……只奉太祖太宗成法,治具毕张,敬天尊祖,缗祀亲虔。孝事太皇太后,晨兴问安,长跪受教。披阅章奏,每至夜分,勤学好问。择满汉词臣,充经筵日讲官,于景运门内建直房,令翰林官直宿备顾问。经书史策,手不释卷,遂知性知天,洞悉至道。兼综天文、地理、礼、乐、兵、刑、赋役、古今因革利病之源,旁及诸子百家,莫不博涉,得其要领。素衣菲食,不兴土木之工。亲视太学,释奠先师,发帑金崇其庙貌。虽太平不弛武备,立贤无方,丁亥、己亥,再举会试,间广额数,以罗人才。科场作弊者,从重治罪。视满汉如一体,遇文武无重轻,破故明人臣朋党之习。尚廉正、黜贪邪,时时甄别廷臣,以示激劝。下诏求言,虚怀纳谏。外官入觐,面谕以爱民勤职。详慎刑狱,大辟复奏,再四驳审,命官恤刑,各省冤滥者皆得免,又停秋决一年。阉寺不使外交,立铁牌示禁。命儒臣修祖宗圣训、《顺治大训》、《通鉴全书》、《孝经衍义》等书,以教天下臣民。诣先农坛,躬耕耤田,劝农以足民。四方水旱灾荒,频发内帑,多金赈济。云贵初平,颁发帑金,溥赈军民,焦心劳思,惟念军民疾苦。至于故明诸陵,设护卫,禁樵采,悯崇祯帝死难,颁谕祭诔,其臣之殉难者予赠恤。其宗室投顺者,令畜养乐业,其厚待如此。我皇考以精明理政务,以仁厚结人心,法制则细大无遗,德音则遐迩咸遍。故使山陬海澨,莫不覃被恩膏。东至使鹿使犬等国,西至厄内忒黑、吐鲁番等国,北至喀尔喀、俄罗斯等国,南至琉球、暹罗、荷兰、西洋海外等数百国,见海不扬波,咸曰中国有圣主出焉。

梯山航海，莫不重译来王，我皇考惟是兢业祇慎，无一日自暇逸也……

今案：此碑文实为正在纂修的《清世祖实录》规定基调，与当初的顺治帝《遗诏》针锋相对，反映了对顺治帝政治举措评价的分歧，实乃政治斗争的投影。

## 魏裔介著成《圣学知统翼录》。

魏裔介《圣学知统翼录序》：余既作《知统录》矣，复续之。以知统翼者何？呜呼！自孔孟以后，道之不明于天下也久矣。岂道之难知哉？天命人心，至善之道，本自易知，不求者失之不著不察，而过求者失之索隐行怪，此其所以终于不知也。孔子曰："不得中行而与之，必也狂狷乎！"中行者，圣道之醇诣；狂狷者，圣道之干城也。伯夷、柳下惠，《论语》以为逸民，而《孟子》跻之圣人之列，乃又曰"隘"与"不恭"。苏子由《古史》则云："夫人而不能无可无不可，而尚足以为圣人乎？伯夷、柳下惠，吾从孔子而已。"然余观二子之所学，实亦未易及者。虽道逊孔子，亦亚圣之俦，清和之赞，良非诬也。天运递衍，圣哲代兴，自董江都以下至高存之，或材力有厚薄，学问有浅深，时命有隆替，师友有渊源，德业不同，要皆笃志进修，挺然自立，不感异端，潜心希古，岂非所谓豪杰之士，虽无文王，犹兴者耶？使得圣人而为之师，其所造诣又宁止于是而已乎？以之羽翼圣道，鼓吹六经，亦犹淮泗之归于江海，龟凫之侪于岱宗也。余因捃摭遗传，详为论述，俾后世学者知所景行焉。至于世所好尚而悖于理，其近于理而未深未醇者，并不采录。夫岂不欲汎爱兼收，诚恐开不正之端倪，而未合于天命人心之本然也，尚祈海内大贤匡其所以不逮而诲之。若曰知我罪我，则余岂敢。康熙七年仲春丙子日，柏乡魏裔介序。

《四库全书总目》卷六三，史部传记类存目五：《圣学知统翼录》二卷，国朝魏裔介撰。裔介既作《知统录》，复作此录以翼之。《自序》谓：以之羽翼圣道，鼓吹六经，亦犹淮泗之归于江海，龟凫之侪于岱宗也。凡录伯夷、柳下惠、董仲舒、韩愈、胡瑗、邵雍、杨时、胡安国、罗从彦、李侗、吕祖谦、真德秀、赵复、金履祥、刘因、曹端、胡居仁、罗伦、蔡清、罗钦顺、顾宪成、高攀龙二十二人。其去取之故，亦莫得而详焉。

## 耶稣会传教士利类思、安文思、南怀仁著成《西方要纪》。

张潮《西方要纪小引》：泰西之言，以大地为圆毬，上下四旁，皆成世界。

洵如所云，则所为泰西者，亦第自中华言之。苟就彼地而论，安知其不自以为中，而反以中华为东耶？是殆不然。彼盖以天星为准，南极、北极，天之枢纽。彼地在西，安得不以西名哉？其人则颖异聪明，其学则星历医算，其俗则忠信耿直，其器则工巧奇妙，诚有足令人神往者。天竺诸国土，亦名西方。梵修者，往往愿托生其地，然不过清净寂灭而已。无男女居室之乐，无爵禄名位之荣，无饮旨烹鲜之奉。此两西方宜何所择乎？夫泰西之说，诚胜于诸教，惜乎以天主为言，则其辞不雅驯，流于荒诞，缙绅先生难言之。苟能置而不谈，则去吾儒不远矣。吾儒之言天者，在《书》则有曰："惟皇上帝，降衷于下民。"在《诗》则曰："皇皇后帝。"在孔子则曰："获罪于天，无所祷也。"在孟子则曰："天于贤，天与子。"若是乎，吾儒之言天，亦非仅虚空无物之状，若有神焉以主之。然初未尝言有母、有形，及生前死后之事迹也，此吾儒与彼教之别欤！心斋张潮撰。

张潮《西方要纪跋》：西洋之可传者有三：一曰机器；一曰历法；一曰天文。三者亦有时相为表里。今观《西方要纪》所载，亦可得其大凡。然必与其国人之能文者，相与往复问难，庶足以广见闻而资博识也。心斋居士题。

《四库全书总目》卷七八，史部地理类存目七：《西方要纪》一卷，国朝西洋人利类思、安文思、南怀仁等撰。利类思、安文思皆以明末入中国，南怀仁以顺治十六年至京师。此书则康熙初年所述，凡二十条，专记西洋国土、风俗、人物、土产及海程远近。大抵意在夸大其教，故语多粉饰失实。

徐宗泽《明清间耶稣会士译著提要》卷七，科学类：《御览西方纪要》，大西洋利类思、安文思、南怀仁，于康熙七年十一月二十三日，承皇上问西洋风土国俗，而条答之书也。书与艾儒略之《西方答问》相同，且更简括。

## 李仙根著成《安南使事记》。

《四库全书总目》卷五四，史部杂史类存目三：《安南使事记》一卷，国朝李仙根撰。仙根字南津，遂宁人。顺治辛丑进士。官至户部侍郎。康熙七年，仙根以内秘书院侍读，偕兵部职方司主事杨兆杰使安南还，备述宣谕事实，编为此书。其词多质朴少文，盖随笔记录，未及删润也。

今案：是书《清史稿》卷一四六，《艺文志二》史部杂史类题为《安南使事记》，史部地理类题曰《安南史事记》。当以前者为是。《学海类编》收入时，改题为《安南杂记》。

## 公元 1669 年　清圣祖康熙八年　己酉

**康熙帝逮捕鳌拜，处死实录馆总裁班布尔善。**

《清圣祖实录》卷二九，清圣祖康熙八年五月戊申：命议政王等拏问辅臣公鳌拜等。谕曰：……鳌拜于朕前办事，不求当理，稍有拂意之处，即将部臣叱喝。又引见时，鳌拜在朕前理宜声气和平，乃施威震众，高声喝问。又科道官员条奏，鳌拜屡请禁止，恐身干物议，闭塞言路。又凡用人行政，鳌拜欺朕专权，恣意妄为，文武各官，尽出伊门下，内外用伊奸党，大失天下之望。穆里玛、塞本得、讷莫、佛伦、苏尔马、班布尔善、阿思哈、噶褚哈、济世、马迩赛、泰璧图、迈音达、吴格塞、布达礼等，结成同党，凡事在家定议，然后施行。且将部院衙门各官于启奏后，常带往商议，众所共知。鳌拜等倚仗凶恶，弃毁国典，与伊等相好者荐拔之，不相好者陷害之。朕念鳌拜旧臣，遗诏有名，宠眷过深，望其改恶悔罪，今乃贪聚贿赂，奸党日甚，上违君父重托，下则残害生民，种种恶迹，难以枚举。遏必隆知而缄口，将伊等过恶，未尝露奏一言，是何意见？阿南达负朕恩宠，每进奏时称赞鳌拜为圣人。着一并严拏勘审。

本月庚申日得旨：鳌拜理应依议处死，但念效力年久，虽结党作恶，朕不忍加诛。着革职，籍没拘禁。赵布太、那摩佛，亦应依议处死，着革职，籍没免死，俱行拘禁。遏必隆既无结党之处，着免罪，革去太师及公爵。其原有一等公爵，仍留与伊子。其族人有为内大臣、侍卫、护军参领者，俱着革去。其有世职者，着随旗上朝，其在骁骑营及部院衙门者，仍留原任。阿南达理应依议处死，着免死，宽其籍没。赖虎、插器、佛伦、布达礼、刘光、阿林、希福等，从宽免死，各鞭一百。插器、布达礼、佛伦，着免籍没。刘之源、额尔德黑、郭尔浑等，亦从宽免死。硕代、桑俄、那木塔尔、舒尔虎纳克、罗多等，俱系微末之人，一时苟图进用，俱从宽免罪，照旧留任。班布尔善着革职，即行处绞。塞本得，着革职，理应依议凌迟处死，着改即行处斩。阿思哈、噶褚哈、穆里玛、泰璧图、讷莫，俱着革职，即行处斩。马迩赛既经身死，不必抛尸。济世、迈音达、吴格塞等，俟到日再行究审具奏。兰布，着革去亲王，授为镇国公。穆舒、席哈纳、卓灵阿、那木代等，着免籍没。余俱依议。

申涵盼《忠裕堂集·纂修两朝实录记》：监修公班布尔善以天潢为首辅，谓太宗实录未修，不可以子先父，遂停《世祖实录》，重修《太宗实录》。八年正月开馆于内院，为内馆，复廪给。而外馆诸臣从此搁笔矣，其才干有望者，皆拔置内馆，凡八员。盼在外馆，外馆皆向盼作不平语，盼每委曲排解之。二月杪，忽取盼入内馆，外馆益不平。盼自矢无私请，且不愿内馆之劳瘁。于是，内外馆争不已，而盼竟入内馆。盼素不礼于内馆诸臣，比入，仅喷喷谬相许可，殊不自解也。早作晏息，寒暑无间，稿已过半。忽班布尔善以诛死，冬十月，遂罢内馆，复归外馆。

**清廷重启《清世祖实录》的纂修。**

《清圣祖实录》卷三〇，清圣祖康熙八年六月甲戌：以内秘书院大学士巴泰，充监修《世祖章皇帝实录》总裁官。

《清圣祖实录》卷三一，清圣祖康熙八年九月庚子：命大学士索额图、为纂修世祖章皇帝实录总裁官。

**顾炎武《日知录》初刻。**

顾炎武《初刻日知录自序》：炎武所著《日知录》，因友人多欲钞写，患不能给，遂于上章阉茂之岁刻此八卷。历今六、七年，老而益进，始悔向日学之不博，见之不卓，其中疏漏往往而有，而其书已行于世，不可掩。渐次增改，得二十余卷，欲更刻之，而犹未敢自以为定，故先以旧本质之同志。盖天下之理无穷，而君子之志于道也，不成章不达。故昔日之得，不足以为矜；后日之成，不容以自限。若其所欲明学术，正人心，拨乱世以兴太平之事，则有不尽于是刻者，须绝笔之后，藏之名山，以待抚世宰物者之求，其无以是刻之陋而弃之，则幸甚！

顾炎武《日知录小引》：愚自少读书，有所得辄记之。其有不合时，复改定。或古人先我而有者，则遂削之。积三十余年，乃成一编，取子夏之言，名曰《日知录》，以正后之君子。东吴顾炎武。

傅增湘《藏园群书题记》卷八，《初刻日知录跋》：旧闻顾氏《日知录》有初刻本，卷帙少者，求之二十年不可得，第于黄氏本前见其小序而已。顷于缪艺风前辈遗书中获觏此本，为卷八，为条一百一十有六，视今本特五之一耳。前有自序十二行，字仿颜体，当为张力臣笔。目之前更有小引四行，文字皆与黄本所载不异。以黄本对勘，各条文字后刻者多所增益，一题下有增入四五行者。标目后来亦多改订。如"黎许二国"，原作"国风"；"鲁之春秋"，原无"鲁之"二字；"王正月"，原作"十月"；"卿不书族"，原无"卿"字；"前代讳"，原作"宋初尚避唐讳"；"豫借"，原作"青苗钱"。此外难以枚举。后附《谲觚十事)。全书断句皆加墨圈。……顷阅《拜经楼题跋》,亦藏有是本,云为符山堂刻。又云第八卷九州条下二则,今刻全本《日知录》不载,殆因阎百诗有驳正之语,故亭林削去之。今按之此本,洵然,具徵先生之不护前失也。书潜又志。

## 吴任臣著成《十国春秋》。

吴任臣《十国春秋序》:古作史有二体,曰编年,曰纪传,而纪传实创始于司马迁。自《史记》暨前、后《汉书》,以迄《辽》、《金》、《元》史,凡二十一部,藏诸内府,布之学省都邑,亦云盛矣。然古史于正统为特详,至偏霸人物,事实恒略而不备,《晋书》仅列刘、石、慕容等于载记。魏崔彦鸾撰《十六国春秋》以补之,今虽残阙非全书,而视《晋史》已稍稍加详。若欧阳《五代史》,附十国《世家》于末,中间叙事雅称简洁,然颇多遗漏,立传者独孙晟、刘仁赡数人而已。又于十国事有未覈,如《闽世家》以闽主昶弟继恭为其子,《楚世家》载彭师暠奉衡山王事不及廖偃,《吴越世家》言自镠世常重敛其民以事奢侈之类,读史者或有所不足焉。任臣以孤陋之学,思取十国人物事实而章著之,网罗典籍,爰勒一书,名曰《十国春秋》,为本纪二十,世家二十二,列传千二百八十二。人以国分,事以类属。又为《纪元》、《世系》、《地理》、《藩镇》、《百官》五表,总一百一十四卷。

虽世远人湮,书册难考,及鉴观诸邦,略得而论。大抵南唐敦文事,江左以兴;吴越效恭顺,国祚克永。楚以侈靡丧厥家,闽以淫暴倾其国,杨氏屡弱而随失,高氏无赖而倖存。前、后蜀之恃险无备,其迹同也;南、北汉之先灭后亡,其势异也。知乎此,而十国君臣之得失,政治之盛衰,传世长短之数,国势顺逆之形,夫固可以概见而得其要领矣。或谓李茂贞据岐两世,父子相传,以诸国相衡,是为荆南之匹也,兹进南平而黜岐者何?盖史从前文,亦仍十国世家之旧云尔。至于书名《春秋》者,《墨子》云"吾见百国春秋",春秋,古史名也。前此有《楚汉春秋》、《魏氏春秋》,今则仿彦鸾之书而系以"春秋"也。若云孔子尝修鲁《春秋》矣,愚又奚敢上拟圣人笔削而甘蹈僭乱之罪哉!书成,聊著纂述之大指如此。康熙八年己酉孟夏,仁和吴任臣譔。

魏禧《十国春秋序》:钱塘吴任臣撰《十国春秋》,以示宁都易堂魏禧而属之序。禧不敏,不敢辞,于是序之曰:史才之难也久矣!世之言史者,率右司马迁而左班固。禧尝以为迁当以文章雄天下,史之体则固为得。盖史主记事,固详密,于体为宜,迁则主于为文而已。文欲略而后工者,则势不得更详。而欧阳修《五代史》亦于事为略,至十国尤不备。任臣生七八百年之后,传闻阔绝,书籍散亡,毅然起而补之,其功甚巨,事亦最难。禧读其书,采择详博而精于辨覈,为文明健有法,自《史记》、《汉书》、《五代史》而外,岂亦有能先之者哉?禧惟天下之势,分之久则必合,合之久则必分,而其自合而分之也,天下鱼溃肉烂,不可收拾。当时所号为豪杰者,非有殊尤绝异之才,其德力皆不能相一,峻法重敛,战争不休,生民之苦,于是为极。然吾尝观分崩之际,其人才每为特盛。盖天下之治,礼法明而风俗厚,人心安和,虽有奇才异能,皆帖首抑志以就绳墨;及其乱也,愤郁而思动,铤而走险,上焉者纪纲法度不立,而其下者得肆志妄作,以自尽其才。故自周、秦之末以及五代,莫不有特起之英,踔厉沈深,自奋于功名,王侯将相皆以智力相取,而非有幸得。当其时,有大力者出而驱之则合,无大力者驱之则分,彼帝制自为角立争雄长者,要皆韩、彭、冯、邓、秦、李、曹、石之流亚,然后知天下盖无时而无才,顾所以用之者何如耳。分崩之际,最不足数,莫如五代,而十国中人才炳烺可观者既已如是,任臣是书岂独补古史之阙,取备见闻云尔哉!士不幸生其时,当思所以自奋,毋徒碌碌以苟全性命为得。且观其得,则知十国之能分者何在;观其失,则知十国之终于分而不能合者何故。夫能以智力争城略地,而不知定天下之有规模;能屈志协力以得将士之用,而不能深仁厚泽以得民心。呜呼!此有志之士所为掩卷长太息者也。任臣志行端慤,博学而思深,著有《山海经广注》、《字汇补》,已版行,而是书关系古今尤大,惜无有能授之梓人,以传于世者。传曰:"人之欲善,谁不如我",吾知其必有望也已。

周昂《十国春秋跋》:吴氏《十国春秋》,博采诸史,成一家之言。其体裁雅近李延寿《南史》,余最心爱之,渔猎时辄丹黄其佳处。惜外间印本甚少,尝欲重锓,以广流传,鹿鹿一生,恨未果也。疾亟,以剞劂之役嘱家人。盖重文艺,轻生死,书淫洁习,固众人所为悯笑者。朝闻夕死,后之同好,幸鉴予衷焉。乾隆五十三年岁次戊申夏四月,少霞周昂跋。

《四库全书总目》卷六六,史部载记类:《十国春秋》一百十四卷,国朝吴任臣撰。任臣字志伊,仁和人。康熙己未召试博学鸿词,授翰林院检讨。任臣以欧阳修作《五代史》,于十国仿《晋书》例为载记,每略而不详。乃采诸霸史、杂史以及小说家言,并证以正史,汇成是书。凡吴十四卷,南唐二十卷,前蜀十三卷,后蜀十卷,南汉九卷,楚十卷,吴越十三卷,闽十卷,荆南四卷,北汉五卷,十国纪元世系表合一卷,地理志二卷,藩镇表一卷,百官表一卷。其诸传本文之下，自为之注，载别史之可存者。盖用萧大圜《淮海乱离志》、杨衒之《洛阳伽蓝记》、宋孝王《关东风俗传》、王劭《齐纪》之例，刘知幾《史通·补注》篇所谓"躬为史臣，手自刊削，除繁则意有所怯，毕载则言有所妨，遂乃定彼榛楛，列为子注"者也。其间于旧说虚诬，多所辩证。……皆确有所见，其他类是者甚多。五表考订尤精，可称淹贯。惟无传之人仅记名字，列诸卷末，虽用陈寿《蜀志》附载无传诸人之例，然寿因杨戏有《季汉辅臣赞》，故系之戏传之末，非自列其名字于中，虚存标目也。是则貌同心异，不免于自我作古矣。

今案：乾隆五十三年（公元1788年），周昂重刻是书，于原书后补充《拾遗》、《备考》两卷，故今通行本有一百十六卷。


## 公元1670年　清圣祖康熙九年　庚戌

**清廷议修《会典》。**

《清圣祖实录》卷三三，康熙九年五月丙子：礼部议覆江南道御史张所志疏言：《会典》一书，一代制度攸关，理应编辑，昭示中外，应如所请。令各部院衙门，将太祖高皇帝、太宗文皇帝、世祖章皇帝时定例及见行事宜，查明送内院纂修，颁行天下，永远遵行。从之。

**清廷再改内三院为内阁，设翰林院。**

《清圣祖实录》卷三三，康熙九年八月乙未：命改内三院为内阁，其大学士、学士官衔，及设立翰林院衙门等官，具着察顺治十五年例议奏。

（光绪）《钦定大清会典事例》卷一一，《内阁》：（康熙）九年。改内三院为内阁。其大学士等官衔。俱照顺治十五年之例。设满洲学士二人。满洲侍读学士四人。蒙古侍读学士二人。汉军侍读学士二人。满洲侍读八人。蒙古汉军侍读各二人。满洲汉军汉典籍各二人。

（光绪）《钦定大清会典事例》卷一〇四四，《翰林院》：（康熙）九年，复改内三院为内阁。别置翰林院，设满汉掌院学士各一员，兼礼部侍郎衔，秩正三品。设满汉侍读学士各三员，满汉侍讲学士各三员，侍读各三员，侍讲各三员。修撰、编修、检讨无定员，品级俱如顺治十五年制。并设满汉典簿各一员，孔目各一员，待诏各二员，增设满文笔帖式八员，汉军笔帖式八员。

# 公元1671年 清圣祖康熙十年 辛亥

**谕令重新纂修太祖、太宗圣训。**

《清圣祖实录》卷三五，清圣祖康熙十年四月乙酉，谕内阁、翰林院：致治之道，无过法祖，鉴于成宪，乃罔有愆。钦惟太祖高皇帝开天垂统，太宗文皇帝式廓鸿图，规模弘远，启祐无疆。朕御极以来，景仰先猷，时切仪型之念。世祖章皇帝时，曾命儒臣纂修太祖、太宗圣训，虽具稿进呈，未经裁定颁布。兹特命图海、李霨为总裁官。折尔肯、折库纳、熊赐履为副总裁官，达哈塔、杨正中等十员为纂修官，满汉誊录官各四员，满汉收掌官四员，悉依前式，分别义类，重加考订，勒成全书，朕得以朝夕观览，是训是行，亦俾子孙率由无斁。卿等膺兹委任，须恪恭勤励，务期早竣，以副朕觐光扬烈至意。

**清廷设立起居注馆。**

《清圣祖实录》卷三六，清圣祖康熙十年八月甲午：设立起居注，命日讲官兼摄，添设汉日讲官二员，满汉字主事二员，满字主事一员，汉军主事一员。

王士禛《池北偶谈》卷一，"起居注"条：康熙十年二月，讲筵初开，工部尚书王熙、翰林学士兼礼部侍郎熊赐履进讲《大学》……三月，礼科给事中吴国龙疏请复设起居注，得旨报可。

《池北偶谈》卷二，"起居注"条：康熙十年复设起居注馆，在午门内之西，与实录馆相对。其官则自掌院学士、詹事以下，史官以上，皆得充之。初止八人，后增至十六人。

《皇朝经世文续编》卷二〇，《吏政三·官制》载许宗衡《起居注官考》：……本朝参用明制，康熙十年秋八月，初设起居注馆于太和门西廊。满记注官四员，汉记注官八员，俱以日讲官兼摄。满洲、汉军主事各一员，汉主事二员，满文笔帖式、满汉文笔帖式、汉军笔帖式各四员。凡御门、升殿、视祝版、经筵、殿试读卷、上元岁除、外藩朝贺赐宴、皆侍班。坛、庙、谒陵、亲耤、视学、大阅、迎劳、凯旋、巡幸、搜狩、扈从记注。册籍书明日月。及侍直官姓名。月凡满汉文各一册，至次年以月排纂。凡记注官（本朝有起居注及起居注官皆虚名，以翰林兼之）侍班所记，一一备载卷末，汇为总册，册中用翰林院印钤缝，藏以铁匦（余到官见惟木匦）封识。岁十二月，题明记注官会同内阁学士藏之内阁大库，此旧制也。二十年，增汉记注八员。三十八年，减存满洲、汉军及汉主事各一员，余如故。主事专司满、汉文册，正本既送内阁，副本藏起居注衙门。

今案：清各朝《大清会典》将始设立起居注馆记述于康熙九年，盖缘于最初编纂《大清会典》时的讹误，《清朝通典》等沿袭此误。据《清圣祖实录》应是设立于康熙十年八月十六日，乔治忠《说康熙起居注》（载《史学史研究》1991年第1期）一文，对此已有考证。

**计六奇著成《明季北略》、《明季南略》。**

计六奇《明季北略自序》：自古有一代之治，则必有一代之乱；有一代之兴，则必有一代之亡。治乱兴亡之故，虽曰人事，岂非天命哉！独怪世之载笔者，每详于言治，而略于言乱；喜乎言兴，而讳乎言亡。如应运鸿猷，新王令典，则铺张扬厉，累楮盈篇；至胜朝轶事，亡国遗闻，则削焉不录。若曰"当苏君时，仪何敢言云耳！"愚谓天下可乱可亡，而当时行事，必不可泯。况清世祖章皇帝尝过先帝之陵而垂泣，为亲制诔文以哀之。即今上登极，亦谕官民之家，有开载启、祯事迹之书，俱着送来，虽有忌讳之语，亦不加罪。是天子且著书与求书矣，草野之士，亦何嫌何忌，使数十年来治乱兴亡之事，一笔勾却也哉！予也不揣，漫编一集，上自神宗乙未，下迄思宗甲申，凡五十年，分二十四卷，题曰《北略》，以志北都时事之大略焉耳。然于国家之兴废，贤奸之用舍，敌寇之始末，兵饷之绌盈，概可见矣。世之览之者，拱璧唯命，覆瓿亦唯命云。谨序。康熙十年辛亥季冬八日乙酉，无锡计六奇题于社桴王氏之书斋。

计六奇《北略总说》：《北略》，纪乱之书也。然神宗践祚以来，西夏有哱拜之乱，播州有应龙之乱，朝鲜、辽东有行长、秀吉之乱，乱不一矣，俱不之载者何？以无关于天下之大也。而独始于二十三年者，见皇清封建之始，继明之天下已有其人矣。光宗明惠，享国不永，仅存三案。国无长君，知社稷之不幸也。熹宗愦愦，辽阳尽没，加以逆阉乱政，杀戮忠良，元气既削，大饥、大寇于是起矣。烈皇英武，首诛逆魏，敷天泄愤。乃未几灾荒洊至，敌寇频仍，卒至以身殉国。盖以生丁百六，非由不德所致，抑亦将相无人耳。予随笔编抄，止纪岁年，未次月日，似失始末。然叙事则先朝廷而后郡邑，明有本也；纪寇则始秦、晋而及豫、楚，明有渐也。至每卷末必系以《志异》者，见大寇由于大饥，人乱应乎天变，神州陆沉，厥有由矣！神、光三朝，事多不录，而独详于思宗一朝者，盖前事悉以梓行，予不更赘，思宗杂记散落人间，各持一说，予特合编成帙，将以质诸博古之君子。《补遗》一卷，得自姑苏，删窜改录，是冬书已将竣，未遑插入，姑存以俟异日。识者勿笑管窥蠡测之见也可。辛亥季冬八日雨窗用宾氏书。

计六奇《明季南略自序》：呜呼！有明自南渡以后，小朝廷事难言之矣！当时北都倾覆，海内震惊，即薪胆弥厉，未知终始。乃马、阮之徒，犹贿赂公行，处堂自喜，不逾载而金瓯尽缺，罪胜诛哉！唐藩起闽中，势如危卵，而郑氏以骄奢贪纵辅之，日与鲁藩为难，唇亡齿寒之义谓何？桂藩立粤东，僻处海隅，一逼于成栋，再逼于三王，三逼于孙可望，遁走不常，舟居靡定。是时君不君，国不国矣！虽有瞿桂林留守四载，无济时艰。至于杜允和、李定国辈，益难支矣。若成功、煌言出没风涛，徒扰民耳，亦何益乎！岁丁亥仲夏，予编《南略》一书，始于甲申五月，止于康熙乙巳，凡二十余年事，分十六卷。虽叙次不伦，见闻各异，而笔之所至，雅俗兼收，有明之微绪余烬，皆毕于是矣。嗟嗟！祸乱之作，天之所以开皇清也，岂人力欤！爰是识数语于左。辛亥季冬八月九峰居士题。

计六奇《明季南略跋》：甚矣，书之不易成也！昔之著书者必有三资四助。三资者，才、学、识是。落笔惊人，才也；博极群书，学也；论断千古，识也。四助维何？一曰势，倚藉圣贤。二曰力，所须随致。三曰友，参订折衷。四曰时，神旺心间。予也赋资顽鲁，渺见寡闻，壁立如渴司马，数奇若飞将军，孤愤穷愁过韩公子、魏虞卿。七者无一，而欲握管缀辞，不几为识者所笑乎！虽然，窃有志焉。康熙午未、申酉之际，作《南、北略》两书，具草五百余篇。予以右目新蒙，兼有久视生花之病，尚未謄真。及庚戌二月六日甲子，额天誓成，静书数日，银海炯然。逾月，家表弟胡子鸿仪殊解人意，邀坐彩舞榭中，示以秘笈，赠以管城子，遂纵览凝思，目不交睫，手不停披，晨夕勿辍，寒暑无间。宾朋出入弗知，家乡米盐弗问，肆力期年，得书千纸。辛亥春，正复入城披录，元夕后忽友人荐予社桴王氏，携箧赴馆。枕上鸟鸣，案前山色，消受愧多。予方喜门墙清简，编书有暇，不谓春光甫半，疠患顿生，坐卧弥月，殊觉闷闷。孟夏既望，《北略》始竣。五月十五甲午，复书《南略》，计日课篇。十一月十三为二亲窀穸，停笔三旬。迨季冬六日癸未，乃成。《北略》三十一万一千三十余言，《南略》廿四万四千三百余言，共计五十五万五千三百余言。予以编书不易，故志其始末如此。辛亥季冬九日王馆书。

谢国桢《增订晚明史籍考》卷九：《明季北略》二十四卷，《南略》十八卷，清锡山计六奇用宾撰。……按：用宾事迹不详。是书《北略》上自神宗丙辰，下讫思宗甲申，凡三十年，结以门户、党祸诸论，志北都时事。《南略》始于甲申五月，止于康熙乙巳永历被害止，而终以洪承畴引状节略，凡二十余年事。两书均有康熙十年辛亥自序。记明季农民起义史事，自成入京而后，按日记载，较他书为详。著者生于明末，距甲乙之际，为时不远，或凭诸传闻，或出于目睹，虽间有歪曲事实之处，然较后人追记之书，去事实弥远者，犹可略存其真。杭州大学图书馆藏旧钞本，《北略》多建州之始、东夷大略、辽彝新志等目二十五篇，《南略》与刻本不同者尤繁，盖刻本有触清廷忌讳者，多被删去，此其底本也。至北京大学图书馆藏有钞本《明季治乱事迹》不分卷二册，题计六奇撰，实即《北略》卷一至卷五之节本，作伪者妄题此名耳。

**《绥寇纪略》作者吴伟业卒。**

顾湄《吴梅村先生行状》（载《吴梅村全集》下册附录一，上海古籍出版社1990年版）：先生讳伟业，字骏公，姓吴氏。……年二十补诸生，未逾年，中崇祯庚午举人。辛未会试第一，殿试第二。……授翰林院编修。……乙亥入朝，充纂修官。……己卯……升南京国子监司业。……庚辰，晋中允、谕德。癸未，晋庶子。甲申之变，先生里居，攀髯无从，号恸欲自缢，为家人所觉。……乙酉，南中召拜少詹事，加一级。越两月，先生知天下事不可为，又与马、阮不合，遂拂衣归里，一意奉父母欢。易世后，杜门不通请谒，每东南狱起，常惧收者在门，如是者十年。……先生之学，博极群书，归于至精，有问经史疑难、古今典故，与夫著作原委，旁引曲证，洞若指掌，多先儒之所未发。诗文炳耀铿锵，其词条气格，皆足以追配古人，而虚怀推分，不务标榜，尤人所难。自虞山没后，先生独任斯文之重，海内之士与浮屠、老子之流以文为请者，日集于庭，麾之弗去。一篇之出，家传人诵，虽遐方绝域，亦皆知所宝爱。雅善书，尺牍便面，人争藏弄以为荣。所著《梅村集》四十卷，《春秋地理志》十六卷，《春秋氏族志》二十四卷，《绥寇纪略》十二卷，又乐府杂剧三卷。先生生于明万历己酉五月二十日，卒于今康熙辛亥十二月二十四日，享年六十有三。寝门之哭，学士大夫辄失声曰：先生亡矣！一代文章尽矣！……湄与修郡邑志，于先生例当有传。先生之从子暁以事状属湄，用敢捃摭遗佚，附缀家乘之末，立言君子，尚有采于此云。谨状。康熙十二年七月二十一日。

《清史稿》卷四八四，《文苑一》：吴伟业，字骏公，太仓人。明崇祯四年进士，授编修。充东宫讲读官，再迁左庶子。弘光时，授少詹事，乞假归。顺治九年，用两江总督马国柱荐，诏至京。侍郎孙承泽、大学士冯铨相继论荐，授秘书院侍讲，充修太祖、太宗圣训纂修官。十三年，迁祭酒。丁母忧归。康熙十年，卒。伟业学问博赡，或从质经史疑义及朝章国故，无不洞悉原委。诗文工丽，蔚为一时之冠，不自标榜。性至孝，生际鼎革，有亲在，不能不依违顾恋，俯仰身世，每后伤也。……著有《春秋地理志》、《氏族志》、《绥寇纪略》及《梅村集》。

## 公元 1672 年 清圣祖康熙十一年 壬子

**《清世祖实录》修成。**

《清圣祖实录》卷三九，康熙十一年五月乙丑：以世祖章皇帝实录告成，礼部具仪注。监修总裁大学士等奏请呈送大内尊藏，上御太和殿，设卤簿，奏乐。监修总裁、副总裁、纂修等官，奉表恭进实录。行礼毕，诸王、贝勒、贝子、公及文武各官等奏言：恭惟世祖章皇帝，神功圣德，远迈唐虞，纂述成书，光华万世，臣等不胜欢忭，礼当庆贺。上传制曰：世祖章皇帝功德配天，纂修已成，朕心欢庆，与卿等同。于是诸王以下文武各官，行庆贺礼。

康熙帝《世祖章皇帝实录序》（《世祖章皇帝实录》卷首一）：朕惟自古帝王膺图御箓，显扬遗烈，必有信史以纪政绩而范来兹，典綦重也。我太祖高皇帝、太宗文皇帝，文武圣神，并隆千古，固已光昭典册，炳若日星矣。我皇考世祖体天隆运英睿钦文大德弘功至仁纯孝章皇帝，达孝承先，洪仁抚世，以天纵之姿，奋有为之业，扫除寇乱，奠安生民，六师所加，有征无战，莫不望风慑息，竞迓壶浆，即殊方异域、声教未通之地，亦皆受吏请封，凛遵正朔。……猗欤盛哉，蔑以加已。朕纉承鸿绪，宵旰靡宁，每念庥隆，常深忾慕。爰开史局，选辟儒臣，发秘府之藏，检诸司之牍，捃摭较订，萃为一代成书，纪载班班，洵奕叶之榘蠖矣。虽化神德峻，巍焕难名，而因事徵心，亦足以见惕励忧勤，致治太平之有由也。於戏！功高在昔，美冠将来，一事一言，皆二帝三王心法所寄，岂第简策之乔皇也哉？朕将绍庭陟降，时诵遗徽，垂之子孙，令知我皇考勋业之隆，永笃觐扬于万世矣。是为序。康熙十一年五月二十日。

**七月，旨准大学士卫周祚奏请纂修《大清一统志》。**

康熙《天津卫志》卷首：……该臣等议得保和殿大学士卫周祚疏称："各

省通志宜修。如天下山川、形势、户口、丁徭、地亩、钱粮、风俗、人物、疆域、险要，宜汇集成帙，名曰通志，诚一代文献也。迄今各直省尚未编修，甚属缺典，可以襄我皇上兴隆盛治乎！除河南、陕西二省已经前抚臣贾汉复纂修进呈外，请敕下各省督抚，聘集夙儒名贤，接古续今，纂辑成书，总发翰林院，汇为《大清一统志》。"等因前来。查直隶各省通志，关系一代文献。除河南、陕西二省已经前抚臣贾汉复纂修进呈外，其余直隶各省通志，请敕下各省督抚，详查各山川、形势、户口、丁徭、地亩、钱粮、风俗、人物、疆域、险要，照河南、陕西通志款式纂辑成书。到部之日，送翰林院汇为《大清一统志》，恭进睿览可也。等因。康熙拾壹年柒月贰拾肆日，本月贰拾柒日奉旨：依议。

**查继佐《罪惟录》初稿著成。**

查继佐《罪惟录·东山自叙》：左尹，字非人，别号东山钓史。……尹生东山之麓，距始封七十七世云，具载列史及家乘、外记，不赘。尹幼专治葩经，长独契尼山，窃取指义。"左"云者，以出姓自晦，实非四传中左氏遗系。按前左氏与宣圣同时，顾袭其名曰丘，亲望见无得而踰之日月，而二其名曰明，既以其言附《春秋》为千古。后左氏与丘明不同谱，而因名得氏曰左，与曲阜不同里，而按籍而求曰东山。左非，东山亦非。"非人"，非其人也，乃亦欲以其言附《春秋》与传，为千古所奇。左氏距今二千余年，辄预以其姓藏尹之初名，预以其名著尹之今世，略似谶，然不可强也。此书之作，始于甲申，成于壬子，中二十九年，寒暑晦明，风雨霜雪，舟车寝食，疾痛患难，水溢火焦，泥涂鼠啮，零落破损，整饬补修，手草易数十次，耳采经数千人，口哦而不闻声者几何件，掌示而不任舌者几何端，以较定、哀之微词，倍极辛苦，兼以他诖误而连狱，方楔藏而无山。言之无罪者，大率不求文理，而妄指便是南箕；事之直书者，其实不登律例，而据云准为铁案。使非知几，早同负简，则又西狩获麟以前所未尝有此警亥也。改书名为《罪惟》，天下之大，或犹有深原其故者。至于初讳为特昭之，初疑为特信之，初误为特正之，初轶为特存之，初彼此厄为特合之，初是非淆特决之，所为取义在此。马班以下，或几几商之也。若夫《罪惟录》得复原题之日，是即左尹得复原姓名之日，静听之天而已。

沈起《查继佐年谱》（即《查东山先生年谱》，汪茂和点校，中华书局1992年版）：乙未（顺治十二年，一六五五）先生五十五岁。讲学敬修堂。始著《罪惟录》，历二十年始成。又，乙卯（康熙十四年，一六七五）先生七十五岁。春，《罪惟录》成。

缪荃孙《艺风堂文漫存·乙丁稿》卷四，《罪惟录跋》：海宁查东山曾著《明书》百二十卷。后改左尹，字非人，书亦改名《罪惟录》，为全谢山、吴兔床所未见。乙卯五月，忽有人携全部来求售，订百册。……东山身预庄氏史祸，复能自著此书，可谓有心人哉！戴名世止以书中书弘光、隆武、永历年号，遂罹杀身之祸。此书为弘光作纪，大书安宗简皇帝，又附鲁、唐、桂三王于纪后，论其罪当过于戴名世，而雍、乾书禁严时，亦未投诸水火，发现于二百年之后，可谓大幸。每篇改错均属亲笔，或自写半页，论大半自书，首序及志序，亦自书。然于本朝未入关前，称之曰"东师"，入关以后称之曰"北师"，未加以胡虏之名，亦无丑诋，想亦惩于庄氏之祸欤。然列传分门别类，蹈马令《南唐书》之失，又喜说乩梦，谈徵应，惟恐不奇，觉有誸诡之气，似非史氏之正宗也。……

张元济《涉园序跋集录·罪惟录》：海宁张君閬声，传录其乡贤查东山先生《罪惟录》既成，畀余数十巨册，曰："是不可以不传。"余受而读之，复句刘君翰怡所藏东山手稿互校，知二本文无增损，卷目微异，则閬声所变更也。按原书本纪二十二卷，志三十二卷，列传三十五卷，增子目又八卷，综九十七卷。全书无总目，无分目，纪、志井然，独列传或有总论，或无总论，有总论者，亦略不及本传姓名，仅首列一人，前题"某某传"，余均各为起迄，复不记卷次页号。故隶甲类者，往往可移之乙，乃至于丙、丁。閬声以其阔略疏误，重加釐次。……余恐其犹有未尽，以授何君柏丞。柏丞复举所见，与閬声商榷，更定次第，一如今本，共成一百有二卷。余惟东山之著是书，始于崇祯甲申，终于康熙壬子，原名《明书》，经庄氏史案，改易今名，深自晦匿，幸逃禁网。至乾隆时文字之狱又起，藏者惧罪，不忍投诸水火，取"建卤"、"满兵"、"北师"、"东人"等字而涂易之，冀免于祸，今笔痕墨影之中，犹可徐返其朔。阅时既久，虫鼠为虐，大者或连篇累叶，首尾不完，小者亦零段散片，破碎华离。装工无识，妄相凑合，文义乖舛，不可卒读。反覆追寻，棼丝稍治，此不可谓非艺林幸事。……要之东山冒死成书，为有明留三百年之信史，历劫无算，终免沉沦，正不必以其有所疏漏，而过为吹求。况张氏拾补，所以弥其缺憾者，尤非鲜也。余尝读《艺风堂文漫存》，记其所见一本，志仅二十七卷，颇疑其何以不符。证以佐禹之言，乃知为初修之稿，而非手定之本。则此洵为最后而可信者矣。……

谢国桢《增订晚明史籍考》卷一：《罪惟录》一百零二卷，明海宁查继佐伊璜撰。……按：伊璜，一字敬修，号兴斋，明季举人。明亡后，更名省，或隐姓名为左尹。罹庄氏史狱，以首先检举得免。所撰《明书》，罹祸后更名《罪惟录》，凡一百册。缪荃孙称是书百二十卷。今按是书为纪传体，分纪、志、传三门，凡帝纪二十二，志二十七，列传三十五，别有列朝帝纪逸篇、列朝逸传，则纪传之删余也。今据《四部丛刊》三编重订卷次，并计子目，共一百有二卷。凡南明诸王皆列入本纪，弘光朝仍用南明年号，其惓惓故国之意，虽罹重辟而不悔者，于此可见。惟是书体例微嫌繁复，且有驳杂不纯之处，恐系敬修初稿，当未经修定也。……今庄氏之书，全帙既不可得，幸此巨著流传人间，敬修一生精力所系，可以不泯矣。卷首有《东山自序》，为全书之序，志前序一首，则论志例者。近人张宗祥据嘉业堂藏清来堂钞本，手自钞录，重为校订。张元济先生复与之商榷，釐定次序，已影印于四部丛刊三编矣。

## 公元1673年 清圣祖康熙十二年 癸丑

**清廷重修太宗实录。**

《清圣祖实录》卷四二，清圣祖康熙十二年七月壬午：以重修《太宗文皇帝实录》，命大学士图海为监修总裁官，大学士索额图、李霨、杜立德、冯溥为总裁官……谕曰：卿等督率各官，敬慎纂修，速竣大典，表彰谟烈，以副朕继述显扬先德之意。

**廖文英刊刻《白鹿书院志》。**

廖文英《重修鹿洞书院志序》：古今气运之兴，有作之于上者，斯可成之于下；有开之于先者，斯可振之于今。代有由然矣！白鹿为名教乐地。曩有欲毁天下书院者，邹吉水力诤之得复，非以李宾客隐居故名也。有宋濂溪先生，从道州来守南康军，二程夫子后先师之，传至紫阳而家焉。盖孔孟薪传实赖于此，是为天下第一书院云。往昔李忠毅公初司理官，人文蔚起。迨英承乏李署，偶见枯桂重花。既而李卉圃先生前守南康，后为臬宪使，时与部院蔡公买田修葺，礼延约生熊掌科，讲学洞头，兹其书规固犁然也。今上御极，以英有驱闽功，由楚衡司马迁守是邦，行释菜礼毕，询知佃人租重多逃，星子令廉举其状上请，荷蒙巡抚、部院董慨然批，允清除旧逋，蠲免新增。向以租谷价贵，每石征银陆钱；自康熙七年后，租谷价平，每石照依旧额，征银贰钱，于是佃民渐归故土，荒芜益垦，堙没益登。学者负笈来游，校舍益增，垣墙益葺，一时戴帡幪而颂闿泽，声应气求者，曷能忘所自也。英曰：洞租为乐育资尔，府官主洞，何当受一百八两之公费乎？嗣今以后，则捐之。况曩者九百有奇之租，兹蒙减至三百九十五两矣。爰定为新规，尽为洞学之用，都人士咸沐部院董公之恩，又奚啻春风鼓荡、时雨滋灵也哉！爰就冰玉堂中爱莲池上，集郡邑诸孝廉，会江楚之名彦，课文选义，惟康郡文艺尤以静芙见称，此非作养之明验欤？向议毁像，易为木主，仰瞻神恫，不忍毁也，为金彩之。顷又顺天学院蒋公一疏，已奉谕旨，谓非在天之灵乎！乃知文运关乎国运，固有作之于上，始可成之于下；有开之于先，斯可振之于今也。《旧志》，李忠毅公重订，迄今五十余年，多所阙遗，爰补旧文，增葺迩事，授剞劂而登于新，虽修举之绪未云大备，而经营匠意于育材养贤之藉，亦略可镜矣。是为序。时皇清康熙癸丑嘉平月谷旦，连阳廖文英撰。

《四库全书总目》卷七七，史部地理类存目六：《白鹿书院志》十六卷，国朝廖文英撰。……初，唐李渤与其兄涉读书庐山，蓄一白鹿甚驯，因名白鹿洞。宋初置书院于五老峰下。朱子守南康将军，援岳麓书院例，疏请敕额，遂为四大书院之一。康熙中，文英为南康知府，因即旧志修辑，以成是书。意求繁富，颇失剪裁。

今案：是志十六卷，分形胜、沿革、先献、明教、文翰、祀典、田赋七门。

## 汤斌著成《洛学编》。

孙奇逢《洛学编序》：癸丑冬，汤子荆岘《洛学编》告成，索老夫一言，以弁其首。余惟洛为天地之中，嵩高耸峙，黄河亘延，自河洛图书，天地已泄其秘，而浑穆醇厖之气，人日由其中，而不知是道寄于人而学寄于天。至程氏两夫子出，斯道大明，人知所趋舍，学者于日用伦常、至庸极易之事，当下便有希圣达天路径，是道本于天而学寄于人。盖洛之有学，所以合天人之归，定先后之统，所关甚巨也。厥后废而复明，绝而复续，学问渊源，天中尤盛。宋兴伊洛，元大苏门，至有明两河八郡，各有传人。余移家夏峰，每怀往哲，怅微言之未泯，喜绝学之当新。汤子少负远志，壮岁即以病请，孳孳以斯道为己任。十年以来，余见其学日进而心日虚，洛学之兴，端有所属。因念斯道在人，求之即得，表前贤以励后进，如射者之趋的必括于度，舟子之涉海必操其舵。所谓呼之使灵，叩之使觉，千载上下，南海北海，心同理同，又何有于洛与濂、关、闽耶？盖学以希圣为诣，而其最初发志，一直便向希天上。至其中道路之迂曲，识见之偏全，自不能强之使同。迄证所归，川流者以此，敦化者以此，自不得有异也。我辈生诸贤之后，教泽在望，蘋藻常修，诚属厚幸。聋聩老生睹此编之成，不禁喜跃，爰题数语，以识汤子兴学之功云。康熙十有二年岁次癸丑季冬既望，九十叟孙奇逢拜题于夏峰山房。

《四库全书总目》卷六三，史部传记类存目五：《洛学编》四卷，国朝汤斌撰。斌字孔伯，号潜菴，睢州人，顺治乙丑进士，官至工部尚书。谥文正。是书述中州学派，分为二编，首列汉杜子春、郑兴、郑众、服虔，唐韩愈，宋穆修，谓之前编。次列二程子以下十三人，附录二人；元许衡以下三人，附录一人；明薛瑄以下二十人，附录七人，谓之正编。各评其学问行谊。盖虽以宋儒为主，而不废汉、唐儒者之所长。后耿介作《中州道学编》，乃举唐以前人悉删之，则纯乎门户之私，所见又与斌异矣。

## 《左传事纬》、《绎史》、《十三代玮书》作者马骕卒。

施闰章《学余堂文集》卷一九，《灵璧县知县马公墓志铭》：济南之邹平，有以好古力学闻者，曰马君宛斯，讳骕，宛斯其字，一字骢御。举顺治己亥进士，谒选居京邸，用才望与顺天乡试同考官，所拔皆知名。推官淮安，寻奉裁改知灵璧县，四年卒官。……君少孤，颖敏强记，涉目经史，辄仿古为图画，考制度，殚精研确，上下群籍，于《左氏春秋》为尤癖，爰以叙事易编年，引端竟绪，条贯如一传，谓之《左传事纬》，凡数万言。已又取太古以来，下及亡秦，合经史诸子，钩括裁纂，佐以图考，参以外录，谓之《绎史》，凡数十万言，为书百六十卷。需次家居，又集《十三代玮书》，篇帙倍富。今《绎史》刻行于世，前给事兴化李公清为之序，称其"邃思闳览，搜举众家，使秦火焚阙之余，茫茫坠绪，灿然复著，与未焚无异。《绎史》一篇，当与《七略》、《四部》、杜《典》、郑《志》诸书争胜而有加，殆前此所未有也。"君既以此自娱，不问家橐。出而为吏，所至号廉能。治淮甫三月，数有平反。为灵璧，蠲荒灾，除陋弊，刻石县门，岁省民力亡算，流亡复业者数千家，故灵人至今痛之。君生明天启辛酉正月十一日，享年五十四，卒于今康熙癸丑七月辛未。疾将革，惟语子弟以《事纬》、《玮书》二编未镂版为遗憾，言讫而逝。……君始终嗜书，远近赴吊皆谓先生勤学好问，著书满家，再仕五年，讫无长物，援古人私谥之例，以谥之曰文介先生。……

王士禛《池北偶谈》卷九，《谈献五》：马骕，字骢御，一字宛斯，济南邹平人，顺治己亥进士，仕为淮安推官，终灵璧令。生而清羸，博雅嗜古，尤精《左氏》学，撰《辨例》三卷，《图表》一卷，《随笔》一卷，《名氏谱》一卷。又著《绎史》……始开辟原始，迄古今人表，其书最为精博。时人称为马三代，昆山顾亭林炎武尤服之。康熙癸丑卒于官，灵璧人皆为制服云。

马骕《左传事纬例略》：旧文传丽于经，年时月日，以相系也。易编年为叙事，篇目一百有八，将令读者一览即解，且无遗忘之病。杜氏谓《左传》有先经、后经诸法，故往往有无经之传，及经详而传略，经略而传详者。既立叙事之法，虽传中片语只字，稍涉某事，因以附入，以无遗古史之文。……篇末赘以愚论，未敢言文，旁集诸家，杂采传记，无庸附会僻说，折衷一归正大，期于发明经传而止。……

严沆《左传事纬序》：……邹平马宛斯氏，深识好古士也。有杜元凯之好，著《左传事纬》二十卷。为前书八卷，详发凡言例，及类载其典实；为正书十有二卷，序次其全文而论断之。诚丘明之功臣也。岁辛卯，宛斯挟以游武林，予见而悦之。及今六、七年，犹未悬国门，盖宛斯寒素孝廉也。丁酉秋，予衔命典试山东，会宣城施愚山视学是邦，共览宛斯所论著，信其可传，于是愚山欲为捐俸梓之，予力赞是举。后之读左氏者昭然于其事例，亦可会通四传之源流矣。……宛斯别有史书，采上古周秦以前之书，编其世次，加以论断。书甚夥，尚未成，要之诚彬彬博雅君子也。顺治丁酉季秋谷旦，赐进士出身、户科给事中、奉命典试山东正主考、前史科给事中、特简兵科给事中、内翰林弘文院庶吉士禹航严沆撰。

《四库全书总目》卷二九，经部《春秋》类四：《左传事纬》十二卷，附录八卷，国朝马骕撰。骕字骢御，又字宛斯，邹平人。顺治己亥进士，官淮安府推官，终于灵璧县知县。是书取《左传》事类，分为百有八篇，篇加论断。首载晋杜预、唐孔颖达序论，及自作《丘明小传》一卷，《辨例》三卷，《图表》一卷，《览左随笔》一卷，《名氏谱》一卷，《左传字奇》一卷，合《事纬》为二十卷。内地舆有说无图，盖未成也。王士禛《池北偶谈》称其博雅嗜古，尤精《春秋》左氏学，载所著诸书与此并同，惟无《字奇》及《事纬》，岂士禛偶未见欤？三传之中，左氏亲观国史，事迹为真，而褒贬则多参俗议。公羊、谷梁二家，得自传闻，记载颇谬，而义例则多有师承。《朱子语类》谓左氏史学，事详而理差；公、谷经学，理精而事谬。盖笃论也。骕作是书，必谓左氏义例在公、谷之上，是亦偏好之言；然骕于左氏，实能融会贯通，故所论具有条理，其图表亦皆考证精详，可以知专门之学与涉猎者相去远矣。

马骕《绎史徵言》：原夫载籍浩博，贵约束以刈其烦；群言异同，宜胪陈以观其备。骕少习六艺之文，长诵百家之说，未能淹贯，辄复遗忘。顷于《左氏春秋》笃嗜成癖，爰以叙事易编年，（篇目一百，多附以论。）辩例图谱，悉出新裁，雠正旧失，数易稿而成书，谬为同志所欣赏矣。（辩例三卷，图表一卷，随笔一卷，名氏谱一卷。）庸复推而广之，取三代以来诸书，汇集周、秦已上事，撰为《绎史》。是分五部：一曰太古，（三皇、五帝，计十篇。）二曰三代，（夏、商、西周，计二十篇。）三曰春秋，（十二公时事，计七十篇。）四曰战国，（春秋以后至秦亡，计五十篇。）五曰外录，（纪天官、地志、名物制度等，计十篇。）大凡一百六十篇，篇为一卷。（篇秩多者，分为上下，或分为四五，用《汉书五行志》之法。）纪事则详其颠末，纪人则备其始终。十有二代之间，君臣之迹，理乱之由，名法儒墨之殊途，纵横分合之异势，瞭然具焉。（纪事虽止于秦末，而采书实下及梁、陈，事则无微不悉，文则有长必收。）除列在学官四子书不录，（《论语》、《大学》、《中庸》、《孟子》，士子总角诵习，故一概不录。若夫《五经》，并丽陈常，士或偏治其一，不复旁通，抑且考校得失，多所发明，今尽取之。）经传子史，文献攸存者，靡不毕载。（《周易》、《尚书》、《毛诗》、《周礼》、《仪礼》、《礼记》、《左传》、《公羊传》、《谷梁传》、《尔雅》、《孝经》、《大戴礼记》、《国语》、《战国策》、《鬻子》、《老子》、《列子》、《庄子》、《文子》、《管子》、《晏子》、《荀子》、《韩非子》、《商子》、《慎子》、《尹文子》、《公孙龙子》、《邓析子》、《墨子》、《吕氏春秋》、《孙武子》、《吴子》、《三略》、《司马法》，以上全书具在，或取其事，或全录，或节钞。若屈原、宋玉诸骚赋，则取之《楚辞》、《文选》等书。）传疑而文极高古者，亦复弗遗。……余积思十年，业已撰集成书，独是僻处下邑，学识固陋，未免搜罗有限，疏漏贻讥，仰祈海内博雅君子，或家传邺架，或腹号经笥，或游通都大邑曾见遗书，或从馆阁中秘钞来副本，幸邮致以篇章，及指示以名目，（即如《世本》一书，后人不过转相引用，盖必失之久矣。至若皇甫谧《世纪》、谯周《古史考》，宋元人犹及见之，岂今已亡？且天下不知名之书必多矣。至金石遗文，今所习见，不过《考古图》、《博古图》诸铭文，及《石鼓诗》、《诅楚文》、岣嵝、尧母、孙叔敖、季札等碑而已，恐不及见者尤多。与夫碎细小品，若师旷《禽经》、宁戚《相牛》、朱仲《相贝》之流，大凡有助此书者，并求教益。)倘获一言之赠,奚啻百朋之遗!遄惠瑶函,罔私祕枕,无任鹄立以俟。邹平后学马骕拜手敬启。

李清《绎史序》:《绎史》百六十卷,今灵阳令邹平马侯所撰,计为部有五:首曰太古部,卷十;次曰三代部,卷二十;又次曰春秋部,卷七十;又次曰战国部,卷五十;合其末之十卷曰外录部者,共百六十卷,而编成统名之曰《绎史》。而因前侍郎八宝乔公缄眎予,属为其叙。予启而读之,几两月而始卒业。乃喟然叹曰:呜呼!斯文之在天壤,犹日月也,历终古而常新;犹江河也,逮尾闾而愈大。謏闻小生,少见多怪,动谓古今人不相及,岂不谬哉?试以秦后所称经世大典言之,自汉而后有"略",汉以前无有也。自晋而后有"部",晋以前无有也。自唐而后有"典",自宋而后有"目",唐与宋以前无有也。自元而后有"考",自明而后有"补",元与明以前无有也。迄今而《绎史》复出矣。以一人揽百世之奇,以十年穷三才之业。试取汉略、晋部、唐典、宋目、元考、明补与《绎史》相衡,古今人果不相及?否也。

予读之,善其独胜古人者有四焉:一曰体制之别创也。编年之例,肇自丘明,荀氏而下,莫之能易,晋乘、越绝、楚梼杌无论已。马侯举例发凡,惟以事为经,而不袭夫系月系时之故,其独胜者一也。一曰谱牒之咸具也。年月之表,起自司马,范晔而后,莫之能述,三国、六朝、五代无论已。马侯鳞次眉列,兼以图佐表,而一洗夫有学无问之陋,其独胜者二也。一曰纪述之靡舛也。《书》以汉纪,而上述犠年,《志》繇宋名,而泛取鸟纪。顾名思义,究何居焉?《绎史》则上溯太皞,下迄亡秦,纪事纪人,总以首尾为疆畔,其独胜者三也。一曰论次之最毣也。中垒著书,仅有题署,承旨作史,并绝赘疣。知人论世,不太略欤?《绎史》则文成踰万,其旨盈千,或夺或予,遂以笔舌为衮钺,其独胜者四也。至于万千百国,十有二代之间,大而洪荒剖判之繇,小而名物训诂之撰,与夫贞元运会之乘除,皇帝王霸之兴废,阴阳淑慝之消长,礼乐兵刑之因革,以迄日蚀星陨、水流山峙之篇,金生粟死、仰骄俛替之说,若内若外,或事或文,莫不网罗囊括于百六十卷之中。控六籍,屯百家,驾九流,跨四部,辟之水然:汉略,昆仑也;晋部、唐典、宋目、元考,以迄明补,龙门、积石、太史、马颊;当吾世而《绎史》乃出,其真尾闾矣乎!

或曰:以经为史可欤?曰:奚不可!夫唐、虞作史而综为经,两汉袭经而别为史,盖经即史也。或曰:以子为史可欤?曰:奚不可!夫诸志,史也,而错以经。小学,经也,而错以子。故子亦史也。或曰:以笺、传为史,以荟萃为史，可欤？曰：是则有间。然如颜、马之注《汉》注《史》，杜、郑之为《典》为《志》，亦孰非与史相表里者。呜呼！以史为史易，以经为史难。以经为史易，以子为史难。以经为史、以子为史犹易，以笺、传为史、以荟萃为史则尤难。远绍旁搜，不知《绎史》所得视汉、唐诸人孰多乎？夫作者之谓圣，述者之谓明，书契以还，屈指有几？兼时之兴丧或殊，则道之隆污顿异。此秦、楚之际，甫经烈焰，而圣经贤传，累世而不复。延及东汉，乃有欲发冢而求书者，盖深痛夫一炬之为祸也。或曰：使祖龙之焰不噬，以待马侯今人之搜讨，则《绎史》当更胜。是又不然。夫三古之世所称文浮于质莫如周，然仲尼观史，必适周而始得；韩宣子、季札观《易象》、观乐，必聘鲁而始得；而楚左史倚相仅能读《三坟》、《五典》、《八索》、《九丘》之书，世主遂诧以为奇。则九皇之初与七雄之末，载籍之繁简，又可知也。虽使秦之儒不坑，书不燔，圣经贤传当亦未能远过于今日矣。且使先民作述，纤悉无遗，又安用后者为。惟是秦焚楚火，言湮事轶之后，而能从百世以下，摘抉搜猕，使茫茫坠绪，灿然复著于斯世，与未燃无异，乃见马侯之有造于斯文不细耳！予夙有汲古癖，于史尤甚，每有异同，辄形论著，然大抵史乘一家言耳。自读《绎史》，然后知天地之大，识宇宙之全，因叹世之才人魁士，其神智意匠，愈出而愈胜，迥如江河之走大地，而日月之耀终古，固非世代所能囿也。乃世人犹往往操不相及之说，是则蟪蛄、芝菌之俦，未足与之商《春秋》、辨晦朔者，其可一笑置之已矣。……第予独有谒于马侯者，昔北地欲概蔚宗而下，益其褒贬，弇州欲挈子长而上，予之删润，亦仿佛《绎史》之义，而两公之志皆未逮，后人亦卒未有能成之者，马侯其有意乎？倘能贾其余勇，自《绎史》外，更取二十一朝之史，事经文纬，州次部居，以为后劲，庶几经国之大业，俯垂来许，上睨千古，而无余憾也哉！时康熙九年岁次庚戌仲春上澣之吉，年家治弟李清顿首拜题于澹宁斋。

王士禛《分甘余话》卷一：康熙四十四年，圣驾南巡至苏州。一日，垂问故灵璧知县马骕所著《绎史》，命大学士张玉书物色原版。明年四月，令人赍白金二百两至本籍邹平县，购版进入内府，人间无从见之矣。

《四库全书总目》卷四九，史部纪事本末类：《绎史》一百六十卷，国朝马骕撰。骕有《左传事纬》，已著录。是编纂录开辟至秦末之事。首为世系图、年表，不入卷数。次太古十卷，次三代二十卷，次春秋七十卷，次战国五十卷，次别录十卷。仿袁枢《纪事本末》之例，每一事各立标题，详其始末，惟枢书排纂年月，熔铸成篇，此书则惟篇末论断，出骕自作。其事迹皆博引古籍，排比先后，各冠本书之名，其相类之事则随文附注，或有异同谬舛，以及依托附会者，并于条下疏通辨证，与朱彝尊《日下旧闻》义例相同。其别录则一为天官，二为律吕通考，三为月令，四为洪范五行传，五为地理志，六为诗谱，七为食货志，八为考工记，九为名物训诂，十为古今人表。盖以当诸史之表志，其九篇亦荟萃诸书之文，惟古今人表则全仍《汉书》之旧，以所括时代与《汉书》不相应，而与此书相应也。虽其疏漏牴牾，间亦不免，而搜罗繁富，词必有证，实非罗泌《路史》、胡宏《皇王大纪》所可及。且史例六家，古无此式，与袁枢所撰，均可谓卓然特创，自为一家之体者矣。

李文藻《南涧文集》卷下，《与纪晓岚先生书》：前承谕，访马宛斯《十三代纬书》。某初谓是拾缀谶纬之书，后读施愚山为作墓志云："疾将革，惟语子弟以《左传事纬》、《十三代纬书》未镂板为遗憾。"以《左传事纬》例之，又谓纬书，必马所著矣。昨于九月初一日过邹平，邀一友同至其家，一白须者出，自云宛斯之侄。问所有遗稿几何？白须云："伯父没十年，予始生，其遗稿一簏在长房某所，某不识字，恐其有干预田产者，故不肯示人。数年前，卢运使徵诗札至，仅得一首报之。"因问《十三代纬书》安在？曰："三十二套皆质于典家。"惊其太多，索其目视之，乃即汉魏以来诸书而衺集之，盖丛书之大者，非其所自著述。十三代者，周至隋也。共二百二十二种，而《周礼》、《仪礼》、《尔雅》三传皆在焉，殊不可解。其或以五经之外，国家不以取士者，皆得谓之纬书邪？《丰氏伪诗传》等书亦收入，所收六朝人著述颇多，惟吴均《齐记》世间罕有，余非甚难得者．谨将全目抄寄台览，倘邺架尽有，其书则不必觅。马家所藏者，但首必有序例，惜未及见。白须云："原本签帙，皆其伯父手题也。"

《邹平县志》卷一七，《艺文考下》：《十三代瑰书》，马骕著。第一册目次、序。周。《周礼》、《仪礼》、《尔雅》。第二册周。《左传》。第三册周。《国语》、《公羊传》、《谷梁传》。第四册周。《皇帝素问》、《竹书纪年》、《三坟》、《山海经》、《汲冢周书》、《六韬》、《鬻子》、《穆天子传》。第五册周。《老子》、《管子》、《邓析子》、《子华子》、《关尹子》、《亢仓子》、《孙子》。第六册周。《孝经》、《诗传》、《诗序》、《家语》、《晏子春秋》、《越绝书》、《文子》、《墨子》、《鬼谷子》、《慎子》、《尹文子》、《于陵子》。第七册周。《列子》、《庄子》、《吴子》、《司马法》、《尉僚子》、《楚辞》、《公孙龙子》、《鹖冠子》、《星经》。第八册周。《荀子》、《战国策》。第九册秦。《商子》、《韩非子》、《吕氏春秋》、《孔丛子》。第十册汉。《阴符经》、《三略》、《素书》、《新语》、《贾长沙集》、《新书》、《韩诗外传》、《诗说》、《春秋繁露》、《董胶西集》、《司马文园集》。第十一册汉。《淮南鸿列解》、《东方大中集》、《十洲记》、《神异经》、《洞冥记》、《易林》、《参同契》。第十二册汉。《盐铁论》、《大戴礼记》、《小戴礼记》、《王谏议集》、《京氏易传》、《急就篇》。第十三册汉。《刘中垒集》、《说苑》、《新序》、《列女传》、《列仙传》。第十四册汉。《褚先生史补》、《杨侍郎集》、《太玄经》、《刘子骏集》、《法言》、《方言》、《西京杂记》。第十五册汉。《冯曲阳集》、《崔亭伯集》、《班兰台集》、《汉武帝内传》、《白虎通》、《道德指归》、《潜夫论》。第十六册汉。《论衡》。第十七册汉。《吴越春秋》、《说文》。第十八册汉。《周髀算经》、《数述记遗》、《张河间集》、《马季常集》、《忠经》、《秘辛》、《释名》、《风俗通》、《荀侍郎集》、《申鉴》。第十九册汉。《天禄阁外史》、《蔡中郎集》、《独断》、《孔少府集》、《中论》、《心书》、《诸葛丞相集》、《三辅黄图》。第二十册魏。《魏武帝集》、《魏文帝集》、《陈思王集》、《陈记室集》、《王侍中集》、《英雄记》、《人物志》、《阮元瑜集》、《刘公幹集》、《应德琏集》、《应何琏集》（今案：应为《应休琏集》）、《阮步兵集》、《嵇中散集》。第二十一册晋。《杜征南集》、《傅鹑觚集》、《陆平原集》、《陆清河集》、《挚太常集》、《束广微集》、《夏侯常侍集》、《高士传》、《张茂先集》、《博物志》、《古今注》、《易略例》、《傅中丞集》。第二十二册晋。《潘太常集》、《成公子安集》、《张孟阳集》、《张景阳集》、《潘黄门集》、《刘越石集》、《郭囗农集》（今案：应为《郭弘农集》）、《王右军集》、《抱朴子》、《神仙传》。第二十三册晋。《搜神记》、《孙廷尉集》、《王大令集》、《华阳国志》、《拾遗记》、《南方草木状》、《竹谱》、《荆楚岁时记》、《陶彭泽集》、《搜神后记》。第二十四册宋。《何衡阳集》、《傅光禄集》、《颜光禄集》、《谢康乐集》、《佛国记》、《异苑》、《鲍参军集》。第二十五册宋、齐。《世说新语》、《谢法曹集》、《谢光禄集》、《齐竟陵王集》、《王文宪集》、《王宁朔集》、《谢宣城集》、《张长史集》、《孔詹事集》。共书一百七十五部。成启洸曰："《十三代瑰书》，卷帙甚富，草稿二箧，质于孙家镇典肆中二十余年。乾隆辛卯，巡抚周元理自监生李景周家购去，将以付梓，未果。今原本已归江南矣。嘉庆癸亥秋，得《瑰书》目次于举人李崝家，亦仅存其半，不忍没先生之学，故录而存之，以见一斑，且使异日好古者代为表彰，剞劂传世，亦有所考证云。"

今案：据施闰章《灵璧县知县马公墓志铭》记载，马骕生于明天启辛酉（公元1621年）正月十一日，卒于康熙癸丑（公元1673年）七月四日，享年五十四岁。陈东《马骕其人及其著作》（《齐鲁学刊》1987年第5期）指出，墓志铭所载有矛盾，"以生卒年算，马骕实享年五十三岁；以年岁算，则其生年或卒年必有一误。二者孰是孰非，因缺乏史料不能确指。"墓志铭作于马氏去世之际，故卒年似应无误，寿数或生年疑当有一误。而生年则月日俱全，岂享年偶误甚或故意虚多一岁耶？

《十三代玮书》今亡。李文藻亲读其书目次，《与纪晓岚先生书》中云："十三代者，周至隋也。共二百二十二种。"又述马骕后人之言，说此书有"三十二套"。《邹平县志·艺文考下》所载目次由周至宋、齐，计有二十五册，一百七十五部。则所谓"十三代"者，当指周、秦、汉、魏、晋、宋、南齐、梁、陈、北魏、北周、北齐、隋。而所佚失的应为后六代，故成启浣云"仅存其半"。惟就数量言，后六代仅有七册（"套"与"册"应是同意），四十五部。李文藻又断言此书"乃即汉魏以来诸书而裒集之，盖丛书之大者，非其所自著述"，是为一部大型的丛书。前引陈东论文亦持此说，并进而推测"大概是编著《绎史》的副产品"。然《绎史》与《十三代玮书》所录典籍并不尽同，时代亦有分别，兹说尚待商榷。马骕所用之治史方法，系按史事和人物设置专题，然后在专题下摘录、汇集史籍中的相关史料，并对记载异同加以考辨及分析。《左传事纬》限于《左传》一书，而《绎史》则拓展至多种典籍，然其所用之方法则是一致的。李清《绎史序》中有云："倘能贾其余勇，自《绎史》外，更取二十一朝之史，事经文纬，州次部居，以为后劲，庶几经国之大业，俯垂来许，上睨千古，而无余憾也哉！"是李氏劝马骕运用同一方法，接续整理秦以后的史事。据此以察《十三代玮书》目次，所收录的周至隋的二百二十二种典籍，其内容绝非是丛书，应即就各种典籍所作的专题资料汇编，类似于二百二十二种《左传事纬》。如以《绎史》结构衡量，《十三代玮书》实为一部新著述的"半成品"，还缺少按专题汇集不同典籍中的有关资料这一过程。李清序作于康熙九年（公元1670年），而马骕卒于康熙十二年（公元1673年），相隔仅三年，完成类似《绎史》的新史著已无可能。

又，是书名称记载歧异，或曰《十三代玮书》、《玮书》（施闰章《灵璧县知县马公墓志铭》），或曰《十三代纬书》（李文藻《《与纪晓岚先生书》），或曰《十三代瑰书》（《邹平县志·艺文考下》）。"玮"通"纬"，"瑰"意同"玮"，避用"纬书"，而用"玮书"、"瑰书"，皆为区别于谶纬之书。无论用何名，李清序中所谓的"事经文纬"之"纬"，殆即马氏是书之本意。

《流寇志》、《明朝纪事本末补编》作者彭孙贻卒。

《清史列传》卷七〇，《文苑传一》：彭孙贻，字仲谋，浙江海盐人。明拔贡生。……与同邑吴蕃昌创瞻社，为名流所重，时称"武原二仲"。貌魁伟，好诙谐，豪于饮，人有"长鲸"之目。生平耻为龌龊士，动以古人自命。痛父殉国难，蔬食籩冠，终身不仕。工诗，七言律诗效放翁，为王士禛所赏。……著有《甲申亡臣表》、《流寇志》、《方士外纪》、《彭氏闻见录》、《五言妙境》、《茗斋集》。

王士禛《彭孙贻传》（载《茗斋集》卷首）：彭孙贻，字仲谋，号羿仁。太仆公期生次子。……公博闻才辨，五试咸冠军，以是名噪一时。启、祯间，三吴、云间倡文社，四方主坛坫者，重公名，数邀公执牛耳，公谢勿往。壬午，试锁闱，分校司理云间陈公子龙得公卷，奇其才，荐之主司，已拟元，乃以病不克竣。……公感陈知己，遂称及门。后陈公以义全，而公终隐。人称公为不负所知也。次年，以明经首拔于两浙。当太仆公变于章江，公间关兵燹，徒跣号泣，冒白刃以求太仆公遗骨，精诚所感，遂有江右义故负骸送归，亦天所以悯公之孝思也。嗣是杜门奉母，终身布衣蔬食。当道有重其才，劝之出者，公谢弗应。……生平愤懑悒郁，悉寓之诗，故为诗益工。……卒年五十有九，门人私谥孝介先生。

公于书自经史百家，下至氏族、方技、释老，稗乘之书，靡不毕究，且手摘录之。为文皆有法。于诗则上自汉魏、六朝、三唐、宋元，以迄明之何、李七子，无体不备，亦无不逼似。小词乐府，亦无不与秦、柳并驱争衡。抱奇不遇，赍志以殁，世痛惜之。适朝廷徵名儒姚江黄太冲先生纂辑《明史》，黄不起而以公之《流寇志》上之，遂付史馆。则公之书亦见用于世矣。所著有《茗斋诗文集》、《流寇志》、《诗余》、《乐府百花诗》，并杂著若干卷。

《四库全书总目》卷五四，史部杂史类存目三：《平寇志》十二卷，旧本题管葛山人撰，不著姓名。前有序文，题曰龙湫山人李确著。以"著"之一字推之，疑即出于确手。案《海盐县志》，李天植字因仲，前明崇祯癸酉举人。甲申后，遁迹龙湫山中，改名确，字潜初，当即其人也。是编载明末群盗之乱，分年纪载，起崇祯元年，迄国朝顺治十八年平定滇南张献忠余党孙可望、李定国等而止。叙述颇为详悉。其间有关于兵机之胜负、国家之兴亡者，附以论断，其持议颇为平允，然体例未免芜杂，叙事亦不无重复参错。……盖自甲申以后，南北间隔，传闻异词，故所载不能尽确也。

谢国桢《增订晚明史籍考》卷六：《平寇志》十二卷，原题：管葛山人辑。……按：管葛山人即彭孙贻。……是书一名《流寇志》。起崇祯元年戊辰，至顺治十八年辛丑，编年纪载，间附案语。然所记明末农民起兵于陕北，不如戴笠《流寇始终录》之详审，记李自成率领农民军入北京，不如计六奇《明季北略》核实，故全祖望谓其但凭邸报，传闻失实者以此。然是书述李自成"行兵有部伍，纪律肃然不乱"。……此均尚存当日真相者。致谢山所指传闻失实者，此本颇有改定之处，盖此为定本。……前有龙湫山人李确潜夫序，潜夫亦明末遗民也。

孙毓修《明朝纪事本末补编跋》：《明朝纪事本末补编》五卷，旧写本。海盐彭孙贻羿仁撰。羿仁事迹，详《茗斋日记跋》。此补谷应泰之书而作，体例悉同，惟无骈体论耳。每卷为一目：一曰祕书告成；二曰科举开设；三曰西人封贡；四曰西南群蛮；五曰宦官贤奸。其时《明史》尚未刊定，故不云"明史"，而云"明朝"。羿仁熟于有明掌故，鼎革以后，晦迹海滨，不与史局，惟修私史，以自见其节高矣。……

今案：彭孙贻《茗斋诗余》卷二，《沁园春·初度自嘲》有云："笑山中甲子，年忘历日，子惟乙卯。"据此，孙贻生于乙卯，即万历四十三年（公元1615年），寿享五十九岁，则卒于康熙十二年（公元1673年）。《流寇志》或题《平寇志》，谢国桢以为同一书。孟森以《平寇志》叙事口吻绝不似明遗民，且异于全祖望所见之本，认为"当是就彭辑之《流寇志》自为一书，名曰《平寇》，意在颂扬清代武功耳"，参阅孟森《上虞罗氏所刻山中闻见录题跋附平寇志跋》（载《明清史论著集刊》上）。方福仁进而推测，窜改彭氏《流寇志》一事，或出于四库馆臣之手（方福仁《〈流寇志〉与〈平寇志〉》，载《学术研究》1963年第3期）。方氏之说，亦臆想之词耳，清廷自有禁毁、抽毁、删改书籍之公开举措，而纂修《四库全书》各馆臣各有其责，何暇私自窜改此等杂史耶！盖明末清初，信手传写和改写之书流行于世，甚为混杂。奈何一有不似明遗民口吻者，即归之于清廷窜改乎？清廷若将之窜改，又何不收录于四库而将之打入存目欤？时人治史，每无端怀疑清官方篡改史籍，已成通病也。

## 公元 1674 年 清圣祖康熙十三年 甲寅

**宋际、宋庆长著成《阙里广志》。**

龚鼎孳《阙里广志序》：阙里者，吾夫子之旧宅也。按《世家》，孔子卒，诸儒讲礼于孔子故所居堂，鲁哀公因立为庙，后世即其殿藏孔子衣冠、琴瑟、车书。历数百年，至汉武帝时，孔氏传十余世矣，而太史公曰："余适鲁，观仲尼庙堂、车服、礼器，诸生以时习礼其家。余低回留之，不能去云。"当列国战争之余，暴秦虐焰之后，而所为阙里者，风流可观，则圣人教泽之深，孔氏子孙之贤，即当时已足证矣。自汉以来，圣人之道益著，尊圣人者，其礼益隆，崇祀封锡之典，有增勿减，阙里之称，遂与天地并垂不朽，殆泰山不足拟其高，大河不足喻其远也。阙里故无志，盖以圣人之道，如天无不父，地无不母，其精神无处不流通，其礼乐文章无在不散见，亦安能独指曲阜之山川、林庙，以为是圣人之居，谱孔氏之族姓、官阀，以为是圣人之子孙哉？其有志也，自明弘治间学宪陈镐为之，而大学士李文正公为之序也。其志也，大抵以记累朝表章之盛，报祀之隆，礼乐之赐，田宅之锡，封爵之贵，纶诰之宠，至于先圣之遗迹昭诸史乘，后裔之贤达详在谱牒，诸贤之配享垂诸祀典者，亦并载焉。昔汉章帝幸鲁，祀孔子于阙里，作六代之乐，大会孔氏，赐赉甚重，谓郎中孔僖曰："今日之会，于卿宗有光乎？"僖对曰："臣闻明王圣主莫不尊师重道，今陛下亲屈万乘，辱临敝里，此乃崇礼先师，增辉圣德，臣宗之荣，非所敢承。"帝大悦曰："非圣者子孙，焉有此语乎？"由是言之，帝王之尊奉圣人，加恩孔氏，非以为孔氏，为斯道也；则阙里之有志书，非以志孔氏，为帝王之为斯道者志也。且志曷可以已也。李文正曰："士大夫入圣人之乡，观圣人所居，接其子孙族姓，见其礼，闻其乐，因以想像其形容，未有不惕然感之于心而益尊圣人之道者。"孟子曰："去圣人之居，若此其近。"盖幸词也。而今草茅孤贱之士，不幸生于遐陬僻壤，不得见所为宫墙宗庙之美，而一见之于志，虽数千百里而外，如登金丝之堂，亲聆丝竹之音也。如身入孔林，见荆棘之自除，而禽鸟之不栖也。其以兴感学人之诚敬，而作其羹墙之见，功岂浅尠哉！自弘治迄今，且二百年，继有修者，皆纰缪芜浅不足观。会今圣公以冲龄茂质，笃学礼贤，典籍宋君庆长，稽古士也。痛旧志之无文，搜求故府，考覈宪典，芟其不经，择其言尤雅驯者，辑成二十卷，而属序于予。予观之，详而核，博而要，宾宾乎，亦既质有其文矣！传曰："言之无文，行而不远。"《诗》云："高山仰止，景行行止。虽不能至，心向往之。"夫以行远之文,生天下不能至者向往之心,斯志有焉。予不佞弇陋不文,谬继文正之后,而为之序,盖滋愧矣。康熙十二年癸丑孟夏月中浣之吉,光禄大夫、礼部尚书淮南龚鼎孳谨撰。

《四库全书总目》卷五九,史部传记类存目一:《阙里广志》二十卷,国朝宋际、庆长同撰。际字羲修,庆长字简臣,俱松江人。《阙里志》自前明陈镐后,屡有修辑,皆芜杂不足观。康熙十二年,际为孔庙司乐,庆长为典籍,相与搜求典故,因旧志而增损之。分图像、世家、礼乐、林庙、山川、古迹、恩典、弟子、职官、圣裔、贤裔、艺文十二门。所载于故实较详,然亦不能有所考订也。

## 公元1675年 清圣祖康熙十四年 乙卯

### 《理学宗传》、《畿辅人物考》、《中州人物考》作者孙奇逢卒。

《清史列传》卷六六,《儒林传上一》:孙奇逢,字启泰,直隶容城人。……年十七,举万历二十八年乡试。与定兴鹿善继讲学,一室默对,以圣贤相期许。……后入京师……左光斗、魏大中、周顺昌皆与定交。……国朝顺治二年,祭酒薛所蕴具疏让官,以元许衡、吴澄相拟,有旨徵为国子监祭酒,奇峰以病辞。三年,移居新安县。七年,南徙辉县之苏门。九年,工部郎中马光裕奉以夏峰田庐,乃辟兼山堂,读《易》其中,率子弟躬耕自给,四方来学愿留者亦授田使耕,所居遂成聚。居夏峰二十五年,屡徵不起。奇峰之学,原本香山、阳明,而兼采程、朱之旨,以弥阙失。其论学,以慎独为宗,以体认天理为要,以日用伦常为实际,而其大本主于穷则励行,出则经世。其治身务自刻励,而与人无町畦。有问学者随其高下深浅,必开以性之所近,使自力于庸行。上自公卿大夫,下及野人、牧竖、武夫、悍卒,壹以诚意接之。用此,名在天下而人无忌妒。尝学《易》于雄县李鉁,及老,乃撮其体要,以象、传通一卦之旨,由一卦通六十四卦之义,发明义理,切近人事,所言皆关法戒,著《读易大旨》四卷。又于《四子书》挈其要领,统论大指,间引先儒之说,以证异同,著《四书切指》二十卷。又表周、程、张、邵、朱、陆及薛瑄、王守仁、罗洪先、顾宪成为十一子,以为直接道统之传,别为《诸儒考》附之,著《理学宗传》二十六卷。他著有《尚书近指》、《圣学录》、《两大案录》、《甲申大难录》、《乙丙纪事》、《孙文正年谱》、《岁寒居文集》、《答问》、《日谱》、《畿辅人物考》、《中州人物考》、《孝友堂家乘》、《四礼酌》等书，凡百余卷。奇峰之学，盛于北方，与李颙、黄宗羲鼎足。……康熙十四年卒，年九十二。……

耿介《中州道学编》卷二，《孙徵君先生传》：先生讳奇逢，字奇泰，号钟元，直隶容城人。后为河南辉县人。两朝徵聘不就，天下称曰孙徵君。晚年讲学夏峰，学者称曰夏峰先生。……乙卯，先生年九十二岁，偶感疾，十一月己酉未时，着衣冠，令子孙扶坐而逝。先生天挺英姿，孝友出于至性，早得订交鹿伯顺，即以担荷圣学自任，随时随处，体认天理，而功归慎独，周规折矩，不失尺寸，故其生平出处常变，辞受取予悉衷诸道，八十年如一日。常言："吾之学与年俱进，而有三变焉：天启乙丑、丙寅，则陈太丘、郭林宗，癸未、甲申则管幼安、田子春，今老矣，其卫武公乎？"盖自为写照如此。识者谓：先生太和元气合濂溪、明道而为一人，其操存在隐微宥密之地，而行事不过人伦日用之常；其检摄在威仪动作之间，而精神游无极、太极之始。以为温然春也，而未始不肃然秋也；以为行之方也，而未始不机之圆也。其从游之盛，近追洛伊，远过河汾，三十年间，中原文献在夏峰，天下模范亦在夏峰。可谓知言矣。所著有《读易大旨》、《四书近指》、《理学宗传》、《家礼酌》、《岁寒居答问》、《孝友堂家规》、《畿辅人物考》、《中州人物考》，行于世。

## 公元 1676 年　清康熙十五年　丙辰

《罪惟录》、《鲁春秋》、《东山国语》、《国寿录》作者查继佐卒。

沈起《查继佐年谱》（《查东山先生年谱》）明万历辛丑（二十九年，一六〇一）下载：先生生于万历辛丑秋七月四日酉时，为神宗二十九年，浙之海宁人。……离龙山二里，为审山。先生世居山之西，呼其山为东山，后遂称东山先生。

又丙辰（康熙十五年，一六七六）下载：先生七十六岁。……（正月）二十日戌时，先生终于正寝。

《海宁州志稿》卷二九，《人物志·文苑》：查继佐，字伊璜，号舆斋，自号东山钓史。生有异才，诗文词曲，皆作未经人道语。崇祯癸酉举于乡，浙东授职方主事。后不复出，寄情诗酒，一时推风流人豪。晚辟敬修堂于杭之铁冶岭，讲学其中，弟子著录甚众，学者称为敬修先生。平生有知人鉴，尝识海阳吴六奇于微时，及罹史祸，卒得其力。

谢国桢《增订晚明史籍考》卷一二:《鲁春秋》一卷附《北征纪略》、《使臣碧血》一卷。原题:左尹非人撰。……按:……左尹非人为查伊璜之别号,取其名字之偏旁凑合而成者。其作《鲁春秋》之旨,谓存鲁实存周之意。……惟记鲁监国事,始于郑遵谦、孙嘉绩等,拥立鲁王于台州,旋监国于绍兴,迄于张煌言北征失败,驻兵悬壁,为清兵所执,慷慨殉国止。记鲁监国事,首尾完备,而隆武、永历两朝史事,亦行涉及。兼记大江南北各地义兵,尤为详赅。……是书用纲目体,前有自序及门人檇李沈起墨庵序,向无刻本。……

谢国桢《增订晚明史籍考》卷九:《国寿录》四卷、《便记》一卷。明海宁查继佐伊璜撰。……按:沈起著《查继佐年谱》谓:"清顺治七年庚寅,曾撰《知是编》十二卷,以存诸死,自流氛始,而魏案不与,甲申以后,颇多其人。书法据直陈,凡薄游必载笔以从,或宴会分错,先生不能饮,众方满浮白,则独引败楮缮几案,踰日濡大墨错综之。"《国寿录》未见于年谱,而所记情况与《知是编》相符合,恐是编即《国寿录》之原本也。是书记自崇祯,以迄永历,凡被农民军所俘杀者,以及抗清死节者,不分仕宦儒生,农民兵士,各阶层之代表人物;不分时代先后,随所见闻,错综复杂,笔之于书,各为之传,以其人虽死,而其事垂不朽,故曰《国寿》也。或者查氏创为此编,以为编写《罪惟录》之资耳。东山冥搜孤访,见闻博洽,文字记载,极为生动。尤详于绍兴、嘉兴起义之师,如诸生马鸣雷起兵平湖,称神武元年等事,多为他书所未载,即全祖望《鲒埼亭集》亦未叙述及此。《便记》杂记隆武、永历及杂记南明三朝遗事。……

谢国桢《增订晚明史籍考》卷九:《东山国语》二册,明海宁查继佐伊璜撰。……按:是书卷目分《浙语》、《舟山前语后语》、《临门语》、《虔南语》、《江右语》、《中州语》、《闽语》、《粤徼语》、《粤语》、《西粤语》、《台湾前语后语》、《国语补》,每语下题"查东山笔"或"东山散笔",又题"沈仲方阅"或"沈墨庵补述"。卷末为《墨子语后自序》并诗十九章……东山本有十五国国语之辑,是书残缺不完,经沈墨庵增补者,已详于姜殿扬所撰跋中。东山著有《罪惟录》,是盖《罪惟录》中殉国诸人传记而别出者,其内容亦有异同,东山为明末遗民,欲存胜国节烈之遗芬,冀后人之继起,而绍述其恢复之事业,其用心亦良苦已。

**黄宗羲于本年后撰成《明儒学案》。**

《南雷文定》五集卷一,《明儒学案序》(改本):盈天地皆心也。人与天地万物为一体，故穷天地万物之理，即在吾心之中。后之学者，错会前贤之意，以为此理悬空于天地万物之间，吾从而穷之，不几于义外乎？此处一差，则万殊不能归一。夫苟工夫着到，不离此心，则万殊总为一致。学术之不同，正以见道体之无尽，即如圣门，师、商之论交，游、夏之论教，何曾归一，终不可谓此是而彼非也。奈何今之君子，必欲出于一途，剿其成说，以衡量古今，稍有异同，即诋之为离经畔道，时风众势，不免为黄茅白苇之归耳。夫道犹海也，江、淮、河、汉，以至泾、渭、蹄涔，莫不尽夜曲折以趋之，其各自为水者，至于海而为一水矣。使为海若者，汰然自喜曰："咨尔诸水，导源而来，不有缓急平险、清浊远近之殊乎？不可谓尽吾之族类也。盍各返尔故处。"如是则不待尾闾之泄，而蓬莱有清浅之患矣。今之好同恶异者，何以异是？

有明事功文章，未必能越前代，至于讲学，余妄谓过之。诸先生学不一途，师门宗旨，或析之为数家，终身学术，每久之而一变。二氏之学，朱、程辟之，未必廓如，而明儒身入其中，轩豁呈露，医家倒仓之法也。诸先生不肯以懵懂精神冒人糟粕，虽或浅深详略之不同，要不可谓无见于道者也。余于是分其宗旨，别其源流，与同门姜定菴、董无休，撮其大要，以著于篇，听学者从而自择。中衢之罇，持瓦瓯桦杓而往，无不满腹而去者。汤潜菴曰："《学案》宗旨杂越，苟善读之，未始非一贯也。"陈介眉曰："《学案》如《王会图》洞心骇目，始见天王之大，总括宇宙。"

书成于丙辰之后，许酉山刻数卷而止，万贞一又刻之而未毕。壬申七月，某病几革，文字因缘，一切屏除。仇沧柱都中寓书，言北地贾若水见《学案》而叹曰："此明室数百岁之书也，可听之埋没乎！"亡何，贾君死，其子醇菴承遗命刻之。嗟乎！余与贾君，邈不相闻，而精神所感，不异同室把臂。余则何能，顾贾君之所以续慧命者，其功伟矣！

黄宗羲《明儒学案发凡》：从来理学之书，前有周海门《圣学宗传》，近有孙钟元《理学宗传》，诸儒之说颇备。然陶石篑《与焦弱侯书》云："海门意谓身居山泽，见闻狭陋，尝愿博求文献，广所未备，非敢便称定本也。"且各家自有宗旨，而海门主张禅学，扰金银铜铁为一器，是海门一人之宗旨，非各家之宗旨也。钟元杂收，不复甄别，其批注所及，未必得其要领，而其闻见亦犹之海门也。学者观羲是书，而后知两家之疏略。

大凡学有宗旨，是其人之得力处，亦是学者之入门处。天下之义理无穷，苟非定以一二字，如何约之使其在我！故讲学而无宗旨，即有嘉言，是无头绪之乱丝也。学者而不能得其人之宗旨，即读其书，亦犹张骞初至大夏，不能得月氏要领也。是编分别宗旨，如灯取影。杜牧之曰："丸之走盘，横斜圆直，不可尽知。其必可知者，是知丸不能出于盘也。"夫宗旨亦若是而已矣。

尝谓有明文章事功，皆不及前代，独于理学，前代之所不及也。牛毛茧丝，无不辨晰，真能发先儒之所未发。程、朱之辟释氏，其说虽繁，总是只在迹上。其弥近理而乱真者，终是指他不出，明儒于毫釐之际，使无遁影。陶石篑亦曰："若以见解论，当代诸公，尽有高过者。"与羲言不期而合。

每见钞先儒语录者，荟撮数条，不知去取之意谓何。其人一生之精神未尝透露，如何见其学术？是编皆从全集纂要钩玄，未尝袭前人之旧本也。儒者之学，不同释氏之五宗必要贯串到青源、南岳。夫子既焉不学，濂溪无待而兴，香山不闻所受。然其间程、朱之至何、王、金、许，数百年之后，犹用高曾之规矩，非如释氏之附会源流而已。故此编以有所授受者，分为各案；其特起者，后之学者不甚著者，总列诸儒之案。学问之道，以个人自用得著者为真。凡依门傍户、依样葫芦者，非流俗之士，则经生之业也。此编所列，有一偏之见，有相反之论。学者于其不同处，正宜著眼理会，所为一本而万殊也。以水济水，岂是学问！……

是书搜罗颇广，然一人之闻见有限，尚容陆续访求。即羲所见而复失去者，如朱布衣《语录》，韩苑洛、南瑞泉、穆玄菴、范栗斋诸公集，皆不曾采入。海内有斯文之责者，其不吝教我，此非末学一人之事也。姚江黄宗羲识。

《四库全书总目》卷五八，史部传记类二：《明儒学案》六十二卷，国朝黄宗羲撰。……初，周汝登作《圣学宗传》，孙锺元又作《理学宗传》。宗羲以其书未粹，且多所阙遗，因搜采明一代讲学诸人文集语录，辨别宗派，辑为此书。凡《河东学案》二卷，列薛瑄以下十五人；《三原学案》一卷，列王恕以下六人；《崇仁学案》四卷，列吴与弼以下十人；《白沙学案》二卷，列陈献章以下十二人；《姚江学案》一卷，列王守仁一人，附录二人；《浙中相传学案》五卷，列徐爱以下十八人；《江右相传学案》九卷，列邹守益以下二十七人，附录六人；《南中相传学案》三卷，列黄省曾以下十一人；《楚中学案》一卷，列蒋信等二人；《北方相传学案》一卷，列穆孔晖以下七人；《闽越相传学案》一卷，列薛侃等二人；《止修学案》一卷，列李材一人；《泰州学案》五卷，列王艮以下十八人；《甘泉学案》六卷，列湛若水以下十一人；《诸儒学案上》四卷，列方孝孺以下十五人；《诸儒学案中》七卷，列罗钦顺以下十人；《诸儒学案下》五卷，列李中以下十八人；《东林学案》四卷，列顾宪成以下十七人；《蕺山学案》一卷，列刘宗周一人；而以《师说》一首冠之卷端，所列自方孝孺以下十七人。大抵朱、陆分门以后，至明而朱之传流为河东，陆之传流为姚江。其余或出或入，总往来于二派之间。宗羲生于姚江，欲抑王尊薛则不甘，欲抑薛尊王则不敢，故于薛之徒，阳为引重而阴致微词，于王之徒，外示击排而中存调护。夫二家之学，各有得失，及其末流之弊，议论多而是非起、是非起而朋党立，恩雠轇轕，毁誉纠纷。正、嘉以还，贤者不免。宗羲此书，犹胜国门户之余风，非专为讲学设也。然于诸儒源流分合之故，叙述颇详，犹可考见其得失，知明季党祸所由来，是亦千古之炯鉴矣。卷端《仇兆鳌序》，及贾润所评，皆持论得平，不阿所好，并录存之，以备考镜焉。

　　黄炳垕《黄梨洲先生年谱》:（康熙）十五年丙辰（一六七六），公六十七岁。《明儒学案》成，共六十二卷。钞入《四库全书》，安阳许氏、甬上万氏各刻数卷而辍。故城贾氏所刻，杂以臆见。惟慈水郑氏续完万氏所未刻，为善本。厥后莫宝斋侍郎晋重梓之本，亦有贾氏掺入处。

　　　　今案：黄氏二序皆云"书成于丙辰之后"。据此，黄炳垕《黄宗羲年谱》将此书撰成时间定于康熙十五年（公元1676年）。一般论著多沿用此说。近有学者对此质疑，另提新说。一说认为完稿于康熙二十三、二十四年间（陈祖武《中国学案史》，东方出版中心2008年版，第104—111页），一说认为成书于康熙十七、十八年间（吴光《黄宗羲遗著考:明儒学案考》，载《黄宗羲全集》第八册附录，浙江古籍出版社1992年版）。似皆不足为定论，然本书当于本年后陆续撰成，应无疑问。关于本书的版本问题，吴光之文叙述较全面，可参阅。

## 公元 1678 年　清圣祖康熙十七年　戊午

**清廷诏举博学鸿儒。**

　　《清圣祖实录》卷七一，康熙十七年春正月乙未：谕吏部："自古一代之兴，必有博学鸿儒，振起文运，阐发经史，润色词章，以备顾问著作之选。朕万幾余暇，游心文翰，思得博学之士，用资典学。我朝定鼎以来，崇儒重道，培养人材，四海之广，岂无奇才硕彦，学问渊通，文藻瑰丽，可以追踪前喆者。凡有学行兼优，文词卓越之人，不论已仕、未仕，令在京三品以上及科道官员，在外督抚布按，各举所知，朕将亲试录用。其余内外各官，果有真知灼见，在内开送吏部，在外开报督抚，代为题荐。务令虚公延访，期得真才，以副朕求贤右文之意。尔部即通行传谕。"于是大学士李霨等，荐原任副使道曹溶等七十七人。

**屈大均著成《广东新语》。**

屈大均《广东新语自序》：《广东新语》一书，何为而作也？屈子曰："予尝游于四方，阋览博物之君子，多就予而问焉。予举广东十郡所见所闻，平昔识之于己者，悉与之语。语既多，茫无端绪，因诠次之而成书也。"或曰："子所言止于父母之邦，不过一乡一国，其语为小。"予曰："不然。今夫言天者，言其昭昭，而其无穷见矣；言地者，言其一撮土，而其广厚见矣；言山水者，言其一卷石，言其一勺，而其广大与不测见矣。夫无穷不在无穷，而在昭昭；广厚不在广厚，而在一撮土；广大不在广大，而在一卷石；不测不在不测，而在一勺。故曰：语小天下莫能破焉。夫道无小大，大而天下，小而一乡一国，有不语，语则无小不大。""然而何以新为名也？"曰："吾闻之君子知新。吾于《广东通志》，略其旧而新是详，旧十三而新十七，故曰'新语'。《国语》为《春秋》外传，《世说》为《晋书》外史，是书则《广东》之外志也。不出乎《广东》之内，而有以见夫广东之外。虽《广东》之外志，而广大精微，可以范围天下而不过。知言之君子，必不徒以为可补《交广春秋》与《南裔异物志》之阙也。"书成，自《天语》至于《怪语》，凡为二十八卷。中间未尽雅驯，则嗜奇尚异之失，予之过也。番禺屈大均翁山撰。

潘耒《广东新语序》：……番禺屈翁山先生以诗名海内，宗工哲匠，无不敛衽叹服，比于有唐名家。然人知其诗而已。余游岭南，见其《广东新语》诸书，又知其善著书也。粤东为天南奥区，人文自宋而开，至明乃大盛。名公巨卿，词人才士，肩背相望。翁山既已掇其精英，为《广东文选》矣；又以山川之秀异，物产之瑰奇，风俗之推迁，气候之参错，与中州绝异，未至其地者不闻，至其地者不尽见，不可无书以叙述之。于是考方舆，披志乘，验之以身经，徵之以目睹，久而成《新语》一书。其察物也精以核，其谈义也博而辨，其陈辞也婉而多风。思古伤今，维风正俗之意，时时见于言表。游览者可以观土风，仕宦者可以知民隐，作史者可以徵故实，摘词者可以资华润。视《华阳国志》、《岭南异物志》、《桂海虞衡》、《入蜀记》诸书，不啻兼有其美。……康熙庚辰仲春，吴江潘耒。

今案：是书撰成时间，邬庆时《屈大均年谱》（广东人民出版社2006

年版，第151页）考订为本年，今从其说。

## 公元 1679 年 清圣祖康熙十八年 己未

**清廷特开博学鸿儒科，取中五十人，俱命纂修《明史》。**

《清圣祖实录》卷七九，康熙十八年二月壬午：谕吏部："朕以万几之暇，留心经史，思得博学鸿儒，备顾问著作之选，故特颁谕上□日，令内外诸臣各举所知。膺荐人员，已经陆续到部，欲行考试。因天寒晷短，恐其难于属文，弗获展厥蕴抱。今天气已渐融和，应定期考试，所有合行事宜，尔部会同翰林院详议具奏。"

《清圣祖实录》卷八〇，康熙十八年三月丙申朔：试内外诸臣荐举博学鸿儒一百四十三人于体仁阁，赐宴，试题：《璇玑玉衡赋》、《省耕诗》五言排律二十韵。

《清圣祖实录》卷八〇，康熙十八年三月甲子：谕吏部："荐举到文学人员，已经亲试，其取中一等：彭孙遹、倪灿、张烈、汪霦、乔莱、王顼龄、李因笃、秦松龄、周清原、陈维崧、徐嘉炎、陆葇、冯勖、钱中谐、汪楫、袁佑、朱彝尊、汤斌、汪琬、邱象随；二等：李来泰、潘耒、沈珩、施闰章、米汉雯、黄与坚、李铠、徐釚、沈筠、周庆曾、尤侗、范必英、崔如岳、张鸿烈、方象瑛、李澄中、吴元龙、庞垲、毛奇龄、金甫、吴任臣、陈鸿绩、曹宜溥、毛升芳、曹禾、黎骞、高咏、龙燮、邵吴远、严绳孙。俱著纂修明史。其见任、候补、及已任、未仕各员，作何分别，授以职衔。其余见任者，仍归原任。候补者，仍令候补。未仕者，俱著回籍。内有年老者，作何量给职衔，以示恩荣。尔部一并详议具奏。告病者，不必补试。"

**邹漪著成《启祯野乘二集》。**

邹漪《启祯野乘二集序》：予甲申、乙酉间刻有《启祯野乘一集》行世，距今三十四年，沧海横流，屏居西村，农圃之暇，荟萃诸家志传墓表而排纂之，复得若干。大约忠义、壹行、孝子、烈妇之属居多，将授诸梓。……自维生平薄学浅植，然而世食旧德，胚胎前光，壮游虞山、漳海两先生之门，其于南北部之坛壝，大小东之章牒，颇能洞其源流，别其泾渭，因念两朝名臣显著在人间者固多，幽隐弗彰者亦不少，用是钩稽条贯，诠次成篇。或亮节清风，品崇山岳；或鸿猷伟绩，业沛江河；或厚泽深仁，著龚、黄之遗爱；或直言敢谏，追徵、黯之嘉谋；或艺苑流芬，经经纬史，翰墨昭回云汉；或沙场洒血，断脰决腹，忠贞喷薄日星；乃至故国遗民，旧邦吉士，剖肝孝子，截发贞妻，皆得而论定焉。但恐其人奇而吾笔庸，不足铺张懿美；又或其事冗而吾文窘，未能扬厉风徽，斯则负疚前贤，贻羞椽笔，知我罪我，听之而已。慨自世衰道微，廉耻渐灭，臣弑其君，子逆其父，士卖其友，弟子背其师，妻妾弃其夫，几不知忠孝节义为何物。杨焉之治河也，患底柱而镌之忠孝节义，其为底柱也大矣，扶持长养之犹恐不足，又从而镌之，镌之亦如底柱之没水中，终不能去，而世之为杨焉者未已。予之纂此编也，其将以是为底柱乎？抑亦致戒于患而镌之者乎？呜呼！尤可叹息也。《诗》曰："惟其有之，是以似之。"又曰："虽无老成人，尚有典型。"吾顾举世之有而似之，知典型之不远也，斯文未丧，来者难诬，后有欧阳子，当必以予为知言者矣。康熙十八年秋七月梁溪棘人邹漪谨序。

谢国桢《增订晚明史籍考》卷二：《启祯野乘二集》八卷，清梁溪邹漪流绮纂。……是书撰于清康熙十八年，当三藩之变，已渐底定，清廷笼络人士，诏开鸿博之时，明季士夫，已趋附新朝，而流绮序中有云："慨自世道衰微，廉耻渐灭，臣弑其君，子弑其父，士卖其友，弟子背其师，妻妾委弃其夫，不知忠孝节义为何物。"盖清初文网未密，故能发为斯论，其言实有所指，又其立论虽近于迂腐，而仍不失为气节之士。惟作者向不持门户之见，故不为党社中人所称许。如是书所记对于李国桢颇有怨辞，杨维垣虽名列逆案，金陵陷落，以身殉明，流绮称其"大节过人，后之殉国，甘之如饴，门户之不可以定人如此。"此言虽遗清流之讥，然自是公论。是书为续前书而作，记崇祯、弘光以来朝野人士，大而若成基命、钱士升、高承埏等名卿钜公，细而如唐七公、黄衫者乡曲之士，网罗散佚，颇裨异闻，然记钱肃乐、张国维于唐鲁以后，兴复之事，语多未详，然或限于时地为之也。

**清廷以徐元文为监修总裁官，叶方蔼、张玉书为总裁官，于十一月开馆修《明史》。**

《清圣祖实录》卷八一，康熙十八年五月己未：命内阁学士徐元文为《明史》监修总裁官，掌院学士叶方蔼、右庶子张玉书为总裁官。

徐元文《含经堂集》卷一八，《自陈辞监修明史疏》：臣闻命悚惧，随即启行，于九月二十八日到京。

徐元文《含经堂集》卷一八，《修史开馆疏》：臣等恭承简命，监总史局，念有明史书实关昭代大典，敢不竭力从事、仰副责成！昨于十一月间，内务府于东安门内拨有房屋，随经钦天监选择日期，拟于本月十七日开馆。自此日为始，即分曹编辑。

《清圣祖实录》卷八七，康熙十八年十二月乙亥：内阁学士徐元文疏言："纂修《明史》，请以翰林院侍读学士傅腊塔、内阁侍读学士王国安为《明史》馆提调官；右春坊右庶子卢琦、翰林院侍读王士正、侍讲董讷、王鸿绪、右春坊右谕德孟亮揆、左春坊左中允李录予、左春坊左赞善陈论、翰林院编修翁叔元、沈涵、李应廌、李涛、检讨李振裕、沈上墉、徐潮、王尹方、李楠等为纂修官，会同荐举考授翰林院编修彭孙遹等五十员分纂。"从之。

**史官朱彝尊上书总裁，要求讨论《明史》义例。**

朱彝尊《曝书亭集》卷三二，《史馆上总裁第一书》：……今开局逾月矣，顾未见体例颁示。窃有所陈，造门者再未，值归沐之暇，敢奏记于左右。历代之史，时事不齐，体例因之有异。班固书无世家，而有后戚传，已不同于司马氏矣。范蔚宗书无表志，后人因取司马彪续《汉书志》以为志，又不同于班氏矣。盖体例本乎时宜，不相沿袭……作史者必先定其例、发其凡，而后一代之事，可无纰谬。彝尊不敏，粗举大纲，伏希阁下不遗葑菲之末，而垂采焉，示之体例，俾秉笔者有典式。譬诸大匠作室，必先诲以规矩，然后引绳运斤，经营揆度，崇庳修广，始可无失尺寸也矣。惟阁下垂察，幸甚！幸甚！

> 今案：朱彝尊为博学鸿儒之一，任《明史》纂修官，此书信既言"今开局逾月矣"，则应于本年十二月间写成。书信内容强调修史必先定例发凡，随后朝野共同兴起讨论修史义例的问题，即与此有关，对《明史》纂修的影响颇大。朱彝尊此后接连上书总裁，第二书进言广采各种史籍问题，第三书除重申先定《明史》义例的重要外，还反对修史急于求成。第四书对"靖难之变"前后史事予以考辨，第五书继续讨论体例问题，反对设立"道学传"。第六书评析了东林党问题，第七书认为明末史事应当参阅《清实录》予以核定。这些上疏，理据甚辩，推动了《明史》纂修工作的深化。

**费密于本年后撰成《荒书》。**

费密《荒书自序》：……谨按明制《蜀舆图》：成都、龙安为川西，顺庆、保宁为川北，重庆、夔州、遵义为川东，叙州、马湖、泸州、嘉定、眉、邛、黎雅，建昌，土夷接壤，设五衙，咸建总兵，为川南。四川所产，则五谷、六畜、金、银、铜、铁、丝枲、绨纻、绵染、盐、茶材木、竹箭之饶，丰衍原隰，利擅五方，故世治则豪杰因之屏藩上京，世浊则奸雄盗贼窃据，寇攘小民。……太祖大启藩封，肇锡壤宇，割内府之珍奇，益蜀都之富庶。……而唐、宋、孟蜀间，所创建佛刹道宫之壮丽，暨贤藩六七，二百七十年来，锦贝钱刀之骈集，举崇乎上都，艳称于诸夏。俄焉闯贼寇，摇黄盗，闽逆毁，历朝古迹扫地尽矣。……由今观之，献逆戮人之多，剧于黄巢；戕儒之惨，汰于嬴政。而川东北之民，又俾暴虐于西山寇十三家贼。此固帝围天荒，西土烝黎，未有之奇酷也。密少遭屺离，窜身西域，遁迹蛮荒，浮家东海。晚归桑梓，江山如故，人民全非。二十年来之锦绣封圻，忠臣名将，骈首空城；东西川之义夫贞女，膏脑涂地，青燐白骨，地惨天荒。就愚闻见，采而纪之，下笔不忍，不下笔尤不忍也。他如出身盗贼，屡膺干城，已输腹心，又为戎首，乃如之人，包荒冯河，用以集事，非宽其诛绝也。别书所载，或有异同，盖知者不能言，能言者未能悉，此历代野史稗官足备正史取材，而密《荒书》所由作也。方今圣人在上，四方余孽渐次铲平，昨已放马止戈，一旦诏修《明史》，庙堂燕许，诸名卿苟刺取当年蜀山遗事，则是编或亦所不废也与！康熙八年春二月。

费锡琮《荒书跋一》：……先君少丁离乱，祸患身经，年近六十，始成此书。亲历者多，或闻于同时亲友，间得之老兵、余贼。当诏修《明史》时，《荒书》削稿未成，止以先祖大夫行状上之史馆，已而韩公菼、徐公乾学、万先辈斯同，及吾蜀范公泽达、李公先复，咸欲构观。……先君性恬退，不乐与人争也。《荒书》名虽传播，闻者甚众，见者绝少。……康熙五十五年长男锡琮谨识。

费锡琮《荒书跋二》：嗟乎！先君之著《荒书》，盖几劳心矣。初属草时，值乌程难作，不遑终其卷帙。……康熙十八年，圣祖仁皇帝修《明史》，通行徵书，部议曰："凡官员庶民之家，有明时事迹者，虽有忌讳之语，亦不罪之，尽送史馆。"先君乃裒旧稿，重为涂乙。……长男锡琮重录又记。

今案：据费锡琮跋，是书初撰于康熙八年，因故搁笔，至十八年后，因官修《明史》之局而矢志完成，故系于本年。

## 公元 1680 年 清圣祖康熙十九年 庚申

**清廷因纂修《明史》徵召遗献。**

《清圣祖实录》卷八八，康熙十九年二月乙亥：吏部遵旨议复：内阁学士兼修明史徐元文疏言："纂修《明史》，宜举遗献，请将扬州府前明科臣李清、绍兴府名儒黄宗羲延致来京。如果老疾不能就道，令该有司就家录所著书送馆。至监生姜宸英、贡生万言，应速行文该督抚移送。其候补主事汪懋麟，丁忧服满到部，应以原衔食俸，入馆修史。原任副使道曹溶、布衣黄虞稷，现在丁忧，俟服阕后，咨送到馆。告成日一并甄叙。"从之。

**冯甦著成《见闻随笔》。**

冯甦《见闻随笔》卷一，《明末两渠贼传序》：……甦生长东南，闻流贼之为祸，思得观其事实，游迹所至，每与楚、豫、秦、蜀士大夫游，悉心咨访，记之箧笥，他及郡志野史、坊歌巷说，咸为辨其真伪，核其先后，稍加诠次，为自成、献忠传二篇。其于二寇盛衰、胜负之故，次第可考，而一时朝廷用舍之是非，封疆剿抚之得失，亦互见于其间焉。……今我皇上心存鉴古，辟召宇内词臣发秘笈，搜遗闻，记载讨论，昭垂法戒，譬之云璈合奏，何藉孤弦，函牛大烹，宁须片胾，然而兵燹之余，载笔者寡，传闻异词，甦之此传，非敢希藏之名山，聊以备作者之采择云尔。……

冯甦《见闻随笔》卷二，《纪西南往事序》：……予以辛丑赴滇，值缅甸旋师。丙辰冬，来五岭，往还黔、楚间，吊黍离于五华，拾遗镞于交水。过古泥悲爱止之无枝，临端溪惜穴中之尚斗。往往父老犹能指其故迹，未尝不慨然伤之。己未秋日，承乏武英殿试读卷官，得与宗伯叶讱菴先生朝夕从事。时宗伯方受命总裁《明史》，以予久于南中，因以西南事实见访。予曰："甲申以后，凡假名前朝名号，以抗我颜行者，皆于令中称罪人矣。岂复烦载笔乎？"宗伯曰："然《宋史》有之，附二王于瀛国之后，往例可循也。"予颔之。逾年，宗伯索稿益力。同人阮亭侍读、宫声、大可两太史，亦咸以为言，且曰："总裁已奉谕旨，福、唐、鲁、桂四王事，皆附怀宗纪。夫吴越、八闽故多士大夫，独西南僻在荒徼，为吾子旧游地，咨访有获而匿不以传，非以仰副圣天子破忌讳，购遗文，鉴往垂训之盛心也。"予义不获辞，因以退食余暇，记永明王窃号始末一篇，其事在异地，一篇中不能并详者，别为杂传十首。参互而观之，十数年中败亡之迹，与本朝创业一统之艰难,可得而概见焉。然而语属传闻,事出追忆,且一人耳目所未及固多矣,聊记所知,以应下问,辨讹补略,仍有望于专任修明史之君子。

《四库全书总目》卷五四,史部杂史类存目三:《见闻随笔》二卷,国朝冯甦撰。……是编者,载李自成、张献忠传,次叙永明王窃号始末,及载何腾蛟、堵允锡、瞿式耜、张同敞、陈子壮、张家玉、陈邦彦、李元允、李乾德、杨展、王祥、皮熊、杨畏知、沐天波、李定国十五人传。盖时方开局修《明史》,总裁叶方蔼以甦久官云南,询以西南事实,因掫所记忆,述为此编,以送史馆。毛奇龄分纂流寇传,其大略悉取材于此,以视稗野之荒诞者,较为确实,然亦不能一一详备也。

今案:冯甦《见闻随笔》卷二,《纪西南往事序》谓"己未"之"逾年",撰定是篇,故系于本年。清代别有《劫灰录》六卷,与是书大体相同,篇目微异。据朱希祖《见闻随笔跋》、《劫灰录跋》二文考订,"《劫灰录》盖袭冯甦《见闻随笔》下卷所变名,特去其上卷《两渠贼传》,而专取其《记西南往事》耳。"(朱希祖《明季史料题跋》,中华书局1961年版)方国瑜《云南史料目录概说》(中华书局1984年版,第365—366页)持论同。

## 《石匮书》、《石匮书后集》作者张岱约卒于本年。

张岱《琅嬛文集》卷五,《自为墓志铭》:蜀人张岱,陶庵其号也。少为纨绔子弟,极爱繁华,好精舍,好美婢,好娈童,好鲜衣,好美食,好骏马,好华灯,好烟火,好梨园,好鼓吹,好古董,好花鸟,兼以茶淫橘虐,书蠹诗魔。劳碌半生,皆成梦幻。年至五十,国破家亡,避迹山居,所存者破床碎几,折鼎病琴,与残书数帙,缺砚一方而已。布衣蔬食,常至断炊。回首二十年前,真如隔世。……初字宗子,人称石公,即字石公。好著书,其所成者有《石匮书》、《张氏家谱》、《义烈传》、《琅嬛文集》、《明易》、《大易用》、《史阙》、《四书遇》、《梦忆》、《说铃》、《昌谷解》、《快园道古》、《傒囊十集》、《西湖梦寻》、《一卷冰雪文》行世。生于万历丁酉八月二十五日卯时,鲁国相大涤翁之树子也。……甲申以后,悠悠忽忽,既不能觅死,又不能聊生,白发婆娑,犹视息人世。恐一旦溘先朝露,与草木同腐,因思古人如王无功、陶靖节、徐文长皆自作墓铭,余亦效颦为之。甫构思,觉人与文俱不佳,辍笔者再。虽然,第言吾之癖错,则亦可传也已。……明年,年跻七十,死与葬,其日月尚不知也,故不书。……

康熙《绍兴府志》卷五八,《续人物志》:张岱,字宗子,山阴人。明广西参议汝霖孙也。年六岁，汝霖携之适杭州，时华亭陈继儒客杭，见岱命属对，奇之，谓汝霖曰："此吾小友也。"及长，文思泉涌，好结纳海内胜流，园林诗酒之社，必颉颃其间。岱累世通显，服食豪奢，畜梨园数部，日聚诸名士度曲徵歌，诙谐杂进，及间以古事挑之，则自四部、七略，以至唐宋说家荟萃琐屑之书，靡不该悉。及明亡，避乱剡溪山，岱素不治生产，至是家益落，故交朋辈多死亡，葛巾野服，意绪苍凉，语及少壮秾华，自谓梦境。著书十余种，率以梦名，而《石匮书》纪明代三百年事，尤多异闻。年六十九，营生圹于项王里，曰："伯鸾高士冢近要离，余故有取于项里也。"后又十余年卒。

张岱《琅嬛文集》卷三，《与周戬伯》：吾兄朴茂，长厚人也，言事讷讷，不易出诸口，而为弟较正《石匮书》，则善善恶恶，毫忽不爽，欲少曲一笔，断头不为，则兄又刚毅倔强人也。细观诸传，则吾兄笔削之妙，增一字如点龙睛，删一字如除棘刺。……弟向修明书，止至天启。以崇祯朝既无实录，又失起居；六曹章奏，闯贼之乱，尽化灰烬；草野私书，又非信史，是以迟迟以待论定。今幸逢谷霖苍文宗欲作《明史纪事本末》，广收十七年邸报，充栋汗牛。弟于其中簸扬淘汰，聊成本纪，并传崇祯朝名世诸臣，计有数十余卷，悉送文几，祈著丹铅，以终厥役。弟盖以先帝鼎升之时，遂为明亡之日，并不一字载及弘光，更无一言牵连昭代。兄可任意校雠，无庸疑虑也。……

谢国桢《增订晚明史籍考》卷一：《石匮书后集》六十三卷、附录一卷，明山阴张岱宗子撰。按：是书为续《石匮书》而作，以纪传体记崇祯朝以及南明史事。……宗子既撰有《石匮书》，止于天启，清康熙初谷应泰延宗子参与编修《明史纪事本末》，广收崇祯十七年邸报，资料丰富，乃赓续撰成是书，一则为清浙江学政谷应泰编纂之书；一则为自撰著述，可以抒其怀抱，故于明季死节诸臣，忠愤之气，溢于言表，足徵其爱国之热忱。……

今案：关于张岱卒年，清代文献记载颇歧，当代学者迭有考证，迄今已有不下七种说法。参阅陈卫民、周晓平《张岱字号、籍里、卒年辨》（《文学遗产》1982年第2期）、何冠彪《张岱别号、字号、籍贯及卒年考辨》（《中华文史论丛》1986年第3辑）、胡益民《张岱卒年及〈明史纪事本末〉作者问题再考辨》（《复旦学报》2004年第5期）、佘德余《都市文人：张岱传》（浙江人民出版社2006年版）等论著。据何冠彪、胡益民二家考订，张岱卒于本年，年八十四岁。说较可信，暂取之。又谢国桢《增订晚明史籍考》卷一，《石匮藏书》条谓："八千卷楼旧藏有《石匮后书》，专记明季时事，与此相衔接,为同一稿本,合之可称完璧。"胡益民《张岱史学著述考》(载氏著《文史论荟》,安徽大学出版社 2008 年版)认为:"张岱撰《石匮书》,殆原来本无《后集》之名。今称《石匮书后集》者,当系后来钞辑其书专录全书中叙崇祯史事所拟书名。"所论甚是。则《石匮书》、《石匮书后集》原为一书,后人钞录时一分为二,题名亦略示区别。

## 公元 1682 年 清圣祖康熙二十一年 壬戌

**《日知录》、《天下郡国利病书》、《肇域志》、《金石文字记》作者顾炎武卒。**

全祖望《鲒埼亭集》卷一二,《亭林先生神道表》:顾氏世为江东四姓之一。……同应之仲子曰绛,即先生。……先生字曰宁人。乙酉改名炎武,亦或自署曰蒋山佣,学者称为亭林先生。少落落有大志,不与人苟同,耿介绝俗。其双瞳子中白而边黑,见者异之。最与里中归庄相善,其游复社,相传有"归奇顾怪"之目。

于书无所不窥,尤留心经世之学。其时四国多虞,太息天下乏材,以至败坏。自崇祯己卯后,历览二十一史、十三朝实录、天下图经、前辈文编、说部,以至公移、邸抄之类,有关于民生之利害者随录之,旁推互证,务质之今日所可行,而不为泥古之空言,曰《天下郡国利病书》。然犹未敢自信,其后周流西北,且二十年,遍行边塞亭障,无不了了,而始成。其别有一编,曰《肇域志》,则考索利病之余,合图经而成者。予观宋乾、淳诸老以经世自命者,莫如薛艮斋,而王道夫、倪石林继之,叶水心尤精悍,然当南北分裂,闻而得之者多于见,若陈同甫则皆欺人无实之大言,故永嘉、永康之学者,皆未甚粹,未有若先生之探原竟委,言言可以见之施行,又一禀于王道而不少参以功利之说者也。最精韵学,能据遗经以正六朝、唐人之失,据唐人以正宋人之失,欲追复三代以来之音,分部正帙,而究其所以不同,以知古今音学之变,其自吴才老而下,廓如也,则有曰《音学五书》。性喜金石之文,到处即搜访,谓其在汉、唐以前者,足与古经相参考;唐以后者,亦足与诸史相证明。盖自欧、赵、洪、王后,未有若先生之精者,则有曰《金石文字记》。晚益笃志六经,谓古今安得别有所谓理学者,经学即理学也;自有舍经学以言理学者,而邪说以起,不知舍经学则其所谓理学者,禅学也。故其本朱子之说,参之以慈溪黄东发《日抄》,

所以归咎于上蔡、横浦、象山者甚峻。于同时诸公，虽以苦节推百泉、二曲，以经世之学推梨洲，而论学则皆不合。其书曰："《下学指南》，或疑其言太过，是固非吾辈所敢遽定，然其谓'经学即理学'，则名言也。"而《日知录》三十卷，尤为先生终身精诣之书，凡经史之粹言具在焉。盖先生书尚多，予不悉详，但详其平生学业之所最重者。……凡先生之游，以二马二骡载书自随，所至阨塞，即呼老兵、退卒，询其曲折，或与平日所闻不合，则即坊肆中发书而对勘之，或径行平原大野，无足留意，则于鞍上嘿诵诸经注疏，偶有遗忘，则即坊肆中发书而熟复之。……寻以乙未春出关，观伊、洛，历嵩、少，曰"五岳游其四矣"。会年饥，不欲久留，渡河至代北，复还华下。先生既负用世之略，不得一遂，而所至每小试之垦田度地，累致千金，故随寓即饶足。……庚寅，其安人卒于昆山，寄诗挽之而已。次年，卒于华阴……年六十九。门人奉丧，归葬昆山之千墪。高弟吴江潘耒收其遗书，序而行之，又别辑《亭林诗文集》十卷，而《日知录》最盛传，历年渐远。……

　　钱大昕《疑年录》卷四：顾宁人七十（炎武）：明万历四十一年癸丑生，康熙二十一年壬戌卒。(全祖望云年六十九，卒于辛酉岁，误也。今据《昆山志》。)

　　《清史列传》卷六八，《儒林传下一》：顾炎武，初名绛，字宁人，江南昆山人。生而双瞳子，中白边黑，读书一目十行。年十四，为诸生。耿介绝俗，与同里归庄善，时有"归奇顾怪"之目。见明季多故，弃举业，讲求经世之学。……

　　炎武之学，大抵主于敛华就实，凡国家典制、郡邑掌故、天文仪象、河槽兵农之属，莫不穷原究委，考正得失。撰《天下郡国利病书》百二十卷，遍览诸史、图经、文编、说部之类，取其关于民生利病者，且周游西北，历二十年其书始成。别有《肇域志》一编，则考索之余，合图经而成书。尤精韵学，撰《音论》三卷，言古韵者始自明陈第，然创辟榛芜，犹未邃密。炎武乃推寻经传，探讨本原。又《诗本音》十卷，其书主陈第"诗无协韵"之说，不与吴棫《本音》争，亦不用棫之例，但即本经之韵互考，且证以他书，明古音原作是读，非由迁就，故曰《本音》。又《易音》三卷，即《周易》以求古音，考证精确。又《唐韵正》二十卷，《古音表》二卷，《韵补正》一卷，皆能追复三代以来之音，分部正帙而知其变。又撰《金石文字记》、《求古录》，与经史相证。而《日知录》三十卷，尤为精诣之书，盖积三十余年而后成。其论治综覈名实，于礼教尤兢兢，谓风俗衰，廉耻之防溃，由无礼以维之，常欲以古制率天下。炎武又以杜预《左传集解》时有阙失，作《杜解补正》三卷。其他著作有《石经考》、《九经误字》、《五经异同》、《二十一史年表》、《历代帝王宅京记》、《营平二州地名记》、《昌平山水记》、《山东考古录》、《京东考古录》、《谲觚十事》、《菰中随笔》、《救文格论》、《亭林文集》、《诗集》，并有补于学术世道。国朝称学有根柢者，以炎武为最。又广交贤豪长者，虚怀商榷，不自假满。……康熙十八年，诏举博学鸿儒科，次年，修《明史》，大臣争荐之，并力辞不赴。二十一年，卒，年七十。

顾炎武《金石文字记序》：余自少时，即好访求古人金石之文，而犹不甚解。及读欧阳公《集古录》，乃知其事多与史书相证明，可以阐幽表微，补阙正误，不但词翰之工而已。比二十年间，周游天下，所至名山、巨镇、祠庙、伽蓝之迹，无不寻求，登危峰，探窈壑，扪落石，履荒榛，伐颓垣，畚朽壤，其可读者，必手自钞录，得一文为前人所未见者，辄喜而不寐。一二先达之士知余好古，出其所蓄，以至兰台之坠文，天禄之逸字，旁搜博讨，夜以继日。遂乃抉剔史传，发挥经典，颇有欧阳、赵氏二《录》之所未具者，积为一帙，序之以贻后人。夫《祈招》之诗，诵于右尹，孔悝之鼎，传之《戴记》，皆仲尼所未收，六经之阙事，莫不增高五岳，助广百川，今此区区，亦同斯指。恨生晚不逢，名门旧家大半凋落，又以布衣之贱，出无仆马，往往怀毫舐墨，踯躅于山林猿鸟之间，而田父伧丁，鲜能识字，其或褊于见闻，窘于日力，而山高水深，为登涉之所不及者，即所至之地，亦岂无挂漏？又望后人之同此好者继我而录之也。

潘耒《金石文字记补遗序》：古金石刻不独文词之典雅，字画之工妙为可爱玩，而先贤事迹、前代制度不详于史者，往往著见焉，其有资于博闻多识不细矣。而其为物散在天地间，日亡日少，好古之士荟萃成书者十数家，收之博而辨之精，无若欧、赵二《录》，欧《录》之目千，赵《录》二千，皆据其实有者，籍记之他书，循名泛列，固不辨其存亡也。亭林先师实甚好古，游辙所至，旁搜博采，著成此书。惟就碑刻现存，及收得拓本者录之，得三百余通，其数少于欧、赵，而考论详核不啻过之。夫今之去宋，仅五百余年，而十亡七八，则过此以往，又当何如？以彼亡佚者为可惜，则其幸而存者，可不知宝重哉！耒夙有此好，孜孜访求所得，有在兹编之外，并欧、赵所未录者，不忍使其无闻，谨附载于后，以见古碑之亡于通都大邑，而留于荒村穷谷者尚多有之，搜罗表章，无令泯灭，是所望于后之君子。门人潘耒谨识。

《四库全书总目》卷八六，史部目录类二:《金石文字记》六卷，国朝顾炎武撰。前有炎武自序，谓"抉剔史传，发挥经典，颇有欧阳、赵氏二《录》之所未具者。"今观其书，裒所见汉以来碑刻，以时代为次，每条下各缀以跋。其无跋者亦具其立石年月，撰书人姓名。证据今古，辨正讹误，较《集古》、《金石》二录实为精核，亦非过自标置也。所录凡三百余种，后又有炎武门人吴江潘耒补遗二十余种。碑字间有异者，又别为摘录于末，亦犹洪适《隶释》每碑之后摘录今古异文，某字为某之遗意。《潜研堂金石文跋尾》尝摘其舛误六条：……然在近世著录金石家，其本末源流灿然明白，终未能或之先也。

**《流寇长编》作者戴笠卒。**

乾隆《吴江县志》卷三三，《隐逸》：戴笠，字耘野。……笠孤贫力学，补诸生。为人和而介。与人居，霭如也；自守，非其义一介不取。乙酉后，弃诸生，入秀峰山为僧。久之，返初服，隐同里朱家港，茅屋三间，旁穿上漏，炊烟时绝，略不系怀，城市不至者四十年。日以著书为事，谓明亡于流寇，综其始末，以日月为次，作《寇事编年》。采辑明末死义诸人事迹，作《殉国汇编》，自将相至布衣，无不详载。别纪烈女为《骨香集》，后死者为《耆旧集》，为《发潜录》，又有《圣安书法》、《文思纪略》、《鲁春秋》、《行在阳秋》等书，共数十卷。海内著述家咸其博。康熙壬戌秋夜，睡，忽语喃喃不止，至旦，一笑而逝。

《碑传集补》卷三六，诸福坤《高士戴耘野先生祠堂记》：……吴江戴耘野先生……国变后，弃诸生，欲自沉于河不获，则遁入缁流，不愿则返，息敝庐，奋笔以志己之所志。于是为《则堂纪事》三十余卷，志痛忠义、节烈、耆旧也；为《寇事编年》十八卷，志痛国也；为《永陵传信录》、《圣安书法》、《文思纪略》、《鲁春秋》、《行在阳秋》若干卷，志痛国亡之始终也。四十余年不入城市，藉笔耕以佐饘粥，有余则以急人之急。土锉绳床，炊烟时绝，沉冥风雨，昕宵编摩，以此自终。……

光绪《昆新两县续修合志》卷三四，《游寓》：吴殳，又名乔，字修龄。太仓人，来赘昆山。明崇祯十一年，补诸生，寻被斥，遂事佛，兼好神仙。……殳于书无所不窥，自天文、乐律、地理、兵法，下至医药、卜筮、壬奇、禽乙、刺枪、拳棍，靡不探源竟尾。……又善古文辞，尝作《史论》二十篇，见者服其识力。又据吴伟业《绥寇纪略》，为《抚膺录》四卷。其略言："明之所以亡，有四十三失，而皆啬闇果之所致。"时以为笃论。康熙乙亥卒，年八十五。

潘耒《遂初堂文集》卷六，《寇事编年序》：……凡为史者，将以明著一代兴亡治乱之故，垂训方来，明亡于流寇，蹂躏遍天下，自起至灭二十余年，是宜有专书纪其始末。亡兄有意编纂明代之书，先师戴耘野先生为之分任寇事。

崇祯一朝无实录，取十七年之邸报，与名臣章奏、私家记载，采辑成书，用编年体，排日系事，不漏纤毫。依司马温公先丛目、次长编、后通鉴之法，宁详毋略，宁琐毋遗，提纲缀目，有条有理，自延绥起事，讫西山余党之灭，凡十八卷。吴梅村先生作《绥寇纪略》，既刻成，有以先师之书告者，购得数卷，叹曰："志寇事，自当以《编年》为正，恨见此书晚耳。"先师既殁，未求得其稿，昆山吴修龄以为太繁，稍加删节，附著己见，颇有发明，一展卷而寇之出入去来，盛衰分合，灿若列眉，实史家之要书也。览者详考焉，而见当时御贼之方，何者为得，何者为失，若覆败局而审算之，一一可了也。其细故盖不可胜言，兹特论其大者，揭诸简端，以为力杀贼不如使民无作贼，欲安民必先择吏，择小吏必先大吏，欲外臣公廉必先廷臣精白。此端本澄源之论，阅是编者，重念之哉！

吴殳《怀陵流寇始终录自序》：天启丁卯秋冬间，阉贼既除，日月明洁，朝廷新政，神明俭素之德，溢于口耳，微闻关陇间风尘有警，殊不屑意。俄闻扰并、豫，穿杨、梁，俄闻破雄藩，据关陇，乃知骇异，犹谓亡我社稷在几何年。忽尔煤山信传，普天同痛，而不知所以致此者，天耶？人耶？鬼耶？夫三百年修养生息，金瓯完固之业，天子未闻有失德，十有六年，剨然瓦裂，诚为大可怪事。身处草莽，无所咨询。后得谷氏《纪事本末》，于贼事极其疏略。又得吴氏《绥寇纪闻》，读之一月，芒如望洋，全□□□□□吴江戴耘野先生，忠心笃学，君子人也。改□□□□□□四十年，苦心博访，广求流贼□□□□□□□□□□二千余纸，余绍介于□□□□□□□□□□□□□命为之编定，予不□□□□□□□□□□□□□万言，以寇始于丁卯，极于□□□□□□□□流寇始终录，其三月辛亥以至甲辰年郝摇旗，别为《甲申剩事》二卷，又附以《将亡妖孽》一卷，共二十卷。大辂始于椎轮，博雅君子，因此而加缮焉，则一代乱亡之故，晓然在前，可以为后车之戒矣。……昆山吴殳著。

吴庆坻《蕉廊脞录》卷五：《流寇长编》二十卷，吴江戴笠耘野、昆山吴乔修龄同辑。纪明季流贼始末，起崇祯元年戊辰，终康熙三年甲辰。前十七卷，以一年为一卷，排比月日，纪载綦详。卷十八下，增"甲申剩事"四字，其叙闯、献事，兼载弘光、隆武、永历三王事，至桂王为吴三桂戕害而止。末有《流寇长编始终录》一卷，《补遗》一卷。前有《自叙》二首，痛言思宗好察，好佞，好小人，好速效，好自大，好自用；廷臣善私，善结党，善逢迎，善蒙蔽，善守资格，善因循，善大言虚气。煤山之祸，众力所成，闯贼独受其名耳。其后论列国事败坏所由，凡四十八事，于天、崇两朝朝政之窳，兵机之失，言之痛彻。是书仅钞本，为礼邸旧藏，有"宗室文悫公家世藏"、"礼邸珍玩"、"檀尊藏本"、"礼府藏书"四印。伯羲祭酒藏书之一，书面有王文敏公题字。近为张菊生所得，藏涵芬楼，余借观记其大略如此。

谢国桢《增订晚明史籍考》卷六：《怀陵流寇始终录》十八卷附录二卷，明吴江戴笠耘野撰，昆山吴殳修龄删定。……是书一名《寇事编年》，又名《流寇长编》，吴江潘柽章纂修明书，戴氏分任是编。潘氏罹庄氏之狱，此书仅存，亦成硕果。耘野为潘耒之师，曾为是书撰序，原书失载，今据《遂初堂集》卷六补录。上海涵芬楼藏有原稿本，题《流寇长编》二十卷，已罹劫火。如冒广生先生藏有钱遵王钞本，题《怀陵流寇始终录》十八卷，附录二卷，为《甲申剩事》一卷，《将亡妖孽》一卷，末附谭吉璁《延绥镇志·李自成传》一卷，实即一书，后归南京图书馆，影印于玄览堂丛书中。前有自序及补录潘耒序。是书根据邸报章奏及私家之记载，虽非农民起义方面之撰记，仍对农民起义加以诋娸，然犹凭当时之见闻，公私之文件，较后人追记粉饰改撰者为质实也。……戴笠自序，论列明亡败坏之由四十八事，与玄览堂丛书本戴氏所著《流贼亡明节目》，内容颇有不同。《流寇编年》或其初稿，原本未见流传，故备录之，以资参考。

今案：据乾隆《吴江县志》及潘耒序，是书本名《寇事编年》。现存有二钞本，一为钱曾（遵王）"述古堂藏书"后归冒广生的十八卷本，题为《怀陵流寇始终录》；一为礼邸旧藏后归张元济的二十卷本，题为《流寇长编》。二本相较，文字、内容皆有差异，大抵《流寇长编》甲申以后增补较多，且文中夹有作者及引自他人的评论。按潘耒序云，吴殳改删戴笠原稿，"附著己见"，殆即谓此也。《怀陵流寇始终录》前有《自序》、《流贼亡明节目》二篇，署名皆为吴殳。《流寇长编》前有《自叙》二篇，前一篇署吴乔，后一篇无署名。吴殳，亦名乔。细审四序，文字虽有异同，立意无别，似即出于吴殳一人之手。《流寇长编》无署名之序及《流贼亡明节目》，谢国桢以为出自戴笠，并无根据。

**诏补勒德洪等为《明史》监修总裁官，陈廷敬等为总裁官。**

《清圣祖实录》卷一〇三，康熙二十一年六月甲申：翰林院请补纂修《明史》总裁叶方蔼员缺。得旨："此缺著补用陈廷敬。纂修《明史》，事关紧要，更极繁难。

若监修、总裁人少，恐或偏执私见，不符公论。可将满汉大学士以下、编修检讨以上职名、开列具奏。"

《清圣祖实录》卷一〇三，康熙二十一年六月乙未：以大学士勒德洪、明珠、李霨、王熙为纂修《明史》监修总裁官，内阁学士阿兰泰、王国安、翰林院掌院学士牛纽、侍读学士常书、侍讲学士孙在丰、侍读汤斌、侍讲加侍读学士王鸿绪为总裁官。

《清圣祖实录》卷一〇三，康熙二十一年秋七月壬申：以左赞善徐乾学充纂修《明史》总裁官。

《清史列传》卷九，《陈廷敬传》：陈廷敬，山西泽州人。顺治十五年进士，改庶吉士。初名敬，以是科馆选有同姓名者，奏改廷敬。十八年，充会试同考官，寻授秘书院检讨。康熙元年，告假归省。四年，补原官。八年，迁国子监司业。洊陟侍讲学士。十一年，充日讲起居注官。十二年，转侍读学士，充武会试副考官。十四年，迁詹事。十五年，擢内阁学士，充经筵讲官。十六年正月，改翰林院掌院学士，教习庶吉士。……（十七年）七月，廷敬偕侍读学士叶方霭入直南书房。……二十二年，迁礼部右侍郎，寻转左。二十三年正月，调吏部右侍郎。……九月，擢左都御史。……时纂辑《三朝圣训》、《政治典训》、《平定三逆方略》、《皇舆表》、《一统志》、《明史》，廷敬并充总裁官……四十九年十一月，以耳疾乞休，允之。……（五十一年）四月，卒。……谥曰文贞。

《清史列传》卷八，《明珠传》：明珠，满洲正黄旗人，姓纳喇氏，叶赫贝勒锦台什之孙也。……由侍卫授銮仪卫治仪正，迁内务府郎中。圣祖仁皇帝康熙三年，擢内务府总管。五年，授弘文院学士。六年，充纂修《世祖章皇帝实录》副总裁。……诏重修太祖、太宗《实录》及编纂《三朝圣训》、《政治典训》、《平定三逆方略》、《大清会典》、《一统志》、《明史》，皆以明珠为总裁官。……四十七年四月，以疾卒，年七十有四。

《清史列传》卷七，《李霨传》：李霨，直隶高阳人。……本朝顺治二年举人，三年进士，改庶吉士，授检讨。寻遇太祖高皇帝配天覃恩，晋编修。……（康熙）六年，充纂修《世祖实录》总裁官。九年，仍以内三院为内阁，霨改保和殿大学士。……二十一年，充《三朝圣训》、《平定三逆方略》、重修《太祖高皇帝实录》总裁官，又充《明史》监修总裁官。……寻充《大清会典》总裁官。二十三年六月，以疾卒，年六十。……谥文勤。……

《清史列传》卷八，《王熙传》：王熙，顺天宛平人。……熙由顺治四年进士，改庶吉士，授检讨。……（康熙）五年十一月，擢左都御史。……二十一年五月，授保和殿大学士兼礼部尚书。……时编纂《三朝圣训》、《政治典训》暨《平定三逆方略》、《大清会典》、《一统志》、《明史》，并充总裁官……四十二年正月，卒于家，年七十有六。……谥文靖。

**清廷重修太祖实录。**

《康熙朝议修实录、圣训等事题稿》（载《文献丛编》1937年第五辑）：康熙二十一年八月，大学士勒德洪等奏曰："臣等查得崇德元年十一月内，国史院大学士刚林等将修完太祖高皇帝满、汉、蒙古字实录进呈讫。今臣等恭阅太祖高皇帝实录，（按：此时清太祖已改谥为"高皇帝"，故作此称）未有御制序文及进呈表文、凡例、目录，至文字等项，俱与实录体式不符。兹太宗实录告成，进呈御览一部已经缮完，应俟收贮皇史宬及臣衙门库内二部缮写完日，将太祖高皇帝录照太宗实录体式，恭加重修。臣等未敢擅便，谨题请旨。"奉旨：是，应行事宜，该部议奏。

**重修《清太宗实录》成。**

《清圣祖实录》卷一〇四，康熙二十一年九月丙寅：《太宗文皇帝实录》告成。上御太和门，立视。捧送实录进宫，陞座。总裁官、副总裁官、纂修各官，上表行进实录礼。诸王、贝勒、贝子、公，率文武群臣行庆贺礼。鸿胪寺官宣制曰：太宗文皇帝圣德神功，编辑成书，朕心忻悦，与卿等同。各赐茶。

康熙帝《太宗文皇帝实录序》（中华书局影印《清实录》第二册卷首）：朕惟天生圣人，经纶草昧，以光前而启后，其神谋睿虑，度越百王，非简策所能悉载，而创业重统之规，致治戡乱之略，见诸设施而传诸信史，固可为世世子孙法也。我国家开基东土，太祖高皇帝诞膺天眷，肇造有邦。我皇祖太宗应天兴国，弘德彰武、宽温仁圣睿孝隆道显功文皇帝，以圣神文武之资，缵承令绪，式廓弘图。……洪惟皇祖勋德隆盛，应有纪载，昭示来兹。旧编《实录》六十有五卷，皇考世祖章皇帝尝命和硕郑亲王等重加校阅，未及蒇事。朕嗣服丕基，仰承遗志，特令儒臣搜讨订正，纂辑成编，卷帙如旧。於戏！构大厦者非一日之基，建弘业者非一朝之积。《书》不云乎："鉴于先王成宪，其永无愆。"凡我后人思栉风沐雨之维艰，知保泰持盈之不易，则敬展斯录，以率祖攸行，庶克享万年有道之长也已。是为序。康熙二十一年九月二十二日。

**清廷纂修太祖、太宗、世祖三朝圣训及《平定三逆方略》。**

《清圣祖实录》卷一〇四,康熙二十一年八月乙酉,福建道御史戴王缙疏言:"太祖高皇帝太宗文皇帝世祖章皇帝圣训,应行纂修。及比年以来,凡系用兵诏命、密旨征剿机宜,并应编辑成书,以垂不朽。"内阁、翰林院、会议准行。得旨:太祖太宗世祖圣训,垂法万世,关系重大,理应纂修。至朕所行之事,编纂成书,古人虽有其例,尚于朕心有歉。尔等可将此意,述与九卿确询再奏。

《清圣祖实录》卷一〇四,康熙二十一年八月戊子,大学士明珠等奏:臣等奉旨传集九卿,将前戴王缙疏奏逐一与阅。九卿等言:祖宗圣训固应编辑,至逆贼变乱以来,皇上宵旰忧勤,运筹决胜,八年之间,歼灭贼寇,克奏肤功,复见升平,皆皇上神明独运,指授方略所致。若不纂辑成书,恐鸿功伟绩,或有遗漏。况古来帝王武功告成,无不将所行之事逐一纪载。今宜如御史所请,勒成一书,以垂永久。得旨:众议如此,可着编纂成书。

《清圣祖实录》卷一〇五,康熙二十一年十月辛卯:重修太祖高皇帝实录,以武英殿大学士勒德洪为监修总裁官,大学士明珠、李霨、王熙、黄机、吴正治为总裁官,内阁学士萨海、喇巴克、侍读学士胡简敬为副总裁官。

纂修三朝圣训,以大学士勒德洪、明珠、李霨、王熙、黄机、吴正治为总裁官,内阁学士席柱、王守才、翰林院掌院学士陈廷敬为副总裁官。

纂修皇上《平定三逆神武方略》,以大学士勒德洪、明珠、李霨、王熙、黄机、吴正治为总裁官,内阁学士阿兰泰、达岱、张玉书、翰林院掌院学士牛纽为副总裁官。

## 公元1683年 清圣祖康熙二十二年 癸亥

**《南北史合注》、《南唐书合订》、《三垣笔记》、《南渡录》作者李清卒。**

徐乾学《憺园文集》卷三二,《李映碧先生墓表》:先生讳清,字心水,别号映碧。先世句容人。有讳秀者,始渡江徙居兴化。秀生旭,旭生锃,锃生大学士文定公春芳。文定仲子曰茂材,以荫仕至太常寺少卿。茂材生思诚,累官礼部尚书。思诚生长祺。长祺生子二,次先生也。天启辛酉举于乡,崇祯辛未成进士,筮仕司理宁波,以考最擢刑科给事中。……语侵尚书甄淑,淑遂劾先生把持,诏镌级,调浙江布政司照磨。无何,淑败,即家起吏科给事中。……

是秋，遣册封新昌王，崇祯十六年也。明年，京师陷。弘光即位南京，迁工科给事中。……先生事两朝，凡三居谏职，章奏后先数十上，并寝阁不行。寻迁大理寺左寺丞，遣祀南镇。行甫及杭，而南都失守，乃由间道趋隐松江之六保，又渡江寓居高邮。久乃归故园，杜门不与人事，当道屡荐不起。凡三十有八年而殁。先生忠义，盖出天性。愍帝之变，适在扬州，闻之号恸几绝。自是每遇三月十九日，必设位以哭，尝曰："吾家世受国恩。吾以外吏，蒙先帝简擢，涓埃未报。国亡后，守其砣砣，有死无二，盖以此也。"初师事倪文正公元璐，后闻文正殉难，又号恸者累日。晚年著书自娱，尤潜心史学，为《史论》若干卷，又删注《南》、《北》二史，编次《南渡录》、《诸忠纪略》等书，藏于家。呜呼！先生不幸，丁明之季，国事已不可为，顾犹大声疾呼，侃侃建白，卒未能以一木支大厦。及沧桑之后，匿影林泉，仅以胜代逸民老。呜呼！岂不重可悲也哉？……

汪琬《尧峰文钞》卷二一，《前明大理寺左寺丞李公行状》：……杜门不与人事。蔡都御史士英开府淮扬，将以遗逸荐，力辞而止。徐学士元文复以纂修明史荐，亦谢病不行。闲居惟著书自娱，凡三十有五而殁。为人纯厚，不设町畦，其忠义盖出天性。……于书无所不窥，尤潜心诸史之学。尝为《史论》若干卷，绝不蹈袭前人成说，而是非好恶一轨于正。……又删《宋》、《齐》、《梁》、《陈》及《魏》、《北齐》、《周》、《隋》八书，合《南》、《北》二史，而夹注其下为一书。又合陆、马二《南唐书》为一书。其他编次，若《南渡录》、《三垣笔记》、《诸忠纪略》等书，又若干卷。又集平生杂著文二十卷。安道先生陈公瑚，公执友也，尝评之曰："公行文飞动，有令人歌者，令人涕者，令人喜解颐、怒冲发者。唐宋稗史野乘莫逮也。"知者称其笃论云。……大清兴四十年，先代贤公卿凋落殆尽，独公岿然老寿，海内以巨人名德相推重。所著书才脱稿，即传相缮写以去。虽遭逢非偶，而其殁也，斯不朽矣。……康熙辛未八月七日谨录。

李清《南北史合注原序》：予与同籍张天如皆喜读史，每欲仿陈承祚志《三国》与裴世期注《三国》故事，以例《南、北史》，合《宋》、《齐》、《梁》、《陈》四史于《南》，合《魏》、《齐》、《周》、《隋》于《北》，搜遗除复，粲然成观。天如没，而予亦倦矣，且陈《志》有种，而裴《注》难广，每眷初言，辄忾然叹。乃今偶检佛藏，而又窃有喜也。一得西魏遗事，奇。《魏书》正东魏，故西魏诸君皆黜，彼《北史》所补《文帝纪》寥寥耳。乃予读《三宝记》则详，一载：大统二年，甘露降，秋谷不熟；一载：大统十年，正狱讼，究刑罚，广学校，敦礼教，断草书，去文就质；一载：大统十五年，诏儒臣定礼，男女异路，探书无取，发冢获编，不籍破匪。其应采一也。一得北齐遗事，奇。齐文宣帝凶残，酖君焚弟，屠元氏种几尽。每阅史至帝崩，恨恨耳。乃予读《感通录》则快，《录》言帝于晋阳不预，命刘桃枝负行，鼻血淋沥，其夜崩。嗜杀有报，沥血其征。暴辛之首未悬，逆师之日已出，其应采二也。一得隋遗事，奇。当隋文帝谋篡周时，尉迟迥起兵讨罪，史但言杀迥诸子，犹原其幼者，恻然耳！乃予读《感通录》，则惨言：是役也，俘卤将百万，总集相州，游豫园，明旦斩决，围墙有孔，出者纵之，至晓犹断六十万人于漳河岸，血流成河，忍哉！帝尽灭宇文氏族已甚，而乃偏及宇文家顽民。长平之新坑复填，参合之故陂又积，其应采三也。若此者，可补《北史》阙。至可补《南史》阙，则僧导之初见宋孝武也，以孝建讨逆，三纲更始，感事怀昔，悲不自胜，孝武亦哽咽良久。其有元嘉之思乎？可以教忠。又梁武之立七年，于景阳台也，设皇考妣二坐，轻暖时易芬旨必荐，虽朔望，亲奉馈奠，犹以无所瞻依为悲，其有蓼莪之感乎？可以教孝。是二事者，俱见《高僧传》。故予于佛藏中，犹作勤收。世期以补次承祚所未备，则推之他儒书，其砭砭可知也。若天如至今存，当商缉同之，谓息壤在彼，而独予一人者，神短篇繁，遂望洋欲辍，讵止班志未就，犹思孟坚，实则蔡书靡成，深怀伯喈。虽然九仞一篑，予尚有志焉，若天如《玉楼记》就，未知犹念是史久悬，而以起予为自贱否？《新唐》一书，欧、宋共编，追忆斯事，以为太息。兴化李清自序。

《四库全书总目》附录《四库撤毁书提要》：《南北史合注》一百九十一卷，明李清撰。清字心水，号映碧，扬州兴化人，礼部尚书思诚之孙、大学士春芳之玄孙。崇祯辛未进士，官至吏科给事中。事迹附见《明史·李春芳传》。清以南北朝诸史并存，冗杂特甚，李延寿虽并为一书，而诸说兼行，仍多矛盾。尝与张溥议，欲仿裴松之《三国志注》例，合宋、齐、梁、陈四史为《南史》，魏、齐、周、隋四史为北史，未就而溥殁。后清简阅佛藏，见《三宝记》载有北魏文帝大统中遗事，《感通录》载有齐文宣、隋文帝遗事，《高僧传》载有宋孝武帝、梁武帝遗事，因思卒前业，乃博采诸书以成此注，参订异同，考订极为精审。又于原书之失当者，略为改定其文。如高欢、宇文泰未篡以前，史书之为帝者，皆改称名。后梁之附《北史》者，改附《南史》。宋武帝害零陵王，直书为弑。魏冯、胡二后以弑君故，编为逆后，与逆臣同书。又二史多谶纬、佛门事，以非史体，悉改入注。其持论亦为不苟。然裴松之注《三国志》，虽多纠弹，皆仍其本文，不加点窜。即《世说新语》不过小说家言，刘孝标所注，一一攻其谬妄，亦不更易其文。盖古来注书之体如是也。谯周改《史记》为《古史考》，荀悦改《汉书》为《汉纪》，范蔚宗合编年四族、纪传五家为《汉书》，并采摭旧文，别为新制，未尝因其成帙，涂乙丹黄。盖古来著书之体如是也。清既不能如郝经之《三国志》，改正重编，又不肯如颜师古之注《汉书》，循文缀解，遂使南、北二史不可谓之清作，又不可谓之李延寿作。进退无据，未睹其安。至于八史之中，四史无志，南、北二史亦无志，故清割《宋书》、《南齐书》、《魏书》、《隋书》四史之志，取其事实，散入纪传之中。不知《隋志》本名《五代史志》，故其事上括前朝。当时未有南、北史，无所附丽，故奉诏编入《隋书》。清既合注南、北史，自应用《续汉》十志补《后汉书》之例，移掇编入，而以刘昭之例，详考诸书以注之。于制度典章，岂不明备？乃屑屑删改纪传，置此不言，亦为避难而趋易。今特以八代之书，牴牾冗杂，清能会通参考，以归一是，故特录而存之。其瑕瑜并见，则终不可相掩也。

顾士吉《南唐书合订序》：南唐之于唐，犹西蜀之于汉也。《纲目》大书章武改元，以绍建安之绝业，数百年以来，无有敢问其鼎者，而昭烈之统遂定。南唐在五季时，诸史等夷诸僭伪之列，虽严如紫阳，犹惓惓于异类之沙陀，独于宪宗之后裔，则不敢明目抗词，揭升元以继天复，又何也？曰："正唐则不得不黜梁、晋、汉相承，宋绍周后，不得遂为正统，殆有难为词者。是以敢于帝汉而不敢于帝唐，盖曰：后有知我者，章武其例焉尔。"寥寥至今，恨无一人能解此者，而南唐遂以不显，何蜀之幸而南唐之不幸也。虽然陈寿志三国，而西蜀一书尤称简略。先主虽享国日浅，而知人大度，仿佛高、光。诸葛练习朝章，日旰忘食，政绩必有可观。当时史官失于纪载，遂使名臣良将受其诋诃，不亦诬乎？南唐旧有马元康、陆游诸纪，皆引喻失伦，芜秽不治。

映碧先生潜精史学，杜门纂述，余尝与之讨论诸书。非但识其事，兼能举其词，长河滚滚，竟日忘倦，听者无不厌服以去，而独于《南唐》一书，三致意焉。曰："此紫阳氏之心也。"夫爱是折衷众家，以陆为正，而以马书、群史附之，严其义例，校其讹舛，又仿小司马、二裴之意，而为之训诂。《唐史》以后，欧阳《五代》以前，竟可自成一书，视《三国·蜀纪》固为加详矣。予读而悲之曰：嗟乎！南唐亡后六七百年，尝过秦淮，吊故唐宫址，久已邱墟，往来东都，问故里衣冠，孰为苗裔，虽李氏之血食不在，当日之江以南而卧榻不存，风流尚在。作者其有深思乎？览三朝之本纪，其祖孙温文仁厚，国统垂三十余年，视他国之恣睢篡弑，岁一易主者为优。地跨江淮，控带荆楚，财赋甲天下，视诸国之窃据一隅者为大。礼任中州士大夫，而文献雍容，旧章犹昔，视五季之横磨大戟、筚路蓝缕者为美。南取延政，西平马氏，契丹称兄，高丽纳贡，视他国之称孙臣北者为武。系出建王恪后，世次甚明，视他方之螟蛉义畜者为亲。然则直以升平遥接天复，而以是书继踵《唐书》，虽沙陀不得与焉，不亦今日一大快哉！至于樊若水叛臣一书，冷眼直笔，铁案如山，比之《春秋》赵盾、许世子之例为得，其衷尤《纲目》之所深予也。同里叔向顾士吉书。

《四库全书总目》附录《四库撤毁书提要》：《南唐书合订》二十五卷，明李清撰。……是书记南唐一代事迹，以陆游书为主，而以马令书及诸野史辅之。凡陆书所无而增入之传，则以"补遗"二字分注其下，盖略仿裴松之注《三国志》之法，而稍变通之。书前则引《唐余纪传》、《年世总释》诸说，大抵欲以李氏绍长安正统，仍由陆游之谬说，不知知诰为徐温养子，得国后始自言出自唐宗。其世系本无确证，即使果属建王嫡系，而附庸江左，奉朔中原，亦断不能援昭烈蜀都之例。以此而学郝经、萧常之书，刘知幾所谓"貌同而心异"者也。然其他更定陆书义例者，如钟蒨、李延邹等于本纪摘出，别列《忠义传》以旌大节，颇合至公。又张洎等之列入《唐周宋臣传》，樊若水之列入《叛逆传》，亦深协《春秋》斧钺之义。其间文献阙遗，详徵博引，亦多所考证。视《江南野录》、《江表志》诸书，实远胜之。故纠其持论之纰缪，而仍取其考古之赅恰焉。

李清《三垣笔记自序》：《三垣笔记》者何？崇祯丁丑，予以司李内召入京。其明年戊寅，蒙毅宗烈皇帝亲策，简入刑垣。又明年庚辰，予以大司寇不职，屡牍规之，为所噬，迁外。未及任，丁内艰，会司寇以罪废，上念予言，壬午，蒙恩赐还，补吏垣。癸未春，间关淮济入京，转本垣右，已转工垣左。其秋，奉命册封淮藩。明年甲申春三月，方脂辙，值北变，随复命金陵，晋掌工垣。斯则所云"三垣"也。曰"笔记"者何也？盖自丁戊讫甲乙，凡九年，举予所闻见，以笔之书，非予所闻见，不录也。所上诸疏，止录其留中者，其已报，则亦弗悉录也。盖内之记注邸钞，多遗多讳，外之传记志状，多谀多误，故欲借予所闻见，志十年来美恶贤否之真，则又予所不敢不录也。然犹以目见与耳闻，不无疑信之别，故先举予所灼见以笔之书，其因闻记者，犹云附述，终致其慎焉。而总以数言括之，则于己恩，固不敢饰瑜，即于己怨，亦不敢益瑕，惟存其公且平者云尔。予初读蔡孝来《尚论录》，或曰："此君子之言也。"然予不尽是其言，其言之非，间有之，间有非，则偏。继读吴纯所《吾徵录》，或曰："此小人之言也。"然予不尽非其言，其言之是，间有之，间有是，则愈偏。独夏彝仲《幸存录》出，乃得是非正，则以存公又存平，斯贵乎存耳。若予作是记，与是录相先后，时殊事殊，而惟无偏无党以立言则不殊，苟彝仲见此，无乃首颔是记亦如予首颔是录，而又以存我心之同然为幸也。

全祖望《鲒埼亭集外编》卷二九，《跋三垣笔记后》：映碧先生《三垣笔记》最为和平，可以想见其宅心仁恕。当时多气节之士，虽于清议有功，然亦多激成小人之祸，使皆如映碧先生者，党祸可消矣。……

李详《三垣笔记序》：《三垣笔记》为明大理寺丞五世族祖映碧公讳清著述之一。映碧著书凡数十种，中涉明季史事，牵及朝局，足为后世炯戒者，唯此与《南渡录》二书。《南渡录》收入《明史·艺文志》。唯此书最晦，以有"建州"、"建房"、"北朝"、"可汗"、"属夷"、"异类"、"小酋"等语，乾隆四库初开，采进之始，即著禁毁之目，未揭其故。若以抽毁《曝书亭集·兴化李先生寿诗》例之，（事见管世铭《韫山堂诗集》自注。）宜在掎摭之列，其获免者天幸也。映碧历管刑、吏、工三垣，故以名书。身仕崇祯、弘光两朝，举所闻见著此，以得诸目见者为本书，其闻而知之者则为《附识》。三百年来，此书多无足本，如顺德李氏、钱唐汪氏、丁氏所藏，率皆一律，缪艺风先生昔官京师，得自假钞，亦系两卷本。余之族人有藏六卷本者，假观有年，曾以语艺风，艺风大喜，逐钞一部，以为定本。……盖吾宗皭然不滓之一老，即全谢山、杨秋室熟于明季史事者，亦未尝于映碧稍有微词。世以信谢山、秋室者信映碧，则映碧可以无憾矣。映碧之失，在轻信夏彝仲之《幸存录》，与夫误书张捷、杨维垣之殉节，又于郑鄤阳之狱短其伪孝，皆人所不满者，余则光明磊落，无可訾议。……书中如"由"作"繇"，"检"作"简"，"校"作"较"，"洛"作"雒"，"常"作"尝"，皆避明讳。……癸亥冬五世族孙详顿首拜撰。

杨凤苞《秋室集》卷一，《南渡录跋》：映碧先生持论最平，无明季门户之习。在陪京掖垣时，小朝廷之诏谕章奏，皆其手亲简料者，故纪载核而不污，褒贬公而不谬。世之论赧皇稗史，盛推姜太保燕及黄副都梨洲、顾职方亭林三录，以余审之，三家犹多疏漏，不若是编之整比固实，宜乎《明史·福王传》悉取资焉。……

李慈铭《越缦堂读书记》：阅李清映碧《南渡录》，共五卷，钞本失去序目。其书起于崇祯十七年四月丁亥福王至自淮安府，讫于乙酉七月唐王即位于福州，改元隆武，遥上帝尊号曰"圣安皇帝"，二年五月帝遇害于燕京。每条皆先大书为纲，而后系以事。映碧服官南都，事多参决，故所记较他书为详。……同治丁卯（一八六七）八月二十四日。

朱希祖《明季史料题跋·南渡录跋二》：平湖葛小严先生藏有李清所撰《南渡录》六卷原稿，有其裔孙详跋文。余于二十六年二月六日赴平湖搜访明季史料得见之，诚为南明史料中之至宝。余最初得《明季甲申日纪附录》四卷，实即《南渡录》之变名，其书脱误数百条，且年月事迹，颠倒错乱，不可究诘。其后又得《南渡录》二卷，盖系别一人所撰，有人指为伪李清《南渡录》，诚然。……先是，傅节子以礼得李清《南渡录》，乃五卷本，诧为足本。今观此六卷本三册，出于李清裔孙家藏，观其字迹，第一册不分卷，实为初稿本或系当时迻录本，第二册、三册，则自三卷至六卷，字迹尚存明人笔意，疑为李清手写稿或当时遣人誊清本，实为此书最初祖本，为之惊喜不已，此行为不虚也。……又此书三卷至六卷，"玄"、"胤"、"弘"等字皆不阙笔避，"奴"、"虏"、"夷"等字甚多，此为顺治中所写无疑。第一册惟首数页为乾隆时补钞，"弘"字已避讳也。其余亦为清初钞本，"苏松常"称"苏嵩尝"，以"松"、"常"二字避明讳也。

谢国桢《增订晚明史籍考》卷一〇：《南渡录》五卷，明兴化李清映碧撰。……按：《南渡录》，记弘光一代时事最为详允，今流传者共有二本：一为二卷本，即傅以礼所谓刺取福王事迹为上下卷之伪本，二为五卷本。其五卷本，桢共见钞本有三：一为燕京大学图书馆所藏，为吴兴徐森玉先生旧物，题曰《甲申日记》，实即《南渡录》，钞本极旧，惟间有删节。二为涵芬楼旧藏钞本，前有引云："南都中，先生仕至大理寺左丞，遣祀南镇，行甫及杭，而南都失守，由杭间道趋隐松江之六保，既而渡江居高邮之三垛，久而始归兴化，杜门不出。大学士徐立斋先生以纂修明史荐，谢病不行，闭居著书，享年八十□岁。"三为扬州测海楼吴氏藏野史二十一种四卷本，今归北京图书馆。明季野史互相传钞，各有是非，安得合此三本，较其异同，成一善本，亦盛事也。又传钞本《圣安排日事迹》及《偏安排日事迹》，实即一书，辗转传钞而成者。

今案：据王重民《李清著述考》（刊《图书馆学季刊》第二卷第三期，1928年9月）一文，李清著述可考者凡二十种。《四库全书》纂辑之始，收李清著述四种，即《南北史合注》（史部别史类）、《南唐书合订》（史部载记类）、《历代不知姓名录》（子部类书类）、《诸史同异录》（子部类书类）。《诸史同异录》载清顺治与明崇祯"四事相同"，乾隆帝以此为口实，于乾隆五十二年三月十九日颁发上谕，训斥四库馆臣之疏忽，并下令将李清著述一概撤毁（参阅中国第一历史档案馆编《乾隆朝上谕档》第 13 册，档案出版社 1991 年版，第 738—739 页）。作者持明遗民立场，故清世严禁其书。惟《南北史合注》、《南唐书合订》、《历代不知姓名录》宫内尚有四库本，余者或佚，或仅有钞本。《南渡录》系以纲目体式排日记叙南明弘光一朝之时事。原稿已亡，流传钞本极多，各本详略不同，文句亦有差别。一般皆著录五卷，实误。黄俶成汇集十二个钞本，细加比勘，考订原书足本为六卷，约每两月事并为一卷（参阅氏撰《〈南渡录〉版本考》，载《扬州师院学报》1990 年第 1 期）。

**《教养全书》作者应撝谦卒。**

《清史稿》卷四八〇，《儒林传·应撝谦》：应撝谦，字潜斋，钱塘人。性至孝，殚心理学，以躬行实践为主，不喜陆、王家言。足迹不出百里，隘屋短垣，贫甚，恬如也。……康熙十七年，诏徵博学鸿儒，大臣项景襄、张天馥交章荐之。撝谦舁床以告有司曰："撝谦非敢却荐，实病不能行耳。"……乃免徵。二十二年，卒，年六十九。撝谦于《易》、《书》、《诗》、《礼》、《乐》、《春秋》、《孝经》、《四书》各有著说。又撰《教养全书》四十一卷，分选举、学校、治官、田赋、水利、国计、漕运、治河、师役、盐法十考，略仿《文献通考》，而于明代事实尤详。其不载律算者，以徐光启已有成书；不载舆地者，以顾炎武、顾祖禹方事纂辑也。又有《性理大中》二十八卷。……

应撝谦《教养全书自序》：世之类书多矣。或节取故事、辞句，而本与末之不详；或窃取古书成乏，而己与人之不辩。求其有体有法，叙次论断成章者，莫过于《文献通考》与《续文献》两书。然二书之记载瞻矣，而篇帙浩繁，不惟贫士之所难备，且学人目力之所鲜及。余读是书，惜其弘纲大要杂存于繁言不急之中，使观者概束而不问，则以其书可备考而不可熟玩也。因是欲举教养之大者，稍叙其事实，而以名臣经画之奏疏言议增益之，其卷次不多，而后此为治者，可以秉群议，次第施行。其间若选举、学校、田赋、水利，教养之正篇也。治官，则所以试教之之用。国计，则所以周养之之谋。养民力则见之于师役，而漕运，治河又役之甚大，而养之所由得失也。盐法，亦养之一事也。此数端于国家为大，故递而考之，其余制度之不足法，与无俟讲因革之源流者，则不复详也。……问昔之为考者，如徵辟、科贡、贤良、孝廉、武举、任子、童科、吏道、赀选，皆各为类，而子乃合之于选举；如田赋、水田、垦田、屯田、官田、常平、义仓、赈恤、劝农，皆各为类，而子皆合之于田赋；官制、铨选、考课，皆各为类，而子皆合之于治官；兵制、役法、马政，皆各为类，而子皆合之于师役，何也？曰："其分者，以便策括之分门查类也。吾合之者，欲以观经世者之救弊创法废兴。合，宜也。然而，一篇之中，各标于叶首，则考者仍易见耳。读是书者，其无以策括类比而取之哉！"

《四库全书总目》卷一三九，子部类书类存目三：《教养全书》四十一卷，国朝应撝谦撰。……是书分选举、学校、治官、田赋、水利、国计、漕运、治河、师役、盐法十考。节引史文，而取前人评论各参其下，体例略仿《文献通考》。于明代事实，所载尤详。撝谦间附断语，议论亦多醇正。然以视马端临之精博，则犹未能遽相方驾矣。其中不载律算者，以徐光启已有成书。不载舆地者，以顾炎武、顾祖禹二人方事纂辑故也。

**沈佳约于是年前著成《明儒言行录》。**

《清史列传》卷六七，《沈佳传》：沈佳，字昭嗣，浙江仁和人。康熙二十七年进士。初知湖广监利县，调安化，卒于官。佳儿时即有志伊洛之学，及长，研穷性理，尝与柘城窦克勤、巩姚尔甫，及钱塘王廷灿、秀水范景，俱及睢州汤斌之门。斌集中《语录》，佳诸人所手述也。……以余姚黄宗羲《明儒学案》于姚江末流颇为回护，乃著《明儒言行录》十卷、《续录》二卷，以补救其编。其书仿朱子《名臣言行录》例，大旨以薛瑄为宗，于陈献章则颇致不满。……同里应撝谦称其书去取至慎，有所不足，仍载先儒论定之言以为断，甚不得已，始出己说，以微示其旨。鄞万斯大，宗羲弟子也，平生笃守师说，然序是书，亦但微以过严为说，不能攻击其失，盖心许之云。佳好学深思，考订博洽，尝贻书撝谦，论《易》"四德"及《礼》"禘祫"义。所居名"学士园"，自少壮至老未尝辍书卷。他著有《礼乐全书》四十卷，《易大象玩》、《易解》、《春秋学大全粹语》、《明代人物考》、《乐府中声省瞽录》、《复斋遗集》。

沈廷芳《隐拙斋集》卷四八，《安化知县沈府君墓志铭》：府君讳佳，字昭嗣，仁和人也。……府君代嬗儒术，自少刻励，而天性纯孝友，与人忠信。尝从应徵君撝谦探性命之旨，以洛、闽为宗。康熙辛酉登贤书，时汤文正公斌实典浙试，得府君，深器重焉。公巡抚江南，聘至使院，时与讲学。苏州上方山五通神为祟，愚氓狂惑，日祷祀，岁输金帛、女子无算。府君告公曰："淫祀大惑民志，易禁。"公乃亲往，毁其像，祟遂息。戊辰，上公车时，徐尚书乾学方重古学，搜罗知名士，入礼闱，得府君卷于仇编修鳌分校所览册，谓编修曰："此必杭州沈昭嗣笔也。"榜发，良然，时服尚书之衡鉴。后尚书归里，领书局于洞庭东山，属纂《五礼备考》，府君于旧说多所折衷。平生手不释卷，著述满家，有《礼乐全书》四十卷，《春秋续意林》二卷，《明儒言行录》十二卷，《明人物志》一百二十卷，《乐府中声》四卷，诗文集十二卷，皆精核醇古，卓然成家。晚年学益深纯，为紫阳书院山长，执经考疑者几千人，凡经指诲，学行悉归于正。尝自号复斋，故学者称复斋先生云。……成进士后，授监利知县，至则修学宫，端士习，务以德化民，颂庭昼闲，弦歌不辍，期月大治。以宋太夫人年高，请养归。夫人殁，服除，除安化知县，其治如监利，卒官，年若干岁。……

应撝谦《明儒言行录原序》：暇时尝与开先、赤师、昭嗣燕集，论史事，见开先言诸史甚悉。余言："向有十七史，今又增五史矣，设复如宋人制科，出题兼十七史，不亦难乎？记诵繁多，足为心累，亦目力鲜及。吾人史学，大抵《通鉴纲目》与《文献通考》两书足矣。"既又念古人嘉言懿行，在于诸史者甚富，不可不知，唯宋朱子有《名臣言行录》，一代伟人载之为详，若得友人有心者，取历代言行，各编成书，则其余逆乱之纪、谐笑之资，皆可废矣。是时诸友颇以为然。余归家，思言行一录，在汉为易，在明为难。明时虽有为之者，其去取登削无甚发明，明又向无全史，诸书难备，余家寡书，为之少力。唯汉人言行，悉在班、马、范、陈四史，就而辑之，为功差易。余为之糠秕，庶有是其说者，从而继之乎！因是辑之历年，苦于缮写，竟未讫有成。一日见昭嗣，袖中出书则《明儒言行录》也。余不胜惊喜，以为余虽言之而行之未力，昭嗣默然不言而书已告成，凡事类如此。及观其书，有正集，有续集，去取之间，至慎也。大约以敬轩为宗，而诸儒继之，有所不足，仍载先儒之言以为断，甚不得已，始出己说，以微示其旨。至阳明之学，则行之已久，其中从是兴起，力行可畏者不乏其人，仍两为存之，录绪山、念菴而不录龙溪、心斋，皆有深意，可谓简严矣。然余犹惧其少，以为不若稍增载之，使后无可加，则尤为备矣。昭嗣以为然，更博采诸书，以悉论之。呜呼！此书既成，而复有经济、节烈、名臣继之，则一代之言行岂有遗憾乎？抑昭嗣之为此书，非徒如余意存史而已，殆如《伊洛渊源》，盖以为力学，理学之先券也。余于此，又有感焉。有明承宋理学既明之后，一代能文之士不少，如王、唐、瞿、薛，理学非不善言也，而是录之所载，曾不之登，则儒者之所贵，不亦大可见乎！昭嗣之发余多矣。应撝谦序。

《四库全书总目》卷五八，史部传记类二：《明儒言行录》十卷，续录二卷，国朝沈佳撰。佳字昭嗣，号复斋，仁和人。康熙戊戌进士，官安化县知县。是编仿朱子《五朝名臣言行录》之例，编次有明一代儒者，各徵引诸书，述其行事，亦间摘其语录附之。所列始于叶仪，迄于金铉，凡七十五人，附见者七十四人。续录所列，始于宋濂，迄于黄淳耀，凡五十九人，附见者九人。佳之学出于汤斌，然斌参酌于朱陆之间，佳则一宗朱子，故是编大旨，以薛瑄为明儒之宗，于陈献章则颇致不满。虽收王守仁于正集，而守仁弟子则删汰甚严，王畿、王艮咸不预焉，其持论颇为淳谨。初，黄宗羲作《明儒学案》，采摭最详，顾其学出于姚江，虽于河津一派，不敢昌言排击，而于王门末流诸人，流于猖狂恣肆者，亦颇为回护，门户之见，未免尚存。佳撰此录，盖阴以补救其偏。鄞县万斯大，宗羲之弟子也，平生笃信师说，而为佳作是录序，亦但微以过严为说，而不能攻击其失，盖亦心许之也。学者以两家之书互相参证，庶乎有明一代之学派可以得其平允矣，正不必论甘而忌辛，是丹而非素也。

　　今案：《四库全书总目》谓沈佳为"康熙戊戌进士"，书前提要则作"康熙戊辰进士"，核以沈廷芳所撰墓志铭及《清史列传》，当以"戊辰"（康熙二十七年）为是，《四库全书总目》误。是书前有应撝谦、万斯大、沈珩三序，应、万二人皆卒于康熙二十二年，故是书应成于本年前。

## 黄宗羲于本年后著成《行朝录》。

　　黄宗羲《行朝录序》：唐末黄巢逼潼关，士子应举者，方流连曲中以待试。其为诗云："与君同访洞中仙，新月如眉拂户前。领取嫦娥攀取桂，任从陵谷一时迁。"中土时文之士，大抵无心肝如此。岂知海外一二遗老孤臣，心悬落日，血溅鲸波，其魂魄不肯荡为冷风野马者，尚有此等人物乎！向在海外，得交诸君子，颇欲有所论著，旋念始末未备，以俟他日搜寻零落，为辑其成。荏苒三十载，义熙以后之人，各言其世，而某之所忆，亦忘失大半。邓光荐《填海录》不出，世惟太史氏之言是信。此聊尔谈，其可已夫！左副都御史余姚黄宗羲梨洲氏书。

　　谢国桢《增订晚明史籍考》卷九：《行朝录》六卷，明余姚黄宗羲太冲撰。……按：是书据国粹丛书本之目，卷一《隆武纪年》，《赣州失事》，《绍武之立》；卷二为《鲁纪年上》，《鲁纪年下》，《舟山兴废》，《日本乞师》、《四明山寨》；卷三为《永历纪年》；卷四为《沙定州之乱》，《赐姓始末》；卷五为《江右纪变》，《张玄著先生事略》；卷六为《郑成功传》。前有自序。……按是书恐为后人纂辑而成，故各本篇目，多有不同，如《郑成功传》则出诸明季《遂志录》，《沙氏乱滇》则出诸冯再来《滇考》，《江右纪变》则为陆世仪撰，后人不审，乃汇为一编。绍兴先正遗书本分为十二卷，一《隆武纪年》，二《绍武之立》，三《鲁王监国上》，四《鲁王监国下》，五《永历纪年》，六《章贡失事》，七《舟山兴废》，八《日本乞师》，九《四明山寨》，十《沙氏乱滇》，十一《赐姓始末》，十二《江右纪变》，无《张玄著先生事略》及《郑成功传》，其《江右纪变》则作为附载，注明"太仓陆世仪道威述"。……篇目既少于国粹丛书本，次序亦不尽同，或较可据。窥梨洲编著是书，取名"行朝"之意，盖欲编成南明有系统之历史也。

今案：吴光《黄宗羲〈行朝录〉考辨》（《史学史研究》1986年第1期）综合各种刊本、抄本及前人著录，考订黄氏原稿应有十篇：《隆武纪年》、《赣州失事》、《绍武争立》、《鲁纪年》、《舟山兴废》、《日本乞师》、《四明山寨》、《永历纪年》、《沙定州之乱》、《赐姓始末》。各篇写作时间不一，部分篇章草于顺治初年，最晚的一篇《赐姓始末》，记事止于康熙二十二年郑克塽降清，故全稿当撰成于康熙二十二年前后。今取其说，系于本年。

## 公元1684年 清圣祖康熙二十三年 甲子

**徐元文专任《明史》监修总裁官。**

《碑传集》卷一二，韩菼《徐公元文行状》：甲子二月，有旨留公专领监修《明史》，史局置已五年而书未成。公即不与政，专意史事，考据国史，采用诸家之说，年经月纬，手自编辑。有客熟于前朝典故者，公奉书币延至宾馆，遇有疑误，辄通怀商榷，常至夜分。积年成传十之六七，寻缮呈纪七卷、传十五卷。公疏请如唐太宗序《晋史》例，称制论断，并出"三朝实录"以便参稽。

**徐元文与徐乾学商订《修史条议》六十一条提交史馆**

徐乾学《憺园文集》卷一九，《修史条议序》：某弇鄙无似，猥以《明史》开局，院长叶公属同舍弟中允预纂修之役。时舍弟都御史为监修，辞于院长，弗允。因日夜搜罗群书，考究有明一代史乘之得失，随笔记录，以示同馆诸公。未几，中允以疾去，叶公下世，某被命同学士陈、张二公、侍读学士孙公、侍读汤公暨门人王庶子为总裁官，而舍弟罢柏府之职，留领史事。益以向所讨论者，详为商榷，得六十一条，存之馆中，庶几相与整齐慎覈，以成一代信史，无负皇上简命而已。自惟腐儒，通籍十有五年，遍居司籍之曹，久处载言之职，兼以兄弟蒙恩，并预笔削，虽遭坎壈，仍握铅椠，敢不竭其迟钝，少答涓埃。惟是成珍裘者以众腋而温，构广厦者以群材而就，所冀同事诸先生详加商订，毋致牴牾，熟探刘氏之《史通》，冀免《唐书》之纠谬。

今案：据徐乾学此序，徐元文乃是六十一条《修史条议》的主要拟定者，亦在其专领纂修《明史》之时提交史馆。《修史条议》对明代许多重大问题提出记述的处理方案，对于体例、书法提出系统的建议，成为官修《明史》的基本指导文件。惟其文繁难以照录，此处从略。《修史条议》六十一条，载《憺园文集》卷一四。撰成时间依朱端强《万斯同与〈明史〉修纂纪年》（中华书局2004年版，第171—172页）所考，系于本年。

**清廷开馆纂修《大清会典》。**

《清圣祖实录》卷一一五，康熙二十三年五月己巳：纂修《大清会典》。命大学士勒德洪、明珠、李霨、王熙、吴正治为总裁官。内阁学士麻尔图、阿哈达、金汝祥、王鸿绪、汤斌为副总裁官。谕大学士等：朕闻一代之兴，必有一代之治法，著为道揆，布在方策，用以昭示臣民，垂宪万世，至弘远也。我太祖高皇帝大业开基，规模肇造；太宗文皇帝肤功耆定，轨物聿兴；暨我世祖章皇帝，统一寰区，创垂兼裕，诸凡命官定制，靡不准今酌古，纲举目张，郁郁彬彬，无以尚矣。逮朕御极以来，恪遵成宪，率由弗渝，间有损益，亦皆因时制宜，期臻尽善。俾中外群工，知所禀承，勿致陨越。顾其条例事宜，多散见于卷牍，在百司既艰于考稽，而兆姓亦无由通晓。今命部院大小等衙门，各委属员，详加察辑，用成会典一书。时命卿等为总裁官，其董率各员，恪勤乃事，务使文质适中，事理咸备，行诸今而无弊，传诸后而可徵，悉心考订，克成一代之典。俾子孙臣庶，遵守罔愆，以副朕法祖图治之意。卿等其勉之，钦哉！

**汪楫著成《使琉球杂录》、《中山沿革志》。**

《清史列传》卷七一，《文苑传二》：汪楫，字舟次，安徽休宁人，寄籍江苏江都县。岁贡生。署赣榆训导。康熙十八年，巡抚慕天颜荐应博学鸿儒，召试列一等，授翰林院检讨，纂修《明史》。楫言于总裁，先仿宋李焘《长编》，凡诏谕、奏议、邸报之属汇辑之，由是史材皆备。二十一年春，充册封琉球国正使……比至，宣布威德，王及臣民皆大悦服。……归撰《使琉球录》，详载礼仪暨山川景物。又因谕祭故王入其庙，默识所立主，兼得《琉球世缵图》，参之明代事实，诠次为《中山沿革志》。上以楫奉使尽职，敕部优叙。久之，出知河南府，治绩为中州最。……寻擢福建按察使，迁布政使。莅官五载，民戴其德。召来京，途次得疾。……二十八年，卒，年六十四。……少工诗，与三元孙枝蔚、泰州吴嘉纪齐名。所作以古为宗，以清冷峭蒨为致，务去陈言，又不堕涩体。诗文有《悔斋正续集》、《观海集》。

汪楫《使琉球杂录序》：琉球自明洪武初通中国，历今三百余年，奉使至其地，姓名可纪者凡三十余人。考其撰者，惟嘉靖中陈侃作《使琉球录》，上之于朝，于是中山风土，间为学士大夫所称说，然其言弗质也。万历中萧崇业因之，少有增益，又附纪前此奉使者爵里、姓氏，纰漏实多。嗣后夏子阳又因之。至崇祯中，杜三策从客胡靖所刻《琉球图记》，则荒诞谬妄，百无一实矣。国朝康熙三年，使臣张学礼归自中山，有《纪事》一书，质实无支语，已镂板行，后为所知诮让，谓海外归来，稍夸谩以新耳目，谁相证者，而寂寥如是。学礼乃毁所镂板，而他客辄以意为之，今刻遂与原本大异。臣受命后，即遍购诸书，以行按籍核之，合者殊少。爰即闻见所及，杂录成编，编分五卷：曰使事；曰疆域；曰俗尚；曰物产；曰神异。皆据事质书，期不失实而已。……若比于《搜神》、《括异》、《志怪》之书，则臣不敢以所未见，侈诡异之谈也。康熙二十三年六月十日，翰林院检讨臣汪楫谨序。

汪楫《中山沿革志序》：琉球，《隋书》、《宋史》皆曰流求，《元史》则曰瑠求。时皆未与中国通，故纪名各异。隋炀帝大业三年，令羽骑尉朱宽入海，访求异俗。海帅何蛮言之，遂与俱往，抵其国，语言不通，掠一人而返。明年，宽复受命往抚之，不服。武贲将陈稜率昆仑军人通语言者往，终不服。逆战，为稜所败，掠男女千人。嗣是遂绝。元世祖至元二十八年，海船副万户杨祥请以六千军往降之，给金符赍诏以行。出海洋邂掠一山，军小挫，未至瑠求，引还。成宗元贞三年，福建省平章政事高兴上言：瑠求可图。状遣省都镇张浩等袭之，禽生口百三十人。抗命如故。明洪武五年，命行人杨载诏谕，而中山王察度遂遣使入贡，明太祖待之恩礼有加。于是山南王承察度、山北王帕尼芝，亦相继臣服，俱受封于朝。其后二王使不复至，云为中山所并，然年时皆不可考。终明之世，亦无有疑而致问者。臣楫备员史官，常思搜罗放轶，补旧乘之阙。会有册封之役，入国首以此为问，皆谢不知。世系沿革亦秘不以告，盖国有厉禁，一切不得轻泄也。嗣以谕祭故王，入其祖庙，预敕从吏具笔札，俟行礼时，密录其神主以归。已又购得《琉球世缵图》一卷，卷中番字多不可辨，委曲探索，始知其国南宋始称王，明初始通中国。元延祐间，国剖为三。明宣德时，复合为一。自宋至今代，已四易。所谓姓欢斯者无据，谓皆尚姓亦非也。爰就图中所载可识者书之，疑者阙之，参以实录，约略诠次，为《中山沿革志》二卷，用备稽考云。康熙二十三年七月望，翰林院检讨臣汪楫谨序。

《四库全书总目》卷六六，史部载记类存目:《中山沿革志》二卷，国朝汪楫撰。楫字舟次，休宁人。康熙己未召试博学鸿词，授检讨。是编乃其册封琉球国王时所作。按楫别有《使琉球录》，备载册封典礼及山川景物。此则专纪中山世系，附以考据。前有自序，称谕祭故王，入其祖庙，因密录其神主。又得《琉球世缵图》，参以明代实录，约略诠次，盖琉球之沿革具是矣。

## 公元1686年 清圣祖康熙二十五年 丙寅

**纂修《清太祖实录》、《清太祖圣训》告成。**

《清圣祖实录》卷一二五，康熙二十五年二月甲辰：以纂修太祖高皇帝实录、圣训告成，上御太和门，立视捧送实录、圣训进宫毕，升座。监修、总裁等官上表行礼，次王以下文武各官，行庆贺礼。鸿胪寺官宣读上谕，谕曰：太祖高皇帝圣德神功，编辑成书，朕心忻悦，与卿等同。是日，赐监修总裁、总裁、副总裁、纂修各官，宴于礼部。

**清廷开馆纂修《大清一统志》。**

《清圣祖实录》卷一二五，康熙二十五年三月己未：命纂修一统志。以大学士勒德洪、明珠、王熙、吴正治、宋德宜、户部尚书余国柱、左都御史陈廷敬为总裁官。原任左都御史徐元文、内阁学士徐乾学、翰林院学士张英、詹事府詹事郭棻、翰林院侍读学士高士奇、庶子曹禾，为副总裁官。

今案：《大清一统志》纂修议定已久，遭"三藩之乱"停止，平定其乱后有几次酝酿，原由礼部掌管，权限小而实际未能进行。此次由内阁组成专馆，方得正式启动。

**《平定三逆方略》撰成进呈，受康熙帝指摘。**

《清圣祖实录》卷一二八，康熙二十五年十一月庚寅：上谕大学士等曰：尔等所进《平定三逆方略》四册，朕已览毕，其中舛错颇多。如王辅臣为马鹞子，当年随经略洪承畴去时，并无此号。且朕记其由云南援剿总兵官授为陕西提督，今谓由陕西总兵官升任，竟未详察。至论赞中，援宋太祖杯酒释兵权事，吴三桂等非宋功臣可比，乃唐藩镇之流耳。大学士等奏曰：圣见至当，宋臣时在辇下，释其兵权甚易，岂可与诸逆久在边陲者比。上曰：平逆始末，阿兰泰知之甚详，是非得失，天下自有公论，岂誉之而增高、不誉而加损也耶？大抵记事欲得其实而已，其谬误处，以签标识者，尔等其酌改之。

《四库全书总目》卷四九，史部纪事本末类：《平定三逆方略》六十卷，康熙二十一年大学士勒德洪奉敕撰，纪平定逆藩吴三桂、尚之信、耿精忠事。……当时未奉刊布，仅有写本，尊藏大内。今蒙皇上宣示，特命缮录，编入四库。

**康熙帝批点《纲鉴大全》、《纲目全编》二书成。**

《清圣祖实录》卷一二八，康熙二十五年十二月丙寅：翰林院编修励杜讷疏言："皇上点阅《纲鉴大全》、《纲目全编》二书，自康熙二十四年三月起，至康熙二十五年十二月而竣。臣恭侍左右，仰见睿照精深，参稽详切，凡历代兴衰、昔人得失，一经圣论，焕若典谟。大义标新，动关建极绥猷之至计；片语居要，必殚格物穷理之精思。所有记注圣论，伏望颁付史馆，宣示来兹，以发涑水所未详，补紫阳之弗逮。"得旨：励杜讷朝夕侍从，勤劳可嘉，所奏著礼部、翰林院会同议行。

**本年修成《鉴古辑览》。**

《清史稿》卷二六七，《陈廷敬传》：……（康熙）二十五年，迁工部尚书，与学士徐乾学奏进《鉴古辑览》，上嘉其有裨治化，命留览。时修辑三朝《圣训》、《政治典训》、《方略》、《一统志》、《明史》，廷敬并充总裁官。累调户、吏二部。

## 公元 1687 年 清圣祖康熙二十六年 丁卯

***《洛学编》作者、《明史》总裁官汤斌卒。***

耿介《中州道学编》卷二,《汤潜菴斌传》：汤斌，字孔伯，号潜菴。河南睢州人。……顺治戊子举于乡，己丑会试中式，壬辰成进士，授翰林院庶吉士。……甲午授国史院检讨。乙未，奉上传选翰林科道任监司，公名在选中，有"品行清端，才猷瞻裕"之论，以应得职衔加一级用。明年，补潼关道副使。……升岭北道参政。……先是公由潼关移任，便道省亲，值增公偶病，欲留养，例不可。抵任时遂忧思致疾，至是具呈乞归。……予告时，年三十三矣。归侍赠公，色养备至。已而谒孙锺元先生于夏峰，从受学；复访张仲诚于内黄，相与讲贯其学，要以居敬穷理，躬行实践。……戊午，诏举博学鸿儒，魏公象枢、金公鋐交疏荐公。……试毕，特命补翰林侍讲、充日讲起居注，寻转侍读，典浙江试。壬戌，充《明史》总裁官。癸亥，直经筵，历左右庶子。……甲子，擢内阁学士，兼礼部侍郎。……未几，特简江宁巡抚。……丙寅春，皇太子将出阁。……特授礼部尚书，掌詹事府事。……寻充经筵讲官。……复总裁《明史》。……寻改工部尚书。诣潞河勘木回，一夕卒。……所著有《洛学编》二卷，《睢州志》五卷，诗文二百余篇，《明史稿》若干卷，行于世。

《清史列传》卷八,《汤斌传》：汤斌，河南睢州人。……（顺治）九年，举进士，由庶吉士授国史院检讨。十二年二月，应诏陈言，请广搜野乘遗书以修《明史》，且言："《宋史》修于元至正，特传文天祥之忠；《元史》修于明洪武，亦著巴颜布哈之义。我朝顺治元、二年间，前明诸臣亦有抗节不屈、临危致命者，与叛逆不同。宜令纂修诸臣勿事瞻顾，昭示纲常于万世。"下所司，大学士冯铨、金之俊等，谓斌夸奖抗逆之人，拟旨严饬，世祖特诏斌至南苑，温谕移时。九月……于是斌为陕西潼关兵备道。十六年，调江西岭北道。……斌以父老乞休归里，寻丁忧，服既阕，闻荣城孙奇逢讲学夏峰，往受其业。圣祖仁皇帝康熙十七年，诏举博学鸿儒。……召试一等，授翰林院侍讲，同编修彭孙遹等纂修《明史》。二十年，充日讲起居注官、浙江乡试正考官，转侍读。明年，为《明史》总裁官，并纂修太宗文皇帝、世祖章皇帝圣训，迁左春坊左庶子。二十三年二月，擢内阁学士，充《大清会典》副总裁官。……六月……（二十六年）九月，改工部尚书。未几，疾作，遣太医诊视。十月，卒，年六十有一。……世宗宪皇帝雍正十年，诏入贤良祠。今上乾隆元年，赐谥文正。所著有《洛学编》、《潜菴语录》、诗文诸集。

**朱彝尊著成《日下旧闻》。**

朱彝尊《曝书亭集》卷三五，《日下旧闻序》：今之京师，范镇以为地博大以爽垲，绳直砥平；梁襄则谓北倚山险，南压区夏，王业根本，京都之首选。粤自轩辕氏邑于涿鹿之阿，周以蓟封，其后北燕都之，慕容燕又都之，迨至辽曰南京，金曰中都，元曰大都，明曰北京，皇朝因之，以统万国。宫殿井邑之繁丽，仓廪府库之充实，《诗》所云"四方之极"者也。……盖宫室城市，基凡数易，至琳宫梵舍之建置，延其旧者十一，更额者十九。故老沦亡，遗书散佚，历年愈久，陈迹愈不可得而寻矣。彝尊谪居无事，捃拾载籍及金石遗文，会粹之，分一十三门：曰星土；曰世纪；曰形胜；曰宫室；曰城市；曰郊坰；曰京畿；曰侨治；曰边障；曰户版；曰风俗；曰物产；曰杂缀，而以《石鼓考》终焉。合四十有二卷。……计草创于丙寅之夏，录成于丁卯之秋，开雕于冬，迄戊辰九月而竣。中间渗漏，随览随悔，复命儿子昆田以剩义补其阙遗，附于各卷之末。所抄群书凡千四百余种，虑观者莫究其始，必分注于下，非以侈撰采之博也。昔卫正叔尝纂《礼记集说》矣，其言病世儒剿取前人之说以为己出，而曰："他人著书，惟恐不出于己，予此编惟恐不出于人。"彝尊不敏，窃取正叔之义。至旁及稗官小说、百家二氏之书，或有未足尽信者，世之君子毋以择焉不精罪我，斯幸矣！

## 公元1688年 清圣祖康熙二十七年 戊辰

**叶梦珠辑成《续编绥寇纪略》。**

叶梦珠《续编绥寇纪略序》：吴梅村先生《绥寇纪略》，历叙寇盗源流，详而核，典而赡，信良史材矣。但《通城》、《盐亭》而后，寇事阙焉不载，盖谓移国大盗莫如闯、献，二寇灭而余不足纪耳。不知黄巾既破，黑山复炽，禄山死后，更有史明，寇之余焰且复燎原，不可谓非寇也。闯之败也，其党散而不复聚；献之诛也，其党聚而不可散。散而不复聚者，或为骄兵，或为小盗，其祸小。聚而不可散者，屠名城，杀豪杰，假先朝之名器，还贼胜国之子孙，逞其猖狂，蹂躏西南者又十有七载，迨六师进讨连年而后定，乌可以无纪乎？余友倪子宣远、林子广平,年来与余先后同下帷于笥里之清河氏,出示《滇蜀纪闻》及《楚中遗事》二三编,皆孙、李流蔓诸事,梅村所不及纪者,云得诸同郡先达忍斋张司李。忍斋于顺治之季,成进士,宦滇南,今上改元而归里,帙中所载,大概本诸邓凯《也是录》。凯于永明王称帝时,为东宫扈从,事皆身历,幸而不预渡河之难。迨永历君殁,而凯尚为僧,忍斋宦滇时,宜及见之,其所纪载,当必有据。余故采而论次之,仿梅村原本之体,分为四卷,参以《甲申传信录》,附纪散事,以为续编。虽挂一漏万,其中亦不无鲁鱼矢亥之讹,然见闻异词,即董狐亦不能免续貂之诮,又何辞耶!是用不敢问世,故藏家笥,以俟后之具三长者讨正而润色之,窃附于《绥寇纪略》之后可也。时康熙二十七年岁在戊辰清和中浣,梅亭叶梦珠滨江氏漫题。

**葛震于本年前著成《诗史》。**

赵士麟《读书堂彩衣全集》卷一七,《葛星岩公传》:按状:公讳震,字专之,祖籍为丹阳句容人,元末徙凤阳府定远县。始祖载阳公青,从明高帝起淮泗,以军功官彭城卫指挥使。至三世祖伯寅公敬,于宣德六年辽东备边,始调宁远卫,遂为卫人焉。七传至公翁凝还公永清……本朝定鼎,随翁迁陕西巩昌之徽州,攻举子业,进西安辽学博士弟子员,历试高等,有声于庠。康熙二年癸卯南迁,翁卒于四川保宁府盐亭县之旅次。……五年丙午,中云南乡试,文章议论为一榜之冠。癸丑,天方兆乱,公于扰攘之中,持身应物,一规于正,至今黔、楚多称之。数年间,风流云散,不足言矣。癸亥入都,上召见养心殿,顾问南事,公应对称旨。上悦,命供奉武英殿。丁卯,再召见养心殿,面敕咏御书竹赋屏风诗一律。寻命清查内库御窑瓷器。庚午,设立御书处,奉特旨监造御笔、御临法书,与北地米公汉雯、长洲宋公骏业同直内局,多所论定,称上意焉。辛未四月,圣驾北巡,命扈从直懋勤行殿,恩遇有加,作《北巡赋》并诗以献。……至三十一年癸酉七月二十二甲子终,年五十有七。……公少而好学,至老不倦,研穷经史百家,悉能究其指归源流,以故发为文章,上下千古,自成一家言。诗溯《骚》、《雅》、汉魏,下迄三唐,纵横排奡,诸体皆善。……著有《种松堂文集》四卷,《诗集》八卷,《史赞》十六卷,《北巡纪行录》一卷,《律陶诗》一卷,《选定古唐诗玉林》六十卷,其余宋元明诗选等集尚未脱稿。……

张希良《诗史序》:昔人谓:"二十一史,古今一大账簿也。"簿目之外,有涑水《通鉴》、紫阳《纲目》,治学先得详矣。然犹苦其汗漫难记,于是涑水复有《帝统编年纪事连珠》（今案：应为《帝统编年纪事珠玑》），杨备有《历代纪元赋》，刘轲有《帝王历数歌》，近代杨升菴有《弹词》，皆托为韵语，以备遗忘，便后学。顾其书或传，或不传，兔园童子龂龂以潘氏《总论》为圣书，何其陋也！予耳星岩名久，恨未面，而家毅翁太史以其所著《诗史》，属予序。……独是汉、唐以后，代多咏史之诗，不过借古人以浇胸中之魂礧，少或十数首，多或数十百首止矣，未有综循蓎以来，至于胜国，原原本本，贯穿缕析，一一为之歌叹，远可以为千秋之龟鉴，近可以资后学之津梁。如星岩者，即谓与杨、刘诸制，有功史载可也。……康熙四十二年岁次癸未季春月，楚黄张希良拜题。

《四库全书总目》卷九〇，史部史评类存目二：《诗史》十二卷，国朝葛震撰。震字星岩，句容人。是书于历代帝王，各以四言韵语，括其始末。起自盘古，终于有明。据康熙癸未钟国玺序，其书尚有全注，此特先刊其正文。然读史之学，在于周知兴废始末，此书如为童稚设，则事无注释，断乎不解为何语，诵之何益。如曰成人读之，可不须注。乌有已成人尚读此种书者乎？所谓进退无据也。

今案：清康熙四十二年刻本（《四库全书存目丛书》史部第 291 册）前有康熙二十七年庚辰陈廷敬序，故系于本年。

**金成器撰成《历代帝王史略》。**

邵远平《历代史略序》（载本书卷首）：学生家搦三寸管应制举，循声逐响，幸而弋获，辄自命作者。及问古今治忽、帝王升降之故，茫然若羊公之鹤。古学不明，空疏成习，使天下之消艺林中竟无学者，谁之咎乎？金子伯鼎乃公琢公子，顾且菴先生婿也。当七八龄时以奇童应大中丞试，秦公瑞寰惊为异才，若阎都督之遇王子安。寻补博士弟子，累试高等，其制举业，揣摩简练，每变益工。及举于乡，名益以噪起。余与盱衡，抵掌辨言，霏屑究当世之务，上及往古，无不纵横辩论，源源本本，探之不穷。发其篋得所著《纲鉴总略》，不啻与阳节潘氏颉颃。《历代帝王史略》上溯汉始，下迄有明，共一百五十首，斑斑成编。以及《历代名臣史论》八百余篇，粲乎星罗，挈纲举要，无弗该焉，其间褒讥确切，事实檃栝，使功过划然，瑕瑜不掩。美哉！南史、董狐之遗意。彼知幾《史通》之文，蔚宗斐绩之制，亦何足为金子道。夫读史迹其已然之辙，兴亡得失之由来揭而示之，使善者有所遵，不善者有所戒，约二十一史为一册书，开卷瞭然，约而该，详而当，节古人成论，骫狐腋而烹鸡跖，无所不收，为史学如是，足矣。设嗜奇翻新，反前人成案，放言怪论，不以从古之是非为是非，若琼山、温陵诸家之言,又曷足贵哉!康熙二十七年岁次戊辰孟冬,仁和眷同学弟邵远平顿首拜书。

今案:金成器《历代帝王史略》二卷,又称《历代史略》,作者浙江仁和人,字伯鼎,举人,其生平不详。此书藏日本内阁文库,清代德性堂刊本,国内已佚。该书评述历代帝王事迹,突出治乱、兴亡、政事得失。卷一首述《纲鉴总论》,畅论历代政务得失,为长篇史论,可与宋遗民潘荣《通鉴总论》媲美。

## 公元 1689 年 清圣祖康熙二十八年 己巳

**徐乾学解职归乡,奉旨"书局自随"。**

《清圣祖实录》卷一四三,康熙二十八年十一月己未:管理修书总裁事务、原任刑部尚书徐乾学,请假省墓,并请以奉旨校雠之《御选古文》、《会典》、《明史》、《一统志》诸书,带归编辑。允之。

《皇朝文献通考》卷二二三,《经籍考》一三,史部地理类:臣等谨按:康熙间刑部尚书徐乾学,奉敕总裁《一统志》,罢归之顷,奏请设局于苏州之洞庭山,一时称地理之学如顾祖禹、阎若璩、黄仪、胡渭等,皆与其役。

**《十国春秋》作者吴任臣卒。**

《清史列传》卷六八,《儒林传下一》:吴任臣,字志伊,浙江仁和人。志行端悫,博学而深思,兼精天官、乐律。……康熙十八年,应博学鸿儒科,试列二等,授翰林院检讨,充纂修《明史》官,《历志》一篇出任臣手。未几,卒。著有《十国春秋》一百十四卷,搜罗广博,为时所称。又有《周礼大义》、《补礼通》、《春秋正朔考辨》、《山海经广注》、《字汇补》、《讬园诗文集》。

龚嘉儁修,李榕纂《杭州府志》(民国十一年印本)卷一四五,《文苑二》:吴任臣,字志伊,其先莆田人,从父至杭,遂补仁和学弟子员。志行端悫,学博而思精,旁涉天官奇壬之术,时比管、郭。……康熙十八年,举鸿博试,入翰林,与修《明史》。昆山顾炎武称其博闻强记,群书之府。尝取唐季诸霸国事,为《十国春秋》百十六卷。又为《周礼大义》、《礼通》、《字汇补》、《山海经广注》,皆能以经学兼史学、词章,又精乐律。阅市见编钟,一叩之知为古大吕钟,涤视款识，果然。在翰林，十年未迁，会圣祖以秘书命词臣检校，令分阴阳句读、地理名氏，诸臣校上多误，上怒。皆惶恐拜阙下，乞以书付任臣。奉命复校，竭四十昼夜，终卷遇疾骤发，僵仆车中卒。（吴农祥撰《墓志》、《今世说》、《鹤徵录》）

（清）丁申《武林藏书录》卷下，"吴讬园先生"条：吴任臣字志伊，一字尔器，初字鸿徵，号讬园。仁和诸生，康熙己未荐试博学鸿词，列二等，授检讨。……既入翰林，十年不迁。会词臣奉命校书，多谬误，每奉诘责，众惧，竞以书致，乞代校。迫于情，竭四十昼夜乃终卷，而心疾作，追中允之命下，而讬园已先一日死，年六十二。……

今案：据上引光绪《杭州府志》文献及《武林藏书录》记述，吴任臣生于明崇祯元年（公元 1628 年），卒于清康熙二十八年（公元 1689 年）。《清史列传》所记模糊讹误，不足取信。

## 公元 1690 年　清圣祖康熙二十九年　庚午

**徐元文等在万斯同佐助下完成《明史》初稿。**

《明史例案》卷七，杨椿《再上明鉴纲目总裁书》：监修徐公发凡起例，历十二年而史稿粗就，凡四百一十六卷。

《清圣祖实录》卷一四四，康熙二十九年二月乙丑：谕大学士等："尔等所进《明史》，朕已详阅，远过宋、元诸史矣。凡纂核史书，务宜考核精详，不可疏漏。朕于明代《实录》，详悉披览，宣德以前尚觉可观，至宣德后，颇多讹谬，不可不察。"

**清廷开国史馆纂修"三朝国史"。**

《清圣祖实录》卷一四五，康熙二十九年三月乙未：礼部等衙门议覆：山东道御史徐树谷疏请纂修三朝国史。应如所请。

《清圣祖实录》卷一四五，康熙二十九年四月乙丑：以大学士王熙为三朝国史监修总裁官。大学士伊桑阿、阿兰泰、梁清标、徐元文为总裁官。尚书张玉书、张英、左都御史陈廷敬、侍郎李振裕、库勒纳、内阁学士朱都纳、星安、博际、布彦图、郭世隆、彭孙遹、副都御史王士正、詹事尹泰为副总裁官。敕曰："朕惟帝王肇基垂统，绥御万方，骏业弘谟，必勒诸简册，传示无穷。所以炳耀丰功，宣扬至治，甚盛典也。……爰命儒臣，恭修三朝国史，兹特命尔等为总裁官。尔其督率在馆诸臣，荟萃琅函，博搜掌故，折衷至当，裁订成书。毋尚浮夸而乖情实，毋徇偏见而失公平，毋过质略而意不周该，毋务铺张而词多繁缛，务期事归确核，文极雅驯，勤以董成，敏而竣事。庶几垂型万世，传信千秋，以觐耿光，以扬大烈，称朕意焉。尔其勉之无忽，钦哉！"

## 纂修《大清会典》告成。

《清圣祖实录》卷一四五，康熙二十九年四月丁亥：《大清会典》告成。御制序文曰：朕惟自古帝宪天出治，经世宜民，莫不立之章程，允厘庶绩。……夫朝廷之规制损益，无一不关于黎庶。大中之轨立，则易而可循，画一之法行，则简而守。制治保邦之道，惟成宪是稽，不綦重欤！用是特命儒臣纂辑《会典》，纲维条格，甄录无遗，终始本末，犁然共贯。庶几大经大法，炳耀日星，而遵道路者，咸得有所据依矣。《诗》不云乎，"不愆不忘，率由旧章"；《书》有之："其尔典常作之师"。我国家典章弘备，视前代加详，悉皆本之实心，以相推准，而非缘饰虚文、铺张治具。惟兹良法美意，相与世世恪遵无斁，官治民察，以跻斯世于隆平。万年无疆之休，将于是乎在矣，可不念哉！

## 高士奇著成《左传纪事本末》。

《清史列传》卷一〇，《高士奇传》：高士奇，浙江钱塘人。初由监生充书写序班，供奉内廷……（康熙）二十二年，补侍读，充日讲起居注官。二十三年，迁右春坊右庶子，寻擢翰林院侍讲学士。二十四年，转侍读学士，充《大清一统志》副总裁官。二十六年，迁詹事府少詹事。……（二十八年）九月，左都御史郭琇疏劾之……疏入，得旨："高士奇、王鸿绪、何楷、陈元龙、王顼龄俱著休致回籍。"……三十三年，命大学士于翰林官员内奏举长于文章、学问超卓者，大学士王熙、张玉书等荐乾学、鸿绪及士奇，并召来京修书。士奇既至，仍直南书房。三十六年，以养母乞归，特授詹事府詹事，允其请。四十一年，授礼部侍郎，以母老未赴。四十三年，圣祖南巡，士奇于淮安迎驾，扈跸至杭州。及回銮，随至京，优赉以归。是年六月，卒于家。……士奇于是赐谥文恪。所著有《经进文稿》、《天禄识余》、《扈从日录》、《随辇集》、《城北集》、《苑西集》、《清吟堂集》、《春秋地名考略》、《左传国语》辑注诸书。

《国朝先正事略》卷六,《名臣·高士奇》:高公士奇,字澹人,号江村。世居钱塘。……

韩菼《左传纪事本末序》:史家有六,首《尚书》家,次《春秋》家。《书》记言,《春秋》记事。唐刘知幾谓古人所学以言为首,《尚书》百篇,废兴行事多阙;而《春秋》自夏、殷以来非一家,皆隐没无闻,记事之史不行,记言之书见重久矣。独《左氏》之传《春秋》,义释本经,语杂他事,因为《申左》一篇。知幾之论,以记事为重也。盖孔子取义鲁史,而二百四十年之行事亦云略矣。《左氏》先《经》以始事,后《经》以终义,依《经》以辨理,错《经》以合异。是记事之史,《左氏》其首也。又稽逸文,纂别说,为《外传》以广之。分八国,各为卷,是亦一国之本末也。其传一人之事与言,必引其后事牵连以终之,是亦一人一事之本末也。然则《内传》纪事,而《外传》即所以足其事之本末者欤!顾《内传》以事为主,即以时断,首尾不属;《外传》复以言为主,国之大事不具,至宋、卫、秦、吴之国,竟无语焉。

夫《春秋》既治世之大经大法,左氏独亲得其传,而限于编年之体,虽有《外传》,不遑件系,譬隋珠之未贯,如狐腋而未集,令学者前后讨寻,周章省览,岂若会粹而种别之为瞭如哉!今宫詹高澹人先生,所以放建安袁氏《通鉴纪事本末》而有作也。顾司马氏之书,其徵事也近,而立义也显。近则易核,显则易明。袁氏特整齐钩鈲其间,为力少易。《左氏》能传《经》之所无,亦时阙《经》之所有。又参以二《传》,每多不同;好语神怪,易致失实。而自啖、赵以来,多有舍传立说,独抢遗经以终始者矣。先生特为起例,皆袁氏所无有。……盖先生经学湛深,雅负史才,在讲筵撰《春秋讲义》,因殚精竭慎,条分囊括,而为是书也。徵远代而如在目前,阐微言而大放厥旨。事各还其国,而较《外传》则文省而事详;国各还其时,而较《内传》仍岁会而月计,足补故志,岂是外篇?

昔袁氏之书成,参知政事龚茂良以进,孝宗嘉叹,颁赐东宫及江上诸帅,曰:"治道在是矣"。况我皇上以天纵之圣,富日新之学,讲求治道,久安益勤,是书进御,诚足备乙夜之观,而因颁布中外,为读《春秋》者法。将《通鉴》以前兴衰理乱之迹,易考而知,既可以足成袁氏为完书,亦有以徵《春秋》家之记事,非略偏于《尚书》家之记言,诚乃圣经之助,岂特功于《左氏》而已!菼于经学至芜陋,辱先生之不鄙而委之作序,妄不自量,缀言简末,窃窥寻撰述之苦心而略其大趣,固无能有以加云。康熙二十九年庚午夏五月既望,长洲韩菼序。

高士奇《左传纪事本末凡例》：

一、《左氏》之书，虽传《春秋》，实兼综列国之史。兹用宋袁枢《纪事本末》例，凡列国大事，各从其类，不以时序，而以国序。

一、首王室，尊周也；次鲁，重宗国也，《春秋》之所托也；次齐、晋，崇霸统也；次宋、卫、郑三国，皆为与国，其事多，且《春秋》中之枢纽也；次楚，次吴、越，其国大，其事繁。后之者，黜其僭也。次秦，志其代周，且恶之也。陈、蔡、曹、许诸小国，散见于诸大国之中，微而略之也。晋、楚之争霸，俱详晋事中，晋为主、楚为客也。

一、是书凡《左氏传》文，罕有所遗，或有一传而关涉数事者，其文不得不重见，则随其事之所主为文之详略。

一、三代、秦、汉之书，经史诸子，杂出繁多，其与《左氏》相表里者，皆博取而附载之，谓之"补逸"；其与《左氏》异同迥别者，并存其说，以备参伍，谓之"考异"；其有踳驳不伦、传闻失实者，为鳌辨之，谓之"辨误"；其有证据明白，可为典要者，别而志之，谓之"考证"；参以管见，聊附臆说，谓之"发明"云。

《四库全书总目》卷四九，史部纪事本末类：《左传纪事本末》五十三卷，国朝高士奇撰。……此书因章冲《左传事类始末》而广之，以列国事迹分门件系。其例有曰补逸，则杂采诸子史传与《左氏》相表里者；曰考异，则与《左氏》异词，可备参订者；曰辨误，则纠其传闻失实，踳驳不伦者；曰考证，则取其事有依据，可为典要者；又时附以己见，谓之发明。凡《周》四卷，《鲁》十一卷，《齐》十卷，《晋》十一卷，《宋》三卷，《卫》四卷，《郑》四卷，《楚》四卷，《吴》三卷，《秦》二卷，《列国》一卷。目各如其卷之数，大致亦与冲书相类。然冲书以十二公为记，此则以国为记，义例略殊。又冲书门目，太伤繁碎，且于《左氏》原文颇多裁损，至有裂句摘字，联合而成者。士奇则大事必书，而略于其细，部居州次，端绪可寻。与冲书相较，虽谓之后来居上可也。

**俞森著成《荒政丛书》。**

《四库全书总目》卷八二，史部政书类二：《荒政丛书》十卷，国朝俞森编。森号存斋，钱塘人。由贡生官至湖广布政司参议。是书成于康熙庚午。辑古人救荒之法，于宋取董煟，于明取林希元、屠隆、周孔教、钟化明、刘世教，于国朝取魏禧，凡七家之言。又自作常平、义仓、社仓三考。溯其源，使知所法；

复究其弊，使知所戒。成书五册，其官河南佥事时所撰也。末附勋襄赈济事宜及捕蝗集要，其官分守荆南道时所撰也。救荒之策，前人言之已详，至积储尤为救荒之本。森既取昔人良规，班班具列，而于三考尤极详晰。登之梨枣，俾司牧者便于简阅，亦可云念切民瘼者矣。

**《明史纪事本末》编纂者谷应泰卒。**

《清史列传》卷七〇，《文苑传一》：谷应泰，字赓虞，直隶丰润人。聪敏能强记，少工制举文。及长，肆力经史，于书无所不窥。顺治四年进士，改户部主事，寻迁员外郎。授浙江提学佥事，校士勤明，所拔多一时名俊，陆陇其尤粹者也。……应泰嗜博览，思采集有明一代典章事实，购得山阴张岱《石匮藏书》，用袁枢《通鉴纪事本末》例，为《明史纪事本末》八十卷。……又著有《筑益堂集》。

（康熙）《丰润县志》卷八，《艺文志》载罗景泐《谷赓虞先生传》：公讳应泰，字赓虞，别号霖苍。状貌奇伟，博闻强记。为诸生时，案设制举之文，动以万计，皆能成诵，至今谈者以为仅事。年弱冠，登第，历官至两浙提学。公校士一秉虚公，所拔前茅皆一时知名士，联翩入彀，列朝簪、位通显者指不胜屈。杭之西湖，佳山水也，公于公务之暇，每寄情焉。创立书院于湖山之巅，自匾曰："谷霖苍著书处"。浙人德公，修葺勿毁，不啻如召伯之棠。所著有《筑益堂集》及《明史纪事本末》行世。公一代史才，不得载笔修史，与迁、固并传不朽，史林惜之。

**《拟明史列传》作者汪琬卒。**

《清史列传》卷七〇，《文苑传一》：汪琬，字苕文，江苏长洲人。顺治十二年进士，授户部主事，充大通桥监督。迁员外郎，改刑部郎中。以奏销案，降北城兵马司指挥。再迁户部主事，榷江宁西新关。以疾假归，结庐尧峰山，闭户著书者九年。康熙十八年，以左都御史宋德宜、翰林院掌院学士陈廷敬荐，召试博学鸿儒，列一等，授翰林院编修，纂修《明史》，在史馆六十日，撰史稿百七十五篇。以病乞归。康熙二十九年，卒，年六十七。……琬少孤，自奋于学，锐意为古文辞。古文自明代肤滥于七子，纤佻于三袁，至启、祯而敝极。国初风气还醇，一时学者始复唐宋以来之矩矱。琬学术既深，轨辙复正，其言大抵原本于六经，灏瀚疏畅，颇近南宋诸家，庐陵、南丰，固未易言，接迹唐、归，无愧色也。……琬前自辑诗文为《类稿》六十二卷，先刊板置于尧峰皆山阁，归田后十年，为《续稿》三十卷，又取《明史列传稿》、汪氏族谱及其父行略，为《别集》二十六卷刻之。后复取其惬意者，为《尧峰诗文钞》，嘱门人林佶缮之，惠周惕序之。世间多有其本，而《类稿》遂不显。

汪琬《钝翁续稿》卷一四，《拟明史列传自序》：世之言史者，莫不竞以史迁、班固、范晔三史为宗，顾犹不免后儒之评议。议《史记》者，则谓项羽不当本纪也，陈涉不当世家也，龟册不当列传也，五帝世次不当颠错也，六经传记不当割裂也，称孔子者不当但言识会稽之骨，辨坟羊之怪，道楛矢之异也。议班固者，则谓《五行志》不当芜累也，《古今人表》不当乖名而乱体也，孺子婴不当书于《王莽传》也，西楚所封十八王不当载于《异姓侯王表》也，迁、雄传不当取其自序也，《严延年传》不当以子贡、冉有比也。议范晔者，则谓董宣之守正不当概之《酷吏》也，蔡琰之失节不当概之《列女》也，王乔、左慈之妄诞不当入《方术传》也，廪君、盘瓠之俚诡不经不当入《蛮夷传》也，圣公之结客报仇不当诬其怯弱也，计子勋即蓟子训，不当一人两传也，论后不当复赘以赞也。然则镌诬刺谬，虽三史且不免焉，甚者曰史之失自迁、固始。信如此，则迁、固尚不足法乎！此盖后儒以文章相轧之病也，非公言也。又况才、学、识三者俱不逮古人，而忝列著述之林，如琬之区区，其能免于评议已乎？琬又衰老且病，蹉跎一出，几丧廉耻，计入史馆才六十日，杜门请告者殆逾一年，始得放归，故所撰止于如此。然而舛错迭见，缺略时有，欲无得罪于古人，盖其难矣。既已录上史馆，及归而犹不能不藏弄此稿者，非敢望名山其人如史迁所说也，孤位苟禄，迁延岁月，亦聊以志愧云尔。

今案：《拟明史列传》二十四卷，载汪琬《钝翁续稿·别稿》。

## 公元 1691 年 清圣祖康熙三十年 辛未

**《资治通鉴纲目》及《通鉴纲目前编》、《通鉴纲目续编》译成满文。**

《续修四库全书总目提要》（稿本）：……康熙二十六年，圣祖仁皇帝敕同儒臣共翻。按是书汉本，宋朱子撰，《前编》元金履祥、《续编》明商辂撰，陈仁锡裒集三书为一。清吏部尚书宋荦奉敕校刊者，有圣祖御批，并有康熙四十六年正月御制前后序，名《御批资治通鉴纲目》。乾隆四库已著录。初，朱子综司马光《资治通鉴》作此书，约为纲目体，手自拟定凡例，及门从者依凡例，与共修纲，其目则赵师渊分纂，外此辅翼是书者，则有遂昌尹起莘之《发明》，永新刘友益之《书法》，望江王幼学之《集览》，武进陈济之《集览正误》，上虞徐昭文之《考证》，建安冯智舒之《质实》，祁门汪克宽之《考异》等，原皆各自为书，明弘治中，莆田黄仲昭始取分置各条之下，即今本也。第朱子《通鉴纲目》为五十九卷，起周威烈王二十三年，尽五代周世宗显德六年。兰溪金履祥作《纲目前编》十八卷，即由周威烈王二十三年，上溯至唐尧而止。又作《外纪》一卷，别纪盘古及三皇五帝事。复总括《前编》唐尧至周威烈王二十三年间大事，更为《举要》三卷。最后明淳安商辂作《续纲目》二十七卷，由宋太祖建隆元年起，至元顺帝至正二十七年止。长洲陈仁锡以此二者分别附于朱子《纲目》之前后，遂成今式。清初商邱宋荦奉旨校刊是书，圣祖仁皇帝亲加序、批，即乾隆四库著录之汉本。此满洲本体裁，系合《纲目》及《前、后编》，并《外纪》、《举要》而一之。自太昊伏羲氏以木德王始，字句间亦与汉本小异。首卷凡纪太昊、炎帝、黄帝、少昊、颛顼、帝喾、帝挚止，第二卷起唐尧，以下虞、夏、商、周，始与《纲目前编》合。卷端冠以康熙三十年三月御制序，略谓："古帝王治世大经奉大法，罔不备于史籍。唐虞三代之史，载之《尚书》，有典、谟、训、诰诸篇。仲尼因鲁史作《春秋》，始编年系月以纪事。宋司马光奉诏纂修《资治通鉴》，朱熹因之作《纲目》。纲祖《春秋》，目仿《左氏》，义例严谨，前后贯通。《前编》自伏羲、黄帝而下，采自经传，堪备日常观览。《续编》所书宋、辽、金、元事，虽尚翔实，亦有议论偏私、纪载悖谬之处，较朱熹所为《纲目》断不可及。朕于万几余暇，殚志六经，日夕起居，于《纲目》一书，立内修书处，令之翻译呈阅，朕亲为断定。虽省方所至，亦必取以随之。兹三载余，全书告竣，用贻后世子孙臣民，共为典范"云云，末署康熙三十年三月初一日。其成书时日，尚在序刊四库所收御批汉本二十年之前也。

**《千顷堂书目》、《明史艺文志稿》作者黄虞稷卒。**

《清史列传》卷七一，《文苑传二》：黄虞稷，字俞邰，原福建晋江籍。父居中，明季为南京国子监丞，甲申闻变，不食死。虞稷遂家上元，为上元人。诸生。七岁能诗，号神童。康熙十八年，举博学鸿儒，遭母丧，不与试。既，左都御史徐元文荐修明史，召入史馆，食七品俸，分纂列传及《艺文志》。二十三年，充《一统志》纂修官。二十八年，总裁徐元文假归，特诏挟志稿于家编辑，元文奏言：虞稷学问渊博，健文笔，乞随相助。许之。至包山书局，刻苦披讨，逾年，力疾竣事，竟以劳卒，年六十有三。虞稷笃内行，持己矜廉而勇于义。王士禛、毛奇龄、吴雯咸称其诗。家世藏书，凡八万卷，与江左诸名士约为经史会，以资浏览。及来京师，辇下士大夫辄就之借阅，无虚日。著《千顷堂书目》三十二卷，自题曰闽人者，不忘本也，所录有明一代之书，最为详备。其史部分十八门，簿录一门，用尤袤《遂初堂书目》之例，以收《钱谱》、《蟹录》之属。又有《楮园杂志》、《我贵轩》、《朝爽阁》、《蝉窠》诸集。

《四库全书总目》卷八五，史部目录类一：《千顷堂书目》三十二卷，国朝黄虞稷撰。……所录皆明一代之书。经部分十一门，既以《四书》为一类，又以《论语》、《孟子》各为一类，又以说《大学》、《中庸》者入于三礼类中。盖欲略存古例，用意颇深，然明人所说《大学》、《中庸》，皆为《四书》而解，非为《礼记》而解。即《论语》、《孟子》，亦因《四书》而说，非若古人之别为一经，专门授受，其分合殊为不当。《乐经》虽亡，而不置此门，则律吕诸书无所附，其删除亦未允也。史部分十八门，其簿录一门，用尤袤《遂初堂书目》之例，以收《钱谱》、《蟹录》之属古来无类可归者，最为允协。至于典故以外，又立食货、刑政二门，则赘设矣。子部分十二门，其墨家、名家、法家、纵横家并为一类，总名杂家，虽亦简括，然名家、墨家、纵横家传述者稀，遗编无几，并之可也，并法家删之，不太简乎？集部分八门，其别集以朝代科分为先后，无科分者则酌附于各朝之末，视唐、宋二《志》之糅乱，特为清晰，体例可云最善。惟制举一门可以不立，明以八比取士，工是技者隶首不能穷其数，即一日之中，伸纸搁管而作者，不知其几亿万篇，其不久而化为故纸败烬者，又不知其几亿万篇。其生其灭，如烟云之变现，泡沫之聚散。虞稷乃徒据所见而列之，不亦慎耶！每类之末，各附以宋、金、元之书，既不赅备，又不及于五代以前。其体例特异，亦不可解。然焦竑《国史经籍志》既诞妄不足为凭，傅维鳞《明书·经籍志》、尤侗《明史艺文志稿》尤冗杂无绪，考明一代著作者，终以是书为可据，所以钦定《明史·艺文志》颇采录之，略其舛驳，而取其赅瞻可也。

倪灿《明史艺文志序》：历代史之志艺文也，尚矣。以之经纬天地，则足以宏建树而致治功；以之淑善身心，则足以端秉彝而贞末俗。……第有明一代以来，君臣崇尚文雅，列圣之著述，内府咸有开板，而一时作者亦自彬彬，崇正学者多以濂、洛为宗，尚词藻者亦以班、扬为志，迨夫博雅淹通之士，著述尤夥，故其篇帙繁富，远过前人，虽不无芜蔓，然亦有可采。前代史志，皆录古今之书，以其为中祕所藏，著一代之所有。今《文渊》之目，既不可凭，且其书仅及元季，三百年作者缺焉，此亦未足称纪载也。故特更其例，去前代之陈编，纪一朝之著述。《元史》既无《艺文》，《宋志》咸淳以后多缺，今并取二季以补其后，而附以辽、金之仅存者，萃为一编，列之四部，用传来兹。诸书既非官所簿录，多采之私家，故卷帙或有不详，要欲使名卿大夫之崇论宏议，文学儒士之勤志苦心，虽不克尽见其书，而得窥标目以著一代之盛云尔。史官倪灿撰。

杭世骏《道古堂文集》卷六，《黄氏书录序》：江宁黄俞邰氏搜辑有明一代作者，详述其爵里，门分类聚，比于唐、宋《艺文志》之例。予披览粗竟，窃叹俞邰用力之勤，而悲其志之不得试也。往者傅尚书维鳞编纂《明书》，标王守仁以勋武，列沈周、唐寅于方技，至钞《文渊总目》以志艺文。三长之士，恒相顾而齿冷。既而横云山人奉敕重编，始依俞邰本为准的，特去其幽僻不传与无卷帙氏里可考者，稍诠整有史法。今之为此志者，既不屑蹈袭其旧，又不克详考四代史志之源流，又不能悉知篇目存佚之数，更思恢张以所未备，并取前世之书而附益之。是何异秦延君注《尧典》，刘孔昭赋《六合》也。今夫兰台志汉，何尝不因向、歆，然秦火之后，非此不彰。于志宁等编《隋书》，合五代以成志，匪特补《宋》、《齐》两书之阙，且以订范晔以下不著经籍之非。史家自宋志艺文以后，辽、金、元以来公私著撰，皆涣散而无统。不佞补辑《金史》，尝次艺文为一卷。辽、元二代，见于王圻《续通考》、焦竑《经籍志》者，又杂乱少体例。观俞邰所排比，自南宋以讫元末，皆以灿然大备，盖其志直以《中经》、《新簿》之责为己任，为有明二百七十载王、阮，惜乎其不得与于馆阁之职也。辛酉春，不佞修《浙志·经籍》，需此书甚亟。当湖陆陆堂检讨尝挟二册来，有经、史而无子、集，暨居京师，句甬全孝廉复挟五册见示，皆从史馆录出，只有明人而缺南宋以后。诸公盖为《明史》起见，固未知俞邰网罗四代之苦心矣。第神宗时，张萱、吴大山等重编内阁之目，他书多讹阙不可信，独地理一类，详核不支。俞邰亲见此书，乃独不之采用，所挂漏者夥颐，为不可解。因取所闻见者稍足成之，一则以备史职之考信，一则以完此书之缺遗，且慰俞邰于九原也。

全祖望《鲒埼亭集外编》卷四二，《移明史馆帖子一》：横云山人撰《明艺文志稿》，专收有明一代之书，其简净似为可喜，然古人于艺文一门，必综汇历代所有，不以重复繁冗为嫌者，盖古今四部之存亡所由见焉。……古人宏雅不群之材，大都以述旧闻、补逸事为尚，今姑弗及于唐、宋以前，而即以完颜、蒙古两朝，其登天禄、入石渠者，不知几何，弃而不录，得毋为诸史家所笑也。然考《明史·艺文》原志出自黄徵君俞邰，虽变旧史之例，而于辽、金、元诸卷帙，犹仿《宋》、《隋》二志之例，附书于后，南宋书籍之未登于史者，亦备列焉。横云又从而去之，而益简矣。……倘如横云山人所作，则此等义例一切灭裂殆尽矣。班氏而后，言艺文者，莫善于《隋》，欧公《唐志》亦佳，紊乱而无章者，无若《宋》也。轶《唐》、《宋》而俟《汉》、《隋》，是在史局诸公为之。

卢文弨《抱经堂文集》卷七，《题明史艺文志稿》（癸巳）：此志稿传是温陵黄虞稷俞邰氏所纂辑，今以颁行《明史》校之，所分门类多有删并移宜之处，《史》于书不甚著及无卷数者，俱削之。黄《志》中小注，为《史》所采录者无几耳。志稿自南宋及辽、金、元之书，俱搜辑殆遍，此即晋、隋史志兼补五代之遗，则而今以断代为限，亦俱削之已。安得有力者，将此四代书目别辟之以传，亦学者之幸也。外间传有《千顷堂书目》，与此志大致相同，而亦间有移宜。堂名千顷，固黄氏所以志也。然今之书，直是书贾所为，郡县志几于无所不载，别集各就其科第之年为先后，取便于检寻耳；宗藩与宗室，离而为二，俱失体裁，而小注又为钞胥任意删减，益失黄《志》之旧。但此志稿别集类于羽流、外国，亦俱缺如，篇第亦间或颠倒，恐此尚有脱简。余先钞得书目，后从朱君文游借得此本，力不能重写，但取以校书目，改正不少，既毕校，遂书其前以还之。（原注：此志稿乃康熙时史官倪灿闇公所撰，非黄氏也。）

吴骞《愚谷文存》卷四，《重校千顷堂书目跋》：《千顷堂书目》三十有二卷，晋江黄俞邰先生所辑也。先生家多藏书，博闻洽记，尝以诸生预修明史，食七品俸。先是，其父明立监丞，有《千顷斋书目》六卷，俞邰稍增广之。及入史馆，乃益加裒集，详为注释，故又有《明史艺文志》之目。盖以前之名，绍承先绪，而后此云者，欲自尽其职志也。虽不必如向、歆之叙略兰台之授受，要其遐搜广揽亦已勤矣。惜当时不尽见用，唯朱竹垞检讨雅重之，其辑经义存亡，往往徵引其说，至于《明诗综》，则凡爵里、姓氏以及序次先后，壹皆依之，其笃信如此。俞邰既没，遗书散轶，此稿又未经授梓，是以流传绝少。予属鲍君以文物色之，数年始从苕估购得，审视则董浦先生道古堂藏本也，有其手跋。它日面质之先生，亦不自知其所以然。盖董浦晚岁双足恒不良于行，侍史往往窃架上书以卖，不意此本展转流传，仍为我辈所得，信昔人所谓有翰墨缘者矣。

然董浦本尚多漏略，疑为俞邰初稿，复借钱塘卢抱经先生金陵新校本勘补，书既加详，且多序目，似是史局增修之本。未及，读道古堂遗文，又得《黄氏书录序》一篇，遂亟录之。顾《序》中言，地理一门黄氏尚多挂漏，已因取内阁书目为之增补。而予还阅此书，又不如所云，其理殊不可解，岂此外别有一本耶？窃不自揆，间取诸家书目，续为增订，拾遗补阙，愧非其才，聊以备四库之实录耳。董浦季年复辑历代艺文志，惜乎卒业未几，奄捐馆舍，每欲从之借钞，讫以弗果。中郎遗籍，不知终归谁氏之手，为之阁笔三叹。乾隆乙未重阳日。

今案：《碑传集》卷四五有陈寿祺《黄虞稷传》，与《清史列传》黄氏本传文字微异，皆源自清国史馆传稿。据王重民详考，黄虞稷以其父《千顷斋书目》及家世藏书为基础，撰成《千顷堂书目》。康熙十九年（公元1680年），被内阁学士徐元文荐入明史馆，"分纂列传及《艺文志》"。黄氏增订《千顷堂书目》而成《明史艺文志稿》，史馆同事倪灿为其作《明史艺文志序》。康熙二十八年（公元1689年）十一月，致仕刑部尚书徐乾学乞归，康熙帝允其在家编书，徐乾学奏请黄虞稷随同襄助（国史馆传稿作"徐元文"，误），时黄氏已完成《明史艺文志稿》。雍正元年（公元1723年），王鸿绪进呈《明史稿》，其《艺文志》即据黄氏旧稿，然删去所附宋、辽、金、元四朝文献，及"无卷帙氏里可考"和"书不甚著"者，经部则用朱彝尊《经义考》略作补充。后张廷玉奏呈之今本《明史》，《艺文志》全采王鸿绪《明史稿艺文志》，改动极少。黄氏旧稿不限有明一代，亦追述南宋、辽、金、元四朝之文献，同时学者颇推崇其义例，而批评王鸿绪之更改。迨今本《明史》行世，卢文弨复从黄氏《明史艺文志稿》内，摘出《宋史艺文志补》、《补辽金元艺文志》，收入《群书拾补》，以补《明史·艺文志》之缺憾。卢因黄氏旧稿前有倪灿序，竟疑全书亦为倪氏所作，则大误。黄氏志稿后亡，惟有《千顷堂书目》存世。参阅王重民《〈千顷堂书目〉考》（《国学季刊》第7卷第1期，1950年7月）、《〈明史艺文志〉与补史艺文志的兴起》（《图书馆学通讯》1981年第3期）。

**耿介编成《中州道学编》。**

耿介《中州道学编序》：道命于天而具于人，无时不然，无处不在，推之东西南北海而准，推之千百世之上、千百世之下而准，何尝歧风土、殊方域哉？然天之所以传斯道者，有斯人；则所以生斯人者，有斯地。钟灵毓秀，继往开来，盖亦有运数存乎其间，未始不可于大同之中稍存一派别之观也。自龟龙图书出于河洛，圣人则之，以画卦演畴，千万世道学之传，实昉于此。由尧、舜、禹、汤、文、武、周公至我夫子，而删定赞修，集其大成，以传之曾子、子思、孟子，洙泗杏坛之间，师友渊源，盖终古一见也。秦火以还，历汉、唐以及五季，或矜于记诵词章，或流于异端曲学，支离破碎，圣道湮晦千五百余年于兹矣。有宋濂溪以《太极图》授两程子，而洛学兴焉。表章《大学》、《中庸》、《语》、《孟》，述孔门教人之法，识仁、存诚、主敬，要归于致知力行，由是洛伊统宗，直上接孔孟不传之绪，是斯道之一大关键也。迨龟山载道而南，历豫章、延平以传之。朱子独取程氏之书，会萃折衷，益之以《集注》、《章句》、《或问》，复编辑《小学》，使人知入德之门，造道之阃，此闽学所以继洛学也。元许文正得朱子《小学》、《四书》，敬之如神明，教人无大小，咸从小学入。明曹靖修、薛文清皆谨守程朱，体认精深，践履笃实，纯粹中正，俾异端邪说不得逞其虚无高远之习，从此文献之传仍归中原矣。三百年来，在朝在野，亲炙私淑，代有传人。恭逢圣天子在上，重道崇儒，于两程生长教学之地皆御赐扁额，所以风励之者甚厚。苏门一席肇开于先，而睢阳继之。溯流洛伊，寻源洙泗，其亦有起而光大之者乎！余故取程门以下诸儒之有裨正学者，汇次成编，以俟后之君子。康熙三十年岁次辛未孟夏之吉，嵩阳耿介谨识于敬恕堂。

《四库全书总目》卷六三，史部传记类存目五：《中州道学编》二卷，《补编》一卷，国朝耿介编。介字介石，号逸菴，登封人。……顺治壬辰进士，官至直隶大名道。以汤斌荐，授詹事府少詹事。是编专载中州道学，自朱二程子至国朝陈蓉等五十七人，人各有传。传后或附语录及所著书。末附《补编》一卷，乃乾隆庚午登封知县晋江施奕簪所编。兼收汉杜子春以下传经诸儒，介亦与焉。然道学、儒林自《宋史》分传以后，格不相入久矣。介于汉儒、宋儒门户，判如冰炭。韩愈诸人乃所特黜，非其偶漏。奕簪不自为一书，而附之介书之后，非其志也。

## 陈允锡著成《史纬》。

陈允锡《史纬自序》：经者，经也；史者，纬也。经史相须，如经纬之相成。顾经自五而六，而七，而九，而十三止矣。十三之中，《尚书》也，《春秋左氏》也，《公羊》也，《谷梁》也，史已居其四矣。文文山曰："一部十七史，从何处说起。"今已二十有一矣。《明史》将成，且二十二。《宋史》之多，三倍于汉、唐，《明史》若成，亦不减于宋。无书者不能购，有书者不暇读，是以史为庋阁之具耳。何也？曰：以其繁也。马、班、范、陈而下，作者非其中心之所欲为，与其才识之所独擅，往往应诏而成，总裁无指授之能，分局鲜讨论之实，人既平庸，文自肤浅，卷帙浩瀚，如入大海之中，茫无津畔，非掩卷而起，即临几而卧矣。夫史之要者不可删，史之繁者不可不删也。其辞文而旨远者不必修，庞杂淆乱者不可不修也。……合二十一史为一书，合二十一史之例为一义，总求成其纬之之事，以合乎天下之大经而已。岁在辛未，于当湖授梓，未及告成，而予以疾归。兹长男善令中江，重校续刻，期使人易读、易购，毋致史书束之高阁，后之博学君子，疏其义类，绎其旨归，亦可知愚父子黾勉著述之意云尔。皇清康熙三十三年甲戌夏五月庚申，晋江亶斋陈允锡书。

高士奇《史纬序》：余尝谓：经之与史，异体而同旨。史之作也，归于褒善□□□，示法戒，所以翼经而明道者也。孔子作《春秋》，固鲁史也，出自圣人所手定，遂列之于经，为万世法。经与史之非有异旨明矣。马、班以来，作者代兴，得失互有，言不能尽公，才不能尽美，五难、四患之说，从昔叹之。然作史难，读史亦难。由汉讫元，为史二十有一，卷帙浩衍，文辞繁费，士之有志于学者，或力不能致之，而藏书之家苦其难竟，高阁而不窥者多矣，且其间是非错出，信疑相介，非有淡识远鉴，亦不能逆溯千载而折其衷也。岂非读史之难与作等欤！余杜门当湖之上，惟探讨载籍以自娱乐，春夏多疾，取诸史就卧榻观之，日必尽一帙，始终成败，犁然在目，意欲于人才政体所关，挈其大要，效东莱吕氏《十七史详节》之例，稍辑而广之，勒为一书，迁延未果。邑宰晋江亶斋陈先生，出所著《史纬》示余，芟繁从简，明畅精核，抑何其先得余心也！先生于经学独精，尝录十三经注疏，而衷以己意，名曰《经解》，余曾为序其简末。夫本穷经之识，退而纂史，权衡在心，精鉴洞达，是非疑信，莫不揆其至当，而又足以汰篇籍之冗，省编摩之费。此书之成，不特为读史者所宗，而亦且有造于作者，是可重也！谨为之序而归之。康熙辛未仲冬，治年家弟高士奇顿首撰。

《四库全书总目》卷六五，史部史钞类存目：《史纬》三百三十卷，国朝陈允锡撰。允锡字亶斋，晋江人。顺治己未，以荐举授平湖县知县。是书盖仿吕祖谦《十七史详节》之意。然祖谦但撷取精华，以便省览，允锡则多所改窜于其间。有合并重复者，如周秦以前入《史记》，而汉高祖以及武帝则割入《汉书》。宋、齐、梁、陈、魏、齐、周、隋八史，则与南、北二史参考归一。其余表志、纪传互见者，亦悉从汰除之类是也。有删削繁冗者，如《宋史》宗室世系但系族谱，《元史·刑法志》全钞律文，及但叙官阀无关褒贬之列传是也。有更易旧第者，如退魏于蜀后，削二牧于昭烈之前，移吕布、二袁、刘表于东汉之类是也。有窜改旧名者，如项羽、吕后、武后不称本纪，宋留从效，陈洪进不称世家之类是也。其他如《新唐书》则点正其文句，《元史·食货志》则连属其篇次者，为数尤多。卷帙浩繁，用力可谓勤至。然其中繁简失度，分合无义者，亦尚不少。盖网罗百代，其事本难。梁武帝作《通史》六百卷，刘知幾深以为讥。司马光《进通鉴表》，亦称其中牴牾，不能自保。允锡此书，积毕生之力为之，而卒不协于体要，固其所矣。

**左昊撰成《读史纲》。**

《读史纲自序》（载本书卷首）：夫史学难言也，自古为史者，龙门、扶风卓乎尚已，他如蔚宗、荀悦、李延寿、欧阳文忠所著，俱称良史。至若史学之山斗，其涑水之《通鉴》乎！麟经之羽翼，其紫阳之《纲目》乎，然皆浩如烟海，其无津涯，学者畏其繁难，莫从简阅。……吾大父文思公虑史学浩繁，未便观览，爰删繁辑简，略存梗概，而未卒业。吾父公虔公复取而厘定于鸠兹书室，简而不漏，约而能该，其于晋、魏、十六国、南北朝之始终，尤为精核。时值兵火交讧，未遑成集，竟赍志早殁。以昊幼孤，莫承厥志。叔父幼錞公隐居衡泌，取父兄余业更研精思，于汉唐宋三朝，再加编订，宁质毋文，宁略毋芜。而有宋以后缺焉未备，自易箦之余，卷帙飘零，都无完好，即欲忍读父书而手泽安存哉！昊窃从趋庭之暇，尝闻其略，拾残篇于鼠穰、理断简于蛛罔，爰取先人遗绪，仿佛而补缀之，更与白岳同志吴訒斋、敬斋辈讨究考核，溯始要终，纲举目晰，一部廿一史昭然几砚间矣。于以按古今而益神智，庶有裨乎。但明至晚季，寇贼纵横，传闻不能悉详，即记载亦未尽确，以云信史，诚难言之。姑采纪事本末及野史所记，稍编大略，不过便家塾童蒙耳。正恐挟一察以自见，矜一窬以为奇，贻笑于大方也。是以缙绅先生名公巨笔不敢丐求弁言，谨慎述先世编纂之艰，渊源世业，若是之非易也。特叙其由来，俾读是书者鉴焉。岢康熙重光协洽且月之吉，龙眠左昊白存甫谨叙。

吴非《读史纲序》（载本书卷首）：龙眠左白存先生《读史纲》剞劂讫功，其令子念兹，不以非为不知史者也，是以示余非，非何知？手展读之，三致叹焉，曰：良史哉！乃知其历两朝数十年、经三世四人手而始成此书，不易矣。古史氏以父子相继成者，如龙门之《史记》、扶风之《汉书》、姚思廉之《梁书》、《陈书》、李百药之《北齐书》、李延寿之《南史》、《北史》，又如蒋乂子伸、孙兆则祖孙父子踵修国史，仅事矣，未有父子、祖孙、兄弟而自共成史事于全书也，则史事不难之难哉！盖不难于其前，而难与其后，不难于当时之起例，而难于隔世之续承。使非其贤以继贤，志坚气锐，不忘于所自，而有能告成者乎？……夫非亦尝读二十一史矣，每史跋题论其大意，以请质于精史学诸公，而又订《楚汉帝月表》以正龙门，于萧梁立《三梁系谱》、于五代立《三唐编年》，聊以寄意。为前督学太史李醒斋先生取去，曰：尊著作有部繁卷侈者乎？曰：无力不能传杂，论经史取其易成以待之而已矣。父有不能得之子，祖有不能得之孙者，皆然也。夫孰知先生之意坚气锐，不忘所自者乎！当司马《史记》未了，李君威《南北史》未就，握手失声，没齿抱恨，惟子迁与延寿负荷之。欧阳公《与圣俞书》云："整顿了五代史，深思吾兄一看，此书不可使俗人见，不可使好人不见，念兹！"既不以非为不知史而赐之教，余非可默默负"念兹"已哉！故为书此以报之。秋浦古牛鼞鼞者，吴非山宾氏序于郡邸之瓮牖。

今案：《读史纲》十五卷，作者左昊生平事迹不详。本书藏日本内阁文库，清代中林草堂刻本，国内或恐已佚。全书以编年体结合纪传、纪事本末及分国叙事方式，又有地理图、世系表等，简要记述上古"三皇"至明末的历史，且附南明史事，对朝代兴替引清人史论予以评论。卷首《读史总论》为长篇史学论文，畅言史书体例、书法、历代史家著述、正统问题等等，亦有独得见解。

## 《明史》总裁官徐元文卒。

《国朝耆献类徵初编》卷之八，《宰辅八》，韩菼《徐元文行状》：公讳元文，字公肃，别号立斋。其先常熟人。九世祖讳良，始迁昆山。……公自少端重，有大志。……顺治甲午，举于乡，己亥，成进士第一人。……己未二月，召监修《明史》，时服未禫除，而监修例命勋臣、阁臣，公独以学士充，识者知将大用矣。九月，赴阙自陈，且辞新命，不允。疏请购遗书、徵遗献，举故明给事中李清、主事黄宗羲及副使曹溶、主事汪懋麟、布衣黄虞稷、诸生姜宸英、万言等，部议不许，上特从公言，召之。……史局置已五年而书未成，公既不与政，专意史事；考据国史，参用诸家之说，年经月纬，手自编辑。客有熟于前朝典故者，公奉书币延致宾馆，遇有疑误，辄通怀商榷，常至夜分。积年成纪传十之六、七，寻缮呈纪七卷、传十五卷。公疏请如唐太宗序晋史例，称制论断，并出三朝实录以便参稽。明祚讫于愍皇，福、唐、桂三王大命已倾，覆亡之迹不可以不著，请从《宋史》益卫二王、《辽史》耶律大石之例，以愍帝终本纪之篇，三王从附传之列。至明末之臣尽忠所事者，考之史例，均当采摭。皆报可……会两江总督傅腊塔有疏劾公，公具疏辨，且求罢。上置督臣疏不问，而允公以原官致仕。公辞朝谢恩，轻舟首涂，过临清，权关者呵止之，谓相君归装，必有赢余，可构以罪，登舟大索，至酱瓿之属无不发视。而公舟中衣服、杂器外，惟图书数千卷，及光禄馔金三百而已，皆嗫嗫，叹好官不置。公在途，感所遇山川、人物，咏怀风烈，撰《述归赋》以自广。然性素刚，不堪摧辱，气益逆上不可止，浸以成疾。九月归里，阖门约饬惟谨。常语子弟以上恩，惟勖以读书立行，不自侮而已，一切有加者，戒勿与校也。然疾益甚，辛未秋七月二十七日，竟不起。

**仲弘道著成《增订史韵》。**

仲弘道《增订史韵自序》：昔程明道先生见谢上蔡读史，曰："卿可谓玩物丧志矣"，固知心性之学不在外求。及读朱子《纲目序》，则曰："岁周于上而天道明，统正于下而人道定。"凡为致知格物之学者，亦将慨然有感于斯，然后知修齐诚正之功，未尝不取资于鉴往开来之学也。顾篇帙浩繁，寒儒讵能购其书，即购其书矣，初学讵能终其卷。即如《资治通鉴》一书，原以该括全史，取其简而易阅，然司马温公谓："惟王益柔读之终篇，其余览者未终一纸，已欠伸思睡"，况全史乎？道每欲就《纲》、《鉴》二书，除繁即简，櫽栝精要，以成一编，俾诵者易诵，而购者易购，庶几为初学津梁，顾未能卒就。及驱车燕赵，停骖高邑，忽得赵梦白先生《史韵》一书，深合素心，为之击节，但其书始于西汉，终于元，且韵句之下，都无注释，即间有一二，亦罣一漏万，不堪竟读。又史而曰韵，一概文章衬帖、转折、过递，俱谢不入。初学读之，恐未联贯，须每篇之后，附以全论，使韵之所有，畅其文趣，韵之所无，补其阙遗，乃可以上接《春秋》，下凌《诗史》，然才短资拙，讵敢草率卒业。迩年来，遯迹瓯香，杜门寡营，用是取是书而考订之，一句所蕴，必详始末，一字所引，必究源流，注释既明，篇末仍系一论，俾分章立韵之意得有指归，是亦可以立其概矣。而还念自有书契以来，道虽载于六经，事竟详于诸史，若《韵》止西汉始，其若西汉以前何？不但此也，晋惠、怀时，十六国扰乱；五代时，十一国割据；南北宋时，辽、金、夏分争，以及胜国二百七十年之治乱，学者多未深究，终为此书未竟之绪。道窃取忠毅公之意，仿司马温公《稽古录》，上自羲轩，下至周秦，作《帝王世纪》、《春秋列国》等纪，以补西汉以前。按《明史编年》、《续通鉴》，上自高祖，下逮怀宗，作《明世》等纪，以续元之后。其他晋时之十六国，五代时之十一国，以及宋时之辽、金、夏，亦莫不各为韵以补之，名《增订二十一史韵》，用以上下古今，可以旷览而遐收，间或检束奚囊，不致篇繁而帙重，将见博不驰于浩衍，而读者可以终篇，约不困于空疏，而观者不虞玩物，以考事则劝惩不遗近代，以惩心则是非不谬古人，倘亦致知格物之学所不废也，而若夫大雅之儒，博洽之士，欲得全史而读之，则四库三馆之书具在兹，又何敢赞焉！康熙辛未小春，桐谿仲弘道开一氏书于瓯香草庐。

潘耒《增订史韵叙》：《史韵》者，明冢宰赵忠毅公梦白所作也。公以刚方端亮之资，负澄清天下之志，排佞锄奸，不遗余力，卒罹党祸。老戍边陲，荷戈之余，不废书史，间取前代故实，括成韵语，以训初学。其于世道兴衰之际，人材消长之间，三致意焉！盖忧时悯世之志，未尝一日而亡，信乎有古大臣风烈矣！但其书首汉迄元，中间不及诸僭国，殊为未备。今桐乡仲君开一，取而增补之，上溯三皇，下迄明季，以及十六国、十一藩、辽、金、夏之事，犁然毕具，兼取姓系事迹，逐条分注，又每朝系以论断，于是《史韵》始为完书，而赵公笔削之义益显，甚盛心也。古之教小学者，有《三苍》之书，久已不传；今之乡塾，有《史略》、《鉴略》、《历朝捷录》等书，皆陋甚，无足取。岂若是书繁简适中，文质相辅，诵之成章，而绎之有味也哉。君子为学，将以识其大者。诚于幼学之初，即使读是书，而识兴亡治乱之由，忠佞、贤不肖之辨，且闻赵公之为人，耸然敬慕，而勉为君子，裨益非细。开一惓惓表章是书，意在于此。开一盛年解组，著书满家，区区一脔，固未足窥其全鼎也。康熙丙子孟秋，松陵潘耒书于车溪书屋。

仇兆鳌《史韵序》：《史》、《汉》而下，作史者多用纪传。自涑水仿《左氏》编年，以作《通鉴》，上下千载之事，较若列眉。顾本书浩繁，学者不能遍观而博识，因作《稽古录》，以便初学。南宫靖一氏又仿《稽古录》，作《小学史断》，撮《史》、《鉴》之纲要，语简而事该。伯鲁徐氏增以注脚，而补前后之阙文，洵哉后学指南也。至于编年、纪传之外，复有诗史，由来亦久，如《毛诗》所列风雅正变，以有韵之辞，而述当时之事，盛衰理乱，昭垂篇什，是诗也，而俨然史矣。魏晋以来，诗家多咏史之作，亦止于一人一事，而未尝通论全史。

杜少陵记天宝乱离，激昂悲楚，得变风变雅之遗音，故宋人推为诗史，然其所记，亦唯元、肃、代宗三朝得失耳。杨升庵著《廿一史弹词》，庶几囊括千古，尚嫌略而未备。厥后真定赵侪鹤先生，为《史韵》一编，上自西汉，下迄宋元，二千余年人事，瞭如指掌。今桐乡仲君开一，复加笺释，附以评论，前则五帝、三王，后则胜朝一代，又从而补续之。视杨氏弹词不更精密矣乎！自此书出，而《小学史断》亦包举于编内，直可孤行而不必两存也。……时康熙丙子岁孟冬，甬江年家眷弟仇兆鳌顿首拜题。

《四库全书总目》卷九〇，史部史评类存目二：《增订史韵》四卷，附《读史小论》一卷，国朝仲宏道撰。宏道字开一，嘉兴人。是书成于康熙辛未，以赵南星《史韵》前载年号，浮文妨要，注又寥寥不详，所以不行于世，乃删其繁冗，补其阙略，以成是编。复上续以羲、轩至秦，下续以明代之事。其它晋之十六国，五代之十一国，以及辽、金、西夏，亦各为韵语以补之。每纪之末，宏道各为总论。明纪评语，则采谷应泰《纪事本末》之文。

今案：是书原名《增订二十一史韵》。作者"仲弘道"，《四库全书总目》因讳乾隆帝御名改作"仲宏道"。

**尤侗著成《明史拟稿》、《明史外国传》。**

尤侗《明史拟稿序》：康熙十八年，诏徵博学鸿儒纂修《明史》，与选者五十人，分为五班，自洪武至正德，编次亦如之。予班第五，则所纂者，弘、正时事也。凡本纪、列传，总裁与诸君子酌定阄派，虽有名卿巨儒，心所慕好者，不敢越俎而问焉，故所传者寥寥数人而已。将卒业，又分嘉、隆、万为一编，泰、启、祯为一编，则错综其姓氏，而阄派亦如前。予纂未及半，以病假归，故所述仅止于此。今予归九载，而此书尚未告成，盖缘总裁屡易，而前五十人者或殁或归，半为乌有，昔人所以有"头白汗青"之叹也。闲居，偶检簏衍阅之，虽比事属词不及古人万一，而四五年间糜禄食、耗膏油，竭力于兹，不忍捐弃，姑择其文之稍雅驯者，删而存之。原稿虽呈主者，计点窜涂抹必多，俟史成之日，览者得参考焉。又纂修但著本传，其总论则私自增撰，非敢云独断也。知我罪我，听之而已（后有外国传、艺文志不在是例）。康熙辛未，史官尤侗识。

尤侗《西堂诗集·外国竹枝词自序》：历代史记列传之末，例及四裔，读史至此，惟恐卧矣，然要荒朝贡之盛，未有过于有明者。自太祖开国，声教渐被，成祖继之，北征沙漠，南定交趾，复遣郑和、杨敕三下西洋，于是属国麇至，毕献方物。今考会典、一统志所载，暨《西域记》、《象胥录》、《星槎》、《瀛涯胜览》诸书，风土瑰怪，震眩耳目，此固穆王辙迹之所未到，汉家都护之所不能通也。予与修《明史》，既纂《外国传》十卷，以其余暇，复谱为竹枝词百首，附土谣十首，使寄象鞮译烂然与十五国同风，不已异乎！庄子曰："六合之外，圣人存而不论。"予之为此也，或谓赋更愚于六合，则予哑然退矣。康熙辛酉腊月朔日。

　　今案：《明史拟稿》六卷、《明史外国传》八卷，载《西堂余集》。原稿为尤侗在明史馆属草，晚年删削而定。尤侗另撰《拟明史乐府》、《外国竹枝词》，可参。《明史外国传》前无自序，何时删定，不可确知，然《明史拟稿序》既已提及，故亦系于此。

## 公元 1692 年　清圣祖康熙三十一年　壬申

**康熙帝批评《明史》已成之稿。**

　　《清圣祖实录》卷一五四，康熙三十一年正月丁丑：谕大学士等：前者纂修《明史》诸臣所撰本纪、列传，曾以数卷进呈。朕详晰披阅，并命熊赐履校雠。熊赐履写签呈奏，于洪武、宣德《本纪》，訾议甚多。朕思洪武系开基之主，功德隆盛，宣德乃守成贤辟，虽运会不同，事迹攸殊，然皆励精著于一时，谟烈垂诸奕世……倘深求刻论，非朕意所忍为也。至开创时佐运文武诸臣，各著勋绩列传之中，若撰文臣事实优于武臣，则议论失平，难为信史。纂修史书，虽史臣职也，适际朕时撰成明史，苟稍有未协，咎归于朕矣。明代实录及纪载事迹诸书，皆当搜罗藏弆，异日《明史》告成之后，新史与诸书俾得并观，以俟天下后世之公论焉。前曾以此旨面谕徐元文。尔等当共知之。

**《永历实录》、《读通鉴论》、《宋论》作者王夫之卒。**

　　《清史列传》卷六六，《儒林传上一》：王夫之，字而农，湖南衡阳人。……夫之少负俊才，读书十行俱下，与兄介之同举崇祯十五年乡试。……顺治四年，大兵下湖南，夫之入桂林依大学士瞿式耜。……闻母病，乃间道归。筑土室石船山，名曰"观生居"。杜门著述，其学深博无涯涘。以汉儒为门户，以宋五子为堂奥，所作《大学衍》、《中庸衍》，皆力辟致良知之说，以羽翼朱子。而于《正蒙》一书，尤有神契，精绎而畅衍之，为《正蒙注》九卷，《思问录内外篇》各一卷。以为张子之学上承孔、孟之志，下救来兹之失，如皎月丽天，无幽不烛，圣人复起，未之能易。惟其门人未有，殆庶世之信从者寡，道之诚然者不著，是以不百年而异说兴，又不百年而邪说炽。因推本阴阳，法象之状，往来原反之故，反覆辨论，所以归咎上蔡、象山、姚江者甚峻。所著诸经有《易》、《书》、《诗》、《春秋稗疏》，共十四卷，其说《易》不信陈抟之学，亦不信京房之术，于先天诸图及纬书杂说排之甚力，而亦不空谈玄妙附和老庄之旨。其说《尚书》，诠释经文，多出新意，驳苏轼《传》及蔡《传》之失，大都辞有根据，不同游谈。其说《诗》，辨正名物训诂，以补传笺诸说之遗，不为臆断。《辨叶韵》一篇，持论明通，足解诸家之缪辖。其说《春秋》，考证地理，多可纠杜注之失。……他著有《周易内外传》、《大象解》、《尚书引义》、《诗广传》、《礼记章句》、《春秋家说》、《世论》、《续左氏传博议》、《四书稗疏》、《训义》、《俟解》、《读四书大全说》、《诸经考异》、《说文广义》、《读通鉴论》、《宋论》、《永历实录》，及注释《老》、《庄》、《吕览》、《淮南》、《楚辞》、《薑斋诗文集》等书，凡三百余卷，后人汇刊之为《船山遗书》。……（康熙）三十一年，卒，年七十四。时海内儒硕，推余姚黄宗羲、昆山顾炎武。夫之多闻博学，志节皎然，世谓相亚云。

余廷灿《王先生夫之传》（载《碑传集》卷一三〇）：先生姓王氏，名夫之，字而农，号薑斋。先世本扬州高邮人，明永乐初有官衡州卫者，遂为衡州衡阳人。家世以军功显，父字武夷，始以文学知名，中天启辛酉副榜，先生即其季子也。明既亡，隐于湘西之石船山，学者称船山先生。先生少负俊才，读书十行俱下，一字不遗。年二十四，与其兄介之同举崇祯壬午乡试，以道梗不赴会试。……甲申，李自成陷北京，怀宗殉社稷，先生流涕不食者数日，作《悲愤诗》。乙酉，我师下金陵。当时是，我朝既得两京，天下云集响应，而明之藩封庶蘖奔窜于湖、湘、滇、黔、粤、闽间者，往往始称监国，继假位号，以恢复为名。先生少遭丧乱，未见柄用，及是顾念累朝养士深恩，痛悯宗社颠覆，诚知时势万不可为，犹且奋不顾身，慨然一出而图之。……丁亥，我师下湖南，先生南走桂林，大学士瞿式耜用疏特荐，先生以丁父忧请终制，既服阕，即就起行人司行人。是时桂藩驻肇庆，国命所系，则瞿式耜与其少傅严起恒。……闻母病，间道归衡，至则母已殁。其后瞿式耜殉节于桂林，严起恒受害于南宁，先生知势愈不可为，遂决计老牖下矣。壬寅，闻缅甸亦覆没，明之藩封庶蘖称监国、假位号者至是殄尽，先生遂浪游于浯溪、郴州、耒阳、晋宁、涟邵间，所至人士慕从者辄益众，先生辄辞去。最后归衡阳之石船山，筑土室名曰"观生居"，晨夕杜门，萧然自得，乃著《读四书大全说》、《周易内传、外传》、《大象解》、《诗广传》、《尚书引义》、《春秋世论家说》、《左氏传续博议》、《礼记章句》并诸经稗疏各若干卷，作《通鉴论》三十卷，《宋论》十五卷，《庄子解》、《庄子通》、《楚词通释》、《搔首问》、《俟解》、《噩梦》各种，又注释《老子》、《吕览》、《淮南》，评选古今诗各若干卷。自明统绝祀，先生著书凡四十年，其学深博无涯涘，而原本渊源，尤神契《正蒙》一书。……未几卒于石船山，葬大乐山之高节里，自题其墓曰："明遗臣王夫之之墓"。自铭曰："抱刘越石之孤哀，而命无从致。希张横渠之学，而力不能企。幸全归于兹丘，因衔恤以永世。"……

刘毓崧《通义堂文集》卷五，《永历实录跋》：右《永历实录》二十六卷，纪明末桂王之事，为王船山先生夫之所编。……此书稿本，自署孤臣，惓惓之心，不忘故国，而前无自序，未审成于何代。今考方以智没于康熙壬子，蒙正发没于康熙己未，书中有以智传，无正发传，盖以智已卒，正发犹存，则成书当在癸丑以后，戊午以前。……

《续修四库全书总目提要》（稿本）：《永历实录》二十六卷，明王夫之撰。……是书为纪传体，计大行皇帝本纪一卷，列传二十五卷，于桂王一代事迹人物，胪列颇备，其死节、佞幸、宦者等传，尤为他书所未详，足补史乘之阙。列传中宗室、臣工为他书所不载者，如嗣韩王、嗣通山王、黄奇遇、黄公辅、陈世杰、管嗣裘、朱昌时、熊兴麟、闻大成、朱维四、周师文、鄢见、陈有功、满大壮、杨进喜、惠延年、吴学、刘季鑛、晏霱明诸人，无不于文献有裨。又如瞿式耜、何腾蛟、焦琏、皮熊、张同敞、严云从、李国辅诸人传中，多有他书所不详者，亦足以资考证。惟夫之出仕，首尾仅逾一年，凡在朝时所见闻，及本诸奏牍公移者，所记无不赅悉，及桂王入滇以后，夫之已高蹈远引，罕接时流，所据者仅一二传闻，遂不免真伪杂出，舛讹疏漏，如密敕之谕、祝水之祸，诸大端并无一语及之。本纪、列传中所记时地、官爵，各据所闻，亦参差未能划一。至吴贞毓为十八先生领袖，死于密敕之谕，而以为死于乱军；郭之奇本被执遇害，而以为遁去后降；马吉翔实从亡缅甸，死于祝水之祸，而以为挟资降北；皆偏信传闻，失于考核者。书中极称金堡，过信五虎为正人，举凡堡等所积怒深怨、稍有嫌隙者，则抑扬其词，多所不满，若为堡等所私，则语多回护。李慈铭《越缦堂日记》，称其犹有明季门户习气，失是非之公。实则夫之之误于偏听，非逞一己之私也。

谢国桢《增订晚明史籍考》卷一一：《永历实录》二十五卷，明衡阳王夫之而农撰。……按：……是书为纪传体，所记虽不免有门户之见，然叙次则极有法度。且对于农民军领袖高必正、刘体纯、李赤心、李来亨等，皆为立传，记其战功，存其事迹。虽有偏倚歪曲之辞，然赖有此书，农民军英勇不屈之精神，得以大显于世。虽是书于入滇后所记事实较疏，则以船山未与行间，得诸传闻故也。记农民军之行事，及永历帝所以立国西南，当以是书为据。

王夫之《读通鉴论》卷末，《叙论四》：……旨深哉！司马氏之名是编也，曰"资治"者，非知治知乱而已也，所以为力行求治之资也。览往代之治而快然，览往代之乱而愀然，知其有以致治而治，则称说其美；知其有以召乱而乱，则诉厉其恶。言已终，卷已掩，好恶之情已竭，颓然若忘，临事而仍用其故心，闻见虽多，辨证虽详，亦程子所谓玩物丧志也。……故治之所资，惟在一心，而史特其鉴也。鉴者，能别人之妍媸，而整衣冠、尊瞻视者，可就正焉。顾衣冠之整、瞻视之尊，鉴岂能为功于我哉！故论鉴者，于其得也，而必推其所以得；于其失也，而必推其所以失。其得也，必思易其迹而何以亦得；其失也，必思就其偏而何以救失；乃可为治之资，而不仅如鉴之徒悬于室、无与照之者也。其曰"通"者，何也？君道在焉，国是在焉，民情在焉，边防在焉，臣谊在焉，臣节在焉，士之行己以无辱者在焉，学之守正而不陂者在焉，虽扼穷独处，而可以自淑，可以诲人，可以知道而乐，故曰通也。引而伸之，是以有论；浚而求之，是以有论；博而证之，是以有论；协而一之，是以有论；心得而可以资人之通，是以有论。道无方，以位物于有方，道无体，以成事之有体。鉴之者明，通之也广，资之也深，人自取之，而治身治世，肆应而不穷。抑岂曰：此所论者，立一成之例，而终古不易也哉！

《续修四库全书总目提要》（稿本）：《读通鉴论》三十卷。国朝王夫之撰。朱子尝谓：温公之言，桑麻谷粟；伯恭《大事记》，有大纤巧处，如指公孙宏、张汤奸狡处，皆说得羞愧人。伯恭少时，被人说他不晓事，故其论事，多指古人之情伪，云我亦晓得他有此意。大抵论世知人，多失于偏。非依文牵义，往往见绐于作者；即持论苛刻，每至厚诬于古人。夫之讲学，于天理彝伦之正，权谋功利、苟且以就功名之非，记诵词章以取爵禄之误，阳儒阴释、无善无恶、圆融事理终归于无忌惮之狂妄，显微抉幽，无微不烛照。是书取《通鉴》一千三百六十二年之事，君臣治乱成败安危之迹，原始要终，通贯晓析，邪正心迹，罗罗指掌，而空言苛论，亦多有之。盖生当明季，目击心伤，人才之所以败坏，宗社之所以颠覆，驰骋抉剔，毫发不使遁逸，所以寄悲愤而抒素抱者，别自有在。善读者，当心知其意也。

《续修四库全书总目提要》（稿本）：《宋论》五卷。国朝王夫之撰。书中疑韩通，短李纲，诋苏轼，薄曾巩，不满于司马光，皆偏宕而非不易之论。谓太祖勒石垂戒者三：一保全柴氏子孙，二不杀士大夫，三不加农田之赋。所以保世滋大，能得有宋立国之本。谓仁宗有大德于天下，垂及今而民受其赐者，航海买早稻万石于占城，分授民种是也；有大弊政以病民，延于今而未已者，则听西川转运使薛田、张若谷之置交子务是也。亦论史独到之言。谓不善之政，未能以久贼天下，而唯以不善，故为君子所争，乃进小人以成其事，小人乘之以播恶，而其祸乃延。蔡京勤绍述之说，京之所为，固非安石之为也。安石之法，不足致宣政之祸，唯其杂引群小，以授贼贤冈上之秘计于京，所以贻败亡于宋者此尔。论王安石者多矣，此语足为破的。谓宋仁宗以后相胜之习，愈趋愈下，因以相倾，皆言者之气矜为之也。始以君子而求胜于小人，继以小人而还倾君子，继以君子之徒，自起相胜，继以小人之还自相胜而相倾，至于小人之递起相倾，则窃名义以大相反戾，而宗社生民皆其所不恤，乃其所窃之名义，固即前之君子所执以胜小人者也。言而不自省于心，为己之所有余，则是非曲直邪正，其相去也不远。义在外，则皆袭取以助气之长者也。此则精义之名言，而为千古之龟鉴。夫之逃名用晦，遁迹知希，而与顾炎武、黄宗羲同为前明之遗臣，我朝之贞士者，固有在也。

今案：《永历实录》原为二十六卷，今佚第十六卷，存世二十五卷。据刘毓崧考订，成书时间约在康熙十二年癸丑（公元1673年）至康熙十七年戊午（公元1678年）之间。陈光崇《〈永历实录〉的成书年代》（载氏著《中国史学史论丛》，辽宁人民出版社1984年版）别有一说，推测是书成于康熙六、七年间。据王夫之子敔所撰《行述》（载王之春《王夫之年谱》）云："末年，作《读通鉴论》三十卷，《宋论》十五卷，以上下古今兴亡得失之故，制作轻重之原。"则二论皆为王氏晚年撰定。

**万斯同著成《历代史表》。**

李邺嗣《历代史表序》：太史公撰《史记》，上自黄帝至本朝。又以并时异世，年差不明，作十表，内分为世表、年表、月表。班氏撰《汉书》，稍变其体，作八年表。然兰台专述本朝，而乃更次第古今人物，此则可已也。及范蔚宗作

《后汉书》，所注意唯在列传诸论赞，虽八志尚谓不尽。前此撰东汉二十二家，亦惟边韶、崔寔尝有《百官表》，蔚宗亦改为《百官志》，而表遂阙焉。陈寿而下，即志犹未备。至《唐书》始复作表，然其所载大臣世系，衰然数卷，于国史中详作宰相家乘，亦何谓也。后五代书复无表，宋司马文正公既作《通鉴》，亦以编年之书杂记国事，差次不齐，因仿太史公年表例，采其大事精语，年经月纬，作为《目录》三十卷。而后史家之事备焉。

吾友万履安先生，以文章节义领袖东南，有子八人，皆好学。而少子季野尤颖异，甫总角，辄能读父书。弱冠时，忾《后汉书》无表，因补作《诸王功臣世表》、《外戚宦官侯表》，及《将相大臣》、《九卿年表》，凡四篇。自后，遂遍作三国、晋、宋、齐、梁、陈、魏、北齐、周、隋，下及五代，凡六十篇，而他僭窃诸国亦附见焉。季野于史学可谓勤矣！夫兰台生于东汉，去西京不远，本朝文献方策未亡，然其《王子侯表》尚有失书侯所食邑名者、某人嗣不具年月者，《百官表》有姓名不具者、失载迁免者，俱为史之阙文。今季野生千载而后，惟从古籍中精览详稽，心通本末，定其世次岁月，以补前人所未有，其事益难。太史公论作史之法，一曰深思，一曰深考。盖从来著述家未有不审于经营，慎于证辨，而能成一家之书者也。季野亦习于有明三百年文献，又尝作开国以后至监国，行朝功臣、将相、内外诸大臣年表，以备史官采录。……康熙丙辰岁季春，同里李邺嗣杲堂撰。

黄宗羲《历代史表序》：自科举之学盛，而史学遂废。昔蔡京、蔡卞当国，欲绝灭史学，即《资治通鉴》板，亦议毁之，然而不能。今未尝有史学之禁，而读史者顾无其人，由是而叹人才之日下也。……夫二十一史所载，凡经世之业，亦无不备矣，然其间缺略甚多。司马迁创为本纪、志、表、列传，诸史皆因之。《后汉》即有志而无表，《三国》表、志并无矣。以南朝而言，《晋》、《宋》、《齐》、《梁》、《陈》皆无表，《梁》、《陈》并无志也。以北朝而言，《魏》、《齐》、《周》、《隋》皆无表，《齐》、《周》并无志也。《唐》之志、表极详。《五代》既无表，而《司天》、《职方》二考，则《律历》、《五行》、《地理》三志之略，其他不能及。《宋》、《辽》、《金》、《元》，志、表俱备，然据所可考者作表，不计详略，岂非读史者之憾乎！是故杜氏《通典》、郑樵《通志》、《文献通考》，皆足以补史志之缺文。而补表者，古今以来，无其人也。……

四明万季野，吾友履安先生之少子也。先生以文章风节高天下，而季野克继之，其读书五行并下，弘羊潜计、安世默识，季野准之，诚不足怪，而尤熟于明室之典故。会修《明史》，当事诸公无不咨其博洽。尝慨二十一史多无表，乃悉从而补之，得六十卷，诚不朽之盛事，大有功于后学者也。……康熙壬申岁季秋，姚江黄宗羲太冲撰。

朱彝尊《历代史表序》：易编年为纪传，古史之法微矣！其遗意犹存者，吾于表有取焉。表或年经而国纬，或国经而年纬，或主地，或主时，或主世系，事微不著者，录而见之。刘知几曰："于帝王则叙其子孙，于公侯则纪其年月，列行萦纡以相属，编字戢香而相排"，"使读者阅文便睹，举目可详，此其所以为快也"，乃又诎其"烦费无用，得之不为益，失之不为损"，岂笃论乎？班固而后，表多阙焉不作。伏无忌、黄景之《诸王、王子、功臣、恩泽侯表》，边韶、崔寔、延笃之《百官表》，作矣而不传。袁希之之《汉表》、熊方之《后汉表》、李焘之《历代宰相年表》，补前人之阙矣而未备。成学之人欲览其要不得，未尝勿憾焉。鄞人万斯同，字季野，取历代正史之未著表者，一一补之，凡六十篇，益以《明史表》一十三篇。揽万里于尺寸之内，罗百世于方册之间，其用心也勤，其考稽也博。俾览者有快于心，庶几成学之助，而无"烦费无用"之失者欤！昔之论史者，每以《汉书·古今人物表》为非，然韩祐续之，犹见收于《唐志》，矧季野所编皆历代正史所必不可阙者！用以镜当世之得失，虽附诸史，并颁之学宫，奚不可也？康熙壬申岁季春，秀水朱彝尊撰。

《四库全书总目》卷五〇，史部别史类：《历代史表》五十三卷，国朝万斯同撰。……是编以十七史自《后汉书》以下，惟《新唐书》有表，余皆阙如，故各为补撰。宗《史记》、《前汉书》之例，作《诸王世表》、《外戚侯表》、《外戚诸王世表》、《异姓诸王世表》、《将相大臣及九卿年表》；宗《新唐书》之例，作《方镇年表》、《诸镇年表》。其《宦者侯表》、《大事年表》，则斯同自创之例也。其书自正史本纪、志传以外，参考《唐六典》、《通典》、《通志》、《通鉴》、《册府元龟》诸书，及各家杂史，次第汇载，使列朝掌故，端绪厘然，于史学殊为有助。考自宋以前，唯《后汉书》有熊方所补年表，他如郑樵《通志》，年谱仅记一朝大事及正闰始末，其于诸王将相公卿大臣兴废、拜罢之由，率略而不书。近人作十六国年表，亦多舛漏，其网罗繁富，类聚区分，均不及斯同此书之赅备。惟《晋书》既补《功臣世表》，则历代皆所当补。十六国如成、赵、燕、秦，既有《将相大臣年表》，则十国如南唐、南汉、北汉、闽、蜀，不当独阙。……是皆其偶有脱略者。然核其大体，则精密者居多，亦所谓过一而功十者矣。

李裕民《四库提要订误》（增订本）：按：《四库全书》本不全，据此而责万氏阙十国之表亦失当。留香阁刊本、广雅书局本为五十九卷。较库本多吴、南唐、南汉、蜀、后蜀、北汉六国将相大臣年表，书前有康熙壬申年黄宗羲序，称其书凡六十卷，不知刊本何以缺一卷，此卷当为《吴越将相大臣年表》。万氏所撰史表，除已刊者外，尚有稿本八卷，即《吴越将相大臣年表》、《吴越将相州镇年表》、《宋大臣年表》、《辽诸帝统系图》、《辽大臣年表》、《金诸帝统系图》、《金将相大臣年表》、《金衍庆宫功臣录》，开明书店访得，刊入《二十五史补编》中。

今案：是书亦名《补历代史表》。清代刻本有五十三、五十九卷两种，皆非全本。1936年开明书局汇编《二十五史补编》，除收入五十九卷本外，另补入伏跗室冯氏所藏未刊稿本中的17篇，惟已变原书结构。参阅朱端强《万斯同〈历代史表〉考论》（《云南师范大学学报》1994年第4期）、俞信芳《万季野〈历代史表〉版本及天一阁藏稿本考略》（载天一阁博物馆编《天一阁文丛》第3辑，宁波出版社2006年版）。

## 公元 1693 年 清圣祖康熙三十二年 癸酉

**黄宗羲编成《明文海》。**

黄百家《明文授读序》：先夫子自戊申岁，取家所藏有明文集，约五六千本，撷其精华，至乙卯岁，成《明文案》二百一十七卷。……迨后，先夫子究以有明作者林林，歉于未尽，亲至玉峰，搜假司寇健菴先生传是楼明集，得《文案》以外所未有者，又如我家藏之数，汗数牛而归。缀以红楮，第其甲乙，复还玉峰。宫詹果亭先生命诸佐史茧指录出，亲正豕鱼，以寄先夫子，于是复合《文案》而广之，又有《明文海》之选，为卷凡四百八十，为本百有二十，而后明文始备。先夫子尝谓不孝曰："唐《文苑英华》百本，有明作者轶于有唐，非此不足存一代之书。顾读本不须如许，我为择其尤者若干篇，授汝读之。"于是更有《授读》一书。……万子贞一曰："……合有明数千家之集而成《文海》，平情而谈，舍夫子而外，孰有缘再能聚数千家之集于一家，而又得勤力巨眼如夫子者，而为之遴拔乎？则此《文海》，夫子目光心血之所存，有明三百年文士英灵之所寄托也。……"……于是遂撤读礼之功，另诠一目，并搜先夫子所书各集评语，掇载篇后，间附注以不孝私记，以为读书知人之助云。康熙戊寅年，男百家拜谨述。

《四库全书总目》卷一九〇，集部总集类五：《明文海》四百八十二卷，国朝黄宗羲编。……宗羲于康熙乙卯以前，尝选《明文案》二百卷，既复得昆山徐氏所藏明人文集，因更辑成是编。分体二十有八，每体之中，又各为子目。……分类殊为繁碎，又颇错互不伦。……编次糅杂，颇为后人所讥。考阎若璩《潜邱札记》，辨此书体例，谓必非黄先生所编，乃其子主一所为。若璩尝游宗羲之门，其说当为可据。盖晚年未定之本也。……宗羲之意，在于扫除摹拟，空所倚傍，以情至为宗。又欲使一代典章人物，俱藉以考见大凡，故虽游戏小说家言，亦为兼收并采，不免失之泛滥。然其搜罗极富，所阅明人集几至二千余家，如桑悦《北都》、《南都》二赋，朱彝尊著《日下旧闻》时，搜讨未见，而宗羲得之以冠兹选。其他散失零落，赖此以传者，尚复不少，亦可谓一代文章之渊薮。考明人著作者，当必以是编为极备矣。其书卷帙繁重，传钞者希，此本犹其原稿，四百八十一及八十二卷内文十二篇，有录无书，无可核补，今亦并仍之云。

黄炳垕《黄宗羲年谱》（原名《黄梨洲先生年谱》）：（康熙）三十二年癸酉，公八十四岁。《明文海》四百八十二卷选成，谓主一公曰："唐《文苑英华》百本，有明作者，轶于有唐，非此不足存一代之书，顾读本不须如许，我为择其尤者若干篇，授汝读之。"于是有《明文授读》六十二卷。

今案：康熙七年（公元1668年），黄氏始选编《明文案》，至十四年（公元1675年）成，凡二百十七卷。晚年续作增益，编成《明文海》四百八十二卷。复选一部分教授其子百家，后由黄百家和张锡琨编定《明文授读》，凡六十二卷，于康熙三十八年刊刻。此书收入《四库全书》时，为馆臣大加删改，已失原貌。现存诸钞本中，以浙江图书馆藏清初抄本、天一阁藏原稿残本价值最高。相关研究，可参见骆兆平《〈明文案〉〈明文海〉稿本述略》（《文献》1987年第2期）、童正伦《〈明文海〉的编纂与传本》（《文献》2003年第3期）、武玉梅《〈明文海〉诸问题考述》（《文献》2007年第1期）。其中骆兆平《〈明文海〉黄宗羲评语汇录》，辑出原稿所附黄氏亲笔批语，殊为珍贵。

**邵远平著成《元史类编》（一名《续弘简录》）。**

《清史列传》卷七〇，《文苑传一》：邵远平，初名吴远，字戒三，浙江仁和人。康熙三年进士，改翰林院庶吉士，散馆授户部主事，洊升郎中。十四年，督学江西，升光禄寺少卿。十八年，江西巡抚佟国桢荐应博学鸿儒，召试，授翰林院侍读。二十年，充广东乡试正考官，迁庶子。二十二年，充日讲起居注官，晋翰林院侍读学士，擢詹事府少詹事，与修《一统志》。寻致仕归。……远平高祖经邦，明正德进士，刑部主事，迁员外郎。建言获罪。著《弘简录》一编，自唐迄宋，以辽、金附载之，于元未遑及。远平循其例续之，去旧史之重复鄙俚，博徵信于载籍，以为元之不足者文也，入制诰于帝纪，采著作于儒林，补以熊禾等十六人传，而于文苑，分经学、文学、艺学三科，悉加甄录，至于忠臣义士，采辑尤多。惟十三志不存，然分载于纪传，阙者以补，晦者以明。凡四十二卷。朱彝尊称其用高、曾之规矩，损益三十史官之词，傅以华采，一家之学，非官局所能逮也。别著有《史学辨误》、《戒三文存》、《河工见闻录》、《京邸》、《粤行》等集。……

邵远平《元史类编自序》：古人之著作已传矣，不必定无瑕累之可议，得后之人起而釐订之，以成一家言，则亦为功于古人，此学者事也。祖宗之志事有待矣，或限于时势之未可为，得后之人起而继续之，以完未竟之绪，庶几慰望于祖宗，此子孙责也。吾祖弘毅先生《弘简录》一书，前接夹漈郑氏《通志》，肇自李唐，迄于赵宋，而辽、金附载之。至于《元史》，则以为昭代所修，未敢议及，而期于克肖象贤之子孙叙述之。……考《元史》一百五十八卷，明洪武初奉敕监修，则有宋潜溪辈，若而人萃众著作之手，尚有差谬，况材识谫短，而欲以一人之智力，求免于后世之讥弹，讵不惑哉？宋王荆公以欧阳文忠修《五代史》而不修《三国志》，属苏子瞻足成之，子瞻固辞，不肯为。意以网罗数十百年放佚旧闻，其中不能无小得失，正畏人之掇拾其后耳。远不敏，万不及古人，特以吾祖之望于后人者甚切，虽不敢自许象贤，而夙深继续之志，窃幸是编得观成于有生之年，而无贻不及卒业之憾也。用是付诸剞劂，藏于家，以示后起者，冀世有述焉。若曰有功古人而可问之世，则益凛乎，称不敢矣！赐进士出身中宪大夫、詹事府少詹事、前翰林院侍读学士、日讲官起居注、提督江西学政、内升光禄寺少卿、纂修实录会典平定方略大一统志明史诸书、浙西邵远平谨识。

邵远平《进呈元史类编表》：原任詹事府少詹事兼翰林院侍讲学士臣邵远平顿首顿首上言：康熙三十有八年岁在己卯春二月……伏念臣祖邵经邦，性躭讲学，志切怀忠，释褐胜朝，服官比部。当盛年强仕之日，际兴献议礼之时，疏触柄臣，杖戍海峤，谪居三十七载，著书数十万言，曾续郑樵《通志》之余，撰成学史《宏简》一录，李唐、赵宋，厥有编年，五代、辽金，并登载记。臣猥以林居间隙，草成《元史类编》。溯纂辑于当年，但闻春开局而秋竣事；较得失于列代，惟恐昔严谨而后粗疏。序次纰缪或多，缘无实录，郡邑谘询未确，互有传疑。乃即宋濂之成书，研寻虎豕；窃仿杜氏之《通典》，旁注虫鱼。大义循夫正文，定例沿乎祖式，不敢妄加臆说，致滋讹伪之愆。惟思杂摭群书，略补见闻之阙。稿凡五易，舛复皆删，岁越数更，寒暑不辍……谨奉表上进以闻。

席世臣《元史类编叙》：国朝仁和邵远平戒山宫詹，撰《元史类编》四十二卷，康熙三十八年缮表进呈。戒山之高祖名经邦，明嘉靖时郎官，尝取唐宋诸史，删为《宏简录》，惟《元史》不敢议。此书乃戒山述祖志而续成之者也。尝考明修《元史》，刻期告竣，故多抵牾复沓，戒山芟其繁芜，理其棼乱，皆有法度可观，而其增补之功尤为完备。本纪增诏令，列传增奏疏，一代典章，灿然毕具。他若儒林有补，崇经术也；文苑有补，尚艺文也；忠义有补，重名教也。列宋季之降将，而前事可稽；附明初之群雄，而后事无阙。海运为元时创举，则特志之；收西域、平大理为元代鸿功，则详纪之。至其识见之最卓者，则台谏之外，更列直谏；儒学之中，不分道学。权衡至当，独具匠心，此又厥祖体例所未及者也。旧与《宏简录》并行，今重梓之，以为别史之殿云。乾隆乙卯四月上浣，南沙席世臣撰。

今案：是书凡例最末一条云："是编成于康熙癸酉之秋，进呈于己卯之春。"故系于本年。

## 《所知录》作者钱秉镫（澄之）卒。

《清史列传》卷六八，《儒林传下一》：钱澄之，初名秉镫，字饮光，安徽桐城人。明诸生。……崇祯朝，以明经贡京师。屡上书言时政得失，不报。游吴、越间，复社、幾社名流，雅相引重，遂为云龙社，以联吴淞，冀接武于东林。云间陈子龙、夏允彝、魏学渠，与相友善。又尝问《易》于漳浦黄道周。后避党祸至震泽，遇兵跳身南遯，崎岖闽、越间。乱定归里，遂杜足田间，治诸经，课耕以自给。著《田间易学》十二卷……又著《田间诗学》十二卷……他著有《屈宋合诂》二册，《诗集》二十八卷、《文集》三十卷。康熙三十二年，卒，年八十二。

钱秉镫《所知录凡例》：

一、闽立国仅一年，某以乙酉冬十月始到行在。既补外吏，不悉朝事。又终日奉檄驱驰，无因得阅邸钞。兹编凡福州十月以前事，皆得诸闻者也。至于延平行政、赣州用兵，亦只识其所亲见而已。江、闽士大夫多留心者，必已有成书也。

一、粤事自戊子秋九月过岭到肇，忝列班行，略有见闻，随即纪录。兹编凡戊子以前，皆本诸刘客生之日记也。于湖南战功，都不甚悉，亦因其所记者而已。辛卯春，滞梧州村中，略加编辑。夏四月，始离粤地。去南日远，间有传闻，不敢深信，亦不敢记也。

一、弘光朝某以书生蒙钩党之祸，匿武水周仲驭家复壁中，耳目俱绝，无所闻知。乱后始过白门，于先朝勋戚中，得三疑案，随作传疑诗三首记之。至于覆国之奸，固系同郡，本末素悉。今惟记其里居大略；乞降后，死仙霞岭之事，皆得诸同时共事者之口。若其立朝误国诸状，海内自有信史也。

一、某平生好吟咏，每有感触，辄托诸篇章。闽中舟车之暇，亦间为之。粤则闲曹无事，莫可发摅，每有纪事，必系以诗。或无记而但有诗，或记不能详而诗转详者，故诗不得不存也。删者甚多，亦存其记事之大者而已。

一、出岭时频遭兵掠，是编为小儿法祖藏诸败絮中得存，归而深匿之，将作井中史矣。儿殁十余年，不忍发笥检视，而伪说横行，颠倒悖谬，无处置喙，付之长叹而已。近见野史中亦间有传信者，然皆得之风闻，其中成败是非，本末曲折，未经亲见，故不能深信也。其书有为予所知，而不甚关系，当时偶失记者，仍补入数条。若予所不知者，虽信亦不敢载也。

傅以礼《华延年室题跋》卷上：右《所知录》三卷，附录一卷，明钱秉镫撰。秉镫，字幼光，桐城人。唐王时，以大学士黄道周荐，授延平府推官。闽亡入粤，桂王除礼部主事，廷试改翰林院编修。两粤再失，披薙为僧。旋里后，返初服，改名澄之，字饮光，晚号田间老人。所著尚有《田间易学》、《诗学》、《庄骚合诂》、《藏山阁稿》、《田间集》各种。自方苞为撰墓表，只称其气节文章，朱彝尊《明诗综》亦仅载里贯、著述，均无一语及仕履，人几不知曾挂朝籍，赖《录》中自述綦详，得悉历官梗概。然则稗乘野记不特供桑海史料，且为文献之徵已。是录以编年体纪唐、桂二王事迹，唐王始末粗具，桂王则尽四年。其起讫年月与《天南佚史》颇同，而事较徵实，故黄宗羲亟称其可信，惜其中尚有失考者……至注中分系诗篇，人亦疑有乖史体，故传本每多删削者，不知钱氏本擅词章，所附各什，尤有关系，只以身丁改步，恐涉嫌讳，未便据事直书，不得以托诸咏歌，藉补纪所未备。观例言所称"或无纪，但有诗，或纪不能详，而诗稿转详"等语，即知其苦心所在，乌得以寻常史例绳之？是录《明史艺文志》未载，仅见《培林堂书目》，王士禛、查慎行皆尝引及之。……是录各卷皆有子目，卷上为《隆武纪年》，卷中、下为《永历纪年》，而以《南渡三疑案》、《阮大铖本末小纪》附录于后。其中有大书，有分注，注内散附以诗，又有缀后各条，则行低一格，以别之。第二百年来辗转传钞，不能悉依原书体例，遂致凌杂失次，眉目不清，加以任意刊落，信手夺讹，传本互异，端由于此。旧藏《荆驼逸史》汇刻三卷，无附录，仅开卷存诗六首。近借得庄仲求司马、谢梅如舍人两家旧钞，均不分卷。庄本附录完具，诗则全删；谢本载诗特备，惜卷首阙例言，附录中少《阮大铖小纪》。爰合三本，参互耆辑、勘误、拾遗，凡大书、分注、缀后之文，悉还旧观，毋少舛错，并增目录一通弁首，另缮清本，仍分三卷，惟诗中衍夺尚夥，仅就《逸史》所有，及显而易见者点定一二，其余姑仍其旧。《阮大铖小纪》原附《髯绝篇》一首，亦莫由增补，当另求足本，或《藏山阁》、《田间》诸集，据以重订，俾成完书，愿与诸藏家共留意焉。……

　　谢国桢《增订晚明史籍考》卷一一：《所知录》六卷，明桐城钱澄之饮光撰。……按：是书《荆驼逸史》本，仅《隆武纪事》一卷，《永历纪事》二卷。新学会社排印本据传钞本排印，凡六卷，计目为《隆武纪年》一卷，《永历纪年》三卷，《南渡三疑案》、《阮大铖本末小纪》二卷。与《荆驼逸史》相校，荆驼本之《永历纪年》二卷，乃排印本之卷中。又较荆驼本多附录三卷，文字互有异同，且饮光所附诗文，荆驼本全行删去，是排印本所据之书为足本矣。……饮光身历亲睹，为记隆武、永历两朝最直接之资料，堪备南明史事之徵。

# 公元1694年　清圣祖康熙三十三年　甲戌

**《明史》及《大清一统志》总裁、《资治通鉴后编》主编徐乾学卒。**

　　《清史列传》卷一〇，《徐乾学传》：徐乾学，江南昆山人。康熙九年，一甲三名进士，授编修。……二十一年，充《明史》总裁官。二十二年，迁翰林院侍讲。二十三年，迁侍讲学士。……是年十二月，乾学迁詹事。二十四年正月……旋奉命直南书房，擢内阁学士，充《大清会典》、《一统志》副总裁，教习庶吉士。……二十七年二月……即于是月迁刑部尚书。……乾学寻乞罢……疏入，得旨："览奏，情辞恳切，准以原官解任。其修书总裁等项，著照旧管理。"……是年（二十八年）十一月，乾学疏言："臣年六十，精力衰耗……乞恩终始矜全，俾得保其衰病之身，归省先臣邱陇，庶身心闲暇。愿比古人书局自随之义，屏迹编摩，少报万一。"得旨："卿学问淹博，总裁各馆书史，著有勤劳。览奏，请归省墓，情辞恳切，准假回籍，书籍著随带编辑。"……于（三十三年）四月疾卒，年六十有四。所著有《憺园集》、《读礼通考》诸书。遗疏进其所纂《一统志》，下所司察收。

韩菼《有怀堂文稿》卷一八，《资政大夫经筵讲官刑部尚书徐公行状》：公讳乾学，字原一，号建菴。……既为诸生，即慨然有当世之志，于书无不窥，原原本本，以求措诸实用，一旦出，可挈而付若左契也。试辄冠其侪，吴中文社故盛，公为之领袖。……顺治庚子，举顺天乡试。又十年，为康熙庚戌，举礼部殿试，以进士第三人及第，授宏文院编修。寻改三院为翰林院，仍为编修。壬子，主试顺天。……会有撼公取副榜不及汉军者，坐降级归。乙卯，复原官。明年，升右赞善。……明年，充日讲起居注，复充《明史》总裁官。……又三年，升翰林院侍讲。明年，升侍讲学士，寻升詹事府詹事。乙丑，升内阁学士，兼礼部侍郎。……奉命日直南书房……又命教习庶吉士。明年，转礼部侍郎，教习如故。……时公奉命总裁《大清一统志》、《大清会典》及《明史》，凡领三馆。又被命纂辑历代安危治乱之迹，有关政事者，名曰《鉴古辑览》。又命选自周、秦以来，至元、明之文，分正、外、别三集，名曰《古文渊鉴》。……寻充经筵讲官。……在礼部岁余，升都察院左都御史，时丁卯九月也。……公常言学问须有根柢，浮辞剿说，最足误人。故所为文章，源本经史，旁通诸子百家，开辟变化，肖物命义，敛其海涵地负、出神入天之惊才，而融液于章妥句适间。……其于经学，凡唐、宋以来先儒经解，世所不常见者，靡不搜揽参考，雕板行世。有所独得，著为论辩。又以《诸经大全》一书最舛陋，欲荟萃古今经说，采其正义，别其当否，各为一书，以正群讹，未就也。其于史学，《宋元通鉴》草已成，方博采群书为《目录考异》，尚未就。《明史稿》中议大礼三案，东林理学诸源流，皆公之特笔，足为实录。而《一统志》古今沿革、山川形胜、都邑人物、田赋户口，考之详而辨之明，意在于为经世之书，以佐史家，尤有笔也。其于诗学，谓论古今之诗，三百篇为源，汉、魏为盛，而唐以下为委。论唐，则贞观、永徽为源，开元、大历为盛，而元和、开成以下为委。其兴寄深厚，辞义古质，从容讽谕，微婉含蓄者，正也。刻露峭厉，鼻兀豪荡，变也。识者以为知言。……所著《读礼通考》一百二十卷，《文集》二十四卷，《外集》四卷，诗有《虞浦集》、《词馆集》、《碧山集》共十卷。其奉命纂辑之书不与焉。又著《历代宗庙考》、《舆地备考》、《舆地纪要》、《舆地志余》诸书，未卒业。公生于有明崇祯四年十一月初二日，卒于康熙三十三年七月十七日，年六十有四。……

裘琏《横山文钞·纂修书局同人题名私记》：康熙二十六年，天子命廷臣纂修《大清一统志》，而以刑部尚书昆山徐公为总裁。公受命之后，日夜渊兢，不遑启处。谓志者，一王大典，必屏谢他职，专精思虑，乃克有成。于是乞假南旋，就闲毕业。天子俞其请，一时金匮石室之秘藏，职方图册之汇献，不惮数千里携载以归。……既，题请翰林姜、黄二君共事书局，复延访四方耆儒名宿，共襄厥成，郁郁彬彬，络绎奔诣，皆大国词人之选，称极盛矣。……乃选五湖之滨，洞庭之山，俶园池亭馆之美者而分居之，得十有四人焉。此外，供事之员，善书之士，及奔走使令之役，复三四十人。呜呼盛已！……其人：德清胡渭生，无锡顾祖禹、子士行、秦业，晋江黄虞稷，山左阎若璩，太仓唐孙华、吴暻，常熟黄仪、陶元淳，钱塘沈佳，仁和吕澄，慈溪姜宸英，裘琏。字与爵，俱不书。

《四库全书总目》卷四七，史部编年类：《资治通鉴后编》一百八十四卷，国朝徐乾学撰。……是编以元、明人续《通鉴》者，陈桱、王宗沐诸本，大都年月参差，事迹脱落；薛应旂所辑，虽稍见详备，而如改《宋史》"周义成军"为"周义"，以胡瑗为朱子门人，疏谬殊甚。皆不足继司马光之后。乃与鄞县万斯同、太原阎若璩、德清胡渭等，排比正史，参考诸书，作为是编。草创甫毕，欲进于朝，未果而殁。今原稿仅存，惟阙第十一卷。书中多涂乙删改之处，相传犹若璩手迹也。其书起宋太祖建隆元年，迄元顺帝至正二十七年。凡事迹之详略、先后有应参订者，皆依司马光例，作考异以折衷之。其诸家议论足资阐发者，并采系各条之下。间附己意，亦依光书之例，标"臣乾学曰"以别之。其时《永乐大典》尚庋藏秘府，故熊克、李心传诸书皆未得窥。所辑北宋事迹，大都以李焘残帙为稿本，援据不能赅博，其宋自嘉定以后、元自至顺以前，尤为简略。至宋末昰、昺二王，皆误沿旧史，系年纪号，尤于断限有乖。又意求博赡，颇少剪裁。……然其裒辑审勘，用力颇深，故订误补遗，时有前人所未及。……又是时乾学方领一统志局，多见宋、元以来郡县旧志，而若璩诸人复长于地理之学，故所载舆地，尤为精核。……（《资治通鉴后编》）年经月纬，犁然可观，虽不能遽称定本，而以视陈、王、薛三书，则过之远矣。

夏震武《资治通鉴后编校勘记跋》：教职杨誉龙校宋元通鉴，徐氏、毕氏最后出，而谬误相沿，无所订正，有识病之。予取徐氏《后编》，校以史文，改易增窜，十之二三，惧一时所见，不能无失，因写为《校勘记》十五卷。原文、改本并著于篇，是非有归，学者可考焉。光绪戊戌十月夏震武识。

**曹荃注释葛震《诗史》，改名《四言史徵》。**

　　曹荃《四言史徵自叙》：学士家究极经书，可以治心也；博览史书，可以资识也。经史学识，不可偏废，犹辅车然。然士之求治一经，殚心岁余，义可粗了，程功若易；史则充栋，非穷数年之力以勤披览，亦不能遍，是为难耳！人每畏难，鲜不置之，因有改难趋易，删多就寡，而诸家褒史《鉴略》出。夫史至于撮要，则节目不能详，律句则书法莫能备，大端疏漏，实误信传。句曲葛君是所慨然，于此而有《四言史徵》之著也。首自鸿濛，下至元、明，皆取各家正史而檃栝之。凡所更代，帝王功德之绪，胪列于前；臣宰忠奸之迹，鳞次于后；节烈异术，附记于末。率为四言韵语，语则寓褒贬美刺，大意有同葩经，俾读者可以兴观群怨焉。予一日相与衡论古今之际，出此稿以示予。予览竟，喜其琢句之工，命意之善也，然亦微有因简致疏之处，乃不揣请而为之注。取诸本纪、世家、列传，详以系之，庶使读句者记其要领，览注者得其纤悉。去多而寡，去难而易，使无罣漏，足可信传。葛君之功，有益于世学实厚，予则因弥至深，少助弘济。且此诚便家塾幼学，俾于摹字之初，即令写此，不二三岁，可熟正文，再为讲解古今全史，咸贮腹笥，牖下恣谭论，廊庙资政事，润色柔翰，鼓吹诗歌，学士案头岂可少此一书乎？其中短注古韵音切，皆本考究，间抒己意，览者自知。录成命梓，用契葛君。时康熙三十三年岁次甲戌孟秋，长白曹荃书于漱艺山房。

　　宋荦《四言史徵叙》：荀悦作《汉纪》，有五志焉：一曰达道义，二曰章法式，三曰通古今，四曰著功勋，五曰表贤能。当时号为佳史，袁宏、干宝以下，皆祖述焉。今观句曲葛星岩氏之著《史徵》，而五志皆备，其仲豫之流亚乎？上自鸿濛，下迄明季，皆檃栝正史而举其要，约以四言韵语。凡治乱兴亡之迹，忠孝名节之重，以及佞幸逸邪之人，皆著之，所以定褒贬而示劝惩。非特有裨蒙训，亦学士家博综全史者之阶梯也。第其文简而事迹多略，句约而文辞弗该，于是乎长白曹君芷园为之注。取诸本纪、世家、列传之文，而又书帝王统系、纪年于前，备采野史之可传信者于后。正统则标其名，僭国则书其附。文约而事备，法严而义精，盖仿紫阳《纲目》之遗意，所谓"大书以提要，分注以备言"者，几几乎近之矣。语云："莫为之后，虽盛弗传。"葛氏《史徵》虽佳，得芷园注乃益明。今夫史乘之多，汗牛充栋，黄吻呀唔，白首不能罄其词，于是畏难而阻者，反藉口宋儒玩物丧志之说，高束不观，往往不知自古至今，帝王几统，南北几朝，制度文章，蒙然云雾，学问日入于荒陋。岂若于毁齿就傅时，即授以此编读之，有韵之言，寻行朗诵，既易于成熟，而先入之所睹记，又可历久而弗忘，其有功蒙养不小也，况芷园之注又复精详乃尔乎！昔裴松之注《三国》，刘孝标注《世说》，郦道元注《水经》，世称三奇注，今得芷园而四矣。遂序之，以应其请。康熙庚辰菊月，商丘宋荦。

《四库全书总目》卷九〇，史部史评类存目二：《四言史徵》十二卷，国朝葛震撰。即葛氏《诗史》，曹荃为之注释，改题此名也。据荃《自序》，题康熙庚辰，尚在癸未前四年，殆钟国玺刻《诗史》时，尚未见此本欤？

　　今案：是书曹荃《自序》题为康熙甲戌，宋荦《序》题为康熙庚辰。《四库全书总目》一时失察，竟谓曹序题为康熙庚辰。

## 公元1695年 清圣祖康熙三十四年 乙亥

《明夷待访录》、《明儒学案》、《弘光实录钞》、《行朝录》作者黄宗羲卒。

《清史列传》卷六八，《儒林传下一》：黄宗羲，字太冲，浙江余姚人。年十四，补诸生。父尊素，明天启间官御史，以抗直死魏阉之难。宗羲年十九，袖长锥入京颂冤……及归，从刘宗周游，姚江末派援儒入释，宗羲力摧其说，时称御侮。陈贞慧等作《南都防乱揭》，署名曰，被难诸家推宗羲居首。福王时，阮大铖案揭中姓名欲杀之，会大兵至，得免。寻归浙东，纠合黄竹浦子弟数百人，随诸军于江上，时呼世忠营。大兵定浙，宗羲间行归家，遂奉母里门，毕力著述。既而请业者日至，乃复举证人书院之会于越中，以申宗周之绪。……康熙十八年，诏徵博学鸿儒，掌翰林院学士叶方霭欲荐之，宗羲辞以疾，且言母老。十九年，左都御史徐元文监修《明史》，荐宗羲，辞如初。及诏取所著书关史事者，宣付史馆。二十九年，上访求遗献，刑部尚书徐乾学复荐宗羲，仍不出。然宗羲虽不在史馆，而史局每有疑事必咨之。……史学则欲辑《宋史》而未就，仅存《丛目补遗》三卷。又辑《明史案》二百四十四卷。其明史有三例：一、国史取详年月，二、野史取当是非，三、家史备官爵世系。《明史稿》出于万斯同，斯同之学出于宗羲也。天文则有《大统法辨》四卷，《时宪书法解新推交食法》一卷，《圜解》一卷，《割圜八线解》一卷，《授时法假如》一卷，《西洋法假如》

一卷,《回回法假如》一卷。……又著《明儒学案》六十二卷,叙述明代讲学诸儒流派分合、得失甚详。后又辑《宋儒学案》、《元儒学案》,以志七百年儒学源流。又《明文海》四百八十二卷,汇集明人文集二千余家,撷其菁华,典章人物,粲然具备,与十朝国史亦多弹驳参正。文集则有《南雷文案》、《吾悔》、《撰杖》、《蜀山》诸集及《诗集》,后又分为《南雷文定》,晚年复定为《文约》,《文定》十一卷,《文约》四卷。又《深衣考》一卷,《今文经》一卷,《四明山志》九卷,《历代甲子考》一卷,《二程学案》二卷。尚书汤斌尝曰:"黄先生论学如大禹导山导水,脉络分明,吾党之斗杓也。"……三十四年,卒,年八十六。

全祖望《鲒埼亭集》卷一一,《梨洲先生神道碑》:康熙三十四年岁在乙亥七月初三日,姚江黄公卒。……公讳宗羲,字太冲,海内称为梨洲先生。浙江绍兴府余姚县黄竹浦人也。忠端公尊素长子。……公垂髫读书,即不琐守章句。年十四,补诸生。……忠端公死诏狱……庄烈即位,公年十九,袖长锥,草疏入京讼冤,至则逆阉已磔。……既归,治忠端公葬事毕,肆力于学。忠端公之被逮也,谓公曰:"学者不可不通知史事,可读《献徵录》。"公遂自明十三朝实录,上溯二十一史,靡不究心,而归宿于诸经。既治经,则旁求之九流百家,于书无所不窥者。……是时山阴刘忠介公倡道蕺山,忠端公遗命令公从之游。……蕺山之学,专言心性,而漳浦黄忠烈公兼及象数,当是时拟之程、邵两家。公曰:"是开物成务之学也。"乃出其所穷律历诸家相疏证,亦多不谋而合。一时老宿闻公名者,竞延致之。……甲申难作,(阮)大铖骤起南中,遂案揭中一百四十人姓氏欲尽杀之。……公等惴惴不保,驾贴尚未出,而大兵至,得免。南中归命,公踉跄归浙东,则刘公已死节,门弟子多殉之者。而孙公嘉绩、熊公汝霖以一旅之师,画江而守,公纠合黄竹浦子弟数百人,随诸军于江上,江上人呼之曰世忠营。公请援李泌客从之义,以布衣参军,不许,授职方。寻以柯公夏卿与孙公等交举荐,改监察御史,仍兼职方。……己丑,闻监国在海上,乃与都御史方端士赴之,晋左佥都御史,再晋左都御史。……公之从亡也,太夫人尚居故里,而中朝诏下,以胜国遗臣不顺命者,录其家口。……乃陈情监国,得请变姓名,间行归家。……是年,监国由健逃至翁洲,复召公副冯公京第乞师日本,抵长崎,不得请,公为赋《式微》之章,以感将士。公既自桑海中来,杜门匿影,东迁西徙,靡有宁居。……

其后海氛渐灭,公无复望,乃奉太夫人返里门,于是始毕力于著述,而四方请业之士渐至矣。公尝自谓:"受业蕺山时,颇喜为气节斩斩一流,又不免牵缠科举之习，所得尚浅。患难之余，始多深造。"于是胸中窒碍为之尽释，而追恨为过时之学。……问学者既多，丁未，复举证人书院之会于越中，以申蕺山之绪。已而东之鄞，西之海宁，皆请主讲；大江南北，从者骈集，守令亦或与会。……公谓："明人讲学，袭语录之糟粕，不以六经为根柢，束书而从事于游谈，故受业者，必先穷经。经术所以经世，方不为迂儒之学，故兼令读史。"又谓："读书不多，无以证斯理之变化；多而不求于心，则为俗学。"故凡受公之教者，不堕讲学之流弊。公以濂、洛之统，综会诸家，横渠之礼教，康节之数学，东莱之文献，艮斋、止斋之经制，水心之文章，莫不旁推交通，连珠合璧，自来儒林所未有也。康熙戊午，诏徵博学鸿儒。掌院学士叶公方霭先以诗寄公，从臾就道。公次其韵，勉其承庄渠魏氏之绝学，而告以不出之意。……未几，又有诏以叶公与同院学士徐公元文监修《明史》。徐公以为公非能召使就试者，然或可聘之修史。乃与前大理评事兴化李公□（今案：缺字为"清"）同徵，诏督抚以礼敦遣。公以母既耄期，己亦老病为辞。叶公知必不可致，因请诏下浙中督抚，抄公所著书关史事者，送入京。徐公延公子百家参史局，又徵鄞万处士斯同、万明经言同修，皆公门人也。……公虽年逾八十，著书不辍。乙亥之秋，寝疾数日而殁……得年八十有六。……

公所著有《明儒学案》六十二卷，有明三百年儒林之薮也。经术则《易学象数论》六卷，力辨河洛方位图说之非……《授书随笔》一卷，则淮安阎徵君若璩问《尚书》而告之者。《春秋日食历》一卷，辨卫朴所言之谬。《律吕新义》二卷，公少时尝取余杭竹管肉好停匀者，断之为十二律，与四清声试之，因广其说者也。又以蕺山有《论语》、《大学》、《中庸》诸解，独少《孟子》，乃疏为《孟子师说》四卷。史学则公尝欲修《宋史》而未就，仅存《丛目补遗》三卷；辑《明史案》二百四十四卷。有《赣州失事》一卷，《绍武争立纪》一卷，《四明山寨纪》一卷，《海外恸哭纪》一卷，《日本乞师纪》一卷，《舟山兴废》一卷，《沙定洲纪乱》一卷，《赐姓本末》一卷。又有《汰存录》一卷，纠夏考功《幸存录》者也。历学则公少有神悟，及在海岛，古松流水，布算簌簌。尝言："勾股之术，乃周公、商高之遗，而后人失之，使西人得以窃其传。"有《授时历故》一卷，《大统历推法》一卷，《授时历假如》一卷，《西历》、《回历假如》各一卷；外尚有《气运算法》、《勾股图说》、《开方命算》、《测圆要义》诸书，共若干卷。……文集则《南雷文案》十卷，《外集》一卷，《吾悔集》四卷，《撰杖集》四卷，《蜀山集》四卷，《子刘子行状》二卷，《诗历》四卷，《忠端祠中神弦曲》一卷。后又分为《南雷文定》，凡五集，晚年又定为《南雷文约》，今合之得四十卷。《明夷待访录》二卷，《留书》一卷，则佐王之略。……《思旧录》二卷，追溯山阳旧侣，而其中多庄史之文。公又选明三百年之文，为《明文案》。其后，广之为《明文海》，共四百八十二卷。自言多与十朝国史多弹驳参正者。而别属李隐君邺嗣为《明诗案》，隐君之书未成而卒。晚年于《明儒学案》外，又辑《宋儒学案》、《元儒学案》，以志七百年来儒苑门户。于《明文案》外，又辑《续宋文鉴》、《元文抄》，以补吕、苏二家之阙，尚未成编而卒。又以蔡正甫之书不传，作《今水经》。其余《四明山志》、《台宕纪游》、《匡庐游录》、《姚江逸诗》、《姚江文略》、《姚江琐事》、《补唐诗人传》、《病榻随笔》、《黄氏宗谱》、《黄氏丧制》，及自著年谱诸书，共若干卷。……

**潘耒刊刻《日知录》三十二卷。**

《清史列传》卷七一，《文苑传二》：潘耒，字次耕，江苏吴江人。幼孤，生而宿慧，读书目数行下。受业于同郡徐枋、顾炎武，能承其教。群经诸史，旁及算术、宗乘，无不贯通。嘉定陆元辅、平湖陆陇其交口许为渊洽。康熙十八年，以布衣召试博学鸿儒，授翰林院检讨，与修《明史》，即作《修史议》以上，谓："明更三百年未有成史，今创为一书，前无所因，视昔之本《东观》以作《后汉》，改《旧书》以修《新唐》者，其难百倍。宜搜采博而考证精，职任分而义例一，秉笔直而持论平，岁月宽而卷帙简。"总裁善其说，令撰《食货志》兼他纪传，自洪武以下五朝稿，皆所订定。寻充日讲起居注官，纂修实录、圣训。二十一年，充会试同考官，称得士。名益盛，忌者颇众。二十三年，甄别议起，坐浮躁降调，遂归。……耒有至性……尤笃师门之谊，枋殁，周恤其孤孙，俾得所刻顾炎武《日知录》并《诗文集》。……有《遂初堂诗集》十六卷，《文集》二十卷，《别集》四卷。……耒又因炎武《音学五书》，为《类音》八卷。……晚岁研究《易》象数，著论十三篇，多所心得。四十七年，卒，年六十三。

沈彤《果堂集》卷一一，《徵仕郎翰林院检讨潘先生行状》：……江南苏州府吴江县潘耒年六十三状。先生字次耕，又字稼堂，晚自号止止居士。生而聪警，善记，或试之历日，过目背诵，不舛落一字。比长，复得顾炎武、徐枋、王锡阐、吴炎、兄柽章诸君为之师友，数年于经籍、子史、诗赋、古文词、历算、声音之学，课习讨论，遂无不洞达。暇则游览名山大川，尚志廓情，不慕荣禄。康熙十七年，徵博学鸿词之士，左谕德卢琦、刑部主事谢重辉以先生名上，先生以母老固辞，终不获命。而行抵都，召试体仁阁下，擢二等第二，除翰林院检讨，纂修明史。先生又牒吏部，以独子终养请代，题三请三格，乃受职。先生谓：有明三百年史事繁委，宜博采而精于考证分任，而一其义例，秉笔严而论平，岁月宽而帙简。遂作议以上，总裁然之，令撰《食货志》，而兼订他纪传，自洪武及宣德五朝，具有成稿。十九年，诏更定殿廷乐章，先生首上议增五事。时逆藩悉定，并献平蜀、平滇二赋，公卿传诵。进充日讲官、知起居注，兼纂修世祖章皇帝实录、圣训。初，博学鸿词之士之官翰林、入史局也，多进士出身，尝为官。而朱彝尊、严绳孙二君与先生，皆自布衣与选，及日讲官、起居注之添设，而三人亦同入直；又馆阁应奉文非出三人手，院长不谓然。用是资格自高者，既莫不忌此三人，而先生又精敏敢言，每同列质所疑，辄援据经史百子，横从应答，无少逊避，故忌者于先生视朱、严二君尤甚。甄别议起，遂坐浮躁降调。先生在翰林五年，至是归里。四十二年之春，圣祖仁皇帝南巡，复先生原官。越三年，圣祖又南巡，大学士陈公廷敬时扈驾，相见，欲荐起先生。先生曰："止止止，吾初志也，吾分也。"赋《老马行》以谢，竟不复出。先生家居，凡二十余年，遭母丧，哀毁骨立，哭其兄若弟，过时而悲。赎其兄之子为民，边外者婚嫁殡葬，其亲故之尤贫无力者，皆罄所储为之。其游览名山大川，视布衣时益多，其乐之而形于诗文亦益甚。晚岁惟究心易象数与历算之学。以四十七年九月廿九日病卒。

平生慕古人之崇德，尚功勋，陈谟猷，以济时匡俗，而非己之位所得为，则遇其得为者，莫不劝厉，有不得遂，辄忧虞不乐。至出处进退，又必辨之明，持之严，虽达可有为，不肯或苟，其性行如此。故所为诗若文，多扶树风节，裨于治道，卓然有立。于声音反切，幼而神悟。及往来四方，尽通其变，乃著《类音》八卷，以补订前古音学之讹阙。其诗集十六卷，文集二十卷，别集四卷，合名《遂初堂集》，与《类音》并刻行世。其明五朝史稿若干卷，藏于家。嫡子其炳，既述先生行，乞铭于陈公廷敬，又十余年，乃属彤为之状，以备史馆作文苑传之采择，敢撰次其历官行事如右，谨状。

潘耒《日知录序》：有通儒之学，有俗儒之学，学者将以明体适用也。综贯百家，上下千载，详考其得失之故，而断之于心、笔之于书，朝章国典、民风土俗，元元本本，无不洞悉，其术足以匡时，其言足以救世，是谓通儒之学。若夫雕琢辞章、缀辑故实，或高谈而不根，或剿说而无当，浅深不同，同为俗学而已矣。自宋迄元，人尚实学，若郑渔仲、王伯厚、魏鹤山、马贵与之流，著述具在，皆博极古今，通达治体，曷尝有空疏无本之学哉！明代人才辈出，而学问远不如古。自其少时鼓箧读书，规模次第，已大失古人之意，名成年长，虽欲学而无及。间有豪隽之士，不安于固陋，而思崭焉自见者，又或采其华而弃其实，识其小而遗其大。若唐荆州、杨用修、王弇州、郑端简，号称博通者，可屈指数，然其去古人有间矣。

昆山顾宁人先生，生长世族，少负绝异之资，潜心古学，九经诸史略能背诵，尤留心当世之故，实录、奏报，手自钞节，经世要务，一一讲求。当明末年，奋欲有所自树，而迄不得试，穷约以老，然忧天悯人之志未尝少衰，事关民生国命者，必穷源溯本，讨论其所以然。足迹半天下，所至交其贤豪长者，考其山川风俗、疾苦利病，如指诸掌。精力绝人，无他嗜好，自少至老，未尝一日废书，出必载书数箧自随，旅店少休，披寻搜讨，曾无倦色。有一疑义，反覆参考，必归于至当。有一独见，援古证今，必畅其说而后止。当代文人才士甚多，然语学问，必敛衽推顾先生。凡制度典礼有不能明者，必质诸先生；坠文轶事有不知者，必徵诸先生。先生手画口诵，探源竟委，人人各得其意去，天下无贤不肖，皆知先生为通儒也。先生著书不一种，此《日知录》则其稽古有得，随时札记，久而类次成书者。凡经义、史学、官方、吏治、财赋、典礼、舆地、艺文之属，一一疏通其源流，考正其谬误。至于叹礼教之衰迟，伤风俗之颓败，则古称先，规切时弊，尤为深切著明。学博而识精，理到而辞达。是书也，意惟宋元名儒能为之，明三百年来殆未有也。

耒少从先生游，尝手授是书。先生没，复从其家求得手稿，校勘再三，缮写成帙，与先生之甥刑部尚书徐公健庵、大学士徐公立斋谋划刻之而未果。二公继没，耒念是书不可以无传，携至闽中，年友汪悔斋赠以买山之资，举畀建阳丞葛受箕鸠工刻之以行世。呜呼！先生非一世之人，此书非一世之书也。魏司马朗复井田之议，至易代而后行；元虞集京东水利之策，至异世而见用。立言不为一时，录中固已言之矣。异日有整顿民物之责者，读是书而憬然觉悟，采用其说，见诸施行，于世道人心实非小补，如第以考据之精详，文辞之博辨，叹服而称述焉，则非先生所以著此书之意也。康熙乙亥仲秋，门人潘耒拜述。

《四库全书总目》卷一一九，子部杂家类三：《日知录》三十二卷，国朝顾炎武撰。……是书前有自记，称"自少读书，有所得，辄记之。其有不合，时复改定。或古人先我而有者，则遂削之。积三十余年，乃成一编。"盖其一生精力所注也。书中不分门目，而编次先后则略以类从。大抵前七卷皆论经义，八卷至十二卷皆论政事，十三卷论世风，十四卷、十五卷论礼制，十六卷、十七卷皆论科举，十八卷至二十一卷皆论艺文，二十二卷至二十四卷杂论名义，二十五卷论古事真妄，二十六卷论史法，二十七卷论注书，二十八卷论杂事，二十九卷论兵及外国事，三十卷论天象、术数，三十一卷论地理，三十二卷为杂考证。炎武学有本原，博瞻而能通贯，每一事必详其始末，参以证佐而后笔之于书，故引据浩繁，而牴牾者少。非如杨慎、焦竑诸人，偶然涉猎，得一义之异同，知其一而不知其二者。阎若璩作《潜丘劄记》，尝补正此书五十余条。若璩之婿沈伋，特著其事于序中，赵执信作若璩墓志，亦特书其事。若璩博极群书，俾倪一代，虽王士禛诸人尚谓不足当抨击，独于诘难此书，沾沾自喜，则其引炎武为重，可概见矣。然所驳或当或否，亦互见短长，要不足为炎武病也。惟炎武生于明末，喜谈经世之务，激于时事，慨然以复古为志，其说或迂而难行，或愎而过锐。观所作《音学五书后序》，至谓"圣人复起，必举今日之音而还之淳古"，是岂可行之事乎？潘耒作是书序，乃盛称其经济，而以考据精详为末务，殆非笃论矣。

**江蘩著成《四译馆考》。**

江蘩《四译馆考序》:《禹贡》备志九州，而其时要荒诸服，远不踰三千里；成周众建千八百国，而吴、越不与会盟。至于汲黯论瓯粤之争贾，捐建珠崖之议，考诸旧史，则其幅员之广狭，从可知矣。皇上天亶神灵，膺箓御宇，诞敷文德，载绩武功，闿泽遍于群黎，声教讫乎四海，以故雕题椎髻之国，凡前代之所未征，前王之所未臣者，靡不奉冠带，秉正朔，梯航踵接，稽颡归心，小共大球，来庭来享，猗欤盛哉！何风之隆也。夫政教之所及，其在疆索以内者，习见夫蠲租、减赋、察吏、兴行诸大典，遂以浃洽乎人心，而含哺歌咏以观德化之成，此固率土之大义也。若乃嗜欲不通，言语不同，或居鲛官蜃窟之中，或处冰月霜天之下，惊涛白日，大碛黄沙，初未尝下尺一诏，提一旅之师，而庭实交陈，输诚恐后，非盛德何以柔远人若此哉！献琛奉赘，国有专司，隶于大鸿胪者，为朝鲜、琉球、安南诸国；而四译馆之所掌，凡三十余国，统以八馆，列为东西，爰择师儒，分馆教习，而设少卿以董之。蘩不敏，摄官承乏，回思一郡一邑之近在眉睫间者，亦必为徵文考献，以佐司牧者之张弛，况乎荒傲遐陬，闻风慕义，而令其风土习俗茫然无稽，其何以昭同文之盛乎？乃于考课之暇，裒集旧简，编次成书，为之著天时土地寒暖燥湿之殊，山川道里险易远近之异，民风习俗悍朴文质之分，物产土宜多寡贵贱之别，以及往古沿革叛服之故，前人统驭得失之由，条晰缕分，阙疑传信，虽天子不贵异物，不勤远人，而风教渐被，同轨同伦，自三五以来未尝有也。……康熙三十四年乙亥嘉平月，翰林院提督四译馆太常寺少卿加四级汉阳江蘩序。

《四库全书总目》卷八三，史部政书类存目一：《四译馆考》十卷，国朝江蘩撰。……是书略记外藩朝贡之目。恭载列祖敕谕及赐予物数，皆《实录》、《会典》之所有。其国俗土风，则捃撦前代史传为之，多不确实。后系以集字诗二卷，皆蘩所自作，而以诸国字译之。诗既无关于外藩，所译之字，又不能该诸国之字，则亦戏笔而已，不足以资掌故也。

**周在浚著成《南唐书注》。**

《清史列传》卷七〇，《文苑传一》：周在浚，字雪客，河南祥符人。官经历。父亮工，官户部侍郎，著有《赖古堂集》。在浚夙承家学，淹通史传，尝注《南唐书》十八卷，为王士禛所称。又尝合《天发神谶碑》三段，贯以巨铁，重为《释文》一卷，考证精审，论者谓可正《金石》、《集古》二录之误。工诗，尝作《金陵百咏》及《竹枝词》，流传最盛。著有《云烟过眼录》二十卷，《晋稗》、《梨庄》、《遗谷集》、《秋水集》）。

周在浚《南唐书笺注凡例》（共十五条）：

一、《南唐书》旧有胡恢、陆游、马令三书。恢书不传，惟陆、马二书传于世。陆书发凡起例，简略（今案："简略"二字疑为衍文）详略可观，足继迁、固。三主名纪，俨然以正统归之。其识见较马令超远，可与欧阳公《五代史》相匹，非诸伪史可比也。……

一、兴化李映碧先生曾注《南唐书》，其本子不依陆书，自为更定，实大同小异耳。陆书以宋为主，李则欲以南唐继后唐，不用宋朔。予所注，仿裴松之注《三国》意，但依其本文，不敢妄自纷更。

一、映碧先生注此书，所见正史之外不多，故所注寥寥。予家旧有《徐骑省集》、《江南别录》、《南唐近事》、《江南野史》、《江南录》、《十国纪年》、《九国志》、《五代春秋》等书，皆李先生所未见者。又《册府元龟》、《玉海》等书，亦李先生未采者。予皆汇注之。又阅宋人说部书不下二百种，有关于南唐者，亦悉录之。较李先生所注为粗备。

一、裴松之注《三国》、郦道元注《水经》，有例存焉，不宜广搜杂引。予之注《南唐》也，聊备见闻，不敢妄遗古人一字。至笔削之权，请俟之大手笔，非予所敢僭也。……

一、陈霆《唐余纪传》及近人吴山宾、李映碧、丁钟仁辈，俱以南唐为正统，谓宋宜直接南唐。其说盖本于元人杨维桢。吴山宾作《三唐编年谱》，录于后。

一、嘉禾朱太史彝尊尝欲注《五代史》，予亦有志焉。搜觅藏书有关五代者，得百十种，家难之后，化为云烟，此志未逮，惟应属之太史耳。

一、予注始于庚申，成于乙亥，前后十六年。记初注时，黄徵君俞邰见之，以为必传。今书成，黄子已赴玉楼矣，把卷为之慨然。

一、列传中西平王周本及其子健康子弘祚，实予家二世、三世祖也。予家建康肇于此，家谱与列传同。予之注《南唐书》，亦以存吾之所自出也。……

一、武林吴任臣太史有《十国春秋》，考究精详，笺注亦多备，予注多引用焉。康熙三十四年孟冬，祥符周在浚耐龛识。

**徐怀祖于本年后著成《台湾随笔》。**

《四库全书总目》卷七七，史部地理类存目六：《台湾随笔》一卷，国朝徐怀祖撰。怀祖字燕公，松江人。《自序》称：乙亥之春，再至闽漳，复有台湾之行。盖康熙三十四年所作。其记台湾风土及自闽赴海水程，俱不甚详备，但就其所身历者言之耳。

连横《雅堂文集》卷一，《台湾随笔书后》：右《台湾随笔》一卷，华亭徐怀祖撰。怀祖为明左佥都御史闇公中丞之侄孙，事迹未详，当为游幕之士。乙亥为康熙三十四年，而郑氏灭后之十三年也。游客著书，以此为古。……

今案：《自序》谓乙亥春有台湾之行，其书末尾又云："余在台湾一载，乃复从海道归"。则成书应在本年后。

## 公元1696年 清圣祖康熙三十五年 丙子

**郑元庆著成《廿一史约编》。**

《清史列传》卷七一，《文苑传一》：郑元庆，字芷畦，浙江归安人。从父骏孙，邃于《易》、《礼》。元庆幼传其业，并通史传及金石文字。覃思著述，期有用于世。毛奇龄、朱彝尊、胡渭并折行辈与之交。侍郎李绂知其所学，及诏开博学鸿儒科，曰："如元庆之博物，真其选也。"又有诏开《礼》局，曰："如元庆之治经，真其选也。"尚书张伯行亦雅重之，欲荐而未得。全祖望比诸康成之邃密、渔仲之瑰奇。尝撰《石柱记笺释》五卷……元庆为之篆释，徵引考证，颇为赡博。又著《湖录》一百二十卷，凡七易稿而后成。……生平精力，殚于是书。……全祖望谓《行水金鉴》为河道傅泽洪开雕盛行，罕知出于元庆，然别无显证，惟所谓著《小谷口荟蕞》、《今水学》、《两河薛镜》、《七省漕程》附见其中。晚更研穷经义，其著书处名鱼计亭。……生平慕郑子真之为人，自号郑谷口。所著有《周礼集说》、《诗序传异同》、《礼记集说参同》、《官礼经典参同》、《家礼经典参同》、《丧服古今异同考》、《春王正月考》、《海运议》。

盛百二《柚堂文存》卷四，《郑芷畦先生传》：郑先生庆元，字子余，一字芷畦。其先自江右徙湖州之归安。……先生幼从其从父松阳司训骏孙学……（司训）殚精根柢，尤邃于《易》、《礼》。先生自幼即传其业，并通史传及金石文字，覃思著述，期有用于世。毛西河、朱竹垞、胡东樵、张朴村诸名人，并折行辈与之交。家贫母老，康熙庚午秋试报罢，出游四方，混迹幕府，间一归省。丁丑后，以次贡入国子监，竟抱志以终。仪封张清恪欲荐之，不果。雍正十三年，诏开大科；今上御极之四年，开三礼馆。临川李穆堂侍郎辄叹曰："如郑芷畦之博物通经，庶几可应兹选，惜死矣。"其著述甚富，曰《廿一史约编》者，乃最少之作，后深悔之。曰《礼记集说参同》八十卷；曰《湖录》一百二十卷；曰《石柱记笺释》五卷；曰《行水金鉴》一百七十五卷、《海运议》一卷。其未详卷者，曰《周礼集说》、《诗序传同异》、《家礼经典参同》、《官礼经典参同》、《丧服古今异同考》、《春王正月考》、《湖州重赋考》，又有《小谷口荟蕞》、《今水学》、《两河薛镜》、《七省漕程》，附见《行水金鉴》。……其生卒年月不可考。雍正己酉九月，先生追作《西河竹垞合像记》。盖康熙壬午从游两公于西湖昭庆寺中事，自云："不能握笔，令其子代录。"盖时已病风矣。……全吉士祖望志其窀穸，而生卒仍未之详。其书单行著名者，惟《石柱记笺释》而已，经学诸种大都散佚。

## 释大汕著成《海外纪事》。

阮福周《本师〈海外纪事〉序》：大越弹丸，负山环海，斩蓬蒿，驱犀象而奠居者，累十三世矣。……长寿本师老和上，余自居储来，积慕有年。先王书聘，至再弗顾。甲戌秋，欲受菩萨戒法，继志敦请，果适我愿。从乙亥春抵国，迄丙子夏，供养亲近麈间。……录其一二，裒然成帙，总名《海外纪事》。……今既相隔大洋，以广东而记大越行事，即谓之《海外纪事》也亦宜。时丙子蒲月，大越国王阮福周受菩萨戒弟子法名兴龙顶礼撰于西宫觉王内院之净名方丈。

《四库全书总目》卷七八，史部地理类存目七：《海外纪事》六卷，国朝释大汕撰。大汕，广东长寿寺僧。康熙乙亥春，大越国王阮福周聘往说法，越岁而归。因纪其国之风土，以及大洋往来所见闻。大越国者，其先世乃安南赘壻，分藩割据，遂称大越。卷前有阮福周序，题丙子蒲月，盖康熙三十五年也。

**《广东新语》、《皇明四朝成仁录》作者屈大均卒。**

邬庆时、屈向邦《广东诗汇》卷四四，《屈大均小传》：屈大均，字翁山，番禺人。生于南海邵氏。年十六，以邵龙姓名补南海县学生员。其父携之归沙亭，复姓屈氏，易名绍隆，字介子。永历元年，从业师陈邦彦起义，邦彦殉难，大均赴肇庆行在，上《中兴六大典书》，大学士王化澄疏荐，将官以中秘，闻父病，遽归。父殁，大均入雷峰为僧，名今种，字一灵，又字骚余。逾年，出游大江南北，东出榆林，北抵粟末，遍交其豪杰。联络郑成功，入镇江，攻南京，郑兵败走。大均归里，返于儒，更今名。复游秦、陇，作《华岳诗》百韵。李因笃叹服，介绍王华姜与之成婚。留代州三年，携华姜回粤。家居数年，吴三桂反清，以蓄发复衣冠号召天下，大均建义始安，以广西按察司副司监督安远大将军孙延龄于桂林。后知三桂有僭窃之意，谢事归，避地南京，复归沙亭。粤督吴兴祚拟疏荐之，以母老辞，不复出。年六十七卒。……与梁佩兰、陈恭尹并称"岭南三大家"。

邬庆时《屈大均年谱·屈大均行状》：先生姓屈，名大均，字翁山。其父寄养于南海邵氏，冒姓邵，故先生初名邵龙，号非池。既补诸生，复姓屈，易名绍隆，字介子。及为僧，名今种，字一灵，亦曰一苓，又字骚余。归儒后，更今名。……广东省广州府番禺县菱塘司深水社沙亭乡人。……著有《广东文集》、《广东文选》、《道援堂集》、《广东新语》、《十八代诗选》、《李杜诗选》、《今文笺》、《今诗笺》、《四朝成仁录》、《永历遗臣录》、《论语高士传》、《岭南诗选》、《诗略》、《诗钞》、《广东丛书》、《骚余》、《文外》、《易外》、《诗外》、《翁山六选》、《军中集》、《文钞》、《四书补注兼考》、《闱史》，谓为"屈沱二十四种奇书"。其《翁山易外》、《广东新语》、《有明四朝成仁录》、《翁山文外》、《诗外》，亦自称"屈沱五书"。此外尚有《登华山记》、《九歌草堂集》、《屈翁山诗集》、《寅卯军中别集》、

《骚屑词》、《屈翁山词》、《诗义》、《麦薇集》。而《翁山易外》、《四朝成仁录》、《广东新语》、《登华山记》、《翁山文外》、《翁山文钞》、《翁山诗外》、《屈翁山诗集》、《屈翁山诗略》、《道援堂集》、《寅卯军中集》、《屈翁山词》、《广东文集》十三种，在清代皆为禁书。……盖隐于山中者十年，游于天下者二十余年，所见所闻，思以诗文一一载而传之。诗法少陵，文法所南，以寓其褒贬予夺之意。而于所居草堂名曰二史。盖谓："少陵以诗为史，所南以心为史"云。

叶恭绰《皇明四朝成仁录校订例言》：……二、是书似原为未定之稿，且为清廷所禁，并无刊定之本，而流传诸本书名、篇名、卷数、篇数，以至字句，均有异同。兹就所见诸本各本，比较参稽，加以写定。……五、原书分崇祯、弘光、隆武、永历四朝，其各篇之次序，应依照年月排列，然诸本颇不一致，今斟酌内容，重为编配。

谢国桢《增订晚明史籍考》卷九：《皇明四朝成仁录》十卷二十六册。清番禺屈大均辑。……按：……翁山为明季遗民，蓄志恢复，穷究博讨明季爱国志士抗清事迹，所以发潜彰幽，藉以激励名节，如所记东北大连、旅顺人民，不为清廷耕种；广东疍民起义抗清达十余年之久，所记特详，皆为他书所无。搜辑之勤，裒存史料之多，在明季稗乘中，要无出其右者。

今案：屈氏殁前，留有《临危诗》（载《诗外》卷二），中有一句："所恨《成仁》书，未曾终撰述。"潘耒《广东新语序》亦云："其《成仁录》表章尽节诸臣，尤有神世教，惜未大成，仅有稿本藏于家。"据此，是书实未撰毕。叶恭绰汇集七种钞本，重加校订为十二卷，是为今之通行本。

**朱璘于本年前著成《历朝纲鉴辑略》、《明纪全载》。**

章学诚《章学诚遗书》卷二五，《湖北通志检存稿二·平夏逆传》：朱璘，字青岩，上虞人。任武昌同知，仁廉爱民。康熙二十七年，署湖北驿盐道。（夏）逢龙劫璘同张苢至阅马厂，璘、苢骂贼，屡被胁不挫。……乃囚于营。璘与苢本姻戚，乘防守懈……脱身走安庆求援。时将军瓦岱调兵江宁，璘往从之，随征催饷。苢亦会师复武昌县。逢龙败，逸于白云堡，璘、苢侦知擒献。事定，璘擢南阳府知府。……璘以贡监生筮仕，而好学不倦。著有《纲鉴辑略》、《明纪全载》，又定《诸葛武侯文集》、《二程文略》、《朱子文略》、《古文适》、《八大家古文适》、《训诱蒙学》。

（光绪）《上虞县志》卷一一：朱璘，字青岩，邑之桂林人。父鼎祚，字凝斋，诸生。……璘由贡监官武昌府同知,署湖北驿盐道。……璘好学深思,公退之暇,凡经史子集,罔不研究,所纂有《历朝纲鉴辑略》、《明史编年》、《诸葛武侯文集》、《二程文略》、《八大家古文适》诸书行世。

张英《明纪全载序》:古人著书立说,自成一家言,至于国史则公天下之是非,必俟久而论定,故一代兴则纂修前代之史。自司马氏作《通鉴》、紫阳氏作《纲目》,一部十七史罗列砚席间,惟明季二百七十余年,其间政治得失、人品邪正,时或见于他说,但其择之不精,语之不详,使考古之士不能无一代阙略之憾。余友青岩朱君,先世与婺源仝源,其尊人凝斋公讲学东山,发明紫阳之旨,家学渊源有自来矣。青岩守南阳,首蒇书院,延师教郡人子弟,从游者数百人。为选刻古今人文字,遍给诸生。复手定《纲鉴辑略》一书,追踪《纲目》,芟繁就简,学者称便。又虑明季以来事多湮没,爰广搜文献记载详核,颜曰《明纪全载》,附诸篇末,问序于余。余再四披阅,其择之也精,其语之也详,举二百七十年之政治、人品,瞭然在目,直足以继十七史之遗。夫召、杜守南阳,能兴水利农政,后惟杜征南修其业,然未闻召、杜能芟订古人之史,复能自出论定,纂修一代之史,使郡人家弦而户诵也。青岩不独良吏才,且良史才矣!是为序。康熙三十五年岁次丙子春正月,经筵日讲官礼部尚书兼管翰林院詹事府事桐城张英题。

《续修四库全书总目提要》(稿本):《历朝通鉴辑略》五十六卷,清朱璘辑。璘字青岩,上虞人。……是书上述往古,以迄明季、三藩,清廷攻克郑氏,平定台湾止。当时原书流传甚广,或取有明一代名为《明纪全载》,或曰《明纪辑略》。又有钩稽记载建州史事,更名为《耐岩考史录》者,实即由是书辗转传钞,割裂撮辑而成者也。……又是书全帙不见昔人著录,至别行之《明纪全载》、《明纪辑略》,则已见于禁书目录,故流传之本,将记建州史事,刊落殆尽。其专取记辽事之《耐岩考史录》,固可以备治清初史迹之参考。惜仅有江安傅氏藏园所藏钞本,亦流传不广。今幸有原书发现于世,朱氏撰书之旨,可以略明,而昔人沿袭传钞之迹,于此可以著焉。弥可珍已!

《续修四库全书总目提要》(稿本):《通鉴明纪全载辑略》十六卷,清朱璘撰。璘字青岩,江苏常熟人。累官河南南阳、开封知府。是书乃其所撰《纲鉴辑略》篇末别行之本,故计标卷数为四十至五十五。前有礼部尚书、兼管翰林院詹事府事张英序。……始太祖洪武元年戊申,终于庄烈帝崇祯十七年甲申,末卷福、唐、桂三王为附记。其前后断代与《纲目》三编相符,得书法之正。惟是编各年事纪与《纲目》多有不同，又于万历、天启间纪载东方兵事，南北两关仰加逞加、王台、虎儿罕、王杲，并子阿台猛骨孛罗、那林孛罗，及关于清初建州国汗、后金国汗等事，容有不实，以此乾隆间曾列为禁书之一，寻经覆勘，尚无违碍之语，乃驰其禁，有此风波，故其书传世甚少，亦足珍矣。

　　谢国桢《清开国史料考》卷三：《耐岩考史录》四册不分卷。上虞朱璘青岩撰。右《耐岩考史录》旧钞本四册，无卷数，不著撰人名氏，为江安傅沅叔先生藏园所藏书。为纲目体，记有明一代与建州之关系，起洪武二十二年己巳，诏以兀良哈之地置朵颜、泰宁、福余三卫始，至清康熙二十二年癸亥施琅克复台湾止。叙清之建立颇详，惟不见著者姓氏为憾。而历观书中所引断语，曰黄道周、曰徐石骐者，皆曰"某人曰"，而称按者仅朱璘一人，且每册皆数见。按《南疆绎史勘本》所引乾隆年间禁书目有朱璘《明纪辑略》一书，且谓其书语多荒谬，疑即其人。近阅章实斋《湖北通志检存稿·平夏逆传》有记朱璘事一节。……按浙东自万季野以后，史学之风日炽，青岩为上虞人，平夏之年，上据作史之年仅五岁，时代先后相同，且章《传》有《明纪全载》，而《南疆绎史》引有《明纪辑略》，书名相同，是作《考史录》之人即朱璘，可无疑也。明季野史记辽事者，如《山中闻见录》、《女直考》、《建州私志》诸书，晚近发现颇多，然编年记载者颇鲜。此本举清初之沿革，颇有条理，叙述能得其真，一也；年经日系，可以觇其条贯兴废之迹，二也；其论明之败亡，非由于将之不勇，实由于调遣之失策，信任将士之不勇，而行军多受制于内。……三也。惟是书自南渡以后，则或听诸传闻，或语焉不详，如谓鲁监国之被郑成功之沉诸海中诸事，凭诸野史，未加审辨，岂当日真确记载尚未出耶？……

　　谢国桢《增订晚明史籍考》卷一：《历朝纲鉴辑略》五十六卷，清婺源朱璘青岩撰……是书前四十卷为《纲鉴辑略》，卷四十至五十六，为《通鉴明纪全载辑略》，题曰《拟编》，自明太祖迄明末三王。前有张英序。其关于辽事者，别出为《耐岩考史录》，故此书多将关于辽事者删去。详拙作《清开国史料考》。通行者多五十五卷本，且《明纪全载》单行，惟海盐朱氏所藏五十六卷者，最为足本。

　　今案：二书原委，及与《耐岩考史录》之关系，谢国桢考订颇详。《历朝纲鉴辑略》亦名《历朝通鉴辑略》，《明纪全载》一名《明纪辑略》，另有《明纪全载纪略》、《明纲鉴补》、《明史全载辑略》、《明史类编》、《明纪纲鉴补》、《续纲鉴》等异名。又朱璘籍贯史载有三说：余姚、常熟、婺源，余姚近是。

张英《明纪全载序》谓朱璘"先世与婺源仝源",此不足为籍贯婺源之据。《四库全书总目》卷一七四集部别集类存目一"《诸葛丞相集》四卷"条下,谓朱为常熟人。《诸葛丞相集》前有朱氏序文,末自署"古虞朱璘"。"古虞"可作常熟之别称,故四库馆臣有此误会。此处"古虞",实指上虞。据张英序,是书为朱璘南阳知府任上所作。朱于康熙二十九年莅任,而张序作于三十五年正月,则是书当成于其间。又,朱璘之书,乾隆二十二年明令禁毁,而乾隆四十年又予以解禁,称其"非不尊崇本朝"。事详于后文。

## 公元 1697 年 清圣祖康熙三十六年 丁丑

**胡渭著成《禹贡锥指》。**

　　胡渭《禹贡锥指略例》:昔大司寇昆山徐公奉敕纂修《大清一统志》,馆阁之英,山林之彦,咸给笔札以从事。己巳冬,公请假归里,上许之,且令以书局自随。公于是僦舍洞庭,肆志搜讨。湖山闲旷,风景宜人。时则有无锡顾祖禹景范、常熟黄仪子鸿、太原阎若璩百诗,皆精于地理之学。以渭之固陋,相去什伯,公亦命翻阅图史,参订异同。二三素心,晨夕群处,所谓"奇文共欣赏、疑义相与析"者,受益弘多,不可胜道。渭因悟《禹贡》一书,先儒所错解者,今犹可得而是正;其以为旧迹湮没,无从考究者,今犹得补其罅漏。而牵率应酬,未遑排纂。岁甲戌,家居,婴子春之疾,偃息在床,一切人事谢绝,因取向所手记者,循环展玩,撮其机要,依经立解,章别句从,历三期乃成,厘为二十卷,名曰《禹贡锥指》。案《庄子·秋水》云:"用管窥天、用锥指地",言所见者小也。禹身历九州,目营四海,地平天成、府修事和之烈,具载于此篇。彼方趾黄泉而登太皇,始于玄冥,反于大通,而吾乃规规然求之以察,索之以辩,是亦井蛙之见也。夫其不曰"管窥",而曰"锥指"者,《禹贡》为地理之书,其义较切故也。……康熙辛巳夏五,德清胡渭(元名渭生,字朏明,一字东樵)敬述于御河舟次。

　　《四库全书总目》卷一二,经部《书》类二:《禹贡锥指》二十卷,图一卷。国朝胡渭撰。……原本标题二十卷,而首列图一卷。其中卷十一、卷十四,皆分上、下;卷十三分上、中、下,而中卷又自分上、下,实共为二十六卷。其图凡四十有七,如禹河初徙、再徙,及汉、唐、宋、元、明河图,尤考究精密。

书中体例，亚经文一字为集解，又亚一字为辨证。历代义疏及方志、舆图，搜采殆遍。于九州分域、山水脉络、古今同异之故，一一讨论详明。宋以来傅寅、程大昌、毛晃而下，注《禹贡》者数十家，精核典赡，此为冠矣。至于陵谷迁移，方州分合，数千年内，往往不同。渭欲于数千载后，皆折衷以定一是……千虑一失，殆不屑阙疑之过乎！他若河水不知有重源，则由其时西域未平，无由徵验。又所引郦道元诸说，经注往往混淆，则由传刻舛讹，未睹善本。势之所限，固不能执为渭咎矣。

丁晏《禹贡锥指正误》：古今之说《禹贡》者，无虑数十家。其专释是书，今世所存者，通志堂刊本有程大昌、傅寅之书，又有毛晃《指南》从《永乐大典》钞出，非足本也。明毛瑞徵之《汇疏》、夏允彝之《合注》，采摭颇富。自东樵胡氏《锥指》出，雅才好博，综贯无遗，用功勤而收名远，学者家置一编，奉为质的。自是言《禹贡》者，拨弃诸家而定东樵之一尊，后儒晚学莫之敢议也。余于东樵书寻绎有年，于其锐志精研处，未尝不心折叹服，而其讨论之疏，援据之舛，亦不敢回穴依阿，以滋后学之惑。……窃谓《锥指》一书，采摭极博，而沿讹踵谬，杂厕其间。且其说多意必之辞，近似之理，不能信好古学，此其所蔽也。余为此辨，匪敢指斥前人，有心媒蘖，意在摘其所短，著其所长，箴阙规过，抑亦古人之义，且使后之读《禹贡》者，知所取正，则是说也，即以为东樵之功臣可也。

## 清廷开馆纂修《平定朔漠方略》。

《清圣祖实录》卷一八四，康熙三十六年六月丁丑：命大学士伊桑阿、阿兰泰、王熙、张玉书、李天馥、尚书熊赐履、张英，为纂修《平定朔漠方略》总裁官。内阁学士觉罗三宝、罗察、喀拜、韩菼、顾藻、礼部侍郎翰林院掌院学士阿山、刑部右侍郎管詹事府事尹泰，为副总裁官。

## 朱直著成《史论初集》、《史论二集》。

朱直《史论自序》：著书之难，夫人而知之矣。余独谓：著书何难？读书难耳！彼著书仅足以覆酱瓿者，非坐于不能读哉？不能读者，仍以所著之人读之，未尝以我读也。即如一《史记》也，一《纲目》也，人尽读也，而率能自我读之者谁与？《史记》间杂《汉书》，班、马之气味各别，而人自震摄于马迁，不敢少为龃龉。有从而上下之者，非狂则妄矣。余不敏，未能悉其文，而以显而易见者推之，则《司马相如论赞》非固书乎？不然何以"太史公曰"之下，而有"杨雄以靡丽之赋，劝百而风一"乎？《公孙弘传》又云："平帝元始，手诏赐弘子孙爵"，得非吕尚盗陈恒之齐，而刘季窃王莽之汉也，不亦异哉？至于《纲目》之可议者尤多，而人又皆震慑于朱子，巧为傅会，不知《纲目》非朱子之书，已见于朱子与赵基道往复诸书。朱子所订正者，不过如统汉黜魏，则天朝书"帝在某所"，二三大事而已。而后之腐竖又从而注释之，曰："此朱子书法之所寓也。"其间自槊而之钟，自烛而之籥者，正不少矣。余惧其予夺任情，开后世史家出入脱卸之门，不可训也。至哉！欧文忠公"信传不信经"一语，已尽三传注释之弊，而《纲目》书法又因注释而失之者，诚未易悉数。余之是集，亦略举一二，正恐嗔目者夥，终未敢尽泄其底蕴也。然余之是集，又何恤于嗔目者哉？是在能读之者已。康熙丙戌嘉平朔，大江朱直少文氏书于绿萍湾之就树轩。

朱直《纲目议自序》：余幼读《纲目》，即深恶夫《纲目》之有所谓凡例也。而腐竖辄从而诧之曰："《纲目》祖《春秋》，凡例祖《公》、《谷》，何恶乎？"不知后儒牵合附会，缘传而失经旨，皆传以失之也。故杜预非《左氏》之功臣，而何休乃《公羊》之罪人也。观诸《公》、《谷》凡例，有曰："书日月、爵邑、名氏者，《春秋》褒贬之所寓也"；而尹氏《凡例》亦曰："书官爵、姓名者，《纲目》褒贬之所寓也。"《纲目》书法之盾矛，具见于《集》中；而传释之拘泥，亦悉见于诸儒之指摘。即以书"天王"而论之，彼"葬成风"、"赗仲子"，固同一失也。而"葬成风"则书"王使召伯来会葬"，释之曰："王不书天，谓非礼也。"然则"赗仲子"，又何以书曰"天王使宰咺来归惠公仲子之赗"，岂会葬诸侯之妾为非礼，赗诸侯之妾为是礼乎？若以非礼而王不书"天"，则毛伯锡命、家父求车，以至晋召而狩河阳，皆何礼乎？而王尽书"天"，何哉？旨哉！朱白石之言曰："圣人之言，取诸大义，非若后世比对于一字之间。"或曰王，或曰天王，无异同也。犹今人有称圣旨者焉，有称奉旨者焉，固不得以"旨"不称"圣"，遂为有所贬也。况夫子作《春秋》，本欲尊周室，正僭窃，若"王"不称"天"，是罚且加于天子矣！岂非僭窃之大者乎？凡此皆诸儒欲尊圣人，而不知所以尊，遂有夫子以天自处之语，误之也。余持是说，而以律《纲目》之书法，遂得七十有二条，而事同例同者悉准诸是。嗟乎！怪所不怪，而不怪所怪者，滔滔皆是也。以是藏诸箧中，未敢问世，而先以《论史》者为前驱，而世亦未尝乏通儒焉，深用以自慰。及偶阅徐退山先生《春秋无例》一则，不觉连举大白，直录其词曰："《春秋》无例，时或创出新义。如正月称王、王称天、郑弃其师、天王狩于河阳之类与，凡或书，或不书，随宜化裁，无例也。世儒伪立凡例，例有不合，则曰：'美恶不嫌同辞'，书又曰：'有变例'、'有特笔'。然则仲尼乃滑稽之雄，而《春秋》为诪张为幻，岂作经之义哉？"斯言也，不诚足以发《纲目》书法之覆乎？用是弁于简首。白下知耻生朱直少文氏书于林际楼中。

《四库全书总目》卷九〇，史部史评类存目二：《史论初集》，国朝朱直撰。直字少文，江苏人。是书为驳正胡寅《读史管见》而作。其中颇有持平之论，如《牛晋论》等篇，虽寅复生，不能辩。然而词气太激，动乖雅道。每诋寅为腐儒，为朦朦未视之狗，为双目如瞽，满腹皆痰。为但可去注《三字经》、《百家姓》，不应作史论。为痴绝、呆绝、稚气、腐臭。虽寅书刻酷锻炼，使汉唐以下无完人，实有以激万世不平之气。究之读古人书，但当平心而论是非，不必若是之毒詈也。

今案：二书见《四库全书存目丛书》史部第291册，系据湖北省图书馆藏清康熙刻本影印，著录为：《绿萍湾史论初集》、《史论二集》。然据此刻本，书名应题为《史论初集》、《二集》。二集亦名《纲目议》。又朱氏《史论初集凡例》中有"是书成已十年，藏之箧中，不敢问世……用是先刊其半"云云，则是书当成于作序前十年，即康熙三十六年（公元1697年）。

## 公元1698年 清圣祖康熙三十七年 戊寅

### 赵吉士、卢宜著成《续表忠记》、《二续表忠记》。

《清史列传》卷七四，《循吏传一》：赵吉士，安徽休宁人，寄籍杭州。顺治八年举人。康熙七年，选山西交城县知县。……治交城五年，百废俱举。论平贼功，徵入为户部主事，以母疾归。服除，旋丁父忧。起复，仍补原官。二十年，奉使征扬州关钞。……二十五年，擢户科给事中。有忌之者，劾其父子异籍，吏议被黜。旋补国子监学正。四十五年，卒。……著有《万青阁集》。

毛奇龄《西河文集·墓志铭》卷一六，《皇清敕封文林郎弗菴卢公墓志铭》：予避人东归，在康熙一十二年。值邑之师氏为定海卢公，以丙午中式第五人，解省，典教萧山。……暨予召京师，丹徒相公以学士方掌院事，即曩公中式时主文官也。见予，骤询公近状，且促公赴试，不报。会上开制科，故事科目惟制科最重。凡有学术者，不限已仕未仕，皆许入试。掌院已荐公，而公复辞之。

且公长史学，熟明代掌故。方试浙时，上厌薄八比，改书义为策对，首以明史大事次第列问，而公卷岿然冠一经，条对甚晰。至是，制科所取中，悉授纂修官，敕撰《明史》。凡靖难、夺门诸大事，多奉公文为蓝本，而翻以未试，不得共编纂，为史事憾。……生平谙国史，并多识明代事。既以策对明史起家，而究不得入史馆撰史，终抱怏怏，乃就嘉善钱塞菴所作《表忠记》而为之续之。编搜明代名臣诸列传，取其有预于致身者，或生或死，或分或合，既勿诬而又勿轶，巨节不得遗而纤细毕备。初成八卷，名《续表忠记》，刻之寄园。而既而再续，复得八卷，刻之江右藩辖署中，假予为序言。乃更以搜讨余力、网罗未尽，遂成三续，则未刻而卒。……公卒于康熙四十七年六月四日，距生崇祯己巳五月二十五日，享年八十。系曰：公讳宜，字公弼，又字弗庵。……世家于鄞，以定海籍，由署教谕褐知贵州镇远县事。……

赵吉士《续表忠记序》：元之吴立夫辑宋祥兴以后忠臣志士遗事，作《桑海余录》。求之海内藏书家，仅存其序，而书究不可见。好古论世者，每深惜之。余尝有感于胜国之际，一时士君子以身殉国者，在在有之，而其事不必尽传。思广搜博采，裒集为一书，又苦耳目之鲜浅，野乘之踳驳，不足恃以传信，故历久未就，止据见闻最确者，笔诸《寄园杂录》而已。丁丑夏，四明卢公弼抵辇下，携所撰述示余曰："此某罢封公车以来，仿钱相国士升《逊国表忠记》义例，朝夕采辑，审之又审，蕲而存焉者，先生其正之。"余详加翻阅，见其书上自天启改元，下迄崇祯甲申。诸君子之死阉祸、死国难者，或一人独立一传，不厌其烦；或数人共立一传，不嫌其略。记事核而论断精，肆力可谓勤矣！惜乎所载尚多罣漏，而一事异辞者之鲜所抉择也。因出余《寄园杂录》，相与参考而增损之，名之曰《续表忠记》，志不忘所自也。嗟乎！士君子成仁取义，绝脰捐躯，当时百折不回之概，岂皆为立名计！然精诚所结，固有历千百岁而不可掩者，忍听其终于泯灭乎？昔韩退之闻张籍述于嵩语，而详书张、许二公及南霁云事；欧阳永叔既传王彦章于《史》，及见画像，又补前所未及。盖甚虑一人之失传，一事之偶遗耳。余与公弼幸生胜国诸君子后，相去未远，今执笔以传其生平，敢承讹袭谬，不加之审慎欤！疁城陆翼王争光集番禺屈翁山《成仁录》，实先得我心。此刻未敢信为一无罣漏，亦止窃附立夫《桑海》遗意而已。康熙戊寅冬日，渐岸恒夫赵吉士撰于寄园之新又堂。

《四库全书总目》卷六三，史部传记类存目五：《续表忠记》八卷，国朝赵吉士撰。吉士字恒夫，号渐岸，又号寄园，休宁人。顺治辛卯举人，官至户科给事中。是书记明万历以后忠义之士。以明钱士升有《表忠记》，记逊国诸臣，故此以续为名。所载凡一百二十三人，然前所载皆死魏忠贤之祸者，后所载皆明末殉节者，而参杂以叶向高、顾宪成、赵南星、邹元标、冯从吾诸传，体例不纯。盖其时去明未远，犹存标榜之风，不知诸人致命遂志，取义成仁，其事自足千古，正不必牵附东林而后足以为重也。

**陈鼎于本年前著成《留溪外传》。**

陈鼎《留溪外传凡例》：一、是传稗史也，比正史不同。正史所载，皆缙绅先生，德业事功及关国家兴废大纲，此则草野隐逸韦布之士而能立名节者。间有一二前朝通显，皆忠贞贯日，杀身成仁，他书不载，诚恐湮没，故陈鼎及之。……一、是传得诸传闻者居多，然必众口一辞，然后敢为立传。如一二人言，恐不足凭，概置勿载，但其间年月多不得确，故皆阙之，亦不敢叙其先后，惟分十四部，以类聚而已。……一、是传史家言也，非道学家言也。取记载以示劝惩而已，非若道学家独言性理，一遵《中庸》也。……

张潮《留溪外传序》：居史官之位，以传记褒贬天下之人者，国史也。其道尊，故其为书，可以善善而恶恶，而天下以惩以劝。处衡、泌之间，以传记表章天下之人者，私史也。其道卑，故其为书，止可以善善而不复及于恶恶，而天下亦以感以兴。大抵国史所及者，私史不必复详；国史所不及者，私史不容或略。而总不外乎是非之公，使读之者咸有以想见其为人，而欣欣然鼓舞于为善之乐，此亦吾人著书之微权也。江阴陈君定九，足迹遍天下，交游亦遍天下，就其闻见所及，作《外传》如干卷，皆忠臣孝子、节妇畸人，为世所未及知，或知而不得其详者，悉搜讨而备载之。其为人，明季与国朝各居其半。尝取而读之，则杀身成仁、舍身取义之事为多。……康熙戊寅夏朔旦，新安张潮撰。

《四库全书总目》卷六三，史部传记类存目五：《留溪外传》十八卷，国朝陈鼎撰。……是书凡分十三部，曰忠义，曰孝友，曰理学，曰隐逸，曰廉能，曰义侠，曰游艺，曰苦节，曰节烈，曰贞孝，曰阃德，曰神仙，曰缁流。所纪皆明末国初之事，其间畸节卓行，颇足以阐扬幽隐。然其事迹由于徵送，观卷首《徵事启》末，附载二行云："凡有事实，可寄至江宁承恩寺前刻匠蔡丹敬家，或扬州新盛街岱宝楼书坊转付"云云。则仍然徵选诗文，标榜声气之风，未可据为实录。如张潮诸人，生而立传，殊非盖棺论定之义。其间怪异诸事，尤近于小说家言，不足道也。

## 公元 1699 年　清圣祖康熙三十八年　己卯

**邵廷采于本年后著成《西南纪事》、《东南纪事》。**

　　徐幹《东南纪事跋》：明人读书，能尚气节，辨义利。当南都沦覆，鼎命已移，故老遗臣，藉闽、浙、滇、粤残局，奉孱王以支撑山陬海澨近二十年，虽跋涉逃窜，疲于奔命，而忠义感发，不计成败，固足以维系纲常矣。明季野史虽多，非限于见闻，即取材庞杂，其间善本盖寡。国朝纂修《明史》，自有体裁，不暇详为纪掇。余姚邵念鲁先生，康熙时人，距明季未远，尚有一二耆老可资咨询，又海内平一，故见闻亦非限于方隅者可比。撰《东南纪事》十二卷，以存鲁王、唐王；《西南纪事》十二卷，以存桂王。辞尚体要，无惭作者。昔常璩著《华阳国志》，崔鸿著《十六国春秋》，马令、陆游皆著《南唐书》。载记一类，实辅正史并行，轶事遗闻，赖以不泯。邵氏此书，亦其次也。惜书成未刻，仅钞本流传。……幹幸得见之，遂刊诸梨枣，冀胜国诸臣忠义之烈久而弥新，且与《华阳国志》诸书并传不朽，亦艺林胜事也。光绪甲申九月，绍武徐幹识。

　　谢国桢《增订晚明史籍考》卷九：《东南纪事》十二卷、《西南纪事》十二卷，清余姚邵廷采念鲁撰。……按：廷采，字元斯（今案：误。应作"允斯"），又字念鲁，余姚人，服膺蕺山之学，从黄太冲问《乾凿度》算法。主姚江书院，好从遗老访明亡故事，作《东南纪事》、《西南纪事》二书，未成而卒，并有《思复堂集》、《姚江书院志》。又是书记绍兴抗清义师特详，颇可依据，不当以全谢山之诽薄而遽忽之。近人姚名达曾辑有《邵念鲁年谱》，据云："念鲁著《东南纪事》，在康熙三十六年至三十七年，著《西南纪事》，在康熙三十八年。"其书不显于世者垂二百载，至清光绪十年，邵武徐幹始刊行世。

　　今案：检姚名达《邵念鲁年谱》（商务印书馆 1930 年版）康熙三十六年、三十八年条，两引邵廷采《谒毛西河先生书》（载《思复堂文集》卷七）。此函作于己卯，即康熙三十八年（公元 1699 年）。中有云："十年以来，重理初志，窃欲肆力于史。草茅饥冻，不能自振。一代浩繁，茫无措手，踌躇瞻顾，见冯再来先生《随笔》云：己未，上敕史馆，奉有'福、唐、鲁、桂四王，许附怀宗纪年'之命。因遂不揣，辑《西南纪事》一卷。中间抱病，又迫生徒课业，未得一心编录。丁丑、戊寅，假榻东池两水亭，复辑《东南纪事》一卷。手校未竟，故疾大作。今年己卯被放，益慨穷达有命，不可力争。而壮心未衰，不能与古人潜德遁世者同甘沦没，辄欲缮写是书，呈当世之高贤，以考镜其是非，推求其心术。"丁丑、戊寅，即康熙三十六年（公元1697年）、三十七年（公元1698年）。据此，邵氏先作《西南纪事》，后草《东南纪事》，然似皆未最后脱稿。三十八年（己卯）因乡试不售，始决意撰定二书，故系于本年。

**朱彝尊著成《经义考》。**

陈廷敬《经义考序》：朱竹垞先生归隐小长庐，以缉学著书自娱。远屏声迹，独千里寓书于余，曰："彝尊所辑《经义考》三百卷，今已就，九经之外，旁及纬候。唐、宋以来碑版传说，搜采颇多。公其惠践前诺，畀以序言。"廷敬发书，喟然曰：久矣夫！经义之存佚有可指而言者也。凡经之存佚，不于其书、于其人、于其时，有佚而若存者，有存而若佚者。秦烧书坑儒，经佚矣。汉兴，于残烟断烬之余，掇拾其什一二，其时专门名家，引经制事，虽守残抱阙，彬彬乎有近古之风焉。其后以经选士，设科射策，乃有通义之目。经义之存，莫盛于此。夫其初所谓经者，《易》、《书》、《诗》、《礼》、《春秋》而已。……唐正观中，乃分列九经，而唐之经义不胜于汉。若是乎佚者若存，而存者若佚也。夫经以致用，致用之实，莫大乎教人取士之法则。由唐、宋以来，其间得失之故，有可得而略言者。唐初沿隋旧，置六科，其后科目虽繁，大要以明经、进士为重。明经试经义，进士试策、诗、赋、杂文，亦贴经，故尤以是科为重。后虽稍浮滥，终唐之世，卒未有以易之也。宋初制，先策，次论，次赋及诗，次贴经墨义。后所重者，诗、赋、论三题。熙宁、元祐之间，诗、赋、经义罢复错互。而王安石、吕惠卿创始之经义，迄于今流毒无穷焉。诗、赋虽词章之学，而精其业非通经学古者则不克以为。今之经义，名虽正而实则乖，盖王氏之经学行而经亡滋甚矣。安石曰："本欲变学究为秀才，不谓变秀才为学究也。"呜呼！岂知并学究而失之乎？今古经具在，而学术如此，经之其存其佚，皆不可得而知矣。兹先生所著《经义考》，至于三百卷之多，虽其或存或佚者，悉载简编。余以为经先生之考订，存者固森然其毕具，而佚者亦绝其穿凿附会之端，则经义之存，又莫有盛于此时者。微竹垞博学深思，其孰克为之。……余序竹垞《经义》之书而及唐、宋以来所以教人取士之法，意固在此而不在彼也。康熙己卯日南至，午涯陈廷敬书。

毛奇龄《经义考序》：《经义考》者，诸儒说经之书目也。古经六：《易》、《书》、《诗》、《礼》、《乐》、《春秋》，见于《经解》。其时夫子传《易》，子夏序《诗》，荀卿论《春秋》，各有经说行乎其间。即至燔书以后，尚有《古五子》十八篇，《周官传》四篇，列《汉志》中。嗣此诸儒之说经者遂纷纷焉。自宋人倡为论曰："秦人焚经而经存，汉人穷经而经亡。"而后之伪为《文中子》者，直伸其语，曰："九师兴而《易》道微，《三传》作而《春秋》散。"于是谭经之徒各扫先儒之说，而经学不可问矣。汉儒信经，凡所立说，惟恐其说之稍违于经；而宋人不然，有疑《文言》非《十翼》文者，有疑《顾命》非周公所制礼者，有疑《春秋》非夫子作者，有疑《春秋传》非左邱氏书者，有疑《孝经》为六代后增改，非七十子所旧传者。而至于《士礼》则废之，《周官经》则明斥之，《王制》、《月令》、《明堂位》诸篇则直袪之诎之然。且有误读《隋书·经籍志》，而谓《尚书》为伪书；误读刘歆《让博士书》，而谓今所传《国风》为伪《诗》者。是无经也！

朱子竹垞为此惧，从前人所增七经、九经、十经、十三经外，更广一《大戴礼》，曰此皆经也。于是穷搜讨之力，出家所藏八万余卷，辑其说之可据者，署其经名而分系其下，有存佚而无是非，使穷经之士一览而知所考焉，洋洋乎大观哉！⋯⋯今竹垞于归田之余，乃始据畴昔所见闻，合古今部记而著为斯编，曰《经义考》。此真所谓古文旧书，外内相应者。乃其所部分，则《御注》、《敕撰》一卷，尊王也。十四经为经义者共二百五十八卷，广经学也。《逸经》三卷，惟恐经之稍有遗，而一字一句必收之也。《毖纬》五卷，纬虽毖，所经者也。夫纬尚不废，而况于经？《拟经》十三卷，此则不惟自为义、并自为经者，然而见似可瞿也，其与经合耶？则象人而用之也，否则罔也。又有《承师》五卷，则录其经义之各有自者，而《广誉》附焉。《宣讲》、《立学》合一卷，《刊石》五卷，《书壁》、《镂版》、《著录》各一卷，《通说》四卷，此皆与经学有系者，然而非博及群籍，不能有此。《家学》一卷，《自叙》一卷。共三百卷。书成示予，予受而叹曰："嗟乎！少研经学，老未成就，不及见诸书，而年已七十九矣。⋯⋯今经学大著，圣人之言毕见于斯世，而生其后者复得从此而有所考鉴。"则既宝其书为盛朝庆，而又喜天下后世之知有经，并知有义也。因卒读而为之序。康熙四十年，萧山毛奇龄初晴氏。

朱稻孙《经义考识语》：昔先大父尝以今日谭经者局守一家之言，致先儒遗编失传者什九，因仿鄱阳马氏《经籍考》之例而推广之，著《经义考》三百卷，分存、佚、阙、未见四门，自《御注》、《敕撰》以迄《自序》为类，凡三十种，又欲为《补遗》二卷。草稿粗定，即以次付梓。其《宣讲》、《立学》、《家学》、《自序》四种及《补遗》属草未具，不幸遘疾，校刻迨半，鸿业未终，呜呼惜哉！……乾隆二十年岁次乙亥六月朔，孙稻孙谨识。

《四库全书总目》卷八五，史部目录类一：《经义考》三百卷，国朝朱彝尊撰。彝尊字锡鬯，号竹垞。秀水人。康熙己未，荐举博学鸿词，召试授检讨，入直内廷。彝尊文章渊雅，初在布衣之内，已与王士禛声价相齐。博识多闻，学有根柢。复与顾炎武、阎若璩颉颃上下。凡所著述，具有本原。是编统考历朝经义之目，初名《经义存亡考》。惟列存、亡二例，后分例曰存，曰阙，曰佚，曰未见，因改今名。凡《御注》、《敕撰》一卷；《易》七十卷；《书》二十六卷；《诗》二十二卷；《周礼》十卷；《仪礼》八卷；《礼记》二十五卷；《通礼》四卷；《乐》一卷；《春秋》四十三卷；《论语》十一卷；《孝经》九卷；《孟子》六卷；《尔雅》二卷；《群经》十三卷；《四书》八卷；《逸经》三卷；《毖纬》五卷；《拟经》十三卷；《承师》五卷；《宣讲》、《立学》共一卷；《刊石》五卷；《书壁》、《镂版》、《著录》各一卷；《通说》四卷；《家学》、《自述》各一卷。其《宣讲》、《立学》、《家学》、《自述》三卷，皆有录无书。盖撰辑未竟也。每一书前，列撰人姓氏、书名卷数。其卷数有异同者，则注某书作几卷。次列存、佚、阙、未见字。次列原书序跋，诸儒论说，及其人之爵里。彝尊有所考正者，即附列案语于末。虽序跋诸篇与本书无所发明者，连篇备录，未免少冗。又《隋志》著录，凡于全经之内专说一篇者，如《易》类之《系辞注》、《乾坤义》，《书》类之《洪范五行传》、《古文舜典》，《礼》类之《夏小正》、《月令章句》、《中庸传》等，皆与说全经者通叙先后，俾条贯易明。彝尊是书，乃以专说一篇者附录全经之末，遂令时代参错，于例亦为未善。然上下二千年间，元元本本，使传经原委一一可稽，亦可以云详瞻矣。至所注佚、阙、未见，今以《四库》所录校之，往往其书具存。彝尊所言，不尽可据。然册府储藏之祕，非人间所得尽窥。又恭逢我皇上稽古右文，搜罗遗逸，琅嬛异笈，宛委珍函，莫不乘时毕集，图书之富，旷古所无。儒生株守残编，目营掌录，穷一生之力，不能测学海之津涯。其势则然，固不足为彝尊病也。

今案：陈廷敬、毛奇龄二序，皆言目睹三百卷全稿，则是书于康熙三十八年（己卯）大致已撰定。然据朱稻孙《识语》，仍有数卷有目无书，迄于彝尊辞世亦未补全。

## 公元 1670 年 清康熙圣祖三十九年 庚辰

**黄容著成《卓行录》。**

　　黄容《卓行录序》：士君子撰述，当为千秋百世扶持名教计，不当镂冰琢雪，为一时闲弄笔墨计。牵率应酬，沿袭俗学，散藻敷华，都无根柢，文即工，曷足使人法戒乎？若夫婍修砥砺，讲求忠孝遗烈，举凡奇节懿行，希风诵慕，搜访纪述，纵使陵谷改迁，而姓氏昭垂，传之久远矣。然而发潜阐幽，微特昌黎不数遘，即刘道原、徐无党之流，天亦不易生之，何哉？容耽铅椠，采辑百余年来，孝友节义事迹，叙列其本末，宁核毋滥，宁简毋繁，人则隐显互收，世则略前详近，颜曰《卓行录》。深愧闻见未广，遗漏实甚。陆士衡曰："故无取乎冗长，要使辞约事真，足以徵信。"彼无识者，不考文之重轻，但责言之多少，取盈卷帙而已，于载笔之旨何有哉？是编初稿三百余纸，矜慎持择，损之又损，裁定百帧。窃比外史野乘，负竿采樵之言。嗟乎！人之好善，谁不如我？览可悲可喜之事，而不抚卷兴叹，肃然起敬者；非夫也，不则是非刺谬，拂人之性者也。其明季殉节诸公传略，别为一集，名曰《忠烈编》，嗣刻以问世。康熙庚辰中秋日，圭庵黄容题于梧溪书舍。

　　潘耒《卓行录序》：古之良史，于贤士大夫德业炳著者，既各为立传；至如奇节至行一事，而足垂千秋者，则别为叙述，如《后汉书》有《独行传》，《唐书》、《宋史》别有《卓行传》，《五代史》有《一行传》，皆其例也。夫士果道纯德备，浑然无一善之可名，岂不甚善？然世难其人，而貌为中庸，其弊或流为乡愿。若夫性情笃挚之夫，孤行其意，独诣偏长，往往足以风世厉俗，而愚夫愚妇一念精诚，辄能动天地，感鬼神，虽或过于中行，亦不害为狂狷。圣门良有取焉！吾友黄子圭庵，乐道人善，纂辑百年以来睹记所及孤忠苦节、高义厚德之事，可师可效者，为《卓行录》若干卷。或巨公节取其一事，或韦布而发扬其幽光，细大不遗，远近毕考。前史诸录，一代不过数人，而兹编若是其多，然吾犹恨其少。盖世运有古今，而人心无古今；风教有隆替，而人性无隆替。故虽世衰道微，而砥节厉行之夫，不绝于世。深山穷谷、下里编氓，湮灭无闻者，盖亦多矣。诚得深心博识，如圭庵者，网罗遗佚，大书特书，即乌头棹楔之旌，未足为荣，而为善于暗室者，何忧不发闻于天下哉！人亦勉为其可书者而可矣。康熙辛巳正月谷旦，松陵潘耒撰。

　　《四库全书总目》卷六三，史部传记类存目五：《卓行录》四卷，国朝黄容撰。容字叙九，吴江人。是书成于康熙庚辰，所录多明末国初之事。……

## 公元1701年 清圣祖康熙四十年 辛巳

**《弘道书》、《荒书》作者费密卒。**

  《清史列传》卷六六，《儒林传上一》：费密，字此度，四川新繁人。父经虞，明云南昆明县知县。……未几，流贼张献忠犯蜀。……已而，全蜀皆陷，密辗转穷山中，会有人传其父消息，闻之痛哭，遂去家入滇，奉父归。至建昌卫，为凹者蛮所得，赂之乃脱。广元伯杨展闻密名，遣使致聘。……后密还成都省墓，至新津为武大定所掠，欲杀之，以计得免。……遂奉父北行入秦，溯汉江，下吴越，流寓泰州，老焉。密父邃于经，著《毛诗广义》、《雅论》诸书，以汉儒注说为宗。密尽传父业，又博证学士大夫，与王复礼、毛甡、阎若璩交。复往苏门，谒孙奇逢，称弟子。逾月归，奇峰题"吾道其南"四字为赠。……杜门三十年，著书甚多。谓宋人以周、程接孔子，尽黜二千余年儒者为未闻道，乃上稽古经正史，旁及群书，著《中传正纪》百二十卷，序儒者授受源流，为传八百余篇，儒林二千有奇，自子夏始。又著《弘道书》十卷：曰《统典论》，曰《辅弼录》，明大统必归帝王，不得以儒生干之也；曰《道传》，述明七十子及汉唐诸儒功，必可没也；曰《古经旨论》，曰《原教》，明圣道具于经，无所谓不传之秘也；曰《圣门育材论》，明圣人取人甚宽，不可举一废百也；曰《祀先圣礼乐旧制议》，曰《先师旧制议》，曰《七十子分爵旧制议》，曰《七十子为后议》，曰《从祀旧制议》，明汉唐以来学制不可废，先儒不可黜，不可予汉唐过薄而予宋儒过厚也；曰《圣门言道述》，曰《先儒言道述》，明圣人授受有旧章，不可杂，不可改易也；曰《吾道述》，明圣教不同于二氏也。又有《古今笃论》四卷，《朝野诤论》四卷，《中旨定录》四卷，《中旨辨录》四卷，《中旨申惑》四卷，皆申明《弘道书》之旨。又有《尚书说》一卷，《周官注论》一卷，《二南偶说》一卷，《中庸大学驳义》一卷，《四礼补篇》十卷，《史记笺》十卷，《古史正》十卷，《历代选举合议》二卷，《奢乱纪略》一卷，《蚕北遗录》二卷，《荒书》四卷，《二氏论》一卷，《家训》四卷，《集》四十卷。密一足跛，工诗古文。晚岁取给于授徒卖文，人咸重其品，悲其遇。……年七十七，卒。子锡琮、锡璜，世其学。……后锡琮、锡璜并以诗名。至今谈蜀诗者，推费氏为大宗。

张含章《弘道书序》：圣人之道，著在六经。七十子传之，汉唐先儒继之以实学，裁成英俊，各适于用，长久治安也。天纵圣哲，千龄百纪不易觏。古今人才，计之大都非狂则狷者，多不以中道损益，任其所偏，则流放无底而材不达矣，故一归于学。子以四教："文、行、忠、信"是也。所处不过饮食男女之间，所习不过兵农礼乐之事，非有高远绝伦、杳渺难知之微妙也。使狂者有卓识闳量之美，而无夸肆虚诞之失；狷者有笃守善道之益，而无胶固僻陋之弊。仕则能为黔首足衣食，明礼义，捍兵革，泽润当时，功诒后世。尧舜以来，用人治天下不外于此。岂若后儒高谈无极，静坐穷理，然后谓之道哉！夫切于国计民生，一日不可少者，皆以为余事。即果至静复性，豁然贯通，二氏之徒所能耳。何益于世道？何补于朝廷？此吾师费夫子父子相承著书救敝之大旨也。……吾师早罹离乱，避迹江左四十年，键户村落，不修名誉，今七十一矣。耆齿宿德，正宜讲业齐鲁之都，发挥六经本旨，乃二年前入闽，为岚气所侵，遂得末疾，步履艰难，采辑儒林，并论道诸书，以贫不能缮有宗本，章力任之，而量移入滇，尚未能也。方今圣主在上，崇儒重道，而公卿侍从彬彬儒雅，风动四方。章躬逢其盛，岂不大幸欤！康熙乙亥长至，大陵门人张含章敬序。

蔡廷治《弘道书题辞》：《弘道书》，尊圣门旧章之论也。旧章，古经存之。所谓道，皆先王政教章程，立国宜家之典。所谓学，悉教孝弟而说《诗》、《书》。虽上下不齐，易知易能，若行之则为事业，言之则为羽翼经传，并非谈性凿理，成幽杳不可致诘。诸儒力辨已久，散见先辈集中，师翁费孝贞先生始荟粹而倡言之，期转后世谈经相率而入于浮虚，还圣门六艺以济实用而已。吾师世其家学，直从古经旧注，发明吾道定旨。谓三代而后，汉唐以下，贤主得良臣辅之，皆网维伦纪，功在天下，序古今有道之君为《统典》，序古今文武忠义为《辅弼录》，序七十子传人为《道脉谱》。而后汉唐诸儒不致荒弃，容城孙徵君称为汉儒知己。三者备，而后圣门之学始全，古经之旨始备。合为《中传正纪》，上宣王政，下厚风俗，深潜撰著，未常轻出示人。年老，门人乃得录其副本，天下之大，百世之远，好学深思之君子甚众，必有起而公论者矣。康熙辛卯春日，门人新安蔡廷治谨书。

今案：《荒书》一卷，《清史列传》误作四卷。费锡璜《贯道堂文集》卷二《中文先生家传》谓其父"生于明天启六年乙丑七月二十三日子时，卒于康熙三十八年辛巳九月初七日未时，年七十有七"，计算讹误，显然不确。据胡适《费经虞与费密》（载《胡适文存》二集）考订，费密生于明天启五年乙丑（公元1625年），卒于清康熙四十年辛巳（公元1701年），年七十七。兹说有据，故从之。

**《读书敏求记》作者钱曾卒。**

《四库全书总目》卷八七，史部目录类存目：《读书敏求记》四卷，国朝钱曾撰。曾字遵王，自号也是翁。常熟人。家富图籍，多蓄旧笈。此书皆载其最佳之本，手所题识，仿佛欧阳修《集古录》之意。凡分经、史、子、集四目。经之支有六：曰礼乐，曰字学，曰韵书，曰书，曰数书，曰小学。史之支有十：曰时令，曰器用，曰食经，曰种艺，曰豢养，曰传记，曰谱牒，曰科第，曰地理舆图，曰别志。子之支有二十：曰杂家，曰农家，曰兵家，曰天文，曰五行，曰六壬，曰奇门，曰历法，曰卜筮，曰星命，曰相法，曰宅经，曰葬书，曰医家，曰针灸，曰本草方书，曰伤寒，曰摄生，曰艺术，曰类家。集之支有四：曰诗集，曰总集，曰诗文评，曰词。其分别门目，多不甚可解。……编列失次者，尤不一而足。其中解题太略，多论缮写刊刻之工拙，于考证不甚留意。……然其述授受之源流，穷缮刻之同异，见闻既博，辨别尤精。但以版本而论，亦可谓之赏鉴家矣。

# 公元1702年 清圣祖康熙四十一年 壬午

**《历代史表》、《历代纪元汇考》、《宋季忠义录》、《儒林宗派》作者万斯同卒。**

《清史列传》卷六八，《儒林传下一》：万斯大，字充宗，浙江鄞县人。父泰，字履安，明崇祯九年举人，与陆符齐名。善诗兼熟史事，宁波文学风气，泰实开之。入国朝，以经史分授诸子，使从黄宗羲游，各名一家。……兄斯选，弟斯同……斯同，字季野。……从黄宗羲得闻蕺山刘氏之学，以慎独为主，以圣贤为必可及。……博通诸史，尤熟于明代掌故，尝作《明开国以后至唐桂功臣将相内外诸大臣年表》，以备采择。康熙十八年，荐博学鸿儒科，辞不就。会诏修《明史》，大学士徐元文为总裁，欲荐斯同入馆局，斯同复辞，乃延主其家，以刊修委之。元文罢，继之者大学士张玉书、陈廷敬、尚书王鸿绪，皆延之。乾隆初，大学士张廷玉等奉诏刊定《明史》，依据鸿绪稿本而增损之。鸿绪稿实出斯同手。尝病唐以后设局分修之失，谓："一代治乱贤奸之迹，当具其表里。吾少馆于某氏家，其家有列朝实录，吾读而详识之。长游四方，就故家长老求遗书，考问往事，旁及郡志邑乘、杂家传志之文，靡不网罗参伍，而要以实录为指归。盖实录者，直载其事与言，而无所增饰者也。凡实录之难详者，吾以他书证之；他书之诬且滥者，吾以实录裁之。虽不敢自谓可信，而是非之枉于人者鲜矣。昔人于《宋史》已病其繁芜，而吾所述倍焉。非不知简之为贵也，吾恐后之人务博而不知所裁，故先为之极，使知吾所取者有可损，而所不取者必非其事与言之真而不可益也。"……康熙四十一年，卒，年六十。

所著有《历代史表》六十卷，《儒林宗派》八卷，《丧礼辨疑》四卷，《庙制折衷》四卷，《庙制图考》四卷，《石经考》二卷，《周正汇考》八卷，《纪元汇考》四卷，《历代宰辅汇考》八卷，《宋季忠义录》十六卷，《南宋六陵遗事》一卷，《庚申君遗事》一卷，《群书疑辨》十二卷，《书学汇编》二十二卷，《昆仑河源考》二卷，《河渠考》十二卷，《石园诗文集》二十卷。其《历代史表》稽考列朝掌故，端绪鳌然，有助史学。又创《宦者侯表》、《大事年表》二例，为列史所无。《儒林宗派》，自孔子以下，汉后唐前传经之儒，及两宋周、程、朱、陆各派，一一具列，其持论独为平允焉。

刘坊《天潮阁集》卷一，《万季野先生行状》：忆坊己巳冬得交万季野先生于昆山相国京邸，同晤者为刘子继庄。其时京师耆名之士，风传二先生博闻尔雅，学无不窥。……坊以久放风尘，所交四方知名士不胜屈指，惟先生辨析不穷，数往候之，谈天末数百年事，一如其素所历，以是独服膺先生，称为近今学者之冠。……告予曰："……仆平生学凡三变。弱冠时为古文词诗歌，欲与当世知名士角逐于翰墨之场。既乃薄其所为无益之言以惑世盗名，胜国之季可鉴矣。已乃攻经国有用之学，谓天未厌乱，有膺图录者出，舍我其谁？时与诸同人兄弟，自有书契以至今日之制度，无弗考索遗意，论其可行可不行。又思此道迂远，而《典》、《考》、《志》诸书所载，有心人按图布之有余矣；而涂山二百九十三年之得失竟无成书，其君相之经营创建，与有司之所奉行，学士大夫之风尚源流，今日失考，后来者何所据乎？昔吾先世四代死王事，今此非王事乎？祖不难以身殉，为其曾玄乃不能尽心网罗以备残略，死尚可以见先人地下乎？故自己未以来，迄今廿年间，隐忍史局，弃妻子兄弟不顾，诚欲有所冀也。凡此皆仆未白之衷。君深知我，故为君详之。……"

……先生讳斯同，字季野，晚号石园。……生于前明崇祯十一年正月廿四日戌时，卒于康熙四十一年四月初八日京邸王司空俨斋《明史》馆中。……所著书数十种，《儒林宗派》八卷；《庙制图考》四卷；《读礼通考》九十卷，为徐司寇乾学所纂刻于徐氏传是楼中；《周正汇考》八卷；《群书疑辨》十二卷；《石经考》二卷；《明通鉴》若干卷，散失。《明史列传》二百卷，存史馆中；《明史表》十三卷；《明历朝宰辅汇考》八卷；《明史河渠考》十二卷。《补历代史表》已刻五十三卷，未刻若干卷；《历代纪元汇考》八卷；《宋季忠义录》十六卷；《南宋六陵遗事》一卷；《庚申君遗事》一卷；《昆仑河源考》二卷；《石鼓文考》一卷；《书学汇编》二十四卷；《难难》一卷，散失；诗文集八卷；《明乐府》二卷。……

钱大昕《潜研堂文集》卷三八，《万先生斯同传》：万先生斯同，字季野，鄞人。……父泰，明崇祯丙子举人，鼎革后以经史分授诸子，各名一家。先生其少子也，生而异敏，读书过目不忘。……年十四五，取家藏书遍读之，皆得其大意。余杭黄太冲寓甬上，先生与兄斯大皆师事之，得闻蕺山刘氏之学，以慎独为主，以圣贤为必可及。……束发未尝为时文，专意古学，博通诸史，尤熟于明代掌故，自洪武至天启实录，皆能暗诵。尚书徐公乾学闻其名，招致之，其撰《读礼通考》，先生预参订焉。会诏修《明史》，大学士徐公元文为总裁，欲荐入史局，先生力辞，乃延主其家以刊修委之。元文罢，继之者大学士张公玉书、陈公廷敬、尚书王公鸿绪，皆延请先生有加礼。

先生素以《明史》自任，又病唐以后设局分修之失，尝曰："昔迁、固才既杰出，又承父学，故事信而言文，其后专家之书，才虽不逮，犹未至如官修者之杂乱也。譬如入人之室，始而周其堂寝匽湢，继而知其畜产礼俗，久之其男女少长、性质刚柔、轻重贤愚无不习察，然后可制其家之事。若官修之史，仓促而成于众人，不暇择其材之宜与事之习，是犹招市人而与谋室中之事也。吾所以辞史局而就馆总裁所者，惟恐众人分操割裂，使一代治乱贤奸之迹暗昧而不明耳。"又曰："史之难言久矣，非事信而言文，其传不显。李翱、曾巩所讥魏、晋以后，贤奸事迹暗昧而不明，由无迁、固之文是也。而在今则事之信尤难，盖俗之偷久矣，好恶因心，而毁誉随之，一家之事，言者三人，而其传各异矣，况数百年之久乎！言语可曲附而成，事迹可凿空而构，其传而播之者，未必皆直道之行也，其闻而书之者，未必有裁别之识也。非论其世、知其人而具见其表里，则吾以为信而人受其枉者多矣。吾少馆于某氏，其家有历朝实录，吾读而详识之，长游四方，就故家长老求遗书，考问往事，旁及郡志邑乘杂家志传之文，靡不网罗参伍，而要以实录为指归。盖实录者，直载其事与言，而无所增饰者也。因其世以考其事，覆其言，而平心察之，则其人之本末十得其八九矣。然言之发或有所由，事之端或有所起，而其流或有所激，则非它书不能具也。凡实录之难详者，吾以它书证之，它书之诬且滥者，吾以所得于实录者裁之，虽不敢谓具可信，而是非之枉于人者鲜矣。昔人于《宋史》已病其繁芜，而吾所述将倍焉，非不知简之为贵也，吾恐后之人务博而不知所裁，故先为之极，使知吾所取者有可损，而所不取者必非其事与言之真，而不可益也。"……

在都门十余年，士大夫就问无虚日，每月两三会，听讲者常数十人。于前史体例贯穿精熟，指陈得失，皆中肯綮，刘知幾、郑樵诸人不能及也。马、班史皆有表，而《后汉》、《三国》以下无之，刘知幾谓得之不益，失之不为损。先生则曰："史之有表，所以通纪传之穷，有其人已入纪传而表之者，有未入纪传而牵连以表之者，表立而后纪传之文可省，故表不可废，读史而不读表，非深于史者也。"

康熙壬午四月卒，年六十。所著《历代史表》六十卷，《纪元会考》四卷，《庙制图考》四卷，《儒林宗派》八卷，《石经考》二卷，皆刊行。又有《周正汇考》八卷，《历代宰辅汇考》八卷，《宋季忠义录》十六卷，《六陵遗事》一卷，《庚申君遗事》一卷，《群书疑辨》十二卷，《书学汇编》二十二卷，《昆仑河源考》二卷，《河渠考》十二卷，《石园诗文集》二十卷，予皆未见也。乾隆初，大学士张公玉书等奉诏刊定《明史》，以王公鸿绪史稿为本而增损之，王氏稿大半出于先生手也。

温睿临《历代纪元汇考序》：呜呼！此吾亡友万季野先生之所编也。先生博极群书，尤熟于史，自三皇帝纪以暨二十一史、胜国实录，无不背诵如流。……壬午正月，先生诞辰，余与诸友邀金往寿。先生曰："余不敢当也。虽然诸君厚意不可却，余有《历代纪元汇考》八卷，其以是为刳剔资，子且为我序之。"时先生已患脚气，余诺之而不暇为。及四月，工未竣而先生殁。陈子素堂为竟其事，余乃序之以行世。呜呼，先生已矣！读先生之书，窥先生之学，知好古笃志之儒，虽困轲于今，其必有传于后，无疑也。此编起唐帝尧元载甲辰，迄明崇祯十七年甲申四千年之间，以年为经，以历朝纪元为纬，令人一展卷而历数长短、年代久近、一统分割、禅继正伪，瞭如指掌，亦史学之一斑也。昔之萃聚列代者，有《世纪》、《通历》、《通要》、《通谱》、《通载》、《通鉴》、《帝统举要历》、《稽古录》、《年代录》、《疑年录》、《甲子编年》、《纪年世运录》，总皆纪年之书，而浩衍繁多，阅者不能举其数，行笈不能载其书，其简而该者，无如此编。……康熙癸未长夏，吴兴温睿临撰。

张寿镛《宋季忠义录序》（张寿镛辑四明丛书本，民国二十三年）：……若夫政德乖败，教泽无闻，人心离而无系，其流散也如水，故曰"涣者，离也。"此其端甚微、迹甚隐也而终不可掩。决川崩岳，莫之能喻，然则持世柄者，能一日而忘忧患之思哉？昔赵宋之兴也，承五季涂炭之后，务农兴学，慎罚薄敛，又复释藩镇兵权，绳赃吏，重法以塞浊乱之源，世有典则。及其既衰，始困于金、辽，卒亡于元，乃开夷狄主中夏之局。然当时朝野之士，以死御侮，矢不臣奴外夷者皆是也。论者以谓有宋诸大儒提倡道义，教泽之化，比诸有政，故节烈之行，群习以为固然，气蕴之含结者，深且固也。徽、钦既掳，高、孝崛起，犹支半居；德祐既亡，景炎再兴，延垂绝之命于孤屿海陬间，天下尚奉为正朔焉。元有天下，未及百年，朱明突起，锄而去之，光复旧物。设无汉奸，明岂能亡于清哉！而明之忠烈，亦不减赵宋。……故余读万氏《宋季忠义录》，嗟岁寒之不幸，又未尝不掩卷太息而发愤也。虽然宋亡矣，而留此忠义彪炳千秋，则宋为不亡，吁其可敬也夫！余既校刊高氏雪交亭《正气录》，因复取万氏此书校订刊行。原十六卷，别为附录一卷，更为补一卷。手校讹误，间加注证。……民国二十三年三月张寿镛序。

周永年《儒林宗派序》：四明万季野先生《儒林宗派》钞本十六卷，庚寅冬购自都门。先生曾从孙邠初使君，方牧临清，闻之，亟借观，以校其家藏，乃多四卷。爰录之而以原本还余，且谋刻焉，复属为之序。《周官》以九两系邦国之民，"三曰师，以贤得民"；"四曰儒，以道得民"。其与民相维系，盖与牧之以地、长之以贵同功。延及后世，治统与道统分，而师儒之教化常在于下，且或私其传于一乡一国，而不能及远。较之古者，父师、少师坐于闾门，无地而不建之学，无人而不范于师者迥殊矣。然唐、宋、明以来，草野之讲习，朝廷之制作，未有无所师承，而可有立于一时，有功于一世者。第其源流，散见载籍，考之为难。昔宋儒章俊卿著《群书考索》，各经俱载诸儒传授图，明西亭王孙复广之为《授经图》。先生斯编，则搜采更博，且缕析条分，较若列眉，学者诚一一考其世，论其人，溯其德业、文章之所自，则数千年间学术之何以醇驳，治法之何以升降，亦可以深明其故，而人自得其师矣。古之三物、四术，即不敢遽语其全，而考亭、西山读书之程，翼之、平仲教学之法，可考而知、循而守也。于以穷经稽史，尊闻行知，人材之成，安在不可比隆于汉、宋哉！斯则先生纂集是书之意也夫。乾隆癸巳春仲，历城后学周永年谨序。

《四库全书总目》卷五八，史部传记类二：《儒林宗派》十六卷，国朝万斯同撰。……是编纪孔子以下，迄于明末诸儒，授受源流。各以时代为次，其上无师承，后无弟子者，则别附著之。自《伊洛渊源录》出，《宋史》遂以道学、儒林分为二传，非惟文章之士，记诵之才，不得列之于儒。即自汉以来传先圣之遗经者，亦几几乎不得列于儒。讲学者递相标榜，务自尊大。明以来谈道统者，扬己凌人，互相排轧，卒酿门户之祸，流毒无穷。斯同目击其弊，因著此书。所载断自孔子以下，杜僭王之失，以正纲常。凡汉后、唐前传经之儒，一一具列。除排挤之私，以消朋党，其持论独为平允。惟其《附录》一门，旁及老、庄、申、韩之流，未免矫枉过直。又唐啖助之学传之赵匡、陆淳，宋孙复之学传于石介，皆卓然自立一家。宋代说经，实滥觞于二子，乃列之散儒之中，不入宗派，亦有所未安。至于朱、陆二派，在元则金、吴分承，在明则薛、王异尚。四百年中，出此入彼，渊源有自，脉络不诬，亦未可以朝代不同，不为明其宗系。如斯之类，虽皆未免少疏，然较之《学统》、《学案》诸书，则可谓湔除锢习，无畛域之见矣。世所传本仅十二卷。此本出自历城周氏，较多四卷，盖其末年完备之定本云。

**孙铉著成《为政第一编》。**

　　邵泰衢《为政第一编序》：孙子可菴负经济才，读经济书，议经济事，博考泛问，目穷手诣，寒暑不间者二十余季矣。游京都，名日益起，鲁、晋、闽、豫之当事，无不延为上宾。一日语余曰："世之政事书，县者支而不经，简者略而鲜当，将欲酌今斟古，核实采华。举凡言之必可行，行之必可效者，以为仕学津梁，命曰《为政第一编》。其中节目肯綮诚有未协，幸先生有以教之。"余细阅之，窃喜其年末井然，繁简适当，纤屑之间，无不合宜。知不特可以昭临民者之水鉴，且可以辅律例之大成，殆经国嘉谟而救时盛轨也。世之每贻服官以重累者，良由其不知为政大体。此书出而人挟一册，以从事于政，仲见家弦户诵，在在武城，称循吏而膺上考者。孙子之功，谅非浅鲜。因商校之，而从史以梓。康熙壬午，钦天左监邵泰衢谨序。

　　《四库全书总目》卷八〇，史部职官类存目：《为政第一编》八卷，国朝孙铉撰。铉字可菴，钱塘人。其书所载皆州县职事，分时宜、刑名、钱谷、文治四类。条目琐碎，议论亦鄙。盖幕客之兔园册，不足资以为治也。

　　今案：本书各卷书名之下，均写明"西湖孙铉可菴氏手辑"，则此孙铉正如《四库全书总目》所言，乃"钱塘人"。而同时期青浦人孙铉字思九者，应为同名另一人。青浦人孙铉，其主要事迹为康熙四十四年联合诸生向南巡途中康熙帝上书，请得康熙帝为青浦孔宅题写匾额对联，从而导发大兴土木扩建青浦孔宅并且纂修《孔宅志》（详见后康熙五十六年《孔宅志》条），并无本书邵泰衢《为政第一编序》所言游历京城及各省之事。

## 公元1703年 清圣祖康熙四十二年 癸未

### 陈景云著成《纲目订误》。

《清史列传》卷七一，《文苑传二》：陈景云，字少章，亦长洲人。诸生。博闻强识，讲求通儒之学。……少从何焯游，焯殁，以名德见推，为吴中文献轻重者，几二十年。……乾隆二十年，卒，年七十八。景云为学，凡经史四部书，丹铅不离手，尤长于史，能背诵《通鉴》。举前明三百年事谈之，更仆不倦。为文章简严有法。著《读书纪闻》十二卷，《纲目辨误》四卷，《两汉订误》四卷，《三国志校误》三卷，《韩文校误》三卷，《柳文校误》三卷，《文选校正》三卷，《通鉴胡注正误》三卷，《纪元考略》二卷，《文集》四卷。

陈景云《纲目订误序》：子朱子因《通鉴》成书而为《纲目》，学者所谓续经之作也。而纲下分注之目，朱子属门人天台赵师渊几道成之。赵氏之于史学，视温公书局中二刘、范氏未知孰先孰后，要之卷帙既繁，以一人独任编纂，其采节岂能悉审？况又非身侍讲堂，随事讨论，每纂成若干卷寄呈，而朱子复书，往往云未暇观也，则知分注并未尽经朱子之目矣。朱子亦未尝病其中多疏漏，有意更定，竟未及为。元儒汪克宽有《纲目考异》，徐昭文有《考证》，凡纲之疏漏，一据提要以正之，至分注之误则在所略，间有杂出于昔人之掎摭者，亦不过偶举一二而已。……兹因披览分注，遇意未安，辄为札记，其纲目之可疑者，亦间附数事，以补汪、徐之遗，昔人所已言则不敢剿说也。问学孤陋，援据单疏，又宋椠官本仅从友人架上通假残帙，未睹其全，则今所记者或出后来传摹之讹，惜尚无从复校也。遇尽心此书者，当访而质焉。康熙癸未秋日，长洲陈景云书。

《四库全书总目》卷四七，史部编年类：《纲目订误》四卷，国朝陈景云撰。初，尹起莘作《通鉴纲目发明》，凡有疑义，率委曲以通其说。至周密作《癸辛杂识》，始辨其中宗、武后并书年号一条，然其说不甚确。后作《齐东野语》，又辨纲中北齐高纬杀其从官六十人一条，郭威弑隐帝书杀、弑湘阴王书弑一条……则颇中其失。后明末张自勋、国朝芮长恤亦递有订正。景云是书，又掎摭诸家所未及，悉引据前史原文，互相考证，其中毛举细故，虽未免稍涉吹求，然如汉萧望之误书下狱……刘友益书法误论削高侃名诸条,亦皆允当。其于摭实之学,亦可云愈推愈密矣。

**温睿临于本年后著成《南疆逸史》。**

（同治）《湖州府志》卷七六：温睿临,字邻翼,号哂园,乌程人。康熙四十四年举人,以诗古文雄于时,性伉直,好面折人过。游京师,卿相皆敬礼之。移书礼部侍郎严我斯,以为国学不可无人才,因上其议,适回籍,议遂寝。雅意著述,与四明万斯同交善。……在京邸,放废无事,因录得野史数十种,荟萃成书,题曰《南疆逸史》。

温睿临《南疆逸史序》：《南疆逸史》者何?纪弘光、隆武、永历三朝遗事也。何以不言朝?不成朝也。何以谓之南疆?皆南土也,势不及乎北也。若曰仅此南疆也云尔,然则何纪尔也?曰土宇反覆,攻守纷错,政令互易,兴亡成败得失之迹,不可泯也。忠佞杂陈,贤奸各出,奇才策士之谋略,武夫猛帅之攻伐,老成正直之持论,逸诡斯罔之诡辩,与夫忠义奋发,凌霜犯雪之操,叛逆肆毒、狐媚虎噬之状,不可略也。……尝论明之亡也,始于朋党,成于阉竖,终于盗贼。南渡继之,小人得志,借朋党以肆毒,合阉竖以固宠,假盗贼以张威,而庙堂昏庸,酣歌弗恤,忠贞黜落,贪渎横肆,纪纲倒置,是非混淆,以致穴中自斗,贻敌人以渔人之利焉。……

盖明之积弊,约有三端：一曰务虚名不采实用。高谈性命,而以农田军旅为粗；研志词华,而以刑法钱谷为俗。至使吏治不修,武备全废,假钺于武夫,待成于胥吏。一弊也。二曰别流品不求真才。古之求士,或在草泽,或在山林,甚至羁囚饿隶,降卒仇夫,皆列置班联,畀膺宠任,未闻同朝之谤。今乃独尊甲第,鄙弃举贡,即材怀管、葛,行同夷、惠,升擢无期,排挤有自。楚材晋用,谁实贻之?二弊也。三曰争浮文不念切效。承平虚套,以抗大敌,祖制浮言,以慑巨寇,欲以通和而反树之怨,欲令效忠而滋益之怒。迨至邻封责言,狂寇反噬,则影销烟散,哑口无策。三弊也。积此三弊,败亡不悟,则误国之罪,岂得诿诸小人哉?余所以每不禁掩卷而三叹也!

是编也,网罗散佚,搜抉残蠹,上自朝庙大纲,事关兴灭,下迨闾巷幽贞,谊存感讽,咸纪其人,传其事,具见其本末。零星逸行,攒簇成章。繁芜琐言,芟除归雅。论贤智宁严,以其世所指名也。宽庸流弗议,以其无所责焉矣。哀之非恕之也,君父之慝,隐而弗彰,愚贼弗敢知也。乱臣贼子,末路必载,以示诛夷,有所儆焉。至于宜详而略,当显而微,则哀、定微辞,不敢悖乎《春秋》之义。嗟乎!故国旧都,望之怅然,况乎姓氏与开业并垂,爵命与末流俱陨,其始其末,先臣实式凭之。俯仰今昔,回环感慕,不知涕泗之何从,自附于西台之纪云尔。其缺略荒谬之讥,所不辞也。吴兴晒元居士温睿临,上元日书于炳烛斋。

温睿临《南疆逸史凡例》:昔吾友四明万子季野方辑《明史》,语余曰:"鼎革之际,事变繁多,金陵、闽、粤,播迁三所,历年二十,遗事零落,子盍辑而志之,成一书乎!"余曰:"是《明史》之所赅也,余何事焉?"万子曰:"不然。《明史》以福、唐、桂、鲁附入怀宗,纪载寥寥,遗缺者多。倘专取三朝,成一外史,及今时故老犹存,遗文尚在,可网罗也。逡巡数十年,遗老尽矣,野史无刊本,日就零落,后之人举隆、永之号而茫然者矣,吾侪可听之乎?"余曰:"是则然矣。其间固有抗逆颜行,伏尸都市,非令甲之罪人乎!取之似涉忌讳也,删之则曷以成是书。"万子曰:"不然。国家兴废,何代无之。人各为其主,凡在兴朝,必不怒也,不得已而遂其志尔,故封阡表容,赠通祀阙,历代相沿,著为美谈。本朝初定鼎,首褒殉国诸臣,以示激扬。其在外者,不暇及尔。褒与诛,可并行也。且方开史局时,已奉有'各种野史悉行送部,不必以忌讳而嫌'之令矣,采而辑之,何伤?"余因曰:"诺。"然世事拘牵,因循未果也。

其后录得野史数十种,方欲咨访,发凡起例,而万子溘然先逝,《明史列传》甫脱稿,尚未订正。念亡友惓惓之言,不忍违其雅意,闲居京邸,放废无事,荟蕞诸书,以销永日,颜曰《南疆逸史》。非敢附名山之藏,亦贤于博弈者云尔。野史中有兼纪三朝事者,吴伟业《绥寇纪略》、邹漪《明季遗闻》是也。有纪国变及南渡事者,夏允彝《幸存录》、文秉《甲乙事案》、许重熙《甲乙稿略》、李清《三垣笔记》是也。有专纪弘光事者,顾炎武《圣安本纪》、黄宗羲《弘光实录》、李清《南渡录》是也。有兼纪隆武、永历两朝事者,黄宗羲《行朝录》、钱秉镫《所知录》、瞿昌文《天南逸史》、刘湘客《行在阳秋》是也。有专纪隆武事者,闽人《思文大纪》是也。有专纪永历事者,沈佳《存信编》、鲁可藻《岭表纪年》、刘湘客、杨在、綦毋邃《象郡纪事》、冯甦《劫灰录》、某《南粤新书》、《粤事纪略》、邓凯《滇缅纪闻》、《滇缅日记》是也。有专纪一人一事者,应廷吉《青燐屑》、史德威《维扬殉节始末》、袁继咸《浔江纪事》、某《北使记》、康范生《虔事始末》、某《赣州乙丙纪略》、某《江人事纪》、徐世溥《江变纪略》、章旷《楚事纪略》、沈荀蔚《蜀难叙略》、杨在、朱容藩《乱蜀始末》、《武冈播迁始末》、《孙可望胁王始末》、《犯阙始末》、《安隆纪事》、邓凯《遗忠录》、《求野录》、《也是录》是也。有专纪鲁监国事者，黄宗羲《鲁纪年》、《四明山寨记》、《舟山兴废记》、《日本乞师记》、冯京第《浮海记》、鲍泽甲子纪略》、陈睿思《闽海见闻纪略》、阮畴生《海上见闻录》是也。共四十余种。其间纪载有详略，年月有先后，是非有异同，毁誉有彼此，乃取万子季野明末诸传，及徐阁学《明季忠烈纪实》诸传，合而订之，正其纰缪，删其繁芜，补其所缺，撰其未备，以成是编。其他未见之书，尚俟再考，然大略具是矣。

杨凤苞《秋室集》卷二，《南疆逸史跋一》：《南疆逸史》，吾乡温孝廉睿临撰。盖述明季福、唐、桂三藩之遗事，终以鲁藩附之。纪略四，列传五十二，计五十六卷。首列《自序》，及《凡例》二十则，简而有法，是非未大悖于《春秋》之义，世称信史。不特网罗散佚，备胜国之旧闻而已。然微嫌其失之太简，要必为之注，以补其阙遗，若裴松之注《三国志》之例，而后文献足徵焉。

李瑶《南疆绎史》附《温氏佚史考》：佚史氏者，姓温氏，名睿临，字邻翼，一字哂园。湖州乌程人。康熙初举于乡；为故辅体仁族孙也。赅贯群书，且熟于史，与鄞徵士贞文先生万季野斯同交最善。时朝廷方开《明史》局，昆山徐大司寇召贞文主编纂。睿临以应礼部试赴都，得时过从，多所参论。贞文因以故明南渡而下三朝事迹，属其自成一史焉。览贞文《纪元汇考》于康熙癸未睿临为之序云："余来京师，与之游者十余年。见则问看何书，有何著述？勤勤以年老时迈，毋荒岁月为戒。"推此词气，与卷中原例相符。盖《佚史》一书，审即是时所作也。郑余庆《湖录》云："温睿撰《南疆佚史》四十卷，并《吾徵录》、《钧役全书》、《游西山吟稿》。"案《归安县志》："余庆著《湖录》，考索二十年，称详备。"顾以"睿临"作"睿"，奚说邪？今海内所觏《佚史》遗本仅二十卷，而不著作者姓氏，世几弗知其为温氏之本。语句讹沿，篇章脱落，殆以展转钞胥，一缪至斯。原其失名之故，当是初承禁令，子姓惧祸而抉去之。去之既久，遂无复与之表白耳。本言四十卷，而仅存二十卷者，今案诸事文，永明一朝则尽阙。准诸引跋、篇叶次叙，或弗然。近亦于藏书家见所谓足本者，乃就二十卷外，别为起讫。如四镇以旧文四百余字列于前，而后复分立黄、高诸传，而又与横云山人《史稿》多所吻合。不独辞非一气贯注，亦乌得有此体例，吾于此其不能无惑也已！《史稿》于三王诸臣各传，原据斯编为蓝本，然决无雷同之文也。夫甲申后，纪事书聚至百十余种，胥出尔时局中人手，好恶不一，见闻有殊，自当奔斯编以为折衷云。

谢国桢《增订晚明史籍考》卷九：《南疆逸史》五十六卷，清乌程温睿临邻翼撰。……按：是书记南明弘光、隆武、永历三朝事，与万季野《明史稿》同时所撰，为记南明三朝史事最完备之书，体例亦颇详赡。虽亦有见闻失实之处，然其记载质实……自较在清乾隆时禁网之后，后人追记删改之书为善。杨凤苞《秋室集》曾有跋十二首，于其体例见闻，多有补正，称其书为五十六卷。纪略四卷，列传五十二卷。是书用南明弘光等年号，颇多微旨，历禁讳之朝，辗转流传，原卷渐阙，故《温氏佚史考》称其本四十卷，乃仅存二十卷；吴郡李瑶，乃据其二十卷本另为补辑，改名《南疆绎史勘本》，删芟禁讳，变易历朔，实既不副，名亦不存。《勘本》流传既广，人亦罕知原本矣。至民国初年，坊间始有四十卷排印本出现，乃就安徽某君四十四卷藏钞本而编为四十卷者。今海盐朱氏藏有道光朱善旂二十卷本，近复得四十四卷纪略四、列传四十。旧钞本，近长乐郑氏藏有傅节子旧藏五十六卷足本，闻后归南京图书馆，非独历朔从昔，称号依旧，而文字之间，亦与排印本微有不同，庶可复温氏之旧。……又按：……近上海图书馆藏有大兴傅以礼长恩书室钞本，较国光本多出列传一百九十九则，其中补充者以遗民为最多。该馆认为国光本为初稿，五十六卷本为增订本。……

今案：据温氏《南疆逸史凡例》，是书当成于万斯同辞世后，故暂系于本年。

**俞益谟于是年后著成《辨苗纪略》。**

《四库全书总目》卷五四，史部杂史类存目三：《辨苗纪略》八卷，国朝俞益谟撰。益谟字嘉言，号澹菴，宁夏人。官至湖广提督。康熙四十二年，辰州红苗为乱，诏吏部尚书席尔达督荆州驻防兵，及广西、贵州、湖南三省汉土兵剿平之。益谟时率湖南兵从征，攻夺小天星寨，以临天星寨，而红苗乞降。是编详记其事，首以地图，次以明以来用兵得失，及近时启衅之由，次为条议案牍记事之文。大意谓明事坏于抚，废鹎剿之法，而土豪营弁又缘以为利。酿变者非一日，至是始一举底定云。

# 公元1704年 清圣祖康熙四十三年 甲申

**《古文尚书疏证》作者阎若璩卒。**

《清史列传》卷六八，《儒林传下一》：阎若璩，字百诗，山西太原人。世业盐筴，侨寓淮安。……年十五，以商籍补山阳县学生员。研究经史，深造自得。

尝集陶弘景、皇甫谧语，题其柱云："一物不知，以为深耻。遭人而问，少有宁日。"其立志如此。海内名流过淮，必主其家。年二十，读《尚书》，至古文二十五篇，即疑其伪。沈潜三十余年，乃尽得其症结所在，作《古文尚书疏证》八卷，引经据古，一一陈其矛盾之故，古文之伪大明。……若璩又以朱子以来，已疑孔传之依托，递有论辩，复为《朱子尚书古文疑》，以伸其说。康熙元年，游京师，旋改归太原故籍，补廪膳生。十八年，应博学鸿儒科试，报罢。昆山顾炎武以所撰《日知录》相质，即为改定数条，炎武虚心从之。编修汪琬著《五服考异》，若璩纠其谬数条，尚书徐乾学叹服。及乾学奉敕修《一统志》，开局洞庭山，既又移嘉善，复归昆山，若璩皆预其事。局中人辑其绪论一编，曰《阎氏碎金》。若璩于地理尤精审，山川形势、州郡沿革，瞭如指掌，撰《四书释地》一卷，《续编》兼及人名物类、训诂典制，又解释经义诸条，共为五卷。事必求其根柢，言必求其依据，旁参互证，多所贯通。又据《孟子》七篇，参以《史记》诸书，作《孟子生卒年月考》一卷。又著《孔庙从祀末议》十一事。……又著《潜丘札记》六卷，《毛朱诗说》一卷，《手校困学纪闻》二十卷。……又有《日知录补正》、《丧服翼注》、《宋刘敞李焘马端临王应麟四家逸事》、《博湖掌录》诸书，诗有《眷西堂》诸集。……康熙四十三年，卒，年六十九。……

黄宗羲《古文尚书疏证序》：吴草庐以《古文尚书》之伪，其作《纂言》，以伏氏二十八篇为之解释，以古文二十五篇自为卷帙。其小序分冠于各篇者，合为一篇，寘于后。归震川以为不刊之典。郝楚望著《尚书辨解》，亦依此例。然从来之议古文者，以史传考之，则多矛盾。……若以文辞格制之不同别之，而为古文者，其采缉补缀无一字无所本，质之今文，亦无大异，亦不足以折其角也。唯是秦火以前，诸书之可信者，如《左氏》内外传、《孟子》、《荀子》、《墨子》之类，取以证之，庶乎思过半矣。自来诸儒，间指其一二破绽而疑之，其疑信相半也。嘉靖初，旌川梅鷟著《尚书谱》一编，取诸传记之语与二十五篇相近者类列之，以证其剽窃，称引极博。然与史传之异同，终不能合也。

淮海阎百诗寄《古文尚书疏证》，方成四卷，属予序之。余读之终卷，见其取材富，折衷当。当两汉时，安国之《尚书》虽不立学官，未尝不私自流通，逮永嘉之乱而亡。梅赜作伪书，冒以安国之名，则是梅赜始伪。顾后人并以疑汉之安国，其可乎？可以解史传连环之结矣。中间辨析三代以上之时日、礼仪、地理、刑法、官制、名讳、祀事、句读、字义，因《尚书》以证他经史者，皆足以祛后儒之蔽。如此方可谓之穷经。其原夷族祸始于《泰誓》，短丧作俑于《太甲》，错解《金縢》而陷周公于不弟。仁人之言，有功于后世大矣！

忆吾友朱康流谓余曰："从来讲学者，未有不渊源于'危微精一'之旨。若无《大禹谟》，则理学绝矣！而可伪之乎？"余曰："此是古今一大节目，从上皆突兀过去。'允执厥中'，本之《论语》；'惟危惟微'，本之《荀子》。《论语》曰：'舜亦以命禹。'则舜之所言者，即尧之所言也。若于尧之言有所增加，《论语》不足信矣。'人心道心'，正是荀子'性恶'宗旨。'惟危'者，以言乎性之恶；'惟微'者，此理散殊，无有形象，必择之至精，而后始与我为一。故矫饰之论生焉。后之儒者，于是以心之所有，唯此知觉；理则在于天地万物。穷天地万物之理，以合于我心之知觉，而后谓之道。皆为'人心道心'之说所误也。夫人只有人心，当恻隐自能恻隐，当羞恶自能羞恶，辞让、是非，莫不皆然。不失此本心，无有转换，便是'允执厥中'。故孟子言'求放心'，不言'求道心'；言'失其本心'，不言'失其道心'。夫子之'从心所欲不逾矩'，只是不失人心而已。然则此十六字者，其为理学之蠹甚矣！"康流不以为然。呜呼！得吾说而存之，其于百诗之证，未必无当也。南雷黄宗羲顿首拜撰。

胡渭《尚书古文疏证序》：晚出《古文尚书》，自东晋立于学官，家传户诵，下逮今千四百年。信者比比皆是，疑者千不得一焉。间有疑之者，类皆以文辞格制辨其真赝，即朱子之所以疑古文，其说亦无过于此。是犹未能尽发其藏，使天下后世之人灼然共见其伪也。

徵君阎百诗先生以博闻强记之资，为理明义精之学。谓壁中真古文亡于永嘉之乱，而梅氏所献，乃魏晋间人所假托。其二十五篇，经与序传如出一手。因著《古文尚书疏证》以辟之。首列今古之篇题名数，马、郑逸十六篇如彼，梅氏增多二十五篇如此，孰伪孰真，判如黑白。由是证之以逸《书》，参之以诸子，稽之以历法，验之以正朔，析之以典礼，核之以事迹，校之以文字，考之以句读，种种纰缪，具有明徵。九原可作，伪撰者将何辞以对？然此犹其小者耳。

若夫剽窃点窜，伤教害义之尤者，如"太甲稽首于伊尹"，则冠履倒置也；"周公致辟于管叔"，则推刃同气也；"玉石俱焚"，则屠戮始夏后也；"罪人以族"，则参夷自殷人也；"小子发观政于商"，则天命未绝，其主可伐也；"独夫受乃汝世仇"，则时君虐我，怨及先王也；"惟尹躬暨汤，咸有一德"，则夸其主以予圣也；"尔乃顺之于外"，则教其臣以导谀也。凡此类矫诬圣籍，陷溺人心，使后世犯大不韪者，得藉古经为口实，以逞其所欲。先生昌言指摘，不遗余力。盖至是而二十五篇之伪，不可掩矣；抑至是而"过废宁过存"之论，有不可施之于二十五篇者矣。虽有笃信古文者，亦安能坚持其说，以折先生之辩哉？先生每竖一义，必博考精思，故迟之又久而未成。近年多病，尝叹息谓余曰："恐溘焉朝露，《疏证》不及成，奈何？"余为之恻然。甲申六月，先生疾作而终，《疏证》果不及成矣。呜呼！惜哉！

后二岁，长君舍人咏以其书来，属余校定，且为序。余受而读之，凡八卷，卷各若干目。有通卷全阙者，有卷中阙数篇或仅成一篇者。余用太史公、文中子有录无书之例，悉仍其旧，而序以还之，俾寿之梨枣，嘉惠来学。是书所辨者古文，而实与今文相表里；所论者《尚书》，而实贯穿诸经、史、百家语。剖析群疑，别裁众伪，使学者优柔厌饫，有左右逢源之获。后之君子，其必有乐乎此也。康熙四十五年丙戌嘉平之月，同学弟德清胡渭撰。

《四库全书总目》卷一二，经部《书》类二：《古文尚书疏证》八卷，国朝阎若璩撰。若璩，字百诗，太原人，徙居山阳。康熙己未，荐举博学鸿词。《古文尚书》较今文多十六篇，晋、魏以来绝无师说，故左氏所引，杜预皆注曰《逸书》。东晋之初，其书始出，乃增多二十五篇。初犹与今文并立，自陆德明据以作《释文》，孔颖达据以作《正义》，遂与伏生二十九篇混合为一。唐以来虽疑经惑古如刘知幾之流，亦以《尚书》一家列之《史通》，未言古文之伪。自吴棫始有异议，朱子亦稍稍疑之。吴澄诸人本朱子之说，相继抉摘，其伪益彰。然亦未能条分缕析，以抉其罅漏。明梅鷟始参考诸书，证其剽剟，而见闻较狭，搜采未周。至若璩乃引经据古，一一陈其矛盾之故，古文之伪乃大明。所列一百二十八条，毛奇龄作《古文尚书冤词》，百计相轧，终不能以强辞夺正理，则有据之言，先立于不可败也。其书初成四卷，余姚黄宗羲序之。其后四卷，又所次第续成。若璩没后，传写佚其第三卷。其二卷第二十八条、二十九条、三十条，七卷第一百二条、一百八条、一百九条、一百十条，八卷第一百二十二条至一百二十七条，皆有录无书。编次先后，亦未归条理。盖犹草创之本。其中偶尔未核者，如据《正义》所载郑元（今案："元"应为"玄"，因康熙帝讳改）《书序》注，谓马、郑所传与孔传篇目不符，其说最确；至谓马、郑注本亡于永嘉之乱，则殊不然。考二家之本，《隋志》尚皆著录，称所注凡二十九篇。《经典释文》备引之，亦止二十九篇。盖去其无师说者十六篇，止得二十九篇，与伏生数合，非别有一本注孔氏书者也。若璩误以郑逸者即为所注之逸篇，不免千虑之一失。又《史记》、《汉书》但有安国上《古文尚书》之说，并无受诏作传之事，此伪本凿空之显证,亦辨伪本者至要之肯綮,乃置而未言,亦稍疏略。其他诸条之后,往往衍及旁文,动盈卷帙。盖虑所著《潜邱札记》或不传,故附见于此,究为支蔓。又前卷所论,后卷往往自驳,而不肯删其前说,虽仿郑元注《礼》,先用《鲁诗》,后不追改之意,于体例究属未安。然反复爬剔,以祛千古之大疑,考证之学则固未之或先矣。

今案:据胡渭序,是书至若璩辞世,迄未完稿,故系于本年。

## 清廷增修《皇舆表》成书。

《皇朝文献通考》卷二二三,《经籍考十三》史部地理类:《钦定皇舆表》十六卷,康熙十八年,翰林院掌院学士扎萨哩等奉敕纂;四十三年,翰林院掌院学士揆叙等奉敕增修。

《国朝宫史》卷三〇,《志乘》:《皇舆表》一部。康熙十八年圣祖仁皇帝命撰《皇舆表》,以直省府、州、县为经,以历代因革建置为纬。四十三年,复命增辑朝贡属国,凡十六卷。

康熙帝《御制文》第三集卷二〇,《增修皇舆表序》:《皇舆表》一编,肇成于康熙己未,制序卷端,时置几案,历有年所。顾原编记载沿革,于郡县特详,其地列舆图。而未设有郡县者,概未编入。朕惟国家统御方夏,覆载之内,视均一体,外藩蒙古诸属国,自祖宗朝后先收服,次第归诚。迨朕临御以来,蕃王君长,岁时贡琛,悉比内地。绣壤相错,不啻万有余里。……爰命儒臣,更加增辑,共十有六卷。书成,特令刊梓,用示来兹……

今案:康熙四十三年应为《皇舆表》增修告成之时。《清圣祖实录》卷二一九,康熙四十四年二月甲寅日,曾将此书赐予大学士等多名官员,当为刊刻成书。

## 江日升于本年前著成《台湾外纪》。

陈祈永《台湾外纪序》:余司铎南诏,于乙丑春获交珠浦江子东旭,盖循循然重厚博物君子也。嗣出其所辑《台湾外纪》三十卷,属序于余。余读是书,起于拥众明季,讫于归顺我朝,垂六十年。其间岛屿之阻绝,城垒之沿革,镇弁营将之忠佞勇懦,以至睿谟之征讨招徕,沿海之战剿区划,靡不瞭如指掌,笔力古劲详确,有龙门班椽风。其书专为郑氏而作,始于明太祖,非著明之始,所以著郑氏之始也。首志颜思斋，所以著郑芝龙之始，又以著台湾开辟之始也。至于纪闽贼之流祸，载马相之擅权，列三藩之反侧，藉为郑氏引线，故不详其说，非具三长者不能也。按成功以隆武赐姓，逃窜海外，奉闰运故朔三十有七年，仗义守节，庶几田横之遗。然以我朝视之，则固胜国游魂，海隅穷魄，律以犯边梗化，夫复何辞！……是书以闽人说闽事，详始末，广搜辑，迥异稗官小说，信足备国史采择焉，余故乐而序之。康熙甲申冬岷源陈祁永。

谢国桢《增订晚明史籍考》卷一三:《台湾外纪》三十卷。原题：珠浦江日升东旭撰。……按：沈云《郑氏始末》，称江日升《台湾纪事本末》四十九篇，卷数与此本不同，名称亦异，按:实即此本也。宝应刘氏藏有《台湾野记》，亦即此书。是编述郑芝龙事，起天启元年，终于康熙癸亥（永历三十七年）克塽降清，共六十三年事，书虽为章回小说体，然记当日时事皆由亲见目睹，所载文移，颇有可据……未可以小说目之。……

今案：据郑克晟《关于〈台湾外纪〉的作者江日升》（载福建省郑成功研究学术讨论会学术组编《郑成功研究论丛》，福建教育出版社1984年版）一文考订，是书于康熙四十三年前完成而后几年又屡经修改。

**叶梦珠著成《阅世编》。**

上海通社《阅世编跋》:《阅世编》十卷。上海叶梦珠撰。梦珠，清初人，字滨江，号梅亭，著籍娄县学。博学多闻，尤留心世务。是书所记，大而郡国政要，世风升降，小而门祚兴替，里巷琐闻，旁及水旱天灾，物价低昂。举凡涉世六十余年间，阅历之所及，无事不书，有闻必录，而于松江一郡之沿革创置为特详。曩昔修辑府志及华亭、上海、南汇等县志，无不取裁于是。盖方诸范叔子《云剑据目钞》、董阆石《三冈识略》等书，保存之史料为尤多也。独惜其书，向无刻本，传钞亦尟。客岁，始获借阅之于松江图书馆，以其所涉上海旧闻，足资考证者极夥，因亟为细校付刊，以备留意地方掌故者之参考。

今案：据江功举《关于〈阅世编〉作者叶梦珠的生卒年问题——兼与来新夏同志商榷》（《成都大学学报》1983年第2期）一文考订，叶氏生于明天启四年（公元1624年），是书叙事最晚至康熙四十三年（公元1704年），时叶已年逾八旬。故系于本年。

## 公元 1705 年 清圣祖康熙四十四年 乙酉

**《崇祯长编》、《明鉴举要》（原名《明史举要》）作者万言卒。**

《清史列传》卷六八，《儒林传下一》：（万）言，字贞一，斯选兄斯年子。副贡生。少随诸父讲社中，号精博。著有《尚书说》、《明史举要》。尝与修《明史》，独成《崇祯长编》。……尤工古文。同县李邺嗣尝曰："事古而信，笃志不分，吾不如斯大；粹然有得，造次儒者，吾不如斯选；学通古今，无所不辨，吾不如斯同；文章命世，居然大家，吾不如言。"有《管村文集》。晚出为安徽五河县知县，忤大吏，论死。子承勋狂走数千里，哀金五千赎之归，时称孝子。

万承勋《千之草堂编年文钞·先府君墓志》：先考万氏，讳言，字贞一，号管村。鄞县人。奉化县学生。康熙乙卯科副榜，考正红旗教习，期满授知县，需次。庚申，钦召纂修《明史》，授文林郎，食翰林院七品俸，兼修《大清盛京一统志》。性刚直，触史馆监修怒。戊辰，选江南凤阳府五河县知县。辛未，计典陷之死。士大夫冤之，捐赀赎归。生于前崇祯丁丑岁七月初六日未时，卒于康熙乙酉岁四月十六日子时。……

朱希祖《明季史料题跋·旧钞本崇祯长编跋》：旧钞本《崇祯长编》二卷……自崇祯十六年癸未十月起，至甲申三月十九日止，癸未十月以前缺焉，盖出于旧钞本。是编不知撰人及原卷数，但知为明史馆所编，而不知何人主稿。及阅《鄞县志·艺文》，始知为万言所撰。……长编卷数，各书未见有记载者，惟昆山徐果亭侍郎《培林堂书目》有《崇祯长编》三十七册，则……其全书至少必有三十余卷。……睹兹残本，已觉广博逾恒，其全书若在，宁不视为国宝，而不刊布以传之宇内耶！

《清史列传》卷六八，《儒林传下一》：（万）经，字授一。黄宗羲移证人书院于鄞，申明刘宗周之学，经侍席末，与闻其教。及长，传父、叔及兄言之学。又学于应㧑谦、阎若璩。康熙四十二年，成进士，改翰林院庶吉士，散馆授编修。五十年，充山西乡试副考官。五十三年，督学贵州。及还，以派修通州城工，罄其家。……晚增补斯大《礼记集解》数万言。……又重修斯同《历代纪年》。又续纂兄言《尚书说》、《明史举要》。皆先代未成之书。乾隆初，举博学鸿词科，不就。年八十二，家遭大火，遗书悉焚，经终日涕洟，自以为负罪先人。逾年，卒。著有《分隶偶存》二卷。

萧穆《敬孚类稿》卷五，《跋四明万氏明鉴举要》：余旧阅《鄞县志》，详考万氏一门著述，知管村先生言有《明鉴举要》一书，尚未行世。……乃十六、七年前，余在上海洋场书肆，有杭州书贾持管村先生此书原本出售，其书凡五十卷，订三十巨册。万公殁后，经应潜斋徵士及其叔父季野处士斯同、从弟九沙太史先后校勘删补。……卷后又有杭堇浦侍御手跋。……兹将杭公跋文附录于后："四明万季野先生伯兄祖绳先生之子管村先生言，康熙初聘入史馆，纂修《明史》。因忤贵臣，出令五和，罢官论罪。其子西郭狂走数千里，哀吁论赎，乃得归里。穷年键户，编纂《明鉴举要》一书。其卒也，未及校雠也。应徵士潜斋先生参补校阅，历时二年，而全书始毕。其后，季野重为参订。及九沙先生经归自贵阳学使任，复于是书缺者补之，繁者芟之，乃成有明一代之信史。惜乎力无能刊也。书中潜斋用硃笔，季野用墨笔，其黄笔乃九沙也。九沙之子承天以是书归余，欲资有力者梓行于世。因述其颠末如此。乾隆戊寅冬堇浦记。"

谢国桢《增订晚明史籍考》卷一：《明鉴举要》四十九卷，清鄞县万言贞文（今案：应为"贞一"）撰，从弟经授一续。万经《序》云："长兄纂《明鉴举要》一十七卷，起太祖至宣宗而止，从侄承勋属余续成之。自顾家世史学，见推当代，且曾值承明，编纂乃分内事，遂不揣固陋，以八叔明史局稿本为主，参以前代有关史学诸书，取前十七卷订正增删外，复自英宗至世宗十二年，别撰一十五卷，世宗十三年起至庄烈帝止十七卷，并前稿共四十九卷。……全祖望《万公神道碑铭》云："经受《明史纪传》三百卷，及《历代史表》数十种于季野先生。受《明史纲目》及《崇祯长编》于从兄言。"又云："从兄《明史举要》未毕，续纂二十余卷。"据此则《明鉴举要》原名《明史举要》，万世一门家学，季野《明史稿》既为世所推重，则《明鉴举要》要必可得其绪余。……

## 公元1707年 清圣祖康熙四十六年 丁亥

**康熙帝《御批资治通鉴纲目全书》成书。**

康熙帝《御批资治通鉴纲目全书序》（载《四库全书》本《御批资治通鉴纲目前编》卷首）：朕惟自古帝王言动必记，而史事以兴……紫阳朱子特起而振举之，纲以提要，目以备详……朕幾务之暇，留神披阅，博稽详考，纤悉靡遗。取义必抉其精，徵辞必搜其奥。析疑正陋，鳌异阐幽，务期法戒昭彰，质文融贯。前后所著论断凡百有余首。兹允诸臣请并以付梓，颁布宇内，俾士子流传诵习，开卷瞭然。不特天人理欲之微、古今治忽之故，一一胪如指掌，即子朱子祖述宣尼维持世教之苦衷，并可潜孚默契于数千载之下。是则朕敦崇古学，作新烝民之至意也。爰叙述以冠篇端，用昭示于无穷焉。康熙四十六年正月十七日。

《四库全书总目》卷八八，史部史评类：《御批通鉴纲目》五十九卷，《通鉴纲目前编》一卷，《外纪》一卷，《举要》三卷，《通鉴纲目续编》二十七卷。康熙四十七年，吏部侍郎宋荦校刊，皆圣祖仁皇帝御批也。朱子因司马光《资治通鉴》以作《纲目》，惟《凡例》一卷出于手定，其纲皆门人依《凡例》而修，其目则全以付赵师渊。后疏通其义旨者，有遂昌尹起莘之《发明》，永新刘友益之《书法》；笺释其名物者，有望江王幼学之《集览》，上虞徐昭文之《考证》，武进陈济之《集览正误》，建安冯智舒之《质实》；辨正其传写差互者，有祁门汪克宽之《考异》。明弘治中，莆田黄仲昭取诸家之书，散入各条之下，是为今本。皆尊崇朱子者也。故大抵循文敷衍，莫敢异同。明末张自勋作《纲目续麟》，始以春秋旧法纠义例之讹。芮长恤作《纲目拾遗》，以《通鉴》原文辨删节之失。各执所见，屹立相争。我圣祖仁皇帝睿鉴高深，独契尼山笔削之旨，因陈仁锡刊本，亲加评定，权衡至当，衮钺斯昭，乃厘正群言，折衷归一。又金履祥因刘恕《通鉴外纪》失之嗜博好奇，乃搜采经传，上起帝尧，下逮周威烈王，作《通鉴前编》。又括全书纲领，撰为《举要》殿于末。复撷上古轶闻，撰为《外纪》冠于首。陈仁锡稍变其体例，改题曰《通鉴纲目前编》，与《纲目》合刊，以补朱子所未及。亦因其旧本，御笔品题。至商辂等《通鉴纲目续编》，因朱子《凡例》，纪宋、元两代之事，颇多舛漏。六合之战，误称明太祖兵为贼兵，尤贻笑千秋。后有周礼为作《发明》，张时泰为作《广义》，附于条下。其中谬妄，更不一而足。因陈仁锡缀刊《纲目》之末，亦得同邀乙览，并示别裁。乾隆壬寅，我皇上御制题词，纠正其悖妄乖戾之失，以辟诬传信。复诏廷臣取其书，详加刊正，以协于至公，尤足以昭垂千古，为读史之指南矣。

## 邵廷采著成《宋遗民所知传》，于本年后著成《明遗民所知传》。

邵廷采《思复堂文集》卷三，《宋遗民所知传跋》：久欲集此传。丁亥，客都昌，始获周草窗、陶九成二书。朱君约传雅有同志，其门人王受慎，修竹弟梅山裔，师生二人遍搜越中书肆，博访故家，得手抄残缺十余页，合前贤诗词碑述，惓惓邮寄。因于病余属草，名曰《所知传》。愧闻见陋狭，外此遗漏者固多也。

邵廷采《思复堂文集》卷三，《明遗民所知传序》：於乎！明之季年，犹宋之季年也；明之遗民，非犹宋之遗民乎？曰节固一致，时有不同。宋之季年，如故相马廷鸾等，悠游岩谷竟十余年，无强之出者。其强之出而终死，谢枋得而外，未之闻也。至明之季年，故臣庄士往往避于浮屠，以贞厥志。非是，则有出而仕矣。僧之中多遗民，自明季始也。余所见章格庵、熊鱼山、金道隐数人，既逃其迹，旋掩其名。窃喜为纪述，惜衰年心思零落，所取益不欲奢。人心亦以机伪，名实鲜真。姑录其耳目得逮可覆稽者，其不为僧而保初服，犹尤尚之。於乎！"黄冠故乡"，后人诬文山语耳。若以方外备顾问，管幼安、陶元亮将笑人矣。缁犹黄也，斯言其竟有蹈之者乎？名曰《明遗民所知传》，言所不知者多。挂漏之罪，吾宁受之也。天下之大矣，孰非人子？孰非人臣？天命诚移，人性皆善。忠孝之士，未可以吾之所知尽之也。

谢国桢《增订晚明史籍考》卷一七：《明遗民所知传》一卷，清余姚邵廷采念鲁撰。……按：是书记章正宸、熊开元、张利民等数十人。每人各系一小传，颇裨遗闻，足资考证，后之谈明季遗逸者，颇宗之。虽全谢山于念鲁颇有诽辞，然各有所见，要不足为念鲁病也。……

今案：《明遗民所知传》成稿时间不详，似应作于《宋遗民所知传》后。姚名达《邵念鲁先生年谱》即系于康熙四十六年条下。

## 公元1708年 清圣祖康熙四十七年 戊子

**《亲征平定朔漠方略》成书。**

《四库全书总目》卷四九，史部纪事本末类：《亲征朔漠方略》四十八卷，康熙四十七年大学士温达等撰进。圣祖仁皇帝御制序文，深著不得已而用兵之意。盖噶尔丹凶顽爽誓，浸为边患，因于康熙三十五年二月，亲统六师往征。……书中所纪，始于康熙十六年六月厄鲁特噶尔丹奉表入贡及赐敕谕，令与喀尔喀修好，以为缘起，迄于三十七年十月策妄阿拉布坦献噶尔丹之尸而止。其间简练将卒，经画粮饷，剪除党恶，曲赦胁从，以及设奇制胜之方，师行缓急之度，凡禀之睿算者，咸据事直书，语无增饰。首载御制《纪略》一篇，后载告成太学及勒铭察罕七罗拖诺、昭木多、狼胥山诸碑文。恭诵之余，仰见大圣人不恃崇高，不怀燕逸，栉风沐雨，与士卒同甘苦，用能于浃岁之中，建非常之业，竹册昭垂，非独比隆训誓矣。

今案：《四库全书》收载之本书卷首，有康熙帝御制序，题为康熙四十七年七月初九日，可知此书成于康熙四十七年。

**张伯行著成《居济一得》，《道统录》。**

《清史列传》卷一二，《张伯行传》：张伯行，河南仪封人。康熙二十四年进士，考取内阁中书，改中书科中书。……三十九年八月，总河张鹏翮疏荐堪理河务，以原衔赴河工，督修黄河南岸堤岸二百余里，及马家港东坝、高家堰石工。四十二年正月，授山东济宁道。四十五年正月，迁江苏按察使。四十六年三月，圣祖仁皇帝南巡至苏州，谕从臣曰："朕访知张伯行居官甚清，最不易得。"又谕曰："……著升为福建巡抚。"……（四十八年十二月），伯行调任江苏巡抚。……（五十四年七月），上命免罪来京。十一月，命南书房行走。十二月，署仓场侍郎。……五十九年十二月，授户部右侍郎，官钱法，仍兼管仓场。……（六十年）十月，乞假省母。……世宗宪皇帝雍正元年九月，擢礼部尚书，赐"礼乐名臣"匾额。……三年二月，卒于官，年七十有五。……赐谥曰清恪。

杭世骏《道古堂文集》卷三二，《礼部尚书张公伯行传》：公名伯行，字孝先，号恕斋，后以为学之要在于一敬，更号敬庵。先世居上蔡，明洪武中徙仪封，遂为仪封人。……顺治八年辛卯十二月五日，公生于仪封通安乡崇儒里。……康熙辛酉举于乡，乙丑成进士。……

其纂述者百余种，皆所以继往圣而开来学。辑《道统录》、《道统源流》，以明圣贤之宗传；辑《伊洛渊源录》、《伊洛渊源续录》，以明诸儒之统绪……其所自著者，则有《困学录》二十四卷，《续困学录》二十四卷，《正谊堂文集》四十卷，《续集》十卷，《居济一得》五卷。又皆本于躬行心得之余，而足以为修己诲人、致君泽民之准。

统观公一生之述著，规模广大，节目精详，所谓"析之极其精而不乱，合之极其大而无余"者也。……。

张伯行《居济一得原序》：古人之治河也，治其泛滥横溢足为吾民害者，引之于沮洳漳下之处，徐徐焉趋入于海，而治河之事已毕。盖其时闲旷之地甚多，委而弃之，不与水争，故得施其疏浚之功，绝无所顾惜，而水亦顺性以往，无奔腾冲决之患。今也不然，梁、豫、青、兖、淮、徐之境，郡县村落，星列棋布，生齿日繁，桑麻遍野。凡昔人所弃以与水者，尽为沃壤，民所必争。水既无所容蓄，而又为转漕必由之要路，不得已而大为之堤防，跬步之间，纡回屈曲，使俯就吾之约束。幸而数千里间不至有尺寸之渗漏矣，又恐其不足以转漕而济运，是必民不病水，水为漕用，而后可以言治。……

余自庚辰岁，奉命效力河工，日夕奔驰于淮、扬、徐、泗数百里之间，考古人之制度，验今日之形情，源流分合，高下险夷，亦既悉其大概矣。阅四载，而膺山东治河之命。……余不揣固陋，溯流穷源，力求有益于民生国计，数年以来，越阡度陌，相度经营，兼询之故老，考之传记，凡蓄洩启闭之方，宜沿宜革，或创或因，偶有所得，辄笔之于书，以备他日参考，积久成帙，分为若干卷。敢曰遵是说也，将以补偏救弊，独任其难，而不愧于古人节宣之义乎！亦聊以自尽其一得之愚云尔。印川潘公有言曰："时势可行则行之，不可行则缓之。慎毋使我误后人，后人更误后人。"此即余之素志也。……康熙戊子三月朔，仪封张伯行书于榕城之正谊堂。

《四库全书总目》卷六九，史部地理类二：《居济一得》八卷，国朝张伯行撰。……是编乃伯行为河道总督时相度形势，录之以备参考者。前七卷条议东省运河壩闸堤岸，及修筑、疏瀹、蓄泄、启闭之法，于诸水利病条分缕析，疏证最详。后附《河漕类纂》一卷，则仅撮大概。盖伯行惟督河工，故漕政在所略也。大旨谓河自宿迁而下，河博而流迅，法宜纵之；宿迁而上，河窄而流舒，法又宜束之；徐、邳水高而岸平，泛滥之患在上，宜筑堤以制其上；河南水平而岸高，冲刷之患在下，又宜卷埽以制其下。又有三禁、三束、四防、八因诸条，皆得诸阅历，非徒为纸上之谈者。伯行平生著述，惟此书切于实用。迄今六七十载，虽屡经疏瀹，形势稍殊，而因其所记，以考因革损益之故，亦未为无所裨焉。

张伯行《道统录序》：曩余于故书肆中购得《道统传》一帙，乃潞之仇君熙所著也。上自尧、舜、禹、汤、文、武，下及周、程、张、朱，君相师儒，为治为教，统而一之，而假与似者不列焉。……余读而善之，因思一画开天，斯道之传，自伏羲始。孔子系《易》，称伏羲并及黄、农，意其道之统绪所自来乎？再观《尚书》所载"契敷五教"、"皋迈种德"、"益、稷有谟"、"伊尹有训"、"咇、说有诰、有命"，皆于道有发明之功。至孟子叙见知、闻知，并及莱朱、望、散，无非为道统所属也。是皆不可以略。

倾以特简命抚八闽，公余之暇，用为采辑《易传》、《尚书》，及诸家传记，上自伏羲、神农、黄帝，下仍讫于周、程、张、朱，增订成书，使学者得观其备焉。将授梓，而为之序曰：大道之在天下，如日月之经天，江河之行地，原无日不昭著流布于两间。自世有行道之人而道以行，无行道之人而道以息；有明道之人而道以明，无明道之人而道以晦。究之息而未尝绝，晦而不终昧者，则有仔肩斯道之人，以相续于不坠焉耳。羲、农、黄帝、尧、舜、禹、汤、文、武之为君，与皋、益、伊、尫、傅说、周、召、望、散之为相，皆有行道之权者也。故继天立极，赞襄辅翊，而道以位而行。孔子虽不得位，然集群圣之大成，古今性命事功不出其范围。后之言道者，必折衷也。颜、曾、思、孟，以及周、程、张、朱，皆任明道之责者也。故穷理著书，授受丁宁，而道以言传。是道也，正纲维，立人极，端风化，开泰运；曲学杂霸不得假，百家邪说莫能乱；昭著流布于两间，真如日月之经天，江河之行地者矣。天地无终极，是道之统，圣圣相承，亦无终极。我皇上崇儒重道，文教聿兴，御制《四书》、《孝经》、《易经》讲义颁行天下，披览周、程、张、朱之书，时书其诗文，以赐群臣；又命儒臣纂修诸书，次第告成。斯固正学光昌之会，大儒兴起之日也。天下其必有能阐明历圣相传之道，而佐我皇上咸五登三之治者！然则余之增订是书也，又岂特为学者之备观云尔已乎？康熙四十七年岁次戊子季春朔，赐同进士出身中宪大夫巡抚福建等处地方提督军务都察院右佥都御史，仪封张伯行题于榕城之正谊堂。

《四库全书总目》卷六三，史部传记类存目五：《道统录》二卷，附录一卷，国朝张伯行撰。伯行字孝先，仪封人。康熙乙丑进士，官至礼部尚书，谥清恪。是书《自序》谓曩于故书肆中购得《道统传》一帙，乃仇熙所著。因更为增辑，上卷载伏羲、神农、黄帝、尧、舜、禹、汤、文、武、周公、孔子，及颜、曾、思、孟。下卷载周、程、张、朱。其附录中则载皋陶、稷、契、益、伊尹、莱朱、傅说、太公、召公、散宜生，及杨时、罗从彦、李侗、谢良佐、尹焞。人各一传，述其言行，而总论冠于卷端。

  今案：伯行未曾任职河道总督，《四库全书总目》谓《居济一得》"乃伯行为河道总督时"所著，误。张伯行有效力河工经历，故能编纂此书，但其时河道总督乃张鹏翮，张伯行是以低级休职官员按原衔效力河工。四库馆臣不察，信口言之而已。

## 李来章著成《连阳八排风土记》。

  李来章《连阳八排风土记自序》：古人于车辙马迹，或屦齿所至，无不纪其风土，志其诡秘，以为可以广异闻而拓奇观。……若八排之猺，连州仅居其三，若予所治之连山，则居其五。其余小排，更有十七。言语侏离，食饮腥秽，形貌虽人，实与禽兽无异。其间所称风土，又何足纪述，载于简册，更以彰其丑而扬其陋耶？虽然，有说焉：猺性犷悍，抚驭最难。得其心，则摇尾而向化；逆其意，则张吻而走险。向来之措施臧否，即此日之蓍龟明鉴。宁可听其放佚，使灭没而不传乎？……予故于簿领之暇，访问父老，略为诠次，命人缮写，存其梗概，为卷凡八，名曰《连山八排风土记》。……时康熙四十七年岁次戊子冬十月朔旦识于连山公署。

《四库全书总目》卷七八，史部地理类存目七：《连阳八排风土记》八卷，国朝李来章撰。来章号礼山，本名灼然，以字行，襄城人。康熙乙卯举人，官连山县知县。是书即其康熙戊子在连山时所作。八排者，猺獠所居，以竹木为砦栅，谓之排也。凡分图绘、形势、风俗、言语、剿抚、建置、约束、向化八门。门为一卷。其目尚有第九卷，题曰《杂述》上下。然有录无书，岂为之而未成欤？中多自叙政绩，其向化一门，纪所判断之案，各为标目，殆似传奇，尤非体例。

## 公元 1709 年 清圣祖康熙四十八年 己丑

**王鸿绪休致还乡，自将《明史稿》携去。**

《清圣祖实录》卷二三六，康熙四十八年春正月乙未，谕文武诸臣曰：朕向待大臣不分满汉，体恤包容，是以获罪者甚少……凡人既读书知义理，即当以其所学见之于事，非仅作文已也。平时读书，至临大事，竟归无用，则所读何书？所学何事耶？王鸿绪、李振裕向来早应罢斥，朕姑为容忍，今不可再容矣。蔡升元轻浮无实，杨瑄知交杂滥，其人品亦皆不端，俱著原品休致。

《清史稿》卷二七一，《王鸿绪传》：王鸿绪，初名度心，字季友，江南娄县人。康熙十二年一甲二名进士，授编修。十四年，主顺天乡试，充日讲起居注官，累迁翰林院侍讲。十九年，圣祖论奖讲官勤劳，加鸿绪侍读学士衔。……三十三年，以荐召来京修书。寻授工部尚书，充经筵讲官。四十七年，调户部。其年冬，皇太子允礽既废，诏大臣保奏储贰，鸿绪与内大臣阿灵阿、侍郎揆叙等谋，举皇子允禩，诏切责，以原品休致。

五十三年，疏言："臣旧居馆职，奉命为明史总裁官，与汤斌、徐乾学、叶方蔼互相参订，仅成数卷。及臣回籍多年，恩诏重领史局，而前此纂辑诸臣，罕有存者……自蒙恩归田，欲图报称，因重理旧编，搜残补阙，复经五载，成列传二百八卷。其间是非邪正，悉据公论，不敢稍逞私臆。"

今案：王鸿绪免官归乡，与先前徐乾学不同，并无谕令书局自随的记载，此乃私自携《明史稿》予以修订。这虽然使《明史》纂修得以赓续，但毕竟行为、动机，有可质疑处，故在清代已不得好评。

## 张伯行著成《道南源委》。

张伯行《道南源委序》：道之在天下也，流动充满，弥纶布濩，遍东西朔南，无乎不暨，岂居于一方哉？……虽然，溯孔、孟者曰邹鲁，溯二程者曰伊洛，溯杨、罗、李、朱者曰道南。其始也有源，其既也有委，殆亦祭川者所谓"先河而后海"意欤！

余既重订朱子所编《伊洛渊源录》，又考有明少宰镇山朱公视学闽中，尝编《道南源委》，以诏博士弟子员。其例本之朱子，其文参之《宋史》、《闽通志》、府州县志，及遗事、行状、志铭，诚哉有心斯道者！独是朱公之编次，重统也。余在戊子春，业成《道统录》一书，故于兹编，虽溯厥统系，而惟是概举大凡，取循流竟委之意，未备者补之，涉于异学者删之。且以二程冠其首，为道南之发端。名固仍旧，义亦有合焉。……康熙四十八年己丑孟冬谷旦，仪封后学张伯行题于榕城之正谊堂。

《四库全书总目》卷六三，史部传记类存目五：《道南源委》六卷，国朝张伯行编。是编本明朱衡《道南源委录》旧本，重加考订。首卷自杨时至江杞，三十六人。次卷自罗从彦至陈绍叔，八十一人。三卷自朱子至陈总龟，八十人。四卷自李东至刘季裴，九十六人。外附朱子弟子张显甫等十九人。又著述可考者，李琪等五十九人。五卷自欧阳侊至黄三阳，五十九人。六卷自林希元至李逢基，四十五人。复以张书绅等五十一人，有著述者类附焉。

## 《日下旧闻》、《经义考》作者朱彝尊卒。

《清史列传》卷七一，《文苑传二》：朱彝尊，字锡鬯，浙江秀水人。明大学士国祚曾孙。康熙十八年，诏举博学鸿儒科，以布衣试入选者，富平李因笃、吴江潘耒、无锡严绳孙及彝尊四人，皆除翰林院检讨，与所擢五十人同纂修《明史》。二十年，充日讲起居注官。……二十二年，入直南书房。……二十九年，补原官，寻乞假归。仁皇帝南巡江、浙，彝尊屡迎驾于无锡，召见行殿，进所著《经义考》，温谕褒奖，赐御书"研经博物"匾额。彝尊自少时以诗古文辞见知于江左之耆儒遗老，又博通书籍，顾炎武、阎若璩皆极称之。年逾五十，以布衣入翰林，数被恩遇。……

所撰《经义考》共三百卷，仿鄱阳马氏《经籍考》而推广之，自周迄本朝，各疏其大略，分存、佚、阙、未见四门，于十四经外，附以逸经、毖纬、拟经家学、承师宣讲、立学刊石、书壁镂版、著录，而以通说终焉。乾隆四十二年，高宗纯皇帝亲制诗篇，题识卷首，命浙江巡抚三宝刊行，世以为荣。彝尊之在史馆也，凡七上总裁书，论定凡例，访遗书，请宽其期，毋如《元史》之迫于时日，多所乖谬。辨《从亡》、《致身录》之不足信，谓方孝孺之友宋中珩、王孟缊、郑叔度、林公辅诸人咸不及于难，则文皇当日无并其弟子友朋为一族戮之之事，其所谓九族者本宗一族也；谓东林多君子而不皆君子，异乎东林者亦不皆小人。作史者不可先存门户之见，而以同异分邪正、贤不肖。世皆以为有识。彝尊又尝慨明诗自万历以后作者，散而无统，作《明诗综》百卷，于公安、竟陵之前，诠次稍详；若启、祯死事诸臣，复社文章之士，亦力为表扬之。……所著《词综》三十四卷，《日下旧闻》四十二卷，《曝书亭集》八十卷。《欧阳子五代史注》、《瀛洲道古录》，则其所草创未成者。四十八年，卒，年八十一。

陈廷敬《日讲官起居注翰林院检讨朱公彝尊墓志铭》（载《碑传集》卷四十五）：……君讳彝尊，锡鬯其字，号竹垞。先世居吴中，自吴江迁秀水。……君少而聪慧绝人。……为举业文，千言立就，已能工诗。崇祯十三年，浙东、西大旱，饥，人相食。……既而曰："河北盗贼，中朝朋党，乱既成矣，何以时文为？不如舍之学古。"乃肆力于《周官》、《礼》、《春秋》、《左氏传》、《楚辞》、《文选》、《丹元子步天歌》。人皆笑以为狂迂，未几乱果作。……后君名益高，四方以币聘者争集其门，所至皆以师宾之礼遇焉。客游南北，必囊载《十三经》、二十一史以自随。……君既以博学徵……召以检讨，充日讲起居注官。……

君既退而著述，有《日下旧闻》四十二卷，《经义考》三百卷，《明诗综》一百卷，《瀛洲道古录》若干卷，《五代史注》若干卷，《禾录》若干卷，《齼志》若干卷。《齼志》者，通政使曹公寅与君合撰者也。……家居十有九年，康熙四十八年十月卒，年八十一。……

李元度《国朝先正事略》卷三九，《文苑·朱竹垞先生事略》：……（先生）年十七，弃举子业，肆力于古学，凡天下有字之书，无弗披览。以饥驱走四方，南逾岭，北出云朔，东泛沧海，登之罘，经瓯越。所至丛祠荒冢，金石断缺之文，莫不搜剔考证，与史传参互同异。其为文章益奇。既入词馆，日与诸名宿掉鞅文坛。时王渔洋工诗而疏于文，汪苕文工文而疏于诗，阎百诗、毛西河工考证而诗文皆次乘，独先生兼有诸公之胜。所为文雅洁渊懿，根柢盘深；其题跋诸作，跨刘敞、黄伯思、楼钥之上；诗牢笼万有，与渔洋并峙，为南北二大宗。论者谓王才高而学足以副之，朱学博而才足以运之，皆笃论也。在史局，屡奏记总裁官，言体例，悉从其议。预修《一统志》，多所釐定。……

## 公元1710年 清圣祖康熙四十九年 庚寅

### 《春秋不传》作者汤启祚卒。

阮元《广陵诗事》卷三：宝应汤启祚，字迪宗，居城南之槐楼。沉酣经史百家，终身不倦。……著有《春秋不传》十二卷，多取三传刻核论人语。又有《杜诗笺》十二卷。……

王鸣盛《春秋不传序》：宝应汤先生启祚，字迪宗。逾冠，弃诸生业，隐居城南之槐楼村。博学通经史。康熙四十九年庚寅七月，卒，年七十六。所著《春秋不传》十二卷，同里王岩已序之矣，曾孙秋林复属予题其后。

予惟《春秋》一经，自汉以下，《左丘》、《公羊》、《谷梁》三传，迭为盛衰，然未有废传而说经者也。至唐之中叶，而啖助、赵匡、陆淳始自以己意窥测圣经，而置三传于不讲。虽宋子京《新唐书传赞》深斥其非，然在昌黎韩子之赠卢仝也，亦曰："春秋三传束高阁，独抱遗经究终始"，然则废传言经，固中唐人风会尔尔。盖儒术之兴废，其乘除倚伏有如此。至宋而废传者愈多，卢陵欧阳子、伊川程子其尤著也。胡安国《传》最后出，而科举格式独遵用之，三传几于不行。前明三百年间，场屋举子但知有胡《传》而已矣。本朝汇纂，始复兼取三传，并左氏外传及诸家之说。

今先生之为是编也，不任传，亦不废传。其意盖以经文之微言大义，学者自可寻释而得之；所患三传之说，先入而为之主，则学者之心思为其所束缚。圣人之本旨为其所蔽，锢害莫甚焉！故藩屏撤斯，堂奥睹矣；泥沙淑斯，清源来矣。若三传之美者，固未尝不取，而融浃于其中，特如蜂之酿蜜，蜜成而不见有花，故名其书为"不传"云尔。然则自有先生此编，彼世之拘守三传者，固当一旋其面目，即师心自用，妄谓得圣人心法者，亦将无所藉口矣。先生此书，岂胡安国之可比哉？遂僭附其肤言如此。乾隆辛卯六月既望，进士及第通议大夫光禄卿前史官西庄王鸣盛撰。

《四库全书总目》卷三一，经部《春秋》类存目二：《春秋不传》十二卷，国朝汤启祚撰。启祚字迪宗，宝应人。其书自称"不传"者，谓于四传无所专从也。今观所说，特不从《左传》耳。于《公羊》、《谷梁》、胡氏皆掇其余论，而日月之例信《公》、《谷》尤笃。盖三家之传皆以讥贬为主，而亦各有所平反。启祚乃专取三家严刻锻炼之说，合为一书。如其所论，是圣人之立法，更酷于商鞅、韩非也。

**姚际恒著成《庸言录》、《古今伪书考》。**

《清史列传》卷六八，《儒林传下一》：姚际恒，字立方，浙江仁和人。诸生。少折节读书，泛滥百氏，既尽弃词章之学，专事于经。年五十，曰："向平婚嫁毕而游吴越，予婚嫁毕而注九经。"遂屏绝人事，阅十四年，成《九经通论》。时太原阎若璩力辨晚出古文之伪，际恒持论不谋而合。萧山毛奇龄作《冤词》，攻若璩之说。奇龄故善际恒，因数与争论，际恒守所见，迄不为下。……又著《庸言录》若干卷，杂论经史、理学、诸子，末附《古今伪书考》。持论虽严，足以破惑，学者称之。然祖欧阳修、赵汝楳之说，以《周易十翼》为伪书；本同时颜元之论，谓周、程、张、朱皆出于禅，未免好为异论云。

《四库全书总目》卷一二九，子部杂家类存目六：《庸言录》，无卷数，国朝姚际恒撰。际恒字善夫，徽州人。是编乃其随笔札记，或立标题，或不立标题，盖犹草创未竟之本。际恒生于国朝初，多从诸耆宿游，故往往剽其绪论。其说经也，如辟图书之伪，则本之黄宗羲；辟《古文尚书》之伪，则本之阎若璩；辟《周礼》之伪，则本之万斯同；论小学之为书数，则本之毛奇龄。而持论弥加恣肆。至祖欧阳修、赵汝楳之说，以《周易十翼》为伪书，则尤横矣。其论学也，谓周、张、程、朱之学不息，孔孟之道不著，则益悖矣。他如诋杨涟、左光斗为深文居功，则《三朝要典》之说也。谓曾铣为无故启边衅，则严嵩之说也。谓明世宗当考兴献，则张桂之说也。亦可谓好为异论者矣。

姚际恒《古今伪书考小叙》：造伪书者，古今代出其人，故伪书滋多于世。学者于此，真伪莫辨，而尚可谓之读书乎！是必取而明辨之，此读书第一要义也。予辄不自量，以世所传伪书分经、史、子三类，考证于后。明宋景濂有《诸子辨》，予合经、史而辨之。凡今世不传者，与夫琐细无多者，皆不录焉。其有前人辨伪精确者，悉载于前，以见非予之私说云。四部有集，集者，别集人难以伪，古集间有一二附益伪撰，不足称数，故不之及。子类中二氏之书，亦不及焉。

顾颉刚《古今伪书考跋》（载《古史辨》第一册）：……是书一卷，颇似随手札记，非有意著述，故文笔疏散。其论辨多采前人成说，自《汉志》、《隋书》而下，唐之柳子厚，宋之晁子止、陈直斋，明之宋景濂、胡元瑞，并多撷取，而以晁、陈为最多。或微折衷，不尽证实，弗能谓博议无遗也。……

《续修四库全书总目提要》（稿本）：《古今伪书考》一卷，国朝姚际恒撰。……著有《九经通论》不传。是编取世所传伪书，分经、史、子三类，而考证之。凡经类十九种，史类十三种，子类三十八种。又有真书杂以伪者，凡八种。有本非伪书，而后人妄托其人之名者，凡一种。有书非伪，而书名伪者，凡二种。有未足定其著书之人者，凡四种。……大抵取撮于马端临《文献通考》、宋濂《诸子辨》、胡应麟《少室山房笔丛》诸书为多，研索参订，颇有裨于考证。……凡此皆不免小有舛误，然读书而不能辨别书之真伪，必且误入歧途。是编精核者亦多，固非绝无根据者。虽其囿于闻见，未能广搜博徵，而辨伪之文，历无专著，创始者难工，踵事者易密，未可概以襞绩讥之……

今案：姚际恒传略，亦见于张穆《阎若璩年谱》康熙三十二年条下、（光绪）《杭州府志》卷一百三十八《人物·儒林》，皆注明录自《武林道古录》；又见于吴颢、吴振棫《国朝杭郡诗辑》卷七。内容略有异同，然皆述际恒五十以后闭门著书一事。据顾颉刚考证，际恒生于清顺治四年（公元1647年），六十四岁著成《九经通论》，时为康熙四十九年（公元1710年）。《九经通论》一百七十卷，今大半佚失。列入四库存目的《庸言录》亦佚，惟附于其后的《古今伪书考》颇行于世。《古今伪书考》条目下屡言各经通论，二者间显有紧密之联系。参阅《古今伪书考》顾颉刚校点本《序》（朴社1933年版）；林庆彰《姚际恒著作集序——姚际恒及其在近代学术史上的地位》（载林庆彰主编《姚际恒著作集》，台北"中央研究院"中国文哲研究所筹备处1994年版）。

## 公元1711年 清圣祖康熙五十年 辛卯

**《明史》总裁、《明季忠烈纪实》作者徐秉义卒。**

《清史列传》卷一〇，《徐乾学传》：徐乾学，江南昆山人。……弟秉义，康熙十二年一甲三名进士。……二十一年,迁右春坊右中允。寻乞假归里。乾学既卒后,又召补原官。累迁侍读庶子、少詹事。三十八年,迁詹事。三十九年,擢礼部侍郎,旋调吏部,皆兼管詹事府。四十一年……拟罪失当,部议革职,命仍以翰林官用。……明年,迁内阁学士。四十三年,乞休,归。……五十年四月,卒于家,年七十有九。……

许汝霖《德星堂文集》卷四,《座主果亭徐公墓志铭》:……我座主徐公,讳秉义,字彦和,号果亭。江南昆山县人也。……上以公绩学望崇,徵书特召。甲戌冬,赴京就《一统志》总裁,擢授左春坊左中允。……庚辰,命充总裁《明史》。百七十年之兴革,一十有六王之盛衰,是非则朗若列眉,得失则瞭如指掌。七月,特授额外礼部侍郎,仍管詹事府詹事。……旋升吏部右侍郎,兼管詹事府如故。……公所著有《培林堂文集》、《代言集》、《诗集》、《经进集》、《别集》、《经学志余集》、《殉难录集》。……以康熙五十年正月十九日终于故里,春秋七十有九。……

(同治)《苏州府志》卷九五:徐秉义,字彦和,号果亭。……与兄乾学、弟元文相切弥,攻举子业,务阐发经传微旨。初名与仪,补太仓诸生。时郡城盛文社,长洲宋实颖、德宜彭珑、吴县缪彤皆社中领袖,雅推重秉义兄弟,自是"三徐"之名闻远近。奏销黜籍,援例入太学,改今名。康熙十二年,以进士第三人登第。乙卯,典试浙江,一时名士搜罗殆尽。事竣,请养归母。丧服除,以史馆纂修徵入,授左中允,充《一统志》总裁官。明年,升侍讲,迁右庶子。三十六年,擢少詹事,充日讲起居注。三十八年,进詹事。寻命总裁《明史》,晋吏部右侍郎,仍兼詹事,充律历馆总裁。奉上以谳拟失当,诘责处分……部议落职,上稔知其诚谨,命止解吏部侍郎任。典壬午顺天试,得士如浙闱。明年……迁内阁学士,兼礼部侍郎。四十三年秋,告归。……秉义通籍后,以兄弟并在华省,深怀谦退,杜门却扫,购求古书,或借稿本抄录。与余姚黄宗羲、鄞万斯同、德清胡渭生、桐城钱秉镫诸人交,每举经史疑义相发明,有得则疏录成书。念鼎革之际,死事者多,因广搜记载,自崇祯二年以迄国朝,著《忠烈纪实》一书,矜慎详覈,足称信史。……

钱澄之《明末忠烈纪实序》:吾阅历世变既久,尝以为史家之言不足深信,则庶几野史犹有直道存焉。今之为史者,大抵取人家传及郡邑志书为据,此至不足据者也。……若一以家传、志书为据,岂尽得其实哉?……吾盖以今之家传、志书而逆知后世之史不足信,因以不信前世之史也。惟是野史者流,其言皆得诸传闻，既无情赂之弊，亦无恩怨之私，徒率其公直，无所忌讳，故其言当可信也。然其人大抵草茅孤愤之士，见闻鲜浅，又不能深达事体，察其情伪，有闻悉纪，往往至于失实。集数家之言，大有径庭，则野史亦多不足信者。若是则古今书籍之所传，其可信者有几乎？夫欲信其书，必先信其言之所自来，与夫传其言者之人。其言之出于道路无心之口，足信也；言之出于亲戚、知交有意为表彰者，不足信也。其人生平直谅无所假借者，其言足信也；轻听好夸，喜以私意是非人者，其言不足信也。……

吾友徐子果亭为《忠烈纪实》，盖得是义焉。徐子于先朝死事者，自崇祯二年以来广搜纪录，一无避忌。其中有此然而彼不然者，有一事而彼此互异者，或有仅存其名而年月未详、本末不载，于是遍询海内亲知灼见之士，识其言之足可深信者，审之又审，然后据实以书。犹恐不核也，乃仿编年之体，书某年因某事死。其死之情事历历有闻于世者，则为小传以纪之，如列传焉。至有传闻异辞，事涉可疑者，亦不忍竟没，别为存疑，附诸传后，以俟后之人有如于嵩者，更出其说以相订也。其肆力可谓勤，用心可谓厚矣。夫徐子，史官也；其才，史才也。日接四方知名有道之士，所见所闻皆史料也，而矜慎如此，史法也。以"纪实"名编，亦惟期其信而已。然则异时有修史者，取据野史，当必以徐子《纪实》为定本，则庶乎成一代之信史哉！

谢国桢《增订晚明史籍考》卷九：《明末忠烈纪实》二十卷，清昆山徐秉义果亭撰。……按：是书分殉豫、殉冀、殉蜀、殉晋、殉江北、殉齐鲁、殉黔滇、殉豫章、殉畿辅、殉君、殉福、殉唐、殉鲁、殉桂、效死违制、殉国烈女诸传，前有钱秉镫澄之序、凡例。温睿临《南疆逸史》即以此书为蓝本。……末有温纯跋。秉义纂是书时，距明清易代之时未远，且与明末遗老黄梨洲、万季野诸君互相商榷义例，故颇资取信，然目太湖、巫峡农民抗清之义军为"越货之盗贼"，则阶级之偏见，有以为之也。……

## 《西南纪事》、《东南纪事》、《宋遗民所知传》、《明遗民所知传》作者邵廷采卒。

《清史列传》卷六七，《儒林传上二》：邵廷采，字念鲁，浙江余姚人。诸生。曾可孙。……曾可以为有志，即送之姚江书院。……又问学于黄宗羲。初读《传习录》，无所得，既读刘宗周《人谱》，曰："吾知王氏学所始事矣。"……廷采虽讲学，好求经世大略。……生平于历算、占候、阵图、击刺无不学……既游西北，走潼关，讲学于黄冈之姚江书院。复入京师，商邱宋荦、鄞县万经欲招入《一统志》馆,以老辞。晚岁,思托著述以自见,以为阳明扶世翼教,作《王子传》;蕺山功主慎独,忠清节义,作《刘子传》;王学盛行,而艮、畿踳杂,罗、杨诡乱,务使合乎规矩,作《王门弟子传》;金铉、祁彪佳、张兆鳌、黄宗羲等确守师说,作《刘门弟子传》。尝从宗羲问逸事,于明末诸臣尤能该其本末,所作《宋明遗民所知传》,倪文正、施忠愍诸传,凡数十篇,欲勒成一书,未竟。有《东南纪事》十二卷,《西南纪事》十二卷。康熙五十年卒,年六十四。弟子刻其文为《思复堂文集》二十卷,又《姚江书院志略》四卷。

龚翔麟《文学邵念鲁先生墓志铭》(载《思复堂文集》卷首):……先生姓邵氏,讳廷采,字念鲁,宋康节雍之后。绍兴余姚人也。……长沉潜颖敏,即向往阳明、蕺山及姚江书院诸先生。年十五,通《易》、《诗》、《书》并《左氏春秋》,喜读朱子《纲目》。一日,阅马昼初《通纪》,即仿立刘诚意、徐中山、常开平各传,见者奇之。年二十,游学在外,于经史诸义有所得,辄手抄口诵无停晷。而尤究心史学,著史论,复访求宋、元以来遗民轶事,为纪传以传之。所为各体文皆具古法,然颇自矜负,不肯妄作。尝曰:"文章无关世道者可以不作,有关世道不可不作,即文采未极,亦不妨作。"其持论如此。讲学则宗阳明,谓"孩提之不学不虑,即尧、舜之不思不勉"。……所著有《思复堂前后集》,所纂辑有《诗经儿课》、《礼记节要》、《姚江书院志》等书。先生生于顺治戊子正月五日,卒于康熙辛卯五月二十六日,年六十四。宗党暨从游学者私谥之文孝先生。……

邵晋涵《南江文钞》卷一〇,《族祖念鲁先生行状》:先生讳廷采,字允斯,更字念鲁,余姚人。……从同邑黄宗羲问《乾凿度》算法,从会稽董瑒受阵图,从保定王正中学西历。……会黄冈韦钟藻为余姚知县,辛巳,改建姚江书院于县城南,求能绍文成之学者,乃具书币请先生主讲席。……丙戌游山东。戊子至京师,商丘宋至、鄞万经欲招入《一统志》馆,先生谢曰:"老矣。"遂归。康熙五十年,先生在会稽居外家,六月病革,作遗训命诸子归葬余姚,赋诗而卒。距生顺治五年,年六十四。……

先生游四方,无所遇,中夜起坐,念师友渊源之传,恐及身而斩,又不忍及身而遽见其废坠也,乃思托著述以自见。……六陵被发,厥祸尤酷,图其成者王英孙,肇其谋者唐珏,改葬兰亭,流水至今鸣咽焉,作《宋遗民所知传》。儒冠被迫,愤而为僧,寻而被缁说法,别有师承矣,且末俗多伪,出处无恒,惟徐枋、顾炎武、陈恭尹诸子,完贞抱璞,信而有徵,作《明遗民所知传》。维书院基始半霂,迁于南城,守良知之学,见诸躬行,后之人罔闻知,乃逸乃谚,以俟老成,先民是程,绪言犹存,用启我后生,作《姚江书院传》。明人家自为史,存伪失真,乃稽谱牒,求实录,核闻见,备耆旧之传,存一家之言,作倪文正、施忠愍诸传数十篇。先生既卒,门弟子分刻之,取记序杂文,合为《思复堂文集》二十卷。考姚江书院建置始末,作《姚江书院志略》四卷。先生好从遗老访明亡故事,宗羲授以《海外录》、《行国录》,因仿袁枢体作《东南纪事》。同邑张五皋流离粤海,潜归四明山,先生访其遗闻,合之冯甦《见闻随笔》,作《西南纪事》。二书草创未成,或曰书毁于火云。

## 张伯行著成《伊洛渊源续录》。

张伯行《伊洛渊源续录序》:昔朱子辑《伊洛渊源录》,荟萃程门师弟子,授受之际,一言一行,莫不条列备载。其居恒磨礲薰陶,裁抑其过激,或其不及,或随其材,或因其时。教者之所以教,与夫学者之所以学,概见于斯矣!然则自道南而后,一脉传贻几百年,而又有天民先觉者出,接引后学,为之指其门庭,表其梯级而先后之,于是圣道亦明,源流益远,而是《录》顾可以不续乎哉?……《续录》旧本,自有明成化谢方石先生,已汇辑成帙,分为六卷,然采取未备。至隆庆时,薛公方山复因莆阳宋公初稿而重编之,名曰《考亭渊源录》。顾宋公初稿虽未及详定付刻,而编辑颇严。如朱子同志之友,自广汉、金华而外,概不之录。方山所刻,则于金溪、永康、东嘉悉为增入。窃恐世之绎其绪论者,或借吾儒之说,以盖其佛老之真;或喜浮夸之谈,以便其功利之习。又将何以正之耶?余不揣固陋,参互考订,为卷二十,折衷于方石、莆阳二者之间,命陈生绍濂编校授梓。……因书以为序。康熙五十年辛卯孟秋穀旦,仪封后学张伯行题于姑苏之正谊堂。

《四库全书总目》卷六三,史部传记类存目五:《伊洛渊源续录》二十卷,国朝张伯行撰。是编因明谢铎《伊洛渊源续录》采辑未备,薛应旂《考亭渊源录》去取未严,因重为考订,以补正二家之阙失。然书甫出,而谭旭谋《道续录》又反复千百言,纠其漏胡寅、真德秀矣。讲学如聚讼,亶其然乎?有朱子之学识,而后可定程子门人之得失。此中进退,恐非后学所易言也。

## 吴乘权著成《纲鉴易知录》。

(乾隆)《绍兴府志》卷六一,《人物志·义行下》:吴乘权,字楚材。弟乘业,字子立。山阴人。乘权善议论,谈锋所直,纵横莫能挡。年十六,病痿,日阅古今书，数年疾愈而学以此富。辑录《纲目》九十二卷，《明史》十二卷，《小学初筮》二卷，《周秦以来迄前明文》十二卷。慷慨仗义。……

吴乘权《纲鉴易知录序》：予童年有志读史，然至老究未尝一卒读者，何也？盖予性最拙，读时不能遽解，待解移时辄忘。又识字甚少，时须考证。且少以足疾废，六经、诸子无心涉猎，都邑山川不一游览，纵有志读史，亦犹聋者之无闻，盲者之无见，故读未终篇，辄生厌倦。此予所以究未尝一卒读也。虽然，予既有志读史矣，而欲待博群书以悉其所闻，历名山大川以穷其所见，度必不能，然则予将作如何读法而后可邪？常观世之乐于读史者，类多颖悟绝人之士，一目数行俱下，一览终身不忘，读时不求甚解，会心在牝牡骊黄之外，故观史务求其详，论史必归于雅。而若予之拙者，欲求读史之法，宁简毋详，宁陋毋雅，庶乎其得之邪！

周子静专、星若，予忘年友也，弱冠工举子业，而尤邃史学，乙酉岁，携其手辑《纲目全编》，以示予读史之法。予遂与二子复相编辑，不间祁寒暑雨者殆六载。苦简篇之汗漫，为之摘要而删繁；虑大义之不明，为之提纲而挈领。典故则捃摭源流，详笺细释，不必腹具经笥、胸藏史镜而瞭若指掌；舆地则溯厥沿革，援古证今，不必南浮北过、西至东渐而宛如在目。分泾别渭，辨淄知渑，则圈殊星列，妍媸烂然，而游移上下之见不设也。沉奥屈曲之句、险怪奇涩之文，则点读分明，钩黙截然，而聱牙涩呐之苦不形也。迨夫字画较毫厘，音声辨纤悉，务绝讹以袭讹、谬以承谬之弊，则鲁鱼亥豕之误，杖杜伏猎之羞，殆可免矣。至若睹此而失彼，记乙而忘甲，则注不胜注，解不胜解。失注则遗，复解仍晦，乃立见前见后法，如呼醉使醒、警梦使觉，则全部神理，首尾贯穿，不犹全体血脉，上下流通也哉？予乃今而知读史之法，其在是乎！予因之有感矣，向有志读史，而未能一卒读，及欲求一读史之法而不可得，得与二子共相编辑，以迄成书，纵不能博群书以悉其所闻，历名山大川以穷其所见，以视予前日之耳无闻而目无见者，大有径庭。然后知观史之不欲，论史之不明者，非尽天资迟钝，庸师误人，亦由编辑成书者，引导无方而致然也。

二子属予镂版行之世，予曰："是书未可遽以问世也，姑以私便检阅，自备遗忘，藏之家塾，以课弟子已耳。"适予友朱子圣怀，亦寄予《明纪钞略》一编，遂续辑而并付之梓。再阅岁，工始竣。二子复谓予曰："若得大人先生序引，则是书可行，且能及远。"予谓既无千古卓绝之识，论定百世之兴亡，复鲜著作辨论之才，品隲人事之得失，而徒沾沾于句栉字比、审音训义之末，是殆兔园学究之所为，行且不能，何望及远！颜曰"易知录"。同予之拙者几人，鲜不病予之简，而笑予之陋也。康熙五十年秋七月十五日，山阴吴乘权楚材题于尺木堂。

吴乘权《纲鉴易知录发凡》（十则）：《通鉴》删烦。《通鉴》固须全读，但人之姿性高下悬绝，卷帙太烦，岂能一概记诵？势不得不删。然信手删去，尽失头绪，如何看得明白。兹则细加斟酌，事之源委，人之始末，起伏照应，明若观火。

纲目全列。目之有纲，犹传之有经也。使有目而无纲，则目于何处着落？而其间之褒贬予夺，亦茫无所据矣。……

创立纪编。《纲目》正编自威烈迄五季，续编自两宋迄有元。兹则上起三皇，下终明代。则威烈以前，有元以后，纲目岂敢自立？然金氏有前编，尊之为纲，而目则变而云"纪"。谷氏有《纪事》，仍之为纪，而纲则变而云"编"。不敢自立纲目之名，亦以不失纲目之意云尔。

复出则见。是编计百七卷，合三千六百张。览过不忘者无论矣，然中人之资什之七八，遇有人同、事同、典故同、舆地同者，观前固昧后，观后亦遗前，注不胜注、解不胜解。故遇有相同处隔远者，则云见几卷几张；在上、下卷者，则云见上卷几张、下卷几张；在本卷者，则云见上几张或下几张；在三五张内者，则但云见上、见下。不烦注解，而无昧后遗前之失，更觉通体精神。

典故详明。……舆图直指。……别加黑圈。……细分句读。……校正字画。……辨别音声。……乘权谨识。

吴存礼《纲鉴易知录叙》：继《春秋》而后，大一统而明予夺者，莫过《纲目》一书。然而上下数千百年，文成数百万，读者若涉大海，茫无津涯。纂辑家就简删烦，名手错出，而微言奥旨，字义典实，略焉弗详。虽极好学深思，心知其意，而亦无由悉其条贯，迨考之他书，质之师友，而卒未能了然有得。余素欲讲求《春秋》大义，故每乐观《纲目》全篇。十余年来，余历官秦、晋、豫、蜀，皇皇幾务，得以经史自娱之日绝少，偶有暇刻，亦不获纵览全史，辄取诸家纂辑者翻阅之，亦仅能识其大概而已。前大司马留村公，余族兄也。由抚闽晋总制两粤，携从子楚材，汇前贤近代名流之文，而辑之曰《古文观止》，余兄作之叙而梓行之，迄今风行海内。其正蒙养而裨后学，厥功诚非浅鲜也。今年春，余奉天子命抚滇南，楚材与友周子静专、星若，辑有《纲鉴易知录》，草万里寄余。余略观大意，法遵《纲目》，注集王、刘，烦简适宜，雅俗咸赏。及信手拈一卷细阅之，无义不抉，无书不罗，俾读者不必考之他书，质之师友，而了然有得。而余亦自喜，向之仅识其大概者，今且纤毫必悉矣。名曰"易知"，良不诬也！以之正蒙养而裨后学，视《古文观止》之刻，厥功殆为过之，其风行更当何如哉！余急命付之梓，爰为之叙。康熙五十年仲夏吉旦，巡抚云南兼建昌毕节等处地方赞理军务兼川贵兵饷都察院右副都御史愚叔存礼立庵氏题。

傅以礼《华延室题跋》卷上，《明鉴易知录》：康熙间山阴吴楚材删节《通鉴纲目》暨前、续各编，为《纲鉴易知录》。时《通鉴纲目三编》未出，明代事迹，仅据上虞米圣淮（今案："米"为"朱"之讹）钞本，续成《明鉴易知录》十五卷附后。自乾隆中奉诏销毁胜国野史，重刊《易知录》者，因将《明鉴》撤去，易以《钦定三编》，于是《明鉴》传本遂佚。伯兄侍官山左时，购得吴氏原椠，藏之三十余年，乱后惟存《明鉴》一书，虽纸敝墨渝，而首尾完具。会余纂辑《明史附编》，亟手自装缉，以备参考。其书所载，与《钦定三编》详略互见，惟坚主惠帝出亡之说，殊失阙疑之义，盖当时《明史》尚未刊布，未经论定故也。

今案：是书为乘权与周之炯、周之灿兄弟合编，包括《纲鉴易知录》九十五卷，《明鉴易知录》十二卷，共一百零七卷。陈祖武《吴乘权》（载陈清泉等编《中国史学家评传》中，中州古籍出版社1985年版，第986—998页）一文，据《山阴州山吴氏族谱》考订，吴氏字子舆，号楚材。

## 公元1712年 清圣祖康熙五十一年 壬辰

**清官修《历代纪事年表》成书。**

清圣祖《御制历代纪事年表序》：……康熙四十四年春，朕南巡吴会，有儒生龚士炯进其所编《历代年表》若干卷，起陶唐而终于隋。朕惜其用心之勤，而业未竟也。乃命侍郎周清原、原内阁学士王之枢续之，讫于元至正之末，凡一百卷。其体依仿诸史而微有别者：诸史之表各分一类，而是编则王侯宰辅以及外藩，层次附列于帝纪之下；诸史之表独载废置、朝会、征伐之大者，而是编则每事皆系焉，是其所以异也。代远文繁，亲加裁定，复考正《三元甲子编年》一卷，列诸简端。昔宋袁枢为《纪事本末》，朱子以为与《资治通鉴》相表里，亦犹《左氏》之于《春秋》，既倚经以作传，而复别为《国语》，以相错综也。

以是知纪事之书不厌其类之广。盖以历世久远，事物纷赜，观者易于遗忘，故别为一类，以提其要而使致详焉。是编之作，亦所以备史之一类云耳。翰林检讨马豫锓板告竣，为序其大指如此。康熙五十四年四月二十四日。

《四库全书总目》卷五〇，史部别史类：《钦定历代纪事年表》一百卷，康熙五十一年圣祖仁皇帝御定。初，康熙四十六年圣驾南巡，布衣龚士炯献《历代年表》，所载至隋而止。乃诏工部侍郎周清源重修，未蒇事而清源殁，复诏内阁学士王之枢踵修，而以清源子嘉祯佐之，乃相续成编。所载事迹，上起帝尧元载甲辰，下迄元顺帝至正二十八年戊申，首末凡三千七百二十五年。其表以年为经，以国为纬，维以正统居第一格，为全书之通例。其余时殊世异，不可限以一法，则每代变例，而各以例说系表首。大抵准《史记》年表、月表，司马光《资治通鉴目录》，惟每条多附史评，又每代各冠以《地理图》、《世系图》，而总冠以《三元甲子纪年图》，为小变旧式耳。考《南史·王僧孺传》，称"太史公《年表》旁行斜上，体仿《周谱》"，则史表实三代之旧法。然《史记》以下，率以一类自为一表，未能贯通；《资治通鉴目录》亦粗举大纲，未能详备。近时万斯同作《历代史表》，颇称赅洽，而其大旨惟考核于封爵世系之间，亦未能上下数千年，使条目分明，脉络连属也。是书网罗历代，总括始终，记录无遗，而义例至密；剪裁得体，而书法至明。诚韩愈所称"纪事必提其要"，欧阳修所称"《春秋》之文，简而有法者"也。读史者奉此一书，亦可以知所津逮矣。

今案：龚士炯进《历代年表》，清圣祖御制序谓在康熙四十四年，而《四库全书总目》则谓康熙四十六年。两说不同，似应从御制序。

## 公元1713年 清圣祖康熙五十二年 癸巳

**戴名世因《南山集》案遇难。**

《清史稿》卷四八四，《文苑传一》：戴名世，字田有，桐城人。生而才辨隽逸，课徒自给。以制举业发名庠生，考得贡，补正蓝旗教习。授知县，弃去。自是往来燕赵、齐鲁、河洛、吴越之间，卖文为活。……康熙四十八年，年五十七，始中式会试第一，殿试一甲二名及第，授编修。又二年而《南山集》祸作。先是门人尤云鹗，刻名世所著《南山集》，集中有《与余生书》，称明季三王年号，又引及方孝标《滇黔纪闻》。当是时，文字禁网严，都御史赵申乔奏劾《南山集》语悖逆，遂逮下狱。孝标已前卒，而（方）苞与之同宗，又序《南山集》，坐是方氏族人及凡挂名集中者皆获罪，系狱两载。九卿覆奏，名世、云鹗俱论死。亲族当连坐，圣祖矜全之。又以大学士李光地言，宥苞及其全宗。……名世为文善叙事，又著有《孑遗录》，纪明末桐城兵变事，皆毁禁，后乃始传云。

萧穆《敬孚类稿》卷一〇，《戴忧庵先生事略》：康熙五十二年岁在癸巳，二月初十日，戴忧庵先生伏法于京师，其从弟辅世扶梓归葬桐城南山冈砚庄之阳。……先生姓戴氏，讳名世，字田有，一字褐夫，号药身，又自号忧庵。身后乡先辈及四方学者皆称之曰"宋潜虚先生"，以宋为戴族所自出也。先世洪武初自徽州之婺源徙居桐城。……康熙庚申，先生年二十八，入县学为诸生。……又四年乙丑，以廪生得选拔贡生。……（辛巳）而金陵门人尤云鹗以平日所藏先生古文百余首，雕刻行世，名曰《南山集偶钞》。……乙丑，会试中式第一名贡生，殿试钦点一甲二名进士，授职翰林院编修，时先生春秋已五十有七矣。又二年，以《南山集》获罪，狱辞具于辛卯之冬，又二年论死。盖先生少即以明史自任，尝遍访遗书，网罗故老传闻，欲以成一家之言。时乡前辈方学士孝标，故翰林，失职游滇中，陷而归，著有《钝斋文集》、《滇黔纪闻》等书。先生日记中颇采其语，姓而不名。……盖年少气盛，择言不精，轻论史事，实非熙朝臣子所应出此，然至是已二十余年矣。至康熙辛卯冬，武进赵都谏申乔据《南山集》题参，而同时又多忌先生名者，力挤之。……然尚赖仁庙宽仁，减吏议极刑，改死罪而已。牵连三百余人，悉以保全，而先生宗族及子弟悉蒙宽宥。方氏遣戍及隶旗籍者，雍正元年，恩诏均为宥赦焉。桐城经学文章之端绪，开自钱先生田间，其后望溪方侍郎昌而大之。先生亦自幼殚精经史，得祸后多所未究。……尤留心先朝文献，搜求讨论，自以为此古今大事，不敢聊且为之，欲入名山中，涤洗心神，餐吸沆瀣，息虑屏气，久之乃敢发凡起例，次第命笔。……其史学可见者，则《孑遗录》一卷，及集中纪略并忠义诸传而已。……先生生于顺治十年癸巳三月十八日，年六十有一。……咸丰庚申冬十月，邑后学萧穆谨状。

《清圣祖实录》卷二四八，康熙五十年十月丁卯：都察院左都御史赵申乔，疏参翰林院编修戴名世妄窃文名、恃才放荡。前为诸生时，私刻文集，肆口游谈，倒置是非，语多狂悖。今身膺恩遇，叨列巍科，犹不追悔前非，焚削书板。似此狂诞之徒，岂容滥厕清华，祈敕部严加议处，以为狂妄不谨之戒。得旨：这所参事情，该部严察审明具奏。

《清圣祖实录》卷二四九，康熙五十一年正月丙午：刑部等衙门题："察审戴名世所著《南山集》、《孑遗录》，内有大逆等语，应即行凌迟。已故方孝标所著《滇黔纪闻》内亦有大逆等语，应锉其尸骸。戴名世、方孝标之祖父、子孙、兄弟，及伯叔父、兄弟之子年十六岁以上者，俱查出解部，即行立斩。其母女、妻妾、姊妹、子之妻妾，十五岁以下子孙，伯叔父、兄弟之子，亦俱查出，给功臣家为奴。方孝标归顺吴逆，身受伪官，迨其投诚，又蒙恩免罪，仍不改悖逆之心，书大逆之言。今该抚将方孝标同族人不论服之尽未尽，逐一严查，有职衔者尽皆革退。除已嫁女外，子女一并即解到部，发与乌喇、宁古塔、白都纳等处安插。汪灏、方苞为戴名世悖逆书作序，俱应立斩。方正玉、尤云鹗闻拿自首，应将伊等妻子一并发宁古塔安插。编修刘岩虽不曾作序，然不将书出首，亦应革职、金妻流三千里。"

《清圣祖实录》卷二五〇，康熙五十一年四月壬戌：刑部等衙门议覆戴名世等一案。上谕大学士等曰："案内拟绞之汪灏，在内廷纂修年久，已经革职，著从宽免死，但令家口入旗。方登峰之父，曾为吴逆伪学士，吴三桂之叛，系伊从中怂恿，伪朱三太子一案，亦有其名，今又犯法妄行。方氏族人，若仍留在本处、则为乱阶矣，将伊等或入八旗，或即正法，始为允当。此事所关甚大。本交内阁收贮，另行启奏。"

《清圣祖实录》卷二五三：康熙五十二年二月乙卯：大学士等以刑部等衙门审拟戴名世私造《南山集》，照大逆例凌迟一案请旨。上谕曰："戴名世从宽免凌迟，着即处斩。方登峄、方云旅、方世樵，俱从宽免死，并伊妻子，充发黑龙江。此案内干连人犯，俱从宽免治罪，着入旗。"

戴名世《戴名世集》卷一，《与余生书》："……昔者宋之亡也，区区海岛一隅，如弹丸黑子，不逾时而又已灭亡，而史犹得以备书其事。今以弘光之帝南京，隆武之帝闽、越，永历之帝两粤，帝滇、黔，地方数千里，首尾十七八年，揆以《春秋》之义，岂遽不如昭烈之在蜀，帝昺之在崖州，而其事渐以灭没。近日方宽文字之禁，而天下所以避忌者万端，其或菰芦山泽之间，有廑廑志其梗概，所谓存什一于千百，而其书未出，又无好事者为之掇拾，流传不久，而已荡为清风，化为冷灰。至于老将退卒，故家旧臣，遗民父老，相继澌尽，而文献无徵，凋残零落，使一时成败得失，与夫孤忠效死，乱贼误国，流离播迁之情状，无以示于后世，岂不可叹也哉！终明之世，三百年无史，金匮石室之藏，恐终沦散放失，而世所流布诸书，缺略不详，毁誉失真。嗟乎！世无子长、孟坚，不可聊且命笔。鄙人无状，窃有志焉，而书籍无从广购，又困于饥寒，衣食日不暇给，惧此事终已废弃，是则有明全盛之书且不得见其成，而又况于夜郎、筰笮、昆明、洱海奔窜流亡，区区之轶事乎？……余夙昔之志，于明史有深痛焉，辄好问当世事，而身所与士大夫接甚少，士大夫亦无有以此为念者，又足迹未尝至四方，以故见闻颇寡，然而此志未尝不时存也。……

谢国桢《增订晚明史籍考》卷二〇：《潜虚先生文集》十四卷补遗一卷。旧题宋潜虚撰，后改题清桐城戴名世田有撰。按：名世夙以史材自命，集中卷七如《左忠毅公传》、《曹先生传》（逸其名，字维周）、《沈寿民传》、《金之纯传》、《温濙传》、《陈士庆传》、《杨维岳传》；卷八《一壶先生传》、《画网巾先生传》、《朱铭德传》、《杨刘二王传》（杨畏知、刘廷杰等编），或表彰忠烈，或发扬幽光，皆有关史乘。又如《与余生书》及《与刘大山书》，述其为史之志颇详。……

张舜徽《清人文集别录》卷四：《潜虚先生文集》十四卷补一卷。光绪十八年刻本。桐城戴名世撰。……《南山集》原刻本，流传已稀，今所见十四卷本，乃其乡人戴钧衡所裒辑者。凡违禁之文，悉已删汰，无复旧观。又有《孑遗录》一卷，纪明末桐城兵变事。旧皆毁禁。此本乃编入末卷。足以考见其长于叙事，且具史裁。集中文字，亦以传志、游记之作为最佳云。

今案：是案相应之档案，可参《清代文字狱档》（补辑）（上海书店2011年增订本）之"戴名世《南山集》案"。戴名世狱案之后，民间刻印《南山集》乃变化为《潜虚先生文集》等名称，今有道光、光绪等多种版本。谢国桢、张舜徽所见皆为光绪十八年刻本。

## 姚之骃著成《后汉书补逸》。

（光绪）《杭州府志》卷一四五，《人物·文苑》：姚之骃，字鲁思斯，钱塘人。康熙六十年进士，改庶吉士，迁御史。为诸生日，著《类林新咏》，恭遇圣祖南巡，进呈乙览，梓以行世。通籍后，又著《元明事类钞》，亦江少虞《事实类苑》之流。元人记载较少，故搜罗主于详；明人记载最多，故去取主于慎。两书皆著录《四库全书》。

姚之骃《后汉书补逸原序》：《春秋》，鲁史也，一经宣尼之笔削，而鲁史逸焉，等于刍狗。自后司马迁作《史记》，凭空结撰，绝无依傍。而班固因之成《汉书》，然不闻太初以前尽逸子长之书也。后汉史书，自当时人主命词臣撰《记》，后其踵作者为纪、为书，凡十余家，盖人人自拟迁、固矣。范蔚宗书最晚出，不过集众家之成，以倾液而漱芳耳。故当时雅重《东观记》，与迁、固二书称为"三史"。而外此谢、华诸书无一逸者，裴松之注《三国志》亦多引之，不专奉宣城也。自唐章怀太子留文学之士，同注范书，于仪凤初年上之，有诏付秘书省，自是而诸书稍稍泯矣。故五代及初唐人其类事释书，尚多援引诸家者；至六臣注《文选》，其引范书已什之七八。迨宋淳化中吴淑进《注一字赋表》，枚举谢承《后汉书》、张璠《汉纪》、《续汉书》，以为皆彼时所遗逸者，意其时惟《东观记》仅存耳。后景祐初年，余靖、王洙奉诏校范书，序其源委，胪列《东观》以下七种，仅载卷帙之多寡，而于章怀之注，竟不能取诸书相参对，则诸书之逸而不存，已如逝水飘风矣。夫范书简而明，疏而不漏，《史通》固亟称之，然持论之间，不无倒置。……

今以蔚宗所定为正史，而谢、华诸书等诸刍狗，是以《春秋》尊范书，吾未之敢信也。或曰：古书之逸者多矣，即如史官所记，东汉以来其不传者何限，将按籍而补之，恐有塞破世界之忧。是又不然，夫他书可逸，惟史当补。近史文烦或可逸，古史文约尤当补。今试以谢、华诸史与范校，其阙者半，其同者半。其阙者可以传一朝之文献，其同者且可以参其是非，较其优绌，于史学庶乎其小补也！爰是检阅群书，钞蓑成帙，考核同异，间以臆断，合为八种二十一卷，遂使八百余年已湮之籍，一旦复袤然传世。……岂非撰著家一快事哉！第鲰生固陋，其疏略之过，未能善补，尚俟博雅君子重补其阙云尔。康熙癸巳夏五，钱唐姚之骃鲁斯氏谨题于东皋之露涤斋。

《四库全书总目》卷五〇，史部别史类：《后汉书补逸》二十一卷，国朝姚之骃撰。之骃字鲁斯，钱塘人。康熙辛丑进士，官至监察御史。是编搜辑《后汉书》之不传于今者八家，凡《东观汉记》八卷，谢承《后汉书》四卷，薛莹《后汉书》、张璠《后汉记》、华峤《后汉书》、谢沈《后汉书》、袁山松《后汉书》各一卷，司马彪《续汉书》四卷。刘知幾《史通》称范蔚宗所采，凡编年四族、纪传五家。今袁宏《书》尚有传本，故止于八也。其掇拾细琐，用力颇勤，惟不著所出之书，使读者无从考证，是其所短。至司马彪书虽佚，而章怀太子尝取其十志，以补范书之遗，今《后汉书》内刘昭所著，即彪之书。而之骃不究源流，谓之范志，乃别采他书之引司马《志》者录之，字句相通，曾莫之悟。其谬误实为最甚。……至《东观汉记》，核以《永乐大典》所载，较之骃所录，十尚多其五六。盖祕府珍藏，非草茅之士所能睹，亦不能以疏漏咎之骃也。

## 公元 1714 年　清圣祖康熙五十三年　甲午

**《禹贡锥指》作者胡渭卒。**

　　《清史列传》卷六八，《儒林传一》：胡渭，初名渭生，字胐明，浙江德清人。年十五，为县学生，入太学。笃志经义，精舆地之学。尚书徐乾学奉诏修《一统志》，开局洞庭山，延常熟黄仪、顾祖禹、太原阎若璩及渭分纂。渭著《禹贡锥指》二十卷，图四十七篇。……又撰《易图明辨》十卷，专为辨定图书而作。……视《禹贡锥指》尤为有功经学。又撰《洪范正论》五卷，谓汉人专取灾祥，推衍五行，穿凿附会，乱彝伦攸叙之经。撰《大学翼真》七卷，大旨以朱子为主，仅谓《格致》一章不必补传，力辟王学改本之误。所论一轨于正，汉儒附会之谈，宋儒变乱之论，扫而除焉。康熙四十三年，圣祖仁皇帝南巡，渭以《禹贡锥指》献行在，御览嘉叹，宣至直庐赐馔，并御书诗扇及"耆年笃学"四字赐之。……五十三年，卒，年八十二。

　　钱大昕《潜研堂文集》卷三八，《胡先生渭传》：先生讳渭，初名渭生，字胐明，世为德清人。……十五为县学生，试高等，充增广额，屡赴行省试不得售，乃入太学。尝馆益都冯相国邸。笃志经义，尤精于舆地之学。昆山徐尚书乾学奉诏修《一统志》，开局洞庭山，延请常熟黄仪子鸿、无锡顾祖禹景范、山阳阎若璩百诗及先生分纂，因得纵观天下郡国之书。……乃博稽载籍及古今经解，考其同异而折衷之，依经为训，章别句从，名曰《禹贡锥指》，凡二十卷，为图四十七篇，于九州山川形势及古今郡国分合同异、道理远近夷险，犁然若聚米而划沙也。汉唐以来，河道迁徙，虽非《禹贡》之旧，要为民生国计所系，故于《导河》一章，备考历代决溢改流之迹，且为图以表之。其留心经济，异于迂儒不通时务者远矣。……作《易图明辨》十卷。……作《洪范正论》五卷。又作《大学翼真》七卷……皆卓然有得，非异趋以为高者。……甲午岁正月九日，卒于家，年八十有二。……

**王鸿绪进呈《明史列传稿》。**

　　王鸿绪《进呈明史列传稿疏》（载《横云山人明史稿》卷首）：原任经筵讲官、户部尚书加七级臣王鸿绪谨奏：为恭呈《明史列传》全稿，仰祈圣鉴事。……恭遇我皇上稽古右文，特徵宏博之才，爰辑有明之史，臣以现居馆职，邀预分编。旋蒙特命臣汤斌、臣徐乾学、臣鸿绪同充总裁官，偕先总裁臣叶方蔼、臣张玉书互相参订，朝夕编摩，不敢懈逸。祇因明代传国既久，朝野记载实繁，搜讨难周，删润不易，间成数卷，未获全书。及臣回籍多载，仰荷恩名，垂领史局，而前此纂辑诸臣已罕存者，惟大学士臣张玉书为监修，尚书臣陈廷敬为总裁。臣以浅学，参预其间，方惧不克胜任，难以上副主知，乃复荷特赐敕谕，勉励有加，益增愧悚。时公议臣玉书任志书，臣廷敬任本纪，臣任列传，各书一类，然后会校。臣以食俸居京，比二臣得有余暇，删繁就简，正谬订讹，为是数年，汇分卷次。而大学士臣能赐履续奉监修之命，徵臣列传诸稿，即备录以往，仍具陈缺略者尚须撰补，成篇者尚待校雠。后臣赐履具摺进呈，臣玉书、臣廷敬及臣皆未参阅。夙夜循思，惟恐臣稿尚多舛误，赐履未及厘正，有负皇上任使至意，咎何可辞！自蒙恩归田，欲图报称，稍尽臣职，因重理旧编，搜残补阙，荟萃其全。复经五载，始得告竣，共大小列传二百五卷。其间是非邪正，悉据已成之论，不敢稍任私心臆见。但年代久远，传闻异辞，臣未敢自信为是。……臣本乏文采，第以祇承简命，前后编纂三十余年，幸遘昌期，不辞芜陋，谨缮写《列传》全稿，装成六套，令臣子现任户部四川司员外郎臣王图炜恭赍进呈御览，伏冀万幾余暇，特赐省观，并宣付史馆，以备参考。……康熙五十三年三月十一日。

《清圣祖实录》卷二五八，康熙五十三年三月丁巳：原任户部尚书王鸿绪进所撰《明史列传》二百八卷，命交《明史》馆。

朱希祖《明季史料题跋·康熙本明史列传稿跋》：王鸿绪《明史稿》有二刻本，其一为清康熙五十三年所进《明史列传稿》二百八卷，其二为清雍正元年所进《明史稿》三百十卷，皆题为横云山人集，而康熙本《明史列传稿》，近已稀覯。清礼亲王《啸亭杂录》讥其不及史馆定者数端，其一谓惠宗逊国，本在疑似之间，王本力断为无，凡涉逊国事皆删削，不及史臣留程济一传以存疑也。案康熙本《明史列传稿》有《程济传》尚未删削，其他逊国事，若河西佣、补锅匠、冯翁、东湖樵夫等传亦未删去；不特此也，康熙本《诸王传》中，尚有建文帝太子文奎、少子文圭二传，雍正本则已删削矣。……

## 公元1715年 清圣祖康熙五十四年 乙未

**图理琛著成《异域录》。**

《清史列传》卷一五，《图理琛传》：图理琛，满洲正黄旗人，姓阿颜觉罗氏。康熙二十五年，由监生考授内阁中书。三十六年，转中书科掌印中书舍人，寻迁内阁侍读。四十一年，监督芜湖关税务。四十二年，充礼部牛羊群总管。四十四年，以缺牲被控，革职。五十一年四月，特命复职，出使土尔扈特。……五十四年三月，还京。是役也，往返三载余，经行数万里。……既归，图理琛撰《异域录》，首冠舆图，次为行记一卷。呈阅，上嘉悦，授兵部员外郎。……（雍正元年）九月，即授广东布政使。三年正月，调陕西布政使。四月，署陕西巡抚。七月，实授。……（四年）寻迁兵部右侍郎。五年四月，转左。六月，调户部右侍郎。八月，偕喀尔喀郡王额驸策凌等往定喀尔喀与俄罗斯界。……乾隆元年，谕曰："图理琛年老昏庸，不胜工部侍郎之任，著仍为内阁学士。"二年，乞休，允之。五年，卒。

《四库全书总目》卷七一，史部地理类四：《异域录》一卷，国朝图理琛撰。图理琛姓阿颜觉罗氏，先世叶赫人。由考取内阁中书，官至兵部职方司郎中。是编乃康熙五十一年五月，图理琛以原任内阁侍读，奉命出使土尔扈特，由喀尔喀越俄罗斯国至其地。五十四年三月，回京师复命。因述其道里山川、民风物产，以及应对礼仪，恭呈御览。冠以舆图，次随日纪载见闻。其体例略如宋人行记。但宋人行记以月日为纲，而地理附见；此则以地理为纲，而月日附见。所历俄罗斯境，曰楚库柏兴，曰乌的柏兴，曰柏海尔湖，曰尼尔库城，曰昂噶拉河，曰伊聂谢柏兴，曰麻科斯科，曰揭的河，曰那里本柏兴，曰苏尔呼忒柏兴，曰萨玛尔斯科，曰狄木演斯科，曰托波尔，曰鸦班沁，曰费耶尔和土尔斯科城，曰费耶尔和土尔斯克佛落克岭，曰索里喀穆斯科，曰改果罗多，曰黑林诺付，曰喀山，曰西穆必尔斯科，曰萨拉托付，曰塔喇斯科，曰托穆斯科，曰伊里木城，皆其大聚落也。其地为自古舆记所不载，亦自古使节所未经。如《史记》述匈奴北海，颇作疑词，故儒者类言无北海。今据图理琛所记，知伊聂谢柏兴距北海大洋一月程。又《唐书》称薛延陀夜不甚暗，犹可博弈，仅得之于传闻。图理琛以五月至其地，知夏至前后确有是事。皆我圣祖仁皇帝德化覃敷，威棱震叠，故轺车所至，莫不具驿传，供刍粮，涉越三四万里，如行闺闼。故得以从容游览，见所未见，闻所未闻，纂述成编，以补亘古黄图所未悉。今备录其文，使天下万世知圣化弥纶，迥出于章亥所步之外，且所记俄罗斯、土尔扈特畏怀恭顺之忱，尤足见尧天无冒，砥属无垠。凡在方趾圆颅，无不鳞集仰流，效诚恐后，为三五以来所未有。今土尔扈特已全部内附，而所记俄罗斯南路十四国，乾隆乙亥以后，又已尽入版图，併以见武烈文谟，显承启祐，所由拓亿禩之丕基者，非偶然也。

　　余嘉锡《四库提要辨证》卷八：《异域录》一卷，国朝图理琛撰。……嘉锡案：图理琛，满洲正黄旗人。而《提要》仅云："先世叶赫人"，叙事殊不合史法。又兵部职方司郎中者，乃其上《异域录》时之官，而非所终之官。《提要》乃云官至兵部职方司郎中，盖皆仅据《异域录》卷首《自叙》，而未尝旁考之他书。……案：图理琛奉使绝域，不辱君命，采风问俗，文采斐然，即其持节出疆，莅盟定界，所订《通商条约》十一条，亦复与后来丧权辱国者殊科。虽曰席强国之威，秉庙谟之略，然其折衷樽俎，有足多者。其卒以乾隆五年，距修《四库全书》时，不过三十余年，其人既非碌碌者流，而又官至卿贰，《八旗通志》立有专传，《皇朝通典·边防门》、《皇朝通考·四裔考》，亦详载其以郎中、侍郎两次奉使事迹，而馆臣纂《提要》者，乃不详其仕履，是亦可谓异闻也矣。至谓俄罗斯之地，为自古舆记所不载，亦为失考。……俄罗斯地理沿革，《朔方备乘》考之剧详，大都精核可据，散见诸篇，兹不备录。其地在唐时既尝内属请吏，在元时又尝列国建侯，而《提要》乃诧为自古舆记所不载，使节所未经，见所未见，闻所未闻，盖当时士大夫固步自封，不知留心外事，故徒为大言，而未尝夷考其实也。

## 公元 1716 年　清圣祖康熙五十五年　丙申

**《古文尚书冤词》、《春秋毛氏传》、《后鉴录》、《胜朝彤史拾遗记》作者毛奇龄卒。**

　　《清史列传》卷六八，《儒林传下一》：毛奇龄，字大可，浙江萧山人。康熙十八年，以廪监生荐举博学鸿儒科，试列二等，授翰林院检讨，充《明史》馆纂修官……奇龄淹贯群书，诗文皆推倒一切，而自负者在经学，他人所已言者，必力反其词。《古文尚书》自宋吴棫后，多疑其伪，及阎若璩作《疏证》，奇龄力辩为真，遂作《古文尚书冤词》八卷。又删旧所作《尚书广听录》为五卷，以求胜于若璩。而《周礼》、《仪礼》，奇龄又以为战国之书，所作《经问》，其中排斥如钱丙、蔡氏之类，多隐其名，而指明攻驳者，惟顾炎武、阎若璩、胡渭三人，以三人博学重望，足以攻击，而余子以下不足齿录也。……五十二年，卒于家，年九十四。门人蒋枢编辑遗集，分经集、文集二部。经集自《仲氏易》以下，凡五十种；文集合诗、赋、序、记及他杂著。凡二百三十四卷。著述之富，甲于近代。……

钱林《文献徵存录》卷一,《毛奇龄》:毛奇龄字大可,又字初晴,一名甡,字齐于,萧山人。……奇龄自少至壮,孜于著述,不知老之将至也。杖气负才,多所凌忽,昆山顾炎武、德清胡渭、山阳阎若璩方有盛名,奇龄皆轻之。所作《经问》,以为非者若钱丙、蔡氏,颇隐其名,至于炎武、渭,乃指斥唾讪。若璩辨《尚书》古文之伪,奇龄因作《古文尚书冤词》蕲胜。……圣祖南巡浙江,览其书,奖劳之,并敕改讹字,宣付专行,赐御书一幅以酬雅意。奇龄卒年九十四,门人蒋枢编次其集,分经集、文集。经集《仲氏易》以下为部四十,文集合诗赋、序记、他杂著,凡二百三十四卷……

李元度《国朝先正事略》卷三二,《毛西河先生事略》:先生名奇龄,字大可,一字齐于。又名甡,字初晴。学者称西河先生。萧山人。……总角补诸生,与伯兄万龄齐名,人呼"小毛生"。华亭陈公子龙评为"才子之文"。会明亡,哭学宫三日。……康熙十七年,诏举博学鸿儒。先生入都,冯文毅溥辟馆相待,而李文定天馥留先生主其家。……于是先生列上卷,授检讨,纂修《明史》,阄题得宏、正两朝纪传,具草二百余篇。……作《仲氏易》三十卷,《推易始末》四卷,《春秋占筮书》三卷,《河洛原舛编》一卷,《太极图说遗义》一卷,《易小帖》八卷,《易韵》四卷,《尚书广听录》五卷,《舜典补亡》一卷,《古文尚书冤词》八卷,《国风省篇》一卷,《毛诗写官记》四卷,《诗札》二卷,《诗传诗说驳议》五卷,《白鹭洲主客说诗》一卷,《昏礼辨正》一卷,《庙制折衷》二卷,《大小宗通绎》二卷,《辨定祭礼通俗谱》五卷,《丧礼吾说篇》十卷,《春秋毛诗传》三十六卷,《春秋条贯篇》十一卷,《春秋属词比事记》十卷,《春秋简书刊误》二卷,《论语稽求篇》七卷,《大学证文》四卷,《大学知本图说》一卷,《四书剩言》四卷,《圣朝乐本解说》二卷,《皇言定声录》八卷,《竟山乐录》四卷,《大学问》一卷,《孝经问》一卷,《周礼问》二卷,《明堂问》一卷,《学校问》一卷,《郊社禘祫问》一卷,《经问》十八卷,《彤史拾遗》六卷,《武宗外纪》一卷,《后鉴录》七卷,《蛮司合志》十五卷,《古今通韵》十二卷,《后观石录》二卷,《越语肯綮录二卷》,《萧山县志刊误》三卷,《湘湖水利志》三卷,《杭州志三诘三误辨》一卷,《杭州治火议》一卷,《诗话》八卷,《词话》三卷,《天问补注》一卷,《曾子问讲义》四卷,《韵学要指》十一卷,《策问》三卷,《表》一卷,《杂说》十卷,文一百三十三卷,诗五十六卷。合四百九十有八卷。先生少负奇才,说经长于辨驳,多与宋儒凿枘,而雄辨足以济之。……自明以来,申明汉儒之学，使儒者不敢以空言说经，实先生开其先路。其文纵横博辨，傲睨一世，与其经说相表里，自成一格，不可以绳尺求。然议论独到处，卒不可废。诗次于文，要亦我用我法，不屑随人步趋者。卒，年八十有五。……

《四库全书总目》卷一二，经部《书》类二：《古文尚书冤词》八卷，国朝毛奇龄撰。……其学淹贯群书，而好为驳辨以求胜，凡他人所已言者，必力反其辞。……《古文尚书》自吴棫、朱子以来，皆疑其伪。及阎若璩作《古文尚书疏证》，奇龄又力辨以为真。知孔安国《传》中有安国以后地名，必不可掩，于是别遁其辞，撼《隋书·经籍志》之文，以为梅赜所上者乃孔《传》，而非《古文尚书》。其《古文尚书》本传习人间，而贾、马诸儒未之见。其目：一曰《总论》；二曰《今文尚书》；三曰《古文尚书》；四曰《古文之冤始于朱氏》；五曰《古文之冤成于吴氏》；案吴棫《书裨传》在朱子稍前，故《朱子语录》述棫说。当云始于吴氏，成于朱氏。此二门殊为颠倒，附识于此。六曰《书篇题之冤》；七曰《书序之冤》；八曰《书小序之冤》；九曰《书词之冤》；十曰《书字之冤》。……梅赜之书，行世已久，其文本采撷佚经，排比联贯，故其旨不悖于圣人，断无可废之理。而确非孔氏之原本，则证验多端，非一手所能终掩。近惠栋、王懋竑等续加考证，其说益明，本不必再烦较论。惟奇龄才辨足以移人，又以卫经为辞，托名甚正，使置而不录，恐人反疑其说之有凭，故并存之，而撮论其大旨，俾知其说不过如此，庶将来可以互考焉。

《四库全书总目》卷二九，经部《春秋》类四：《春秋毛氏传》三十六卷，国朝毛奇龄撰。……自昔说《春秋》者，但明义例。至宋张大亨始分五体，而元吴澄因之，粗具梗概而已。奇龄是书，分改元、即位、生子、立君、朝聘、盟会、侵伐、迁灭、昏觌、享唁、丧期、祭祀、搜狩、兴作、甲兵、田赋、丰凶、灾祥、出国、入国、盗杀、刑戮，凡二十二门。又总该以四例：曰礼例；曰事例；曰文例；曰义例。然门类虽分，而卷之先后，倚经为次，无割裂分隶之嫌，较他家体例为善。其说以《左传》为主，间及他家，而最攻击者莫若胡安国《传》。……然其书一反胡《传》之深文，而衡以事理，多不失平允之意。其义例皆有证据，而典礼尤所该恰。自吴澄《纂言》以后，说《春秋》者罕有伦比。……

《四库全书总目》卷五四，史部杂史类存目三：《后鉴录》七卷，国朝毛奇龄撰。皆记有明一代盗贼之事。盖亦《明史》拟稿之所余也。自叙称建溪谢给舍作《后鉴录》，大抵辑明代治盗始末，定为爱书。是编因袭故老旧闻，汇集成帙，仍用谢书之旧名。其事迹今率见正史中，无大异闻，惟推论致乱之由，谓明三百年过于轻武，儒臣以奴隶遇阃帅，尺籍冒滥，病坊菜佣，漫不经省，师中动掣两肘；又中官进止无已，则冠惠文者操名法以持其后。亦目击之笃论也。

《四库全书总目》卷六三，史部传记类存目五：《胜朝彤史拾遗记》六卷，国朝毛奇龄撰。……是书皆明一代后妃列传。自称初得其父所藏《宫闱纪闻》一卷，载事不确，文不雅驯。后预修《明史》，分撰天顺、成化、宏治、正德四朝后妃传，因搜考史成，缺略特甚，乃仍取外史所纪，与实录参修，而掇其剩稿，合之《宫闱纪闻》，撰为此书，凡六十五传。……

今案：毛奇龄享年、生卒年皆记载纷纭，享年有年八十五、九十一、九十四等异说，生卒年亦有不同的记述和推算。《国朝耆献类徵初编》卷一一九引录清国史馆本传言其享年九十四，《清史列传》、《文献徵存录》同之，更有乾隆《萧山县志》卷二十五《人物志三》谓奇龄"卒年九十四"，此史料来源于毛氏族谱及当地访查，亦为享年九十四（实岁应为九十三周岁）之说摘要证据。至于其生年，则有确证可消除分歧，毛奇龄《西河集》（《四库全书》本）卷一〇三《处士蒋君墓志铭》称："……君生于天启癸亥，得年七十有六，与予同年生。予七十不作墓文，有乞文者，谢之曰：吾七十矣，吾不乞人志予墓而志墓人。至是，闻其同年生，动心曰：吾亦可志吾墓矣，因自为墓志而始志其墓。"这是为同龄人撰墓志铭事，可为据信。又同书卷一一二《大理寺寺丞前兵科掌印给事中任君行状》曰："康熙三十一年十月一日，原任大理寺寺丞任君卒于家，距生故明天启三年五月廿日，年七十矣。予与君同年生，俗例年七十遇所生辰，亲朋携酒榼相饷，谓之贺寿。君久厌俗例，避不纳，且嘱予踵其事。"此为同龄友人撰行状，所述康熙三十一年七十岁，则生年绝无讹误可能。张惟骧《疑年录汇编》（1925年刊《小双寂庵丛书》本）卷九，不仅列出毛奇龄于明天启三年（公元1623年）生，清康熙五十五年（公元1716年）卒，而且引述所见存于萧山的毛奇龄"禄命册子"，对其生辰"以年月考之，为天启三年十月初五日戌时"。因此，毛奇龄生卒年已然断定，而且今学界业已通行采纳。又，毛奇龄撰《春秋毛氏传》一书，《国朝先正事略》记载为《春秋毛诗传》，误。盖"毛氏"乃毛奇龄自称，"春秋毛诗传"则扞格不通。

## 公元1717年 清圣祖康熙五十六年 丁酉

**孙鋐主笔编纂《孔宅志》成书。**

王昶《青浦诗传》卷二一：孙鋐，字思九，号雪窗。由华亭县附生入贡。……一字思远。豪于赀，修孔宅，辑志书以志之。……又出徐建庵尚书、汪尧峰编修之门。……同黄奕藻辑《皇清诗选》，雅郑杂成，颇嫌芜秽。……

光绪《青浦县志》卷一九，《人物三·文苑·孙鋐传》：孙鋐，字思九。由华亭附生入太学，有名春藻、大雅两社中。稍长，从汪琬、徐乾学、宋实颖游。性好客，一时名士无不与文酒交。尝辑《皇清诗选》两集，至千有余家。琉球国购得之，其国王及臣以诗寄鋐，乞选入集，盖行远若此。孔宅久废不修，康熙中，圣祖巡幸松江至青浦，鋐偕诸生敬请宸藻表扬，得旨。于是外建碑亭，中建御书楼，殿阁廊庑焕然鼎新，并辑《孔宅志》。衍圣公孔某题授国子监典籍，不赴。年六十八，卒。

今案：《青浦县志》称孙鋐"题授国子监典籍，不赴"，非也，据《孔宅志》内记载，应是授国子监典籍衔，仍在原籍主笔纂修《孔宅志》，非实授官职。

孔毓圻《孔宅志·序》（载本书卷首）：钦惟我皇上化洽寰宇，治超隆古，危微精一，衍十六字之心传；寤寐羹墙，接五千年之道统。敷政先之敷教，博採诸儒，作君兼以作师，尤崇至圣。……惟兹孔宅，昉自隋朝，由先太傅因避地而卜居，暨家长史奉遗珍而设冢，衣冠俨在，如披麟绂。谱牒昭垂，爰纪象环之珮；讲筵具举，何异丝竹之堂；寝庙不衰，依然洙水松楸之地。乃胜迹久留僻壤，而阐扬犹待熙朝。岁维乙酉，驾幸三江，紫盖东来，转龙艑于歇浦；翠华南指，移风舰于苴城。子衿拜手，以陈词敢邀睿藻，羽卫停桡，而清问丕焕。龙章体势，庄严垂露悬鍼之笔；规模宏整，编珠缀玉之文。匾列四言，璇题璀璨，联成廿字绣础辉煌。识化育之均施，瞻依备切；念蒸尝之永守，睠顾偏隆。在韦布欲行之志，遇圣主而毕张，举东周莫殚之功，入本朝而大备。臣毓圻忝属苗裔，尤深感激。惟兹臣庶，悉效欢呼，从此九峰增翠，远连文桧以巃嵸；三泖流芳，长接智源之溢涌。岂止一隅之巨典，实为九有之鸿庥。臣毓圻世守东家，常瞻南服，芹香藻采，恍游大雅之林，乾象坤仪，用志盛时之事，爰徵博文之彦，修成传信之书。仰颂皇仁，敷飏祖泽。惟是群黎百姓，如七十子之归诚，侯甸要荒，等三千贤之秉教。赞颂无由，称扬莫罄，编年纪月，讫声教于南朔东西，颂德歌功，绵宝历于百千万亿。谨序。孔子六十七代孙太子少师袭封衍圣公孔毓圻拜手稽首撰。

林之濬《孔宅志·序》（载本书卷首）：青析之有孔宅，旧矣，宋元以来，代有修举，皆不过郡县有司与一二绅士致其尊崇，而规模尚多未备。康熙乙酉，驾幸云间，翠华所经，得邀清问，遂有扁联之锡。而世永徵尝，传于天语，则圣迹之所，由以大著也。夫孔子以生民未有之圣，后人于其车辙所过、语言所属，犹莫不勒之碑版，书之史册，以为盛事，而况衣冠环璧之所藏，神灵呼吸之所及，孰不望之而生敬？特是千余年来，典礼阙如，至我皇上而始大为表章。此固由孔子以圣人传道统于昔，皇上以圣人立治统而兼传道统于今，心印相符，后先同揆，故有无意而适合者，毋亦天之留此盛事以待于今日者乎！迨夫宸翰既颁，辉煌庙貌，于是若堂、若庑、若祠、若楼，若寝室、若图像、若桥梁、若坊表之属，无不修建。而庙中若祭器、若乐章、若讲规、若庙田、若祀田，亦无不兴设，俨然与孔林之在兖者南北相望，洵吴中一大胜迹也。窃惟曩者皇上躬谒孔林，爰命词臣纂有《幸鲁盛典》一书，今云间奏请诸生，又承公府之命辑为志乘，使天下万世知崇圣之典，至我皇上而已极。而东南士子由此登孔子之堂，恍然见孔子之车服礼器，皆必有争自好修以仰副圣天子振兴文教之至意者。臣不敏，奉命督学兹土，实幸与有荣施，而亦可藉是以拜飏盛世休明之治焉。是为序。提督江南等处学政左春坊左中允兼翰林院编修加一级臣林之濬谨撰。

孙鋐等诸生《呈文》（载本书卷首）：具呈：江南松江府青浦县贡监生员孙鋐、张元灏、黄宗琬、诸宏谦、朱枚吉、孙德溥、陆思恃、李栋等，呈为恭呈《孔志》、具复改祠以广皇仁、以弘圣泽事。恭照青浦县北郊九里，地名孔宅，悉至圣先师孔子三十四代孙讳祯，奉至圣衣冠环璧筑墓建祠，春秋奉祀。宋元以来，子孙悉已东归，合邑士子相沿修葺祭祀。康熙四十四年春，圣祖仁皇帝南巡幸松，特赐匾额对联，表彰圣迹。衍圣公感颂圣恩，纂修《孔宅志书》恭记圣德。康熙五十六年告成，六十一年剞劂工竣。雍正元年，钦奉皇上恩旨，追封圣祖五代王爵，敕谕国学、阙里以及直省府州卫学，启圣祠俱改建为崇圣祠。……先将《孔宅志书》恭呈宪览。今奉圣恩追封圣祖及改建崇圣祠，俟续纂志书刻竣，备文起送。有此连名上呈。雍正二年二月初二日具。

今案：青浦县（今归上海市）自宋元以来传说有孔子衣冠墓，虽乡绅间或修葺祭祀，但从未得历代朝廷认可。康熙四十四年，康熙帝南巡，当地儒生孙鋐组织三十多人联名上书，递送资料，恭请康熙帝表彰孔宅。康熙帝手书"圣迹遗徽"匾额和对联"泽衍鲁邦，四海人均化育；裔分吴会，千秋世永烝嘗"。于是孔宅藉此大兴土木，并且纂修《孔宅志》一书。该书由孙鋐为第一执笔人，实为规格极高的官修史志，衍圣公孔毓圻及省级官员若干为总裁，府县官员为提调。康熙末刻竣，而雍正初又补添部分内容。但乾隆年间纂修《四库全书》，考据学兴盛，四库馆臣认为青浦县孔子衣冠墓乃无稽之谈，此应得到乾隆帝认可，但难以明纠康熙帝之失误，故极可能暗中收缴和毁弃了《孔宅志》，观《四库全书总目》（存目）对《孔宅志》所作提要之荒谬错误，有故意制造混乱之嫌。日本国会图书馆尚藏有此书全本，该书装订为六册，分卷首、卷一至卷八、卷末。卷首在全书六册独占二册，内容丰富，有特殊史料价值。

**杨陆荣著成《三藩纪事本末》。**

杨陆荣《三藩纪事本末序》：闯成肆逆，祸及君后，明之子孙臣庶不能讨。圣朝念万古君臣之义，不可以不正，赫怒兴师，逆成西窜，胜朝不共之仇藉以复焉。真人出而大难平，乾坤之位定矣。有明诸藩，诚思复仇之大德，痛余氛之未除，凭藉威灵，共剪残孽，迨乎罪人斯得，藉土来归，庶几上顺天心、下从民愿，度德量力，计无逾此。昔殷辛失德，微子抱器归周，夫子删《书》，不以微子不正位号为罪，而亟称之曰"仁"。当是时，取殷之天下者，周也。视圣朝之取天下于闯，而且为明之子孙臣庶复不共之仇者，彼此相衡，判若天壤。乃微子可以归周，诸藩顾思僭号自立，仁者固如是乎？秦人失鹿，楚人攫之，与楚人争之可也，与攫楚之人争之不可也。何也？义不可也。且向也以全盛之天下授之群盗，今也以破残之疆土衡抗天朝，天既厌明德，尚思挺而走险，岂惟违乎仁、悖乎义云尔哉，抑亦不智甚矣！然犹藩之者何也？曰：不没其实，正所以不予其僭也。其实藩也，则明之祖宗未尝以统授之也，明之百姓未尝以统归之也。上不以统授，下不以统归，而妄干大号，是僭而已矣。僭窃之人，王法之所不宥，然则诸藩之随起随灭，身膏斧锧，夫亦其自取焉尔。若夫拥立诸臣，独无罪乎？夫伊尹五就、管仲一匡，苟审所优负而为之，君子且不以为过。不然，则首阳饿夫，不闻佐武庚以倡乱也。审此而诸臣之为功为罪，瞭若指掌矣。酉春多暇，检阅遗编，凛大命之莫干，悼王行之自绝，因类次其事而书之卷首。时康熙五十六年岁次丁酉仲春下浣，青浦杨陆荣采南氏书。

《四库全书总目》卷四九，纪事本末类存目：《三藩纪事本末》四卷，国朝杨陆荣撰。……是编成于康熙丁酉，首纪福王、唐王、桂王始末，及四镇两案、马阮之奸；次纪顺治初年平浙、平闽、平粤、平江右事迹，及鲁王、益王之乱，饶州死难诸人，金声桓之乱，及大兵南征，何腾蛟、瞿式耜之死，孙可望、李延龄之变；次为桂王入缅，蜀乱、闽乱及杂乱。其《凡例》自云搜罗未广，颇有疏漏。又间有传闻异词者，如《明史·文苑传》载艾南英以病死，而此载其自缢殉节，亦仅据其耳目所及，未一一详核也。

谢国桢《增订晚明史籍考》卷九：《三藩纪事本末》四卷，清青浦杨陆荣采南编。……按：是书记南明史事，于清代颇多颂谀之辞，全谢山深非其书。前有丁酉自叙及凡例。自序抑明扬清，立论多谬，不足称为信史也。

**陈厚耀著成《春秋氏族谱》，于本年前著成《春秋长历》。**

陈厚耀《春秋氏族谱序》：往余比次《左氏春秋》，欲求《释例》十五卷，备杜氏一家之学。访诸南中藏书家，讫无传本，乃私拟采摭群书，用补先儒坠绪。会蒙特恩，入史馆，领书局，直庐余暇，稍得纵览于一行、姜、郭之书，先成《长历》六卷。质诸善算家，或蒙见许。其元凯释地，虽杂见史传注家中，猝不可收拾。同馆高编修巽亭，出其先宗伯澹人《左传地名》四册，荟萃沿革，以续杜、京之所未备，窃意略加增损，可用钞传。独《世族谱》中外所行，皆坊间陋刻，学舍承习，讹舛实多，遂本孔氏《正义》，旁及他书，勾填涂乙，凡七易稿而后定。丁酉腊月下直，乃得写成正本。其经传中名氏略具而世系无考者，倚杜例别出"杂人"一类。其杜说不详而旁取证佐，或彼此小有异同者，宁曲从杜氏，以存古人谨守师傅之意。他日钩援参互，汇成全书，以扶缺学，祛疑义，匪敢同之作者，庶几存诒家塾，聊资辩览云尔！曙峰陈厚耀自记。

《四库全书总目》卷二九，经部《春秋》类四：《春秋氏族谱》一卷，国朝陈厚耀撰。春秋之世，自王朝以讫诸侯大夫，得姓受氏，各有源流。其人之见于经传者，不可殚数。汉宋衷有《世本》四卷，唐代尚存。今惟孔氏《正义》中偶载其文，而书则久佚。《隋书·经籍志》有《春秋左氏诸大夫世谱》十三卷，不知何人所撰，今亦无存。杜预作《春秋释例》，中有《世族谱》一篇，具载其世系昭穆之详，而自宋以来，湮没不见。今恭遇圣代表章遗籍，《释例》一书，得于《永乐大典》中，裒辑丛残，复为完帙。独《世族谱》仅存数条，仍不免于阙略。厚耀当时既未睹《释例》原本，因据孔氏《正义》，旁参他书，作此以补之。其体皆仿旁行斜上之例，首周世，次图，而以周之卿大夫附后；次鲁；

次晋；次卫；次郑；次齐；次宋；次楚；次秦；次陈；次蔡；次曹；次莒；次杞；次滕；次许；次邾；次吴；次越；次小国诸侯。皆先叙其君王世系，而附以卿大夫。其偶见经传而无世次可稽，如周之凡伯、南季，鲁之众仲、秦子之类，则别曰杂姓氏名号，另为一篇，附卿大夫世系之后。搜采颇为该恰。近时顾栋高作《春秋大事表》，有《世系表》二卷，其义例与此相近，而考证互有异同。……读《春秋》者，以此二书互相考证，则春秋氏族之学，几乎备矣。

《四库全书总目》卷二九，经部《春秋》类四：《春秋长历》十卷，国朝陈厚耀撰。厚耀字泗源，泰州人。康熙丙戌进士，官苏州府教授。以通算入直内廷，改授检讨，终右谕德。是书补杜预《长历》而作。原本不分卷帙，今约略篇页，釐为十卷。其凡有四：一曰历证。备引《汉书》、《续汉书》、《晋书》、《隋书》、《唐书》、《宋史》、《元史》、《左传注疏》、《春秋属辞》、《天元历理》、朱载堉《历法新书》诸说，以证推步之异。其引《春秋属辞》载杜预论日月差谬一条，为《注疏》所无。又引《大衍历义》春秋历考一条，亦《唐志》所未录。尤足以资考证。二曰古历。以古法十九年为一章。一章之首，推合周历正月朔日冬至。前列算法。后以春秋十二公纪年，横列为四章，纵列十二公，积而成表，以求历元。三曰历编。举春秋二百四十二年，一一推其朔闰及月之大小，而以经传干支为证佐。皆述杜预之说而考辨之。四曰历存。以古历推隐公元年正月庚戌朔。杜氏《长历》则为辛巳朔，乃古历所推之上年十二月朔，谓元年之前失一闰，盖以经传干支排次知之。厚耀则谓如预之说，元年至七年中书日者虽多不失，而与二年八月之庚辰、三年十二月之庚戌、四年二月之戊申，又不能合。且隐公三年二月己巳朔日食，桓公三年七月壬辰朔日食，亦皆失之。盖隐公元年以前非失一闰，乃多一闰。因退一月就之，定隐公元年正月为庚辰朔，较《长历》实退二月，推至僖公五年止。以下朔闰，因一一与杜《历》相符，故不复续载焉。杜预书惟以干支递排，而以闰月小建为之迁就。厚耀明于历法，故所推较预为密。盖非惟补其阙佚，并能正其讹舛，于考证之学极为有裨，治《春秋》者固不可少此编矣。

  今案：陈厚耀《春秋氏族谱序》谓是书成于"丁酉腊月"，而《春秋长历》又先成，故一并系于本年。

## 公元 1718 年 清圣祖康熙五十七年 戊戌

**康熙帝下令裁撤起居注馆。**

　　《康熙起居注》五十七年三月初三日壬子：上又曰：自古以来，设立起居注，立数月而废者有之，立一二年而废者有之，未有如朕设立久者，今观记注官内年少微员甚多，皆非经历事体之人。伊等自顾不暇，岂能详悉记朕之言？或有关大臣之事央求于彼，即行任意粉饰，将朕之旨愈致错误，不能详记者甚多。记注之事关系甚重，一言失实，即启后世之疑，即如赵熊诏，亦曾私自抄录。若朕设立起居注阅一二年即行裁革，或疑朕畏他人议论是非。朕御极已五十七年，与自古在位未久者不同，是非无烦尔等记注，此衙门甚属无益。尔等会同九卿，将作何裁革之处，详议具奏。

　　《清圣祖实录》卷二七八，康熙五十七年三月壬子：谕大学士等：历观从来帝王，设立起居注官内，多有更张，亦间有裁革者。朕在位日久，设立多年，近见记注官内年少之员甚多，皆非经历事体之人，伊等且自顾不暇，又岂能详记朕之谕旨耶？且官职卑小，不识事之轻重，或有事关重大者不能记忆，致将朕之谕旨颇多遗漏，不行备录。甚至如赵熊诏，曾私抄谕旨，携出示人。记注之事关系甚钜，朕设立起居注甚为久远，在位五十七年，一切政事现有各衙门档案，何心另行记载。其作何裁革之处，尔等会同九卿议奏。

　　《清圣祖实录》卷二七八，康熙五十七年三月戊辰：大学士、九卿等遵旨会议，皇上手书谕旨，及理事时所降之旨并转传之旨，各处俱有记载档案。又如本章所批谕旨，六科衙门既经记载发抄，各部院又存档案，历可稽查。且记注官多年少微员，或有事关重大者，不能全记，以致将谕旨舛错遗漏，又妄行抄写与人。倘伊等所记之旨，少有互异，关系甚钜，应将起居注衙门裁去。从之。

**毛德琦刊刻《白鹿书院志》。**

　　毛德琦《白鹿书院志序》：白鹿书院在星子县治五老峰下，宋淳祐己亥，朱子知南康军，拓址建学，为讲习地，复置田以备久远，继往开来，规模永定；而世有变迁，事有沿革，比大人君子以扶树道教为己责，莫能振而起也。我皇上崇儒重道，表彰正学，丁卯岁，以御书朱子祠匾额，并经史诸书颁发书院，自大吏及有司亦各思仰赞文明之化，竭力兴复，由是书院日见昌起。甲午，琦补授星子令，引见时宁后，天颜悦豫，颔铨臣曰："星子县尔等曾到否？朱子讲学在此。"复顾琦曰："此人去得。"……康熙戊戌春，星子县知县毛德琦谨识。

《四库全书总目》卷七七，史部地理类存目六：《白鹿书院志》十九卷，国朝毛德琦撰。……康熙甲午，德琦为星子县知县，因取廖文英原志重加订正，分类凡十：曰形胜，曰兴复，曰沿革，曰先献，曰主洞，曰学规，曰书籍，曰艺文，曰祀典，曰田赋。形胜等七门，皆因旧志。兴复、主洞、书籍三门，则德琦所增也。

## 公元1720年 清圣祖康熙五十九年 庚子

**杨陆荣著成《五代史志疑》。**

《四库全书总目》卷四六，正史类存目：《五代史志疑》四卷，国朝杨陆荣撰。……欧阳修作《五代史》，多仿《春秋》书法，自谓是非之旨，不谬于圣人。然褒贬谨严，而事迹或在所略，故重复舛漏，间亦不免。吴缜作《五代史纂误》，颇纠其讹。其本久佚，惟《永乐大典》中尚存梗概，今奉诏编纂，始排比成帙。陆荣此编，成于康熙庚子，盖未睹缜书，故以意研求，摘其疏谬。……皆颇有考订。然其余不过争文句之繁简，论进退之当否，毛举细故，往往失当。大抵就本书之中，互相校勘，所引他书仅茅坤《五代史钞评》一条，此外更无旁证也。

**王崇炳著成《金华徵献略》。**

汪滽《金华徵献略序》：婺州，两浙佳山水处也。其人物之见史册者，自季汉三国始。其文章宦绩，则自唐始。而理学之兴，则自南宋始。当宋南渡，吕成公得中原文献之传，来居此地倡道，东南学者云集，紫阳亦遣子就学。厥后何、王、金、许四先生，传考亭之学于黄文肃。师弟相授，其教益广。后之溯考亭学脉者，必以婺州为的。嗣五传而至黄柳，踵事增华，益辅以文。迄于前明，宋、王并起，实开一代文教之盛。至明中叶，枫山崛起，而婺学仍炎，绳绳相仍，以至于今。……余奉命屡经是邦，仰曩哲之余徽，感斯文之常在，恒与生徒，指数风猷，以激劝之。而东阳王君虎文撰录《徵献略》，乞余为序。其书上自汉、魏，下迄元、明，分孝友、忠义、儒学、名臣、文苑、卓行，以至游寓，凡十三类。其搜罗也广，其考核也详，其评论也确。条分类别，笔法谨严，一开卷而数千年事如在目前，所以感发性情，翼人伦，美风俗者，将于是乎！在古之硕儒居是邦，则纪是邦之人物，如襄阳、益州耆旧诸传，皆国史之佐辅。王君之所撰，犹此志也。况金华诸贤为考亭道脉所在，尤不可以无录。……时康熙庚子秋八月良日，督学使者新安汪漋书于武林试馆。

《四库全书总目》卷六三，史部传记类存目五：《金华徵献略》二十卷，国朝王崇炳撰。崇炳字虎文，东阳人。尝于兰溪唐氏辑其郡人著述为《金华文略》。此其所采金华先贤事迹也。分十有二类：曰孝友，曰忠义，曰儒学，曰名臣，曰文学，曰政绩，曰卓行，曰贞烈，曰仙释，曰方技，曰来宦，曰游寓。自元以前，则本之史传及吴师道《敬乡录》、宋濂《人物志》。自明以后，则更搜采诸书以补之。然乡曲之私，所录不免泛滥。其序例谓：事迹或无可称而列之名臣者，乃序爵之义。不知乡闾耆硕，原不当以禄秩为重轻，若概加采录，则是公卿表，而非耆旧传矣。

## 公元1721年 清圣祖康熙六十年 辛丑

### 徐葆光著成《中山传信录》。

《清史列传》卷七一，《文苑传二》：徐葆光，字亮直，江苏长洲人。为诸生，负盛名。圣祖仁皇帝南巡，伏谒献诗。既举京兆，康熙五十一年，试礼部，不第，特赐一体殿试，遂以一甲三名进士，授翰林院编修。葆光才品为馆阁冠，琉球国王嗣位，充册封副使。……后乞假归，著《中山传信录》六卷。居数年，诏起葆光以御史记名，会卒，时雍正元年也。……有《二友斋文集》十卷，《诗集》二十卷，《海舶集》三卷。

徐葆光《中山传信录序》：琉球见自《隋书》，其传甚略。《北史》、《唐书》、宋、元诸史因之。正史而外，如杜氏《通典》、《集事渊海》、《星槎胜览》、《瀛虫录》等书，所载山川、风俗、物产，皆多舛漏。前明洪武五年，中山王察度始通中朝。而《明一统志》成于天顺初，百年中为时未久，顾所载皆仍昔误，几无一实焉。嘉靖甲午，陈给事侃奉使，始有录，归上于朝。其疏云："访其山川、风俗、人物之详，且驳群书之谬，以成《纪略质异》二卷"，末载国语、国字，而今钞本什存二三矣。万历中，再遣使萧崇业、夏子阳，皆有录而前后相袭。崇祯六年，杜三策从客胡靖记，尤俚诞。本朝康熙二年，兵科张学礼《使略杂录》二卷，颇详于昔。二十二年，检讨汪楫奉敕撰《中山沿革志》二卷、

《杂录》五卷，典实远非前比。然于山川辖属，仍有阙略；风俗、制度、物产等，亦具未备。盖使期促迫，搜讨仓猝，语言文字，彼此讹谬，是以所闻异词，传焉寡信。

兹役也，自己亥六月朔，至国候汛，踰年至庚子二月十六日始行。其在中山，凡八阅月。封宴之暇，先致语国王，求示中山世鉴及山川图籍。又时与其大夫之通文字译词者，遍游山海间，远近形势，皆在目中。考其制度礼仪，观风问俗，下至一物异状，必询名以得其实，见闻互证，与之往复，去疑存信。因并海行针道，封宴诸仪图状，并列编为六卷。虽未敢自谓一无舛漏，以云传信，或庶几焉。且诸史于外邦载记，大率荒略。今琉球虽隔大海，新测晷景，与福州东西相值仅一千七百里，世世受封，岁岁来贡，与内地无异。伏观禁廷新刊舆图，朝鲜、哈密、拉藏属国等图皆在焉。海外藩封，例得附于其次。若仍前诞妄，不为釐正，亦何以见圣朝风化之远，与外邦内向之久，以附职方，称甚盛哉？……康熙六十年岁在辛丑秋八月，翰林院编修臣徐葆光谨序。

《四库全书总目》卷七八，史部地理类存目七：《中山传信录》六卷，国朝徐葆光撰。葆光字澄斋，吴江人。康熙壬辰进士，官翰林院编修。康熙五十五年，册琉球国世子尚贞为国王，以葆光为副使。归时奏上是书。绘图列说，纪述颇详。

**姚之骃于本年后著成《元明事类钞》。**

《四库全书总目》卷一二三，子部杂家类七：《元明事类钞》四十卷，国朝姚之骃撰。……是编盖摘取元、明诸书，分门隶载，亦江少虞《事实类苑》之流，似乎类书，则非类书也。其所纂述，大抵典则可观。如元代故实载于说部者最少，是书志疆域则引刘郁《西使记》，以证拓境之远；志任官则引《经世大典》，以证铨法之密。皆足补《元史》各志之阙。又如引《诗会小传》以志马祖常之耿直，引《名臣言行录》以志霍肃之公正，亦足裨《元史》列传所未备。……至明代说部，浩如烟海，所采亦未为详赅。然万历以后，门户交争，恩怨纠缠，余波及于翰墨，凡所记录，多不足凭。之骃或病其冗滥而矜慎取之欤？是亦不失阙疑之义也。

  今案：是书《四库全书》本题："监察御史姚之骃撰"。之骃于本年中进士，后擢御史，故暂系于此。

## 公元 1722 年 清圣祖康熙六十一年 壬寅

### 《义门读书记》作者何焯卒。

沈彤《果堂集》卷一一,《翰林院编修赠侍读学士义门何先生行状》:……先生讳焯,字屺瞻,苏之长洲人。其先有某者,元元统间以义行旌门,先生取其事名书塾。学者因称义门先生。……康熙之二十四年,先生年二十三,由崇明县学生拔贡国子监。……四十一年冬,圣祖南巡,驻涿州。召直隶巡抚李光地语,询草泽遗才,李公以先生荐,遂召直南书房。明年,赐举人,试礼部,下第。复赐进士,改庶吉士,仍直南书房。寻命侍读皇八子贝勒府,兼武英殿纂修。及散馆,得旨再教习三年。明年,丁外艰,归。服阕。丁后母艰。……五十二年冬,再以李公荐,召赴阙,仍直武英殿。明年,授编修。又明年秋,驾在热河,有构飞语以闻者。上还京,先生迎道旁,即命收系,并悉簿录其函中书,付直南书房学士蒋廷锡等,视有无狂诞语。……仅坐免官,还其书,命仍直武英殿。……以六十一年六月九日卒,年六十二……先生蓄书数万卷,凡经传子史、诗文集、杂说、小学,多参稽互证,以得指归。于其真伪、是非、密疏、隐显、工拙、源流,皆各有题识,如别黑白。及刊本之讹阙同异,字体之正俗,亦分辨而补正之。其校定《两汉书》、《三国志》,最有名。……乾隆九年八月朔旦,门人吴江沈彤谨状。

何堂《义门读书记序》:……若吾从父学士先生,自少至老,无日不从事古书,口不绝吟,手不停披,简端行侧,丹黄错杂。于以发先哲之经义,究未显之微言,而又考订校雠,不捐细大。盖远拟之则刘原父、贡父、王伯厚之俦,近言之则顾宁人先生其亚也。……堂昔从从父小山先生传得数种,此盖无过什一。然窃愿公诸同志,乃与同学沈君冠云、陈君和叔精搜而详择之。先《春秋三传》,而次以《两汉书》、《国志》焉。其他将以渐采续。……乾隆十六年岁在辛未六月朔,受业从子堂谨序。

蒋元益《义门读书记序》:昔先大夫从何学士义门先生游最久,常述先生言:"书载道,读书以明道。非收视返听以精研夫天地之理,古今之变,事物之繁赜,则夸多斗靡,徒以干利禄,读犹不读耳!"盖其言与朱子记稽古阁语同。……从弟维钧好读书,嗜何氏学。以先生犹子祖述向曾开雕《读书记》止六卷,思续其志,且广其传。博搜遐访,括至十数种。……其中《史记》、《两汉书》、《三国志》,昔年太学刊经史,从桐城方侍郎请,取以釐正,不朽之功同于儒先。

兹所增刻如干种，并资汲古学者所当家有其书也。……乾隆三十四年己丑长至后一日，小门生蒋元益谨序。

《四库全书总目》卷一一九，子部杂家类：《义门读书记》五十八卷，国朝蒋维钧编，皆其师何焯校正诸书之文也。……焯文章负盛名，而无所著作传于世。没后，其从子堂，衷其点校诸书之语为六卷。维钧益为搜辑，编为此书。凡《四书》六卷，《诗》二卷，《左传》二卷，《公羊》、《谷梁》各一卷，《史记》二卷，《汉书》六卷，《后汉书》五卷，《三国志》二卷，《五代史》一卷，《韩愈集》五卷，《柳宗元集》三卷，《欧阳修集》二卷，《曾巩集》五卷，萧统《文选》五卷，《陶潜诗》一卷，《杜甫集》六卷，《李商隐集》二卷。考证极精密。其《两汉书》及《三国志》，乾隆五年，礼部侍郎方苞校刊经史，颇采其说云。

**清廷设实录馆编纂《清圣祖实录》。**

《清世宗实录》卷二，康熙六十一年十二月乙亥：命大学士二等伯马齐，为圣祖实录馆监修总裁官。吏部尚书一等公舅舅隆科多、大学士嵩祝、白潢、吏部尚书张鹏翮为总裁官。礼部尚书张廷玉、都察院左都御史朱轼、兵部侍郎励廷仪、阿克敦、内阁学士额黑纳、登德为副总裁官。又谕：承修皇考实录之事，所关甚属紧要，所派大臣官员内有升转者，著仍兼理行走。若有升转外省者，其员缺著即奏闻。

**《春秋长历》、《春秋氏族谱》、《春秋战国异辞》作者陈厚耀卒。**

《清史列传》卷六八，《儒林传下一》：陈厚耀，字泗源，江苏泰州人。康熙四十五年进士，大学士李光地荐其通天文、算法，召见，试以三角形，令求中线；又问弧背尺寸。厚耀具札进，称旨。四十八年，驾幸热河，厚耀扈行，上问北极出地高下，及地周、地径、地圆，厚耀具举以对。旋以母老就教职，得苏州。未逾年，召入南书房。厚耀学问源博，自是通几何算法，学益进，授中书科中书。寻命与梅毂成修书蒙养斋，赐算法诸书及西洋仪器等。书成，特旨授翰林院编修。五十三年，丁母艰。……丧毕，晋国子监司业，转左谕德。……五十八年，以老乞致仕。六十一年，卒，年七十五。厚耀以天算之法治《春秋》，尝补杜预《长历》为《春秋长历》十卷。……又撰《春秋战国异辞》五十四卷，《通表》二卷，《摭遗》一卷，《春秋氏族谱》一卷。……厚耀又著《礼记分类》、《孔子家语注》、《十七史正讹》诸书。

陈厚耀《春秋战国异辞凡例》：

一、学非博则不能约。春秋、战国，学者童而习之，然诸子百家言人人殊矣。公羊子曰："所见异辞，所闻异辞，所传闻又异辞。"不辑其异，无异证其同也。周秦作者，叙述己事，指陈当代，固不可诬。即西京诸儒，传闻有绪，非尽凿空臆说也。谨广辑之，以附孔门多闻多见之义，为《通表》两卷，《异辞》五十四卷，《摭遗》一卷。……

一、谈春秋者主《三传》、《国语》，谈战国者主《国策》，自汉已然。录春秋异辞，录其异于《三传》、《国语》者也。录战国异辞，录其异于《国策》者也。《三传》、《国语》、《国策》可无录焉尔。经则《戴记》，史则《史记》，子则《老》、《庄》以下，至《新书》、《说苑》、《新序》，旁及类书、说部，以及诸家注疏，有资异闻者备录之。近马骕《绎史》，考据详审，时采其确论，附载篇末。间有鄙见，亦附志之。……

一、厚耀性颛鲁，书卷之外，无他嗜好，幼而专心历算，寝食俱废。丙戌成进士，教授吴门，吴中士大夫家多藏书，得借而读之，乐甚。既蒙召，入直内廷，得读中秘书，益私自幸。岁己亥，蒙天恩，予告归田里。虽目昏手战，然一日不事铅椠，辄惘惘如有所失，结习难忘，还自笑也。所著《春秋长历》、《家语广辑》，皆次第录副，而生平精力用之《异辞》者尤多，所憾私家书少，加以癃老，疏漏舛复，莫能详校，惟博学君子赐之是正，则幸甚矣。海陵后学陈厚耀识。

《四库全书总目》卷五〇，史部别史类：《春秋战国异辞》五十四卷、《通表》二卷、《摭遗》一卷，国朝陈厚耀撰。……是编采群书所载，与《春秋三传》、《国语》、《战国策》有异同者，分国编次，以备考证，亦间为辨定。又取《史记》《十二诸侯表》、《六国年表》，合而联之，为《通表》二卷。其谐谈琐记、神仙艺术，无关体要，难以年次者，别为《摭遗》一卷，以附于后。其《通表》排比详明，颇有条理。《异辞》以切实可据者为正文，而百家小说悠谬荒唐之论，皆降一格附于下，亦颇有体例。虽其间真赝杂糅，如《庄》、《列》之寓言，《亢仓子》之伪书，皆见采录，未免稍失裁断，而采摭浩繁，用力可称勤至。又所引诸书，多著明某篇某卷，盖仿李涪《刊误》、程大昌《演繁露》之例，令观者易于检核，亦无明人杜撰炫博之弊。盖马骕《绎史》用袁枢《记事本末》体，厚耀是书则用齐履谦《诸国统记》体，而骕书兼采《三传》、《国语》、《战国策》，厚耀则皆摭于五书之外，尤独为其难。虽涉芜杂，未可斥也。厚耀所著《春秋长历》及《春秋世族谱》，皆与是编相表里，而自言平生精力用于是书者多云。

**孟衍泰等著成《三迁志》。**

《四库全书总目》卷五九,史部传记类存目一:《三迁志》十二卷,国朝孟衍泰、王特选、仲蕴锦同撰。书成于康熙壬寅。以吕元善旧志岁久漶漫,而国朝尊崇之典,及子孙世系、林庙增修,亦未纂录成编。乃以次辑补,分为二十一门。特选,滕县人。蕴锦,济宁人。衍泰为孟子六十五代孙,世袭五经博士。

今案:是书十二卷:卷一为灵毓、像图;卷二为祖德、母教、师授;卷三为年表;卷四为佚文、赞注、崇习;卷五为爵享、弟子、礼仪、恩赉;卷六为宗系;卷七为闻达;卷八为庙记;卷九为墓记;卷十为祭谒;卷十一为题咏;卷十二为古迹、杂志。

# 公元 1723 年 清世宗雍正元年 癸卯

**清廷恢复起居注馆。**

《清世宗实录》卷六,雍正元年四月乙丑:谕翰林院:"自古帝王临朝施政,右史记言、左史记动,盖欲使一举动、一出言之微,无不可著为法则,垂范百世也。皇考圣祖仁皇帝英年践阼,即设日讲起居注官……皇考圣祖仁皇帝谦德弥光、圣不自圣,惟恐史官或多溢美之词,故康熙五十六年以后,裁省记注。……朕缵承大统,夙夜兢业,日昃不遑,思所以上继皇考功德之隆,下致四海晏安之治。顾惟凉德,深惧负荷之难,今御门听政之初,益当寅畏小心,综理庶事,咸期举措允宜。簪笔侍臣,何可阙欤,当酌复旧章。于朕视朝临御,祭祀坛庙之时,令满汉讲官各二人侍班,不独记载谕旨政务,或朕有一言之过、一事之失,皆必据实书诸简策,朕用以自警,冀寡悔尤,庶几凛渊冰之怀,以致久安,慎枢机之动,以图长治。其仍复日讲起居注官,如康熙五十六年以前故事,尔衙门即遵旨行。"

**蓝鼎元著成《平台纪略》。**

《清史列传》卷七五,《循吏传二》:蓝鼎元,福建漳浦人。少孤力学,通达治体。尝观海厦门,泛舟过浙江舟山,乘风而南,沿南澳、海门归。自谓此行多所得,人莫能测也。仪封张伯行抚闽,表章洛、闽之学,独礼鼎元及蔡世远,尝曰:"蓝生经世之良材,吾道之羽翼也。"康熙六十年,朱一贵叛台湾,鼎元从兄南澳镇总兵廷珍统师进讨，以鼎元从。大海风涛，浩泓不测，军事旁午，草檄数十纸，摇笔立就。七日台湾平。复从廷珍招降人，殄遗孽，抚流民，绥蕃社，岁余始返。……又言台镇必不可移驻澎湖，哨船、更卒、缭斗、椗兵必不可易，大吏采其言奏闻。其后诸逻遂分置一县曰彰化，且建镇于台湾矣。……雍正元年，以选拔贡太学。三年，校书内廷，分修《大清一统志》。六年，以大学士朱轼荐，召对，奏时务六事，凡五千余言，世宗善之。授广东普宁县知县。……旋摄潮阳县事。……寻忤监司褫职。……总督鄂弥达疏白鼎元受诬状，徵诣阙。明年，命署广州府知府，抵官一月卒。……著有《鹿洲初集》二十卷，《东征集》六卷，《平台纪略》一卷，《棉阳学准》五卷，《鹿洲公案》二卷。

蓝鼎元《平台纪略序》：蓝子自东宁归，见有市《靖台实录》者，喜之甚，读不终篇，而愀然起，喟然叹也。曰：嗟乎！此有志著述，惜未经身历目睹，徒得之道路之传闻者。其地、其人、其时、其事，多谬误舛错，将天下后世以为实然，而史氏据以徵信，为害可胜言哉！稗官野史，虽小道必有可观，求其实焉耳。今以闽人言闽事，以今日之人言今日事，而舛错谬误且至于此，然则史氏之是非，其迷乱于稗官野史之纪载者不乏矣。台湾雄踞海外，直关内地东南半壁。沿海六七省，门户相通。其乱其平，非于国家渺无轻重者。致乱之由，定乱之略，殉难丧节，运筹折冲，皆将权衡其衮钺，以为千秋之龟鉴。言焉而不求其实，习焉而不知其讹，鄙人所为惧也。……唯有全台形胜治乱事迹，了了胸中，所见所闻，视他人较为切实，则《平台纪略》之作，恶可已也。据事直书，功无遗漏，罪无掩讳，自谓可见天日，质鬼神。……雍正元年癸卯夏五月端午日，闽漳浦蓝鼎元玉霖氏自题于鹿洲草庐。

《四库全书总目》卷四九，史部纪事本末类：《平台纪略》十一卷，附《东征集》六卷。国朝蓝鼎元撰。鼎元字玉霖，号鹿洲，漳浦人。由贡生官至广州府知府。是编纪康熙辛丑平定台湾逆寇朱一贵始末。始于是年四月，迄于雍正元年四月，凡二年之事。……盖鼎元之兄廷珍，时为南澳总兵官，与福建水师提督施世骠合兵进讨，七日而恢复台湾，旋擒一贵。……其后余孽数起，廷珍悉剿抚之。事后经画亦多出廷珍之议。鼎元在廷珍军中，一一亲见，故记载最悉。其叙述功罪，亦无所避忌，颇称直笔。所论半线一路，地险兵寡，难于镇压。后分立彰化一县，竟从其说。至今资控制之力，亦可谓有用之书，非纸上谈兵者矣。《东征集》六卷，皆进讨时公牍书檄，虽廷珍署名，而其文则皆鼎元作。旧本别行，今附载是书之后，俾事之原委相证益明。……

**王鸿绪再进《明史稿》。**

　　王鸿绪《明史稿》卷首，《进呈明史稿疏》：……自康熙十七年，先帝昭示天下宏情之士，选授翰林，分纂《明史》，数载未成。蒙先帝特命臣汤斌、臣徐乾学、臣鸿绪同充总裁官，偕先总裁臣叶方蔼、臣张玉书互相编摩，渐成数十卷。及臣回籍，特蒙先帝恩令，重领史局。时大学士臣王熙、臣张玉书为监修，尚书臣陈廷敬、臣张英、左都御史臣鸿绪为总裁。复前领赐坐名敕考专其责任。臣英以内廷无暇，臣玉书以先为总裁任修志书，臣廷敬修本纪，臣任修列传。既大学士臣熊赐履续为监修，赐履随独进史本，于明事缺而不全，未奉先帝裁定。而诸臣多有阁部执掌，臣亦续奉命入直南书房，兼历工、户二部机务，就于史事不敢辄废。迨四十八年春，奉旨以原官解任回籍，遂发列传史稿细加删润，于五十三年进呈先帝，蒙俞旨宣付史馆。随于五十四年春特召来京，修《御纂诗经》，告竣，又蒙先帝点充《省方盛典》总裁，今书业编成多卷，俟公阅后启奏。外惟《明史》止存臣一人，而本纪、志、表具未有成稿，臣夙夜纂辑，汇成全史，以仰副先帝之明命。计自简任总裁，阅历四十二年，或笔削乎旧文，或补缀其未备，或就正于明季之老儒，或咨访于当代之博雅。要以恪遵敕旨，务出至公，不敢无据而作。今合订纪、志、表、传，共三百零十卷，谨录呈御览。……

　　　　今案：王氏此奏疏之末注明："雍正元年六月十七日具本并全史八套，投通政司转送内阁。内阁将本翻译于二十日送进御前。七月十七日红本房将本发出内阁，十八日，内阁将本并全史八套交《明史》馆收储。"王氏注明如此情节，意在显示其得到朝廷重视，而这也表明雍正帝亲自审阅后作出了一系列决断。

**清廷恢复《明史》之纂修。**

　　《清世宗实录》卷九，雍正元年七月甲午，谕大学士等：史书务纪其真，而史才古称难得。盖彰善瘅恶，传信存疑，苟非存心忠厚、学识淹通，未能定得失于一时，垂鉴戒于久远也。有明一代之史，屡经修纂，尚未成书。我圣祖仁皇帝大公至慎之心，旌别淑慝，务期允当，惟恐幾微未协，遂失其真。郑重周详，多历年所，冀得良史之才，畀以编摩之任。朕思岁月愈久，考据愈难，目今相去明季将及百年，幸简编之纪载犹存，故老之传闻不远。应令文学大臣，董率其事，慎选儒臣，以任分修。再访山林绩学之士忠厚淹通者，一同编辑，俾得各展所长，取舍折衷，归于尽善。庶成一代信史，足以昭示于无穷。著将满汉大臣等职名，开列具奏。

《清世宗实录》卷九，雍正元年七月壬寅：以舅舅公隆科多、大学士王顼龄为《明史》监修官，署理大学士事务工部尚书徐元梦、礼部尚书张廷玉、左都御史朱轼、翰林院侍讲学士觉罗逢泰为总裁官。

**前《明史》总裁官王鸿绪卒。**

《清史列传》卷一〇，《王鸿绪传》：王鸿绪，江南娄县人。康熙十二年一甲二名进士，授编修。……十六年，充日讲起居注官，授左春坊左赞善。十八年，迁翰林院侍讲。……二十一年，鸿绪转侍读，充《明史》总裁官。二十二年九月，迁庶子。十二月，擢内阁学士，充《大清会典》副总裁。二十三年九月，擢户部右侍郎。……二十六年三月，擢左都御史。……九月，鸿绪丁父忧，归里。二十八年九月，鸿绪将服满，尚未赴补，左都御史郭琇疏劾之曰：……疏入，得旨，高士奇、王鸿绪、何楷、陈元龙、王顼龄等俱著休致回籍。……三十年，江宁巡抚郑端鞫嘉定知县，闻在上为县民告发私派事。……郑端复疏劾鸿绪……疏下部，严察议奏。……时鸿绪就质，诏至，得释。三十三年，命大学士于翰林官员内举奏长于文章、学问超卓者，大学士王熙、张玉书等荐鸿绪与徐乾学、高士奇，并召来京修书。三十八年，授工部尚书。……四十二年，充经筵讲官。……四十七年，调户部尚书。四十八年，以附和内大臣阿灵阿、侍郎揆叙等议，奏改立皇太子事，奉谕切责，以原品休致。五十三年，疏言："臣旧居馆职，奉命为《明史》总裁官。……自蒙恩归田，欲图报称，因重理旧编，搜残补阙，荟萃其全，复经五载，成《列传》二百八卷。……"得旨，下《明史稿》察收。五十四年，复召来京修书。五十七年，大学士王掞监修《省方盛典》，奏荐鸿绪学问素优，堪任编辑，命为承修总裁官。……雍正元年八月，卒于京。礼部循例议恤，世宗宪皇帝命勿予谥。……

张伯行《正谊堂续集》卷七，《皇清诰授光禄大夫经筵讲官户部尚书加七级王公鸿绪墓志铭》：……公姓王氏，讳鸿绪，字季友，号俨斋，江南松江府华亭县人。……公年十七，补博士弟子员。壬午，举顺天乡试。癸丑，会试中式，名在第四。仁皇帝策多士于廷，公以第二人及第。……越二年，乙卯，充日讲官、起居注官。……丁巳，迁右春坊右赞善，兼翰林院检讨，寻转左。己未，迁翰林院侍讲。……壬戌，奉命充《明史》总裁官。癸亥，迁右春坊右庶子。其冬，擢内阁学士，兼礼部侍郎。寻充纂修《平定三逆方略》总裁官。甲子，迁户部右侍郎。乙丑正月，入直南书房，逾月转左。……丁卯三月，特旨，即家擢补都察院左都御史。……是秋，有毁公者，公致仕，杜门扫迹，不通往还。……甲戌八月，奉特旨起用，依原官食二品俸，总裁《明史》。戊寅冬，入直南书房。己卯五月，拜工部尚书。……戊子五月，转户部尚书。己丑正月，以原官解任归里。……乙未二月，特旨召还朝，为纂修《诗经》总裁官。戊戌书成。十二月，命为《省方盛典》总裁官，书未成而捐馆。此公立朝之大略也。……其归里也，尤以《明史》为念，编纂不去手，缮写列传，进呈御览，奉旨著《明史》馆察收。……又以余暇，仍用力于《明史》，今皇上雍正元年六月，具疏进全史纪、志、表、传共三百一十卷。……旋奉上谕，特简重臣，董修全史。而公所进稿本，满、汉监修总裁诸大臣奏请留馆，考定成书，即蒙俞允。……所著《制艺存稿》二册，《文稿》六十卷，《诗稿》三十卷，进呈《明史稿》三百一十卷。公生于顺治二年乙酉八月初三日午时，薨于雍正元年癸卯八月十五日申时，享年七十有九。

## 清廷恢复国史馆，编纂国史。

《清世宗实录》卷一一，雍正元年九月丙午，谕内阁：朕惟我太祖高皇帝天锡智勇，肇造鸿基。太宗文皇帝缵业恢图，布昭圣武。世祖章皇帝统一寰区，功成治定。其时内外文武、勋旧臣工，戡乱效力，茂著厥功。皇考圣祖仁皇帝特敕内阁、翰林院诸臣，纂修三朝国史，用扬列圣之鸿谟，并及诸臣之劳绩。迄今尚未编辑，矧惟圣祖仁皇帝垂统六十余年，以守兼创，恩泽声教，远及海外绝域，德业之盛。超于百世。凡于指授所及，能显立功勋，诚敬任事之大臣，与夫轶群出众有才之人，若不及今博采闻见，荟萃成编，恐阅世久远，或致阙略。著将国初以来文武诸臣内，立功行间，诚敬任事，卓越之才，有应传述者，行文八旗将诸王、贝勒、贝子、公、以及文武大臣之册文、诰敕、碑记、功牌、家传等项，详加查核，暨有显绩可纪者，亦著详察，逐一按次汇成文册，悉付史馆，删去无稽浮夸之词，务采确切事实，编成列传。如此可以垂之万世，庶为国家宣力有功之大臣不致泯没矣。

《清世宗实录》卷一三，雍正元年十一月戊子：大学士等遵旨议奏：国史纪载，传信万世。应将太祖、太宗、世祖、圣祖四朝有功任事之臣，博采见闻，查核一切档册，陆续作传。其满汉监修副总裁等官，恭候钦定。得旨：著修《圣祖仁皇帝实录》之大臣等兼修，翰林纂修官着另派。

## 公元 1724 年　清世宗雍正二年　甲辰

**黄叔璥撰《台海使槎录》。**

　　黄叔璥《台海使槎录漫识》：台湾自康熙癸亥，始入版图。重洋绝岛，职方不纪，初无文献足以考信。余休沐之暇，凡古今人著述，有散见于地理、海防、岛夷诸传记者，遐搜博采，悉为捃拾，并就郡县牒牍所状，岁时巡历所及，辄寓笔书之。其山川人物，志乘已详，不复备列，骈枝剩义，仅识其小，深愧弇陋，不足以规模锥髻情形，穷极风涛变幻、蛮陬鲛窟，猥琐杂陈，聊以藉销景昙，非敢为采风者之一助也。雍正甲辰仲春上浣，绣衣使者黄叔璥漫识。

　　鲁曾煜《台海使槎录序》：《小雅·皇华》之诗，言使臣遍咨于忠信之人，《左传》所谓五善、《国语》所谓九德是也。自汉以后，使者遂例有纂述。考之郑樵《艺文略》，凡朝聘得三十七部，行役得三十部，蛮夷得四十七部，不为不夥；然未有海外濆洷之壤，人物諔诡之乡，元元本本，堂堂正正，视之如指螺掌蛩，当下可信，则《台海使槎录》洵为第一等书矣！煜闻先生之言曰："余之订是编也，凡禽鱼、草木之细，必验其形焉，别其色焉，辨其族焉，察其性焉，询之耆老，诘之医师，毫釐之疑，靡所不耀，而后即安。"嗟乎！幺麽名物，先生犹廑廑焉若是，而况岛屿之险易，城堡之坚脆，番俗之驯悍，政刑之张弛，戎伍之疏密，礼乐之异同，有关精神命脉之大者乎！抑禹迹未经，儒者从略，先生必详审精密，况墨丈寻常之间，习睹习闻，肯蹈澹虚恍惚，如象冈之索珠、狼荒之嗅金已乎？则甚矣，先生之志之勤而学之笃也。诗曰："駪駪征夫，每怀靡及。"先生有焉。皇华于原于隰，无不光明；使臣于远于近，无不周遍。先生是书，儤之矣。达奚通之《海南诸番行记》，曾何足云。……时乾隆元年丙辰秋仲，会稽弟鲁曾煜拜序。

　　《四库全书总目》卷七〇，史部地理类三：《台海使槎录》八卷，国朝黄叔璥撰。叔璥有《南征记程》，已著录。兹编乃康熙壬寅叔璥为御史时巡视台湾所作，故以"使槎"为名。凡分三子目：卷一至卷四为《赤嵌笔谈》，卷五至卷七为《番俗六考》，卷八为《番俗杂记》。台湾自康熙癸亥始入版图，诸书记载，或疏略不备，或传闻失真。叔璥裒辑诸书，参以目见，以成此书，于山川、风土、民俗、物产言之颇详，而于攻守险隘、控制机宜及海道风信，亦皆一一究悉，于诸番情势，尤为赅备。虽所记止于一隅，而亘古以来，舆记之所不详者，搜罗编缀，源委灿然，固非无资于考证矣。

　　今案：乾隆元年初刻本，作序者题为"鲁曾煜"，其后诸本皆作"鲁煜"。

鲁曾煜《秋塍文钞》卷五有《黄玉圃台海使槎录序》，文字小异。六十七《使署闲情》卷三亦收录鲁曾煜《黄侍御台海使槎录序》。是作序者应为鲁曾煜。

初刻本目次后有黄叔璥题写的《漫识》，撰写时间为雍正二年，故系于此。

**清廷续修《大清会典》。**

《清世宗实录》卷一九，雍正二年闰四月丁丑：总理事务王大臣等议覆。礼部侍郎蒋廷锡奏请纂修《大清会典》。按本朝会典自崇德元年起，至康熙二十五年止，已刊刻成书。其后四十年来所定章程，未经编辑，应如所请。自康熙二十六年至雍正二年，各部院衙门所定礼仪条例，俟开馆后造册送馆编辑。其总裁、纂修官员并开馆事宜，请俟命下遵行。从之。

《清世宗实录》卷二〇，雍正二年五月丙寅：命吏部尚书舅舅隆科多、户部尚书张廷玉、左都御史尹泰、朱轼，为纂辑《大清会典》总裁官。吏部侍郎史贻直、礼部侍郎蒋廷锡、兵部侍郎伊都立、内阁学士福敏、翰林院掌院学士阿克敦，为副总裁官。

**建昭忠祠且编辑《功臣传》（又称《昭忠列传》）。**

《清史稿》卷八七，《礼志六》：雍正二年谕曰：《周礼》有司勋之官，凡有功者，书名太常，祭于大烝。《祭法》："以死勤事，则祀之"。于以崇德报功，风厉忠节。自太祖创业后，将帅之臣，守土之官，没身捍国，良可嘉悯。允宜立祠京邑，世世血食，其偏裨士卒殉难者，亦附祀左右。褒崇表阐，俾远近观听，勃然可生忠义之心，并为立传，垂永久。

《皇朝文献通考》卷一二一，《群庙考三·诸臣祠》：雍正二年十月癸未，敕建昭忠祠。是日，世宗宪皇帝谕九卿、翰詹、科道，朕惟《周礼》有司勋之官，凡有功者书名太常，祭于大烝。《祭法》曰："以死勤事，则祀之"。凡以崇德报功，风励忠节也。

《钦定大清会典事例》卷八六五，《工部·群祠》：雍正二年，建昭忠祠于崇文门内、就日坊之西，南向，围垣一重，大门五间，中三门三阶……

《国朝宫史》卷二八，《书籍七》：《功臣传初集》一部，《功臣传二集一部》。世宗宪皇帝命建昭忠祠，凡国家抒忠效命之臣。自王、公、大臣至兵丁，皆得入祀，纂辑其事迹始末为《功臣传》。天命元年至雍正十三年为初集，计八十六卷；乾隆元年至二十五年为二集，计二十八卷。

## 公元 1725 年　清世宗雍正三年　乙巳

**郑元庆（旧题傅泽洪）著成《行水金鉴》。**

　　《四库全书总目》卷六九，史部地理类二：《行水金鉴》一百七十五卷，国朝傅泽洪撰。泽洪字稺君，镶红旗汉军。官至分巡淮扬道，按察司副使。是书成于雍正乙巳。全祖望作郑元庆墓志，以为出元庆之手，疑其客游泽洪之幕，或预编摹。然别无显证，未之详也。叙水道者，《禹贡》以下，司马迁作《河渠书》，班固作《沟洫志》，皆全史之一篇。其自为一书者，则创始于《水经》，然标举源流，疏证支派而已，未及于疏浚堤防之事也。……其综括古今，胪陈利病，统前代以至国朝，四渎分合、运道沿革之故，汇辑以成一编者，则莫若是书之最详。卷首冠以诸图；次河水六十卷；次淮水十卷；次汉水、江水十卷；次济水五卷；次运河水七十卷；次两河总说八卷；次官司、夫役、漕运、漕规，凡十二卷。其例皆摘录诸书原文，而以时代类次，俾各条互相证明，首尾贯穿。其有原文所未备者，亦间以己意考核，附注其下。上下数千年间，地形之变迁，人事之得失，丝牵绳贯，始末犁然。……谈水道者，观此一编，宏纲巨目，亦见其大凡矣。

　　　　今案：《四库全书》题作者为傅泽洪。全祖望为郑元庆作《窆石志》（载《国朝耆献类徵初编》卷四一八）云："芷畦生平著述，尚有《行水金鉴》，为河道傅君所开雕盛行，顾罕知其出于芷畦也。"《四库提要》认为这"别无显证"，而高洪钧《〈行水金鉴〉作者考辨》（载《文献》2004 年第 1 期）一文则考订指出："《行水金鉴》一书，当是以郑元庆的《今水学》为基础，按照《今水学略例》的要求，汇辑古今有关河事资料，加上他自己的考订、论述和补充等编纂而成。"今从之。

## 公元 1726 年　清世宗雍正四年　丙午

**雍正帝亲自发起查嗣庭文字狱案。**

　　《清世宗实录》卷四八，雍正四年九月乙卯：谕内阁、九卿、翰詹科道等：查嗣庭向来趋附隆科多，隆科多曾经荐举，朕令在内廷行走，授为内阁学士。后见其语言虚诈，兼有狼顾之相，料其心术不端，从未信任。及礼部侍郎员缺需人，蔡珽又复将伊荐举。今岁各省乡试届期，朕以江西大省，需得大员以典试事，故用伊为正考官。今阅江西试录所出题目，显露心怀怨望、讥刺时事之意，料其居心浇薄乖张，必有平日纪载。遣人查其寓所及行李中，则有日记二本，悖乱荒唐，怨诽捏造之语甚多。又于圣祖仁皇帝之用人行政，大肆讪谤，以翰林改授科道为可耻，以裁汰冗员为当厄，以钦赐进士为滥举，以戴名世获罪、为文字之祸……今若但就科场题目加以处分，则天下之人，必有以查嗣庭为出于无心，偶因文字获罪，为伊称屈者。今种种实迹现在，尚有何辞以为之解免乎？……臣下有负朕恩者，往往自行败露，盖普天率土，皆受朝廷恩泽，咸当知君臣之大义，一心感戴，若稍萌异志，即为逆天，逆天之人，岂能逃于诛戮？报应昭彰，纤毫不爽，诸臣勉之戒之。查嗣庭，读书之人，受朕格外擢用之恩，而伊逆天负恩，讥刺咒诅，大干法纪。著将查嗣庭革职拏问，交三法司严审定拟。

　　今案：清代文字狱，顺治、康熙年间，均为有所举报方予追究。而自雍正朝始，成为统治者主动发起的政治攻势，雍正帝则是亲自发起和鼓动者。

## 公元1727年 清世宗雍正五年 丁未

**查嗣庭狱案定谳。**

　　《清世宗实录》卷五七，雍正五年五月壬戌：内阁等衙门议奏：查嗣庭蒙恩擢用，历官至礼部侍郎，阴怀二心，忍行横议。臣等谨将查嗣庭所著日记悖逆不道大罪，并贪缘请托关节私书，逐款究审。嗣庭亦俯首甘诛，无能置喙。除各轻罪不议外，应照大逆律凌迟处死。今已在监病故，应戮尸枭示。查嗣庭之兄查慎行、查嗣瑮、子查沄、侄查克念、查基，应斩立决。查嗣庭之子查克上，在监病故。次子查长椿、查大梁、查克缵、侄查开、查学，俱年十五以下，应给功臣之家为奴。所有财产查明入官。得旨：查嗣庭著戮尸枭示，伊子查沄改为应斩监候。查慎行年已老迈，且家居日久，南北相隔路远，查嗣庭所为恶乱之事，伊实无由得知。著将查慎行父子俱从宽免，释放回籍。查嗣庭之胞兄查嗣瑮、胞侄查基，俱免死流三千里。案内拟给功臣之家为奴各犯，亦著流三千里。其应行拏解之犯，该抚查明，一并发遣。查嗣庭名下应追家产，着变价留于浙江，以充海塘工程之用。

**雍正帝命编纂《八旗通志》。**

《清世宗实录》卷六三，雍正五年十一月庚申，又谕：朕惟……今各省皆有志书，惟八旗未经纪载。我朝立制，满洲、蒙古、汉军，俱隶八旗，每旗自都统、副都统、参领、佐领，下逮领催、闲散人，体统则尊卑相承，形势则臂指相使，规模宏远，条理精密，超越前古，岂可无以纪述其盛？况其间伟人辈出，树宏勋而建茂绩，与夫忠臣、孝子、义夫、节妇，潜德幽光，足为人伦之表范者不可胜数。若不为之采摭荟萃，何以昭示无穷！朕意欲论述编次，汇成八旗志书。年来恭修《圣祖仁皇帝实录》，今已渐次告成，即着诸裁官领其事，选满汉翰林分纂。其满洲、汉军内有通晓汉文而学问优长，堪备纂修之任者，无论进士、举人、贡监、生员以至闲散人等，俱着该旗都统、副都统保送，但勿徇情滥举，以副朕慎重著述之至意。

## 公元 1728 年 清世宗雍正六年 戊申

**曾静投书案发。**

《清代文字狱档》（上海书店 1986 年版下册）第九辑：陕西总督臣岳钟琪谨奏：为冒昧密陈，恳祈恩鉴事。窃臣于九月二十六日巳刻拜回署，署前西街有人持书趋向臣舆，被从人呵止。臣见其形貌不似投书官役，令接书入舆。阅封面题签，称臣系天吏元帅。臣甚为惊讶，当将其人交巡捕看守，随入署密拆，内写南海无主游民夏靓，遣徒张倬上书，其中皆诋毁天朝，言极悖乱。且谓臣系宋武穆王岳飞后裔，今握重兵，居要地，当乘时反叛，为宋、明复仇等语。臣不敢卒读，亦不忍详阅，惟有心摧目裂，发上冲冠，恨不立取逆兽夏靓，烹食其肉……为此密恳圣恩，准将张倬解送到京，请敕亲信大臣设法细讯，务得其实，以便就近请旨，缉拿同党，庶事机可密，完结亦速，不至久羁时日矣。……谨会同抚臣西琳，冒昧据实缮折密奏，伏乞皇上睿鉴施行。为此谨奏请旨。雍正六年九月二十八日。

《清代文字狱档》第九辑：《上谕（缴回朱批档）和硕怡亲王、大学士张、蒋，字寄浙江总督李》：雍正六年十月初九日奉上谕：岳钟琪处有投书之奸民，始初不肯供出伙党之姓名，后被岳钟琪设计发誓引诱，始陆续供出十余人。其在楚省者，已差人前往查拿，可将供出浙江之人开出，令李卫密行缉捕，明白究问。并将所供别省之人亦开单内，令李卫知之。总之查拿匪类，以速慎为要，正犯勿使漏网，无辜不可拖累。又奸民口中供出浙江吕留良等，可将岳钟琪奏折抄寄李卫，一一研究，并查其书籍。倘伙贼既获之后，再当诘问党羽，其应行拘缉者，即着李卫一面办理，一面奏闻。钦此遵旨，寄信前来。并将岳总督奏折及名单抄录，驰寄总督。可遵旨慎寄，速行办理，切切！十月初十日。

## 公元 1729 年 清世宗雍正七年 己酉

**曾静投书案转为吕留良文字狱。**

《清世宗实录》卷八一，雍正七年五月乙丑：先是湖南靖州人曾静，因考试劣等，家居愤郁，忽图叛逆。遣其徒张熙，诡名投书于川陕总督岳钟琪，劝以同谋举事。岳钟琪拘留刑讯，究问指使之人，张熙甘死不吐。岳钟琪置之密室，许以迎聘伊师，佯与设誓，张熙始将曾静供出。岳钟琪具奏，并其逆书奏闻。奉旨差刑部侍郎杭奕禄、正白旗副都统觉罗海兰至湖南，会同巡抚王国栋，拘捉曾静审讯。据曾静供称生长山僻，素无师友，因应试州城，得见吕留良评选时文内，有妄论夷夏之防及井田、封建等语，遂被蛊惑，随遣张熙至浙江吕留良家访求书籍。吕留良之子吕毅中，授以伊父所著诗文，内皆愤懑激烈之词，益加倾信。又往访吕留良之徒严鸿逵，与鸿逵之徒沈在宽等，往来投契，因致沈溺其说，妄生异心等语。随将曾静、张熙提解来京，旋命浙江总督李卫，搜查吕留良、严鸿逵、沈在宽家藏书籍，所获日记等逆书，并案内人犯，一并拏解赴部。命内阁九卿等，先将曾静反复研讯，并发看吕留良日记等书。据曾静供称，前因轻信吕留良邪说，被其蛊惑，兼闻道路浮言，愈生疑罔，致犯弥天重罪。今蒙一一讯问，并发吕留良日记等书，极其狂悖。又知圣朝深恩厚泽，皇上大孝至仁，心悦诚服。自悔从前执迷不悟，万死莫赎，今乃如梦初觉等语。因俯首认罪，甘服上刑。内阁九卿等备录供词，进呈御览。

上谕内阁九卿等：我朝肇造区夏，天锡人归，列祖相承，中外从义。逮我圣祖仁皇帝继天立极，福庇兆民，文治武功，恩施德教，超越百王。普天率土，心悦诚服……吕留良生于浙省人文之乡，读书学问，初非曾静山野穷僻、冥顽无知者比。且曾静止讥及于朕躬，而吕留良则上诬圣祖皇考之盛德。曾静之谤讪，由于误听流言。而吕留良则自出胸臆，造作妖妄。是吕留良之罪大恶极，诚有较曾静为倍甚者也。……曾静逆书,朕已洞悉,知外间逆党颇众,竟有散布讹言,希图构乱者。然其所诋惟朕之一身,朕可以己意自为判定归结。若如吕留良之罪大恶极,获罪于圣祖在天之灵者,至深至重。即凡天下庸夫、孺子少有一线之良,亦无不切齿而竖发,不欲与之戴履天地,此亦朕为臣子者,情理之所必然。应将已故逆贼吕留良及现在子孙、嫡亲弟兄子侄,照何定律治罪之处,着九卿、翰詹、科道会议,直省督抚、提督两司,秉公各抒己见,详核定议具奏。

**雍正帝因曾静、吕留良案,畅论"帝王大一统"。**

《清世宗实录》卷八六,雍正七年九月癸未谕诸王文武大臣等:自古帝王之有天下,莫不由怀保万民,恩加四海,膺上天之眷命,协亿兆之欢心,用能统一寰区,垂庥奕世。盖生民之道,惟有德者可为天下君,此天下一家,万物一体,自古迄今,万世不易之常经,非寻常之类聚群分,乡曲疆域之私衷浅见所可妄为同异者也。《书》曰:"皇天无亲,惟德是辅",盖德足以君天下,则天锡祐之以为天下君,未闻不以德为感孚,而第择其为何地之人而辅之之理。又曰:"抚我则后,虐我则仇",此民心向背之至情,未闻亿兆之归心,有不论德而但择地之理。又曰:"顺天者昌,逆天者亡",惟有德者乃能顺天之所与,又岂因何地之人而有所区别乎!我国家肇基东土,列圣相承,保乂万邦,天心笃祐,德教宏敷,恩施遐畅,登生民于衽席,遍中外而尊亲者,百年于兹矣。夫我朝既仰承天命,为中外臣民之主,则所以蒙抚绥爱育者,何得以华夷而有殊视!而中外臣民,既共奉我朝以为君,则所以归诚效顺,尽臣民之道者,尤不得以华夷而有异心。此揆之天道,验之人理,海隅日出之乡,普天率土之众,莫不知大一统之在我朝,悉子悉臣,罔敢越志者也。……今逆贼等,于天下一统、华夷一家之时,而妄判中外,谬生忿戾,岂非逆天悖理,无父无君,蜂蚁不若之异类乎!且以天地之气数言之,明代自嘉靖以来君臣失德,盗贼四起,生民涂炭,疆圉靡宁。其时之天地,可不谓之闭塞乎!本朝定鼎以来,扫除群寇,寰宇乂安,政教兴修,文明日盛,万民乐业,中外恬熙。黄童白叟,一生不见兵革。今日之天地清宁,万姓沾恩,超越明代者,三尺之童,亦皆洞晓,而尚可谓之昏暗乎!夫天地以仁爱为心,以覆载无私为量,是以德在内近者,则大统集于内近,德在外远者,则大统集于外远。孔子曰:"故大德者必受命",自有帝王以来,其揆一也。……且圣人之在诸夏,犹谓夷狄为有君,况为我朝之人亲被教泽,食德服畴,而可为无父无君之论乎。韩愈有言:"中国而夷狄也,则夷狄之；夷狄而中国也，则中国之。"历代以来，如有元之混一区宇，有国百年，幅员极广，其政治规模颇多美德，而后世称述者寥寥。其时之名臣学士，著作颂扬，纪当时之休美者，载在史册，亦复灿然具备，而后人则故为贬词，概谓无人物之可纪、无事功之足录。此特怀挟私心，识见卑鄙之人，不欲归美于外来之君，欲贬抑淹没之耳。不知文章著述之事，所以信今传后，著劝戒于简编，当平心执正而论。于外国入承大统之君，其善恶尤当秉公书录，细大不遗，庶俾中国之君见之，以为外国之主且明哲仁爱如此，自必生奋励之心。而外国之君，见是非之不爽，信直道之常存，亦必愈勇于为善，而深戒为恶。此文艺之功，有补于治道者当何如也。……夫人之所以为人而异于禽兽者，以有此伦常之理也，故五伦谓之人伦，是阙一则不可谓之人矣。君臣居五伦之首，天下有无君之人而尚可谓之人乎！人而怀无君之心，而尚不谓之禽兽乎！尽人伦则谓人，灭天理则谓禽兽，且天命之以为君，而乃怀逆天之意，焉有不遭天之诛殛者乎！朕思秉彝好德，人心所同，天下亿万臣民，共具天良，自切尊君亲上之念，无庸再为剖示宣谕。但憸邪昏乱之小人如吕留良等，胸怀悖逆者，普天之下不可言止此数贼也，用颁此旨，特加训谕。若平日稍有存此心者，当问天扪心，各发天良，详细自思之。朕之详悉剖示者，非好辩也。古昔人心淳朴，是以尧舜之时，都俞吁咈，其词甚简。逮至殷周之世，人心渐不如前，故殷《盘》、周《诰》，所以诰诫臣民者往复周详，肫诚剀切，始能去其蔽锢，觉其愚蒙，此古今时势之不得不然者。若吕留良、严鸿逵、曾静等，逆天背理，惑世诬民之贼，而晓以天经地义、纲常伦纪之大道，使愚昧无知，平日为邪说陷溺之人，豁然醒悟，不致遭天谴而罹国法，此乃为世道人心计也。着将朕谕旨，通行颁布天下各府、州、县远乡僻壤，俾读书士子及乡曲小民共知之。

**陆生楠《通鉴论》狱案定谳。**

《清世宗实录》卷八三，雍正七年七月丙午：谕内阁：据顺承郡王锡保奏称，在军前效力之陆生楠，细书《通鉴论》十七篇，抗愤不平之语甚多，其论封建之利，言词更属狂悖，显系诽议时政。……此真逆性由于夙成，狡恶因之纷起，诚不知天命而不畏，小人中之尤无忌惮者也。陆生楠罪大恶极。情无可逭。朕意欲将陆生楠于军前正法。以为人臣怀怨讪者之戒。着九卿翰詹科道、秉公定拟具奏。

《清世宗实录》卷八九，雍正七年十二月壬戌，刑部等衙门议奏：陆生楠借论《通鉴》，妄抒讥讪；谢济世批点《大学》，肆行毁谤，悖逆已极。经臣等审明定罪，奉旨交与振武将军顺承郡王锡保，将陆生楠、谢济世逐一严讯……得旨：陆生楠着交与该将军，于军前即行正法。其父母祖孙兄弟，俱从宽免其流徙。谢济世从宽免死，交与顺承郡王锡保，令当苦差效力赎罪。其妻子家产免其入官。余依议。

## 公元 1730 年 清世宗雍正八年 庚戌

### 范瑞昂撰成《粤中见闻》。

德玉《粤中见闻序》（载于本书卷首）：姑苏南来，浙中分派，吾兄吕男，世为粤人矣。所见所闻于粤最确，兄又博学强识，或得诸游览，或传于故老，一一参订以典籍，著为《粤中见闻》。予奉檄采买殿木，经三水趋谒吾兄，举以示予。因忆度岭以来宰曲江、摄篆英德，又摄仁化，兹摄封川，宦粤一十余年，粤中之山川人物虽渐识一二，然非生长于粤，往往疑信各半。及阅吾兄所著，耳目顿觉豁然。夫吾兄以著作良才而又年登耄耋，学问深造、练达老成，故粤中之天地人物凡载于通志者则略之，而通志所未及载者，纂辑无遗，萃群胜于眸间，胪万象于笔下，不伤挂漏，洵洋洋一巨观也。慨粤自赵陀，谓居蛮夷，久，人遂执为定论。不思证以《水经注》，则陶水之渚有尧宫，而舜奏九成于韶石，斯时粤已入职方。且禹迹扬州，厥贡瑶琨筱荡齿革羽毛，率弗异今之粤产，安得偏信粤为蛮服，漫无纪载乎！独怪汉始有《南裔志》，晋代南海王范乃著《交广春秋》，然皆多所遗漏。而唐宋诸贤，未闻有起而考镜补辑者，遂至刘安之藉以羞海邦也。吾兄此编，虽云一己之见，博古通今者不将有赖乎哉。噫！又岂仅博古通今者有赖乎哉！雍正八年庚戌夏五月天中节会稽弟德玉拜识于三水署中之一泓轩。

今案：本书作者范瑞昂，生平事迹不详。《粤中见闻》三十五卷又附录一卷，藏日本内阁文库，中国境内已然久佚。该书以类书方式编排，分天部、地部、人部、物部，记述粤地（包括今广东、广西）之星象气候、地理山川、各类人物、物资特产等等。内容丰富，史料价值颇高。本书各卷皆注明作者为"广州三水三江范瑞昂吕男纂辑"，日本内阁文库汉籍书目著录为"范瑞"，失察致误。

## 公元 1731 年 清世宗雍正九年 辛亥

### 《清圣祖实录》、《清圣祖圣训》修成。

《清世宗实录》卷一一三，雍正九年十二月己酉：恭纂圣祖仁皇帝实录、圣训告成，礼部具仪注，监修总裁大学士等奏请呈送大内尊藏。上御太和殿，设卤簿，奏乐。监修总裁、副总裁、纂修等官，奉表恭进实录、圣训。行礼毕，诸王、贝勒、贝子、公、及文武各官等奏言：恭惟圣祖仁皇帝深仁厚泽，盛业隆猷，纂辑成书，庆流万叶，臣等不胜欢忭，礼当庆贺……

### 沈炳巽著成《水经注集释订讹》。

《清史列传》卷七一，《文苑传二》：沈炳巽，字泽旉，浙江归安人。炳震从弟。先是炳震尝有事于《水经注》，未就，以授炳巽。炳巽乃著《水经注集释订讹》四十卷。……工诗，著有《读唐诗话》一百卷，《全宋诗话》一百卷。

沈德潜《水经注集释订讹序》：余少时读《水经注》，服其真能读万卷书，行尽天下山水路；而所成文章，又复钩采群书，造语选辞，句斤字削，于经、史、子、集中，别开面目，若天地间不可无一，不容有二者。然其中间多棘吻刺舌，每至不能句读，往往置之。后得蜀中朱无易《水经注笺》，见其徵引载籍，驳正脱误，厥功良多。然所定者，祇及什之二三。……己巳冬，家绎旉贡士过予草堂，出《集释订讹》一书，索予草序。读之，见有釐简编之错杂者，有正援据之未的者，有壹名类之互异者，有改字画之舛谬者，有补考索之缺略者。大致本之六经，参之《史记》、班、范以下诸史，采之近代名家，钩纂以为依据。至本文既误，又无他书可校者，不敢师心自用，而仍从阙如。其用心也专，其用力也勤，其积岁月也多。视苟焉著书而急急以取名者，不可以同年而语也。忆予奉敕校《旧唐书》，其错简讹字，不可胜数，至思维断绝。因徵之《通鉴纲目》与《三通》、《英华》、《文粹》等书，以对勘取裁，而后稍复原文之旧。既得君家东甫《唐书合钞》，见其正讹审阙，并有予用意所未到者，悉采入每卷考证中。于此见校雠之难，而君家兄弟之矻矻于古书者，一有功于唐，一有功于地利。……得绎旉之好学深思，虚心顺理以订正之，是不独还郦氏之旧物，并可为桑氏之功臣也夫！乾隆十五年岁次庚午七月望日，长洲沈德潜撰。

《四库全书总目》卷六九，史部地理类二：《水经注集释订讹》四十卷，国朝沈炳巽撰。炳巽字绎旉，归安人。其书据明嘉靖间黄省曾所刊《水经注》本，而以己意校定之，多所釐正。又以道元徵引之书，极为博赡，传写既久，讹误相仍。因遍检《史记》、《汉书》志表，及诸史各志，取其文字异同者，录于下方，以备参考。其无他书可校者则阙之，间附以诸家考订之说。凡州县沿革，则悉以今名释焉。中间于地理方位，往往有不能详审而漫为臆度者。……然炳巽作此书，凡历九年而成，丹铅矻矻，手自点定。其初未见朱谋㙔本，后求得之，而所见大略相同，亦可知其用心之勤至。虽不能尽出前人范围，而钩索考证之功，亦未可没也。

　　今案：是书凡例中有云："是书经始于雍正三年，脱稿于雍正九年。"故系于本年。


## 公元1732年 清世祖雍正十年 壬子

**吕留良文字狱结案。**

　　《清世宗实录》卷一二六，雍正十年十二月乙丑，谕内阁：吕留良治罪之案，前经法司、廷臣、翰、詹、科、道及督、抚、学政、藩、臬、提、镇等合词陈奏，请照大逆之例，以昭国宪。朕思天下读书之人甚多，或者千万人中，尚有其人谓吕留良之罪，不至于极典者，又降旨令各省学臣遍行询问各学生监等，将应否照大逆治罪之处，取具该生结状具奏。其有独抒己见者，令自行具呈，学臣为之转奏，不得阻挠隐匿。今据各省学臣奏称，所属读书生监，各具结状，咸谓吕留良父子之罪罄竹难书，律以大逆不道，实为至当，并无一人有异词者。普天率土之公论如此，则国法岂容宽贷。吕留良、吕葆中，俱着戮尸枭示，吕毅中着改斩立决。其孙辈俱应即正典刑，朕以人数众多，心有不忍，着从宽免死，发遣宁古塔，给与披甲人为奴。倘有顶替隐匿等弊，一经发觉，将浙省办理此案之官员，与该犯一体治罪。吕留良之诗文书籍，不必销毁，其财产令浙江地方官变价，充本省工程之用。

**程廷祚于本年前著成《春秋识小录》。**

　　程晋芳《勉行堂文集》卷六，《绵庄先生墓志铭》：……祖某，自新安之槐塘迁金陵。……初名默，后更名廷祚，字启生，别号绵庄。……凡十三经、二十二史、骚、选、诸子百家之书无不读。……偕弟一试而补博士弟子。恒自谓文所以辅道，自汉、唐以来，儒生泥典故，为训诂学，而不能变化以随时，其高谈性命者，又或蹈袭空疏，罕裨实用。于是以博文约礼为进德修业之功，以克己治人为格物致知之要，天文舆地、食货河渠、兵农礼乐之事，靡不穷委探源，旁及六通四辟之书，得其所与吾儒异者而详辨之。盖自国初黄梨洲、顾亭林两先生殁后百余年，大儒统绪几绝，继之者惟先生，然久试场屋辄不利。雍正十三年，举博学鸿词科。……乾隆元年至京师……亦竟试不用。……自此不应乡举，杜门却扫，以书史自娱。……先生乃著《易通》，后又成《大易择言》三十卷，晚年又为《象爻求是》六卷。……始先生少时，见西河毛氏《古文尚书冤词》袒护梅氏书，乃为《古文尚书冤冤词》以攻之。又著《晚书订疑》推拓其说，别成《尚书通议》三十卷，《清溪诗说》二十卷，《鲁论说》四卷，《春秋识小录》三卷，《礼说》二卷。……所著自群经而外，有诗二十卷，文二十卷，藏于家。生于康熙三十年辛未三月二日，卒于乾隆三十二年丁亥三月二十二日，享年七十有七。……

　　王步清《春秋识小录序》：上元程子启生，今之博物君子也。读古人书，其大者既讲求义法，得其指归，下至一名一物，亦必辨析旧闻，证明同异。尝撰《春秋识小录》三书，于列国职官，采《左氏传》与《周礼》相疏证，而地理之沿革，名氏之错陈，各为辨异若指掌。然非其潜心好古，细大不捐，奚以至是。……今吾友是书，于《职官考》可以见《周官》之法度焉，于《地名辨》可以溯封建、郡县之变迁焉，于《人名辨》可以观世运质文繁简之殊尚焉。区区识小云乎哉！吾将叩其大者，并出之是三书者相为端委矣。雍正壬子夏四月，巳山王步清书于金陵寓斋。

　　程廷祚《春秋职官考略序》：说者以《周礼》为周公末行之书，然考《春秋传》，列国官名，多与《周礼》合者，则其说亦未尽然也。但《周礼》为王朝之制，其时颁于列国者，必有异同，而不能无改于东迁以后。其详不可得闻，岂不惜哉！楚之官制，异于他国矣。宋及郑有六卿矣。晋，盟主也。《周礼》未改，未有代德而自显，庸其霸业之衰乎！成周所颁，既纷更于诸侯之颛制，而列国史乘复罹秦火，存什一于千百者，《左氏传》也。史家自孟坚表百官，绍述至今，沿革彬彬焉，而独春秋之时无有。余窃义取汉史书，采《左氏》，为《职官考略》三卷，而证其合于《周礼》者，以待好古者论定云。上元程廷祚。

程廷祚《春秋地名辨异序》：地理沿革，古者靡得而称，《春秋》则不可殚述矣。昔涂山之朝、孟津之会，诸侯不可胜数。周室东迁，大国多至数圻。其狡焉思启封疆者，何国蔑有？往昔诸侯，大抵为春秋之县邑矣。加以疆域所介，一彼一此，建置之滋多，名号之繁赜，非事变使然哉？《春秋》之中，有一地数名者，有数地一名者，异同未析，每多混淆。夫两汉之际，刘昭以为"称号纠纷"；南北之时，沈约以为"巧历莫算"。盖谓沿革之难详也。余采旧说为《春秋地名辨异》，以著沿革所自始，而世运之污隆，亦可观焉。上元程廷祚。

程廷祚《左传人名辨异序》：幼名，冠字，五十以伯仲，死谥，周道也，人道之至文者也。上古有名而已，春秋之时则异焉。鞅也，志父也，一人两名也。盆也，狄也，卷也，一人三名也。子产之与子美，一人两字也。蔿艾猎之于孙叔敖，东郭贾之于大陆子方，两名相悬，实则一人也。其周末弥文乎，何名称之繁欤？《左氏传》于一人之身而名号错陈，一篇之中而判若甲乙，创矣而不经，华矣而弗则，由古以来未有也，《左氏》一家之例也。作《左传人名辨异》。上元程廷祚。

《四库全书总目》卷二九，经部《春秋》类四：《春秋识小录》九卷。国朝程廷祚撰。……是书凡《春秋职官考略》三卷，《春秋地名辨异》三卷、《左传人名辨异》三卷。其考职官，首为数国共有之官，次为一国自有之官，皆分别排纂。凡与《周礼》异同者，一一根据注疏为之辨证，颇为精核。末为《晋军政始末表》，序晋军八变之制，而详列其将佐之名。又以御戎、戎右附表于后，亦皆整密。惟置诸国而独详晋，则未知其例云何也。其考地名，首为地同而名异，次为地异而名同。末为《晋书地理志证今》，以杜预注《左传》，皆用晋代地名故也。其辨人名，自一人二名以迄一人八名者，皆汇列而分注之。大致与《春秋名号归一图》互相出入，而较为简明。虽似与经义无关，然读经、读传者往往因官名、地名、人名之舛异，于当日之事迹不能融会贯通，因于圣人之褒贬，不能推求详尽。……则廷祚是书，固读《春秋》录所当知也。

## 公元 1733 年 清世宗雍正十一年 癸丑

**续修《大清会典》告成。**

《清世宗实录》卷一三一，雍正十一年五月丁酉：《大清会典》告成。总裁纂修各官及效力人员，分别议叙有差。

**沈炳震于本年前著成《唐书合钞》（亦名《新旧唐书合钞》）、《廿一史四谱》。**

《清史列传》卷六八，《儒林传下一》：沈炳震，字东甫，浙江归安人。贡生。……著《新旧唐书合钞》二百六十卷，其书分为纲目。本纪、列传，以《旧书》为纲，分注《新书》为目；诸志《旧书》多阙略舛错，则以《新书》为纲，分注《旧书》为目。又补列《方镇表》拜罢、承袭诸节目，订正《宰相世系表》之讹谬，积数十寒暑乃成。鄞全祖望见其书，惊叹，谓可依王氏《汉艺文志考证》例，孤行于世。又著《二十四史四谱》五十卷，一纪元，二封爵，三宰执，四谥法。……外有《九经辩字蒙渎》（今案：应为《九经辨字渎蒙》）十二卷，排比文字，勾稽训诂，有裨经学。又《历代帝系纪元歌》一卷，《唐诗金粉》十卷，《井鱼听编》十六卷，《增默斋诗》八卷，《杂著》十卷。乾隆元年，荐试博学鸿词科，报罢。逾年，卒，年五十九。卒后六年，侍郎钱陈群以《新旧唐书合钞》奏进，诏付书局，其精粹者，采入《唐书考证》中。

柯煜《唐书合钞序》：《唐书合钞》，乃吴兴沈东甫用十年之心力，再四削稿而成之者也。唐之国史，自令狐德棻、吴兢、柳芳、韦述诸人递有纂录。至晋刘司徒昫，始因前史，总缉成编，世之所谓《旧唐书》也。宋庆历中，更诏儒臣刊修，于时宋景文、欧阳文忠皆称大手笔，书成奏御，以为事增于前，文减于旧，所谓《新唐书》也。《新书》盛行，而《旧书》寖废。然司马文正修《通鉴》，悉据旧史，而于《新书》无取焉。盖二书瑕瑜互见，其有待于后贤之讨论也久矣。东甫之为《合钞》也，心无适莫，笔有权衡，盖《新》、《旧》为纲为目，务取昭晰，订讹补阙，具有根柢。……夫以积久之功，上下数千年，纵横一万里，以古证今，精思博考，以成一代之书，洵乎其为经国之大业，不朽之盛事！东甫所著书甚多，如《廿一史四谱》，深有裨于后之学者。其诗笔皆入唐宋大家之堂奥。少时从余游，即孜孜汲古。一别二十余年，而精诣如此。余年运而往，学殖荒落，见东甫益闻所未闻，析疑考异，致足乐也。古之人有互为师弟子者，今观之余与东甫，岂不信而有徵乎？雍正癸丑长夏，石菴柯煜序。

李慈铭《越缦堂读书记》：阅沈炳震《唐书合钞》，其中如《方镇表》添载拜罢姓名，《经籍志》补订书目，及《宰相世系表订讹》十二卷，皆足自成一书。虽尚有讹漏，然创始之功，实为不易。末附补正六卷，乃嘉兴丁子复小鹤所撰，据《册府元龟》、《唐会要》等书及影宋本《旧唐书》校订脱误，间亦指正沈氏之失。东甫是书成于乾隆初，全谢山为作墓志，极口推许。及武英殿校勘诸史，钱文端取以进呈，有旨交史局采用，故官本新、旧《唐书考证》中多引其说。……同治癸亥（一八六三）三月二十日。

汪由敦《廿一史四谱序》：古谱牒之作，纪年别系，具列世谥，与记言、记事之书相辅而行。太史公读牒记，黄帝以来皆有年数，采为《五帝本纪》，又以成《三代世表》、《十二诸侯年表》。桓君山谓旁行斜上，盖效《周谱》。然则古谱牒虽不传，因《史记》表尚可考见。自《尚书》、《春秋》作而世纪晦，史书盛而谱历之学或几乎息矣。后世惟氏族之书承用其法，特以别宗支、联子姓，而名公巨人则或为之年谱，以志其生平出处之概。好事者乃并花苑果实种类之同异，器物玩好之微，一一谱之。而其与正史相表里，顾莫之尚。夫纪传文赡而义密，书志词核而事周，虽工拙异数，未尝不震发于人耳目间。至谱牒则条具而条系之，不得驰骋其说，著为怪奇伟丽之观，其暗而不章，甚且嗤为无用也则宜。然上下千百年间，胪举其人若事，本末相授，有条不紊，虽庶宗别子派衍而末益分，以迨夫辽绝不可知之数，而沿流讨源，一举目而可得其得姓受氏之始，衣冠族属之详，此固著作之家所不可废，而非嗜古之笃、用心与力之勤，固不足以知之而且从而好之也。

归安沈子东甫来京师，示以所著《廿一史四谱》，曰纪元，曰封爵，曰宰执，曰谥法。其体盖出于表历之流，而变其旁行斜上者为标目，举帝纪之要，撮世家、列传、载记之纲，而类聚区分，合于书志荟萃群言之法。其纪元以大一统为正，而割据僭伪附焉，为得涑水、紫阳之通义。谥法博考纪传，又以补夹漈、鄱阳之未逮。约而不漏、简而该诸，史之义例略备矣。夫史以纪成败，考见得失。而儒者断其义，不务综其终始；词人学士，但取奇丽可喜之文，以资诵习。条贯淹通者，千百人不得一人，能网罗包并、自为一书者，数十百年而一见也。又况谱牒之学，荒绝而莫之好者乎！沈子尝积廿余年之功，合钞新、旧《唐书》，又以其余，辑成《四谱》，其用心与力之勤，必有得于古作者之精意。予将从而问焉，以求无戾于前史，其无愧于谥予哉！休宁汪由敦序。

今案：李慈铭谓《唐书合钞》成于乾隆初，不确。据雍正十一年柯煜序,是书及《廿一史四谱》,雍正年间已成。

## 公元1734年 清世宗雍正十二年 甲寅

**重新校订"三朝实录"字句。**

《清世宗实录》卷一四九,雍正十二年十一月庚子:大学士鄂尔泰等奏言:"三朝实录"内人名、地名、字句,与《圣祖仁皇帝实录》未曾画一。请派满汉大臣,率同简选翰林官员,重加校对,敬谨缮录,用垂万世。得旨:大学士鄂尔泰、张廷玉、协办大学士工部尚书徐本,着为总裁官。理藩院右侍郎班第、内阁学士索柱、岱奇、励宗万,着为副总裁官。

## 公元1735年 清世宗雍正十三年 乙卯

**杭世骏著成《石经考异》。**

杭世骏《石经考异序》:《石经考异》者何?以补亭林顾氏之《考》也。众说之龃龉者,莫石经若矣!史传异,地志异,碑刻异,唐、宋、元、明诸家之辨证异,顾氏述矣而不详,详矣而不辨。予特引而疏通之。又自唐开成以后,其事少略,予特取而补缀之。文虽近创,而义则实因。汲古之士,其不以予为剿说也。夫雍正十三年太岁在乙卯二月朔,仁和杭世骏书。

《四库全书总目》卷八六,史部目录类二:《石经考异》二卷,国朝杭世骏撰。……是编因顾炎武《石经考》犹有采摭未备,辨正未明者,乃为纠讹补阙,勒为二卷。上卷标十五目:曰延熹石经;曰书碑姓氏;曰书丹不止蔡邕;曰三字一字;曰正始石经非邯郸淳书;曰魏文帝《典论》;曰汉魏碑目;曰《隋书经籍志》正误;曰鸿都学非太学;曰魏太武无刻石经事;曰顾考脱落北齐二条;曰《唐艺文志》载石经与《隋志》不同;曰唐石台孝经;曰唐石经;曰张参五经文字。下卷标三目:曰蜀石经;曰宋开封石经;曰宋高宗御书石经。考证皆极精核。前有厉鹗、全祖望、符元嘉三序。……盖合数人之力,参订成编,非但据一人之闻见,其较顾炎武之所考,较为完密,亦有由也。……

**唐执玉、李卫等监修，田易等纂成《畿辅通志》。**

李卫《畿辅通志序》：……雍正七年春，诏天下重修通志，上之史馆，以备大一统之采择。畿辅为首善之地，经画区置，万方皆取则焉。受命以后，督臣唐执玉、刘于义递董其事，设局于保定府之莲花池，延博学洽闻，明习典故之士，搜罗纂集。……十年秋，复奉总督直隶之命，考询斯志，缮稿者已十有七八。其叙山川疆域、城郭关津，以及贡赋、风俗、礼乐、刑政，英才之挺秀，物产之异宜，靡不胪悉具举。其文典而核，其事切而当，洵可为馆阁取材之地。乃若兴修水利，创建营田，皇上特遣亲王大臣，周历三辅，区分经理，课导之法既详，又设专官以董其事，使瘠卤之地，皆为衍沃。所以为畿辅之利者，至深且厚。至于职官之统驭，郡县之繁简，军伍之多寡，设防立卫，联络屯置之事，皇上既以臣督率郡吏，兼理戎政，自应因时制宜，以求允协。于是熟察郡邑之治体，亲历诸边，遍观军屯之形势，悉心讨论，次弟修举。……故臣于职官、兵制诸篇，详慎考订，具载新制。又逾年而书始成。……时雍正十有三年岁次乙卯清和月穀旦，太子少保兵部尚书兼都察院右都御史直隶总督……臣李卫谨撰。

《四库全书总目》卷六八，史部地理类一：《畿辅通志》一百二十卷，国朝兵部尚书、直隶总督李卫等监修。自元以来，如《析津志》诸书，所纪只及于京师。至明代以畿内之地直隶六部，与诸省州县各统于布政司者，体例不侔，故诸省皆有通志，而直隶独阙。本朝定鼎京师，特置直隶巡抚，以专统辖。康熙十一年，大学士卫周祚奏令天下郡县，分辑志书，诏允其请。于是直隶巡抚于成龙、格尔古德等，始创为之，属翰林院侍讲郭棻董其事。仅数月而书成，讨论未为详确。雍正七年，世宗宪皇帝命天下重修通志，上诸史馆，以备一统志之采择。督臣唐执玉祗奉明诏，乃延原任辰州府同知田易等，设局于莲花池，搜罗纂集。其后刘于义及李卫相继代领其事，至雍正十三年而书成。凡分三十一目，人物、艺文二门，又各为子目。订伪补缺，较旧志颇为完善云。

**顾栋高著成《王荆国文公年谱》。**

顾栋高《王荆国文公年谱序》：余编次《温公年谱》既成，家玉停谓余："汴宋之局，温公与荆公二人为乘除，盍将荆公事叙次之，则于熙宁及元祐之故益瞭然。"余然其言，因就公集，参以史氏记及他书旧闻，得熟观公前后本末，乃喟然叹曰："……自古居甚美之名，而欲行难成之事，违众人之欲，以侥幸不可必之功，力小任重，鲜不蹶者。使非温公从其后而补救之，则汴宋之亡，当不待于青城之辱。余于两公循环终始之故，不禁三叹息也！"既因家玉亭之言而叙公生平，编以年月先后，为上、中、下三卷，并论其所以然者，附于《温公年谱》之后。雍正乙卯九月中浣书。

**谕令纂修《清世宗实录》。**

《清高宗实录》卷四，雍正十三年十月戊辰：谕总理事务王大臣：大学士鄂尔泰等，奏请纂修皇考《世宗宪皇帝实录》，朕思记事之文，务期确实，方可信今传后。我皇考临御以来，敬天法祖，勤政爱民，立极陈常，德洋恩溥。一切显谟彝训，皆出实心实政，不尚虚文。兹当编纂之时，惟在敬谨绎思，据实纪载，不必沿袭史氏繁词，徒作铺张扬厉之体。至于皇考十三年中整纲饬纪，事事极其周详，觉世牖民，言言可为典则。为臣子者，自当慎重考核，编述详明，期于圣德神功，广大悉备，庶可昭垂简册，传示万年。其条例款项，及监修总裁等应用人员，并一切开馆事宜，总理事务王大臣详议具奏。

**《明史》稿本告竣，谕令展半年之期校阅。**

《清高宗实录》卷九，雍正十三年十二月壬辰：纂修《明史》总裁、大学士张廷玉等奏：纂修明史告成。得旨：《明史》纂修多年，稿本今得告竣，但卷帙繁多，恐其中尚有舛讹之处。著展半年之期，该总裁率同纂修官再加校阅，有应改正者，即行改正，交武英殿刊刻，陆续进呈。其在事大臣、官员、生监等，著交部议叙。

**《春秋阙如编》、《此木轩纪年略》作者焦袁熹卒。**

《清史列传》卷六七，《儒林传上二》：焦袁熹，字广期，江苏金山人。康熙三十五年举人。袁熹穿穴经传，于诸经注疏皆有笔记。其说《易》专主义理，说《礼》推言《礼》意，而于《春秋》尤邃，著《春秋阙如编》八卷。……又著《此木轩四书说》九卷，疏理简明，引据典确，间与章句集注小有出入，要能釐然有当于人心。五十二年，李光地、王顼龄俱以实学通经荐，以亲老固辞。后铨授山阳教谕，仍乞终养，不赴。生平心师陆陇其，不名不字，而不走其门。……雍正十三年，卒，年六十七。又著有《经说汇编》六卷，《读四书注疏》八卷，《太极图说就正编》一卷，《太玄经解》一卷，《潜虚解》一卷，《九歌解》二卷，《纪年略》五卷，《经世辑论》五卷，《杂著》八卷，《谈佛乘赘语》五卷，《尚志录》

一卷,《诗文集》二十余卷。

《四库全书总目》卷二九,经部《春秋》类四:《春秋阙如编》八卷,国朝焦袁熹撰。袁熹字广期,金山人。康熙丙子举人。是编为袁熹未成之书,仅及成公八年而止。每卷有袁熹名印,盖犹其稿本。前有其孙钟璜跋,亦当时手迹也。自《谷梁》发"常事不书"之例,孙复衍有贬无褒之文。后代承流,转相摹仿,务以刻酷为经义。二百四十二年之中,上至天王,下至列国,无一人得免于弹刺,遂使游、夏赞之而不能者,申韩为之而有余。流弊所极,乃有贬及天道者,《春秋》于是乎乱矣。袁熹是书,独酌情理之平,立褒贬之准,谨持大义而刊削烦苛。……末附《读春秋》数条,论即位或书或不书,四时或备或不备,有史所本无,有传写脱佚,非圣人增减于其间。亦足破穿凿之说。近代说《春秋》者,当以此书为最。虽编辑未终,而义例已备,于经学深为有裨,非其经说诸书出于门人杂录者比也。

《四库全书总目》卷四八,史部编年类存目:《此木轩纪年略》五卷,国朝焦袁熹撰。……康熙甲午,故户部尚书王鸿绪纂辑《明史》,袁熹预其事,开局月余,以持论龃龉辞去,乃自以其意著此书。纪事始于帝尧,编年则始于春秋,撮其治乱兴亡之大端,而各系以论,亦颇考证其异同。未及卒业,仅及汉顺帝而止。其门人徐逵照袁辑剩稿,编为此本。首卷及第三卷,皆袁熹手自标识,提其纲要。二卷、四卷、五卷,则逵仿袁熹之例,补为标识者也。其书叙述简略,非他家史略不冗即漏者比。持论亦多平允。而爱奇嗜博,好取异说。……其订正事实,多所纠正,然好以明人所刻《竹书纪年》为据,不知其伪。……

# 公元 1736 年 清高宗乾隆元年 丙辰

**奏准续纂八旗志书。**

《清高宗实录》卷一〇,乾隆元年正月戊申:总理事务王大臣,议准工科给事中永泰奏请,续修雍正六年、至十三年八旗志书。从之。

**清廷继续修撰《国史》。**

《清高宗实录》卷一五,乾隆元年三月癸丑:议覆礼部左侍郎徐元梦奏续修《国史》:应将雍正十三年间诸王、文武群臣谱牒、行述、家乘、碑志、奏疏、文集,在京文臣五品以上、武臣三品以上、外官司道总兵以上身后具述历官治行事迹,敕八旗直省,查明申送史馆,以备采录传述。国初以来,诸臣勋绩有遗漏者,亦应汇萃成书。嗣后诸臣章奏,有奉旨及部院议准者,亦应录送,以为志传副本。纂修等官不敷,于翰林内选择充补。均应如所请。从之。

**清廷始纂《皇清奏议》。**

《清高宗实录》卷二七,乾隆元年九月壬子:命选刊本朝臣工章疏……至本朝定鼎以来,从前臣工章疏有忠悫剀切、卓然可传者,著内阁、翰林院派员精选,进呈刊刻,以垂示将来,俾后进奉为模楷。

  今案:此次谕旨虽然尚未拟定所纂之书名,而纂成之后,即为《皇清奏议》。嘉庆朝之后,成为国史馆的修纂项目。

**《明史》修订校阅告成。**

《清高宗实录》卷二七,乾隆元年九月壬子:纂修《明史》成。议叙总裁大学士张廷玉、原任大学士朱轼、原任礼部左侍郎徐元梦、右侍郎留保,及纂修各官有差。

**开博学鸿词特科,策试《史论问》。**

《清高宗实录》卷二七,乾隆元年九月己未:御试博学鸿词一百七十六员于保和殿,命大学士鄂尔泰、张廷玉、吏部侍郎邵基阅卷。

乾隆帝《御制文初集》卷十四,《史论问》:儒者学术之要,先经次史,凡具渊通之学,必擅著作之才,然非熟于掌故,周知上下数千载之事理,而剖决其是非者,不足以语此,则史学尚矣!今之称正史者,皆曰"廿一史",岂廿一史之外,别无正史欤?抑二十一史之名遂定而不可移易欤?又岂正史之外别无他史欤?考之汉、唐、宋《艺文志》及隋《经籍志》所载诸史,其名类甚多,而称史学者,惟以马班诸人为宗,何欤?……

**顾栋高著成《司马温公年谱》。**

顾栋高《司马温公年谱序》:……温国文正公距今七百余载,而年谱独阙。凡公敷陈之章奏,往来之书牍,无由合诸正史,考其本末,读者病焉。幸赖公集中篇目之下,题所撰年月;而其要者,或反阙遗,间不能无差误。窃不自揣量,辄因公篇目之散见者，合诸《行状》、《神道碑》及《宋史》本传、《通鉴纲目》，而诸家文集、《名臣言行录》、百家小说及公书集中有自注者，俱采入焉。条贯离析，钩稽同异，鳞次栉比，凡排缵八阅月而始成。既成，而自公髫龄以及没齿，粲然大备，览者如执几杖于公之旁，而亲公之謦欬谈笑也。……谱凡分八卷，其事迹散在书册而无年可附者，另为《遗事》一卷，以附其后云。雍正癸丑仲冬下浣，后学栋高谨书。

顾栋高《司马温公年谱凡例》：……余编是谱，盖在癸丑之秋冬。嗣后凡遇藏书家，辄访求温公事迹，残编隐牒，靡不搜采，暨就正四方有道君子，增易改窜，易稿凡六七矣。……阅四年丙辰，为今上龙飞之首年，余应鸿博试入京师，而吴君大年亦以是年春成进士，授工部虞衡司主事。洎相见，出一帙授余曰："顷得一秘牒，当以相赠。"视之，则明万历中涑水马君峦所辑公《年谱》也。余得之狂喜。马君为公乡人，又经公十八世孙露校定，宜可信不诬。……谨详加参校，凡余所未备者补入之，马书之讹漏者订正之，就两书参稽，益精核，而是编可以尽先生之生平而无憾矣。……乾隆元年九月中浣，栋高又书。

## 纂修《国史》纪表志传同时举行。

《清高宗实录》卷二八，乾隆元年十月丙寅：国史馆总裁大学士鄂尔泰等恭进《太祖高皇帝本纪》，并陈应修各书，以次排纂。得旨：据奏四朝本纪，现在编纂等语，我皇考《本纪》，亦应及时敬谨编辑。又据奏称表志列传等项，俟四朝本纪编定之后，次第排纂等语。表志列传等，若俟本纪编定之后方行排纂，则旷日持久，书成未免太迟。著一面办理本纪，一面将表志列传等排纂。

## 杭世骏于本年前著成《三国志补注》。

洪亮吉《卷施阁文乙集》卷六，《杭堇浦先生三国志补注序》：近时之为史学者，有二端焉：一则塾师之论史。拘于善善恶恶之经，虽古今未通，而褒贬自与，加子云以新莽，削郑众于寺人。一义偶抒，自为予圣。究之而大者，如汉景历年，不知日食；北齐建国，终昧方隅。其源出于宋之赵师渊，至其后如明之贺祥、张大龄，或并以为圣人不足法矣。一则词人之读史。求于一字一句之间，随众口而誉龙门，读一通而嗤虎观。于是为文士作传，必仿屈原；为队长立碑，亦摹项藉。逞其抑扬之致，忘其质直之方。此则读《史记》数首，而廿史可删；得马迁一隅，而余子无论。其源出于宋欧阳氏之作《五代史》，至其后如明张之象、熊尚文，而直以制艺之法行之矣。

夫惟通训诂，则可救塾师之失，服虔等二十一家之注《汉书》是也；亦惟隶故事，则可救词人之失，裴松之注《三国志》之类是也。余少读《道古堂集》，即叹先生之学于史最深。今合观之，先生之史学，亦卒莫外乎训诂及隶事二者。若《三国志补注》之作，则又继裴松之而起者也。虽然补注陈《志》矣，又兼注裴《注》。以事在晋、宋以前，不厌其详也。采诸家矣，兼采及方志，以事关故老之传，或转得其实也。亦间有仍古人之失，而未及更正者。……夫小颜之注班史，得失并陈；二刘之于《汉书》，瑕瑜不掩。而重其书者，尚一目之为功臣，一称之为诤友。又况先生此注，足以救前二端之失，而又兼有此三子之长者乎！令子宾仁，于先生身后，能一一刊先生之遗书，俾之流布，则其能承家学，又不待问，余故不敢辞而序之。

《四库全书总目》卷四五，史部正史类一：《三国志补注》六卷，附《诸史然疑》一卷。国朝杭世骏撰。……是书补裴松之《三国志》之遗。凡《魏志》四卷，《蜀志》、《吴志》各一卷。松之注捃摭繁富，考订精详，世无异议。世骏复掇拾残剩，欲以博洽胜之，故细大不捐，瑕瑜互见。……大抵爱博嗜奇，故蔓引卮言，多妨体要。……故书虽芜杂，而亦未可竟废焉。末附《诸史然疑》一卷，亦世骏所撰，皆纠史文之疏漏。凡《后汉书》十四条，《三国志》六条，《晋书》三条，《宋书》三条，《魏书》八条，《北史》六条，《陈书》三条。盖后人钞其遗稿，录而成帙。……然大致订讹考异，所得为多，于史学不为无补。以篇页无多，附载《三国志补注》之后。今亦并录存之，以资考订云。

今案：据郑天挺《杭世骏〈三国志补注〉与赵一清〈三国志注补〉》（载《探微集》）所考，"世骏之有志广采异闻以增益《国志》裴注所未备，必在雍正八年以后，乾隆元年之前。"今据其说而聊系于本年。

## 公元1737年 清高宗乾隆二年 丁巳

### 令将《圣训》刊刻颁示。

《清高宗实录》卷四二，乾隆二年五月庚子：谕总理事务王大臣：向来列祖实录、圣训，告成之后，皆藏之金匮石室，廷臣罕得见者。朕思列祖圣训，谟烈昭垂，不独贻谋于子孙，亦且示训于臣庶。自应刊刻颁示，俾人人知所法守。

今朕次第敬览皇祖、皇考五朝实录、圣训，应将阅过之圣训，陆续交与武英殿敬谨刊刻。

## 公元 1738 年　清高宗乾隆三年　戊午

**纂修《八旗通志》（初集）成书。**

《清高宗实录》卷八三，乾隆三年十二月甲午：《八旗通志》书成，总裁大学士伯鄂尔泰等恭进。得旨：志书留览，该馆各员著交部分别议叙。

《四库全书总目》卷八二，史部政书类二：《八旗通志》初集二百五十卷，雍正五年世宗宪皇帝敕撰，乾隆四年告成，御制序文颁行。凡《八旗》分志十七卷，《土田志》五卷，《营建志》三卷，《兵职志》八卷，《职官志》十二卷，《学校志》四卷，《典礼志》十五卷，《艺文志》十卷，《封爵世表》八卷，《世职表》二十四卷，《八旗大臣年表》八卷，《宗人府年表》一卷，《内阁大臣年表》二卷，《部院大臣年表》二卷，《直省大臣年表》五卷，《选举表》四卷，《宗室王公列传》十二卷，《名臣列传》六十卷，《勋臣传》十九卷，《忠烈传》十二卷，《循吏传》四卷，《儒林传》二卷，《孝义传》一卷，《列女传》十二卷。……

## 公元 1739 年　清高宗乾隆四年　己未

**《明史》即将刊刻完成，命纂修《明纪纲目》（后改称《通鉴纲目三编》）。**

《清高宗实录》卷九八，乾隆四年八月辛巳：命编纂《明纪纲目》。谕曰：编年纪事之体，昉自春秋，宋司马光汇前代诸史，为《资治通鉴》，年经月纬，事实详明。朱子因之，成《通鉴纲目》，书法谨严，得圣人褒贬是非之义。后人续修《宋元纲目》，上继紫阳，与正史纪传相为表里，便于检阅，洵不可少之书也。今武英殿刊刻《明史》，将次告竣，应仿朱子义例，编纂《明纪纲目》，传示来兹。着开列满汉大臣职名，候朕酌派总裁官董率其事。其慎简儒臣，以任分修，及开馆编辑事宜，大学士详议具奏。

**清官修《明史》刊行。**

《明史》卷首，张廷玉等《进〈明史〉表》：经筵日讲官、太保兼太子太保、保和殿大学士兼授吏部尚书、翰林院掌院学士事、世袭三等伯臣张廷玉等上言：臣等奉勅纂修《明史》告竣，恭呈睿鉴……谨将纂成本纪二十四卷、志七十五卷、表十三卷、列传二百二十卷、目录四卷，共三百三十六卷，刊刻告成，装成一十二函。谨奉表随进以闻。乾隆四年七月二十五日……

《四库全书总目》卷四六，史部正史类：《明史》三百三十六卷，国朝保和殿大学士张廷玉等奉勅撰。乾隆四年七月二十五日书成表进，凡本纪二十四卷，志七十五卷，表一十三卷，列传二百二十卷，目录四卷。……列传从旧例者十三，创新例者三，曰阉党、曰流贼、曰土司。盖貂珰之祸，虽汉唐以下皆有，而士大夫趋势附膻，则惟明人为最伙，其流毒天下，亦至酷别为一传，所以著乱亡之源，不但示斧钺之诛也。闯、献二寇，至于亡明，剿抚之失，足为炯鉴，非他小丑之比，亦非割据群雄之比，故别列之。至于土司，古所谓羁縻州也，不内不外，衅隙易萌，大抵多建置于元而滋蔓于明，控驭之道与牧民殊，与御敌国又殊，故自为一类焉。若夫甲申以后，仍续载福王之号，乙酉以后，仍兼载唐王、桂王诸臣，则颁行以后，宣示纶綍，特命改增。圣人大正至公之心，上洞三光，下照万祀，尤自有史籍以来所未尝闻见者矣。

《清高宗实录》卷一○二，乾隆四年十月辛巳，大学士鄂尔泰等奏：遵旨议颁发《明史》，查旧例，在京四品京堂以上、翰詹衙门讲读中赞以上、内廷行走翰林、满汉讲官及外省督、抚、藩、臬，俱在应赏之列。其纂修《明纪纲目》官，请各赏一部。直省府州县卫学宫，亦各颁一部。如坊间愿自刻者，呈明地方官准刻。从之。

**《清太祖实录》、《清太宗实录》、《清世祖实录》及三朝《圣训》校订完成。**

鄂尔泰等《进太祖实录表》：……恭校成《太祖高皇帝实录》，合凡例、目录，满洲、蒙古、汉文各一十三卷；《圣训》满、汉文各四卷，缮写进呈。……谨奉表随进以闻。乾隆四年十二月初十日，光禄大夫经筵讲官太保议政大臣保和殿大学士总理兵部事三等伯加十六级臣鄂尔泰，光禄大夫经筵日讲官起居注太保兼太子太保保和殿大学士仍兼管吏部尚书翰林院掌院事三等伯加十二级臣张廷玉，光禄大夫经筵讲官太子太保东阁大学士兼礼部尚书加五级臣徐本等谨上表。

鄂尔泰等《进太宗实录表》：……恭校成《太宗文皇帝实录》，合凡例、目录、满洲蒙古、汉文各六十八卷，《圣训》各六卷，缮写进呈。……谨奉表随进以闻。乾隆四年十二月初十日，光禄大夫经筵讲官太保议政大臣保和殿大学士总理兵部事三等伯加十六级臣鄂尔泰，光禄大夫经筵日讲官起居注太保兼太子太保保和殿大学士仍兼管吏部尚书翰林院掌院事三等伯加十二级臣张廷玉，光禄大夫经筵讲官太子太保东阁大学士兼礼部尚书加五级臣徐本等谨上表。

鄂尔泰等《进世祖实录表》：……恭校成《世祖章皇帝实录》，合凡例、目录、满洲、蒙古、汉文，各一百四十七卷，《圣训》满汉文各六卷，缮写进呈。……谨奉表随进以闻。乾隆四年十二月初十月，光禄大夫经筵讲官太保议政大臣保和殿大学士总理兵部事三等伯加十六级臣鄂尔泰、光禄大夫经筵日讲官起居注太保兼太子太保保和殿大学士仍兼管吏部尚书翰林院掌院事三等伯加十二级臣张廷玉、光禄大夫经筵讲官太子太保东阁大学士兼礼部尚书加五级臣徐本等谨上表。

## 公元 1741 年 清高宗乾隆六年 辛酉

**《清世宗实录》、《清世宗圣训》修成。**

《清高宗实录》卷一五六，乾隆六年十二月壬寅：《世宗宪皇帝实录》、《圣训》告成。上于保和殿恭受行礼，御中和殿，内大臣、侍卫及内阁、翰林院、詹事府、礼部、都察院各官行庆贺礼。御太和殿，诸王大臣进表、行庆贺礼。制曰：皇考世宗宪皇帝，盛德大业。至治光昭训谕周详。经纶明备。普天率土。涵濡圣泽。莫不尊亲。朕嗣绍丕基。仰体皇考之心。监于成宪。夙夜祗承。爰命大学士等、恭辑实录圣训。兹者纂修告竣。得敬谨率由。用资化理。亦俾子孙臣庶。世世钦遵。以臻郅治。朕心欣慰。与卿等同之。

**《朱子年谱》、《白田杂著》、《读书记疑》作者王懋竑卒。**

《清史列传》卷六七，《儒林传上二》：王懋竑，字予中，江苏宝应人。……精研朱子之学，身体力行。康熙五十七年，成进士，年五十一矣。在吏部乞就教职，授安庆府教授。雍正元年，与漳浦蔡世远同被召引见，授翰林院编修。……二年，以母忧去官。……明年入都，谢恩毕，遂以老病辞归。乾隆六年，卒。……

归里后，杜门著书，以明李默所定《朱子年谱》多删改原编，与《晚年定论》、《道一编》暗合，因取《文集》、《语类》等书，条析而精研之，以正年月之后先、旨归之同异，订为《年谱》四卷，《考异》四卷，《附录》二卷。未第时，即编是书，至易箦前数日乃成。大旨在辨为学次序，以攻姚江之说。……又著《白田杂著》，于朱子书考订尤详，谓《易本义》前九图、筮仪，皆后人依托，非朱子所作。……其说为宋、元儒者所未发。又谓《家礼》亦后人依托之书。……他著有《朱子文集注》、《朱子语类注》、《读经记疑》、《读史记疑》、《白田草堂存稿》。

王安国《朱子年谱序》：自洙泗徂而群言乱。有宋朱子，集濂、洛之大成，以上溯孔、孟，于是道之晦者复明，如日再中矣。明中叶以降，异论复起，或踵宋僧宗杲故智，取朱子门人所记早岁未定之言，与己意近似者，易置先后，以愚诳后人。其说之是非，有目共见。摘瑕而攻者，亦不乏人。顾晚近学者，深造之力，既百不逮古人，又急人知而名，喜其说之便于放言高论，每明知其瓢而嗜之，以致真伪之辨，垂五百余年未定。甚有平日服习朱子之道者，激于草庐吴氏调停之说，乃亦截取《语录》所述早岁未定之言，附会于离问学而尊德性者，汲汲辨言，谓吾朱子何尝不足于是，以为庶几可以竞胜于非朱子之徒，而不知适为惑世诬民助之薪而张其焰，使存心致知力行，朱子尊道之全功由此益晦。是矛盾起于门墙，而朱紫之淆，将与为终古，则识者所深忧也。

白田先生读朱子书数十年，于朱子之学既讲明而私淑之，其所得之精微，见于《文集》中与友人辨论诸书。又以明李默古冲所定《朱子年谱》，多删改原编，与《晚年定论》、《道一编》暗合，阳为表章，而阴移其宗旨，后人不辨其伪而尊信之，其为害滋甚。乃取《朱子文集》、《语类》，条析而精研之，更博求所述诸儒之绪论、师友之渊源，与夫同志诸子、争鸣各家之撰著，曲畅旁通，折衷于勉斋黄氏所作之《朱子行状》，以正年月之后先、旨归之同异，订为《年谱》四卷。其间辩论之迹、考据所由，别为《考异》四卷。又以朱子《自序》中和旧说，谓读程子书涣然冰释。自乾道己丑之春，复取己丑以后论学切要之语，分年编次，为《附录》二卷。然后朱子生平，自早岁从师讲学，中间博访友朋，归而反复遗编，卒得《大学》、《中庸》圣贤授受心法。晚与门弟子究悉精蕴，辨超悟之诣、功利之习之非，以垂一脉真传。其为学诲人本末，次第瞭如指掌，俾有志于朱子之学者，如就山川道里图，考而数计归程，不致临歧望羊，为异说所迷眩。其有裨于圣道，良非浅鲜，岂特于朱子有功已哉？……先生学朱子之学，自处闺门里巷，一言一行，以至平生出处大节，无愧于典型。其成是书，固深惧朱子之学不明，即孔孟之道不著，求《年谱》原本不可复，不得已笔削伪本，以反其朔，而穷年考订，殁而后出，其斤斤致慎又如此。……时乾隆壬申秋季中浣，高邮宗后学安国谨序。

王箴傅《朱子年谱跋》：先君子纂订《朱子年谱》，历二十余年，凡四易稿而后定。别为《考异》附于后，又续辑《论学切要语》，并附焉。岁辛酉秋，书成，先君子弃世。不肖等谨藏箧中。今年春，孙氏甥仝辙、仝敞，亟请付梓。……因出其书，与共校写，锓于板。刻既竣，追溯先君子殁，相去十载，伏读之下，不胜泫然。乾隆十六年辛未秋九月甲子朔，男箴傅谨识。

《四库全书总目》卷五七，史部传记类一：《朱子年谱》四卷，《考异》四卷，《附录》二卷，国朝王懋竑撰。懋竑字予中，宝应人。康熙戊戌进士，授安庆府教授。雍正癸卯特召，入直内廷，改翰林院编修。初，李方子作《朱子年谱》三卷，其本不传。明洪武甲戌，朱子裔孙境别刊一本，汪仲鲁为之序，已非方子之旧。正德丙寅，婺源戴铣又刊《朱子实纪》十二卷，惟主于铺张褒赠，以夸讲学之荣，殊不足道。至嘉靖壬子，建阳李默重编《年谱》五卷。《自序》谓猥冗虚谬不合载者，悉以法削之，视旧本存者十七。然默之学源出姚江，阴主朱、陆始异终同之说，多所窜乱，弥失其真。国朝康熙庚辰，有婺源洪氏续本，又有建宁朱氏新本，及武进邹氏正讹本，或详或略，均未为精确。懋竑于朱子遗书，研思最久，因取李本、洪本互相参考，根据《语录》、《文集》，订补舛漏，勒为四卷。又备列其去取之故，仿朱子校正《韩集》之例，为《考异》四卷。并采掇论学要语，为《附录》二卷，缀之于末。其大旨在辨别为学次序，以攻姚江晚年定论之说，故于学问特详，于政事颇略。……至于生平著述，皆一一缕述年月，独于《阴符经考异》、《参同契考异》两书，不载其名，亦似有意讳之。然于朱子平生求端致力之方，考异审同之辨，元元本本，条理分明，无程曈、陈建之浮嚣，而金谿紫阳之门径，开卷了然。是于年谱体例虽未尽合，以作朱子之学谱，则胜诸家所辑多矣。

《四库全书总目》卷一一九，子部杂家类三：《白田杂著》八卷，国朝王懋竑撰。……是编皆其考证辨论之文，而于朱子之书，用力尤深。如《易本义九图论》、《家礼考》，皆反覆研索，参互比校，定为后人所依托，为宋、元以来儒者之所未发。……其读史诸篇，于《通鉴纲目》多所拾遗补阙。而《朱子答江元适书薛士龙书考》一篇，语盈一卷，皆根柢《全集》、《语录》，勾稽年月，辨别异同。于为学次第，尤豁若发蒙。盖笃信朱子之书，一字一句，皆沉潜以求其始末，幾微得失，无不周知，故其言平允如是。非浮慕高名，借以劫伏众论，而实不得涯涘者也。……

俞樾《读书记疑序》：白田先生笃志经史，撰述甚富。《读书记疑》十六卷，乃其随笔札记之书也。凡九经诸子之义蕴，历代史传之事实，唐宋诸大家诗文之得失，古今音韵之变更，有所见辄记之，区其类而录之，实事求是，细入无间。而三礼之学，尤为精邃，故于学制之异同，乐章之沿革，以及丧纪之等差，衾枕之制度，历历言之，如示诸掌。两汉宗庙之礼，略见《韦元成传》，莫得其详。先生探赜索隐，因端竟委，为两汉庙制存其大略，以备班、范之所未备。昌黎云："補苴罅漏，张皇幽眇"，先生有焉。名曰《记疑》，实所以祛千载之疑也。其族元孙补帆中丞刻之于闽中，因原书漫漶，寄樾校定，并属弁言于简端。樾之谫陋，何足序先生之书哉！昔袁桷序《困学纪闻》，以扬雄氏《法言》为比，何义门先生讥其不类。若以先生此书，比浚仪王氏之书，庶几其类乎！先生训子诗有曰："读书考古，其益无穷。"此书之作，正其读书考古而有得者。今补帆刻以行世，推先生所得之益，以益后人，其益更无穷矣。……同治十有一年九月，后学德清俞樾。

## 公元 1742 年  清高宗乾隆七年  壬戌

**奏定《明史纲目》设立《前纪》，以元朝纪年载朱元璋兴起事。**

《清高宗实录》卷一七〇，乾隆七年七月庚申：大学士、《明史纲目》馆总裁官鄂尔泰议复侍郎、《明史纲目》馆副总裁周学健奏称：明祖起兵濠梁，定鼎江东，颁定官制，设科取士，详考律令诸政，皆在未即位以前。而《续纲目》所修元顺帝纪，与明兴诸事，不核不白。今《明纪纲目》即始自洪武元年，若于分注下补叙前事，不特累幅难尽，且目之所载，与纲不符，于编年之体未协。若竟略而不叙，则故明开国创垂之制缺然，而自洪武元年以后，一切治政事迹，皆突出无根，亦大非《春秋》先事起例之义。应如所奏，当亟为议定，以便纂辑成书。……谨按纲目之体，原仿《春秋左传》，左氏有先经发传之例，故于隐公之首先叙惠公。又元儒金履祥，因周威烈王二十二年以前事《纲目》未载，补作《前编》。有此二例，庶可引据。应请皇上勅下史馆，将元至正十五年，明祖起兵以后，迄至正二十八年，元顺帝未奔沙漠以前，另为《前纪》，仍以至正编年，至二十八年闰七月止，列于今所修《纲目》明太祖洪武元年八月之前。其称名、称吴国公、称吴王，悉仿朱子书汉高例，随时递书。则一代开基之事实既详，千古君臣之名义亦正，似于传世立教之意，更为慎重。奏入，报可。

**乾隆帝命纂修《国朝宫史》。**

《国朝宫史》卷首：乾隆七年十一月二十二日奉上谕：朕近阅宫中陈编，得明朝《宫史》一书，凡五卷……夫祖宗立纲陈纪、垂之典则者若此，朕之防微杜渐、谨其操柄者又若此，不有成书，奚以行远！朕意欲辑本朝宫史一编，首载敕谕、诰诫，诸如宫殿、舆服、典礼、爵秩、经费，凡有关掌故者备识兼该。内廷大学士鄂尔泰、张廷玉、徐本，率南书房翰林等详慎编纂。书成缮录三册，一贮乾清宫、一贮上书房、一贮南书房。我后嗣子孙，世世遵循，尚其知所则效，知所警戒，聪听列圣之明训，永永勿斁。特谕。

## 公元 1743 年 清高宗乾隆八年 癸亥

**厉鹗著成《辽史拾遗》。**

《清史列传》卷七一，《文苑传二》：厉鹗，字太鸿，浙江钱塘人。康熙五十九年举人。……乾隆元年，浙江总督程元章荐应博学鸿词科，试日，误写论在诗前，又报罢，而年亦且老。……十八年，卒，年六十二。鹗搜奇嗜博，馆于扬州马曰琯小玲珑山馆者多年，肆意搜讨，所见宋人集最多，而又求之诗话、说部、山经、地志，为《宋诗纪事》一百卷，《南宋院画录》八卷。又著《辽史拾遗》，采摭群书至三百余种，常自比裴松之《三国志》。……所著《樊榭山房集》二十卷，幽新隽妙，刻琢研炼。……同时以博学鸿词徵者，有胡天游、全祖望，论者谓鹗之诗，天游之文，祖望之考证，求之近代，罕有其匹。……

厉鹗《辽史拾遗自序》：《宋》、《辽》、《金》三史，同修于元至正间，秉笔者多一时名儒硕彦。而《宋史》失之繁，《辽史》失之简，惟《金史》繁简得中为善。明云间王圻作《续文献通考》，中所列辽事，条分件系，不出正史。尝病其陋，而叹辽之掌故沦亡也。盖其开基朔漠，抚有燕云，制度职官，兼采汉制。自圣宗与宋盟好后，文物渐开，科举日盛，意当日必有记注典章，可裨国史者。求之薄录家，不少概见，即家集野乘，亦散佚无传。岂以书有厉禁，不得入中朝乎？抑金源初年尚武，虽灭辽，未遑收及图籍乎？间尝取而核之，辽之有国，二百余年，清泰、开运，灭两大国，则用兵宜详；澶渊、关南，和议再修，则信誓宜详；星轺往来，俱极华选，则聘游宜详。至如负义侯黄龙安置之年，天祚帝海上夹攻之事，高丽臣事，西夏跳梁，非撼他书，何以知其颠末邪？暇日辄为甄录，自本纪外，志、表、列传、外纪、国语，凡有援引，随事补缀；犹以方域幽遐，风尚寥邈，采篇咏于山川，述碑碣于塔庙，短书小说，过而存之，亦得失之林，读史者所宜考也。敢曰索隐，聊以拾遗，编次为如干卷，以待博雅君子之删补焉。乾隆八年岁在昭阳大渊献陬月二十有七日，钱塘厉鹗书。

全祖望《辽史拾遗序》：或有问于余曰："《辽史》何为而作也？政教不通，言语嗜欲，不与华同，其得列于历代正史，良以金承辽、元承金，职是故与？"余应之曰："子不见夫楚之《梼杌》与晋之《乘》、鲁之《春秋》同述乎！辽人乘五季之乱，中原乏主，奄有东夏二百余年，其初灰牛氏之部落始广，枯骨化形，载猪服豕，怪诞之辞，君子不道。追阿保机兼八部之雄，君臣创造，相与畴咨，峻烈渊谋，巍乎赫矣！乃后王凉德，勿克负荷，兴替之感，取鉴来兹，昭垂史册，奚为不可？"

元世祖立国史院，命王鹗修《辽》、《金》二史。宋亡，又命词臣通修三史。至正间，总裁脱脱等修成《辽史》，本纪三十，志三十一，表八，列传四十六。举例、论赞、表奏，多欧阳玄手笔。文献无徵，简率勿称，识者病之。同里厉徵君，博学好古，学者称为樊榭先生。先生长于诗、古文词，手不停披六籍之言。以《辽史》缺略太甚，毕终身之业，详注而辨证之，曰《辽史拾遗》。……

余尝微窥作者之用心，非特订谬补亡已也，盖别有旨趣存焉。今日车书混一，八荒在宥。大同，国之屏翰；关东，国之根本；幽、蓟、涿、易，实畿甸洪基，万年永赖。辽之旧疆，视汉扶风、冯翊为尤重。前事之不忘，后事之师也。注史之意，其在斯乎！其在斯乎！乾隆八年岁次癸亥春王正月下浣，同学愚弟全祖望书。

《四库全书总目》卷四六，史部正史类二：《辽史拾遗》二十四卷，国朝厉鹗撰。鹗字太鸿，钱塘人。康熙庚子举人。是书拾《辽史》之遗，有注有补，均摘录旧文为纲，而参考他书，条列于下。凡有异同，悉分析考证，缀以按语。《国语解》先后次第，与目录有不合者，亦悉为釐正。又补辑"辽境四至"及"风俗物产"诸条于后。……似此之类，颇有所遗。……然元修三史，莫繁冗于《宋》，莫疏于《辽》。又辽时书禁最严，不得传布于境内，故一朝图籍，澌灭无徵。鹗采撷群书，至三百余种，均以旁见侧出之文，参考而求其端绪。年月事迹，一一勾稽。……鹗《樊榭诗集》中自称所注《辽史》，比于裴松之之《三国史注》，亦不诬也。

**谕令缮写满、汉文实录各一部送盛京尊藏。**

《清高宗实录》卷一九三，乾隆八年五月丙午谕：奉天乃我朝发祥之地，历朝实录，俱应缮写满、汉文各一部，送往尊藏。俟现在皇史宬、内阁藏本写成后，即著在馆人员，敬谨缮写。其送往仪注，大学士会同礼部详议具奏。

## 公元 1744 年 清高宗乾隆九年 甲子

**《钦定八旗满洲氏族通谱》修成。**

《钦定八旗满洲氏族通谱》卷首：雍正十三年十二月初一日钦奉谕旨："八旗满洲姓氏众多，向无汇载之书，难于稽考，著将八旗姓氏详细查明，并从前何时归顺情由，详记备载，纂成卷帙，俟朕览定刊刻，以垂永久。著满洲大学士会同福敏、徐元梦遵照办理，钦此。"

《四库全书总目》卷五八，史部传记类二：《钦定八旗满洲氏族通谱》八十卷，乾隆九年奉敕撰。凡甲族谓之大姓，其次谓之乙姓。各详其受氏之源与始居之地，犹刘之标望于彭城，韩之溯派于昌黎也。或同姓而异居者，则以其地识之，犹王之别太原、琅邪，李之判陇西、赵郡也。或虽同姓而异旗者，则连类附见之，犹裴之有东、西，阮之有南、北也。其赐姓者，仍列于本族，惟详其蒙赐之由，以昭光宠，而不淆其昭穆。蒙古、高丽、尼堪、台尼堪、抚顺尼堪，久隶八旗者，亦追溯从来，附著于末。每一姓中，取其勋劳茂著者，冠冕于首，各系小传，以示旌异。其子孙世系官爵，以次缀书，如《元和姓纂》之例。考古者族姓掌于官，至春秋之末，智果别族为辅氏，犹闻于太史。秦、汉以来，古制不存，家牒乃作。刘歆《七略》称：案《扬子云家牒》，以甘露三年生是也。私记之书亦作，《世本》是也。六代及唐，虽以门第相高，而附会于攀援，动辄疏舛。……自乎两宋，谱学遂绝。非世家旧姓，罕能确述其宗派者。岂非不掌于官，各以臆说之故欤？惟我国家，法度修明，自开创之初，从龙部属，皆什伍相保，聚族而居,有古比闾族党之遗意。故其民数可考,而生卒必闻于官,子孙必登于籍,故其族系亦最明。披读是编,古太史之成规犹可概见。八旗之枝干相维,臂指相属,亦可概见。圣人制作,同符三代类如此,猗欤盛矣!

今案:《四库提要》谓是书"乾隆九年敕撰",误。《北京图书馆藏家谱丛刊·民族卷》收入是书清钞本,卷首有雍正十三年十二月初一日谕旨。据此,应为雍正十三年敕撰,乾隆九年撰成。

## 公元1745年 清高宗乾隆十年 乙丑

**杭世骏著成《史记考证》。**

杭世骏《史记考证序》:有明万历中刊《十三经》、《二十一史》于南北国子监。南监之本,大小不伦,世遂以北本为贵。其间讹阙,不可指数。圣天子广同文之化,一新天下之耳目,申畀以命儒臣重加校勘,条其同异,附于各卷之后。桐城方侍郎苞以余名上闻。总裁其事者,华亭张尚书照也。就余商榷,虚心采纳,竭驽钝以答之,《考证》所由作也。既余以狂言获谴,天府之藏,末由再得窥见。同年天台齐侍郎惠寄三册,而《史记》俨然在焉。一再览观,如逢故物,辛苦所存,不忍捐弃,录而存之,其名一仍武英殿之旧。旧同事者,长白德侍郎龄、昌平陈詹尹浩、归安孙编修人龙,均有论议,不敢阑入,恐猎美也。乾隆十年龙集乙丑四月朔。

**李锴著成《尚史》。**

《清史列传》卷七一,《文苑传二》:李锴,字铁君,汉军正黄旗人。祖恒忠……官至正黄旗副都统。……家世显贵,澹于荣利,泊如也。……乾隆元年,荐试博学鸿词,报罢。十五年,诏举经学,大臣交章论荐,锴以老病辞。……居盘山二十载,以殁。……所著有《睫巢诗集》十卷,《睫巢文集》十卷,《易象》三卷,《春秋通义》十八卷,《尚史》七十卷。

李锴《尚史自序》:……汉兴,司马氏以继述缵厥绪而著史,网罗放失,摭拾旧闻,岁历五百得不沦亡者,迁有力焉。后世踵之,跬步弗夫,王纲以系,而国典有常矣。虽然,窃有憾焉。延览未周,感愤过节,循其所失,谅非一端。……若乃古公有兴周之言,西伯载阴行善之隐。武王显诛帝受,周文摄位孺子。诬圣作奸，堕常灭教，憖资口实，以启逆萌，失之甚者，何可长乎！……今者天子当阳，百辟执事，承风而趋，仪文典则，靡一不举，祝无饰辞，史无滥载，其所以协唐风、孚虞德者，烂然昭陈。予小子亦获伏泽，从容食跖印浦。于是不辞不敏，纬经翼传，附丽百家，自黄帝迄秦，辑纪传、世家、表、志、图，合七十卷。参人定言，核时求制，庶几昭信辟违，一归于道。始庚戌，迄乙丑，十有六年而卒业云。乾隆十年岁次乙丑冬十月朔，襄平后学李锴铁君甫识。

彭元瑞《尚史序》：立乎今日，以成尚古之史，其将能乎？曰：奚其不能也。群经皆古圣人之事，诸子百家去古未远，各有撰述，取而荟之，以成一家之作，而非一家之文也。今有商彝周敦，父癸之尊，史克之鼎，峋嵝之碑，石鼓之字，一器一文之流传，好事者不惜扶奥剔隐，集以为录，而谓其大者而憖置之，可乎？太史公作《史记》，所采古书，今什不存五。且乌知夫后此数千年，其佚不更倍于今之距汉乎！惮其所不能，而诿其所能，无惑乎古之日湮也。然则群经尚矣，诸子百家其可尽信乎？今有垂髫弱冠者，闻齿豁戴白之叟语我生以前事；又或出塞杭海万里来归，与不出闾巷之人谈其身所涉历闻见。虽其言不无夸诞，然理之可信者信之，否亦以资博俟考证之云尔。孔子作《春秋》，所见异辞，所闻异词，所传闻异辞，疑者阙之，未闻不录也。矧大书分注，作者之意具在矣。若是，则是书之作，于古人何若？司马纪五帝，小司马补三皇，皆大概也。《皇王大纪》、《纲目前编》，纪世而已。《古史》意存乎正龙门，而非其自作。《路史》博矣，或不驯，且不纯乎史。近代《绎史》，则纪事之体。今是书也，纪、表、志、传，一从史例，厘然秩然，以其意为论赞，悉轨于正。令读者贯穿三古，其文可诵，其义可法。而其大者，于古帝王所以治国平天下之道，若天文律吕之奥，疆理井田之大，兵刑之繁，氏族之细，咸具诸志。张皇扬厉，损益升降，观者如揖让皇古之世，而慨然知二帝、三王之可复，此则《尚史》之所独也。乾隆癸巳长至，南昌彭元端序。

《四库全书总目》卷五〇，史部别史类：《尚史》一百七卷，国朝李锴撰。锴字铁君，镶白旗汉军。卷首自署曰襄平。考襄平为汉辽东郡治，今为盛京辽阳州地，盖其祖籍也。康熙中，邹平马骕作《绎史》，采摭百家杂说，上起鸿荒，下迄秦代，仿袁枢纪事本末之体，各立标题，以类编次。凡取徵引，悉录原文，虽若不相属，而实有端绪。锴是编以骕书为稿本，而离析其文，为之翦裁连络，改为纪传之体。作《世系图》一卷，《本纪》六卷，《世家》十五卷，《列传》五十八卷，《系》六卷，《表》六卷，《志》十四卷，《序传》一卷。仍于每段之下，各注取出书名。其遗文琐事不入正文者，则以类附注于句下。盖体例准诸《史记》，而排纂之法则仿《路史》而小变之。……此书一用旧文，剪裁排比，使事迹联属，语意贯通，体为诸家之集句，于历代史家特为创格，较熔铸众说为尤难。虽运掉或不自如，组织或不尽密，亦可云有条不紊矣。……亦未能一一精核，固不必为之曲讳焉。

余嘉锡《四库提要辨证》卷五：《尚史》一百七卷。……嘉锡案：……居今日而欲考上古以至周秦之事，有《尚书》、《逸周书》以载言，《春秋》、《左传》、《史记》、《通鉴》并《外纪》以纪事，辅之以《纪年》、《国语》、《国策》，参之以诸子百家及古器物文字，而又有宛斯《绎史》以为之纬，是皆学者所必读。……而李锴者曾不之悟，好为其难，勇过司马，妄等谯周，遂奋笔而窜典谟，攘臂而据《绎史》，解剥其篇章，摭拾其翰藻，国为世家，人修列传，事皆熟闻，词非己出，取譬宛斯，可谓貌同而心异，虽志切于攀龙，徒见诮其类犬耳。

今案：《清史列传》记述李锴为汉军正黄旗人，此本于清国史馆列传稿，二者皆言李锴之祖李恒忠官汉军正黄旗副都统。又乾隆《盛京通志》（《四库全书》本）卷七七《国朝人物·正黄旗汉军》内列述"李恒忠隶正黄旗汉军事"，《钦定八旗通志》（《四库全书》本）卷一九五《人物志》记述李恒忠之子李辉祖，也明确为汉军正黄旗人，则李锴为汉军正黄旗无疑。但《四库提要》却谓李锴为"镶白旗汉军"，而且四库本《尚史》每卷皆标明"镶白旗汉军李锴撰"。此书来自纪昀家藏本，似有依据，然而李锴作为处士、文人，不大可能自题旗籍，书中题写的"镶白旗汉军李锴撰"，究竟出于何人之手？实为疑问，志此待考。

## 清廷纂成《皇清奏议》。

（光绪）《钦定大清会典事例》卷一○四九，《翰林院·纂修书史》：（乾隆）十年，敕撰《钦定天禄琳琅书目》，敕编《皇清奏议》。

《国朝宫史续编》卷九○，《书籍十六·史学三》：《钦定皇清奏议》一部，顺治元年起至乾隆九年止，凡四十册。

中国第一历史档案馆藏《国史馆档案》编纂类第522号卷，国史馆总裁庆桂等《办书章程奏稿》：《皇清奏议》一书，从前国史馆曾钦遵高宗纯皇帝谕旨，纂辑自顺治元年起至乾隆九年止，凡臣工章奏有裨时政者，均经采录成书……

今案：据上引资料，乾隆朝纂辑《皇清奏议》，乃乾隆十年告成，内容是截止于乾隆九年的臣工奏议。

## 公元 1746 年 清高宗乾隆十一年 丙寅

**清廷修《明纪纲目》成书。**

《清高宗实录》卷二六三，乾隆十一年闰三月丁巳：重修《明通鉴纲目》书成，议叙提调、纂修等官，加级纪录有差。《御制明史纲目序》曰：编年之书，奚啻数十百家，而必以朱子《通鉴纲目》为准。《通鉴纲目》盖祖述《春秋》之义，虽取裁于司马氏之书，而明天统、正人纪、昭监戒、著几微，得《春秋》大居正之意，虽司马氏有不能窥其藩篱者，其它盖不必指数矣。尝谓读书立言之士，论世为难，非如朱子具格致诚正之功，明治乱兴衰之故，其于笔削，鲜有不任予夺之私、失褒贬之公者。自《纲目》成而义指正大，条理精密，后儒有所依据。踵而续之，由宋迄元，厘然方策。至明代君臣事迹，编辑之难，更倍于诸书。盖《明史》已成于百年之后，而世变风漓，记载失实，若复迟待，将何以继续编而示来许？爰命儒臣法朱子《通鉴纲目》义例，增损编摩，大书以提要，分注以备言。每一卷成呈览，朕于几暇，亦时御丹铅，为之参定。虽于天人一贯之精微未之能尽，而惟是谨严之义，守而弗矣。简正之旨，志而必勉。书既成，群臣举唐太宗之事为言，勉从其请而为之序云。

今案：此书初修是拟为书名《明纪纲目》，但成书后称谓并不一致，有《明史纲目》之称，有《明通鉴纲目》之称，在《国朝宫史》卷二八曾以《御撰通鉴纲目三编》著录。《四库全书》则将修改后的写本，冠以《御定资治通鉴纲目三编》书名。这些称谓，实质相同，表明其形式仿照朱熹《资治通鉴纲目》，内容为明代历史，而又具有与朱熹《资治通鉴纲目》、商辂《续资治通鉴纲目》组成前后衔接一个系列的意念。

## 公元 1747 年 清高宗乾隆十二年 丁卯

**清廷再续修《大清会典》，增订修纂规则。**

《清高宗实录》卷二八二，乾隆十二年正月丙申：命续修《大清会典》谕：

国家立纲陈纪，布在方策，所以明昭代之章程，备诸司之职掌，以熙庶绩，以示训行，典至钜也。《大清会典》，修于皇祖圣祖仁皇帝康熙二十三年。越我皇考世宗宪皇帝御极之初，即允礼臣之请，开馆重修。九年告成，刊梓颁行，阅今又二十年矣。其间因时制宜，屡有损益，向来诸臣，每有以重修为请者。朕以国家定制，岂容数更，踵事增文，自有部册，故概未准行。近以幾余，时加披览，间为讨论，乃晰由来，有不得不重修者……是当博考朝章，详稽故实，正旧编之纰缪，补纪载之阙遗，用蒇成书，垂示法守。所有一切开馆事宜，该部定议具奏。

寻定议六条：一、朝章宜考本原。金匮石室之藏书，非编纂诸臣所得见，应照国史馆之例，令纂修官亲赴皇史宬，详考有关会典者，敬录以为全书纲领。一、书籍宜备参稽。《古今图书集成》一书，博大精深，足资考证，从前曾赐翰林院一部，明《永乐大典》，亦见贮翰林院。如有应行稽考处，应令纂修官赴翰林院核对。又《三礼》及《律吕正义》二书已成，校对将竣，从前所取书籍，现存该馆，并请俟会典开馆后，行文咨取，全数交送。其它书籍，凡有资考据者，酌取以备参稽。一、卷案宜详察。请敕下在京大小各衙门，令各该堂官选贤能司官，专管清厘案卷，协同各本司官员，将所隶应入会典事件，分类编年，备细造送毋漏。其年久霉烂遗失者，移询各衙门及外省造送。一、纂修官务在得人。请令总裁官分派各衙门人数，行文咨取，该堂官分同简选，务择学问淹博，熟谙掌故之员，拟定正陪，保送到馆，由总裁官列名具奏，恭候钦点。至典则之书，义取综核，经生之学，不乏专家，并请照《三礼》馆例，听该总裁于进士举贡内确知经术湛深，长于编纂者，酌保数人具奏。一、考定更正之条，宜随时请旨。按会典旧定条款，或文鲜参稽，舛讹未免，或事经胪列，援据无凭，以及古今异宜，诸儒异议，随时折衷。均非臣下识见所能臆断，应令该总裁官详叙原委，声明缘由，请旨裁夺。其近年续增条件，亦应按事类逐卷进呈钦定。一、在馆办事，宜有成规。总裁官督率纂修各官，每日必及辰而入，尽申而散，庶几在馆办事，俱有成规。不独勤惰易稽，年限便于核定，且互相讨究，可以斟酌得宜。彼此观摩，亦见智能交奋。从之。

**黄叔琳著成《史通训故补》。**

《清史列传》卷一四，《黄叔琳传》：黄叔琳，顺天大兴人。康熙三十年一甲三名进士，授编修，累迁侍讲。四十四年，丁父忧。服阕，补原官。授山东提督学政。四十八年，迁鸿胪寺少卿，留学政任。五十一年，迁通政司参议。五十七年，迁左佥都御史。五十八年，晋太常寺卿。六十一年，迁内阁学士，寻迁刑部右侍郎。雍正元年三月，充江南乡试正考官。调吏部侍郎。……（二年二月），授浙江巡抚。……部议革职拟流。……三年正月，命赴海塘效力。乾隆元年二月，授山东按察使。……二年九月，迁山东布政使。……四年，丁母忧。七年，服阕，授詹事。以山东布政使任内误揭属员讳盗，革任。十六年，谕曰："原任詹事黄叔琳以康熙辛未探花，年臻大耄，重遇胪传岁纪，洵称熙朝人瑞。著从优加给侍郎衔。"二十一年，卒。

戈涛《黄昆圃先生传》（载《碑传集》卷六十九）：先生讳叔琳，字昆圃，大兴人。……从学饶仲如，研穷性理之学；又从吴述菴究经史。年二十，以康熙辛未探花及第。……生平著述有《砚北易钞》，阐发《河》、《洛》之精蕴；《诗经统说》，折衷群说之异同；《夏小正传注》、《史通训诂补注》、《文心雕龙辑注》、《颜氏家训节钞》、《砚北杂录》，则于经济学术各有指归，纂言粹美，著语精纯，有功儒林，岂小补哉！……享寿八十有五……

黄叔琳《史通训故补序》：书以通名，如《白虎通》、《风俗通》之类，义同笺故。汉封司马迁后为"史通子"，"史通"之称见焉。刘知幾博论前史，摭掇利病，作《史通》内、外篇，盖兼取两义云。马贵与《经籍考》从文史类中摘出论史者为史评，首列是书。本传谓知幾幼时受《古文尚书》，业不进，听讲《春秋左氏》则心开。异哉！同一学问之事，而胎性中各有着根处，不自知其所以然。后来领国史三十年，卒以史学垂名，岂所谓性也有命焉者耶！观其议论，如老吏断狱，难更平反；如夷人嗅金，暗识高下；如神医眼，照垣一方，洞见五藏症结。间有过执己见，以裁量往古，泥定体而少变通。如谓《尚书》"为例不纯"，《史》论"淡薄无味"之类。然其荟萃搜择，钩釽排击，上下数千年，贯穿数万卷，心细而眼明，舌长而笔辣，虽马、班亦有不能自解免者，何况其余。书在文史类中，允与刘彦和之《雕龙》相匹。徐坚谓史氏宜置座右。信也！综练渊博，其中琐词僻事，非注不显。注家王损仲本为善。林居多暇，窃为删繁补遗，重梓行世，使当时自比扬雄拟《易》，以为必覆酱瓿者。千余年后，复纸贵于兰台、石室间，亦嗜古之士所欣慰也。乾隆十有二年丁卯仲春既望，北平黄叔琳昆圃氏序。

《四库全书总目》卷八九，史部史评类存目一：《史通训故补》二十卷，国朝黄叔琳撰。……是书补王维俭注所未及，与浦起龙《史通通释》同时而成。

而此本之出略前,故起龙亦间摭用,所称北平本者,即此书也。浦本注释较精核,而失之于好改原文,又评注夹杂,俨如坊刻古文之例,是其所短。此本注释不及起龙,而不甚改窜,犹属谨严。其圈点批语,不出时文之式,则与起龙略同。惟起龙于知幾原书多所回护,即《疑古》、《惑经》之类,亦不以为非。此书颇有纠正,差为胜之耳。

**清官方校刻《十三经》、《二十一史》成。**

《清高宗实录》卷七六,乾隆三年九月壬子:大学士等议覆国子监奏称:太学所贮《十三经注疏》、《廿一史》板片糢糊,难以修补,请重加校刻,以垂久远。应如所请。令国子监购觅原本各一部,分派编检等官校阅,交武英殿缮写刊刻,即将板片交国子监存贮,以备刷印。再国子监奏有写本旧唐书一部。亦请刊刻。以广流传。得旨:"板片不必国子监查办,著交与庄亲王于武英殿御书处等处查办。"

《清高宗实录》卷二八六,乾隆十二年三月丙申:《十三经注疏》、《二十一史》刻成。

清高宗《御制重刻十三经序》:班固氏曰:"六学者,王教之典籍,先圣所以明天道、正人伦、致至治之成法也。"汉代以来,儒者传授,或言《五经》,或言《七经》。暨唐分《三礼》、《三传》,则称《九经》。已又益《孝经》、《论语》、《尔雅》,刻石国子学。宋儒复进《孟子》,前明因之,而《十三经》之名始立。自宋易汉、唐石刻之旧,《五经》始有板本。及明南、北监板行,而笺疏传义胪列具备。学士家有其书,传习弥广。顾训诂繁则蹖驳互见,卷帙重则豕亥易讹。或意晦于一言之舛,或理乖于一字之谬。校雠疏略,疑误滋多。承学之士,无所取正。……朕披览《十三经注疏》,念其岁月经久,梨枣日就漫漶,爰敕词臣,重加校正。其于经文误字以及传注笺疏之未协者,参互以求其是,各为考证,附于卷后,不紊旧观,刊成善本,匪徒备金匮石室之藏而已。……津逮既正,于以穷道德之阃奥,嘉与海内学者,笃志研经,敦崇实学,庶几经义明而儒术正,儒术正而人才昌。恢先王之道,以赞治化而宏远猷。有厚望焉!乾隆十二年二月朔。

清高宗《御制重刻二十一史序》:《七录》之目,首列经、史。四库因之。史者,辅经以垂训者也。《尚书》、《春秋》内外传,尚矣。司马迁创为纪、表、书、传之体,以成《史记》。班固以下因之。累朝载笔之人,类皆娴掌故,贯旧闻，旁罗博采，以成信史。后之述事考文者，咸取徵焉。朕既命校刊《十三经注疏》定本，复念史为经翼，监本亦日渐残阙，并敕校雠，以广刊布。其辨讹别异，是正为多。卷末考证，一视诸经之例。《明史》先经告竣，合之为《二十二史》。焕乎册府之大观矣。夫史以示劝惩，昭法戒，上下数千年治乱安危之故，忠贤奸佞之实，是非得失，俱可考见。居今而知古，鉴往以察来。扬子云曰："多闻则守之以约，多见则守之以卓。"岂不在善读者之能自得师也哉！乾隆十二年二月朔。

弘昼等《进敕校刻二十一史表》：……窃惟神圣传心之要，莫重于经；帝王致治之规，必详于史。识大识小，始同出于一源；记事记言，后分标于四库。左氏因《春秋》之笔，编年附经以传焉。马迁仿《尚书》之裁，纪传立史之局。班、范后出，悉踵前规。刘、李代兴，必遵先路。虽篇目或有增减，而体例不致纷殊。自《史》、《汉》以及《宋》、《元》，效修明而若画一。凡专门名家之私著，不入故府之藏；集《通鉴纲目》而求详，必以正史为断。若《十七史》，若《廿一史》，各有成书，为南监本，为北监本，旧称佳刻。然而校雠疏略，不独鲁鱼亥豕之讹，加以岁月侵寻，更多蠹蚀虫蠧之损，以是郢书燕说，贻误丹青。野乘稗官，翻新梨枣，不有精良秘本，谁罗放失旧闻？钦惟皇帝陛下……既刻全经，必罗诸史。《明朝史》新已告竣，具有成模；《旧唐书》向者单行，亦宜并列。统雕《二十二史》，以配《十三经》。……经七年之寒暑，次第成书；合千古之典章，完全插架。……计校刻告竣《二十一史》，共二千七百三十一卷、六十五函。谨奉表随进以闻。乾隆十一年十二月十七日。和硕和亲王臣弘昼、太子太保保和殿大学士三等伯仍兼管吏部尚书翰林院掌院学士事臣张廷玉、吏部右侍郎臣德龄、兵部右侍郎臣王会汾、国子监祭酒臣陆宗楷。

**命编纂《续文献通考》。**

《清高宗实录》卷二九二，乾隆十二年六月甲戌：又谕："马端临《文献通考》一书，综贯历代典章制度，由上古以迄唐宋，源委了然，学者资以考镜。明王圻取辽、金、元、明事迹续之，烦芜寡要，未足与《三通》并，且今又百五十余年矣。我朝监古定制，宪章明备，是以搜择讨论，以徵信从。其自乾隆十年以前，《会典》所载，令甲所部，金匮石室所储，与夫近代因革损益之异，上溯宋嘉定以后，马氏所未备者，悉著于编，为《续文献通考》。大学士张廷玉、尚书梁诗正、汪由敦经理其事，惟简惟要。所有纂辑事宜，酌议以闻。"

**《词林典故》修成。**

《四库全书总目》卷七九，史部职官类：《词林典故》八卷。乾隆九年，重修翰林院落成，圣驾临幸，赐宴赋诗，因命掌院学士鄂尔泰、张廷玉等纂辑是书。乾隆十二年告成奏进，御制序文刊行。凡八门：一曰《临幸盛典》；二曰《官制》；三曰《职掌》；四曰《恩遇》；五曰《艺文》；六曰《仪式》；七曰《廨署》；八曰《题名》。《临幸盛典》，即述乾隆甲子燕饮、赓歌诸礼，以为是书所缘起，故弁冕于前。……考翰林有志，自唐李肇始。洪遵辑而录之，凡十一家，然皆杂记之类也。其分条列目，汇为一编者，自程俱《麟台故事》始，陈骙以下作者相仍。然皆仅记一代之事。朱彝尊作《瀛洲道古录》，又于今制弗详。故张廷玉等《进书表》称："槐厅芸署，不少前闻；刘井柯亭，独饶故事。但记载非无散见，而荟萃罕有全书。今仰禀圣裁，始成巨帙。元元本本，上下二千载，始末釐然。稽古崇儒之盛，洵前代之所未有矣。"

## 公元 1748 年 清高宗乾隆十三年 戊辰

**清廷将《大清会典》与《大清会典则例》分纂为二书。**

《四库全书》本《钦定大清会典则例》卷首载：会典馆总裁、大学士三等伯臣张廷玉等谨奏，为奏明请旨事：……会典所载，必经久常行之制。至各衙门事例，有递损递益，不可为典要者，远则三五年、近或一二年、必当变通。若尺寸不遗，一概登载，诚恐刊行未遍，更制已多，必有如圣谕所云纪载非实，一经指摘，不觉爽然者。国家大经大法，守之官司，布之朝野，百年以来，几经考订。我皇上履中蹈和，修明益备，应请总括纲领，加载会典。其中或间有疑似阙略，尚须斟酌者，则请旨取裁，折衷至当，以垂万世章程。若夫微文末义，缕晰条分，则吏、兵二部，各有则例。礼部见纂《通礼》，刑部旧有律例，皆可随时修改，以适于治。其余衙门，未有则例者，即交与在馆纂修，分门编辑，仍照礼部原议，令各衙门委出贤能司官，专掌案册，勿致贻误。每修成《会典》一卷，即副以《则例》一卷，先发该衙门校勘，实无遗漏讹错，然后进呈，恭竢钦定。要以《会典》为纲，《则例》为目，则详略有体，庶与周"六官"、《唐六典》遗意，犹为彷佛。……乾隆十三年五月二十八日奏，本日奉朱批：所议好！俱已周到，依议。钦此。

**李天根著成《爝火录》。**

　　李天根《爝火录自序》：……彼中野史，实繁有徒，不审明历之垂尽，大统之有归，犹是尊其君曰"主上"，称我朝为"与国"。苟法网稍密，宁不戮其人而火其书，岂容惑世诬民，昭示来者？而兴朝无文字之禁，且煌煌圣谕："虽有忌讳，概勿苛求"。太史氏编辑《明史》，于崇祯末造，间采其说，足成志传。今上皇帝又御撰《资治通鉴明纪纲目》，颁行天下。……独是《纲目》起于洪武，止于崇祯，甲申而后，国史未颁。《明史》三王列传，止一书建元，其事散见诸臣列传，读者未易得其要领，不得不泛观野史。顾其书讹庞伪杂，是非淆乱，童年白首，究不知圣朝之何以大一统，三王之何以随起随灭，岂非今日之缺典与？天根伏处山陬，无从得见本朝实录，因于暇日抽绎《明史》为经，摭拾野史为纬，讹者正之，伪者削之。始于顺治甲申，止于康熙壬寅，撰次《爝火录》三十二卷。悬知读是编者，睹孱王之庸懦，奸权之贪鄙，丁弁之骄悍，与夫盗贼之横暴，黎民之颠沛，自当切齿怒目。间见二三精忠报国、阖门殉难之臣，足与文天祥、张世杰辈争烈者，有不掩卷咨嗟，抚几而长太叹者乎？然则是编也，虽不足为《明史》羽翼，未必非国史之嚆矢也矣。名"爝火"者，深慨夫三王臣庶，以明未余生，窃不自照，妄想西升东坠，速取减亡，为可哀也。大清乾隆十三年六月望前二日，云墟散人李天根书。

　　吴庆坻《蕉廊脞录》卷五：《爝火录》三十二卷，江阴云墟散人李天根撰。记甲申以后福、潞、唐、桂、鲁诸王事，起顺治元年三月十九日庄烈帝殉社稷，至康熙元年十一月二十三日鲁王薨于金门止，凡十有九年。后有《附记》一卷，则康熙二年至二十九年台湾郑氏始末、三藩叛后之事。……卷首有《论略》一卷，持论极有识。又有《纪元续表》一卷。引用群书一百十七种，又采各省通志及诸家文集、年谱三十七种。其书用编年体，排日纪事。前数卷纪李自成破燕京，及南都立国事，最繁重；后数卷纪永明王事，稍简略。书中多载奏疏、文檄、书牍，为他书所未见者。……

**李灼、黄晟著成《至圣编年世纪》。**

　　李灼《至圣编年世纪后序》：《至圣编年世纪》何为而作也哉？余于甲午应试北闱，丙申遴入内廷，纂修《古今图书集成》。是书为卷有万，为部六千一百有十，为典三十有二，为汇编者六。凡日月星辰、山川河海、帝王士庶，禽虫草木、经籍学行、兵农礼乐以及器用什物无不备载，而独于《学行典》

之《圣人部》中不载至圣，私心讶焉。……至癸卯，书将竣，公事之暇，即于凡书中见有一言一行遂录之，渐而成帙。追数年积成教卷，然止生前，未及殁后也。及至维扬，晤同门友黄晓峰，以所编稿相质，乃有同志，欲成此书，遂出家中所藏典籍经传与二十一史及两语、诸子百家，共相考订，条分缕析，编于七十三年之内，辑于七十一代之中。……又以迩年之事不能详悉，于戊辰春，持稿抵曲阜，诣公府，将家谱、盛典详加校对，更以近事载入，录成二十四卷，授诸梨枣。……乾隆十六年岁次辛未五月中浣，江左吴曒六十九龄私淑弟子李灼松亭沐手敬序于藜晖堂。

孔昭焕《至圣编年世纪序》：……《至圣编年世纪》一书，自生以至殁，自一世以至于今，无不备载，而诸弟子亦无不附载于其中也。是书也，作之者谁？江左吴曒李君、新安古歙黄君也。李君名灼，号松亭，曾纂修《古今图书集成》，得遍览群书。黄君名晟，号晓峰……戊辰夏，李君携其全稿抵阙里，予见之喜甚……是为序。峕乾隆十三年岁次戊辰七月望后，七十一代孙袭封衍圣公孔昭焕谨序于阙里承训堂。

《四库全书总目》卷五九，史部传记类存目一：《至圣编年世纪》二十四卷，国朝李灼、黄晟同编。灼字松亭，嘉定人。晟字晓峰，歙县人。是书成于乾隆辛未。一卷至十六卷为《至圣年谱》。十七卷至二十四卷为历代至国朝尊崇之典。冠以灼所作《孔子生日说》、《孔门出妻辨》、《增祀孔璇论》三篇。……

今案：据卷首衍圣公孔昭焕序言，是书当成于乾隆十三年（戊辰），而乾隆十六年则为刊刻告竣之时。《四库全书总目》谓成书于乾隆十六年（辛未），含混不确。

**顾栋高著成《春秋大事表》。**

顾栋高《春秋大事总叙》：忆栋高十一岁时，先君子静学府君手抄《左传》全本授读，曰："此二十一史权舆也，圣人经世之大典于是乎在，小子他日当志之。"年十八，受业紫超高先生。时先母舅霞峰华氏，方以经学名世，数举《春秋》疑义与先生手书相辨难，窃从旁饫闻其论，而心未识其所以然。……雍正癸卯岁，蒙恩归田，谢绝势利，乃悉发架上《春秋》诸书读之，知胡氏之《春秋》多有未合圣心处。盖即开章"春王正月"一条，而其违背者有二：其一谓《春秋》以夏时冠周月，是谓夫子以布衣而擅改时王之正朔也；其一谓不书"即位"为首细隐公以明大法。是夫子以鲁臣而贬黜君父也。其余多以复仇立论。是文定之《春秋》，而非夫子之《春秋》；非夫子之《春秋》，即非人心同然之《春秋》。……

　　用是不揣愚陋，覃精研思，废寝与食。家贫客游，周历燕、齐、宋、鲁、陈、卫、吴、楚、越之墟，所至访求《春秋》地理。足所不至，则询之游人过客，舆夫厮隶。乃始创意为表，为目五十，为卷六十有四。首列《时令表》，明商、周皆改时改月，以正胡氏及蔡氏《书传》之非。于《吉礼表》详列十二公即位或不书"即位"，明夫子当日皆是据实书，以正圣人以天自处，贬削君父之谬。列《朔闰》及《长历拾遗》二表，以补杜氏之《长历》，而《春秋》二百四十二年之时日，屈指可数。列《疆域》及犬牙相错五表，以补杜氏之《土地名》，而《春秋》一百四十国之地理，聚米可图。……列《吉》、《凶》、《宾》、《军》、《嘉》五礼表，以纪《春秋》天子诸侯礼仪，上陵下僭之情形。……列《田赋军旅表》，以志强臣窃命，损下剥上之实。……列《争盟》凡五，《交兵》凡七，以纪春秋盛衰始终，矜诈尚力，强弱并吞之世变。……列《晋中军》、《楚令尹》表，以志二国盛衰强弱之由。……列宋、郑二《执政表》，以志二国向背，关于天下之故。……列《王迹拾遗》、《鲁政下逮》二表，以志周、鲁陵迟，尾大不掉之渐。……著《禘祫说》，以明《戴记·祭法》、《大传》之诬。……列《阙文表》，以一扫后儒穿凿支离之翳。……列《三传异同表》，酌以义理，衷于一是，以祛后日说经雷同偏枯之弊。……列《四裔表》，别其部落，详其姓氏，以正史迁允姓姬宗目为兄弟之妄。……列《兵谋表》，以志孙武、吴起《六韬》、《三略》之始。……列《三经表》，以志汉、宋儒者经说传义之祖。……列《河未徙》与《已徙》二图，以志《春秋》与《禹贡》河流迁变之自。此皆有关于经义之大者。既著《叙论》百余首，复编《口号》，以便学者之记诵。

　　盖余之于此，泛滥者三十年，覃思者十年，执笔为之者又十五年，始知两先生于此用心良苦。先母舅霞峰先生博稽众说，无美不收；高先生独出心裁，批郤导窾。要皆能操戈入室，洞彻阃奥，视宋儒之寻枝沿叶、拘牵细碎者，盖不啻什伯远矣。余小子钝拙无似，得藉手以告其成，以无负先君子提命之旨，与两先生衣被沾溉、耳濡目染之益。谨述其缘起，以识于首简，命之曰《春秋大事表》云。乾隆十三年戊辰八月，锡山顾栋高书。

　　杨椿《春秋大事表序》：乾隆己巳春，从子遂曾以无锡顾震沧先生手书，并所著《春秋大事表》邮寄于余，请为之序。序曰：昔之言《春秋》者，莫善于义，莫不善于例。义者，宜也。例则舞文弄法，吏所为，非《春秋》教也。自汉胡母生著《公羊条例》，廷尉张汤用之以治大狱，丞相公孙宏以其义绳臣下，江都相董仲舒撰《决事比》。于是公羊家以《春秋》之义为狱吏例矣，谷梁因之。《左氏》后出，经生恐不得立于学官，仿《公》、《谷》二家，为书、不书之例，引孔子"君子之言"附益之。后儒未察，谓皆出于丘明。杜预集《传》中诸例为《释例》十五卷、四十部，而习《春秋》者，益但知有例，不复知有义矣。……后人欲于月日、名字、爵号、氏族之间，以一、二字同异为圣人之褒贬；且云《五经》之有《春秋》，犹法律之有断例，岂不谬乎？先儒谓《公》、《谷》深于理而事多谬，《左氏》熟于事而理未明，叙事亦多失实。夫《公》、《谷》考事之疏不必言矣，至以祭仲出君为行权，卫辄拒父为尊祖，无父无君已甚，犹谓深于理乎？《左氏》则见闻之广，纪述之详，后之人读之尚能发为至论，况其自为之，焉有所见之不明、所叙之失实，如昔贤所讥乎！……"君子曰"以下，则经生所益之论断，非《左氏》见理之不明也。……

余深病之，尝欲采《左氏》事叙于经文之下，而去其书法、论断，取《公》、《谷》之事不同者附焉。又思平、桓之际，王迹虽衰，不可云熄，欲仿《史记·十二诸侯年表》为《王迹表》一篇，叙霸者之事之盛衰，著王迹之熄之渐。又欲为《天子》、《诸侯》、《大夫》、《陪臣》四表，以著《春秋》世变，礼乐征伐所自出。庶《春秋》之义明，例自无所用之矣。而浮沉史馆，荏苒未成。今老矣，得异闻于先生，又恰如吾意之所欲出，故不辞而为之序。是岁夏四月戊寅朔，武进同学弟杨椿。

华希闵《春秋大事表叙》：吾友顾子震沧辑《春秋大事表》，凡五十卷，属余一言为之序。余既卒读，作而叹曰："此自有《春秋》以来所绝无而仅有之书也。"古来传《春秋》者三家，而近世功令宗胡氏。顾《春秋》藉是而明，亦由是而晦。何则？《公》、《谷》好以日不日、月不月立例。其弊也，前以不日为信，后以不日为渝。又多以阙文强生义例，至以纪子进爵为侯，启汉世隆宠外戚之渐。《左氏》好以称族舍族、称名称字立例。其弊也，于孔父、仇牧、荀息、泄冶之死节，则多加责备；于里克、夏征舒之行弑，则归咎其君。贬抑忠义，宽假乱贼，而《春秋》之旨于是乎一晦。《左传》之误，杜氏祖述之；而《公》、《谷》之误，则杜氏、孔氏、啖、赵、陆氏，及有宋孙明复氏、刘敞氏，亦既辨之不遗余力矣。胡文定当介甫蔑弃《春秋》之后，力崇圣经，矫枉过正，举其断阙者，悉以为书法所存，复鼓《公》、《谷》之余焰。且时值靖康，经筵进讲，多指复仇立说，是南宋之《春秋》而非夫子之《春秋》，而《春秋》之旨于是乎再晦。胡氏之说行百有余年，诸儒复心知其非，迭加攻击。至赵木讷氏、家则堂氏遂欲拨弃

《左传》事实，专以经文前后揣摩臆度，增造事端，与郢书燕说无异，而《春秋》之旨于是乎三晦。

呜呼！《春秋》一书，蒙障二千余载，非得好学深思之君子，乌能折众说以归于一是乎！余于此经研穷五十年，窃谓善读《春秋》者，前惟清江刘仲修，今惟桐城方灵皋，与震沧而三。震沧幼承其舅氏之教，垂老创为《大事表》一书，历十五年而成。瓜畴芋区，亦复丝牵绳贯，大旨谓诸儒说经之病有四：其一在以一字为褒贬，而不知《春秋》之教，比事属辞，是非得失，直书而义自见。其一在以阙文而强生枝节，不知《春秋》不掌于太史，殁后数十年乃出，故阙误比他经为多，无容强为之说。其一在以传求经。……其一以《春秋》辨王伯，谓不与桓、文。……其于《三传》不全信，亦不全弃，惟参观经文前后数十年之事，平心以求其是，一切义例概为扫除，而圣人之心如日中天矣。……乾隆十三年戊辰二月望日，老友华希闵。

《四库全书总目》卷二九，经部《春秋》类四：《春秋大事表》五十卷，舆图一卷，附录一卷，国朝顾栋高撰。……是书以春秋列国诸事，比而为表。曰时令；曰朔闰；曰长历拾遗；曰疆域；曰爵姓存灭；曰列国地理犬牙相错；曰都邑；曰山川；曰险要；曰官制；曰姓氏；曰世系；曰刑赏；曰田赋；曰吉礼；曰凶礼；曰宾礼；曰军礼；曰嘉礼；曰王迹拾遗；曰鲁政下逮；曰晋中军；曰楚令尹；曰宋执政；曰郑执政；曰争盟；曰交兵；曰城筑；曰四裔；曰天文；曰五行；曰三传异同；曰阙文；曰吞灭；曰乱贼；曰兵谋；曰引据；曰杜注正讹；曰人物；列女。其《险要表》后附以《地形口号》，《五礼表》后附以《五礼源流口号》。舆图则用朱字、墨字以分别古今地名。附录则皆诸表序，并表中所未及者，又为辨论以订旧说之讹。凡百三十一篇。考宋程公说作《春秋分纪》，以传文类聚区分，极为精密。刊版久佚，钞本流传亦罕。栋高盖未见其书，故体例之间，往往互相出入。……栋高事事表之，亦未免繁碎。至参以七言歌括，于著书之体亦乖。然条理详明，考证典核，较公说书实为过之。其辨论诸篇，皆引据博洽，议论精确，多发前人所未发，亦非公说所可及。……

**浦起龙著成《史通通释》。**

（光绪）《无锡金匮县志》卷二二，《文苑》：浦起龙，字二田。雍正八年进士，官苏州府教授。起龙居邑之前涧，肆力于古，于书靡不窥，丹黄甲乙，积数十年。从学者质问经史，辄举某书某卷某页以告，检之无不合。其为文，学唐人诸杂家。所著《读杜心解》，御选《唐宋诗醇》多采其语。官教授时，青浦王昶、嘉定钱大昕、王鸣盛辈方为诸生，并游其门。

浦起龙《史通通释序》：乾隆十有三年戊辰，三山伧父年七十。……先是己未，代匿苏郡校，坐春风亭，抽架上书，得《史通》，循览粗过，旋舍去。乙丑归老，诸知旧来起居。……则有蔡子敦复，质所校字西江郭孔延评本，骤对如略识面，己益创通大致云。伧父曰："稽古之途二：经学、史学备矣。'六经'之名，始见《庄》、《列》书。'史'名尤古，见于《书》、《论语》。自汉止立经博士，而史不置师，向、歆《七略》不著类。至唐千年，人为体例，论罕适归，而史之失咙。彭城刘子元知幾氏作，奋笔为书，原原委委，俾涉学家分塍参观，得所为通行之宗，改废之部，馆撰、山传之殊制，记今、修往之殊时，与夫合分、全偏、连断之宜，良莠、简芜、核直、夸浮之辨，觏若画井疆，陈绵蕝，岂非一大快欤！矧夫衡史匹径，比肩马、郑，而非虫篆雕刻之纤纤者欤！顾其书矜体慎名，斥饰崇质，迹创而孤，其设防或褊以苛，甚者佹辞蔑古以召闹，臆评兴而衷质蔽，莫能直也。郭本其尤已。"进问春风亭本。曰："是出大梁王损仲。粪除诸评，世称佳本。然其蔽善匿，蒙焉何豁，讹焉何正，脱焉何贯，未见其能别彻也。且刘氏世职史，而文沿齐、梁。距今又千年，所进退群册，已太半亡阙。所建立标指，又苦骈枝长语，迷瞀主客。此其可以履豨故智塞事乎？吾嗤夫弋名治古，而宿习之据于中者四焉：剽也，胶也，漫与也，冥行也。蹑亡阙之踪，导骈枝之窾，而逆之以中据之封畛，以求无蔽，其与几何？"伧父曰："不空己于所入者，不洞彼于所出，亦适乎通者之衢而已。"用是疏而汇之，一言之安，一事之会，周顾而旁质，丰取而矜择。迎之以隙开，俟之以悬遇，持之以不止。濡首送日，以勚吾神而忘吾年。会年六十九，丁卯之岁除，脱然不自知其稿之集。明年重自刊补，有以北平新本至者，互正又如干条。尽九月，写再周，命曰：《史通通释》，无负彼名云尔。盖七十叟之生十月三日也，私喜简再辍而期再会也。……南杼秋浦起龙二田氏略事概弁其端。三山伧父者，晚自谓也。岁十月初吉。

《四库全书总目》卷八八，史部史评类：《史通通释》二十卷，国朝浦起龙撰。起龙字二田，无锡人。雍正甲辰进士，官苏州府教授。《史通》注本，旧有郭延年、王维俭二家，近时又有黄叔琳注，补郭、王之所阙，递相增损，互有短长。起龙是注，又在黄注稍后，故亦采用黄注数条，然颇纠弹其疏舛。……小小疏漏，亦不能无。然大致引据详明，足称该洽。惟《疑古》、《惑经》诸篇，更助颓波，殊为好异。又轻于改窜古书，往往失其本旨。……此类至多，皆失详慎。至于句解章评，参差连写，如坊刻古文之式，于注书体例更乖。使其一评一注，釐为二书，则庶乎离之双美矣。

李慈铭《越缦堂读书记》：《史通通释》，清浦起龙撰。夜阅浦起龙二田《史通通释》。此书《四库提要》称为善本，而病其臆改。王西庄则极称之。二田自言为七十岁所作，稿凡数易，多所订正，颇具苦心。先于篇中节释其文义，而后通为按以释之，其后则标句以注其出处。然识趣既卑，文又拙涩，全是三家村学究习气，不特不及黄昆圃之补注，且不及郭延年之评释也。……同治辛未（一八七一）十二月初一日。

## 汪有典于本年前著成《史外》。

王又朴《史外序》：濡须、新安间，有两汪子焉。濡须之汪子，则名有典，字起谟者也。摄濡牧者冯君，君子也，为予道起谟之为人，贫而能乐。……冯君手其所著以示余，读之，则详求有明一代之忠义，核其事迹而加之论赞。感慨嘻吁，一喝而三叹。如读欧阳学《史记》之为文，则又洒然异之。……起谟馆于季。季氏之昆季，将梓而传之，而起谟之心知，莫不争先欤助，共襄厥成焉。……乾隆十三年岁次戊辰重九前六日，分守庐郡天津介山王又朴序。

范允袋《忠义别传凡例》：先生之学，贯串经史，而所得力者尤在子长、孟坚。自壮岁嗜学，所为诗古文词甚夥。晚年益肆力于古，意度雄远，波澜壮阔。其议论成败得失，瞭如指掌，尤为不愧前人。是编创始雍正癸丑，告成乃在于今。殚十余年之辛勤，搜罗广备，考核精详，叙事议论，闳博晓畅，足以廉顽立懦，振衰起靡，于世道人心不无裨益，读者宜究心焉。先生于有明事迹，详加辑订。年三十时，曾著《有明人事类纂》一书，分门别类，部帙颇繁，无力授梓。兹编专取节烈，非故为挂漏，缘各有体裁，不容遍赘也。是编托始之时，正史未颁。……迨正史颁布学宫，先生乃携是编，就尊经阁下重加校对，并无舛讹，益加自喜，曰：是可出而问世矣。……门人范允袋谨识。

谢国桢《增订晚明史籍考》卷一七：《前明忠义列传》三十二卷，清无为汪有典订顽纂。……按：是书汇辑有明一代忠烈事迹，起于方孝孺，终于明纪死难诸臣。后附《国变难臣钞》。作者举所见闻，书之于册，至授梓时，始排次朝代，然间亦有不及排正者。……墨花斋聚珍本题曰《前明忠义列传》三十二卷，清光绪丁丑重刻本更易书名为《史外》，凡八卷，附录一卷，并改题为濡须汪有典著。……是编采辑遗事，曲尽其详，研究明季史事，《南疆逸史》等书而外，则当以是书最足参考。

今案：是书谢国桢题为《前明忠义列传》，并谓后更名《史外》，兹说不确。据乾隆十四年淡艳亭刻本，是书题为《史外》，目录及各卷首《史外》下，又题《前明忠义别传》，是乃为其别名而已。书前有门人范允袭所作《忠义别传凡例》，亦可为证。凡例称"是编创始雍正癸丑（即雍正十一年），告成乃在于今"，即乾隆十三年（公元 1748 年）。

## 公元 1749 年　清高宗乾隆十四年　己巳

**清廷编纂《平定金川方略》。**

《清高宗实录》卷三三八，乾隆十四年四月甲申：大学士等奏：请编辑《平定金川方略》，酌拟十有五条：一、请照《平定朔漠方略》例，编年按日，以次纂辑。一、上谕应载，其有重出与旁及他事，无关军务者，或应删节。应于进呈副本时声明，恭候钦定。……书成日，请交武英殿刊刻。至总裁官，大学士公傅恒虽未便列名，而军务机宜，皆所亲历，应令裁酌。得旨：依议。张廷玉、来保着充正总裁官，陈大受、舒赫德、汪由敦、纳延泰，着充副总裁官。

**李清馥著成《闽中理学渊源考》。**

李清馥《闽中理学渊源考序》：清馥自雍正戊申岁，辑订《有志学录》内、外篇，因详考朱子之学，荟萃集成，负荷统绪，其平生师友多在闽中，屡欲参稽编录而未暇也。乾隆辛酉年冬，劾职天雄，适因公赴省道，经博野，谒副宪元孚尹公。公即自述所学，慨然念国朝魏环溪、汤睢阳、陆当湖及先文贞公四先生，欲有待论列于朝宁。因言濂洛关闽五子之书，递衍八百年来，家习户诵，生于其乡者，或亲炙，或私淑，其派别相续，源流更易为寻溯。倾聆之下，与余凤心所拟者颇合。归署后，数月得病，告休养疴，少暇，重寻旧簏，得《伊洛渊源录》、万氏《儒林宗派》、宋氏《考亭渊源录》诸编，录出次第，订之目曰《闽中师友渊源考》。曰渊源者，是书以龟山载道南来，罗、李递传，集成于朱而上溯周、程，以传千载不传之秘者也。故以龟山冠冕编首，各从派系，递列相承，不以世次论其先后，而以师承订其旨归也。……自洙、泗以来，群哲相承，虽众论纷纭，莫不以至圣为折中之准。濂、洛以后，英贤日懋，虽支流各异，莫不以紫阳为论学之宗。尝考紫阳之书，明训诂，溯师传，力行一生，使后人知圣功由下学以上达者，其效于今益光矣。今日不问师承，不稽传注，目空前辈，簧惑后人，是宜贤者之所为戒。……乾隆十四年己巳六月二十七日癸卯，阎里后学李清馥谨序。

《四库全书总目》卷五八，史部传记类二：《闽中理学渊源考》九十二卷，国朝李清馥撰。清馥字根侯，安溪人。大学士光地之孙，以光地荫，授兵部员外郎，官至广平府知府。是编本曰《闽中师友渊源考》，故《序文》、《凡例》尚称旧名。此本题《理学渊源考》，盖后来所改。《序》作于草创之时，成编以后，复有增入也。宋儒讲学，盛于二程，其门人游、杨、吕、谢，号为高足。而杨时一派，由罗从彦、李侗而及朱子，辗转授受，多在闽中。故清馥所述，断自杨时，而分别支流，下迄明末。凡某派传几人，某人又分为某派，四五百年之中，寻端竟委，若昭穆谱牒，秩然有序。其中家学相承，以及友而不师者，亦皆并列，以明其学所自来。其例每人各为小传，传末各注所据之书，并以语录、文集有关论学之语摘录于后，考据颇为详核。其例于败名隳节、贻玷门墙者，则削除不载。间有纯驳互见者，则弃短录长。……是则门户之见犹未尽融，白璧微瑕，分别观之可也。

**《周官集注》、《周官辨》作者方苞卒。**

《清史列传》卷一九，《方苞传》：方苞，江南桐城人，寄籍上元。康熙四十五年，由举人会试中式，以母病，未预殿试。五十年十月，副都御史赵申乔劾编修戴名世所著《南山集》、《孑遗录》，有大逆语，下刑部拟名世陵迟，词连苞从祖孝标曾降吴逆，所著《滇黔纪闻》亦不法，应戮尸。……苞为名世作序，论斩。……五十年二月，谕曰："……此案内干连人犯，俱从宽免治罪，著入旗。"是月，苞隶旗籍。三月，上知苞文学，特命入直南书房。八月，直蒙养斋，编校御制乐律、算法诸书。六十一年六月，命为武英殿修书总裁。……（乾隆元年六月），苞遵旨选录有明制艺四百八十六，国朝制艺二百九十七，以清真雅正为宗。……寻充《三礼义疏》馆副总裁，命再入南书房。二年六月，擢礼部右侍郎。……（苞以年近八旬，时患疾痛，恳回籍调理。……恩赏赍侍讲衔，准其回籍。十六年，卒。

雷鋐《方望溪先生苞行状》（载《碑传集》卷二十五）：先生姓方氏，讳苞，字灵皋，号望溪。先世桐城人。曾大父讳帜，避寇迁金陵。……康熙戊申四月望日，先生生。……己卯，举乡试第一。丙戌，成进士。榜未发，闻太夫人病疾，遽驰归。……辛卯，以《南山集》事牵连，逮赴诏狱。……癸巳二月，圣祖仁皇帝命以戴名世案牵连者并免罪，隶汉军。旋召入南书房。……康熙六十一年，世宗宪皇帝嗣位，特恩赦先生并合族归乡土。……（雍正三年），命仍充武英殿总裁。雍正九年，特授詹事府左春坊左中允，三迁至内阁学士兼礼部侍郎，教习庶吉士，督修《一统志》。乾隆元年，召入南书房，晋礼部右侍郎，教习庶吉士，兼文颖、经史、三礼馆总裁。……壬戌春，先生衰病乞休，恩赐翰林院侍讲，以四月出都。……己巳仲秋，寝疾。……十八日甲午卒。……时年八十有二。……所著《周官集注》、《礼记析疑》、《春秋通论》、《文集》行于世，删订昆山《经解》、《仪礼注》，俱有成书，未刻，藏于家。

方苞《周官集注序》：朱子既称："《周官》遍布周密，乃周公运用天理熟烂之书。"又谓："颇有不见其端绪者。"学者疑焉。是殆非一时之言也。盖公之"兼三王以施四事"者，具在是书。其于人事之始终，百物之聚散，思之至精，而不疑于所行，然后以礼乐、兵刑、食货之政，散步六官，而联为一体。其笔之于书也，或一事而诸职各载其一节以互相备，或举下以该上，或因彼以见此。其设官分职之精意，半寓于空曲交会之中，而为文字所不载。追而求之，诚有茫然不见其端绪者，及久而相说以解，然后知其首尾皆备而脉络自相灌输，故叹其遍布而周密也。……盖是经之作，非若后世杂记制度之书也。其经纬万端，以尽人物之性，乃周公夜以继日穷思而后得之者。学者必探其根源，知制可更而道不可异。有或易此，必蔽亏于天理，而人事将有所穷，然后能神而明之，随在可济于实用。其然，则是编所为发其端绪者，特治经者所假道，而又岂病其过略也哉？康熙庚子冬十有一月，桐城方苞序。

《四库全书总目》卷一九，经部礼类一：《周官集注》十二卷，国朝方苞撰。……是编集诸家之说诠释《周礼》，谓其书皆六官程式，非记礼之文。后儒因《汉志》，《周官》六篇列于礼家，相沿误称《周礼》。故改题本号，以复其初。其注仿朱子之例，采合众说者，不复标目。全引一家之说者，乃著其名。凡其显然舛误之说，皆置不论。惟似是而非者，乃略为考正。有推极义类、旁见侧出者，亦仿朱子之例，以圈外别之。训诂简明，持论醇正，于初学颇为有裨。其书成于康熙庚子。后苞别著《周官辨》十卷，指《周官》之文为刘歆窜改以媚王莽，证以《汉书·莽传》事迹，历指某节、某句为歆所增，言之凿凿，如目睹其笔削者。自以为学力既深，鉴别真伪，发千古之所未言。然明代金瑶先有是论，特苞更援引史事耳。持论太高，颇难依据，转不及此书之谨严矣。

《四库全书总目》卷二三，经部礼类存目一：《周官辨》一卷，国朝方苞撰。是书就《周礼》中可疑者摘出数条，断以己见，分《别伪》、《辨惑》二门。大旨以窜乱归之刘歆，凡十篇。……

今案：据雷鋐所撰行状，方苞生于康熙七年戊申（公元 1668 年），卒于乾隆十四年己巳（公元 1749 年），享年八十二。《清史列传》本传谓其卒于"乾隆十六年"，误。

**清廷纂修"五朝国史"告成。**

《清高宗实录》卷三五五，乾隆十四年十二月壬辰：五朝国史告成。

今案：此次仅撰成"五朝本纪"以及"十四志"初稿而已。言"五朝国史告成"，实有就此敷衍塞责之嫌。随后，国史馆趋于萎缩，渐至关闭。至乾隆三十年方重开，而成为常设。

# 公元 1750 年　清高宗乾隆十五年　庚午

**《读史举正》著者张熷卒。**

全祖望《张南漪墓志铭》（载《读史举正》卷首）：南漪读书极博，其说经皆有根据，必折衷于至是，而尤熟于史。其榷史也，尤精于地志，几几足以分国初胡、阎、黄、顾诸老之席。其古文最嗜罗存斋，于近人则喜顾亭林，是其平生学术大略也。……南漪不喜为场屋之文，故科举累失利。甲子，王侍郎晋川见其对策，奇之，置之副车。丁卯，竟荐之。天子诏求明经之士，梁尚书蔌林又与侍郎交登启事，故南漪久留京师。会召对之期在明年，南漪乃有金溪之行，舟至三衢，暴病返棹，抵家五日而卒。南漪之学，固未见其止，即就其所已至者，亦自足以有传。而其平日为文，最矜慎不苟作。身后屏当，其箧不满数十篇，皆非其底蕴之所在。惟《读史举正》一书，亦未及十之五，草书散乱，在故纸中，予为科分而件系之，阙其所不可识者，诠次得八卷，令其子钞而传之。不然，南漪几不免有寂寞千秋之恨，是则可悲也！……南漪，姓张氏，讳熷，字曦亮。杭之仁和县人。……生于康熙乙酉年闰四月二十五日，卒于乾隆庚午年九月二十五日，其年四十有六。……

**徐文靖著成《竹书统笺》。**

《清史列传》卷六八，《儒林传下一》：徐文靖，字位山，安徽当涂人。雍正元年举人。乾隆元年，荐试博学鸿词，罢归。文靖家贫力学，考据经史，讲求实学。尝著《山河两戒考》十四卷，前八卷本唐僧一行之说，广采群书以为之证；后六卷则文靖所续补，详于考古，不涉占验。又《管城硕记》三十卷，推原《诗》、《礼》诸经之论，旁及子史说部，语必求当。鄞全祖望见之，服其考据精博。……十五年，安徽巡抚荐举经学。十六年，会试，特授翰林院检讨，时年八十六矣。又著《禹贡会笺》十二卷，因胡渭《锥指》所已言，而推所未至。首列《禹贡》山水，次为《图说》十八，先引蔡《传》，博及诸书辩证之文，较渭书益密。又撰《周易拾遗》十四卷，主程子说，而于汉魏诸家亦有发明。又有《竹书统笺》十二卷。……文靖耄年犹健，低头据案，著书不辍，年九十余，卒。……

徐文靖《竹书统笺凡例》：一、《纪年》一书，自周隐王十七年瘗于梁襄王冢，至晋武太康二年，乃得此书，凡五百七十九年。其时考正者，有和峤、束晳、卫恒、荀勖、王庭坚、王接、潘滔、挚虞、谢衡诸人，皆博物多闻之士。晋、隋、唐诸志，皆有是书。梁沈约始为附注，约好言符瑞，于事实罕有发明，今特为《统笺》，逐事分载，以纪其详。……一、是刻非余意也。余年八十有二，始笺注此书。阅三寒暑而后成。……

《四库全书总目》卷四七，史部编年类：《竹书统笺》十二卷，国朝徐文靖撰。……是编盖作于孙之騄考定《竹书》以后，亦因伪《沈约注》为之引证推阐。首仿司马贞补《史记》例，作《伏羲神农纪年》，题曰《前编》，而自为之注。多据毛渐伪《三坟》，殊失考正。次为《杂述》，述《竹书》源流，皆不入卷数。其笺则仿诸经注疏之例，发明于各条之下。盖文靖误以《纪年》为原书，又误以其注真出沈约。故以笺自名，如郑玄之于毛苌也。然其引证诸书，皆著出典，较孙之騄为切实。而考正地理，订正世系，亦较之騄为详晰。……

今案：据《清史列传》本传，乾隆十六年（公元 1751 年），文靖年八十六岁，则其生于康熙五年（公元 1666 年）。又据是书凡例云，文靖八十五岁撰成，则当乾隆十五年（公元 1750 年）。

**段汝霖著成《楚南苗志》。**

段汝霖《湖广湖南苗志序》：苗疆古无志也。此何以志？有苗疆因以有志耳。……雍正元年，土司结构。督部傅公讳敏，题请改土归流，建城郭宫室，设文武官弁，而永顺、永绥各苗疆悉成内地矣。……霖，楚北庸才，备员湘、沅，二十余载。戊辰，杨大中丞讳锡绂，来抚湖南，谕霖纂修《永绥厅志》。告成，复以湖南半属苗疆，种类不一，其风好尚、土地物宜、言语衣服，历朝治理得失与苗人叛服各事迹，若不编集一书，俾后之守土者，有所考核，亦缺典也。命霖纂修通省苗志，以垂不朽。……庚午，开大中丞讳泰，又以是谕。霖仰体大宪勤求治理盛心，不揣固陋，竭尽心力，取古今之书，与郡县通志有关于苗疆者，并查我朝一切剿抚文案，分门编纂。其中或出以己见，或访之刍荛，汇为一帙，越五月，而书成。虽不敢信无罣漏，然于国家驭远经方，因时制宜之大略，或有所据而徵焉。是为序。大清乾隆贰拾贰年丁丑榖旦，原湖南辰州府分防永绥同知升云南楚雄府知府补福建建宁府知府汉阳段汝霖时斋书。

　　《四库全书总目》卷七八，史部地理类存目七：《楚南苗志》六卷，国朝段汝霖撰。汝霖字时斋，号梅亭，汉阳人。由举人历官建宁府知府。是书乃汝霖为湖南永绥同知时所作。前五卷皆载苗人种类、风俗、物产、言语、衣服，及历朝控御抚治之法。末一卷附载猺人、土人及粤西六寨蛮，而六寨蛮尤为简略，以非楚所治故也。体例冗杂，叙述亦不甚雅驯，而得诸见闻，事皆质实。……

　　今案：据段汝霖自序，是书原名《湖广湖南苗志》或《湖南全省苗志》，成于乾隆十五年（庚午）。自序所署乾隆二十二年，应为刊刻之时。

## 公元 1751 年　清高宗乾隆十六年　辛未

**印光任、张汝霖著成《澳门记略》。**

　　张汝霖《澳门记略序》：《澳门纪略》一书，印子俨之而属张子蒇乃事者也。其云"略"何也？……今书凡三篇，举其一以丽其余。以言乎体例则不备，以言乎群类则弗该，故曰"略"也。……且西蕃邈矣，九州之大，驵衍有言，而亥步或未之历。其《职方外纪》诸书，复囿于听睹，而力不能致。……间尝取《大一统舆图》而览之，意大里亚在西海之极，与陆处之俄罗斯，直澳门南交一黑子耳。一枝远寄，等于蒙鸠。顾自濠镜开市以还，二百余岁间，大事修戎，小事修刑。而余与印子，值红毛弗郎，西吕宋之镠辖兵头。若此之愎𪖈，念予手之拮据，寻已事之龟鉴，篇中尤三致意焉。……乾隆十六年岁在重光协洽之七夕，宣城张汝霖书。

《四库全书总目》卷七四，史部地理类存目三：《澳门记略》二卷，国朝印光任、张汝霖同撰。光任字歠昌，宝山人，官至太平府知府；汝霖字芸墅，宣城人，由拔贡生官至澳门同知。考濠镜澳之名，见于《明史》。其南有四山离立，海水交贯成十字，曰十字门。今称澳门，属香山县。乾隆九年，始置澳门同知。光任、汝霖相继为此职。光任初作是书，未竟，至汝霖乃踵成之。凡为三编：首形势；次官守；次澳番。《形势篇》为图十二，《澳番篇》为图六。考《明史·地理志》，只载南头、屯门、鸡栖、佛堂门、十字门、冷水角、老万山、零丁洋澳诸名，与虎头山关之类，其他皆未记其详。此书于山海之险要，防御之得失，言之最悉。盖史举大纲，志详细目，载笔者各有体裁耳。

**傅恒等奉敕撰《皇清职贡图》。**

《四库全书总目》卷七一，史部地理类四：《皇清职贡图》九卷，乾隆十六年奉敕撰。以朝鲜以下诸外藩为首，其余诸藩诸蛮，各以所隶之省为次。会圣武远扬，戡定西域，拓地二万余里。……乃增绘伊犁、哈萨克、布鲁特、乌什、巴达克山、安集延诸部，共为三百余种。分图系说，共为七卷。告成于乾隆二十二年。迨乾隆二十八年以后，爱乌罕、霍罕、启齐玉苏、乌尔根齐诸部，咸奉表入觐，土尔扈特全部自俄罗斯来归，云南整欠、景海诸土目又相继内附，乃广为《续图》一卷。每图各绘其男女之状，及其部长属众衣冠之别。凡性情习俗，服食好尚，罔不具载。……自今以往，占风验海而至者，当又不知其凡几。珥笔之臣，且翘伫新图之更续矣。谨案：此书及《西域图志》，皆以纪盛德昭宣，无远弗届，为亘古之所未有。《西域图志》恭录于都会郡县类中，此则恭录于外纪者，西域虽本外国，而列戍开屯，筑城建邑，已同内地之一省。入于都会郡县，所以著辟地之广，彰圣武也。职贡诸方，多古来声教所不及，重译所未通。入于外纪，所以著格被之远，表圣化也。

## 公元 1752 年　清高宗乾隆十七年　壬申

**《周官禄田考》作者沈彤卒。**

惠栋《松崖文钞》卷二，《沈君果堂墓志铭》：乾隆十七年十月二十五日，吴江沈君果堂以疾卒。……君行谊卓绝，经传洽熟，推为纯儒。……弱冠从学士何公焯游，遂于理学。继而喷意五业，著《群经小疏》若干卷。凡所发正，咸有义据。侍郎方苞绝重之。晚节尤精三礼，以《周官》分田制禄之法，向多疑滞，因为列法数以明之，成《禄田考》三卷。二千年聚讼，一朝而决。其为文神似昌黎，有《果堂集》十二卷。……呜呼！自古理学之儒，滞于禀而文不昌；经术之士，汩于利而行不笃。君能去两短，集两长，非纯儒之行欤！……君生于康熙二十七年戊辰，得年六十有五。……

沈彤《周官禄田考序》：官之命者必有禄，禄必称其爵，而量给于公田，是《周官》法制之大端。其等与数之相当，在当时固彰彰可考也。自司禄籍亡，先后郑注《内史》，专取诸《王制》，而本经之禄秩以晦。迨欧阳氏发"官多田寡，禄将不给"之疑，后之傅会者，且踵为诬谤，即信《周官》者亦未得二者之等教，而此制几无从复显。余尝研求本经，旁览传记，得其端于载师之都邑，以为有义例可推，确徵可佐。凡内外官之禄，皆可得辨析整齐之，而前人之谬妄皆可得而破之。……乃遂抒曩时所得，为《官爵数》、《公田数》、《禄田数》三篇，复为问答于每篇之后，反覆委蛇，以明其所以定是数之故，而总名曰：《周官禄田考》。夫自宋以来之稽官，有未及乡遂属吏者，今乃并效野之吏而补之。其稽田，有不去山林、川泽、城郭等三之一者，今更通不易、一易、再易上中下之率，而二夫当一夫，则官益多而田益寡，宜禄之不给尤甚也。然以县都已下数等之田，食公卿、大夫、士数等之爵，非独相当，且供他法用而有余。是田禄与官爵之数，在本经曷尝牴牾！乃晦蚀且二千年，而莫之开阐，何也？凡定公田之数以井数，定禄之数以其等，定爵之数以序官，而定爵之等以命数，定禄之等以爵等，亦以命数云。

《四库全书总目》卷一九，经部礼类一：《周官禄田考》三卷，国朝沈彤撰。……自欧阳修有《周礼》"官多田少，禄且不给"之疑，后人多从其说。即有辨者，不过以摄官为词，彤独详究周制，以与之辨。因撰是书，分《官爵数》、《公田数》、《禄田数》三篇。凡田、爵、禄之数不见于《经》者，或求诸《注》。不见于《注》者，则据《经》起例，推阐旁通，补《经》所无，乃适如《经》之所有。其说精密淹通，于郑、贾《注》、《疏》以后，可云特出。其中稍有牴牾者，如谓子、男之国不得有中士。……然其百虑一失者，仅此三四条耳，亦可云湛深经术者矣。

**萧奭著成《永宪录》。**

萧奭《永宪录序》：恭惟圣祖仁皇帝，聪略□□□□文武，亨国六十有一年，深仁厚泽，沦浃万方。我世宗宪皇帝继□□统，峻德丰功，殊恩异惠，不崇朝而编海宇。重熙累洽，□□□□。小臣伏处草茅，生逢圣世，每思歌咏□□。皇史、实录，所未见得。岁壬寅□□□恭载□□□授受之时，适阅邸钞，因略记大端。既伏读登极诏，引孔子三年无改之议，且有永遵成宪，不敢更张之旨。故复搜集甲辰，及戊申二月以前事，备谅阴后三年。……彼天演觊觎之萌，由十年储位之虚，愚氓浮议，□□□一二奸顽造作无稽，以污人圣德。惑众闻究之雾□□□世宗宪皇帝之光明正大，昭然亿万臣民之心目，亦诸人自绝于天耳。□□因时变易，罔非监于先世旧章。今上皇帝复加裁酌，必曰奕祖攸行。此圣祖仁皇帝所以垂法万世也。集既成，其中残失良多，以俟多闻者续之。或曰："不慎其以僭妄取戾欤？"小臣曰："然然，否否。生太平之世，饮和食德，皆当不忘累朝之盛美。况丁未秋有一切诏旨，许官吏记载刊刻共晓之令。遂窃取以有斯编，奉扬诏意，名为'永宪'云。"其凡例附后。乾隆十七年岁在壬申嘉平上浣，江都草泽臣萧奭拜手恭纪。

邓之诚《永宪录跋》：昔刘知幾专心诸史，不遗杂记小书，谓史之名杂，其流有十。司马光作《通鉴》，采杂史二百余种。盖小录之书，皆托即日当时之事，求诸国史，最为实录。唐、宋士夫，留心记注，尊信传闻，必著所本。……蒙元之世，此事顿衰，及今流传，但得数家，唯《辍耕录》颇有次第。明初屡兴文字之狱，宜乎纂录不盛。嘉、隆以降，作者如林，或本实录，或采邸钞。虽不无谬悠之谈，而大要足供采撰。……至于清初，余风未泯，或成一代之史，或纪一时一地之事。庄史之狱，肆其诛戮，学者始以史事为戒。……清季竞尚秘闻，又嫌臆造。至于今兹，研读清史，实录、国史、政书、档案而外，欲求私史，几乎无书。……予有志搜求，数十年来，所得类《啸亭》者，只三数种，《永宪录》其一也。

……书成于乾隆十七年。萧奭事迹，遍求无获。既名《永宪》，当毕雍正一朝之事，乃仅至六年八月为止。原序以"三年无改"为辞，然不止三年何也？继乃悟作者盖有深意存焉。世之罪宪帝者，弑父、逼母、夺嫡、杀功臣数端。《大义觉迷录》断断剖辨者，亦此数端。此书于阿、塞、年、隆诸大狱，所述綦详。……诸狱株连，大约至六年而止，故以为限断。然则"永宪"者，永其恶也。虽未明言，而其意则可寻求。岂非信史乎！……取材多本邸钞，杂以闻见。尝持校实录，字句小异。以《雍正上谕内阁》一书，不同于实录例之，知实录经后来润色。此书所记，尚不失真。又于当时人物，美恶并陈，可谓直笔。间有小訾，不足为病。独其序言贡谀过当，令人齿冷。然彼时风气，率皆尚此。且为避弹射，始作巽语。定哀之辞，固非本意。所足惜者，此本缺甲辰一年事。……一九五五年三月，邓之诚。

## 公元1754年 清高宗乾隆十九年 甲戌

**郭伦著成《晋记》。**

  郭伦《晋记自叙》（载《晋记》卷首）：伦曾大父任之甫，明季为诸生，博学洽闻，尤好《左氏传》、两《汉书》。常以《晋书》芜俚，欲删削成一家书，有《摘谬》二卷，遭天下多故，毁于兵燹。乾隆庚申，伦在吴兴，始于书肆中购得《晋书》。读《荀勖传》至"高贵乡公欲为变"，瞿然而起叹曰：呜呼！何言至悖也。夫君臣之义，天地之大经也……呜呼！此其取舍失衷，是非瞀乱，宜乎有"高贵乡公欲为变"之文，而不自知其悖也。伦学浅才疏，此书诚不知其可否，而修之则已十有五年矣。论事必达其情，记言必核其实，忠孝廉节之事，虽微必录。冗者节之，类者合之，俚者润之……如有摘我之谬而诲所未逮，此又伦之幸也夫！乾隆十九年岁在甲戌正月上浣，萧山九峰郭伦书。

  《四库全书总目》卷五〇，史部别史类存目：《晋记》六十八卷，国朝郭伦撰。伦字凝初，号酉山，萧山人。乾隆丙子举人。是书前有伦《自序》，称读《晋书》……皆取舍失衷，是非瞀乱。因重为刊定，勒成此编。其中唯诸《志》稍有可观，悉仍旧贯，其余皆删其冗琐，更易旧文。为《世系》一，《本纪》三，《内纪》一，《志》八，《列传》四十一，《十六国录》十四，积十五年乃成。较原本颇明简。然亦有体例未善者。如司马懿父子改为《世系》是已。……他如史家之难，莫过《表》、《志》。《晋书》既不立《表》，自宜补作。诸《志》漏略颇多，《地理》尤无端绪，亦急宜掇拾放逸，为之葺完，乃惮于改作，竟仍其旧，是亦未免因陋就简者矣。

  今案：是书前有乾隆十九年正月郭伦自序，故系于本年。

**惠栋著成《后汉书补注》。**

  顾栋高《后汉书补注序》：乾隆岁甲戌，元和惠子定宇以所著《后汉书补注》

二十四卷见示，且属为之叙。余受读卒业，作而叹曰："先生之援据博而考核精，一字不肯放过，亦一字不肯轻下，洵史志中绝无仅有之书也。"……先生仿裴松之注《三国》之例，以范史为主，悉本《东观记》及皇甫谧《帝王世纪》、谢承、谢沈、袁山松所撰《后汉书》，及司马彪《续汉书》，袁宏、薛莹《后汉》纪传为之附，俾事粲然可观，约而不漏，详而不繁。注《八志》援引尤多。其有脱字、衍字及差讹者，复据家宁人先生及何义门所评三史，一一较正之，使读者一见易了，无复有鲁鱼亥豕之讹，其用心可谓勤矣。先生原本家学，始自曾祖朴菴讳某，明岁贡生，隐居不仕，以九经训子弟。先生之祖周惕，为汪钝翁高弟。父讳士奇。两世并以文章博学，为海内泰山北斗，列翰苑为显人。先生弱冠，即覃精经史。三十以前，撰此书及《左传补注》六卷。三十以后，专意经学，所著经说十数种。……六月上浣二日，锡山同学弟顾栋高书。

## 赵一清著成《水经注释》。

《清史列传》卷七一，《文苑传二》：……一清，字诚夫。国子生。少禀父昱教，学于全祖望，从事根柢之学，一时词章之士，莫能抗手。……著《水经注释》四十卷。……成《水经注刊误》十二卷。……自著有《东潜诗文集》。

全祖望《水经注释序》：安定君之注《水经》，虽其于《禹贡》之故道，不能一一追溯，而汉、晋以后，原委毕悉，尤详于陂塘堤堰之属，固有用之书也。乃以过于嗜奇，称繁引博，反失之庞，读者眩焉。要其缠络，未尝不釐然可按也。所苦唐以后无完书，据《崇文总目》则馆阁所储本亦只三十五卷，据元祐无名氏跋，则属本且只三十卷，是以欧阳兖公尚未见四十卷之著录。及何圣从本幸得其旧，然已云："篇帙不无小失"。而以《太平寰宇记》诸书校之，则逸文之不见于今本者，不下数百条。……然即其所幸存者，脱文讹字，展转沿襭，蔡正甫所谓"属板迁就之失"，令人抚卷茫然，难以津造。虽有好学，如柳大中、谢耳伯、赵清常、朱郁仪、孙潜夫之徒，再四雠定，不过正其十之三。……百年以来，乃有专门之学。顾亭林、顾宛溪、黄子鸿、胡东樵、阎百诗五君子，慨然于正甫补亡之不可得见，合群籍以通之，购旧椠以校之，竭精思以审之，是书始渐见天日。同时刘继庄自燕中来，亦地学之雄也。欲因丽泽之益，荟萃为是书之疏，而惜其不果然。……杭有赵君东潜者，谷林徵士之子也。藏书数十万卷，甲于东南，禀其家庭之密授，读书从事于根柢之学，一时词章之士，莫能抗手。爰有笺释之作，拾遗纠谬，旁推交通，裒然成编。五君子及继庄之薪火，喜有代兴；而诸家之毛举屑屑者，俯首下风。安定至是始有功臣，而正甫之书，虽谓其不亡可也。……谢山全祖望序。

赵一清《水经注释序》：……故水浮天而载地，元气之布濩，筋脉之流通，昔贤撰述，尊之曰"经"，郦氏条分诠之，曰"注"。审其远近之端，详其小大之势，于是源流之径趣，归宿之殊区，所谓经水、枝水、川水者，百世悠悠如指诸掌。……观夫善长之为人，志气刚毅，故起例谨严；博览群书，故驰词绚发。以视江左诸公，习尚浮华，竞夸雕组，殆羞于绛、灌为伍矣。后之职志方舆者，如李宏宪、乐子正、王正仲之流，莫不掇其精英，奉为菁蔡。其间缺失五卷，始记于《崇文总目》。暨宋南渡，中原文献或失其传，学士大夫罕言其义。虽尝补于元，刊于明，日月寖久，讹舛实多。南州朱郁仪中尉，起而笺之，疑人之所难疑，发人之所未发。论者以为三百年来有数之作。余爱之重之，忘其固陋，而为之释。"释"之云者，所以存朱氏之是，兼弼郦亭之违也。录取片长，便成佳证，助一张目，足为快心。若夫笺有缪鳌，则削而投之。所遗漏则补之，别为《刊误》，不欲羼入卷中，惑人视听。间关岁月，始勒成编。余因思水之为道也，由人之治与不治耳，治之则为利甚溥，不治则为患甚巨。而是书又在人能读与否耳！……乾隆十九年仲冬上旬，琼华街散人东潜赵一清述。

《四库全书总目》卷六九，史部地理类二：《水经注释》四十卷，《刊误》十二卷，国朝赵一清撰。一清字诚夫，仁和人。郦道元《水经注》，传写舛讹，其来已久。诸家藏本，互有校雠，而大致不甚相远。欧阳元功、王祎诸人，但称经、注混淆而已，于注文无异词也。近时宁波全祖望，始自称得先世旧闻，谓道元注中有注，本双行夹写，今混作大字，几不可辨。一清因从其说，辨验文义，离析其注中之注，以大字、细字分别书之，使语不相杂，而文仍相属。……但使正文旁义，条理分明，是亦道元之功臣矣。……又《唐六典注》，称桑钦所引天下之水百三十七，江、河在焉。今本所列仅一百一十六水。考《崇文总目》载《水经注》三十五卷，盖宋代已佚其五卷。今本乃后人离析篇帙，以合原数，此二十一水盖即在所佚之中。一清证以本注，杂采他籍，得滏、洺、滹沱、派、滋、伊、瀍、涧、洛、丰、泾、汭、渠获、洙、滁、日南、弱、黑十八水，于漯水下分漯余水。又考验本经，知清漳水、浊漳水、大辽水、小辽水，皆原分为二。共得二十一水，与《六典注》原数相符。其考据订补，亦极精核。卷首列所据以校正者，凡四十本。虽其中不免影附夸多，然旁引博徵，颇为淹贯，订疑辨讹，是正良多。自官校宋本以外，外间诸刻，固不能不以是为首矣。

# 公元1755年 清高宗乾隆二十年 乙亥

**彭家屏私藏野史案发。**

《清高宗实录》卷五三七，乾隆二十年四月辛巳：谕军机大臣等："昨因观音保密访夏邑灾民情状，已有旨将图勒炳阿革职，发往军营效力赎罪，司道守令俱分别议处，革职拏问。今据侍卫成林于押解告灾人犯至夏邑，随于供出指使之生员段昌绪家，获有吴逆伪檄一纸，中皆指斥诋毁祖宗之词，目不忍睹，而钞录存留，且圈点加批，赞赏称快。不胜骇异，见者无不发指。设使观音保访闻在前，则不令押解究治，竟成漏网矣。今既查出逆书，足见彼处人心凶毒，实为天地鬼神所不容。而该抚之罪，自在讳灾怙过，交部严察议奏足矣。图勒炳阿仍著留任，所有前降革职及调任各谕旨，俱不必行。其查获书之夏邑县知县，尚属能事之员，亦免其革职拏问。其钞录此稿者，必尚有人，今著方观承驰驿前往，会同该抚严加根究。即彭家屏家中，亦未必不有此等逆词，即应委大员，率该县往伊家严行详查，但此在存心背逆之徒，自属法所不贷。而灾地民人，应抚恤者仍须抚恤，该抚不得因灾被谴，稍存仇怨灾黎之心，则又自干罪戾矣。"

《清高宗实录》卷五三七，乾隆二十年四月戊子：又谕："……彭家屏系久列大员，世受国恩之人，若自首出，尚可开一线之路。乃据称吴三桂伪檄，实未寓目，再三诘问，但称有明末野史等类，存留未烧，实不曾看等语。既云未看，何以即知其不当存留？天下岂有只见一书之名目，而遂晓然其为何等书者乎？人家藏书，固不能遍阅，但既知为不当存留之书，而又故为藏匿，是诚何心？岂必如段昌绪之批阅伪檄，始为上干宪典耶！夫本地缙绅，遇有地方公务，主持教唆，已属越俎多事，然其过犹小，若于名义所关，稍有干犯，则其罪更大。彭家屏身为大员，非寻常愚民劣衿可比，今在朕前廷质之下，情词闪烁，显系狡饰。彭家屏著革职拏问，俟方观承等查奏到日，审明按律治罪。将此通行晓谕知之。"

**开始纂修《平定准噶尔方略》。**

《清高宗实录》卷四九三，乾隆二十年七月戊子：以大学士公傅恒、大学士来保、兵部尚书定北将军班第、工部尚书汪由敦，为《平定准噶尔方略》正总裁，刑部尚书刘统勋、理藩院尚书纳延泰、西路参赞大臣鄂容安、户部左侍郎兆惠、刘纶、兵部右侍郎雅尔哈善为副总裁。

**《全校水经注》、续补《宋元学案》作者全祖望卒。**

　　《清史列传》卷六八，《儒林传下一》：全祖望，字绍衣，浙江鄞县人。……雍正七年，以诸生充选，贡至京师。……乾隆元年，荐举博学鸿词科。是春会试，先成进士，改翰林院庶吉士，不再与鸿博试。二年，散馆，以知县用。遂归不复出。……主讲蕺山、端溪书院，为士林仰重。二十年，卒于家，年五十有一。祖望为学，渊博无涯涘，于书靡不贯串。……时开《明史》馆，复为书六通移之，先论艺文，次论表，次论忠义、隐逸两列传，皆以其言为韪。生平服膺黄宗羲，宗羲于明季诸人，刻意表章，祖望踵之，详尽而覈实，可当续史。家居后，修宗羲《宋元学案》，又七校《水经注》，三笺《困学纪闻》，皆足见其汲古之深。……录为《经史问答》十卷，仪徵阮元尝谓经学、史才、词科三者，得一而足，而祖望兼之。其《经史问答》实足以继古学，启后学，与顾炎武《日知录》相埒。晚手定文稿，删其十七，为《鲒埼亭文集》五十卷。又著有《读易别录》、《孔子弟子姓名表》、《汉书地理志稽疑》、《公车徵士小录》、《续甬上耆旧诗》、《天一阁碑目》。

　　薛福成《全校水经注序》：……自昔言水之书，首称《禹贡》；次则班《志》、司马氏《续汉志》，捃摭无法，已不足据。惟范阳郦善长氏《水经注》，叙述源委，瞭如指掌，而于汉、晋以来，陂塘隄堰之属，具载兴废，倘能参稽古迹，随宜经画，用使冀、兖、青、徐、雍、豫诸州之域，咸成沃壤，其为功岂浅也哉！宋、元以来，此书已无善本。朱郁仪所校，盛行明代，然其讹错，去俗本亦不甚远也。国初，顾、阎、胡、黄诸老，并治《水经》，拾遗订谬，时有所得。何义门、沈绎旃继之，而集其成于全谢山先生。先生闳览硕学，著述数十种，《水经》一书，尤生平所致力者。校于扬、校于杭、校于粤，经七校而始有完书，剖别经注，改易次第，采诸家之长，补原文之佚，神明焕发，顿还旧观。当时定本未及刊行，辗转流入有力者之手，而先生之功转晦。其后赵东潜、戴东原各有校本，多所是正，而不知皆先生为之先导也。……岁戊子，余以董君之本，命书院高材生合赵、戴二本，重加校订，而仍请董君总核之。数月毕功，付诸剞劂氏。今而后，天下学者见余所锓之本，即谓得见先生之定本可也，且谓得见郦氏之原本亦可也。……光绪十四年十二月吉旦，布政使衔分巡宁绍台兵备道新授湖南按察使无锡薛福成序。

王梓材《校刊宋元学案条例》：一、古人著书，必有凡例。是书创自梨洲黄氏，标举数案，未尽发凡。至谢山全氏修补之，乃有百卷《序录》之作，即是书之凡例也。今欲校理是书，舍《序录》无以得其宗主，故仍二老阁《序录》刊本之旧，冠诸卷首。……

　　一、是书既经谢山历年修补，自当从谢山百卷之目。梨洲后人亦列谢山于续修，而别为八十六卷之目，于《序录》未能印合。……

　　一、梨洲原本无多，其经谢山续补者十居六、七。……

　　一、谢山著述之功，莫精于七校《水经注》，莫专于修补《宋元学案》。董小钝明府谓七校《水经注》之未就者，可取《鲒埼亭集》水经题跋整理之。而《宋元学案》不无残缺失次，自当就《鲒埼亭内外集》诸作之有关《学案》者，分附其中。亦以全氏著书，语相通贯，自可参考而见尔。……

　　《续修四库全书总目提要》（稿本）：《宋元学案》一百卷，国朝黄宗羲原本，全祖望修补。……宗羲晚年于《明儒学案》外，又溯宋元儒家，述其学派，未及成编而卒。子百家续葺之。乾隆丙寅，祖望取未成之本，编次序目，重为增定，谋刻于二老阁郑氏，第《序录》与十七卷。祖望卒，底稿归月船卢氏，其残本归樗菴蒋氏。宗羲七世孙直垕，又有八十六卷校补本。道光辛卯，道州何文安凌汉督浙江学，按试宁波，以之发策，属浙士为搜访。戊戌，鄞县王梓材、慈溪冯云濠搜得各本，合校刊成，文成为作《叙》。壬寅，书版毁于兵火。文安子绍基，谋刻于都中。梓材复补脱正误，至丙午而毕事焉。是书创自黄氏，全氏修补之。……黄氏为陆王之学，全氏为程朱之学，又皆为经学、史学家，搜采宋、元讲学诸人文集语录，辨别宗派，辑为此书。于七百年儒苑门户源流分合，叙述颇详，持论博通，不涉迂陋微眇，足资考镜。……（全氏）所为《序录》，可以见全书之脉络。梓材于重校之次，编涉四部书，凡原书之所遗而显有可据者，别为《宋元学案补遗》百卷，以俟续刊，此尤黄、全二氏之功臣矣。

## 公元1756年 清高宗乾隆二十一年 丙子

**敕撰《钦定皇舆西域图志》。**

　　《四库全书》本《钦定皇舆西域图志》卷首，乾隆二十一年二月十三日《上谕》：……今已擒贼奏功，刘统勋在军中无所职掌，当专办此事。现命何国宗赴伊犁一带测量，亦经面谕。着传谕刘统勋会同何国宗前往。所有山川、地名，按其疆域、方隅，考古验今，汇为一集。咨询睹记，得自身所亲历，自非沿袭故纸者可比。数千年来疑误，悉为是正，良称快事，必当成于此时，亦千载会也。

《四库全书总目》卷六八，史部地理类一：《钦定皇舆西域图志》五十二卷，乾隆二十一年奉敕撰。乾隆二十七年，创成初稿。嗣以版章日辟，规制益详，进呈御览之时，随事训示，复增定为今本。首四卷为《天章》。我皇上平定西域，题咏至多，地势兵机，皆包罗融贯。惟恭录统论西师全局者，弁冕简端。其因地纪事，即物抒怀者，则仍分载于各门。次《图考》三卷。自幅员所届，以及符节所通，共新图二十有一，又附历代旧图十有二。古今互校，益昭圣朝拓宇之功。次《列表》二卷。上起秦、汉，下讫元、明，以明国土之分合，建置之沿革。次《晷度》二卷。川陆之迂回，道里之远近，多不足据。惟以日景定北极之高度，以中星验右界之偏度，为得其真，古法所谓飞鸟图也。次《疆域》十二卷。分为四路：一曰安西南路，嘉峪关外州县隶焉；一曰安西北路，哈密至镇西府迪化州隶焉；一曰天山北路，库尔喀喇乌苏至塔尔巴哈台、伊犁隶焉；一曰天山南路，辟展至和阗诸回部隶焉。次《山》四卷。次《水》五卷。玉门以外，连峰叠嶂，巨浸洪流，往往延袤千百里，不可以割属一地，故各以山水为类也。次《官制》二卷。次《兵防》一卷，台站附焉。次《屯政》二卷，户口附焉。次《贡赋》、《钱法》、《学校》各一卷。次《封爵》二卷。……次《风俗》、《音乐》各一卷,《服物》二卷,《土产》一卷。皆如地志之例。……次《藩属》三卷，皆奉朔朝贡之国，梯航新达者。次《杂录》二卷，以琐闻、轶事终焉。……

# 公元 1757 年 清高宗乾隆二十二年 丁丑

**彭家屏等私藏野史案定谳。**

《清高宗实录》卷五四〇，乾隆二十二年六月丁卯：谕曰："军机大臣会同九卿科道等，审拟段昌绪、彭家屏一案。段昌绪钞录伪檄，圈点评赞，悖逆已极，其罪自不容诛。至彭家屏，前因段昌绪家查出伪檄，彼时以该处人心恶劣，即彭家屏家，亦不能保其必无，因降旨严查。及到京后，召九卿科道面询彭家屏，所问者伪檄及诋毁悖逆类于伪檄之书耳。而彭家屏果供出钞存明末野史数种，盖彼时彭家屏意中，以朕已查获伊家中书籍，难以狡饰，是以据实供认，尚冀稍减万一。而伊子不知,希图灭迹,先已闻风烧毁,若使此数种书中,果无悖逆诋毁之言,亦何必作此鬼蜮伎俩耶?……在定鼎之初,野史所纪,好事之徒荒诞不经之谈,无足深怪。乃迄今食毛践土,百有余年,海内搢绅之家自其祖父,世受国恩,何忍传写收藏,此实天地鬼神所不容,未有不终于败露者。如段昌绪、彭家屏之败露,岂由搜求而得者乎!此后臣民中若仍不知悛改消灭,天道自必不容,令其败露,亦惟随时治以应得之罪耳。彭家屏本应斩决,但所藏之书既经烧毁,罪疑惟轻,着从宽改为应斩监候,秋后处决。段昌绪从宽改为斩决,其缘坐妻妾,并免其入官为奴。司存存、司淑信,俱从宽改为应斩,彭传笏依拟应斩,俱着监候秋后处决。其彭家屏家产,原应入官,且伊拥有厚赀,田连阡陌,而为富不仁,凌虐细民,乡里侧目。着派侍卫三泰、郎中苏勒德前往查明,应入官者即行入官。其户地着加恩酌量留给养赡家口外,所余田亩,分赏该处贫民。交该抚胡宝瑔妥协办理,并将此通行晓谕知之。"

### 谕令销毁朱璘《纲鉴辑略》。

《清高宗实录》卷五四六,乾隆二十二年九月癸卯:谕军机大臣等:"据杨廷璋、窦光鼐奏,金华县生员陈邦彦,手批《纲鉴辑略》一书,内有本朝初年尚书明季伪号等语。此书既有逆迹,该生辄敢手加批阅,实属狂悖,自应严惩示儆。至此书刻传已久,其原辑之朱璘,谅已物故,所载序文,亦难辨真赝,姑免其逐一根究。着传谕该抚等,只将该生从重办理,其坊市印板并民间所藏,遍行查出销毁。所有刷印、发卖等人,俱不必查办可也。"

## 公元 1758 年 清高宗乾隆二十三年 戊寅

### 《后汉书补注》、《古文尚书考》作者惠栋卒。

《清史列传》卷六八,《儒林传下一》:(惠)栋,字定宇。元和学生员。自幼笃志向学,家多藏书,日夜讲诵。于经史诸子、稗官野乘,及七经毖伪之学,靡不肄业及之。小学本《尔雅》,六书本《说文》,余及《急就章》、《经典释文》、汉魏碑碣,自《玉篇》、《广韵》而下,勿论也。……栋于诸经熟洽贯串,谓训诂古字古音,非经师不能辨,作《九经古义》二十二卷。尤邃于《易》,其撰《易汉学》,乃追考汉儒《易》学,掇拾绪论,使学者得窥其门径。凡《孟喜易》二卷;《虞翻易》一卷；《京房易》二卷，干宝附焉；又《郑康成易》一卷；《荀爽易》一卷；其末一卷，则栋发明汉《易》之理，以辨正河图洛书、先天太极之学。其撰《易例》二卷，乃镕铸旧说，以发明《易》之本例，随手题识，笔之于册，以储作论之材。其撰《周易述》二十三卷，以荀爽、虞翻为主，而参以郑康成、宋咸、干宝之说，约其旨为注，演其说为疏，书垂成而疾革，遂阙革至济十五卦，及序卦、杂卦两传，虽为未完之书，然汉学之绝者千有五百余年，至是粲然复章。又撰《明堂大道录》八卷，《禘说》二卷，谓禘行于明堂，明堂之法本于《易》。《古文尚书考》二卷，辨郑康成所传之二十四篇为孔壁真古文，东晋晚出之二十五篇为伪。又撰《后汉书补注》二十四卷，王士祯《精华录训纂》二十四卷，《九曜斋笔记》、《松崖笔记》、《松崖文钞》，及《诸史会最》、《竹南漫录》诸书。……（乾隆）二十三年，卒，年六十二。

王昶《春融堂集》卷五五，《惠定宇先生墓志铭》：先生惠姓，讳栋，字定宇，号松崖。……曾祖有声，与徐孝廉枋友善，以九经教授乡里。祖周惕，康熙辛未进士，由庶吉士改授密云县知县。工诗古文，著《易传》、《春秋问》、《三礼问》、《诗说》诸书。考士奇，康熙己丑进士，历官翰林院侍讲学士，两任广东学政，以通经训士，粤人至今诵之。著《易说》、《礼说》、《春秋说》、《大学说》、《交食举隅》、《琴篴理数考》、《红豆斋小草》诸书。……

（先生）年二十，补元和县学诸生。……承其家学，于经史诸子、稗官野乘，及七经荟纬之学，无不肄业及之。经取注疏，史兼裴、张、小司马、颜籀、章怀之注，诸子若庄、列、荀、扬，《吕览》、《淮南》古注亦并及焉。而小学本《尔雅》，六书本《说文》，余及《急就章》、《经典释文》、汉魏碑碣，自《玉篇》、《广韵》而下，勿论也。甲子乡试，以用《汉书》为考官所黜，由是息意进取。乾隆十六年，天子诏举经明行修之士，两江总督黄公廷桂、陕甘总督尹公继善，咸以先生名上，会大学士九卿索所著书，未及进，罢归。先生尝以顾氏炎武《左传补注》虽取开成石经，较其同异，而义有未尽，因发明贾氏、服氏之学，附以群经，作《补注》四卷。于《尚书》采摭《史记》、前后《汉书》及群经注疏，以辨后出古文之伪。定郑康成之二十四篇非张霸伪造，为真古文，梅赜之二十五篇为伪古文，作《古文尚书考》二卷。爬罗剔抉，句梳字栉，摘其伪之由来，皆郝氏敬、阎氏若璩所未及，虽毛氏奇龄之《冤词》莫能解也。以范蔚宗《后汉书》因华峤而成书，古人嫌其缺略遗误，而《东观汉记》、谢承之书不存，取《初学记》、《艺文类聚》、《北堂书钞》、《太平御览》诸书，作《后汉书补注》

十五卷。又以汉儒通经有家法，故五经师训诂之学皆由口授，古文古义非经师不能辨也。先生四世传经，恐日久失其句读，成《九经古义》二十卷。于《易》理尤精，著《易汉学》七卷、《周易述》二十卷。凡郑君之爻辰，虞翻之纳甲，荀谞之升降，京房之世应飞伏，暨六日七分世轨之说，悉为疏通证明。由李氏之《集解》以及其余，而汉代《易》学灿然。又撰《易微言》二卷、《易例》二卷，以阐明之。又因学《易》而悟明堂之法，作《明堂大道录》八卷、《禘说》二卷，发圣人飨帝飨亲之至意。谓古人之明堂、治朝、太庙、灵台、辟雍，咸在其间，考之《尧典》、《春秋》、《月令》、《王制》无不合也。少嗜新城王尚书《精华录》，为《训纂》二十四卷，搜采博洽，贯串掌故，亦为世所传。先生生康熙三十六年丁丑十月初五日，终乾隆二十三年戊寅五月二十二日，年六十有二。……

呜呼！自孔、贾奉敕作《正义》，而汉魏六朝老师宿儒，专门名家之说并废；又近时吴中何氏焯、汪氏份以时文倡导学者，而经术益衰。先生生数千载后，耽思旁讯，探古训不传之秘，以求圣贤之微言大义，于是吴江沈君彤、长洲余君萧客、朱君楷、江君声等，先后羽翼之，流风旁煽，海内人士无不重通经，通经无不知信古，而其端自先生发之，可谓豪杰之士矣。……

钱大昕《潜研堂文集》卷三九，《惠先生栋传》：惠先生栋，字定宇，号松崖。侍读学士士奇之次子。初为吴江学生员，后改归元和籍。自幼笃志向学，家多藏书，日夜讲诵，自经、史、诸子、百家杂说、释道二藏，靡不津逮。……中年课徒自给，陋巷屡空，处之坦如。雅爱典籍，得一善本，倾囊弗惜，或借读手钞，校勘精审，于古书之真伪，瞭然若辨黑白。……年五十后，专心经术，尤邃于《易》。……精研三十年，引申触类，始得贯通其旨，乃撰次《周易述》一编，专宗虞仲翔，参以荀、郑诸家之义，约其旨为注，演其说为疏，汉学之绝者千有五百余年，至是而粲然复章矣。书垂成而疾革，遂阙革至未济十五卦，及《序卦》、《杂卦》二篇，然先生之绪言具在，好学深思之士，因其义例，推而演之，阙者尚可补也。……又因学《易》而悟明堂之法，撰《明堂大道录》八卷。……又有《易汉学》七卷、《易例》二卷，皆推演古义，针砭俗说，有益于学者。于《书》有《古文尚书考》二卷。……于《春秋》有《左传补注》六卷。……又撰《九经古义》十六卷，讨论古字古义，以博异闻，正俗学。……予尝论宋元以来，说经之书盈屋充栋，高者蔑弃古训，自夸心得，下者剿袭人言，以为己有，儒林之名，徒为空疏藏拙之地，独惠氏世守古学，而先生所得尤深，拟诸汉儒，当在何邵公、服子慎之间，马融、赵岐辈不能及也。先生少时已好撰述，有《王文简公精华录训纂》二十四卷，盛行于世，论者以为过于任渊之注山谷，李壁之注荆公。有《太上感应篇注》二卷，证其为魏晋人所作。……又有《后汉书补注》十五卷，《九曜斋笔记》二卷，《松崖笔记》二卷，予皆见之。其《周易本义辩证》五卷，《松崖文钞》二卷，及《诸史会最》、《竹南漫录》，则未之见也。其弟子知名者，江声，余萧客，皆布衣通经学，江于《尚书》用功尤专云。先生卒于戊寅五月，年六十有二。

沈彤《果堂集》卷五，《古文尚书考序》：辨东晋所出《古文尚书》之伪者，自赵宋而来，约有两端：曰文从字顺而易读，曰掇拾传记而无遗。前之说，则所云读之以今文者之删添，与传者之私窜，足以解之。后之说，则所云传记之徵引，自多古文者，足以解之。皆不得谓挟持有故也。

吾友惠君定宇，淹通经史，于五经并宗汉学，著述多而可传。其《古文尚书考》二卷，能据真古文以辨后出者之伪。大指言：郑康成所述二十四篇之目，见于唐《正义》者，即《汉艺文志》之十六篇。刘歆、班固以为孔安国所得古文无异词。自梅赜奏古文二十五篇，列诸国学，孔颖达乃以二十四篇为张霸所造，遂令梅书杂古经而大行。是谓伪其真而真其伪。……得是而后出古文之为伪，虽素悦其理而信之者，亦无以为之解；而所谓足以解者，皆转而为浮说矣。太原阎百诗，近儒之博且精者，著《尚书古文疏证》五卷，先得定宇之指，定宇书不谋而与之合，文词未及其半，而辩证益明，条贯亦益清云。……

钱大昕《潜研堂文集》卷二四，《古文尚书考序》：《古文尚书》出于东晋，江左诸儒靡然从之，而河北犹守郑氏古义。唐初修《正义》，始专用梅氏一家之学。自宋讫明，攻其伪者多矣，而终无以窒信《古文》者之口。其故有三：谓晚出书为伪，则并壁中书而疑之，不知东晋之古文自伪，西汉之古文自真也。谓梅本不可信，则郑本当可信，又疑其出于张霸，不知郑所受于贾、马者，即孔安国之古文，不特非张霸书，并非欧阳、夏侯本也。……且安国为武帝博士，所传授即伏生二十九篇，其后得壁中书，以今文读之，字句或异，因别为说，以授都尉朝等，由是《尚书》有孔氏之学。其增多十六篇，虽定其文而无其说，故马季长云"逸十六篇，绝无师说"也。诚知安国之真古文，则知增多者十六篇，别之为二十四篇，而断非二十五篇。安国所说者，仍二十九篇，别之为三十四篇，而断无五十八篇之传。此千四百余年未决之疑，而惠松崖先生独一一证成之，其有功于壁经甚大。先是，太原阎徵士百诗著书数十万言，其义多与先生暗合，而于《太誓》，犹沿唐人《正义》之误，未若先生之精而约也。今士大夫多尊崇汉学，实出先生绪论。……乾隆壬子三月既望序。

## 江永著成《春秋地理考实》。

戴震《戴震文集》卷一二，《江慎修先生事略状》：先生姓江氏，名永，字慎修，婺源之江湾人。……自是遂精心于前人所合集《十三经注疏》者，而于《三礼》尤功深。……先生读书，好深思，长于比勘，步算、钟律、声韵尤明。……盖先生之学，自汉经师康成后，罕其畴匹。……卒年八十有二。所著书：《周礼疑义举要》六卷，《礼记训义择言》六卷，《深衣考误》一卷，《礼经纲目》八十八卷，《律吕阐微》十一卷，《春秋地理考实》四卷，《乡党图考》十一卷，《读书随笔》十二卷，《古韵标准》六卷，《四声切韵表》四卷，《音学辨微》一卷，《推步法解》五卷，《七政衍》、《金水二星发微》、《冬至权度恒气注》、《历辨》、《岁实消长辨》、《历学补论》、《中西合法拟草》各一卷，《近思录集注》十四卷。……先生生于康熙辛酉年七月十七日，卒于乾隆壬午年三月十三日。……

江永《春秋地理考实序》：读《诗》者以鸟兽草木为绪余，读《春秋》者亦当以列国地名为绪余。《春秋》暨《左氏传》，二百五十余年，地名千数百有奇，或同名而异地，或一地而殊名。古今称谓不同，隶属沿革不一，有文字语音之讹，有传闻解说之误，欲一一核实无差，虽博洽通儒犹难之。杜当阳癖于《左》，号武库，《集解》外有《释例》，土地名别为部，地志之学号专长，然阙略不审者已多，所指纰缪者亦间有。后出地理诸家，随代加详，视当阳孤守汉晋纪载，宜有增扩。《春秋传说汇纂》，国朝儒臣所修，俱经睿鉴钦定，地理考订弥精，详杜所不知，援古证今，能确指其所在。杜有乖违，随事辨正，并杜《注》录出，可别成一书。然而学殖无涯，搜讨难遍，更考前贤地志之书，及近代二、三名家之说，核其虚实，精者益精，详者益详。从来著述家踵事增华，或亦功令所不禁也。家贫不能储书，聊据所见闻者，辑成《春秋地理考实》四卷，窃取多识绪余之意，或可为麟经之一助云尔。年力衰颓，黾勉为之，稿屡刊削，乃成定本。中间或遗或误，知不免摘瑕指疵，则俟淹通博雅之君子。乾隆二十三年戊寅仲夏月，婺源江永慎修氏书，时年七十有八。

《四库全书总目》卷二九，经部《春秋》类四：《春秋地理考实》四卷，国朝江永撰。……是编所列《春秋》山川国邑地名，悉从经传之次。凡杜预以下旧说已得者仍之，其未得者始加辨证，皆确指今为何地，俾学者按现在之舆图，即可以验当时列国之疆域，及会盟侵伐之迹，悉得其方向道里。意主简明，不事旁掫远引，故名"考实"。于名同地异，注家牵合混淆者，辨证犹详。……其订讹补阙，多有可取。虽卷帙不及高士奇《春秋左传地名考》之富，而精核则较胜之矣。

## 公元 1759 年 清高宗乾隆二十四年 己卯

**敕命增修《国朝宫史》。**

《国朝宫史》（北京古籍出版社 1987 年版）卷首，《圣谕》：乾隆二十四年十一月十七日奉谕旨：从前所修《宫史》，阅时既久，且多草率缺略之处。著即将原书再加详细校正，增修妥协，陆续进呈。令蒋溥、裘曰修、王际华、钱汝诚董其事，以专责成。钦此。

**开始编纂《历代通鉴辑览》。**

《清史列传》卷七一，《杨椿附杨述曾传》：（乾隆）二十四年，充《通鉴辑览》馆纂修官……三十二年，《通鉴辑览》书成，将脱稿而卒，年七十。始编《辑览》时，折衷体例、书法、本末条件，总裁一委之。又详订舆地谬讹，汇为《笺释》。与朱筠、蒋和宁、张霡、王昶诸人，同事发凡起例，斷斷不少假。及卒，大学士傅恒以述曾在事八载，实殚心力入告，奉旨赏给四品职衔。

《国朝耆献类徵》（初编）卷一二四，刘纶《杨述曾墓志铭》：……君之于《辑览》则直以官与身视成书为始终，其可志也。……

> 今案：据杨述曾生平事迹，可知其乃最初参修《历代通鉴辑览》者，由是又可知本书始修于乾隆二十四年。

**《春秋大事表》、《王荆国公年谱》、《司马温公年谱》作者顾栋高卒。**

《清史列传》卷六八，《儒林传下一》：顾栋高，字复初，江苏无锡人。康熙六十年进士，授内阁中书。雍正时，引见，以奏对越次，罢职。乾隆十五年，特召内外大臣荐举经明行修之士，时所举四十余人，惟大学士张廷玉、尚书王安国、侍郎归宣光举江南举人陈祖范，尚书汪由敦举江南举人吴鼎，侍郎钱陈群举山西举人梁锡璵，大理寺卿邹一桂举栋高。此四人，论者谓名实允孚焉。寻奉旨，皆授国子监司业。栋高以年老不任职，赐司业衔。……二十二年，南巡，召见行在，加祭酒衔，赐御书"传经耆硕"四字。二十四年，卒于家，年八十一。

……著《春秋大事表》五十卷，《舆图》一卷，《附录》一卷，以春秋列国诸事比而为表，又为辨论以订旧说之讹，凡百三十一篇。条理详明，议论精覈，多发前人所未发。又《毛诗类释》二十一卷，《续编》三卷，采录旧说，发明经义，颇为谨严。其《尚书质疑》二卷，多据臆断，不足以言心得。大抵栋高穷经之功，《春秋》为最，而《书》则用力少也。其论学则合宋、元、明诸儒门径而一之，援新安以合金溪，为调停之说，著有《大儒粹语》二十八卷。

## 公元1761年 清高宗乾隆二十六年 辛巳

### 齐召南著成《水道提纲》。

齐召南《水道提纲序》：……治水莫神于大禹，言地亦莫精于《禹贡》。以治水先委后源，则列叙九州疆域中高山大川，自滨海之冀、兖、青、徐、扬州，西迄梁、雍。以山自有干与枝，水自有源与委，则总叙导山四列、导水九川，皆起雍、梁而东至于海。……古圣人体国经野，以建都邑，利农田，济舟楫，设津梁，转运阜财，襟带险固，孰有不于水深，究其本末者乎？自汉后，地志日多，专言水者，惟有《水经》及郦道元《注》。道元于西北诸水，巨细不遗，可谓精矣。后儒言水，或解《诗》、《书》、《春秋》，或释班《志》，或于《寰宇》略撮梗概，或于郡邑，各记方隅。……从未有将中国所有巨浸经流，实在共闻共见、可筏可舟、不枯不涸，如孟子所言"原泉混混，放乎四海"者，用《水经》遗意，上法《禹贡》导川，总其大凡，芟除地志繁称远引、分名别号、附会穿凿之陋，务使源委了然，展卷即得，此《水道提纲》所以纪载今日实有之脉络。山川都邑，并用今名，略识古迹，取其质，不取其文。……臣召南学识愚浅，自乾隆丙辰，蒙恩擢入翰林，纂修《一统志》。……臣初久在志馆，考校图籍，于直省外，又专辑外藩蒙古属国诸部道里翔实。是以志成之后，亦尝条其水道，惟图无可据者阙之。及蒙恩告归台山，杜门无事，养病余暇，时检箧中旧稿，次第编录，共成二十八卷。……域中万川，纲目毕列。……乾隆辛巳孟春，原任礼部右侍郎臣齐召南谨序。

《四库全书总目》卷六九，史部地理类二：《水道提纲》二十八卷，国朝齐召南撰。召南字次风，台州人。乾隆丙辰，召试博学鸿词，授翰林院编修。官至礼部侍郎。历代史书各志地理，而水道则自《水经》以外无专书。郭璞所注，久佚不传。郦道元所注，详于北而略于南，且距今千载，陵谷改移，即所述北方诸水，亦多非其旧。国初余姚黄宗羲作《今水经》一卷，篇幅寥寥，粗具梗概，且塞外诸水颇有舛讹，不足以资考证。召南官翰林时，预修《大清一统志》，外藩蒙古诸部，是所分校。故于西北地形，多能考验。且天下舆图备于书局，又得以博考旁稽。乃参以耳目见闻，互相钩校，以成是编。首以海，次为盛京至京东诸水，次为直沽所汇诸水，次为北运河，次为河及入河诸水，次为淮及入淮诸水，次为江及入江诸水，次为江南运河及太湖入海港浦，次为浙江、闽江、粤江，次云南诸水，次为西藏诸水，次漠北阿尔泰以南水及黑龙江、松花诸江，次东北海、朝鲜诸水，次塞北、漠南诸水，而终以西域诸水。大抵通津所注，往往袤延数千里，不可限以疆域。召南所叙，不以郡邑为分，惟以巨川为纲，而所会众流为目，故曰《提纲》。其源流分合，方隅曲折，则统以今日水道为主，不屑附会于古义。而沿革同异，亦即互见于其间。……

**秦蕙田著成《五礼通考》。**

《清史列传》卷二〇，《秦蕙田传》：秦蕙田，江苏金匮人。乾隆元年一甲三名进士，授编修，命南书房行走。……七年，命上书房行走。八年闰四月，迁侍讲。六月，迁右庶子。八月，迁右通政。十一月，擢内阁学士。十年，迁礼部右侍郎。十二年五月，丁本生父忧。……十五年，调刑部侍郎。二十九年，充经筵讲官。二十二年正月，擢工部尚书。四月，署刑部尚书。二十三年正月，调刑部尚书，仍兼管工部事，寻加太子太保。……二十九年四月，以病请解任。……八月，复请解任回籍。……九月，卒于途。……谥文恭。……

顾栋高《五礼通考序》：少宗伯秦公辑《五礼通考》一书，凡若干卷。……今读秦公书，恍然如其意所欲出，纲举而目张，州次而部居，折衷百氏，剖析同异。复举两汉以来，至前明，凡郊祀、礼乐、舆服诸志，及纪传之关于五礼者，悉以类相附，详历代之因革，存古今之同然。盖举二十二史，悉贯以《周官》、《仪礼》之书，细大不遗，体要备举。余谓是书，如女娲之补天，视王通之续经，束皙之补亡，其大小纯杂，迨不可以里道计。至是而成周之礼，始灿然大明于世。……乾隆十七年壬申，顾栋高时年七十有四。

《四库全书总目》卷二二，经部礼类四：《五礼通考》二百六十二卷，国朝秦蕙田撰。蕙田字树峰，金匮人。乾隆丙辰进士，官至刑部尚书。谥文恭。是书因徐乾学《读礼通考》惟详"丧葬"一门，而《周官·大宗伯》所列五礼之目，古经散亡，鲜能寻端竟委，乃因徐氏体例，网罗众说，以成一书。凡为类七十有五。……然周代六官，总名曰礼。礼之用，精粗条贯，所赅本博。故朱子《仪礼经传通解》于《学礼》载钟律诗乐，又欲取许氏《说文解字》序说及《九章算经》为《书数篇》而未成。则蕙田之以类纂附，尚不为无据。其他考证经史，元元本本，具有经纬，非剽窃饾饤，挂一漏万者可比。较陈祥道等所作，有过之无不及矣。

**《续文献通考》与《皇朝文献通考》分书编纂。**

《四库全书》本《钦定皇朝文献通考》卷首，馆臣提要：臣等谨按：《皇朝通考》三百卷，乾隆十二年奉勅撰。初与《续文献通考》共为一编，乾隆二十六年，以前朝旧事例用平书，而述昭代之典章，录列朝之诏谕，尊称鸿号，礼应敬谨抬行，体例迥殊，难于画一。遂命自开国以后，自为一书。其《续通典》、《续通志》，皆古今分帙，即用此书之例也。……

## 公元1762年 清高宗乾隆二十七年 壬午

**《皇舆西域图志》初修本告成。**

《四库全书》本《皇舆西域图志》卷首，乾隆帝御制序：语云"耕当问仆，织当问婢"。志广舆者，不稽之历代建置沿革，将无从数典。而志西域则有不能尽稽之历代者，实以幅员所限，言语不通。虽汉、唐盛时，亦颇能威行天山迤南，建官设都，而天山迤北本不能至也。即有一二羁縻之国，然叛服不常，征调弗应，又安能履其地而强索之哉！且汉唐之程督异域者，仍汉、唐人而已，其与准噶尔回部人语，奚啻粤问而燕答，则其所记鲁鱼亥豕之纷，不待言而可知。兹者叨天祐、藉群力、凑时会，幸成是役。准噶尔、回部之人皆在廷执事，而国语切音译外藩语，又甚便且易。我诸臣驰驱往来其间，目睹身历，非若耳闻口传者比。俾司校勘而正其讹传，其真较仆婢耕织之问为尤详。且厄鲁特语及回语，朕亦因暇而习焉，时御丹椠，为之改正。是西域志之书必应及是时成之，用开历代之群疑，垂千秋之信录。间亦涉及诸史，以存述古。总计分部二十，分卷五十有二，绘图系说，蔚为完书。若夫辟地葳功，文臣或有过颂，朕所不取。惟是筹耕牧，计久长，图所以永乾，贶奠丕基，思日孜孜，持盈益凛，予安得有功成无事之说哉！乾隆二十七年十二月初一日。

《四库全书》本《皇舆西域图志》卷首，《凡例》：……是书于乾隆二十一年丙子春，原任大学士刘统勋初奉谕旨纂辑，后归方略馆办理，于壬午冬初稿告成。迩日新疆规度日详，随事增辑进御，仰荷睿裁钦定，蔚为完书。

《国朝宫史》卷三〇，《志乘》：《皇舆西域图志》一部。乾隆二十四年平定西域，天山迤北，西海之滨，咸隶版图。皇上特命纂《西域图志》，亲定成书。厘为十八门：曰天章，曰图考，曰列表，曰分野，曰疆域，曰山，曰水，曰官制，曰兵防，曰屯田，曰贡赋，曰语言，曰字书，曰音乐，曰服物，曰风俗，曰土产，曰外藩。凡四十六卷。

  今案：初修本《皇舆西域图志》成书时间，据《四库全书》本卷首御制序言签署日期以及凡例之言，可知成于乾隆二十七年。但初修本之篇幅，据乾隆四十四年成书的《国朝宫史》记载，应为十八门、四十六卷。后于纂修《四库全书》时重新修订，增为二十门、五十二卷。乾隆帝未给增订后的《皇舆西域图志》重新撰序，故仍采用乾隆二十七年之序，却为了切合增订本的篇幅而改动了御制序中所言门类和卷数。

## 公元 1764 年　清高宗乾隆二十九年　甲申

**议定重修《大清一统志》。**

《清高宗实录》卷七二二，乾隆二十九年十一月戊申朔：军机大臣等议复：御史曹学闵奏称，从前纂修《大清一统志》，于乾隆八年告成，久已颁行海内。近年来平定准噶尔及回部，拓地二万余里，实为振古未有之丰功。前命廷臣纂修《西域图志》，并令钦天监臣前往测量各部经纬地度，增入舆图。惟《一统志》尚未议及增修，请饬儒臣，查照体例，将西域新疆敬谨增入。再查《一统志》自成书以后，迄今又二十余年，各省府厅州县，添设裁并，多有不同，亦应查照新定之制，逐一刊改等语。查《一统志》自直隶各省而外，外藩属国五十有七，朝贡之国三十有一，凡版图所隶，无不载入。我皇上戡定西域，收准夷之疆索，辑回部之版章，特命将军大臣分部驻守，一切制度章程，与内地省分无异。该御史所奏将西域新疆增入《一统志》，以昭圣朝一统无外之盛，自属可行。至臣等奉敕所纂之《西域图志》，分野、疆域、风俗、山川等类，无不备具，请即将《一统志》所应载者按类择取，增入志末，以成全书……从之。

## 公元1765年 清高宗乾隆三十年 乙酉

**令将西洋传教士所绘平定伊犁回部全图十六幅，运往欧洲制成铜版印刷。**

法国伯希和撰、冯承钧译《乾隆西域武功图考证》(《中国学报》1944年第2卷第4期)载：乾隆三十年五月二十六日谕："前命供奉京师之西洋绘士郎士宁等，所绘准噶尔、回部等处得胜图十六幅，今欲寄往欧罗巴洲，选择良师镂为铜版，俾能与原图不爽毫厘。所有镂版工资照发，不得延误。郎士宁绘爱玉史斫营图，王致诚绘阿尔楚尔战图，艾启蒙绘伊犁人民投降图，安德义绘呼尔满战图，凡四幅，应先交，首先放洋海舶运往。刻工必须迅速镂成，印一百套，连同铜版寄还。余十二图分三道寄往欧罗巴洲，每道四图。钦此。"

《国朝宫史续编》卷九七，《图刻》载乾隆帝的《图咏序》：西师定功于己卯，越七年丙戌，战图始成。因详询军营征战形势以及结构丹青，有需时日也。夫我将士出百死一生，为国宣力，赖以有成，尔使其泯灭无闻，朕岂忍为哉！是以紫光阁既勒有功臣之像，而此则各就血战之地绘其攻坚执锐、斩将搴旗实迹，以旌厥劳而表厥勇。尔时披露布已有成咏者，即书之帧间；其未经点笔者，兹特补咏，凡六事。《礼》不云乎：听鼓鼙之声，则思将帅之臣；抚是图也，有不啻若是之感……

今案：乾隆中清军平定新疆地区，不仅纂修《皇舆西域图志》，而且绘制相关战图16幅，乾隆帝逐一吟咏诗作，写于图上。乾隆三十年，绘图尚未完全告竣，就谕令将已成战图4幅运往欧洲制作铜版，且印制图画。此次制版印图，是在法国巴黎进行。乾隆三十一年战图全部绘成。三十二年，另外十二图也运抵法国。上引乾隆帝谕旨，不见汉文文件，乃法国国家档案库所存法文文本，冯承钧据伯希和之文章回译，译文有不确之处。如"爱玉史斫营图"，应为"阿玉锡斫营图"或依地名称"格登鄂拉斫营图"；"伊犁人民投降图"，则应译"平定伊犁受降图"，等等。法国方面对此事极为重视，委任著名艺术家监制。乾隆三十七年，第一批7幅铜版以及印好图绘运至北京，而其余铜版和印图全部运抵北京，应在乾隆四十年。详见伯希和撰、冯承钧译长文《乾隆西域武功图考证》，连载于《中国学报》第2卷第4期（1944年）、第3卷第1—3期（1945年）。清朝统治者历有绘制战图传统，此前此后均有同类活动，这项绘画"图史"并且在法国制版和印制，最为典型，是清乾隆朝一项重要的中外文化交流活动。

**命重开国史馆修纂国史列传。**

《清高宗实录》卷七三九，乾隆三十年六月丁卯：谕："朕恭阅《世祖章皇帝实录》，内载大学士宁完我劾奏陈名夏之疏，有与魏象枢结为姻党一款。朕向闻魏象枢，在汉大臣中尚有名望，乃与党恶之陈名夏联姻，藉其行私护庇，则亦不得谓之粹然无疵之名臣矣。因取国史馆所撰列传，祗称以事降调，而不详其参劾本末，则后之人，亦何由知其事为何事而加之论定乎？向来国史馆所辑列传，原系择满汉大臣中功业政绩素著者，列于史册，以彰懿娥。其无所表见，及获罪罢斥者，概屏弗与。第国史所以传信，公是公非，所关原不容毫厘假借，而瑕瑜并列，益足昭衡品之公。所为据事直书，而其人之贤否自见，若徒事铺张夸美，甚或略其所短，暴其所长，则是有褒而无贬，又岂《春秋》华衮斧钺之义乎！……因思大臣之贤否，均不可隐而弗彰，果其事功学行卓卓可纪，自应据实立传，俾无溢美。若获罪废弃之人，其情罪允协者，固当直笔特书，垂为炯戒。即当日弹章过于诋毁，吏议或未尽持平，亦不妨因事并存，毋庸曲为隐讳。从前国史编纂时，原系汇总进呈，未及详加确核，其间秉笔之人，或不无徇一时意见之私，抑扬出入，难为定评。今已停办年久，自应开馆重事辑修，著将国初已来满汉大臣，已有列传者通行检阅，核实增删考正。其未经列入之文武大臣，内而卿贰以上，外而将军、督抚、提督以上，并宜综其生平实迹，各为列传。均恭照实录所载及内阁红本所藏，据事排纂，庶几淑慝昭然，传示来兹，可存法戒。朕将特派公正大臣为总裁，董司其事，以次陆续呈阅，朕亲加核定，垂为信史。并著该总裁官，将作何搜辑，酌定章程，不致久稽时日之处。详议具奏。"

《清高宗实录》卷七四四，乾隆三十年九月戊子：谕："前以国史原撰列传，止有褒善，恶者惟贬而不录，其所以为恶，人究不知，非所以昭传信也。因降旨开馆重修，特派大臣为总裁董司其事，并令详议条例以闻。今据该总裁等议奏开馆事宜内称：满汉大臣，定以官阶，分立表传。旗员自副都统以上，文员自副都御史以上，及外官督、抚、提督等，果有功绩学行，及获罪废弃原委，俱为分别立传等语。所议尚未详备。列传体例，以人不以官，大臣中如有事功学术足纪，及过迹罪状之确可指据者，自当直书其事，以协公是公非。若内而部旗大员循分供职，外而都统、督抚之历任未久，事实无所表见者，其人本无足重轻，复何必滥登简策。使仅以爵秩崇卑为断，则京堂、科道中之或有封章建白，实裨国计民生者，转置而不录，岂非缺典？且如儒林亦史传之所必及，果其经明学粹，虽韦布之士不遗，又岂可拘于品位，使近日如顾栋高辈终于淹没无闻耶！举一以例其余，虽列女中之节烈卓然可称者，亦当核实兼收，另为列传。诸臣其悉心参考，稽之诸史体例，折衷斟酌，定为凡例，按次编纂，以备一代信史。至立表之式，固当如所定官阶为限制，仍应于各姓氏下，注明有传无传，使览者于表传并列者，即可知某某之媺恶瑕瑜；而有表无传者，必其人无足置议；有传无表者，必其人实可表章。则开卷了然，不烦言而其义自见。朕每览历代史册，褒讥率无定评，即良史如司马迁，尚不免逞其私意，非阿好而过于铺张，即怨嫉而妄为指摘，其它更可知矣。我朝百余年来，于大小臣工，彰善瘅恶，一秉至公，实可垂为法戒。今悉据事核实，立为表传，总裁大臣公同商榷，朕复亲为裁定，传之万世，使淑慝并昭，而衮钺不爽，不更愈于自来秉史笔者之传闻异辞、而任爱憎为毁誉者耶！将来成书时，即以朕前后所降谕旨弁之简端，用示慎重修辑国史之意。"

**蒋良骐为国史馆史官，私录清实录资料，后编纂《东华录》。**

蒋良骐《东华录》（齐鲁书社2005年版）卷首，《自序》：乾隆三十年十月，重开国史馆于东华门内稍北。骐以谫陋，滥竽纂修。天拟管窥，事凭珠记。谨按馆例，凡私家著述但考爵里，不采事实，惟以实录、红本及各种官修之书为主，遇阄分列传事迹及朝章国典兵礼大政，与列传有关合者则以片纸录之，以备遗忘。信笔摘钞，逐年编载，祇期鳞次栉比，遂觉缕析条分。积之既久，竟成卷轴，得若干卷云。

> 今案：蒋良骐之《东华录》成书时间不明，盖私下抄录清朝实录，撰辑后最初是在民间流传。其《自序》言起因是乾隆三十年入国史馆为纂修官，故系于此年。实际成书自当后此若干年时也。

## 公元1766年 清高宗乾隆三十一年 丙戌

**谕将南明政权不必书"伪"。**

《清高宗实录》卷七六一，乾隆三十一年五月甲午：谕：今日国史馆进呈新纂列传内《洪承畴传》，于故明唐王朱聿钊加以"伪"字。于义未为允协。明至崇祯甲申，其统已亡，然福王之在江宁，尚与宋南渡相仿佛，即唐、桂诸王转徙闽滇，苟延一线，亦与宋帝昺、帝昺之播迁海峤无异。且唐王等皆明室子孙，其封号亦其先世相承，非若异姓僭窃、及草贼拥立一朱姓以为号召者可比，固不必概从贬斥也。当国家戡定之初，于不顺命者自当斥之曰"伪"，以一耳目而齐心志。今承平百有余年，纂辑一代国史，传信天下万世，一字所系，予夺攸分必当衷于至是，以昭史法。昨批阅《通鉴辑览》至宋末事，如元兵既入临安，帝显身为俘虏，宋社既屋，统系即亡。昰、昺二王，窜居穷海，残喘仅存，并不得比于绍兴偏安之局。乃《续纲目》尚以景炎、祥兴大书纪年，曲徇不公，于史例亦未当，因特加厘正，批示大旨使名分秩然，用垂炯戒。若明之唐王、桂王，于昰、昺亦复何异？设竟以为"伪"，则又所谓矫枉过正，弗协事理之平。即明末诸臣，如黄道周、史可法等，在当时抗拒王师，固诛戮之所必及。今平情而论，诸臣各为其主，节义究不容掩。朕方嘉予之，又岂可概以"伪"臣目之乎！总裁等承修国史，于明季事皆从贬，固本朝臣子立言之体，但此书皆朕亲加阅定，何必拘牵顾忌，漫无区别，不准于天理、人情之至当乎。朕权衡庶务，一秉至公，况国史笔削，事关法戒，所系于纲常名教者至重，比事固当徵实，正名尤贵持平。特明降谕旨，俾史馆诸臣，咸喻朕意，奉为准绳，用彰大中至正之道。

**乾隆《大清会典》成书。**

《清高宗实录》卷七七五，乾隆三十一年十二月辛酉：刊刻《大清会典》告成。御制序曰：自郊庙朝廷，放之千百国，微荒服属之伦而莫之俏；自创业守文，绳之亿万叶，矩矱训行之久而勿之渝。非会典奚由哉！顾维圣作明述，政府粲陈，其间有因者，即不能无损与益。而要之悉损益以善厥因，则方策所丽，乃一成不易之书，非阅世递辑之书也。国家膺大宝命，列圣肇兴，礼乐明备。皇祖圣祖仁皇帝康熙二十三年，始敕厘定会典，则以时当大业甫成，实永肩我太祖、太宗、世祖三朝之统绪、不可以无述、而述固兼作矣。皇考世宗宪皇帝雍正五年，申谕阁臣，敬奉成编，考衷条系，则以累洽重熙，更兼皇祖景祚延洪，化成久道，不可以无述，而述且未遑言作矣。暨朕寅绍丕基，祗祗翼翼，壹惟法祖宗之法，心祖宗之心，发册披图，罔或偭豫尺寸。会西陲大功告藏，幸缵承祖宗欲竟之志事。而凡职方、官制、郡县、营戍、屯堡、觐飨、贡赋、钱币诸大政，于六曹庶司之掌，无所不隶。……于是区会典、则例各为之部，而辅以行，诸臣皆谓若网以纲，咸正无缺，而朕弗敢专也。盖此日所辑之会典，犹是我皇祖、皇考所辑之会典，而俛焉从事于兹者，岂真义取述而不作云尔哉，良以抱不得不述之深衷，更推明不容轻述之微指。稽典者，当了然知宰世驭物所由来，无自疑每朝迭修为故事耳。……

今案：乾隆帝所撰《大清会典序》，签署日期为"乾隆甲申春御制"，即乾隆二十九年春。盖此撰序之时，书已基本纂成，而刊刻告成则在本年本月。既然实录将两年前写就的御制序言也系于此时，则正式成书当依此为准。清代官书多记载为乾隆二十九年撰成，可视为告成而未及刻竣之时。

## 公元 1767 年 清高宗乾隆三十二年 丁亥

### 命同时纂修《续文献通考》、《续通典》、《续通志》。

《清高宗实录》卷七七七，乾隆三十二年二月丙申：谕："前开馆续纂《文献通考》一书，并添辑本朝一切典制，分门进呈，朕亲加披览，随时裁定。全书现在告竣，经该总裁等奏请将馆务停止。因思马端临《通考》，原踵杜佑《通典》、郑樵《通志》而作，三书实相辅而行，不可偏废。曩因旧本多讹，曾命儒臣详为校勘，镌刻流传，嘉惠海内。今《续通考》，复因王圻旧本改订增修。惟《通典》、《通志》，向未议及补辑，士林未免抱阙如之憾。著仍行开馆，一体编辑。所有开馆事宜，著大学士详悉定议具奏。其修书义例，有应仍、应改之处，该总裁等务博稽前典，参酌时宜，而要之以纪实无讹，可垂久远。至现辑《续通考》一书，从前所进各门，仅载至乾隆二十五年以前，而陆续呈进者，并纂入三十一年之事，先后体制，尚未画一。著交新开书馆，将所纂二十四考概行增辑，编载事实，悉以本年为准。增添各卷，即速缮呈览，以便刊版颁行。其《通典》、《通志》二书，亦以三十一年为限，以期画一。"

**国史馆拟定纂修列传之凡例。**

北京国家图书馆藏《画一列传凡例》载《纂辑臣工列传旧例》：一、满洲、蒙古姓氏、人名、地名，俱遵《八旗通志》、《八旗氏族通谱》书写。一、凡满洲由下五旗抬入上三旗者，书"升隶"某旗，其由蒙古、汉军、内务府抬入满洲旗分者，书"攫入满洲"某旗。一、凡官阶曰除、曰授、曰任。补原官者曰"补"、曰"仍授"、曰"仍任"。升任者曰"擢"、曰"迁"；品级相玄者曰"超擢"、曰"超迁"，并叙之曰"洊擢"、曰"累迁"。品级相等者曰"改"、曰"调"。凡降官者曰"降"，革任者曰"革"，罢废曰"罢黜"，起原任官曰"复"、曰"起用"。……

中国第一历史档案馆存《国史馆档案》庶务类第1068号卷，存《乾隆三十二年拟例》：一、八旗功勋大臣旧以子孙附缀于后，今酌将子孙之事迹多者各为立传，本传末只书子某别有传。其事迹少者仍附叙传末，或无事可考者，书子某袭爵职。……一、增立新传，所编事迹俱以实录、红本为凭，旧已有传者，为增补遗漏，改正舛讹。系八旗者，须参考旗册所载敕书，至《氏族通谱》、《八旗通志》、各省志书上采其与实录、红本合符而原委较详者联缀成文。其近于铺张无所根据之语，虽旧传载之，亦从删节。……一、凡传所载征伐敌人，明福王、唐王、桂王，奉旨不书"伪"字，其他爵号、官职，在明崇祯时封授者，如鲁王朱以海之类，俱同此例，以《明史》表、传为据。一、叙大将军经略战功，宜将师旅主敌始末、调遣运筹往来道路、克取城邑分晰明白。其斩获微末兵弁，可从简括。至叙随征、助征、分征将校功绩，只应遵敕书、动册，据事纪实，不宜以主将及他人统同猎入名下。一、一事而数人公同者，详第一人传内，余只应载大略，以免重复。……

今案：北京国家图书馆所藏《画一列传凡例》为清咸丰朝刻本，其中《纂辑臣工列传旧例》未标明拟定日期，但中国第一历史档案馆藏《国史馆全宗档案》1号卷内，有《画一大臣传凡例》档册，其中含有题为"旧例"的文件，标明乾隆三十二年六月拟写，与此件文字基本雷同，可知此乃是年拟定文稿。此件内容主要是关乎列传"书法"问题，因而这里仅简略摘录，以示本年清官方已经注意到纂修国史列传需要规定统一规则的问题。另外，在《国史馆全宗档案》庶务类1068号卷内，有"乾隆三十二年拟例"的档案文书，共11条，内容远比上述刻印件丰富，上引5条。二者同一年拟定，而内容差别很大，不知为何未能斟酌合一，且不知何以清朝单单刻印仅仅限于"书法"的这篇旧例。记此备考。

**王谟于本年前著成《江西考古录》。**

《续修四库全书总目提要》（稿本）：《江西考古录》，清王谟撰。谟字仁圃，一字汝上。金溪人。乾隆进士，受建昌教授。高才笃学，著书满家。纂集《汉魏丛书》九十六种，书为《豫章风土赋》，盈万言，有班、扬之逸轨。又著《豫章十代文献略》若干卷，与此《江西考古录》十卷，皆思以羽翼《江西通志》者也。其目：一《郡邑》；二《土地》；三《山阜》；四《川泽》；五《古迹》；六《冢墓》；七《物产》；八《故事》；九《神异》；十《杂志》。其书以《江西通志》详于近，略于远，故取名《江西考古录》。于《通志》详者略之，略者详之。……故虽名《考古录》，实足当为《江西续志》而无愧。录中多用注疏文体。……实考江西文献中，一必备之书也。

今案：书前有何飞熊乾隆丁亥元月序，故系于本年。

## 公元 1768 年 清高宗乾隆三十三年 戊子

**《御批历代通鉴辑览》成书。**

《清高宗实录》卷八〇二，乾隆三十三年正月己亥：《御批历代通鉴辑览》告成。御制序曰：编年之书，莫备于皇祖御批之《资治通鉴纲目》，盖是书集三编为一部，自三皇以至元末明初，振纲挈目，谨予严夺，足以昭万世法戒。为人君者，不可不日手其帙，而心其义也。然皇祖虽尝抉精微、徵辞旨，著论百余首，亦惟析疑正陋，垂教后世耳，于其书则一仍厥旧，无所笔削也。故全书篇幅虽多，而议论乃什倍于事实。即如前编之中总论、史论、音释、辨疑、考证，纷不一家，正编之中，凡例、发明、书法、考异、集览、考证、正误、质实，滥觞益甚。至于续编之作，成于有明诸臣，其时周礼沿尹起莘例作发明，而广义则出于张时泰，效刘友益书法而为之者。夫发明、书法，其于历朝兴革、正统偏安之际，已不能得执中之论，而况效而为之者哉。且以本朝之臣而纪其开国之事，自不能不右本朝而左胜国，此亦理之常也。况三编中，嬗代崛起之际，称太祖而系以我者不一而足，亦非体例也。故命儒臣纂《历代通鉴辑览》一书，尽去历朝臣各私其君之习而归之正。自隆古以至本朝四千五百五十九年事实，编为一部全书，于凡正统、偏安、天命人心、系属存亡，必公必平，惟严惟谨，而无所容心曲徇于其间。观是书者，凛天命之无常，知统系之应守，则所以教万世之为君者，即所以教万世之为臣者也。书中批论，一依皇祖之例，自述所见、据事以书者十之三，儒臣拟批者十之七，而经笔削涂乙者七之五，即用其语弗点窜者，亦七之二云。

今案：因御制序签署时间为乾隆三十二年，故不少文献称本书于乾隆三十二年告成。但《清高宗实录》则系成书时间于三十三年正月己亥（初十日），且录御制序于此。更值得注意的是：《御批通鉴辑览》卷首载有傅恒等馆臣的《进书表》，所署日期也是乾隆三十三年正月初十日。故正式成书，当于乾隆三十三年。盖御制序言的撰写，不一定在修书真正完竣之际。

**《水道提纲》、《历代帝王年表》作者齐召南卒。**

《清史列传》卷七一，《文苑传二》：齐召南，字次风，浙江天台人。雍正七年副贡生。乾隆元年，召试博学鸿词，改翰林院庶吉士，散馆授检讨。八年，大考，擢右中允，洊升至侍读学士，充日讲起居注官。十三年……入直上书房。大考一等一名，授内阁学士，兼礼部侍郎。历充《大清一统志》、《会典》、《明鉴纲目》、《续文献通考》纂修及副总裁官。……十四年，自圆明园归，马惊堕，伤脑。……旋乞归养。三十二年，族子周华以党吕留良遣戍，归刻其书，呈巡抚熊学鹏，诬列召南十罪，诏磔周华，逮召南至京，当籍没，上鉴其无他，仅予革职。归，寻卒，年六十六。……

尤精《三礼》、地舆之学。……著《水道提纲》三十卷，其源流分合，方隅曲折，统以今日水道为主。又著《尚书、礼记、春秋三传考证》，《史记功臣侯表》五卷，考证《汉书》百卷、《后汉书郡国志》五卷、《隋书律例天文》五卷、《旧唐书律例天文》二卷，《史汉功臣侯第考》一卷，《历代帝王年表》十三卷，《后汉书公卿表》一卷。

齐召南《历代帝王年表自序》：尝欲仿司马温公《通鉴目录》之意，总《二十一史》提其纲，以便初学而未能也。今春多暇，乃作总表。三代以上，但列世次之大都；自秦、六国，下至明洪武，皆以年序，亦略识其治乱得失，使数千年间兴亡分合，一展卷而瞭如，或亦初学者之一助也。乾隆丁酉中和节，天台齐召南识。

今案：《历代帝王年表自序》末署"乾隆丁酉"，即乾隆四十二年。疑为"乙酉"之讹，因齐召南于乾隆三十三年已辞世。道光四年，阮福续补此书明代部分，是为通行本。

## 公元 1769 年　清高宗乾隆三十四年　己丑

**《国朝宫史》纂修告成。**

《四库全书总目》卷八二，史部政书类二：《国朝宫史》三十六卷，乾隆七年奉敕撰。乾隆二十四年以原书简略，复命增修。越两载而告成。凡六门：首曰《训谕》，恭载列朝圣训、皇上谕旨，以昭垂家法。次曰《典礼》，备著内廷仪节、规制、冠服、舆卫之度。其外朝诸大礼详于《会典》者，则略之。次曰《宫殿》，按次方位，详列规模。凡御笔榜书楹帖，及诸题咏，并一一恭录。次曰《经费》，凡献赍、礼宴、服食、器用之数，纤悉必载。次曰《官制》，具载内臣员品，及其职掌与其功罪赏罚之等。次曰《书籍》，部分录略，编目提要，皆穷理致治之作，而梵文贝筴、庋藏净域者不与焉。伏读谕旨申明编辑是书之意，拳拳于立纲陈纪，聪听明训，为万万世遵循之本。盖修齐治平之道，并具于斯矣。

《国朝宫史》（北京古籍出版社 1987 年版）卷首，于敏中等进书奏折：臣于敏中、臣王际华、臣裘曰修谨奏：臣等奉敕纂辑《国朝宫史》告成。……先于乾隆七年谕大学士率南书房翰林等，恭纂《国朝宫史》一书，所以彰列祖之鸿猷，昭万禩之燕贻……比效编摩，经成卷帙。嗣以史笔士言之纪载，岁月有加；况经武功庆典之光昭，仪章益备。续于乾隆二十四年申命臣等重加编辑者。……谨将纂成《国朝宫史》《训谕》四卷、《典礼》六卷、《宫殿》六卷、《经费》三卷、《官制》二卷、《书籍》十五卷，统三十六卷。装成四函，具折恭进，伏候钦定。谨奏。乾隆三十四年十二月二十四日。

　　今案：上引本书卷首之进书奏折，签署日期为乾隆三十四年十二月，乃成书时间。《四库全书总目》等记载此书成于乾隆二十六年，皆误。盖因本书记事下限，止于乾隆二十六年，被误解为成书时间，遂以讹传讹。

## 公元 1770 年　清高宗乾隆三十五年　庚寅

**《平定准噶尔方略》修成。**

《清高宗实录》卷八五一，乾隆三十五年正月丙午：平定准噶尔方略告成。御制序曰：《平定准噶尔方略》书成，纂言者以序请。夫序者，所以叙其事之本末，而因文以悉其肯綮也。事之本末，则《方略》三编尽之矣，太学之碑、磨崖之铭、西师之诗、开惑之论，亦既悉其肯綮矣，如是则可以不烦重序。虽然，五年之间，大勋两集，又十年而后书成，是不可以无序。且朔漠、金川，前例具在也，乃允其请而为之序，曰：功不可以虚成，名不可以伪立，幸不可以屡徼，志不可以少侈。夫用兵中国，自古为难，而况踰沙漠、天山，万里而遥乎。旰斯宵斯，劼劭以至有成，功非虚而名非伪，是仅可免后人之指摘耳。若夫扬扬自诩，以为诚若能操必胜之券，则不准致物议而贻口实，于心亦诚恧若也。藉众之力，幸底于绩，然我士卒之撄锋镝者，不为少矣。故此书之辑，率因忠魂义魄，不忍令其泯没无闻，具载以志之，而犹不在于扩土开疆之为也。既平准噶尔，延及回部，悉主悉臣，耕作赋役兴焉。此亦一再徼幸矣，而犹不知自足，欲屡试我锐而别有图，是志侈也。志侈者不祥，故近日撤征缅之旨甫降，而彼适投诚，我兵振旅以还，告成事焉，此非盈虚消息之理，捷若响应乎？是则此序之作。不惟回思而若有惊，亦且永图而怀有戒也。

## 公元1771年 清高宗乾隆三十六年 辛卯

### 《御制评鉴阐要》纂辑成书。

《四库全书总目》卷八八，史部史评类：《御制评鉴阐要》十二卷，乾隆三十六年大学士刘统勋等编次恭进，皆《通鉴辑览》中所奉敕御批也。始馆臣恭纂《辑览》时，分卷属稿，排日进呈。皇上乙夜亲披，丹毫评骘，随条发论，灿若日星。其有敕馆臣撰拟，黏签同进者，亦皆蒙睿裁改定，涂乙增损，十存二三。全书既成，其间体例事实奉有宸翰者，几及数千余条。既已刊刻简端，宣示奕祀。馆臣等忾聆指授，以微文奥义皆出自圣人独断之精心，而章句较繁，观海者或难窥涯涘，因复详加甄辑，勒为此书。凡分卷十二，计恭录御批七百九十八则。大抵御撰者十之三，改签者十之七。闳纲巨指，炳著琅函。仰惟圣鉴精详，无幽不烛。……故论世知人，无不抉微而发隐。所谓斥前代矫诬之行，辟史家诞妄之词，辨核舛讹，折衷同异，其义皆古人所未发。而敷言是训，适协乎人心天理所同然。……盖千古之是非，系于史氏之褒贬；史氏之是非，则待于圣人之折衷。臣等编辑史评，敬录是编。不特唐宋以来偏私曲袒之徒，无所容其喙，即千古帝王致治之大法，实已包括无余。尊读史之玉衡，并以阐传心之宝典矣。

**敕令改修《辽金元三史国语解》，并据以校定《辽》、《金》、《元》三史。**

《清高宗实录》卷二九五：乾隆十二年七月丙午谕：近因校阅《金史》所附《国语解》一篇，其中讹舛甚多。金源即满洲也。其官制、其人名，用本朝语译之，历历可见。但大金全盛时，索伦蒙古亦皆所服属。幅员辽广，语音本各不同。而当时惟以国语为重，于汉文音义未尝校正画一。至元臣纂修，又不过沿袭纪载旧文，无暇一一校正，讹以传讹，有自来矣。即如所解之中，或声相近而字未恰合，或语似是而文有增损。至于姓氏，惟当对音，而竟有译为汉姓者。今既灼见其谬，岂可置之不论。爰命大学士讷亲、张廷玉、尚书阿克敦、侍郎舒赫德，用国朝校定切音，详为辨正。令读史者咸知金时本音本义，讹谬为之一洗。并注清文，以便考证。即用校正之本，易去其旧。其坊间原本，听其去留。庶考官信今，传世行远，均有裨焉。

《清高宗实录》卷八九八：乾隆三十六年十二月戊寅谕：前以批阅《通鉴辑览》，见前史所载辽、金、元人地官名，率多承讹袭谬，展转失真，又复诠解附会，支离无当，甚于对音中曲寓褒贬，尤为鄙陋可笑。盖由章句迂生，既不能深通译语，兼且逞其私智，高下其手，讹以传讹，从未有能正其失者。我国家当一统同文之盛，凡索伦蒙古之隶臣仆、供宿卫者，朕皆得亲为咨访，于其言语音声，俱能一一稽考，无纤微之误。是以每因摘文评史，推阐及之，并命馆臣，就《辽》、《金》、《元》史《国语解》内，人地、职官、氏族，及一切名物象数，详晰厘正，每条兼系以国书，证以《三合切韵》，俾一字一音，咸归吻合，并为分类笺释，各从本来意义。以次进呈，朕为亲加裁定，期于折衷至是，一订旧史之踳驳。今《金国语解》业已订正蒇事，而诸史原文尚未改定。若俟辽、元国语续成汇订，未免多需时日，著交方略馆，即将《金史》原本先行校勘，除史中事实，久布方策，无庸复有增损外，其人地、职官、氏族等，俱依新定字音确核改正。其《辽》、《元》二史，俟《国语解》告竣后，亦即视《金史》之例，次第厘订画一。仍添派纂修官，分司其事，总裁等综理考核。分帙进览候定，用昭阐疑传信之至意。一切事宜，著总裁等即行议奏，不可濡滞。

《四库全书总目》卷四六，史部正史类二：《钦定辽金元三史国语解》四十六卷，乾隆四十六年奉敕撰。考译语对音，自古已然，《公羊传》所称"地物从中国，邑人名从主人"是也。译语兼释其名义，亦自古已然。《左传》所称："楚人谓乳穀，谓虎于菟。"《谷梁传》所称："吴谓善伊，谓稻缓。号从中国，名从主人是也。"间有音同字异者，如"天竺"之为"捐笃"、"身毒"、"印度"，"乌桓"

之为"乌丸"。正如中国文字,偶然假借,如"欧阳"汉碑作"欧羊","包胥"《战国策》作"勃苏"耳。初非以字之美恶分别爱憎也。自《魏书》改"柔然"为"蠕蠕",比诸蠕动,已属不经。《唐书》谓"回纥"改称"回鹘",取轻健如鹘之意,更为附会。至宋人武备不修,邻敌交侮,力不能报,乃区区修隙于文字之间。又不通译语,竟以中国之言,求外邦之义。如赵元昊自称"兀卒",转为"吾祖",遂谓"吾祖"为"我翁"。"萧鹧巴"本属蕃名,乃以与"曾淳甫"作对,以"鹧巴"、"鹑脯"为恶谑。积习相沿,不一而足。元托克托等修宋、辽、金三《史》,多袭旧文,不加刊正。考其编辑成书已当元末。是时如台哈布哈号为文士,今所传纳新《金台集》首,有所题篆字,亦自署曰"泰不华",居然讹异。盖旧俗已漓,并色目诸人亦不甚通其国语,宜诸史之讹谬百出矣。迨及明初,宋濂等纂修《元史》,以八月告成,事迹挂漏,尚难殚数。前代译语,更非所谙。三《史》所附《国语解》,颠舛支离,如出一辙,固其宜也。我皇上圣明天纵,迈古涵今,洞悉诸国之文,灼见旧编之误,特命馆臣,详加釐定,并一一亲加指示,务得其真。以索伦语正《辽史》,凡十卷。首君名,附以后妃、皇子、公主;次宫卫,附以军名;次部族,附以属国;次地理;次职官;次人名;次名物。共七门。以满洲语正《金史》,凡十二卷。首君名,附以后妃皇子;次部族;次地理;次职官,附以军名;次姓氏;次人名,附以名物。共六门。以蒙古语正《元史》,凡二十四卷。首帝名,附以后妃、皇子、公主;次宫卫,附以军名;次部族,附以国名;次地理;次职官;次人名;次名物。共七门。各一一著其名义,详其字音。字音为汉文所无者,则两合三合以取之。分析微茫,穷极要眇。即不谙翻译之人,绎训释之明,悟语声之转,亦觉釐然有当于心,而恍然于旧史之误也。盖自《钦定三合切音》、《清文鉴》出,而国语之精奥明。至此书出,而前史之异同得失亦明。不但宋、明二《史》可据此以刊其讹,即四库之书,凡人名、地名、官名、物名涉于三朝者,均得援以改正,使音训皆得其真。圣朝考文之典,洵超轶乎万禩矣。

  今案:是书敕撰时间,《四库提要》记作"乾隆四十六年",四库本书前提要记作"乾隆四十七年",均不确。乾隆十二年,已有校改《金史国语解》之谕旨,是为此书之嚆矢。至三十六年,始决定修改辽、金、元三史《国语解》,并据以校订三史正文中人名、地名、官名、物名翻译用字。至乾隆五十年《辽金元三史国语解》改修告成,五十四年正式录入《四库全书》。惟乾隆三十六年敕修此书之一年刚过,即启动《四库全书》编纂,轻重缓急之间，不免濡滞，随后则纳入《四库全书》统一工程中安排，故《四库提要》等叙次敕撰时间有所差误。而应须明悉者：乾隆朝改修的是《辽金元三史国语解》，而不是辽、金、元三史，对三史仅校订其译音用字。近人多有将之含混、淆乱的说法，不足为训。

## 公元1772年 清高宗乾隆三十七年 壬辰

**纪昀著成《史通削繁》。**

纪昀《史通削繁序》：史之有例，其必与史俱兴矣。沮诵以来，荒远莫考。简策记载之法，惟散见于《左氏书》，说者以为周公之典也。马、班而降，体益变，文益繁，例亦益增。其间得失是非，遂递相掎摭而不已。刘子元激于时论，发愤著书，于是乎《史通》作焉。夫《春秋》之义，以例而隐，先儒论之详矣。前有千古，后有万年，事变靡穷，记载异致。乃一一设例以限之，不已隘乎！然圣人之笔削，如画工之肖物，执方隅之见以窥之，自愈穿凿而愈晦蚀。文士之纪录，则如匠士之制器，无规矩准绳以絜之，淫巧偭错，势将百出而不止。故说经不可有例，而撰史不可无例。刘氏之书，诚载笔之圭臬也。顾其自信太勇，而其立言又好尽。故其抉摘精当之处，足使龙门失步、兰台变色，而偏驳太甚、枝蔓弗翦者，亦往往有之。使后人病其芜杂，罕能卒业，并其微言精义亦不甚传，则不善用长之过也。注其书者凡数家，互有短长。浦氏本最为后出，虽轻改旧文，是其所短，而诠释较为明备。偶以暇日，即其本细加评阅，以授儿辈。……因钞为一帙，命曰《史通削繁》。核其菁华，亦大略备于是矣。……乾隆壬辰人日，河间纪昀书。

**傅恒等进呈《御定平定准噶尔方略》。**

《四库全书总目》卷四九，史部纪事本末类：《御定平定准噶尔方略》前编五十四卷，正编八十五卷。乾隆三十七年，大学士傅恒等恭撰奏进。凡分三编。……是书《前编》五十四卷，所纪自康熙三十九年七月乙未，至乾隆十七年九月壬申，即详述其缘起也。……是书《正编》八十五卷，所纪自乾隆十八年十一月甲戌，至二十五年三月戊申，即备录其始末也。至《续编》三十三卷，则乾隆二十五年三月庚戌以后，至三十年八月乙亥，凡一切列戍开屯、设官定赋、规画久远之制，与讨定乌什及绝域诸蕃、占风纳赆者咸载焉。……

## 公元 1773 年 清高宗乾隆三十八年 癸巳

**清廷正式开始《四库全书》之编纂。**

《清高宗实录》卷九二六，乾隆三十八年二月庚午：谕："昨据军机大臣议覆朱筠条奏，校核《永乐大典》一折，已降旨派军机大臣为总裁，拣选翰林等官，详定规条，酌量办理。兹检阅原书卷首序文，其言采掇搜罗，颇称浩博，谓足津逮四库。及核之书中，别部区函，编韵分字，意在贪多务得，不出类书窠臼，是以踳驳乖离，与体制未为允协。……朕意从来四库书目，以经、史、子、集为纲领，裒辑分储，实古今不易之法。是书既遗变渊海，若准此以采撷所登，用广石渠金匮之藏，较为有益。着再添派王际华、裘曰修为总裁官，即会同遴简分校各员，悉心酌定条例，将《永乐大典》分晰校核。除本系现在通行，及虽属古书而词义无关典要者，不必再行采录外，其有实在流传已少，其书足资启牖后学，广益多闻者，即将书名摘出，撮取著书大旨，叙列目录进呈，候朕裁定，汇付剞劂。其中有书无可采，而其名未可尽没者，只须注出简明略节，以佐流传考订之用，不必将全部付梓，副朕裨补阙遗，嘉惠士林至意。再是书卷帙如此繁重，而明代蒇役，仅阅六年。今诸臣从事厘辑，更系弃多去少，自可克期告竣，不得任意稽延，徒消汗青无日。仍将应定条例，即行详议，缮折具奏。"寻议：查《永乐大典》一书，但夸繁博，殊无体例，搜罗古籍，采录固在无遗，别择尤宜加审。今欲征完册，以副秘书，则部分去取，不可不确加校核。谨遵旨将应行条例，共同悉心酌议。……得旨：依议。将来办理成编时，着名《四库全书》。

今案：《四库全书》之纂修，乃清朝官方对传统文化的大清理、大总结工程，有深厚的政治、经济、文化的背景。其近因则是乾隆三十七年谕令广泛蒐辑古今群书（见《清高宗实录》卷九〇〇），随之于乾隆三十八年二月议定朱筠的奏请，展开从《永乐大典》辑出稀佚书籍活动。其间清廷内的反复磋商颇多，乾隆帝亦逐步形成决策意见。因资料繁复，此处不便罗列，若欲知其详，请参阅相关著述。

## 命编纂《日下旧闻考》。

《清高宗实录》卷九三七，乾隆三十八年六月甲辰：谕曰："本朝朱彝尊《日下旧闻》一书，博采史乘，旁及稗官杂说，荟萃而成，视《帝京景物略》、《燕都游览志》诸编，较为该备，数典者多资之。第其书详于考古，而略于核实，每有所稽，率难徵据，非所以示传信也。朕久欲详加考证，别为定本。方今汇辑《四库全书》，典籍大备，订讹衷是之作，正当其时。京畿为顺天府所隶，而九门内外并辖于步军统领衙门，按籍访咨，无难得实。着福隆安、英廉、蒋赐棨、刘纯炜，选派所属人员，将朱彝尊原书所载各条，逐一确核。凡方隅不符，记载失实及承袭讹舛，遗漏未登者，悉行分类胪载，编为《日下旧闻考》。并着于敏中总其成，每辑一门，以次进呈，候朕亲加鉴定。使天下万世，知皇都闳丽，信而有徵，用以广见闻而供研炼。书成后，并即录入《四库全书》，以垂永久。"

## 官方开始纂修《皇清开国方略》。

《四库全书总目》卷四七，史部编年类：《皇清开国方略》三十二卷，乾隆三十八年奉敕撰。洪惟我国家世德绵延，笃承眷顾。白山天作，朱果灵彰。……自太祖高皇帝癸未年夏五月起兵，讨尼堪外兰克图伦城始，至天命十一年秋七月训戒群臣，编为八卷。自太宗文皇帝御极始，至顺治元年世祖章皇帝入关定鼎以前，编为二十四卷。盖神功圣德，史不胜书。惟恭述勋业之最显著、政事之最重大、谟猷之最宏远者，已累牍连篇，积为三十二卷矣。唐、虞之治，具于典、谟；文、武之政，布在方策。臣等缮校之余，循环跪读。创业之艰难，贻谋之远大，尚可一一仰窥也，岂非万世所宜聪听者哉。

《皇朝文献通考》卷二一九，《经籍考九》：《皇清开国方略》三十二卷，乾隆三十八年，大学士舒赫德等奉敕撰。

## 《石经考异》、《三国志补注》、《史记考证》、《诸史然疑》作者杭世骏卒。

《清史列传》卷七一，《文苑传二》：杭世骏，字大宗，浙江仁和人。……雍正二年举人。乾隆元年，召试博学鸿词，授翰林院编修，校勘武英殿《十三经》、《二十四史》，纂修《三礼义疏》。世骏性伉爽，能面责人过，同官皆严惮之。……值亢旱，高宗思得直言及通达治体者，特设阳城马周科，试翰林等官，世骏预焉。……条上四事数千言，语过戆直，末又言满洲人官督抚者过多，上怒。……寻放还。……罢官后，杜门奉母，益并力肆志，发挥才藻。……晚主讲扬州、粤东书院，以实学课士子。……后迎驾西湖，赐复原官。三十八年，卒，年七十六。

所著《续礼记集说》一百卷、《石经考异》二卷、《史记考证》、《三国志补注》、《补晋书传赞》、《北齐书疏证》、《续方言》、《经史质疑》、《续经籍考》、《两浙经籍志》、《词科掌录》、《词科余话》、《两汉书蒙拾》、《文选课虚》、《道古堂集》、《鸿词所业》《榕城诗话》、《亢宗录》。……

杭世骏《诸史然疑自序》：余年二十有五，始有志乎史学。贫无全史，且购且读，一日率尽一卷。人事胶扰，道途奔走，祁寒盛暑，未尝一日辍也。风雨闭门，深居无俚，则又倍之。阅五年，而始毕功。又一年，而以《通鉴》参校史外，又益以旧闻，三千年之行事较然矣。于诸史中，以意穿穴有得，则标举其旨趣，前人所论不复论，前人所纠者亦不复纠也。《史》、《汉》考证，业有成书。断自后汉，以迄六代、唐宋以还，论之不胜其论，纠之亦不胜其纠也。刘昫《唐书》，赵上舍一清所赠，穷日夜观之，重复错谬，远逊欧、宋，间一论列，沾沾不胜其繁。闻吴兴沈东甫徵士有《新旧合钞》一书，余未及见，恐有雷同，即蹈剿说之咎，藏著箧衍，未敢出以示人。亭林顾氏广稽博考，《日知录》中刊正《汉书》，尚有数条与三刘暗合者，知其未见《刊误》也。以余弇陋，望亭林之门仞，邈难窥测，况敢哆口而掎摭前史之疵病乎？勾甫全祖望、同里张燨，贯串史事，为余畏友。以是相质，而不以为非，不忍捐弃，遂决意存之。旧业就荒，桑榆景迫，时过而后学，独学而无友，二者交讥。吾业止于是矣！吾衰不能复进矣！悲夫！仁和杭世骏大宗志。

# 公元 1774 年 清高宗乾隆三十九年 甲午

### 反复下令查缴明季野史等禁书。

《清高宗实录》卷九六四，乾隆三十九年八月丙戌：谕军机大臣等："……朕办事光明正大，各督抚皆所深知，岂尚不能见信于天下？该督抚等接奉前旨，自应将可备采择之书，开单送馆，其或字义触碍者，亦当分别查出奏明，或封固进呈，请旨销毁。或在外焚弃，将书名奏闻，方为实力办理。乃各省进到书籍，不下万余种，并不见奏及稍有忌讳之书。岂有裒集如许遗书，竟无一违碍字迹之理？况明季末造野史甚多，其间毁誉任意，传闻异词，必有诋触本朝之语，正当及此一番查办，尽行销毁，杜遏邪言，以正人心而厚风俗。……着传谕该督抚等，于已缴藏书之家，再令诚妥之员前往明白传谕，如有不应存留之书，即速交出，与收藏之人并无干碍。朕凡事开诚布公，既经明白宣谕，岂肯复事吹求。若此次传谕之后，复有隐讳存留，则是有心藏匿伪妄之书，日后别经发觉，其罪转不能逭，承办之督抚等亦难辞咎。但各督抚必须选派妥员善为经理，毋得照常通行交地方官办理不善，致不肖吏役，藉端滋扰。将此一并谕令知之。"

《清高宗实录》卷九七〇，乾隆三十九年十一月戊午：谕："前以各省购访遗书，进到者不下万余种，并未见有稍涉违碍字迹。恐收藏之家，惧干罪戾，隐匿不呈。因传谕各督抚，令其明白宣示，如有不应留存之书，即速交出，与收藏之人并无干碍……朕办事光明正大，断不肯因访求遗籍，罪及收藏之人。所有粤东查出屈大均悖逆诗文，止须销毁，毋庸查办。其收藏之屈稳浈、屈昭泗，亦俱不必治罪。并着各督抚再行明切晓谕，现在各省如有收藏明末国初悖谬之书，急宜及早交出，概置不究，并不追问其前此存留隐匿之罪。今屈稳浈、屈昭泗系经官查出之人，尚且不治其罪，况自行呈献者乎。若经此番诫谕，仍不呈缴，则是有心藏匿伪妄之书，日后别经发觉，即不能复为轻宥矣。朕开诚布公，海内人民咸所深喻，各宜仰体朕意，早知猛省，毋自贻悔。将此通谕中外知之。"

今案：这种查缴禁书的活动，历时长久，蔓延不断，每年均有相关谕令。直至乾隆五十四年，仍有谕旨强调"随处留心查访，如有应行查禁各书，即迅速饬缴销毁，不使稍有留遗。断不可稍存懈怠，拘泥期限，徒为虚应故事。"（载《清高宗实录》卷一三二九）

**始缮录满洲旧档册。**

中国第一历史档案馆存《国史馆档案》编纂类第47号卷：本月二十一日奉舒、于中堂谕：所有天命、天聪、崇德年间无圈点老档，派满纂修官明善、麟喜二员悉心校核画一，并派满誊录等上紧缮录一分，逐本送阅，毋得草率。奉此，相应移付贵堂将大库内存贮老档，先付十本过馆，并将无圈点十二字头查出，以便详校画一可也。右移付满本堂。乾隆三十九年十一月二十二日。

中国第一历史档案馆存《国史馆档案》编纂类第47号卷：乾隆三十九年十一月二十二日奉提调图老爷谕：现在交查天命、天聪、崇德年间无圈点老档，派凡以官书文、景明以供查考。满誊录无量保、佛喜等上紧缮录，毋得草率。奉此。

**命纂修《剿捕临清逆贼纪略》。**

《清高宗实录》卷九七二，乾隆三十九年十二月甲申：命纂《剿捕临清逆贼纪略》。谕：今秋山东寿张县逆匪王伦，以邪教煽诱愚顽，滋扰不法一案。奸民敢作不靖，自取灭亡，原属不成事体。然非简派八旗劲旅，并命大学士舒赫德等前往统率董理，岂能未逾月而蒇事。其间运筹决胜，指示机宜，及斟酌劝惩之要，皆有非臣下所能窥及者。此事虽不过如内地擒缉巨盗，非边徼用兵成功者可比，固无方略之足言，而自始及终，办理此案原委，亦不可不详悉宣示，俾众共晓。著交军机大臣，辑成《剿捕临清逆贼纪略》一编，进呈阅定，刊刻颁行。至原任山东学政李中简，前在东省，见闻自属真切，亦著派为纂修，令其随同编校。

## 公元 1775 年 清高宗乾隆四十年 乙未

**严令重纂《明纪纲目》，并查改《明史》。**

《清高宗实录》卷九八二，乾隆四十年五月辛酉，谕：前曾命仿朱子《通鉴纲目》体例纂为《明纪纲目》，刊行已久。兹批阅《叶向高集》，见《论福藩田土疏》所叙，当日旨意之养赡地土原给四万顷，卿等屡奏地土难以凑处，王亦具辞令减去二万顷云云，则福王当日所得之田仅二万顷。今《纲目》载"福王常洵之国"条云：赐庄田四万顷，中州腴土不足，取山东、湖广田益之，与向高言不合。又所载青海朵颜等人名对音，沿用鄙字，与今所定《同文韵统》音字及改正《辽金元国语解》未为画一。是张廷玉等原办《纲目》，惟务书法谨严而未暇考核精当，尚不足以昭传信。着交军机大臣即交方略馆将原书改纂，以次进呈，候朕亲阅鉴定。其原书着查缴。

《清高宗实录》卷九八三，乾隆四十年五月甲子，谕：昨因《明纪纲目》考核未为精当，命军机大臣将原书另行改辑，候朕鉴定。因思《明纪纲目三编》虽曾经批览，但从前进呈之书，朕鉴阅尚不及近时之详审。若《通鉴辑览》一书，其中体例书法皆朕亲加折衷，一本大公至正，可为法则。此次改编《纲目》自当仿照办理。又《明史》内于元时人地名，对音讹舛、译字鄙俚，尚沿旧时陋习，如"图"作"兔"之类，既于字义无当，而垂之史册，殊不雅训。今辽、金、元史已命军机大臣改正另刊，《明史》乃本朝撰定之书，岂可转听其讹谬？

现在改办《明纪纲目》，着将《明史》一并查改，以昭传信。……所有原颁《明史》及《纲目三编》俟改正时并著查缴。

《四库全书总目》卷四七，史部编年类：《御定通鉴纲目三编》四十卷，乾隆四十年奉敕撰。初，大学士张廷玉等奉敕采明一代事迹，撰《通鉴纲目三编》，以续朱子及商辂之书。然廷玉等惟以笔削褒贬，求书法之谨严，于事迹多所挂漏。又边外诸部，于人名、地名多沿袭旧文，无所考正，尤不免于舛讹。夫朱子创例之初，原以纲仿《春秋》，目仿《左传》。《春秋》大义数千，炳若日星，然不详核《左传》之事迹，于圣人予夺之旨尚终不可明。况史籍编年，仅标梗概于大书，而不具始末于细注。其是非得失，又何自而知。即圣谕所指福藩田土一条，其他条之疏略皆可以例推。至于译语，原取对音。唐以前书，凡外邦人名、地名见于史册者，班班可考。惟两宋屈于强邻，日就削弱，一时秉笔之人，既不能决胜于边圉，又不能运筹于帷幄，遂译以秽语，泄其怨心，实有乖纪载之体。沿及明代，此习未除。如圣谕所指朵颜、青海诸人名，书"图"为"兔"之类，亦往往而有，鄙倍荒唐，尤不可不亟为釐正。是编仰禀睿裁，于大书体例，皆遵《钦定通鉴辑览》，而细注则详核史传，补遗纠谬，使端委秩然。复各附发明，以阐衮钺之义；各增质实，以资考证之功。而译语之诞妄者，亦皆遵《钦定辽金元国语解》，一一改正，以传信订讹。较张廷玉等初编之本，实倍为精密。

**进呈《开馆方略》部分成稿并报告纂修状况。**

中国第一历史档案馆藏《国史馆档案》编纂类第 495 号卷，舒赫德、于敏中《恭进〈开国方略〉》奏底：大学士臣舒、臣于谨奏：臣等遵旨校修《开国方略》，先经派员恭录旧藏太祖高皇帝"图本"原文，随于国史馆纂修内选派赞善彭绍观，恭录内阁库存实录原文，校对编纂。嗣复奏明派署副都御史申甫，会同彭绍观，续编太宗文皇帝至世祖章皇帝入关定鼎以前事，谨拟共编三十二卷。谨按实录年月，并参酌"图本"标题，敬谨编叙。其癸未年以前不纪年月之事，今遵实录合为《发祥世纪》一篇，冠列卷首。至各卷叙述词句，谨依实录及"图本"原文，酌就简明质直者从之。其中人名、地名，悉遵钦定对音字式与新修国史列传所载，画一校正，粘贴黄签。谨先缮录四卷，恭呈御览，伏候皇上训示，以便遵照续办。谨奏。乾隆四十年五月。

今案：此件是保存于档案的奏稿草底，起草者唯恐失敬，未敢写上上奏大学士的名称。但该时大学士兼任国史馆总裁、并且主管纂修《开国方略》者，即为舒赫德、于敏中。奏稿中所谓"图本"，即入关前修成的满文、汉字、蒙古字分栏书写、并且穿插有83幅战图的《太祖武皇帝实录》原书。盖康熙年间已修成《清太祖实录》定本，以前之书不好再以"太祖实录"称之，造成多种称谓使用，清官员自明其指，但导致后人每生疑义。

## 命《御批通鉴辑览》附录明唐、桂二王事迹，解禁朱璘《明纪辑略》。

《清高宗实录》卷九九五，乾隆四十年闰十月己巳：命《通鉴辑览》附纪明唐桂二王事迹。谕：甲申岁，我国家既定鼎京师，而明福王朱由崧，为南京诸臣迎立，改元首尾一载。其后，唐王朱聿键、桂王朱由榔，相继称号者又十有余年。当时以其事涉本朝开创之初，凡所纪年号，例从芟削。即朱璘之《明纪辑略》，亦以附三王纪年，为浙江巡抚等所奏毁。兹以搜访遗集，外省奏进此书，阅其体例，非不尊崇本朝，且无犯讳字迹。徒以附纪明末三王，自不宜在概禁之列。前命编纂《通鉴辑览》，馆臣请不录福王事实。因念历朝嬗代之际，进退予夺，系乎万世公论。若前代偏私袒徇之陋习，以曲笔妄为高下，朕实鄙之。即如福王承其遗绪，江山半壁，疆域可凭，使能立国自强，未尝不足比于宋高宗之建炎南渡。乃孱弱荒淫，自贻颠覆，而偏安之规模未失，不可遽以国亡书法绝之。特命于明崇祯末附纪福王年号，仍用双行分注，而提纲则书明以为别。至芜湖被执，始大书明亡，盖所以折衷至是，务合乎人情天理之公也。至于唐王、桂王，遁迹闽滇，苟延残喘，不复成其为国，正与宋末昺、昰二王之流离海岛者相类，是以《辑览》内未经载入。今思二王究为明室宗支，与异姓僭窃者不同，非伪托也。且其始末虽无足道，而奔窜事迹，亦多有可考。与其听不知者私相传述，或致失实无稽，不若为之约举大凡，俾知二王穷蹙情形，不过如此，更可以正传闻之讹舛。……则凡事涉二王者，不妨直以"彼"字称之，用存偏正之别。而其臣，则竟书为某王之某官某，概不必斥之为伪也。《明纪辑略》已命有司驰其禁。而《通鉴辑览》校刊将竣，其令《四库全书》馆总裁，铨叙唐、桂二王本末，别为附录卷尾。

## 旷敏本《鉴撮》撰成并且刊行。

旷敏本《鉴撮序》：古者，今之鉴也，前者，后之鉴也。某朝某国，某君某相，若兴若衰，若得若失，孰仁孰暴，孰忠孰佞，畴德治畴否乱，开卷而罗罗若数掌上纹，若是者，莫如史。始予偶从一友案头，得残本数十页，编注历朝改元甚悉。予笑谓友曰："我侪猥云强记，能尽记历代改元乎？"借其本钞之，欲演而成书，未果也。因念后世师儒之所授，髦士之所肄，总括经以应帖试，日兀兀俯首于八股中，齿豁头童，而询以古今之变故、典章，或茫乎其无以应也。今夫十七部也、二十一部也，家既不能得，得更不必能熟也。涑水《通鉴》也，紫阳《纲目》也，《纪事本末》也，抑犹不能家得而人熟也。反是而《总论》也、《捷录》也、《会纂类编》、《史约集要》也，简也而未括也，抑不达也尔。乃取《史学提要》一书，合改元抄本，演而广之，首皇古，迄崇正，名之曰《史鉴撮要》……洵乎可以鉴也。士苟不自菲薄，凡所以检身检心，经邦经世者，俱将于是乎取焉，是不亦弦之佩而带之存乎！是固家可得而人可熟者也。先儒谓看史损人神智，若是编则固了然无损也，箧而弆之，不胫而四达，其亦后学之津筏与。岣嵝旷敏本谨识。

今案：本书作者旷敏本（公元1699—1782年），字鲁之，号岣嵝，湖南衡阳人。童年随父就读，十七岁时离家远游，与蓝鼎元结为挚友。乾隆元年（公元1736年）中进士，选庶吉士。不久，因病告归，从此再未复出，以著述为事，筑室南岳舜洞下，署名曰"岣嵝精舍"。曾在岳麓书院掌教多年，一度被聘为岳麓书院山长，撰有《周易发蒙》、《禹贡发蒙》等启蒙性读物，在乾隆年间刊刻的《岣嵝全集》，其中《史鉴撮要》一书又称《岣嵝鉴撮》，后以《鉴撮》为名广行于世，是一部普及性史籍。今所见最早刊本为乾隆四十年（公元1775年）澄滓山房藏版，题为"新镌"，是此前已有刊行，然查无依据，故暂且系于本年。

## 公元1776年 清高宗乾隆四十一年 丙申

**清廷议定编纂《胜朝殉节诸臣录》。**

《清高宗实录》卷一〇〇二，乾隆四十一年二月庚戌，大学士九卿等议奏：遵旨酌拟明代殉难诸臣，分别予谥。伏考历代易名，祇为饰终常制，而胜国遗忠，并膺茂典者，实旷古所未有。……谕曰：大学士九卿等将明季并建文时殉节诸臣，悉按史乘核查，拟予专谥、通谥及应入忠义祠者，分册具奏，甚为允协。着照所议行，其进呈各册，于姓名事实，摘具梗概，颇见详备。著名为《胜朝殉节诸臣录》，交武英殿刊刻颁行。即以原颁谕旨，录冠卷首，仍附载廷臣所上议疏、朕特制诗篇，题识简端，用以垂示久远。

《四库全书总目》卷五八，史部传记类二：《钦定胜朝殉节诸臣录》十二卷，乾隆四十一年奉敕撰。……大抵以钦定《明史》为主，而参以官修《大清一统志》、各省通志诸书，皆胪列姓名，考证事迹，勒为一编。凡立身始末，卓然可传，而又取义成仁，揩挂名教者，各予专谥，共三十三人。若平生无大表见，而慷慨致命，矢死靡他者，汇为通谥。其较著者曰"忠烈"，共一百二十四人；曰"忠节"，共一百二十二人。其次曰"烈愍"，共三百七十七人；曰"节愍"，共八百八十二人。至于微官末秩，诸生韦布，及山樵市隐，名姓无徵，不能一一议谥者，并祀于所在忠义祠，共二千二百四十九人。……书成奏进，命以《胜朝殉节诸臣录》为名，并亲制宸章，弁诸简首。……

### 命编绘《盛京事迹图》。

《清高宗实录》卷一〇一一，乾隆四十一年六月丁巳，谕：盛京吉林等处，乃我祖宗肇迹兴王之所……缅维列祖，天作基祥，鸿业经营，规模大备。如我太祖、太宗，大破明师于萨尔浒山，及凡战胜攻取之地，开创艰难，皆有山川疆域可考。自宜节举大要，分注图中，俾我世世子孙，按图瞻仰，并得晓然于景命所贻，前劳所启。一切钦承敬畏，以巩亿万载丕丕基，诒谋垂裕之道，无有大于此者。着将盛京等处地方，另行展拓，绘为大图一幅。溯自长白发祥，至奄有辽沈，建国迁都，暨神武戡定各事迹。并为标目，兼清、汉字分注图中，俾皆了如指掌，以备观省而示久远。即交大学士舒赫德、协办大学士尚书公阿桂、尚书英廉，督率所司，敬谨办理。其如何核计里数，展图若干，足敷标识之处，着令西洋人悉心测算，并即饬工绘样呈进。俟阅定，即寿诸枣梨，用昭世德鸿图之盛。凛遵毋忽。

今案：此图在《国朝宫史续编》中称"盛京事迹图"，乾隆四十三年闰六月绘成后，全称《盛京吉林黑龙江等处标注战迹舆图》，绘入满洲发祥及与开国业绩有关的地点144处，分为五卷（5个卷轴）。为测地为图、以地述史的历史地图集，今存。

### 谕令在国史编纂中立《贰臣传》。

《清高宗实录》卷一〇二二，乾隆四十一年十二月庚子，谕：……我朝开创之初，明末诸臣，望风归附，如洪承畴以经略丧师，俘擒投顺；祖大寿以镇将惧祸，带城来投。及定鼎时，若冯铨、王铎、宋权、谢升、金之俊、党崇雅等，在明俱曾跻显秩，入本朝仍忝为阁臣。至若天戈所指，解甲乞降，如左梦庚、田雄等，不可胜数。盖开创大一统之规模，自不得不加之录用，以靖人心而明顺逆。今事后平情而论，若而人者，皆以胜国臣僚，乃遭际时艰，不能为其主临危授命，辄复畏死幸生，腼颜降附，岂得复谓之完人！即或稍有片长足录，其瑕疵自不能掩。若既降复叛之李建泰、金声桓，及降附后潜肆诋毁之钱谦益辈，尤反侧佥邪，更不足比于人类矣。此辈在《明史》既不容阑入，若于我朝国史，因其略有事迹，列名叙传，竟与开国时范文程、承平时李光地等之纯一无疵者毫无辨别，亦非所以昭褒贬之公。若以其身事两朝，概为削而不书，则其过迹转得藉以揜盖，又岂所以示传信乎。朕思此等大节有亏之人，不能念其建有勋绩，谅于生前；亦不因其尚有后人，原于既死。今为准情酌理，自应于国史内另立《贰臣传》一门，将诸臣仕明及仕本朝各事迹，据实直书，使不能纤微隐饰。即所谓虽孝子慈孙，百世不能改者。而其子若孙之生长本朝者，原在世臣之列，受恩无替也。此实朕大中至正之心，为万世臣子植纲常，即以是示彰瘅。昨岁已加谥胜国死事诸臣，其幽光既为阐发，而斧钺之诛，不宜偏废。此《贰臣传》之不可不核定于此时，以补前世史传所未及也。着国史馆总裁查考姓名事实，逐一类推，编列成传，陆续进呈，候朕裁定。并通谕中外知之。

## 公元1777年 清高宗乾隆四十二年 丁酉

**重修《皇舆西域图志》。**

《皇舆西域图志》（《四库全书》本）卷首，《谕旨》：乾隆四十二年三月二十九日奉旨：《西域图志》总裁，着派福康安、刘墉。钦此。乾隆四十二年六月二十八日奉旨：《西域图志》总裁，着派于敏中、英廉、钱汝诚。钦此。

《皇舆西域图志》（《四库全书》本）卷首，《凡例》：是书于乾隆二十一年丙子春，原任大学士刘统勋初奉谕旨纂辑，后归方略馆办理，于壬午冬初稿告成。迩日新疆规度日详，随事增辑进御，仰荷睿裁钦定，蔚为完书。

**命重修《明史本纪》。**

《清高宗实录》卷一〇三二，乾隆四十二年五月丁丑，又谕：前因《明史》

内于蒙古人地名音译未真，特命馆臣照辽金元三史例，查核改订，并就原板扣算字数刊正。其间增损成文，不过数字而止，于原书体制，无多更易。兹阅所进签之《英宗本纪》，如正统十四年巡按福建御史汪澄弃市，并杀前巡按御史柴文显，同时杀两御史，而未详其获罪之由，不足以资论定。又土木之败，由于王振挟主亲征，违众轻出。及敌锋既迫，犹以顾恋辎重，不即退军，致英宗为额森所乘，陷身漠北。乃纪中于王振事不及一语，尤为疏略。虽本纪为全史纲领。体尚谨严，而于帝王刑政、征伐之大端，关系国家隆替者，岂可拘泥书法，阙而不备，致读者无以考镜其得失。盖缘当时纪事，每多讳饰，又往往偏徇不公。而《明史》修自本朝，屡淹岁月，直至朕御极以后，始克勒成一书。其时秉笔诸臣，因时代既远，传闻异辞，惟恐涉冗滥之嫌，遂尔意存简括。于事迹要领，不能胪纪精细，于史法尚未允协。前因《明纪纲目》所载，本末未为赅备，降旨另行改辑。所有《明史本纪》，并着英廉、程景伊、梁国治、和珅、刘墉等，将原本逐一考核添修，务令首尾详明，辞义精当。仍以次缮进，候朕亲阅鉴定，重刊颁行，用昭传信。

**命编纂《满洲源流考》。**

《满洲源流考》(《四库全书》本)卷首：乾隆四十二年八月十九日内阁奉上谕：顷阅《金史世纪》，云金始祖居完颜部，其地有白山、黑水，白山即长白山，黑水即黑龙江。本朝肇兴东土，山川钟毓，与大金正同，史又称金之先出靺鞨部古肃慎地。我朝肇兴时旧称满珠，所属曰珠申，后改称满珠，而汉字相沿讹为满洲，其实即古肃慎，为珠申之转音，更足征疆域之相同矣……他如建州之沿革，满洲之始基，与夫古今地名同异，并当详加稽考，勒为一书，垂示天下万世。着派大学士阿桂、于敏中、侍郎和珅、董诰，悉心检核，分条编辑，以次呈览，候朕亲加厘定。用昭传信而辟群惑，并将此通谕知之。钦此。

《国朝宫史续编》卷九一，《书籍十七·志乘》：《钦定满洲源流考》一部。乾隆四十二年敕撰。分四门：曰部族，附金史姓氏考；曰疆域，附明卫所城站考；曰山川；曰国俗，附官制、文字及金史旧国语解考。凡二十卷。

《四库全书总目》卷六八，史部地理类一：《钦定满洲源流考》二十卷，乾隆四十三年奉敕撰。……是编仰禀圣裁，参考史籍，证以地形之方位，验以旧俗之流传，博徵详校，列为四门。一曰部族。自肃慎氏以后，在汉为三韩，在魏晋为挹娄，在元魏为勿吉，在隋唐为靺鞨、新罗、渤海、百济诸国，在金为完颜部，并一一考订异同，存真辨妄。而索伦、费雅喀诸部毗连相附者，亦并载焉。二曰疆域。凡渤海之上京龙泉府、靺鞨之黑水府、燕州、勃利州、辽之上京黄龙府、金之上京会宁府、元之肇州，并考验道里、辨证方位，而一切古迹附见焉。三曰山川。凡境内名胜，分条胪载。如白山之或称太白山、徒太山，黑水或称完水，或称室建河，以及松花江即粟末水，宁古塔即忽汗水，今古异名者皆详为辨证。其古有而今不可考者，则别为存疑，附于末。四曰国俗。如《左传》所载"楛矢贯隼"，可以见骑射之原。《松漠纪闻》所载"软脂蜜膏"，可以见饮食之概。而《后汉书》所载"辰韩生儿以石压头"之类，妄诞无稽者，则订证其谬。至于渤海以来之文字，金源以来之官制，亦皆并列。其体例每门以国朝为纲，而详述列朝，以溯本始。其援据以御制为据，而博采诸书，以广参稽。允足订诸史之讹，而传千古之信，非诸家地志影响附会者所能拟也。

今案：本书为乾隆四十二年奉敕撰，《四库全书总目》记为乾隆四十三年，误。成书时间，记载未详。实录载乾隆四十九年七月癸酉日谕旨，称本书与《日下旧闻考》等书"俱能依限完竣，尚为勤勉"，则可能与《日下旧闻考》皆于乾隆四十七年告成。志此备考。

## 命译《蒙古源流》为汉文。

《四库全书总目》卷五一，史部杂史类：《钦定蒙古源流》八卷，乾隆四十二年奉敕译进。其书本蒙古人所撰，末有自序，称库图克彻辰鸿台吉之裔小彻辰萨囊台吉，原知一切，因取各汗等源流，约略叙述，并以《讲解精妙意旨红册》、沙尔巴胡土克图编纂之《蓬花汉史》、杂噶拉斡尔第汗所编之《经卷源委》、《古昔蒙古汗源流大黄册》等七史合订。自乙丑九宫，值年八宫，翼火蛇当值之二月十九日，角木蛟鬼金羊当值之辰起，至六月初一日，角木蛟鬼金羊当值之辰告成。书中所纪，乃额纳特珂克土伯特蒙古汗传世次序，及供养诸大喇嘛阐扬佛教之事。而其国中兴衰治乱之迹，亦多按年胪载，首尾赅备，颇与《永乐大典》所载《元朝秘史》体例相近。前者我皇上几余览古，以元代"奇渥温"得姓所自，必史乘传讹，询之定边左副将军喀尔喀亲王成衮札布，因以此书进御。考定本末，始知"奇渥温"为"却特"之误，数百年之承讹袭谬，得籍以釐定阐明。既已揭其旨于《御批通鉴辑览》，复以是编宣付馆臣，译以汉文，润色排比，纂成八卷。其第一卷内，言风坛、水坛、土坛初定，各种生灵降世因由，及六噶拉卜乘除算量运数，而归于释迦牟尼佛教之所自兴，是为全书缘起。次纪额纳特珂克国汗世系，首载星哈哈努汗之曾孙、萨尔斡阿尔塔实迪汗之子、丹巴多克噶尔成佛事，而自乌迪亚纳汗以下，崇信佛教诸大汗，及七赞达、七巴拉、四锡纳等汗，俱详著其名号，与《藏经》内之《释迦谱》约略相仿。次纪土伯特汗世系，始于尼雅特赞博汗在善布山为众所立，终于札实德汗，大致亦颇与《西番嘉喇卜经》合。……其第三卷以后，则纪蒙古世系，谓土伯特色尔持赞博汗之季子布尔特齐诺避难至必塔地方，其众尊为君长。数传至勃端察尔，母曰阿隆郭斡哈屯，感异梦而生，又九传至元太祖。与《元本纪》多相合，而间有异同。其称元太祖为索多博克达青吉斯汗，元世祖为呼必赉彻辰汗，元顺帝为托欢特穆尔乌哈噶图汗。自顺帝北奔，后世传汗号至林丹库克图汗，而为我朝所克。中间传世次序、名号、生卒、年岁，釐然具载，诠叙极为详悉。明代帝系，亦附著其略。……盖内地之事，作书者仅据传闻录之，故不能尽归确核。至于塞外立国、传授源流，以逮人地诸名、语言音韵，皆其所亲知灼见，自不同历代史官摭拾影响附会之词，妄加纂载，以致鲁鱼谬戾，不可复凭。得此以定正舛讹，实为有裨史学。……

**钱大昭著成《后汉书补表》。**

钱大昭《后汉书补表自序》：……范氏本无年表，《东观记》、谢承、华峤诸书，今并不得见。至宋熊方始作补表，以弥蔚宗之阙。其时古籍散佚尚少，乃所据者只《后汉书》、《三国志》二书，取材既隘，体例亦疏。因别撰斯编，正史而外，兼取山经地志、金石、子集，得诸侯王六十一人，王子侯三百四十四人，功臣侯三百七十九人，外戚恩泽侯八十九人，宦者侯七十九人。偶有异同，加辨证焉。班书《百官公卿表》前叙百官沿革，后列公卿姓名，最为详善。司马《续志》惟载百官，于公卿姓氏则仍阙如。今则三公拜罢，各依本纪，胪列其列卿之可考者，亦以次补入。谓之"公卿表"，不言"百官"者，表所不及也。汇之八卷，以踵班氏。……乾隆四十二年冬至日，钱大昭晦之氏书。

## 公元 1778 年　清高宗乾隆四十三年　戊戌

**命国史馆将《贰臣传》分甲乙两编。**

《清高宗实录》卷一○五一，乾隆四十三年二月乙卯，谕：我国家开创之初，明季诸臣望风归附者多，虽皆臣事兴朝，究有亏于大节，自不当与范文程诸人略无区别。因命国史馆以明臣之降顺者，另立《贰臣传》，据实直书，用彰公是。兹念诸人立朝事迹，既不相同，而品之贤否邪正，亦判然各异，岂可不为之分辨淄渑。如洪承畴在明代，身膺阃寄，李永芳曾乘障守边，一旦力屈俘降，历跻显要，律以有死无贰之义，固不能为之讳，然其后洪承畴宣力东南，颇树劳伐；李永芳亦屡立战功，勋绩并为昭著。虽不克终于胜国，实能效忠于本朝。昔战国豫让初事范中行，后事智伯，卒伸国士之报。后之人无不谅其心而称其义，则于洪承畴等，又何深讥焉。至如钱谦益行素不端，及明祚既移，率先归命，乃敢于诗文阴行诋毁，是为进退无据，非复人类。又如龚鼎孳曾降闯贼，受其伪职，旋更投顺本朝，并为清流所不齿。而其再仕以后，惟务腼颜持禄，毫无事迹足称，若与洪承畴等同列《贰臣传》，不示等差，又何以昭彰瘅？着交国史馆总裁于应入《贰臣传》诸人，详加考核，分为甲、乙二编，俾优者瑕瑜不掩，劣者斧钺凛然，于以传信简编，而待天下后世之公论，庶有合于《春秋》之义焉。然朕所以为此言者，非独为臣子励名教而植纲常，实欲为君者当念苞桑而保宗社。盖此诸人，未尝无有用之才，诚使明之守成者能慎持神器而弗失，则若而人皆足任心膂股肱，祖业于是延，人才即于是萃。故有善守之主，必无二姓之臣，所以致有二姓之臣者，非其臣之过，皆其君之过也。崇祯临终之言，不亦舛乎！

## 命改撰《钦定国子监志》。

《四库全书总目》卷七九，史部职官类：《钦定国子监志》六十二卷，乾隆四十三年奉敕撰。先是国子祭酒陆宗楷等辑《太学志》进呈，而所述沿革故实，滥载及唐宋以前，殊失限断。乃诏重为改定，断自元明。盖本朝国子监及文庙，皆因前代遗址，其缔构实始于元初也。首为《圣谕》二卷，以记褒崇先圣，训示儒林之大法。次《御制诗文》七卷，备录列朝圣文，皇上宸翰。次《诣学》二卷，纪亲祀临雍之礼。次《庙制》二卷，前列图说，后志建葺年月规制。次《祀位》二卷，详载殿庑及崇圣祠诸位号。次《礼》七卷，分记释奠、释菜、释褐、献功、告祭诸仪，及祭器图说。次《乐》六卷，分记乐制、乐章、律吕、舞节二表，及礼乐诸器图说。次《监制》一卷，详述条规。次《官师》五卷，载设官、典守、仪制、铨除、题名表。次《生徒》七卷，载员额考校、甄用，及外藩之入学者。次《经费》四卷，恩赉、岁支、俸给备载焉。次《金石》五卷，冠以《钦颁彝器图说》、御制诸碑，以元以来《进士题名碑》，而殿以《石鼓图说》。次《经籍》

二卷，具载赐书及板刻之目。次《艺文》二卷，则列诸臣章奏、诗文及诸谕者。《识余》二卷，曰《纪事》，曰《缀闻》，并捃摭杂记，以备考核。……

### 乾隆帝御撰咏史《全韵诗》一〇六首。

《四库全书》本《御制诗四集》卷四七，《全韵诗序》：……一百有六之全韵，历代曾无按次排咏者。适以宅忧，读《礼》简行，幸疎吟咏，且既阅小祥，几政之暇，无所消遣，因以摘词。或一日一章，或一日两章，阅三月而成。上、下平声，书我朝发祥东土，及列圣创业垂统继志，述事之宏规。上、去、入三声，则举唐虞以迄胜朝历代帝王之得失炯鉴，据事直书，不以私意为美刺，而终于敬天命、守神器，三致意焉。是诗也，历代兴废之大端，略见于此。而我皇朝之良法美政，载在实录，外人所不能见者，亦毕述梗概，较之《通鉴辑览》更为约而详、简而该，读者不可以花雅扬风、吟风弄月之作目之也。四声五部中，凡一部首尾，必用四言，从其朔也。古诗虽通用叶韵，于每章之首尾句必用本韵，别其限也。韵即甚艰，而每韵首字必用于诗中，定其准也。非曰因难见巧，亦惟摅志惕躬，后之览者，或不以犯言不文为訾謷，其庶几乎。

《皇朝续文献通考》卷二七六，《经籍考二十》集部：高宗纯皇帝《御制全韵诗》不分卷……臣谨案：《御制全韵诗》先以上、下平三十韵，叙本朝之创述，继以上、去、入七十六韵目，论列代之盛衰。缕晰条分，发所未发，此圣人监今监古之微意也。夫四声、切韵之书，始于周顒而成于沈约，其后拈韵者必以是为准。高宗此诗虽间用叶韵通用，而每韵首字必用，诗中每章首尾必用本韵，体例谨严，堪为世法。是编开卷，不特可以知掌故，通史事，即奉为作诗之模范，其殆庶几乎。

《四库全书总目》卷八八，史部史评类小序：……我皇上综括古今，折衷众论，《钦定评鉴阐要》及《全韵诗》昭示来兹。日月著明，爝火可息，百家谰语，原可无存。

今案：乾隆帝《全韵诗》虽为诗歌形式，而实质乃为历史评论，况且有详细自注用以论史，夹于诗句中间。与《评鉴阐要》等书呼应配合，相得益彰。

### 吴兰庭著成《五代史记纂误补》。

《清史列传》卷七二，《文苑传三》：吴兰庭，字胥石，浙江归安人。乾隆三十九年举人。稽古读书，多所纂述。凡地理、职官、沿革、建置、钩稽探索，尽得其条贯，为章学诚乃嘉定钱大昕所推重。尝以宋吴缜著有《五代史记纂误》，因更取薛居正《旧史》参核，益以昔贤绪论，并时人所正及者，录而次之。……为《五代史记纂误补》四卷，附录系之。又取《薛史》、新、旧《唐书》、《宋史》、《辽史》，并短说杂记，及五代时事，而语歧出者，别为《五代史记考异》。……少以文名吴越，壮游燕赵，多苍深清健之作。年六十余，流寓京师。……他著又有考订宋大中祥符《广韵》、《读通鉴笔记》、《南雪草堂集》。

吴兰庭《五代史记纂误补序》：有宋朝请大夫、吾家廷珍氏缜，所作《五代史记纂误》，其书久佚。今武英殿聚珍版所采集者，以晁氏《读书志》核之，约存原书之十五六，则其亡失者为可惜也。今年秋，校武英殿本《五代史》，点定之余，不无管见，辄录而次之。盖以昔贤绪论，并近时人订正所及，因名之为《五代史记纂误补》。其薛氏《旧史》及《新》、《旧》唐诸书，有及五代时事而语或歧出者，别为考异之书，不在此数。夫末学肤见，敢谓有俾前哲？然徵类以稽，则疑所从也；缘隙以求，则径所通也。飞虫戈获，庶千虑之一得乎！殿本向有考证，系今上初词臣所辑，附载各卷，业已布诸学官，无籍赘录。即事迹离合，其已具《薛史》考证，及《通鉴考异》者，概不复著。……乾隆四十三年冬十月，归安吴兰庭识。

## 公元1779年 清高宗乾隆四十四年 己亥

**缮录与绘写《满洲实录》。**

《清高宗实录》卷一〇七五，乾隆四十四年正月乙卯，大学士于敏中等奏：前奉谕旨，令主事门应兆恭绘"开国实录"，图中事迹应派员缮写，拟分清字、蒙古字、汉字，各派中书四员，在南书房恭缮，并轮派懋勤殿行走翰林一人入直，照料收发。

《清高宗实录》卷一一三〇，乾隆四十六年五月辛巳，谕曰："开国实录"，着八阿哥传原写清、汉、蒙古字各员，敬谨再缮一分，并着门应兆照旧绘图。

  今案：乾隆朝因入关前所修满文、汉字、蒙古字分栏书写、并且穿插有83幅战图的《太祖武皇帝实录》，已经纸张老旧，遂重新缮录和绘图复制三份，保存于上书房、盛京和避暑山庄。然而长期没有确定名称，故此间聊用"开国实录"、"战图"、"图本"等多种代称。定名《满洲实录》，恐在乾隆四十八年之后，详见乔治忠《清太祖一朝实录的纂修与重修》(《南开学报》1992年第6期）一文考订。

### 钱大昭著成《两汉书辨疑》。

王鸣盛《两汉书辨疑考》：《两汉书刊误》，刘原父与其弟贡父、其子仲冯同撰，今已不传，惟载于前明监版中。……然《宋史·艺文志》称刘氏书凡四卷，赵希弁《读书附志》云："东、西《汉》各一卷"，则其书大约无多，监本所采之遗，亦无几矣。外有吴斗南《补遗》，秀水朱氏称其博洽。以予考之，亦醇疵互见，援引多而裁断少。又以诸经解说，纠缠于史学，未免失之支离耳。钱君可庐，出示所撰《两汉书辨疑》四十二卷，卷帙之富，已十倍于刘氏，五倍于吴氏。而校讹补阙，精深确当，披郤导窾，阐幽决滞，生于几千百年以下，追及几千百年以上之事，恍如掌上罗文，一一皆可指按。视刘氏、吴氏，不可同年而语矣。两《汉》文字近古，与《五经》相出入，不识字、不通古学者，固难与语此。可庐精于《说文》，深通古训，穿穴经史、传记、墓铭、碑碣，善求其间，识纯而心细，实事求是，不屑为支蔓语，故能折衷群疑，而于官制、地理，所得尤多，洵班、范之功臣，史家之指南也。予向因专力治经，未遑究心乙部，然于读史之道，亦略识其梗概。异日拙著《尚书后案》成，当研考诸史，庶几与可庐共相析疑矣。乾隆四十四年春三月，王鸣盛序。

今案：是书凡《汉书辨疑》二十二卷，《后汉书辨疑》（纪、传）十一卷，《续汉书辨疑》（八志）九卷，共四十二卷。

### 王鸣盛著成《尚书后案》。

王鸣盛著《尚书后案序》：《尚书后案》何为作也？所以发挥郑氏康成一家之学也。《书》本百篇，秦火后，伏生传《今文》三十四篇，孔安国得壁中《古文》，增多二十四篇，余四十二篇亡矣。三十四篇者，即二十九篇：《尧典》一，《皋陶谟》二，《禹贡》三，《甘誓》四，《汤誓》五，《盘庚》六，《高宗肜日》七，《西伯戡黎》八，《微子》九，《太誓》十，《牧誓》十一，《洪范》十二，《金縢》十三，《大诰》十四，《康诰》十五，《酒诰》十六，《梓材》十七，《召诰》十八，《洛诰》十九，《多士》二十，《无逸》二十一，《君奭》二十二，《多方》二十三，《立政》二十四，《顾命》二十五，《费誓》二十六，《吕刑》二十七，

《文侯之命》二十八，《秦誓》二十九。伏《书》本二十八，《太誓》别得之民间，合于伏《书》，故二十九。安国得古文，以今文读之，又于其中分《盘庚》、《太誓》各为三，分《顾命》为《康王之诰》，故三十四也。二十四篇者，即十六篇，其目郑具述之：《舜典》一，《汩作》二，《九共》九篇十一，《大禹谟》十二，《益稷》十三，《五子之歌》十四，《允征》十五，《汤诰》十六，《咸有一德》十七，《典宝》十八，《伊训》十九，《肆命》二十，《原命》二十一，《武成》二十二，《旅獒》二十三，《冏命》二十四也。

自安国递传至卫宏、贾逵、马融及郑氏，皆为之注，王肃亦注之，惟郑师祖孔学，独得其真。但诸家只注二十四篇及百篇之序，增多者无注，至晋又亡。好事者别撰，增多二十五篇，内有《太誓》，故于三十四篇删去《太誓》，又分《尧典》之半充《舜典》，《皋陶谟》之半充《益稷》，改为三十三篇，并撰孔《传》，盖出皇甫谧手云。夫增多者已亡矣，目犹在也，三十四篇汉注犹在也。晋人所撰，与真古文二者皆不合。孔颖达作《疏》用之，反诬郑述增多为张霸书，自是三十四篇汉注亦亡矣。

予遍观群书，搜罗郑注，惜已残阙，聊取马、王传疏益之，又作《案》以释郑义。马、王传疏，与郑异者，条晰其非，折中于郑氏，名曰《后案》者，言最后所存之案也。至二十五篇，则别为《后辨》附焉。嘻！草创于乙丑，予甫二十有四，成于己亥，五十有八矣。寝食此中，将三纪矣。又就正于有道江声，乃克成此编。予于郑氏一家之学可谓尽心焉耳矣，若云有功于经，则吾岂敢！东吴王鸣盛凤喈。

**命编撰《钦定盛京通志》。**

《四库全书总目》卷六八，史部地理类一：《钦定盛京通志》一百二十卷，乾隆四十四年奉敕撰。我国家发祥长白，实肇基于俄朵里城。后肇祖原皇帝始迁赫图阿拉，是为兴京。太宗文皇帝戡定辽东，实作周邑。暨世祖章皇帝定鼎顺天，遂以奉天为盛京。两都并建，垂万万世之丕基。非惟山海形胜，控制八纮，凡缔造之规模，征伐之功烈，麟麟炳炳，亦具在于斯。旧有志书三十二卷，经营草创，叙述未详。因命补正其书，定为此本。发凡起例，一一皆禀睿裁。圣制、御制，旧本仅载十之三，今悉补录。又以御制分《纶音》、《天章》二门，各从体制。《京城门》中，旧本不载盛京、兴京、东京创建修葺之由，及太祖、太宗制胜定都始末。《坛庙门》中，旧本不载营造制度，及重修年月，又不载尊藏册宝及堂子岁祭诸仪。《宫殿门》中，旧本亦不载重修年月，御题联额及尊藏圣容，《圣训》、《实录》、《玉牒》、战图，及乾隆四十三年设立谏木事。《山陵门》中，旧本不载谒陵及岁事仪注，所述三陵官制，亦多舛误。《山川》、《城池》两门中，旧本均不载太祖、太宗战绩。《人物门》中，不载开国宗室王公，又诸勋臣事迹，亦不悉具，今并详考增修。其余《星土》、《建置沿革》、《疆域形胜》、《祠祀》、《古迹》、《陵墓》、《杂志》、《风俗》、《土产》八门，并援据经史，纠讹补漏。《关邮》、《户口》、《田赋》、《职官》、《学校》、《官署》、《选举》、《兵防》八门，旧本所载止于乾隆八年，今并按年续载。《名宦》、《历代忠节》、《孝义》、《文学》、《隐逸》、《流寓》、《方技》、《仙释》、《列女》、《艺文》十门，亦参订删补，俾不冗不漏。其官名、人名、地名，旧本音译，往往失真，今并一一釐正。体裁精密，考证详明。……

**命纂《钦定外藩蒙古回部王公表传》。**

《清高宗实录》卷一〇八八，乾隆四十四年八月壬子朔，谕：我国家开基定鼎，统一寰区。蒙古四十九旗及外来札萨克、喀尔喀诸部咸备藩卫，世笃忠贞，中外一家，远迈千古。在太祖、太宗时，其抒诚效顺，建立丰功者，固不乏人。而皇祖、皇考及朕御极以来，蒙古王公等之宣猷奏绩，著有崇勋者，亦指不胜属。因念伊等各有军功事实，若不为之追阐成劳，裒辑传示，非奖励酬而昭来许之道，着交国史馆会同理藩院，将各蒙古札萨克事迹谱及，详悉采订，以一部落一表传，其有事实显著之王公等，即于各部落表传后，每人立一专传。则凡建功之端委，传派之亲疏，皆可按籍而稽，昭垂奕世。该总裁大臣等，即选派纂修各员，详慎编辑，以清、汉、蒙古字三体合缮成帙，陆续进呈，候朕阅览。成书后，即同《宗室王公功绩表传》，以汉字录入《四库全书》，用垂久远。

《清高宗实录》卷一〇九〇，乾隆四十四年九月癸未，谕：昨朕降旨，以内外札萨克自皇祖及朕即位以来，服勤奋勉，勋猷卓越者甚多，交国史馆会同理藩院，追溯伊等从前劳绩，编纂表传，以垂永久。兹念各城回人，自投诚以来，宣力军前，封授王、贝勒、公爵者，亦有其人，亦一体加恩编纂表传，着交该院，查其内实心效力，立有军功者，会同国史馆，照蒙古王公编纂表传，以示朕一体矜恤回部臣仆之意。

《四库全书总目》卷五八，史部传记类二：《钦定蒙古王公功绩表传》十二卷，乾隆四十四年奉敕撰。体例与《宗室王公功绩表传》同。考今蒙古诸部，其人率元之部族，其地则辽之故疆。自辽初上溯于汉初，攻伐之事未尝绝。自元末下讫于明末，攻伐之事亦未尝绝。固由风气刚劲，习于战斗，恒不肯服属于人，亦由威德不足以摄之，故不为用，而反为患也。我国家龙兴东土，七德昭宣，叛盟者芟锄，归命者绥辑。……莫不际会风云，攀龙附凤，执殳效命，拔帜先登。虽彭、濮、卢、髳景从周武，亦蔑以加于是焉。故折冲御侮之力，名列乎旂常；分茅胙土之荣，庆延于孙子。迄今检阅新编，披寻旧迹，仰见我列圣提挈乾纲，驱策群力，长驾远驭之略，能使柳城松漠，中外一家，咸稽首而效心膂。其炳然可传者，章章如是，诚为前史所未闻。不但诸王公勋业烂然，为足炳耀丹青也。

今案：是书《四库提要》题作《钦定蒙古王公功绩表传》，四库本题为《钦定外藩蒙古回部王公表传》，书前提要题作《钦定外藩蒙古回部王公功绩表传》。一般简称《蒙古王公表传》。《四库提要》著录"十二卷"，误，应为一百二十卷。据宝日吉根《〈蒙古王公表传〉纂修考》（载《内蒙古大学学报》1987年第3期）一文详考，是书始撰于乾隆四十四年，成于五十四年。此为清国史之组成部分，从嘉庆至光绪又有六次续修，修成后一般要公开印行并且颁发蒙古、回部，以收笼络之效。

**谕令查毁方志之中应禁内容。**

《清高宗实录》卷一〇九五，乾隆四十四年十一月甲辰，谕军机大臣等：据闵鹗元奏，各省郡邑志书内，如有登载应销各书名目，及悖妄著书人诗文者，请一概俱行铲削等语，所奏甚是。……着传谕各督抚，将省志及府县志书，悉心查核。其中如有应禁诗文，而志内尚复采录，并及其人事实、书目者，均详悉查明，概从芟节。不得草率从事，致有疏漏。

**命纂《功臣传三集》。**

《国朝宫史续编》卷九〇，《书籍十六·史学三》：《钦定功臣传三集》一部。乾隆四十四年敕纂。自乾隆二十三年以后，征剿缅甸、两金川、乌什、临清等处抒忠效命之文武大臣官员一千一百一人，兵丁一万八千八十人，凡六十五卷，繙译本与汉本同。

## 公元 1780 年 清高宗乾隆四十五年 庚子

**命编纂《历代职官表》。**

《历代职官表》(《四库全书》本)卷首：乾隆四十五年九月十七日奉上谕：国初设官分职,不殊《周官》法制。及定鼎中原,名异实同,稽古唐虞,建官惟百,内有百揆、四岳,外有州牧侯伯、奋庸熙载、亮采惠畴。……现在编列《四库全书》,遗文毕集,着即派总纂、总校之纪昀、陆费墀、陆锡熊、孙士毅等悉心校覆,将本朝文武内外官职阶级,与历代沿袭异同之处,详稽正史,博参群籍,分析序说,简明精审,毋冗毋遗。其议政大臣、领侍卫、内大臣、八旗都统、护军统领健锐火器营、内务府并驻防将军及新疆增置各官,亦一体详析考证,分门别类,纂成《历代职官表》一书。由总裁复核,陆续进呈,候朕阅定,书成后即以此旨冠于卷首,不必请序,列入《四库全书》,刊布颁行,以昭中外。……

**钱大昕著成《廿二史考异》,后续撰《三史拾遗》、《诸史拾遗》。**

钱大昕《廿二史考异序》：予弱冠时,好读乙部书,通籍以后,尤专斯业。自《史》、《汉》迄《金》、《元》,作者廿有二家,反复校勘,虽寒暑疾疢,未尝少辍,偶有所得,写于别纸。丁亥岁,乞假归里,稍编次之,岁有增益,卷帙滋多。戊戌,设教钟山,讲肄之暇,复加讨论。间与前人暗合者,削而去之；或得于同学启示,亦必标其姓名。郭象、何法盛之事,盖深耻之也。

夫史之难读久矣！司马温公撰《资治通鉴》成,惟王胜之借一读,它人读未尽十纸,已久伸思睡矣。况廿二家之书,文字烦多,义例纷纠。舆地则今昔异名,侨置殊所；职官则沿革迭代,冗要逐时。欲其条理贯串,了如指掌,良非易事。以予伫劣,敢云有得？但涉猎既久,启悟遂多,著之铅椠,贤于博弈云尔。且夫史非一家之书,实千载之书,祛其疑乃能坚其信,指其瑕益以见其美。拾遗规过,匪为齮齕前人,实以开导后学。而世之考古者,拾班、范之一言,摘沈、萧之数简,兼有竹素烂脱,豕、虎传讹,易"斗分"作"升分",更"子琳"为"惠琳",乃出校书之陋,非为作者之愆,而皆文致小疵,目为大创,驰骋笔墨,夸曜凡庸,予所不能效也。更有空疏揣大,辄以褒贬自任,强作聪明,妄生疻痏,不卟年代,不揆时势,强人以所难行,责人以所难受,陈义甚高,居心过刻,予尤不敢效也。柔榆景迫,学殖无成,惟有实事求是,护惜古人之苦心,可与海内共白。自知盘烛之光,必多罅漏,所冀有道君子理而董之。庚子五月廿有二日,嘉定钱大昕序。

《续修四库全书总目提要》（稿本）：《廿二史考异》一百卷，国朝钱大昕撰。……盖其一生精力所注也。其书分《史记》五卷，《汉书》四卷，《后汉书》三卷，《续汉书》二卷，《三国志》三卷，《晋书》五卷，《宋书》二卷，《南齐书》、《梁书》、《陈书》各一卷，《魏书》三卷，《北齐书》一卷，《周书》一卷，《隋书》二卷，《南史》、《北史》各三卷，《唐书》十六卷，《旧唐书》四卷，《五代史》六卷，《宋史》十六卷，《辽史》一卷，《金史》二卷，《元史》十五卷，编成一百卷。大昕尝谓：天下学者，但治古今，略涉三史，三史以下，茫然不知，得谓之通儒乎？则是编固有为而作也。同时王鸣盛《十七史商榷》，考证舆地、典制，颇不减于大昕。惟其好取事迹，加以议论，不免蹈前人史论之辙，且于《宋》、《辽》、《金》、《元》四史，未及商榷。其书究难与是编抗行。夫正史文字烦多，义例纷纠。舆地则今昔异名，侨置殊所；职官则沿革迭代，冗要逐时；氏族则谱牒失诬，世次多舛。大昕于此三者，先就本书证之，证之未妥者，复取他书及石刻证之。……条理贯穿，瞭如指掌。又小学、算法，尤其专门。故凡文字之讹谬，无不订正；律术之参稽，无不考定。而于典制事迹，亦皆探原索徵，精博详明。至《辽》、《金》、《元》三史，芜陋乖舛，久有"秽史"之称，由当时史臣不谙掌故，不通翻译，以至对音，每有窒碍，且有一人两传而彼此互异者，大昕一一纠正之，言皆有据，皆足以为考证之资。考史之书，固未有优于是编者矣。……赵翼《廿二史劄记》，类叙事实，毫无发明，又别为一体，固未可以相提并论已。

李赓芸《三史拾遗序》：先师少詹事钱先生，少耽乙部之书，尝博览群籍，积数十季之心力，撰《廿二史考异》百卷，以乾隆庚子岁五月刊成，自为序。嗣后，续有所得，又撰《史记》、两《汉书》为《三史拾遗》。先师存日，曾以副墨寄示。先师捐馆后，又得见所撰《诸史拾遗》，则自《三国志》以逮《元史》咸具，皆所以补《考异》之未备，诚足为读史者之助也。……嘉庆十有二季岁次丁卯冬十月，受业弟子李赓芸谨识。

《续修四库全书总目提要》（稿本）：《三史拾遗》五卷，国朝钱大昕撰。……凡《史记》一卷，《汉书》二卷，《后汉书》一卷，《续汉书》一卷。……所以补《考异》之未备，故曰《拾遗》。……至其体例，则与《考异》无二。间有同考一事，《考异》略而是编详者。……皆当以是编为定。……

《续修四库全书总目提要》（稿本）：《诸史拾遗》五卷，国朝钱大昕撰。是编凡《三国志》、《晋书》一卷,《宋》、《南齐》、《梁》、《陈》、《魏书》、《南北史》、《唐书》一卷,《五代史》一卷,《宋史》一卷,《辽》、《金》、《元史》一卷。……其与《史》、《汉》分为二书,以《三史》卷帙居其半也。……

**钱大昕著成《元史氏族表》。**

钱大昕《元史氏族表序》:稽氏族于金、元之际,难矣!金制系氏于名,元则名与氏不相属。公私称谓,有名无氏,故考稽尤难。吴师道言:"今之蒙古、色目,虽族属有分,而姓氏不并立,但以名行,贵贱混淆,前后复杂,国家未有定制。"盖在当时,固病其称名之淆。易代而后,并族属且失之矣。有似异而实同者,"克列"之即"怯列"……是也。有似同而实异者,"回鹘"之与"回回"也。陶九成所载:蒙古七十二种,色目三十一种。其见于史者,仅十之三四,而译字无正音,纪载互异。今仿《唐书》宰相世系之例,取其谱系可考者列为表,疑者阙之。耶律、石抹、粘术合、孛术鲁之伦,出自辽、金,当时所谓汉人也,故不及焉。

黄钟《元史氏族表跋》:《元史氏族表》三卷,我师钱竹汀先生所作也。明初诸臣修纂《元史》,开局未及市岁,草率蒇事,其中纰缪颇多。……为后来读史者所讥。先生尝欲别为编次,以成一代信史,稿已数易而尚未卒业。其《艺文志》及此表,皆旧史所未备,先生特创补之。则以元之蒙古、色目人,命名多溷,非以氏族晰之,读者茫乎莫辨,几如瞽者之无相,往往废书而叹矣。故此表尤为是史不可少之子目。先生属稿始于乾隆癸酉七月,成于庚子五月,几及三十年,其用力可谓勤矣。昔魏伯起以魏人作《魏书》,《官氏志》只叙九十九姓,某人后改某氏,胪列成篇,而于世系源流,犹弗能详悉,况异代乎!先生广搜博采,正史、杂史之外,兼及碑刻、文集、题名录等书,考其得失,审其异同,一一表而出之,而后昭然如白黑分矣。……嘉庆十一年岁次丙寅春正月,弟子黄钟谨识。

## 公元1781年 清高宗乾隆四十六年 辛丑

**《四库全书总目》纂修初就。**

《清高宗实录》卷一一二五,乾隆四十六年二月己未:上御勤政殿听政。谕:

《四库全书总目》提要,现已办竣呈览,颇为详核。所有总纂官纪昀、陆锡熊,着交部从优议叙。其协勘查校各员,俱着照例议叙。

**《平定两金川方略》修成。**

《清高宗实录》卷一一二七,乾隆四十六年三月壬寅:《平定两金川方略》告成,议叙纂修、提调等官有差。

《四库全书总目》卷四九,史部纪事本末类:《钦定平定两金川方略》一百五十二卷,乾隆四十六年,大学士阿桂等恭撰奏进。凡《御制序文纪略》一卷,《天章》八卷,冠于前。《臣工诗文》八卷,附于末。所纪平定两金川事,自乾隆二十年六月癸亥起,至乾隆四十四年十一月壬午止。……

**纂修《热河志》成书。**

《清高宗实录》卷一一三二,乾隆四十六年闰五月丙午:《热河志》成,予纂修等官议叙有差。御制《热河志序》曰:为各省之志书易,为热河之志书难。彼其以汉人书内地事,且各府州县,本有晋乘、楚梼杌,荟而辑之,其易也,不待烛照数计而龟卜也。热河之志,则以关外荒略非内地,而辽金元之史成于汉人之手,所为如越人视秦人之肥瘠忽然,故曰难。……皇祖虽尝名之曰避暑山庄,序咏三十六景,而未辑志者,其或有待耶?抑亦文献不足徵,而迟迟为之耶?山川里邑,建置沿革,与夫古迹人物,司事之臣虽捃摭遗逸,犹有未备。未信者,其说具见于前,而吾之序是书以行世者,正所云在此不在彼。

《四库全书总目》卷六八,史部地理类一:《钦定热河志》八十卷,乾隆四十六年奉敕撰。热河即古武列水,避暑山庄在焉。旧设热河道,领四厅。今置承德府,领平泉一州,滦平、丰宁、赤峰、建昌、朝阳五县。此志犹以热河名者,神皋奥区,銮舆岁莅,搜狩朝觐,中外就瞻,地重体尊,不可冠以府县之目,故仍以行殿所在为名也。凡分二十四门。……

今案:是书《四库全书》本一百二十卷,《四库全书总目》记作"八十卷",误,书前提要已然改正。盖《四库全书总目》成书较早,八十卷之数或恐乃初拟规划。

**命编纂《明臣奏议》。**

《清高宗实录》卷一一四三,乾隆四十六年十月丙申:命皇子等编辑明臣奏议。谕：历代名臣奏疏，向有流传选刻之本。《四库全书》内，亦经馆臣编次进呈，其中危言谠论，关系前代得失者，固可援为法戒。因思胜国去今尤近，三百年中，荩臣杰士风节伟著者，实不乏人。迹其规陈治乱，抗疏批鳞，当亦不亚汉唐宋元诸臣。而奏疏未有专本，使当年绳愆纠谬，忠君爱国之忱，后世无由想见，诚阙典也。……此事关系明季之所以亡，与我朝之所以兴，敬怠之分，天人之际，不可不深思远虑，触目警心。着派诸皇子同总师傅蔡新等为总裁，其皇孙、皇曾孙之师傅、翰林等，即着为纂修、校录，陆续进呈，候朕亲裁。书成后，即交武英殿刊刻，仍钞入《四库全书》，将此旨冠于简端。所有前次纪昀等选出神宗以后各奏疏，即着归入此书，按其朝代，一体编纂。特谕。

《四库全书总目》卷五六，史部诏令奏议类：《钦定明臣奏议》二十卷，乾隆四十六年奉敕编。以皇子司选录，而尚书房诸臣预缮写。每成一卷，即恭呈御览，断以睿裁。盖敷陈之得失，足昭法戒。而时代既近，殷鉴尤明。将推溯胜国之所以亡，与昭代之所以兴者，以垂训于无穷，故重其事也。考有明一代，惟太祖以大略雄才，混一海内。一再传后，风气渐移。朝论所趋，大致乃与南宋等。故二百余年之中，士大夫所敷陈者，君子置国政而论君心，一札动至千万言，有如策论之体。小人舍公事而争私党，一事或至数十款，全为讦讼之词。……盖宋人之弊，犹不过议论多而成功少；明人之弊，则直以议论亡国而已矣。然一代之臣，多贤奸并进，无人人皆忠之理，亦无人人皆佞之理。即一人之身，多得失互陈，无言言皆是之事，亦无言言皆非之事。是以众芳芜秽之时，必有名臣硕辅，挺出于其间；群言淆乱之日，必有谠论嘉谟，撑拄于其际。所谓披沙简金，在乎谨为持择也。是编禀承训示，辨别瑕瑜，芟薙浮文，简存伟议。研求史传，以后效验其前言；考证情形，以众论归于一是。……一代得失之林，即千古政治之鉴也。至于人非而言是，不废搜罗；论正而词乖，但为删润。……

今案：本书《四库全书》本实为四十卷，《四库全书总目》著录为二十卷，误，书前提要已然更正。盖《四库全书总目》基本修成之际，本书纂修刚刚起步，二十卷之数，岂最初规划耶？又，本书修成后名称为《御选明臣奏议》，更比《四库全书总目》所云确切。

## 命馆臣重订《契丹国志》。

《清高宗实录》卷一一四三，乾隆四十六年十月乙酉：命馆臣重订《契丹国志》。谕：《四库全书》馆进呈书内，有宋叶隆礼奉敕所撰《契丹国志》，其说采摘《通鉴长编》及诸说部书，按年胪载，钞撮成文。中间体例混淆，书法讹舛，不一而足。如书既名《契丹国志》，自应以辽为主，乃卷首年谱，既标太祖、太宗等帝，而事实内或称辽帝、或称国主，岂非自乱其例。……今《契丹国志》既有成书，纪载当存其旧，惟体例、书法讹谬，于《纲目》大义有乖者，不可不加厘正。着总纂纪昀等详加校勘，依例改纂。其志中之事迹，如祭用白马、灰牛、毡中枯骨变形视事、及戴野猪头披皮之事，虽迹涉荒诞，然与《诗》、《书》所载简狄吞卵、姜嫄履武，复何以异？盖神道设教，以溯发祥，古今胥然，义正如此，又何必信远而疑近乎。其余辽帝过举，如母后擅权诸事，足为后世鉴戒者，仍据志直书，一字不可易。该总裁等覆阅进呈，候朕亲定。录入四库全书，并将此旨书于简端，以昭纲常名教，大公至正之义。特谕。

**命国史馆改撰《钦定宗室王公功绩表传》。**

《四库全书总目》卷五八，史部传记类二：《钦定宗室王公功绩表传》十二卷，乾隆四十六年奉敕撰。初，乾隆二十九年，命宗人府、内阁考核宗室王公功绩，辑为《表》一卷，详列封爵世系。《传》五卷，第一卷、第二卷为亲王，第三卷为郡王，第四卷为贝勒、贝子、镇国公、辅国公，第五卷为王贝勒获罪褫爵而旧有勋劳者。通三十一人，又附传二十一人。于乾隆三十年六月告成。嗣以所述简亲王喇布、顺承郡王勒尔锦、贝勒洞鄂事实皆不详悉，又《顺承郡王传》中"生有神力"之语，亦涉不经。乃诏国史馆恭检实录红本，重为改撰。前《表》后《传》，体例如旧，立传人数亦如旧。而事必具其始末，语必求其徵信，则视旧详且核焉。……

《国朝宫史续编》卷八八，《书籍十四·史学一》：（乾隆）四十六年十一月二十六日奉谕旨：《宗室王公表传》简亲王喇布、顺承郡王勒尔锦、贝勒洞鄂，事迹俱不详晰。又简亲王传内，称其生有神力，语尤不经。查此书系何年编纂，此外尚有似此语句及叙次草率者，并著交国史馆恭查实录红本，另行改纂，以昭传信。

**命撰《钦定兰州纪略》。**

《四库全书总目》卷四九，史部纪事本末类：《钦定兰州纪略》二十卷，乾隆四十六年奉敕撰。考回人散处中国，介在西北边者尤犷悍。然其教法，则无异刘智《天方典礼择要解》，即彼相沿之规制也。其祖国称默德那，其种类则居天山之南北。后准噶尔据有山北，乃悉避处于山南。今自哈密、吐鲁番以外，西暨和阗、叶尔羌，皆所居也。……奸黠之徒，遂诡称传法于祖国，别立新教，与旧教构争。……互相仇杀，乃驯至啸聚称戈。辛丑四月，循化厅逆回苏四十三等突陷河州，复拥众犯兰州。会援师既集，断其归路。而羽林勍卒、益部蕃兵，亦皆奉诏遄征，克期并赴。……盖是役也，平日酿衅之渐，在大吏之积薪厝火，故猝发而不及防。临时制胜之方，在圣主之省括张机，故一举而无不克。是编所录，始末釐然。至于规画兵制，慎固边防，一切敷陈批答，亦皆备书。……

**《南北史表》、《南北史捃华》作者周嘉猷卒。**

（光绪）《杭州府志》卷一四六，《人物·文苑三》：周嘉猷，字两塍。钱塘人。乾隆二十二年进士，官益都知县，署胶州，卒于官。少能强记，读书一过背诵无遗。杭世骏呼为"小友"。生平嗜学好古，虽治剧邑，未尝去书。于六朝掌故尤能包举，其著作类有功南北史。

胡德琳《南北史表序》：司马氏易编年为纪传，而八书之外，又立十表，或年经而国纬，或年纬而国经，或主地，或主时，或主世系，有深意也。范书以后缺焉。故熊氏方有《后汉年表》之作，而欧阳子《唐书》又有《宰相世系表》。盖自隋、唐以上，最重氏族，官有簿状，家有谱系，凡选举、婚姻皆取正焉。自唐以来，谱学渐废，此欧阳子所以作表之意也！况南北朝时统系正闰杂乱纷更，甚于秦、楚之际，且瓜分割裂，右姓望族迁徙无常，而北魏之三十六族、九十二姓，又皆前此所未有也。李氏《南北史》及《齐》、《梁》、《陈》、《北齐》、《北周》之书，志且无之，况于表，况于世系乎！

两塍周子，历官山左十余年，仕优而不废学，创为此书，编年世系，南北建号，朗若列眉，不觉令人快绝。四明万氏有《历代年表》，于南北正闰，亦云详矣，而初不及世系。君之此书，殆过之。……两塍卒于官。逾年，其子闻复梓之以行，问序于余。余谓此乃南北朝史之纲领，正当附于李氏书以行者也。因附数言，以为后之读史者告。乾隆癸卯三月，桂林胡德琳序。

周嘉猷《南北史捃华序》：余自十三、四时，才有领会，颇嗜《南北史》，暇辄披玩，亟欲搴其精藻，别为一编，久而未果。乾隆己巳秋，园居阒寂，乃复详加捃拾，缀缉成帙。或谓余曰："剽拟蹈袭，昔人所嗤。刘临川《世说》，踵出者数家，至何元朗而益详矣，兹编不几赘设耶？"余应之曰："不不。魏晋人风调音吐，自宋逮陈，相沿未沫。北上自迁洛以降，复雅有此风。元郎泛滥及于宋、元，而南北朝仅寥寥数则，所恨采摭不广，且其中纰漏更多。……错后乖舛，不可殚述。则余之缉是编，察信廉空，未必非元朗之诤臣矣。"兼性又善忘，若不略为搴辍，便若不能贯串。颜之曰"捃华"者，延寿《上书表》云："兼采《北史》，除其见长，捃其菁华"，亦犹李氏之志也。钱塘周嘉猷叙。

今案：柯愈春《清人诗文集总目提要》"《两滕集》"条下云："周嘉猷撰。嘉猷生年不详，卒于乾隆四十六年。"（第714页）而检《中国第一历史档案馆藏清代官员履历档案全编》第19册，录有嘉猷一份履历："臣周嘉猷，浙江杭州府钱塘县人，年四十一岁。乾隆二十二年进士，候选知县。今签掣山东武定府青城县知县缺。敬缮履历，恭呈御览，谨奏。乾隆三十二年九月二十九日。"（第349页）乾隆三十二年（公元1767年）嘉猷年四十一岁。据此，其生于雍正五年（公元1727年），卒于乾隆四十六年（公元1781年）。

## 公元1782年 清高宗乾隆四十七年 壬寅

**重修《钦定皇舆西域图志》成书。**

《皇舆西域图志》（《四库全书》本）卷首，英廉等进书表：乾隆四十七年五月初十日，大学士臣英廉，遵旨增纂《西域图志》告成，谨率同纂修诸臣统校画一，奉表恭进者：钦惟我皇上功高统一，德被怀柔，拓西极之山川，二万里同归帱载；照中天之日月，亿千年永懋经纶。……臣等无任踊跃欢慕之至，谨奉表恭进以闻。本日奉旨：知道了，着交武英殿刊刻，并写入《四库全书》。钦此。

《皇舆西域图志》卷首，《凡例十六则》：……一、是编恭录天章，为卷首四帙。余自图考以下，分门依类，次第编纂。得图考三卷、列表二卷、晷度二卷、疆域十二卷、山四卷、水五卷、官制二卷、兵防一卷、屯政二卷、贡赋一卷、钱法一卷、学校一卷、封爵二卷、风俗一卷、音乐一卷、服物二卷、土产一卷、藩属三卷、杂录二卷。门凡二十、卷凡四十有八。至户口为休养之验。取附屯政，台站亦军邮之藉。并载兵防，各以类从，务归体要。……一、西域天文晷度，古者言天家所弗详。史传载有诸国相距里数，亦未云之实。即今星使往来，由人迹起数，非必直径也。惟测晷影定北极高度，距京师定偏西度，斯为准确。

兹编所载高、偏度。皆命使遄往，随处测量，高下远近，略无爽漏。爰以都会为纲，附推四境，道路原野，概从节略。至分野之说，空虚揣测，依据为难，故不赘及。

**敕撰《钦定河源纪略》。**

《清高宗实录》卷一一六〇，乾隆四十七年七月己酉：命馆臣编辑《河源纪略》。谕：今年春间，因豫省青龙冈漫口，合龙未就。遣大学士阿桂之子乾清门侍卫阿弥达，前往青海，务穷河源，告祭河神。事竣复命，并据按定南针绘图具说呈览。……今复阅《史记》、《汉书》所纪河源，为之究极原委，则张骞所穷，正与今所考订相合，又岂可没其探本讨源之实乎。所有两汉迄今，自正史以及各家河源辨证诸书，允宜通行校阅，订是正讹，编辑《河源纪略》一书。着四库馆总裁督同总纂等，悉心纂办。将御制河源诗文，冠于卷端，凡蒙古地名、人名，译对汉音者，均照改定正史，详晰校正无讹，颁布刊刻，并录入《四库全书》，以昭传信。特谕。

**命订正《通鉴纲目续编》。**

《清高宗实录》卷一一六八，乾隆四十七年十一月庚子：命皇子及军机大臣订正《通鉴纲目续编》。谕：朕披阅《御批通鉴纲目续编》，内周礼《发明》、张时泰《广义》，于辽金元事，多有议论偏谬及肆行诋毁者。《通鉴》一书，关系前代治乱兴衰之迹，至《纲目》祖述麟经，笔削惟严，为万世公道所在，不可稍涉偏私。试问孔子《春秋》内，有一语如《发明》、《广义》之肆口嫚骂所云乎？向命儒臣编纂《通鉴辑览》，其中书法、体例，有关大一统之义者，均经朕亲加订正，颁示天下。如内中国而外夷狄，此作史之常例，顾以中国之人载中国之事，若司马光、朱子，义例森严，亦不过欲辨明正统，未有肆行嫚骂者。朕于《通鉴辑览》内存弘光年号，且将唐王、桂王、事迹附录于后。又谕存杨维桢《正统辨》，使天下后世，晓然于《春秋》之义，实为大公至正，无一毫偏倚之见。至于东夷西戎、南蛮北狄，因地而名，与江南河北、山左关右何异？孟子云：舜为东夷之人，文王为西夷之人。此无可讳，亦不必讳。但以中外过为轩轾，逞其一偏之见，妄肆讥讪，毋论桀犬之吠，固属无当，即区别统系，昭示来许，亦并不在乎此也。……所有《通鉴纲目续编》一书，其辽金元三朝人名地名，本应按照新定正史，一体更正。至《发明》、《广义》内三朝时事,不可更易外,其议论诋毁之处,著交诸皇子、及军机大臣,量为删润,以符孔子《春秋》体例。仍令粘签进呈,候朕阅定,并将此谕冠之编首。交武英殿照改本更正后,发交直省督抚各一部,令各照本抽改。将此通谕中外知之。

  今案:自此谕旨发布之后,清廷展开旷日持久的专项清查,且反复降旨追问,令将所有涉及《通鉴纲目续编》者,书籍收缴、书版挖改,连康熙帝《御批通鉴纲目全书》亦不例外。

## 《钦定日下旧闻考》修成。

  《钦定日下旧闻考》(《四库全书》本)卷首,英廉等进书表:臣英廉等奉敕编纂《日下旧闻考》成书,谨奉表上进者:伏以辰居星拱经天,曜帝座之垣;皇极畴敷括地,志神畿之府。……而《三辅黄图》,为王者宅中之都会。正体裁于竹素博闻,资广见重研考掌故,于芸缃旧帙,待新编益焕。瞻云就日近光,绅石室之书;索献徵文数典,壮金台之色,广轮式廓,载籍增辉……臣等无任瞻天仰圣,感激屏营之至,谨奉《日下旧闻考》一百六十卷,目录一卷,随表恭进以闻……乾隆四十七年大学士臣英廉、领侍卫内大臣尚书臣和珅……

  《皇朝文献通考》卷二二三,《经籍考十三》史部地理类:《钦定日下旧闻考》一百二十卷,乾隆三十九年奉敕撰。臣等谨按:是编据朱彝尊《日下旧闻》原本,于十三门外增苑囿、官署二门,而并《石鼓考》于国子监。删繁补缺,援古证今,详加考核,定为此本。至于列圣宸章,皇上御制,涉于神京风土者,悉按门恭载,以昭垂典实。凡原本所摭引古书、古迹,并承圣训,指示精详,正讹补漏,一一徵验有无,勘其所在。千古舆图纪述都邑,孰能如是之信而可徵者哉!

## 纪昀、陆锡熊等奉敕撰《钦定河源纪略》。

  《四库全书总目》卷六九,史部地理类二:《钦定河源纪略》三十六卷,乾隆四十七年奉敕撰。是年春,以中州有事于河工,特命侍卫阿弥达祭告西宁河神。因西溯河源,绘图具奏,言星宿海西南三百余里有阿勒坦郭勒水,色独黄。又西有阿勒坦噶达素齐老流泉百道,入阿勒坦郭勒,是为黄河真源,为自古探索所未及。皇上因考徵实验,参订旧文,御制《河源诗》一章,详为训释,系以案语。又御制《读〈宋史·河渠志〉》一篇,以正从来之讹误。复命兵部侍郎纪昀、大理寺卿陆锡熊等,寻绎史传,旁稽众说,综其向背,定其是非,辑为一书。首冠以图,凡开方分度,悉准钦定舆图,而以河流所迳及诸水之潜通显会者，各依方隅绘画，以著其详。次列以表，以分、合、伏、见四例，该水道之脉络。俾旁行斜上，经纬相贯，纲目相从，以提其要。次曰《质实》，详核水道之源流，兼仿《水经》及郦道元注之例，旁支正干，一一疏通证明。次曰《证古》，凡载籍所陈，与今所履勘相符者，并条列原文，各加案语，以互相参订。次曰《辨讹》，凡旧说之纰缪，亦条列原文，各为纠驳，以袪惑释疑。次曰《纪事》，凡挞伐所经，部族所聚，职贡所通，及开屯列戍与灵源相值者，一一胪载。其前代轶闻，亦以类附见。次曰《杂录》，凡名山、古迹、物产、土风，介在洪流左右者，皆博采遗文，以旁资稽核，而恭录御制诗文，弁冕全书，用以挈纲领，定权衡焉。……

## 公元1783年 清高宗乾隆四十八年 癸卯

### 梁玉绳著成《史记志疑》。

《清史列传》卷六八，《儒林传下一》：梁玉绳，字曜北，浙江钱塘人。增贡生。同书嗣子。家世显贵，有赐书。……故玉绳年未四十，弃举子业，专心撰著。其《瞥记》七卷，多释经之作，有裨古义。……玉绳尤精乙部书，著《史记志疑》三十六卷，据经传以纠乖违，参班、荀以究同异，凡文字之传讹，注解之傅会，一一析辨之，从事几二十年。……又以大昕言《汉书人表》尊仲尼于上圣，颜、闵、思、孟于大贤，弟子居上等者三十余人，而老、墨、庄、列诸家，咸置中等，有功名教，因著《人表考》九卷，皆详审雅博，见称于时。他著有《元号略》四卷，《吕子校补》二卷，《志铭广例》二卷，《蜕稿》四卷，又《庭立纪闻》四卷，子学昌所记也。年七十六，卒。

梁玉绳《史记志疑自序》：余自少好《太史公书》，缀学之暇，常所钻仰。然百三十篇中，愆违疏略，触处滋疑，加以非才删续，使金鍮罔别，镜璞不完，良可闵叹。解家匡谬甄疵，岂无裨益，第文繁事博，舛漏尚多。因思策励驽骞，澄廓波源，采裴、张、司马之旧言，搜今昔名儒之高论，兼下愚管，聊比取乩，作《史记志疑》三十六卷，凡五易稿乃成。在宋刘氏撰《两汉刊误》，翼赞颜注，吴斗南复著《刊误补遗》。深惭鄙浅，何敢继组前修，只缘勤苦研席，星历一终，享帚徒矜，惜肋莫弃，则剟其瑕而缝其阙，实有望于后之为斗南者。乾隆四十八年龙集癸卯初月九日，仁和梁曜北玉绳自序。

钱大昕《史记志疑跋》：太史公修《史记》以继《春秋》，其述作依乎经，其议论兼乎子，班氏父子因其例而损益之，遂为史家之宗。后人因蹈事之密，而议草创之疏，此固不足以为史公病。或又以谤书短之，不知史公著述，意主尊汉，近黜暴秦，远承三代，于诸表微见其旨。秦虽并天下，无德以延其祚，不过与楚项等，表不称秦、汉之际，而称秦、楚之际，不以汉承秦也。史家以不虚美、不隐恶为良，美恶不掩，各从其实，何名为谤？且使迁而诚谤，则光武贤主，贾、郑名儒，何不闻议废其书，故知王允褊心，元非通论。但去圣浸远，百家杂出，博采兼收，未免杂而不醇。又一人之身，更涉仕宦，整齐画一，力有未暇，此又不必曲为之讳也。自少孙补缀，正文渐淆。厥后元后之诏，扬雄、班固之语，代有窜入。或又易"今上"为"孝武"，弥失本真。今所传裴、张、司马三家，不无互异。转写锓刻，讹舛滋多，校雠之家，迄无善本，私心病之久矣。

仁和梁君曜北，生于名门，孺染家学，下帷键户，默而湛思，尤于是书，专精毕力，据经、传以驳乖违，参班、荀以究同异，凡文字之传讹，注解之傅会，一一析而辩之。从事几二十年，为书三十六卷。名曰"志疑"，谦也。河间之实事求是，北海之释废箴盲，兼而有之，其在斯乎！至于斟酌群言，不没人善，臣瓒注史，广搜李、应、如、苏、范宁解经，兼取江、徐、泰、邵，分之未足为珍，合之乃成其美，洵足为龙门之功臣，袭《集解》、《索隐》、《正义》而四之者矣！丁未岁冬十月，嘉定钱大昕序。

## 命皇子等纂辑《古今储贰金鉴》。

《清高宗实录》卷一一九一，乾隆四十八年十月丁丑：命辑《古今储贰金鉴》。谕：历览前代建储诸弊，及我朝家法相承，于立储一事之不可行，已明降谕旨，宣示中外。至史册所载因建立储贰，致酿事端者不可枚举。自当勒成一书，以昭殷鉴。着皇子等同军机大臣及尚书房总师傅等，将历代册立太子事迹，有关鉴戒者采辑成书，陆续进呈。即着皇孙等之师傅，为誊录。书成，名为《古今储贰金鉴》。

文渊阁《四库全书》本《钦定古今储贰金鉴》卷首，馆臣提要：臣等谨案：《钦定古今储贰金鉴》六卷，乾隆四十八年特命诸皇子同军机大臣及上书房总师傅等，取历代册立太子事迹有关鉴诫者，按代纂辑。自周讫于前明，得三十有三事，又附见五事。而自春秋以后。诸侯王建立世子事，非储贰可比者，间叙其概于按语中，而不入正条。其它偏据窃位，无关统绪之正，并略而不论。若宋之太弟、明之太孙，尤足为万世炯鉴，则备论之。纪事取之正史，论断衷诸《资治通鉴纲目》御批及《通鉴辑览》御批，卷首恭载节奉谕旨，如群书之有纲要焉……既晓然于前事之当惩，益以知圣朝贻谟宏远，实为绵福祚而基万年之要道也。乾隆四十九年十月恭校上。

今案：此书部帙短小，抄录旧史，次年即纂辑成书，故将资料一并系于本年。

## 公元 1784 年　清高宗乾隆四十九年　甲辰

**《钦定河源纪略》告成。**

《清高宗实录》卷一二一〇，乾隆四十九年七月丙寅：《河源纪略》告成，纂修等官议叙有差。

《皇朝文献通考》卷二二三，《经籍考十三》史部地理类：《钦定河源纪略》三十六卷，乾隆四十七年皇六子永瑢、皇八子永璇、皇十一子永瑆、大学士公阿桂等奉敕撰……臣等谨按：是年春有事豫工，上命侍卫阿弥达祭告西宁河神，因西溯河源，绘图具奏，言星宿海西南三百余里，有阿勒坦郭勒，水色独黄；又西有阿勒坦噶达素齐老流泉百道，入阿勒坦郭勒，是为黄河真源，为自古探索所未及。皇上因考徵实验，参订旧文，御制《河源诗》一章，并《读宋史河渠志》一篇，阐河出昆仑之实古今讹误，旷若发蒙复。命诸臣综览史文，旁稽字说，撰定是编，综为一书。首卷冠以御制诗文，次曰图说三卷，曰列表五卷，曰质实五卷，曰证古六卷，曰辨伪六卷，曰纪事六卷，曰杂录四卷，由是河源脉络，摹绘精详，一展卷而了如指掌。盖由帝德广运，无远弗周，是以星使宣劳，奉职克称，数百年沿讹袭谬，始得真源。岂张骞、笃什之流粗陈梗概者，所可同日语哉！

## 公元 1785 年　清高宗乾隆五十年　乙巳

**乾隆《大清一统志》及《辽金元三史国语解》告成。**

《清高宗实录》卷一二四五，乾隆五十年十二月乙未：续修《大清一统志》

并《辽金元三史国语解》告成，承办纂修等官议叙有差。

《皇朝文献通考》卷二二三，《经籍考十三》史部地理类：《大清一统志》五百卷，乾隆二十九年奉敕撰……臣等谨按：康熙间刑部尚书徐乾学奉敕总裁《一统志》，罢归之顷，奏请设局于苏州之洞庭山，一时称地理之学如顾祖禹、阎若璩、黄鸿、胡渭等，皆与其役，而迄未有成。世宗宪皇帝敕馆修辑，至乾隆九年奏竣。嗣以我皇上天威震叠，勘定西域，拓地二万余里，为自古舆地所未纪。而各省添设裁并府厅州县，与职官之增减移驻，亦多与旧制异同。乃奉诏重修。每省皆先立统部，冠以图表，首分野、次建置沿革、次形势、次职官、次户口、次田赋、次名宦，皆统括一省者。其诸府州县及直隶州，又各立一表，而系以所属，皆首分野、次建置、次沿革、次形势、次风俗、次城池、次学校、次户口、次田赋、次山川、次古迹、次关隘、次津梁、次堤堰、次陵墓、次寺观、次名宦、次人物、次流寓、次列女、次仙释、次土产，分门二十有一。而外藩及朝贡诸国，咸附录焉。又以乾隆四十年勘定冉駹，开屯列戍，皈章益廓，因并载入简编。盖我国家土宇宏开，德威遐播，山河两戒，并隶职方，自有书契以来志舆图者，孰有如是之大一统而扩无外者乎！

《四库全书》本《钦定辽金元三史国语解》卷首：臣等谨按：《钦定辽金元三史国语解》，四十六卷，乾隆四十七年奉敕撰。考译语对音，自古已然……（辽、金、元）三史所附《国语解》，颠舛支离，如出一辙，固其宜也。我皇上圣明天纵，迈古涵今，洞悉诸国之文，灼见旧编之误。特命馆臣详加厘定，并一一亲加指示，务得其真……即四库之书凡人名、地名、官名、物名涉于三朝者，均得援以改正，使音训皆得其真。圣朝考文之典，洵超轶乎万禩矣。乾隆五十四年二月恭校上。

《钦定四库全书简明目录》卷五，《史部一》正史类：《钦定辽金元三史国语解》，乾隆五十一年奉勒撰。辽金元三史之末，本各附有国语解，然对音舛谬，动辄失真。是编以索伦语正《辽史》之误，以满洲正《金史》之误，以蒙古语正《元史》之误，言必究其义，字必谐其音，一一州分部列，开卷瞭然，足以传信于千古。

　　今案：关于《辽金元三史国语解》编纂情况以及记载出入处的辨正，详见乾隆三十六年（公元1771年）始修此书条目以及案语，请予以参看，此处不予重复。

## 公元 1786 年　清高宗乾隆五十一年　丙午

**严饬史臣，令重修《八旗通志》。**

《清高宗实录》卷一二五三，乾隆五十一年四月壬辰，谕：四库馆进呈《八旗通志》一书，朕详加披阅。其《忠烈传提要》内，详载开国以来列祖列宗褒奖功勋、风励忠节之典，而于乾隆年间恩恤诸大政，俱阙而不载……则将来此书之传，何足以羽翼国史，昭示来兹？再志内所载，壮尼大即护军校，他如昂邦章京、阿思哈尼哈番之为子男，阿达哈哈番之为轻车都尉，拜他拉布拉哈番之为骑都尉，拖沙拉哈番之为云骑尉，虽不便擅改原文，亦当加按注明，或请朕指示，使后人开卷晓然，方为传信。岂多人无一思及此，但知迁延其事，以为领桌饭之计乎！是钞史非修史矣。前因辽金元三史，人地名原文俱系当时国语，而后之修史者不谙文义，率以不善语言为之译写，是以数年来特命馆臣按照各史，不改其事，但将语言详加改正，锓板重修。遂使当时名爵山川，了如指掌。今以本朝之书，乃止仍原文开载，不为分晰注明，开列凡例，以定章程。是为前史尽心改正，而于本朝返不经意，不几贻笑将来、传疑后世？办理太属疏漏。此书著交军机大臣，会同该馆总裁重加辑订，详悉添注，加按进呈。候朕阅定后，再将文渊等阁陈设之书，一体改正。所有原办此书之总裁及纂修等，俱著逐一查明，交部议处。

**谕令修改《明史纪事本末》所载击败李自成事。**

《清高宗实录》卷一二五九，乾隆五十一年七月壬戌，谕：《明史纪事本末》一书，系谷应泰所撰。朕从前在书房时，即曾见其书，以其举有明一代之事，仿袁枢通鉴纪事之体，逐事贯穿始末，俾览者了然……及我睿亲王奉命统率义师，入关讨贼，我兵奋勇冲杀，贼人望风披靡，自相蹂践，自成遂弃京师西走。而英亲王复率归驱逐，贼即狼狈窜死。实录所载甚明，是李自成之窜败，皆系本朝满洲兵力。使三桂彼时果能办此，伊尚将攘为己有，安肯复请本朝兵乎？此自成之败非三桂之力，更为彰明较著者也。而谷应泰乃称三桂顿兵山海关，悉锐出战，击杀数千人，追奔逐北，似贼人之败于三桂，而非败于本朝。谷应泰系汉人，犹及明末，未免意存回护，故为左袒，而非当日实在情事，不足传信。著军机大臣详查《开国方略》所载入关杀贼实事，将书中此一节重行改正，以昭正论信史。

**《皇清开国方略》修成。**

《四库全书》本《八旬万寿盛典》卷七，《御制开国方略序》（丙午）：……天生圣人，治四海必有祥符与众不同，而更在于圣人之奋智勇、受艰辛，有以冠人世、答天命，夫岂易哉？予小子守祖宗之业，每于读《实录》，观我太祖开国之始，躬干戈、冒锋刃，有不忍观、不忍言而落泪者。继思不忍观、不忍言之心，为姑息之仁，其罪小，观至此，而不念祖宗之艰难，不勤思政治以祈永命，慎守神器，其罪大。故令诸臣直书其事，以示后世。即明臣之纪本朝事迹，如黄道周之《博物典汇》之类，不妨节取，以证信实。然予此为，非啻自励而已也，欲我万世子孙，皆如予之观此书之志，其弗动心落泪、深思永念，以敬天命、守祖基，兢兢业业，惧循环治乱之幾，则亦非予之子孙而已矣。此《开国方略》之书所以作也。呜呼，可不敬哉！可不慎哉！

《四库全书总目》卷四七，史部编年类：《皇清开国方略》三十二卷，乾隆三十八年奉勅撰。洪惟我国家世德绵延，笃承眷顾。白山天作，朱果灵彰，十有五王，聿开周祜。肇基所自，邈哉源远而流长矣……是以特诏馆臣，恭录缔造规模，勒成帝典。发祥世纪一篇，犹《商颂》之陈元鸟，《周雅》之咏公刘，虽时代绵邈，年月不可尽详，而事既有徵，理宜传信，所以明启祐之自来也。其余并编年纪月，列目提纲。自太祖高皇帝癸未年夏五月起兵讨尼堪外兰，克图伦城始，至天命十一年秋七月训诫群臣，编为八卷。自太宗文皇帝御极始，至顺治元年世祖章皇帝入关定鼎以前，编为二十四卷。盖神功圣德，史不胜书，惟恭述勋业之最显著、政事之最重大、谟猷之最宏远者，已累牍连篇，积为三十二卷矣。唐虞之治，具于典谟；文武之政，布在方策。臣等缮校之余，循环跪读，创业之艰难，贻谋之远大，尚可一一仰窥也，岂非万世所宜聪听者哉！

今案：此书由国史馆纂修，分满、汉文本，先以汉文纂修，随之翻译。实录记载有：乾隆五十一年十一月丙子，"《开国方略》清文告成"，乾隆帝御制《开国方略序》，载于《八旬万寿盛典》者，注明丙午年即乾隆五十一年，与《开国方略序》卷首之阿桂等《进书表》言"五十一年大衍重开，义图无量"契合，皆表明成书于本年。

## 公元 1787 年 清高宗乾隆五十二年 丁未

**严令四库馆臣撤毁李清《诸史同异录》。**

《清高宗实录》卷一二七七，乾隆五十二年三月丁亥，谕：《四库全书》处进呈续缮三分李清所撰《诸史同异录》书内，称我朝世祖章皇帝，与明崇祯四事相同，妄诞不经，阅之殊堪骇异。李清系明季职官，当明社沦亡，不能捐躯殉节，在本朝食毛践土，已阅多年，乃敢妄逞臆说，任意比儗。设其人尚在，必当立正刑诛，用彰宪典。今其身既幸逃显戮，其所著书籍悖妄之处，自应搜查销毁，以杜邪说而正人心。乃从前查办遗书时，该省及办理四库全书之皇子、大臣等，未经掣毁。今续办三分全书，犹复一例缮录，方经朕摘览而得，甚属非是。因检阅文渊、文源两阁所贮书内，已删去此条。查系从前覆校官编修许烺，初阅时签出拟删，是以未经缮入。但此等悖妄之书，一无可采，既据覆校官签出拟删，该总纂、总校等即应详加查阅，奏明销毁。何以仅从删节，仍留其底本？其承办续三分书之侍讲恭泰、编修吴裕德，虽系提调兼司总校，但率任书手误写，均难辞咎。所有办《四库全书》之皇子、大臣及总纂纪昀、孙士毅、陆锡熊、总校陆费墀、恭泰、吴裕德，从前覆校许烺，俱着交部分别严加议处。至议叙举人之监生朱文鼎，系专司校对之人，岂竟无目者，乃并未校出，其咎更重。朱文鼎本因校书特赐举人，着即斥革，以示惩儆。所有四阁陈设之本，及续办三分书内，俱着掣出销毁，其《总目提要》，亦着一体查删。

    今案：自乾隆帝严令撤毁李清《诸史同异录》之后，多次命令查核《四库全书》中此类书史，并且校订所收图书中文字和内容的讹误，形成全面校勘《四库全书》的活动。同时，对尚未修成的书史，也加紧督催。

**卢文弨著成《群书拾补》。**

  卢文弨《群书拾补小引》：文弨于世间技艺，一无所能。童时喜钞书，少长，渐喜校书。在中书日，主北平黄昆圃先生家，退直之暇，兹事不废也。……斯实性之所近，终不可以复反。自壮至老，积累渐多，尝举数册付之剞劂氏矣。年家子梁曜北，语余曰："所校之书，势不能皆流通于世。其藏之久，不免朽蠹之患，则一生之精神虚掷既可惜，而谬本流传后来，亦无从取正。虽自有余，奚裨焉？意莫若先举缺文断简、讹谬尤甚者，摘录以传诸人，则以传一书之力，分而传数书，费省而功倍，宜或可为也。"余感其言，就余力所能，友朋所助，次第出之,名曰《群书拾补》。虽然即一书之讹,而欲悉为标举之,又复累幅难罄,约之又约,余怀终未快也。然余手校之书,将来必有散于人间者,则虽无益于己,宁不少有益于人乎!后有与余同好者,而且能公诸世,庶余之勤为不虚也已。乾隆五十二年八月丁巳,杭东里人卢文弨书于钟山书院,时年七十有一。

钱大昕《群书拾补序》:颜之推有言:"校定书籍,亦何容易。自扬雄、刘向方称其此职耳。观天下书未遍,不得妄下雌黄。"予每诵其言,未尝不心善之。海内文人学士众矣,能藏书者十不得一;藏书之家,能读者十不得一;读书之家,能校者十不得一。金根白芨之徒,日从事于丹铅而翻为本书之累,此固不足道。其有得宋、元椠本,奉为枕中秘,谓旧本必是,今本必非,专己守残,不复别白,则亦信古而失之固者也。……学士卢抱经先生,精研经训,博极群书。自通籍以至归田,铅椠未尝一日去手,俸廉修脯之余,悉以购书,遇秘钞精校之本,辄宛转借录,家藏图籍数万卷,皆手自校勘,精审无误。凡所校定,必参稽善本,证以它书,即友朋后进之片言,亦择善而从之,洵有合于颜黄门所称者。自宋次道、刘原父、贡父、楼大防诸公,皆莫能及也。……读是书,窃愿与同志绅绎,互相砥砺,俾知通儒之学,必自实事求是始,毋徒执村书数篋,自矜奥博也。庚戌五月,同馆后学嘉定钱大昕书。

《续修四库全书总目提要》(稿本):《群书拾补初编》不分卷,国朝卢文弨撰。……是编凡经八种,史十四种,子十二种,集五种。史内《宋史艺文志补》、《补辽金元艺文志》二种,则有书而总目不载。盖二编之书,未及刊全,故附初编以行已。书中《易经注疏》、《周易略例》、《尚书注疏》、《史通》、《盐铁论》、《新序》、《说苑》、《申鉴》、《列子》、《韩非子》、《晏子》、《风俗通》、《新论》、《潜虚》、《鲍照集》、《韦苏州集》、《元微之集》、《白氏长庆集》、《林和靖集》十九种,则或以宋本、元本、抄本、明佳刊本、名人校本、道藏本,就全部各为校正,并补其遗。其余则或校正一二篇,或补遗、补脱、补阙一二条,惟《礼记注疏》则从宋本校正八篇。《风俗通》后附逸文,则取之钱大昕也。……

## 钱大昕著成《潜研堂金石文跋尾》。

王鸣盛《潜研堂金石文跋尾序》:傅青主问阎百诗:"金石文字足以正经史之讹而补其阙,此学始于何代何人?"……然则金石之学,自周、汉以至南北朝,咸重之矣。而专为一书者,则自欧阳永叔始。自永叔以下,著录者甚多。……予尝论其完备者凡六家:自欧阳外,则赵氏明诚、都氏穆、赵氏岍、顾氏炎武、王氏澍，斯为具体。……惟朱氏彝尊始足并列为七焉。最后予妹婿钱少詹竹汀《潜研堂金石文跋尾》，乃尽掩七家出其上，遂为古今金石学之冠。……且夫金石之学，青主虽并称有益经史，实惟考史为要。……乃七家中最佳者，能考史之三四，其次一二而已。下者至但评词章之美恶，点画波磔之工拙，何裨实学乎？竹汀于史，横纵勾贯，援据出入，既博且精。所作《二十二史考异》，固已得未曾有。出其余技，以治金石，而考史之精博，遂能超轶前贤。……丁未冬日，同里西庄王鸣盛撰。

胡元常《潜研堂金石文跋尾跋》：嘉定钱竹汀先生，搜罗金石二千余种，经跋尾者，八百六十。顾当日每得《跋尾》二百余通，门弟子辄为刊布，续成四集，追题为元、亨、利、贞四编，凡二十五卷。二集七卷，余均六卷。窃病其检阅不便，拟重为编次。适龙内翰砚仙重刊《潜研堂全书》，以广流传，元常遂案年编正，成二十卷。……甲申三月三日，胡元常子彝记。

《续修四库全书总目提要》（稿本）：《潜研堂金石文跋尾》六卷，续七卷，再续三卷，三续六卷。国朝钱大昕撰。大昕精研经史，尤嗜金石。是编搜罗金石文字，始三代，迄元，计二千余种，经跋尾者八百六十余篇。当日每得二百余篇，门弟子辄为转写流布，先后共成四集。……跋中考订经史，辨别小学，旁及天算，引据博赡，足资佐证，固无愧于欧阳、赵、洪也。……然卷帙既多，均旁考诸书，参证其得失，偶尔疏漏，势使之然。……大昕所著《十驾斋养新录》、《潜研堂文集》，考证金石者尚多，合而观之，钱氏一家之学全矣。

今案：此后钱大昕又续成二、三、四集，共四集二十五卷。胡元常重为编次，定为二十卷，是为通行本。

**王鸣盛《十七史商榷》刊行。**

王鸣盛《十七史商榷序》：《十七史》者，上起《史记》，下讫《五代史》，宋时尝汇而刻之者也。商榷者，商度而扬榷之也。海虞毛晋汲古阁所刻，行世已久，而从未有全校之一周者。予为改讹文，补脱文，去衍文，又举其中典制事迹，诠解蒙滞，审覈蹉驳，以成是书，故名曰"商榷"也。《旧唐书》、《旧五代史》，毛刻所无，而云十七者，统言之，仍故名也。若《辽》、《宋》等史，则予未暇及焉。

大抵史家所记典制有得有失，读史者不必横生意见，驰骋议论，以明法戒也，但当考其典制之实，俾数千百年建置沿革，瞭如指掌，而或宜法，或宜戒，待人之自择焉可矣。其事迹则有美有恶，读史者亦不必强立文法，擅加与夺，以为褒贬也，但当考其事迹之实，俾年经事纬，部居州次，纪载之异同，见闻之离合，一一条析无疑，而若者可褒，若者可贬，听诸天下之公论焉可矣。书生匈臆，每患迂愚，即使考之已详，而议论褒贬犹恐未当，况其考之未确者哉！盖学问之道，求于虚不如求于实，议论、褒贬皆虚文耳。作史者之所记录，读史者之所考核，总期于能得其实焉而已矣，外此又何多求邪？

予束发好谈史学，将壮，辍史而治经，经既竣，乃重理史业。摩研排纉，二纪余年，始悟读史之法与读经小异而大同。何以言之？经以明道，而求道者不必空执义理以求之也，但当正文字，辨音读，释训诂，通传注，则义理自见而道在其中矣。……读史者不必以议论求法戒，而但当考其典制之实；不必以褒贬为与夺，而但当考其事迹之实，亦犹是也。故曰同也。若夫异者则有矣。治经断不敢驳经，而史则虽子长、孟坚，苟有所失，无妨箴而砭之，此其异也。抑治经岂特不敢驳经而已，经文艰奥难通，若于古传注，凭己意择取融贯，犹未免于僭越，但当墨守汉人家法，定从一师而不敢佗徙。至于史则于正文有失，尚加箴砭，何论裴骃、颜师古一辈乎？其当择善而从，无庸偏徇，固不待言矣，故曰异也。要之，二者虽有小异，而总归于务求切实之意，则一也。

予识暗才懦，一切行能，举无克堪，惟读书、校书颇自力。尝谓：好著书不如多读书，欲读书必先精校书。校之未精而遽读，恐读亦多误矣；读之不勤而轻著，恐著且多妄矣。二纪以来，恒独处一室，覃思史事，既校始读，亦随读随校，购借善本，再之雠勘。又搜罗偏霸杂史、稗官野乘、山经地志、谱牒簿录，以暨诸子百家、小说笔记、诗文别集、释老异教，旁及于钟鼎尊彝之款识，山林冢墓、祠庙伽蓝、碑碣断阙之文，尽取以供佐证，参伍错综，比物连类，以互相检照，所谓考其典制、事迹之实也。……凡所考者，皆在简眉牍尾，字如黑蚁，久之皆满，无可复容，乃誊于别帙而写成净本，都为一编，计《史记》六卷，《汉书》二十二卷，《后汉书》十卷，《三国志》四卷，《晋书》十卷，《南史》合《宋》、《齐》、《梁》、《陈书》十二卷，《北史》合《魏》、《齐》、《周》、《隋书》四卷，新、旧《唐书》二十四卷，新、旧《五代史》六卷，总九十八卷。别论史家义例崖略为《缀言》二卷终焉。……噫嘻！予岂有意于著书者哉？不过出其读书、校书之所得，标举之以诒后人，初未尝别出新意，卓然自著为一书也。如所谓横生意见，驰骋议论，以明法戒，与夫强立文法，擅加与夺褒贬，以笔削之权自命者，皆予之所不欲效尤者也。然则予盖以不著为著，且虽著而仍归于不著者也。……以予之识暗才懦，碌碌无可自见，猥以校订之役，穿穴故纸堆中，实事求是，庶几启导后人，则予怀其亦可以稍自慰矣。夫书既成，而平生不喜为人作序，故亦不求序于人，聊复自道其区区务实之微意，弁之卷端。序所不足者，缀言具之云。进士及第、通议大夫、光禄卿、前史官嘉定王鸣盛字凤喈号西沚撰。

  今案：王鸣盛《十七史商榷》一书，今存有乾隆五十二年洞泾草堂刻本与藏版，故知至迟本年已然刻行。

## 公元 1788 年 清高宗乾隆五十三年 戊申

### 《东华录》作者蒋良骐卒。

  （嘉庆）《全州志》卷八，《人物》（载《东华录》附录）：蒋良骐，字千之，一字赢川，升乡石冈人。……才思宏富，倚马千言，为西粤文人之冠。年二十五，与伯兄良翊同领乾隆丁卯乡荐。辛未，成进士，选庶常，授编修。……乃以母老终养归。……终养事毕，赴都复职，充国史馆纂修官。著《名臣列传》，经手者居多。晋日讲，擢侍御。……（丁酉），升鸿胪寺少卿。旋以府臣视学奉天。……迁太仆寺卿。……乙巳，与千叟宴。……授通政使司通政使。……著有《下学录》、《京门草》、《伤神杂咏》、《覆釜纪游》，藏于家。……年六十七卒于京。……

  蒋良骐《东华录自序》（齐鲁书社 2005 年版本书卷首）：乾隆三十年十月，重开国史馆于东华门内稍北，骐以谫陋，滥竽纂修。天拟管窥，事凭珠记。谨按馆例，凡私家著述，但考爵里，不采事实，惟以实录、红本及各种官修之书为主，遇阄分列传事迹及朝章国典、兵礼大政，与列传有关合者，则以片纸录之，以备遗忘。信笔摘钞，逐年编载，只期鳞次栉比，遂觉缕析条分，积之既久，竟成卷轴，得若干卷云。湘源蒋良骐千之父谨识。

  《续修四库全书提要》（稿本）：《东华录》三十二卷，国朝蒋良骐撰。良骐字千之，全州人。乾隆辛未进士，改庶吉士，散馆授编修，官至通政使。……起开国至雍正十三年，都三十二卷。自来金匮石室之藏，外人弗得见。馆职诸臣，亦不敢私有写录。是书出，而列朝圣德神功，照耀万古者，海内臣民得以窥见崖略。后来长沙王先谦，病其简略，录之加详。复以高宗、仁宗、宣宗三朝之录续之。潘颐福续录文宗一朝，穆宗、德宗两朝，亦皆纂有成书。而以良骐之书为最早。……

今案：傅贵九《〈东华录〉作者新证》（载《历史研究》1985年第5期）一文，载良骐夫妇墓志及碑碣。其墓碑镌有："公生于康熙壬寅正月十五日子时，殁于乾隆戊申年二月初一日辰时，享寿六十七岁。……"据此，良骐生于康熙六十一年（公元1722年），卒于乾隆五十三年（公元1788年）。其家世及生平资料，朱桂昌《蒋良骐年谱简编》（载《云南教育学院学报》1994年第6期）发掘颇多，梳理明晰。陈捷先《蒋良骐及其〈东华录〉研究》（中华书局2008年版）一书，对蒋氏及其史著之研讨颇为详明。

**获毕沅支持，章学诚主持纂修《史籍考》。**

章学诚《章学诚遗书》卷一三，《论修史籍考要略》：校雠著录，自古为难。二十一家之书，志典籍者，仅有汉、隋、唐、宋四家，余皆阙如。《明史》止录有明一代著述，不录前代留遗，非故为阙略也，盖无专门著录名家，勒为成书，以作凭借也。史志篇幅有限，故止记目录，且亦不免镜讹。私家记载，间有考订，仅就耳目所见，不能悉览无遗。朱竹垞氏《经义》一考，为功甚巨，既辨经籍存亡，且采群书叙录，间为案断，以折其衷。后人溯经艺者，所攸赖矣。第类例间有未尽，则创始之难。而所收止于经部，则史籍浩繁，一人之力不能兼尽，势固不能无待于后人也。

今拟修《史籍考》，一仿朱氏成法，少加变通，蔚为巨部，以存经纬互宣之意。一曰古逸宜存。……二曰家法宜辨。……三月剪裁宜法。……四曰逸篇宜采。……五曰嫌名宜辨。……六曰经部宜通。……七曰子部宜择。……八曰集部宜裁。……九曰方志宜选。……十曰谱牒宜略。……十一曰考异宜精。……十二曰板刻宜详。……十三曰制书宜尊。……十四曰禁例宜明。……十五曰采摭宜详。

《章学诚遗书》卷二二，《与洪稚存博士书》：……三月朔日为始，排日编辑《史考》。检阅《明史》及《四库》子部目录，中间颇有感会，增长新解，惜不得足下及虚谷、仲子诸人，相与纵横其议论也。然蕴积已久，会当有所发泄。不知足下及仲子，此时检阅何书，史部提要已钞毕否。《四库》集部目录，便中检出，俟此间子部阅毕送上，即可随手取集部，发交来力也。《四库》之外，《玉海》最为紧要。除艺文、史部，毋庸选择外，其余天文、地理、礼乐、兵刑各门，皆有应采集处，不特艺文一门已也。此二项讫工，廿三史亦且渐有条理，都门必当有所钞寄。彼时保定将家既来，可以稍作部署。端午节后，署中聚首，正好班分部别，竖起大间架也。至检阅诸书，采取材料，凡界疑似之间，宁可备而不用，不可遇而不采。想二公有同心也。……三月初一日。

《章学诚遗书》卷一三，《与邵二云书》：逢之寄来《逸史》，甚得所用。至云撷逸之多，有百余纸不止者，难以附入《史考》，但须载其考证。此说亦有理。然弟意以为，搜罗《逸史》，为功亦自不小。其书既成，当与余仲林《经解钩沉》可以对峙，理宜别为一书，另刻以附《史考》之后。《史考》以敌朱氏《经考》，《逸史》以敌余氏《钩沉》，亦一时天生瑜、亮，洵称艺林之盛事也。但朱、余二人，各自为书。故朱氏《经考》，本以著录为事，附登纬候逸文。余氏《钩沉》，本以搜逸为功，而于首卷别为五百余家著录。盖著录与搜逸二事，本属同功异用，故两家推究所极，不俾而合如此。今两书皆出拿山先生一人之手，则有可自为呼吸照应，较彼二家更便利矣。四月廿二日。

今案：胡适、姚名达《章实斋先生年谱》乾隆五十三年条下云："《论修史籍考要略》，当系去冬今春间在开封所作。经毕沅同意后，遂开局编《史籍考》，由先生主持其事。"毕沅安排洪亮吉、凌廷堪、武亿等分任其事。《章实斋先生年谱》所云未安，幕府纂修《史籍考》，并未如同朝廷官修史那样"开局"，洪亮吉实际并未参与工作，毕沅是年七月迁升湖北总督，而章学诚仍在河南文正书院任教，纂辑《史籍考》曾一度耽搁，详见乔治忠《〈史籍考〉编纂问题的几点考析》，载《史学史研究》2009年第2期。

**官修《平定台湾纪略》纂成。**

《四库全书总目》卷四九，史部纪事本末类：《钦定平定台湾纪略》七十卷，乾隆五十三年奉敕撰。台湾孤悬海外。自古不入版图。然实闽粤两省屏障。明代为红毛所据。故外无防御，倭患蔓延。后郑芝龙据之，亦负嵎猖獗，诚重地也。圣祖仁皇帝七德昭宣，削平鲸窟，命靖海侯施琅等俘郑克塽，而郡县其地，设官置戍，屹为海上金城。徒以山箐丛深，百产丰溢，广东及漳州泉州之民，争趋其地。虽繁富日增，而奸宄亦因以窜迹。故自朱一桂以后，针猬斧螳，偶或窃发，然旋亦扑灭。惟林爽文、庄大田等逆恶鸱张，凶徒蚁附，致稽藁街之诛。仰赖神谟指挥驾驭。乃渠首就槛。炎海永清。……奏凯之后，廷臣敬录谕旨、批答、奏章，分析月日，编排始末，勒成是编，以垂示万古。……

《国朝宫史续编》卷八五，《书籍十一·方略》：《钦定台湾纪略》一部。乾隆五十三年敕撰。记剿灭台湾逆贼林爽文、庄大田始末，凡七十卷。

**敕纂《功臣传四集》。**

《国朝宫史续编》卷九〇，《书籍十六·史学三》：《钦定功臣传四集》一部。乾隆五十三年敕纂。纪征剿撒拉尔并石峰堡等处抒忠效命之文武大臣官员一百三人，兵丁一千八百一人，凡十二卷，繙译本与汉本同。

**吴长元《宸垣识略》刊行。**

《续修四库全书提要》（稿本）：《宸垣识略》十六卷，清吴长元撰。长元字太初，浙江仁和人。乾隆时以布衣客辇下，屡为京朝大夫雠校秘册，尝就所见，撷其精华，著《天厨杂嚼》一种，未授梓。复为名胜观光计，续辑《宸垣识略》若干卷。乾隆五十三年，池北草堂刊行之。……按乾隆三十九年，大学士英廉等，奉敕《日下旧闻考》，因朱彝尊《日下旧闻》原本，删繁补简，成书一百二十卷，篇帙浩博，不便取携，且为天禄宝章，寒士获读不易。长元乃依二书所辑，提纲挈领，约成此编，卷数仅成十六，分天文、形势、水利、建置、大内、皇城、内城、外城、苑囿、郊坰、识余等十一门。门附总图、分图若干幅。……书之编辑，虽系采撷《旧闻》及《旧闻考》以成，而其中自述闻见，为二书所无者，亦颇不少，取便游展。乃依朱氏原本，以官署散入城市中，不照《旧闻考》例另立专门，其它增入王侯第宅，并附录会馆地址，添加地图，续辑新诗等，悉为是书独有之条目。考古纪方，允称佳本。精详简易，较原书有过之无不及。……

今案：吴长元《宸垣识略》一书，今有乾隆五十三年池北草堂刊本，故知其书至迟于本年已然刻行。

# 公元 1789 年 清高宗乾隆五十四年 己酉

**《钦定宗室王公功绩表传》纂修成书。**

《四库全书·钦定宗室王公功绩表传》书前提要：《钦定宗室王公功绩表传》十二卷，乾隆四十六年奉敕撰。……皇上笃念周亲，不忘旧绩，俾效命风云之会者，得以表章。并使席荣珪组之班者，知所观感，用以本支百世，带砺万年，所为垂训而示劝者，圣意尤深远矣。参稽详慎，必再易稿而始成书者，岂徒然哉！

乾隆五十四年正月恭校上。

　　今案：《宗室王公功绩表传》为清朝国史的组成部分，但与《蒙古回部王公表传》一样，常以阶段性成书公布和颁发。此次是该书首次纂成，同时纂修还有《蒙古回部王公表传》，但仅为初稿，至乾隆六十年方校订成书。

**清官方纂修"六通"最后修成，写入《四库全书》。**

《四库全书》本《钦定续文献通考》卷首，馆臣提要：臣等谨案：《钦定续文献通考》二百五十卷，乾隆十二年奉敕撰，马端临《文献通考》断自宋宁宗嘉定以前，采摭浩博，纲领宏该，元以来未有纂述。明王圻起而续之，体例糅杂，舛错丛生，遂使数典之书变为兔园之策，论者病焉。……我皇上化洽观文，道隆稽古，特命博徵旧籍，综述斯编，黜上海之野文，补鄱阳之巨帙，合宋辽金元明五朝事迹、议论，彙为是书。……初议于马氏原目外，增朔闰、河渠、氏族、六书四门，嗣奉敕续修《通志》，以天文略可该朔闰，地理略原首河渠，氏族、六书更郑樵之旧部。"三通"既一时并辑，两笺即无庸复陈。兹惟于郊社、宗庙内，析出群祀、群庙，广为二十六门。此则仍马氏之旧例变通而匡正之者也。乾隆五十四年正月恭校上。……

《四库全书》本《钦定皇朝文献通考》卷首，馆臣提要：臣等谨按：《皇朝通考》三百卷，乾隆十二年奉敕撰。初与《续文献通考》共为一编，乾隆二十六年，以前朝旧事例用平书，而述昭代之典章，录列朝之诏谕，尊称鸿号，礼应敬谨抬行，体例迥殊，难于画一。遂命自开国以后，自为一书。其《续通典》、《续通志》，皆古今分帙，即用此书之例也。其二十四门，初亦仍马氏之目，嗣以宗庙考中用马氏旧例附录群庙，因而载入敕建诸祠，仰蒙睿鉴周详，纶音训示，申明礼制，厘定典章，载笔诸臣始共知尊卑有分、名实难淆，恍然于踵谬沿讹之失。乃恪遵谕旨分立群庙一门，又推广义例于郊社门内分群祀一门，增为二十六门……今则圣圣相承，功成文焕，实录、记注，具录于史官公牍，奏章全掌于籍氏。每事皆寻源竟委，赅括无遗，故卷帙繁富，与马氏原本相垺。夫《尚书》兼陈四代，而《周书》为多，《礼记》亦兼述三王，而《周礼》尤备。盖监殷监夏，百度修明，文献足徵，搜罗自广，有不必求博而自博者矣。

《四库全书总目》：《钦定皇朝文献通考》二百六十六卷，乾隆十二年奉敕撰。初与五朝《续文献通考》共为一编，乾隆二十六年，以前朝旧事，例用平书，而述昭代之典章，录列朝之诏谕，尊称鸿号，于礼当出格跳行。体例迥殊，难于画一，遂命自开国以后，别自为书。后《续通典》、《续通志》皆古今分帙，即用此书之例也。

《四库全书》本《钦定续通典》卷首，馆臣提要：臣等谨案：《钦定续通典》一百四十四卷，乾隆三十二年奉敕撰。杜佑《通典》终于天宝之末，是书所续自唐肃宗至德元年，讫明崇祯末年。凡选举六卷，职官二十二卷，礼四十一卷，乐七卷，兵十二卷，刑十六卷，州郡十八卷，边防四卷，食货十八卷，篇目一仍杜氏之旧。惟杜氏以兵制附刑后，今则兵、刑各为一篇，稍有不同。……按《宋史艺文志》有宋白《续通典》二百卷，今其书已亡。……兹编仰禀圣裁，酌乎繁简之中，而九百七十八年内，典制之源流，政治之得失，条分件繁，纲举目张，诚所谓记事提要，纂言钩元，较诸杜氏原书，实有过之无不及。宋白所续，更区区不足道矣！乾隆四十八年十二月恭校上……

《皇朝文献通考》卷二二二，《经籍考》十二，政书类：《钦定续通典》一百五十卷，乾隆三十二年奉敕撰。臣等谨按：是书所续自唐肃宗至德元年，讫明崇祯末年，篇目一仍杜氏之旧。然其间稍有不同者，杜氏以兵制附刑后，今则兵、刑各为一篇，亦仿《周礼》夏官、秋官之例。至于略者详之，繁者节之，则以唐代年祀稍远，旧典鲜徵，五代及辽史书太略，故旁搜图籍以备参稽。明则见闻是近，宋金元亦多有遗漏，则辨别是非，以昭传信。凡皆禀裁成之妙，酌繁简之中，条分件系，觉九百七十八年内之典制谟猷，了如指掌。洵乎提要钩元，非杜氏所能及矣。

《皇朝文献通考》卷二二二，《经籍考》十二，政书类：《钦定皇朝通典》一百卷，乾隆三十二年奉敕撰。臣等谨按：是书以八门隶事，其中条例酌为变通，如钱币之附食货，马政之附军礼，兵制之附刑法。于理相通者，则仍其旧。至于古今异制，不可强同，如《食货典》之榷酤算缗，《礼典》之封禅，皆当时弊政，圣代尽为删除，岂宜更存虚目。又地理一门，旧典以统括历代，其中分并靡常，沿革互异，故以九州提纲。今则六合同风，版章孔厚，区区九州旧界，岂足尽职方之所掌？故均以《大清一统志》为断。至于列圣鸿猷，皇上令典，史不胜书，宜乎卷目之繁溢于旧典也。

《四库全书》本《钦定续通志》卷首，馆臣提要：臣等谨案：《钦定续通志》六百四十卷，乾隆三十二年奉敕纂。其纪传自唐始，诸略自五代始。因郑樵旧目参考同异，斟酌损益之有郑志所无而增补者，有郑志所有而删并者，各于本门小序详述端委。窃惟作史之要，贵于体例精严，褒贬至当，为天下后世立纲常名教之准。我皇上《御批通鉴辑览》，出以独断，衡以大公，为前代史论所未有。《御制全韵诗》举历代帝王得失炯鉴，据事直书，诚皆千古定评，足为万世法戒。谨于各卷内备载御批，兼以全韵诗注意，依次节叙。若夫尊师重道，教化之原，皇上于《明史》命立衍圣公传，所以表章圣裔也。今则于《通志》立孔氏后裔传，事君致身，伦纪之大。皇上于国史别编《贰臣》，所以树臣道之大防，为古今之通义。今则于《通志》依例立《贰臣传》，其奸臣、叛臣、逆臣，名本《唐书》义昭鈇钺，并为增辑，以正彝伦。此皆郑志所无而增补者。郑志有年谱，有异姓世家，有游侠、刺客、滑稽、货殖诸传，或并或删，不妨从阙。至其氏族以下二十略，樵虽殚见洽闻，搜罗未尽，盖综核名物，博采为难。我朝稽古右文，图书大备，近复广搜海内藏书，编罗四库，取资既富，考据易精。……凡兹义类，悉本睿裁，较之樵书实更精核。自本纪、后妃传而外，为略二十，为传二十有二，都六百四十卷。乾隆五十四年正月恭校上。……

《皇朝文献通考》卷二二二，《经籍考》十二，政书类：《钦定皇朝通志》二百卷，乾隆三十二年奉敕撰。臣等谨按：郑樵《通志》列二十略，是书分目相同，而纪传、年谱则略而不作。盖实录、国史，尊藏金匮，与考求前代、删述旧文，义例不侔也。至二十略中，视原本汰其冗杂者凡三，补其疏漏者凡二，删并其琐屑者凡三，广益其未闻者凡三。博证详搜，独昭美备。又是编名虽"通志"，然纪传既从其阙，实与《通典》、《通考》为类，故从《四库全书》之例，恭列于政书中焉。

  今案：清乾隆朝纂修《续文献通考》、《皇朝文献通考》、《续通典》、《皇朝通典》、《续通志》、《皇朝通志》，合称"清六通"，不只部帙宏大，史料丰硕，且颇为讲究义例。然各书完成时间却无明确记载。查文渊阁《四库全书》所收"续三通"书前提要，有校订完成进上的日期，已引录于上文：《续通典》签署为乾隆四十八年十二月，《续通志》、《续文献通考》皆为乾隆五十四年正月。而"清三通"均无"恭校"日期。清廷自乾隆十二年编纂《续文献通考》，二十六年决定分出本朝，另修一书，三十二年决定同时续修《通典》、《通志》，原拟记事下限至乾隆三十一年为止。但后来纂修《四库全书》，将续修"六通"遂纳入其中，成为预计写入《四库全书》的著述，记事范围逐次下延，义例多所更新，不能迅速成书。又此各书，事类关联，定稿时间应大体上相差不远，四库本"清三通"记事下至乾隆五十年，据上引"恭校"日期，谨将此续修"六通"成书皆系于乾隆五十四年。《续通典》签署为乾隆四十八年十二月"恭校上"，但这不是最后成书时撰写，因为该文称"《钦定续通典》一百四十四卷"，而实际却是一百五十卷，必是乾隆四十八年成稿进上后，又被下令修订，至《皇朝文献通考》著录此书时则言"《钦定续通典》一百五十卷"。查《四库全书总目》称《续通志》五百二十七卷，而实际其书六百四十卷；《四库全书总目》称《续文献通考》二百五十二卷、实际是二百五十卷；《四库全书总目》称《皇朝文献通考》二百六十六卷，而实际是三百卷，如此卷数之出入，乃因《四库全书总目》先已撰成，而书稿仍在修订中，此可透露出清续修"六通"，乃是一个反复增纂与修订的进程。"清三通"书前提要皆不署校订日期，或许是因为馆臣保不准记述范围是否还会再被下延。

## 命国史内特立《逆臣传》。

《清高宗实录》卷一三四四，乾隆五十四年十二月庚申，谕：前因国史馆所进《贰臣传》乙编内，有先顺流贼，仍降本朝，投诚后复行从逆者，皆系反覆小人，不值为之立传。是以降旨令将伊等列传概行撤去。只为立表，排列姓名，摘叙事迹。今思此等偷生嗜利之徒，进退无据，实为清议所不容，若仅于表内略摘事迹，叙述不详，使伊等丑秽之行不彰后世，得以幸逃訾议，转不足以示惩戒。但《贰臣传》内，原分甲乙二编，如甲编内洪承畴、李永芳诸人，皆曾著绩宣劳，本朝有功可纪。即列入乙编者，归顺本朝之后，并未尝别生反侧。若吴三桂、耿精忠、李建泰、姜瓖、王辅臣、薛所蕴、张忻等，或先经从贼，复降本朝，或已经归顺，复行叛逆。此等行同狗彘，靦颜无耻之人，并不得谓之贰臣，若亦一同编列，转乖史例。着国史馆总裁即行详悉查明，特立《逆臣传》，另为一编，庶使叛逆之徒，不得与诸臣并登汗简，而生平秽迹，亦难逃斧钺之诛，方为公当。

今案：清国史馆此后编纂《贰臣传》、《逆臣传》，并未完全按照此项谕旨施行，顺从"流贼"为官而又降于清朝者如薛所蕴、张忻等，仍列入《贰臣传》乙编，盖其人为明朝逆臣而非清朝逆臣。仅将曾叛清者如李建泰、姜瓖、王辅臣等编入《逆臣传》。这种处理方式，应当是清国史馆臣修正了乾隆帝的意见，得到旨允而实行。在《贰臣传》甲、乙二编中，实际又各自分为上、中、下三等，意含轩轾，按次序编排，凡有"从贼"经历者，无论在清朝有何功绩，无论是否曾在明朝为官，一改归于乙编最下等。参见清国史馆《国史贰臣表》，载缪荃孙辑《烟画东堂小品》（十二册）本"活"字册，民国九年（公元1920年）江阴缪氏刊本。

## 公元 1790 年　清高宗乾隆五十五年　庚戌

**赵翼《陔余丛考》付刊。**

赵翼《陔余丛考小引》：余自黔西乞养归，问视日暇，仍理故业。日夕惟手一编，有所得辄札记别纸，积久遂得四十余卷。以其为循陔时所辑，故名曰《陔余丛考》。藏箧衍久矣，睹记浅狭，不足满有识者之一笑。拟更广探经史，增益成书，忽忽十余年，老境浸寻，此事遂废。儿辈从敝簏中检得此稿，谓数年心力，未可抛弃，遂请以付梓。博雅君子，幸勿嗤其拿陋，其中或有谬误，更望赐之驳正，俾得遵改焉。乾隆五十五年庚戌嘉平月，赵翼识。

《续修四库全书总目提要》（稿本）：《陔余丛考》四十三卷，清赵翼撰。翼字松耘，号瓯北，常州府阳湖县人。……上自经史疑义，下自钉鞻、假面、牙郎、筹马，无不独具新解，勾稽本源。……故综论全书，赡博不让刘宝楠《读书杂记》，精辟通达又远过之，不只倍蓰也。

## 公元 1791 年　清高宗乾隆五十六年　辛亥

**敕撰《安南纪略》。**

《国朝宫史续编》卷八五，《书籍十一·方略》：《钦定安南纪略》一部，乾隆五十六年敕撰。记初复黎维祁国，继受阮光平降始末，凡三十二卷。

## 公元 1793 年　清高宗乾隆五十八年　癸丑

**钱大昭著成《三国志辨疑》。**

钱大昭《三国志辨疑自序》：史有二体，纪传、编年是也。纪传中有二体，陈氏《三国志》、李氏《南北史》之与诸史是也。诸史中，班书约而仍明，略而勿陋，叙事最为肃括。蔚宗史才，已不逮古，而自称"体大思精，自古未有"者，盖谢承、华峤、司马彪诸书并在范前，取资既多，用功亦密，又因而非创，易于措辞也。陈承祚之于三国，疆宇鼎立，地丑德齐，兼之互相诋毁，各自夸张，斯其载笔诚难折中。又列国虽有史录，多详魏而略吴，华曹而陋蜀。其汇而修成一史者，承祚为创，是以用力尤难。乃能汇实录、小说家之所言，有条不紊，类事无颇，宜乎时人称其"善叙事、有良史才"，范頵等表称"辞多劝戒，明乎得失，有益风化"，而夏侯湛、张华辈并相推重也。裴世期鸠集群籍，以注此书。……世期引据博洽，其才实能会通诸书，别成畦町。若依后世《新唐书》、《五代史》之例，可自作一史，与承祚方轨并驾。乃不自为，而为之注者，谦也。窃尝论之，注史与注经不同。注经以明理为宗，理寓于训诂，训诂明而理自见；注史以达事为主，事不明，训诂虽精无益也。尝怪服虔、应劭之于《汉书》，裴骃、徐广之于《史记》，其时去古未远，稗官、载记、碑刻尚多，不能会而通之，考异质疑，徒戋戋于训诂，岂若世期之博引载籍，增广异闻，是是非非，使天下后世读者昭然共见乎！

予旧于两汉书有《辨疑》四十四卷，于地理、官制颇有所得。……近日复于《三国志》，辑录得三卷，仍仿《汉书辨疑》例，不敢立议论以测古今，不敢妄褒贬以骋词辨。而其详略不能与《汉书》尽同者，盖史事藉注证而申，《两汉》之注简，简则易滋疏略，《三国》之注博，博则疑义鲜存，有无待辨证而明焉者也。……乾隆五十八年六月，嘉定钱大昭书于济南客舍。

钱大昕《三国志辨疑序》：陈承祚《三国志》创前人未有之例，悬诸日月而不刊者也。魏氏据中原日久，而晋承其禅。当时中原人士知有魏，不知有蜀久矣。自承祚书出，始正"三国"之名，且先蜀而后吴。又于《杨戏传》末载《季汉辅臣赞》，娓娓数百言，所以尊蜀，殊于魏、吴也。存季汉之名者，明乎蜀之实汉也。习凿齿作《汉晋春秋》，不过因其意而推阐之。而后之论史者，辄右习而左陈，毋乃好为议论而未审乎时势之难易乎？……其秉笔之公，视南、董何多让焉！而晋武帝不以为忤，张茂先且欲以《晋书》付之，其君臣度量之宏，高出唐、宋万万，岂非去古未远，三代之直道犹存，故承祚得以行其志乎！……然吾所以重承祚者，尤在叙事之可信。盖史臣载笔，事久则议论易公，世近则见闻必确。三国介汉、晋之间，首尾相涉，垂及百年，两史有违失者，往往赖此书正之。……予性喜史学，马、班而外，即推此书，以为过于范、欧阳，而裴氏《注》遮罗遗佚，尤为陈氏功臣，所恨意存涉猎，不能专力，予弟晦之，孜孜好古，实事求是，所得殊多于予，其用力精勤，虽近儒何屺瞻、陈少章，未能或之先也。钞撮甫毕，属予点次，嘉而序之。时丁巳岁冬日，兄竹汀居士大昕书。

## 公元 1794 年 清高宗乾隆五十九年 甲寅

**编纂《功臣传》续集。**

《国朝宫史续编》卷九〇，《书籍十六·史学三》：《钦定功臣传》续集一部。乾隆五十九年敕纂。纪征剿台湾、安南等处抒忠效命之文武大臣官员三百二人，兵丁一万一千五百四十七人，凡六十六卷，繙译本与汉本同。

## 公元 1795 年 清高宗乾隆六十年 乙卯

**谢启昆幕府著成《西魏书》。**

姚鼐《惜抱轩文集后集》卷七，《广西巡抚谢公墓志铭》：公讳启昆，字蕴山，世居江西南康之苏步。公后徙居南昌南郭，乃以"苏潭"为自号云。公于乾坤二十五年庚辰会试中式，次年殿试，以朝考第一名选庶吉士，年二十五。乾隆三十一年，授编修，既而充国史纂修官、日讲起居注官。出为镇江府知府，又知扬州府、宁国府，擢江南河库道、浙江按察使、山西布政使，调浙江布政使。今上亲政，命为广西巡抚，凡三载。嘉庆七年六月乙丑，终于位，年六十六。……公自少本以文学名，博闻强识，尤善为诗。……所为《树经堂集》若干卷，杂古文四卷，《西魏书》若干卷，《小学考》若干卷，晚成《广西通志》若干卷，则士谓公文学、吏治盖兼存与其中焉。……

钱大昕《西魏书序》：昔元魏之季，孝武不忍贺六浑之逼，播迁关西，终不免黑獭之弑。自是东西对峙，各为强臣所制，地丑德齐，无以相尚。然天平改元之始，孝武固无恙也，则东魏不如西之正。天保受禅，而后关西犹拥虚号者七八年，则西魏较愈于东之促。此温文正公、徽文公之书法，所以抑东而扬西也。乃魏彦深之史无传，而伯起书独行，遂加孝武以"出帝"之称，而直斥西主之名。偏陂不公，莫此为甚。李延寿本纪颇采彦深，先西后东，差强人意，而列传犹承周史旧文，读史者不无遗憾焉。且志地形者，宜据太和全盛之规，而伯起转取武平偏安之局，于秦、雍诸州虽云据永熙绾籍，而漏落良多。至西迁廿余年间，州郡增置纷繁，名目屡易，尤不可以无专书也。

观察谢蕴山先生，曩在史局，编摹之暇，与阁学翁公议补是书。洎宛陵奉讳家居，乃斟酌义例，排次成编，为《本纪》一，《表》三，《考》四，《列传》十二，《载记》一。既蒇事，介翁公属序于予。读其凡例，谨严有法，洵足夺伯起之席，而张涑水、考亭之帜矣。昔平绘撰《中兴书》，其体例当类此，而《隋志》不著于录，则唐初已无传。观察之书，不独为前哲补亡，而封爵、大事诸表，精核贯串，又补前史所未备，传诸异日，视萧常、郝经之续《后汉书》，殆有过之无不及也。乾隆壬子十一月，嘉定钱大昕序。

胡虔《西魏书跋》：……南康谢蕴山先生，咎《魏书》之乖谬，慨《北史》之不能正其失，乃作《西魏书》二十二篇。凡《帝纪》一，《表》三，《考》四，《列传》十二，《载记》一，又《续录》一。义严而才博，思密而体备，盖无愧于古之作者，而《大事表》尤足为史法。……先生之为是书也，自正史、传记、舆地、金石之文，以及郡邑之志，浏览殆数千卷。昨官南河，复讨论《四库》书于扬州。其搜剔补缀之功，最为勤密。……虽所纪只四帝二十余年，然固已卓然为一家史矣。……先生创稿于丁未秋，时虔主苏潭，今来武林，复乐见其书之成也，辄叙其颠末于后。虔侍先生久，故知之为切近云。乾隆六十年正月，桐城胡虔洛君谨跋。

今案：方东树《仪卫轩集》卷一〇，《先友记》有胡虔传略，谓启昆所纂《西魏书》、《小学考》、《广西通志》皆出虔手。后《桐城续修县志》卷一六，《儒林传》、马其昶《桐城耆旧传》卷一〇，皆沿此说。袁行云《谢启昆〈西魏书〉等书为胡虔代撰》（载《文史》第14辑）有详考。查胡虔是时乃谢启昆幕客，同为幕客者尚有陈鳣等史家多人，幕客共同为幕主编纂书史，书成后署幕主之名，合于古代文化规范。故该书是幕府著述，胡虔是主笔之人，但非一人独撰，不足夺谢氏著作权也。

**赵翼著成《廿二史劄记》。**

赵翼《廿二史劄记小引》：闲居无事，翻书度日，而资性粗钝，不能研究经学，惟历代史书，事显而义浅，便于流览，爰取为日课，有所得，辄札记别纸，积久遂多。惟是家少藏书，不能繁徵博采，以资参订。间有稗乘胠说，与正史歧互者，又不敢遽诧为得闻之奇。盖一代修史时，此等记载无不搜入史局，其所弃而不取者，必有难以徵信之处，今或反据以驳正史之讹，不免贻讥有识。是以此编多就正史纪、传、表、志中，参互勘校，其有抵牾处，自见辄摘出，以俟博雅君子订正焉。至古今风会之递变，政事之屡更，有关于治乱兴衰之故者，亦随所见附著之。自惟中岁归田，遭时承平，得优游林下，寝馈于文史以送老，书生之幸多矣。或以比顾亭林《日知录》，谓身虽不仕，而其言有可用者，则吾岂敢。阳湖赵翼谨识，乾隆六十年三月。

钱大昕《廿二史劄记序》：瓯北先生，早登馆阁，出入承明，硕学淹贯，通达古今，当时咸以公辅期之。既而出守粤徼，分臬黔南，从军瘴疠之乡，布化苗猺之域，盘根错节，游刃有余。中年以后，循陔归养，引疾辞荣，优游山水间，以著书自乐。所撰《瓯北诗集》、《陔余丛考》，久已传播士林，纸贵都市矣。

今春访予吴门，复出近刻《廿二史劄记》三十有六卷见示。读之，窃叹其记诵之博，义例之精，议论之和平，识见之宏远，洵儒者有体有用之学，可坐而言，可起而行者也。乃读其《自序》，有"质钝不能研经，唯诸史事显而义浅，爰取为日课"之语，其撝谦自下如此。虽然，经与史，岂有二学哉！昔宣尼赞修六经，而《尚书》、《春秋》实为史家之权舆。汉世刘向父子，校理秘文为《六略》，而《世本》、《楚汉春秋》、《太史公书》、《汉著纪》列于春秋家，《高祖传》、《孝文传》列于儒家。初无经、史之别。厥后兰台、东观，作者益繁，李充、荀勖等创立四部，而经、史始分，然不闻陋史而荣经也。自王安石以猖狂诡诞之学，要君窃位，自造《三经新义》，驱海内而诵习之，甚至诋《春秋》为断烂朝报。章、蔡用事，祖述荆舒，屏弃《通鉴》为元祐学术，而十七史皆束之高阁矣。嗣是道学诸儒，讲求心性，惧门弟子之泛滥无所归也，则有诃读史为"玩物丧志"者，又有谓"读史令人心粗"者。此特有为言之，而空疏浅薄者托以籍口，由是说经者日多，治史者日少。彼之言曰"经精而史粗"也、"经正而史杂"也。予谓经以明伦，虚灵元妙之论，似精实非精也；经以致用，迂阔刻深之谈，似正实非正也。太史公尊孔子为世家，谓："载籍极博，必考信于六艺。"班氏《古今人表》，尊孔、孟而降老、庄，皆卓然有功于圣学。故其文与《六经》并传而不愧。若元、明言经者，非剿袭稗贩，则师心妄作，即幸而厕名甲部，亦徒供后人覆瓿而已，奚足尚哉！

先生上下数千年，安危治忽之几，烛照数计，而持论斟酌时势，不蹈袭前人，亦不有心立异。于诸史审订曲直，不掩其失，而亦乐道其长。视郑渔仲、胡明仲专以诟骂炫世者，心地且远过之。又谓："稗乘脞说，间与正史歧互者，本史官弃而不采，今或据以驳正史，恐为有识所讥。"此论古特识，颜师古以后，未有能见及此者矣。予生平嗜好，与先生同。又少于先生二岁，而衰病久辍铅椠，索然意尽。读先生书，或冀涩然汗出，而霍然病已也乎！嘉庆五年岁次庚申六月十日，嘉定钱大昕序。

今案：赵翼撰成《廿二史劄记》后多年，李慈铭《越缦堂日记》于同治九年（公元1870年）七月初五日言："阅赵翼《廿二史劄记》。常州老生皆言此书及《陔余丛考》，赵以千金买之一宿儒之子，非赵自作。"因此影响近人，对赵翼是否为该书作者，亦曾有所质疑。经史学界研讨、论辩，此事已经释然，李慈铭言之无据，不可信从。可参见杜汉鼎《有关〈廿二史劄记〉的作者问题》，载《光明日报》1961年12月6日。

## 《群书拾补》作者卢文弨卒。

《清史列传》卷六八，《儒林传下一》：卢文弨，字弨弓，浙江余姚人。……乾隆十七年一甲三名进士，授翰林院编修，上书房行走。历官左春坊左中允、翰林院侍读学士。三十年，充广东乡试正考官。三十一年，充河南学政。……三十三年，乞养归。……潜心汉学，与戴震、段玉裁友善。好校书，所校《逸周书》、《孟子音义》、《荀子》、《吕氏春秋》、《贾谊新书》、《韩诗外传》、《春秋繁露》、《方言》、《白虎通》、《独断》、《经典释文》诸善本，镂板惠学者。又苦镂板难多，则合经、史、子、集三十八种，而名之曰《群书拾补》。所自著有《抱经堂集》三十四卷，《仪礼注疏详校》十七卷，《钟山札记》四卷，《龙城札记》三卷，《广雅释天以下注》二卷，皆能使学者谀正积非，蓄疑焕释。……文弨尝历主江、浙各书院讲席，以经术导士。六十年，卒，年七十九岁。

## 敕撰《廓尔喀纪略》。

《国朝宫史续编》卷八五，《书籍十一·方略》：《钦定廓尔喀纪略》一部，乾隆六十年敕撰。记平定廓尔喀始末，凡五十四卷。

## 清廷续纂《功臣传》。

《国朝宫史续编》卷九〇，《书籍十六·史学三》：《钦定功臣传》续集一部，乾隆六十年敕纂。纪征剿廓尔喀抒忠效命之文武大臣官员一百六十二人，兵丁一千九百三十八人，凡二十三卷，繙译本与汉本同。

**《蒙古回部王公表传》修成，并且交武英殿刊刻。**

中国第一历史档案馆藏《国史馆档案》编纂类第 370 号卷，存国史馆奏稿：……查乾隆四十四年钦遵高宗纯皇帝谕旨，纂办《蒙古及回部王公表传》，经臣馆陆续进呈，至五十三年告竣。随接办三体画一表传，于六十年完竣。进呈后，另缮样本各一分，交武英殿刊刻、刷印，共三百六十卷、一百八十本，装潢成秩，恭呈御览后颁发部落。……嘉庆十七年三月初二日。总裁、大学士臣庆桂，总裁、大学士臣董诰……

## 公元 1796 年 清仁宗嘉庆元年 丙辰

**《旧五代史》辑者邵晋涵卒。**

《清史列传》卷六八，《儒林传下一》：邵晋涵，字二云，浙江余姚人。乾隆三十六年进士……会开《四库》馆，特诏徵晋涵及历城周永年、休宁戴震等，入馆编纂，改翰林院庶吉士，授编修。四十五年，充广西乡试正考官。五十六年，大考，迁左中允。洊擢侍讲学士，充文渊阁直阁事、日讲起居注官。……善读书，四部七录，靡不研究。尝谓《尔雅》者，六艺之津梁，而邢《疏》浅陋不称，乃为《正义》二十卷。以郭璞为宗，而兼采舍人樊、刘、李、孙诸家，郭有未详者，择他书附之。自是承学之士，多舍邢而从邵。尤长于史，以生长浙东，习闻刘宗周、黄宗羲诸绪，论说明季事，往往出于正史之外。在书馆时，见《永乐大典》采薛居正《旧五代史》，乃荟萃编次，得十之八九；复采《册府元龟》、《太平御览》诸书，以补其缺，并参考《通鉴长编》诸史，及宋人说部、碑碣，辨证条系，悉符原书一百五十卷之旧。书成，呈御览，馆臣请仿刘昫《旧唐书》之例，列于二十三史，刊布学宫，诏从之。由是"薛史"与"欧阳史"并传矣。尝谓宋史自南渡后多谬，庆元之间褒贬失实，不如东都有王偁《事略》。欲先辑《南都事略》，使条贯粗具，词简事增；又欲为赵宋一代之志，俱未卒业。其后镇洋毕沅为《续宋元通鉴》，属晋涵删补考定，故其绪余稍见于审正《续通鉴》中。……他著有《孟子述义》、《谷梁正义》、《韩诗内传考》，并足正赵岐、范宁及王应麟之失，而补其所遗。又有《皇朝大臣谥迹录》、《方舆全石编目》、《辅轩日记》、《南江诗文稿》。嘉庆元年，卒，年五十四。

钱大昕《潜研堂文集》卷四三，《日讲起居注官翰林院侍讲学士邵君墓志铭》：嘉庆纪元之春，余姚邵君二云，自左庶子擢翰林院侍讲学士，兼文渊阁直阁事。君以懿文硕学，知名海内，及被召四库馆，总裁倚为左右手，朝廷大著作，咸预讨论。……乃以编书积劳成疾。……遂不起，实六月十五日，春秋五十有四。……尝预修国史、《万寿盛典》、《八旗通志》，校勘石经《春秋三传》。……自欧阳公《五代史》出，而薛氏《旧史》废，独《永乐大典》采此书，君在馆会粹编次，其阙者采《册府元龟》诸书补之，由是"薛史"复传人间。……君讳晋涵，字与桐，二云其号。……自四库馆开，而士大夫始重经史之学，言经学则推戴吉士震，言史学则推君。……

《四库全书总目》卷四六，史部正史类一：《旧五代史》一百五十卷，《目录》二卷，宋薛居正等奉敕撰。……其后，欧阳修别撰《五代史记》七十五卷，藏于家。修殁后，官为刊印，学者始不专习"薛史"，然二书犹并行于世。至金章宗泰和七年，诏学官止用"欧阳修史"，于是"薛史"遂微。元、明以来，罕有援引其书者，传本亦渐就湮没，惟明内府有之，见于《文渊阁书目》，故《永乐大典》多载其文，然割裂淆乱，已非居正等篇第之旧。……臣等谨就《永乐大典》各韵中所引"薛史"，甄录条系，排纂先后，检其篇第，尚得十之八九。又考宋人书之徵引"薛史"者，每条采录，以补其阙，遂得依原书卷数，勒成一编。……谨考次旧文，厘为《梁书》二十四卷，《唐书》五十卷，《晋书》二十四卷，《汉书》十一卷，《周书》二十二卷，《世袭列传》二卷，《僭伪列传》三卷，《外国列传》二卷，《志》十二卷，共一百五十卷，别为《目录》二卷。

## 公元 1797 年 清仁宗嘉庆二年 丁巳

**《续资治通鉴》编纂者毕沅卒。**

钱大昕《潜研堂文集》卷四二，《太子太保兵部尚书湖广总督世袭二等轻车都尉毕公墓志铭》：嘉庆二年秋七月庚午，兵部尚书、湖广总督、世袭轻车都尉镇洋毕公以疾终于辰阳行馆。……按状：公讳沅，字纕蘅，一字秋帆，自号灵岩山人。先世居徽之休宁，明季避地苏之昆山，又徙太仓州，后析置镇洋县，遂占籍焉。……乾隆十八年，中顺天乡试。又四年，授内阁中书。……二十五年，会试中式，名在第二。及廷对……上亲擢第一。……三十六年，擢陕西按察使。……寻擢陕西布政使，兼护巡抚印务。……（三十八年），擢陕西巡抚。……在陕六载，兼署西安将军再，署陕甘总督者一。……五十年，调河南巡抚。……（五十三年），寻授湖广总督。……是秋（五十九年），以湖北奸民传教案，左迁山东巡抚。……六十年春……时已得再任湖督之命。……初入楚境，闻苗疆有警，即驰赴常德，筹划转饷。……（嘉庆）二年春，抵乾州，周历三厅，抚谕苗寨。……而公以炎瘴致疾……

生平笃于故旧，尤好汲引后进，一时名儒才士，多招致幕府。……性好著书，虽官至极品，铅椠未尝去手。谓经义当宗汉儒，故有《传经表》之作。谓文字当宗许氏，故有《经典文字辨正书》及《音同义异辨》之作。谓编年之史，莫善于涑水，续之者有薛、王、徐三家，徐虽优于薛、王，而所见书籍犹未备，且不无详南略北之病，考证正史，手自裁定，始宋讫元，为《续资治通鉴》二百二十卷，别为《考异》附于本条之下，凡四易稿而成。谓史学当究流别，故有《史籍考》之作。谓史学必通地理，故于《山海经》、《晋书·地理志》皆有校注，又有《关中胜迹图记》、《西安府志》之作。谓金石可证经史，宦迹所至，搜罗尤博，有《关中》、《中州》、《山左金石记》。诗文下笔立成，不拘一格，要自运性灵，不违大雅之旨，有《灵岩山人诗集》四十卷，《文集》八卷。公生于雍正八年八月十八日，春秋六十有八。……

章学诚《章学诚遗书》卷九，《为毕制军与钱辛楣宫詹论续鉴书》：宋元编年之役，垂二十年，始得粗就橐括，拾遗补阙，商榷繁简，不无搔首苦心。……按司马氏书，于南北朝之争相雄长，五代十国之角掎鼎峙，其详略分合，本于《左氏春秋》之详齐、晋，而陈、王、薛三家，纷纷续宋、元事，乃于《辽》、《金》正史束而不观，仅据宋人纪事之书，略及辽、金继世年月，其为荒陋，不待言矣。徐昆山书最为晚出，一时相与同功如万甬东、阎太原、胡德清诸君，又皆深于史事，宜若可以为定本矣。顾《永乐大典》藏于中秘，有宋东都则丹棱李氏《长编》足本未出，南渡则井研李氏《系年要录》未出，元代则文集、说部散于《大典》中者，亦多逸而未见，于书虽称缺略，亦其时势使然，未可全咎徐氏。然《辽》、《金》正史止阅《本纪》，间及一二名人列传，而诸传志表，全未寓目。宋嘉定后，元至顺前，荒略至于太甚，则不尽关遗编逸事之未出矣。……今宋事据丹棱、井研二李氏书而推广之，其《辽》、《金》二史所载大事，无一遗落，又据旁籍以补其逸，亦十居三四矣。元事多引文集，而说部则慎择其可徵信者。仍用司马氏例，折衷诸说异同，明其去取之故，以为《考异》。惟不别为书，注于本文之下，以便省览，即用世传胡天台注本《考异》，散附本文之义例也。计字二百三十五万五千有奇，为书凡二百卷。……全书并录副本呈上，幸为检点舛误。

冯集梧《续资治通鉴序》：镇洋故尚书毕秋帆先生著《续资治通鉴》。盖自司马温公作《资治通鉴》，而明王氏宗沐、薛氏应旂各有《续通鉴》之书。国朝徐氏乾学，复有《通鉴后编》，即王氏、薛氏本而增损之，今原稿廑存，亦不无凌乱阙佚。兹书以宋、辽、金、元四朝正史为经，而参以《续资治通鉴长编》、《契丹国志》等书，以及各家说部、文集，约百十余种。仿《通鉴考异》之例，著有《考异》，并依胡氏三省分注各正文下，事必详明，语归体要。经营三十余年，延致一时轶才达学之士，参订成稿。复经余姚邵二云学士，核定体例付刻，又经嘉定钱竹汀詹事，遂加校阅。然刻未及半，仅百三卷止。集梧于去岁买得原稿全部及不全板片，惜其未底于成，乃为补刻百十七卷，而二百二十卷之书居然完好。缘系毕氏定本，故稍为整理，不复再加考订。其翻译人、地、官名，亦依原书遵四库书通行条例改定。……嘉庆六年三月日，桐乡后学冯集梧识。

《续修四库全书总目提要》（稿本）：《续资治通鉴》二百二十卷，国朝毕沅撰。……起宋太祖建隆元年，至元顺帝至正二十八年，凡十六主、四百一十一年。事必详明，语归体要。盖沅少嗜著述，尤笃于爱才，招致博学工文之士，参订成书。又承《通鉴辑览》颁行之后，笔削大旨，有所折衷；《永乐大典》辑出诸书，并资采据。至译语原取对音，《辽金元国语解》一一釐定其翻译人名、地名、官名，悉遵四库馆通行条例，详加改正。刻未及半，嘉庆二年，沅卒于辰州军营，被累籍没。桐乡冯集梧买得原稿全部，及不全版片，为补刻百七十卷。

今案：是书初由毕沅幕府中洪亮吉、孙星衍、严长明、钱坫等学者属稿，后请邵晋涵参与校订。乾隆五十七年，章学诚代毕沅致函钱大昕，请其审定全稿。是书初刻于嘉庆二年，仅一百零三卷，未及全书之半。盖随着钱大昕的审改进度而付梓，至毕沅逝世且被清廷议罪，刊刻中止，钱大昕遂将审阅后的全稿交还毕沅后裔。嘉庆六年冯集梧着手补刻，最终形成全书二百二十卷刊本。查其书内考异各条，有署名严长明、钱大昕、邵晋涵等多人，而署称"余"者多条，当是毕沅本人，可见毕沅编纂此书非晚清假手他人，亦不埋没幕客贡献。

**《尚书后案》、《十七史商榷》、《蛾术编》作者王鸣盛卒。**

《清史列传》卷六八，《儒林传下一》：王鸣盛，字凤喈，江苏嘉定人。幼从长洲沈德潜受诗，后又从惠栋问经义，遂通汉学。乾隆十九年，一甲二名进士，授翰林院编修。二十三年，大考，翰詹第一，擢侍讲学士，充日讲起居注官。二十四年，充福建乡试正考官。寻擢内阁学士，兼礼部侍郎衔。坐滥支驿马，左迁光禄寺卿。丁内艰，遂不复出。……著《尚书后案》三十卷，专述郑康成之学。……又著《周礼军赋说》四卷，发明郑氏之旨。又《十七史商榷》一百卷，于一史中纪、志、表、传，互相稽考，因而得其异同，又取稗史丛说，以证其舛误，于舆地、职官、典章、名物每致详焉。别撰《蛾术编》一百卷。……有《诗文集》四十卷。嘉庆二年，卒，年七十六。

钱大昕《潜研堂文集》卷四八，《西沚先生墓志铭》：……西沚姓王氏，讳鸣盛，字凤喈，一字礼堂。……乾隆十二年，中江南乡试。十九年，会试中式，殿试一甲第二人及第，授翰林院编修。……二十三年……超迁侍讲学士，充日讲起居注官。……明年，充福建正考官。未蒇事，即有内阁学士兼礼部侍郎之命。……二十八年，丁朱太淑人忧，去职回里……遂不赴补。

……所撰《尚书后案》，专宗郑康成。郑注亡逸者，采马、王补之。《孔传》虽伪，其训诂犹有传授，非尽向壁虚造，间亦取焉。经营二十余年，自谓存古之功，与惠氏《周易述》相埒。又撰《十七史商榷》百卷，主于校勘本文，补正讹脱，审事迹之虚实，辨纪传之异同，于舆地、职官、典章、名物，每致详焉。独不喜褒贬人物，以为空言无益实用也。……又撰《蛾术编》百卷，其目有十：曰《说录》，《说字》，《说地》，《说人》，《说物》，《说集》，《说刻》，《说通》，《说系》。盖仿王深宁、顾亭林之意，而援引尤博瞻焉。自束发至垂白，未尝一日辍书。年六十八，两目忽瞽。阅两岁，得吴兴医针之而愈，著书如常。时春秋七十有六。

陶澍《蛾术编序》：稽古之难也，其始惮纠纷而未经博览，其继骛漫而未极精研，故必兼二者之长，乃可言学。……迨我朝儒术彬蔚，事溯其原，理核其是，骎骎乎最盛矣。嘉定王西庄光禄，具通敏之才，早谢簪绂，矢志读书，至老而忘倦。所著《尚书后案》、《十七史商榷》，已风行宇内。又有《蛾术编》，网罗繁富，六艺百氏，旁推交通，靡弗洞畅。大抵先生之学，经义主郑康成，文字主许叔重，宗尚既正，遂雄视一切。凡汗漫绝无依据之谈，攻瑕倾坚，不遗余力。……然则持故训以别歧趋正，赖先生为中流之砥柱也。先生与同邑钱竹汀少詹齐名，钱务笃实，而先生淹贯有余。……弁其端曰"蛾术"者，先生自谓积三十年之功始克就，又《戴记》时术之喻，其功乃复成大垤者也，缀学之士，尚观此而知所积，以求其博且精矣哉！时道光九年岁在己丑仲春月，馆后学安化陶澍撰。

沈懋德《蛾术编跋》：西庄先生著述富有，同时后进称其远侪伯厚，近匹弇州。而先生自任亦曰："我于经有《尚书后案》，于史有《十七史商榷》，于子有《蛾术编》，于集有《诗文》，以敌《弇州四部》，其庶几乎！"然诸书皆已风行，而《蛾术编》则向未窥全豹也。己亥春，余从其郎长今□□□鉴处见之，乃先生外孙姚八愚茂林藏板，凡九十三卷。假归尽读，如拱璧，即欲付剞劂氏。会同邑连青厓进士鹤寿见过，忻任勘校，以编中《说刻》、《说系》二门，已见《金石萃编》及《王氏家乘》，因钞《说录》至《说通》八门，为八十二卷，而每卷之中，间加案语。先生于前代诸儒，及近时亭林顾氏、东原戴氏，多所辨驳，而青厓所见，又与先生异同。予惟考据之学，言人人殊，要之是非不谬，俟诸后之论定，而各衷一说，亦足广学者见闻。爰并付梓，而志其颠末云。道光二十一年辛丑季冬，吴江沈懋德翠岭氏识。

## 公元1798年 清仁宗嘉庆三年 戊午

### 王谟辑成《汉魏遗书钞》。

《清史列传》卷六八，《儒林传下一》：王谟，字仁圃，江西金溪人，乾隆四十三年进士，授知县，乞就教职，选建昌府教授。……后以告归，年七十六，卒。……自少疾俗学、好博览。晚岁独抱遗经，泊然荣利之外。尝辑汉魏群儒著述之已佚者，分经、史、子、集四部，片议单词，无不甄录，为《汉魏遗书钞》五百余种，用力至深。其《经翼》一门，一百八种经，已刊行，世共宝之。读书有心得，辄为札记，仿《困学纪闻》例，类别区分，为《汝麋玉屑》二十卷。嘉兴钱仪吉称其研覈同异，文万旨千，无一语沿袭前人，无一义不求至是，洵足开牖后学。生平论撰甚富，诸经皆有诠释。著《韩诗拾遗》十六卷，《逸诗铨》三卷，《夏小正传笺》四卷，《孟子古事案》四卷，《补孟子释文》七卷。又有《三易通占》、《尚书杂说》、《左传异辞》、《论语管窥》、《尔雅后释》。尝以《江西通志》详今而略古，著《江右考古录》一卷，以六朝、五代人物废阙，江右人文见于史者多疏略，因网罗旧闻，著《豫章十代文献略》五十二卷。他著有《补史记世家古今人表》、《问汉唐地理书》、《家语广注》、《酒中正读书引》凡数十卷，又《汝麋诗钞》八卷、《文钞》十二卷。

王谟《汉魏遗书钞序》：天下事物莫不有聚有散，顾由聚而之散也易，散而复聚也则难，而书籍尤甚。……吾所据以言聚、散者，在丛书、类书二家。以二家皆合四部为一书，而相为聚散者也。类书之法，在以天、地、人物等目，分为门类，而采取经史诸子、百家传记书中，凡言天者入天文，言地者入地理，言人物者入人物。每一书而割裂篇章，捋撦句字，至数十百种，利用散丛书之法，多不及正经史，而杂取百家传记、稗官小说诸成书，或全本，或节略，随意编纂，亦各有门类。多者数百种，少亦数十种，丛集为一书利用。聚类书，起魏《皇览》、六朝《修文御览》，皆已亡。至唐则有欧阳氏《艺文类聚》，虞氏《北堂书钞》，徐氏《初学记》，书皆盛行。要莫备于宋之《太平御览》，引用书目至一千六百九十件。丛书起于近代，其著者有方氏之《百川学海》，商氏之《稗海》，毛氏之《津逮秘书》，何氏之《汉魏丛书》，而莫多于陶氏《说郛》，所采辑书亦至一千四五百种。此两家书，搜罗之博，校勘之勤，其聚其散，难易略相等。

而吾乃以为由聚而散则易，散而复聚则难者，何也？则以不佞今所钞《汉魏遗书》验之也。夫是遗书皆亡书也。考《隋》、《唐》二志，所载四部书目，有专本行世者不过数百种，其已消沉磨灭，化为乌有者，不可胜数。若其书虽亡，而尚有零篇断简、单辞只句，散见他书者，正赖有好事采而辑之，犹可存什一于千百。谟不揣愚陋，窃按《隋》、《唐》二志，门类分别，搜讨经部则以孔氏、贾氏《正义》，陆氏《释文》为主，史部则以裴氏《集解》，颜监、刘昭、章怀各注为主，不足则参之四大类书，又不足则求之汉、魏以来各古书注，及宋、元以来诸说部书。有引用某氏经者，即以还某经；引用某氏史者，即以还某史；引用某子、某传记者，即以还某子、某传记。日钞月纂，铢累寸积，始得四五百种，一以何氏《汉魏丛书》体例，为之编次，而不敢冒名"丛书"者，以丛书各有原本，此则董董从诸类书钞辑，功倍事半，心劳日拙。夫是故有慨于散而复聚之难也，然此亦谟好为苟难已耳。……时皇清嘉庆三年岁在戊午春二月，金溪王谟书于建昌郡学西斋。

今案：王谟《江西考古录》十卷，《清史列传》谓其"一卷"，误。

**章学诚撰拟《史考释例》，作为补辑《史籍考》规划。**

章学诚《史考释例》（载《章学诚遗书·补遗》）：著录之书，肇自刘氏《七略》；班氏因之，而述《艺文》。自是荀《簿》、阮《录》，《隋志》、《唐艺》，公私迭有撰记，不可更仆数矣。其因著录而为考订，则刘向《别录》以下，未有继者。宋晁氏公武、陈氏振孙，始有专书；而马氏《文献通考》，遂因之以著经籍，学者便之。然皆据所存书，加详悉耳。至于专门考求，无论书籍之存亡，但有见于古今著录，或群书所称引，苟有名目著见，无不收录考次，博综贯串，勒为一家，则古人所无，实创始于朱氏彝尊《经义存亡考》。今《史考》一依《经考》起义，盖亦创始之书也。凡创始者功倍而效不能全。……况《史考》又倍难于经，虽黾勉加功，而抵牾疏漏良亦不敢自保。然明知创始之难，不敢避难而务为之，则以经经必须史纬，著述之林，实为不可不补之缺典也。读者谅其难而有以益其所未尽，幸矣。……此书为镇洋赠宫保毕公所创稿，遗编败簏，断乱无绪。予既为朱氏补《经考》，因思广朱之义，久有斯志。闻宫保既已为之，故辍笔以俟观阕成焉。及宫保下世，遗绪未竟，实为艺林阙典，因就其家访得残余，重订凡例，半籍原文，增加润饰，为成其志，不敢掩前人创始之勤也。

《史籍考总录》：

（1）制书二卷。

（2）纪传部：正史十四卷；国史五卷；史稿二卷。

（3）编年部：通史七卷；断代四卷；记注五卷；图表三卷。

（4）史学部：考订一卷；义例一卷；评论一卷；蒙求一卷。

（5）稗史部：杂史十九卷；霸国三卷。

（6）星历部：天文二卷；历律六卷；五行二卷；时令二卷。

（7）谱牒部：专家二十六卷；总类二卷；年谱三卷；别谱三卷。

（8）地理部：总载五卷；分载十七卷；方志一十六卷；水道三卷；外裔四卷。

（9）故事部：训典四卷；章奏二十一卷；典要二卷；吏书二卷；户书七卷；礼书二十三卷；兵书三卷；刑书七卷；工书四卷；官曹三卷。

（10）目录部：总目三卷；经史一卷；诗文（即文史）五卷；图书五卷；金石五卷；丛书三卷；释道一卷。

（11）传记部：记事五卷；杂事十二卷；类考十三卷；法鉴三卷；言行三卷；人物五卷；别传六卷；内行三卷；名姓二卷；谱牒六卷。

（12）小说部：琐语二卷；异闻四卷。

共三百二十五卷。

　　今案：此《史考释例》，乃章学诚入谢启昆幕府为谢氏撰拟，作为补辑《史籍考》规划。但撰成此文后未几，章氏即被谢启昆排斥出局。详见乔治忠《〈史籍考〉编纂问题的几点考析》，载《史学史研究》2009年第2期。

**纂修《钦定兰州纪略》成书。**

《国朝宫史续编》卷八五，《书籍十一·方略》：《钦定兰州纪略》一部。乾隆四十六年敕撰。记剿灭甘肃逆回苏阿洪等始末。以其尽歼于兰州城外之华林山，故以兰州纪略名。凡二十四卷。嘉庆三年校刊。

**清廷修纂《功臣传》续集。**

《国朝宫史续编》卷九〇，《书籍十六·史学三》：《钦定功臣传》续集一部。嘉庆三年敕纂。纪征剿湖南、贵州苗匪抒忠效命之文武大臣官员二百六十人，兵丁六千五十三人，凡七十二卷，繙译本与汉本同。

# 公元1799年　清仁宗嘉庆四年　己未

**命开馆纂修《清高宗实录》。**

《清仁宗实录》卷三九，嘉庆四年二月丁酉：命恭纂《高宗纯皇帝实录》。以协办大学士庆桂为监修总裁官，大学士王杰、前任大学士署尚书董诰、尚书朱珪、那彦成为总裁官，尚书布彦达赉、沈初、德明、纪昀、彭元瑞、侍郎丰绅济伦为副总裁官。

**清廷调整和扩充实录馆处所。**

《清仁宗实录》卷四〇，嘉庆四年三月壬申，谕内阁：现在恭纂《高宗纯皇帝实录》，宜择洁净处所敬谨纂办，且在事承办大小各员，人数众多，更须地方宽敞。因思清字经馆，朕在藩邸时曾至其地，颇为整齐静肃。所有繙译经典，现已竣事，著将该处作为实录馆，并将清字经馆后屋四十余间一并归入。俾纂办之地，益得宽展。其原存经板，令该管官酌量移贮。至将来朕出入西华门时，在馆总裁各官，毋庸照清字经馆之例排班站立。

**由实录馆附带补缮"五朝实录"。**

刘凤诰《存悔斋集》卷六,《实录馆复奏折》:……臣自嘉庆六年充实录馆纂修,其实补缮《五朝实录》。系咨取乡、会试落第举子,充当誊录。因距四库馆蒇事日久,京中招募书手为难。……而誊录多系贫苦书生,既恐误公,又惧赔累,不得不出资雇倩好手缮写。

今案:清廷藉纂修《清高宗实录》之际,补缮天命至雍正朝的"五朝实录",完成后送至乾清宫保藏。

**法式善著成《清秘述闻》、《槐厅载笔》。**

法式善《清秘述闻自序》:乾隆辛丑,法式善散馆授职检讨,充四库书馆提调官。凡夫史氏之掌记,秘府之典章,获流览焉。嗣后再充日讲起居注官,司衡之特命、试题之钦颁,皆尝与闻其事。又充办事翰林官,玉堂故事,前辈风流,与夫姓字里居,迁擢职使,益得朝稽夕考。儤直之暇,一一私缀诸纸尾。同馆诸先生见之,谓可备文献之徵,遂分年编载,事以类从,釐为十六卷。其不可考者,仍阙之以待补云。日讲起居注官翰林院侍读学士法式善。

法式善《槐厅载笔例言》:余官学士时,尝考顺治乙酉以来,乡会试考官名字、爵里及试士题目,并学院、学道题名,甄辑之为《清秘述闻》十六卷。其后改官祭酒,聚生徒讲业,睹闻益广,复博采科名掌故,见于官书及各家撰著、足资考据者,仿朱检讨《日下旧闻》之例,釐而录之,为二十卷,命之曰《槐厅载笔》。槐厅者,国子监廨舍,祭酒所视事处。庭中古槐,植自元时,以许鲁斋得名,非沿翰林院第三厅故事也。因成书之地以为名,犹之《清秘述闻》云尔。……录《规制》为第一。……录《恩荣》为第二。……录《盛事》为第三。……录《知遇》为第四。……录《掌故》为第五。……录《纪实》为第六。……录《述异》第七。……录《鉴戒》为第八。……录《梦兆》为第九。……录《品藻》为第十。……录《因果》为第十一。……录《咏歌》为第十二。……凡所徵引,具有成编,都非撰造,断章取义,荺菲不遗,弗以全书,遂湮只句,轶闻逸事,求备取盈而已。嘉庆四年端阳后十日书成,漫识数语,国子监祭酒梧门法式善。

朱珪《科名故实二书序》:……法梧门司成,优学而守官。其为学士也,则著《清秘述闻》十六卷;其官祭酒也,则著《槐厅载笔》二十卷。实事求是,文献足徵,详矣!确矣!……嘉庆己未八月初八日,经筵讲官、太子少保、南书房行走、实录馆正总裁、教习己未科庶吉士、吏部尚书兼管户部三库事务大兴朱珪序。

　　今案：《清秘述闻》成书早于《槐厅载笔》，因二书合称《科名故实二书》，内容相关，故一并系于此。

## 钱大昕著成《十驾斋养新录》。

　　钱大昕《十驾斋养新录自序》："芭蕉心尽展新枝，新卷新心暗已随。愿学新心养新德，长随新叶起新知。"张子厚《咏芭蕉》句也。先大父尝取"养新"二字，榜于读书之堂。大昕儿时侍左右，尝为诵之，且示以"温故知新"之旨。今年逾七十，学不加进，追惟燕翼之言，泚然汗下。加以目眊耳聋，记一忘十，问字之客不来，借书之瓻久废。偶有咫闻，随笔记之，自惭萤爝之光，犹贤博塞之好。题曰《养新录》，不敢忘祖训也。嘉庆四年十月，书于十驾斋。

　　阮元《十驾斋养新录序》：学术盛衰，当于百年前后论升降焉。元初学者，不能学唐、宋儒者之难，惟以空言高论，易立名者为事，其流至于明初《五经大全》易极矣。中叶以后，学者渐务于难，然能者尚少。我朝开国，鸿儒硕学，接踵而出，乃远过乎千百年以前。乾隆中，学者更习而精之，可谓难矣，可谓盛矣！

　　国初以来，诸儒或言道德，或言经术，或言史学，或言天学，或言地理，或言文字音韵，或言金石诗文。专精者固多，兼擅者尚少。惟嘉定钱辛楣先生，能兼其成，由今言之，盖有九难：先生讲学上书房，归里甚早，人伦师表，履蹈粹然，此人所难能一也。先生深于道德性情之理，持论必执其中，实事必求其是，此人所难能二也。先生潜研经学，传注疏义，无不洞彻原委，此人所难能三也。先生于正史、杂史，无不讨寻，订千年未正之讹，此人所难能四也。先生精通天算，《三统》上下，无不推明之，此人所难能五也。先生校正地志，于天下古今沿革分合，无不考而明之，此人所难能六也。先生于六书、音韵，观其会通，得古人声音文字之本，此人所难能七也。先生于金石，无不编录，于官制、史事，考核尤精，此人所难能八也。先生诗古文词，及其早岁，久已主盟坛坫，冠冕馆阁，此人所难能九也。合此九难，求之百载，归于嘉定，孰不云然。……

　　先生所著书，若《廿二考异》、《通鉴注辨正》、《元史艺文志》、《三统术衍》、《金石跋尾》、《潜研堂文集》，久为海内学者所读矣。别有《十驾斋养新录》廿卷，乃随笔札记经史诸义之书。……皆精确中正之论，即琐言剩义，非贯通原本者不能，譬之折杖一枝，非邓林之大不能有也。噫嘻难矣！元于先生之学，未能少测涯岸，仅就所自见者，于百年前后，约举九难之义，为后之史官传大儒者略述之。嘉庆九年岁次甲子小雪日，扬州后学阮元谨序。

《续修四库全书总目提要》（稿本）：《养新录》二十卷、《余录》三卷，国朝钱大昕撰。……是编皆考证札记之文，不分门目，而编次先后，则略以类从。前三卷皆论经史，四卷、五卷皆论小学，六卷至九卷皆论史学，十卷论官制，十一卷论地理，十二卷论姓名，十三卷、十四卷论古书，十五卷论金石，十六卷论词章，十七卷论术数，十八卷论儒术，十九卷、二十卷为杂考证。大旨与顾炎武《日知录》同，而经世时务之略，概不一及，则与炎武大异。……为其一生精力所聚。其记诵之博，考核之精，与炎武《日知录》诚难轩轾。……其后续有所得，别记一编，名曰《养新录余录》，则大昕没后，其子东塾取遗稿缮录清本，即依前录次序，分为三卷。

### 阮元著成《畴人传》。

阮元《畴人传序》：……元早岁研经，略涉算事，中西异同，今古沿改，三统四分之术，小轮椭圆之法，虽尝旁稽载籍，博问通人，心钝事夺，义终昧焉。窃思二千年来，术经七十改，作者非一人，其建率改宪，虽疏密殊途，而各有特识，法数具存，皆足以为将来典要。爰掇拾史书，荟萃群籍，甄而录之，以为列传。自黄帝以至于今，凡二百四十三人，附西洋三十七人，大凡二百八十人，离为四十卷，名曰《畴人传》。综算氏之大名，纪步天之正轨，质之艺林，以谂来学。俾知术数之妙，穷幽极微，足以纲纪群伦，经纬天地，乃儒流实事求是之学，非方技苟且干禄之具。有志乎通天地人者，幸详而览焉！嘉庆四年十月，经筵讲官、南书房行走、户部左侍郎、兼管国子监算学扬州阮元撰。

阮元《畴人传凡例》：……一、是编创始于乾隆乙卯，毕业于嘉庆乙未。中间供职内外，公事殷繁，助元校录者，元和学生李锐暨台州学生周治平力居多。又复博访通人，就正有道，嘉定钱少詹大昕、歙县凌教授廷堪、上元谈教谕泰、江都焦明经循，并为印正，乃得勒为定本。集益孔多，附书以志不忘。……

## 公元 1800 年 清仁宗嘉庆五年 庚申

### 钱大昕著成《元史艺文志》。

钱大昕《元史艺文志序》：《元史》不立《艺文志》，国朝晋江黄氏、上元倪氏，因承修《明史》，并搜访宋、元载籍，欲裨修前代之阙。终格于限断，不得附正史以行。大昕向在馆阁，留心旧典，以洪武所葺《元史》冗杂漏落，潦草尤甚，拟仿范蔚宗、欧阳永叔之例，别为编次，更定目录，或删或补，次第属草，未及就绪。归田以后，此事遂废。唯《世系表》、《艺文志》二稿，尚留箧中。吴门黄君尧圃，家多藏书，每有善本，辄共赏析。见此志而善之，并为纠其踳驳，证其同异，且将刻以问世。若刘子骏父子亲校秘文，故能成《别录》、《七略》之作。今之著斯录者，果尽出目睹乎？前人之失当者，我得而改之；后之笑我者，方日出而未有已也。从吾所好，老而不券。弹射之集，亦无憮焉。嘉庆庚申十二月，大昕记。

《续修四库全书总目提要》（稿本）：《元史艺文志》四卷，国朝钱大昕撰。盖取当时文士撰述，录其都目，以补《元史》之阙，而辽、金作者，亦附见焉。……其兼采《辽》、《金》者，亦本《隋志》兼补前代例也。……书名下题撰人字贯略履者，则本黄虞稷《千顷堂书目》例也。……是书之成，固尧圃为之佐。尧圃为黄丕烈字，士礼居中藏书甲于吴下，则非悉据旧目，未见原书者比，宜其精审也。……

### 《隋书经籍志考证》作者章宗源卒。

《清史列传》卷七二，《文苑传三》：章宗源，字逢之，顺天大兴人，祖籍浙江。乾隆五十一年举人。聪颖好学，积十余年，采获经史群籍传注，辑录唐、宋以来亡佚古书，盈数箧，撰《隋书经籍志考证》，其稿已佚，仅存史部五卷。

孙星衍《五松园文稿》卷一，《章宗源传》：章宗源，字逢之，浙江山阴人。以兄编修宗瀛官京师，遂以大兴籍，中式乾隆丙午科举人。……积十余年，采获经史群籍传注，辑录唐、宋以来亡佚古书，盈数箧。自言欲撰《隋书经籍志考证》，书成后，此皆糟粕，可驽之。然编次成帙，悉枕中秘本也。……又以今世所存古书版本，多经宋、明人删改，尝恨囊时辑录已佚之书，不录见存诸书，订正异同文字，当补成之。其已辑各书，编次成帙，皆为之叙，通知作者，体例曲折，词旨明畅。……以嘉庆五年□月□□日，疾，卒于京邸。撰《隋书经籍志》及杂文若干卷。……

钱泰吉《隋经籍志考证序》：嘉庆戊寅，吾兄衎石自京师归，箧中携此书，谓钞自何梦华元锡，藏书家未有也。余乃嘱表兄怀豫堂钞录副本，以期迫，金岱峰嘱其友相助，膳写逾月而毕，惜仅有史部。三十年来，访求全书，无知之者。

道光丁未冬日，朱述之明府假钞一本，乃从述翁假孙氏《五松园文集》，录《章君传》于册首。此书名与王氏《汉书·艺文志》同，而编次则异。然纂辑古书，实昉于王氏也。戊申三月既望，嘉禾甘泉乡人钱泰吉识于海昌学舍。

## 公元1801年 清仁宗嘉庆六年 辛酉

### 汪辉祖著成《元史本证》。

阮元《揅经室二集》卷三，《循吏汪辉祖传》：君姓汪，名辉祖，字焕曾，号龙庄，晚号归庐，浙江萧山人。……年十七，补县学生员。练习吏事，前后入诸州县幕，佐人为治……尤善治狱……年三十九，举于乡。又七年，成进士。需次谒选，得湖南永州府宁远县知县。……官宁远未及四年，以足疾自劾免……竟坐是夺职。……尤邃于史，留意名姓之学。读书贵重大义，凡所论述，期实有济于用。……所著书有《元史本证》五十卷，《读史掌录》十二卷，《史姓韵篇》六十四卷，《九史同姓名略》七十二卷，《二十四史同姓名录》一百六十卷，《二十四史希姓录》四卷，《辽金元三史同名录》四十卷，《龙庄四六稿》二卷，《纪年草》一卷，《独吟草》一卷，《题衫集》三卷，《辛辛草》四卷，《岫云初笔》二卷，《楚中杂咏》四卷，《归庐晚稿》六卷，《汪氏追远录》八卷，《越女表微录》七卷，《善俗书》一卷，《庸训》六卷，《过眼录》二卷，《诒谷燕谈》三卷。其尤著者，有《学治臆说》四卷，《佐治药言》二卷。嘉庆十二年，年七十有八，卒。

汪辉祖《元史本证叙》：予录《三史同名》，阅《元史》数周，病其事迹舛阙，音读歧异，思欲略为厘正，而学识浅薄，衰病侵寻，不能博考群书，旁搜逸事，为之纠谬拾遗。因于课读之余，勘以原书，疏诸别纸。自丙辰创笔，迄于庚申，流览无间，刺取浸多，遂汇为一编，区以三类：一曰《证误》，一事异词，同文叠见，较言得失，定所适从，其字书为刊写脱坏者，弗录焉。二曰《证遗》，散见滋多，宜书转略，拾其要义，补于当篇，其条目非史文固有者，弗录焉。三曰《证明》，译无定言，声多数变，辑以便览，藉可类求，其汉语之彼此讹舛者，弗录焉。凡斯数端，或举先以明后，或引后以定前，无证见则弗与指摘，非本有则不及推详。爰取陈第《毛诗古音考》之例，名之曰《本证》。……时贤订《元史》者，钱宫詹《考异》最称精博，戊午暮秋，始得披读。凡以本书互证，为鄙见所未及者，悉采案词，分隶各卷，不辞消于窃取，幸免耻于攘善。自维桑榆景迫，梨枣功艰，强记日疎，求正益切。去夏《同名录》竣工，随取是编，重加排比，付诸剞劂。非敢规前人之过，炫其所长，庶逮闻大雅之言，补吾所短。……嘉庆七年岁在壬戌正月三日，萧山汪辉祖叙。

钱大昕《元史本证序》：读经易，读史难。读史而谈褒贬易，读史而证同异难。证同异于汉、魏之史易，证同异于后代之史难。昔温公《资治通鉴》成，惟王胜之借读一过，他人阅两三纸，辄欠伸思卧。况宋、元之史，文字繁多，虽颁在学官，大率束之高阁。文多则检阅难周，又鲜同志相与商榷者，则钻研无自，即有撰述，世复不好，甚或笑其徒费日力。史学之不讲久已。仆少时有志于此，晨夕携一编，随手记录，于《元史》得《考异》十五卷，自愧搜索未备。今老病健忘，旧学都废。

顷汪君龙庄以所著《元史本证》若干卷寄示，窃喜天壤间尚有同好。而龙庄好学深思，沿波讨源，用力之勤，胜于予数倍也。本证之名，昉于陈季立《诗古音》，然吴廷珍《新唐书纠缪》已开其例矣。欧、宋负一代盛名，自谓事增文简，既精且博。廷珍特取纪志表传之文，彼此互勘，而罅漏已不能掩。若明初史臣，既无欧、宋之才，而迫于时日，潦草塞责，兼以国语翻译，尤非南士所解。或一人而分两传，或两人而合为一篇，前后倒置，黑白混淆，谬妄相沿，更仆难数。而四百年来，未有著书以窥其过者，讵非艺林之阙事欤！廷珍求入史局弗得，年少负气，有意吹求，其所指摘，往往不中要害。龙庄则平心静气，无适无莫，所立《证误》、《证遗》、《证名》三类，皆自摅心得，实事求是，不欲驰骋笔墨，蹈前人轻薄褊噪之弊。此所以有大醇而无小疵也。考史之家，每好收录传记、小说，秒玄奥博，则群言淆乱，可信者十不二三。就令采择允当，而文士护前，或转谓正史有据。亦无所置其喙。悬诸国门，以待后学，不特读《元史》者奉为指南，即二十三史，皆可推类以求之。视区区评论书法，任意褒贬，自诡于《春秋》之义者，所得果孰多哉！嘉庆七年岁次壬戌四月辛丑，嘉定钱大昕书。

**《校雠通义》、《文史通义》作者章学诚卒。**

《清史列传》卷七二，《文苑传三》：章学诚，字实斋，浙江会稽人。乾隆四十三年进士，官国子监典籍。性耽坟籍，不甘为章句之学。从山阴刘文蔚、童钰游，习闻蕺山、南雷之学。……自游朱筠之门，筠藏书甚富，因得遍览群书，日与名流讨论讲贯。尝与休宁戴震、江都汪中，同客宁绍台道冯廷丞署，廷丞甚敬礼之。震论修志，谓悉心于地理沿革，则志事以竟，侈言文献，非所急务。阳湖洪亮吉尝撰辑《乾隆府厅州县志》，其分部乃以布政司分隶厅州县，学诚均著论相诤。所修《和州》、《亳州》、《永清县》诸志，论者谓是非斟酌，非兼才学识之长者，不能作云。所自著有《文史通义》八卷，《校雠通义》三卷。……自谓卑论仲任、俯视子玄，未免过诩，然亦夹漈之伯仲也。又著有《实斋文集》。

谭廷献《文林郎国子监典籍会稽实斋章公传》（载《章学诚遗书》卷末附录）：章先生学诚，字实斋，会稽世族。生而质鲁，赋禀孱弱。……少长，披览子史，识去取。久之，洞明著作之本末。交余姚邵晋涵氏，益推究古近史家之学。尝出游，客冯兵备廷丞所，与休宁戴震、江都汪中，皆兵备所敬礼，而所学易趣。先生学长于史，尝谓："《六经》皆史。《书》与《春秋》同原，《诗》教最广，太史陈之。官礼制作，与大《易》之制宪，明时圣王经世之大。皆所以为史也。"以故秀水郑虎文推先生为良史才。成乾隆戊戌进士，官国子监典籍。恒就南北方志之聘，创"州县立志科"，"方志立三书"议，世未能尽用也。毕尚书沅总督湖广，延撰《湖北通志》。书成，而论者诋娸，先生条辩之。今所论定《和州》、《永清》、《亳州》、《天门》诸志，或传或不传，而《湖北通志》亦非先生之旧矣。……所撰《通义》数十万言，嘉庆辛酉，先生卒时，曾以稿草寄萧山王宗炎，为次目录。道光壬辰，次子华绂写定《文史通义》内篇五卷，外篇三卷，《校雠通义》三卷，刻于大梁……

章华绂《文史通义跋一》（载《章学诚遗书》卷末附录）：先君子……著有《文史通义》一书。其中倡言立论，多前人所未发，大抵推原官礼，而有得于向、歆父子之传，故于古今学术渊源，辄能条别而得其宗旨。易簀时，以全稿付萧山王谷塍先生，乞为校定，时嘉庆辛酉年也。谷塍先生旋游道山。道光丙戌，长兄杼思，自南中寄出原草，并谷塍先生订定《目录》一卷。查阅所遗尚多，亦有与先人原编篇次互异者，自应更正，以复旧观。先录成副本十六册，其中亥豕鲁鱼，别无定本，无从校正。庚寅、辛卯，得交洪洞刘子敬、华亭姚春木二先生，并将副本乞为覆勘。今勘定《文史通义·内篇》五卷、《外篇》三卷、《校雠通义》三卷，先为付梓。尚有《杂篇》及《湖北通志检存稿》，并《文集》等若干卷，当俟校定，再为续刊。道光壬辰十月，男华绂谨识。

刘承幹《章氏遗书序》：我朝学派，开自亭林，其后婺源有江慎修，休宁有戴东原，歙有程易畴。由声韵训诂、名物度数，以返求之于诸经，一洗前代儒者肤受之陋。其所变易，灼然如晦之见明；其所弥缝，奄然如合符复析。三吴间，则惠定宇治《易》，庄方耕治《春秋》。西京坠绪，亦稍稍萌芽。东原之学，传于南有段若膺，传于北有孔巽轩、郝兰皋，其在江淮者汪容甫、刘端临之伦。翕声而桴应之，而高邮父子则以朴才精识，谠正晚周先秦书，衷然为乾嘉大师。说者谓古学复兴，远迈唐、宋，而吴、皖、淮、鲁诸儒，实启其先。可谓盛已。然此皆浙西产也。

当时浙东学派与亭林并世，则黄梨洲氏独衍蕺山之传，下开二万兄弟，再传而得全谢山，三传而得邵二云，而实斋先生实集其成焉。先生之学，其缜密繁博，或不逮吴、皖、淮、鲁诸儒远甚。即其文事僿蔓，亦不如容甫辈之渊雅。然识足以甄疑似，明正变，提要挈纲，卓然有以见夫经史百家之支与流裔而得大原，则有非诸儒所能谛言者。……先生书曾一刻于大梁，再刻于浙江、贵州，乃其子姓改窜者，钞本流传，歧异错出。前岁始得见王谷塍原编于沈子培尚书许，爰录而覆刊之。又益以已刊、未刊诸书，都为一集，以备先生一家之言。……辛酉重阳节，吴兴刘承幹书于西湖留余草堂。

《续修四库全书总目提要》（稿本）：《文史通义》八卷，《校雠通义》三卷，国朝章学诚撰。……所撰《文史通义》数十万言，以史法为主，间及他文字。其论史谓有史才、史学，尤贵有史德。其论文谓有文情、文心，尤贵有文性。《外篇》专论修志，谓方志宜立三书。仿纪传正史之体作志，仿律令典例之体作掌故，仿文选、文苑之体作文徵，三书相辅而行。谓州县当立志科，以掌文献，备异日朝史之要删。又谓修志当乘二便，尽三长，去五难，除八忌，立四体，以归四要。谓郑樵《通志》远过杜佑《通典》、马端临《文献通考》、袁枢《通鉴纪事本末》，为暗合古人。皆发前人所未发。……

**实录馆补缮"五朝实录"告成，调整实录馆人员议叙规则。**

《清仁宗实录》卷八三，嘉庆六年五月丁酉。谕内阁：本日庆桂等奏：请将实录馆纂办各员赏给议叙。前此补缮《五朝实录》一分，本欲另行开馆，敬谨缮办。嗣因恭修皇考《高宗纯皇帝实录》，是以令在馆人员一并敬缮。本月呈进"五朝实录"，朕恭阅之下，缮写均属工整，校对亦俱详慎，办理妥速。所有在馆人员，自应加之议叙。至皇考《高宗纯皇帝实录》，自开馆以来陆续进呈，现已恭纂至乾隆十年，原当俟全书告成，给与甄叙。惟念我皇考临御六十年，久道化成，文德武功，超越前古，事实增多，卷帙浩繁。计元年至十年之书。正副稿本已有三千六百十二卷，若必俟纂办完竣始行加恩，恐久需时日，承办各员，其中有升迁事故者，转不得尽邀优叙。若纂修十年即议叙一次，又觉过滥，此后恭进《高宗纯皇帝实录》，每遇纂成二十年之书，即无论年限，奏请议叙一次。现在恭办"五朝实录"官员及供事人等，着该总裁等区别等次，先行交部，照各馆书籍告成之例议叙。

**清廷定议增修《大清会典》。**

《国朝宫史续编》卷八六，《书籍十二·典则》：《钦定增修大清会典》一部，嘉庆六年奉敕增修。……嘉庆六年九月十五日奉谕旨：御史梁上国奏请续修会典一折，所奏甚是。《大清会典》一书，自乾隆三十二年修纂成书后，至五十一年经大学士、九卿奏请续修。钦奉皇考高宗纯皇帝谕旨：俟归政时，敕下礼官重修《会典》，将归政仪文一并编入。仰见皇考慎重典章、昭示法守至意。朕亲政后，在二十七月以内未遑办理，此时正应开馆纂辑，俾臻完备。将乾隆二十三年以后增定一切典礼及修改各衙门则例，编辑成书，颁行中外。交大学士、九卿将开馆事宜酌定章程，妥议具奏。

《清仁宗实录》卷八七，嘉庆六年九月己丑：命续修《大清会典》，从御史梁上国请也。

## 公元1803年 清仁宗嘉庆八年 癸亥

**清廷再纂《功臣传》续集。**

《国朝宫史续编》卷九〇，《书籍十六·史学三》：《钦定功臣传》续集一部。嘉庆八年敕纂。纪征剿贵州兴义仲苗并云南威远倮匪，抒忠效命之官员七十六人，兵丁一万一千一百八十三人，凡九十六卷，繙译本与汉本同。

**命国史馆纂修《清高宗本纪》，并敕国史馆抄录《清高宗实录》已成稿。**

《清仁宗实录》卷一二四，嘉庆八年十二月癸亥：命史馆恭纂《高宗纯皇帝本纪》。谕内阁：御史贾允升奏请恭修本纪一摺，所奏甚是。自来史书，皆有本纪以为弁冕，我朝列圣相承，均经国史馆恭修本纪，敬谨贮藏。伏念皇考高宗纯皇帝圣德神功，登三咸五，业于四年春特命纂修实录，现已进呈至三十年，自应恭修本纪，以垂史册。着国史馆总裁，派提调等督率誊录，就近赴实录馆，将业经进呈之书，照副本钞写，恪遵编纂，随时进呈，务于实录馆告成后，陆续办竣。其钞写实录副本，即藏贮史馆，以资考据。至国史馆尊藏《五朝本纪》，尚未装潢成帙，亦著该馆将原本分函装修谨贮，并着另缮一分进呈，以昭慎重。

## 公元 1804 年 清仁宗嘉庆九年 甲子

**《廿二史考异》、《十驾斋养新录》、《元史艺文志》、《元史氏族表》、《潜研堂金石文跋尾》等作者钱大昕卒。**

阮元《儒林传稿》卷四，《钱大昕传》（载《嘉定钱大昕全集》拾附录）：钱大昕字晓徵，又字竹汀，嘉定人。乾隆十六年召试，赐举人，补内阁中书。十九年进士，改翰林院庶吉士。二十二年，授编修。二十三年大考，擢右赞善，寻迁侍读。二十八年大考，擢侍讲学士，充日讲起居注官。三十二年，乞假归。三十七年，补侍读学士，上书房行走。冬，擢少詹事。……次年，丁父忧。服阕，丁母忧，病不复出。历主钟山、娄东、苏州紫阳诸书院。嘉庆九年，卒，年七十有七。

大昕幼慧，善读书。时元和惠栋、吴江沈彤以经术称吴下，其学求之《十三经注疏》，又求之初唐以前子史小学，以洗庸陋。大昕推而广之，错综贯串，发古人所未发。……大昕于中西两法，剖析无遗，用以观史，自《太初》、《三统》、《四分》，中至《大衍》，下迄《授时》，朔望薄蚀，凌犯进退强弱，皆抉摘知误。里居三十年，六经百家，无所不通，蔚为著述。所著书有《潜研堂文集》五十卷，《养新录》二十三卷，《唐石经考异》一卷，《经典文字考异》一卷，《声类》四卷，《廿二史考异》一百卷，《唐书史臣表》一卷，《唐五代学士年表》二卷，《宋学士年表》一卷，《元史氏族表》三卷，《元史艺文志》四卷，《三史拾遗》五卷，《诸史拾遗》五卷，《通鉴注辨证》三卷，《四史朔闰考》四卷，《潜研堂金石文跋尾》二十五卷，《恒言录》六卷，《竹汀日记钞》三卷，《潜研堂诗集》二十卷，《吴兴耆德录》四卷，《先德录》四卷，《洪文惠年谱》一卷，《洪文敏年谱》一卷，《王深宁年谱》一卷，《王弇州年谱》一卷，《疑年录》三卷。尝奉敕与修《音韵述微》，又与修《续文献通考》、《续通志》、《一统志》、《天球图》诸书。……其学于经义之聚讼难决者，皆能剖析源流。文字、音韵、训诂、天算、地理、氏族、金石，以及古人爵里、事实、年齿，无不瞭如指掌。……

**郝懿行著成《山海经笺疏》。**

郝懿行《山海经笺疏叙》：《山海经》古本三十二篇，刘子骏校定为一十八篇，即郭景纯所传是也。今考《南山经》三篇，《西山经》四篇，《北山经》三篇，《东山经》四篇，《中山经》十二篇，并《海外经》四篇，《海内经》四篇，除《大荒经》已下不数，已得三十四篇，则与古经三十二篇之目不符也。《隋书·经籍志》：《山海经》二十三卷。《旧唐书》：十八卷，又《图赞》二卷，《音》二卷，并郭璞撰。此则十八卷又加四卷，才二十二卷，复与《经籍志》二十三卷之目不符也。《汉书·艺文志》：《山海经》十三篇。在形法家，不言有十八篇。所谓十八篇者，《南山经》至《中山经》本二十六篇，合为《五臧山经》五篇，加《海外经》已下八篇，及《大荒经》已下五篇，为十八篇也。所谓十三篇者，去《荒经》已下五篇，正得十三篇也。古本此五篇皆在外，与经别行，为释经之外篇。及郭作传，据刘氏定本，复为十八篇，即又与《艺文志》十三篇之目不符也。……郦善长注《水经》云："《山海经》薶蕴岁久，编韦稀绝，书策落次，难以辑缀，后人假合，多差远意。"然则古经残简，非复完篇，殆自昔而然矣。……郭作传后，读家稀绝，途经榛芜，迄于今日，脱乱淆伪，益复难读。又郭注《南山经》两引"璨曰"，其注《南荒经》"昆吾之师"，又引《音义》云云，是必郭已前音训注解人，惜其姓字、爵里与时代俱湮，良可于邑。今世名家，则有吴氏、毕氏，吴徵引极博，泛滥于群书；毕山水方滋，取证于耳目。二书于此经，厥功伟矣。至于辨析异同，刊正伪谬，盖犹未暇以详。今之所述，并采二家所长，作为《笺疏》，笺以补注，疏以证经。卷如其旧，别为《订讹》一卷，附于篇末。计创通大义百余事，是正讹文三百余事，凡所指摘，虽颇有依据，仍用旧文，因而无改，盖效郑君康成注经不敢改字之例云。嘉庆九年甲子二月廿八日，栖霞郝懿行撰。

**洪饴孙著成《三国职官表》。**

《清史列传》卷六九，《儒林传下二》：洪亮吉，字君直，江苏阳湖人……子饴孙……饴孙，字孟慈。嘉庆三年举人，湖北东湖县知县。……撰《世本辑补》十卷，《三国志职官表》三卷，《史目表》二卷，《毗陵艺文志》四卷，《青埵山人诗》十卷。又撰《汉书艺文志考证》、《隋书经籍志考证》，皆未成。二十一年，卒，年四十四。

洪饴孙《三国职官表序》：史家以表、志为难。作史者，如天文、律例、五行、地理、河渠、食货诸志，王侯大事诸表，皆有专门之学、考核之能，降而至于职官，惟期详备而已。若三国时则不然，曹氏官制，名与汉同，而实变之。……而况吴、蜀，名因汉制，亦有异同。蜀犹略祖东京，吴则大形增省。此又考三国职官者，但明承制而体例已繁，岂能第求详备乎！夫即详备之求，已有阙如之憾。承祚之史即略而详，世期之注复杂而无准。上则班《表》、刘《注》，存限制而不及后来。下则《晋书》、《宋书》，志本朝而罕详前代。踌躇其际，撰述为难。夫言官制者，或因或创，班氏既有成规，乃志典午者，略古漏今，芜疏全无师法。考古者所以废书而叹也。

饴孙幼闻庭训，稍别体裁，搜采诸书，载离寒暑。欲踵家君《疆域》之志，以成此史一家之言，不揣冒昧，为《职官表》三卷。改志为表，庶几集三国之异同，汇一时之体制。大略则踵前代者，因而不言；创一职者，有而必著。复参因《公卿表》之例，志其居官之人，将以验此官之有无；记其迁转之阶，即以较诸职之高下。公卿以下，可考者因并录焉。……且古人志官职者，其与诸志，皆可会通，则此表之成，盖欲使考三国官制者，有所据依，未敢云有补于正史也。书成，爰揽其意而叙之。时在嘉庆甲子四月二日，洪饴孙述。

### 蔡上翔著成《王荆公年谱考略》。

（光绪）《抚州志·文苑传》（载《王荆公年谱考略》新附）：蔡上翔，字元凤，别字东墅，金溪人。乾隆二十六年进士，授四川东乡知县。……归田后，以王安石一代伟人，为新法受谤，慨然推本陆文安公之意，博考诸书，参互证明，以辨《宋史》之诬，成《荆公年谱》一书，尤为不朽之业。……年九十四，卒。……

蔡上翔《王荆公年谱考略序》：予窃不自揆，编次《荆国王文公年谱》有年，所阅正史及百家杂说，不下数千卷，则因年以考事，考其事而辨其诬，已略具于斯编矣，因名其书曰《考略》。古之著书者，必推原其所以作是书之意，而予于是谱告成，顾怅然若失，言有所不能尽，意有所不能达，则又何也？君子疾没世而名不称焉，则凡善有可纪，与恶之当褫，不出于生前事实，而后之论者，虽或意见各殊，褒贬互异，而事实固不可得而易也。唯世之论公者则不然。公之没，去今七百余年。其始肆为诋毁者多出于私书，既而采私书为正史，而此外事实愈增，欲辨尤难。由此更千百年，又将何所底止邪？所谓"言有所不能尽者"此也。若其"意尤有所不必达"，因忆公有《上韶州张殿丞书》，其言曰："自三代之时，国各有史，而当时之史多世其家，往往以身死职，不负其意。盖其所传，皆可考据。后既无诸侯之史，而近世非尊爵盛位，虽雄奇俊烈、道德满衍，不幸不为朝廷所称，辄不得见于史。而执笔者又杂出一时之贵人，观其在廷论议之时，人人得讲其然不，尚或以忠为邪，以异为同，诛当前而不慄，讪在后而不羞，苟以餍其忿好之心而止耳。而况阴挟翰墨以裁前人之善恶，疑可以贷褒，似可以附毁。往者不能讼当否，生者不得论曲直，赏罚谤誉又不施其间，以彼其私，独安能无欺于冥昧之间耶！"呜呼！尽之矣。此书不知作于何年，要必为先人而发，在乎庆历、皇祐间。当是时，公已见称于名贤巨公，而未尝有非毁及之者也。然每读是书，而不尽歔欷累叹，何其有似后世诋公者，而公已先言之也。

自古前代有史，必由继世者修之，而其所考据，则必有所自来。若为《宋史》者，元人也，而元人尽采私书为正史。当熙宁新法初行，在朝议论迭起，其事实在新法，犹为有可指数者。及乎元祐诸臣秉政，不惟新法尽变，而党祸蔓延，尤在范、吕诸人初修《神宗实录》。其时邵氏《闻见录》、司马温公《琐语》、《涑水记闻》、魏道辅《东轩笔录》，已纷纷尽出，则皆阴挟翰墨，以餍其忿好之私者为之也。又继以范冲《朱墨史》、李仁甫《长篇》，凡公所致慨于"往者不能讼当否，生者不能论曲直"，若重为天下后世惜者，而不料公以一身当之。必使天下之恶皆归，至谓宋之亡由安石，岂不过甚矣哉！……呜呼！以予之为斯谱，既不免类发愤者所为，然言有所不能尽、意有所不必达。终于公《上张殿丞书》，不能无感于斯文，后之览者，即以知予作是书之意可也。夫好而不知其恶，恶而不知其美，均辟也。予固好公者，犹则予又焉敢居一于此也哉！嘉庆九年甲子夏五月上浣日，金溪后学蔡上翔元凤谨书，时年八十有八。

## 公元 1805 年 清仁宗嘉庆十年 乙丑

### 《四库全书》总纂官纪昀卒。

《清史列传》卷二八，《纪昀传》：纪昀，直隶献县人。乾隆十二年，第一名举人。十九年，成进士，改庶吉士。二十二年，散馆，授编修。洊擢詹事府左春坊左庶子，充日讲起居注官。……（三十三年）四月，擢翰林院侍读学士。六月……革职逮问，戍乌鲁木齐。三十五年，释还。……三十八年二月，命儒臣校雠《永乐大典》，诏求天下遗书，开《四库全书》馆，选翰林院官专司纂辑。大学士刘统勋以昀名荐充纂修官，后又奏《全书》浩博，应斟酌综雠，以免挂漏参差，举昀及提调官郎中陆锡熊为总办，搜辑《大典》中逸篇缀简，及海内秘笈万余部，鳌其应刊、应钞、应存者，依经史子集，部分类聚，撮其大凡，列成总目，为《提要》二百卷，上之。……三十九年七月，上以《总目提要》卷帙繁，命纪昀辑《简明目录》一编。……四十六年，《提要》成。……四十七年，擢兵部右侍郎。四十八年，转左侍郎。……五十年正月，擢都察院左都御史。……嘉庆元年六月，调兵部尚书。十一月，复调左都御史。二年，迁礼部尚书。……十年正月，以礼部尚书、协办大学士，加太子太保，管国子监事。二月，卒。……予谥文达。……所纂辑如《热河志》、《历代职官表》、《河源纪略》、《八旗通志》，暨方略、会典、三通诸馆，咸总其事。

**王昶辑刻《金石萃编》成。**

阮元《揅经室二集》卷三，《诰授光禄大夫刑部右侍郎述庵王公神道碑》：公姓王，讳昶，字德甫，号述庵。以居兰泉书屋，学者称兰泉先生。先世居浙江兰溪县。高祖懋忠，迁江南青浦县，……母钱太夫人，以雍正二年十一月二十二日生公……。乾隆癸酉，举于乡。甲戌，成进士，归选班。二十二年，南巡召试一等第一，赐内阁中书，协办侍读，直军机房，洊陞刑部主事、员外郎、郎中。……四十二年三月，擢大理寺卿。……（四十四年）冬，擢都察院左都御史。……五十三年，调江西布政使。五十四年，擢刑部右侍郎。……（五十八年）冬，还京，以病乞休。……（嘉庆）十一年，年八十有三。五月，病瘧。……（六月）初七日，鸡初鸣……遂卒。

……公治经与惠栋同，深汉儒之学，《诗》、《礼》宗毛、郑，《易》学荀、虞，言性道则尊朱子，下及薛河津、王阳明诸家。……公所著书，《春融堂诗文》两集，宏博渊雅，有关于经史文献。《金石萃编》、《青浦诗传》、《湖海诗传》、《琴画楼词》、《续词综》等书皆刊成，余若《天下书院志》、《征缅纪闻》、《属车杂志》、《朝闻录》等书四十余种，尚待次第校刊之。

王昶《金石萃编序》：宋欧、赵以来，为金石之学众矣！非独字画之工，使人临摹把玩而不厌也；迹其囊括包举，靡所不备，凡经史小学暨山经地志、丛书别集，皆当参稽荟萃，覈其异同而审其详略，自非轻材末学能与此。且其文亦多瑰伟怪丽，人世所罕见，前代选家所未备，是以博学君子咸贵重之。……予弱冠，即有志于古学，及壮游京师，始嗜金石。朋好所赢，无不丐也；蛮陬海澨，度可致无不索也。两仕江西，一仕秦，三年在滇，五年在蜀，六出兴桓而北，以至往来青、徐、兖、豫、吴、楚、燕、赵之境，无不访求也。盖得之之难如此。……而后自三代至宋末、辽、金，始有一千五百余通之存。夫旧物难聚而易散也，后人能守者少，而不守者多也。瑰伟怪丽之文，销沈不见于世，不足以备通儒之采择，而经史之异同详略，无以参稽其得失，岂细故哉？于是因吏牍之暇，尽取而甄录之，缺其漫漶阤剥不可辨识者，其文间见于他书，则为旁注以记其全。秦、汉、三国、六朝篆隶之书，多有古文别体，摩其点画，加以训释。自唐以后，隶体无足异者，仍以楷书写定。凡额之题字，阴之题名，两侧之题识，胥详载而不敢以遗。碑制之长短宽博，则取汉建初虑俿，尺度其分寸，并志其行字之数，使读者一展卷而宛见古物焉。至题跋见于金石诸书及文集所载，删其繁复，悉著于编。前贤所未及，始援据故籍，益以鄙见，各为按语。总成书一百六十卷，名《金石萃编》。

呜呼！余之为此，前后垂五十年矣。海内博学多闻之彦，相与摩挲参订者，不下二十余人，咸以为欲论金石，取足于此，不烦他索也。然天下之宝日出不穷，其藏于嗜古博物之家，余固无由尽睹；而丛祠破冢，继自今为田夫野老所获者又何限？是在同志之士为我续之已矣。嘉庆十年仲秋，青浦王昶书，时年八十有二。

《续修四库全书提要》（稿本）：《金石萃编》一百六十卷，青浦王昶著。昶字兰泉，又号述庵。乾隆甲戌进士，官至刑部右侍郎。嘉庆壬午，以年老告归。《萃编》之成盖在其时。……案王氏是书创例至善，各碑刻悉依年代之先后为次，皆以建初尺定其高宽度数，凡古籀、篆、隶之文，悉照原文影钞。又于全文之外，附辑古今诸名家考订之文，各以其意跋于其后。治金石学者颇称便焉。惟昶之为是书，成于庞年，而参订其事者以朱文藻为最多。……嘉庆辛酉，昶主讲武林敷文书院，出所定初稿百余巨册，属其事者，有嘉定钱侗。侗字同人，大昭季子，诸生。自嘉庆壬戌迄乙丑，任编校者凡四年。昶之为此，计三易稿，五易寒暑而书成。虽其收辑时间如是之久，参订者若此之多，而其中亥鱼鲁豕、浅陋谬戾之处，随手可得。

## 《皇朝词林典故》纂修成书。

《清仁宗实录》卷一五三，嘉庆十年十一月丁卯：翰林院纂辑《皇朝词林典故》成，御制序文。予总裁、总纂、提调、纂修等官议叙有差。

《皇朝续文献通考》卷二六五，《经籍考九》：《皇朝词林典故》六十四卷，嘉庆十年朱珪等奉敕撰。

《国朝宫史续编》卷八六，《书籍十二·典则》：《钦定续纂词林典故》一部。

嘉庆九年二月，皇上临幸翰林院，载举赐宴赋诗之典，复俞掌院大学士臣朱珪、侍郎臣英和所请，恭照高宗纯皇帝《钦定词林典故》之例，重辑是编，较原书增《圣谕》、《天章》二门，凡六十四卷。

嘉庆帝《御制续纂词林典故序》：乾隆戊辰，《词林典故》书成，大学士张廷玉等以序请，圣制弁于卷首……前书仅八卷，今自戊辰至嘉庆甲子，又续增至六十四卷，具昭储才之盛，弥钦化育之隆。……乙丑仲冬月，大学士朱珪请序，敬阐皇考前序之深意，续书于后，以志我朝木天之盛轨，奎壁珠辉、凤池华翰，与四库、石渠同垂奕禩，永昭不朽矣。

## 公元 1806 年 清仁宗嘉庆十一年 丙寅

**《国朝宫史续编》纂修成书。**

《国朝宫史续编》卷首，庆桂等《进书表》：大学士臣庆桂等谨奏：臣等奉敕纂辑《国朝宫史续编》告成，恭呈御览。……敬遡我高宗纯皇帝，化被久徵，政诒端本著百余年肃清之国典，综卅六卷详备之宫规。……钦惟皇帝陛下嘉会建元，庆符毓瑞……考时累洽以重熙，即事援今而证古。仍史家续志之例，攟目六门，举皇朝大内之经，恢纲百代。麓惭脱稿，履蒙乙览之赐裁；偻计成编，适届丙弧之周纪。……谨将纂次《国朝宫史续编》计一百卷，并前编三十六卷装成十四函，随表恭进以闻。嘉庆十一年十二月十二日，大学士臣庆桂、臣董诰、户部尚书臣德瑛、吏部侍郎臣玉麟、臣刘凤诰……稽首顿首谨上。

《国朝宫史续编》卷八六，《书籍十二·典则》：《钦定国朝宫史续编》一部，嘉庆六年敕修。仿前编之例分六门，首训谕，次典礼，次宫殿，次经费，次官制，次书籍。其子目视前稍增，凡一百卷。御制序文，遵旨恭录前编圣谕之次，以及大成云。

嘉庆帝《御制文二集》卷六，《国朝宫史续编序》：乾隆七年，皇考命廷臣纂办《宫史》……自二十七年以后，我皇考功德日隆，制作益富，不有以纪之，子若孙何由一知之？爰命儒臣敬加纂续。自嘉庆辛酉编辑，至丙寅冬告成，增为百卷……夫谨序。

今案：据清内阁旧档（见方甦生《清内阁库贮旧档辑刊叙录》第 20 页）以及刘凤诰《存悔斋集》卷六《实录馆复奏折》叙述，嘉庆朝编纂《国朝宫史续编》是由实录馆附设专人进行。既未单开馆局，亦不似乾隆朝时命南书房纂辑。

**清廷驳回松筠在新疆纂修《伊犁总志》的奏请。**

《清仁宗实录》卷一七二，嘉庆十一年十二月丁亥，又谕：大学士等议驳松筠请纂《伊犁总志》一摺，所议是。伊犁等处事宜，详载《西域图志》一书，即有应行续增之处，亦应在京开馆纂辑。如圣制诗文，有应接续恭载者，馆臣在京恭录编次，可期详备，断无颁发伊犁再行纂载之理。况伊黎办理屯防等事，是其本务，该处优通文义之人甚少，编纂书籍，亦非所长。松筠所奏，未免受人怂恿，事不可行。著方略馆存记，俟纂办《剿平三省邪匪方略》告成后，将《西域图志》再行续纂，其自乾隆四十七年以后应增各事宜，即著该将军详查，咨送方略馆，以备采辑。

## 公元1807年 清仁宗嘉庆十二年 丁卯

**钦定乾清宫安放实录、圣训办法。**

《清仁宗实录》卷一七四，嘉庆十二年二月丁丑，谕内阁：乾清宫西暖阁内安设书格，恭贮《五朝实录》、《圣训》，排次充盈。兹纂缮皇考《高宗纯皇帝实录》、《圣训》将届告成，择吉受书。敬惟皇考临御寰宇六十年，训政三年，久道化成，功文巍焕，载之简册，篇帙尤繁，理应依次排贮。因念乾清宫东暖阁内，亦安设书格，与西暖阁规制相同。东暖阁位次居尊，自应恭奉"五朝实录"、《圣训》，先期移贮东暖阁，俟受书日再恭奉《高宗纯皇帝实录》、《圣训》，安庋西暖阁，于叙次益昭允协。著钦天监即撰择吉日时具奏，候朕简派亲王、大臣敬谨移贮。

今案：这是嘉庆朝增加了一份清帝实录正本的缮写和安置。

**《清高宗实录》纂修告成。**

《清仁宗实录》卷一七六，嘉庆十二年三月丁巳，恭纂《高宗纯皇帝实录》、《圣训》告成，监修总裁大学士庆桂等奉表恭进。上诣保和殿陈设实录、圣训案前，行礼受书。礼成，御太和殿，作乐宣表。……

谕内阁：钦惟我皇考高宗纯皇帝，久道化成，至诚无息，临御六十年，兢业常如一日。敬天法祖，勤政爱民，盛德大业，极于史不胜书。……亲承训政，仰见圣德神功，懿铄隆茂，爰于亲政之初，命大学士等督率官员，敬谨纂修实录。比年纪事，一归简质，共成书至一千五百卷，又续经恭辑圣训三百卷，典谟宏富，实为邃古之所未有。兹全书告成，百僚共庆，式瞻巍焕，亿禩为昭，金锧尊藏，绍庭弥切。馆臣等八载以来，悉心编勘，妥速竣功，允宜优加甄叙，以彰钜典而奖勤劳。监修、总裁官、副总裁官暨提调、纂校、收掌、繙译、誊录等员与执事人等，作何议叙之处，着该部查照旧例，斟酌妥议具奏。其筵宴赏赉，亦着该部察例具奏。

《皇朝续文献通考》卷二六一，《经籍考五》：《高宗纯皇帝实录》一千五百卷，嘉庆四年奉敕纂。

**祁韵士著成《西陲要略》。**

《清史列传》卷七二，《文苑传三》：祁韵士，字鹤皋，山西寿阳人。乾隆四十三年进士，改翰林院庶吉士，散馆授编修。五十五年，擢右春坊右中允。逾年，大考翰詹，改户部主事。洊升郎中，充宝泉局监督。嘉庆九年，局库亏铜事觉，戍伊犁。未几，赦还。韵士颖特，善属文。自幼喜治史，于疆域山川形胜、古人爵里姓氏，靡不记览。……在翰林时，充国史馆纂修官，时奉旨创立《蒙古王公表传》，韵士通核立传体例，计内札萨克四十九旗，外札萨克若喀尔喀吐谢图汗、车臣汗、札萨克图汗、赛音诺颜，若青海，若阿拉善，若土尔扈特，多至二百余旗，以至西藏及回部，均应立总传、分传。羌无故实，文献莫徵，虽有钞送旗册，杂乱纠纷，即人名难卒读，无可作据，乃悉发大库所藏红本，督阅搜稽，凡有关于外藩事迹者，概为检出，以次覆阅详校。每于灰尘垒积中，忽有所得，如获异闻。积累既久，端绪可寻。于是按各部落条分缕析，人立一传，必以见诸实录、红本者为准。又以西北一代山川疆域，必先明其地界方向，乃以《皇舆全图》为提纲，其王公等源流支派，则核以理藩院所存世谱，订正无讹，如是者八年，而书始成。即今著录《四库》之《钦定外藩蒙古王公表传》也。又撰《藩部要略》十八卷，先以年月日编次，条其归附之先后、叛服之始终、封爵之次第，以为纲领。盖《传》仿《史记》，而《要略》仿《通鉴》。武进李兆洛序之，谓如读邃皇之书，睹鸿蒙开辟之规模云。及戍伊犁，则创纂《伊犁总统事略》。厥后大兴徐松再事纂修，将军松筠以其书奏进，赐名《新疆事略》。

韵士又别山川疆里为《西域释地》一卷、《西陲要略》四卷,条分件系,考证古今,简而能核。……二十年,卒,年六十五。他著《万里行程记》、《己庚编》、《书史辑要》、《珥笔集》、《袖爽轩文集》、《覆瓿诗集》、《濛池行稿》、《西陲百咏》、《访山随笔》。

祁韵士《西陲要略自序》:近年士大夫于役西陲,率携《琐谈》、《闻见录》等书为枕中秘,惜所载不免附会失实,有好奇志怪之癖。山川沿革,按之历代史乘,皆无考据,又于开辟新疆之始末,仅就传闻耳食为之演叙,讹舛尤多。夫记载地理之书,体裁近史,贵乎简要,倘不足以信今而证古,是无益之书,可以不作。赤奋若之岁,余奉谪濛池,橐笔自效,缅思新疆周二万余里,为高宗纯皇帝神武独辟之区,千古未有,余既得亲履其地,多所周历,得自目睹,而昔年备员史职,又尝伏读《御制文集》、《诗集》,及平定准噶尔、回部方略二书,故于新疆旧事知之最详,颇堪自信。适松湘浦先生驻节边庭,以伊江为总统南北二路之地,亲事丹铅,为《事略》十二卷。己又奉有续辑《同文志》之命,将汇送各城故实事迹,余获总司校核,参证见闻,益觉信而有据。爰就要者考而录之,备存其略,凡四卷,并掇《闻见录》诸书中之可信者,证以所见,纂为二篇,附载书后,俾后之人知所折衷云。嘉庆丁卯夏五月,寿阳祁韵士鹤皋甫自识。

**清廷议定国史馆纂修《儒林传》等类传,并续纂"十四志"、《皇清奏议》等。**

《清仁宗实录》卷一八三,嘉庆十二年七月癸丑,湖广道御史徐国栴奏请:敕交国史馆增辑列传,并续修天文等志。下大学士、六部、尚书、本馆总裁议奏。寻议:历代史例,以纪、传、表、志为纲,而列传内有儒林、文苑、循吏、孝友、列女、土司、四裔各目。我朝文教覃敷,宜衷事迹,垂示将来。至天文等"十四志",自雍正十三年前俱已详载,但成书逾七十余年,亦应续修,应如所请。从之。

中国第一历史档案馆藏《国史馆档案》编纂类第522号卷,庆桂等《办书章程奏稿》:

国史馆总裁、大学士臣庆桂等谨奏:为酌议添办志传章程,奏闻请旨事。……谨将办书章程酌议数条胪列于后:

一、天文、时宪、地理、舆服、仪卫、礼、乐、兵、刑、职官、选举、食货、河渠、艺文等十四志,均于乾隆十三年告竣,恭送皇史宬存贮。此次续行纂办,应由皇史宬移取到馆,饬令誊录等缮写副本一分,以便查照旧式,依类增辑。

…………

一、《皇清奏议》一书，从前国史馆曾钦遵高宗纯皇帝谕旨，纂辑自顺治元年起至乾隆九年止，凡臣工章奏有裨时政者，均经采录成书。此次应请将乾隆九年后，大小臣工章奏有可采者，亦照从前体例，续行纂入，以昭盛世昌言之盛。

……………

一、史馆功课，除大臣、忠义等列传仍照旧纂办进呈外，其乾隆五十年后《宗室王公表传》、嘉庆后《蒙古王公表传》，亦应按年接续纂辑。

一、满汉总纂、纂修、校对，应酌添数员。查国史馆额设满汉总纂各二缺，满汉纂修各八缺，满汉校对各四缺。现在添办志传，较平时功课增至数倍，应请添满汉总纂各二缺、满纂修四缺、汉纂修六缺，俟查辑志传之时，方准支食桌饭银两。再应添满汉校对各四缺，俟缮正副本时咨取到馆，支食桌饭银两。所添各缺，书成后即行裁去。至满汉誊录及繙译、供事等，原设额缺本属不敷，向来俱将已邀议叙人员酌量留馆，以资熟手。今请仍照旧例，于已邀议叙人员内择其行走勤慎、字画端楷者，令其自备资斧，在馆效力行走……嘉庆十二年十二月。

……………

今案：嘉庆十二年因徐国楠奏请，导致国史馆修史项目的全面展开，组成人员也显著扩大，渐渐成为清朝后期最主要的修史机构。而本年奏准《皇清奏议》的纂辑，后来也成为国史馆常行编纂的史籍，逐渐形成每十年或五年接续纂办的规制。这样，《皇清奏议》就与国史的志、表、传一样，成为照例阶段性编辑、而无所谓最终修成的项目。据光绪《大清会典事例》卷一〇四九、《国史馆全宗档案》第491号、1118号等卷宗，咸丰九年、同治十三年都曾着手编辑《皇清奏议》，光绪二十八年亦有纂成《皇清奏议》奏请议叙的记录。惟其记录零散、支离，综述于此，不再列述。

**谕令以皇史宬专作为尊藏列圣实录、圣训之地。**

《清仁宗实录》卷一八七，嘉庆十二年十一月癸卯，谕内阁：本年重修皇史宬，恭奉皇考《高宗纯皇帝实录》、《圣训》，敬谨尊藏，朕亲诣瞻礼。因思石台金匮，规制深严，应专为尊藏列圣实录、圣训之地，以昭万年法守。其中旧贮及本年续修《玉牒》，均移贮于景山寿皇殿之东西室。著所司诹吉遵行。

又谕：皇史宬建自前明，四周石室，中藏金匮。我朝自定鼎以来，因其旧制，尊藏"五朝实录"、《圣训》，宝帙琅函，以次排列。兹恭编皇考《高宗纯皇帝实录》、《圣训》告成，卷帙增倍，特命所司重加修葺，将金匮分列石台，诹吉尊藏，朕躬亲瞻礼。敬念我国家列圣相承，六朝谟烈，振古铄今，亿万斯年，笃祜延釐，正未有艾。嗣后石室排列充盈，即著于两配殿仿照石室规制，敬谨建造分贮，奕叶遵循，永远无替。将此旨交内阁敬谨存记。

## 公元 1808 年 清仁宗嘉庆十三年 戊辰

### 郝懿行著成《竹书纪年校正》。

郝懿行《竹书纪年校正序》：《纪年》，《晋书·束晳传》："十三篇"。《隋·经籍志》："十二卷"，题云："《汲冢书》并《竹书同异》一卷"。卷即篇也。《汲冢书》即《纪年》之旧本，其《竹书同异》一卷，似是校书者之附著也。《隋》之十二，与《晋》之十三，盖不殊，以《同异》一卷别在外故也。《唐·艺文志》："十四卷"，题云："《汲冢书》"，无《同异》一卷，盖后之编书者杂入《纪年》中矣。《宋·艺文志》："三卷"，题云："荀勖、和峤编"。其卷数几减三倍于前，盖由后人以意合之尔。今本又止上、下二卷，不知复谁所合也。而《晋》、《隋》、《唐》篇卷之旧，遂泯然无复踪迹可寻。懿行病此久矣！然三卷、二卷既合乎其所必不可合，今之此本，仍分乎其所不得不分，非好异也，以存古也。

自黄帝至帝舜一卷，古远文略也；帝禹至帝相一卷，治乱之次也；帝少康至帝廑一卷，备兴衰也；帝孔甲至帝癸一卷，皆季世也。殷商成汤至雍己一卷，明继圣之难也；太戊至阳甲一卷，存商也；盘庚至庚丁一卷，存殷也；武乙至帝辛一卷，殷终也；周武王至康王一卷，致太平也；昭王至孝王一卷，始衰也；夷王至幽王一卷，西周之终也；平王至贞定王一卷，春秋之终也；考王至烈王一卷，六国之势成也；显王至隐王一卷，东周之终也。凡十四卷，欲以少存晋以来篇第之旧。而于晋之十三篇则不合者，彼不数黄帝至帝舜一篇也。

杜预《左传后序》言："《纪年》起自夏、殷、周"，《束晳传》亦言："记夏以来至周"，则与今本绝异。而《史记集解》荀勖曰："和峤云《纪年》起自黄帝，终于魏之今王"。即又与今本同。然四子并晋初人，于是《竹书》方出，列在秘书，四子既亲读，何得同时所见，便尔乖张？而勖独被诏撰次，或预、晳未睹全篇。勖、峤既同撰次，自宜以起自黄帝者为定也。……然今本虽同起自黄帝，而烬简断札残缺实多，以唐、宋人援引此书者校之，因脱随补，即缺缮完，亦以存古也。……

至汲冢得书之年，杜预、束皙俱当时亲见，杜云："太康元年"，《束皙传》则作"二年"。不同者，杜预逮平吴之事，故远系元年，《传》据得书之实，故指言二年也。而《史记周本纪·正义》曰："《汲冢书》，晋咸和五年，汲郡汲县发魏襄王冢，得古书册七十五卷。"夫以太康为咸和，自晋历唐数百年间，已成巨错，况古书茫昧，阅数千年，科斗失真，鲁鱼踵谬，文字是非，又孰从而正之？嘉庆十三年四月，栖霞郝懿行撰。

## 公元 1809 年 清仁宗嘉庆十四年 己巳

**《三国志疆域》、《东晋疆域志》、《十六国疆域志》作者洪亮吉卒。**

《清史列传》卷六九，《儒林传下二》：洪亮吉，字君直，江苏阳湖人。……后从安徽学政朱筠游，同幕戴震、邵晋涵、王念孙、汪中等皆通古义，乃立志穷经。家居，与孙星衍相研摩，学益宏博，时又称孙、洪。乾隆五十五年，一甲二名进士，授翰林院编修。充顺天府乡试同考官，即拜贵州学政之命。……嘉庆二年，命在上书房行走。……仁宗亲政，诏求直言极谏之士。……乃反覆极陈时政累数千言。……（上）震怒，革职对簿……奉旨免死，发往伊犁。明年二月，亮吉至伊犁。四月，京师旱，上祷雨心切，命清理庶狱。……军机大臣即传谕伊犁将军保宁，将洪亮吉释放回籍。……亮吉遂归……十四年，卒，年六十四。

……故其学于经、史注疏、《说文》、地理，靡不参稽钩贯，穷日著书，老而不倦。少好《春秋左氏传》，觉杜注望文生义，不遵古训者十居五六，于是冥心搜录，以他经证此经，以别传校此传，寒暑不辍者十年。遵《汉艺文志》例，分经为四卷，传为十六卷，训诂则以贾、许、郑、服为主，以三家固专门，许则亲问业于贾者也。掇及《通俗》文者，服子慎之所注与李虔所续者，截然而两，徐坚《初学记》等所引可证也。地理则以班固、应劭、京相璠、司马彪等为主，补晋以前舆地图经可信者亦酌取焉。又旧经多古字古音，半亡于杜氏，而俗字之无从钩校者，又半出此书。因一一依本经与二传，暨汉、唐《石经》，陆氏《释文》与先儒之说信而可徵者，逐件校正，疑者阙之，成《春秋左传诂》二十卷。其他所著有《公羊谷梁古义》二卷，《六书转注录》八卷，《汉魏音》四卷，《比雅》十二卷，《弟子职笺释》一卷，《传经表》二卷，《通经表》二卷，《四史发伏》

十二卷,《三国疆域志》二卷,《东晋疆域志》四卷,《十六国疆域志》十六卷,《西夏国志》十六卷,《乾隆府厅州县图志》五十卷,《晓读书斋杂录》八卷,《卷施阁诗文》甲乙集三十二卷,《更生斋诗文》甲乙集十六卷,《词》二卷。又有《外家纪闻》二卷,《伊犁日记》二卷,《天山客话》二卷,《北江诗话》六卷。

法式善《皇清奉直大夫翰林院编修洪稚存先生行状》(载《洪亮吉集》卷末):先生姓洪氏,初名莲,改名礼吉,后又改名亮吉,字君直,一字稚存,号北江。晚自伊江归,乃自号更生,然人皆称为稚存先生云。先世居歙,祖迁于常州,乃居成为阳湖人。……以嘉庆十四年五月十二日卒于家,年六十有四。

## 公元 1810 年 清仁宗嘉庆十五年 庚午

**雷学淇著成《考订竹书纪年》、《竹书纪年义证》。**

《清史列传》卷六九,《儒林传下二》载:雷学淇,字瞻叔,顺天通州人。……嘉庆十九年进士,任山西和顺县知县,改贵州永从县知县。生平好讨论之学,每得一解,必求其会通,务于诸经之文,无所抵牾。……又以《夏小正》一书,备三统之义,究心参考二十余年,以《尧典》中星诸经历数,采虞史伯夷之说,据周公垂统之文,检校异同,订其伪误,网罗放失,寻厥指归,著《夏小正经传考》二卷。又考定经传之文,为之疏证,成《夏小正本义》四卷。每慨《竹书纪年》自五代以来,颇多残阙,爰博考李唐以前诸书所称引者,积以九年之搜辑,颇复旧观,著《考定竹书纪年》十四卷。……他著《校辑世本》二卷,《古经天象考》十二卷、附《图说》二卷,《亦嚣嚣斋经义考》及文三十二卷。

雷学淇《考订竹书纪年略例》:《纪年》者,魏史记也。秦烧天下《诗》、《书》,诸侯史记尤甚。《春秋》而外,独《纪年》藏于冢中获免。晋兴,既得是书,命荀、和、卫、束诸人,递相诠次。历宋、齐、梁、魏,儒者咸宝守之,盖綦重也。隋、唐之际,著作家亦多徵引。然诸经《正义》、《史》、《汉》注说,每斥曰妄,不以为凭,故传者日稀,积久襮佚。《宋书·艺文志》止载三卷。朱子使林择之求焉,且不获。今之三卷,乃元、明人所校宋本之缺耳。予为是先秦古书,多三代真迹,甲子、事实,有益于世教者不少,故从事九年,为之釐定。……疑必析乃明,事无徵不信。晋获《纪年》十二卷,其说与秦、汉来传注多殊,故当时王庭坚辈颇诘难之,束广微随疑分释,作《释难》一篇。论者谓皆有义证,惜其文今不传矣。考《纪年》所载，与秦以来古经、诸子、史传多符。世因传本残缺，尤诋议之，因述束氏之意，作《义证》四十卷。

雷学淇《竹书纪年义证序》：……考《纪年》原书十三卷，始黄帝，终今王，周宣王后用晋、魏之年纪事，其见于荀勖、和峤、杜预、郭璞，及宋、魏、隋、唐人著述者无异辞。非如今之二卷，终纪周年也。《宋史》载《竹书》三卷，《太平御览》引之，已有"幽王八年"、"隐王二年"等文，然则今之所传，其宋本之残缺者欤？然《史记集解》引三代历年之数，隋、唐《历志》引"帝尧元年丙子"、"周武王十一年庚寅"，与今本顾不异。是此二卷者，虽残缺而五子六甲犹是《竹书》之旧，特东周以后事多脱误耳。

更后，读嘉禾徐圃臣《天元历理》，其言三正者甚详，辨历代岁差之说、交食之限者亦甚悉，而其证则取于《纪年》。余潜心两岁余，即以其法推之，乃帝尧以来甲子、朔、食，无不符验，由是余之信《纪年》也愈笃，苦《纪年》之无善本，而欲为之厘定也愈诚。

辛酉仲秋后，取载籍中凡称引《纪年》者，汇而录之，以校世之传本，正其讹、补其阙。周宣王后仍记晋、魏之年，考订者凡三百余事，依世分次，厘为六卷。又为《辨误》一卷，《考证》一卷，《唐虞以来及战国年表》一卷。周末之事，乃灿然略备。阅五年书成，以之推验古事，凡书在秦火以前者，无不符合，于是更作《义证》四十卷，凡正经史之疑义、旧说之违误者，又五百余事。由是观之，《纪年》岂非信史哉！其所纪甲子、事实，有关于人世者甚重，有益于学术者甚宏，盖不惟于孟子书有合已也。而即以合于《孟子》论，《纪年》亦岂非信史哉！嘉庆十五年冬，通州雷学淇述。

**官修《钦定剿平三省邪匪方略》全书告成。**

《钦定剿平三省邪匪方略》(《续修四库全书》本)卷首，嘉庆帝《御制序》曰：天生民而树之君，使司牧之，奚能独任斯事，故必分命岳牧，教养兆庶，诚能爱民如赤子，民亦敬官如父母，岂有干犯名义之事哉！若不知教养，听其游惰，及至聚众抢劫，不得不用兵讨捕之。其实民则无知妄作，官则不教而诛，良民被贼屠戮固深怜悯，即罹法之贼亦不知所犯，岂非官失于教乎？官既不教，民则有奸诡之徒，创立邪教，幻称弥勒，名踵白莲，敛钱惑众，治病烧香，妄谈祸福因果。愚民被其煽诱，丑类既众，遂思蠢动，到处鼓惑。并未易衣冠、立国号，不过意图劫掠子女财币，非有谋为不轨叛逆之心。遂于丙辰年辰月起于楚地，蔓延陕蜀，豕突狼奔，蜂屯蚁聚，焚杀掳掠，无所不为……诸将士效命疆场……经七年之久，事始告成。擒戮著名首逆百余人，积恶头目数百人，扫除胁从二十余万众，悔罪投首者亦有数万，而阵亡之将士以及被害之黎庶更不可以数计，呜呼痛哉！……咨尔内外臣工，赞襄图治，公尔忘私，国尔忘家，上下交儆，用巩我国家亿万载无疆之庆，是予之至愿也。嘉庆十五年十二月二十一日。

《皇朝续文献通考》卷二六二，《经籍考六》：《钦定剿平三省邪匪方略》正编三百六十一卷，续编三十六卷，附编十二卷，嘉庆十五年大学士庆桂等奉敕撰。……臣谨案：邪匪之兴，株连三省，蔓延七载，虽未尝改正朔、易服色，而胁从麕集，都邑骚然。仁宗不嗜杀人，凡属命将出师，只以歼厥渠魁谆谆告诫，以至诸军帅仰承庙算，无有草薙而禽狝者，成功较晚，职是之繇。经略额勒登保。参赞德楞泰次第指挥，卒以肴定，故用兵虽久，于元气未曾少损也。仁宗编定《方略》，断断责官，而不责民，其叙中有曰"民则无知妄作，官则不教而诛"，大哉王言，洞见症结矣！呜呼！幻称弥勒，名踵白莲，惑众敛钱，卒思蠢动，然以劫掠罪之，不以叛逆罪之，仁言利溥，其洵然欤。

**阮元任职国史馆，纂修《儒林传》并拟出凡例。**

李元度《国朝先正事略》卷二一，《阮文达公事略》：……（嘉庆十四年）坐失察学政刘凤诰代办监临舞弊事，夺官。命以编修在文颖馆行走。十五年，迁侍讲，兼国史馆总纂。创立《儒林传》，得百四十六人，但述学行而不区分门迳。又拟创"文苑传"，未就。又集本朝天文、律算诸家，作《畴人传》。

张鉴《冬青馆甲集》卷五，《陈氏求古斋图跋》：……忆嘉庆己巳，同今制府阮公入都，值方有事国史，公建议谓《儒林》、《文苑》两传，不当专取诸史廵所藏，当移文直省，求草泽遗佚以广未备。

阮元《揅经室续集》卷二，《拟国史儒林传稿凡例》：

一、《史》、《汉》始记《儒林》，《宋史》别出《道学》。其实讲经者岂可不立品行？讲学者岂可不治经史？强为分别，殊为偏狭。国朝修《明史》混而一之，总名"儒林"，诚为盛轨。故今理学各家与经学并重，一并同列，不必分歧，致有轩轾。

一、各儒以国初为始，若明人而贰仕于国朝，及行止有可议者，皆不得列入。

一、国朝百余年来圣化所涵，学人辈出，天下之大、山林之僻，学者万千。今仅列百数十人，虽示谨严，恐有挂漏。如同馆诸友所见者，不妨酌补。

一、次序以顾栋高为始者，因高宗纯皇帝谕办《儒林传》奉为缘起也。此外则以年分相次。

一、凡各儒传语，皆采之载籍，接续成文，双注各句之下以记来历，不敢杜撰一字。且必学行兼优，方登此传，是以多所褒许，以见我朝文治之盛。至于著述醇疵互见者，亦直加贬辞。此外私家状述涉于私誉者，谨遵馆例，一字不录。至于各句双注，将来进呈御览时应否删去，候总裁核定。

一、……今查湖南王夫之，前明举人，在桂王时曾为行人司行人；浙江黄宗羲，前明布衣，鲁王时曾授左佥都御史。明亡，入我朝皆未仕，著书以老。所著之书皆蒙收入四库，列为国朝之书，《四库全书提要》内多褒扬其书，以为精核。今列于《儒林传》中，而据实书其在明事迹者，据列代史传及《钦定续通志》例也。……

## 公元 1811 年　清仁宗嘉庆十六年　辛未

**清廷决定再次纂修《大清一统志》，由国史馆承担。**

中国第一历史档案馆藏《国史馆档案》编纂类第 1 号卷，《现在纂办各种书籍》：……《一统志》全书于嘉庆十六年正月内，由方略馆奏交本馆纂办。当经本馆议奏：所有通体沿革、裁改各事宜，其在京各衙门令于三个月内交全，在外各直省令于半年内交全。俟各衙门、各直省交全后立限二年，将全书纂校进呈，俟钦定后咨送武英殿刊刻。

**施国祁著成《金史详校》。**

《湖州府志·施国祁传》（载《碑传集补》卷四七）：施国祁，字非熊，号北研，乌程学生。工诗古文，善填词，尤熟于金源事实。尝病《金史》芜杂，拟考正之，有所得辄为纪录。年逾四十，遂弃举子业，专力以著书自任，积二十余年之久，书成，名曰《金史详校》。继以卷帙繁多，乃列举条目，为《金源札记》三卷。又以其余绪，作《元遗山集笺注》、《金源杂兴诗》。家极贫，少尝授经于外。中年忽乐市隐，寓于浔北，为人经理生业，设吉贝肆，市中有一楼，颜曰"吉贝居"。所著书多成于其中。嘉庆己巳，不戒于火，著述尽付一炬。今所存者，大半出于记忆补录之余耳。卒年七十余。无子。

施国祁《金史详校卷首》：金源一代，年祀不及契丹，舆地不及蒙古，文采风流不及南宋。然考其史载，大体文笔甚简，非《宋史》之繁芜；载述稍备，非《辽史》之阙略；叙次得实，非《元史》之伪谬。廿余年来雨窗灯夕，手此一编，读凡十余过，校勘小详，楮墨渐积，成书计十卷，不揣固陋，敢希问世，聊序卷端以志岁月。……辛未春日，北研识。

**因潘恭辰奏请，清廷议定纂办画一国史列传。**

中国第一历史档案馆藏《国史馆档案》编纂类第522号卷，存国史馆奏底：

国史馆总裁大学士臣庆　等谨奏：为遵旨议奏事。本年七月二十八日，内阁钞出附件道监察御史潘恭辰奏请尊藏国史一折，奉朱批：该馆议奏，钦此。臣等查折内称：向例史馆纂成之书，自列圣本纪以及各志传，俱尊藏皇史宬。追乾隆三十年，高宗纯皇帝特命重辑国史，迄今四十余年，其纂成各册，皆未分别次序、厘定卷数，悉行存贮该馆，似未足以昭慎重。查该馆业将高宗纯皇帝本纪尊藏皇史宬。其自国初至乾隆六十年王公大臣等列传，或编纂非出一手，体例稍有参差，应请敕下国史馆查改画一，另缮正本，恭呈睿览后，即移送皇史宬尊藏。

至天文等十四志，亦应俟续纂完竣，将新旧各志一并送藏。嗣后十年一次，将纂成各书陆续藏庋等语。臣等伏查从前国史馆所纂功臣传及天文等十四志，均送藏皇史宬。自乾隆三十年高宗纯皇帝命复纂、增纂王公大臣等列传以来，统计自国初至嘉庆十年，接续纂辑共清、汉文二千四百余册，裒然成书，足徵史册之盛，自应如该御史所奏尊藏皇史宬，以昭慎重。惟查各列传内，所有《贰臣传》甲乙编，业经汇成卷帙。其余大臣、忠义等传，系陆续纂成，每传各为一册，未分卷数。复因纂辑之人先后非出一手，体例参差在所不免。臣等公同酌议，应将各列传详晰复检，斟酌画一。此内有既经成传之后，续奉高宗纯皇帝谕旨并我皇上谕旨，追加爵秩、谥法、荫恤并入祀贤良祠，应于各传内增载。其有身后削夺等事，亦应一并追改。至各臣工内或有应行列传，因从前卷案未全本年纂成，兹据移送到馆者，亦当一体补辑，俾无遗漏。

现在臣馆纂办各志传及纂校《大清一统志》，并续纂《宗室王公表传》、《蒙古王公表传》等书，仍分别编纂外，所有此次应行画一之列传，卷帙既多，事迹尤为繁赜。臣等仍派令满汉提调官悉心经理，并派在馆之总纂、纂修各员详细修辑，按其先后次序厘定卷帙，缮写正本恭呈御览后，即循例送藏皇史宬。其天文等十四志，俟将来告藏时，并请照此办理。至嗣后每届十年臣馆所纂之书，其应尊藏者，亦应照该御史所奏陆续缮成，均送皇史宬尊藏。所有臣等遵旨酌议缘由，理合缮折具奏，是否有当，伏乞皇上训示遵行。谨奏。嘉庆十六年八月初十日奉旨：依议，钦此。

**国史馆拟定画一列传凡例。**

北京国家图书馆藏《画一列传凡例》载《前办画一列传凡例》：

一、归类分卷，文职将品学政绩相类者为卷……武职以同征伐一处者为卷……其余无专类者，各以官阶、年代相从，略以大意区分。

一、传中如无事迹，只有官阶升迁等语者，即撤归《大臣表》。

…………

一、旧传中有错误者即改正，有简略者即补叙详实。

一、满洲、蒙古地名、人名，前后间有不同。敬查实录、上谕，以后定现称之名为据。

一、旧传汉军人有书姓、有不书姓，俱仍其旧。

一、有书卒时年岁或不书者，俱仍其旧。

…………

一、大臣、忠义两处互见者，今酌将二品以上归《大臣传》，三品以下归《忠义传》，不使两处重复。其《忠义传》每篇附传或数人或十余人，有此人官阶虽在二品以上，而无别样事迹，不能成专传者，仍归《忠义传》。

今案：上引此篇文献，未标明年份。但《国史馆全宗档案》编纂类第1号卷内存有《前办画一列传凡例》，题目与内容均与上引文献一致。又有《续办乾隆年间画一各传拟添凡例》文献，乃是对"前办"凡例复加几个条目、或同一条目添加一些文字，略一对照，这种异同状况即可确知。《国史馆全宗档案》编纂类第342号卷有国史馆奏稿称："查嘉庆十六年臣馆奏准复纂臣工列传，自国初起办至乾隆六十年，旋于道光三年书成"，故所谓"续办乾隆年间画一各传"必然是嘉庆十六年至道光三年这次画一列传的工作过程所产生，因为办理乾隆时期积累列传稿的画一，就是这次完成，"前办"凡例在前，"拟添凡例"在后，因此可以判定《前办画一列传凡例》必为嘉庆十六年拟定。

**洪颐煊著成《平津读碑记》。**

洪颐煊《平津读碑记序》：渊如师喜金石文字，生平游历所至，搜访无虚日，德州平津馆所藏碑，自周、秦至唐末、五代，凡廿余匦。庚午冬，颐煊始取而读之，见诸君题跋未尽，间有所获，辄录于左方，积成八卷，题曰《平津读碑记》，示所从得也。

……夫世之所贵乎金石者，以其足取证经史也。圣贤经传，微言奥义，典籍散亡，往往得自学士之摘词，家状之缵述。至国家易代，修史或采自传闻，或成于众手，残舛讹阙，势不能免，尤不若金石之出于当时为可据。其他如六书之通转，文体之宗尚，皆可于是窥其厓略。此其学所以日积而日昌也。今世之为是学者，有钱少詹《潜研堂金石文跋尾》、翁阁学《两汉金石记》、阮中丞《山左金石记》、王少寇《金石萃编》、武大令《授堂金石跋》，皆海内尊向。颐煊获读是碑，复得从诸君后，以商榷其是非，则亦可以自意也已。嘉庆十六年太岁在辛未八月十四日，临海洪颐煊题于济宁舟次。

翁方纲《平津读碑记序》：临海洪君筠轩以所著《读碑记》八卷示予，读之，叹其勤且博。近日钱詹事《金石跋尾》，用意之精，庶其匹矣！王司寇《金石萃编》虽广摭而精密或不逮此也。夫金石之足证经史，其实证经者二十之一，证史则处处有之，记载楮柱，曷可胜原，惟当论其大者而已。……不然，岂有传注笺疏之不治，而日矻矻焉从事于拓本哉？……嘉庆癸酉春三月廿有四日，北平翁方纲，时年八十有一。

## 公元1812年 清仁宗嘉庆十七年 壬申

**陈逢衡著成《竹书纪年集证》。**

《清史列传》卷六九，《儒林传下二》：陈逢衡，字穆堂，江苏江都人。诸生。道光元年，举孝廉方正，力辞不就。……著有《竹书纪年集证》五十卷，《叙略》一卷，《逸周书补注》二十四卷，《穆天子传注补正》六卷，《读骚楼诗》二卷、《二集》二卷。《博物志考证》为晚年定本，尤精覈。……道光十一年，卒，年七十一。

陈逢衡《竹书纪年集证凡例》：

一、《纪年》乃烬简断札中之最为分了者也。经荀勖、和峤辈为之编次，列于《中经》，而其书遂行于世。《四库书目题要》谓今世所传之本，非汲冢原书。

盖以诸书所引，互有不同，并有今《纪年》所不载者，知其脱失已久，非复原本之旧矣。然其事实显然与经史印合，故特细为诠释，集腋成裘，以留吉光斤羽之一线云。

一、《纪年》所载，自帝尧以下，与《尚书》相表里；自帝乙以下，与《诗》相表里；自平王以下，与《春秋》相表里。他若高宗伐鬼方之见于《易》，冥勤其官而水死之见于《礼》。往往出入圣经，渊源悉著，固不独《左》、《国》、《史》、《汉》诸书之可为引证也。……

一、《纪年》自晋荀勖、和峤、束晳、沈约《注》后，历陈、隋、唐、宋以来，惟朱子考惠成之年，谓"见于《竹书》，甚明"，又谓"此间有《竹书纪年》，须借读半年方得"之语。惜未经朱子手订。至明惟胡应麟及杨升庵二家，略为考正而已。我朝崇尚实学，力专考据，《纪年》始大行于世。仁和孙之騄有考订《竹书》四卷，当涂徐文靖有《竹书统笺》十二卷。孙引颇杂，并有将原注改易者；《统笺》则于正文及原注下，逐条细注，虽间有未当，较之孙本远矣。……

一、是书草创于嘉庆甲子九月，时年二十有七。悼学业之不进，感时序之就荒，爰辑斯编，寒暑不辍，迄壬申冬十月而稿始定。其中鄙琐之见，是否有当，阅者其少谅诸。时嘉庆十有八年癸酉春二月，江都陈逢衡识于修梅山馆。

今案：逢衡生卒年皆有异说。据是书《凡例》最末一条，嘉庆九年甲子（公元1804年），逢衡年二十七，则其应生于乾隆四十三年（公元1778年）。《清史列传》本传谓其卒于道光十一年（公元1831年），年七十一，显有抵牾之处。《清儒学案》卷一三一《晓楼学案》所载逢衡传，谓其"咸丰五年卒，年七十有八"，传末注："参金长福撰《传》"。然金长福《陈徵君传》（载《碑传集补》卷四八），惟云："卒年七十有一"，与《清儒学案》所记不符。金长福与陈逢衡为同乡近邻，所记寿数当为可信，且与《清史列传》合。故其当卒于道光二十九年（公元1849年）。

## 公元1813年 清仁宗嘉庆十八年 癸酉

**嘉庆帝敕命纂修《明鉴》。**

《清仁宗实录》卷二七〇，嘉庆十八年六月乙卯，谕内阁：朕敕幾余暇，披览往籍，见宋范祖禹所著《唐鉴》一书，胪叙一代事迹，考镜得失，其议论颇有裨于治道。宋平五代之乱，近接有唐，其政教风俗，历历可稽，故以唐为殷鉴。我朝绍膺大统,道揆治法,远述百王。至有明三百年,时代相承,其一朝政治,亦鉴观得失之林也。宜仿《唐鉴》体例,辑为《明鉴》一书,胪举大纲,搜采编次。其论断,即令派出编纂诸臣,轮流撰拟,进呈后经朕裁定,勒为成书,刊刻颁行,用昭法戒。

## 《两汉书辨疑》、《三国志辨疑》、《后汉书补表》作者钱大昭卒。

《清史列传》卷六八,《儒林传下一》:钱大昭,字晦之,江苏嘉定人。太学生,大昕弟也。……大昭少于大昕二十年,事兄如严师,得其指授,时有"两苏"之比。……其说经及小学之书,能直入汉儒阃奥。……大昭乃著《尔雅释文补》三卷,及《广雅疏义》二十卷。又著《说文统释》六十卷。……大昭于正史,尤精《两汉》。……乃著《两汉书辨疑》四十卷。……又仿其例,著《三国志辨疑》三卷。……著《后汉书补表》八卷。……论者谓视万斯同《历代史表》,有过之无不及。他著有《诗古训》十二卷,《经说》十卷,《补续汉书艺文志》二卷,《后汉郡国令长考》一卷,《迩言》二卷,《嘉定金石文字记》四卷。……(嘉庆)十八年,卒,年七十。

今案:《清史列传》谓《两汉书辨疑》四十卷,误,应为四十二卷。

## 《清秘述闻》、《槐厅载笔》、《陶庐杂录》作者法式善卒。

《清史列传》卷七二,《文苑传三》:法式善,字开文,蒙古乌尔济氏,隶内务府正黄旗。乾隆四十五年进士,改翰林院庶吉士,散馆授检讨,擢司业。五十年……移左庶子。……五十一年,迁侍读学士。五十六年,大考不合格,左迁工部员外郎。次年,大学士阿桂荐补左庶子。五十八年,升祭酒。……嘉庆四年,坐言事不当,免官。俄起编修,迁侍讲,寻转侍读。七年,迁侍讲学士,会大考,复降赞善,俄迁洗马。十年,升侍讲学士。坐修书不谨,贬秩为庶子。在馆纂《皇朝文颖》,复纂《全唐文》。旋乞病,家居养疴。……居翰林时,凡官撰之书,无不遍校,因是所见益博。所撰《清秘述闻》、《槐厅载笔》,详悉本朝故事,该博审谛。……复取诸师友诗,略以年代编次,为《湖海诗》六十余卷。又著有《存素堂诗集》三十八卷。十八年,卒,年六十二。

陈预《陶庐杂录序》:岁壬申,予屏藩南楚,万载辛君启泰手一编而来,曰:"此梧门先生所寄也。"余受而读之。题曰《陶庐杂录》,上自内府图书,下至草茅编辑,罔不详其卷帙,考厥由来。其中如历代户口之盛衰,赋税之多寡,职官之沿袭,兵制之废兴，一切水利农桑，盐茶钞币，治河开垦，弥盗救荒，与夫谠论名言，零缣佚事，参稽胪列，语焉能详，就所见闻，足资掌故。爰藏箧笥，时用览观。未踰年，梧门先生讣音至。嗣子桂馨，邮书来索是编，余诺之未返也。今桂君又下世矣。尝念梧门先生于余为馆阁前辈，相从辇下，知交最深。后即中外分官，亦时通书疏。此编之见遗也，无一言，辛君古处是敦，惠然不远千里，能无负诺责！余尝心志之不能忘，因思所以报梧门先生父子，而并可以质诸辛君者，计惟寿诸梨枣，以永其传。爰芟其繁复，理为六卷，于丁丑岁二月付之剞劂氏，阅六月工竣。为志其缘起。嘉庆丁丑冬十一月，北平陈预书于济南官廨。

**段长基编成《历代统纪表》（一名《历代二十四史统纪全表》）、《历代疆域表》。**

段长基《历代统纪表序》：古昔帝王之御天下也，典礼命讨，原于天。尊卑内外，人不敢紊，是以《六经》不言统，而统自正也。周衰，圣贤不作，纲沦法斁，礼废乐崩，驯至强秦，入寇王室，七国均敌，不相统一。后若南北朝及五代，华夷纷争，天下无主，不得已，同谓之"无统"。然作史者每徇所好恶，或义例不严，间有倒乱其统者，如陈寿之《三国志》帝魏寇刘之类；有未及成统而遽以大统书之者，如《通鉴》以秦自丙午继周、汉自高祖元年继秦、晋自秦始元年继魏、唐自武德元年继隋之类。所谓"统"者，均未得其正也。惟有宋新安朱子《纲目》一书，笔直旨深，义正例严，参诸说而釐订之。又蒙我圣祖仁皇帝万几之暇，博稽详考，析疑证陋，釐异阐幽，实所以立天地之大纲，扶古今之大义，深有得于孔子《春秋》之心法者也。但卷帙浩繁，学者能熟悉而贯通者甚鲜，而坊间删本，非错记互载参列国及割据诸国于正统之中，即各国各成一编，几不知列国建国及割据诸国起于何帝、终于何代。

是编为初学计，仿太史公《十表》之式，分为数格，以正统者正书于上，编年以纪其事，无统及篡统者低一格而横书之。至列国建国及割据诸国，起于某正统某年某月，终于某正统某年某月，俱横列于各正统之下，而以正统之年月纪之。则分观焉各成各国之史，合观之共成一代之书，此所以大一统也。统一则纲立，纲立则义正矣。至其间所纪之书与人，及祥瑞灾异之见，必其有关于统之所以盛与所以衰者，乃摘录之。其典礼命讨、尊卑内外，一皆本御批《纲目》云。大清嘉庆岁在昭阳作噩皋月，西亳段长基自识。

段长基《历代疆域表序》：粤稽史册，百王疆理天下，代有不同。黄帝画百里之国得万区，禹别九州，弼成五服，至于五千。商、周因之。汉承秦制，裂为郡县，东西九千三百二里，南北万三千三百六十一里。隋东西九千三百里，南北万四千八百十五里。唐东西九千五百十一里，南北万六千九百十八里。宋东西六千四百八十五里，南北万一千六百二十里。元起自漠北，东西万里，南北几二万里。明东西南北俱万有余里。唐视汉、宋，则过之，较元、明，则不及。汉犹愈于宋、明，稍逊于元。历代疆域已昭然矣。然此特其大略耳！若夫增损离合，强者兼，弱者削，或曰辟国百里，或曰蹙国百里，月异而岁不同，实有不可以里道计者。……欲总历代之始末而具载之，竟有难得其详者。

　　唐之《元和郡县志》起京兆府、尽陇右道，凡四十七镇。而元和八年以后，惟置宥州一条，他无所及。王象之《舆地纪胜》二百卷，所载只南宋疆域，并非汴京一统之旧。即《寰宇记》亦成于太平兴国，尚无十五路之分，而云、涿、幽、朔未入版图。惟常熟顾处士祖禹著《方舆纪要》，自上古迄有明，建置沿革，详赡分明，即侨置、羁縻以及省废等州县，亦俱考覈时代。魏冰叔以为天下不可无之书，洵哉！然卷帙浩繁，考释颇略，且系前代形势，与今尚有不合者。是编循其旧文而增减之，另为编次。首列汉、唐、宋、明等于上者，所以表一统之疆域也；次列南北朝、五季等于下者，所以表偏安、割据之疆域也。而黜魏帝蜀，所以表蜀之承统实继两汉之正，亦犹夫东晋、南宋也。至补秦、汉之郡国而释以今县，晋、唐、宋之州县而考其原名，又以表建置之所自，沿革之不一也。然变迁无常，考证多疏，今所记大校参差，其详难举。沈约所谓"千回百折，巧历莫算，寻校推求，未易精悉"者也，仍存考以俟博学之君子云。大清嘉庆十八年岁次癸酉仲冬，西亳段长基识于粤东海康署之荔波轩。

## 公元1814年 清仁宗嘉庆十九年 甲戌

**段长基编成《历代沿革表》。**

　　段长基《历代沿革表序》：今夫地之有九州，犹天之有九野也。然九野星躔有度，尚可推算，九州境土屡分，究难检校，或沿其地而易其名，或袭其名而迁其地，或亦迁其地而革其名。……观者于此，几何而不误哉！今乃考之于《禹贡》、《职方》，徵之于图经、地志，参之于班、马、贾、郑，验之于山川关隘，其有不合者，折衷于《皇清一通志》，正其讹谬，辨其疑似。以今之州县求于汉则为郡，以汉之郡国求于三代则为州。三代之九州，散而为汉之十三部，晋之十九州，唐之十五道，宋之十三路，又分而为今之十八省。或沿或革，或沿而复革，革而复故，按代区分，无不了然。至我朝之开疆拓土，古昔之所未及，舆图之所未载者，如外藩蒙古、西域新疆诸部，亦皆考其建置、察其由来，合为一书，以徵疆域之广、德化之盛。则行者携为行幐，居者藉以卧游，未始不可以备考地理者之一助云。大清嘉庆十九年岁次甲戌孟春，缑山段长基识于粤东会同署之益清堂。

### 斥责国史馆所修《和珅列传》，撤换国史馆总裁、副总裁。

《清仁宗实录》卷二九一，嘉庆十九年五月丁巳，谕内阁：国史馆纂办臣工列传，向不按年分先后以次进呈，其办理章程，本不画一。前日该馆进呈《和珅列传》，和珅逮问伏法，迄今已越十五年，始将列传纂进，已太觉迟缓。迨详加披阅，其自乾隆三十四年袭官，以至嘉庆四年褫职，三十年间，但将官阶、履历，挨次编辑，篇幅寥寥。至伊一生事实，全未查载，惟将逮问以后各谕旨详加叙述。是何居心？不可问矣！……现距惩办和珅之时，年分未远，其罪案昭然在人耳目。若传至数百年后，但据本传所载考厥生平，则功罪不明，何以辨贤奸而昭赏罚？国史为信今传后之书，事关彰瘅，不可不明白宣示。

所有承办《和珅列传》之纂修官，着查明参奏，交部严加议处。其正副各总裁，校勘疏漏，均难辞咎。除陈希曾甫经到京，仍留原馆，毋庸交议外，董诰在馆年久，精神未能周到，着毋庸兼充正总裁，仍交部议处。景安现已年老，章煦甫经到馆，均免议处，毋庸兼充副总裁。着派曹振镛、托津、潘世恩，充国史馆正总裁，卢荫溥充国史馆副总裁。将该馆纂辑各事宜，妥立章程，加意整饬。其《和珅列传》，着另行详查，编次进呈。寻奏：删纂《和珅列传》之编修席煜，请革职审讯。得旨：顾莼原纂《和珅列传》稿本内，本载有事实四条，皆和珅罪状，仰奉皇考高宗纯皇帝饬谕加以谴责者。葛方晋节去三条，席煜节去一条，其居心实不可问。除葛方晋业经身故外，席煜前已革职，着即行押解回籍，交江苏巡抚张师诚严行管束，令其闭门思过，不准外出。并留心稽察，如有怨望诗文，即奏闻，将该革员拏问治罪。

**陈鳣著成《续唐书》。**

《清史列传》卷六九，《儒林传下二》：陈鳣，字仲鱼，浙江海宁人。……嘉庆元年，举孝廉方正。……三年，中式举人。在公车时，与嘉定钱大昕、大兴翁方纲、金坛段玉裁质疑问难；后客吴门，与黄丕烈定交，取所藏异本，往复异校。鳣学宗许、郑。……成《说文正义》一书。……为《孝经郑注》一卷。……又著《郑康成年谱》一卷。……又著《论语古训》十卷。……晚筑讲舍于紫薇山麓，寝处其中，一意撰述。有《石经说》六卷，《声类拾存》一卷，《埤仓拾存》一卷，《经籍跋文》一卷，《续唐书》七十卷，《恒言广证》六卷，《缀文》六卷，《对策》六卷，《诗人考》三卷，《诗集》十卷。二十二年，卒，年六十五。

陈鳣《续唐书叙》：唐受命二百九十年而后唐兴，历三十年，后唐废而南唐兴，又历三十年而亡。此六十九年，唐之统固未绝也。……朱全忠大逆无道，甚于莽、操，人人得而诛之，何可不黜！后唐既系赐姓，收之属籍，又有大勋劳于唐室，则系于唐可耳。……南唐为宪宗五代孙建王之元孙，祀唐配天，不失旧物，尤宜大书年号，以临诸国。……宋统继唐，胜于继汉、继周矣。薛氏修《五代史》、欧阳氏新修《五代史记》，并称五代，所见俱不及此。马、陆二家《南唐书》，虽欲推尊，然未将南唐上接后唐。戚光《年世总释》始发其凡，终未有专成一书，宁非缺事！……

陈鳣《自题续唐书后》：唐祚延年六十余，旧名五代尽删除。河东自可共和比，江左还应季汉如。不羡子京添半臂，漫教无党注新书。快哉此日翻成案，多少清流怨气舒。嘉庆十九年秋七月己丑朔，紫微外史陈鳣作。

**《陔余丛考》、《廿二史劄记》作者赵翼卒。**

《清史列传》卷七二，《文苑传三》：赵翼字耘松，江苏阳湖人。……以直隶商籍举乾隆十五年乡试，十九年中明通榜，用内阁中书，入直军机处。……二十六年，以一甲三名进士，授翰林院编修，任撰文，修《通鉴辑览》。……（三十一年），寻授广西镇安府知府。……三十六年，擢贵西道。……旋因广州谳狱旧案，部议降级。……翼遂以母老乞归，不复出。五十二年，台湾林爽文作乱，李侍尧赴闽治军事，道出常州，邀翼偕往。……事平，欲奏起，翼坚辞。晚岁，以著述自娱。……同时袁枚、蒋士铨与翼齐名，而翼高才博物，既历清要，通达朝章国典，尤邃于史学。家居数十年，手不释卷。所撰《廿二史劄记》三十六卷，钩稽同异，属词比事，其于前代弊政，一篇之中，三致意焉。又撰《陔余丛考》

四十三卷,《瓯北诗集》五十三卷,《皇朝武功纪盛》四卷,《簷曝杂记》六卷,《唐宋十家诗话》十二卷……十九年，卒，年八十六。

今案：据《瓯北全集》所附《瓯北先生年谱》，赵翼生于雍正五年（公元1727年），卒于嘉庆十九年（公元1814年），享年八十八。《清史列传》谓享年"八十六"，误。

## 公元1815年 清仁宗嘉庆二十年 乙亥

### 孙星衍著成《尚书今古文注疏》。

《清史列传》卷六九，《儒林传下二》：孙星衍，字渊如，江苏阳湖人。……星衍雅不欲以诗名，深究经史、文字、音训，旁及诸子百家，皆心通其义。既，从钱大昕游，精研汉学。……乾隆五十二年，一甲二名进士，授翰林院编修，充《三礼》馆校理。五十四年，散馆，改刑部主事。……五十七年，迁员外郎，洊升郎中。六十年，授山东兖沂曹济道。……（嘉庆）四年六月，丁母忧。……服阕入都，奉旨仍发山东。十年，补督粮道。十二年，权布政使。……十六年，引疾归。

星衍博极群书，勤于著述。……常病《古文尚书》为东晋梅赜所乱，官刑部时，即集《古文尚书马郑注》十卷，《逸文》二卷。归田后，又为《尚书今古文注疏》三十九卷。……凡积二十二年而后成，论者以为胜王鸣盛书。其他择辑，有《周易集解》十卷，《夏小正传校正》三卷，《明堂考》三卷，《考注春秋别典》十五卷，《尔雅广雅古训韵编》五卷，《魏三体石经残字考》一卷，《孔子集语》十七卷，《晏子春秋音义》二卷，《史记天官书考证》十卷，《建立伏博士始末》二卷，《寰宇访碑录》十二卷，《金石萃编》二十卷，《京畿金石考二卷》，《续古文苑》二十卷，《诗文集》二十五卷。又有《九经正俗字考》、《十三经佚注》、《集马昭孙叔然难王申郑之书》、《山海经音义》、《郑康成年谱》。其所校刊，若《岱南阁丛书》、《平津馆丛书》均据善本，有资学艺。二十三年，卒，年六十六。

孙星衍《尚书今古文注疏序》：《书》有孔氏颖达《正义》，复有作《疏》者，以孔氏用梅赜书，杂于廿九篇，析乱《书序》，以冠各篇之首，又作伪传而舍古说。钦奉高宗纯皇帝鉴定四库书，采梅鷟、阎若璩之议，以梅氏《书》为非真古文，则《书疏》之不能已于复作也。兼疏今古文者，仿《诗疏》之例，毛、郑异义，各如其说以疏之。史迁所说，则孔安国《故》，《书大传》则夏侯、欧阳说，马、郑《注》则本卫宏、贾逵孔壁古文说，皆有师法，不可遗也。今古文说之不能合一，犹《三家诗》及《三传》难以折衷。即郑注《三礼》，亦引今古文异字，及郑司农、杜子春之说。至晋以后，乃用李斯"别黑白而定一尊"之学，独申己见，自杜预之注《左传》，王弼之注《易》，郭璞之注《尔雅》滥觞也。……

孔氏之为《书正义》，《序》云：据蔡大宝、巢猗、费甝、顾彪、刘焯、刘炫等。又云："览古人之传记，质近代之异同，存其是而去其非，削其繁而增其简。"是孔氏之书不专出于己。今依其例，遍采古人传记之涉《书》义者，自汉魏迄于隋唐。不取宋以来诸人注者，以其时文籍散亡，较今代无异闻，又无师传，恐滋臆说也。又采近代王光禄鸣盛、江徵君声、段大令玉裁诸君《书》说，皆有古书证据，而王氏念孙父子尤精训诂。……及惠氏栋、宋氏鉴、唐氏焕，俱能辨证《伪传》，庄进士述祖、毕孝廉以田，解经又多有心得。合其所长，亦孔氏云："质近代之异同，存其是而削烦增简"者也。

为书始自乾隆五十九年，迄于嘉庆廿年。既有厥逆之疾，不能夕食，恐寿命之不长，亟以数十年中条记《书》义，编纂成书，必多疏漏谬误之处。然人之精神，自有止境，经学渊深，亦非一人所能究极。聊存梗概，以俟后贤。或炳烛余光，更有所得，尚当改授梓人，不至诒讥来哲也。嘉庆二十年太岁乙亥二月中旬，叙于金陵冶城山馆。

**刘凤诰续成彭元瑞《五代史记注》。**

《清史列传》卷二六，《彭元瑞传》：彭元瑞，江西南昌人……元瑞以乾隆十八年举于乡。二十二年，中式进士，改庶吉士。……二十八年，散馆，授编修，充武英殿提调。……（三十三年）充日讲起居注官。十二月，迁侍讲。……三十六年五月，擢詹事府少詹事。六月，入直南书房，旋充江南乡试正考官。九月，奉命提督江苏学政。……三十八年十月，迁内阁学士，兼礼部侍郎。三十九年，受代回京，署工部右侍郎，兼管钱法堂事。……（四十一年），署工部左侍郎。四十二年，充浙江乡试正考官，寻奉视学浙江之命。……四十四年二月，授户部左侍郎。……（四十五年）三月，调江苏学政。……四十七年四月，调吏部右侍郎。四十八年五月，调兵部右侍郎。十月，回京，充国史馆、《四库全书》馆副总裁。四十九年正月，调吏部右侍郎。……五十一年正月，擢礼部尚书。……五十二年正月，调兵部尚书，充武英殿、《三通》馆总裁。……（五十四年）三月，调吏部尚书，管理国子监。……（五十五年）十二月，奉上谕："……彭元瑞著加恩协办大学士。……"五十六年四月……奉旨："……著革去太子太保、协办大学士、吏部尚书，仍加恩降授侍郎，南书房行走。……"寻补礼部侍郎。十月，迁工部尚书。……（嘉庆）四年，命充《高宗纯皇帝实录》副总裁，专司编纂。……嘉庆八年正月，以疾请解职。……九月，疾益剧……卒。……予谥文勤。……

《清史列传》卷二八，《刘凤诰传》：刘凤诰，江西萍乡人。乾隆五十四年，一甲三名进士，授编修。五十六年，大考二等，超擢侍读学士。五十七年，命提督广西学政。……嘉庆元年，丁父忧。……（四年）六月，补侍读学士。五年，充湖北乡试正考官。六年二月，署国子监祭酒，旋迁太常寺卿。……七年，充山东乡试正考官，旋命提督山东学政。……七年二月，迁内阁学士，兼礼部侍郎衔。……九年六月，迁兵部右侍郎。七月，转左侍郎。八月任满回京，命充实录馆副总裁，专勘稟本。……十一月……补授内阁学士充实录馆总纂官，专司纂办。……（十年）六月，命偕吏部侍郎恩普修辑《国朝宫史》。十一年五月，复升兵部侍郎，充实录馆副总裁。十月，调吏部右侍郎。……（十二年）六月，充江南乡试正考官。八月，命提督浙江学政。……十月……谕曰："……著改发黑龙江效力赎罪。"十八年，释回。二十三年，谕曰："刘凤诰恭纂皇考实录，曾有微劳，学问亦可，著加恩赏给编修，来京供职。"……道光元年，因病请回籍调理。十年，卒。

刘凤诰《五代史记注识语》（氏撰《存悔斋集》卷一二）：欧阳文忠公《五代史记》，故尚书彭文勤公为之补注。公尝语凤诰，自年十九即有志注是书，随事摭绅，积有岁月。为史官日，获详揽中秘。为江、浙学使，遍访诸藏弃家旧本。阅朱竹垞为徐章仲《史注序》，矜许甚至，多方购得之，仅帝纪十二卷，且五年速成，其疏略可知。朱又云："年三十欲著是书，引钟广汉为助，归田检旧稿，大半壁鱼穴鼠所啮，五十年心事，付之永叹。"嘻！诚成事之难也。公自乾隆癸卯以后，总裁史馆者二十年，治官撰书无虚日，间以勉凤诰曰："文章学问，各有渊源。吾乡前哲朱文端公名苏公之名，裘文达公名欧阳之名，其所自待者如彼。文达尤究欧阳史学，以官事剧弗遑，数以责予。予今又剧矣，愿以请沐余晷，出所诠释，为予排比而次第之。吾侪幸逢圣天子右文极盛，其以今所补薛文惠《五代史》原文为注欧，因以存薛之本，其诸书取材一以宋人为断。又钱晓徵少詹事近寄五代时金石文，宜悉香入。他有未备，子盍务竭心目，徵据讨论，赞予有成，冀上之朝廷，颁之学官，俾五代文献，灿然可稽，且以息读史家訾诋欧阳之浅说。予之尊闻于乡前哲者,亦藉是以见。子其识之。"凤诰入翰林,从公史局,日复不给,又连以使事在外,未即践言。嘉庆辛酉,典山左试,辞公于寓园。公愀然曰:"子行矣,以遭遇言计,当留视学。予寖衰疾,慎毋忘注史之约。"洎癸亥手书,谆道兹事,以谓观成弗逮,行以全稿倾箧相付,此五月之言。九月,凤诰按魏博,有持《欧史注》稿售者,翻讫首尾,审为朱垞手钞,所采宋、元、明诸家书百余种,凡千七百六十余条,殆即所云"壁鱼穴所啮"者。惊喜驰报,不谓公之遽不及见此也。更读遗诗留寄凤诰暨胡君长龄、阮君元曰:"少时注意欧阳史,七十三年未得成。门户虽然粗构架,庭阶尚乏细经营。飘零莫遣随残叶,攸助终当赖友生。幸有三公旧同志,为予缉业定刊行。"三复诗言,感怆无已!

甲子,凤诰还朝,始读公所自定诸帝《家人传》至《六臣传》十六卷,盖病中仓卒所成。余五十八卷,聚一巨簏,所采宋人书二百数十种,视竹垞实倍且专,爰谨藏之。丁卯使浙,公暇取文澜阁书一一校,详加搜掇。己巳夏,排次粗竟,旋以事辍业。迨癸酉至京师,重事订补,及今乙亥,前后三易稿,乃得荟萃成书。凡朱、钱采录,无不刺入。公于是书,殚精五十余年,而今乃得告无憾于公者,使公岿然幸存,当为庐陵称慰于七百年后,岂非艺林快事乎!惜乎公之遽不及见此也。胡就宿草、阮久在封圻,未由与之商榷,谨以公贻示凡例,眉列卷端,复以阐明公之本意者,缀为例述于后。嘉庆乙亥秋七月。

**督催各直省交送纂修《一统志》资料。**

《清仁宗实录》卷三一二,嘉庆二十年十一月己亥,又谕:《大清一统志》于嘉庆十六年交国史馆补纂,当经该馆行文各直省,将建置、沿革、职官、户口、人物一切裁改各事宜,限半年内查明送馆,以便勒限纂校。乃已阅五载,各直省视为不急之务,或全不登复,或遗漏舛错,实属疲玩。着各该督抚分饬所属,查照该馆咨取事宜,迅速详查,造具清册送馆,毋得仍前延玩。

## 公元1816年 清仁宗嘉庆二十一年 丙子

**《考信录》作者崔述卒。**

《清史列传》卷六八,《儒林传下一》:崔述,字武承,直隶大名人。乾隆二十七年举人，选授福建罗源县知县。……调上杭。……未几，投劾归，卜居相州，闭门著述。著书三十余种，而《考信录》一书，尤为生平心力所专注。……其自叙著书大旨，谓不以传注杂于经，不以诸子百家杂于传注。以经为主，传注之合于经者著之，不合者辨之，异说不经之言，则阙其谬而削之。如谓《易传》仅溯至伏羲，《春秋传》仅溯至黄帝，不应后人所知反多于古人。凡纬书所云十纪，史所云天皇、地皇、人皇，皆妄也。谓战国时杨、墨横议，常非尧、舜，薄汤、武，以快其私。毁尧则托诸许由，毁禹则托诸子高，毁孔子则托诸老聃，毁武王则托诸伯夷。太史公尊黄老，故好采异端杂说。学者但当信《论》、《孟》，不当信《史记》。……其说皆为有见。然述学主见闻，勇于自信，虽有考证，而纵横轩轾，任意而为者，亦多有之。……嘉庆二十一年，卒，年七十七。弟子石屏陈履和，为刊其遗书。

陈履和《敕授文林郎福建罗源县知县崔东壁先生行略》（载《崔东壁遗书》附录传状）：……先生姓崔氏，讳述，字武承，号东壁，直隶大名府魏县人。……十四岁，试于府，太守石屏朱公煐待以国士，擢冠其曹。弟迈亦前列，遂同补弟子员。……壬午秋，复于弟同榜中式。……乃以嘉庆元年正月，选福建罗源县知县。……四年四月，调署上杭县。……五年十月，回任。……先生初至闽，见州县事多掣肘，不能自行其意，有退志。……自上杭回任，求益力。……会捐例开，始得以捐主事离任。……是为六年十月事。……既归，居大名，又居安阳西山，又迁彰德府城。数值岁荒，典衣而炊，著作自娱，于是十余年中全书告成。曰《考古提要》二卷，《补上古考信录》二卷，是为《前录》。曰《唐虞考信录》四卷，《夏考信录》二卷，《商考信录》二卷，《丰镐考信录》八卷，《洙泗考信录》四卷，是为《正录》。曰《丰镐考信别录》三卷，《洙泗考信余录》三卷，《孟子事实录》二卷，《考古续说》二卷，《附录》二卷，是为《后录》。此三十六卷者，《考信录》之全篇也。又以生平所著与《考信录》相涉者，曰《王政三大典考》三卷，《读风偶识》四卷，《尚书辨伪》二卷，《论语余说》一卷，《读经余论》二卷，为《考信翼录》十二卷。又有《五服异同汇考》三卷，《易卦图说》一卷，与《翼录》十二卷皆为《杂著》。而《春秋类编》四卷，则未成之书也，不入目录中。文集凡十六卷。……大凡先生遗书共三十四种，八十八卷。……而《考信录》一书，尤为五十年精神所专注。……生于乾隆五年七月二十九日，卒于嘉庆二十一年二月初六日，寿七十有七岁。……嘉庆二十三年二月，石屏受业门人陈履和谨撰。

崔述《考信录自序》(载《崔东壁遗书》附录序目):《考信录》何为而作也?魏台崔述述其先君闇斋先生之志而作也。……及乾隆二十七年,述兄弟同举于乡。……迨辛卯春,先君弃世,述遂无志仕进,日惟与弟迈以读书自励。胸中偶有所见,时亦发为文章,然终自以学疏识浅,不敢大有所论著。积久,胸中益多,而年已逾四十。母氏既殁,弟迈旋故。自念受先人之教,提撕讲解,得有所窥测,先人望其能自树立也,而述既不能奋身当路,以先人之所欲为者建白于朝廷,敷施于百姓,以光大前德,恐一旦与草木同腐,致先人之学泯然无所传示于后,则述抱恨宁有终穷!乃思以其平生尺寸之所得者,抒写检正,录之于楮。窃谓圣人之道,自唐、宋诸儒以来,阐发精详,固非末学小生所能参其末议,然亦似尚有未尽者。盖自周道既衰,杨、墨并起,欲绌圣人之道以伸其说,往往撰为尧、舜、禹、汤、文、武、孔子之事,以诬之而绌之。其游说诸侯者,又多嗜利无耻之徒,恐人之讥己也,则伪撰为圣贤之事,以自解说。其他权谋术数之学,欲欺世以取重,亦多托之于古圣人,而真伪遂并行于当世。然当其初,犹各自为教而不相杂。至秦、汉之间,学者往往兼而好之,杂采其书,以为传记。其后复有谶纬之书继出,而刘氏向、歆父子及郑康成皆信之,复采其文以释《六经》。兼以断简残编,事多缺佚,释经者强不知以为知,猜度附会、颠倒讹误者,亦不少矣。惟汉谯周作《古史考》,颇纠《史记》谬误;其后晋司马彪复据《竹书纪年》,条《古史考》中不当者百余事。然其持论既不尽允,而《史记》以外,邪说谬解所未及者尤多。晋、宋以降,复有妄庸之徒,伪造古书以攻异己,亦往往采杨墨之言,以入《尚书》、《家语》。学者以为圣人之经固然,益莫敢议其失,而异端之说遂公行于天下矣!隋、唐以降,学者惟重科目,故咸遵功令,尚排偶,于是《诗》自《毛传》,《尚书》自伪《孔传》,《五经》自孔氏《正义》以外,率视以为无用之物。于前人相沿之讹,皆习以为固然而不为意。甚或据汉、魏以后之曲解,驳周、秦以前之旧文。至宋,一二名儒迭出,别撰传注,始颇抉摘其失,然亦不过十之一二。其沿旧说之误而不觉者,尚多不可数;其编纂古史者,则又喜陈杂家小说之言以鸣其博。由是圣人之道遂于异说相杂,圣贤之诬遂万古不能白矣!盖尝思之,古之异端在儒之外,后世之异端则在儒之内。在外者距之、排之而已,在内者非疏而剔之不可。……故居今日而欲考唐、虞、三代之事,是非必折衷于孔、孟,而真伪必取信于《诗》、《书》,然后圣人之真可见而圣人之道可明也。……

述虽愚陋,万不能窥测圣人之一二,然自读书以来,奉先人之教,不以传注杂于经，不以诸子百家杂于经传；久之，而始觉传注所言有不尽合于经者，百家所记往往有与经相悖者。然后知圣人之心，如天地日月，而后人晦之者多也。于是历考其事，汇而编之，以经为主，传注之与经合者则著之，不合者则辨之，而异端小说、不经之言咸辟其谬而删削之，题之曰《考信录》。顾家贫多病，衣食于授徒，焦劳于御侮，碌碌苦无暇日，加以居僻书少，检阅为难。盖八年而《洙泗考信录》始成，《补上古考信录》亦旋脱稿。会吏部文下，至京待选，遇滇南陈履和，悦而抄之。又数年，《唐虞考信录》甫脱稿。其他尚未订正成卷，而述选得福州之罗源县，遂不得竟其业，时嘉庆元年也。……至六年冬，始得授政新令。越明年春北旋，乃得取夏、商、丰镐等录，从容撰订，数年而后脱稿。然不敢自信，暇中复取新旧诸录，细阅而增改酌定之，又数年而后成。凡为录者九，为卷者十三，加以《提要》、《续说》、《附录》，共三十有六卷。一生之学问精力，略尽于此矣。其中亦有名物之微，无关大义，而辨之颇详者，比事触类，不能独从略也。……昔者迁承谈命，《史记》斯成，固衍彪余，《汉书》爰作，是以皆于末篇自序家世。世异古今而事同一辙，故今追述先人之志，及夫作书之由，附于目录之后。虽述鄙陋少文，学问不广，其中缺漏差误不敢自必，然于先人之学，或庶几有万一之发明云尔。

**《南疆逸史跋》作者杨凤苞卒。**

　　《清史列传》卷七三，《文苑传四》：杨凤苞，字傅九，亦归安人。诸生。……经学小学，皆有根柢，尤熟谙明末事，尝为《南疆逸史跋》十二篇，补温睿临之不备而订其误。……嘉庆二十一年，卒，年六十。著有《秋室集》十卷。

**阮元著成《十三经注疏校勘记》，并主持重刻《十三经注释》。**

　　阮元《揅经室二集》卷八，《恭进十三经注疏校勘记折子》：……臣幼被治化，肄业诸经，校理注疏，综核经义，于诸本之异同，见相沿之舛误，每多订正，尚未成书。乾隆五十六年，奉敕分校太学石经，曾以唐石经及各宋板悉心校勘，比之幼时所校，又加详备。自后出任外省，复聚汉、唐石刻暨各宋、原板本，选长于校经之士，详加校勘，自唐以后单疏分合之不同，明闽附音之有别，皆使异同毕录，得失兼明，成《十三经注疏校勘记》二百十七卷，附《孟子音义校勘记》一卷，《释文校勘记》二十五卷。昔唐国子博士陆德明虑旧籍散失，撰《经典释文》一书，凡汉、晋以来各本之异同，师承之源委，莫不兼收并载。

凡唐以前诸经旧本，赖以不坠。臣撰是书，窃仿其意。连年校改方毕，敬装十部，进呈御览。……嘉庆二十一年十二月。

阮元《揅经室三集》卷二，《江西校刻宋本十三经注疏书后》：右《十三经注疏》共四百十六卷。谨案《五代会要》，后唐长兴三年，始依石经文字刻《九经》印板，经书之刻木板，实始于此。逮两宋，刻本浸多。有宋十行本注疏者，即南宋岳珂《九经三传沿革例》所载建本附释音注疏也。其书刻于宋南渡之后，由元入明，递有修补，至明正德中，其板犹存。是以十行本为诸本最古之册。此后有闽板，乃明嘉靖中用十行本重刻者。有明监板，乃明万历中用闽板重刻者。有汲古阁毛氏板，乃明崇祯中用明监本重刻者。辗转翻刻，讹谬百出。明监板已毁，今各省书坊通行者惟有汲古阁毛本。此本漫漶，不可识读，近人修补，更多讹舛。元家所藏十行宋本有十一经，虽无《仪礼》、《尔雅》，但有苏州北宋所刻之单疏板本，为贾公彦、邢昺之原书，此二经更在十行本之前。元旧作《十三经注疏校勘记》，虽不专主十行本、单疏本，而大端实在此二本。嘉庆二十年，元之江西，武宁卢氏宣旬读余《校勘记》而有摹于宋本，南昌给事中黄氏中杰亦苦毛板之朽，因以元所藏十一经至南昌学堂重刻之，且借校苏州黄氏丕烈所藏单疏二经重刻之，近盐巡道胡氏稷亦从吴中购得十一经，其中有可补元藏本中所残缺者，于是宋本注疏可以复行于世。……窃谓士人读书当从经学始，经学当从注疏始。空疏之士、高明之徒，读注疏不终卷而思卧者，是不能潜心研索，终身不知有圣贤诸儒经传之学矣。至于注疏诸义，亦有是有非，我朝经学最盛，诸儒论之甚详，是又在好学深思、实事求是之士由注疏而推求寻览之也。二十一年秋，刻板初成，藏其板于南昌学，使士林、书坊皆可就而印之。……

## 纂修《平定教匪纪略》。

《皇朝续文献通考》卷二六二，《经籍考六》：《钦定平定教匪纪略》四十二卷，嘉庆二十一年大学士托津等奉敕撰。……臣谨案：八卦教匪之变，与三省邪匪异流而同源，盖一则只有外侮，一则兼及内讧也。林清、李文成辈知转战边徼，旷日持久，故以踞京师为决计，攻大内为急图。乘舆远巡宫掖，猝发腹心之患，伏于肘腋。若非天佑，鲜不致祸，故虽回銮以后黜陟有差，扫穴犁庭不遗萌蘖，然已晚矣。编定《纪略序》曰：此次异变，君臣皆无所逃罪。仁宗罪己而后及臣，揆厥先后天佑者十，非至仁欤！非至睿欤！《书曰》"后克艰厥后，臣克艰厥臣"，有以哉！

**国史馆缮成"五朝实录",一份存于本馆。**

中国第一历史档案馆藏《国史馆档案》编纂类第 61 号卷,托津等奏折:国史馆总裁、大学士臣托津等谨奏:为照例纂辑长编,并恭缮"五朝实录"底本完竣,恭折奏闻请旨、仰祈圣鉴事。臣馆编纂臣工列传,向援宋臣司马光、李焘修史之例,先办长编……再查臣馆于嘉庆十九年奏定章程内,请旨恭缮"五朝实录"底本一分,当蒙恩准。臣等于本馆供事内,遴选字画端楷者十八名,恭请内阁尊藏"五朝实录"黄绫副本,敬谨书写,臣等详加复核。总计恭缮六百七十八卷,共五百一十四万四千余字,兹已一律完竣。嗣后编查事宜,自足更昭详慎。伏查该供事自备资斧,在馆效力……可否照本馆兼办书成之例,赏给议叙……嘉庆二十一年十二月初九日具奏,本日奉旨:依议,钦此。

今案:此件表明:嘉庆十九年国史馆曾奏准自行抄录天命至雍正朝的"五朝实录",存馆备用。而《清高宗实录》则在纂修过程中,即随着国史馆纂修《清高宗本纪》,已经抄录存馆。此后清朝历次纂修实录时,都随后由国史馆纂修本纪,因而抄写一份实录存入馆内,便于国史馆修史利用。

## 公元 1817 年 清仁宗嘉庆二十二年 丁丑

**国史馆总结《大清一统志》等书纂修状况。**

中国第一历史档案馆藏《国史馆档案》编纂类第 1 号卷,《现在纂办各种书籍》:

一、《一统志》全书于嘉庆十六年正月内,由方略馆奏交本馆纂办,当经本馆议奏:所有通体沿革、裁改各事宜,其在京各衙门令于三个月内交全,在外各直省令于半年内交全。俟各衙门、各直省交全后立限二年,将全书纂校进呈,俟钦定后咨送武英殿刊刻。当经行文各省在案。嗣因各省文册未能如期咨送到馆,碍难增纂,于十九年四月内附片奏明,请旨饬下各省督抚,务于本年按款造送,奉旨:依议,钦此。当即行催在案。追后各直省文册仍未齐全,如直隶惟提标各营已到外,自顺天十府、六州全未咨送。江苏、山东、福建三省,或仅送河工事由,或上报武职额缺,其各府、州属之建置、沿革及一切应载事宜,节次行催,并未咨送,亦不登复。其余各省率多遗漏未全。于二十年十一月专折请饬下各督抚,严催各属,迅即造送。奉旨:《大清一统志》于嘉庆十六年交国史馆补纂，当经该馆行文各直省，将建置、沿革、职官、户口、人物、一切裁改各事宜，限年内查明送馆，以便勒限纂校。乃已阅五载，各直省视为不急之务，或全不登复，或遗漏舛错，实属疲玩。著该督抚分饬各属，查明该馆所咨事宜，迅速详查，造具清册送馆，毋得仍前延玩。钦此。钦遵亦在案。查自纂办以来，奏催者两次，而行文迳催者亦复次数不少。此时已将文册稍全之湖南、湖北、四川、陕西、甘肃省正在赶办，将次辑出，俟总纂官复辑妥讫，即行限缮副本，呈送总裁恭阅。其余文册未全之各省，一面先行纂办，一面仍催各省，咨送到日续纂完善，随时恭进。

一、大臣、忠义画一列传，于嘉庆十六年七月内经御史潘恭辰奏请敕办，以纂至乾隆六十年为止。共约计《大臣传》一千一百余篇，自国初至乾隆六十年分为一百九十余卷，业已编校完竣。其第一卷至一百六十七卷均经呈阅，尚有十余卷即行呈送恭阅。至《忠义传》共约计四百篇，现在分卷纂校，俟《大臣画一传》送讫，即可接续送阅。

..........

一、长编总档书籍每届十年编纂一次，以资纂办功课之用。查上次嘉庆十二年六月告成议叙后，本年又届十年，例应纂办之期，已于上年十二月内奏明，现在赶紧纂辑，将次完竣。

一、《儒林传》三十六篇已进呈，尚有四篇存馆。

..........

今案：此件未明确标示成文时间，但其中称长编总档"查上次嘉庆十二年六月告成议叙后，本年又届十年"，则可知是嘉庆二十二年的档案文献。

## 公元 1818 年　清仁宗嘉庆二十三年　戊寅

**增修《大清会典》八十卷、《大清会典事例》四十六卷、《大清会典图》九百二十卷告成。**

嘉庆帝《御制文余集》卷下，《续修大清会典序》：洪惟我太祖高皇帝受天景命，沈阳建都；太宗文皇帝式廓版图，设官立政；世祖章皇帝入关定鼎，肇造区夏。六部、八旗，文修武备，革前明之秕政，立昭代之规模。……至康熙二十三年，特命纂修《大清会典》钜细毕该，纲维贯串，绍三圣开创之神谟，垂万年守成之法戒，洵熙朝大典也，经天纬地，制度丕昭。雍正二年，世宗宪皇帝重加纂辑，集大成、著定则，猗欤盛哉！皇考高宗纯皇帝承五朝之良法，作奕叶之隆规，于乾隆十二年圣谕：以原议、旧仪连篇并载，是典与例无辨，恐后人妄相牵引，转致无所适从……于是区会典、则例各为之部，而辅以行。此诚我皇考善继善述，立纲陈纪之钜制，益昭美备矣。

予小子寅承慈谕，受玺元辰，日勤庶政，率由旧章。自乾隆十二年至今，皇考作述之大经大法，美不胜书，虽宏纲钜目全载前编，然其间亦有因时损益、补苴罅漏之处。爰命开馆续修，准古酌今，务求详尽，以心为心，以政为政，何敢参以拘墟梼昧之识见，妄思更易乎！我皇考临御寰区，阐扬列圣，经国制度，久道化成，臻于至善。亲政以来，只恐荒废典章，怠忽程式，宵旰勤求，惟期顺则。述且弗能，曷敢言作，敬集六十余年盛德大业，昭垂成宪，布在方策者，续入《会典》，著奕祀之法程，为亿龄之典则，后嗣恪遵勿替，期永勉旃。是为序。嘉庆戊寅夏御制。

嘉庆朝续修《大清会典·凡例》：……至《会典事例》各门各目，本系按年排比而成，是以历届旧典于凡例内，各著明所载止于某年。如康熙二十九年书成，所载止于二十五年；雍正十年书成，所载止于五年；乾隆二十九年书成，所载止于二十三年，惟理藩院所载止于二十七年。此次《会典》奏准载至嘉庆十七年，其十八年以后续有更定者，概不登载。……图式。旧惟礼部典内列有坛庙图，兵部典内列有舆地图，钦天监典内列有仪器图，为图一百一十有四，余皆阙如。此次《会典》图别出为书，凡典之需图乃明者，无不增绘为图。每图皆附以说，别为十有二门，凡为图一千四百三十，以昭国朝制度之备。……

今案：《皇朝续文献通考》卷二六五《经籍考九·政书类》，亦载有嘉庆帝《续修大清会典序》，但未标明撰写年时。嘉庆帝此篇御制序中，所言康熙二十二年纂修《大清会典》，不确。清廷议论纂修会典虽由来较久，但正式纂修是在康熙二十三年五月。乾隆朝将"会典"与"则例"分为二书，也并非出于乾隆帝谕旨，乃乾隆十三年五月张廷玉等上奏提出，得到旨准，见前载。嘉庆增修《大清会典》，将"则例"改称"事例"，进一步绘制与分出《会典图》四十六卷，是对《会典》的编纂体例又一发展。

**严斥《明鉴》进呈本错谬，处罚和撤换纂修官员。**

《清仁宗实录》卷三四二，嘉庆二十三年五月戊戌朔，谕内阁：朕前阅范祖禹《唐鉴》，见其摘取有唐事迹，论列得失，有裨治道。因命馆臣仿其义例，作为《明鉴》一书，盖以取鉴前代，其善政则因以为法，其秕政则用以为戒，亦即殷鉴夏、周鉴殷之意也。昨日馆臣呈进《明鉴》五册，于万历、天启间载入我朝开创之事，后加按语颂扬，并论及前明用人不称其职，更为诞妄矣。我祖宗开基辽沈，其事备载于实录、圣训及《开国方略》，丰功伟烈，亿禩光昭。至《明鉴》乃系论列有明一代事迹之书，摘取一事，借鉴得失，非若编年纪月，事事胪列。今以兴朝之隆业，载入胜国卷中，于体例殊为悖谬，如该总裁等豫行请旨，朕必将不应编载之故早为指示。乃并不奏明，率行纂辑，实属冒昧。所有该馆总裁曹振镛、戴均元、戴联奎、秀宁，俱着交部议处。总纂官朱珔、纂修易禧善、张岳崧俱着交部严加议处。原书着发交该馆，另行纂辑进呈。此数节按语系何人所撰，着军机大臣查明，先行具奏。

《清仁宗实录》卷三四二，嘉庆二十三年五月己亥，谕内阁：朕前降旨令纂辑《明鉴》一书，其体例本仿范祖禹《唐鉴》，乃史论一类，非编年纪事之书也。唐鉴卷帙本简，今所辑《明鉴》殆倍过之，但图篇帙繁富，于不应载者亦按年编入。其于体例先未精审，以致词义纰缪，大乖立言之旨。昨已降旨将总裁、总纂、纂修各官交部分别议处，此书著改派托津、章煦、英和、卢荫溥、和宁充总裁官。另派纂修承办。所有原办之书、无论已进呈未进呈、俱着另行编辑改正、务归简要。其从前纂办此书支过一应公费、纸张、银两，俱着曹振镛、戴均元、戴联奎、秀宁四人赔缴示罚。

《清仁宗实录》卷三四二，嘉庆二十三年五月癸卯，谕内阁：吏部奏议处纂辑《明鉴》之总裁、总纂、纂修一摺。朕前降旨命馆臣纂辑《明鉴》一书，其体例原全仿范祖禹《唐鉴》。乃馆臣等意图卷帙繁富，以为书成奏请议叙地步，遂规仿《通鉴辑览》叙次。凡书内御批之关涉明代者，全行恭载。迨纂至万历、天启年间，又不请旨，辄以兴朝之隆业，载入胜国卷中，以致按语措词乖谬，该总裁等均有应得之咎。此内秀宁系满洲大员，武不能教训兵丁，文不能编纂书史，况于国朝事实，尤应加意审慎，乃漫不留心，其咎更重。秀宁着降为头等侍卫，前往新疆换班。戴均元本有革职留任之案，部议降三级调用，无级可降，着加恩仍改为革职留任。曹振镛、戴联奎，俱着加恩改为降三级留任，编修张岳崧撰拟按语，论明熹宗用人不当，已属失辞，又以熊廷弼比方李光弼，尤为纰缪，着即照部议革职。易禧善纂辑明神宗朝事迹，按语颂扬本朝，虽乖体例，词句尚无大谬，着从宽改为革职留任。侍讲朱珔，此数卷按语皆非其所撰，惟覆校时不为改正，亦属疏忽，着从宽降为编修，以示薄惩。

《续修四库全书提要》（稿本）：《钦定明鉴》二十四卷，清嘉庆二十三年托津等奉敕撰。是书上起太祖，下迄庄烈，仿宋范祖禹《唐鉴》体例，于每编之首，依时代先后，摘录事迹而后加以论断，以事理明简，可以取法为主。首奉敕纂修者，为曹振镛、戴均元、戴联奎、秀宁等人。以事涉辽东事，有触忌讳。……后乃命托津等撰成此书。是书纂辑仅取材于《通鉴辑览》，史材已嫌其隘。而秉承意旨，于明代政治曲加诋諆。……在清代敕撰书中最为下乘，于徵献考文，尤未足信。充量而论，亦不过为取法鉴戒之书而已。

**江藩《国朝汉学师承记》刊行。**

阮元《国朝汉学师承记序》：两汉经学所以当尊行者，为其去圣贤最近，而二氏之说尚未起也。老、庄之说盛于两晋，然《道德》、《庄》、《列》本书具在，其义止于此而已，后人不能以己之文字饰而改之。是以晋以后鲜乐言之者。浮屠之书，语言文字非译不明，北朝渊博高明之学士，宋、齐聪颖特达之文人，以己之说傅会其意，以致后之学者绎之弥悦，改而必从，非释之乱儒，乃儒之乱释。魏收作《释老志》后，踪迹可见矣。吾固曰："两汉之学纯粹以精者，在二氏未起之前也。我朝儒学笃实，务为其难，务求其是，是以通儒硕学有束发研经，白首而不能究者，岂如朝立一旨，暮即成宗者哉！

甘泉江君子屏，得师传于红豆惠氏，博闻强记，无所不通，心贯群经，折衷两汉。元幼与君同里同学，窃闻论说三十余年。江君所纂《国朝汉学师承记》八卷，嘉庆二十三年元居广州节院时刻之，读此可知汉世儒林家法之承授，国朝学者经学之渊源，大义微言，不乖不绝，而二氏之说亦不攻自破矣。

元又尝思国朝诸儒说经之说甚多，以及文集说部，皆有可采。窃欲析缕分条，加以翦截，引系于群经各章句之下。……如此勒成一书，名曰《大清经解》。徒以学力日荒，政事无暇，而能总此事、审是非、定去取者，海内学友惟江君暨顾君千里二三人。他年各家所著之书，或不尽传，奥义单辞，沦替可惜，若之何哉！岁戊寅除夕，阮元序于桂林行馆。

江藩《汉学师承记》卷一，《序》：……藩绾发读书，授经于吴郡通儒余古农、同宗艮庭二先生，明象数制度之原，声音训诂之学，乃知经术一坏于东西晋之清谈,再坏于南北宋之道学,元明以来,此道益晦。至本朝,三惠之学盛于吴中,江永、戴震诸君继起于歙,从此汉学昌明,千载沉霾一朝复旦。暇日诠次本朝诸儒为汉学者,成《汉学师承记》一编,以备国史之采择。……

## 公元1820年 清仁宗嘉庆二十五年 庚辰

**命开馆纂修《清仁宗实录》。**

《清宣宗实录》卷四,嘉庆二十五年九月庚申:命恭纂仁宗睿皇帝实录。以大学士托津为监修总裁官,大学士戴均元、协办大学士兵部尚书伯麟、吏部尚书英和、都察院左都御史汪廷珍为总裁官。吏部左侍郎恩铭、右侍郎王引之、户部左侍郎文孚、右侍郎王鼎、刑部左侍郎廉善、内阁学士杜堮为副总裁官。理藩院侍郎博启图,为蒙古副总裁官。

**林春溥著成《古史纪年》。**

林春溥《古史纪年序》:太史公曰:"余读谍记,皇帝以来皆有年数。稽其历谱牒终始五德之传,古文咸不同,乖异。孔子之弗论次其年月,岂虚哉!"故《史记》自共和以来皆表世而不表年,盖其慎也。……今则无一存者。然则居今日而欲考古编年之史,舍《竹书纪年》奚从焉?夫《纪年》作于周末,出于晋初,郭景纯取之以注《山经》、《穆传》,郦道元取之以注《水经》,小司马取之以注《史记》,僧一行以推《大衍历》,司马温公以定《通鉴》,其为历代名人所宝也如是,而后之议者,毛举一二,遂并其全书而疑之,余不可以不辨。……

余尝反覆是书,而得其不可伪者三焉:夏世改元,率在三年之后,其多者或以四年、五年,少者或以二年、逾年。至商以后,始无不逾年改元者。此类非可臆造。一也。商之诸王各注其名,皆史所不载。二也。书甲子于夏统中绝之年,详地理于殷邦五迁之际,田郯被弑,梁惠改元,孤立一说于史家之外,而皆与经传相表里。三也。……

自宋以来,编古史者率以《皇极经世》为主,顾《经世》始尧甲辰,虽本《世纪》,而其余年数又不尽同,未知何据?仁山金氏乃因《经世》而以意增减之,以求合乎经传,信今疑远,强事系年,凿定甲子。兴王新立,则比事连书;中叶无徵,则旷代绝笔。若是者其堪传信乎?……

窃惟《春秋》经传明备，非后人所得损益，惟前此自共和上溯黄帝，年纪缺如，思有以荟萃古书之残阙，集载笔之大成，遂乃推校《竹书》为之纲领，间或移削，必有据依。至原注多引符瑞，恐非本书，或存或略。其他书之确有年者增之，无年者类附之，乖异者旁注而两存之。引事必从其原，考年无取乎凿。其于多闻阙疑之意，或庶几乎！兹编下接《左氏》，非为《竹书》而作，故以《古史》名之。《左氏》以后，则辑战国时事六卷，别为一书，后有君子以观览焉。嘉庆二十五年庚辰秋九月，闽中林春溥识于京师寓斋。

## 公元1821年 清宣宗道光元年 辛巳

**官修《明鉴》刊刻完竣。**

《清宣宗实录》卷一二，道光元年正月己巳，两淮盐政延丰奏：刊刻仁宗睿皇帝《钦定明鉴》完竣，遵奉朱谕，敬备陈设本四十部，赏本一百二十部。板片留存运库，以广流传。报闻。

**松筠进呈徐松主笔之书，道光帝赐名《新疆识略》并撰序。**

《钦定新疆识略》（《续修四库全书》本）书前《钦定新疆识略序》：……我皇考仁宗睿皇帝觐扬光烈，累洽重熙，临御二十五年，无日不以绍阐前猷、绥靖边黎为念。盖西土之惟时怙冒者六十余年，于兹而亲贤乐利、户口繁登，视昔倍臻阜庶焉。顾其幅员之广，经理之宜，初未勒有成书，昭示来许，因面命松筠司其事。盖以其任伊犁将军有年，于彼中情事知之有素故也。兹松筠纂辑告成，缮本呈进，朕披览全帙……爰为命名曰《新疆识略》，俾付剞劂，用资考证，庶几后之续事修辑者，得有所藉手矣。……道光元年孟春之月御笔。

《皇朝续文献通考》卷二六六，《经籍考十》史部地理类：《钦定新疆识略》十三卷，道光元年汪廷珍等奉敕撰。

　　今案：松筠任伊犁将军，派谪居新疆的学者徐松考察地理、山水、民情、物产等等，补充原《西陲总统事略》，而成新编《西陲总统事略》，进呈后被道光帝看中，赐名《新疆识略》，意欲攘为钦定官书。此实为官方史学与私家史学之间，一大纠结公案。

**张澍《二酉堂丛书》刊行。**

《清史列传》卷七三,《文苑传四》:张澍,字介侯,甘肃武威人。嘉庆四年进士,改翰林院庶吉士,时年甫十九。……散馆授知县,选贵州玉屏。官数年,引疾归。复出谒选,会李家楼河堤溃决,两江总督百龄奏辟赴工。以劳叙选四川屏山,摄兴文。旋丁父艰归。再起,令江西之永新署临江通判。以上漕银缓,去官。开复,补泸溪。再以忧去,遂不出。……

澍读书务博览,经史皆有纂著。同时讲汉学者,武进臧镛、高邮王引之、栖霞郝懿行所著书,皆校正其讹误。自著《诗小序翼》、《说文引经考证》,亦蒐采极博。……自定诗集二十六卷、文集三十六卷,深雄雅健,时罕俪者。晚岁家秦,锐心文献,纂《五凉旧闻》四十卷。辑关陇作者著述,凡数十种,籍非乡邦,而其书阙佚者,亦摭捃为《二酉堂丛书》。又著《三古人苑》、《续黔书》、《秦音》、《蜀典》,而《姓氏五书》,尤为绝学云。

张澍《二酉堂丛书自序》:往予主讲兰山书院,谭艺之余,锐心文献,纂《五凉旧闻》四十卷,网罗放失,颇资考证。因慨前贤著述日就湮沈,乃搜辑关陇作者,肇周、秦、汉、洎隋、唐,凡得二十四种。即籍非乡邦,其书阙佚,世所鲜传,亦为摭捃,凡得十二种。……时道光元年岁在辛巳五月吉日,武威张澍序。

**徐松著成《西域水道记》。**

徐松《西域水道记叙》:广谷大川异制,民生其间者异俗,况其在要荒之外哉?西域二万里,既隶版图,耕牧所资,守捉所扼,襟带形势,阙赖导川。乃综众流,条而次之。……记罗布淖尔所受水第一。……记哈喇淖尔所记水第二。……记巴尔库勒淖尔所受水第三。……记额彬格逊淖尔所受水第四。……计喀喇塔拉额西柯淖尔所受水第五。……记巴勒喀什淖尔所受水第六。……记赛喇木淖尔所受水第七。……记穆默尔图淖尔所受水第八。……记阿拉克图古勒淖尔所受水第九。……记噶勒札尔巴什淖尔所受水第十。……记宰桑淖尔所受水第十一。凡十一篇,以图系焉。列城相望,具言其地;其所不言,非水所经也。道光初元日南至,蓟徐松撰。

龙万育《西域水道记序》: 余既椠《方舆纪要》书成,伏念我国家发祥东土,北抚喀尔喀内外诸札萨克,南县台湾寺卫藏,西开伊犁定回疆,幅员之广,千载一时,不可无书以纪盛美。窃拟考其地理,勒成一编,附景范先生书后。盛京、热河、台湾有通志,蒙古地理有程春庐先生书,卫藏地理有松湘浦先生书，独西域未有志乘，无可依据，书故积久未成。嘉庆丁丑岁，谪戍伊犁，与旧友太史徐星伯先生比屋居，见先生所撰《伊犁总统事略》及《新疆赋》、《汉书西域传补注》，叹其赅洽。先生又出其《西域水道记》草稿数卷，余方为迻书，而先后赐还归京师。松湘浦先生奏进先生所撰《事略》，御制序文，付武英殿施行。好事者又争为刊《新疆赋》、《汉书补注》，将以次开雕《水道记》。先生以此《记》定本，余手写也，因问叙于余。

……先生于南北两路，壮游殆遍，每所之适，携开方小册，置指南针，记其山川曲折，下马录之。至邮舍则进仆夫、驿卒、台弁、通事，一一与之讲求。积之既久，绘为全图，乃偏稽旧史、方略及案牍之关地理者，笔之为记。记主于简，所以拟《水经》也；又自为释，以比道元之注。即用邓氏注经之例，记则曰导、曰过、曰合、曰从、曰注释，于经水曰出、曰迳、曰会、曰自、曰入，于枝水曰发、曰经、曰汇。又以图籍所纪，异文踳驳，揽者混淆，一以《钦定西域同文志》写之，而释者可知者，斯诚有条不紊矣。每卷之后，各附以图。盖先生孜孜不倦，十载成书，吾知其必能信今传后，岂独资余续顾氏之书也哉！道光三年，锦里龙万育叙。

**洪颐煊著成《读书丛录》。**

洪颐煊《读书丛录序》：余受性椎鲁，寡所嗜好，少年读书里中，藏书之家，借览无虚日。及壮，遨游吴、越，往来燕、齐，踏通德之门，窥礼堂之奥，左右采获，渐成撰述。五十以后，始抵粤东，一官匏系，非吾所好，趋走之暇，闭门却扫，于是重取经史百家，朝研夕稽，证其异同，辨其得失，以声音文字通其原，以传写讹舛穷其变，勿敢向壁虚构，勿敢剿袭陈言。浅见眇闻，聊以自适，后之览者，其或谅斯。道光元年十二月廿一日，临海洪颐煊识。

**茆泮林辑录《世本》成书。**

徐世昌《清儒学案》卷一八〇，《心巢学案·茆先生泮林》：茆泮林字鲁山，号雩水，高邮人。廪生。力学好古，尝辑《古逸书》十种：《世本》一、《楚汉春秋》二、《古孝子傅》三、《伏侯古今注》四、《淮南万毕术》五、《计然万物录》六、《赵岐三辅决录》七、《司马彪庄子注》八、《晋元中记》九、《唐月令注》十，记数十年之力，裒集编次，既博且精。又著有《孙莘老年谱》、《甓社余闻》等书。（参《扬州府志》、《揅经室再续集》）。

茆泮林《辑世本序》：《世本》十五篇，见《汉艺文志》，盖古史官所记也。其书旧目不可复得，今可识者，《世本》有《帝系篇》，见《书序正义》，又释元应《一切经音义》二十三。有《世本本纪》，见《春秋谷梁》襄二十五年《疏》、《史三代世表索隐》。《左》襄二十一年《正义》引《世本记》，记、纪同也。有《世本世家》，见《左》桓三年、闵二年、襄二十一年、二十九年、定元年《正义》，《史田齐世家索隐》。有传，见《史魏世家索隐》。有谱，见《隋经籍志》。又有《氏姓篇》，见《左》隐十一年《正义》及《史秦本纪集解》。有《居篇》，见《史吴世家》、《魏世家》索隐。有《作篇》，见《周礼》及《礼记》郑注。《礼正义》亦云《世本》有《作篇》。又当有《谥法》一篇，见沈约《谥法序》。故司马迁作《史记》多依用之。然《春秋正义》云：今之《世本》，与迁言多有不同。如《世本》陈无利公，见《左》桓十一年《正义》。韩无列侯，赵无武公，田齐无悼子及侯剡，见《史索隐》。大抵秦火之余，转写讹脱，孔颖达诸儒得此失彼，往往以为未可据信，其实非原书之失也。至如《世本》无有阳国，见《左》闵二年《正义》。《世本》无魏君名谥，桧君号谥，并见《左》襄二十九年《正义》。杜预《释例》引《世本》无许叔。皆晋唐人所见之本，虽非原书，然犹可想见此书之旧。又如《史夏本纪索隐》引《世本》姒姓，不云彤城及褒。《殷本纪索隐》引《世本》子姓无稚氏，《孔子世家索隐》引《世本》无漆姓，亦并足与后来氏姓之书互相取证。王应麟《读孟子注》谓可备参考，良有以也。他如《世本》琵琶不载作者，引见《初学记》引傅元《琵琶赋序》。则《世本作篇》之所载者，不可不知。

其书至宋已不传，国朝钱大昭尝据书传所引，集为《作篇》、《居篇》、《氏姓篇》、《王侯大夫谱》，共四篇。孙冯翼复据诸书补其未备，刊载《问经堂丛书》中。然其中失载者亦夥。至孙星衍所藏《淡生堂抄辑世本》二卷，洪饴孙所编《世本》四卷，外间俱未之见。江都秦嘉谟因其书作《世本辑补》刊行，而所补者类皆司马迁、韦昭、杜预之说，注欠分晓，多与《世本》原文相汩，转觉《世本》一书，荡然无复疆界矣。泮林辑为此书，与秦同时，继闻秦书刊行，遂置不录。而又终恐后日之以似失真也，爰仍据所辑旧稿，釐为六卷，录成一编，并附纂谥法数条于后，庶几周秦以上之书，可藉是以传其旧，且其中尤有补秦书之所未备者，考古者或有取焉尔。道光元年冬十月高邮茆泮林识。

阮元《十种古逸书序》：壬寅岁莫，元北居道桥之桑榆别业，新绿满林，独坐听莺，未携多书，客有送高邮茆鲁山明经所辑《十种古书》来。览者《世本》一，《楚汉春秋》二，《古孝子传》三，《伏侯古今注》四，《淮南毕万术》五，《计然万物录》六,《赵岐三辅决录》七,《司马彪庄子注》八,《晋元中记》九,《唐月令注》十。凡此十书,昔者仅散见其名于群书之中,未闻其有成书也。今老儒喆君辑散见者成卷帙,且自刻成十册。余惊喜交集,乘园林小雨之后,洗目带眼镜,穷一日之力读之,老见古书,何其幸也!古书之亡多矣,四库不能尽辑。昔元二十岁外,入京尝谒邵二云先生。先生门徒甚多,各授以业。有会稽章孝廉逢源者,元见先生教以辑古书,开目令辑。至今犹记其目中有《三辅决录》、《毕万术》等书。章孝廉力其业,不数年成书盈尺。惜孝廉病卒,书不知零落何处,恐数年之功,未必能精博似此。今茆君积数十年之力,博览万卷,手写千篇,裒集之中,加以审择,编次之时,随以考据,可谓既博且精,得未曾有。……道光二十二年三月谷雨日,北湖跛叟阮元序,时年七十有九。

今案:道光十四年,茆泮林自刻所辑《十种古逸书》,《世本》为其中之一。清人辑录《世本》志学者颇多,然良莠不齐,茆氏所辑为公认优长者。然《世本》其书,实乃汉刘向整理官方书籍时将先秦零散文献编纂而成,虽内中资料散见于先秦,而编成一书却远在司马迁之后。清人不辨底里,见识多误,如秦嘉谟竟言司马迁《史记》仿照《世本》体例,尤属颠倒荒唐。参见乔治忠、童杰《〈世本〉成书年代问题考论》(《史学集刊》2010 年第 5 期)一文。

## 公元 1822 年 清宣宗道光二年 壬午

**阮福录其父元奏进书之提要,编成《四库未收书提要》。**

阮福《四库未收书提要题记》(载《揅经室外集》卷首):家大人在浙时,曾购得《四库》未收古书进呈内府,每进一书,必仿《四库提要》之式,奏进《提要》一篇。凡所考论,皆从采访之处先查此书原委,继而又属鲍廷博、何元锡诸君子参互审订,家大人亲加改定纂写,而后奏之。十数年久,进书一百数十部。此《提要》散藏于扬州及大兄京邸,福因偕弟祜、孔厚校刻《揅经室集》,请录刊《提要》于集内。家大人谕,此篇半不出于己笔,即一篇之中,创改亦复居半,文不必存,而书应存,可别而题之曰《外集》。道光二年,阮福谨记。

**江藩《国朝宋学渊源记》刊行。**

达三《国朝宋学渊源记序》：……甘泉江子郑堂，博学多识，有志斯文，经术湛深，渊源有自。既编《汉学师承记》，芸台宫保为跋于前，继又纂《宋学渊源记》，问序于予。予才疏学浅，曷能妄测高深！详阅其书，无分门别户之见，无好名争胜之心，唯录本朝潜心理学而未经表见于世者，其余庙堂诸公，以有国史可考，不敢僭议也。其用心至矣，其用力勤矣。因忘其谫陋，本诸师传，验诸心得，为弁数语于简端，以答其虚衷下问之意。……时道光二年嘉平月，长白达三书于粤东权署。

江藩《国朝宋学渊源记》卷上《序》：……藩少长吴门，习闻硕德耆彦谈论，壮游四方，好搜辑遗闻逸事，词章家往往笑以为迂。近今汉学昌明，遍于寰宇，有一知半解者，无不痛诋宋学。然本朝为汉学者，始于元和惠氏，红豆山房半农人手书楹帖云，"六经尊服、郑，百行法程、朱"，不以为非，且以为法，为汉学者背其师承何哉？藩为是记，实本师说。

嗟呼！耆英凋谢，文献无徵，甚惧斯道之将坠，耻躬行之不逮也。惟愿学者求其放心，反躬律己，庶几可与为善矣。至于孰异孰同，概置之弗议、弗论焉。国朝儒林，代不乏人，如汤文正、魏果敏、李文贞、熊文端、张清恪、朱文端、杨文定、孙文定、蔡文勤、雷副宪、陈文恭、王文端，或登台辅，或居卿贰，以大儒为名臣，其政术之施于朝廷，达于伦物者，具载史成，无烦记录，且恐草茅下士见闻失实，诒讥当世也。若陆清献公位秩虽卑，然乾隆初特邀从祀之典，国史自必有传矣。藩所录者，或处下位，或伏田间，恐历年久远，姓氏就湮，故特表而出之。黄南雷、顾亭林、张嵩庵见于《汉学师承记》，兹不复出。此记之大凡也，附书于此。

## 公元 1823 年 清宣宗道光三年 癸未

**梁章钜著成《枢垣记略》。**

《清史列传》卷三八，《梁章钜传》：梁章钜，福建长乐人。嘉庆七年进士，改翰林院庶吉士。十四年，散馆，改礼部主事。二十三年四月，充军机章京。……（道光二年）闰三月，授湖北荆州府知府。三年，擢江苏淮海道。五年，擢山东按察使。……十二月，调江西按察使，寻迁江苏布政使。……（十二年）六月，因病陈请开缺。十五年，病痊，授甘肃布政使。十六年正月，调直隶布政使。四月，擢广西巡抚。……（二十一年）闰三月，调江苏巡抚。……十二月，自陈患病乞罢，允之。二十九年，卒。

梁章钜《枢垣记略序》：自雍正庚戌设立军机处，迄兹九十余年，纲举目张，人才辈出，而载籍故实，尚缺成书。章钜于嘉庆戊寅选充章京，傔直余间，翻阅旧档，辄思辑为一书，随手甄综，日有所积。至道光壬午春季，奉命守郡，匆匆出直，此后遂无由再缀一词。因思五年以来，手不停批，在方略馆宿直时，常彻夜为之，或屡代人夜直为之，以用力之勤，窃喜稍存梗概。因于簿书之隙，重加勘汇，阅月而成编，为门七，为卷十有六。卷首恭录训谕，次列除授，又次纪恩叙，又次详规制，又次考题名，而以诗文及杂记附末。适补章钜缺入直者，为李侍读彦章，因以稿本寄之，拾遗正误，又经年而稿还。时章钜已为淮海盐司，遂付梓人。书中艮限，仍以壬午春季为断，俟好事者续增焉。军机处为我朝政府，考官制者谓即唐、宋之枢密，因题为《枢垣记略》云。道光癸未秋仲，梁章钜识于清江浦之以政学斋。

和硕恭亲王奕䜣《枢垣记略序》：……雍正年间，始设军机处，宣纶绰，司出纳，而典章益臻明备焉。闽梁芷林中丞，充章京时撰《枢垣记略》一书，为门七，为卷十有六，分类排纂，具有条理，盖仿《宋麟台故事》、《元秘书监志》等书之例。惟其成书于道光壬午，迄今已五十余年，制度相沿，因时损益，三朝除擢，既不乏人，恩遇之隆，尤多异数，非及时补纂，何以徵文考献，垂示来兹？

……十余年来从公昕夕，暇辄披览载籍，凡朝廷行政用人诸大典，益得资所考镜，爰属章京朱智等，详稽档册，依原书体例，重加修辑，其训谕、除授、恩叙、规制、题名、诗文六门，今增十二卷，合原书共为二十八卷。谨叙其事于简端，时光绪元年岁次乙亥十二月谷旦，和硕恭亲王撰并书。

今案：是书为记述军机处制度沿革之专著。初由道光初梁章钜所撰，全书分七门，计十六卷。光绪元年，恭亲王奕䜣命军机章京朱智等，依原书重加增辑，补道、咸、同三朝军机处史事，将原书增至二十八卷。

# 公元 1824 年 清宣宗道光四年 甲申

**以"十四志"作为国史馆常行纂修功课。**

中国第一历史档案馆藏《国史馆档案》编纂类第 442 号卷,《文孚等进呈〈礼志〉奏折》:国史馆总裁、大学士臣文孚等谨奏:为恭进《礼志》事。臣等于道光四年二月二十六日奏准,以"十四志"作为常行功课。今将纂就《礼志》四卷,缮写正本恭呈御览,伏祈皇上训示。谨奏。道光十六年六月二十五日……

今案:在《国史馆全宗档案》中,有这种进呈"十四志"各志的奏折多件,皆称道光四年二月二十六日奏准"十四志"为常行功课之事。

**《清仁宗实录》修成。**

《清宣宗实录》卷六四,道光四年正月癸巳,谕内阁:恭纂皇考《仁宗睿皇帝实录》,现届告成,所有皇史宬、盛京尊藏本二分,首页应列前衔。著查照旧式,将监修总裁曹振镛、戴均元、英和、汪廷珍四人衔名,排次缮写。

《清宣宗实录》卷六七,道光四年四月癸丑:恭纂《仁宗睿皇帝实录》、《圣训》告成,监修总裁大学士曹振镛等奉表恭进。

《皇朝续文献通考》卷二六一,《经籍考五》:《仁宗睿皇帝实录》三百七十四卷,道光四年奉敕纂。

《文献丛编》第三十六辑(故宫文献馆 1936 年刊印)载《清仁宗实录馆奏折档》:……奏为奏闻事:臣馆恭纂《仁宗睿皇帝实录》,各分黄绫本现据次第尊藏。所有清字、汉字、蒙古字恭阅本、各项稿本及红绫、黄绫废页,应照成案在蕉园敬谨焚化。臣等行文内务府扫除蕉园地面,并行知钦天监择吉于本月二十日午时,令提调官等用彩亭舁送蕉园,臣等俱朝服前往行礼,恭看焚化。理合奏闻。谨奏。

今案:《文献丛编》中此项奏折所录不全,漏失了上奏月份及上奏人。奏折称"各分黄绫本现据次第尊藏",是在存于大内的实录黄绫本缮写完毕之后,不待红绫本完成即可焚稿。官方修史完毕,于宫内西苑蕉园焚化草稿、废页,乃是从宋、明两朝即已形成的规制,清朝沿袭之,但往往亦有未尽焚化而遗留者,甚或流传于外,导致近代以来某些学者产生清朝实录屡被修改的疑窦。

**再次纂办《昭忠列传》。**

《清宣宗实录》卷七一，道光四年闰七月庚戌，谕内阁：御史周贻徽奏请编纂《昭忠列传》一折，所奏是。嘉庆十八年逆匪滋事案内，守土被戕及临阵捐躯文武各员，业经入祀昭忠祠。惟各员等列传，现在尚未裒集成书，自应早为编辑。著翰林院即行查照旧章，派员纂办，以扬忠节。

中国第一历史档案馆藏《国史馆档案》庶务类第 1087 号卷，《翰林院移会》：翰林院典簿厅为移会事：所有嘉庆二十四年九月准贵馆移取本院功臣馆存贮《功臣列传》、平定三省教匪官兵册档并昭忠祠列传等册档，共计一千一百零一件，文书粘单共四十三件在案。现在奉旨纂辑《功臣列传》，相应行文贵馆，作速逐件查明，派员送院，以凭查阅，万勿迟误可也。

今案：此次纂办，成书情况不得其详。又据光绪《大清会典事例》简略记载，同治六年、光绪十年皆曾敕纂《功臣传》（或称《昭忠列传》）。

## 公元 1825 年 清宣宗道光五年 乙酉

**陈逢衡著成《逸周书补注》。**

陈逢衡著成《逸周书补注序》：古籍之存于今也，若灭若没，岌岌乎千钧一发矣！学者不能悉心研究，但知拾取浮言，习为排斥之说，是岂与古为雠哉？抑亦囿于众而不克自拔也。夫以孔壁古文之炳于唐《疏》，颁于学官，尚不见容斯世，矧其在七十一篇之声沉响绝者乎？吾为此惧，爰取晋孔氏所注《周书》补之。虽学殖芜陋，无所发明，幸依卢学士校勘本为之弥缝，而斟酌以求合焉。庶几区区嗜古之心，稍觉慰耳。窃念生平闭户自怡，不邀虚誉。知我罪我，皆所不计。且幸家有藏书，倘天假以年，总集前此攻击古文诸家，条分缕析，以昭平允之论，则予今日之殷殷七十一篇，实他日力挽二十五篇之先路也。道光五年己酉五月端午日，江都陈逢衡识。

**国史馆总纂等修定《一统志》纂修凡例。**

中国第一历史档案馆藏《国史馆档案》编纂类第 1 号卷，《一统志凡例》（道光五年九月二十日总纂顾莼、廖鸿藻拟）：

一、本书全凭各部院及外省文册甄载，现在奏明立限二年，为期甚迫。此时宜各将承办省分有应行咨查各条，先行一一标出，赶紧行文各处查复，以凭纂录。其已有文册者，一面照门类辑入（倘此时忽略，不先查取，纂到彼处，始悟下笔之难，然后行文，往返需时，必致逾期）。

一、咨取各部院及外省文册，必须现纂官自行检查应咨事宜，撰一草稿，将紧要之处，分晰指示（现纂此书，方知此书所关者在何处。书吏撰稿，不能达意所欲言），交承发处。行文末均书"此系奏定立限之书，本馆专等此册纂辑进呈，幸勿迟误"云云……

今案：此件档案文件，题名为"一统志凡例"，实际包含下一步徵集资料和纂修的工作计划。盖当时《大清一统志》纂修受到清廷督催，刚刚奏明立限二年完成，随即拟定具体规划和凡例，以便组织有序的编纂工作。原件共三十二条，多具体琐碎规定，此处仅录写其中二条。

## 《山海经笺疏》、《竹书纪年校正》作者郝懿行卒。

胡培翚《研六室文钞》卷一〇，《郝兰皋先生墓表》：……栖霞郝兰皋先生，以嘉庆己未成进士，官户部主事。……浮沉郎署二十七年，视官之荣悴，若无与于己者，而惟一肆其力于著述。所著有《尔雅义疏》十九卷，《春秋说略》十二卷，《春秋比》一卷，《山海经笺疏》十八卷，《竹书纪年校正》二卷，《晋宋书故》一卷，《宋琐语》二十篇，《补宋书刑法志》、《食货志》各一篇，《荀子补注》二卷，《杂问》一卷，《记海错》一卷，《燕子春秋》一卷，《蜂衙小纪》一卷，《通俗文疏证》若干卷，《通姓录》若干卷，《晋文钞》若干卷，《晒书堂杂文》、《杂记》若干卷。……

先生之于《尔雅》，用力最久，稿凡数易，垂殁而后成。训故同异，名物疑似，必详加辨断，故所造较邵氏《正义》为深。《春秋说略叙例》说《春秋》者，不得妄生褒贬。《春秋》直书其事，褒贬自见。又谓《春秋》皆实录，多一字、少一字，皆事实如此，非圣人意为增减。盖亦先生得意之作也。《山海经》、《竹书纪年》传习者希，每为后人羼乱。先生于《山海经》援引各籍，正名辨物，订其讹谬。于《纪年》则据唐以前书所引，比附校勘，使秩然就绪。殆昌黎韩氏所谓"味于众人之所不味"者……此先生著作之大凡也。……先生讳懿行，字恂九，兰皋其号也。道光乙酉，卒于官。……

今案：《清史列传》卷六九《郝懿行传》，谓其卒于道光三年，胡培翚《郝兰皋先生墓表》则记道光五年（乙酉）。胡培翚与郝懿行交好，且曾参阅年庭所撰墓志铭，故墓表所记卒年可信，《清史列传》记载讹误。

## 公元 1826 年 清宣宗道光六年 丙戌

**方东树著成《汉学商兑》。**

《清史列传》卷六七，《儒林传上二》：方东树，字植之，安徽桐城人。诸生。……年二十余，用功心性之学。又学古文于同里姚鼐。四十以后，不欲以诗文名世，研极义理，于经史百家、浮屠、老子之说，罔不穷究，而最契朱子之言。尝言立身为学，固以修德立行、内全天理为极，而于人事世理，亦必讲明通贯以待用。惟当知本末先后之次，不可以玩物丧志劳心，失其远者大者耳。时海内尚考证，号曰汉学。鼐尝为文辨之，东树因著《汉学商兑》三卷。……同时阳湖陆继辂、元和沈钦韩皆重其书。武进李兆洛言："曩时读书，甚不喜康成，于朱子亦时时腹诽。读先生书，敬当力改其失。"其推重如此。……咸丰元年，卒，年八十。古文简洁，涵蓄不及鼐，能自开大，以成一格。然桐城自东树后，学者多务理学云。他著有《书林扬觯》、《一得挛膺录》、《思适居铃语》、《半字集》、《考槃集》、《山天衣闻考正》、《待定录》、《进修谱》、《未能录》、《大意尊闻》、《最后微言》、《老子章义》、《阴符经解》、《昭昧詹言》、《文集》、《诗集》，共百余卷。

方东树《汉学商兑序例》：近世有为汉学考证者，著书以辟宋儒，攻朱子为本，首以言心、言性、言理为厉禁，海内名卿巨公，高才硕学，数十家递相祖述，膏唇拭舌，造作飞条，竞欲咀嚼。究其所以为之罪者，不过三端：一则以其讲学标榜，门户分争，为害于家国；一则以其言心、言性、言理，堕于空虚，心学、禅宗，为歧于圣道；一则以其高谈性命，束书不观，空疏不学，为荒于经术。而其人所以为言之旨，亦有数等：若黄震、万斯同、顾亭林辈，自是目击时弊，意有所激，创为救病之论，而析义未精，言之失当；杨慎、焦竑、毛奇龄辈，则出于浅肆矜名，深妒《宋史》创立《道学传》，若加乎儒林之上，缘隙奋笔，恣设诐辞；若夫好学而愚，智不足以识真，如东吴惠氏、武进臧氏，则为暗于是非。自是以来，汉学大盛，新编林立，声气扇合，专与宋儒为水火。而其人类皆以鸿名博学，为士林所重，驰骋笔舌，串穿百家，遂使数十年间承学之士，耳目心思为之大障。

历观诸家之书，所以标宗旨、峻门户，上援通贤，下訾流俗，众口一舌，不出于训诂小学、名物制度，弃本贵末，违戾诋诬，于圣人躬行求仁、修齐治平之教，一切抹杀。名为治经，实足乱经；名为卫道，实则叛道。昔孟子不得已而好辩，欲以息邪说、正人心。窃以孔子没后千五百余岁，经义学脉，至宋儒讲辨，始得圣人之真。平心而论，程、朱数子廓清之功，实为晚周以来一大治。今诸人边见愦倒，利本之颠，必欲寻汉人纷歧异说，复泪乱而晦蚀之，致使人失其是非之心，其有害于世教学术，百倍于禅与心学。……

东树居恒感激，思有以弥缝其失，顾寡昧不学，孤踪违众，河滨之人，捧土以塞孟津，不自度其力之弗胜也。要心有难已，辄就知识所逮，掇拾辨论，以咎其端，俟世有真儒出而大正焉。倘亦识小之在人，而为采获所不弃与？道光丙戌四月，桐城方东树。

**魏源编成《皇朝经世文编》。**

贺长龄（魏源代撰）《皇朝经世文编叙》：事必本夫心。……法必本夫人。……今必本夫古。……物必本夫我。……创之因之谓之后王君公，承之宣之谓之大夫师牧，役智效能，分事亶亶，达之天下，谓之府史、胥徒、农工、商贾、卒伍。人积人之谓治，治相嬗成今古，有洿隆、有敝更之谓器与道。君、公、卿、士、庶人，推本今世前世道器之洿隆所由然，以自治外治，知违从，知伍参变化之谓学。学为师长，学为臣，学为士庶者也。格其心身、家国、天下之物，知奚以正、奚以修、奚以齐且治平者也。……先王以之备矇诵，知民务，集群虑，研几微，究中极，精穷蜎蠖不为奥，博周伦物不为末，玄黄相反不为异，规矩符叠不为重。故聚本朝以来硕公、庞儒、俊士、畸民之言，都若干篇，为卷百有二十，为纲八，为目六十有五。言学之属六，言治之属五，言吏之属八，言户之属十有二，言礼之属十，言兵之属十有二，言刑之属三，言工之属九。……告成于道光六年柔兆阉之仲冬也。

## 公元1828年 清宣宗道光八年 戊子

**《文献徵存录》作者钱林卒。**

《清史列传》卷七三，《文苑传四》：钱林，字金粟，浙江仁和人。嘉庆十三年进士，改翰林院庶吉士，散馆授编修。二十一年，充广东乡试副考官。

二十四年，充四川乡试正考官。以大考一等，浑升翰林院侍读学士，左迁庶子。……居翰林日，尝充国史馆总纂官，故以本朝名臣言行，及河漕、盐榷、仓储、平粜、海运、采买、灾赈、铜政、钱法、地丁、杂税诸大端，靡不熟究。……所著《文献徵存录》十卷，搜讨极勤。病革时，以付喜孙。其后通州王藻索得之，乃始为刊行。

汪喜孙《钱学士墓表》（载《碑传集补》卷八）：先生讳林，字叔雅，号金粟。……以所著诗三十卷，写定《玉山堂诗集》付门生程祭酒恩泽。以生平纪载名臣名儒学行九册，付门生汪喜孙。以道光八年十月十六日殁，年六十有七。

王藻《文献徵存录序》：吾师东先生貌古神清，学问淹博，于书无所不览。……兹所辑皆当代名流纪事，凡十一册，廿余年来未成书也。先生既归道山，稿本为汪君喜孙取去。疾革时，余先一日往视，先生云："吾诗集已交程春海，他无著述，惟纪事稿在孟慈处。"……甲午岁，孟慈忽诣余，告以纪事底稿若干册，余急询之，先索得五本，粗观大略，深知先生用功之勤。不数日，孟慈走索，余欲觏其余，而孟慈色吝甚，诡曰："涂抹处甚多，恐一时难遍观也。"彼时正为老友俞理初刻《癸巳类稿》，因举以授理初。理初知稿本未全，为余画策，转向春海言之，属其转索，因并余六册取来，细加翻阅。会理初匆匆南旋，钞写未及蒇事。……咸丰初元，适陈朔甫渡江来访，余又以此书属之。……是年秋，有《崇川制艺汇存》之刻，因辑崇川各家诗抄，《汇存》尚未竣事，即于其间竭昕夕之力，手自编次，并倩及门诸子暨儿子辈晨夜抄录，除理初、硕甫先已理成四册外，又编成六册，付诸手民。论当代文献，未敢云备，然无负先生勤勤纪事之意矣，题曰"徵存"，尤汇存之志也。咸丰八年立冬后三日，莽原王藻书于有嘉树轩之南窗。

> 今案：据汪喜孙所撰墓表，钱林号金粟，《清史列传》记之为"字金粟"，误。

## 公元 1829 年　清宣宗道光九年　己丑

**《公羊春秋何氏释例》、《春秋左氏传考证》作者刘逢禄卒。**

《清史列传》卷六九，《儒林传下二》：刘逢禄，字申受，江苏武进人。……外祖庄存与、舅庄述祖，并以经术名世，逢禄尽传其学。嘉庆十九年进士，改翰林院庶吉士，散馆授礼部主事。……其为学务通大义，不专章句，由董生《春秋》窥六艺家法，由六艺求观圣人之志。尝谓："世之言经者，于先汉则古《诗》毛氏，后汉则今《易》虞氏，文辞稍为完具。然毛公详故训而略微言，虞翻精象数而罕大义，求其知类通变、微显阐幽者，则《公羊》在先汉有董仲舒氏、后汉有何邵公氏，子夏《丧服传》有郑康成氏而已。先汉之学，务乎大体，故董生所传非章句训诂之学也；后汉调理精密，要以何邵公、郑康成氏为宗。然《丧服》于五礼特其一端，《春秋》文成数万，其旨数千，天道浃，人事备，以之贯经，无往不得其原。以之断史，可以决天下之疑；以之持身治世，则先王之道可复。"于是寻其条贯，正其统纪，为《公羊春秋何氏释例》三十篇。……悯时学者说《春秋》皆袭宋儒，直书其事，不烦褒贬之说，独孔广森为《公羊通义》，能抉其弊，然不能信三科九旨为微言大义所在，乃著《春秋论》上下篇，以张圣权。逢禄论《春秋左氏传》，据《太史公书》本名《左氏春秋》，若《晏子春秋》、《吕氏春秋》比。自王莽时国师刘歆增设条例，推衍事迹，强以为传《春秋》，冀夺公羊博士师法，所当以《春秋》归之《春秋》，《左氏》归之《左氏》，而删其书法、凡例及论断之谬于大义、孤章断句之依附经文者，庶以存《左氏》之本真，俾攻《左》者不得为口实，更成《左氏春秋考证》二卷。知者谓与阎、惠之辩《古文尚书》等。……道光九年，卒，年五十六。

刘承宽等撰《先府君行述》（载刘逢禄《刘礼部集》卷一附录）：……府君生于乾隆四十一年六月十二日戌时，卒于道光九年八月十六日未时，享年五十有四。

  今案：刘逢禄享年，据其子所撰《行述》应为五十四，《清史列传》所记讹误。

### 徐松《汉书西域传补注》刊行。

张琦《汉书西域传补注序》：《汉书西域传补注》二卷，内阁中书徐松星伯所作也。指综事类，切直形势，万里之广，二千余年之久，如辐凑毂，如指植掌。昔范蔚宗自赞其书"体大思精，为天下之奇作"，星伯此注，不其然欤！星伯前以翰林谪戍伊犁六年，撰《新疆志略》若干卷。即归，奏上之。于是，即所经览，徵引往说，而为此注。夫读《汉书》者不必至西域，至西域者不必能著书，而星伯非亲历新疆南北路，悉其山川道里风土，亦不能考证今古，卓然成一家言。然则星伯之谪戍，乃星伯之厚幸，抑亦天下后世读《汉书》者之厚幸也！爰索其本，序而刻之。道光九年十一月，阳湖张琦。

### 梁廷枏著成《南汉书》《南汉书考异》。

梁廷枏《南汉书序》：南汉偏国短祚，值干戈俶扰，少载笔之士，纪纂荒缺。胡宾王《兴亡录》久佚不传，周克明撰国史未竟。粗具崖略者，宋路振《九国志》、国朝吴任臣《十国春秋》而已。吴书惟南唐、吴越较详，南汉纪传事迹，既不能悉备，踳驳尤复错出。近人《南汉春秋》又止录吴氏旧文。故千余年来，勒为专书，如马、陆之《南唐》，钱氏之《备史》，曾未之见。廷枏少寓诃林，拓读两铁塔题衔，核与吴书多不合，是时已思别著成一家之言。……近此数年，翻阅藏帙，遇事涉南汉者，辄首尾录存巨册。今秋归自五羊，杜门却客，取所积荟萃而条理之，釐为十八卷，《考异》卷如其数，而义例附焉。大抵根据正史、《通鉴》、舆地诸书，旁及说部、金石。事同则采其古，事异则采其详，说有不可通，则旁推曲引，务求必当。至单词片语散存群籍，苟于史例无害，并缀补靡遗。……道光己丑南至，梁廷枏记于藤花亭。

### 姚莹著成《东槎纪略》。

姚莹《东槎纪略自序》：台湾，海外一郡耳！悬绝万里，而糖、米之货利天下，帆樯所至，南尽闽、粤、两浙，东过江南、山东，北抵天津，以极沈阳，旬月之间可达也。地亘千里，沃饶甲于南服，然其人蕃庶强悍，宜动难静，归化百四十年，乱者十数起，械斗劫掠，比比有之。……嘉庆己卯、庚辰之岁，余从政台邑，兼摄南路同知。今上元年，权判噶玛兰，稍识全台大略。尝有所言，上官弗善也，未几罢去。……余以羁忧，栖迟海外，目睹往来议论区画之详实，能明切事情，洞中机要，苟无以纪之，惧后来者习焉不得其所以然，设有因时损益，莫能究也。乃采其要略于篇，及平素论著涉台政者，而以陈周全之事终焉。世有审势查几之君子，尚其有采于兹。道光己丑冬月。

## 公元 1830 年 清宣宗道光十年 庚寅

### 《平定回疆剿擒逆裔方略》修成。

《清宣宗实录》卷一六九，道光十年五月末：是月，纂辑《平定回疆剿擒逆裔方略》成。御制序曰：西域自皇祖戡定以还，土宇畋章，久归声教。逆回张格尔以逋亡余孽，肇衅窥边，殆非一日……兹廷臣纂辑方略成书，以弁首之词为请，乃援笔而序之曰：方，道也；略，法也。出谋发虑，决策制胜，明炳于几先，智周乎万里，而总不离乎道法，乃足以彰声讨而殄丑虏也。……从前皇祖《平定准噶尔方略》，成于庚寅之岁，迄今甲子一周，而是编适成，缵武绥边，后先符合，尤有不可思议者。岂徒摩崖劖石，远耀边陲，沃雪浇萤，全操胜算而已哉。

**李瑶依据《南疆逸史》二十卷本，改编为《南疆绎史》。**

  李瑶《南疆绎史自序》：世之读《明史》者众矣。读《明史》而至闯、献之毁邦国、毒人民而有不裂眦指发者乎？读《明史》而至我朝应运，振旅入关，于定鼎伊始，首褒殉难诸臣，而有不举手加额者乎？矧夫我纯庙钦定《明史》而于思宗之实不书亡、于桂王之薨方书绝，是不独予以位号，且隐以蜀汉之统于两汉例也。就论唐、桂二王之自立称戈，犹谅之为宗支继起，不等于异姓纷争，归其臣而勿斥为伪，录其事而并恤为忠。圣度则天，大公至正，直为万世史册以立其程。……

  此《南疆佚史》，为吴兴温氏原本。其论三朝逸事，体例颇称简当。向仅传钞，致多脱略，且卷中位号有不应书者，事迹有不尽备者，兹悉考证得失，缀补周详，别署其名曰《绎史勘本》，均三十卷。其余忠贤义烈与夫闺中、方外之卓卓然有大节在人间世者，则又区别补纂，作《摭遗》以附之，得十八卷。用毕昇活字法排印成编，俾后之览者目贯意通，可釐然于正伪、贤奸之会也。所以借"绎"为"佚"云者，非袭马骕之称，盖以辩此四十又八卷为不才寻绎诸史以成书，而事已在三越甲子后，名同、事同而文辞、识见之与温氏故不同也。嗟乎！有明末政，一败于宦竖，再败于盗贼。……道光十年岁在上章摄提格夏至后日躔鹑首之次，古高阳氏吴郡李瑶序。

  李瑶《南疆绎史凡例》：……初意就温氏原文之讹之缺，捃缉大概而已。既乃考索日深、异同日见，人物事文之介于三朝者，逾求而逾多，有不能已于纂补重订者焉。兹凡前史三十卷中之事有质疑，文可徵实者，或于正传、于小引、书后，间为之案事分注，并赘以辩论。其《摭遗》初刻之十卷外，又为之分门引类，续稿纂列，如宫壸诸妃、监国诸臣、逸民、列女诸类，都一十八卷。惟是遗闻佚说，随见随辇，而头讫纷繁，恐终不免贻讥罣漏耳。昔人言："确史之难，须握管在手，方知此中苦处，亦方知此中别有乐处。"其然、岂其然！

**陈鹤、陈克家《明纪》刊行。**

《清史列传》卷七二，《文苑传三》：陈鹤，字鹤龄，江苏元和人。嘉庆元年进士，官工部主事。……博学笃于行谊，为嘉定钱大昕所重。……鹤熟悉史事，于前明治乱得失，多所考鉴，尝著《明纪》一书。……论者以为有良史风。其书凡六十卷，手辑至五十有二卷而卒，后八卷则其孙克家续成之。克家，道光二十四年举人，官内阁中书。少为桐城姚莹所器重。……后入提督张国樑幕，咸丰十年殉难。……

冯桂芬《明纪序》：史分纪传、编年二体，而纪传为正史。《晋书》以后，或奉敕，或表上，或诏取，亦皆官书。编年之名，亦有二：曰鉴，曰纪。鉴始温公《资治通鉴》、李焘《长编》，亦皆官书。继之者，如陈、王、薛诸家，颇不尽然。迨国朝康熙、乾隆中，《御批通鉴纲目》、《御批通鉴辑览》、《御定通鉴纲目三编》先后颁行，惟《钦定明鉴》未出，而鉴之为官书，亦几与正史等。故一时学者于毕氏《续通鉴》，颇有异议。钱竹汀詹事、冯鹭庭编修，书拒不作序，意固有在。……元和陈工部稽亭先生……一生精力所注，则在《明纪》一书。原本正史而参以王氏稿，此外说部、野史，间有采摭，必旁证覈实而后著之，凡新异诡诞之说置不录。于三百年礼乐刑政，治乱成败，忠邪是非之故，瞭如秩如，不愧良史。……书凡六十卷，先生手辑至五十有二卷而卒，文孙中书克家，续成者八卷。……恭考《御批通鉴辑览》，分注福王年号，而唐、桂二王则别缀书后，显示区别，与杨氏陆荣《三藩纪事本末》并列者不同。今于福王平书，于唐、桂低一格，正合《辑览》微旨。……今抚军南皮张公谓先生于桂芬为乡先哲，宜为之序。桂芬不敢援钱詹事以为辞，而但志刊刻始末，不言撰述之旨，则犹是詹事之意云。同治十年夏六月，吴县冯桂芬序。

今案：陈鹤《明纪》，旧有上海涵芬楼藏本与同治十年江苏书局刊本，冯桂芬书序及陈克家序言，均载于涵芬楼藏本。

## 公元1831年 清宣宗道光十一年 辛卯

**《左传补注》、《两汉书疏证》、《水经注疏证》作者沈钦韩卒。**

《清史列传》卷六九，《儒林传下二》：沈钦韩，字文起，江苏吴县人。嘉庆十二年举人，安徽宁国府训导。……其学自诗赋古文词外，尤长于训诂考证。

尝谓:左氏亲承圣训,博验宝书,依经立传,而《公》、《谷》家攻之,欲显复晦。杜氏《注》出,虽得列学官,然多入以邪说,阴败礼教,其蠹左氏也,逾于明攻,为《左传补注》十二卷,《左氏地理补注》十二卷。以《汉书》颜氏《注》浅陋,章怀《后汉书注》杂集众手,刘氏注司马《八志》,颇宏富而少统贯,为《两汉书疏证》七十四卷。以裴氏《三国志注》专补其事迹,而典章名物阙焉,为《补训诂》八卷,《释地理》八卷。以地理之学,古书惟存郦氏《水经注》,近人戴震校定其倒置羡脱,赵一清为之刊误,其书乃渐可读。然戴氏短在凭臆,赵氏弊于轻信,至如古书之有足证,与近今志乘之目验可据者,二家又皆搜讨未逮也,故为《水经注疏证》四十卷,然后郡县之废置沿革,山川之高深变迁,流合派分,昔通今塞,皆如提挈在手,指掌可谈。又为《韩昌黎集补注》、《王荆公诗补注》、《文集注》、《苏诗查注补正》,又注《范石湖集》,深明唐、宋两朝典章故实,多得作者之意。……著有《幼学堂文集》八卷,《诗集》十七卷。道光十一年,卒,年五十七。

王塈《宁国县训导沈君墓志铭》(载《续碑传集》卷七六):君讳钦韩,字文起,号小宛。……嘉庆十二年举于乡。……道光三年,选授安徽宁国县训导。十年,丁母艰。次年十二月二十日,卒于家,年五十七。……

## 《郑堂读书记》作者周中孚卒。

戴望《外王父周先生述》(载《郑堂读书记》卷首):先生周氏,讳中孚,字信之,别字郑堂。浙江湖州府乌程县人。……稍长,见《四库书提要》,谓为学之途径在是,于是遍求诸史艺文志,考自汉迄唐存佚各书,以备搜辑古籍。……阮文达公督浙江学政,先生兄弟并受知,以嘉庆元年选拔贡生。文达巡抚浙江,筑学舍西湖,以处浙中文学士,使修《经籍籑诂》,先生预焉。……先生屡应乡试不中试,当道光初元犹入试。……自是无仕进意矣。……卒于家,年六十有四,道光十一年某月某日也。……先生著撰甚伙,有《孝经集解》、《逸周书注补正》、《顾职方年谱》、《子书考》、《郑堂读书记》、《金石识小录》、《郑堂札记》诸书。……朱比部为弼得其《读书记》。……其《札记》未亡,后归诸望。余书无可问者。……时同治己巳秋也。

《续修四库全书总目提要》(稿本):《郑堂读书记》七十一卷,清乌程周中孚撰。……稿本凡百余册。……仅存七十一卷,非完帙也。按《四库全书提要》,集当时文臣学者,议论于一室,其于部分及诸书考证,信为精博。然其宗旨,隐尊汉学而抑宋儒。故凡当时考据家之书，靡不详搜博采，著之于录；而于自宋以来，理学之书、诸大名家，略为收录，自余之书，皆略而不录。未免失于一偏也。中孚之书，于四部书皆能详具其原流，而料其得失。凡诸品题，皆依书立说，而无门户之见。虽其精博不逮《四库提要》，而其宗旨甚正，实为过之。……

**《国朝汉学师承记》《国朝宋学渊源记》作者江藩卒。**

《清史列传》卷六九，《儒林传下二》：江藩，字子屏，江苏甘泉人。监生，受业吴县余萧客及元和江声，得惠栋之传，博综群经，尤深汉诂，旁及九流二氏之书，无不综览。……又著《汉学师承记》八卷，于两汉儒林家法之承授，国朝经学之源流，鳌然可考。又取诸家撰述专精汉学者，仿唐陆德明《经典释文》传注姓氏之例，著《国朝经师经义目录》一卷。凡言不关于经义小学，意不纯乎汉儒诂训者，悉不著录。论者以为二百年来谈汉学不可少之书。又录孙奇逢以下诸人，分南学、北学、附记，著《宋学渊源记》三卷。少尝为《尔雅正字》，道光元年年六十一，复重加删订，为《尔雅小笺》三卷。他著有《隶经文》四卷，《炳烛室杂文》一卷，《江湖载酒词》二卷。卒穷困以终。初，藩著《汉学师承记》，仁和龚自珍诤之，大旨谓读书者实事求是而已，若以汉与宋对峙，恐成门户之见。其后寿阳祁寯藻嘱光泽何秋涛为续记，秋涛曰："是编当依阮元《畴人传》之例，改为学人传。若特立一汉学之名，宋学家群起而攻之矣！"方东树《汉学商兑》所由作也。然藩所著《宋学渊源记》多以禅学为宋学，亦为世所讥云。

闵尔昌《江子屏先生年谱》：清高宗乾隆二十六年辛巳三月二十二日生。先生姓江氏，讳藩，字子屏，号郑堂，晚号节甫。扬州甘泉人。……（道光）十一年辛卯，七十一岁。先生卒。

## 公元 1833 年 清宣宗道光十三年 癸巳

**《通鉴注商》《新旧唐书互证》作者赵绍祖卒。**

《清史列传》卷七三，《文苑传四》：赵绍祖，字琴士，安徽泾县人，诸生。……既不得志于有司，遂弃帖括专力于经史百家，下至碑板书画之属，罔不钩考决择。……道光元年，举孝廉方正。时陶澍为安徽布政使，延绍祖纂辑《安徽省志》,详赡有体。……卒年八十二。绍祖之学无不窥,尤深于史。最著者一曰《通鉴注商》,参研抉发至六百余条,视顾炎武《日知录》所列及陈景云之《举正》不啻倍蓰。一曰《新旧唐书互证》,于刘昫、欧、宋之书无所偏徇,然其间摘《新书》者十之八九,盖《新书》考证颇疏,同时吴缜已有纠缪之作,但缜挟私忿,有意吹索,而绍祖则平心以救其失,初不存门户之见。又笃好碑板,谓可补史传之遗,成《金石文正续钞》共十卷,《金石跋》六卷。他著有《建元考》二卷,《校补竹书纪年》二卷,《校补王氏诗考》二卷,《泾川金石记》二卷,《泾事》二卷,《读书偶记》八卷,《消暑录》一卷,《古墨斋笔记》六卷,《观书记》八卷,《书画记》一卷,《琴士史钞》十卷,《文钞》六卷。在志局日,又辑有《安徽人物志》八卷、《金石录》八卷。

朱琦《赵琴士徵君传》(载《续碑传集》卷七六):徵君姓赵氏,名绍祖,字绳伯,琴士其号。泾人也。……道光十有三年秋七月十七日卒,年八十二。……

今案:琴士为赵绍祖之号,《清史列传》记为"字琴士",误。

## 俞正燮著成《癸巳类稿》。

《清史列传》卷六九,《儒林传下二》:俞正燮,字理初,安徽黟县人。……年二十余,负其所业,北谒孙星衍于兖州。……正燮因作《左丘明子孙姓氏论》、《左山考》、《申杂难篇》,星衍多采其文,折众论,故其议论学术,与星衍恒相出入。道光元年举人。十二年,馆新城陈用光所,为校顾氏《方舆纪要》。……手成官私钜书,如《钦定左传读本》、《续行水金鉴》之类,不自名者甚多。自名者有《癸巳类稿》、《癸巳存稿》、《说文部纬校补》、《海国纪闻》,而《类稿》为最著。十九年,为江苏学政寿阳祁寯藻校写三古、六朝文目,因聘掌教惜阴书舍,未逾年卒,年六十六。

程恩泽《程侍郎遗集》卷七,《癸巳类稿序》:右《癸巳类稿》十五卷,黟俞正燮理初文字。吾徽学派,江、戴昌之,程、金承之,其绪繁变,都说经锵锵;尤善治史部,则有吾师凌次仲先生、吾友俞理初。凡学无门径则杂,杂则经学混汉、唐,天文学羼推步、占验;执一则隘,墨守一先生之言,又持古疾以困今。理初察古人门径,端趋向,于其则塞也。寝馈经史,旁通诸子百家九流,于其伪则铲。不宁惟是,唐宋淆汉易判,魏晋淆汉难判,淄渑既合,易牙能分。书缺有间,笺注脱讹,徵之诸子百家九流,有时而穷,则援引释典道藏,粃糠尘垢，尚堪陶铸，矧其精者，启我质我，不犹愈求野乎？然非受性精敏，一览便记，又乌能宏通博辨、差择眇诠若是！理初积学甚富，未暇写定。今年春，王菽原馆丈分校礼闱，得一卷，以为必有著述，出闱，识理初，即索其文梓之。……理初归计转迫，草稿整齐者仅什四耳，属余定其目。……道光十有三年癸巳秋，歙程恩泽。

## 公元 1834 年  清宣宗道光十四年  甲午

### 黄汝成著成《日知录集释》。

李兆洛《养一斋集》卷一四，《黄潜夫家传》：黄潜夫，名汝成，字庸玉。太仓嘉定人。其先居今宝山江东镇，忠节公族裔也，后迁嘉定者，四世潜德弗耀。……潜夫器局瑰玮，而才识敏达。善读书，自年十四、五时，已博涉能文，逾冠为县学廪膳生，益有名。嘉定气节、文学，自南宋来，亮硕鸿奥，重于海内。潜夫少承家业，习闻乡先生端绪，综贯浩博，达于精邃。又善为文章，议论闳整，叙事繁简廉肉，率中体要。学不舍章句而务合体用，自古昔礼乐德刑，以及赋税、田亩、职官、选举、钱币、权量、水利、河渠、漕运、盐铁诸事，参校理势，损益迁嬗，而折衷于顾氏《日知录》，条比义类，及所以施设者。居间复以声音训诂、名物度数之学，纂述为《春秋外传疏补》、《诸经正义》，名实益高。尤为今宫保两江总督安化陶公、今江苏巡抚江夏陈公所知重。乃殚刬心力，以体过肥瘁疾作，勿治，殒年止三十九。……潜夫前入粟议叙得通判衔，后入赀为县学官，选安徽泗州直隶州训导，以忧未赴。所著书惟成《日知录集释》三十二卷，《刊误》二卷，《续刊误》二卷，《袖海楼文录》若干首。……余既重其人，又哀其志。生甫书来乞为传，乃次序行事，使附于家乘后云。

黄汝成《袖海楼杂著》附录，毛岳生撰黄氏《墓志铭》：余友潜夫，名汝成，字庸玉。世为嘉定人，黄忠节公族裔也。……其为学自天文、舆地、历律、训诂，以及水利、河渠、漕运、赋税、盐铁、钱币，莫不洞其奥赜，参诸世会，详其所以利病得失，而为文则又明博，简慎知要。呜呼！学问人材之衰，其贤者务殚穷于名物度数，弗尚气节，至于施设张弛、激昂奋发以求利济，卒惟综覈补苴而已。其明道术之原，知变通，一出闳廓，动合体用者，鲜矣。余穷于世，颇以冀望潜夫或显达，有所建白，为不负学识。乃久困伏，遽丧。悲夫！……潜夫著书成者《日知录集释》、《刊误》、《古今岁朔实考校补》、《文录》，凡四十四卷；未成者《春秋外传正义》若干卷。……潜夫殁于道光十七年二月十二日，春秋三十九。

黄汝成《日知录集释叙》：叙曰：自明体达用之学不修，俊生巨材，日事纂述，而鸿通瑰异之资，遂率瘵败于词章训诂、襞绩破碎之中。汉时经术修明，贤哲著书，大都采择传记、百家，论说时政与己志而已。魏晋以降，著录始广。唐以后，遂歧分为数家。其善者，自典章经制、文物度数，以及佛老之书、徽裔之迹，莫不明其因革损益、巨细本末，号称繁博，然求其坐而言可起而行、修诸身心达于政事者，不数觏焉。

昆山顾亭林先生，质敏而学勤，谊醇而节峻，出处贞亮，固已合于大贤。虽遭明末丧乱，迁徙流离，而撰述不废，先后成书二百余卷。闳廓奥赜，咸职体要，而智力尤瘁者，此也。其言经史之微文大义，良法善政，务推礼乐德刑之本，以达质文否泰之迁嬗，错综其理，会通其旨；至于赋税田亩、职官选举、钱币权量、水利河渠、漕运盐铁、人材军旅，凡关家国之制，皆洞悉其所由盛衰利弊，而慨然著其化裁通变之道，词尤切至明白。其余考辨，亦极赅洽。《易》曰："言天下之至赜，而不可恶也；言天下之至动，而不可乱也。"又曰："困者，德之辨也。"《传》曰："仁人之言，其利溥哉！"岂非善成其鸿通瑰异之资，而毕出于体用焉哉！元明诸儒，其流失喜空言心性，凡讲说经世之事者，则又迂执寡要。先生因时立言，颇综覈名实，意虽救偏而议极峻正，直俟诸百世不惑，而使天下晓然于儒术之果可尊信者也。

汝成钻研是书，屡易寒暑，又得潘检讨删饰元本，阎徵君、沈鸿博、钱宫詹、杨大令四家校本。先生讨论既夥，不能无少少渗漏。四家引申辩证，亦得失互见，然实为是书羽翼也。用博采诸家疏说传注名物、古制、时务者，条比其下。伏处海滨，见闻孤陋，又耆硕著书富邃，而义无可附，则亦阙诸。窃虑踳驳有逾简略。呜呼！学识远不逮先生毛发，而欲以微埃涓流上益海岱之崇深，抑愚且妄矣。然先生之体用具在，学者循其唐涂，以窥贤圣制作之精，则区区私淑之心，识小之旨，或不重为世所诟病者矣。书凡三十二卷，篇帙次第略不改易，《集释》条目诸贤名氏里爵，具列于后，而辄著其大指于篇。先生著述闳通，是书理道尤博，学术政治，皆综隆替，视彼寱言，奚啻瓴智。自康熙三十四年，吴江潘检讨刻于闽中，流行既久，刊劂多讹，潜邱诸君皆有釐正。今兹《集释》即缘为权舆，复广加钩析，脱字既增，误文亦削。诸君别著，论纂虽殊，指意可并，则亦附诸。至先生所纂《金石文字记》、《山东考古录》、《石经考》、《五经同异》、《音学五书》、《郡国利病书》、《亭林诗文集》、《菰中随笔》等书，凡藉参稽，亟为决择，若异径庭，不引铨训。至汉、唐及明，经史传纪、诸子杂家，皆先生博综穿穴，兹更无事骈枝。凡所称引，率断自先生同时及后贤所述。……道光十四年五月，嘉定后学黄汝成叙录。

  今案：《日知录》初刻八卷，为康熙九年（公元1670年）顾炎武自刊。康熙三十四年（公元1695年），顾氏去世十三年后，潘耒刊成三十二卷行世。嗣后，学者多有校订疏证之作。道光初，黄汝成广采自阎若璩以下凡九十六家之说，纂成《日知录集释》三十二卷。书后又附《刊误》二卷，《续刊误》二卷。是为《日知录》之通行本。

## 公元 1835 年　清宣宗道光十五年　乙未

**国史馆纂成《武职大臣年表》。**

  《清宣宗实录》卷二七三，道光十五年十月丁丑：以国史馆纂辑《武职大臣年表》等书告成，予提调等官优叙、议叙有差。

## 公元 1836 年　清宣宗道光十六年　丙申

**洪颐煊著成《诸史考异》。**

  洪颐煊《诸史考异序》：国史成于众手，其讹舛固所不免。厥后篇帙浩繁，校刊匪易，辗转改变，讹谬滋多。嘉定钱氏大昕撰《廿二史考异》，参互考校，精审不苟。余向亦留心史学，《史记》、《两汉》三史，间有所见，已载入《读书丛录》中。戊子冬杪，自粤归里，寒庐多暇，复取《三国志》以迄《南北史》，条其异同，辩其得失，成《诸史考异》十八卷，扑尘扫叶，聊补钱氏之阙。海内倘有好学深思之士，荟萃群本，择善而从，刊一定本，斯亦不朽之业也。道光十六年太岁丙申八月七日，临海洪颐煊撰，时年七十有二。

**国史馆奏准续纂《蒙古回部王公表传》。**

中国第一历史档案馆藏《国史馆档案》编纂类第 372 号卷存国史馆奏稿：

国史馆总裁大学士臣潘　等谨奏为请旨事：查乾隆四十四年钦遵高宗纯皇帝谕旨，纂办蒙古及回部《王公表传》，经臣馆纂辑三体表传至乾隆六十年止，共三百六十卷，刊刻颁发。又于嘉庆十七年经总裁臣松筠等议准续纂章程，自嘉庆元年以前表传内袭至第几次止，即以所止之次续纂。于十九年完竣进呈，另缮样本交武英殿刊刻刷印，共七十二卷，恭呈御览后颁发各部落，以昭圣朝眷念外藩、彰阐成劳之至意。迄今已阅二十余年，自应接续修纂。臣等查《蒙古王公表传》两次续办，业已刊刻，此次所纂，应请仍照嘉庆十七年原议，袭至第几次止即以所止之次续纂，其见于前表传者，毋庸复叙。理合奏闻，伏乞皇上训示遵行。谨奏。　道光十六年八月初五日奉旨：依议，钦此。

> 今案：此次纂修，虽于道光十九年完成，但直至道光二十五年方以捐资方法刊刻成书。此后于道光二十九年又开始续纂。《蒙古回部王公表传》虽为清国史组成部分，但每一阶段性纂成，总要单行刊印，颁发蒙、回各部，以笼络其上层贵族。

## 公元 1837 年　清宣宗道光十七年　丁酉

**李兆洛主持编成《历代地理志韵编今释》。**

李兆洛《历代地理志韵编今释凡例》：历代地理，建置沿革，变乱纷总，名实讹淆，或同里而异名，或同名而异地，南北相乖，东西易向。试阅史书，方隅莫辨，即翻地志，心目为昏。古来史书中地志所载郡县之名，以韵次之，分别时代，条其同异，勾稽今代所在之处，以著其实，阅史者易于寻检焉。

二十三史有地志者，《汉书》、《续汉书》、《晋书》、《宋书》、《南齐书》、《北魏书》、《隋书》、《新唐书》、《新五代史》、《宋史》、《辽史》、《金史》、《元史》、《明史》，凡十四史。《唐》、《宋》、《金》、《元》、《明》志，每详镇堡、羁縻州、郡长官司之类，皆有实地可据，故并列之。南北朝侨置州郡多无实地，而侨置之处多有可考，故即附著在所，约略注释。……

道光二年，兆洛始至暨阳，六生庚九问曰："古今地名，疆域胶轕，检书猥繁，读史者何道以理之？"予示以《皇朝舆地图》，令以古地名识其上为别，以上古《禹贡》、三代、春秋、战国为经始。年余乃成。继检各史地志，别为录副而以归韵，编写凡三四年。乃继检《皇舆表》及《一统志表》，详其沿革，著之于图，皆得其实地，则又七八年。继会前代郡县，注之每韵下，又三四年而后成。盖六生、德只之力十七八焉。初时编写者，徐生步庄、王生望之、夏生行之、陆生子干、张生子立、吴生子清、曹生豫章、刘生秉彝，成书缮录者，则沈生鉴虚、夏生厚栽、蒋生樊圃、刘生子千，而随时校雠商榷者，则宋生冕之、六生赓九、周生唐士、郑生守庭、徐生康甫、黄生仲孙。自始至讫事，阅十有六年矣。……道光十有七年六月朔，集字竟因识，李兆洛。

## 《平津读碑记》《读书丛录》《诸史考异》作者洪颐煊卒。

《清史列传》卷六九，《儒林传下二》：载：洪颐煊，字旌贤，浙江临海人。……嘉庆六年拔贡生，为山东督粮道孙星衍撰《孙氏书目》及《平津馆读碑记》十二卷，考据明审，于唐代地理尤多。所得入赀为直隶州州判，署广东新兴县事，适阮元督两广，知颐煊吏才短而文学优也，延之入幕，陬经诸史以为常。……著《礼经宫室答问》二卷。又著《孔子三朝记注》八卷，《孝经记注补证》一卷，《诸史考异》十八卷，《汉志水道疏证》四卷，《管子义证》八卷，《读书丛录》二十四卷，《经典集林》三十五卷，《台州札记》十二卷，《筠轩诗文钞》十二卷。……有《倦舫书目》十卷。

今案：洪颐煊卒年，有记作道光十三年（公元1833年）者，误。参阅陈鸿森《洪颐煊年谱》（载《"中央研究院"历史语言研究所集刊》第八十本第四分，2009年版）。

## 《补后汉书艺文志》《补三国艺文志》作者侯康卒。

《清史列传》卷六九，《儒林传下二》：侯康，字君谟，亦番禺人。道光十五年举人。……又欲仿裴松之注《三国志》例，尽注隋以前诸史。……因为《后汉书补注续》一卷，《三国志补注》一卷。《后汉》称"续"者，以有惠栋《补注》；《三国志》杭世骏注未完善，故不称"续"也。又以隋以前古书多亡，著书者多埋没不彰，补撰《后汉》、《三国》、《晋》、《宋》、《齐》、《梁》、《陈》、《魏》、《北齐》、《周》十书《艺文志》，而自注之。《后汉》、《三国》成经、史、子三部，各四卷，余未成。……十七年，卒，年四十。

# 公元1838年 清宣宗道光十八年 戊戌

**徐松著成《登科记考》。**

徐松《登科记考叙》：州岁贡士，制昉祯明。盖魏晋以还，相矜族望，江左犹不失门材，北朝则祇重门荫，世胄在高位，上品无寒门。穷则变，变则通，其不得不出于科目者，亦时势然也。夫国有与立，惟在得贤，人匪生知，谁能废学？造士、进士，贤以论辩而升；小成、大成，学由考校乃见。则江都三策、建初四科，虽南院之滥觞，实西周之旧轨矣。李唐承隋，法制大备，冬集之例，旁课律书，春关以来，兼试宏拔。其设条流也，不务苛细；其展公道也，在振孤寒。卷轴可温，行止无驳，扣簾得请，通榜非私，莫不樱笋含芳，芙蓉表艳，重龙门之声价，写雁塔之姓名。又若待非常之才，列制举之目，期之以伊、吕，责之以霸、王，或才综八能，或名成一艺，束帛之贲，相望邱园，弓旌之招，无间屠钓。山陬海澨，命使遐搜，诸子百家，献书授职，何其牢笼群有、囊括九流如此哉！……无流品之别、无华夷之限，衡校古今，得士之盛，于斯为最。英雄入彀，殆非虚语。年纪邈远，旧录散亡，史志会要，文或踳驳，不揣梼昧，缀而缉之，有志复古者，尚其见诸。道光十八年孟夏之月，徐松述。

**林春溥著成《竹书纪年补证》。**

林春溥《竹书纪年补证序》：少时，家鲜藏书，偶于友人案上见《廿一种秘书》，乃得读《竹书纪年》而好之。……询诸博雅，则皆以为出自后人缀辑，非原书之旧，故考据家无取焉。于是废而不讲者有年。既乃泛滥百家，浸淫传注，见夫郭景纯、郦道元、司马贞、臣瓒、王劭、李善诸家，以及《十三经正义》、《太平御览》之所徵引，往往足以正其脱误，证其异同，补其缺略，而后知此书之流传者远。……然尚以"尧元丙子"与世史枘凿为疑。乃取邵子《皇极经世》之说，究所自来，证以皇甫谧之《帝王世纪》、刘歆之《三统历》、郑樵之《通志》，而折衷于《史记·鲁世家》之年，而后知《纪年》之有合，而邵子《经世》之无徵不信，未足为典据也。……书虽简略而包罗颇广，其正者与经史相表里，奇者往往出入于《山经》、《穆传》、《周书》之间。爰为疏通证明，标其同异。编终复取后人之所以致疑者，反复辨论，统为《后案》。庶几残编断简，不终泯没于是非之口，则谓之大有资于考据也可。……道光十有八年岁在戊戌秋九月，三山林春溥序。

**周济著成《晋略》。**

《清史列传》卷七二，《文苑传三》：周济，字保绪，江苏荆溪人。……嘉庆十年成进士。……以三甲归班，选知县，改就淮安府学教授。……与泾县包世臣订交。时吴中士有裨世用者，推世臣及济。……因发愤撰述，先成《说文字系》四卷，《韵原》四卷，《古今体诗》二卷，《词》二卷，《杂文》二卷，最后乃成《晋略》八十卷，体例精深，识议英特，诸论赞中，于攻取防守地势必反覆曲折，俾览者得有所依据。盖寓以平生经世之学，借史事发之，遐识渺虑，非徒考订也已。晚复任淮安教授。……漕运总督周天爵移督湖广，邀济偕行，济犹冀有所遇，去官从之，抵夏口疾，卒，年五十九。

周济《晋略序目》：自古帝王受命有天下，虽德力殊轨，未有不计功食报者也，福过则侥祸必偿之。……强而自治则其强可久，弱而自治则其弱渐强。洛都不善用其强，建康不善用其弱。来轸方遒，安得不取资龟鉴也！昔在唐初，群籍粲备，勾稽搜讨，绰乎有裕，而文皇手制，意存曲艺，诸臣承旨，竞采春华，裁非一手，牴牾屡见。……因加讨论，究其翔实，述《本纪》六篇，《表》五篇，《列传》三十六篇，《国传》十一篇，《汇传》七篇，《序目》一篇，都六十六篇。……编为十册。至于诸志，杜、马善矣。……顾念始自弱冠，即存斯志。洎乎壮岁，虽复酬酢人事，独居深念，未尝去怀。日月不居，学殖弗益，始衰之年，忽焉已过，释今弗图，逝将靡及。勉就刺掇，彰其要害，事即前史，言成一家，将以喻志适用，匪侈博闻，什七折衷，依于涑水，庶几无悖于资治之意云尔。若夫搜览丛残，掇拾逸佚，以资考证，世有君子，鄙人谢不敏焉。道光十八年戊戌十月朔，荆溪周济编次讫。

包世臣《晋略序》：《晋略》六十六篇，都为十册。吾友荆溪周济保绪之所作也。荀子曰："不仁而得国者，有之矣。不仁而得天下者，未之有也。"晋之得天下可谓不仁矣！……唐初儒臣集十八家之说，纂为《晋书》，事迹颇具，而此旨不明，无以昭劝戒、垂世法。保绪深达治源，取《晋略》而斟酌之，历廿余载，至道光癸巳，写出清本。走使相质，既得余复，又解散成书，五阅寒暑，乃成今本。……保绪继以己亥秋物故旅次。及余还辕，保绪嗣孙炜以刻本来将遗命乞序。余批阅再过，见其分散故籍，事归一线，简而有要，切而不俚，抉得失之情，原兴衰之故，贬恶而不没善，讳贤而不藏慝。大之创业垂统之猷，小之居官持身之术，不为高论，不尚微言，要归于平情审势，足以救败善后而已。匪典午之要删，实千秋之金鉴。至于郡县纷错，详核为难，展卷豁然，庶无遗憾。虽峻洁稍逊承祚，而视永叔之原委不具君纪、情势不了臣传者，亦已远矣。此子为不朽，来哲难诬，必有以余为知音者。……道光二十有三年，岁在癸卯四月朔，安吴包世臣书。

## 公元 1839 年　清宣宗道光十九年　己亥

**《历代舆地图》、《水经注疏》、《水经注图》作者杨守敬生。**

《清史稿》卷四八六，《文苑三》：……杨守敬，字惺吾，宜都人。……精舆地，用力于《水经》尤勤。通训诂，考证金石文字。……以举人官黄冈教谕，加中书衔。曾游日本，搜古籍，多得唐、宋善本，辛苦积赀，藏书数十万卷，为鄂学灵光者垂二十年。卒，年七十有七。著有《水经注图》、《水经注删要》、《隋书地理志考证》、《日本访书志》、《晦明轩稿》、《邻苏老人题跋》、《望堂金石集》等。

今案：郭守敬《邻苏老人年谱》记其生于道光十九年四月十五日。门人熊会贞续补年谱，记其卒于民国四年一月九日，即旧历甲寅十一月二十四日，享年七十七岁。

## 公元 1840 年　清宣宗道光二十年　庚子

**《历代刑法考》作者沈家本生。**

《清史稿》卷四四三，《沈家本传》：沈家本，字子惇，浙江归安人。少读书，好深湛之思，于《周官》多创获。初援例以郎中分刑部，博稽掌故，多所纂述。光绪九年，成进士，仍留部。补官后，充主稿，兼秋审处。自此遂专心法律之学，为尚书潘祖荫所称赏。十九年，出知天津府。……调剂保定。……两宫西幸……因驰赴行在，授光禄寺卿，擢刑部侍郎。……会变法议起，袁世凯奏设修订法律馆，命家本偕伍廷芳总其事；别设法律学堂，毕业者近千人，一时称盛。补大理寺卿，旋改法部侍郎，充修订法律大臣。宣统元年，兼资政院副总裁，仍日与馆员商定诸法草案，先后告成，未尝以事繁自解。其所著书，有《读律校勘记》、《秋谳须知》、《刑案汇览》、《刺字集》、《律例偶笺》、《历代刑官考》、《历代刑法考》、《汉律摭遗》、《明大诰竣令考》、《明律目笺》，他所著非刑律者又二十余种，都二百余卷。卒，年七十四。

王式通《吴兴沈公子惇墓志铭》（载《碑传集补》卷六）：清之季年，有以耆年硕德、治法家言名于时，当变法之初，能融合古今中外之律，使定于一而推行无碍，蔚为一代不刊之盛典，则今世海内推仰，吴兴沈公者是也。公讳家本，字子惇。……公虽终其身于法律之学，然于他书无所不读。其自著已刊者：《刺字集》二卷，《历代刑官考》二卷，《寄簃文存》八卷、又《二编》二卷。未刊者：《历代刑法考》三十八卷，《汉律摭遗》二十三卷，《明大诰竣令考》一卷，《明律目笺》三卷，《律例偶笺》三卷，《驳稿汇存》一卷，《雪堂公牍》一卷，《奏谳汇存》一卷，《压线编》一卷，《学断录》一卷，《文字狱》一卷，《刑案汇览》三编一百卷，《读律校刊记》五卷，《秋谳须知》十卷，《日南读书记》十八卷，《说文引经异同》二十五卷、又附录一卷，《史记琐言》三卷，《汉书琐言》六卷，《后汉书琐言》三卷，《续汉书志琐言》一卷，《三国志琐言》四卷，《三国志校勘记》七卷，《汉书侯国郡县表》一卷，《李善文选注引书目》六卷，《古今官名异同考》一卷，《枕碧楼偶存稿》八卷，《日南随笔》八卷，《枕碧楼诗稿》六卷、《古书目》三编共八卷。此外，又有《周官书名考》一卷，《借书记》一卷，《奇姓汇编》一卷，《金井杂志》一卷，《寄簃文存三编》一卷，皆未成书。其零篇断楮有待汇集者，尚盈箧也。……以民国二年六月九日薨于京师，距生于道光庚子年七月二十二日，年七十有四。……

**《落帆楼文集》作者沈垚卒。**

《清史列传》卷七三，《文苑传四》：沈垚，字子敦，浙江乌程人。道光十四年，优贡生。性沉默，笃精汉学，足不越关塞，而好指画绝域山川。初为道州何凌汉、新城陈用光所赏拔。入京师，馆徐松家。松数言其地学之精。……未几，殁于旅邸。著有《元史西北地蠡测》二卷，《地道记》十卷，《新疆私计》一卷，附《葱岭南北河考》，《漳北滧南诸河考》一卷，《西域小计》一卷，《落帆楼文集》三卷、《后集》三卷、《外集》一卷、《别集》一卷、《杂著》三卷，《简札摭存》三卷。

汪曰桢《沈子敦著述总录》（载《落帆楼文集》卷首）：沈垚，字敦三，号子敦。……子敦生于嘉庆戊午年九月二十八日，卒于道光庚子年十一月十七日，年四十三岁。……

沈曾植《落帆楼文集序》：……先生学博而思精，其所究心于地理图志、西北方域，意且通康乾诸老先生东樵、东潜、休宁、嘉定之所未通。若《魏书地形志注》、《水经注地名释》、《元史西北地蠡测》、《元和郡县志补图》所自撰述者，盖皆以决旷代之积疑，甄史家之绝学，使其书成，固当轶出于石洲、默深、愿船。以上天厄其运，又蕲之年，并其为姚、余诸君代撰之书而亡之，惜哉！……戊午华朝，嘉兴沈曾植。

刘承幹《落帆楼文集跋》：《落帆楼文集》二十四卷，《补遗》一卷。同里沈垚撰。……善读书，经史子集罔不溯流探源，而尤精舆地之学。……汪刚木先生取其丛残各文，编为《文集》三卷，《后集》三卷，《外集》十七卷，《别集》一卷，《补遗》一卷。一字一句，无所逸佚。……岁在戊午上元节，吴兴刘承幹。

## 公元1841年 清宣宗道光二十一年 辛丑

**《皇朝一统舆地全图》、《历代地理沿革图》、《历代纪元编》等书主编李兆洛卒。**

《清史列传》卷七三，《文苑传四》：李兆洛，字申耆，江苏阳湖人。……嘉庆十年进士，改翰林院庶吉士，散馆授安徽凤台县知县。……在县七年，辖境大治。旋以父忧归，遂不出。主江阴书院讲席，几二十年。……尤嗜舆地学，备购各省通志，校五千余年来水地之书，证以正史，刊定顾祖禹《读史方舆纪要》之与原文不符者。……晚得末疾，道光二十一年，卒，年七十三。所辑有《皇朝文典》七十卷，《大清一统舆地全图》，《凤台县志》十二卷，《地理韵编》二十一卷，《骈体文钞》七十一卷，《旧言集初编》、《次编》、《广编》。所著有《养一斋文集》二十卷。

## 公元1842年 清宣宗道光二十二年 壬寅

**魏源著成《圣武记》初稿、《海国图志》五十卷本、《道光洋艘征抚记》。**

魏源《圣武记叙》：荆楚以南，有积感之民焉，距生于乾隆征楚苗之前一岁，中更嘉庆征教匪、征海寇之岁。迄十八载，畿辅靖贼之岁，始贡京师；又迄道光征回疆之岁，始筮仕京师。京师，掌故海也，得借观史馆秘阁官书及士大夫私家著述、故老传说，于是我生以后数大事，及我生以前上迄国初数十大事，磊落乎耳目，旁薄乎胸臆，因以溯洄于民力物力之盛衰，人材风俗进退消息之本末。晚侨江、淮，海警飙忽，军问沓至，忾然触其中之所积，乃尽发其椟藏，排比经纬，驰骋往复，先出其专涉兵事及尝所论议若干篇，为十有四卷，统四十余万言，告成于海夷就款江宁之月。

乃敬叙其端曰：天地以五行战阴阳，圣人饬五官则战胜于庙堂。战胜庙堂者如之何？曰圣清尚矣。请言圣清以前之世：今夫财用不足，国非贫，人材不竞之谓贫；令不行于海外，国非羸，令不行于境内之谓羸。故先王不患财用而惟亟人材，不扰不逞志于四夷，而忧不逞志于四境。官无不材，则国桢富；境无废令，则国柄强。桢富柄强，则以之诘奸，奸不处；以之治财，财不蠹；以之蒐器，器不窳；以之练士，士无虚伍。如是，何患于四夷，何忧乎御侮！斯之谓折冲于尊俎。……《记》曰："物耻足以振之，国耻足以兴之。"故昔帝王处蒙业久安之世，当涣汗大号之日，必虩然以军令饬天下之人心，皇然以军食延天下之人材。人材进则军政修，人心肃则国威遒，一喜四海春，一怒四海秋。五官强，五兵昌，禁止令行，四夷来王，是之谓战胜于庙堂。是以后圣师前圣，后王师前王，师前圣前王，莫近于我烈祖神宗矣。《书》曰："其克诘尔戎兵，以陟禹之迹，方行天下，至于海表，以觐文王之耿光，以扬武王之大烈。"用敢拜手稽首作《圣武记》。道光二十有二载，玄黓摄提格之岁，孟秋相月哉生魄，内阁中书舍人邵阳魏源叙于江都絜园。

魏源《海国图志叙》：《海国图志》五十卷，何所据？一据前两广总督林尚书所译西夷之《四洲志》，再据历代史志及明以来岛志，及近日夷图、夷语，钩稽贯串，创榛辟莽，前驱先路。大都东南洋、西南洋增于原书者十之八，大、小西洋、北洋、外大西洋增于原书者十之六。又图以经之，表以纬之，博参群议以发挥之。

何以异于昔人海图之书？曰：彼皆以中土人谭西洋，此则以西洋人谭西洋也。是书何以作？曰：为以夷攻夷而作，为以夷款夷而作，为师夷长技以制夷而作。

《易》曰"爱恶相攻而吉凶生，远近相取而悔吝生，情伪相感而利害生"。故同一御敌，而知其形与不知其形，利害相百焉；同一款敌，而知其情与不知其情，利害相百焉。古之驭外夷者，诹以敌形，形同几席；诹以敌情，情同寝馈。然则执此书即可驭外夷乎？曰：唯唯，否否！此兵机也，非兵本也；有形之兵也，非无形之兵也。明臣有言："欲平海上之倭患，先平人心之积患。"人心之积患如之何？非水，非火，非刃，非金，非沿海之奸民，非吸烟贩烟之莠民。故君子读《云汉》、《车攻》，先于《常武》、《江汉》，而知《二雅》诗人之所发愤；

玩卦爻内外消息,而知大《易》作者之所忧患。愤与忧,天道所以倾否而之泰也,人心所以违寐而之觉也,人才所以革虚而之实也。

昔准噶尔跳踉于康熙、雍正之两朝,而电扫于乾隆之中叶。夷烟流毒,罪万准夷,吾皇仁勤,上符列祖,天时人事,倚伏相乘,何患攘剔之无期?何患奋武之无会?此凡有血气者所宜愤悱,凡有耳目心知者所宜讲画也。去伪,去饰,去畏难,去养痈,去营窟,则人心之寐患祛,其一。以实事程实功,以实功程实事,艾三年而蓄之,网临渊而结之,毋冯河,毋画饼,则人才之虚患祛,其二。寐患去而天日昌,虚患去而风雷行。……

叙《海国图志》:……述《筹海篇》第一。……述《各国沿革图》第二。……志《东南洋海岸各国》第三。……志《东南洋各岛》第四。……述《西南洋五印度》第五。……述《小西洋利未亚》第六。……述《大西洋欧罗巴各国》第七。……述《北洋俄罗斯国》第八。……述《外大洋弥利坚》第九。……述《西洋各国教门表》第十。……述《中国西洋纪年表》第十一。……述《中国西历异同表》第十二。……述《国地总论》第十三。……述《筹夷章条》第十四。……述《夷情备采》第十五。……述《战舰条议》第十六。……述《火器火攻条议》第十七。……述《器艺货币》第十八。道光二十有二载,岁在壬寅嘉平月,内阁中书邵阳魏源叙于扬州。

福桥居士《夷艘寇海记序》(载《魏源全集》第三册):道光丙午夏六月上旬,皖江邓君守之触暑来访问余于石墩馆舍,倾盖定交,纵谭甚快。行箧中携有邵阳魏氏所纂《夷艘寇海记》二卷。魏时在林制君少穆先生幕中,悉夷事最详,所纪自足以徵信。笔法谨严,同所撰《圣武记》一书,而事则相反矣,曷胜浩叹!……抄竟书于爽来精舍之南轩。娄东福桥居士记。

今案:据吴泽等考订,魏源自道光二十一年(公元1841年)六月在京口受林则徐嘱撰《海国图志》,次年冬成五十卷本。后在道光二十六年至道光二十七年增补六十卷本,咸丰二年(公元1852年)后增补成百卷本(见吴泽主编《中国近代史学史》修订本上册,第96页)。《道光洋艘征抚记》为魏源记述鸦片战争的史著,原未署名,有不同传钞本,题名不一,计有《夷艘入寇记》、《夷舶入寇记》、《英夷入寇记》、《夷艘寇海记》、《夷艘征抚记》等名。据李瑚研究,《夷艘寇海记》是早期抄本中价值较高的一种,且考订是书撰成于道光二十二年。(参阅李瑚《魏源诗文系年》,中华书局1979年版);《魏源全集》第三册附录《夷艘寇海记》

校点说明，第 583—584 页。

## 《十一朝东华录》、《汉书补注》、《日本源流考》、《五洲地理志略》作者王先谦生。

《清史稿》卷四八二，《儒林三》：王先谦，字益吾，长沙人。同治四年进士，选庶吉士，授编修。光绪元年，大考二等，擢中允，充日讲起居注官。……六年，晋国子监祭酒。……八年，丁忧归，服阕，仍故官。出为江苏学政。……既莅江苏，先奏设书局，仿阮元《皇清经解》例，刊刻《续经解》一千四百三十卷。……开缺还家，历主思贤讲舍，岳麓、城南两书院。……三十三年，总督陈夔龙、巡抚岑春煊奏以所著书进呈，赏内阁学士衔。……国变后，改名遯，迁居乡间，越六年卒。著有《尚书孔传参正》三十六卷，《三家诗集义疏》二十八卷，《汉书补注》一百卷，《荀子集解》二十卷，《日本源流考》二十二卷，《外国通鉴》三十卷，《虚受堂诗文集》三十六卷等。

吴庆坻《王葵园先生墓志铭》（载《碑传集补》卷七）："……先生讳先谦，字益吾，学者称为葵园先生。……先生于学无所不究，门庭广大，合汉、宋涂辙而一之，其于崇经术、治国闻，致力弥笃。在史馆成《东华录》二百卷，《东华续录》四百十九卷，十朝谟烈灿然大备。视学江苏，成《皇清经解续编》一千四百三十卷，上绍阮文达盛规，用嘉惠来学。复以余力辑《南菁书院丛书》一百四十四卷。其著述则有：《尚书孔传参正》三十六卷，《三家诗义集疏》二十八卷，《汉书补注》一百卷，《后汉书集解》一百二十卷，《新旧唐书合注》二百二十五卷，《元史拾补》十卷，《荀子集解》二十卷，《庄子集解》八卷，《五洲地理图志略》三十六卷，《日本源流考》二十二卷，《外国通鉴》三十三卷。其撰集之书则有：《合校水经注》、《续古文辞类纂》、《律赋类纂》、《十家四六文钞》、《六家词钞》。其校刊之书则有：《钦定天禄琳琅书目前后编》、《盐铁论》、《世说新语》、《郡斋读书志》、《景教碑文纪事考》。其阐扬先德则有：通奉公遗著《诗意标准》一百十四卷，《鲍太夫人年谱一卷》，季弟先公校注《魏郑公谏录、谏续录、文贞故事拾遗》十一卷，重事考证成弟未尽之志。其表彰乡邦耆硕，若周侍郎寿昌、郭侍郎嵩焘之集，毛茂才国翰、欧阳州判周铬、毛孝廉贵铭之诗，吴训导敏树之文，并集荟刊布，用章遗献；访获亡友李布衣谟、丁孝廉蓉绥、李明经桢诗文集，授之梓；苏侍郎舆著《春秋繁露义证》，书成而殁，为刊行之，其笃风义如此。自为诗文，曰《虚受堂文集》十五卷，《诗集》十七卷，门弟子所编刻也。……先生以丁巳年十一月二十六年卒于凉塘，春秋七十有六。……"

**重修《大清一统志》告成。**

《清宣宗实录》卷三八七，道光二十二年十二月辛丑：重修《大清一统志》成，御制序曰：我大清之受天命有天下，增式廓而大一统者，于今二百年。洪惟列祖列宗，威惠滂流，声名懿铄，幅员之广，教化之洽，地利物华之盛，官方民事之详且备，羲绳轩驾以来，未之有也。圣祖仁皇帝始命纂修《一统志》，世宗宪皇帝重加编辑，至高宗纯皇帝御极之八年，甫获竣事。嗣以天威震叠，开拓西域地二万余里，因于四十有九年续有成书，叠矩重规，经纬翔实。皇考仁宗睿皇帝命史馆重修，未及告蕆。爰洎朕躬，荷神器付托之重，抚兹区宇，只绎乎体国经野、设官分职之大，溯惟我皇祖、皇考所以因时顺地，变通斟酌者，日不辍书。使非及时编定，俾旧典有所承而后事有所起，朕实愧且惧焉。兹全书告成，沿述于开国之初，增辑至嘉庆二十有五年，为卷五百有六十，非务为繁富以侈示后嗣也。我祖宗以仁义中正治天下，凡所损益，如权衡之于轻重，度量之于长短大小。即一州郡之升降，一官职之分合，一臣一民之予夺彰瘅，无非本单心之宥密，垂为律度，布为官礼。除繁存质，扶条就干，始获成书，实阙略是虞，而何繁富之有！……朕惟乾惕震恐，冀迪前光，深知守成之难，不殊于创始。愿与内外百执事，勉固封守而阜兆民。继自今无疆惟休，亦无疆惟恤，续有编录，视此典型，是朕之厚望也夫。

《嘉庆重修一统志》（《四部丛刊续编》本）卷首《进书表》：国史馆总裁大学士臣穆彰阿等谨奏，为接纂《大清一统志》全书告成，恭折奏闻请旨事：窃臣馆于嘉庆十六年经方略馆奏请，将《大清一统志》移交补纂，臣等现已督饬在馆各员，将全书纂辑缮校完竣。共五百六十卷，凡例、目录二卷，陆续恭进。……道光二十二年十二月。

## 公元 1843 年 清宣宗道光二十三年 癸卯

**陈逢衡汇刻《竹书纪年集证》、《逸周书补注》、《穆天子传注补正》，总名《汲冢三书》。**

陈逢衡《汲冢三书总序》：予刻《汲冢三书》毕，不觉喟然叹曰：古籍之存亡，所赖于后人之表述者，岂浅哉！世之攻《纪年》，以为伪者甚多。自予《集证》外，有通州雷君学淇从而考证之。《逸周书》世无异言，自予《补注》外，有海康丁君宗洛从而笺疏之。《穆天子传》则群奉为彝鼎，以为高出二书之上，自予未补正之先，有临海洪君颐煊校刻本。则此三书之赖以不坠，诸君子之力为多，而予亦窃幸自附焉。

昔明应麟胡氏有志纂述三书，空附诸论说于所著《三坟补逸》中，而其志竟未成。予自二十七发愤著书，今年六十六矣，积四十年之功，始得告成。自惟《纪年集证》书最少作，不无取材滥及。《逸周书补注》较胜于《纪年》，而《穆天子传注补正》则颇有惬于予怀矣。或曰："自子三书外，闻有《山海经说》及《博物志续》、《博物志疏证》，何取乎人所不读之书而日从事焉？"予应之曰："予非好为立异也，窃见夫世之以古书为伪者，日出焉而不能止，然书之伪者不待辩而亦无庸辩。夫《三坟》之伪也，《连山》、《归藏》之伪也，《晋乘》、《楚梼杌》之伪也，《天禄阁外史》之伪也，《文中子》之伪也，若是者种种矣，初何必为之置一词。若乃孔壁之《古文》为伪，则吾不解焉。……如今天下众口一词，牢不可破，虽有大声疾呼，卒无有起而应之者，况以予年近衰朽，藏书散亡殆尽，欲以一发挽千钧，难矣！"予因刻三书毕，而附论之，世得勿惊以为异乎，则予不任受也，予亦期乎心之所安而已。道光二十三年岁次癸卯八月朔，江都陈逢衡于郡城寓斋黄氏之黛山楼。

## 公元 1844 年 清宣宗道光二十四年 甲辰

**《七家后汉书》辑佚者汪文台卒。**

《清史稿》卷四八六，《文苑三》：汪文台，字士南。与正燮同县，相善。宗汉儒，以《论语》邢疏疏略，因取证古义，博采子史笺传，依韩婴《诗传》例作《论语外传》。见阮元《十三经注疏校勘记》，谓有益于后学，然成于众手，时有驳文，别为表识，作《校勘记识语》。……又尝纂辑《七家后汉书》，《淮南子校勘记》及胜稿，皆行于世。道光二十四年，卒，年四十九。

崔国榜《七家后汉书序》：《后汉书》自谢伟平后，作者十一家。梁、隋以降，阙佚几半。至唐章怀独为蔚宗书注，范存而诸家遂微。然诸书同异，具载注中，零篇断句，散见他书，犹可捃拾。……康熙中，钱塘姚鲁斯辑《东观汉记》以下诸家为《补逸》，颇沿明儒旧习，不详所自，遗漏滋多。孙颐谷侍御曾据其本，为《谢承书补正》，未有成书。近甘泉黄右原比部亦有辑本，视姚氏差评，终不赅备。黟汪先生南士绩学敦行，著书等身，尝以汲古余力，重为搜补。……兹辑存者七家，为书二十卷，末附失氏名《后汉书》为一卷，凡得二十一卷。……光绪八年五月，太平后学崔国榜书。

《续碑传集》编者缪荃荪生。

夏孙桐《缪艺风先生行状》（载《艺风老人日记》卷首）：先生，讳荃孙，字炎之，一字筱珊，晚号艺风。江阴缪氏先世，自宋南渡时，宏毅公官统制，驻兵毗陵，遂家焉。……时先生年二十有一……会四川举行丁卯正科，并补壬戌恩科，寄籍华阳，应试获举，改归原籍。……张文襄公视蜀，执贽门下，为撰《书目问答》，始为目录之学。……光绪丙子恩科，成进士。……次年散馆一等，授职编修。……历充本衙门撰文教习庶吉士、国史馆纂修、总纂，京察一等。吴县潘文勤公为国史总裁，疏请编辑《儒林》，《文苑》、《循吏》、《孝友》、《隐逸》五传，赓续阮文达公所未竟。先奉派为分纂，寻偕南海谭叔裕先生同为总纂，后谭公外任，遂独任其事。……戊子丁继母忧，居庐数月，整理五传告成，缮稿呈馆。始奉柩归里，主讲南菁书院。……服阕起复……以道府用。未几，复奉观察公讳，主讲山东泺源书院。……服阕，充国史馆提调。……甲午……张文襄闻而招之，重修湖北通志。逾年，文襄移督两江，聘主江宁钟山书院。自丙申至辛丑，主讲凡六年。……庚子之变，海内震扰，江南幸稍安。及和议成，朝廷锐意变法，张文襄集东南名流于武昌，以资讨论。先生应招，遂领江楚编译书局，在江宁举其事，改钟山书院为高等学堂，充监督，兼领中小学堂。亲赴日本考察学务。……寻辞学堂监督，专办江南图书馆事。……宣统纪元，学部奏充京师图书馆正监督。……湖北兵变，东南诸省应之，诏下逊位，海内云扰，先生亦辞职归矣，自是卜居沪上。……甲寅清史馆开，赵次珊尚书聘为总纂。……先为条举大纲，贻书商榷；及至馆，与同人集议，开馆之始，多所赞画。……（己未）十一月初一日卒于上海寄庐，年七十有六。

先生恪守乾嘉诸老学派，治经以汉学为归。……早膺史职，乙部致力最深。拾遗订误，悉本钱氏《考异》、王氏《商榷》家法，于当代掌故，徵求讨论，心得甚多。为文私淑全氏《鲒埼亭内外编》，以翔实为主，不尚空言。……其著述已刻者：《艺风堂文集》八卷，《续集》八卷，《辛壬稿》三卷，《乙丁稿》五卷，《金石目》十八卷，《读书记》四卷，《藏书记》八卷，《续藏书记》八卷、《辽文存》六卷，《续国朝碑传集》八十六卷，《常州词录》三十一卷，孔北海、魏文靖、韩致尧、李忠毅年谱各一卷。未刻者《诗存》四卷,《词》一卷,《尺牍》二卷,《金石分地录》二十四卷,《再续藏书记》不分卷,《碑集传补遗》十四卷,《秦淮广纪》十二卷,代端陶斋撰《壬寅消夏录》若干卷。所刻丛书:《云自在龛丛书》五集共十九种,《对雨楼丛书》五卷,《藕香零拾》三十八种,《烟画东堂小品》十二种。自辑古书及国朝人小集家集,皆在其中。……辛未季秋,夏孙桐谨状。

## 《浮邱子》作者、诗人汤鹏卒。

李元度《国朝先正事略》卷四四,《益阳汤海秋传》:海秋名鹏,豪于文。道光癸未进士,所为制举艺,列市肆中,士拟取科第者相踵。而君于是时,已专力为诗歌、古文。诗凡三千余首。初由礼部主事直军机处,迁户部员外郎,晋御史。意气踔厉……以劾宗室尚书某被议,罢御史,仍回户部,循资迁郎中……君既负才不试,则益务著书,以自暴白于天下。所作《浮邱子》立一意为干,干分为支,支之中又有支焉,则支复为干,支干相演,以递于无穷。大抵言军国利病、吏治要最、人事情伪,凡九十余篇,最四十余万言。每遇人辄曰:能过我一阅《浮邱子》乎?而其友魏默深则曰:是书可传也。甲辰七月卒,年四十有四。

《浮邱子》(同治四年李桓刻本)卷九,《训史》:浮邱子曰:记言动之谓史,书善败之谓史。俾今人善败毋自私而暴白于千龄万代焉,之谓史;俾千龄万代睹今人善败如不及、如探汤焉,之谓史;俾一其善者百善将归、一其败者百败将由焉,之谓史;俾百其善者一败可恕、百其败者一善可录焉,之谓史;俾百其善一其败者,竟无能扬其百恕其一,百其败一其善者,竟无能舍其百录其一焉,之谓史;俾无能扬其百恕其一者,淬厉以悻百善、戒一败,无能舍其百录其一者,淬厉以塞百败、充一善焉,之谓史。

是故以圣人之有惭德而畏史,以贤人之有小过差而畏史,以天子之尊而畏史,以诸侯之强大而畏史,以奸雄之横、无所不摧靡而畏史,以巧敏佞兑之尤、无所不蛊惑桡滑而畏史,以妇寺之稍知礼节而畏史,以细民浅夫之一念激卬而畏史。是故权有三大,曰天、曰君、曰史。天之权掌生杀,君之权掌黜陟,史之权掌褒讥。尔乃应生而杀,史于是乎以褒代生;应杀而生,史于是乎以讥代杀;应陟而黜,史于是乎以褒代陟;应黜而陟,史于是乎以讥代黜。是故天不兼史,史兼天;君不兼史,史兼君。非大圣贤,其孰能兼天、兼君而无遗憾者乎!是故孔子作《春秋》圣而史,朱子修《纲目》贤而史。其它取节云尔者,或博而史则网罗得失以成其材，或激而史则发抒事物以寄其情。或缛而史，则驰骛文辞以耀其采；或简而史，则芟除枝叶以絜其体尔。

乃天运降则史亦降，人心降则史更降。讳真书似，理偏词半，是谓疑史；匿丑夸美，骨脆语柔，是谓佞史；质不成干，文不成采，是谓陋史；俗不入今、典不入古，是谓浮史；亲然后附，贵然后称，是谓势史；金然后通，帛然后允，是谓利史；杂然后备，众然后举，是谓市史；请然后书，览然后存，是谓奴史；迩不井井，远更芒芒，是谓郁史；俊不察察，愚更懵懵，是谓盲史；野老铮铮，朝评则横，是谓骄史；稗编累累，国书则歧，是谓谬史。疑史害详，佞史害良，陋史害誉，浮史害据，势史害贤，利史害廉，市史害壹，奴史害直，郁史害伸，盲史害明，骄史害敬，谬史害正。於乎！雾不揭者天不青，鲸不烹者江不平，陈言不斧者文不立，浅衷不药者史不成。世有君子，尔惟时其惩此十二史，尔如不惩，史何以称！史如不称，世何以明！世如不明，政何以存！政如不存，道何以行！是故贱其人则贱其史，贱其史则贱其世，贱其世则贱其政，贱其政则贱其道。史贱，则染翰操纸者之羞也；世贱，则执枢驭宇者之羞也；政贱，则赞皇庀国者之羞也；道贱，则枕经茹古者之羞也。如欲去四贱、涤四羞，则良史氏盍作乎！则良史氏盍作乎！

今案：汤鹏此书虽非历史著述，然《训史》之篇，立论奇警，文势雄健，富于深切蕴义，故系录于汤鹏卒年。

## 公元 1845 年 清宣宗道光二十五年 乙巳

**国史馆所修《蒙古回部王公表传》刊刻成书。**

中国第一历史档案馆藏《国史馆档案》编纂类第370号卷，穆彰阿等奏折稿：
国史馆总裁、大学士臣穆彰阿等谨奏：为捐刊《蒙古回部王公表传》完竣，恭呈御览事。窃臣馆于道光十六年奏请续纂《蒙古回部王公表传》，于十九年纂成，进呈钦定……二十四年八月十六日奏请由臣馆捐刊，本日奉旨：依议，钦此，钦遵亦在案……臣等伏查乾隆四十四年，钦奉圣谕纂辑《蒙古回部王公表传》，特命编辑书成后，将所部之《表传》，以三体合书颁给各部落，俾其子孙益知观感奋励。曾于节次书成后，遵旨颁发。此次刊刻完竣，应仍钦遵谕旨，按照部落书目，由臣馆刷印三体全文各一部，移交理藩院颁发，以昭圣朝眷念外藩之至意。再，此次《蒙古表纂传》至道光十年，嗣后各蒙古、回部王公等功过事迹，及承袭次数，臣馆循例行文理藩院查取档案，续行纂辑，以垂久远……道光二十五年三月初三日……

## 唐鉴著成《国朝学案小识》。

《清史列传》卷六七，《儒林传上二》：唐鉴，字镜海，湖南善化人。……嘉庆十四年进士，改翰林院庶吉士，散馆授检讨。二十三年，迁浙江道御史。……宣宗登极……出知广西平乐府，擢安徽徽宁池太广道，调江安粮道。擢山西按察使，调贵州按察使，擢浙江布政使，调江宁布政使……生平学宗朱子，笃信谨守，无稍违依。及再官京师，倡导正学。蒙古倭仁、湘乡曾国藩、六安吴廷栋、旌德吕贤基、昆明何桂珍、罗平窦垿，皆从鉴问。……著《国朝学案小识》十五卷，以陆陇其、张履祥、陆世仪、张伯行四人为传道，余皆翼道、守道，而以张沐等为心宗，于孙奇逢亦致不满。……（咸丰）十一年，卒，年八十四。又著有《易牖读易识》、《读易反身录》、《读礼小事记》、《四经拾遗》、《四砭斋省身日课》、《平瑶纪略》、《朱子年谱考》及《诗文集》十卷。

唐鉴《国朝学案小识叙》：圣人之学，格致诚正、修齐治平而已。离此者叛道，不及此者远于道者也。七十子皆从圣人受学，而传道者惟颜、曾……于是有新建者，援象山之异，揭良知半语为宗旨，托龙场一悟为指，归本立地成佛，谓"满街都是圣人"，大惑人心，愈传愈谬，踰闲荡检，无所顾忌。天下闻风者趋之若鹜，骎骎乎欲祧程朱矣。生其后者，乌可不挽之于狂澜，拯之于胥溺，而任其猖狂恣肆，使斯世尽入榛莽哉？……

蒙是编自平湖陆先生始，重传道也。有先生之辨之力，而后知阳明之学断不能傅会于程朱；有先生之行之笃，而后知程朱之学断不能离格致诚正而别为宗旨；有先生之扶持辅翼于学术败坏之时，而后知天下之未丧斯文。有宋之朱子，即有今之陆先生也。与先生同时诸儒，以及后之继起者，间多不及先生之纯，而能遵程朱之道，则亦先生之心也。他若指归特异，不守朱子家法，则当分别录之，不泯其本末，不掩其瑕瑜，俾后之观者，于以见得失之林焉。……道光二十五年孟夏月，小岱山人唐鉴。

沈维鐈《国朝学案小识序》：……我朝道统中天，君师立极，颁发《性理精义》、《朱子全书》，升紫阳为十二哲。二百年来，名儒辈出，庠序修明，为元、明所未有。乃循习既久，聪慧杰特之士，厌常喜新，则有崇训诂而蔑绳检，以汉学、小学凌驾宋儒者矣。言心性而遁元虚，袭六经注脚邪论，而显备孔、孟者矣。不守博文约礼，诚明敬义之训，不知礼义廉耻之防，世道人心，流波莫挽，有心者所为慭焉深忧也。

我友善化唐敬楷先生，秉承家学，著述皆有关系，兢兢于学术真伪之辩，谓统纪必一，则法度可名，涂辙可端。综举国朝讲学诸儒，次弟甄录。首列《传道》，以清献、杨园、桴亭、清恪为正宗。其次汤文正以下十九人为《翼道》，得所翼而道不孤也。于北冥以下，四十四人为《守道》，得所守而道益明也。又次黄梨洲以下为《经学》，许、郑、贾、孔皆道之支流余裔也。卷末附《心宗》终焉。其搜采未获，仅见他氏称说者，为《待访录》，以俟补辑。共十四卷，书成，授维鐈读之。……是书有学统之精严，而不病其隘；有学蔀之侃直，而不涉于苛。于以救阳儒阴释之弊，而存道脉之真，其功正不可小也。……爰撮其大凡，书以为序。道光二十五年小除夕，愚弟槜李沈维鐈拜撰。

## 公元 1846 年 清宣宗道光二十六年 丙午

**梁廷枏《海国四说》刊行。**

梁廷枏《海国四说序》：三代后，惟汉、元声威所至，视周、秦、唐、宋为远。然亦止西北关塞而外，未闻越葱岭而迄西壖。即历代市舶骈集广、闽，大率来自东南洲岛。故自元以前，尚不知有西洋诸国。明初，郑和返命，内臣接踵而往。费氏《天心纪行》、吴氏《朝贡》两录出，张氏《东西洋考》继之。而后，海西岛屿略有称名。其时，舟航梭织，所经复有亚非利驾亦云利未亚地，即今之所称曰第三洲，合大浪山迤西，别为一区者也。万历以后，西人遵海远求荒僻，又得亚墨利加之北，移人实之；既又沿溯而得其南，终更冒险以抵极南生火之地。虽不可居，而墨瓦腊泥加之名，缘是起焉。然当利玛窦之来，礼臣据《会典》，但知有西洋琐里，尚未知有大西洋。陈氏之录《海国闻见》，在我朝定鼎之初，图绘大地全形，犹不越前三方者。……夫西国之风气，惟利是图，君民每聚赀合财，计较锱铢之末，跋涉数万里，累月经年，曾不惮其险远。来市虽众，率贸易工技者流，习狙夷风，方自以税重货多，日持市道之见，与为窥测。大体所在，开喻原难，故从来驭夷之方，惟事羁縻，养欲给求，开诚相与，毋启以隙而挑以衅，是即千古怀柔之善术。盖其人生长荒裔，去中国远，不睹圣帝明王修齐治平之道，不闻诗书礼乐淑身范世之理，所得内地书籍，出于市商之手，徒求值贼，罔裨贯通；更畏例严，购求忙杂；又飘栖异域，必无淹博绅贤，古义邃精，岂通解证。彼纵坚心求学，而择师乏术，从入迷途，薄涉浅尝，挂一漏万。无足以生其悦服，启其机缄。夫是以始终墨守旧行之教，递相传述，辗转附益。不知所考，则信奉愈坚；不知所疑，则触发无自意。……夫周孔之道洋施，本速于传邮。特前此西海之外，舟车阻之，俟其从容向化，势已缓矣。今则招徕既广，望光而踵至者，未尝限以工贾之辈。迩者皇上扩天地之仁，恩施格外，听其购求典籍，延致中土儒生，大地同文，兆端于此。他日者，设能尽得圣君、贤臣、孝子、悌弟、义夫、节妇之见于纪载者，有以次第讲习，牖其愚蒙，引其向往，将所谓思悔转弃者，直旦暮间事。是盖圣教普施之渐之有以发其机而操之券，又安有人心风俗之足害也哉？

予以读礼家居，取旧所闻，编成《四说》，先详彼教之委曲，而折衷之以圣道，并其所习闻之说考证焉，而明其所出，而后其教可听与方外并存，曰《耶稣教难入中国说》。次举入市之国之所称货多税重者，为之各胪其风土起灭之由，一冠以中国年号，自案牍以逮时贤撰著，参以彼所自说，诞异者仍而正之，而后始末燎如，用资闻见，曰《合省国说》，曰《兰仑偶说》，而终之《粤道贡国》。凡贡道之由广东者，纪其年月、品物、锡赍、筵燕，而厚往薄来之义见焉。贡道不止粤东，谨就耳目所及，不敢滥也。粤道不止西洋，附以暹罗诸国，从其同也。即称臣纳赆之故，可共晓然于天朝厚泽，煦育已深。不特思义顾名，群安无事，抑更沾濡圣学，勉作异域循良之民，则圣代声教，夫岂汉、唐以下比哉？区区之怀，如是而已。不曰"记"，而曰"说"者，以中国人述外国事，称名自有体制，且非足迹之所及，安知其信？固不敢援李思聪之《百夷传》、侯继高之《日本风土记》为例也。编成，辄序其大凡于简端。道光丙午年正月，梁廷枏自序。

**朱右曾著成《周书集训校释》。**

《清史列传》卷六九，《儒林传下二》：朱右曾，字尊鲁，江苏嘉定人，道光十八年进士，改翰林院庶吉士，散馆授编修。二十五年……授徽州府知府。丁酉，服阕，补镇远府，调遵义府。……署大定府，卒。右曾覃思著述，精于训诂、舆地之学。……为《周书集训校释》十卷。不言《逸周书》，亦不言《汲冢书》者，复《汉志》之旧题也。又著《春秋左传地徵》二十卷，据杜氏《地名谱》而进退之，定著国邑、土地、山川名一千二百八十一，阙者二百二十六，考其封域，详其并吞，而系以汉及今之郡县。又辑《服氏解谊》三十卷。……又《诗地理徵》二卷。……

朱右曾《周书集训校释序》：《周书》称"逸"，昉《说文》；系之汲冢，自《隋书·经籍志》。《隋志》之失，先儒辨之，不"逸"而"逸"，无以别于《逸尚书》，故宜复《汉志》之旧题也。其书存者五十九篇，并序为六十篇，较《汉志》篇数，亡其十有一焉。注之者晋五经博士孔晁。……嗟乎！自周至今，殆三千载，苟获碎金残石于瓦砾之中，尚宝之如拱璧。《山海经》之谬悠，穆王游行之荒唐，伪《纪年》之杜撰，尚有研覃缀缉之者，况上翼六经，下笼诸子，宏深质古若是书者乎！……愚观此书，虽未必果出于文、武、周公之手，要亦非战国、秦、汉人所能伪托。……夫孔注疏略，且多讹阙。余姚卢文弨集诸家校订，间有所释，但恨其未备。嗣又得高邮王氏念孙、海宁洪氏颐煊之书，校定正文及其义训。乃不揣鄙陋，集诸家之说，仍是删违，申以己意。……凡所训解，悉本前儒，而以校定音释附焉，爰名之曰《集训校释》。属稿于道光丁酉，又经阳湖同年丁侍郎嘉葆、太仓陆孝廉麟书、同里葛广文其仁商榷，辄复随笔更定，盖再易稿矣。……道光二十有六年丙午夏六月既望，识于新安郡斋。

今案：是书后世或题《逸周书集训校释》，然以右曾本意，当去"逸"字。

**祁韵士纂修《钦定外藩蒙古回部王公表传》所留编年资料，经人编校后，以《皇朝藩部要略》之名刊行。**

李兆洛《皇朝藩部要略序》：鹤皋大前辈之在翰林也，历年最久。当被命为《蒙古回部诸王公列传》，皆内检黄册，外译舌人，仅能通晓，久而后成。既成，又为当事者齮龁，复迟之数年。盖先生于蒙古、回部之事，尽劳勚矣。既进呈，为《钦定蒙古王公列传》，编之《四库》。先生之为是书也，先以年月日编次，条其归附之先后，叛服之始终，封爵之次第，以为纲领，而后分标各藩之事迹，而为之传，名曰《藩部要略》。是传仿《史记》，而《要略》仿《通鉴》也。淳父学使视学江左，行辕在江阴，而兆洛忝主讲席，因进见叩鹤皋先生诸书。学使因以《西陲要略》、《西域释地》见赐，而曰《藩部要略》尚未刻也。兆洛因请而读之，既卒业，谨拜手稽首而言曰：……先生此书，于皇朝数百年以来，所以绥养藩服者，无不综具其缘起，悉载著列圣恩德之所由，隆明威之所以畀。恍然造化之亭毒，皇极之相协，如读邃皇之书，睹鸿蒙开辟之规模焉。

乌可不令承学之士，闻所未闻，见所未见，了然于天人之故哉！道光十九年冬十月，馆后学武进李兆洛书于暨阳书院之辈学斋。

祁寯藻《皇朝藩部要略后跋》：谨案：先大父自订年谱云："乾隆四十七年，充国史馆纂修官。先是奉旨创立《蒙古王公表传》，武进管先生干贞纂传数篇，奉差离馆。时无锡相国嵇文恭公为总裁，知余谙习清文，派令接纂是书"。……先大夫既成《表传》一百十二卷，进呈御览，为今著录《四库》之《钦定外藩蒙古回部王公表传》。底册数十帙，未经更事厘订，藏之家箧五十余年，幸无失坠。逮寯藻奉命视学江苏，驻节江阴。江阴李申耆前辈见而好之，因属宝山毛生甫先生为参考编辑，江阴宋勉之补表成书，二十二卷。题曰《藩部要略》，从《西陲要略》例也。又越七年，平定张石州复为校补讹脱，乃墨诸版。石州又以先大夫之创为各传也。先辨其地界方向，译出山水地名以为提纲，而是编疆域未具，读者眩之，爰以会典、一统志为本，旁采各书，别纂《蒙古游牧记》若干卷，它日卒业，将附梓以行。道光二十五年岁次乙巳五月，男寯藻谨记。

今案：道光丙午筠渌山房刻本为十八卷，又《藩部世系表》四卷。作者题为：前史官寿阳祁韵士纂，宝山毛岳生编次，江阴宋景昌校写，平定张穆覆审。乾隆四十七年（公元1782年），祁韵士奉敕修纂《蒙古王公表传》，至五十四年（公元1789年）纂成《钦定外藩蒙古回部王公表传》，收入《四库全书》。其历年积累之档案、世谱等资料，编有"长编"，自称"底册"，留存于家。道光二十年（公元1838年），其子祁寯藻请李兆洛据"底册"修订成私家之书。李氏委托门人毛岳生"编次"，宋景昌"校写"，并增辑《藩部世系表》。毛、宋编辑之本，后经张穆统一校订，定名为《皇朝藩部要略》。详参包文汉《清朝藩部要略稿本探究——代前言》（载包文汉整理《清朝藩部要略稿本》，黑龙江教育出版社1997年版）。

## 公元1848年 清宣宗道光二十八年 戊申

**徐继畬著成《瀛寰志略》且刊行于世。**

《清史稿》卷四二二，《徐继畬传》：徐继畬，字松龛，山西五台人。道光六年进士，选庶吉士，授编修，迁御史。……十六年，出为广西浔州知府，擢福建延邵道，调署汀漳龙道。海疆事起，敌舰聚厦门，与漳州隔一水，居民日数惊。继畲处以镇定,民赖以安。二十二年,迁两广盐运使,旬日擢广东按察使。二十三年,迁福建布政使。二十六年,授广西巡抚,未赴官,调福建。……继畲暂兼署总督。……继畲初入觐,宣宗询各国风土形势,奏对甚悉,退遂编次为书曰《瀛寰志略》,未进呈而宣宗崩,言者抨击及之。咸丰元年,文宗召继畲还京。……寻授太僕寺少卿。……咸丰二年,吏部追论继畲在巡抚任逮送罪人迟误,请议处,乃罢归。……同治二年,召诣京师,命在总理各国事务衙门行走。寻授太仆寺卿,加二品顶戴。五年,以老疾乞归。……同治十二年卒,年七十九。

徐继畲《瀛寰志略自序》:地理非图不明,图非履览不悉,大块有形,非可以意为伸缩也。泰西人善于行远,帆樯周四海,所至辄抽笔绘图,故其图独为可据。道光癸卯,因公驻厦门,晤米利坚人雅裨理,西国多闻之士也,能作闽语,携有地图册子,绘刻极细,苦不识其字,因钩摹十余幅,就雅裨理询译之,粗知各国之名,然匆卒不能详也。明年,再至厦门,郡司马霍君蓉生购得地图二册,一大二尺余,一尺许,较雅裨理册子尤为详密,并觅得泰西人汉字杂书数种,余复搜求得若干种,其书俚不文,淹雅者不能入目。余则荟萃采择,得片纸亦存录勿弃,每晤泰西人,辄披册子考证之,于域外诸国地形时势,稍稍得其涯略,乃依图立说,采诸书之可信者,衍之为篇,久之积成卷帙。每得一书,或有新闻,辄窜改增补,稿凡数十易。自癸卯至今,五阅寒暑,公事之余,惟以此为消遣,未尝一日辍也。陈慈圃方伯、鹿春如观察见之,以为可存,为之删订其舛误,分为十卷。同人索观者多怂恿付梓,乃名之曰《瀛寰志略》,而记其缘起如此。道光戊申秋八月,五台徐继畲识。

鹿泽长《瀛寰志略序》:……中丞徐松龛先生,以淹雅之才,兼文武之略,文章经济,炳烁一时。筮仕已来,遍历海疆,近开府七闽。……时古大秦所分诸国,悉遣渠酋航海梯山,翕然麇至。先生抚绥之暇,每咨访其形势,得所谓"地球图",并泰西人所绘各国地图,暨东南海岛诸国山川、风土、物产、习尚,与夫古今沿革变迁之故,瞭如指掌,又考订古籍,著为之说,此《瀛寰志略》一书所由作也。……道光二十八年岁次戊申秋七月,福山鹿泽长谨序。

今案:据潘振平《〈瀛寰志略〉研究》(载《近代史研究》1988年第4期)考订,《清史稿》等文籍所言徐继畲撰写本书之前曾入京觐见,并不属实,《瀛寰志略》纂修,亦非奉有旨意。徐继畲1844年撰成《瀛寰考略》二卷,后又增订补充,成《瀛寰志略》,于本年即得刊行。

**姚莹著成《康𱊊纪行》。**

姚莹《康𱊊纪行自叙》：《康𱊊纪行》者，道光甲辰、乙巳、丙午间，莹至蜀中，一再奉使乍雅及察木多，抚谕蕃僧而作也。……莹自嘉庆中，每闻外夷桀骜，窃深忧愤，颇留心兹事，尝考其大略，著论于《识小录》矣。然仅详西北路，其西南、海外有未详也。及乎备兵台湾，有事英夷，钦奉上询英地情事。当时第据夷酋颠林所言，绘阵图说，而俄罗斯距英地远近，莫能明焉，深以为恨，乃更勤求访问。适友人魏默深贻以所著《海国图志》，大获我心，故乍雅之役，欣然奉使。就藏人访西事，既得闻所未闻，且于英人近我西藏之地，与夫五印度、俄罗斯之详，益有徵焉。顾行笥少书，惟携图说数种，未能博证，然所见闻略近实矣。大约所记六端：一、乍雅使事始末；二、剌麻及诸异教源流；三、外夷山川形势风土；四、入藏诸路道里远近；五、泛论古今学术事实；六、沿途感触杂撰诗文。或得之佛寺、碉楼，或得之雪桥、冰岭。晚岁健忘，不能无纪也。然皆逐日杂记，非著书，故卷帙粗分，更不区其门类。……姚莹述。

叶棠《康𱊊纪行跋》：《康𱊊纪行》一书，石甫先生在蜀中，两次奉使乍雅，抚谕蕃僧，记其途中道里远近、山川风土，或博考古今，或畅言得失，或登楼远眺，或临流赋诗，感慨系之所由作也。戊申夏，退还龙眠，重加缮写，釐为十六卷。列图于卷末，命余绘成，复出全部，命余校正讹误，并属作记。……同邑后学叶棠谨跋。

**《西域水道记》、《汉书西域传补注》、《登科记考》作者徐松卒。**

《清史列传》卷七三，《文苑传四》：徐松，字显伯，大兴人。嘉庆十年进士，改翰林院庶吉士，散馆授编修。十六年，督学湖南，坐事戍伊犁。松博及群书。居京师为词臣，博综文献，为时流所推。……成《西域水道记》五卷。……又以新疆入版图已数十年，未有专书，爰搜采事迹，稽核掌故，成《新疆识略》十卷，于建置城垣、控扼险要、满汉驻防、钱粮兵籍，言之尤详。将军松筠奏进《识略》，并叙其劳，特旨赦还，御制《识略》序文，付武英殿刊行。道光元年，特用内阁中书，转礼部主事。洊升郎中，补御史，授陕西榆林府知府。旋卒。著有《新斠注地理志集释》十六卷，《汉书西域志补注》二卷，《唐两京城坊考》五卷，《唐登科记考》三十卷，《新疆赋》二卷。……

缪荃孙《艺风堂文集》卷一，《徐星伯先生事辑》：先生徐姓，名松，字星伯，行九。原籍浙江上虞，侨居大兴，遂为大兴人。……卒于道光戊申，年六十八。……

## 公元 1849 年　清宣宗道光二十九年　己酉

**《畴人传》、《十三经注疏校勘记》、《四库未收书提要》作者阮元卒。**

　　《清史列传》卷三六,《阮元传》:阮元,江苏仪徵人。乾隆五十四年进士……嘉庆三年八月,升兵部右侍郎,旋调礼部右侍郎,仍留学政任。九月,任满回京,仍入直南书房。四年正月,转左侍郎,署兵部左侍郎。三月,充经筵讲官,寻调户部左侍郎。……七月,兼署礼部左侍郎。九月,兼管国子监算学。十月,署浙江巡抚。五年正月,实授。……(道光)六年,调云贵总督。……十五年三月,召来京,擢体仁阁大学士,管理刑部事务,旋管理兵部。……十二月,兼署都察院左都御史。……(十八年)五月,以老病请致仕。……二十九年,卒。……元淹贯群书,长于考证。……所著有《经籍纂诂》、《十三经校勘记》、《山左金石志》、《两浙金石志》、《石渠随笔》、《畴人传》、《小沧浪笔谈》、《定香亭笔谈》、《广陵诗事》、《揅经室集》,又编辑《皇清经解》一千四百卷。

## 公元 1850 年　清宣宗道光三十年　庚戌

**国史馆新拟补充画一列传凡例。**

　　北京国家图书馆藏《画一列传凡例》载《国史馆现办画一列传凡例》(已见前例者不载):

　　一、各传有改名者,一后改之名标题传首,书某某原名、某某传中仍书原名。叙至改名之年,则书某年奉旨改名某某,或书某年改某名,以后均书后盖之名。

　　一、宗室、觉罗有书"满洲"字者,删之。……

　　一、中书舍人及各部司员传补军机,旧传皆书在军机处行走,今改充军机章京。一御试翰詹今改称大考(单抬)。

　　一、各省学政曰命、曰授,今则书"提督某省学政"(如系试差留学政,仍书曰旋授)。

　　…………

一、《忠义传》内如总兵李绍祖等，或有军功、或有事迹，应归入大臣传。

一、口外换班书法不一，今查《百祥传》，嘉庆十五年赏蓝翎侍卫，充和阗帮办大臣，十六年赏三等侍卫，充叶尔羌帮办大臣。最为妥协，应从之（按《台裴荫传》亦如此，惟"充"作"授"）。

一、新疆协办大臣，今遵《职官志》改为帮办大臣。

…………

一、一年数事者系月以别之，其止一事，例不书月。

…………

一、官名直书，不必省文，亦不必假借，如陕甘总督称"陕督"（《哈当阿传》）、山西布政使称"晋藩"，皆当更正。又有用"篆"字者，如"督篆"、"抚篆"之类（《特成额传》屡见），章奏中或用之，纂笔亦当更正。

…………

一、各传补载者，身后予夺、子孙官阶也。身后予夺，将长编各书查出者散入各传，本年篇篇有之。惟将长编所载本人事迹与本传互校，然后知其有无阙略，不必篇篇有之，而本年不篇篇检到。有关体要而偶尔遗漏，诚难保其必无，此次不补，则沧海沉珠矣！子孙官阶，照各原籍咨送官册登载。其有官职较大，册到后叠次升迁见于谕旨者，另立册簿，随时查明续载。或有官册屡催未到，尔官秩卑小无从稽考，并年远无册籍可互查者，但仍旧有者存之，无者概从阙如。

…………

一、此次续办画一，如传中有添载事迹之处，仍照上届款式，逐条注明遵某书叙入，粘贴黄签于正本。

一、各传只有升转官阶而无建白者，或所载之事只有一二节而又无关紧要者，均归入《大臣表》中。其文职曾掌文衡，武职曾立战功一二次者，仍立传，不归表。

一、行文各有所宜，有用于古而不宜于今（如"王师"今则宜称"大兵"），有通用于今无害于理，而不必改从古语（如"屡次"为"节经"、章疏称"折子"之类）。惟章奏中有率意用之而实不雅驯者，有冗长而反不明晰者，势不能不为之删润。至纂笔叙事，尤宜雅洁，不涉稗官，方协史体。道光三十年正月提调官、翰林院侍讲蔡宗茂、编修方俊谨拟。

今案：此件凡例，内容丰富、具体，是实际审阅国史馆旧稿之后所提出，故成文于道光二十六年启动画一列传之后。因篇幅较大，这里不得不有所删略。

## 《西夏纪事本末》作者张鉴卒。

汪曰桢《南浔镇志》卷一三,《人物二》:张鉴,字春冶,一字荀鹤,号秋水先生。先世自乔溇迁浔。仪徵阮文达公视浙学,既而抚浙,筑诂经精舍于西湖,拔两浙知名士讲肄其中,鉴及同里杨凤苞、施国祁皆与焉,佐修《盐法志》、《经籍纂诂》等书。嘉庆辛酉拔贡,甲子复中副榜。文达督师宁波剿海寇,挟鉴同行,复以水灾蠲赈,皆资鉴赞画。今所传《两浙赈灾记》,即当时所编,详赡足为后法。适奉上谕豫筹海运,嗣因河流顺轨,其事遂寝。鉴以河运虽安而费巨,海运虽危而费省,且得其人而行之,海道习熟,亦未尝不如河道之安,于是著《海运刍言》。……年近六旬,膺风疾,里居不出,自号贞疾居士。……丙午,选授武艺教谕。庚戌正月,卒于官,年八十三。所著书凡三百余卷。

徐郙《西夏纪事本末叙》(续修《四库全书》本卷首):《西夏纪事本末》卅六卷,乌程张春冶先生之所纂也。昔洪氏亮吉有《西夏国志》,世罕传本。今先生是书,亦闇而不章,其何以光盛业、昭来许!蒙得见遗文,滋惜爱彦。岁在旃蒙作噩,乃属剞氏,俾有传本……先生是书,网罗旧闻,荟萃群说,端委详明,同袁机仲之作。义例精密,过章茂深之编。文质一贯,不蹈于空疏;褒贬得中,不邻于僭妄。此则知幾通识,未由吹索毛瘢;季绪轶才,不复掎摭利病者矣。幕士蒋君屠守写本,合肥谭尹,力任校雠,于是旧学之劬书,乙库之坠简,足以聚辉艺林,厕声笔削。仆肄业及之,撮其大凡,缀诸末简,以释客难并眎后贤。有司掌录,愿坿《五代纂误》之余,并世编摩;窃比《三史拾遗》之末云尔。赐进士及第、经筵讲官、礼部左侍郎、南书房翰林、安徽督学使者嘉定徐郙叙。

今案:方状猷《中国史学概要》第五章第六节介绍本书内容并评议,称"此书卷首有《年表》一篇(上列宋、中列夏,下列辽金),《西夏堡寨附图》一篇,《历代疆理节略》一篇,《职方表》一篇,皆为研阅西夏史之键钥,尚可称为创例。……此书能另辟蹊径,增加图表,虽义例或未精密,然即其法而变化之,亦未始不可为纪事史体奠一新基也",可资参考。

## 《碑传集》编者钱仪吉卒。

《清史列传》卷七三,《文苑传四》:钱仪吉,初名逵吉,字衎石,浙江嘉兴人。……嘉庆十三年成进士,改翰林院庶吉士,散馆授户部主事。累迁至工科给事中。寻罢归。仪吉于学无所不通，其治经先求故训，博考众说，而折中以本文大义。……其读史，则补《晋兵志》及《朔闰》诸表，又撰《三国会要》，博采见闻，旁罗散失，期拾遗于正史，不限断以本书。帝系、舆地，或为之图，或为之表，条系字缀，巨细毕赅。尝为会典馆总纂，专办天文、舆地诸图象。复手撰《皇舆图说》四十卷。又尝仿明焦竑《献徵录》，为《国朝献徵集》，得将相、大臣、循良、忠节、儒林、文苑等，凡八百余人。又于《献徵集》之外，节录名臣为《先正事略》。……晚主河南大梁书院。道光三十年，卒，年六十八。他著有《衎石斋记事稿》十卷、《续稿》十卷、《刻楮集》四卷、《旋逸小稿》二卷。

**《蒙古源流笺证》、《元朝秘史注》作者沈曾植生。**

《清史稿》卷四七二，《沈曾植传》：沈曾植，字子培，浙江嘉兴人。光绪六年进士，用刑部主事。……迁员外郎，擢郎中。居刑曹十八年，专研古今律令书，由《大明律》、《宋律统》、《唐律》上溯汉魏，于是有《汉律辑补》、《晋书刑法志补》之作。曾植为学兼综汉、宋，而尤深于史学掌故，后专治辽、金、元三史，及西北舆地、南洋贸迁沿革。寻充总理衙门章京。……母忧归，两湖总督张之洞聘两湖书院讲席。拳乱启衅，曾植与盛宣怀等密商保护长江之策，力疾走江、鄂，决大计于刘坤一、张之洞，而以李鸿章主其成，所为"画保东南约"也。旋还京，调外交部。出授江西广信知府。……历署督粮道、盐法道，擢安徽提学使，赴日本考察学务。三十二年，署布政使，寻护巡抚。……宣统二年，移病归。逊位诏下，痛哭不能止。丁巳复辟，授学部尚书。事变归，卧病海上。壬戌冬，卒，年七十三。著有《海日楼文诗集》。

沈颎《沈乙盦先生海日楼遗书总目》（载《蒙古源流笺证》卷首）：《元朝秘史注》十五卷，附《九十五功臣名》一卷。《蒙古源流笺证》八卷。《蛮书校补》一卷。《岛夷志略笺》二卷。《史外合注》共六种，目列下：《蒙鞑备录》、《黑鞑事略》、《西游录》、《异域说》、《塞北纪程》、《近疆西夷传》。以上皆历史著述，为先君最重要之籍，今合编为丛书一种，定名曰乙部丛书。……壬申夏男颎识。

张尔田《蒙古源流笺证》：奇攸氏之立国也，鞭笞六合，混一中夏。及其遁荒，部落雄长，仍失为大国。巴图蒙克以中兴余烈，据喀尔喀全部，又逾大漠，东跖察哈尔，西蹂青海，南收鄂尔多斯、土默特。诸鄂托克子孙繁衍传世百年，以迄于林丹汗，与明运相终始。自来治元故者，仅有脱卜察颜及西域拉施特诸人书，而爱猷识理达腊以后小王子传次，但于《明史·外国传》略存梗概。蕃汉隔阂，语焉不详，诹朔方文献者懵焉。乾隆中，喀尔喀亲王成衮扎布始以此书上于朝，馆臣奉旨译成今书。其书根据红册、黄册七种史料而成。以喇嘛佛教为纲，以各汗传统之世系为纬，而又上及蒙古种族发源之土伯特额讷特珂克，遗闻坠掌，粲然毕载。论其声价，实不在拉施特书之下。乃自入秘府，承学之士病其音译歧异，罕或津逮。道、咸之交，人尚畴史，魏默深、张石洲、何愿船诸君，始渐有援引。及之者，嘉兴沈乙盦与洪文卿、李苾农二侍郎，同治西北舆地之学，而于此书研核尤勤。洪、李书行世最早，先生著述矜缓，丹墨丛残，及身多未写定。其偶落人间者，吉光片羽而已。先生既归道山，余始与亡友王懿相约，为之理董。……今年先生哲嗣慈护兄出遗书，属编次，因检校迻录，定为《笺证》八卷。……庚午闰六月，钱塘张尔田谨序。

今案：许全胜《沈曾植年谱长编》，记沈曾植生于道光三十年二月二十九日，卒于民国十一年（公元1922年）十月三日，年七十三。

## 公元1852年 清文宗咸丰二年 壬子

**《今古学考》、《古学考》、《知圣篇》作者廖平生。**

廖宗泽《六译先生行述》（载《广清碑传集》卷一六）：先祖姓廖氏，讳登廷，字旭陔，继改名平，字季平。初号四益，继改四译，晚年更号五译，又更号六译。……吾家明初由麻城入蜀，世居井研之青阳乡，四百年来无显者。……同治甲戌入县学为诸生，丙子补廪生。时南皮张文襄公督川学，见先祖岁考文，惊喜拔置优等，以高材生调尊经书院肄业。……先是，文襄未来时，蜀士除时文外，不知读书，至毕生不见《史》、《汉》。文襄以纪、阮之学相号召，创立尊经书院，重锓五经四史，风气为之一变。湘潭王壬秋先生又来主尊经讲席，一时人文蔚起，比于齐鲁。先祖与绵竹杨叔峤、汉州张子苾诸太世伯，有尊经五少年之目。后来说经硁硁皆于此数年植其基。湘潭故为公羊家言，先祖因亦谨守今文家法。

由癸未至壬寅，二十年中，学凡四变。丙午自序《四变记》曰：初以《王制》、《周礼》同治中国，分周、孔同异，袭用东汉法也（泽按：此期约五年，所著以《今古学考》为纲要，平分今古）。继以《周礼》与《王制》不两立，归狱歆、莽，用西汉法（泽按：此期在戊子以后，约十年，所著以《辟刘篇》、《知圣篇》为纲要，尊今抑古）。然今学囿于《王制》，则六艺虽博，特中国一隅之书耳。戊戌以后，始言大同，乃订《周礼》为皇帝书，与《王制》大小不同，一内一外，两得其所。盖邹衍之说大明，孔子乃免拘墟（泽按：此期约八年，盖自戊戌始，沉思八年而其说始定。曾拟作《大小学考》未成，成书中当以《地球新义》、《王制集说》、《皇帝疆域图》为纲要）。壬寅后因梵宗大有感悟，始知《尚书》为人学，《诗》、《易》则邀游六合外，因据以改正《诗》、《易》旧稿，盖至此而上天下地无不通，即道、释之学，亦为经学博士之大宗矣（泽按：此期曾拟作《天人学考》未成，成书中当以《经学发微》为纲要，此后专就天人之说演进，不废其名）。当时以为归宿在此矣。继又因秦火同文之说，悟六经皆为雅言，自国师公颠倒五经，伪造三代钟鼎彝器，谓孔子以前已有六书文字。于是孔子乃述而不作，实则孔子以前亦如今各国专用字母，孔子作经以其文弗雅驯，乃造六书文字。所有尧、舜、禹、汤、文、武、周公诸名字，皆孔子作经所由翻译，庄子所谓翻十二经以救，此五变也（此期约八年，所著以《文字源流考》为纲要）。王冰所增《素问》八篇，详五运六气，旧目为伪。先祖以此乃孔门《诗》、《易》师说，专恃以说《诗》、《易》。举凡《鄘》、《卫》、《王》、《秦》、《陈》五十篇，《邶》、《郑》、《齐》、《唐》、《魏》、《邠》七十二篇，大、小《雅》，大、小《颂》，及《易》之上下经十首，六首诸义，皆能璧合珠联，无往不贯，此六变也（此期约十二年，所著有《易经经释》、《诗经经释》）。其号五译，六译，义取诸此。说详《经学四变记》、《五变记》、《六变记》。当初变时，以今古两家所根据多同出孔子，创为法古改制之说。更进而以六经皆孔作，有各领域，无叠床架屋之弊，大小人天，自成系统。……

  初，康长素得先祖《今古学考》，引为知己。先祖己丑会试后，谒文襄于广东。长素同黄季度过广雅书局相访。先祖以《知圣编》，《辟刘编》示之。……未几而康氏《新学伪经考》、《孔子改制考》告成，盖即就《辟刘编》、《知圣编》而引申之者也。梁氏谓其师见廖氏所著书，乃尽弃其旧说者指此。海内学者略窥先祖之学皆逮一二变而止，三变以后冥心独造，破空而行，知者甚鲜。五变、六变语益诡，理益玄，举世非之，索解人不得，虽心折者不能赞一辞。……

  今春手自编定《六译馆丛书》。为翻译类三种，论学类九种，附一种，孝经类三种，春秋类二十种，附二种，礼类六种，书类十二种，诗类十种，附一种，乐类三种，易类八种，尊孔类十种，医家类二十一种，附五种，地理类五种，文抄类九种，辑古类七种，附八种；都一百四十三种。……

先祖以光绪己卯举于乡，己丑大挑二等，即于其年成进士，朝考三等，以知县用，特授龙安府教授。历署射洪训导、绥定府教授、尊经书院襄校，嘉定九峰书院、资州艺风书院，安岳凤山书院院长。在绥定教授任内，被劾罢官。晚岁任成都优级师范高等学堂、法政学堂、客籍学堂、补习学堂，成都府中学堂、成都县中学堂，存古学堂教员。民国二年，以读音统一会代表赴京师。返川，任国学专门学校校长十年，并兼高等师范、华西大学教校。民国十三年回县，遂不复出。生于清咸丰壬子年二月初九亥时，亡于民国二十一年六月五日，即夏历壬申年五月初二午时，享年八十一岁。……不孝孙宗译谨述。

## 《东槎纪略》、《康輶纪行》作者姚莹卒。

《清史列传》卷七十三，《文苑传四》：姚莹，字石甫，安徽桐城人。嘉庆十三年进士，选福建平和县知县。以才著，调台湾县，署噶玛兰通判，坐事落职。旋以获盗有功，复官，捡发江苏。……未几，特旨命为台湾道，加按察使衔。时英人来犯，莹与台湾镇达洪阿击败之。……和议成，英人来诉台湾所获船，皆遭风触礁，文武冒功欺罔，逮问下刑部狱。旋出之，发往四川，以同知、知州用。两使西藏，讯乍雅案，补蓬州，二年引疾归。文宗登极，以大臣荐，有湖北盐法道之命。升广西按察使，参大学士塞尚阿军事。粤逆渐炽，大帅懦不能兵，都统乌兰泰、提督向荣皆骁将，不相能。……塞尚阿逮问，莹辞营务，筹饷。湖南巡抚张亮基奏署湖南按察使，积劳，卒于官，年六十八。……著有《东槎纪略》五卷，《康輶纪行》十六卷，《寸阴丛录四卷》，《识小录》八卷，《东溟文集》二十六卷，《诗集》二十卷，《奏稿》四卷，《遗稿》五卷，《遗稿续编》三卷。

徐子苓《桐城姚先生墓志铭》（载《续碑传集》卷三十五）：桐城姚先生讳莹，字石甫，一字明叔。……按状：先生生于乾隆乙巳十月，卒于咸丰壬子十二月十六日，得年六十有八。……

## 魏源增补《海国图志》至百卷。

魏源《海国图志后叙》：谭西洋舆地者，始于明万历中泰西人利马窦之《坤舆图说》、艾儒略之《职方外纪》。初入中国，人多谓邹衍之谈天。及国朝而粤东互市大开，华梵通译，多以汉字刊成图说。其在京师钦天监供职者，则有南怀仁、蒋友仁之《地球全图》。在粤东译出者，则有钞本之《四洲志》、《外国史略》，刊本之《万国图书集》、《平安通书》、《每月统纪传》，灿若星罗，了如指掌。始知不披海图、海志，不知宇宙之大，南北极上下之浑圆也。惟是诸志多出洋商，或详于岛岸土产之繁，埠市货船之数，天时寒暑之节，而各国沿革之始末，建置之永促，能以各国史书志富媪山川纵横九万里、上下数千年者，惜乎未之闻焉。近惟得布路国人玛吉士之《地里备考》，与美里哥国人高理文之《合省国志》，皆以彼国文人，留心丘索，纲举目张。而《地里备考》之《欧罗巴洲总记》上下二篇，尤为雄伟，直可扩万古之心胸。至墨利加北洲之以部落代君长，其章程可垂奕世而无弊；以及南洲孛露国之金银富甲四海，皆旷代所未闻。既汇成百卷，故提其总要于前，俾观者得其纲而后详其目，庶不致以卷轶之繁，望洋生叹焉。……咸丰二年，邵阳魏源叙于高邮州。

## 公元1853年 清文宗咸丰三年 癸丑

《天演论》、《群学肄言》、《群己权界论》、《社会通诠》译者严复生。

《清史稿》卷四八六，《文苑三》：严复，初名宗光，字又陵，一字幾道，侯官人。……闽督沈葆桢初创船政，招试英俊，储海军将才，得复文，奇之，用冠其曹，则年十四也。既卒业，从军舰练习，周历南洋、黄海。……光绪二年，派赴英国海军学校肄战术及炮台建筑诸学，每试辄最。侍郎郭嵩焘使英，赏其才，时引与论析中西学术同异。学成归，北洋大臣李鸿章方大治海军，以复总学堂。二十四年，诏求人才。复被荐，召对称旨。谕缮所拟万言书以进，未及用而政变猝发。越二年，避拳乱南归。是时士人渐倾向西人学说。复以为自由、平等、权力诸说，由之未尝无利，脱靡所折衷，则流荡放佚，害且不可胜言，常于广众中陈之。……宣统元年，海军部立，特授协统，寻赐文科进士，充学部名词馆总纂。以硕学通儒徵为资政院议员。三年，授海军一等参议官。

复殚心著述，于学无所不窥，举中外治术学理，靡不究极原委，抉其得失，证明而会通之。精欧西文字，所译书以瑰辞达奥旨。……世谓（林）纾以中文沟通西文，复以西文沟通中文，并称林、严。辛酉秋，卒，年六十有九。著有文集及译《天演论》、《原富》、《群学肄言》、《穆勒名学》、《法意》、《群己权界论》、《社会通诠》等。

今案：孙应祥《严复年谱》（福建人民出版社 2003 年版）记其生于咸丰三年十二月初十日（公元 1854 年 1 月 8 日），卒于公元 1921 年 10 月 27 日，年六十九岁。

## 公元 1855 年　清文宗咸丰五年　乙卯

**张德坚著成《贼情汇纂》。**

张德坚《贼情汇纂序》：贼何所恃，所恃者诡秘不易知耳。自粤至楚，残破数千里，肆乱逾两年，我官中犹不能确指贼目为谁某，况其余乎？咸丰癸丑正月，收复武昌，鄂人之胁以行者络绎逃归，于是留心时事之士，始获咨询、笔记。……而贼情寖渐以泄。时德坚充湖北抚辕巡捕官，因好闻贼情，彼都人士凡有采辑，手辄录寄。然人言人殊，虚实参半。比年于役大江南北，并随吴文节公至堵城，尝易装往来贼巢，所见行阵之士、被胁逃人、受害乡民不可胜计，留心访究，随时记载，衷然成帙。又以供役节辕时，屡发俘贼、难民鞫问，摘录供词甚夥。遂综羣而编辑之，成《贼情集要》一册。……甲寅九月上浣，钦差办理军务前少宗伯大帅曾公克复武汉，后驻节汉江，整旅誓师，即日下剿。德坚方自江北旋省，爰录《贼情集要》，介刘霞仙先生上之。……遂檄调赴武穴行营，设采编所，修辑《贼情汇纂》一书，委德坚为总纂官，训导邹君汉章副之。……乃以德坚夙著及数子记载为嚆矢，集俘件为证据，恃程生（程奉璜）为耳目，复广搜博采，多收而严纂之。……统成书十二卷，总目九，分目五十八，附目二十七，图七十一，于彼一举一动纤悉靡遗，贼情于是乎大备。……咸丰五年乙卯七月中浣，甘泉张德坚识。

## 公元 1856 年　清文宗咸丰六年　丙辰

**陈澧著成《汉儒通义》。**

陈澧《汉儒通义序》：汉儒说经，释训诂，明义理，无所偏尚。宋儒讥汉儒讲训诂而不及义理，非也。近儒尊崇汉学，发明训诂，可谓盛矣。澧以为汉儒义理之说，醇实精博，盖圣贤之微言大义往往而在，不可忽也。谨录其说以为一书。汉儒之书，十不存一，今之所录，又其一隅。引申触类，存乎其人也。节录其文，隐者以显，繁者以简。类聚群分，义理自明，不必赞一辞也。窃冀后之君子，祛门户之偏见，诵先儒之遗言，有益于身，有用于世，是区区之志也。若门户之见不除，或因此而辨同异，争胜负，则非澧所敢知矣。咸丰六年六月朔日，谨序。

**实录馆首纂道光朝《筹办夷务始末》成书。**

道光朝《筹办夷务始末》卷首，文庆等进书奏折：监修总裁官大学士臣文庆等跪奏，为纂辑《筹办夷务始末》完竣，恭折进呈仰祈圣鉴事：窃臣馆总裁官、原任协办大学士杜受田，面奉谕旨，纂修《筹办夷务始末》一书。臣等督同编校各官，慎司编辑，细心校勘。自道光十六年议禁鸦片烟始，至二十九年英夷不进粤城、通商受抚止，先后十四年间恭奉上谕、廷寄以及中外臣工之折奏，下至华夷往来之照会、书札，凡有涉于夷务而未尽载入实录者，编年纪月，按日详载，期于无冗无遗。……鸿篇载辑，允资考镜于前闻。共书八十卷，装潢十六函，敬谨进呈，伏祈皇上圣鉴。谨奏。 咸丰六年九月。

今案：此为清代第一部《筹办夷务始末》，据清朝旧存档案资料（见方甦生《清内阁库贮旧档辑刊叙录》，第20页），乃由实录馆负责纂修，先于实录修成进呈。

**《清宣宗实录》纂修成书。**

《清文宗实录》卷二〇九，咸丰六年十月乙酉朔，谕内阁：皇考《宣宗成皇帝实录》、《圣训》告成，著于十一月初一日受书御殿，各该衙门敬谨豫备。

《清文宗实录》卷二一一，咸丰六年十一月乙卯朔，恭纂《宣宗成皇帝实录》、《圣训》告成，监修总裁大学士文庆等奉表恭进。

光绪《大清会典事例》卷七十七，《吏部·修书议叙》：……咸丰六年，恭纂《宣宗成皇帝实录》告成，共四百七十六卷，又恭辑《圣训》一百三十卷。查照旧例，予监修总裁官、正副总裁官暨提调、纂修、校对、收掌、繙译、誊录各员议叙。

《清宣宗实录》卷首，大学士文庆等《进书表》：经筵日讲起居注官、太子太保内大臣、文渊阁大学士、上书房总师傅、翰林院掌院学士、管理户部兼管三库事务、镶黄旗汉军都统臣文庆……等诚惶诚恐稽首顿首上言：伏以元模开泰运，颛书昭柱地之勋；皇极毖乾符，轩箓表光天之业。纂鸿图于虞史，舜昭尧而心矩同符；咏骏烈于周京，武缵文而神枢合撰。溯在昔衢歌巷祝，总难忘至德之弥纶。……按簿籍而兼订史书，其事其义其文，提纲维而并稽御集。闻见极三生之幸，暑寒阅五载而余，凡规条咸秉夫鉴裁，即点画亦遵夫指示。恭成《宣宗成皇帝实录》、《圣训》，合凡例、目录、清、汉、蒙古文共一千七百卷，敬缮御制序文于简首，盥沐进呈。……惟兹作圣述明，温恭上接允恭，绍亲睦平章协和于变之休，而聿隆孝治。道法惟承心法，合太平丹穴崆峒大蒙之众，而同戴仁恩。臣等无任瞻天仰圣虔肃怵幸之至，谨奉表随进以闻。咸丰六年十一月初一日……谨上表。

**潘锡恩里居遭兵燹火灾，藏书及《史籍考》全稿焚毁。**

《乾坤正气集》（清同治求是斋刊。光绪十八年印本）全书卷末，潘骏文《乾坤正气集后序》：右《乾坤正气集》全部，先文慎公道光乙巳、丙午年间帅南河时所纂定也。凡一百一家，都为五百七十四卷。剞劂甫就，先公适引疾归里，旋值粤逆之乱，弗克编定卷次，藏板于家，尚未印行。咸丰丙辰，贼扰吾乡，所居毁于火，藏书三万余卷，悉为煨烬。斯集之板庋于园西偏小之楼，凡五楹，独得无恙。……先公尚有《增订史籍考》一书，亦与斯集同时雠校，系因毕秋帆、谢蕴山两先生原本，为卷三百三十有三。第原书采择未精，颇多复漏，先公因延旌德吕文节、日照许印林瀚、仪徵刘伯山毓崧、通邑包孟开慎言诸先生，分类编辑，删繁补缺，仍照朱竹垞《经义考》定为三百卷。而补录存佚之书，视原稿增四之一，详审顿觉改观。写成清本，待付手民，乃与藏书同归一炬，并原稿亦不复存。则书之能否流传，固亦有数存焉。乃于重印斯集连类及之，既以见钜制之不易成，益憬然于先泽之贻留矣。光绪十八年秋月，男骏文谨识于福建布政使官署。

今案：潘锡恩（公元？—1867年）为清朝后期高官，曾任江南河道总督、兵部侍郎等官。在道光后期任南河总督期间，搜购《史籍考》原稿，聘学者许瀚等人予以编纂，但几年后因病向许瀚索回稿件，盖惧此病不起，防备其稿被许瀚占有，亦私心作祟乃尔。上引其子潘骏文称已经"写成清本，待付手民"，恐为夸饰之词。咸丰六年其安徽泾县故里兵燹火灾，致使《史籍考》全部焚毁。此中细节，可参阅林存阳《〈史籍考〉编纂始末》引述资料，载《故宫博物院院刊》2006年第1期。

## 公元 1857 年 清文宗咸丰七年 丁巳

**《皇朝经世文编》编者、《圣武记》、《海国图志》、《道光洋艘征抚记》、《元史新编》作者魏源卒。**

《清史列传》卷六九，《儒林传下二》：魏源，字默深，湖南邵阳人。道光二年，顺天举人。……入赀为内阁中书，改知州。二十四年，成进士，发江苏以知州用，权东台、兴化县事。……未几，补高邮州，坐驿递迟误，免。寻以缉获枭匪功，副都御史袁甲三奏复其官。咸丰六年，卒，年六十三。

源经术湛深，读书精博。初崇尚宋儒理学，后发明西汉人之谊，于《书》则专申《史记》、伏生《大传》及《汉书》所载欧阳、夏侯、刘向遗说，以难马、郑，撰《书古微》十二卷；于《诗》则谓《毛诗》晚出，顾炎武、阎若璩、胡渭、戴震皆致疑于毛学，而尚知据三家古义，以证其源，因表彰鲁、韩坠绪，以匡传笺，撰《诗古微》二十二卷；于《春秋》则谓《汉书·儒林传》言董生与胡毋生同业治《春秋》，而何休《注》但依胡毋生条例，于董生无一言及。近日曲阜孔广森、武进刘逢禄皆《公羊》专家，亦止为何氏拾遗补缺，而董生之书未之详焉。若谓董生疏通大义，不列经文，不足颉颃何氏，则其书三科九旨灿然大备，且宏通精淼，内圣而外王，蟠天际地，远在胡毋生、何休章句之上，撰《董子春秋发微》七卷。他所著有《庸易通义》、《说文拟雅》、《两汉经师今古文家法考》、《论语孟子类篇》、《孟子小记》、《小学古经》、《大学古本》、《孝经集传》、《曾子章句》、《明代食兵二政录》、《老子本义》、《孙子集注》、《元史新编》，多未成，其例目见集中。……参以士大夫私家著述，故老传闻，排比经纬，驰骋往复，成《圣武记》十四卷，统四十余万言。……又作《筹鹾篇》，上两江总督陶澍，谓鹾政之要，不出化私为官，而缉私不与焉。……因据粤督林则徐所译西夷之《四洲志》，及历代史志、明以来岛志、近日夷图夷语，成《海国图志》一百卷。……所自著者有《古微堂文内集》三卷、《外集》七卷、《诗集》六卷，而贺长龄所著《皇朝经世文编》，亦源襄辑之力居多。

今案：据魏耆《邵阳魏府君事略》（载《魏源全集》第二十册《魏源传记资料》），魏源生于乾隆五十九年甲寅三月二十四日，卒于咸丰七年丁巳三月朔，享年六十有四。《清史列传》所记卒年误。

**国史馆纂修《清宣宗本纪》告成。**

《清文宗实录》卷二二四，咸丰七年四月己酉：以恭修《宣宗成皇帝本纪》告成，予国史馆提调官崇芳等升叙有差。

## 公元1858年 清文宗咸丰八年 戊午

**《新学伪经考》、《孔子改制考》、《大同书》作者康有为生。**

《清史稿》卷四七三，《康有为传》：康有为，字广厦，号更生，原名祖诒，广东南海人。光绪二十一年进士，用工部主事。少从朱次琦游，博通经史，好公羊家言，言孔子改制，倡以孔子纪年，尊孔保教。先聚徒讲学，入都上万言书，议变法。……中日议款，有为集合各省公车上书，请拒和、迁都、变法，格不达。复独上书，由都察院代递，上览而善之，命录存备各省览。……二十四年，有为立保国会于京师。……（上）命在总理衙门章京上行走，特许专折言事。……三月维新，中外震仰。……于是太后复垂帘，尽罢新政。……有为始脱走，亡命日本，流转南洋，遍游欧美各国。所至以尊皇保国相号召，设会办报，集赀谋再举。……宣统三年，鄂变作，始开党禁，戊戌政变获咎者悉原之，于是有为出亡十余年矣，始谋归国。时军民决行共和，廷议主立宪，而有为创虚君共和之议。……丁巳，张勋复辟，以有为为弼德院副院长。……事变，有为避美国使馆，旋脱归上海。……（丁卯）病卒于青岛。

有为天资瑰异，古今学术无所不通，坚于自信，每有创论，常开风气之先。初言改制，次论大同，谓太平世必可坐致，终悟天人一体之理。述作甚多，其著者有：《孔子改制考》、《新学伪经考》、《春秋董氏学》、《春秋笔削大义微言考》、《大同书》、《物质救国论》、《电通》，及《康子内外篇》、《长兴学舍》、《万木草堂》、《天游庐讲学记》，各国游记，暨文诗集。

梁启超《南海康先生传》（载《饮冰室合集》文集之六）第六章，《宗教家之康南海》：……先生幼受孔学；及屏居西樵，潜心佛藏，大彻大悟；出游后，又读耶氏之书，故宗教思想特盛，常毅然以绍述诸圣、普度众生为己任。先生之言宗教也，主信仰自由，不专崇一家，排斥外道，常持三圣一体、诸教平等之论。然以为生于中国，当先救中国；欲救中国，不可不因中国人之历史习惯而利导之。又以为中国人公德缺乏，团体散涣，将不可以立于大地；欲从而统一之，非择一举国人所同戴而诚服者，则不足以结合其感情，而光大其本性。于是乎以孔教复原为第一着手。

先生者，孔教之马丁路得也。其从事于孔教复原也，不可不先排斥俗学而明辩之，以拨云雾而见青天。于是其料简之次第，凡分三段阶：第一排斥宋学，以其仅言孔子修己之学，不明孔子救世之学也。第二排斥歆学（刘歆之学），以其作伪，诬孔子、误后世也。第三排斥荀学（荀卿之学），以其仅传孔子小康之统，不传孔子大同之统也。

昔中国之言孔学者，皆以《论语》为独一无二之宝典。先生以为《论语》虽孔门真传，然出于门弟子所记载，各尊所闻，各明一义，不足以尽孔教之全体，故不可不推本于六经。六经皆孔子手定，然《诗》《书》《礼》《乐》，皆因前世所有而损益之；惟《春秋》则孔子自作焉，《易》则孔子系辞焉。故求孔子之道，不可不于《易》与《春秋》。《易》为灵魂界之书，《春秋》为人间世之书，所谓致广大而尽精微，极高明而道中庸，孔教精神，于是乎在。

先生之治《春秋》也，首发明改制之义。以为孔子憨时俗之敝，思一革而新之，故进退千古，制定法律，以贻来者。《春秋》者，孔子所立宪法案也，所以导中国脱野蛮之域，而进于文明也。故曰：《春秋》天子之事也。但孔子所处之时势地位，既不能为梭伦，亦不必为卢梭，故托诸记事，立其符号，传诸口说；其微言大义，则在《公羊》《谷梁》二传，及《春秋繁露》等书。其有未备者，可推甲以知乙，举一以反三也。先生乃著《孔子改制考》，以大畅斯旨。此为孔教复原之第一段。

次则论三世之义。《春秋》之例，分十二公为三世：有据乱世，有升平世，有太平世。据乱、升平，亦谓之小康；太平亦谓之大同。其义与《礼运》所传相表里焉。小康为国别主义，大同为世界主义；小康为督制主义，大同为平等主义。凡世界非经过小康之级，则不能进至大同；而既经过小康之级，又不可以不进至大同。孔子立小康义以治现在之世界，立大同义以治将来之世界。所谓六通四辟，小大精粗，其运无乎不在也。小康之义，门弟子皆受之，而荀卿一派为最盛。传于两汉，立于学官；及刘歆窜入古文经，而荀学之统亦篡矣。宋元明儒者，别发性理，稍脱刘歆之范围，而皆不出于荀学之一小支。大同之学，门弟子受之者盖寡，子游、孟子稍得其崖略。然其统中绝，至本朝黄梨洲稍窥一斑焉。先生乃著《春秋三世义》《大同学说》等书，以发明孔子之真意。此为孔教复原之第二段。

若夫《大易》，则所谓以元统天，天人相与之学也。孔子之教育，与佛说华严宗相同：众生同原于性海，舍众生亦无性海；世界原具含于法界，舍世界亦无法界。故孔子教育之大旨，多言世间事，而少言出世间事，以世间与出世间，非一非二也。虽然，亦有本焉。为寻常根性人说法，则可使由之而不使知之；若上等根性者，必当予以无上之智慧，乃能养其无上之愿力。故孔子系《易》，以明魂学，使人知区区躯壳，不过偶然幻现于世间，无可爱惜，无可留恋，因能生大勇猛，以舍身而救天下。先生乃拟著《大易微言》一书，然今犹未成，不过讲学时常授其口说而已。此为孔教复原之第三段。

此外先生所著书，关于孔教者，尚有《教学通议》一书，为少年之作，今已弃去。有《新学伪经考》，出世最早。有《春秋公羊传注》、《孟子大义述》、《孟子公羊相通考》、《礼运注》、《大学注》、《中庸注》等书，皆未公于世。以上先生发明孔教之大略也。……孔子二千四百五十二年十一月九日，梁启超记于日本横滨之饮冰室。

今案：《康南海自编年谱》记其生于咸丰八年二月初五日。

## 公元 1859 年 清文宗咸丰九年 己未

**张穆《蒙古游牧记》刊行。**

《清史列传》卷七三，《文苑传四》：张穆，字石洲，山西平定人。道光十一年优贡生，候选知县。……候铨时，以负气忤贵人，罢去。闭门读书，左图右史，日以讨论为事。大学士祁寯藻为其父刻《藩部要略》，延穆校核……于是著《蒙古游牧记》十六卷。……书未成，其友何秋涛为补辑之。他著有《顾亭林年谱》、《阎百诗年谱》、《斋文集》、《诗集》。

张穆《斋文集》卷三，《蒙古游牧记自序》：我皇清受天眷命，统一天下，薄海内外，悉主悉臣，治道之隆，登三咸五，而北戴斗极，西届日所，人廓疆畛，三万余里，靡不服属奔走。礼乐朝会、赋役法制、条教号令，比于内地，盛矣哉！古未尝有也。然内地各行省府厅州县，皆有志乘，所以辨方纪事，考古镜今。至于本朝新辟之土，东则有吉林、卜魁，西则有金川、卫藏，南则有台湾、澎湖，莫不各有纂述，以明封畛而彰盛烈。独内外蒙古隶版图且二百余载，而未有专书。《钦定一统志》、《会典》虽亦兼及藩部，而卷帙重大，流传匪易。学占之土尚多憪其方隅，疲于考索。此穆《蒙古游牧记》所为作也。……

今之所述，因其部落而分纪之。首叙封爵功勋、尊宠命也；继陈山川城堡，志形胜也；终言会盟贡道，贵朝宗也。详于四至八到，以及前代建置，所以缀古通今，稽史籍，明边防，成一家之言也。致力十年，稿草屡易，凡国家丰功伟略，见于《方略》诸书者，罔不敬录而阐扬之。其近年兴建，则又询诸典属，访诸枢垣，以蕲精详而备讨论。阅者手此一编，亦足以仰窥圣神功化之万一矣。昔吾乡祁鹤皋先生著有《藩部要略》，穆曾豫雠校之役，其书详于事实，而略于方域。兹编或可相辅而行，异时为舆地之学者，傥亦有取于斯也夫！

祁寯藻《蒙古游牧记序》：海内博学异才之士，尝不乏矣，然其著述卓然不朽者，厥有二端：陈古义之书，则贵乎实事求是；论今事之书，则贵乎经世致用。二者不可得兼，而张子石州《蒙古游牧记》独能兼之。始余校刊先大夫《藩部要略》，延石州覆加校核。石州因言："自来郡国之志，与编年纪事之体相为表里，昔司马子长作纪、传，而班孟坚创修地理志，补龙门之阙，而相得益彰。今《要略》编年书也，穆请为地志，以错综而发明之。"余亟怂恿，俾就其事，杀青未竟，而石州疾卒，以其稿属何愿船比部整理。愿船为补其未备，又十年始克成编。余详为披览，究其终始，见其结构则详而有体也，徵引则赡而不秽也，考订则精而不浮、确而有据也。拟诸古人地志，当与郦亭之笺《水经》、赞皇之志《郡县》并驾齐驱，乐史、祝穆以下无论已。虽然，石州之成此编，岂第矜博奥、搜隐僻，成舆地一家言哉？

盖尝论之：蒙古舆地，与中国边塞相接，其部族强弱，关系中国盛衰，非若海外荒远之区，可以存而不论也。塞外漠南北之地，唐以前不入版图，史弗能纪。至辽、金、元皆尝郡县其地，乃三史地志虚存其名，而山川形势、都会阨塞，阙焉无考。是则欲知古事，不外斯编矣。……然则是书之成，读史者得实事求是之资，临政者收经世致用之益，岂非不朽之盛业哉！因酾金付梓，而序其纲要，以谂观者。咸丰九年夏四月，寿阳祁寯藻。

**奖叙国史馆画一列传纂修官。**

《清文宗实录》卷二八四，咸丰九年五月乙未：以国史馆臣工列传画一完竣，予内阁侍读英秀等，加衔升叙有差。

中国第一历史档案馆藏《国史馆档案》编纂类第342号卷，存咸丰九年画一臣工列传书成奏底：……窃臣馆纂辑"臣工列传"，向系按季分单呈进，因编纂非出一手，体例恐有参差，必须复行检辑，斟酌画一，以昭信史。查嘉庆十六年臣馆奏准复纂臣工列传，自国初起办至乾隆六十年，旋于道光三年书成，奏请移送皇史宬尊藏在案。道光二十六年，臣馆因已成各传积至二千四百余册，奏请自嘉庆元年至道光十五年，凡已进大臣列传及儒林、文苑、循吏、忠义、等传，均复加编纂，悉改画一。内有既经成传，续奉谕旨追加爵谥、荫恤并入贤良祠者，皆详为增载。其有身后削夺等事，亦一并追改。如事迹太少，即酌撤归表。分别次序，厘定卷帙。自嘉庆元年至道光十五年，共成汉字《大臣列传》一百四十四卷，《儒林传》八卷，《文苑传》八卷，《循吏传》四卷，《忠义传》三十卷，清字《大臣列传》一百五十四卷，清字《忠义传》十九卷。均经缮写正本，装潢成帙，陆续呈进。惟原传各本既经办理画一，贴黄处未免过多，复督令誊录等官重缮汉字正本一分，计一百九十四卷，以便存馆备查。现在全书一律完竣。……

中国第一历史档案馆藏《国史馆档案》人事类第736号卷，存吏部来文：咸丰九年五月十四日奉上谕：翁心存等奏复纂《臣工列传》书成一折，国史馆《臣工列传》自嘉庆元年至道光十五年均复加编纂，查改画一，分别缮写清、汉正本，择日送藏皇史宬，并重缮汉字正本一分存馆备查。现在全书一律完竣，数在五百卷以上。所有在馆各员，自应分别奖叙。……

今案：此次纂办完竣的画一列传，开始于道光二十六年，《国史馆全宗档案》第342号卷内文件已然明言。但系统拟定凡例，则在道光三十年正月。见前文所引之资料以及案语。

## 公元1860年 清文宗咸丰十年 庚申

**清廷嘉奖何秋涛所著之书，赐名《朔方备乘》。**

《清文宗实录》卷三〇六，咸丰十年正月己丑，谕内阁：刑部候补主事何秋涛呈进所纂书籍八十卷，著赐名《朔方备乘》。此书于制度沿革、山川形势，考据详明，具见学有根柢。何秋涛著加恩俟补缺后，以员外郎即行升补。……

# 公元 1861 年 清文宗咸丰十一年 辛酉

## 徐鼒著成《小腆纪年附考》。

徐鼒《小腆纪年附考自叙》：叙曰：……自南宋后七八百年中，有递嬗之世，无篡立之君，极微贱之人，知节义之重。则圣贤正人心而维世运之明效，大验也。臣鼒恭读纯庙《实录》及《御制圣朝殉节诸臣录序》……仰遵纯庙附书之谕，窃取《春秋》、《纲目》之义，原本正史，博采旧闻，为《小腆纪年附考》一书。……臣鼒入史馆后，始创是书。壬子冬，乞假归觐，奉命办理团练，扞撅之暇，发家藏稗史，参互推勘，五历寒暑。每月夜登埤，与诸同事相劳苦，辄举书中忠义事，口讲手画，环而听者，咸感喟不能自已。戊午春，扬州官军移营浦口，士民额手相庆，臣鼒亦解团练事，需次入都，属门下士汪达利缮写成帙。方冀故乡友朋参订讹阙，乃五载金汤，一朝瓦碎，向时家藏之书，毁焉无复存矣。登埤听讲之人，较书中死事之人为更惨矣。独臣鼒以孑然之身，远宦数千里外，烽烟未熄，羽檄交驰，脱并是书灰烬焉，则臣鼒所以仰遵纯庙圣谕，窃取《春秋》、《纲目》之义，汲汲以正人心、维世运之愚衷，与不才之躯同忽焉没矣，是则梓而存之之意也夫！咸丰十一年岁在辛酉秋八月，六合彝舟甫徐鼒自叙。

## 冯桂芬著成《校邠庐抗议》。

《清史列传》卷七三，《文苑传四》：冯桂芬，字林一，江苏吴县人。道光二十年一甲二名进士，授翰林院编修。二十三年，充顺天乡试同考官。二十四年，充广西乡试正考官。……文宗御极，诏中外大臣各举贤才，大学士潘世恩以林则徐、姚莹、邵懿辰与桂芬同荐。寻以忧归。总督陆建瀛聘修《盐法志》。咸丰三年，粤匪陷金陵，奉特旨与程廷桂、韩崇、胡清绶同办团练劝捐事，巡抚许乃钊驻师金陵，羽檄日数至，商略裁复，皆桂芬主之。……六年，迁右春坊右中允。……尝著《校邠庐抗议》四十篇，于经国大计，指陈剀切。……同治三年，诏求贤才，安徽巡抚乔松年复荐桂芬，以病不果行。六年，以苏、松、太三属办团及善后功，赏加四品卿衔。九年，鸿章奏桂芬平居，讲学著书，岿然为东南耆宿。……请破格优奖，赏给三品衔。……精小学，以段玉裁《说文解字注》引用多误，作《段注考正》十六卷。……著有《弧矢算术细草图解》及《西算新法直解》，校定李氏《恒星图》，测定咸丰纪元中星表。……

桂芬登第后，不十稔即引疾归。……自号邓尉山人。……十三年，卒于家，年六十六。他著有《两淮盐法志》、《苏州府志》、《显志堂集》。

冯桂芬《校邠庐抗议自序》：三代圣人之法，后人多疑为疏阔，疑为繁重，相率芟夷屏弃，如弁髦敝履，而就其所谓近功小利者。世更代改，积今二千余年，而荡焉泯焉矣。一二儒者，欲挟空言以争之，而势恒不胜，迨乎经历世变，始知三代圣人之法，未尝有此弊，夫而后恍然于圣人之所以为圣人也。……然则为治者，将旷然大变，一切复古乎？曰：不可。古今异时，亦异势。《论语》称损益，《礼》称不沿袭，又戒生今反古。古法有易复，有难复；有复之而善，有复之而不善。复之而不善不必论，复之善而难复，即不得以其难而不复，况复之善而不易复，更无解于不复，去其不当复者，用其当复者，所有望于先圣后圣之若合符节矣。桂芬读书十年，在外涉猎于艰难情伪者三十年，间有私议，不能无参以杂家，佐以私臆，甚且羼以夷说，而要以不畔三代圣人之法为宗旨。……惧遂泯没，爰以避地暇日，笔之于书，凡为篇四十，旧作附者又二，用《后汉·赵壹传》语，名之曰："抗议"，即位卑言高之意。明知有不能行者，有不可行者，夫不能行则非言者之过，而千虑一得，多言或中，又何至无一可行！存之以质同志云尔。咸丰十一年冬十月，吴县冯桂芬自序。

## 《古史纪年》、《竹书纪年补正》作者林春溥卒。

《清史列传》卷六九，《儒林传下二》：林春溥，字立源，福建闽县人。嘉庆七年进士，改翰林院庶吉士，散馆授编修。历充顺天乡试、会试同考官。以父年八十，陈请归养，遂家居不出。咸丰十一年，重与恩荣宴，得旨赏加四品卿衔。十二月，卒，年八十七。……以金履祥《通鉴前编》本之《皇极经世》，强事系年，鉴定甲子，乃推究《竹书纪年》，证以他书，上溯黄帝，下接《左氏》，为《古史纪年》十四卷。又唐僧一行《大衍历》每据《竹书》以推古年甲子，其佚杂见他说，端委靡竟，亦资异闻，乃表而列之，参稽同异，为说于后，为《古史考年异同表》二卷。又以武王克殷甲子见于武成《逸书》，乃参之传记，为《武王克殷日纪》一卷。又以传《春秋》者左氏，杜预始分经之年与传相附，乃参以《公》、《谷》、《国语》、《史记》诸书，附注其异文，其逸事不知日月，附录于后，为《春秋经传比事》二十二卷。又以战国诸侯史记灭于秦火，史迁掇拾秦记，日月不备，传闻异词，乃本《通鉴纲目》之旧，增而辑之，为《战国纪年》六卷、《表》一卷。又以《竹书》出后人缀辑，乃旁考诸家所引，疏通证明，复取后人所以致疑者，统为后案，为《竹书纪年补证》四卷。他著又有《开辟传疑》二卷、《灭国五十考》一卷、《孔孟年表》二卷、《孔子世家补订》一卷、《孟子列传纂》一卷、《孟子外书补证》一卷，《四书拾遗》五卷，《古书拾遗》四卷，《开卷偶得》十卷。

**《南汉书》、《南汉书考异》、《海国四说》、《夷氛闻记》作者梁廷枏卒。**

《清史列传》卷七三，《文苑传四》：梁廷枏，字章冉，广东顺德人。副贡生。官澄海县训导。……尝读书诃林，见两铁塔题衔，覈与吴任臣《十国春秋》多不合，乃据正史、《通鉴》、舆地诸书，旁及说部、金史，著《南汉书》十八卷，《考异》十八卷，《文字》四卷，网罗散佚，勾稽同异。论者谓足与马令、陆游《南唐书》并传。道光中叶，海氛不靖，大吏聘修《海防汇览》。廷枏乃采集海外旧闻，并得美利坚国人新编《合省志略》，著《粤道贡国说》六卷，《耶稣教难入中国说》一卷，《兰仑偶说》四卷，《合众国说》四卷。兰仑者，英吉利伦敦也。……林则徐自两湖移节来粤，耳其名，下车拜访，询以筹防、守战事宜，廷枏为规划形势，绘《海防图》以进。……咸丰元年，以荐，赏内阁中书，加侍读衔。十一年，卒，年六十六。他著有《南越五主传》三卷，《夷氛记闻》（今案：应为《夷氛闻记》）五卷，《论语古解》十卷，《书余》一卷，《东坡事类》二十二卷，《金石称例》四卷、《续》一卷，《碑文摘奇》一卷，《兰亭考》二卷，《藤花亭书画跋》四卷，《镜谱》八卷《藤花亭文集》十四卷，《诗集》四卷，《东行日记》，《澄海训士录》四卷。……又有《曲话》五卷，《江南春词补传》一卷。

傅以礼《华延年室题跋》卷上：《夷氛闻记》，五卷，乃番禺李秋农司马迈平家藏旧钞本。……其书记道光朝英人内犯始末，具有史裁，足以信今传后。惜不知谁何手笔，近与大埔邱云岩太守时共谭艺，始知为顺德梁氏所撰，粤中曾付剞劂，以叙述时事，恐涉嫌讳，不署姓名，职是之故。梁氏名廷枏。……

今案：《夷氛闻记》原不具名，傅以礼访知为梁廷枏，后孟森作《夷氛纪闻跋》（载《明清史论著集刊续编》），详加考实。然孟文误从《清史列传》，以书名为《夷氛纪闻》。胡逢祥《夷氛闻记》（载仓修良主编《中国史学名著评价》2版，第三卷，山东教育出版社2006年版）一文，指出其误。又据胡文分析，是书称林则徐为文忠，"最后成书当在道光三十年十一月林则徐死后，即咸丰初年，晚于魏源《道光洋艘征抚记》而先于夏燮《中西纪事》。"

# 公元 1862 年 清穆宗同治元年 壬戌

**奉两宫皇太后懿旨编纂《治平宝鉴》。**

《清穆宗实录》卷二三，同治元年三月丁未，谕内阁：前奉母后皇太后、圣母皇太后懿旨，命南书房、上书房翰林等，将历代帝王政治及前史垂帘事迹，择其可为法戒者，据史直书，简明注释，汇册进呈。兹据侍郎张之万等汇纂成书，缮写呈递，法戒昭然，足资考镜，著赐名《治平宝鉴》。礼部右侍郎张之万、太常寺卿许彭寿、光禄寺卿潘祖荫、翰林院编修鲍源深、修撰章鋆、编修杨泗孙、李鸿藻、吕朝瑞、黄钰，著各赏给大卷缎一匹、大卷江䌷一匹。

**《朔方备乘》作者何秋涛卒。**

《清史列传》卷七三，《文苑传四》：何秋涛，字愿船，福建光泽人。道光二十四年进士，授刑部主事。侍郎李嘉端巡抚安徽，奏辟自随。比还京师，益留心经世之务。以俄罗斯地居北徼，与我朝边卡切近，而未有专书，以资考镜，著《北徼汇编》六卷，继加详订，本钦定之书及正史为据，旁采近人纂辑，自汉、晋、隋、唐迄明，又自国朝康熙、乾隆迄于道光，代为之图，并缀论说，增衍为八十卷。咸丰八年，尚书陈孚恩疏荐秋涛，暨郭嵩焘通达时务，晓畅戎机。时秋涛居忧在籍，命先将所纂书籍呈进。九年，服阕，入京，文宗览所著《北徼汇编》，称其于制度沿革、山川形势，考据详明，足徵学有根柢，因赐名《朔方备乘》。召见后，……晋官员外郎、懋勤殿行走。旋复以忧去官。同治元年，卒，年三十九。所著《王会篇笺释》三卷，以王氏《补注》为本，并取诸家，于训诂地理，考证钩析，观者咸服其精博。又有《篆隶源流》、《一镫精舍甲部稿》。其刑部奉敕撰《律例根源》，亦秋涛在官时创稿云。

李鸿章《朔方备乘序》：古之儒者，博学而不穷，故多闻、多志，必继之以精知，然后略而行之，未有不通天下之志，而能成天下之务者也。……《传》有之曰："知己知彼"。《大学》之言"治平"，知己之学也；《周官》之言"周知"，知己而兼知彼之学也。自来谈域外者，外国之书务为夸诞，傅会实多，游历所纪，半属传闻，淆讹叠出，又或辗转口译，名称互歧，竞尚琐闻，无关体要，以云徵信，盖亦难之。不知史传所存，官私书所纪，参考互校，可得而详，自非强识洽闻，精心远见之儒，罕能究其源流，证其得失。

窃见故员外郎衔、刑部主事何秋涛究心时务，博及群书，以为俄罗斯东环中土，西接泰西诸邦，自我圣祖仁皇帝整旅北徼，耆威定界，著录之家虽事纂辑，未有专书。秋涛始为汇编，继加详订，本钦定之书及正史为据，旁采图理琛、陈伦炯、方式济、张鹏翮、赵翼、松筠，以及近人俞正燮、张穆、魏源、姚莹之徒，与外国人艾儒略、南怀仁、雅裨理之所论述，并上海、广州洋人所刊诸书，订其舛讹，去其荒谬，上溯圣武之昭垂，下及窝集之要害，为考，为传，为纪事，为辨正，自汉、晋、隋、唐迄于明季，又自国朝康熙、乾隆迄于道光，代为之图，各为之说，凡八十卷。文宗显皇帝垂览其书，赐名《朔方备乘》。进呈之后，书旋散亡，吏部侍郎黄宗汉因取副本，拟更缮进，复毁于火。秋涛之子芳秾，奉其残稿来谒，篇帙不完，涂乙几遍，鸿章爰属编修黄彭年，与畿辅志局诸人为之补缀排类，复还旧观图说刊成，全书次第亦付剞劂。……

何秋涛《朔方备乘凡例》（三十则）：

一、是书备用之处有八：一曰宣圣德以服远人；二曰述武功以著韬略；三曰明曲直以示威信；四曰志险要以昭边禁；五曰列中国镇戍以固封圉；六曰详遐荒地理以备出奇；七曰徵前事以具法戒；八曰集夷寇以烛情伪。

一、是书取材之处有四：一曰本钦定之书以正传讹；二曰据历代正史以证古迹；三曰汇中外舆图以订山川；四曰搜稗官外纪以资考覈。

一、是书卷首恭录《圣训》三卷，次恭录《圣藻》一卷，次恭录《钦定诸书》八卷，以上共十二卷。……次复分门别类，详细编纂，凡《圣武述略》六卷，《考》二十四卷，《传》六卷，《纪事本末》二卷，《记》二卷，《考订诸书》十五卷，《辨证诸书》五卷，《表》七卷，《图说》一卷，以上共六十八卷。旁搜博采，务求详备，兼方志、外纪之体，揽地利、戎机之要，庶言北徼掌故者，有所徵信云。……

**《小腆纪年附考》、《小腆纪传》作者徐鼒卒。**

《清史列传》卷七三，《文苑传四》：徐鼒，字彝舟，江苏六合人。道光二十五年进士，改翰林院庶吉士，散馆授检讨。寻擢御史，出知福建福宁府，调延平。同治元年，卒于官。……生平博通经史，初入史馆，叙明福、唐、桂三王及台湾郑氏事，为《小腆纪年》二十卷。……又著《读书杂释》十四卷，考据详明，有裨经传。又有《灰烬斋文集》八卷，《灰烬斋外集》一卷，《周易旧注》十二卷，《礼记汇解》、《月令异同疏解》、《四书广义补》、《毛诗尔雅注疏》、《说文引经考》、《明史艺文志补遗》、《小腆纪传》、《度支辑略》、《延平春秋》、《老子校勘记》、《楚辞校注》、《未灰斋诗钞》等书。

徐承祖《小腆纪传跋》：昔先大夫作《小腆纪年》，既成而作《纪传》。谓《纪年》一书，取《春秋纲目》之义，凡明季衰乱及诸臣贤否，固在在可考；然读迁、固之史，其人其事必综其生平言行，各予纪传，令观者得悉其毕生之善恶，此史家之例，而先大夫《纪传》之所由作也。维时出守福宁，贼氛告警，登埤尽瘁，遗命深以此书不克成为憾。……弟承礼在闽，珍什遗稿，于公暇日，辄出是书釐次，与仁和魏君锡曾参校编次，得六十五卷，缮为定本。弟承礼复搜遗蒐逸，博采群书，凡先大夫未及录者，作《纪传补遗》若干卷，亦本先大夫作书之旨。……其已考订者凡五卷。……光绪十三年岁在丁亥冬十二月，男承祖谨识。

## 公元 1864 年　清穆宗同治三年　甲子

**命国史馆纂修《清文宗本纪》。**

《清穆宗实录》卷一〇二，同治三年五月己酉：谕内阁：历代史书，皆以帝王本纪冠诸简端。我朝列圣相承，均经国史馆恭修本纪，敬谨尊藏。伏念皇考文宗显皇帝至德鸿谟，耿光大烈。业经特命开馆纂修实录，现已进呈至五年，允宜恭修本纪，垂示后昆。著国史馆总裁遴派提调等官，督率誊录诣实录馆，将业已进呈之书，照副本恭缮一分，恪遵编纂，随时进呈。于实录告成后，陆续办竣。所缮实录副本，即恭藏史馆，以资考证。

## 公元 1865 年　清穆宗同治四年　乙丑

**杜文澜著成《平定粤匪纪略》。**

俞樾《江苏候补道杜君墓志铭》（载《碑传集补》卷三八）：……君讳文澜，字小舫，浙江秀水人。……同治初，江南平，诸大帅论功于朝，谓君才大心细，简核精详，屡克名城，咸资赞画。诏加君布政使衔。自曾文正公以下，无不重君之才。历署江藩、苏藩、苏臬、江安粮道、苏松太道、常镇通海道，所至咸治。……所著有《曼陀罗阁琐记》四卷，《采香词》三卷，《万红友词律校勘记》二卷，《古谣谚》一百卷，《平定粤匪纪略》若干卷，《江南北大营纪事》若干卷。其余所校刊者，如《周草窗词》、《吴梦窗词》诸书，皆行于世。……君卒于光绪七年七月某日，年六十有七。……

官文《平定粤匪纪略序》：钦惟我朝重熙累洽二百余年，文治武功，卓跞古今。乃粤逆初起，群盗如毛，林文忠未至而薨，李文恭方出师而殁，继以周、赛、乌、向诸公，而一挫于平南，再挫于永安，功燹垂成，余烬复煽，而湘而衡，而鄂而皖，以至金陵不守，逆焰肆张，其故何于？承平日久，民物滋丰，数穷理极，天道也。兵不习战，将不知兵，或视为边徼小寇，而轻心掉之，及猝临变故，则又相顾愕然，罔知所措，人事也。……

咸丰壬子，特畀曾公国藩以简练湘卒之权，余以菲材亦拜督师之命。当是时，江汉三陷矣，余与中丞胡文忠檄湘援，竭智毕能者两载，乃拔汉阳，趋武昌，刷黄薙蕲。曾公复水路东下。……恭逢我皇上禀两宫皇太后慈训，庙略十全，俾曾公得以运筹于安庆，沉圃中丞冒矢于城下，破巨穴而歼丑类，吴、越肃清，大功乃告厥成。……

因商之唐荫云廉访、丁心斋、盛旭人、郑谱香观察，拟辑《平定粤匪》一书。杜小舫观察，久赞江南戎旃，比督淮，筮在楚，属任纂辑之役，荫云诸君参酌讨论之。越半年，成《纪略》十八卷，《附记》四卷，以恭记圣功而昭来许。其事纂，其言切。粤匪所扰之处，陷而失，克而复，罪而罚，功而赏，皆以各处奏报、谕旨为经，足于国史相表里。……同治四年闰五月，总督两湖使者官文序。

## 夏燮（署名江上蹇叟）著成《中西纪事》。

夏燮《中西纪事原叙》：道光庚子之夏，洋氛不靖，蔓延三载。……时承乏临城司训，一官苴蒩，无预忧危，而恶声方戢于村鸡，讹言又传于市虎。于是蒿目增伤，裂眦怀愤，爰搜辑邸抄文报，旁及新闻纸之可据者，录而存之。……恭逢今上嗣位……微臣需次京邸……爰取昔日所藏，诠次成帙，附陈臆见，以当胪言，藉备异日史家之采择。……时今上御极，道光三十年庚戌十二月。

夏燮《中西纪事次叙》：庚戌之冬，需次京邸，时值洋艘遣退，枋相罢归，爰取庚子以来英人入寇本末，编次成帙，藏之笥中。……今自通商以来，中西交征利矣。利之所在，不得不争，争则奸商猾吏，交构其间，是则边衅之相寻无已也。值天津用兵之后，湖上无事，乃续据十年来所闻见者，合之前定之稿，分类纪叙，釐为十六卷，中西争竞之关键，略具于此。……时咸丰九年己未九月。

夏燮《中西纪事定本目录》：咸丰十年，自浙返江右。其年秋，今曾侯以两江总督督师驻祁门,调入幕府。时值莘毂之变,奉诏北援,和议既成,罢兵换约,凡前后奏咨稿案及军机、糈台来往信函件次之,撰为《庚申续纪》。踰年,回江供职,亲预于长江设关、西士传教之役,又见续颁条约,暂定章程。虽法穷则变,抑亦时势为之。而鱼以烦烹致碎,羊以多歧而亡,君子不能不于始作俑者三致慨焉!爰取庚申以后,续成数事,增入《中西纪事》中,合之为二十四卷。……

是编草创未就,得见同年魏默深中翰源所撰《海国图志》,爱其采摭之博,惟其体例兼备四洲,故于英人入寇及海疆用兵之利钝,不具详也。猾夏起于通番,漏卮原于互市,边衅之生,由柢于此,原稿皆叙于各案下。续据《海国图志》所载各档案,遂仿纪事本末之例,釐为四卷,著始祸也,五卷之后,边衅本末,多据邸抄及奏咨各案,参以西人纪载之可信者。十五卷换约以后,则条约章程颁行各省,尤为班班可考,续论次之。而以剿抚异同,管蠡一得殿焉。卷末记海疆殉难诸臣,悉以死事年月之先后为断,惟有则详而核,无则略而存,盖仿《绥寇纪略补遗》之例云。时同治四年乙丑六月。

# 公元1866年 清穆宗同治五年 丙寅

**《敦煌石室书目及发见之原始》、《莫高窟石室秘录》、《殷商贞卜文字考》作者罗振玉生。**

董作宾《罗雪堂先生传略》(载《罗雪堂先生全集初编》卷首):先生讳振玉,字叔蕴,又字叔言;初号雪堂,晚以清废帝溥仪赠书"贞心古松"匾额,因号贞松。清同治五年丙寅(西元一八六六)六月二十八日,生于江苏淮安。……(十五岁)应童试,名列第七。……年十九,以平日读碑版之积稿,著为《读碑小笺》、《存拙斋札疏》各一卷,是为先生著书之始。……其后,为童子师,授课之暇,辄以著书自遣;经史而外,渐及小学、目录、校勘、姓氏诸学。是时先生年少气盛,视天下事无不可为,耻以经生自牖,乃留意时务。……三十后,遂有学农之志。读农家言,既服习《齐民术》、《农政全书》、《授时通考》等,又读西洋农书译本,惟憾其语焉不详,乃拟创农学社,以资迻译西洋农书。戊戌春,与蒋伯斧创农学社于上海。先后历十年,所译农书百余种。岁庚子,鄂督张文襄以所设农务局未臻理想,亟欲改革,曾邀先生往总理农务,后以人事故,未克舒展抱负。

己亥，甲骨出土于河南小屯。后三年，先生始见龟甲兽骨文字之墨本于丹徒刘鹗寓所，叹谓："此汉以来小学家若张、杜、杨、许诸儒所不得见者也，今山川效灵，三千年而一泄其秘，且适我之生，所以谋流传而悠远之，我之责也。"遂尽墨刘氏所藏千余片，印成《铁云藏龟》，是为甲骨文字著录行世之权舆。丙午，先生至北京任学部职，始收求甲骨，迄辛亥间，所得约二三万片，其后所撰述之甲骨文字，多取材于此。

辛亥八月，武昌军兴，京师人心惶惶。……九月、十月初，遂与王氏及婿刘氏三家眷属二十人赴日。……在日期间，著述颇多。宣统元年十月，日人林泰辅作《清国河南汤阴县发现之龟甲兽骨》一文，以可疑不决者质诸先生。翌年六月，遂著《殷商贞卜文字考》一卷以答之，自称于此学乃得门径。民国二十年辛未，时先生六十有六，以关内紊乱，忽动"勤王"之想，及冬，遂迎溥仪由天津之旅顺。……民国二十一年，伪满僭号，先生随入伪都，拜"参议府参议"。上疏辞之，溥仪允其所请，而留先生于左右，以备咨询。未几被任为"临时赈务督办"。……庚辰（西元一九四〇）五月十四日，先生以积劳成疾，猝然不起……时年七十五。

先生毕生殚力治学，著述等身。其于学术贡献最大者，厥有五事：其一曰：内阁大库明清史料之保存：戊申冬，清宣统即位，令内阁于大库阁检国初时摄政典礼旧档，阁臣检之不得，因奏库中无用旧档太多，请焚毁，得旨允行。翰苑诸臣，因至大库求其本人及清代名人试策，偶于残策中得宋人玉牒写本残页。宁海章棱椁以此影印，分呈张文襄及荣庆，先生因知大库藏书尚多，力请文襄整理保存归学部；允之，文襄具奏，奏中且言片纸只字不得遗弃。委刘启瑞、曹元中二人同整理，并面谕先生时至内阁相助。至是大库所存无数重要史稿，经先生悉力以争，得免毁灭。后十年，又几有造纸之厄，先生复购存之，乃得留于今世。

其二曰：甲骨文字之考订与传播：《铁云藏龟》问世后，孙仲容作《契文举例》首为改释，而改定小屯为武乙之墟，审释卜辞帝王名号者为先生。至若文字之考释，其所著《殷商贞卜文字考》一书，实上承孙氏未竟之绪，下启文字考释之端。其于殷契材料之流布，则有《殷虚书契前编》、《后编》、《续编》及《殷虚书契菁华》等书之印行。唐立厂曰："卜辞研究，雪堂导夫先路，观堂继以考史，彦堂区其时代，鼎堂发其辞例，固已极一时之盛。"而罗氏为甲骨学之开山祖师，厥功甚伟。

其三曰：敦煌文卷之整理。清光绪三十三年，英人斯坦因不顾法令，盗窃敦煌千佛洞大量古物返国，计写本二十四箱，重要器物五箱。法人伯希和亦取得写本十余箧，计六七千卷。宣统初，伯希和赁宅于京师苏州胡同，将启行返国，其所得敦煌鸣沙石室古卷已先运归，而以尚存于行箧者求教于先生。伯氏出示唐人写本及石刻，先生诧为奇宝。伯氏告之石室尚存卷轴约八千，以佛经为多，宜早购致京师。先生乃电请陕甘总督毛实君谋之，惟以甘肃贫瘠，恐难如愿，又请太学出金，然总监督亦谓无款；先生以为农科可节省充之，即其薪俸亦愿捐出，终购得八千卷。伯氏归国时，先生据其所得敦煌书目，择其尤者摄影，先后编成《鸣沙石室佚书》，《古籍丛残》；继又选印德人所得西陲古壁书，成《高昌壁书菁华》。日人大谷伯西陲古物，先生亦据其高昌墓碑撰成《高昌麴氏系谱》，于是西陲古物乃得流传。

其四曰：汉晋木简之研究。光绪戊申，西陲出汉晋古简千余，为斯坦因所得，斯氏请法儒沙畹教授为之考证，书成寄先生。先生乃分为三类，与王静安氏任改证，合而成《流沙坠简》三卷。是书行世，影响于学术界者甚大。

其五曰：古明器研究之倡导：中州墟墓间所出明器，土人以为不祥之物而弃之，故世无知者。光绪丁未，估人偶携土俑为玩具，先生见而购焉；复录《唐会要》所载明器之目授之，令凡遇此类物，不可毁弃。翌年，遂充斥都市，关、豫诸地亦有至者。初所见为唐代物，寻见六朝两汉者。先生据此研究，撰《古明器图录》一书，遂启日后古明器研究之风气。此外复编印《古镜图录》、《隋唐以来古官印集存》、《封泥集存》、《历代符牌录》、《四朝钞币图录》、《地券徵存》、《古器物范图录》、《古玺印姓氏徵》诸书。传古之功，皆不可没也。

罗振玉《集蓼编》（载《贞松老人遗稿》甲编）：……予平生所至辄穷，而文字之福则有，非乾嘉诸儒所及者。由庚子至辛亥十余年间，海内古书器日出。若洹滨之甲骨，西陲之简牍书卷，中州之明器，皆前人所未及见者。洹滨甲骨自庚子岁，始由山东估人携至都门，福山王文敏公（懿荣）首得之，未几殉国难。亡友刘铁云观察得文敏所藏，复有增益。子在申江编为《铁云藏龟》，瑞安孙仲容徵君据以作《契文举例》，于此学尚未能有所发明。且估人讳言出土之地，谓出卫辉。及予宫京师，其时甲骨大出，都中人士无知其可贵者，予乃竭吾力以购之。意出土地必不在卫辉，再三访询，始知实在安阳之小屯。复遣人至小屯购之。宣统初元，予至海东调查农学，东友林博士（泰辅）方考甲骨，作一文揭之杂志，以所怀疑不能决者质之予。予归，草《殷商贞卜文字考》答之，于此学乃略得门径。及在海东,乃撰《殷虚书契考释》,日写定千余言,一月而竟,忠悫为手写付印。并将文字之不可识者为《待问编》,并手拓所藏甲骨文字编为《殷虚书契》,后又为《续编》,于是此学乃粲然可观。予平生著书百余种,总二百数十卷,要以此书最有裨于考古。厥后忠悫继之,为《殷先公先王考》,能补予所不及。于是斯学乃日昌明矣。西陲古简,英人得之,请法儒沙畹教授为之考证。书成寄予,予乃分为三类,与忠悫分任考证,撰《流沙坠简》三卷,予撰小学术数方技书、简牍遗文各一卷,得知古方觚简之分别及书体之蕃变。忠悫撰《屯戍遗文》,于古烽候地理,考之极详。后忠悫在沪将所著订正不少,仅于《观堂集林》中记其大略,惜不及为之重刊也。

伯希和教授归国时,予据其所得敦煌书目择其尤者,请代为影照。劝沪上商务印书馆任影照费,并任印行,而予为之考证。乃约定,而久不践,予乃自任之。先将中土佚书编《鸣沙石室佚书》,嗣编印《古籍丛残》,复选印德人所得西陲古壁画,为《高昌壁画菁华》。嗣日本大谷伯得西陲古物,陈列于住吉二乐庄,予据其所得高昌墓砖,为《高昌麴氏系谱》。于是西陲古文物略得流传矣。……

本朝经史考证之学冠于列代,大抵国初以来多治全经,博大而精密略逊。乾嘉以来,多分类考究,故较密于前人。予在海东与忠悫论,今日修学宜用分类法,故忠悫撰《释币》、《胡服考》、《简牍检署考》,皆用此法。予亦用之于考古学,撰《古明器图录》、《古镜图录》、《隋唐以来古官印集存》、《封泥集存》、《历代符牌录》、《四朝钞币图录》、《地券徵存》、《古器物范图录》、《古玺印姓氏徵》诸书。……

**斌椿著成《乘槎笔记》。**

徐继畬《乘槎笔记序》:自古勤远略者,始于两汉博望之凿空,事多荒杳。我圣朝德威远播,泰西各国皆嗫嗫慕义,通使币于天家。如英吉利、法郎西、俄罗斯、美利驾诸大国,咸遣使臣驻京师,办中外交涉事务,欲得中国重臣游历西土,以联合中外之情志。顾华人入海舶,总苦眩晕,无敢应者。斌君友松,年已周甲,独慨然愿往。遂于同治丙寅岁正月,乘槎以行。凡历十五国之疆域,于所谓欧罗巴各国,亲历殆遍。游览之余,发诸吟咏。计往返九万余里,如英、法、俄、布、荷、比诸国,土俗民情,纪载尤悉,笔亦足以达其所见。索观者多,乃付剞劂,以贻同好。余既获寓目,因题数语以志幸。同治戊辰初夏,愚弟徐继畬拜手序。

斌椿《乘槎笔记》：同治五年正月初八日，接奉总理衙门行知：斌春奉命往泰西游历，饬将所过之山川形势、风土人情，详细记载，绘图贴说，带回中国，以资印证，等因。……

斌椿《乘槎笔记》卷末：外洋各国，自道光庚子通商，来中华者争先恐后，而中国士大夫从无至彼国者。同治丙寅正月，斌椿奉命从外国游历，各驻京使臣闻之皆甚喜。计自津沽登舟，遵海而南，凡逾六省至香港，始易巨舶放南洋。过越南、暹逻两国境，折而西，至锡兰（南印度大岛）。又西北，至亚丁（阿刺伯境），添储薪水糇粮。至麦西国都，登陆，由地中海易舟，至佛朗西、英吉利、荷兰、丹麻尔、瑞典、俄罗斯、普鲁士、比利时各国。都凡乘火轮船十有九，火轮车四十有二，形式各异。所经各国山川险塞，与夫建国疆域、治乱兴衰，详加采访，逐日登记。其国人之官爵姓字，以及鸟兽虫鱼草木之奇异者，其名多非汉文所能译，姑从其阙。至宫室街衢之壮丽，士卒之整肃，器用之机巧，风俗之异同，亦皆据实书，无敢傅会。舟车所至，九万余里，驱驰道路，不暇分类纪载。其缺略者，间补注于本条之下，故无一定体例云。斌椿谨识。

### 《清文宗实录》纂修告成。

《清穆宗实录》卷一九一，同治五年十二月癸巳，恭纂《文宗显皇帝实录》、《圣训》告成，监修总裁大学士贾桢等奉表恭进。

光绪《大清会典事例》卷七十七，《吏部·修书议叙》：……同治五年，恭纂《文宗显皇帝实录》告成，共三百六十卷，又恭辑《圣训》一百十卷。查照旧例，予监修总裁官、正副总裁官暨提调、纂修、校对、收掌、繙译、誊录各员议叙。

## 公元 1867 年 清穆宗同治六年 丁卯

### 咸丰朝《筹办夷务始末》纂成进呈。

咸丰朝《筹办夷务始末》卷首，贾桢等进书奏折：监修总裁官大学士臣贾桢等跪奏，为纂辑《筹办夷务始末》完竣，恭折进呈，仰祈圣鉴事：窃《筹办夷务始末》一书，先于咸丰初年奉旨纂辑，自道光十四年起，至二十九年止，均已编辑成书，恭进在案。现应纂辑道光三十年正月起，至咸丰十一年七月止筹办夷务始末。前经军机大臣面奉谕旨，照案纂辑，臣等督同编校各官，慎司编辑，悉心校勘。计庚戌至辛酉，先后十二年间，恭奉上谕、廷寄以及京外臣工之奏折，各国往来之照会、书函等件，凡有涉于夷务而未纂入实录者，编年纪月，条理秩然。……从此书藏柱下，资考镜于千秋，更欣化被瀛陬，振威棱于八表。共书八十卷，装潢十六函，敬谨进呈，伏乞圣鉴。谨奏。 同治六年四月。

**张德彝著成《航海述奇》。**

张德彝（德明）《航海述奇自序》：……明膺命随使游历泰西各国，邀游十万里，遍历十六国，经三洲数岛、五海一洋，所闻见之语言文字、风土人情、草木山川、虫鱼鸟兽，奇奇怪怪，述之而若故骇人听闻者，不知凡几。明年甫弱冠，躬此状游，不敢云即是足为大观，而见所未见，闻所未闻，既得集录成篇，即愿以公诸共识。日来索观甚众，字句之间，不遑修饰，亦但志其实，聊为翻阅者信其奇而非妄述焉，可也。时在同治丁卯孟夏，铁岭张德明在初氏序于述奇馆。

张德彝《航海述奇》卷一：京师自与泰西各国定约后，设有总理各国事务衙门，并于各海口洋税事宜，特用泰西一人，总司其事。同治乙丑年冬十有二月，经总理衙门奏派，前任山西襄陵县知县、副护军参领衔、三晶顶戴、内务府正白旗汉军斌椿（友松），其子内务府笔帖式、六品顶戴广英（叔含），暨同文馆英馆八品官、六品顶戴、正黄旗蒙古凤仪（夔九），英馆八品官、六品顶戴、镶黄旗汉军德明（在初），法馆学生、七品顶戴、镶黄旗汉军彦慧（智轩）等，前往泰西各国游历，察访风俗。奉旨：依议。维时值按察使衔、总洋税务司、英吉利国爱尔兰人赫德字乐彬者，亦乞假回国，遂定于次年偕同前往。……

# 公元 1868 年 清穆宗同治七年 戊辰

**《春秋左传读》、《訄书》、《社会通诠商兑》作者章太炎生。**

黄侃《太炎先生行事记》（载《神州丛报》第 1 卷第 1 册，1913 年 8 月）：先生初名学乘，字枚叔，后更名炳麟。慕昆山顾君，又易名绛，自署太炎。浙江余杭人。……幼读《东华录》，愤异族之君中国，即立志不仕进。年十七八，从德清俞君受经学，又尝从仁和谭仲修游，文采斐然，有所述作。治《左传》，为《春秋左传读》数十万言，始显名于世。

戊戌，撰文于上海《时务报》馆，去之台湾，又游日本。闵中国之将亡，知清室不可为治，始昌言光复之义。浙自晚村、绍衣以来，明夷夏之防，志不帝清者，世未尝绝。晚近如戴子高、谭仲修，犹有微言，载于集录，传于乡之后进。先生受之，搉诸国人，发聋振聩；蒙难艰贞，曾不渝改。今革命之功克成，推厥所元，孰非斯人之力乎？

始先生为《訄书》数十篇，中多革命之论；又作《驳康有为非革命书》，又为巴县邹容序《革命军》行世，又撰文《苏报》，力主急激之说。清室既深忌之，癸卯，乃以《苏报》事，逮之上海，将致诸大辟，而租界西人不肯移送清吏，卒以为文诋诽清室故，与邹容判系租界狱三年。邹容死狱中，先生以丙午出狱，东适日本。时革命党方撰《民报》于东京，先生至，遂主其事。《民报》之文，诸为先生所撰述者，皆深切峻厉，足以兴起人。清室益忌之，然不可奈何。后革命党稍涣散，党之要人或他适，《民报》馆事独委诸先生。日本政府受言于清廷，假事封《民报》馆，禁报不得刊鬻。先生与日本政府讼，数月，卒不得胜，遂退居，教授诸游学者以国学。……其授人以国学也，以谓国不幸衰亡，学术不绝，民犹有所观感，庶几收硕果之效，有复阳之望。故勤勤恳恳，不惮其劳，弟子至数百人。可谓独立不惧，暗然日章，自顾君以来，鲜其伦类者矣。

先生懿行至多，著述尤富。文辞训故，集清儒之大成；内典玄言，阐晋康之遗绪；博综兼擅，实命世之大儒。今年先生裁四十余岁，造诣正未有极，仁民利物，事方在于后来。兹篇所述，但取其系于革命者，余不赘焉。弟子黄侃记。

章太炎《自述学术次第》（载《制言》第二十五期，1936 年 9 月）：余生亡清之末。少愗异族，未尝应举，故得泛览典文，左右采获。中年以后，著纂渐成，虽兼综故籍，得诸精思者多。精要之言，不过四十万字，而皆持之有故，言之成理，不好与儒凂立异，亦不欲为苟同。若《齐物论释》、《文始》诸书，可谓一字千金矣。晚更患难，自知命不久长，深思所窥，大畜犹众。既以中身而陨，不获于礼堂写定，传之其人，故略录学术次第，以告学者。……余少年独治经史、《通典》诸书，旁及当代政书而已，不好宋学，尤无意于释氏。三十岁顷，与宋平子交。平子劝读佛书，始观《涅槃》、《维摩诘》、《起信论》、《华严》、《法华》诸书，渐近玄门，而未有所专精也。遭祸系狱，始专读《瑜珈师地论》及《因明论》、《唯识论》，乃知《瑜伽》为不可加。既东游日本，提倡改革，人事繁多，而暇辄读藏经，又取魏译《楞伽》及《密严》诵之，参以近代康德、萧宾诃尔之书，益信玄理无过《楞伽》、《瑜伽》者。少虽好周秦诸子，于老庄未得统要。最后终日读《齐物论》，知多与法相相涉，而郭象、成玄英诸家悉含胡虚冗之言也。既为《齐物论释》，使庄生五千言，字字可解。……余治法相，以为理极不可改更，而应机说法，于今尤适。……余既解《齐物》，于老氏亦能推明。佛法虽高，不应用于政治社会，此则惟待老庄也，儒家比之，邈焉不相逮矣。然自此亦兼许宋儒，颇以二程为善，惟朱、陆无取焉。二程之于玄学，间隔甚多，要之未尝不下宜民物，参以戴氏，则在夷惠之间矣。……余以佛法不事天神，不当命为宗教，于密宗亦不能信。

余治经专尚古文，非独不主齐、鲁，虽景伯、康成亦不能阿好也。先师俞君，曩日谈论之暇，颇右《公羊》。余以为经即古文，孔子即史家宗主。汉世齐学，杂以燕齐方士怪迂之谈，乃阴阳家之变。鲁学犹近儒流，而成事不符已甚。康成所述，独《周礼》不能杂以今文。《毛诗笺》名为宗毛，实破毛耳。景伯谓《左氏》同《公羊》者什有七八，故条例多为元凯所驳。余初治《左氏》，偏重汉师，亦颇傍采《公羊》，以为元凯拘滞，不如刘、贾闳通。数年以来，知释例必依杜氏；古字古言，则汉师尚焉；其文外微言，当取二刘以上。……所次《左传读》，不欲遽以问世者，以滞义犹未更正也。《毛诗》微言，所得尤众，藏之胸中，未及著录。今则亡矣。

余少读惠定宇、张皋文诸家《易》义，虽以为汉说固然，而心不能惬也。亦谓《易》道冥昧，可以存而不论。在东因究老庄，兼寻辅嗣旧说，观其明爻、明象，乃叹其超绝汉儒也。近遭忧患，益复会心。然辅嗣《易注》，简略过甚；康成爻辰之说，诚无足取。以《礼》说《易》，则可谓有所甄明。《易》者，藏往知来之学、开物成务之书，所叙古今事变，不专为周氏一家，则康成有未及也。……

余于晚明遗老之书，欲为整理而未逮也。古称读书论世，今观清世儒先遗学，必当心知其意。……宋儒欲以封建、井田致治，明遗民乃欲以封建、井田致乱。盖目睹胡人难去，惟方镇独立以分其权，社会均财以滋其扰，然后天下土崩，而孤债易除也。当时无独立及社会主义诸名，有之亦不可明示，托于儒家迂论，乃可引致其途耳。自宁人以下者，斯类多矣。而清雍正、乾隆二朝，亦能窥其微旨，故有言封建、井田者，多以生今反古蒙戮，又数为诏令以驳斥之。若以为沿袭宋儒迂论者，又何必忌之至是耶？然终无可奈何。及同治、光绪以还，行省拥兵于上，会党横行于下。武昌倡义，上下同谋，而清之亡忽焉。则先正之谋果效，而朽腐化为神奇之说亦不虚也。乌呼！前哲苦心，若斯者岂独一端已？后之学者，其识之哉！……夫学术不在大小，要能精审，则可以成天下之亹亹。自百工技艺之微，所诣固有高下殊绝者，大方之粗疏，或不如小物之精理矣。故近世小学，似若至精，然推其本则未究语言之原，明其用又未综方言之要。其余若此类者，盖亦多矣。若夫周秦九流，则眇尽事理之言，而中国所以守四千年之胙者也。玄理深微，或似佛法。先正以邹鲁为衡，其弃置不道，抑无足怪。……汪容甫略推墨学，晚有陈兰甫始略次诸子异言，而粗末亦已甚。此皆学术缺陷之大端，顽鄙所以发愤。古文经说，得孙仲容出，多所推明。余所撰者，若《文始》、《新方言》、《齐物论释》及《国故论衡》中《明见》、《原名》、《辨性》诸篇，皆积年讨论以补前人所未举。其他欲作《检论》明之（旧著《訄书》，多未尽理，欲定名为《检论》，多所更张）。而时不待人，日月亦将逝矣。昔人云："百龄影徂，千载心在。"岂不痛哉！

余以人生行义，虽万有不同，要自有其中流成极。奇节至行，非可举以责人也。若所谓能当百姓者，则人人可以自尽。顾宁人多说行己有耻，必言学者宜先治生；钱晓徵亦谓求田问舍，可却非义之财。斯近儒至论也。追观晚清遗吏，非无二三可取者，至于林下之风，则泯然同丧矣。亡国以后，其余臭尚未涤荡，当其在位可知也。所取于林下风者，非为慕作清流，即百姓当家之事，小者乃生民常道，苟论其至，沮溺荷叶之隐、仲子之廉、武侯之德，未或不本于勤生。斯风既亡，所谓见利思义、见危授命、久要不忘平生之言者，宜其澌灭而不存矣。

今案：据汤志钧编《章太炎年谱长编》（中华书局1979年版），太炎生于清同治七年十一月三十日（公元1869年1月12日），卒于公元1936年6月14日。

## 公元 1869 年 清穆宗同治八年 己巳

**夏燮（署名谢山居士）著成《粤氛纪事》。**

今案：是书记太平天国起义和清廷镇压太平军的作战过程，起自咸丰元年，讫于咸丰十年。全书十二卷，卷目为：粤西起事、两楚起兵、浔皖失援、长江挺险、北路奏肤、西江反噬、金陵扫氛、江北阻淮、皖南逾岭、江右连兵、七闽用兵、两浙致寇、东门无限。卷十三末有同治八年正月谢山居士识语，故系于本年。

## 公元1870年 清穆宗同治九年 庚午

**李光廷著成《汉西域图考》。**

　　陈璞《尺冈草堂遗文》卷三,《吏部员外郎李君墓志铭》:……按状:君讳光廷,字著道,一字恢垣,番禺人。……年二十二,充邑生员。己酉拔贡,辛亥恩科中举人。壬子,成进士,签分吏部,以主事用,年已四十一矣。癸丑,假归。长发贼方据金陵,而粤中群盗因之四起,君居乡集绅富,出资财为团练。……事平,大吏奏叙,补员外郎。戊午入都供职。庚申,天津之役,万乘出幸滦河,人情汹惧,曹吏散避,君独留不去,入部视事如故。……辛酉,事大定……乃呈请归养。……归则主讲禺山,又为学海堂学长数年。大吏延掌端溪书院,修《广州府志》。……有《汉西域图考》七卷,《广元遗山年谱》二卷,《北程考实》二卷,《宛湄文钞》十卷,《诗钞》二卷。光绪庚辰六月某日,以疾卒于端溪书院,距生于嘉庆壬申某月某日,春秋六十有九。……

　　陈澧《汉西域图考序》:……古之考地理者,详于九州之内而略其外。李君之书,自汉敦煌关外西北二万里至大秦,又西北至于海西,南万余里安息,又西南至于海。其间国土以百数,若指诸掌。自汉至今,史传、说部以至沙门之记录,外夷之图绘,靡不综覼;方言、译语,侏离唧哳,同地异名,同名异文,靡不贯通,可谓奇书矣!虽然,李君著书之意,岂欲以是为奇哉?两汉《西域传》所载,最远者大秦、安息,今则大秦之外、西北海滨之人,已夺据天竺,距云南仅千余里。自中国罢兵议款,增立互市,游行天下而馆于京师。安息之外、西南海滨之人,入中国千余年,生育繁多,散处诸行省,近且扰乱关陇,用兵未休。呜呼!其为中国之患如此,而中国之人茫然不知其所自来,可不大哀乎!古人之书,大都有忧患而作也。今日之患,为千古所无之患。李君之书,遂为今日所不可无之书,岂徒以其奇而已哉!……顾以为古之考地理者,当详于九州之内;今之考地理者,当及于九州之外。……同治庚午八月,陈澧序。

　　今案:是书七卷,图一卷。文为李光廷撰,图一卷署"潘平章璧东绘、李承绪菱洲重绘"。图有二,一为《西域图》,分上图四,下图四,凡八小幅;一为《地球全图》。李光廷于《西域图》后有《志》,略述成图本末。

**志刚于本年后著成《初使泰西记》。**

　　《初使泰西记序》:昔阅斌友松《乘槎笔记》,喜其可以供人玩赏,而究未能释然于西事也。因忆及志克庵星使，曾充行人，奉国书而周历瀛寰，为开辟以来之创举，何竟一无记述？岁壬申于役乌城，幸得昕夕从事，得间以请，乃出其所记使事稿，就借读之。公牍外或纪程途，或记风土，间有论说，颇潦草无伦次。因窃摘其关切世道人心、民生国计者，次第录寄小儿宜廛，俾拓耳目。向之不能释然者，已涣然冰释矣。及甲戌归自漠北，则前稿已订成刊本。儿谓刊此书，亦犹刊《知古录》之志也；刊《知古》而不刊此书，是薄今人而徒爱古人矣。嗣抱丧明之痛，悯其苦心未遂，不忍使已卒之业废于半途，有用之言湮没弗彰也。而或疑代刊此书为多事，然我读之而释然。焉知不有读之而亦释然反乐有此多事者，则我之心慰矣。是为序。

《初使泰西记》卷一：大清同治六年丁卯十二月初二日，总理各国事务衙门以军功花翎记名海关道总办章京志刚，笃实恳挚，器识闳通保奏，奉旨派充使臣，与本衙门章京候选知府孙家谷，并赏给二品顶戴，偕同美国钦使蒲安臣、英国协理柏卓安、法国协理德善等，恭赍国书，前往西洋有约各国，办理中外交涉事件。……

《初使泰西记》卷四：……溯自同治六年十二月十一日，自总署乘公车起程，至（同治九年）九日十月二十六日回京。通计水路行程一十二万六千余里。其在各处赴约游历，百数十里内者，不暇计也。……

> 今案：同治六年（公元1867年），清廷总理衙门派美国原任驻华公使蒲安臣，充任中国派往泰西各国使臣，志刚等随同出国，这是近代中国首次向欧美派出的外交使团。据钟叔河《在第一面飞舞的龙旗下——中国外交史上的〈初使泰西记〉》（载志刚《初使泰西记》，湖南人民出版社1981年版）一文，是书有两个版本，一名《初使泰西记》，题"避热主人编次"，前有不具署名的序；一名《初使泰西纪要》，题"且园主人编次"，前有松龄序。二本皆据志刚稿本整理，内容有异同。志刚于同治九年九月始回京复命，则其原稿似应于此后完成，故暂系于此。

## 公元1871年 清穆宗同治十年 辛未

**王韬著成《法国志略》、《普法战纪》初稿。**

王韬《弢园文录外编》卷一一，《弢园老民自传》：老民姓王氏，素居苏州城外长洲之甫里村，即唐陆天随所隐处也。老民以道光八年十月四日生，初名利宾。十八岁，以第一入县学。……旋易名瀚，字懒今。遭难后避粤，乃更名韬，字仲弢，一字子潜，自号天南遁叟，五十后又曰弢园老民。……

（同治）六年冬，西儒理君雅各招往泰西佐译经籍，遂得遍游域外诸国，览其山川之诡异，察其民俗之醇漓，识其国势之盛衰，稔其兵力之强弱。……九年二月还粤。……辛未秋，普、法战事起，七阅月而后定，老民综其前后事实，作《普法战纪》。是书虽仅载二国之事，而他国之合纵缔交，情伪变幻，无不毕具，于是谈泰西掌故者，可以此为鉴。惟仓卒秉笔，或患冗芜，尚有待于异日之重辑，而老民自知其必传于后无疑已。癸酉，香港诸同人醵赀设印局，创行日报，延老民总司厥事，老民著述乃得次第排印。光绪五年己卯，老民作东瀛之游，藉以养宿疴，涤烦虑。……

老民少承庭训，自九岁迄成童，毕渎群经，旁涉诸史，维说无不该贯，一生学业悉基于此。……所著有《春秋左氏传集释》六十卷，《春秋朔闰考》三卷，《春秋日食辨正》一卷，《皇清经解札记》二十四卷，《瀛壖杂志》六卷，《台事窃愤录》三卷，《普法战纪》十四卷，《四溟补乘》三十六卷，《法志》八卷，《俄志》八卷，《美志》八卷，《西事凡》十六卷，《瓮牖余谈》十二卷，《火器说略》三卷，《乘桴漫记》一卷，《扶桑游记》三卷，《海陬冶游录》七卷，《花国剧谈》二卷，《老饕赘语》十六卷，《遁窟谰言》十二卷，《淞隐漫录》十六卷，《弢园文录》八卷，《弢园文录外编》十二卷，《蘅华馆诗录》八卷，《弢园尺牍》十二卷，《弢园尺牍续钞》四卷，都二十有六种。生而作传，非古也。老民盖惧没世无闻，特自叙梗概如此。

王韬《法国志略原序》（载本书卷首）：同治九年庚午春，予从泰西归丰顺，丁雨生中丞方开府吴中，以其所纂《地球图说》邮寄粤峤，命余增辑史事，衷益近闻，著为定本。其书自米利坚人原本译出，仅详舆地而已，且识小略大，多所遗漏，遗词命句，未极雅驯。余因先从事于《法志》，为之甄削繁要，区别体例，增损改置，条系件分，凡六阅月，始得蒇事。其间改析原书者六卷：首为《法兰西总志》三卷，次为《法京巴黎斯志》一卷，又次为《法兰西郡邑志》二卷。此外，就见闻所及，或采自他书，或录诸邮报，益以广述八卷：首为《法英婚盟和战纪》二卷，次为《拿破仑第三用兵记》二卷，次为《普法战纪》三卷，又次为《琐载》一卷。……法通中国已三百余年，于泰西诸国为独先，名流硕彦，接踵东来，无非借天算格致，以阴行其主教，其势几至上动帝王，下交卿相。有明之际，靡然从风，实足为人心学术之隐忧。流弊至今，亦缓通商而急传教，中外龃龉，率由此起。即其国政权，亦半为主教所把持。今之法王拿破仑第三溺之尤甚，至称为护法宗师。失邻欢，招兵衅，未始不由乎是。然则主教曾何益于人家国哉！况乎国中教堂相望，教师如林，习教传徒，遣人四出民间，岁靡金资巨亿万，此法削弱之所由来也。奈何法犹不自知也？法不自知：而尚欲强行之于他国，不亦慎乎！……辛未春，吴郡王韬序于天南遁窟。

王韬《重订法国志略凡例》：

一、余撰《法国志略》，略取资于日本冈千仞之《法兰西志》、冈本监辅之《万国史记》，而益以《西国近事汇编》，不足则复取近时之日报，并采辑泰西述撰有关于法事者，以成此书。

一、此书于地理独详，乃美利坚人三十年前原本，前丰润丁雨生中丞命粤人所译者，于疆域、制度颇详而事实未备。今采数书，合为一书，乃成全璧，庶几观者亦有所取资。

…………

王韬《普法战纪前序》：同治九年庚午秋，法因争立西班牙王子一事，与普构兵。普先兴师伐之，悬兵深入，所向皆捷，法王兵败于师丹，遂降。普军进围其都城一百四十二日，粮绝援穷，法人不得已，愿如约议和。同治十二年辛未春，盟成，释兵弭怨，计两国相持七阅月。法坐是地削国蹙，几于一蹶不振，而普愈称雄于欧土。余撷拾其前后战事，汇为一书，凡十有四卷。大抵取资于日报者十之三，为张君芝轩所口译者十之四五，网罗搜采，得自他处者十之二三。既成，将付剞劂，而为述其大略曰：呜呼！余之志普、法战事，岂独志普、法哉！欧洲全局之枢机，总括于此矣！普强法弱，此欧洲变局之所由来也。……善体天心者，无虞邻国之难，而益励其修，奋武卫，振边防，习战守，练水攻，造舰炮，精艺术，师长技，明外情，先自立于无间之地，而后敌乃不得伺间以乘我。此之谓折冲于无形，而战胜于不兵。若普、法今日之战，虽为欧洲之变局，而亦庶几普、法之转机。善觇国运者，毋以胜为吉，毋以败为凶，盛即衰之始，弱即强之渐。……骄则必覆，怠则不兴，此非以承国运而挽天心也，想普、法必能知所以自警矣。因序《普法战纪》，而纵论之如此，盖为后日之普、法望也。同治十年岁次辛未六月二十二日，吴郡王韬序于天南遁窟。

王韬《普法战纪后序》：呜呼！观于普、法之战，而知天下之变已极也。自古兵凶战危，圣王不得已而用之，流渐至极，至用火器，亦不仁之甚者矣。西国行兵专恃火器，其制独精于天下。……两军交轰，万马腾踯，雷激电骇，骨灭肉消，须臾之间，数十里之内，百余万之众，无不糜烂摧崩，同归于尽，极其所至，几不难胥人类而歼之矣，其不仁何如哉？……舟车、枪炮之技，尽人皆同，遂不得不更出新法，思驾其上。顾彼能然，此亦能然，日后必至斗智斗力之俱困然后已。盖智巧至是几莫能加，未有物极而不反者也。呜呼！不以大德宰之，元气安能久长也哉？……故以今日大势揆之，人但见其事事讲求，物物精审，似若雄视一切，不可限量，而不知智巧愈极，机诈愈深，情伪相感，利害相攻，祸患之来，气机已召，人皆谓其强之至者，吾正谓其衰之始。即彼自以为速胜于古者，而残杀之惨，吾正谓其远不古若。盖徒讲武备，尚兵力，刻鸷奋厉，以相倾轧而慑制，则必有一蹶者矣。即使鲸腾虎掣于一时，而寻起而摧灭之者已乘其后。强弩之末难穿乎鲁缟，承溜之绠终溃于悬湍，天道循环，断不或爽。……故呜呼！观世变于今日，安能以一端尽哉？荷生曰，王韬再序于天南遁窟。

今案：《法国志略》初稿为十四卷，光绪十六年（公元 1890 年），增补为二十四卷，题为《增订法国志略》。《普法战纪》初刻本为十四卷，同治十二、十三年间（公元 1873—1874 年），再刻时增至二十卷。

## 公元 1872 年　清穆宗同治十一年　壬申

**汪士铎《南北史补志》刊行。**

汪士铎《南北史补志后序》：往者道光戊申、己酉间，江夏童石塘濂太守权鹾政，延仪徵刘孟瞻文淇年丈，暨杨君季子亮、吴君熙载廷飏、王君句生翼凤注《南北史》，设局邗城福因菴。余以家累，不克作远游，乃分任补两史志表，而属草于里门。……期罣期月，赖两女子在室助余检讨，捃拾排比，粗用有成，为《志》三十卷，《表》一卷，而就正于桐城姚石甫莹廉使、泾包慎伯丈世臣、吴陈君硕甫奂。陈君为勘《天文》、《五行》、《地理》、《礼仪》、《乐律》、《舆服》，无所匡正，去《五行志》所引《开元占经》数事而已。廉使贵谨严，曰史自有法度，稗史野言皆古人所不取，不宜秽本书。顾所勘《职官》、《食货》、《刑法》、《氏族》、《释老》、《艺文》六志，《世系》、《大事》、《封爵》、《百官》四表，多所刊落，且欲删《氏族》入《地理》，删《释老》入《五行》，而于唐以来书多芟柞。包丈意主博综，谓隋、唐志所载书已不传，凡文字幸存于今者，皆宜网罗补缀，俾后人有以参考，不宜拘成例也。时江右陈君伯游方海，亦客金陵，谓此志有三难，存者患反覆、患牴牾，无者患阙略。衷诸史法，不如廉使良。遂酌从廉使言。草稿既具，童公即世，此本存两江节署，东南兵燹，不知所终。同治壬申，两淮运使定远方公购得此稿……方公将刊以补延寿书。……江宁汪士铎序。

**《剿平粤匪方略》、《剿平捻匪方略》纂修告成。**

《清穆宗实录》卷三三九，同治十一年八月己卯，谕内阁：恭亲王等奏纂辑《剿平粤匪方略》四百二十卷、《剿平捻匪方略》三百二十卷告成，奉表恭进一摺。剿捕粤匪，始于道光三十年，至同治四年克复江宁省城，嗣后按捕余孽，又历年余。剿捕捻匪，始于咸丰元年，至同治七年在直隶地方并力歼除。计办理军务，前后十有九年，各路军营及内外臣工章奏纷繁，我文宗显皇帝神谟广运，指示机宜，圣训昭垂，军民感服。迨朕御极后，禀承慈安皇太后、慈禧皇太后懿训，烛照无遗，同符先烈，戡定大难，用底敉平，一切机宜运画，允宜垂示将来。恭亲王等奉命纂办，数年来率同在馆人员，陆续缮辑呈进，随时披览，卷帙繁多，尚为详悉赅备。所有大小出力各员，自应普加优奖。……初恩照所请行。

《皇朝续文献通考》卷二六二，《经籍考六》：《钦定剿平粤匪方略》四百二十卷，同治十一年恭亲王奕䜣等奉敕撰。……《剿平捻匪方略三百二十卷》，同治十一年恭亲王奕䜣等奉敕撰。

**张德彝著成《再述奇》（一名《欧美环游记》）。**

张德彝（德明）《再述奇自序》：天下土宇，分五大洲，邦国数百，人百亿兆，风土人情之迥殊，衣服饮食之异宜，隔海离山，眂我朝率千万里，欲遍览焉固难，况遍览焉出于一人，不更难哉？前寰海诸书，固已言之甚悉，但所言徵实者，不过十之二三。德明两次奉命使航海，东西绕地一匝，计里十余万，历国十有三，即耳目见闻，择前述之未备者日记一二。凡事徵实，不厌其赘，非敢率尔操觚，亦茶前酒后聊持此破睡魔云尔。同治壬申仲夏，铁岭德明在初氏叙于述奇馆。

张德彝《再述奇·经日本东渡记》：大清同治六年丁卯十一月初二日，经总理各国事务衙门奏，派花翎二品顶戴、前任贵州石阡府知府、记名海关道、镶蓝旗满洲志刚（克庵），花翎二品顶戴、礼部主客清吏司郎中、安徽凤阳府寿州孙家谷（稼生），员外郎衔、候补主事、同文馆英馆八品官、正黄旗蒙古凤仪（夔九）、镶黄旗汉军德明（在初），主事衔、同文馆俄馆八品官、正蓝旗汉军塔克什讷（木庵）、镶蓝旗汉军桂荣（冬卿），主事衔、同文馆法馆九品官、正蓝旗蒙古廷俊（辅臣）、镶白旗汉军联芳（春卿）。……同原任合众国正公使、改授中国办理中外交涉事务大臣蒲安臣，暨左协理、英国翻译官柏卓安，右协理、九江副税务司法人德善等，前往合众国及欧罗巴各国，办理中外交涉事务。奉旨：依议。是年十有二月初旬，治理行装。蒲大臣，德协理均约待于沪。柏协理约于本月十四、五日会于涿郡。……

  今案：是书收入《走向世界丛书》时，改名《欧美环游记》。参阅钟叔河《一个同文馆学生的观察——张德彝的〈再述奇〉（欧美环游记）》，载张德彝《欧美环游记（再述奇）》，湖南人民出版社 1981 年版。

## 公元 1873 年　清穆宗同治十二年　癸酉

**夏燮《明通鉴》刊行。**

  夏燮《与朱莲洋明经论修明通鉴书》（同治壬戌，载《明通鉴》卷首）：前奉来书，有石屋注史之役，闻之不禁狂喜。……《明史》初稿系万季野，其后横云山人成之。季野当鼎革之季，嫌忌颇多，其不尽者，属之温晒园，别成《绎史》。弟年来校证贵池书，搜辑明季野史，无虑数百种，以《明通鉴》无书，慨然欲辑之。涑水《通鉴》如祸水、冰山等语，皆自野史得来，若谓野史不可信，则正史何尝无采自野史而折衷之者？安见登之正史遂无传闻之误乎？若以恩怨而言，则修史之初，半系先朝遗老、亡臣子孙，其中或以师友渊源，或因门户嫌隙。近阅明季稗史，参之官书，颇有本传所记铮铮矫矫，而野史摈之不值一钱；亦有野史所记其人之本末可观，而正史贬抑过甚者。岂非恩怨之由，贵在知人论世者折中一是耳。执事欲补注，势不得不兼采稗野，旁及诸家文集、说部之书，而同异得失之间，不能无辩，遂有一事非累幅不能了者，莫若择野史之确然可信者，参之《明史》及《明史纪事本末》等书，入之正文，而以杂采稗乘疑信相参者，夹行注于其下，是即裴松之注《三国志》之例，亦即贵乡彭文勤公《五代史补注》之例也。拙撰《明通鉴》，采野史者不过十中之一二，而其为世所传而实未敢信者，俱入之《考异》中；其正史有未敢信而删之者，亦入之《考异》中。《四库书提要》谓温公特创此例，自著一书，以明其去取之故，故较《三国志》裴《注》又加择焉。……（中论《明史》十事，略）……举此十事，以概其余，则执事补注及鄙人《通鉴》之役，岂可一日缓哉？定本当俟异日，姑先举草创之大略，为共从事于《明史》者商之，惟鉴不宣。

谢国桢《增订晚明史籍考》卷一：《明通鉴》九十四卷、附记六卷。清当涂夏燮嗛父编辑。……燮字嗛父，当涂人，官永新知县，精通史学，长于明史，著有《明通鉴》、《中西纪事》等书。是书卷七十至卷九十，为记天启、崇祯朝事；附记六卷，记南明史事。皆以清代帝号纪年，始于顺治元年北都覆亡，由崧即位南京，讫康熙二十二年郑克塽纳降，台湾归入清朝版图而止。所记虽较徐鼒《小腆纪年》为简，然广徵博采，考证详实，保存不少资料，有足取焉。

今案：是书撰述时间，不可详考。袁英光《明通鉴》（载仓修良主编《中国史学名著评价》2版，第三卷，山东教育出版社 2006 年版）一文有云："就他同治元年（公元 1862 年）《与朱莲洋明经论修〈明通鉴〉书》，以及同治十二年该书初刻于江西宜黄县官署，尤其是夏燮自称用二十余年的精力著成此书等情况来看，可能在鸦片战争前已着手搜辑有关资料，而进行具体编撰则主要在鸦片战争以后。"

## 《中国史叙论》、《新史学》、《论中国学术思想变迁之大势》作者梁启超生。

梁启超《三十自述》（载《饮冰室合集》文集之十一）：……余生同治癸酉正月二十六日。……十二岁应试学院，补博士弟子员。……十三岁始知有段、王训诂之学，大好之，渐有弃帖括之志。十五岁……时肄业于省会之学海堂，堂为嘉庆间前总督阮元所立，以训诂词章课粤人者也。至是乃决舍帖括以从事于此，不知天地间于训诂、词章之外，更有所谓学也。己丑，年十七，举于乡。……年十八计偕入京师。……下第归。……其年秋，始交陈通甫。通甫时亦肄业学海堂，以高才生闻。既而通甫相语曰："吾闻南海康先生上书请变法，不达，新从京师归，吾往谒焉。其学乃为吾与子所未梦及，吾与子今得师矣。"于是乃因通甫修弟子礼，事南海先生。……生平知有学自兹始。辛卯，余年十九，南海先生始讲学于广东省城长兴里之万木草堂，徇通甫与余之请也。先生为讲中国数千年来学术源流，历史政治，沿革得失，取万国以比例推断之。余与诸同学日札记其讲义，一生学问之得力，皆在此年。……先生时方著《公理通》、《大同学》等书，每与通甫商榷，辨析入微，余辄侍末席，有听受，无问难，盖知其美而不能通其故也。先生著《新学伪经考》，从事校勘；著《孔子改制考》，从事分纂。日课则《宋元明儒学案》、二十四史、《文献通考》等，而草堂颇有藏书，得恣涉猎，学稍进矣。……自是学于草堂者凡三年。……戊戌九月至日本，十月，与横滨商界诸同志谋设《清议报》。自此居日本东京者一年，稍能读东文，思想为之一变。……其年，美洲商界同志始有中国维新会之设，由南海先生所鼓舞也。冬间，美洲人招往游，应之。……辛丑四月，复至日本。尔来蛰居东国，忽又岁余矣。所志所事，百不一就，惟日日为文字之奴隶，空言喋喋，无补时艰，平旦自思，只有惭悚。顾自审我之才力，及我今日之地位，舍此更无术可以尽国民责任于万一，兹事虽小，亦安得已，一年以来，颇竭绵薄，欲草一中国通史，以助爱国思想之发达，然荏苒日月，至今犹未能成十之二。惟于今春为《新民丛报》，冬间复创刊《新小说》，述其所学所怀抱者，以质于当世达人志士，冀以为中国国民遒铎之一助。……孔子纪年二千四百五十三年壬寅十一月，任公自述。

素痴（张荫麟）《近代中国学术史上之梁任公先生》（载《学衡》67 期）：……任公先生一生之智力活动，盖可分为四时期，每时期各有特殊之贡献与影响。第一期自其撇弃词章考据，就学万木草堂，以至戊戌政变以前止，是为"通经致用"之时期；第二期自戊戌政变以后至辛亥革命成功时止，是为介绍西方思想，并以新观点批评中国学术之时期，而仍以"致用"为鹄的；第三期自辛亥革命成功后至先生欧游以前止，是为纯粹政论家之时期；第四期自先生欧游归后以至病殁，是为专力治史之时期，此时期渐有为学问而学问之倾向，然终不能忘情国艰民瘼，殆即以此损其天年，哀哉！

先生第一期之智力活动，全受康南海之影响，此时期之梁先生，实为康南海附庸。……自任公亡命日本后，诵习日文，因间接得窥西洋名哲之学说，而识力日扩。此时之梁先生，已非康南海所能范围。……先生批评中国学术之结晶，尤在《论中国学术思想变迁之大势》一长文。此实第一部有统系之中国学术史，一气呵成，前无凭借，非有绝伟之识力，其曷能与于斯？胡适自言其立志治中国思想史，实受先生此文之影响，则民国六、七年后"新汉学"之兴起先生盖导其源矣。三则以新观点考察中国历史，而提出史学革命方案。始倡于官报及帝谱而外，别创以民族及文化为对象，借国民之照鉴之历史。其于《新民丛报》中，《新史学》、《中国史叙论》已发其凡；于《中国历史上革命之研究》、《历史上中国民族之观察》、《世界史上广东之位置》，及《赵武灵王传》、《张博望班定远合传》、《王荆公传》、《郑和传》、《中国殖民八大伟人传》等篇中，复示其例。后有作近代中国史学史者，不能不以先生之名冠其篇矣。从学术史上观之，自辛亥至戊午七年间，实为先生一生最不幸之时期。盖自辛亥革命成功后，先生在政治上实与康南海同为落伍之人物。历史上之趋势如此，非人力所能转移。为先生计，使自此时以后绝迹仕途埋头著述，则其所贡献于中国学术者当如何！乃不出此，挟其历史上宝贵之地位旅进旅退于军阀官僚、奸雄宵小之间，卒无补于国，而学亦荒，岂不惜哉！……

今案：据丁文江、赵丰田《梁启超年谱长编》，启超生于本年正月二十六日（公元1873年2月23日），卒于公元1929年1月19日。

## 公元1875年 清德宗光绪元年 乙亥

### 《明通鉴》、《中西纪事》、《粤氛纪事》作者夏燮卒。

《清儒学案》卷一五五，《心伯学案》：夏燮，字谦甫。……道光辛巳举人，官江西永宁知县。少读顾氏《音学五书》、江氏《古韵标准》、《四声切韵表》、《音学辨微》诸书，复与江晋三交，于呼等之学，所得甚邃，撰《述韵》十卷。又以《明史》初稿出万季野，其后横云山人成之，鼎革之际，嫌忌颇多，于是搜辑明季野史数百种，撰《明通鉴》一百卷。元和陈氏《明纪》一书，时尚未行，先生用意乃与之合，而网罗较富，抉择务精，自为《考异》以明从违之故，其经营视陈氏为尤密也。又尝撰《中西纪事》一书，详记道光庚子以来中外通商始末。……勒成定本二十四卷。又有《校汉书八表》八卷。光绪乙亥，卒，年七十六。

今案：据王世华《夏燮生卒年月考》（载《安徽史学》1990年第3期）考订，夏燮生于嘉庆五年（公元1800年）八月二十八日，卒于光绪元年（公元1875年）七月三十日，享年七十六岁。

### 张之洞著成《书目答问》。

张之洞《书目答问略例》：诸生好学者来问应读何书，书以何本为善。遍举既嫌絓漏，志趣学业亦各不同，因录此以告初学。读书不知要领，劳而无功；知某书宜读而不知精校、精注本，事倍功半。今为分别条流，慎择约举，视其性之所近，各就其部求之，又于其中详分子目，以便类求，一类之中，复以义例相近者使相比附，再叙时代，令其门径秩然，缓急易见。凡所著录，并是要典雅记，各适其用，总期令学者易买易读，不致迷罔眩惑而已。……

经部举学有家法、实事求是者，史部举义例雅饬、考证详核者，子部举近古及有实用者，集部举最著者。……所举二千余部，疑于浩繁，然分类以求，亦尚易尽，较之泛滥无归者则为少矣。光绪元年九月日，提督四川学政、侍读衔翰林院编修张之洞记。

范希曾《书目答问补正跋》：张氏《书目答问》，出缪筱珊先生手，见《艺风堂自订年谱》。湘潭叶氏称其书损益刘、班，自成著作。书成以来，繙印重雕，不下数十余次，承学之士，视为津筏，几于家置一编。顾其书成于光绪二年，原刻本签题云光绪二年写定。后此五十年间，新著新雕未及收入，亦时有小小讹失。……十八年己巳莫秋，未研氏识于盋山陶风楼。

今案：是书有缪荃荪代撰之说，作俑者即荃荪本人，后颇有信之者。然据陈垣《艺风年谱与书目答问》（载《图书季刊》1936年第3卷第1—2期）考订，之洞撰是书，缪氏先为助理，后为订正，作者仍应归于张之洞。

## 公元1876年 清德宗光绪二年 丙子

**黎庶昌《曾文正公年谱》刊行。**

《清史稿》卷四四六，《黎庶昌传》：黎庶昌，字莼斋，贵州遵义人。……同治初元……以廪贡生授知县，交曾国藩差序。……光绪二年，郭嵩焘出使英国，调充参赞，历比、瑞、葡、奥诸邦，著书以撮所闻见，成《西洋杂志》。晋道员。七年，命充出使日本大臣。……中国古籍，经戎烬后多散佚，日藩族弆藏富，庶昌择其足翼经史者，刊《古逸丛书》二十六种。……十七年，除川东道。……二十一年，诏陛见。……未几，卒。川东民建祠汸郡祀之。

黎庶昌《书曾文正公年谱后》：……黎庶昌为编年谱，记公行事，乃书其后曰：年谱非古也，近世刊刻前贤专集，乃必为年谱一编，以考订其所作诗文之先后岁月，盖本孟子"颂诗读书、论世知人"之意，固无伤于稽古之雅。国朝《阿文成公年谱》，累数十百卷，可谓至多。其所纪载则奏案与其政迹为详。吾师曾文正公，盖世忠勋，薄海宗仰，身没之日，知与不知，得公楮墨者，莫不什袭以珍之，公镂版以传之，所在风行，以先睹为快。窃恐数十载后，流风渐远，见闻异辞，而于当日事迹原委，无资以质证，亦门人故旧之责也。不揣固陋，按据近年所睹记，粗纪其大略。自道光中叶以远，天地干戈，庙堂咨儆，二十有余年，人才之进退，寇乱之始末，洵时事得失之林、龟鉴所在。而我公所以树声建绩，光辅中兴者，或筹议稍迂，而成功甚奇；或发端至难，而取效甚远；或任人立事，为众听所骇怪，而徐服其精；或为国忘躯，受万口诋訾，而所全实大。凡若此类，不敢忘忽焉。宫墙美富，何敢妄云窥见，惟后世读公书者，谅亦有取于此云。

## 公元1877年 清德宗光绪三年 丁丑

**徐延旭著成《越南辑略》。**

徐延旭《越南辑略序》：同治丁卯，贼匪麕聚于右平府属之龙州上龙上下冻、凭祥上下石各土州，其另股则盘踞养利、归顺各州，蔓延于龙英、万承、全茗、茗盈、都结、镇远各土州。是年冬，旭奉檄权太平篆务，兼理龙州同知。戊辰抵任，贼窜入越南，越南例贡因道路梗阻，已停四次。是年八月初一日，奉旨准该国入贡，旭代左江道延接陪臣，开关验贡。……庚午，又值贡期。……中丞遂命旭前往，驻于该国谅山省之驴驴甭，派人周历该国境内两月余，始能得其大略。而贼匪即于是时陷该国谅山省，距旭寓所仅隔一河。旭所带只半营，而贼匪亦未敢相犯，遂同护贡官接贡，由谅山城下入关，贼无敢阻挠者。次年，又因缉拿贼犯苏国汉，旭复至谅山。统计二次出关，在该国居住八阅月，爰将奉命所查绘之图，及得诸该国臣民之所言，以合诸史籍群书之所载，编为辑略，以就正博雅君子，倘后有因事出关者，或亦有小助云尔。时光绪三年五月吉日，山左徐延旭晓山自记于梧州府廨。

**命国史馆纂修《清穆宗本纪》。**

《清德宗实录》卷五七，光绪三年九月甲戌，谕内阁：历代史书，皆以帝王本纪冠诸简端。我朝列圣相承，均经国史馆恭修本纪，敬谨尊藏。伏念穆宗毅皇帝文德武功，昭垂宇宙。业经特命开馆纂修实录，现已进呈至六年，允宜恭修本纪，垂示后昆。著国史馆总裁，遴派提调等官督率誊录，诣实录馆将业已进呈之书，照副本恭缮一分，恪遵编纂，随时进呈。于实录告成后，陆续办竣。所缮实录副本，即恭藏史馆，以资考证。

**郭嵩焘著成《使西纪程》，随后遭清廷毁版。**

　　王先谦《虚受堂文集》卷九，《兵部左侍郎郭公神道碑》：公讳嵩焘，字伯琛，筠仙其自号，晚更号玉池老人。筑室曰养知书屋，学者又称养知先生。……公自幼端悫，有成人之度，稍长，游学岳麓书院，与曾公国藩、刘公蓉相友善，切劘以道义，于书靡不通究，虽蓬户独处，其意渊然，以天下为量，尤自厉勤苦，质直好义，必忠必信，矢之终身，盖其得于天性与自力于学者如此。由县学生中式道光丁酉举人，丁未成进士，改翰林院庶吉士，回籍丁父母忧。粤寇起，犯湖南，曾公以侍郎居忧，奉诏办团练，未出，公至其家，陈说大义。曾公感动，起视师。……光绪元年，授福建按察使，寻命以侍郎候补，在总理各国事务衙门行走。充出使英法大臣，补兵部左侍郎差。旋抵沪，以病免。……尝以国朝二百年来，休养生息，民物炽丰，声教讫海外，环地球诸国，群集户庭，非挞伐所及。既以违言积衅，隐忍曲全，臣子与国为体，当深思因应之宜，力戒宋明纷呶积习，以弭近忧而宏远谟。故其与外人交，一持公诚，屏气矜，罔不归于和剂，于必应辩难者，仍据理直争，无假借，西人咸敬服焉。自海外归十三年，以光绪十七年辛卯六月十三日卒于家，距其生嘉庆二十三年戊寅三月七日，年七十四。……生平撰著，大半散佚，存者：《礼记质疑》四十九卷，《大学质疑》一卷，《中庸质疑》二卷，《订正朱子家礼》五卷，《养知书屋文集》二十八卷，《诗集》十五卷，《奏疏》十二卷，《读书札记》若干卷，《湘阴县图志》三十四卷，《会合联吟集》一卷，《家谱》十卷，已刊行。其未刊者：《周易释例》四卷，《毛诗余义》二卷，《绥边徵实》二十四卷，《官书》若干卷，《尺牍》若干卷。……清光绪十七年辛卯岁，国子监祭酒长沙王先谦敬撰。

　　《续修四库全书总目提要》（稿本）：《使西纪程》二卷，清郭嵩焘撰。嵩焘字筠仙，湖南湘阴人。道光进士，官至兵部左侍郎。光绪二年，奉命出使英国，以是年十月十八日发自上海，十二月初八日行抵伦敦。是编乃其行纪，排日录其见闻，于所历诸地之地理物产，叙述尤详，间辨正《瀛寰志略》之误；余若十一月十九日记各国旗式，十二月初八日记英国币制，在今为常识，然在当时殆为创闻也。

　　王闿运《湘绮楼日记》光绪三年六月十二日：晴热。樾岑来。言何金寿本名何铸，昨疏劾郭筠仙有二心于英国，欲中国臣事之。有诏申斥郭嵩焘，毁其《使西记》版。……

《静安文集》、《国学丛刊序》作者王国维生。

《清史稿》卷四九六,《忠义传十》:王国维,字静安,浙江海宁州诸生。少以文名。年弱冠,适时论谋变法自强,即习东文,兼欧洲英、德各国文,并至日本求学。通农学及哲学、心理、论理等学。调学部,充图书馆、编译名词馆协修。辛亥后,携家东渡,乃专研国学。谓:"尼山之学在信古,今人则信今而疑古,变本加厉,横流不返。"遂专以反经信古为己任。著述甚多,撷其精粹为《观堂集林》二十卷。返国十年,以教授自给。壬戌冬,前陕甘总督升允荐入南书房,食五品俸,屡言事,皆褒许。甲子冬,遇变,国维誓死殉。驾移天津,丁卯春夏间,时局益危,国维悲愤不自制,于五月初三日,自沉于颐和园之昆明湖。家人于衣带中得遗墨,自明死志,曰:"五十之年,只欠一死!经此世变,义无再辱"云云。谥忠悫。海内外人士,知与不知,莫不重之。

王国维《自序一》(载《静安文集续编》):……余家在海宁,故中人产也,一岁所入,略足以给衣食。家有书五六箧,除《十三经注疏》为儿时所不喜外,其余晚自塾归,每泛览焉。十六岁,见友人读《汉书》而悦之,乃以幼时所储蓄之岁朝钱万,购前四史于杭州,是为平生读书之始。……故书十年间之进步,非徒以为责他日进步之券,亦将以励今之人使不自馁也。若夫余之哲学上及文学上之撰述,其见识、文采,亦诚有过人者,此则汪氏中所谓"斯有天致,非由人力,虽情荷曩哲,未足多矜"者,固不暇为世告焉。

王国维《自序二》:前篇既述数年间为学之事,兹复就为学之结果述之。余疲于哲学有日矣。哲学上之说,大都可爱者不可信,可信者不可爱。余知真理,而余又爱其谬误。伟大之形而上学、高严之伦理学与纯粹之美学,此吾人所酷嗜也。然求其可信者,则宁在知识论上之实证论、伦理学上之快乐论与美学上之经验论。知其可信而不能爱,觉其可爱而不能信,此近二三年中最大之烦闷,而近日之嗜好,所以渐由哲学而移于文学,而欲于其中求直接之慰藉者也。要之,余之性质,欲为哲学家,则感情苦多而知力苦寡;欲为诗人,则又苦感情寡而理性多。诗歌乎?哲学乎?他日以何者终吾身,所不敢知,抑在二者之间乎?……

陈寅恪《王静安先生遗书序》:……自昔大师巨子,其关系于民族盛衰、学术兴废者,不仅在能承续先哲将坠之业,为其托命之人,而尤在能开拓学术之区宇,补前修所未逮。故其著作可以移一时之风气,而示来者以轨则也。先生之学博矣,精矣,几若无涯岸之可望,辙迹之可寻。……呜呼!神州之外,更有九州；今世之后，更有来世。其间傥亦有能读先生之书者乎？如果有之，则其人于先生之书，钻味既深，神理相接，不但能想见先生之人，想见先生之世，或者更能心喻先生之奇哀遗恨于一时一地，彼此是非之表欤！一千九百三十四年岁次甲戌六月三日，陈寅恪谨序。

  今案：据袁英光、刘寅生《王国维年谱长编》（天津人民出版社 1996 年版），国维生于清光绪三年十月二十九日（公元 1877 年 12 月 3 日），自沉于民国十六年五月初三日（公元 1927 年 6 月 2 日）。

## 公元 1878 年 清德宗光绪四年 戊寅

### 李凤苞著成《使德日记》。

  《清史稿》卷四四六，《李凤苞传》：李凤苞，字丹厓，江苏崇明人。……丁日昌抚吴，知其才资，以赀为道员。历办江南制造局、吴淞炮台工程局，绘地球全图，并译西洋诸书。日昌为船政大臣，调充总考工。朝议遣生徒出洋，加三品卿，派为监督。光绪三年，率赴英、法两国，分置肄业。明年，赐二品顶戴，充出使德国大臣，旋兼使奥、义、荷三国，往来数千里，……时建议兴海军，并命督造战舰。十年，法越构衅，暂署法使。法事决裂，遂奉命回国，归过澳门。……既，覆命，有旨发往直隶交李鸿章差遣，令总办营务处，兼管水师学堂。未几，以在德造舰报销不实，被议革职。十三年，卒。著有《四裔编年表》、《西国政闻汇编》、《文藻斋诗文集》等。其他音韵、地理、数学，皆有论著，未成。

  李凤苞《使德日记》：光绪四年十月初二日晚，偕郭筠帅由英国英格兰回伦敦，承准总理衙门咨开七月二十七日奉上谕：侯选道李凤苞著赏加二品顶戴，充署理出使德国钦差大臣，钦此。……自前年奉李爵相奉派，监督生徒来洋学习，虽与洋监督日意格和衷商榷，将在英在法生徒，照章安插官船官学，而勉供奔走，两载于兹。……二十九日除夕，小叙。

  今案：是书为李凤苞于光绪四年任驻德公使期间所写日记，仅一卷。起光绪四年十月初二，迄于十二月二十九日。记述李氏在德的外交活动，及德国政治、文化、风俗、工商业的发展状况，对当时的国际局势有所记述和分析。

## 公元1879年 清德宗光绪五年 己卯

**李元度著成《国朝先正事略》。**

《清史列传》卷七六,《循吏传三》:李元度,湖南平江人。道光二十三年举人,大挑二等,选黔阳县教谕。咸丰三年,曾国藩调理营务。四年,以克复湘潭功,保知县,加内阁中书衔。从攻半壁山,夺田家镇贼巢,保同知,赏戴花翎。……七年二月……赏花翎,给同知衔。九月,以力解贵溪城围,复原官,加知府衔。八年正月,捐升道员。……十年闰三月,敕元度赴浙江,交巡抚王有龄差委。……同治元年正月,授浙江盐运使,兼署布政使。二月,擢按察使。以道梗,均未抵任。……光绪八年,丁母忧。……十一年六月,授贵州按察使,疏陈筹饷之策十,筹防之策十。……十二年,署贵州布政使……十三年二月,升贵州布政使,筹立蚕桑局,议办清溪县铁矿。九月,卒。十四年,附祀曾国藩祠。

李元度《国朝先正事略序》:……我国家列圣相承,重熙累治,炳焉与三代同风。二百余年,名卿巨儒,鸿达魁垒之士,应运而起者不可殚数,其讦谟具在国史,类非草野之士所能窥,而其遗闻佚事、嘉言懿行,往往散见于诸家文集中,特未有荟萃成书,以备掌故,而徵文考献之助者耳。元度山居多暇,遍阅本朝人文集,遇伟人事迹,辄手录之,积久成《先正事略》六十卷,分名臣、名儒、经学、文苑、遗逸、循良、孝义七门。人为一传,计五百人,附见者六百有八人,亦当代得失之林也。……稿甫脱,适奉于役黔东之命。以两年心力所萃,不忍敝帚弃之也,爰付诸剞劂。……同治五年三月既望,平江李元度自序。

曾国藩《国朝先正事略序》:余尝以大清达人杰士,超越古初,而记述阙如,用为叹憾。道光之末,闻嘉兴钱衎石给事仪吉,仿明焦竑《献徵录》为国朝《徵献录》,因属给事从子应溥写其目录,得将相、大臣、循良、忠节、儒林、文苑等凡八百余人,积二三百卷。借名人之碑传,存名人之事迹。自别京师,久从征役,而此目录册者不可复睹。同治初,又得鄢陵苏源生文集,具述其师钱给事于《徵献录》之外,复节录名臣,为《先正事略》。于是知钱氏颇有造述,不仅抄撰诸家之文矣。又二年,而得吾乡李元度次青所著《先正事略》,命名乃适与钱氏相合。前此二百余年,未有成书。近三十年中,钱氏编摩于汴水,次青成业于湖湘,斯足徵通儒意趣之同,抑地下达人、杰士,其灵爽不可终閟也。……同治八年三月曾国藩。

**王之春著成《国朝柔远记》。**

王之春《国朝柔远记自叙》：夫先王之训，耀德不观兵；止戈之文，安民而和众。是以崇密降于因磊，有苗格于舞阶，虽近在要荒，但示柔远之意，岂远违声教，必伸挞伐之威！我国家文德覃敷，遐迩驯伏。……畏威怀德者数十国，薄来厚往者二百年。迨夫光、丰以来，大肆要求，谓汉孰与我大？称兵竞逆颜行。列圣心切保民，戒深黩武，含容如地，覆帱辟地，准予通商，重行立约，因所利而利之，视不胜犹胜也。说者虑滋蔓难图，植荆受刺，谓他族之逼处，乃非种之当锄。……或又谓，虎欲虽逐，象猛可驯，既悔罪而输忱，不必操之以蹙；复效逆而犯顺，何可示之以柔？归狱于始事之人，责难于养痈之后。则同舟共济，只手何以挽狂澜？……窃恐卤莽者冀侥幸以图功，畏葸者循因循而贻误，不惩既往，曷救将来？……爰搜葺陈编，考证往事，自定鼎起，讫同治止，仿《纲目》编年之体，就中外交涉之端，详晰编次，著为是书。俾颠末尽窥，得失互证，冀以默消夫隐患，实有难已之苦衷。欲使善于约束羁縻，或有裨于久安长治也夫！光绪六年岁次庚辰仲夏月上浣，臣王之春谨叙。

彭玉麟《国朝柔远记叙》：《柔远》一书，臣友王之春所辑也。之春以文人兼武事，驰驱江海间，防北塘，驻京口，游历日本长崎、横滨，于中外交涉事，见闻周洽，暇则博稽国朝掌故，凡有关于远略者，提纲摘要，殚岁月之功，成为是书。诚抚远之宏图，绥远之良策也！昔宣圣与鲁君论文武之政，于远人则曰"柔"。诚以远人不可遽怵之以威也，遽怵之以威，则彼必震动不安；又不可故示之以弱也，故示之以弱，则彼必狡焉思逞。此而求一至善不易之经，则非"柔"不为功。且夫"柔"之云者，非我之自处于柔也，道在顺其归附之心，而孚之以诚信，则柔者亦柔。所谓"燮友柔克"也。化其犷悍桀黠之习，而迪之以中庸，则不柔者亦柔，所谓"高明柔克"也。……臣奉命巡视长江，兼阅海防，屡欲汇纂我朝怀柔远人之谟，宣布皇仁于中外，且举数百年来先后任事诸公成败得失之数，籍资法戒，期于临事而不惑。而简练勿烦，苦无暇晷。此书实先得我心之所同然者，故序以行之。……光绪八年仲春上浣，臣彭玉麟谨撰。

俞樾《国朝柔远记叙》：昔道光时有臣曰魏源，著一书曰《圣武记》，自开国之初用兵次第，以及康熙中勘定三藩，乾隆时荡平回部，备载无遗，述皇朝武功之盛，以传示后世，其意至深远也。今光绪朝又有臣曰王之春，著一书曰《国朝柔远记》，自顺治以迄于同治，于中外交涉机宜以及通商始末，凡所以控御八荒、怀柔万国者皆在焉，视魏源之书用意尤为深远。然源之书已风行于世，而之春之书知者犹罕。……异时德洋恩溥，使东西洋皆在怙冒之中，以复神农以前东西九十万里、南北八十五万里之盛规，此一编也，非其嚆矢乎？愚故曰："视魏源之书，其意更深远矣！"光绪十有一年乙酉秋八月，臣俞樾谨叙。

《续修四库全书总目提要》（稿本）：《中外通商始末记》十八卷，附录二卷。清王之春撰。之春字芍堂，湖南清泉人。由军功累保，擢湖北布政使，调为驻俄公使，官至广西巡抚。其书原名《国朝柔远记》。用编年以纪事，自顺治迄同治朝止。大约采录列朝上谕及颁发官书、诸臣奏疏、名臣撰述、西人国志、各家私著荟萃而成，间亦附其所见，纲举目张，较《圣武记》、《中西纪事》诸书，为便于省览。时日谬误，颠倒遗漏，亦较少。附录二卷，为《瀛海各国统考》、《蠡测卮言》十三篇、《沿海形势略》，及《环海总图》、《沿海舆图》、《三岛分图》、《天下四海总图》。……

今案：据赵春晨考订，是书初稿成于光绪五年，初刻于十七年，其间曾反复修定和增补。后翻刻时，或改称《国朝通商始末记》、《中外通商始末记》。参阅《清朝柔远记》点校本前言，中华书局1989年版。

## 王先谦（乾隆朝）《东华续录》刊行。

王先谦《东华续录后跋》：……臣备员词曹，编摹史馆……远追前代李、郑述作，近接蒋氏当日所录，凡登载谕旨，恭辑《圣训》、《方略》，编排日月，稽合《本纪》、《实录》，于制度沿革纂《会典》，于军务奏折取《方略》，兼载御制诗文，旁稽大臣列传，成《东华续录》一百二十卷。乾隆一朝政要大略具存。……嘉庆而下，稿本粗具；雍正以前，录视蒋氏加详，将以次刊行焉。时在光绪五年岁次己卯秋八月。

## 议叙国史馆覆纂画一臣工列传的纂修官员。

《清德宗实录》卷一〇三，光绪五年十一月辛未，谕内阁：沈桂芬等奏覆纂臣工列传书成一摺：国史馆臣工列传，自道光十六年，至同治十三年，均覆加编纂，查改画一，分别缮写清汉正本，择日送藏皇史宬。并另缮清、汉正本各一分，存馆备查。现在全书一律完竣，数在五百卷以上，所有在馆各员，自应分别奖叙。前充提调官内阁学士王之翰、前充总纂官内阁学士徐致祥、前充纂修官前礼部左侍郎祁世长，均着交部从优议叙。甚余应行议叙各员，着照例咨部办理，尤为出力各员，并准其酌量保奏，以示鼓励。

**《清穆宗实录》纂修告成。**

《清德宗实录》卷一〇四，光绪五年十一月甲午：恭进《穆宗毅皇帝实录》、《圣训》。上御保和殿行礼受书，礼成，御太和殿受贺，诣乾清宫，实录、圣训前行礼，恭瞻尊藏。

光绪《大清会典事例》卷七十七，《吏部·修书议叙》：……恭纂《穆宗毅皇帝实录》告成，共三百七十八卷。又恭辑《圣训》一百六十卷。查照旧例，予监修总裁官、正副总裁官暨提调、纂修、校对、收掌、繙译、誊录各员议叙。

**《历代史略》、《中国商业史》、《中国教育史》作者柳诒徵生。**

柳诒徵《自传》（载《文献》1981年第7辑）：1880年2月5日（清光绪五年十二月二十五日）生于江苏省丹徒县（今镇江市）城内第一楼街鲍宅内一小屋中。……1885年父亲病故，母亲带着我们两个小孩，跟着外祖家苦度。当时亲族及慈善机关每月给我们母子银元二元，铜钱二千做生活费。……自是至1896年皆恃津贴生活，至诒徵考取县学生员，教授学生，每年有四十银元，及书院膏火多寡不等，母亲始辞去各项津贴，自行起火。……1900年变法兴学，南京开编译书局，诒徵以陈善余先生的介绍，至局中编教科书，月薪四十元。1902年随江阴缪艺风先生至日本，考察教育数月。归国后仍在书局编书，次第与友人创办南京思益小学、江南中等商业学堂，及镇江大港小学。办商业学堂时，月薪八十两，遂辞编译局事。后又兼江南高等学堂、两江优级师范教习，月薪一百二十两。在书局及各校所编之书有《历代史略》、《中国教育史》、《中国商业史》、《商业道德》、《伦理口义》等。1911年任镇江县临时县议会副议长，及镇江中学校长。……至夏间遂辞职，赋闲。翌年，至北京任明德大学斋务主任兼历史教员。……1915年任南京高等师范国文历史教员，兼河海工程学校教员。翌年，辞河海，专任高师事。嗣高师改大学，任历史教授，与同事诸教授创办《学衡》及《史地学报》杂志，提倡学生研究，反对教育界贪墨。至1924年遂为拥护贪墨者所排斥，赴辽宁，任东北大学教授，郭松林[龄]事起南回。翌年，任北京女子大学教授，兼北京高等师范历史课程。自任南高师迄北京各校中间编著《中国文化史》、《东亚各国史》及《中国经济史》、《中国财政史》、《印度史》等。1927年任第四中山大学筹备委员，励行学区制。夏间，专任国学图书馆馆长，先后达十年。……1949年9月，上海市市长陈毅聘任为上海市文物管理委员会委员，幸获学习马列主义理论，矢志努力工作，第以所学陈旧，目眊体衰，每自省察,愧负滋甚。1951年于上海。

今案:据《柳诒徵年谱简编》(载柳曾符、柳佳编《劬堂学记》,上海书店出版社2002年版),诒徵字翼谋,卒于公元1956年2月3日,享年七十七岁。

**杨守敬、饶敦秩《历代舆地沿革险要图》刊行。**

饶敦秩《历代舆地沿革险要图跋》(光绪五年):敦秩弱冠,读乙部书,苦于地理不知其乡,又古今异名,尤费稽考。后得顾氏《方舆纪要》读之,叹为绝作。其《历代州域形势》尤得要领,惜其无图,思欲补之,而见闻寡陋,未遑丹铅。去岁与杨君惺吾论及此,出旧稿一帙,云系十年前与归善邓君承修所同撰者。其中自正史而外,有历代割据及十六国等图,较江阴六氏沿革图为翔实,而梁、陈、周、齐四代乃缺焉。余以为此不可不补之也,乃延惺吾至余家,与之勾稽排比而成之,又推广于东晋、东西魏、五代、宋南渡及历代四裔诸国。合之前稿,共得六十七篇,略著其说于图隙,使读者易于省察。其于关塞险要,尤兢兢致意。虽地无常险,古今情殊,览往事之得失,知将来之利弊,此区区与惺吾辑录之意,不第以考古为读史助也。

## 公元1880年 清德宗光绪六年 庚辰

**同治朝《筹办夷务始末》纂修成书。**

同治朝《筹办夷务始末》卷首,宝鋆等进书奏折:监修总裁官大学士臣宝鋆等跪奏,为纂辑《筹办夷务始末》完竣,恭折进呈,仰祈圣鉴事:窃《筹办夷务始末》一书,同治元年恭照咸丰初年成案,奉旨纂辑。自道光三十年正月起,至咸丰十一年七月止,均已编辑成书,恭进在案。现应纂辑咸丰十一年七月起,至同治十三年十二月止筹办夷务始末。前经军机大臣面奉谕旨,照案纂辑,臣等督同编校各官,悉心采辑,详加校勘……编摩既蒇,抃舞良深,允宜朵殿尊藏,恢一统无疆之业;且喜海波永靖,卜万年有道之长。共书一百卷,装潢二十函,敬谨进呈,伏乞圣鉴。谨奏。光绪六年八月。

# 公元 1881 年 清德宗光绪七年 辛巳

**国史馆纂修《清穆宗本纪》告成。**

《清德宗实录》卷一三二，光绪七年七月甲戌：以《穆宗毅皇帝本纪》告成，予国史馆提调官内阁侍读恩兴、翰林院编修廖寿丰、总纂官光禄寺少卿爱廉、编修胡胜、纂修官中书英泰、编修潘衍桐等奖叙有差。

**国史馆向各省徵取纂办国史《儒林》等类传资料。**

《清德宗实录》卷一三三，光绪七年闰七月己酉，国史馆奏：纂办《儒林》、《文苑》、《循吏》、《孝友》列传，请饬各省确查举报。从之。

中国第一历史档案馆藏《国史馆档案》编纂类第 1 号卷，《谨拟开办儒林文苑章程》：

一、采官书。《钦定四库全书提要》、《大清一统志》、皇朝《经籍考》（在《通考》中），应由提调官借查。此外各省志书应行文各省催取……私家记载如《词科掌录》、《国朝学案小识》、《国朝汉学师承记》、《宋学渊源录》、《国朝先正事略》、《文献徵存录》、《国朝诗人徵略》之类……并由各省督抚采送。

…………

一、现在诸书未备，各传无可著笔，所列诸人亦未详备。分纂各员应先取自藏各书翻阅，有应采者不论何人所任之传，随手签记，付馆中供事分册录稿，条注书名。……

…………

一、馆中收录、发送各书，应由提调专派供事经理。

一、所收各书，其著述之人不必尽皆入传，馆中存之，以备他日修《国史经籍志》及《续四库全书提要》之用可也。

今案：此件未标明年时，但从其举出各个书名来看，并非嘉庆间初纂《儒林传》时，应为更晚。其中说到向各省徵集图书而尚未得到，则可知应是光绪七年纂修《儒林传》等类传之时所拟定。

国家图书馆藏《国史馆移札》载江苏移会国史馆文书内，粘单附后之国史馆奏稿：

……奏为纂办儒林、文苑、循吏、孝友列传，请饬各省确查举报以资表彰，恭折仰祈圣鉴事。窃查已故大臣文职副都御使、巡抚，武职副都统、总兵以上，例由臣馆向各衙门咨取事迹，查照历届谕旨、奏牍，编入列传。忠义则无论官阶大小，行查各省咨报纂办。其儒林、文苑、循吏、孝友四传，自嘉庆十三年御使徐国柟奏请办理，奉旨允准在案。惟时故大学士阮元，方以编修充国史馆总裁官，网罗故实，成儒林、文苑、循吏列传工十四卷，正传一百六人，附传八十六人。迄今事阅四朝，相距七十余年，续行编入者，仅循吏龚其裕等十余人……臣馆职司纂纪，倘不及时蒐采，湮没必多，殊无以仰副我皇上振兴世教至意。相应请旨特谕各省督抚、学政，确切访查，凡有可列入儒林、文苑、循吏、孝友个传者，随时察核咨报。务以本人著述及实在事迹为凭，不得空言溢誉，轻率滥举。所有前项事实、书籍，即径行咨送史馆，以凭核办。其有著述刊布及事迹昭著，确然共信其可传，而未经纂入列传者，应由臣馆博采诸书，先行编纂。所有应行考订各书，除《钦定一统志》、《皇清奏议》、《钦定四库全书提要》及各项官书外，近年各省通志次第修办，其入祀乡贤、名宦、题旌、孝子诸人，礼部皆有事实册。此外私家著述详审可据者，亦可兼供考证，应一并由臣等行文调取，以备参稽。如有事实参差，尚需详查者，并随时咨明原籍服官、各省督抚，详确查复。应如何分别去取，仍督率提调等官，严定体例，详慎校辑。总期无滥无遗，以协公论而重史职。臣等为表彰善行起见，是否有当，伏乞皇太后、皇上圣鉴。谨奏。

今案：光绪七年国史馆开办较大声势的纂修《儒林》、《文苑》、《循吏》、《孝友》列传的活动，奏准向全国各省徵求书籍、资料。特别是关乎《儒林》、《文苑》两传的编纂，最需要徵集著述、书籍，这是嘉庆时阮元即已提出的思路。今国家图书馆存有刻本《国史馆移札》一书，为江苏省陆续向国史馆报送书籍、资料的公文与清单，其中也引述了国史馆的发来文件，例如光绪八年国史馆向各省督学部院发文称："本馆现办《儒林》、《文苑》、《循吏》、《孝友》列传，深恐山陬水澨穷经笃行之士，或身未显达，或著书不能刻，或刻而未盛行者，终归湮没。相应移会贵学院，于輶车来往之时，明示各学教官，令其采访呈上，由本省督抚设法运送到馆。所采之书，自顺治初年起至同治末年止。并望示知各地方官一体筹资录送，以昭信史而阐幽光可也。"是当时徵集人物事迹和图书著述，其筹划甚为周全。

**《畿辅通志》局黄彭年等补辑校订《朔方备乘》，成书印行。**

范希曾编《书目答问补正》卷二，史部地理类：《北徼汇编》六（四）卷，何秋涛。京师刻巾箱本。此书稿本浩繁，咸丰间进呈，旋毁。今琉璃厂市有刻本，止六（四）卷，仍题何名，纪述详实，非出伪托。保定书局刻有《朔方备乘图说》一卷。【补】此书咸丰八年进呈，赐名《朔方备乘》，其稿未刊即毁，光绪间李鸿章属贵筑黄彭年，就残稿补缀，复还旧观，凡八十一卷，光绪某年京师刻足本，坊间石印本。

黄彭年《陶楼文钞》卷八，《朔方备乘序》（代）：……窃见故员外郎衔刑部主事何秋涛，究心时务，博极群书，以为俄罗斯东环中土，西接泰西诸邦，自我圣祖仁皇帝整旅北徼，詟威定界，著录之家虽事纂辑，未有专书。秋涛始为汇编，继加详订，本钦定之书及正史为据，旁采图理琛、陈伦炯、方式济、张鹏翮、赵翼、松筠以及近人俞正燮、张穆、魏源、姚莹之徒，与外国人艾儒略、南怀仁、雅裨理之所论述，并上海广州洋人所刊诸书。订其舛讹，去其荒谬，上溯圣武之昭垂，下及窝集之要害，为考、为传、为纪事、为辨正。自汉、晋、隋、唐迄于明季，又自国朝康熙、乾隆迄于道光，代为之图，各为之说，凡八十卷。文宗显皇帝垂览其书，赐名《朔方备乘》。进呈之后，书旋散亡。吏部侍郎黄宗汉，因取副本拟更缮进，复毁于火。秋涛之子芳秾奉其残稿来谒，篇帙不完，涂乙几遍。某爰属编修黄彭年，与畿辅志局诸人为之补缀、排类，复还旧观，图说刊成，全书次第亦付剞劂。窃谓是书所纪，虽止北徼一隅，然学者由是而推之，则章亥所不能步，查客所未及周，无不可按籍而稽，更仆而数，是《戴记》所谓"考道以为无失"，可以精知略而行之者也。

今案：此篇序言，是代李鸿章所撰。

黄彭年《陶楼文钞》卷一〇，《朔方备乘跋》：右《朔方备乘》八十卷，故员外郎衔刑部主事何秋涛撰，文宗显皇帝特赐书名也。是书寓意之深，遇合之奇，兵火之厄，搜访刊布之始末，大学士李鸿章叙详之矣。秋涛之殁也，诸子皆幼育于故河东道杨宝臣家。彭年应聘预修《畿辅通志》，芳秾始抱遗稿来，朱墨参差，前后舛错，间有缺简。幸原目具在，可以寻检补缀整齐。顾所采类多秘书，访求久而后获，乃与知县吴寿坤、丁绍基、劳乃宣、林穗、周锦心、王铭勋、成明郁、教谕刘滪𡿨、举人吴浔源、胡景桂、王树柟、张铨、拔贡张惇德、廪生陈文煜、典史戴清，同局诸人共相审校，历十寒暑，剞劂始完。是书成于咸丰初元，凡所纪述，至道光季年而止。事阅三朝，年逾一世。俄罗斯雄长欧洲，侵陵回部，疆土日辟，事变日增，即我中华不失旧好，而分界亦少异前规。拟为续编，犹未遑及，命子编修国瑾先绘成俄国全图及中俄分界图，与是书相辅而行，俾览者有所考焉。秋涛所著《北徼汇编》六卷，即是书初稿。《一镫精舍文初稿》一卷、《蒙古游牧记补注》四卷，均刻于京师，《一镫精舍甲部稿》八卷，刻于扬州，《王会篇笺释》三卷，刻于闽县。未刻者，尚有《校正元太祖亲征录》一卷、《延昌地形志》、《篆隶源流》、诗文集各若干卷，近日刊行之《律例根源》，亦秋涛在官时创稿也。

  今案：《朔方备乘》今存畿辅志局刊本，乃光绪七年印行，故将此项史料系于本年。《朔方备乘》得以传世，实赖官方之力，无《畿辅通志》局的补辑校订，其书残乱而难传，无清帝赐名之重视，李鸿章等未必以官局之力整编其书。黄彭年补订此书，功不可没，但其决不居功，而极力表彰何秋涛。

## 王闿运著成《湘军志》。

  《清史稿》卷四八二，《儒林三》：王闿运，字壬秋，湘潭人。咸丰三年举人。幼好学，质鲁，日诵不能及百言。发愤自责，勉强而行之。……学成出游，初馆山东巡抚崇恩。入都，就尚书肃顺聘。肃顺奉之若师保，军事多谘而后行。……已而参曾国藩幕，胡林翼、彭玉麟等皆加敬礼。闿运自负奇才，所如多不合，乃退息无复用世之志，唯出所学以教后进。四川总督丁宝桢聘主尊经书院，待以宾师之礼，成材甚众。归为长沙思贤讲舍、衡州船山书院山长。江西巡抚夏峕延为高等学堂总教。光绪三十四年，湖南巡抚岑春蓂上其学行，特授检讨。乡试重逢，加侍读。闿运晚睹世变，与人无忤，以唯阿自容。入民国，尝一领史馆，遂归。丙辰年，卒，年八十有五。所著书以经学为多，其已刊者有《周易说》十一卷，《尚书义》三十卷，《尚书大传》七卷，《诗经补笺》二十卷，《礼记笺》四十六卷，《春秋公羊传笺》十一卷，《谷梁传笺》十卷，《周官笺》六卷，《论语注》二卷，《尔雅集解》十六卷，又《墨子》、《庄子》、《鹖冠子义解》十一卷，《湘军志》十六卷，《湘绮楼诗文集》及《日记》等。……

  徐一士《王闿运与湘军志》（载《一士类稿》）：王闿运《湘军志》，虽物论有异同，要为近代杰作。……盖纂修《湘军志》一事之发起，旨在表扬湘军功烈，垂乡邦之荣誉，而闿运任此，自出心裁，成一家之言，于发起纂修之本旨，未甚措意。且其为人，固以知兵自负，好谈大略。少年时颇思赞襄军谋，腾骧政路，而挟策以干曾国藩等，率见谓迂阔之谈，落落寡合，无所藉手，志愿弗克一酬，盖不能无觖望。……故对于名震一时功成受赏之将帅，虽多写状甚工处，非于表扬无裨，而笔锋所及，每流露不足之感，或涉讽刺，或近揶揄，间有疏略，亦遗口实，湘人恚嫉，有由来矣。他读者亦颇致疑，其不免以爱憎之见，影响纪实，固不仅陈宝箴为然也。曾国藩以湘军领袖而居功首，最为群伦所崇仰，《湘军志》于传其苦心义概之外，不乏微词。其弟国荃，论功仅亚国藩，闿运书其功状，亦不如其意，故国荃甚恶而诘斥之，为王定安继撰《湘军记》之张本。湘军之兴，郭嵩焘、崑焘兄弟，均参谋议。《湘军志》成，两人阅后，各加批识，以纠辨为多。乙卯（民国四年），崑焘孙振墉辑录成帙，并加笺注，名曰《湘军志平议》，堪为读《湘军志》者之重要参考书。……

《续修四库全书总目提要》（稿本）：《湘军志》十六卷，国朝王闿运撰。闿运字壬秋，湘潭人。……是书称国藩以忧惧治军，于将才之贤否，军谋之得失，与夫始终艰难胜败之故，言之亲切，无所忌讳。为《湖南防守篇》第一，《曾军篇》第二，《湖北篇》第三，《江西篇》第四，《曾军后篇》第五，《水师篇》第六，《浙江篇》第七，《江西后篇》第八，《临淮篇》第九，《援江西篇》第十，《援广西篇》第十一，《援贵州篇》第十二，《援川陕篇》第十三，《平捻篇》第十四，《营制篇》第十五，《筹饷篇》第十六。言事相兼，烦省合理，惟其自信太勇，而立言又好尽。书中谓曾国荃负时谤，诸宿将如多隆阿、杨岳斌、彭玉麟、鲍超等，欲告去，人辄疑与国荃不和。且言江宁镪货尽入军中，宗棠、沈葆桢每上奏，多镌讥江南军。初出版，国荃见之，若有不怿然者，至属王定安别撰《湘军记》二十卷，然文章千古，不能以人废言，二书如褚先生之与龙门，固不必论其高下矣。

今案：据祁龙威《湘军志》（载《中国史学名著评介》第 2 版第 3 卷）一文详考，光绪三年五月，王闿运酝酿此书，四年二月始着手，七年闰七月完成。

## 《十六国春秋辑补》、《九家旧晋书辑本》辑者汤球卒。

《清史稿》卷四八六，《文苑三》：汤球，字伯玕，亦黟人。……同治六年，举孝廉方正。光绪七年卒，年七十八。

王秉恩《十六国春秋辑补传》：汤君讳球，字伯玕，黟县人。少劬学，从同县俞先生正燮、汪先生文台游，博通诸经，笃守家法。隐居教授，章句训故，以郑氏为主。……咸丰初，皖中为贼蹂躏。……乱定后，聚书数千卷，杜门著述，补辑郑氏逸书九种，《孝经》、《论语》蒐采尤备。并补辑刘熙《孟子注》、刘珍等《东观汉纪》、皇甫谧《帝王世纪》、谯周《古史考》、《傅子》、伏侯《古今注》

等书，皆前人辑本所未逮。又以《晋书》为唐所修，《房玄龄传》称："其时史官多文咏之士，好采碎事，竞为绮艳。"刘知幾亦言："自贞观中更加纂录，凡所修撰，多聚异闻。言晋史者，皆弃其旧本。"乃广蒐载籍，以补其阙，而纠其讹，撰录成帙。凡二十三种，曰王隐、虞预、朱凤、何法盛、谢灵运、臧荣绪、萧子云、萧子显、沈约九家《晋书》，皆正史类也；曰陆机、干宝、曹嘉之、邓粲、刘谦之、王韶之、徐广、裴松之、郭季产九家《晋纪》；曰习凿齿《汉晋春秋》、孙盛《晋阳秋》、檀道鸾《续晋阳秋》、杜延业《晋春秋》、萧方《三十国春秋》，皆编年类也；又辑常璩、和苞、田融、王度、陆翙、范亨、张诠、王景晖、高闾、裴景仁、姚和都、张咨、刘昞、喻归、车频、段龟龙等所撰偏、霸各史，而崔鸿《十六国春秋》百卷为巨观。又补撰《年表》一卷，校定《纂录》十卷。其所删订，足正屠本之失。盖君平生精力，唯此书最深邃矣。又旁辑《两晋诏钞》、《晋起居注钞》、庾詵《晋朝杂事》、张敞《东宫旧事》、车灌《修陵故事》、卢琳《八王故事》、《四王起事》、应詹《陶公故事》、《桓元伪事》、傅畅《晋诸公叙赞》、《晋公卿礼秩故事》、荀绰《晋后略记》、《晋百官表注》、《晋百官名》、《寮属名》、杜预《律本》、贾充《晋令》、张斐《汉晋律序注》、挚虞《决疑要注》、皆典午一代掌故所资。其区宇则辑《太康地记》、《邺中记》、《林邑记》，凡三种。其言行则辑《晋诸公别传》、袁宏《名士传》、郭颁《世语》、裴启《语林》、《山公启事》，凡五种。又著录《晋别集三百家》、《晋文集三百家》，皆手自校写，草稿具存。……光绪十有九年，岁在尚章大芒驺陬月，华阳王秉恩撰。

## 公元 1882 年 清德宗光绪八年 壬午

**《东塾读书记》、《汉儒通义》作者陈澧卒。**

《清史列传》卷六九，《儒林传下二》：陈澧，字兰甫，广东番禺人。道光十二年举人，河源县训导。……凡天文、地理、乐律、算术、古文、骈文、填词、篆隶、真行书，无不研究。……初著《声律通考》十卷。……又《切韵考》六卷、《外篇》三卷……又《汉志水道图说》七卷……著《汉儒通义》七卷。晚年寻求大义及经学源流正变得失所在而论赞之，外及九流诸子、两汉以后学术，为《东塾读书记》。……为学海堂学长数十年，至老主讲菊坡精舍……光绪七年……奉旨朱次琦、陈澧均加恩赏给五品卿衔。八年，卒，年七十三。……所著《读书记》已成十五卷,又稿本十卷,遗命名曰《东塾杂俎》。他著有《说文声表》十七卷,《水经注提纲》四十卷,《水经注西南诸水考》三卷,《三统术详说》三卷,《弧三角平视法》一卷,《琴律谱》一卷,《申范》一卷、《摹印术》一卷,《东塾集》六卷。

《续修四库全书总目提要》(稿本):《东塾读书记》十五卷,清陈澧撰。……是编乃澧晚年所著,皆绩学有得之言也。其门人廖廷相识语云:"《东塾读书记》十二卷,又三卷,已刻成。其余未成稿本十卷,遗命曰《东塾杂俎》"云云。此本目列二十五卷,实仅十五卷,未成者十卷也。已成十五卷者,卷一《孝经》,卷二《论语》,卷三《孟子》,卷四《书》,卷六《诗》,卷七《周礼》,卷八《仪礼》,卷九《礼记》,卷十《春秋三传》,卷十一《小学》,卷十二《诸子》,卷十五《郑学》,卷十六《三国》、卷二十一《朱子》。未成十卷者,卷十三《西汉》,卷十四《东汉》,卷十七《晋》,卷十八《南北朝隋》,卷十九《唐五代》,卷二十《宋》,卷二十二《辽金元》,卷二十三《明》,卷二十四《国朝》,卷二十五《通论》也。澧深于汉学,而亦尊崇宋儒,不偏不倚,执中用宏,观其郑学与朱学并重,即可知矣。……统覈全书,语平淡而意笃实,文浅近而义精深,断非漫言调和汉宋者所可拟也。……

## 秦缃业等著成《续资治通鉴长编拾补》。

秦缃业《续资治通鉴长编拾补序》:李文简《续通鉴长编》,今四库所辑本有五百二十卷之多,然英宗、神宗、哲宗三朝事额多放失,而徽、钦两朝则尽阙如,恐《永乐大典》外无书可资补辑,惟杨仲良《纪事本末》一书,悉录李氏原文,而存十之二三。惜此书宋椠无传,《四库书目》亦未载,其藏书家互相传钞者,讹舛滋甚,且原佚百十四至百十九,今又佚五、六、七卷,亦非完书,然欲补《长编》之佚,固舍是莫由也。光绪六年孟春,浙抚谭公命书局校刊《长编》,俾得通行于世,惟不备不完,读书者不无遗憾。缃业适提调书局,因向湖州陆观察借得抄本《纪事本末》,请于谭公而属在局襄校之。黄教谕以周、王训导诒寿、冯孝廉一梅分辑之,阅数月,书未成而王训导病没。于是濮庶常子潼、陈教谕谟、张明经大昌、王明经崇鼎、倪茂才钟祥继之。其间有未卒业者,张明经悉补完之。始事于六年九月,蒇事于八年五月,凡二十月有奇,缃业复加勘校,名之曰《续资治通鉴长编拾补》,分为六十卷。……光绪八年夏六月,前书局提调无锡秦缃业序。

**薛培榕著成《东藩纪要》。**

薛培榕《东藩纪要自叙》：同治纪元，余奉简书，乘槎两渡东瀛，于国之险要、陁塞，凡稽诸图籍及见闻所得，录为一册。迄今未付手民者，缘难详备也。光绪壬午秋，陆军东渡，有事檀邦，与彼都士夫日相款接，而方言互异，管城君几为之秃。通词传语，亦词不达意。欲询掌故，苦无专家，爰搜之于书贾，而彼国史册，例藏石室，无印本。虽购得典礼等籍，又散佚不全，古今沿革，复有更张，未能明晰。因于旃帐余暇，悉加考核，将历代授受、姓氏、幅员，并今八道、府、州、县、堡等，分枝辐辏，别为剪裁。戎帷苦无书可考，幸得吴君韵清共定舛谬，始成一册。粤稽朝鲜开国，肇自唐尧庚子始称之岁。武王克殷，乃封箕子。统古今分合而言，有二十一国焉；由檀君及今计，历四千二百十有六年。虽中国史书详略不一，而参以东国图籍，尚有可证。用分次序，将八道标为纲领，道如省会，府不辖县，县有令监察访之，分其它宫署、官阶、兵制、峰燧、城隍、山川、道里、古迹、方物、风土，悉载于篇，前参以水陆形势，绘图十幅，虽未必瞭若观眉，而舟车往来，易于翻阅，未始非行人之一助也。……光绪八年壬午秋九月，薛培榕梅溪氏识于朝鲜王京崇礼门外南檀山军次。

## 公元1883年 清德宗光绪九年 癸未

**清廷再次议修《大清会典》事。**

《皇朝经世文续编》卷五十二，延煦《续修会典事例请饬妥议开馆章程疏》：窃《会典》一书，肇始康熙二十三年，续修于雍正二年、乾隆十二年、嘉庆六年，康熙间七年成书、雍正间九年成书、乾隆间十八年成书、嘉庆间十七年成书。盖制作愈详，考订愈密，虽书成迟速相悬，然大要以十年为率，未有不开馆进书者也。自嘉庆朝以至同治，相距五十余年，承列圣之诒谋，合四朝之闻见，大方小策，允宜勒为一书，以昭法守。是以醇亲王有重修《会典》之请，旋经内阁等衙门会议，援照嘉庆六年旧例，先令在京大小各衙门将嘉庆十八年以后案件检查编次，事繁衙门予限三年，事简衙门予限二年，再行奏明开馆办理画一等因，于同治十二年正月具奏，奉旨议在案。现今距奏准立限之日已阅十年，限期久满各部院新修则例有已编次者，有未编次者。若听各衙门之悬宕，而不开专馆以定责成，深惧岁月虚糜，汗青无日，殆非所以重典章而隆述作也。查嘉庆年间所议章程，虽有例案分办之议，而慎择纂修，酌定馆局，即经同时具奏，旋经简派总裁开馆办理其。原奏大指，以《会典》为朝廷遵守之书，为期几五十载倘不勒限赶办，势必旷日持久，难于蒇事。此次阅时已六十余年，所有斟酌损益仪礼制度之事，较乾隆、嘉庆两朝为繁。至今总裁何人、馆局何地，尚未议及，日复一日，案牍不无散佚，文献不克详徵，始蹈因循，终归舛漏。伏思《穆宗毅皇帝实录》、《本纪》、《圣训》均已次第编辑刊成，应及是时敬遵前训，举办续修《会典》事宜。可否请旨饬令大学士、九卿等再行集议，将会典馆正副总裁等官，查例简派，酌定开馆章程，以挈纲领而便编摩。以开馆日为始，再立年限，勤核功课，修明宪章，使大经大法罔或失坠，亦圣人继志述事之基也。

《清德宗实录》卷一六八，光绪九年八月庚戌，谕内阁：都察院奏续修会典事例，请饬妥议开馆章程一摺。续修会典，必须各衙门则例修辑完备，方能编纂成书。著各该堂官等督饬司员，将所有稿件悉心编次，俟一律告竣后，再降谕旨。

## 公元1884年 清德宗光绪十年 甲申

**《中国历史教科书》、《周末学术史序》作者刘师培生。**

汪东《刘师培传》（载《吴县汪旭初先生遗墨》三）：刘师培，字申叔。先世自溧水迁扬州，遂为仪徵人。师培性敏悟，自其曾祖以下皆经业，至师培益恢彊博通，尤邃于《礼》、《春秋》。……初补县学生员，乡试中式，年二十，赴京师会试，归道上海，识余杭章炳麟、长沙章士钊等。时诸人方颂言攘除客帝，师培心契其说，遂改名光汉，著《攘书》，创《警钟日报》，兼为《国粹学报》撰述文字。既风切时政，益以辨章夷夏之志，寓诸论学，由是知名。……明年（清光绪二十九年），《警钟日报》被锢，师培走芜湖，任皖江中学教员，旋遭名捕，亡命至日本，复遘炳麟，同编辑《民报》。炳麟经术笃守古文，师培虽旁通，亦以古文为主，故论议益相得。其为人，恂恂儒雅，然颇近名。闻社会主义、无政府主义新说，皆驰骛焉。……妻何震以他事恨炳麟，与汪公权者交相诶构，始与炳麟绝。公权假师培名，告密两江总督端方，方因招致之。师培为方考订金石，称匋斋师，名遂替。……宣统三年，从方入四川，行至资州，武昌义师起，诸军响应，方被杀，师培幸得脱身。至成都，为国学院教员。……寻复至山西，用都督阎锡山荐，授参政院参政。民国四年，袁世凯方以兵力暂壹海内，渐谋改制。杨度、孙毓筠等创筹安会，议假民意劝进。以师培善属文，引之入会，作《君政复古论》，辞采渊懿，时人比诸剧秦美新。事败，乃专意讲学，为北京大学教授。……八年冬卒，年三十六。……后十余余年，宁武南桂馨辑其遗著，凡得七十四种，书已行，自有目录。曾祖文淇，祖毓崧，父贵曾，学行具《清史·儒林传》。

钱玄同《刘申叔先生遗书序》：最近五十余年以来，为中国学术思想之革新时代。其中对于国故研究之新运动，进步最速，贡献最多，影响于社会政治思想文化者亦最巨。此新运动当分为两期：第一期始于民元前二十八年甲申（公元一八八四），第二期始于民国六年丁巳（一九一七）。……第一期之开始，值清政不纲，丧师蹙地，而标榜洛闽理学之伪儒，矜夸宋元椠刻之横通，方且高踞学界，风靡一世，所谓"天地闭，贤人隐"之时也。于是好学深思之硕彦，慷慨倜傥之奇材，嫉政治之腐败，痛学术之将沦，皆思出其邃密之旧学与夫深沉之新知，以启牖颛蒙，拯救危亡。在此黎明运动中最为卓特者，以余所论，得十二人，略以其言论著述发表之先后次之，为南海康君长素（有为），平阳宋君平子（衡），浏阳谭君壮飞（嗣同），新会梁君任公（启超），闽侯严君幾道（复），杭县夏君穗卿（曾佑），先师余杭章公太炎（炳麟），瑞安孙君籀廎（诒让），绍兴蔡君子民（元培），仪徵刘君申叔（光汉），海宁王君静庵（国维），先师吴兴崔公觯甫（适），……刘君论古今学术思想之文，皆前期所作。专著有《国学发微》、《周末学术史序》、《两汉学术发微论》、《汉宋学术异同论》、《南北学派不同论》、《攘书》、《中国民约精义》诸书（后二种虽为刘君发挥其政治思想而作，然《攘书》后五篇乃专论古代学术思想者，《中国民约精义》所引皆先哲贵民思想之材料）。《左盦外集》卷八及卷九皆论学术思想之文，卷十七之《近儒学案序目》、《颜氏学案序》三篇、《东原学案序》，亦为论学术思想者，卷十八自《王艮传》至《戴望传》十六篇亦多与学术思想有关。刘君对于学术思想，最能综贯群书，推十合一，故精义极多。昔先师章公评梁君任公《论中国学术思想变迁之大势》曰："真能洞见社会之沿革，种性之蕃变者。"余于刘君诸作亦云然。上列诸作，自以《周秦学术史序》（今案：误，应作《周末学术史序》）为最精；此文以外，则论古学原于宗教与由于实验，论古学出于史官，论孔学之真相，论六艺皆官书而孔门编订之为教科书，陈义并皆审谛。其推崇王阳明、王心斋及泰州学派诸杰、李卓吾、颜习斋及李恕谷、戴东原、章实斋、崔东壁、龚定庵、戴子高诸先生之学，尤为卓识。……刘君卒于民国八年（一九一九）。卒后，余时时殷盼有人刻其著作，彰其学术。越十有五年，至民国廿三年（一九三四），其挚友南君佩兰发大愿，出巨赀，为之刊行遗书全部。……印刷之际，余仅比次《左庵外集》、《左庵诗录》、《左庵题跋》及各书之先后，写定目录，并附说明而已。……民国廿六年，为公元一九三七年，岁在疆圉赤奋若，三月卅一日，疑古老人钱玄同序于北平寓卢之饼斋。

今案：据万国俊《刘师培年谱》（广陵书社2003年版），师培生于光绪十年闰五月初二日（公元1884年6月24日），卒于公元1919年11月20日，享年三十六岁。

**王先谦九朝《东华录》刊行。**

王先谦《东华录序》：……臣往诵蒋氏《东华录》，粗知梗概。从事史馆，敬绎乾隆以次各朝为续编。病蒋氏简略，复自天命迄雍正，录之加详，然后列圣图治鸿谟可循迹推求，而得其精心所注。刻既成，谨飏言简端，用告后世治国闻者。……光绪十年岁次甲申闰五月。

王先谦《葵园自订年谱》：光绪五年己卯，三十八岁。八月，刻乾隆朝《东华续录》一百二十卷。

王先谦《葵园自订年谱》：光绪十年，甲申，四十三岁。自回里后，刻书尤注意《东华录》。闰五月，成天命朝一十九卷，天聪朝十九卷，顺治朝三十五卷，康熙朝一百一十卷，雍正朝二十六卷。合前刻《续录》嘉庆朝五十卷，道光朝六十卷，咸丰朝一百卷，同治朝一百卷，共四百一十九卷。

今案：光绪五年（公元1879年），先谦先纂成乾隆朝《东华续录》。以蒋良骐《东华录》太简，增补蒋书，至光绪十年，完成自天命到道光朝《东华录》的编纂刊刻，合前刻《东华续录》，称《九朝东华录》或《东华全录》，计四百二十五卷。继后潘福颐辑咸丰朝《东华续录》六十卷，光绪十八年，先谦增补至一百卷，又自辑同治朝《东华录》一百卷，合前十朝，总名《十一朝东华录》。

# 公元 1886 年 清德宗光绪十二年 丙戌

## 廖平著成《今古学考》。

廖平《今古学考序》：《艺文志》博士经传及古经本，溯古学之所以名也。《异义》今古名目，明东汉已今古并称也。《异义》条说之不同，先师著书之各异，使知今古学旧不相杂也。凡此皆从前之旧说也。至于《统宗表》，详其源也。《宗旨不同表》，说其意也。《损益》、《因仍》二表，明今之所以变古也。《流派篇目表》，理其委也。《戴记篇目》、《今古书目表》二表，严其界使不相混也。《改从》、《有亡》，辨其出入。《名实同异》，究其交互。凡此皆鄙人之新说求深于古者也。更录三家经传，明齐学之中处；《今古废绝》，详郑君之变法；《今古盛衰》，所以示今学之微；《经传存佚》，所以伤旧学之坠。至于此而今古之说备矣。所有详论，并见下篇。丙戌六月朔日，编成识此。井研廖平。

蒙文通《井研廖师与汉代今古文学》（载《新中华》1933 年第 1 卷第 12 期）：……井研廖师，长于《春秋》，善说礼制，一屏弃琐末之事不屑究，而独探其大源，确定今古两学之辨，在乎所主制度之差，以《王制》为纲，而今文各家之说悉有统宗，以《周官》为纲，而古文各家莫不符同。其有出入参差，正足以考其流变之故，于是两汉今古之学平分江河，若示诸掌。今古之中心已明，然后两汉之学始可得而理。则廖师之后而后有今文，皮鹿门究其绪矣，廖师之后而后有古文，左盦师（刘申叔）明其变矣。今古学之重光，实自廖师，亦即两汉学之明自廖师，廖师实为近代推明今古学之大匠矣。……

今案：是书分二卷，卷上为表二十，卷下为经话一百〇六则。

## 徐宗亮等编成《通商约章类纂》。

李鸿章《通商约章类纂序》：泰西立国之道，以互市为经，以交邻为纬，而订约之议行焉。盖犹春秋会盟载书遗意，从则直，违则曲，和战之局由是而决，其关于两国利害抑重矣哉！自入中国交涉以来，率循是道。朝廷昭示大信，尝特遣重臣，经营其间，颁下所司，奉行毋怠。顾民习故常，耳目所触，动多惊疑，或至芥豆之微，上厪宵旰，吏亦瞠目束手，莫辨所由。予伯兄昔深慨之，就南北通商衙门抄录案牍，思勒为一书，晓示天下，冀泯异同之见，以销内外之忧。二三同志赓续而成，卒有《约章类纂》之刻，意甚盛也。……光绪十二年秋八月，钦差大臣会办海军事务、太子太傅文华殿大学士直隶总督一等肃毅伯，合肥李鸿章撰。

李宗亮《通商约章类纂凡例》：

一、是书以条约章程为主，而奏颁章程及通行成案以次附列，曰《约章类纂》，从其朔也。……

一、是书大纲分吏、户、礼、兵、刑、工六类，又就六类分十有五门，而悉据各国通商年月前后以为次序，庶乎有条不紊。……

一、通商事务，已历四十余年，事变日增，莫知所届。是书所录，统以光绪十一年前后为断。……

一、是书之辑，肇始光绪初年，湖广督部合肥李筱荃尚书，檄吾乡张藕舫司马（开运）赴南北洋备录成案，嗣经闽龚蔼人方伯加以修葺，略具草稿，陈于两广督部合肥张靖达公展，展转而归津海关道署建德周郁山观察讨论屡年，长白裕阆西太守（庚）、桐乡劳育初大令（乃宣）赞襄其事，始有专编。……时逾十数年，事经十数手，其难如此。……光绪十有二年岁在丙戌夏六月，桐城徐宗亮椒岑识。

**清廷正式开馆增修《大清会典》。**

《清德宗实录》卷二三一，光绪十二年八月丙寅，谕内阁：《大清会典》一书。自嘉庆二十三年修纂成书后。迄未续修。前于同治十二年。奉旨准如内阁等衙门所议。先令各该衙门检查案件。分限编次。嗣因编纂未就。复于光绪九年。谕令各该堂官。督饬司员。悉心编辑。迄今又逾数载。计应一律告竣。正宜开馆汇编。俾臻完备。着将嘉庆十八年以后。增定一切典礼。及修改各衙门则例。编辑成书。颁行中外。所有开馆事宜。着大学士九卿酌定章程。妥议具奏。

光绪《大清会典事例》卷首载：大学士臣李鸿章等跪奏，为钦奉上谕事。光绪十二年八月初六日，内阁奉上谕：《大清会典》一书自嘉庆二十三年修纂成书后，迄未续修。前于同治十二年奉旨，准如内阁等衙门所议，先令各该衙门检查案件，分限编次。嗣因编纂未就，复于光绪九年，谕令各该堂官，督饬司员悉心编辑。迄今又逾数载，计应一律告竣，正宜开馆汇编，俾臻完备。著将嘉庆十八年以后增定一切典礼，及修改各衙门则例，编辑成书，颁行中外。所有开馆事宜，著大学士九卿酌定章程，妥议具奏，钦此……所有遵旨酌议事宜，谨案嘉庆六年所定各条，详加审定，开列于后：

一、盛典宜增辑也。谨案《会典》一书肇始于康熙二十三年，续修于雍正五年，又续修于乾隆十二年，又续修于嘉庆六年……其纪载止于嘉庆十七年，计今七十余年，并未续行修纂……所有一切制度、典章，理应续加编入，庶几布在方策，云汉为昭矣。

一、体例宜由旧也……此次续修，应即遵上届体例，凡庙朝典礼、官司职掌，皆据现在所行，直书于典，其沿革损益详著于例，导流溯源，犹述而不作之义也。

…………

一、功课宜勤核也。按雍正二年续修《会典》，阅九年而蒇事；乾隆十二年续修，时阅十八年而蒇事；嘉庆六年续修，时阅十二年而蒇事。此次为期更久，编辑愈繁，倘不勒限赶办，势必旷日持久，难于蒇事。应请饬令总裁官，遵照历届成案，督率纂修官每日进馆，辰入申出，既集益于观摩，兼易稽其勤惰。固不得急遽凌躐，致启草率之端，更不可间断因循，徒蹈虚糜之弊。

一、纂修宜慎择也，按开馆修书，总裁领其纲，纂修分其目。此次续修会典，除总裁官应遵照旧例，于大学士、尚书内简派满汉总裁四员，侍郎、学士、詹事等官内简派满汉副总裁七员，恭候命下由内阁咨取职名具奏请旨外，至各馆纂修官向用内阁、翰詹人员，会典事备诸曹，自应兼用部属。臣等谨仿上届事例，满纂修拟用内阁四员，吏、户、礼、兵、刑、工六部、理藩院各二员。汉纂修拟用内阁三员，汉詹三员，吏、户、礼、兵、刑、工六部各二员。共三十六员。……此次额设纂修倘不敷用，令总裁再于各衙门咨取协修数员，帮同办理。纂修缺出，即以本衙门协修补本衙门之缺。

…………

一、馆局宜定所也。按乾隆二十二年《会典》修竣后，原用房屋改拨为纂修国史之所。应请饬交内务府，于禁城内拨给宽敞洁净房屋一所，以资应用。其开馆日期，行钦天监选择。开馆后一切文移，准钤用内阁典籍厅印。至需用桌饭工食、心红纸张、笔砚器具等项，应令总裁官查照各馆成规，酌量咨取，总以足用为度，毋得多有支销。

以上八条臣等公同悉心酌议意见相同是否有当伏乞皇太后、皇上圣鉴训示如蒙俞允，由内阁行知各衙门遵照办理……谨奏。

光绪十二年九月初五日奉旨：依议，钦此。

## 公元1887年 清德宗光绪十三年 丁亥

**黄遵宪著成《日本国志》。**

《清史稿》卷四六四,《黄遵宪传》:黄遵宪,字公度,嘉应州人。以举人入赀为道员。充使日参赞,著《日本国志》上之朝。旋移旧金山总领事。……历湖南长宝盐法道,署按察使。……寻解职,奉出使日本之命,未行而党祸起,遂罢归。著有《人境庐诗草》等。

黄遵宪著《日本国志叙》:……古昔盛时,已遣輶轩使者于四方,采其歌谣,询其风俗。又命小行人编之为书,俾外史氏掌之,所以重邦交、考国俗者,若此其周详郑重也。自封建废而为郡县,中国归于一统,不复修遣使列邦之礼。……道、咸以来,海禁大开,举从古绝域不通之国,皆鳞集麇聚,重译而至。泰西通例,各遣国使互驻都会,以固邻好而觇国政。内外大臣,迭援是以为请,朝廷因遣使巡视诸国。至今上光绪元、二年间,遂有遣使驻札之举。丙子之秋,翰林侍讲何公实膺出使日本大臣之任,奏以遵宪充参赞官。……既居东二年,稍稍习其文,读其书,与其士大夫交游,遂发凡起例,创为《日本国志》一书。朝夕编辑,甫创稿本,复奉命充美国总领事官。政务麋密,无暇卒业,盖几几乎中辍矣。乙酉之秋,由美回华。……家居有暇,乃闭门发箧,重事编纂,又几阅两载而后书成。凡为类十二,为卷四十。……以余观日本士夫,类能读中国之书,考中国之事。而中国士夫好谈古义,足己自封,于外事不屑措意,无论泰西,即日本与我,仅隔一衣带水,击柝相闻,朝发可以夕至,亦视之若海外三神山,可望而不可即;若邹衍之谈九州,一似六合之外,荒诞不足论议也者,可不谓狭隘欤!……书既成,谨志其缘起,并以质之当世士夫之留心时务者。光绪十三年夏五月,黄遵宪公度自叙。

薛福成《日本国志序》:东方诸国足以自立、足以有为者,惟中国与日本而已。……近世作者,如松龛徐氏、默深魏氏,于西洋绝远之国,尚能志其崖略,独于日本考证阙如。或稍述之而惝恍疏阔,竟不能稽其世系、疆域,犹似古之所谓三神山者之可望不可至也。咸丰、同治以来,日本迫于外患,廓然更张,废群侯,尊一主,斥霸府,联邦交,百务并修,气象一新,慕效西法,罔遗余力。虽其改正朔、易服色,不免为天下讥笑,然富强之机,转移颇捷,循是不辍,当有可与西国争衡之势。其创制立法,亦颇炳焉可观。且与中国缔交遣使,睦谊渐敦,旧嫌尽释矣。自今以后,或因同壤而世为仇雠,有吴、越相倾之势；或因同盟而互为唇齿，有吴、蜀相援之形。时变递嬗，迁流靡定，惟势所适，未敢悬揣。然使稽其制而阙焉弗详，觇其政而懵然罔省，此究心时务、阅览勋学之士，所深耻也。

嘉应黄遵宪公度，以著作才屡佐东西洋使职。光绪初年，为出使日本参赞，始创《日本国志》一书。未卒业，适他调，旋谢事，闭门赓续成之。采书至二百余种，费日力至八九年，为类十二，为卷四十，都五十余万言。岁甲午，余葳英、法使事将东归，公度邮致其稿巴黎，属为之序，且曰：“方今研史例而又谙外国情势者，无逾先生，愿得一言以自壮。”余浏览一周，喟曰：此奇作也。数百年来，尠有为之者。自古史才难，而作志尤难。盖贯穿始末，鉴别去取，非可率尔为也，而况中东暌隔已久，纂辑于通使方始之际乎？公度可谓阅览勋学之士矣。速竣剞劂，以饷同志，不亦盛乎？他日者，家置一编，验日本之兴衰，以卜公度之言之当否可也。光绪二十年春三月，钦差大臣出使英法义比四国二品顶戴都察院左副都御史薛福成序于巴黎使馆。

梁启超《日本国志后序》：中国人寡知日本者也。黄子公度撰《日本国志》，梁启超读之，欣怿咏叹：“黄子乃今知日本。乃今知日本之所以强，赖黄子也。”又懑愤责黄子曰：“乃今知中国，知中国之所以弱在黄子。成书十年久，谦让不流通，令中国人寡知日本，不鉴不备，不患不悚，以至今日也。”……日本立国二千年，无正史，私家记述秽杂不可理，彼中学子能究澈本末，言之成物者已鲜，矧乃异域绝俗、殊文别语，正朔服色、器物名号、度律量衡靡有同者，其孰从而通之？且夫日本，古之弹丸，而今之雄国也。三十年间，以祸为福，以弱为强，一举而夺琉球，再举而割台湾，此土学子鼾睡未起，睹此异状，拚口纤舌，莫知其由，故政府宿昔靡得而戒焉。以吾所读《日本国志》者，其于日本之政事、人民、土地及维新变政之由，若入其闺闼而数米盐，别白黑而诵昭穆也。其言十年以前之言也，其于今日之事，若烛照而数计也。又宁惟今日之事而已！后之视今，犹今之视昔，顾犬补牢，未为迟矣。孟子不云乎："有王者起，必来取法。"斯书乎？岂可以史乎？史乎目之乎？虽然古之史乎，皆有旨义，其志深，其旨远。启超于先生之学，匪敢曰深知，顾知其为学也，不肯苟焉附古人以自见。上自道术，中及国政，下逮文辞，冥冥乎入于渊微，敢告读是书者，论其遇，审其志，知所戒备，因以为治，无使后世咨嗟而累歔也。光绪二十二年十一月朔，新会梁启超叙。

## 公元1888年 清德宗光绪十四年 戊子

**葛士濬编成《皇朝经世文续编》。**

俞樾《皇朝经世文续编序》：自贺耦耕先生用前明陈卧子之例，辑《皇朝经世文编》，数十年来，风行海内，凡讲求经济者，无不奉此书为矩矱，几于家有其书。自后江右饶新泉氏又有《经世文续编》之辑，自道光至咸丰、同治间，名臣奏疏、私家著述，凡有涉于世道者，亦略具矣。然饶氏之书，一循贺氏之旧，而近来风会日辟，事变日繁。如洋务为今日一大事，非原书"海防"所能尽也；奉天、吉林、新疆、台湾，各设行省，因地制宜，非原书"吏治"所能尽也；开矿自昔有禁，而今则为生财之大道，非原书"钱币"所能尽也；军国之用，取给抽釐，非原书"榷酤"所能尽也；有轮船以行江海，近又有轮车以行陆，非原书"漕运"所能尽也；中西算学，日新月盛，朝廷辟馆以造就人材，且宽其格以取之，非原书"文学"所能尽也。此葛君子源所以又辑续编乎！

其书凡一百二十卷，为文千数百篇，其志可为盛矣！其力可谓勤矣！愚尝谓：孟子之书，言法先王；荀子之书，言法后王。二者不可偏废。法先王者，法其意；法后王者，法其法。孟子曰："先王有不忍人之心，斯有不忍人之政。"此法其意也。荀子曰："欲观圣王之迹，则以其灿然者矣，后王是也。"此法其法也。马贵与著《文献通考》，其《自序》引荀子语以发端。然则士生今日，不能博观当世之务，而徒执往古之成说，洵如《吕氏春秋》所讥病变而药不变矣。……光绪戊子夏四月，曲园俞越（樾）序。

葛士濬《皇朝经世文续编例言》：善化贺氏《经世文编》，成于道光丙戌，迄今六十余年。世局既有变迁，论议因之日积，东乡饶氏、阳湖盛氏皆有赓续。饶编出于光绪壬午，盛编迄今未出。……是编经始丙戌四月，至丁亥十月而稿定。自后略有增续，以戊子四月为断。……光绪十四年六月，上海葛士濬识。

**廖平著成《辟刘篇》（定稿时改名《古学考》）、《知圣篇》初稿。**

廖平《古学考序》：丙戌刊《学考》，求正师友。当时谨守汉法，中分二派。八年以来，历经通人指摘，不能自坚前说。谨次所闻，录为此册。以古学为目者，既明古学之伪，则今学大同，无待详说。敬录师友，以不没教谕苦心。倘能再有深造，将再改订，海内通人不吝金玉，是为切望。甲午四月廖平记。

廖平《知圣篇自序》：测天之术，古有三家。秦、汉以来，惟传浑、盖。

西人创为地动天虚之说,学者不能难之。或者推本其术,以为古之宣夜。徵之纬、子,信中国遗法也。六艺之学,原有本真。自微言绝息,异端蜂起,以伪作真。羲辔失驭,妖雾漫空。幽幽千年,积迷不悟,悲夫!援经测圣,正如以管窥天,苟有表见,无妨更端。踵事增华,或可收效锥管。若以重光古法,功同谈天,则力小任重,事方伊始,一知半解,何敢谓然。独是"既竭吾才",不能自罢,移山填海,区区苦心,当亦为识者所曲谅焉。光绪戊子季冬,四益主人识于黄陵峡舟次。

廖平《知圣篇跋》:此册作于戊子,盖辑同学课艺而成。在广雅时传钞颇多。壬辰以后,续有修改。借钞者众,忽失不可得。庚子于射洪得杨绚卿茂才己丑从广雅钞本,略加修改,以付梓人。此册流传不一,先后见解亦有出入,然终以此本为定云。辛丑五月十五日季平自识。

今案:二书初稿成于光绪十四年(公元 1888 年)。次年,廖平客广州广雅书局,以二书稿本示康有为。受廖著影响,康有为于光绪十六年(公元 1890 年)著成《新学伪经考》,次年刊行;光绪二十年(公元 1894 年)著成《孔子改制考》,三年后刊行。《辟刘篇》经廖平修订改名为《古学考》,于光绪二十年(公元 1894 年)作序,二十四年(公元 1898 年)付梓。《知圣篇》序作于光绪十四年,付刊则迟至二十八年(公元 1902 年)。参阅李耀仙《〈廖平选集〉上册内容评介——代序》(巴蜀书社 1998 年版)。

## 公元 1889 年 清德宗光绪十五年 己丑

**纂修《大清会典》馆奏准,陆续向各省咨取测绘省、府、州县舆图。**

《历史档案》2003 年第 2 期载《光绪朝各省绘呈〈会典·舆图〉史料》:

护理甘肃新疆巡抚魏光焘为请新疆测绘舆图展限事奏折(光绪十七年七月二十六日):头品顶戴、护理甘肃新疆巡抚、开缺新疆布政使臣魏光焘跪奏:为创办新疆省府厅州县总、分各舆图、图说尚未蒇事,请展缓期限恭折仰祈圣鉴事。窃光绪十五年十一月二十五日准会典馆咨称:现办《会典》舆图,将图式、附图说式,刊刻颁发,遵照奏定期限,于一年内测绘省图、府直隶厅州图、厅州县图各一分,附以图说,解送到馆等因。当经行司转饬各属遵办,并派员开局总纂在案……

湖广总督张之洞等为请湖北测绘舆图展限事奏折（光绪十七年十二月二十六日）：头品顶戴、湖广总督臣张之洞，头品顶戴、湖北巡抚臣谭继洵跪奏：为测绘舆图关系重要，请展限办理以期精密，恭折具陈仰祈圣鉴事。窃照光绪十五年十月二十八日准会典馆咨，恭颁钦定舆图格式，限期一年测绘省图、府厅州县图各一分，附以图说，解送到馆等因。当经前督抚臣通饬遵办。惟州县谙悉舆地之学者甚少，又无测绘仪器，以故茫然无从下手。本年四月二十八日，复准会典馆咨到续定章程五条，及表格一纸，精切详密，始获有所遵循。叠经转饬湖北藩司会同善后局司道，分别拨款遴员，设局开办各在案。窃惟《会典》一书，分典、例、图三门，典、例所不能详者，每藉图以著明，而舆图一门关系重要，为用宏多，吏事、军事皆所取资，而军事尤为切于实用……恭逢朝廷简命儒臣，纂修《会典》，颁发舆图格式、章程，自宜详慎从事，方能精确适用。查会典馆原奏内称：多一图有一图之用，多一番考订收一番考订之功。此事亟须求详举办，不宜更缓期限，却不可太迫。又续发章程五条内开：实测天度经纬，以为开方计里之根，宜详毋略，此系第一要事，不得草率含糊，以图塞责等语。实为切中窾要。测绘事体繁重，原限一年，实难告竣。合无仰恳天恩，俯准自本年五月起展限两年，俾得详细测绘，以求精当而免讹误。臣等仍当随时督催赶办，不令稍有耽延。除咨明会典馆外，谨合词恭折具陈，伏祈皇上圣鉴训示。谨奏。

两广总督李翰章为报广东舆图测绘完竣解馆查收事片（光绪十八年六月初四日）：……再，光绪十五年十一月准会典馆咨称：现办《会典》舆图，拟就图式、附图说式，奏明颁发，限一年内绘齐解送等因。臣当饬广东藩司设局专办，并遴派官绅延致耆儒，妥慎经理。光绪十七年准会典馆咨发表格一纸，又续发表格正误一纸，均经臣饬局遵照……

浙江巡抚崧骏为报浙江测绘舆图告成事奏折（光结十九年八月初三日）：头品顶戴、浙江巡抚臣崧骏跪奏：为浙江省测绘开方舆图、详注表说，现已一律告成，恭折仰祈圣鉴事。

窃准会典馆咨，舆地一门，今昔情形稍异，关系至切，为用尤宏。《会典》原图未标经纬线及开方，有省府各图而无州县图，拟就图式并办理章程，请旨敕下各省，遴派留心地理、精于测绘之官绅、士子，照所颁格式测绘送馆。奏奉谕旨：依议，钦此。并准咨明不得以旧图及志书所有之图搪塞了事等因，咨会到浙，当经分别转行……续准会典馆咨，议定舆图章程五条，附发表格一纸，县图不用说而用表，其式分沿革、疆域、天度、山镇、水道、乡镇、职官为七格，又经转饬遵办……

光绪朝《钦定大清会典图》卷首，会典馆进呈书稿奏折：光绪二十五年七月十五日，奏为纂办《会典·舆地图说》告成，恭折奏闻仰祈圣鉴事。……查光绪十五年七月初十日奏定画图事宜，即以苾政行军，莫先形势，开方计里，尤重舆地一门，因咨调省府志书，采备官私册籍，并拟就图表格式，奏颁各省，遴员测绘，予限送馆。嗣以各省纷请展限，当于光绪十八年十月二十六日附片奏明，仍照嘉庆《会典》旧式办理，不绘州县分图，亦经奉旨允准。……

今案：光绪朝纂修《大清会典图》，对于舆地图极为重视，决定按照西方传来的地理学说和绘图方法，绘制全国各地舆图并且收入本书。《历史档案》2003年第2期整理编辑了各地官员回应清廷的奏折，此处谨摘录片断内容。这些资料，反映出光绪十五年，会典馆陆续向各省发送公文，提供舆图样式、图说格式，要求测绘解送。光绪十七年四月间，又向各省发出补充章程和格式，此乃因纂修《大清会典》契机，导致全国性的官方以先进方法测绘舆图活动，光绪十八年十月，迫于全国各地经济、技术和人才的差距，又停止州县地图的测绘。这项文化活动的开展和起伏变动，值得近代学术史、文化史研究的注意。

**《南北史补志》、《汪悔翁乙丙日记》作者汪士铎卒。**

姚永朴《汪梅村先生传》（载《广碑传集》卷一一）：汪先生讳士铎，字梅村，先世安徽歙县人，后徙江宁。……道光二十年举于乡，出胡文忠公门。……于经史诸子、历算舆地、仓雅典礼，靡不探讨。……后避地绩溪，补成《水经图注》二卷，胡公为刊之。又有《南北史补志》十四卷，《笔记》六卷，《文集》十三卷，《诗钞》十六卷，《诗余》五卷。胡公撰《读史兵略》、《大清中外一统舆地全图》，皆延先生为助。同治三年，以金陵克复东归，当事宾礼恐后，大学士曾文正公尤敬之。……光绪十五年，卒，年八十有八。……

邓之诚《汪悔翁乙丙日记序》：晚近治洪、杨史事者日多，诚以洪、杨创业垂统历十有五年，兵锋所及，几达十六省，摧陷六百余城。……夷考其实，则往往载籍无徵。《李秀成供状》出于自述，最为可信，然当时洪仁玕已力辨其诬，殆以其颇诋太平朝政也。然出于追忆，事实偶舛，亦或有之。此外，则官书及档案可窥见一二，而显示轩轾，不尽实录。坊间低下之书，全出傅会，更无足观。洪、杨建国，自有制度，若军制、礼制、田法、历法、地理以及宗教，即汪悔翁亦谓其出于《毛诗》、《周礼》，实则参合中西，别为政教。创始之际，与后来施行容有增省，然其事不可没也。顾得而稽者，唯《贼情类纂》及近人自海外传写当时诏旨、诏书、谆谕、喧谕，寥寥无几，且多太平初起时事，后来迁变遂不可得而详。盖当时以叛逆视之，军行之际，未尝注意搜罗；事既平定，则有关文籍，焚毁唯恐不尽，反赖西洋传教之士收拾丛残，以庋藏其国图书馆而已。在事曾、胡诸人，自不肯为之详纪其事，即身经乱离者，口语传闻，亦只及焚杀之惨，诋其章制文辞不经而已。此洪、杨之事所以无徵也。

予窃有志搜求，排比旧闻，略有纪述，尤留意当时纪载。往者予得悔翁手书日记《乙卯随笔》、《丙辰备遗录》两种，因辑录遗诗一卷，印行之。非欲传悔翁之诗也，以诗中涉及金陵初破时事，且盛诋当时将帅无人者，皆有所讳忌，不欲示人者。日记中诗文而外，多纪当时之事，以为悔翁学人，必不妄语，颇欲录出别行。……今年夏，始发愤校录，且为编次，即此书《乙丙日记》三卷是也。……民国二十四年十月十六日，邓之诚。

## 公元1890年 清德宗光绪十六年 庚寅

### 李桓《国朝耆献类徵初编》刊行。

谭廷献《前江西布政使李公碑铭》（载《续碑传集》卷三十八）：公讳桓，字叔虎，号黼堂。湖南湘阴文恭公弟三子。……（文恭）总师广西，卒于军中。……公除丧入觐，奉纶诏以道员检发江西。……光绪十七年，卒，年六十有五。……

李桓《国朝耆献类徵初编述意》：

一、是编专辑我太祖高皇帝天命元年丙辰至宣宗成皇帝道光三十年庚戌，满汉臣公、士庶身后国史馆本传，洎私家记述，上关朝章国典，下逮德行言语诸科，实有事迹可传各散体文字。

一、宗亲、藩部王公勋业最盛。伏读高宗纯皇帝钦定《宗室王公功绩表传》、《外藩蒙古回部王公表传》，及续修各表传，经文纬武，明备允昭，谨将全书冠之简首。

一、是编为类十九：曰宰辅，曰卿贰，曰词臣，曰谏臣，曰郎署，曰疆臣，曰监司，曰守令，曰将帅，曰材武，曰忠义，曰孝义，曰儒行，曰经学，曰文艺，曰卓行，曰隐逸，曰方技。……

一、桓未尝学问，妄谋徵献。是编以丁卯开纂，十有五年粗具写本，自宰辅至方技得四百十六卷。屡更差比，疑信滋淆，爰刊总目，附载小启，邮请海内有道严加订正。俟之两年，纠举绝少，殆仅凭目录艰于悬断也。后自浙携全帙归，乃属老友黔阳杨乐庭拔萃基善，大为覆勘，通稽详考，期于章法不紊。拔萃笃好尚论，于明季及国朝人物尤为留意。凡门类之归并，人文之移接，提纲挈领，联属分明，更检所见纪载，依类增益，都为四百八十四卷。盖商定编次，兼董校刊，又七年而书成，其目耕心耘，洵称始终不懈矣，而卷端参定名氏，坚不允列，则又博闻强识而让者也，义得备书。光绪十六年岁在庚寅孟秋月，湘阴李桓谨识。

**国史馆再次奏准复纂画一列传。**

中国第一历史档案馆藏《国史馆档案》庶务类第1068号卷存国史馆奏底：国史馆谨奏：为复纂臣工列传书成恭呈御览事。窃臣馆纂办臣工列传，向系按季分单呈进，仍发馆中收存。因编纂非出一手，体例恐有参差，每积传至五六百篇之外，必须复行检辑，斟酌画一，以昭信史。查同治元年至光绪十六年已积传八百余篇，经臣等于光绪十六年十一月初七日奏请复纂，奉旨：依议，钦此。当经臣等督率提调、总纂、纂修、协修等官，将各传复纂画一。……

# 公元1891年 清德宗光绪十七年 辛卯

**康有为著成《新学伪经考》。**

康有为《新学伪经考叙》：《新学伪经考》凡十四篇，叙其目而系之辞曰：始作伪乱圣制者自刘歆，布行伪经篡孔统者成于郑玄。阅二千年岁月日时之绵暧，聚百千万亿衿缨之问学，统二十朝王者礼乐制度之崇严，咸奉伪经为圣法，诵读尊信，奉持施行，违者以非圣无法论，亦无一人敢违者，亦无一人敢疑者。于是夺孔子之经以与周公，而抑孔子为传；于是扫除孔子改制之圣法，而目为断烂朝报。六经颠倒，乱于非种；圣制埋瘗，沦于雾雾；天地反常，日月变色。以孔子天命大圣，岁载四百，地犹中夏，蒙难遘闵，乃至此极，岂不异哉！且后世之大祸，曰任阉寺，广女色，人主奢纵，权臣篡盗，是尝累毒生民、覆宗社者矣，古无有之，而皆自刘歆开之。是上为圣经之篡贼，下为国家之鸩毒者也。

夫始于盗篡者，终于即真；始称伪朝者，后为正统。司马盗魏嵇绍忠，曹节矫制张奂卖，习非成是之后，丹黄乱色，甘辛变味。孤鸣而正易之，吾亦知其难也。然提圣法于既坠，明六经于闇智，刘歆之伪不黜，孔子之道不著，吾虽孤微，乌可以已！窃怪二千年来，通人大儒，肩背相望，而咸为瞽惑，无一人焉，发奸露覆，雪先圣之沉冤，出诸儒于云雾者，岂圣制赫闿有所待邪？不量绵薄，摧廓伪说，犁庭扫穴，魑魅奔逸，雾散阴豁，日燿星呀，冀以起亡经，翼圣制，其于孔氏之道，庶几御侮云尔。光绪十七年夏四月朔，南海康祖诒长素记。

## 薛福成著成《出使英法义比四国日记》。

《清史列传》卷五八，《新办大臣传二》：薛福成，江苏无锡人。同治六年，副贡生，佐两江总督曾国藩幕府，以劳绩历保选用同知。嗣因剿平西捻，叙功，以直隶州知州留直隶补用，并赏加知府衔。……（光绪）二年，以随办洋务出力，总督李鸿章奏请以知府仍留原省补用。三年，丁母忧，四年，出使德国大臣刘锡鸿奏调福成充三等参赞官，以忧辞。……五年，起复。八年六月……奉旨免补知府，以道员留于直隶归候补班前先补用。九年，以胞兄薛福辰官通永道，循例回避，改掣河南。十年，奉上谕，补授浙江宁绍台道。……十四年，擢湖南按察使。十五年，入觐，简派出使英法义比四国大臣。旋奉旨开缺，以三品京堂候补，并赏给二品顶戴。十六年，补光禄寺卿。十七年六月，调太常寺卿。八月，转大理寺卿。……十八年正月……八月，授都察院左副都御使。……二十年四月，差竣，六月，抵上海，卒。

薛福成《出使英法义比四国日记自序》：光绪十五年，为今天子亲政之初，福成奉命出使英、法、义、比四国，未及行。越明年，二月始抵巴黎，由巴黎至伦敦，四月至伯鲁色尔。又明年至罗马。既已奉宣德意，并撮其事机之大者，入告于朝廷，亦以咨谋询度之余，为日记六卷。大较由考核而得之于昔者，十有五六；由见闻而得之于今者，十有三四也。

义、比新造之邦，未惶远图。英人通商，法人传教，已遍通内地，交涉纷竟，视他国为甚。其分属英、法之缅甸、越南，尤逼吾南服，我不能闭拒阻遏也，夫人而知之矣！知之而不图所安，非所为狃于积习，粉饰自欺者欤？大抵今古之事百变，应之者无有穷时。平天下者，平其心以絜矩天下。知我之短，知人之长，尽心于交际之间。……

至于风俗政令之间，亦往往有相通之理。试观其著者，其条教规模有合于我先王故籍之言者，必其国之所以兴；其反乎我先王故籍之言者，必其国之所以替。即其技艺器数之末，要亦随乎风气之自然，适乎民情之便利，何新奇之有焉？……

海外之国崛起者五六，虎视而鹰瞵，殆未有所定，或者形格势禁，惮于发难。先动者得祸，故莫敢妄举焉。孟子曰："及是时，明其政刑，谁敢侮予？"福成以为时不可失者，无有切于今日者矣。凡斯编所言，要有所致意。……光绪十七年十月朔日，钦差大臣出使英法义比四国、二品顶戴、大理寺卿、无锡薛福成自序。

薛莹中《出使日记续刻凡例》：……先君子自同治四年游曾文正公之幕，始有日记，嗣是以后，未尝间也。及奉使泰西，凡遇交涉见闻诸事，皆笔之于书，并译西国史志新报，存其大略，所记尤夥。已刻六卷，自庚寅正月迄辛卯二月，皆先君子所手定。辛卯三月至甲午五月，日有纂录。阅时既久，卷帙遂繁。初拟东归续刻，不意甲午之夏，使旋抵沪，未及二旬，即以积劳得疾，薨于出使行台。……丙申秋，疾既愈，乃躬自较录，厘为十卷，阅一年而工竣。于是《出使日记》始末完具，正备当时君子考览云。……光绪二十三年冬十月，第三男莹中谨识。

沈林一《出使日记续刻跋》：……中朝自简使出洋以来，轺车络绎，而识者推不辱君命之才，必曰曾、薛。二公奉使英、俄，皆天下莫强之国。曾公索还伊犁，力改原约；薛公筹议滇缅分界，既得科干等地，并收回车里、孟连两土司全权。盖自中西交涉议界案起，奉命之臣，能不自蹙地者已鲜，况能拓地千数百里之广，捍卫边圉。此非忠诚智力浃服远人，不能折冲樽俎如是也。……公尝议续《瀛寰志略》，分饬随员，翻译泰西地志，已十得六七，而摘其大略于日记之中。观公所记，当日议界一案，考地之精详，持论之坚决，操纵上下，盖心力交瘁仅而得之。惟能明地势、审敌情，故应机决策，不为所蒙，此公所以措施之本也。……光绪戊戌八月，年姻愚侄沈林一谨跋。

今案：光绪十五年（公元 1899 年）至二十年（公元 1894 年），薛福成奉命出使英、法、义、比四国。本年先刊其部分出使日记，俟其辞世后二年，剩余日记始由其子续刻。

**王锡祺编成《小方壶斋舆地丛钞》，后又续辑《补编》、《再补编》、《三补编》。**

罗振玉《后丁戊稿·王比部传》：君讳锡祺，字寿萱，江苏清河人。……

年十八，为邑诸生。……再试秋闱，不售，乃入赘为郎，签分刑部广西司。方是时，中兴甫二十年，海内安晏，君尝一至京师。日读邸钞，知海禁既通，外交孔亟，而朝野士夫罕留意者，以为此乱几也。……虑世且多事，乃蒐集各国行政之书、舆地之记，以及䡄轩使者所录，为《小方壶斋舆地丛钞》。书出，而海内人士多笑为迂远，君则为之益力。当是时，君内足于财，家有质库，长兄锡龄莞家政，君得专意读书。及长兄殁，君当嗣其职。……如是者二十年，质库乃敝耗不可支矣，债家第从君索所逋。……时光绪甲辰君年五十矣。明年，债家复讼君，且逮系君。予与君，夙为文字交。……为言之苏抚溧阳端忠敏公，出君于理。君既覆巢，不得以佣力于沪江，为人任编辑。……及辛亥国变，予避地海东，与君不通消息者逾年。比甲寅，返国，则闻君先一年卒以馁死矣。呜呼！君生于咸丰乙卯，卒于宣统癸丑，得年五十九。……

王锡祺《小方壶斋舆地丛钞序》：夏虫不语冰，井蛙不语天，足不出户，不语九垓八埏，然则何为而可者？曰：难言矣。历代疆域延袤，山川陀塞，类有文人辞士，舟车过从，抽妍骋秘，以纪其土风物产，形势沿革，如《北征录》、《西使记》、《益部谈资》、《溪蛮丛笑》、《真腊风土记》、《瀛涯胜览》诸书，尚已。若汉骞、唐元奘、元楚材，远出绝域万余里，或无纪载，或傅会释氏，牵连妄诞，阅者懵焉。明季江阴徐氏，足迹遍天下，纪游之书，高几隐几，幼妙峭绝，实为名笔。我朝龙兴辽、沈，远迩悉臣，一时金马贵人，从豹尾属车，从容载笔。中枢内侍，专阃大帅，秉钺遄征，出使异徼，亦抒所长，详记经历。他若国家肇基之所，使臣莅节之域，骚人遗士所浏览，幕宾寓公所造次，大而征伐绥抚，小而聘问来往，远而卫藏新回疆，近而土司苗彝境，旁及东偏诸与国，内地山海之形胜，外洋道里之情势，寰宇五大洲之新奇恢诡，靡不元元本本，殚见洽闻，如数掌螺，如睹聚米，无事陆轮水楫，一开卷间，即如身亲其境，亦无病寡陋焉。余不学，长益无所成就，然闻人谈游事则色然喜，阅诸家纪录与夫行程日记，即忻然而神往。窃维局囿一隅，深可惭恧，因上溯国初，下逮近代，凡涉舆地，备极搜罗，得如干种，釐为拾贰帙，约数百万言，续有所获，仍逐次增入，庋诸座右，既以自娱，并拟以公同好，非敢纵谈九垓八埏也，亦求免夏虫、井蛙之诮尔。

王锡祺《小方壶斋舆地丛钞跋》：起丁丑，迄辛卯，辑《丛钞》成。……是书帙十二，卷六十四，目千有二百。襄辑者沈君蝶庵（家驹）、龚君寿秋（穉）、丁君衡甫（宝铨）、胞弟锡礽（燕来）。……光绪辛卯冬十月，王锡祺。

王锡祺《小方壶斋舆地丛钞补编序》：蒙学殖浅陋，甲戌岁，始从事经史诗古文辞。丁丑岁，始从事舆地、洋务、时政。获友朋之助集丛书，《丛钞》千数百种，亦既稍稍刊行矣。兹衷地志家言，釐为《补编》，谨起而序之曰：国家奋兴长白，威稜震叠，东服诸部，北犁蒙古，西戡卫藏，南辑缅、暹，十全武功，亘古靡遘。乾、嘉以降，海寓承平，元后圣明，重臣泄沓，驯至发逆鸱张，捻、回继发，久廑宸虑，始臻敉平。中间异族叩关，觊觎百状，将军奕山懦弱无能、割东陲三数千里于前。迩者巡抚某轻信人言，弃南疆三数千里于后。自撤藩篱，开门揖盗，无汉张汤、傅介子、唐郭子仪、宋岳飞、元帖木儿、明于谦其人，孰纾宵旰之殷忧，振疮痍之痼疾耶？有志之士所为抚膺扼腕，长太息者也！蒙录徐、姚两著，郑重将之薄海同仇，定深义愤。若夫固执成见，畏为戎首，故示镇静，发为庄论，蒙惟吁其恭读钦定诸方略，庶生敌忾之心焉尔。光绪甲午夏五月，南清河王锡祺寿萱氏识于小方壶斋。

王锡祺《小方壶斋舆地丛钞再补编序》：中日构衅，全局一变，然台湾虽割弃，而辽东犹戴我王灵，及此，上下交儆，力图振兴，谓非千载一时欤！《丛钞》旧有正编、补编之刻，近复得数十种，为《再补编》。中如《地球推方圆说》、《地椭圆说》、《亚欧热度论》，阐苞符之蕴；《游历闻见录》、《各国采风记》、《万国近事考略》，穷事务之变；坎巨提、帕米尔、亚东、镇南、庚哥、华雷得诸纪，可觇近十数年之版籍合并。至马关弭兵，俄、德、法输款，名贤载笔，稿如束笋，兹从缺焉。读者反覆玩索，洞然于国势敌情、成败利钝，万一大耻一洗，揆张勋业，鸿作必多。仆未老，谨伸纸磨墨以俟。光绪丁酉孟春，清河王锡祺识。

《续修四库全书总目提要》：《小方壶斋舆地丛钞》十二帙、《续编》四帙、《再补编》十二帙。清王锡祺编。……锡祺是编，搜辑舆地掌故，行程纪录之书，断自有清。凡分十二帙，各以类从，其编辑之旨：第一帙纵论形势及扈从巡行；第二帙为武功征讨；第三帙控制藩属；第四帙为山川岳渎；第五帙为名胜游记；第六帙为腹地各省；第七帙为川、粤、滇、黔；第八帙为蛮、侗伏莽；第九帙为联络交通；第十帙为南洋岛屿；第十一帙为欧亚各国；第十二帙为美北诸洲。前九帙详载域内，或采诸清初，或取诸晚近。后三帙备记域外，或由中人，或译自西土，迥非凿空之论，并附舆地之图。后又增辑《续编》，及《再补编》。于是遐方胜览，域内人文，可以纵目几上，无事旁求矣。然编者之旨，断自有清，且博采群书，或录其全，或择其要，务归简洁，不使繁芜，其意甚善。然昔人之书，已经删节，非独不能窥其全豹，且将失其纂述之意，而断简残帙，极易散失，在当日原书或易见及，而境移时迁，即光绪间之书，今已有残佚者，不有丛书，何以流传？

今案：光绪三年（公元 1877 年），王锡祺始辑中外舆地著述。六年，先编成《小方壶斋丛钞》六卷。嗣后，扩大范围，至光绪十七年（公元 1891 年），历时十五载，编成《小方壶斋舆地丛钞》十二帙，六十四卷，收书 1211 种。光绪二十年（公元 1894 年），辑成《补编》55 种。二十三年（公元 1897 年），辑成《再补编》175 种。光绪二十七年（公元 1901 年），辑成《三补编》96 种。四编合计 1537 种。参阅汪孝海《舆地图说荟精华 史地汇钞成丛编——〈小方壶斋舆地丛钞三补编〉述略》（载《图书馆学研究》1989 年第 4 期）；吴丰培《王锡祺与〈小方壶斋舆地丛钞〉及其他》（载《中国边疆史地研究》1995 年第 1 期）。

## 公元 1892 年  清德宗光绪十八年  壬辰

**《平定陕甘新疆回匪方略》纂修告成。**

《清德宗实录》卷三一九，光绪十八年十二月乙卯朔，军机处奏：《平定陕甘新疆回匪方略》纂辑完竣，拟分次呈进。报可。

## 公元 1893 年  清德宗光绪十九年  癸巳

**《平定云南回匪方略》、《平定贵州苗匪纪略》告成。**

《清德宗实录》卷三二七，光绪十九年八月戊辰，方略馆奏：纂辑《平定云南回匪方略》、《贵州苗匪纪略》完竣，陆续进呈。报闻。

**钱仪吉《碑传集》刊行。**

钱仪吉《碑传集序》：於戏盛哉！自天命以来，王侯将相、卿尹百执事、硕儒才彦之名迹，炳著于国史矣，而金匮石室之藏，外人弗得见。曩承乏《会典》之役，幸获展观，亦不敢私有写录。乃今采集诸先正碑版状记之文，旁及地志杂传，得若干篇。略依杜氏大珪、焦氏竑之列，以其时，以其爵，以其事，比而厌之为若干卷。其馀二百年文献之林，不啻岳之一塵、海之一勺耳。果能口诵而心识焉,可以考德行,可以习掌故,不徒飞文染翰为耳目之玩已也。……自知言者观之,固可考信而不惑也。而要其大体,主乎乐道人善,以为贤士大夫蓄德之助。爰取湘东王之事以名之,后有得者,当为续次云。道光六年季春月,嘉庆钱仪吉定庐甫识。

诸可宝《碑传集校刊记》(载《碑传集》卷首):此一部为类二十有五,始天命纪元,讫嘉庆朝,二百年中王公大夫士庶,统一千六百八十余人,列女又三百三十余人;采文五百六十余家,都一百六十有四卷,嘉兴给事钱先生所纂录也。原编大旨,具详序言;名凡屡更,定从今号,寓意原委,语在桐乡沈吉士善登书中。……庚寅孟春,权按察使平湖朱观察之榛言于布政使贵筑黄公彭年,创意校刊。贵筑公因先生从孙责浦尹志澄来谒,属致全稿。闰月书至,发箧观之……乃知当时写官众多,分钞连缀,其间叙次不侔、有待釐定者,开卷皆是。贵筑公于是定编订之例。……四月既望,贵筑公举全稿付局,责可宝独任理董之役。……可宝兢兢守贵筑公例意,黾勉卒业,洎今寒暑四易,而后全书告成功。……光绪十九年岁次昭阳大荒落日长至,特旨发回江苏五品衔尽先即补知县、提调书局事宜钱塘诸可宝。

今案:据诸可宝《校刊记》后附《沈吉士书》,是编"书名凡三易"。始编于道光三、四年,初名《百家徵献录》,后改名《五百家银管集》或《湘管集》。至道光二十五、二十六年,又改名《昭德文编》。至三十年,仪吉辞世,迄未定稿。光绪十六年(公元 1890 年),黄彭年访得遗稿,重定体例,嘱诸可宝编订,至十九年始刊定全稿。

**曾纪泽《使西日记》刊行(附刻于《曾慧敏公遗集》)。**

《清史稿》卷四四六,《曾纪泽传》:曾纪泽,字劼刚,大学士国藩子。……以荫补户部员外郎。父忧服除,袭侯爵。光绪四年,充出使英法大臣,补太常寺少卿,转大理寺。六年,使俄大臣崇厚获罪去,以纪泽兼之。先是俄乘我内乱,据伊犁,及回部平,乃举以还我,议定界、通商。崇厚不请旨,遽署押,所定约多失权利,因诏纪泽兼使俄,议改前约。……及至俄,日与俄外部及驻华公使布策等反复辨论,凡数十万言,十阅月而议始定。崇厚原约,仅得伊犁之半,岩险属俄如故。纪泽争回南境之乌宗岛山、帖克斯川要隘,然后伊犁拱宸诸城足以自守,且得与喀什噶尔、阿克苏诸城通行无阻。其他分界及通商条文,亦多所厘正焉。七年,迁宗人府府丞、左副都御史。秩满,留任三载。法、越构衅,纪泽与法抗辩不稍屈，疏陈备御六策。十年，晋兵部侍郎。与英人议定洋药税厘，岁增银六百余万。明年，还朝，转入总理各国事务衙门。调户部，兼署刑部、吏部各侍郎。十六年，卒，加太子少保，谥惠敏。……

《续修四库全书总目提要》（稿本）：《出使英法日记》二卷，清曾纪泽撰。……是编乃其历使英、法、俄诸国日记，始于光绪四年七月，终于光绪十二年十一月，按日记载，叙述颇简。光绪六年赴俄商改约章始末，亦略见是编，惟涉及此事之文牍，别入《奏疏》、《文集》二编，不入日记云。

## 公元 1894 年 清德宗光绪二十年 甲午

**清廷奖励纂修《平定陕甘新疆回匪方略》等三部方略之官员。**

《清德宗实录》卷三四〇，光绪二十年五月癸未，谕内阁：礼亲王世铎等奏纂辑《平定陕甘新疆回匪方略》三百二十卷，《平定云南回匪方略》五十卷，《平定贵州苗匪纪略》四十卷，全书告成一摺。剿捕回苗各匪，皆始于咸丰五年，至光绪五年后，以次戡定，办理军务二十余年。凡各路军营及内外臣工章奏纷繁，我文宗显皇帝随时指示，洞烛几先，广运神谟，炳如日月。穆宗毅皇帝申命各将领剿抚兼施，肤功叠奏。朕御极后，懿墩亲承，大勋克集，滇黔关陇，咸就肃清。一切运画机宜，允宜编纂成书，昭垂久远。礼亲王世铎等奉命纂办，数年来率同在馆人员，陆续缮辑呈进。朕随时披览，卷帙繁多，尚为详悉赅备。上年十二月间，并将陈设本一分缮写完竣，奉表恭进。所有大小出力各员，自应普加优奖……

**王颂蔚编成《明史考证捃逸》。**

《清史稿》卷四八六，《文苑三》：王颂蔚，字蒂卿，长洲人。光绪五年进士，选庶吉士。吴县潘祖荫、常熟翁同龢皆称颂蔚才。散馆，改官户部，补军机章京。暇辄从事著述。尝于方略馆故纸堆中见殿板初印《明史》残本，眉上黏有黄签，审为乾隆朝拟撰考证未竟之本。因多方搜求，逐条厘订，芟其繁冗，采其精要，成《明史考证捃逸》四十余卷。光绪十八年，试御史第一，军机处奏留。……二十一年，中日衅起。……明年，卒。著有《写礼庼文集》、《诗集》、《读碑记》、《古书经眼录》各一卷，《明史考证捃逸》四十二卷。

王颂蔚《明史考证捃逸叙》：……读王祭酒先谦《东华续录》……始知《明史》于元时人地名曾经改译，《本纪》亦经增修，然《志》、《表》、《传》之修改与否，无明文可据也。……丁亥秋，入直枢院，即属馆中令史张大诰物色是书，果得蓝面册《明史》，自卷一百十六至卷三百三十二（阙卷一百九十五），凡二百十六卷，《列传》首尾略具。案语用黄签粘书之上方，人地名改译及修改字句处，用黄签粘原文之上，惟年久受潮湿，粘签脱落甚多，且有霉烂成块未堪揭动之叶。余属张令史悉心移写，仅得什之七八。此即邵比部所见"进呈本"。盖当时奉丁丑诏书，以次缮进，故卷面书"臣某官某某恭校"，卷中粘签皆黄也。继又得稿本四十余卷，卷面题"总裁英阅"、"总裁于阅"、"总裁钱阅"及"纂修官黄辑"、"宋辑"、"协修官严辑"、"章辑"、"罗辑"等字。案语与"进呈本"略同，间有为总裁所删者，则"进呈本"不录。最后又搜得正本三巨册，自卷一百十八至卷三百二十八（阙卷二百五十二至二百五十六），凡二百六卷，每卷题"明史卷几考证"，意在分附《明史》各卷之后，故析卷皆同。每条称"臣某某案"，亦与他史考证同式。以上二本，皆邵比部所未见，张令史得之墙壁之间，故多烂脱。三本皆只《列传》，无《纪》、《表》、《志》。"稿本"、"进呈本"不及"正本"之完备，然亦有"稿本"考订郅确，而"进呈本"删去者。有"稿本"、"进呈本"俱有，而"正本"不录者。且有案语绝无发明，而列入"正本"者。良由官书成于众人之手，荃茅同处，搴择不精。又其时总裁诸公，无淹雅鸿朗之才，故去取未能悉当。是书总裁，原派尚书英廉、程景伊、梁国治、侍郎和珅、内阁学士刘墉，续派大学士于敏中、侍郎钱汝诚，纂辑则宋铣、刘锡嘏、方炜、黄寿龄、严福、罗修源、章宗瀛凡七人。铣，吾吴吴县人，乾隆二十五年进士，由编修出知湖南衡州府。锡嘏，顺天通州人，乾隆三十四年进士，由御史官江南河库道，著有《快晴小筑词》。婿孙尔准刻之，属杨芳灿为序，见《芙蓉山馆文钞》。炜，安徽定远县人。寿龄，江西新城县人，皆乾隆三十七年进士。炜官司经局洗马。寿龄官编修。福亦吴县人。修源，湖南湘潭县人。宗瀛，浙江会稽县人。皆乾隆四十年进士，修源官侍讲学士，福、宗瀛皆官编修。改译《辽》、《金》、《元》三史，成于乾隆四十七年四月，而《明史考证》告成年月不可考。今所存"稿本"题"总裁于阅"、"英阅"者甚多，于文襄卒于乾隆四十四年十二月，英文肃卒于乾隆四十八年八月，此书告成疑当在乾隆五十年以前也。……余惧其湮晦，故属张令史将进呈本黄签一一传录，退直之暇，复取"稿本"、"正本"，参观互证，汰其文义复沓，及空衍无关宏旨者（如云某事某书无考，及增某字、删某字以符匀刻之类），簿领鲜暇，作辍靡常，凡两阅寒暑，始克排比成书。分卷四十有二，题曰《明史考证攟逸》。……光绪仓龙甲午辜月，长洲王颂蔚识于京师宣武坊南之醋章胡同。

今案：王颂蔚发现四库馆修订考证《明史》之底稿，整理为《明史考证攟逸》一书，殊不知《四库全书》本之《明史》，已将考证内容收载和融入其中。王氏始终未细核《四库全书》本《明史》，故有颇多错觉，费力整编之书，价值并不很大。详参乔治忠、杨艳秋《〈四库全书〉本〈明史〉发覆》，载《清史研究》1999年第4期。

**《越缦堂日记》作者李慈铭卒。**

《清史稿》卷四八六，《文苑三》：李慈铭，字爱伯，会稽人。诸生，入赀为户部郎中。……光绪六年，成进士，归本班，改御史。时朝政日非，慈铭遇事建言，请临雍，请整顿台纲。大臣则纠孙毓汶、孙楫，疆臣则纠德馨、沈秉成、裕宽，数上疏，均不报。慈铭郁郁而卒，年六十六。慈铭为文沉博绝丽，诗尤工，自成一家。性狷介，又口多雌黄。服其学者好之，憎其口者恶之。日有课记，每读一书，必求其所蓄之深浅，致力之先后，而评骘之，务得其当，后进翕然大服。著有《越缦堂文》十卷，《白华绛跗阁诗》十卷、《词》二卷，又《日记》数十册。……

平步青《掌山西道监察御史督理街道李君蓴客传》（载《碑传集补》卷一〇）：君姓李氏，初名模，字式侯，后更名慈铭，字爱伯，号蓴客，浙江会稽人。……光绪庚寅始通籍。……以原官久次补户部江南司资郎。……己丑，试御史。庚寅，补山西道监察御史，转掌山西道巡视北城、督理街道。……今年夏，倭夷犯边，败问日至。……深念感愤，扼腕咳血益剧，遂以十一月二十四日竟卒，年六十有六。

君自谓于经史子集以及稗官、梵夹、诗余、传奇，无不涉猎而摹仿之，而所致力者莫如史。……君于经学，有《十三经注疏古今文义汇正》、《说文举要》、《音字古今要略》、《越缦堂经说》；于史，有《后汉书集解》、《北史补传》、《历史论赞补正》、《历代史剩》、《闰史》、《唐代官制杂钞》、《宋代官制杂钞》、《元代重儒考》、《明谥法考》、《南渡事略》、《国朝经儒经籍考》、《军兴以来忠节小传》、《绍兴府志》、《会稽新志》。又有《越缦读书录》、《越缦笔记》、《柯山漫录》、《孟学斋古文内外篇》、《湖塘林馆骈体文钞》、《白华绛跗阁诗初集》、《杏花香雪斋诗二集》、《霞川花隐词》、《桃花圣解庵乐府》，凡百数十卷，可谓硕学鸿文，蔚为著述者矣。友人仅刻其骈体文钞二卷，诗初集十卷，余未礼堂写定，传之其人。

王存《徵刊越缦堂日记启》：越缦先生，浙东老宿，海内大师，合文苑与儒林，殿有清之作者，广谈虞笔，雅俗同钦。先生穷年矻矻，著述等身，剞劂所传，十不逮一，而生平精力尤荟萃于《日记》一编，积数百万言，亘三十余载。其用力也，罔有或辍；其为事也，无乎不赅。近之可方湘乡日课之勤，远之可继亭林日知之博。……数十年来，文野蜕嬗之迹，治化迁变所由，推甲知乙，思过半矣……

今案：广陵书社2004年刊行李氏日记全帙，其《出版说明》云："《越缦堂日记》共由九部分组成。分别为：一、《甲寅日记》；二、《越缦堂日记乙集——壬集》；三、《孟学斋日记》；四、《受礼庐日记》；五、《祥琴室日记》；六、《息荼庵日记》；七、《桃花圣解盦日记》；八、《荀学斋日记》；九、《荀学斋日记后集》。日记起自清咸丰甲寅三月十四日，迄于光绪甲午元旦，共四十年。"

## 公元1895年 清德宗光绪二十一年 乙未

**（英）李提摩太、蔡尔康译《泰西新史揽要》由广学会刊行。**

（英）李提摩太《泰西新史揽要译本序》：此书为暗室之孤灯，迷津之片筏，详而绎之，质而言之，又实救民之良药，保国之坚壁，疗贫之宝玉，而中华新世界之初桄也。非精兵亿万、战舰什佰所可比而拟也。

尝考中国古世，善体天心，恒孜孜于修身、齐家、治国、平天下之道。其于远人也，怀柔以德，来则安之。总之，一日万幾，无不求止于至善，是以巍然高出于亚洲为最久之大国，而声名之所洋溢，且远及于他洲，猗欤盛哉！何图近代以来，良法美意忽焉中改，创为闭关自守之说，绝不愿与他国相往来，他国不乏修心乐道之人，更动辄加以疑忌，可惜孰甚焉。至西人之通商于中华者，固曰为牟利来也，然以有易无，以羡补不足，中华亦何尝不利。乃中国偏欲恃其权势，遇事遏抑而压制之。（华人容有不以此语为然者，然细究居心行事之实迹，多不免有所偏重，阅者试熟思之。果其不谬，则中国之病根在是也，知其为病而去之，即天下一家矣。）泰西各国素以爱民为治国之本，不得不借兵力以定商情。且曰中国不愿与他国交，于上天一视同仁之意未有合也，遂屡有弃好寻仇之祸，他国固不得谓为悉合也，然闭关开衅之端，则在中国。故每有边警，偿银割地，天实为之，谓之何哉？重以前患甫息，后变迭乘，而又加甚焉，沿至今日，竟不能敌一蕞尔之日本。呜呼！谁之咎欤？谁之咎欤？犹幸尚有明敏之才，深知中国近年不体天心，不和异国，不敬善人，实有取败之理，因冀幡然尽改其谬误。凡华人所未知者，明于事理、敏于因应之才，深思而博考之，具列其目于下：

一、知万国今成一大局，遇事必合而公议，直如各省之服皇帝，各人之守王法，各业之听同行。故虽分而为各国，而教化不相歧视，关税改从一律，此合而共便之道也。各国既无碍于他国，他国即应任其自由，不相钤制。此分而各便之道也。夫如是，逆料异时各国若有衅隙，可请他国公评曲直，有恃强而出于战者，天下共伐之，当永无战祸矣。

一、知今日治国之道，仅有三大端：泰西各国救世教，一也；中国儒教二也；土耳基等国回教三也。而宰治之最广者，实推救世教。故五大洲各国共合男女一千五百兆人，受治于救世教者九百余兆，受治于儒教者四百余兆，受治于回教者八十兆。全地球陆地共合华程五百余兆方里，为救世教所辖者四百二十兆方里，儒教所辖者四十兆方里，回教所辖者三十兆方里。

一、知今日兴国之道有断不可少者四大端：道德一也，学校二也，安民三也，养民四也。凡精于四法者，其国自出人头地；不精或不全者，不免瞠乎其后；毫不究心者，则更在后矣。夫行此四大端者，分为四支：古今一也；东西二也；普遍三也；专门四也。今考泰西各国，不但生齿之数岁有所增，且国富民安，亦复日新月异。中国于近五十年来，人不见增，财亦不见富。是故以富而言，欧洲各国库储所入之款，每年约合华银二千八百兆两，非剥民以奉上也，民富而君无不足也。中国岁入之款不过一百兆两，若论回教各国，则人既岁有所减，民之困苦反岁有所增。

此明敏之才既熟察乎中外之情形，爰知中国近来讹谬之关系大莫与京，所谓聚六洲之铁不能铸一大错字也。……仆虽不敏，而灼知欲渡无梁之苦，代为焦虑者，历有年所，继而喟然曰：明镜足以鉴妍媸，新史足以究隆替，曷不发箧出书，以为华人泰山大海之助乎？及读英国马恩西先生所著《十九周大事记》（西历以耶稣降世后每百年为一周，今适在十九周中也），则诚新史而兼明镜之资也。中国服官之众，读书之士，其于中国之古训，自已烂熟于胸中，若欲博考西学振兴中土，得此入门之秘钥，于以知西国之所以兴，与夫利弊之所在，以华事相印证，若者宜法，若者宜戒，则于治国读书之道，思过半矣。夫西国之广兴多在近百年中，是书撷近人著作之菁华，删其繁芜，运以才识，国分事繁，殚见洽闻，故欲考近事无有出其右者，欲治近世亦无有出其右者。如欲兼考数千年来之掌故，则西国之书奚啻汗牛充栋，学者循序渐进，非必以一书囿也。光绪十八年揭来上海，亟思翻译华文以饷华人，爰延访译书之有名者，闻蔡君芝绂于中外交涉之事久经参考，遂以礼聘之来。晴几雨窗，偶得暇晷，即共相与绅绎，迄今三载，始克卒业，盖诚郑重乎其事也。……

抑更有最要之一说者，中国若不即日更改学校之制，士子但读本国古书，但知我为首出之大国，素著盛名，彼他国皆远出我下，微特不知他国之善已也，终必并其本国之善而亦失之。万病之生，盖皆出于此不知之故。倘能善与人同，易不知而进于知，则救华之机全在此举。呜呼，可不慎欤！况乎中国可患之事，尚有更甚于今者，不过数年，祸端立见。设使猝遘其时，虽欲再思补救，恐已无济于事。仆之为此言也，明知触犯忌讳，人多逆耳，但无一非真实无妄之语。万一不能见谅于今日，他日必有思我言而长叹者。夫至思我言而长叹，则岂徒今日我言之不用，为我之不幸也哉？光绪二十一年乙未孟夏，即西历一千八百九十五年五月，英国李提摩太序于上海广学会之寓庐。

今案：是书原名《十九世纪史》（*History of Nineteenth Century*），英国人麦肯齐（Robert Mackenzie，亦译作麦肯西、马肯西）著，公元1889年初版于伦敦。由广学会英国传教士李提摩太（Timothy Richard）口译，蔡尔康笔录，译文摘要先连载于公元1894年《万国公报》，初名《泰西近百年大事记》。次年，由广学会初版发行，共八册、二十四卷。该书详述19世纪主要西方国家的发展历史，内容相当广泛，涉及各国的政治、经济、科技、人口、物产、文化，以及错综复杂的国际关系。参阅马军《泰西新史揽要·点校说明》（上海书店出版社2002年版）。

### 《元朝秘史注》作者李文田卒。

《清史列传》卷五八，《新办大臣传二》：李文田，广东顺德人。咸丰九年一甲三名进士，授翰林院编修。十年，充武英殿纂修。同治三年八月，命在南书房行走。十一月，充实录馆纂修。十二月，命署日讲起居注官。五年，大考翰詹，命以中允升用。……六年二月，京察一等，记名以道府用。五月，充四川乡试副考官。七年正月，擢詹事府右春坊右赞善。八年六月，转左赞善。十月，迁翰林院侍讲。九年六月，充浙江乡试副考官。八月，提督江西学政。十一月，转侍读。十年七月，升詹事府左春坊左庶子。十二月，擢翰林院侍讲学士。十二年四月，转侍读学士。……光绪八年，丁生母忧。十年，服阕，命仍在南书房行走。十二年，补翰林院侍读学士。……十四年，充江南乡试正考官。十五年正月，升詹事府少詹事。……六月，充浙江乡试正考官。十六年四月，升内阁学士，兼礼部侍郎衔。十一月，擢礼部右侍郎。十七年，提督顺天学政。……（二十年）八月，署工部右侍郎，兼管钱法堂事务。十二月，署经筵讲官，领阁事。……是年（二十一年）十月，卒。

叶昌炽《李文田仲约事实》（载《碑传集补》卷四）：李仲约侍郎，名文田，号芍农，广东顺德县人。……精于碑版之学，覃研乙部，而于《辽》、《金》、《元》三史尤洽熟，典章、舆地考索精详，所著有《元秘史注》、《元史地名考》、耶律楚材《西游录注》。元和江建霞太史，其戊子典试江南所取士也，刻《灵鹣阁丛书》，以侍郎所著《朔方备乘札记》、《和林金石考》付梓焉。……

沈惟贤《元秘史注跋》：右顺德李侍郎《元朝秘史注》十五卷。……自昔岁从吾师鄘南兵备，得读顺德李先生所为《秘史注》，如发受梳，如玉就理，五百年来榛芜晦盲之迳，乃豁然昭明矣。按《秘史》有声音而无训诂，盖元初本取辉和尔字，以达国言。是书成自至元后，辗转翻译，虽条理秩然，而名称尚滋镠葛。顺德先生精于满、蒙、汉三合音之例，博综稗乘，旁摭金石，而一以声音通之。……钩心针棘之中，悬解希夷之表；辨方定位，确乎不易。以之订证《元史》，贯通邱长春、刘郁之《记》，无不迎刃以解者，斯真不朽盛业。大路椎轮，津导来学，匪徒忙豁仑氏之功臣者已。吾师既授之杀青，诒书垂告，不胜惓惓私淑之抱，因赘数语，以志景行云尔。丁酉孟夏，华亭后学沈惟贤敬跋。

## 公元 1896 年　清德宗光绪二十二年　丙申

**章太炎著《春秋左传读》。**

章太炎《春秋左传读叙录序》：《春秋左传读》者，章炳麟著也。初名《杂记》，以所见辄录，不随经文编次，效臧氏《经义杂记》而为之也。后更曰《读》，取发疑正读为义也。盖籀书为读，绅其大义曰读，纳其微言亦曰读。……夫《左氏》

古义最微,非极引周、秦、西汉先师之说,则其术不崇;非极为论难辨析,则其义不明。故以浅露分别之词,申深迂优雅之旨,斯其道也。……绌微言,绌大义,故谓之《春秋左传读》云。懿《左氏》、《公羊》之衅,起于邵公。其作《膏肓》,犹以发露短长为趣。及刘逢禄本《左氏》不传《春秋》之说,谓条例皆子骏所窜入,授受皆子骏所构造,著《左氏春秋考证》及《箴膏肓评》,自申其说。彼其摘发同异,盗憎主人。诸所驳难,散在《读》中。昔丹徒柳宾叔驳《谷梁废疾申何》,则逢禄之说瓦解。然《谷梁》见攻者,止于文义之间,《左氏》乃在其书与师法之真伪,故解释□□,其道非一。先因逢禄《考证》,订其得失,以为《叙录》,著于左方。……

今案:《太炎先生自定年谱》光绪二十二年(公元1896年)条下载:"作《左传读》。"太炎于是书颇为矜慎,生前迄未定稿刊行。公元1913年章门弟子曾据誊录稿石印一本,其原稿现已佚。《春秋左传读叙录》刊于公元1907年《国粹学报》。以上参阅《章太炎全集》(二)姜义华所撰《春秋左传读校点说明》。

## 王树枏著成《彼得兴俄记》。

尚秉和《故新疆布政使王公行状》(载卞孝萱、唐文权《辛亥人物碑传集》卷一四):公讳树枏,字晋卿。其先明永乐时自小兴州迁保定雄县,至万历时再迁新城。……年十六,入邑庠。十七,补廪膳生。二十一,举优贡。朝考以教职候选。……光绪丙戌,成进士,用工部主事。……选四川青神县知县。……三十二年四月,超擢新疆布政使。……新简新疆巡抚袁大化行至甘,闻公作事专愎,难为之上,请(陕甘总督)长庚以嗜好难明,开缺赴京,调验奏覆。……即只身由西伯利亚驰归,时宣统三年也。……自公东归,值国变,隐居僻巷,终日著书。三年,充清史馆总纂。十五年,赴日本文化会。十八年,主讲奉天萃升书院。二十五年二月卒,实废历丙子年正月十五日也。年八十又六。……所著除《畿辅通志》、《清史稿》外,有《校正孔氏大戴礼记》十三卷,《中庸郑朱异同说》一卷,《尔雅郭注异同考》一卷,《建炎前议》一卷,《墨子三家注补正》二卷,《夏小正订经》一卷,《夏小正订传》四卷,《尚书商谊》三卷,《赵闲闲诗集目录年谱》十四卷,《广雅补疏》四卷,《尔雅郭注佚存补订》二十卷,《费氏古易订文》十二卷,《离骚注》一卷,《天元草》五卷,《十月之交日食天元草》二卷,《彼得兴俄记》一卷,《欧洲族类源流略》五卷,《蛰叟》七篇,《欧洲战事本末》二十二卷，《希腊学案》四卷，《希腊春秋》八卷，《新疆国界志》八卷，《山脉志》六卷，《兵事志》二卷，《访古录》二卷，《新疆小正》二卷，《礼俗志》一卷，《道路志》四卷，《土壤表》一卷，《建置志》、《实业志》各一卷，《武汉战记》一卷，《大清畿辅先哲传》四十卷，《烈女传》六卷，《大清畿辅书徵》四十一卷，《学记笺证》四卷，《将吏法言》八卷，《说文建首字义》五卷，《周易释贞》一卷，《冀县志》二十卷，《法源寺志》八卷，《左氏春秋经传义疏》一百五十卷，《新城县志》二十卷，《左氏春秋伪传辨》八卷，《焦易说诗》四卷，《尔雅订经》二十卷，《尔雅说诗》二十二卷，《庄子大同注》二十二卷，《文莫室诗集》八卷，《陶庐诗续集》十二卷，《陶庐文内集》三卷，《陶庐文集》二十卷，《陶庐笺牍》四卷，《骈文》一卷，《陶庐外篇》一卷，《陶庐随笔》若干卷，《诗话》若干卷。……行唐尚秉和谨状。

王树枏《彼得兴俄记序目》：子思子之言曰："为政在人，取人以身。"身也者，亿万人耳目之所萃而视为依违者也。今之谋国者，动曰：某政宜易。易一政而政如故；某人宜易。易一人而人亦如故。则又曰：国无人焉，国无政焉。嗟呼！嗟呼！天下岂有无人与政之国哉？……吾故窃取孔子之意，近述俄皇彼得变法之效，详记之，以为用人行政者警焉。或曰："子之意则善矣，其如用夷变夏何？"曰："子不知夫灶鳖乎？义渠有烹灶鳖者，臊秽腥臭，中国之人虽饥而死，不食也。然吴章、庄吉受而和之，病人食之而体轻，万乘饫之而解怒者何也？吴章、庄吉之调存也。然则为人君者，亦视乎其调而已。天子失官，学在四夷，且以九夷之陋，而孔子慨然有欲居之之意。"呜呼！吾又益以叹圣人之意为深且远也。光绪丙申五月，王树枏识于兰州节署。

今案：是书不分卷，分帝系、游历、变法、军政、商务、平内乱、土耳其瑞典诸国战事、教会、逸事九篇，以纪事本末体记述俄国彼得大帝改革之史事。

# 公元1897年 清德宗光绪二十三年 丁酉

## 皮锡瑞著成《今文尚书考证》。

王先谦《今文尚书考证序》：《尚书》传自伏生，其徒欧阳、夏侯，西京立学，宗习遍天下。溯龙门著记，虎观讲经，迄于熹平所刊，一以今文为主。虽其间有史公杂采之说，有三家歧出之说，要皆截然不紊，考迹可知。古文肇出鲁壁，不列学官，盛于新莽，微于中兴。厥后杜、卫、贾、马赓续倡和，若故为今文树之敌者，而其从来亦远矣。……皮君鹿门治《尚书》最精，尝为《大传疏证》、《古文冤词平议》二书行世矣。近复以《今文尚书考证》视余，其条理今文，详密精审，兼诸大儒之长，而去其蔽。后之治今文者，得是编为前导，可不迷于所往。余读君撰著，每有针芥之合。惟于论古文义说，反求于心而未能释然，序君书，因并出所见相质，窃附于诤友之义云。光绪二十三年岁次丁酉月正元日，长沙愚弟王先谦谨撰。

皮锡瑞《今文尚书考证凡例》：自获麟奋笔，删《书》百篇。祖龙燔经，烈火一炬。憗遗一老，肇启三家。汉代今文，沛南为盛。虽复河内屋壁，搜鱼鸟之坠文；庙堂金丝，发科斗之奇字。而或伪真莫辨，传注全无。……国朝经学，尽辟榛芜；山东大师，犹鲜墨守。百诗专攻伪《孔》，不及今文；西庄独阿郑君，无关伏义。艮庭兼疏伏、郑，多以郑学为宗；茂堂辨析古今，每据古文为是。渊如以《史记》多古说，遂反执郑义为今；朴园谓郑《注》皆今文，不顾与伏《书》相背。伯申考证，郅确简略，惜不多传；默深诋诃，实工武断，乃兼宋学。兹特取其精当，辨其讹谬。不使今文乱真，非与前人立异。……

**商务印书馆在上海开业。**

庄俞《三十五年来之商务印书馆》（载《最近三十五年之中国教育》卷下，商务印书馆1931年版）：……本馆经始于清光绪二十三年丁酉正月，适当甲午中东战败，列强劫盟，清室拟变法图强之际，故谓此新文化机关系应运而生亦无不可。创始人夏瑞芳、鲍咸恩、鲍咸昌、高凤池诸君共集股本4000元，在上海江西路德昌里赁屋三楹，购办印机数架，是为创业之始基。当时国人之营印刷业者多袭用旧法，清室中兴，虽有提倡新式工业者，而各地所设立之官书局，则仍未参用新法。本馆之发轫，实为吾国新式印刷工业树一进步之起点。光绪二十四年夏六月，迁于北京路顺庆里，有屋十二楹，并添购机器，是为发展之初步。越五年，当壬寅，癸卯之夏，始建印刷所于北福建路；设编译所于唐家街，设发行所于棋盘街，规模粗具，已开中国书业之新纪元。……

今案：近代出版事业以及早期期刊的产生，是史学以及其他学术文化发展的重要社会机制，故择要系录，以为示例。

**姚振宗著成《隋书经籍志考证》。**

陈训慈《山阴姚海槎先生小传》(载《浙江图书馆馆刊》1933年第2卷第2期)：先生讳振宗，字海槎，世居绍兴之陶家堰。父讳仰云，字秋墅，咸丰间以道员总司江北粮台。……秋墅君雅嗜典籍，尝从邵伯购得善本书若干种，载归原籍，不幸毁于兵乱。劫后复事搜求，所获益多，于是督先生釐定其目，以甲乙部居之。……同治八年，秋墅君殁于扬州，先生自念不为世用，益发愤读书，恣览群籍，博稽书目，为之考证，成《师石山房书录》数十卷。……先生经心部录之学……自《七略》之辑佚，《汉志》之疏补，《后汉》、《三国》之补志，《隋志》之考证，先后勒成专书，为学者宗，而先生之学始垂不朽矣。

班氏《汉书艺文志》，蹑迹刘《略》，然中垒父子校书，惟以自温室徙于天禄阁者为限，其余兰台石室之储，故府录藏之籍，博士章句之书，士子传习之本，罣漏犹多，先生病之。于是辑其所未著录者综三百四十种、二百八十五家、三百十七部，成《汉书艺文志拾补》六卷（光绪十四年）。范晔《后汉》十志，艺文阙如，其后钱氏补志，漫无制裁，侯康所辑，未竟其功。先生鉴于二氏之夺略，复别作《后汉艺文志》四卷，其间如释、道二录，侯书所无，则据《开元录》、《抱朴子》诸书，以补其阙。复以三国六十年间，虽干戈日寻而文教不衰，撰著之篇裒然可观，而陈书裴注并阙艺文。殆以郑默《中经》、荀勖《新簿》别有成编，此之所略，可取详于彼。宁知易世而后，两书并佚。番禺侯君虽事补苴，然稿出草创，门类未备。先生于是续加搜采，以书类人，严断世次，成《三国艺文志》四卷（光绪十五年）。先生复以班志伦类井然，为学者宗，而渔仲、弱侯犹未尽解，王氏考证，亦乖体例。后学去古愈远，往往难窥体要，乃为推寻义类，分别部居，成《汉书艺文志条理》八卷（光绪十八年）。两汉、三国之书，既已备加甄补，先生乃益进而发愤于《隋志》，以为延寿取材阮《录》，追法刘《略》，广列篇名，备存述作。《汉志》之后，袁书既亡（袁山松撰《后汉书》，有《艺文志》，今佚），簿录之籍存于今者，惟此为古，然其文繁义博，如非疏注考证，将何以明其指归，得其体要？章氏宗源尝事理董，杂佚文于目录，缺撰人之爵里，固属难能，犹逊博洽。乃推寻章法，勾稽原委，以数年之功，作《隋书经籍志考证》五十二卷（始作于光绪十一年），其与章书名同实异。先生夙谦谨不自矜，而于此书独自谓多心得之言，为前人所未发。盖先生所校补诸志中，惟此书卷帙最繁，历时最久，功力最勤，所成就亦最卓也。其后先生复以目录之学，昉自刘氏父子《七略》及《别录》，其书亡于唐末，宋初已不获见，乃辑《七略别录佚文》一卷,《七略佚文》一卷,以为辑佚之业可存古人真面,故辛勤搜集,不辞艰瘁,所得既夥,颇复自喜(光绪二十五年)。晚乃以《汉志》、《隋志》校正,《后汉》、《三国》补志,与此二种合为一辑,颜曰《快阁师石山房丛书》。……光绪三十二年丙午,卒于家,享年六十有五。……

姚振宗《隋书经籍志考证后序》:《隋书》十志,皆包括梁、陈、齐、周、隋五代。其纂修《经籍志》也,以隋代官私书目所谓见存者,类次为长编,附以梁代之所有。其《四部总序》之末,皆援据《汉书·艺文志》为说,知其师范班《书》。而汉、魏以下典籍,莫备于梁代,欲综括梁以来所有为一志,以继班氏之坠绪,矫前史之未备焉。……

四部所载存佚,并计综四千七百五十余部。散见于传记,有著其本事者,有言其命意者,有称道其美、诋諆其短者,有载其文字而录其叙目者。自《史》、《汉》、《三国》以迄李延寿南北朝十五史之中,不知其几百千条也。其见于诸子、杂家、类书、小说、文集中者,亦略相等。而自古迄今,未有网罗荟萃为一家言者,亦未有注释校勘起而修治之者。夫以略而不详之撰人,亡而不见之书名,茫无可考之体例,乱无可理之头绪,与夫门类节次之殊,古今存佚之数,写失刊误之处,避讳改荛之故,举凡急索解人不得者,一旦疏通证明,使之原原本本,粲然盈瞩,岂非一大快事哉!前哲既未有成书(说部中有考论是志者,仅数条或数十条而止),予故乐为之而不疲也。夫考证之学,至无穷尽,识大识小,或得或失,各就其心目之所致。吾于此书多心得之言,为前人所未发,亦有驳前人旧说之未安者。……一书之中,凡本事可考及命意所在者,靡不著于篇;其或疑信参半,亦姑过而存之。撰人始末,必求其详尽。……傥亦所谓知人论世之一助乎!……力摒繁冗不切之言,务存简要核实之语。其节引《四库全书简明目录》及近人序跋者,则其书尚传于世可知也;引诸家辑本序录及《孙祠书目》、《书目答问》者,则其书皆亡,亦或因善本、足本而举出者也。又自古甄录诗文者,莫如《文选》;自古评论诗文今存于世者,莫如钟嵘《诗品》、刘勰《文心雕龙》;而搜集诗文之遗篇佚句,近而可徵者,则惟冯氏《诗纪》、严氏《文编》为备。故于《别集类》皆引述之,以见大凡,而佚文有无、多寡之数,亦于此可见也。唯恐不出于人,不得已而始谋诸己,大抵四部之中可考见者,十之八九,其不可知者,多无足重轻之书,故前人置不复道,亦不引用也。……

始事于癸巳四月,至明年岁除而稿具,逾年正月接写清本,时复辍业,迄丁酉六月完毕,首尾凡四年有半云。昔岁暮春,予写清本,至《子部·杂家》,

吾友陶大令文冲以常熟曾群朴新撰《补后汉书艺文志》十卷见贻，越数日，陶国学守次又以常熟丁君国钧《晋书艺文志》二册见视。二君之学，与予有同志，近在数百里，惜不得见之。其书亦各有心得之语，因复刺取若干条，于各类中出其姓名。旧例于今人不著名氏，或云避标榜之嫌耳。予惟择善而从，不知其他。

## 《平定陕甘新疆回匪方略》等三部方略印行。

《清德宗实录》卷四〇六，光绪二十三年六月己巳，恭亲王等奏：刷印校勘《平定陕甘新疆回匪方略》、《云南回匪方略》、《贵州苗匪纪略》三编完竣，谨将陈设本进呈。臣等及提调等官，不敢仰邀议叙。其总校等官及供事等，拟遵旨另行奏恳恩施。得旨：书留览，该提调仍著一并请奖。

## 洪钧《元史译文证补》刊行。

《清史列传》卷五八，《新办大臣传二》：洪钧，江苏吴县人。同治七年一甲一名进士，授翰林院修撰。九年，提督湖北学政。……光绪元年，补行散馆，充顺天乡试同考官。二年，充山西乡试正考官。……五年，充功臣馆纂修。七月，充山东乡试正考官。十月，升侍讲。六年二月，转侍读，提督江西学政。三月，升右春坊右庶子，六月，转左庶子。升翰林院侍讲学士，七年，转侍读学士。……（九年）三月，升詹事府詹事。七月，升内阁学士，兼礼部侍郎衔。……十三年，简派出使俄德奥和四国大臣。八月，补内阁学士，兼礼部侍郎衔。十六年，升兵部左侍郎。十月，差旋，奉旨在总理各国事务衙门行走。……十九年八月，卒。

陆润庠《元史译文证补序》：……明洪武元年，诏宋濂等修《元史》……阅一年而即成，遗漏散失，讹舛实多，考古者憾焉。嘉定钱竹汀宫詹见《元秘史》译本，以为论次太祖事迹，当于是书折衷，然犹未见《秘史》之蒙文也。顺德李仲约侍郎得蒙文《秘史》，又取他书加以参订，著《元秘史注》，然所据亦仅中土诸家记载，未睹拉施特《史》也。

盖至光绪戊子岁，吾吴洪文卿侍郎奉命出使俄、德、和、奥，驻其地者三年，周谘博访，裒然成书，而后元初西域用兵始末，乃犁然大备焉。侍郎之初至俄也，得拉施特书，随行舌人，苦无能译阿剌比文者，见之皆瞠目。侍郎以为既得此书，当使显于斯世，不可当吾身而失之，于是百方购求，遂得多桑书，则译成英文者，又得贝勒津哀忒蛮诸人书，则译成俄文者，始有端绪可寻。而所译各从其音，人名、地名、部族名，有翻改歧义者，有前后不一者，乃复询之俄国诸通人，及各国驻俄之使臣，若英、若法、若德、若土耳其、若波斯，习其声音，聆其议论，然后译以中土文字。稿经三易，时逾两年，而始成书，名之曰《元史译文证补》。证者，证史之误。补者，补史之阙也。惟其中数卷，掇拾散漫，未及定稿。辛卯，侍郎归，即授为总理各国事务衙门大臣。……癸巳秋，侍郎病且剧，临殁以其初稿之杂摭者，付其子工部郎中洛俜守之，以其清本属沈子培比部及余二人，且曰："数年心力瘁于此书，子为我成之。"甲午，余奉命典江西试，归途闻耗，则洛又殁。亟询其稿本，已散失不可复得矣。……（明年），余于是取其清本重校数过，以付梓人。复寓书子培商其体例，惜所谓未及定稿之数卷，已无从搜索，其字句间有可疑者，亦不获以初稿核正之，则其书仍未完备。……光绪二十三年岁在丁酉冬十月，元和陆润庠拜序。

顾颉刚《当代中国史学》上编第四章第二节，《洪钧及其〈元史译文证补〉》：元史史料的整理与元史的改作，自洪钧的《元史译文证补》出，又起了一个新的变局。这一个变局是划时代的，自此国内治元史的人，方知道怎样利用海外的史料。《元史译文证补》凡三十卷，所用的史料，远及于波斯、阿拉伯、俄罗斯、法兰西、英吉利、德意志、土耳其诸国。为之搜集与翻译的，有使馆馆员及洋文参赞金楷利（Kreyer）等，因洪氏于其时出任德、俄、奥、荷公使，故有此便利也。其所引用的海外书籍，见于卷首的《引用西域书目》中，火者拉施特儿哀丁《蒙古全史》、阿拉哀丁阿塔蔑里克志费尼书二卷、瓦萨甫书五卷、阿黎《意聚史》六卷、阿卜而嘎锡《突厥族谱》，俄罗斯人戴美桑法译本，多桑《土耳其史》、《蒙古史》，贝勒津译、拉施特书《太祖本纪蒙古部族考》等三卷。其译证补传多用多桑书，记拔都西伐则本于华而甫书，驸马《帖木尔补传》则本于东罗马书，《察合台后王补传》则杂采西人所译的西域人著述，《太祖本纪》及《蒙古部族考》则本于贝勒津所译的拉施特书。……

## 公元1898年 清德宗光绪二十四年 戊戌

### 康有为著成《孔子改制考》。

康有为《孔子改制考序》：孔子卒后二千三百七十六年，康有为读其遗言，渊渊然思，凄凄然悲，曰：嗟夫！使我不得见太平之泽、被大同之乐者何哉？使我中国二千年、方万里之地、四万万神明之裔不得见太平之治、被大同之乐者何哉？使大地不早见太平之治、逢大同之乐者何哉？……

夫两汉君臣、儒生，尊从《春秋》拨乱之制而杂以霸术，犹未尽行也。圣制萌芽，新、歆遽出，伪《左》盛行，古文篡乱。于是削移孔子之经而为周公，降孔子之圣王而为先师，《公羊》之学废，改制之义湮，三世之说微，太平之治，大同之乐，暗而不明，郁而不发。我华我夏，杂以魏、晋、隋、唐佛老词章之学，乱以氐、羌、突厥、契丹、蒙古之风，非惟不识太平，并求汉人拨乱之义亦乖刺而不可得，而中国之民遂二千年被暴主、夷狄之酷政，耗矣哀哉！朱子生于大统绝学之后，揭鼓扬旗而发明之，多言义而寡言仁，知省身寡过而少救民患，蔽于据乱之说而不知太平大同之义，杂以佛老，其道觳苦，所以为治教者，亦仅如东周、刘蜀、削瞢之偏安而已。……

天哀生民，默牖其明，白日流光，焕炳莹晶。予小子梦执礼器而西行，乃睹此广乐钧天，复见宗庙百官之美富。门户既得，乃扫荆榛而开途径，拨云雾而览日月，别有天地，非复人间世矣。不敢隐匿大道，乃与门人数辈朝夕钩撢，八年于兹，删除繁芜，就成简要，为《改制考》三十卷。同邑陈千秋礼吉、曹泰箸伟，雅才好博，好学深思，编检尤劳，墓草已宿。然使大地大同太平之治可见，其亦不负二三子铅椠之劳也夫！嗟夫！见大同太平之治也，犹孔子之生也。《孔子改制考》成书，去孔子之生二千四百四十九年也。有清光绪二十四年正月元日，南海康有为广厦记。

**王树枬著成《欧洲族类源流略》。**

王树枬《欧洲族类源流略序》：盖壤之遥，瀛海之大，圆其颅，方其趾，食味别，声被色，而生者纷纭繁颐，不可以亿计，于是总五洲之种而别以色曰：黄种、白种、红种、黑种。黄种与白种智，红种与黑种愚。愚种与智种角，则智种胜；智种与智种角，则尤智种胜。今日欧洲之人，天下所称为种之尤智者也。为中人之说者曰黄帝之种，为西人之说者曰亚当之种。洪荒以上，圣人存而不论；六合以外，圣人论而不议。然远徵往史，近采译文，穷其根荄，辨其疑似，有足言者。《易》曰：君子以类族辨物。吾之于欧洲也，既不敢内其种，引而近之，亦不敢外其族，拒而远之。孔子曰：吾学殷礼，有宋存焉。因述其可徵者著于篇，亦"天子失官，学在四夷"之意云尔。光绪戊戌六月，新城王树枬识于兰州节署。

今案：是书五卷，叙述欧洲、中亚、西亚等地古今民族之源流变迁。"族类译名均本税务司翻译希腊、罗马、欧洲三史之文，亦有采自他书，为三史所不及者。译文歧出，附注备考。"

## 严复译（英）赫胥黎《天演论》刊行。

严复《译〈天演论〉自序》：英国名学家穆勒约翰有言："欲考一国之文字语言，而能见其理极，非谙晓数国之言语文字者不能也。"斯言也，吾始疑之，乃今深喻笃信，而叹其说之无以易也。岂徒言语文字之散者而已，即至大义微言，古之人殚毕生之精力，以从事于一学。当其有得，藏之一心则为理，动之口舌、著之简策则为词。固皆有其所以得此理之由，亦有其所以载焉以传之故。呜呼！岂偶然哉！

自后人读古人之书，而未尝为古人之学，则于古人所得以为理者，已有切肤精忱之异矣。又况历时久远，简牍沿讹，声音代变，则通假难明；风俗殊尚，则事意参差。夫如是，则虽有故训疏义之勤，而于古人诏示来学之旨，愈益晦矣。故曰：读古书难。虽然，彼所以托焉而传之理，固自若也。使其理诚精，其事诚信，则年代国俗无以隔之。是故不传于兹，或见于彼，事不相谋而各有合。考道之士，以其所得于彼者，反以证诸吾古人之所传，乃澄湛精莹，如寐初觉。其亲切有味，较之觇毕为学者，万万有加焉。此真治异国语言文字者之至乐也。

..............

近二百年，欧洲学术之盛，远迈古初。其所得以为名理、公例者，在在见极，不可覆摇。顾吾古人之所得，往往先之，此非傅会扬己之言也。吾将试举其灼然不诬者，以质天下。……虽然，由斯之说，必谓彼之所明，皆吾中土所前有，甚者或谓其学皆得于东来，则又不关事实，适用自蔽之说也。夫古人发其端，而后人莫能竟其绪；古人拟其大，而后人未能议其精，则犹之不学无术未化之民而已。……

大抵古书难读，中国为尤。二千年来，士徇利禄，守阙残，无独辟之虑。是以生今日者，乃转于西学，得识古之用焉。此可为知者道，难与不知者言也。风气渐通，士知舍陋为耻。西学之事，问涂日多。然亦有一二巨子，訑然谓彼之所精，不外象数形下之末；彼之所务，不越功利之间。逞臆为谈，不咨其实。讨论国闻，审敌自镜之道，又断断乎不如是也。赫胥黎氏此书之旨，本以救斯宾塞"任天为治"之末流，其中所论，与吾古人有甚合者。且与自强保种之事，反复三致意焉。夏日如年，聊为迻译。有以多符空言，无裨实政相稽者，则固不佞所不恤也。光绪丙申重九，严复序。

吴汝纶《天演论序》：……天演者，西国格物家言也。其学以天择、物竞二义，综万汇之本原，考动植之蕃耗，言治者取焉。因物变递嬗，深研乎质力聚散之幾，推极乎古今万国盛衰兴坏之由，而大归以任天为治。赫胥黎氏起而尽变故说，以为天不可独任，要贵以人持天。以人持天，必究极乎天赋之能，使人治日即乎新，而后其国永存，而种族赖以不坠，是之谓与天争胜。而人之争天而胜天者，又皆天事之所苞。是故天行、人治，同归天演。其为书奥赜纵横，博涉乎希腊、竺乾、斯多噶、婆罗门、释迦诸学，审同析异而取其衷，吾国之所创闻也。凡赫胥黎氏之道具如此，斯以信美矣！抑汝纶之深有取于是书，则又以严子之雄于文。以为赫胥黎氏之指趣，得严子乃益明。自吾国之译西书，未有能及严子者也。……今赫胥黎氏之道，未知于释氏何如？然欲侪其书于太史氏、扬氏之列，吾知其难也；即欲侪之唐、宋作者，吾亦知其难也。严子一文之，而其书乃骎骎与晚周诸子相上下，然则文顾不重邪！抑严子之译是书，不惟自传其文而已，盖谓赫胥黎氏以人持天，以人治之日新，卫其种族之说，其义富，其辞危，使读焉者怵焉知变，于国论殆有助乎？是旨也，予又惑焉。凡为书必与其时之学者相入，而后其效明。今学者方以时文、公牍、说部为学，而严子乃欲进之以可久之词，与晚周诸子相上下之书，吾惧其舛驰而不相入也。虽然，严子之意，盖将有待也，待而得其人，则吾民之智瀹矣，是又赫胥黎氏以人治归天演之一义也欤？光绪戊戌孟夏，桐城吴汝纶叙。

今案：《天演论》其书虽非史籍，但对中国近代史学影响甚巨。其他译述，亦颇有类此者，故择要系录之。

## 公元1899年 清德宗光绪二十五年 己亥

**《大清会典图·舆地图说》编纂告成。**

光绪朝《钦定大清会典图》卷首，会典馆进呈书稿奏折：光绪二十五年七月十五日，奏为纂办《会典·舆地图说》告成，恭折奏闻仰祈圣鉴事。窃臣馆绘图处自光绪二十三年十二月十五日至今，先后进呈天文图、冠服图、礼图、舆卫图、乐图、武备图六门，现在舆地图亦已纂办告成。查光绪十五年七月初十日奏定画图事宜，即以苾政行军，莫先形势，开方计里，尤重舆地一门，因咨调省府志书，采备官私册籍，并拟就图表格式，奏颁各省，遴员测绘，予限送馆。嗣以各省纷请展限，当于光绪十八年十月二十六日附片奏明，仍照嘉庆《会典》旧式办理，不绘州县分图，亦经奉旨允准。数年以来，各省新图业已陆续咨送到馆。惟各省纂绘不免彼此之歧，合为全图诸多窒碍，徵诸旧说，尤有异同。悉为审核度里，博采志乘，务剖析夫群疑，俾折衷于一是。凡州县分图琐载，皆择要增入府图，斟酌繁略，苦费经营。但期多尽一分之力，即多得一分之用。其蒙古、西藏及边僻各省，或无新图、或有图而不堪据办者，谨按乾隆年间钦定内府舆图、道光年间《钦定大清一统志》诸书纂绘底本，参以各书图，悉心考覈，踵事加详，以期荟萃成编，归于一律……计绘成弧面总图一百，里开方分图三百三十五，依图纂说都为一百三十二卷……

今案：光绪朝纂修《大清会典》活动中，最具特色的是其中舆地图说的编纂，此与前载光绪十五年最初的编纂计划，应当对照参阅。

**光绪增修《大清会典》及《大清会典图》、《大清会典事例》全书告成。**

《清德宗实录》卷四五七，光绪二十五年十二月庚寅：以续修《会典事例》全书告成，予出力人员满提调官内阁学士那桐、刑部员外郎贵秀等，汉提调官仓场侍郎刘恩溥、翰林院侍讲学士刘永亨等奖叙。

光绪《钦定大清会典》卷首，清德宗《大清会典序》：……圣圣相承，大经大法，以及仰观俯察文为制度，一名一物，钜细灿陈。使非笔之于书，恐日久稽考，虽朝夕奉行，或不知精义之所在。爰于丙戌之岁开馆修辑，博稽群籍，定别异同，或因旧存、或补未备，历十四年得如干卷。非敢比《禹贡》继二典而作，而列圣创制之深心，与我圣母皇太后因时诰诫俾底于成之懿训，传之万世，一开卷而灿然。则后之云仍，又当益矢寅承于夙夜尔。是为序。光绪己亥夏御制。

光绪《大清会典》卷首《凡例》：……一、此书网罗掌故，实集大成，恭溯开馆之先，光绪九年奉有令各衙门堂官，督饬司员悉心编辑之谕；十二年又奏令在馆诸臣，亲赴皇史宬恭钞列圣《实录》，以备汇纂；十六年复奏请国史馆所储暨内廷尊藏之本，以资参互考订。阅十余年先后载笔，圣圣谟烈，昭示方来，灿然大备。一、嘉庆《会典》八十卷，《事例》九百二十卷。此次增典为卷百，《事例》为卷千二百有二十。至次序如首宗人府，次内阁，次六部以下等衙门，今悉仍之。惟新增神机营，谨列于前锋护军、步军诸营之次；新增总理各国事务衙门，谨列于内务府之次，典例同。一、清文《会典》暨《事例》，谨于汉本脱稿后一律接办。汉字繙清，以汉字为准；清文繙汉，以清字为准。

圣朝典章，昭若日月，清汉分编，无异合璧已。

《皇朝续文献通考》卷二六五，《经籍考九》：《钦定续修大清会典》一百卷，《图》二百七十卷，《事例》一千二百二十卷，光绪二十五年大学士昆冈等奉敕撰。……臣谨案：我朝《会典》，经康熙、雍正、乾隆、嘉庆时四次奉敕纂辑，光绪时奉旨续修。除图说新增凡例外，典例仍以典为经，例为纬，一遵上届体裁。其有事属创举，为我朝非常钜典者，则如垂帘听政事宜、亲政礼制，皆敬谨纂入。溯开馆之先，光绪九年奉有令各衙门堂官，督饬司员悉心编辑之谕，十二年又奏令在馆诸臣，亲赴皇史宬恭钞列圣《实录》，以备汇纂。十六年复奏请国史馆所储暨内廷尊藏之本，以资参互考订，故网罗掌故，灿然大备。重熙累洽之模，继志述事之孝，悉于此编见之焉。

今案：光绪朝增修《大清会典》以及《事例》、《图》，规模宏大，最终告成时间当以《清德宗实录》所载光绪二十五年十二月"全书告成"并且奖叙官员为准。

**光绪《大清会典》及《会典事例》载起居注馆与记注规制。**

光绪《大清会典》卷七〇，《翰林院·起居注馆》：日讲起居注官，满洲十人，汉十有二人（翰林院掌院学士、詹事府詹事俱坐充。余于翰林院侍读学士以下、詹事府少詹事以下简充），掌记注之事。凡朝会，则侍直以记言记动……御经筵、临雍亦如之……军礼亦如之……谒陵亦如之……凡侍直既退，则载笔……必具年月日，书其当直官之名，乃匦而藏焉……岁终以送于内阁而储诸库……主事，满洲二人，汉一人，掌文移。笔帖式，满洲十有四人，汉军二人，掌繙译。

光绪《大清会典事例》卷一〇五五，《翰林院·起居注》：凡记注，先载起居，次谕旨，次题奏，次官员引见。凡编记各档，上谕簿、丝纶簿、外纪簿、军机处档、宗人府档、理藩院档、各寺监档、八旗档、护军营档、前锋营档，所有谕旨及官员引见、除授，皆全载。奉旨依议及该部议奏报闻者，俱不载。载部本，查略节，载通本，查揭帖。有遗落即查对红本，丝纶簿有疑者亦查对红本。凡载祭祀、行礼、问安、驾临、驻跸各项，俱查照内起居注，由内档钞出，存馆备查。……凡载事件，俱查照原档日期。惟丝纶簿内所有补授各官，俱以部档引见奉旨之日为定。……凡编纂记注，每月分为二册，每年计二十四册。先成草本，由总办记注官逐条查覈增改，送掌院阅定，书明年月及当值官命姓。例以上年之事，至次年分月排纂，前后谨撰序跋。册中用翰林院印钤缝，储以铁匦，扃鐍封识。

岁十二月封篆前，具折呈奏，俟发下，记注官同内阁学士藏之内阁大库。其缮写正本，则专派庶吉士，副本仍藏本署。

**光绪《大清会典》载国史馆建置。**

光绪《大清会典》卷七〇，《翰林院·国史馆》：国史馆总裁（特简，无定员）掌修国史。定国史之体，一曰本纪……二曰传……三曰志……四曰表……皆撰而进御。提调，满洲二人（以内阁侍读学士、侍读派充），汉二人（以翰林院侍读学士以下等官派充），掌章奏文移，治其吏役。……总纂，满洲四人，汉六人。纂修，满洲十有二人，汉二十有二人……掌分司编纂之事。校对，满洲八人，汉八人（以内阁中书派充），掌分司校勘之事。

今案：《大清会典》所记载国史馆组成人员，粗疏不确。《清史稿·职官志》稍有修正补充，亦不完整。实际清朝国史馆规模、机构和人员组成，规模既大，且时有发展变化。而重要的官员，除上引资料叙述之外，还有副总裁、清文总校、协修官、收掌官、供事、誊录等等，亦有蒙古总纂、蒙古提调、蒙古校对等，光绪末又添设笔削员十名。详见乔治忠《清代国史馆考述》（载《文史》1994年第39辑）一文。

**东文学社重刊〔日〕那珂通世《支那通史》。**

罗振玉（王国维代作）《重刻支那通史序》：临百里之地，于其境之贤士大夫、奸宄败类之数罔不知，民之疾苦利病罔不悉，则可谓良吏焉矣。临天下之众，于其国之盛衰，民之智愚、贫富、强弱罔不探其所由然，而知所以治之之术，则可谓良君相焉矣。若夫上下数千年而究其一群之盛衰，与其智愚、贫富、强弱之所由然，探赜索隐，举幽渺而张皇之，则非所谓良史者哉！故所贵乎史者，非特褒善贬恶，传信后世而已。固将使读其书者，知夫一群之智愚、贫富、强弱之所由然；所贵于读史者，非特考得失、鉴成败而已，又将博究夫其时之政治、风俗、学术，以知一群之智愚、贫富、强弱之所由然。近百年来，民智日进，新理日出，承学之士，持今世之识，以读古书，故其所作提要钩元，而于政治、风俗、学术之间，尤三致意。……

《支那通史》者，日本那珂通世之所作也，都若干卷，取精于诸史，而复纵横上下于二千余年之书，以究吾国政治、风俗、学术之流迁，简而赅，质而雅，而后吾族之盛衰与其强弱、智愚、贫富之所由然可知也。此非所谓良史者欤？

所谓持之今世之识，以读古书者欤？以校诸吾土之作者，吾未见其比也。岂今人之果胜于古人哉，抑时使然欤！呜呼！以吾国之史，吾人不能作，而他人作之，是可耻也。不耻不能作，而耻读他人所作之书，其为可耻，孰过是也！故序而重刊之，世之君子以览观焉。光绪己亥三月上虞罗振玉序。

三宅米吉《日本文学博士那珂通世传》第四章，《东洋史创设者》（载《师大史学丛刊》1931年第1卷第1期）：……通世最倾注心血者，为支那史之编纂。从来中学校之校之支那史教科书，多用《十八史略》、《元明史略》、《清史揽要》等，此种史籍，一面为汉文学，一面为支那史，虽受一般尊重，但比之欧美历史教科书，其体裁大异，编纂之旨趣亦不同，关于历史上扼要事项之选择，颇多遗憾，故中学教科书之支那史，当时实有修纂之必要。通世遂着手编《支那史》，用汉文书之，以期替代《十八史略》等。自明治十九年起稿，至二十一年十二月，脱稿者有第一、第二、第三上共三册，乃刊行之，名《支那通史》。……此书之首篇，先说地理概略，人种类别，历朝概要。其上世史六篇，叙述唐虞三代至春秋战国之事迹，终以世态文物及先秦诸子之二篇，阐明上世之制度文化，以上为第一册之内容概目，由此可见本书组织之一斑。其首篇之说地理人种，及后章之说世态文物，是应用欧美编史之体裁，在支那史与日本史上，未见此例也。又与古代之地，注以现今之名，随处插入沿革地图，且于卷末附录历朝兴亡禅代图，各朝及列国世系，帝王在位年数与年号表，历代官名沿革表等。……行文简明，凡显著之故事言行，概无遗漏，又不失事迹之要领。其叙述制度文物，考证精确，就于与西域诸国交涉之事迹，参酌欧人之研究，而采其要，以明瞭欧亚大陆诸国之史的关系。……

陈垣《日本文学博士那珂通世传序》（载《师大史学丛刊》1931年第一卷第一期）：日本文学博士那珂通世，生明治维新之际，为日本教育界及学术界巨子，殁没八年，（民国四年）其老友三宅米吉博士为作一传，载那珂通世遗书卷首。传甚详密，吾人读此，可知那珂氏一生之学术功绩，其荦荦者约有十端，即那珂氏为日本女子教育之振兴者，为日本小学教科书假名注音之先觉者，为日语文法之始作者，为英文日译法之修正者，为日本历史编纂体裁之革新者，为日本上古年代考证之启发者，为日本之支那史教科书之改造者，为日本之东洋史学科创设者，为日本之元史研究倡导者，为日本之蒙古文翻译前驱者，那珂氏之学术功绩如是，宜乎日人至今尚追慕而乐道之也。

予读其传，辄服其刻苦专精，而对于东洋史学科之创设与蒙古文之翻译，尤有感焉。吾国自古与东洋诸国,关系至密,史不绝书,然从来学者多仅守一隅,罕闻有东洋史学科之综合研究,乃那珂氏独创设之,其说明此学科之要领有曰:"东洋历史应以支那为中心,而并述东洋诸国之治乱兴亡,以及支那种、突厥种、女真种、蒙古种之盛衰消长。"谅哉言乎!自是之后,日人对吾国历史研究之进步,一日千里,然吾人对于日本历史,尚多漠然视之,奇也!又清代以来,专攻元史者辈出,然能以汉文翻译蒙古史籍者,殆不数见;今那珂氏乃以日文译蒙古史籍,成绩卓著,因蒙古文属阿勒泰语系,与日本文法相同,一语一语直译,无须增减,即可成文,此秘自那珂氏发之,故日人研究蒙古文者渐多,吾人若不急起直追,将来势必藉日文以考蒙古文献,宁非学界之耻?……中华民国二十年二月,新会陈垣序。

今案:据三宅米吉《日本文学博士那珂通世传》所载,那珂通世生于嘉永四年,卒于明治四十一年,享年五十八。是书原拟撰上世史、中世史、近世史七卷,至明治二十三年出版前四卷,近世史迄未完成。前四卷中,卷一为上世史,自唐虞三代至战国。卷二、卷三、卷四为中世史,分为上、中、下三期。上期自秦汉至晋并吴,中期为西晋南北朝至隋唐,下期自五代辽宋至金章宗末年。参阅邹振环《东文学社与〈支那通史〉及〈东洋史要〉》(载王勇主编《书籍之路与文化交流》,上海辞书出版社2009年版)。

## 孙诒让著成《周礼正义》。

孙诒让《周礼正义序》:粤昔周公缵文武之志,光辅成王,宅中作雒,爰述官政,以垂成宪,有周一代之典,炳然大备。然非徒周一代之典也,盖自黄帝颛顼以来,纪于民事以命官,更历八代,斟酌损益,因袭积累,以集于文武,其经世大法,咸粹于是。故虽古籍沦佚,百不存一,而其政典沿革,犹约略可考。如《虞书》羲和四子,为六官之权舆;《甘誓》六卿,为夏法;《曲礼》六大五官,郑君以为殷制。咸与此经多相符会,是职名之本于古也。至其闳章缛典,并苞远古,则如五礼、六乐、三兆、三易之属,咸肇端于五帝,而放于二王。以逮职方州服,兼综四朝,大史岁年,通赅三统,若斯之类,不可殚举。盖鸿荒以降,文明日启,其为治靡不始于粗觕,而渐进于精详。此经上承百王,集其善而革其弊,盖尤其精详之至者,故其治跻于纯太平之域。作者之圣,述者之明,蟠际天地,经纬万端,究其条绪,咸有原本。是岂皆周公所臆定而手创之哉?其闳意眇旨,通关常变,榷其大较,要不越政、教二科。政则自典法刑礼诸大端外,凡王后世子燕游羞服之细，嫔御、阍阍之昵，咸隶于冢官。宫府一体，天子不以自私也。……

此经在西周盛时，盖百官府成分秉其官法，以为司存，而大宰执其总会，司会天府大史臧其副贰。成、康既没，昭、夷失德，陵迟以极于幽、厉之乱，平之东迁，而周公之大经良法，荡灭殆尽。然其典册散在官府者，世或犹尊守勿替。……汉兴，景、武之间，五篇之经，复出于河间，而旋入于秘府，西京礼家大师，多未之见。至刘歆、杜子春，始通其章句，著之竹帛。三郑、贾、马诸儒，赓续诠释，其学大兴。而儒者以其古文晚出，犹疑信参半。今文经师何休、临硕之伦，相与摈弃之。唐赵匡、陆淳，以逮宋元诸儒，訾议之者尤众。或谓战国渎乱不经之书，或谓莽、歆所增传。其论大都逞臆不经。学者率知其谬，而其抵巇索瘢，至今未已者，则以巧辞邪说附托者之为经累也。盖秦、汉以后，圣哲之绪，旷绝不续，此经虽存，莫能通之于治。刘歆、苏绰托之，以左王氏、宇文氏之篡，而卒以踣其柞。李林甫托之，以修六典，而唐乱。王安石托之，以行新法，而宋亦乱。彼以其诡谲之心，刻核之政，偷效于旦夕，校利于黍秒，而谬托于古经以自文。上以诬其君，下以杜天下之口，不探其本而饰其末，其侥幸一试，不旋踵而溃败不可振，不其宜哉！而惩之者，遂以为此经诟病。即一二闳揽之士，亦疑古之政教，不可施于今，是皆胶柱锲舟之见也。……今泰西之强国，其为治非尝稽核于周公、成王之典法也，而其所为政教者，务博议而广学，以暨通道路，严追胥，化土物矿之属，咸与此经冥符而遥契。盖政教修明，则以致富强，若操左契，固寰宇之通理，放之四海而皆准者。此又古政教必可行于今者之明效大验也。

诒让自胜衣就傅，先太仆君即授以此经，而以郑注简奥，贾疏疏略，未能尽通也。既长，略窥汉儒治经家法，乃以《尔雅》、《说文》正其诂训，以《礼经》、《大、小戴记》证其制度，研掸累载，于经注微义，略有所寤。窃思我朝经术昌明，诸经咸有新疏，斯经不宜独阙，遂博采汉、唐、宋以来，迄于乾嘉诸经儒旧诂，参互证绎，以发郑注之渊奥，裨贾疏之遗阙。草创于同治之季年，始为长编，数十巨册。缀辑未竟，而举主南皮张尚书，议集刊国朝经疏，来徵此书，乃櫽栝鳃理，写成一帙以就正。然疏牾甚众，又多最录近儒异义，辨论滋繁，私心未惬也。继复更张义例，剟繁补阙，廿年以来，稿草屡易，最后迻录为此本。其于古义古制，疏通证明，校之旧疏，为略详矣。……世之君子，有能通天人之故，明治乱之原者，傥取此经而宣究其说，由古义古制，以通政教之闳意眇旨，理董而讲贯之，别为专书。发挥旁通，以俟后圣，而或以不佞此书为之拥彗先导，则私心所企望，而旦莫遇之者欤！光绪二十有五年八月，瑞安孙诒让叙。

**章太炎编成《訄书》初刻本。**

　　章太炎《訄书目录后叙》：幼慕独行，壮丁患难，吾行却曲，废不中权。述鞠迫言，庶自完于皇汉。辛丑后二百三十八年十二月，章炳麟识。

　　　　今案：据朱维铮考订，"初刻本在己亥冬、庚子春结集于上海"。初版收入论文五十篇。次年再版时，书末另附《訄书补佚》，收入《辨氏》、《学隐》二篇。嗣后，太炎因思想从尊清转向革命，故对初刻本重加修订公元1904年6月，重订本刊行。重订本前有《客帝匡谬》、《分镇匡谬》二篇；后列出五十八个题目，辑录论文六十三篇，附录四篇。详参《章太炎全集》（三）《前言》（上海人民出版社1984年版）。

# 公元1900年　清德宗光绪二十六年　庚子

**东文学社刊行樊炳清译〔日〕桑原骘藏《东洋史要》。**

　　王国维《东洋史要序》：同学山阴樊君炳清，译日本桑原骘藏君之《东洋史要》既成，刊有日矣。吾师藤田学士乃论述此书之大旨，而命国维书其端曰：自近世历史为一科学，故事实之间不可无系统。抑无论何学，苟无系统之智识者，不可谓之科学。中国之所谓"历史"，殆无有系统者，不过集合社会中散见之事实，单可称史料而已，不得云历史。历史有二：有国史，有世界史。国史者，述关系于一国之事实。世界史者，述世界诸国历史上互相关系之事实。二者其界斠然，然其不可无系统则一也。抑古来西洋各国，自为一历史团体，以为今日西洋之文化。我东洋诸国，亦自为一历史团体，以为东方数千年来固有之文化。至二者相受相拒，有密接之关系，不过最近世事耳。故欲为完全之世界史，今日尚不能。于是大别世界史为东洋史、西洋史之二者，皆主研究历史上诸国相关系之事实，而与国史异其宗旨者也。又曩之所谓"西洋史"者，亦大抵不过西洋各国国史之集合者，不得称西洋史。其称东洋史、西洋史者，必自国史杂沓之事实中，取其影响及他国之事变，以说明现时之历史团体者也。抑我东方诸国相影响之事变，不胜枚举：如释迦生于印度，其教自支那、朝鲜入日本；汉以攘匈奴而通西域；唐之盛也，西逾葱岭，南奄有交趾支那，以与波斯、大食海陆相通；元之成吉思汗，兵威振于中亚，及西方亚细亚，至其子孙，席卷支那、朝鲜，余势及于日本；又如日本之倭寇，及丰臣秀吉，其关系于朝鲜及明之兴亡者不少。然则东方诸国，所以有现时之社会状态者，皆一一有其所由然，不可不察也。故欲解释现时之社会状态，则研究东洋史其要也。桑原君之为此书，于中国及塞外之事，多据中国正史。其印度及中央亚细亚诸事，多采自西书。虽间有一二歧误，然简而赅，博而要，以视集合无系统之事实者，其高下得失，识者自能辨之。余尤愿读是书者，就历史上诸般之关系，以解释东方诸国现时之社会状态，使毋失为科学之研究，乃可贵耳！光绪二十五年十一月，海宁王国维述。

梁启超《东籍月旦》（载《饮冰室合集》文集之四）：《中等东洋史》，桑原骘藏著。此书为最晚出之书，颇能包罗诸家之所长，专为中学校教科用，条理颇整。凡分全史为四期：第一上古期，汉族膨胀时代；第二中古期，汉族优势时代；第三近古期，蒙古族最盛时代；第四近世期，欧人东渐时代。繁简得宜，论断有识。

## 王先谦著成《汉书补注》。

王先谦《前汉补注序例》：自颜监《注》行，而班书义显，卓然号为功臣。然未发明者固多，而句读讹误，解释踳驳之处，亦迭见焉。良由是书义蕴闳深，通贯匪易。……宋、明以来，校正板本之功为多。国朝右文兴学，精刊诸史，海内耆古之士，承流向风，研穷班义，考正注文，著述美富，旷隆往代。但以散见诸书，学者罕能通习。先谦自通籍以来，即究心班书，博求其义，荟最编摩，积有年岁，都为一集，名曰《汉书补注》。藏之箧笥，时有改订，忽忽六旬，炳烛余明，恐不能更有精进，忘其固陋，举付梓人。自顾材识驽下，无以踰越古贤，区区存心，颇谓尽力，疏讹之咎，仍惧未免，匪我不逮，敬俟君子。……光绪二十六年岁次庚子二月初吉，识于长沙城北葵园。

## 公元 1901 年 清德宗光绪二十七年 辛丑

**9月,梁启超在《清议报》刊发《中国史叙论》。**

梁启超《中国史叙论》第一节《史之界说》(载《饮冰室合集》文集之六):史也者,记述人间过去之事实者也。虽然,自世界学术日进,故近世史家之本分,与前者史家有异。前者史家,不过记载事实,近世史家,必说明其事实之关系与其原因结果。前者史家,不过记述人间一二有权力者兴亡隆替之事,虽名为史实,不过一人一家之谱牒。近世史家,必探察人间全体之运动进步,即国民全部之经历及其相互之关系。以此论之,虽谓中国前者未尝有史,殆非为过。……

今案:时梁启超有志于撰写中国通史,本文实为中国通史之《绪论》。全文包括八节:史之界说;中国史之范围;中国史之命名;地势;人种;纪年;有史以前之世代;时代之区分。

**王先谦著成《日本源流考》。**

王先谦《日本源流考序》:先谦录日本开国以来,迄于明治二十六年癸巳,采历代史传,暨杂家纪载,参证日本群籍,稽合中东年表,为《源流考》二十二卷。裒辑既毕,作而叹曰:天下禅代,独日本世王,非但其臣民有所鉴戒取舍而然也。以岛国孑立无邻,故外侮亦弗及焉。然自番轮飘至,重关洞开,情势岌岌。赖豪杰云集,谋议翕合。上下之情通,从违之机决。捐弃故技,师法泰西。曾不数年,屹然为东方强国。……而我中国塞聪蔽明,百务苟且。……居今而言变法,不必事事慕效,惟务开广地利,毋俾他人我先。兼审外商所以歆动吾民而攫取其财,何者最甚?亟劝导斯人率作兴事。行是二者,必以放勋之劳来辅翼为心,匪特不争其利,亦并不预其事,鼓天下之智力,以求保我君民共有之元气。国家灵长之祚,或在兹乎!日本得志之后,所刊《维新史》、《继规大全》诸书,扬翊过情,观之徒乱人意,不可概执为兴邦之要道也。……光绪二十七年,岁次辛丑秋九月。

## 公元 1902 年 清德宗光绪二十八年 壬寅

**命印行全部《大清会典》、《大清会典图》、《大清会典事例》。**

《清德宗实录》卷四九三,光绪二十八年正月壬申,谕军机大臣等:所有续修《大清会典》全部，共三百四十二函，著内阁交外务部照原本石印进呈。

**8月，张百熙奏进学堂章程，即所谓《钦定学堂章程》。**

张百熙《进呈学堂章程折》（载璩鑫圭、唐良炎编《中国近代教育史资料汇编·学制演变》，上海教育出版社1991年版）张百熙跪奏：为遵拟学堂章程，恭折仰祈圣鉴事。窃臣于本年正月具奏筹办大学堂大概情形折内陈明，将来奏定京师大学堂章程，拟即全照大学规模恭拟上闻，仍将现在所办预备科并附设之速成科暨颁发各直省高等学、中学、小学各章程，一并奏进，候旨遵行。奉上谕："一切条规，将来即以颁行各省，必当斟酌尽善，损益得中，期于有实效而无流弊。"等因。钦此。钦遵在案。

臣谨按：古今中外，学术不同，其所以致用之途则一。值智力并争之世，为富强致治之规，朝廷以更新之故而求之人才，以求才之故而本之学校，则不能不节取欧、美、日本诸邦之成法，以佐我中国二千余年旧制，固时势使然；第考其现行制度，亦颇与我中国古昔盛时良法，大概相同。《礼记》载："家有塾，党有庠，术有序，国有学。"试比之各国，则国学即所谓大学也，家塾、党庠、术序即所谓蒙学、小学、中学也，其等级盖颇分明。《记》又曰："比年入学，中年考校，一年视离经辨志，三年视敬业乐群，五年视博习亲师，七年视论学取友，谓之小成；九年知类通达，强立而不反，谓之大成。"其一年、三年、五年、七年、九年之节，即所谓大学、中学、小学、蒙学之卒业期限也。其科目则唐有律学、算学、书学诸门，宋因唐制，而益以画学、医学，虽未及详备，亦与所谓法律、算学、习字、图画、医术各学科不甚相殊。自司马光有分科取士之说，朱子《学校贡举私议》，于诸经、子、史及时务皆分科限年，以齐其业；外国学堂有所谓分科、选科者，视之最重，意亦正同。大抵中国自周以前选举学校合为一，自汉以后，专重选举，及隋设进士科以来，士皆殚精神于诗赋策论，所谓学校者，名存而已。故今日而议振兴教育，必以真能复学校之旧为第一要图。虽中外政教风气原本不同，然其秩序条目之至赜而不可乱者，固不必尽泥其迹，亦不能不兼取其长，以期变通而尽利。臣此次所拟章程，谨上溯古制，参考列邦，拟定《京师大学堂章程》，并《考选入学章程》，暨颁发各省之《高等学堂、中学堂、小学堂章程》各一份。又蒙养学堂为小学始基，前奉谕旨令各省举办，谨再拟《蒙学堂章程》一份，共六件，一并开呈御览，恭候钦定颁行。

……所有遵拟学堂章程缘由，理合缮折具陈，伏乞皇太后、皇上圣鉴训示。

谨奏。光绪二十八年七月十二日。

光绪二十八年七月十二日奉上谕：张百熙奏遵拟学堂章程开单呈览一折，披阅各项章程，尚属详备，即着照所拟办理；并颁行各省，着各该督抚按照规条，宽筹经费，实力奉行，总期造就真才，以备国家任使。其京师大学堂，着责成张百熙悉心经理，加意陶熔，树之风声，以收成效，期副朝廷兴学育才之至意。开办之后，如有未尽事宜，应行增改，仍着随时审酌，奏明办理。钦此。

今案：《钦定学堂章程》包括：1. 京师大学堂章程；2. 大学堂考选入学章程；3. 高等学堂章程；4. 中学堂章程；5. 小学堂章程；6. 蒙学堂章程。史称"壬寅学制"。"壬寅学制"以日本学制为蓝本，分学校教育为初等、中等、高等三阶段，初等阶段又分蒙学堂、寻常小学堂、高等小学堂三级，高等阶段又分高等学堂、大学堂、大学院三级。这是中国近代教育史上第一次法定的教育系统，虽未曾实行，影响实为深远。清廷改革教育条例（"壬寅学制"及稍后颁行的"癸卯学制"，详后），虽是新学勃兴压力下施行，但反过来又对新学起到极大促进作用。就史学而言，大量引进翻译之史籍以及国人编纂新式教科书兴起，皆与此相关。此等对史学转型影响甚大之事，亦择要系录。

**商务印书馆设编译所，由张元济主持，陆续创编各种新式教科书。**

庄俞《三十五年来之商务印书馆》（载《最近三十五年之中国教育》卷下，商务印书馆 1931 年）：一、商务印书馆与三十五年来之教育。（甲）清季兴学与最新教科书——我国自甲午战后，上下奋兴图存。光绪二十八年七月颁布学堂章程，是为中国规定学制之始。有志教育之士，亟亟兴学；无如学校骤盛，教材殊感缺乏，遂有蒙学课本诸书之试编；但不按学制，不详教法，于具体工具犹多遗憾。本馆编译所首先按照学期制度编辑修身、国文、算术、历史、地理、格致诸种，每种每学期一册，复按课另编教授法，定名为最新教科书，此实开中国学校用书之新纪录。当时张元济、高梦旦、蒋维乔、庄俞、杜亚泉诸君围坐一桌；构思属笔，每一课成，互相研究，互相删改，必至多数以为可用而后止。最新国文第一册初版发行，三日而罄，其需要情形可以自此扩大编纂。小学而外，凡中学，师范，女子各教科书，络绎出版，教学之风，为之一变。……

蒋维乔《创办初期之商务印书馆与中华书局》（载张静庐辑注《中国现代出版史料》丁编下卷，中华书局 1959 年版）：……是时张菊生在南洋公学办译书局，恒有译稿，来托商务排印。……是时商务有北京路之发行所，及北福建路之印刷所，（夏）瑞芳乃就印刷所旁住宅中，辟屋三间为编译所。请张主持其事，并请其入股。……是时蔡子民办理爱国学社，张向与蔡莫逆，乃问计于蔡。蔡献议：译稿既无用，不如弃之而编辑小学教科书。盖各地办理小学，日增月盛，皆苦无适用之教科书，尤以国文为甚。……张氏赞成此说，遂聘蔡为编译所长，主持斯事。蔡就学社教员中选择数人，分任编辑国文、历史、地理等教科书。国文由余担任，历史由吴丹初担任，地理则所中原聘之人姚某任之。未及数月，苏报案起，蔡往青岛，事乃中止。后菊生与余直接磋商，请余进编译所，并托余介绍能编算术、历史、理科者，余即推荐庄俞、严保诚诸人进所。至年底，高梦旦来，始规定整个编辑计划，特别注重国文。至民元前九年，最新国文教科书第一册出版，未及数月，行销至十余万册。当编辑之时，往往为一课书，共同讨论，反复修改，费时恒至一二日。瑞芳恒怀疑，嫌其迟缓，及出书畅销，始为心服。其余算术、历史、地理等科，亦相继出版。商务教科书营业之盛，冠于全国。南洋之《蒙学课本》，文明书局发行之俟实学堂《蒙学读本》，渐渐淘汰。……

王云五《商务印书馆与新教育年谱》（商务印书馆2008年版）民前十年：同年上海商务印书馆增设编译所，编译中小学师范女子学校各科用书，并刊行其他各种图书。自是正式成为新出版业。按：……商务印书馆自五年前创办，初时虽借一部华英读本起家，实以印刷业为主，只能认为印刷业，其后经张菊生君加入，从本年起组织编译所，亲自主持，并延聘通人，响应政府颁布之新学堂章程，率先编印中小学教科书全套，虽其前有南洋公学编辑之蒙学课本，同年又有文明书馆印行之前三等学堂所编蒙学课本，然均为学校所编，且皆限于蒙学；编辑时亦未根据政府规定之课程，商务印书馆独以民营出版家，依据公家规定课程，编辑全套中小学教科书，故在事实上，堪称我国教科书之首创编印者。自是，商务印书馆，始由新印刷业一进而为新出版业。

**王树枏著成《欧洲列国战事本末》。**

王树枏《欧洲列国战事本末序》：人与人积而成国，国与国积而成天下。天下之国，其由分而合，由合而分者，皆战为之也。夏商之世，希腊始宅欧洲，经纶草昧，创建十二国。雅典、斯巴达、低比、马其顿，角强更霸，岁竞干戈。亚历山德为一代枭雄之主，壹希腊，郦波斯，藩印度，兵威所驱，水礜陆慄，武功之胜，驾轹古今。乌虖！何其伟也。罗马起于七山之地，民俗慄悍，好勇健斗，恃其兵力，并兼四邻，其版宇之广，北扼日耳曼，南服阿非利加，西辟法兰西、西班牙、葡萄牙，更跨海建英吉利三岛，东兼希腊，括亚西亚诸部，纵横千万里，据三洲大地。边外弱小诸国，修职贡，稽首称臣，居然大一统之势。会盟征伐，仰若周京。……故欧洲百余年以前之战，等诸战国；而今则会盟征伐，进于春秋，有五霸之遗风。特未知将来之由分而合者，其战事之变，果奚若也。乌虖！兵凶战危，古之圣君贤相，常竞竞以黩武为戒。今日欧洲诸国，水陆军之众多，船炮之迅利，角强斗捷，日异而月不同。盖兵之凶，战之危，未有剧于此时者。有志之士，蒿目痛心，创为弭兵之会，以平万国。此向戍之故智。其说之必不可恃者，夫亦慎为戎首而已矣。余有感于欧洲分合之局，因采辑列国战事巅末，著之于篇，以为后世法戒焉！光绪壬寅八月三日，新城王树枏序于鸣沙中行洞旁之室。

  今案：据是书《凡例》，本书起撰于光绪二十一年。取材以日人冈本监辅所译《万国史记》为本，又"博采诸书，详加补正"。全书二十二卷，以欧洲史上著名战争为线索，述及希腊、罗马、意大利、法兰西、日尔曼、德意志、荷兰、比利时、西班牙、葡萄牙、英吉利、瑞典和俄罗斯等国的古代及中世纪史。

**丁谦著成《蓬莱轩舆地学丛书》（后易名《浙江图书馆丛书》）。**
  叶瀚《清代地理学家列传·丁先生谦传》（载《地学杂志》1920年第8—9期）：清季地学家断推新化邹氏、嵊县丁氏。邹氏精测算，丁氏长外域地理考证，两大之称，允为不愧。……按状言先生姓丁氏，名谦，字益甫。旧籍仁和县，至其祖始迁嵊县。……年十七，补杭府学博士弟子员。清同治四年，贡于乡。光绪七年，大挑二等，署汤溪县教谕。旋选授象山县教谕，在任三十载。……以中法之役劝团防海有功，奏加五品衔。……至民国八年病卒，年七十有七。……所著有《蓬莱轩舆地丛书》六十五卷，由浙江图书馆为鸠赀刊行，风行于世，今所称《浙江图书馆丛书》第一、二集是也。……
  陈汉章《蓬莱轩地理学丛书原叙》：近代诸儒为舆地学，大氐无虑数十百家。说《禹贡》、《汉志》、《水经注》者，博古不通今；郡邑志乘及游历所记，详于今者，又不合于古。而于邹衍所谓大九州，往往存而不论，视艾儒略、南怀仁所纪载，等诸稗官家言。求其合中外古今之说，融会贯通之，盖戛乎其难已。自林文忠公译西人《四洲志》，邵阳魏默深、光泽何愿船因以考订列史《外国传》，及《佛国》、《西域》、《西游》、《西使》诸记，为《海国图志》；并及《异域录》、《宁古塔纪略》诸书，为《朔方备乘》。胡文忠撰《读史兵略》，于西北国诸险要加详焉，左文襄据以戡定新疆。我中国舆地之学，骎骎乎翔实有用矣。于是顺德李氏有《西游录注》，乌程沈氏有《西游记释》，会稽施氏有《元秘史山川地名考》，零星掇拾，递相发明，然未能融会贯通也。

仁和丁益甫秉铎吾邑，以实事求是之学课士，多所成就。暇日读诸家书，病其疏舛，乃自班、范《西域传》以降，取晋法显、魏慧生、唐元奘、元耶律楚材、李志常、刘郁，以讫于图理琛、吴桭臣所撰有关于古今中外地理者，为一一疏通而证明之，并非诸儒所可几及之。又从《魏志》裴注中刺取鱼豢《西戎传》，《天下郡国利病书》中刺取张耀卿《参议纪行》，则并为诸家所未详者也。书成以示汉章，命为之叙。……惟念我中国辀传之逾葱岭自汉始，军府之逮濛池自唐始，兵力之加欧洲自元始。本朝通西北国有二道，北道以库伦、恰克图通鲁西亚，即拓拔氏推寅自乌落候出匈奴故龙廷道也；其南道以广州通大小西洋，即大秦王安敦自地中海出波斯海湾至南海道也。百余年来，海禁大开，中外交通，或懵然于古今之故，自先生之书出，山川能说，常变兼资，我中国其不穷于因应也。……光绪岁壬寅二月，年家子香山陈汉章谨叙。

《续修四库全书总目提要》（稿本）：《浙江图书馆丛书》初、二集，二十七种，六十九卷。清丁谦撰。……是书初名《蓬莱轩舆地丛书》，以归浙江图书馆，刊印后，更名为《浙江图书馆丛书》。初集为考证《外国传》、《地理志》；二集则考订《穆天子传》、法显《佛国记》，以讫图理琛之《异域录》诸书。以为正史之羽翼者也。都凡廿七种。……丁氏于外国地理、道里、名称，皆一一为之疏证。……所陈条理甚详。然晚近科学进步，舆地之学日以发达，若南洋群岛、蒙古西域，取证欧西文字、亲往调查，近人考述已出其上。且丁氏之书，每卷均无图识，使人无从稽考，不免为此书之累。然研治域外舆地之学，丁氏可谓启其端也。

**本年 2—11 月，梁启超在《新民丛报》刊发《新史学》。**

梁启超《新史学·中国之旧史学》（载《饮冰室合集》文集之九）：于今日泰西通行诸学科中，为中国所固有者，惟史学。史学者，学问之最博大而最切要者也，国民之明镜也，爱国心之源泉也。今日欧洲民族主义所以发达，列国所以日进文明，史学之功居其半焉。……

试一翻四库之书，其汗牛充栋、浩如烟海者，非史学书居十六七乎！上自太史公、班孟坚，下至毕秋帆、赵瓯北，以史家名者不下数百，兹学之发达，二千年于兹矣。然而陈陈相因，一丘之貉，未闻有能为史界辟一新天地，而令兹学之功德普及于国民者，何也？吾推其病源，有四端焉：一曰知有朝廷而不知有国家。吾党常言，二十四史非史也，二十四姓之家谱而已。其言似稍过当，然按之作史者之精神，其实际固不诬也。……二曰知有个人而不知有群体。……三曰知有陈迹而不知有今务。四曰知有事实而不知有理想。……以上四者，实数千年史家学识之程度也。缘此四蔽，复生二病。其一，能铺叙而不能别裁。……其二，能因袭而不能创作。……合此六弊，其所贻读者之恶果，厥有三端：一曰难读。……二曰难别择。……三曰无感触。……

今日欲提倡民族主义，使我四万万同胞强立于此优胜劣败之世界乎？则本国史学一科，实为无老无幼、无男无女、无智无愚、无贤无不肖所皆当从事，视之如渴饮饥食，一刻不容缓者也。然遍览乙库中数十万卷之著录，其资格可以养吾所欲、给吾所求者，殆无一焉。呜呼，史界革命不起，则吾国遂不可救。悠悠万事，惟此为大！《新史学》之著，吾岂好异哉？吾不得已也。

梁启超《新史学·史学之界说》：欲创新史学，不可不先明史学之界说；欲知史学之界说，不可不先明历史之范围。今请析其条理而论述之。

第一，历史者，叙述进化之现象也。……

第二，历史者，叙述人群进化之现象也。……

第三，历史者，叙述人群进化之现象，而求得其公理公例者也。凡学问必有客观、主观二界。客观者，谓所研究之事物也；主观者，谓能研究此事物之心灵也。和合二观，然后学问出焉。史学之客体，则过去现在之事实是也；其主体，则作史、读史者心识中所怀之哲理是也。有客观而无主观，则其史有魄无魂，谓之非史焉可也。是故善为史者，必研究人群进化之现象，而求其公理公例之所在，于是有所谓历史哲学者出焉。历史与历史哲学虽殊科，要之，苟无哲学之理想者，必不能为良史，有断然也。虽然，求史学之公理公例，固非易易。如彼天然科学者，其材料完全，其范围有涯，故其理例亦易得焉。如天文学，如物质学，如化学，所已求得之公理公例不可磨灭者，既已多端；而政治学、群学、宗教学等，则瞠乎其后，皆由现象之繁赜而未到终点也。但其事虽难，而治此学者不可不勉。大抵前者史家不能有得于是者，其蔽二端：一曰知有一局部之史，而不知自有人类以来全体之史也。……夫欲求人群进化之真相，必当合人类全体而比较之，通古今文野之界而观察之。内自乡邑之法团，外至五洲之全局；上自穹古之石史，下至昨今之新闻，何一而非客观所当取材者。综是焉以求其公理公例，虽未克完备，而所得必已多矣。问畴昔之史家，有能焉者否也？二曰徒知有史学，而不知史学与他学之关系也。夫地理学也，地质学也，人种学也，人类学也，言语学也，群学也，政治学也，宗教学也，法律学也，平准学也（即日本所谓经济学），皆与史学有直接之关系；其他如哲学范围所属之伦理学、心理学、论理学、文章学，乃天然科学范围所属之天文学、物质学、化学、生理学，其理论亦常与史学有间接之关系，何一而非主观所当凭借者。取诸学之公理公例而参伍钩距之，虽未尽适用，而所得又必多矣。问畴昔之史家，有能焉者否也？

夫所以必求其公理公例者，非欲以为理论之美观而已，将以施诸实用焉，将以贻诸来者焉。历史者，以过去之进化，导未来之进化者也。吾辈食今日文明之福，是为对于古人已得之权利；而继续此文明，增长此文明，孳殖此文明，又对于后人而不可不尽之义务也。而史家所以尽此义务之道，即求得前此进化之公理公例，而使后人循其理、率其例以增幸福于无疆也。……

今案：《新史学》凡六篇：中国之旧史；史学之界说；历史与人种之关系；正统；书法；纪年。

**3—12月，梁启超在《新民丛报》刊发《论中国学术思想变迁之大势》。**

梁启超《论中国学术思想变迁之大势》第一章《总论》：学术思想之在一国，犹人之有精神也；而政事、法律、风俗及历史上种种之现象，则其形质也。故欲觇其国文野强弱之程度如何，必于学术思想焉求之。立于五洲中之最大洲，而为其洲中之最大国者谁乎？我中华也。人口居全地球三分之一者谁乎？我中华也。四千余年之历史未尝一中断者谁乎？我中华也。我中华有四百兆人公用之语言文字，世界莫能及；我中华有三十世纪前传来之古书，世界莫能及。西人称世界文明之祖国有五：曰中华，曰印度，曰安息，曰埃及，曰墨西哥。然彼四地者，其国亡，其文明与之俱亡。……而我中华者，屹然独立，继继绳绳，增长光大，以迄今日；此后且将汇万流而剂之，合一炉而冶之。於戏，美哉我国！於戏，伟大哉我国民！吾当草此论之始，吾不得不三薰三沐，仰天百拜，谢其生我于此至美之国，而为此伟大国民之一分子也。……

故合世界史通观之，上世史时代之学术思想，我中华第一也（泰西虽有希腊梭格拉底、亚里士多德诸贤，然安能及我先秦诸子？）；中世史时代之学术思想，我中华第一也（中世史时代，我国之学术思想虽稍衰，然欧洲更甚。欧洲所得者，惟基督教及罗马法耳，自余则暗无天日。欧洲以外，更不必论。）；惟近世史时代，则相形之下，吾汗颜矣。虽然，近世史之前途，未有艾也，又安见此伟大国民，不能恢复乃祖乃宗所处最高尚最荣誉之位置，而更执牛耳于全世界之学术思想界者！吾欲草此论，吾之热血，如火如焰；吾之希望，如海如潮。吾不自知吾气焰之何以坌涌，吾手足之何以舞蹈也。於戏！吾爱我祖国，吾爱我同胞之国民。生此国，为此民，享此学术思想之恩泽，则歌之舞之，发挥之光大之，继长而增高之，吾辈之责也。

而至今未闻有从事于此者何也？凡天下事必比较然后见其真，无比较则非惟不能知己之所短，并不能知己之所长。前代无论矣。今世所称好学深思之士，有两种：一则徒为本国思想学术界所窘，而于他国者未尝一涉其樊也；一则徒为外国学术思想所眩，而于本国者不屑一厝其意也。……且吾有一言，欲为我青年同胞诸君告者：自今以往二十年中，吾不患外国学术思想之不输入，吾惟患本国学术思想之不发明。夫二十年间之不发明，于我学术思想必非有损也。虽然，凡一国之立于天地，必有其所以立之特质。欲自善其国者，不可不于此特质焉，淬厉之而增长之。今正当过渡时代苍黄不接之余，诸君如爱国也，欲唤起同胞之爱国心也，于此事必非可等闲视矣。不然，脱崇拜古人之奴隶性，而复生出一种崇拜外人蔑视本族之奴隶性，吾惧其得不偿失也。且诸君皆以输入文明自任者也，凡教人必当因其性所近而利导之，就其已知者而比较之，则事半功倍焉。不然，外国之博士鸿儒亦多矣，顾不能有裨于我国民者何也？相知不习，而势有所扞格。若诸君而吐弃本国学问不屑从事也，则吾国虽多得百数十之达尔文、约翰·弥勒、赫胥黎、斯宾塞，吾惧其于学界一无影响也。故吾草此论，非欲附益我国民妄自尊大之性，盖区区微意亦有不得已焉者尔。

今于造论之前，有当提表者数端：

吾欲画分我数千年学术思想界为七时代：一胚胎时代，春秋以前是也；二全盛时代，春秋末及战国是也；三儒学统一时代，两汉是也；四老学时代，魏、晋是也；五佛学时代，南北朝、唐是也；六儒佛混合时代，宋、元、明是也；七衰落时代，近二百五十年是也；八复兴时代，今日是也。……

吾国有特异于他国者一事，曰无宗教是也。……吾国民食先哲之福，不以宗教之臭味，混浊我脑性，故学术思想之发达，常优胜焉。……故吾今者但求吾学术之进步，思想之统一（统一者谓全国民之精神，非攘斥异端之谓也。），不必更以宗教之末法自缚也。

生理学之公例，凡两异性相合者，其所得结果必加良。……大地文明祖国凡五，各辽远隔绝，不相沟通。惟埃及、安息，藉地中海之力，两文明相遇，遂产出欧洲之文明，光耀大地焉；其后阿剌伯人西渐，十字军东征，欧、亚文明，再交媾一度，乃成近世震天铄地之现象，皆此公例之明验也。我中华当战国之时，南、北两文明初相接触，而古代之学术思想达于全盛；及隋、唐间与印度文明相接触，而中世之学术思想放大光明。今则全球若比邻矣，埃及、安息、印度、墨西哥四祖国，其文明皆已灭，故虽与欧人交，而不能生新现象。盖大地今日只有两文明：一泰西文明，欧美是也；二泰东文明，中华是也。二十世纪，则两文明结婚之时代也。吾欲我同胞张灯置酒，迓轮俟门，三揖三让，以行亲迎之大典。彼西方美人，必能为我家育宁馨儿以亢我宗也。

今案：全文分八章：总论；胚胎时代；全盛时代；儒学统一时代；老学时代；佛学时代；儒佛混合时代（阙）；近世之学术。

## 陈黻宸在《新世界学报》刊载《独史》。

陈德曾《书瑞安陈黻宸先生全集》（载陈德溥编《陈黻宸集》上册，中华书局1995年版）：清初诸学术大师，如昆山顾炎武亭林、衡阳王夫之船山、余姚黄宗羲南雷，多致力于史学。亭林早有史祸，遂不以此名。船山治史尤精博，惜穷老荒山，其书又晚出，传者乏人。独南雷之学，得鄞县万斯大、斯同兄弟及全祖望以至会稽章学诚而衍其传，承流益大。以是世之言史学者，必盛推浙东先祖介石公为晚清浙东史学巨子也。

先祖黻宸，又名芾，字介石，浙江瑞安人。……清光绪壬寅成进士，官户部主事。长沙张文远冶秋创设京师大学堂，奏派黻宸为史学总教习。及浙江成立咨议局，被选为咨议局议长。……黻宸性凝重，不苟言笑，于学无所不窥，言性理宗陆九渊、王阳明，以为人心不为私欲所蔽，则顺应万事，无不曲当，若求于外，必支离而无归。其言经制，以治史为主，谓不通史学，则于民生习俗，与夫世运推移之际，不能洞彻本原。所著有《中国通史》二十卷，《史学总论》十卷，《诸子通论》十卷，《老子发微》、《庄子发微》、《独史》、《地史原理》、《墨子》及《饮水斋集》等数十卷。卒于民国六年，享寿仅五十九岁。……孙陈德曾敬撰。

胡珠生、蒋纯绚《海内师表》（载《陈黻宸集》上册）：陈黻宸，字介石，后改名苪。1859年11月28日（清咸丰九年十一月初五日）生于瑞安虹桥里。……十六岁交陈虬，十八岁交宋恕，终身友好不渝。……从二十九岁掌教乐清梅溪书院直至逝世前，绝大部分时间都从事教育工作。先后在平阳龙湖书院、永嘉罗山书院、青山书院、三溪书院、乐群书院、乐清梅溪书院、乐成书塾、上海速成学堂、时务学堂、杭州养正书塾、京师大学堂师范科、浙江公学、两广方言学堂、两广优级师范学堂、北京大学等处掌教、阅卷以至担任山长、监督和教授。……三十五岁，陈黻宸考中举人，四十五岁方才考中进士，授户部贵州司主事。1909年，浙江咨议局成立，当选为正议长。1911年武昌起义后……被推选为省民政部长，不久辞去，到上海任世界宗教会会长。1913年当选为中华民国首届国会议员、众议院议员。……1917年弹劾内阁总理段祺瑞祸国殃民，不久因南归奔弟丧悲伤过度而逝世。……

陈黻宸《独史》：披发大叫，抱书独行，舌敝耳聋，痛哭而归，无一人可言史。强聒而与之语，非我所愿，虽语之，亦无益也。呜呼！我中国自黄帝见于《史记》，迄今且五千年。按历厘然，载籍相接如蝉联，或传事，或传人，光怪陆离，笥轴盈千，大雅胜流，籍以耀文章、震流俗者，肩背相望于古。古史亦久且贵矣。然我又尝杜门独坐，潜心往籍。名山阒寂，鬼亦余欺。倡之而谁和欤？感之而谁应欤？今既无人，古复无徒。天地悠悠，怅然四顾，胸臆独抒，请自愧始。

人之言曰：史分纪传、编年二例。然本纪即编年例，而世表、年表、月表，以人事为经，岁月为纬，编年之体，灿然大备。故读史者，于志可识宪令法度之详，于表可明盛衰治乱之故，而一君之贤否，一人之终始，于纪传特见之。郑樵承《史记》作《通志》而不废纪传，盖亦谓纪传之无可废也。自司马光作《资治通鉴》，而史例一变。自袁枢作《通鉴纪事本末》，而史例又一变。《通鉴》本《左氏》，《纪事本末》本《尚书》，伟然各为一家之作。然读其书者，能明盛衰治乱，而不能识宪令法度。视班、范以下之断代为史者盖胜矣，然以言史识，殆未也。史必有独识，而后有独例。郑氏之识亦伟矣，然我独疑郑之不废本纪也。夫纪非尊称也。太史公作纪传世家，有年可纪曰本纪，有家可述曰世家，无年可纪、无家可述曰列传。而后世以本纪、世家、列传为君臣尊卑之分，是班史之作俑也。……史迁本纪，所以整齐故实，俾有所统，纪亦犹传体也。……传固非卑，纪亦非尊。……我谓今之作史者，宜仿《史记》作帝王年月表，仿陈寿《三国志》而去本纪之例，而其君之矫出者，与其不德之尤者，仿《穆天子传》、《汉武外传》

之例，为之作传，此亦史家之独例也。况今日之史，尤有不得不然者。五洲通道，各帝一方，例无高卑，义殊华狄，史固不能详中而略外，为年月以统之，而以外从中，庶几次第秩然，案籍可索。若夫华盛顿、林肯、威廉、维多利亚诸君，功施当时，泽流后裔，其德可称，其名可贵，亦附之列传之中，与我国帝王同垂。此又邦交之厚义，而史界中之一大剧观也。

虽然，我观于东西邻之史，于民事独详。……吾尝读《周礼》六篇，户口登下之数，物产出入之籍，以及工商之业，畜牧之司，岁有常额，藏诸天府。以视今欧美各强国调查之册，统计之史殆近之。夫欧美文化之进，以统计为大宗。平民之事，纤悉必闻于上。是故民之犯罪者、自杀者、废疾者、婚嫁者、生者、死者、病者、有业者、无业者，每年必为平均分数，而以其所调查者，比而较之。比较既精，而于民人社会之进退，国家政治之良否，析薪破理，划然遽解，斯所谓弥沦一代之巨作矣。我以谓史于古今理乱，中外强弱，宜求知其所致此之故，而作一比例以发明之。然自嬴秦以降，惟迁作为独绝。其于理乱强弱之事，固亦审之必精，而辨之必详矣。我读《平准》、《河渠》、《货殖》诸篇，反覆抑扬，怀抱独远，磊磊自转，大概皆协于生民之径，损益之统，而以观欧人统计比较之学，望尘轶步，渺然难追，盖亦太史公之阙笔也。郑樵生史迁千余年后，破万古之屯蒙，树独帜于乙部。首作《氏族略》，而终以《昆虫草木》。大哉后儒之薯蔡，而即今泰西史学所以独绝于一球者矣，抑我于此，犹有说焉。泰西民与君近，呼吸相闻，而为政治家言者，于民之好恶情伪尤悉，故史得资以扩其见闻，垂为典籍。中国自秦以后，而民义衰矣。……故虽以太史公、郑夹漈之史识，亦既知其故矣，网罗故实，荡然无存，踽踽陈篇，徒付盖阙。往往宗旨所存，仅于言外得之，此不得为史家咎也。今作史，宜仿泰西统计比较史例，而推太史公、郑樵二家之意，作《平民表》。民者，史界中一分子也。……斯亦史家之独例也。

夫有独识，以成独例，而尤贵有独力以副之。太史公之作《游侠》、《刺客》、《酷吏》、《货殖》诸传，郑樵之作《二十略》，乃其独力之尤著者也。

虽然，斯又有独权焉。……汉武帝置太史公，位在丞相上，以太史谈为之。迁以父世职，爵居上公，以视公孙宏、卫青辈，盖尊贵远过之，而以李陵之事牵连下狱。吾知史职之扫地无余矣。古者史权特重，司过之职，载于传记甚详。……而太史公以悲愤非常之材，不能止汉武帝失德之举。……吾于是知武帝之于史官，亦适视为文章粉饰之才，倡优之畜，而视太史公如司马相如、东方朔、枚皋、吾邱寿、王严助之徒矣。……夫使董狐、南史之辈，生秦汉以降，吾又安知其得保首领以殁于地，昌言朝廷之上，岸然执简记以示人，曰："某弑君，某弑君。"於乎，中国之无史亦宜哉！

吾尝谓：中国之史有三大厄：一厄于汉宣帝；再厄于汉明帝；三厄于南北分朝之世。……自宋以降，史权始稍稍欲复矣。司马涑水、朱紫阳之徒，盖亦有心于史者也。紫阳之史才，不及涑水。而自托于《春秋》之古义，《纲目》之作，趋步笔削，或亦不惜犯流俗之忌。垂人伦之鉴，而创汉后未有之例矣。然我谓予夺褒贬，非所以伸史家之独权也。史者，天下之公言，而予夺褒贬者，一人之私断。……史册以详文该事，善恶已彰，无待美刺。……夫史者，国之大典也。而当职之人，不知留意于典章，徒相尚于言语，正犹当家之妇，不事饔飧，专鼓唇舌，纵然得胜，岂足肥家。……夫爱恶之私，人情之所不能免也。以是为非，以非为是，一失其衡，流毒万世。……於乎！斯亦史之一大厄矣。……

今使驰域外之观，作旷然之想。焚香顶祝，以祈于斯世曰：吾安得史之独权而复之！吾安得史之独权而复之！则必首复汉制太史公之职，而兼采章氏实斋之说。……今拟位太史公于诸王公上，于京师辟一太史馆，以太史公主之。太史公有参政之责，议政之任，如东西邻之司法大臣然。国有大事，则议而决之，且书而垂之。忤上意者，勿得罪，如是斯可以言史之独权矣。而各直省、府、州、厅、县，遍设分史馆，以乡大夫主之，弗孚民望者黜不庸。重其责，多其员，以察民之好恶性情，与其风俗事业之不同，如欧美各强国之调查然，上其事于太史公。太史公不称职，分以各史馆卿大夫议之。太史公之去就，视乎各史馆卿大夫。各史馆卿大夫之进退，视乎民。如是，斯可以言史之独权矣。

抑吾尤谓今日五大洲交际往来，结盟誓，订约章，教也，商也，兵也，工也，聚异族于一庭，妪煦若家人，而或苦于言语之不达，嗜欲之不通，政治之不洽，社会之不齐，措置不得当，龃龉往往因之起。今拟约与各国合开一万国公史会，凡各国之政教、习俗，及民业、物产，皆得而与闻之。夫自海道大通，彼族之为国际学者，欲于中央设一万国公法会，亦特言屡言不一言矣。吾谓公史会者，乃与公法会相维持、相始终，质之万世而不易其说者也，如是斯真可以言史之特权矣。

我念至此，未尝不喟然叹息而起曰：於乎，我中国之无史久矣。……虽然，我亦史界中之一物也。俨然处人群之中，前有事而不知，后有故而不问。环球互市，风气大开，而懵然无所识者，此亦学人之大耻也。于是论列故事，据我中国古书，旁及东西邻各史籍，荟萃群言，折衷贵当，创成史例，无假褒讥，疏陋之称，所不敢辞。章实斋曰："古人之言所以为公也，未尝矜于文辞，而私据为己有。"善哉！善哉！是我述史之师承矣。

自五帝始，下迄于今，条其纲目，为之次第，作表八，录十，传十二。……作帝王年月表第一。邻国附。……历代政体表第二。邻国附。……历代疆域表第三。……邻国疆域表第四。……平民习业表第五。……平民户口表第六。……平民风俗表第七。……官制沿革表第八。

……作氏族录第一。……礼录第二。……乐录第三。……律录第四。……历录第五。……学校第六。选举附。……食货录第七。……山川录第八。……文字语言录第九。……昆虫草木录第十。

……作仁君列传第一。……暴君列传第二。……名臣列传第三。……酷吏列传第四。……儒林列传第五。……任侠列传第六。……高士传第七。……列女列传第八。……一家列传第九。……义民列传第十。……盗贼列传第十一。……胥吏列传第十二。……

十录、十二列传，皆先详中国，而以邻国附之，与八表并行，盖庶乎亘古今、统内外，而无愧于史界中一作者言矣。虽然，我亦论史学则然矣，我何敢言作哉？……史者，人人心中天然自有之物，而但假于学士文人之笔以传者。二千五百年之前有《春秋》，二千年之前有《史记》，一千年之前有《通志》。感不绝于予心，抚遗文而涕陨，我非以此求知于世也。夫史学之无传久矣，知史者盖难言矣。效狐行以帽人，求乡愿之无刺，则我所谦让未遑也夫。

今案：是文载《新世界学报》第二期，1902年9月。

**康有为著成《大同书》。**

康有为《大同书》甲部《绪言》：康有为生于大地之上，为英帝印度之岁，传少农知县府君（讳达初，字植谋）及劳太夫人（名莲枝）之种体者，吾地二十六周于日有余矣。当大地凝结百数十万年之后，幸远过大鸟大兽之期，际开辟文明之运，居于赤道北温带之地，国于昆仑西南、带江河、临太平海之中华，游学于南海滨之百粤都会曰羊城，乡于西樵山之北曰银塘，得氏于周文王之子曰康叔，为士人者十三世，盖积中国羲、农、黄帝、尧、舜、禹、汤、文王、周公、孔子，及汉、唐、宋、明五千年之文明而尽吸饮之。又当大地之交通，万国之并会，荟东西诸哲之心肝精英而醘饫之，神游于诸天之外，想人于血轮之中，于时登白云山摩星岭之巅，荡荡乎其骛于八极也。……

康子于是起而上览古昔，下考当今，近观中国，远揽全地，尊极帝王，贱及隶庶，寿至篯彭，夭若殇子，逸若僧道，繁若毛羽，盖普天之下，全地之上，人人之中，物物之庶，无非忧患苦恼者矣。虽有深浅大小，而忧患苦恼之交迫而并至，浓深而厚重，繁赜而恶剧，未有能少免之者矣。诸先群哲，悆然焦然，思有以拯救之，普渡之，各竭其心思，出其方术，施济之，而横览胥溺之滔滔，终无能起沉痼也。略能小瘳，无有全愈者，或扶东而倒西，扶头而病足，岂医理之未精欤？抑医术之未至耶？蒙有憾焉。或者时有未至耶？……

吾既生乱世，且击苦道，而思有以救之，昧昧我思，其惟行大同太平之道哉！遍观世法，舍大同之道而欲救生人之苦，求其大乐，殆无由也。大同之道，至平也，至公也，至仁也，治之至也，虽有善道，无以加此矣。……

今案：1902年康有为撰《大同书成题词》三首，梁启超有注云："先生演《礼运》大同之义，始终其条例，折衷群圣，立为教说，以拯浊世。二十年前，略授口说于门人弟子。辛丑、壬寅间，避地印度，乃著为成书。启超屡乞付印，先生以今方为国竞之世，未许也。"参阅汤志钧编《康有为政论集》上册（中华书局1981年版第548页）。

**柳诒徵《历代史略》刊行。**

柳诒徵《历代史略》卷一首篇第二章，《历史大旨》：……今欲俾初学贯彻历代，得其大凡，故本《通鉴》、《通志》之意，仿纪事本末之体，略采正史，析其条理，以为历史初级。政治之得失，学术之升降，疆域之分合，国势之隆替，代有不同，然统观历代，大抵自唐、虞至秦而一变，自汉至五代而一变，宋、元以来之风会与上古划然，不可复合。故兹编分为三大纪，自唐、虞、三代至六国并于秦，二千余年为上世史；自秦历汉、晋至唐，一千余年为中世史；自五代历宋、辽、金、元至明，七百余年为近世史。取便寻览，且资考镜焉。

柳诒徵《国学书局本末》（载1930年《国学图书馆第三年刊》）：……江楚编译局者，光绪辛丑，刘坤一、张之洞会奏变法，议兴学堂，先行设局编译教科书。设局江宁。……是年秋九月，开局，刘世珩为总裁，缪荃孙为总纂，陈作霖、姚佩珩、陈汝恭及诒徵等为分纂。……诒徵删订《字课图说》，增辑《支那通史》为《历代史略》（诒徵自辛丑到局，丙午即辞去）。而翻译日本书之事，则罗振玉居沪，偕刘大猷、王国维等任之。……

今案：是书分六卷八册，卷一为总论、上世史；卷二、三为中世史；卷四、五、六为近世史。从上古至宋代，依那珂通世《支那通史》，稍作改易，元、明两代则为柳诒徵增辑。

## 公元1903年 清德宗光绪二十九年 癸卯

**[日]浮田和民《史学通论》(一名《史学原论》)陆续有多种中文译本刊行。**

罗大维《史学通论序》(进化译社光绪二十九年刊)：稽我支那，上下五千年，纵横九万里，社会久且烦，幅员广且大，以此而成历史，宜不知陈篇累帙，具何如壮观也。而支那方无史，或曰：恶，是何言也？以支那立国易姓二十有四，其间为悲剧、为惨剧、为喜剧、为乐剧者不知凡几，无姓无事，无事无纪，方长吾人之目线，竭吾人之脑力，不足以偿其代价，何得云无？曰此而曰史，吾言诚谬矣。西哲有阅吾史者曰：支那之不能发达进步，支那之史不能辞其为一种原因也。支那史非不浩博，非不赅贯，第皆为一家一人之事而已，初无及于社会之全体者也。此而谓之为一人小传也可，谓之为一家族谱也可。而西哲卡兰儿又有言曰："历史者，英雄之传记也。"英雄者，个人也。个人之传记方为历史，我支那史方记一家一人事，何得以绝对论之耶？不知卡氏所论英雄之个人，非我支那史所记个人之英雄，英雄之名同，英雄之实异。世苟欲见真历史，苟组织真历史，其亦致意于此篇也可。译者志。

今案：据俞旦初考证，"在1902—1903年之间，一些留日学生竞相翻译介绍，先后有六种译本之多"。(《爱国主义与中国近代史学》，中国社会科学出版社1996年版，第46—47页)。邬国义《梁启超新史学思想探源》(《社会科学》2006年第6期)续作订补，考知中文译本至少有四种正式出版，即1.《新史学》，侯士绾译，上海文明书局代印，光绪二十八年十二月印刷，二十九年正月发行。2.《史学原论》，刘崇杰译，闽学会出版，中原印刷所印刷，光绪二十九年正月十五日发行。3.《史学通论》，李浩生译，上海作新社印刷，杭州合众译书局发行，光绪二十九年正月印刷，正月二十五发行。4.《史学通论》，罗大维译，上海作新社印刷，进化译社发行，光绪二十九年九月一日印刷，九月五日出版。另有一种待查：《史学原论》，杨毓麟译，湖南编译社发行，见于光绪二十九年正月十五日《游学译编》第4期所载新书广告。又刘崇杰译本，曾加删节，连载于光绪二十九年十二月至三十年二月三十日的《北洋学报》，此后又汇编为一卷。邬国义汇集四种正式译本，出版《史学通论四种合刊》，颇便于研究者。

据李浩生译本，是书分八章：第一章、历史之特质及范围；第二章、历史之定义；第三章、历史上之价值；第四章、历史与国家；第五章、历史与地理；第六章、历史与人种；第七章、历史上之大势；第八章、历史研究法。

又，邬国义《梁启超新史学思想探源——代前言》（载《史学通论四种合刊》，华东师范大学出版社2006年版）介绍：浮田和民（公元1859—1946年）幼名粟田龟雄，出生于日本九州熊本藩藩士之家。是日本著名的政论家和历史学家。述其生平著述甚详，足资参阅。

**刘鹗编印《铁云藏龟》。**

（民国）《丹徒县志摭余》卷八，《人物志》：刘鹗字铁云，候选道。生平学术渊深，通晓洋务。光绪庚寅，经鲁抚张曜奏调办理河工，熟谙机器、船械、水学、力学、电学、算学、测量学等艺，著有《勾股天元草》、《弧角三术》、《历代黄河变迁图考》、《铁云藏龟》、《铁云藏匋》多种。

罗振玉《铁云藏龟序》：金石之学，自本朝而极盛，咸、同以降，山川所出瑰宝日益众，如古陶器、古金钣、古泥封之类，为从来考古家所未见。至光绪己亥，而古龟、古骨乃出焉。此物唐、宋以来载籍之所未道，不仅其文字有裨六书，且可考证经史。今就图见所及，述之如左。古卜筮之制，故书散失，其仪式多不可考见。《汉书·艺文志》载蓍龟十五家，今都放佚，惟《周官》及《太史公书》，尚得见崖略。今依据两书，参以目验，有所是正于经史者，凡四事：一曰灼龟与钻龟。……二曰钻灼之处。……三曰卜之日。……四曰骨卜之原始。

至其文字之缔造，与篆书大异，其为史籀以前之古文无疑，为此龟与骨乃夏、商而非周之确证。且证之经史，亦有定其为夏、商而非周者。《周官·占人》：“凡卜筮既事，则系币以比其命，岁终则计其占之中否。”杜子春云：“系币者以帛书其占，系之龟也。"玄谓：“既卜筮，史必书其命龟之事及兆于策，系其礼神之币而合藏焉。”按无论如杜说为书占于帛，系之于龟，抑如郑说为书辞于策，系之于帛，均足证周人非迳刻辞于龟可知。今迳刻文于龟，其非周制而为夏、殷之制，显然可见。且更有足证者，《史记·龟策传》：“夏、殷欲卜者，乃取蓍龟，已则弃去之，以为龟藏则不灵，蓍久则不神。至周室之卜官，常宝藏龟蓍。"。由是观之，周人之卜，一龟不仅用一次，今迳刻辞于龟，其为一用即不再用可知。此均足为夏、殷之龟而非周龟之确证。铁案如山，不可移易焉矣！癸卯夏，拓墨付景印，既讫功，为援据经史，缀辞于后，以质海内方闻之士。秋八月，上虞罗振玉叔蕴书于海上寓居之怀新小筑。

刘鹗《铁云藏龟自序》：龟板己亥岁出土在河南汤阴县属之古牖里城。传闻土人见地坟起，掘之，得骨片与泥相粘结成团，浸水中，或数日，或月余，始渐离晰。然后置诸盆盎，以水荡涤之，约两三月，文字方得毕现。同时所出，并有牛胫骨，颇坚致。龟板，一种色黄者稍坚，色白者略用力即碎，不易拓也。

既出土后，为山左贾人所得，咸宝藏之，冀获善价。庚子岁，有范姓客挟百余片走京师，福山王文敏公懿荣，见之狂喜，以厚值留之。后有潍县赵君执斋，得数百片，亦售归文敏。未几义和拳乱起，文敏遂殉难。壬寅年，其哲嗣翰甫观察售所臧，清公夙债，龟板最后出，计千余片，予悉得之。定海方君药雨，又得范姓所藏三百余片，亦以归予。赵执斋又为予奔走齐、鲁、赵、魏之郊，凡一年，前后收得三千余片。总计予之所藏，约过五千片。己亥一坑所出，虽不敢云尽在于此，其遗亦仅矣。

毛锥之前为漆书，漆书之前为刀笔。……是以许叔重于古籀文，必资山川所出之彝鼎。不意二千余年后，转得目睹殷人刀笔文字，非大幸欤！以六书之指推求钟鼎，多不合，再以钟鼎体势推求龟板之文，又多不合，盖去上古愈远，文字愈难推求耳。……

象形之字既多，可知其为史籀以前文字。何以别其非周初？观其曰"问之于祖乙"（三·三），"问之于祖辛"（五四·一），"乙亥卜祖丁十五牢"（三三·一），"辛丑卜厌问兄于母庚（一二七·一）。祖乙、祖辛、母庚，以天干为名，实为殷人之确据也。……

龟板文字极浅细，又脆薄易碎，拓墨极难。友人闻予获此异品，多向索拓本，苦无以应。然斯实三代真古文，亟当广谋其传，故竭半载之力，精拓千片，付诸石印，以公同好。任是役者，直隶王瑞卿也。光绪癸卯九月既望，丹徒刘铁云识。

今案：据蒋逸雪《刘鹗年谱》（齐鲁书社1980年版），刘鹗生于清咸丰七年（1857）九月初一日，江苏六合人。原名孟鹏，字云抟；后更名鹗，字铁云，又字公约。宣统元年（1909）七月八日，卒于迪化，享年五十三岁。《铁云藏龟》为甲骨学史上第一部著录甲骨的专书，选录拓本 1058 片，其中重出 3 片，伪刻 4 片，实收 1051 片。前有罗振玉、吴昌绶及刘鹗序文三篇。

**国史馆接收内阁等处书籍、档案。**

中国第一历史档案馆藏《国史馆档案》庶务类第 1118 号卷，光绪二十九年九月行移档：

国史馆为移会事。本馆自八月初五日接收大内所有各种书籍、档案，亟应饬令在馆人员逐日进馆，详细核对，认真经理。查本馆向恃桌饭银两藉资办公，并无别款可领，刻下当差人役枵腹从公，迄今月余，异常艰苦。拟请户部暂借领银三百两以济充公，他处不得援以为例，相应移会户部查照给发，定于何日领取，先期知照本馆，以便具备印领可也。

**严复译〔英〕斯宾塞尔《群学肄言》、〔英〕穆勒撰《群己权界论》刊行。**

严复《译〈群学肄言〉序》：群学何？用科学之律令，察民群之变端，以明既往、测方来也。肄言何？发专科之旨趣，究功用之所施，而示之以所以治之方也。故肄言科而有之。今夫士之为学，岂徒以弋利禄、钓声誉而已，固将于正德、利用、厚生三者之业有一合焉。群学者，将以明治乱盛衰之由，而于三者之事操其本耳。……乃窃念近者吾国，以世变之殷，凡吾民前者所造因，皆将于此食其报。而浅谫剽疾之士，不悟其所从来如是之大且久也，辄攘臂疾走，谓以旦暮之更张，将可以起衰，而以与胜我抗也。不能得，又搪撞号呼，欲率一世之人，与盲进以为破坏之事。顾破坏宜矣，而所建设者，又未必其果有合也。则何如其稍审重，而先咨于学之为愈乎？诚不自知其力之不副，则积期月之勤，为译之如左。……

严复《译〈群己权界论〉序》：严子曰：呜呼！扬子云其知之矣。故《法言》曰："周之人多行，秦之人多病。"十稔之间，吾国考西政者日益众，于是自繇之说常闻于士大夫。顾竺旧者既惊怖其言，目为洪水猛兽之邪说；喜新者又恣肆泛滥，荡然不得其义之所归。以二者之皆讹，则取旧译英人穆勒氏书。颜曰《群己权界论》，畀手民印版以行于世。夫自繇之说多矣，非穆勒氏是篇所能尽也。虽然，学者必明乎己与群之权界，而后自繇之说乃可用耳。是为序。

**严复译〔英〕甄克思《社会通诠》。**

严复《译〈社会通诠〉序》：异哉！吾中国之社会也。夫天下之群，众矣。夷考进化之阶级，莫不始于图腾，继以宗法，而成于国家。方其为图腾也，其民渔猎，至于宗法，其民耕稼，而二者之间，其相嬗而转变者以游牧。最后由宗法以进于国家，而二者之间，其相受而蜕化者以封建。方其封建，民业大抵犹耕稼也，独至国家，而后兵、农、工、商四者之民备具，而其群相生相养之事乃极盛，而大和强立，蕃衍而不可以克灭。此其为序之信。若天之四时，若人身之童少壮老，期有迟速，而不可或少紊者也。

吾尝考欧洲之世变，希腊、罗马之时尚矣。至其他民族，所于今号极盛者，其趾封建，略当中国唐、宋间。及其去之也，若法，若英，皆仅仅前今一二百年而已。何进之锐耶？乃还观吾中国之历史，本诸可信之载籍，由唐、虞以讫于周，中间二千余年，皆封建之时代，而所谓宗法，亦于此时最备。其圣人，宗法社会之圣人也；其制度典籍，宗法社会之制度典籍也。物穷则必变，商君、始皇帝、李斯起，而郡县封域，阡陌土地，燔诗书，坑儒士，其为法欲国主而外，无咫尺之势。此虽霸朝之事，侵夺民权，而迹其所为，非将转宗法之故，以为军国社会者欤？乃由秦以至于今，又二千余岁矣，君此土者不一家，其中之一治一乱常若，独至于今，籀其政法，审其风俗，与其秀桀之民所言议思惟者，则犹然一宗法之民而已矣。然则此一期之天演，其延缘不去，存于此土者，盖四千数百载而有余也。嗟乎！欧、亚之地虽异名，其实一洲而已，殊类异化，并生其中，苟溯之邃古之初，又同种也，乃世变之迁流，在彼则始迟而终骤，在此则始骤而终迟，固知天演之事，以万期为须臾，然而二者相差之致，又不能为无因之果，而又不能不为吾群今日之利害，亦已明矣。此不佞佝译是编，所为数番掷管太息，绕室疾走者也。光绪癸卯十一月，侯官严复序。

夏曾佑《社会通诠序》：侯官先生所译《社会通诠》十四篇，为英人甄克思所著。其书胪殊俗之制，以证社会之原理，疑若非今日之急务者然。然曾佑读之，以为今日神州之急务，莫译此书若。此其故尝微论之。神州自甲午以来，识者尝言变法矣。然言变法者，其所志在救危亡，而沮变法者，其所责在无君父。夫救危亡与无君父不同物也，而言者辄混，烦娆喧豗，不可以理，至于今益亟。向者以其争为不可解，乃今而知其不然。盖其支离者，皆群学精微之所发见，而立敌咸驱于公例，而不自知耳。自生人之朔以迄于今，进化之阶，历无量位。一一位中，当其际者，各以其所由为天理人情之极而畔之，则人道于是终。有终其身不闻异说、见异俗者，或见焉、闻焉，乃从而大笑之。如是者，自其恒干之所服习者言之，则命曰政治；自其神智之所执著者言之，则命曰宗教。宗教、政治必相附丽，不然，不可以久。其由甲政治以入乙政治也，必有新宗教以慰勉之。而其将出乙政治以入丙政治也，例先微撼其宗教，而后政治由之而蜕。未有旧教不裂，而新政可由中而蜕者。故其宗教与政治附丽疏者，其蜕易；其宗教与政治附丽密者，其蜕难。此人天之大例矣。

人之于宗法社会也，进化所必历也，而欧人之进宗法社会也最迟，其出之也独早，则以宗教之与政治附丽疏也；吾人之进宗法社会也最早，而其出也，历五六千年，望之且未有崖，则以宗教之与政治附丽密也。考我国宗法社会，自黄帝至今，可中分之为二期，秦以前为一期，秦以后为一期，前者为粗，后者为精，而为之钤键者，厥惟孔子。孔子以前之宗法社会，沿自古昔，至孔子时，已与时势不相适，故当时瓌玮之士，各思以其道易之，显学如林，而孔、墨为上首。墨子尊贤贵义，节葬兼爱，皆革宗法社会之劲者，然而与习俗太戾，格而不行，而孔子之说，遂浸淫以成国教。孔子之术，其的在于君权，而径则由于宗法，盖借宗法以定君权，而非借君权以维宗法。然终以君权之借径于此也，故君权存，而宗法亦随之而存，斯托始之不可不慎矣。奚以明其然也？昔孔子称："雍也，可使南面。"仲弓即子弓，南面即帝王之术。子弓之传为荀子，《荀卿书》二十篇，与《史记·李斯传》其旨密合。夫李斯学帝王之术于荀子，既知六艺之归，相其君以王于天下，其为术，皆昔所闻之于荀子者也。观其大一统，尊天子，抑臣下，制礼乐，齐律度，同文字，攘夷狄，重珍符，壹是衷于孔教。博士具官，参于议政，西京师说，滥觞于兹，尊宠用事，抑又不逮。至于焚书坑儒，以吏为师，尤关宏旨，盖自此以前，孔学为私家，儒分为八，未为害也；自此以后，孔学为国教，是非之准，主术之原，悉由于此，不能不定于一尊。焚书所以绝别本，坑儒所以除私师，以吏为师，吏即博士，所以颁定解。基督旧教衍于罗马，实具此例，可谓诚证也。不宁惟是，《中庸》为子思形容圣祖之德，其中君子，并指孔子。书称"君子之道，造端于夫妇"。盖君子以前，人伦之道，有忠臣孝子，而无贞女。表章贞女，事始于秦。……自此以往，有贞妇以为忠臣孝子之后盾，而五伦之制始确立而不可疑，此皆实施君子之道之证。自汉以来，用秦人所行之主术，即奉秦人所定之是非。秦之时，一出宗法社会而入军国社会之时也，然而不出者，则以教之故，故曰，钤键厥惟孔子也。政治与宗教既不可分，于是言改政者，自不能不波及于改教，而救危亡与无君父二说，乃不谋而相应，始胶固缠绕而不可理矣。

夫欧人之变法，争利害耳，而其惨磔已如此。我国之变法，乃争是非，宜其艰阻之百出也。虽然，人心执著之理，不可以口舌争，惟胪陈事物之实迹，则执著者久而自悟。泰西往例，莫不如斯。今使示之以天下殊俗，无不有此一境。而此一境者，其原理何如？其前途又何如？则将恍然有悟于社会迁化之无穷，而天理人情之未可以一格泥，而宗教之老涸化矣。或者蜕化有期，而铁血又可以不用乎？此吾人所以歌舞于《社会通诠》之译也。光绪癸卯十二月，钱塘夏曾佑序。

## 李有棠《辽史纪事本末》、《金史纪事本末》修订重刊。

（民国）《昭萍志略》卷九，《人物志》：李有棠，字芾生。……幼补博士弟子员，食廪饩。举优贡，就教职，考取八旗官学汉教习、国子监学生衔，选峡江县训导。……著有《历代帝王正闰统总纂》二十卷，《怡轩杂著》若干卷，待梓。尤精史学，殚毕生精力，成《辽金纪事本末体》一书，勾稽蒐辑，考订详明。进呈乙览，传旨嘉奖，赏给内科中书衔。……卒年六十有九。……

李有棻《校刻辽金史纪事本末原叙》：辽、金二史《纪事本末》，都为九十二卷，伯氏芾生寄自峡江。……伯氏编集，起自甲申，迄今一纪，始排比成帙。其书以《辽》、《金》二史为主，而参以新、旧《五代史》、《宋史》、《元史》、叶隆礼《契丹国志》，宇文懋昭《大金国志》、司马温公《通鉴》、朱文公《纲目》、李氏焘《续通鉴长编》、徐氏梦莘《北盟汇编》、李氏心传《系年要录》、商氏辂《续纲目》、陈氏桱《通鉴续编》、王氏宗沐《续通鉴》、薛氏应旂《宋元通鉴》、徐氏乾学《通鉴后编》、毕氏沅《续资治通鉴》等书，以及各家说部、传记、文集，约百数十种。凡事涉辽、金者，靡不搜采、考证同异，注于下方。……伯氏由优选方官峡江训导，督学盛公炳炜得见其书，深用褒许，趣付剞劂。……时光绪十九年岁次昭阳大荒落窝月，仲弟有棻谨识。

今案：据李氏曾孙李蓁非《李有棠的生平事迹》（载《萍乡古今》第4辑，1984年）一文，有棠生于清道光十七年，卒于光绪三十一年，年六十九岁。二书初刻于光绪十九年，此后经十年修订，于二十九年再刊。

本年十一月（1904年1月），张之洞、荣庆与张百熙会同重订"壬寅学制"，颁行《奏定学堂章程》，史称"癸卯学制"。

　　张百熙、荣庆、张之洞《重订学堂章程折》（载《中国近代教育史资料汇编·学制演变》）：臣张百熙、臣荣庆、臣张之洞跪奏：为遵旨重订学堂章程，妥筹办法，恭折仰祈圣鉴事。窃臣百熙、臣荣庆前因学务重要，奏请特旨，添派臣之洞会同商办。光绪二十九年闰五月初三日，奉上谕："京师大学堂为学术人才根本，关系重要，着即派张之洞会同张百熙、荣庆，将现办大学堂章程一切事宜，再行切实商订；并将各省学堂章程，一律厘定，详悉具奏。务期推行无弊，造就通才，俾朝廷收得人之效，是为至要。钦此。"……此次钦奉谕旨，命臣等将一切章程会商厘定，期于推行无弊，自应详细推求，倍加审慎。数月以来，臣等互相讨论，虚衷商榷，并博考外国各项学堂课程、门目，参酌变通，择其宜者用之，其于中国不相宜者缺之，科目、名称之不可解者改之，其有过涉繁重者减之。……至于立学宗旨，无论何等学堂，均以忠孝为本，以中国经史之学为基，俾学生心术壹归于纯正，而后以西学瀹其智识，练其艺能，务期他日成材，各适实用，以仰副国家造就通才、慎防流弊之意。

　　计拟成《初等小学堂章程》一册、《高等小学堂章程》一册、《中学堂章程》一册、《高等学堂章程》一册、《大学堂章程》（附通儒院章程）一册。原章有蒙学堂名目，但章程内所列，实即外国初等小学之事。查外国蒙养院一名幼稚园，兹参酌其意，订为《蒙养院章程及家庭教育法》一册。此就原订章程所有而增补其缺略者也。

　　办理学堂，首重师范，原订《师范馆章程》，系仅就京城情形试办，尚属简略。兹另拟《初级师范学堂章程》一册，《优级师范学堂章程》一册，并拟《任用教员章程》一册，将来京城师范馆，应即改照《优级师范学堂章程》办理。此外如京师仕学馆，系属暂设，皆系有职人员，不在各学堂统系之内。原订章程，应暂仍其旧，将来体察情形，再为酌定经久章程。至译学馆即方言学堂，前经奏明开办，兹将章程、课目一并拟呈。其进士馆系奉特旨，令新进士概入学堂肄业，此与仕学馆用意相近，课程与各学堂不同；而仕学馆地狭，无可展拓，不得不别设一馆以教之，兹亦酌订章程课目，别为一册。将来仕学馆或归并进士馆，或照进士馆现订课程，改同一律，容随时察酌情形办理。又国民生计，莫要于农、工、商实业；兴办实业学堂，有百益而无一弊，最宜注重。兹另拟《初等农、工、商实业学堂章程》一册，附《实业补习普通学堂及艺徒学堂各章程》，

《中等农、工、商实业学堂章程》一册，《高等农、工、商实业学堂章程》一册，《实业教员讲习所章程》一册，《实业学堂通》一册，此皆原订章程所未及而别加编订者也。

又以中国礼教政俗，本与各国不同，而少年初学之士，胸无定识，庞杂浮嚣，在所不免。此时学堂办法，规范不容不肃，稽查不容不严。兹特订立规条，申明禁令，编为《各学堂管理通则》一册。并将此时开办各项学堂设教之宗旨，立法之要义，总括发明，订为《学务纲要》一册。各省果能慎选教员学职，按照现订章程，认真举办，则民智可开，国力可富，人才可成，决不致别生流弊。至学生毕业考试，升级入学考试，亦经详订专章。……其奖励录用之法，比照奏准鼓励出洋游学生，于奖给出身之外，复请分别录用章程，亦经详加斟酌，拟有专章，伏候圣明裁定，将来应即分别照章奏明办理。所有一切章程，将来如有应行变通增损之处，其大者仍当奏明办理，小者由管学大臣审定后通行各省照改。谨将《学务纲要》、《各学堂管理通则》、《毕业学生考试专章》、《奖励专章》暨《各项学堂章程》，分别缮写成册，并开列章程名目，次序清单，恭呈御览。如蒙俞允，应由管学大臣通行各省，一体遵照开办。所有臣等遵旨会商厘订学堂章程各缘由，遵旨与政务处王大臣会商，意见均属相同。谨合词恭折具陈，伏祈皇太后、皇上圣览训示。谨奏。光绪二十九年十一月二十六日（1904年1月13日）。

光绪二十九年十一月二十六日，内阁奉上谕：方今时事多艰，兴学育才实为当务之急。前经谕令张之洞会同管学大臣，将学堂章程悉心厘订，妥议具奏。兹据会奏胪陈各折片，条分缕晰，立法尚属周备，著即次第推行。其有应行斟酌损益之处，仍着该管学大臣，会同张之洞随时详核议奏。至所称递减科举，及将来毕业生由督抚、学政并简放考官考试一节，使学堂科举合为一途，系为士皆实学，学皆实用起见。着自丙午科为始，将乡、会试中额及各省学额，按照所陈，逐科递减。俟各省学堂一律办齐，确著成效，再将科举学额分别停止，以后均归学堂考取，届时候旨遵行。即着各该督抚，赶紧督饬各府、厅、州、县建设学堂，并善为劝导地方，逐渐推广。无论官立民立，皆当恪遵列圣训士之规，谨守范围，端正趋向，不准沾染习气，误入奇邪。一切课程，尤在认真讲求，毋得徒事皮毛，有名无实。务期教学相长，成德达材，体用兼赅，以备国家任使，有厚望焉。将此通谕知之。钦此。

## 公元 1904 年　清德宗光绪三十年　甲辰

**商务印书馆创刊《东方杂志》。**

《新出东方杂志简要章程》（载《东方杂志》一卷一期，清光绪三十年正月二十五日）：

一、本杂志以启导国民、联络东亚为宗旨。

二、本杂志略仿日本《太阳报》、英美两国而利费 Review of Review 体裁；除本社撰译论说、广辑新闻外，并选录各种官民月报、旬报、七日报、双日报、每日报名论要件，以便检阅。

三、本杂志区别门类如下：

一、论说，选论来稿附；二、谕旨；三、内务；四、军事；五、外交；六、教育；七、财政；八、实业；九、交通；十、商务；十一、宗教；十二、杂俎；十三、小说；十四、丛谈；十五、新书月旦。

四、编次方法首关于本类之论说，次史事，次章奏，次公牍，次规程，次新闻。仍以先内国后外国为序。

……

十、本杂志用洁白洋纸洋式装订。每月一册，每册二百五十页，约十五万字。另加精美图画以十幅为率。

十一、每月二十五日发行。

十二、每册售价大洋银二角五分，预订全年十二册银二元五角。遇闰照加。

……

十四、本杂志托上海棋盘街中市商务印书馆为总发行所。

王云五《重印〈东方杂志〉全部旧刊五十卷序》（载《王云五文集》第五卷《商务印书馆与新教育年谱》下册，第 1154—1157 页，商务印书馆 2008 年版）：《东方杂志》创刊于民元前八年，为商务印书馆定期刊之一，时在本馆创业后之第八年。……

本志原为月刊，至民国九年第十七卷第一号起改为半月刊；民国三十六年，又恢复为月刊。

本志自创刊至今，垂六十有八年，以每年一卷计，当有六十八卷。其所以共得五十卷者，实以停刊五次，咸以战事关系；然锲而不舍，旋蹶旋起，迄今仍继续刊行，且内容资料，每次复刊后益臻丰富。因而在本国各种期刊中，成为唯一持续最久者。其所包罗之新知旧学与当时国事，在半世纪以上，亦堪称最广博之现代史料集矣。

............

本志以阐扬学术，启迪社会为宗旨；所刊各文，见解力求客观，议论务期平允，注重新知之介绍，然力避武断，期不悖于研究之精神。内容则人文自然，中外新旧，兼收并载，以类相从。冠以国际关系，从先例也；殿以文艺，依通例也。其他因时需要，间有偏重，由于近六七十年为最多事之世代，新问题随时突发，本志配合局势，辄有适时之发挥，并曾编印专刊若干次。又本志附载之时事日志，记述国内外大事颇详，除停刊时期外，数十年来不稍辍，亦难能可贵之一端也。

............

今案：《东方杂志》创刊于公元1904年3月11日，停刊于公元1948年12月，历时45年（中间因战事影响有四次停刊），累计出版44卷500多期，是中国历史上刊行时间最长的大型综合性学术期刊。1967年在台湾再次复刊。参阅方汉奇《〈东方杂志〉的特色及其历史地位》（载《方汉奇文集》，汕头大学出版社2003年版）。

**杨守敬、熊会贞著成《水经注疏》初稿。**

杨守敬《邻苏老人年谱》：甲辰，六十六岁。《水经注疏》稿成。郦氏《水经注》沉霾千载，至明代朱谋㙔乃为之笺，然独辟蚕丛，始导先路。国朝全谢山为七校，遗书未刊。同时赵诚夫有注释，亦朱即镌板。至乾隆间，戴东原入四库馆，始云以《永乐大典》本校刊，辨明经、注混淆，删正四、五千字，海内学者翕然从之。至嘉庆间，赵氏刻本出，而所校乃于戴氏十同八九，赵氏未见《大典》本，安得与献氏悉同？而其所据订正者，一一皆出原书，其非蹈袭他人可知。全氏之书又最后出，多与赵同，两人生前互相推挹，其从同不足怪；而亦间有与戴氏特出之见合者，未必非校刻者之所为，或邃嗤为伪作，亦遗也。余研寻有年，乃知戴之袭赵证据确凿，百喙不能为之解。至郦氏之阃奥，诸家多有未窥，间有郦氏不误，诸家改订反误者。国初刘继庄拟为《水经注释》而未成。道光间，沈文起亦有此作，未付刊。余乃与崮芝发愤为之，疏釐为八十卷。凡郦氏所引之典，皆标所出，批于齿眉行间，凡八部皆满。

**严复译〔法〕孟德斯鸠《法意》刊行。**

严复《孟德斯鸠列传》：……译史氏曰：吾读《法意》，见孟德斯鸠粗分政制大抵为三：曰民主，曰君主，曰专制。其说盖原于雅理斯多德。吾土缙绅之士以为异闻，虑叛古不欲道。虽然，司马迁《殷本纪》言伊尹从汤言"九主之事"，注家引刘向《别录》言："九主者，有法君、专君、授君、劳君、等君、寄君、破君、国君、三岁社君，凡九品。"是何别异之众耶？向称博极群书，其言不宜无本，而三制九主，若显然可比附者，然则孟之说非创闻也，特古有之，而后失其传云尔。

**夏曾佑《最新中学中国历史教科书》（后改称《中国古代史》）第一册刊行，第二、三册续刊于后年。**

夏元瑮《夏曾佑传略》（载《第一次中国教育年鉴》戊编"教育杂录"第九"教育先进传略"）：先生讳曾佑，字穗卿，号碎佛，浙江杭县人。生于前清咸丰癸亥年十月。……同治十三年，年二十四，入津。廿六举于乡。二十八，春闱以第一人成进士，入词林，改礼部主事。……癸巳、甲午之际，言新学者渐起。自南海康有为师徒出，而公羊学风行，新会梁启超、麦孺博诸子常就先生言公羊。先生时服官礼部，有拟之为刘申受、龚自珍者，而先生不以公羊学家自居。乙未在上海，时同邑汪康年与梁启超辈设《时务报》，先生所与论说，报中时时资取之。是年改官知县。丙申、丁酉，居天津候选。同邑孙宝琦时作宦天津，立育才馆以造士，中西兼习，延先生为师。……同时与侯官严复、镇海王修植友善。王、严创《国闻报》，先生恒参与其事。严复晚年治旧学弥笃，尝就质于先生。其所译《天演论》、《原富》诸书，与先生反覆商榷而后成篇。

先生于古今中外学术、宗教、文艺之渊源派别，窥其微奥，得其会通。尤邃于佛典，与嘉兴沈曾植、同邑张尔田诸人谈佛，昕夕不倦，故自号"碎佛"。毕生讲学，无门户异同之私，若汉、宋之纷争，儒、释之异尚，以及新学论唯心、唯物之各相持而不下者，皆无所左右，凭其载籍所存，与事物所托，一一平心而剖别之。……平素不习西文，未履欧美之地，而各邦之政治兴衰与其学术变迁，能洞见其本原。……庚子后，选授安徽祁门县，在县三年。……既引见，以直隶州知州用，旋以母忧归。服阕，会有五大臣赴东西各国考察宪政之举，先生随赴日本。所称《宪法大纲》十则，则出其手订。归国，任知府，两江总督委为代表，北上会议官制。民国成立，退居上海。继出任教育部社会司长，凡四年，多所建树。迁调北平图书馆长。……有遗文二百余篇，遗诗百余首，均待梓。曾撰有《中学历史教科书》刊行于世。民国十二年三月十五日卒，时年六十二岁。……

夏曾佑《中国古代史叙》：智莫大于知来，来何以能知，据往事以为推而已矣。故史学者，人所不可无之学也。虽然，有难言者。神洲建国既古，往事较繁，自秦以前，其纪载也多歧，自秦以后，其纪载也多仍，歧者无以折衷，仍者不可择别。况史本王官，载笔所及，例止王事，而街谈巷语之所造，属之稗官，正史缺焉。治史之难，于此见矣。然此犹为往日言之也。洎乎今日，学科日侈，日不暇给，既无日力以读全史，而运会所遭，人事将变，目前所食之果，非一一于占人证其因，即无以知前途之夷险，又不能不亟读史，若是者将奈之何哉？是必有一书焉，文简于古人，而理富于往籍，其足以供社会之需乎！今兹此编，即本是旨，而学殖时日皆有不逮，疏谬之讥，知不可免，亦聊述其宗趣云尔。钱唐夏曾佑叙。

夏曾佑《中国古代史》第一篇，《凡例》：……是编分我国从古至今之事为三大时代，又细分之为七小时代。每时代中于其特别之事加详，而于普通之事从略。如言古代则详于神话，周则详于学派，秦则详于政术是也。余类推。……

夏曾佑《中国古代史》第一篇第四节，《古今世变之大概》：中国之史，可分为三大期。自草昧以至周末，为上古之世；自秦至唐，为中古之世；自唐末至今，为近古之世。若再区分之，求与世运密合，则上古之世，可分为二期。由开辟至周初，为传疑之期，因此期之事，并无信史，均从群经与诸子中见之，往往寓言、实事，两不可分，读者各信其所习惯而已，故谓之传疑期。由周中叶至战国为化成之期，因中国之文化，在此期造成，此期之学问，达中国之极端，后人不过实行其诸派中之一分，以各蒙其利害，故谓之化成期。中古之世，可分为三期。由秦至三国，为极盛之期，此时中国人材极盛，国势极强，凡其兵事，皆同种相战，而别种人则稽颡于阙廷。此由实行第二期人之理想而得其良果者，故谓之极盛期。由晋至隋，为中衰之期，此时外族侵入，握其政权，而宗教亦大受外教之变化，故谓之中衰期。唐室一代，为复盛之期，此期国力之强，略与汉等，而风俗不逮，然已胜于其后矣，故谓之复盛期。近古之世，可分为二期。五季、宋、元、明为退化之期，因此期中，教殖荒芜，风俗凌替，兵力、财力逐渐摧颓，渐有不能独立之象。此由附会第二期人之理想，而得其恶果者，故谓之退化期。清代二百六十一年为更化之期，此期前半，学问、政治集秦以来之大成，后半世局人心，开秦以来所未有。此盖处秦人成局之已穷，而将转入他局者，故谓之更化期。此中国历史之大略也。

今案：是书原拟撰五册，实际仅写三册，至隋而止。1933年商务印书馆列为大学丛书，改名《中国古代史》。夏元瑮谓其父生于清咸丰癸亥十月，卒于民国十二年三月十五日。生卒年皆误，颇不可解。袁英光《夏曾佑传略》（载《晋阳学刊》编辑部编《中国现代社会科学家传略》第8辑）已指出："咸丰无癸亥，或为同治癸亥（公元1863年）之误。1863年至1924年适为六十二岁。"李开军《夏曾佑生卒和著作简考》（载《文教资料》2001年第2期）援引夏氏手稿等资料，考订其生于同治癸亥十月二十九日（1863年12月9日），卒于1924年4月18日。

## 陈黻宸编成《京师大学堂中国史讲义》。

陈黻宸《京师大学堂中国史讲义·读史总论》（载《陈黻宸集》下册）：史者天下之公史，而非一人一家之私史也。史学者，凡事凡理之所从出也。一物之始，而必有其理焉；一人之交，而必有其事焉。即物穷理，因人考事，积理为因，积事为果，因果相成，而史乃出。是故史学者，乃合一切科学而自为一科者也。

科学之不讲久矣。道裂世衰，家法不备。东西名族，捣其中虚，文物古邦，腼然寡色。夫彼族之所以强且智者，亦以人各有学，学各有科，一理之存，源流毕贯，一事之具，颠末必详。而我国固非无学也，然古今相承，迁流失实，一切但存形式，人鲜折衷，故有学而往往不能成科。即列而为科矣，亦但有科之名，而究无科之义。其穷理也，不问其始于何点，终于何极；其论事也，不问其所致何端，所推何委。……况以寥远广大无端崖之物，而但取之章句之末，记诵之间，欲求其条流不紊，并然有名类之可寻，而不至于割裂失伦，有学如无学者，何可得哉？盖亦以今之学者，本无辨析科学之识解，故遂无振厉科学之能力。不佞窃谓科学不兴，我国文明必无增进之一日；而欲兴科学，必自首重史学始。……

虽然，余尤以为自结绳而有文字，可谓史学之进步，而不可谓史之初始。史者，凡书凡理之所从出也。由一理以推万理，而至于无理可推，然而吾心中未尝无理也。由一事以穷万事，而至于无事可穷，然而吾心中未尝无事也。是故未有书契以前，自有未有书契之史。即推而求之未有人类之先，亦自有未有人类之史。即推而求之未有天地，太空冥冥，不可得而名之时，亦自有未有天地、太空冥冥不可得而名之史。史不可以文章语言尽也。故善读史者，其胸中其目中必有无限之观感，无限之觉识，萦回郁勃，蕴而未发，乃伏数百千万代中无量数古人，屈作阶下囚，高坐堂皇而莅之，剖决如流，无状不烛。而所谓书者，乃在旁书记生，借以供参览作证耳。……

然此必有从入之径焉。史学者，合一切科学而自为一科者也。无史举，则一切科学不能成；无一切科学，则史学亦不能立。故无辨析科学之识解者，不足与言史学；无振厉科学之能力者，尤不足与言史学。能力善总而识解善分，故读史有分法，有总法。

古中国学者之知此，罕矣！……惟司马子长氏，郑夹漈氏二家，颇能汇众流为一家，约群言而成要。余每读《史记》八书与《通志》二十略，反复沉思，得其梗概，未尝不叹今之谈史学者辄谓中国无史之言之过当也。司马氏、郑氏，盖亦深于科学者也。但以我国学术，久失其传，未能如欧洲诸名辈剖毫析微，各为之名，而示人以入门之径耳，然其大概不离于是。

夫史学必合政治学、法律学、舆地举、兵政学、财故学、术数学、农工商学而后成，此人所常言者也。史学又必合教育学、心理学、伦理学、物理学、社会学而后备，此人所鲜言者也。然不佞窃谓论读史之法，尤以能辨政治、社会二者为尤要。

世界之立，变态万出，约其大端，则文野之异等，通阙之殊数，皆由社会渐积而成。社会者，乃历数千百万年天然力、人为力，经无数熔冶，无数澄汰，而政治即为其代表。……总之，非社会不足以成政治，非政治不足以奖社会。政治之衰败者，断不容于社会文明之世；社会之萎落者，即无望有政治振起之期。社会兴于下，政治达于上。有无限社会之权力，而生无限政治之举动；有无限政治之举动，而益以表明无限社会之精神。辗转相因，其果乃见。此则读史者所不能不知者也。……

是故读史而兼及法律学、教育学、心理学、伦理学、物理学、舆地学、兵政学、财政举、术数学、农工商学者，史家之分法也；读史而首重政治学，社会学，此史家之总法也。是固不可与不解科学者道矣。盖史一科学也，而史学者，又合一切科学而自为一科者也。

今案：据《陈黻宸集》下册附录《陈黻宸年谱》所载，1904年初，黻宸充京师大学堂史学教习，讲义应编成于本年。讲义中有云："屠君寄、杨君模中史讲义,自开辟始,迄于春秋。……(不佞)继二君后,自春秋始。"共分八篇:读史总论;政治之原理;社会之原理;孔子作《春秋》;孔子之门;孔子弟子之轶闻;孔子弟子之派别;老墨之学。

**孙诒让著成《契文举例》。**

孙诒让《契文举例叙》:文字之兴,原始于书契。契之正字为栔,许君训为刻,盖锓刻竹木以箸法数,斯谓之栔。契者,其同声假借字也。《诗·大雅·绵》云:"爰始爰谋,爰契我龟。"毛公训契为开。开、刻义同。是知契刻,又有施之龟甲者。《周礼》華氏掌共燋契以待卜事,又云遂吹其焌契以授卜师。杜子春云:"契,谓契龟之凿也",亦举《绵》诗以证义。郑君则谓:"契,即《士丧礼》之楚焞所用灼龟也。"综覼杜、郑之义,知开龟有金契,有木契。杜据金契用以钻凿,郑据木契用以然灼,二者盖同名异物。金契,即刻书之刀凿。将卜开甲俾易兆,卜竟纪事以徵吉,殆皆有契刻之事。《诗》、《礼》所述,义据焯然。商周以降,文字繁挚。竹帛漆墨,日趋简易,而栔刻之文,犹承用不废。汉承秦燔之后,所存古文旧籍,如《淹中古经》、《西州剩简》,皆漆书也。《汲冢竹书》出晋太康初,亦复如是。然则栔刻文字,自汉时已罕觏,迄今数千年,人间殆绝矣。

迩年河南汤阴古羑里城掊土得古龟甲甚夥,率有文字,丹徒刘君铁云集得五千版,甄其略明晰者千版,依西法拓印,始传于世,刘君定为殷人刀笔书。余谓《考工记》筑氏为削,郑君训为书刀。刀笔书,即栔刻文字也。甲文既出于刀笔,故庸峭古劲,觚折浑成,恍若读古史手札,唯瑑画纤细,拓墨漫漶,既不易辨仞,甲片又率烂阙,文义断续不属。刘本无释文,苦不能罄读也。蒙治古文大篆之学四十年,所见彝器款识逾二千种,大抵皆出周以后,赏鉴家所獘榻为商器者,率臆定不能确信。每憾未获见真商时文字,顷始得此册,不意衰年睹兹奇迹,爱玩不已,辄穷两月力校读之,以前后复重者参互审绎,乃略通其文字,大致与金文相近,篆画尤简省,形声多不具。又象形字颇多,不能尽识。所称人名号未有谥法,而多以甲乙为纪,皆在周以前之证。羑里于殷属王畿,于周为卫地。据《周书·世俘》篇,殷时已有卫国,故甲文亦有商、周、卫诸文,以相推验,知必出于商周之间。刘君所定为不诬。……甲文多纪卜事,一甲或数段,纵横反正、交错纠互无定例,盖卜官子弟应时记识以备官成,本无雅辞奥义,要远古栔刻遗文,藉存辜较,朽骼畸零,更三四千年竟未漫灭,为足宝耳!今就所通者略事甄述,用补有商一代书名之佚,兼以寻究仓后、籀前文字流变之迹，其所不知，盖阙如也。……光绪甲辰十一月，籀膏居士书。

## 公元1905年 清德宗光绪三十一年 乙巳

**本年之初，邓实、黄节等在上海成立国学保存会。2月23日，其机关刊物《国粹学报》发刊。**

徐信符《广东藏书纪事诗》四三，《邓实·风雨楼》（载伦明等《辛亥以来藏书纪事诗》，杨琥点校，北京燕山出版社1999年版）：……邓实，字秋枚，顺德廪生。光绪晚年，侨居沪上，正孙总理提倡革命民主主义磅礴泄发之时。秋枚与黄晦闻、章太炎辈，设立国学保全会，发行《国粹学报》。凡历六年，提倡汉族精神，鼓吹人民光复神州思想。于国学保存会附设藏书楼，所藏古籍至十五万余册，秋枚复编录藏书志，登载历期《国粹学报》中。所出版《国粹丛书》，一为明人墨迹尺牍；一为先儒手写遗书，及手抄校之书；一为先儒著述；一为宋、明遗民节士诗文集；一为明末遗民稗史杂记，凡分三集。复于书籍之外，设"神州国光社"，发行《神州国光集》，分金类、石类、泥类、书类、画类，用颜色玻璃版印刷。秋枚又于《国粹丛书》中，摘要编写《风雨楼丛书》，《诗》所谓："风雨如晦，鸡鸣不已"，有微意焉。当时国势危乱，钩党纷拏，而触破文网，令焚毁、抽毁之禁书，次第展布，他日汉族重光，非无因也。

章太炎《黄晦闻墓志铭》（载《章太炎全集》五）：晦闻讳节，广东顺德人，弱冠事同县简先生朝亮。简先生者，与康有为同师，而学不务恢怪，尤清峻寡交游。事之数岁，通贯大体，冠其侪。归独居佛寺读书，又十年，学既就，直清廷失政，群怃用事，遂走上海，与同学邓实等集国学保存会，搜明清间禁书数十种，作《国粹学报》，以辨夷夏之义。时炳麟方出系，东避地日本，作《民报》与相应，士大夫倾心光复自此始。……及民国兴，诸危言士大氐致通显，晦闻独寂寂无所附，其介特盖天性也。始自广东高等学堂监督，历京师大学文史教授，凡在北平十七年，中间尝出任广东教育厅长、通志馆长，岁余即解去。其为学无所不窥，而归之修已自植。然尤好诗，时托意歌咏，亦往往以授弟子，以为小家琦说，际乱而起，与之辨，则致汹讼终不可止。诗者在情性之际，学者浸润其辞，足以自得，虽好异者不能夺也。其风旨大氐近白沙，而自为诗激昂庯峻过之。自汉魏乐府及魏三祖、陈王、阮籍、谢灵运、朓、鲍照诗，皆为笺释，最后好昆山顾氏诗，盖以自拟云。晦闻始因京师大学校长蔡元培招充教授，然论议与元培不相中。其后睹学制日颓，与人言辄愤咤久之。民国二十二年，简先生殁，晦闻哭尽哀，自是始病。二十四年一月，卒于北平，春秋六十有二。先生卒时，人为刻其《蒹葭楼诗》二卷，然诸涉风刺者，亦略删之矣。……

邓实《国学保存会小集叙》（载第一年第一期）：粤以甲辰季冬之月，同人设国学保存会于黄浦江上。绸缪宗国，商量旧学。抒怀旧之蓄念，发潜德之幽光。当沧海之横流，媲前修而独立。盖学之不讲，本尼父之所忧。《小雅》尽废，岂诗人之不惧。爱日以学，读书保国，匹夫之贱，有责焉矣。夫神州奥区，学术渊海。三坟五典，为宇宙开化之先。金版六弢，作五洲文明之祖。左史右史所记，金匮石室所藏，有历史以来，号四千载。其载籍之博，曰十三经。自秦火之残，犹藏于博士，乃咸阳一炬，尽荡为飞烟。汉兴，诸经仅得之屋壁，或出之淹中。《诗》始萌芽，《书》犹口说。嗜利禄者，拾其香草。好华藻者，绣其鞶帨。大道以多歧而亡羊，中原方有事而逐鹿。诗、书之业，辍于干戈。六艺之囿，鞠为茂草。况复门户水火，则兰艾同焚，诸子九流，则冰炭不合。流至今日，而汉宋家法，操此同室之戈。景教流行，夺我谭经之席。于是蟹行之书，纷填于市门，象胥之学，相哄于黉舍。观欧风而心醉，以儒冠为可溺。嗟乎！念铜驼于荆棘，扬秦灰之已死。文武之道，今夜尽矣。同人吾为此惧，发愤保存。比虎观之谭经，拟石室之讲艺。说经铿铿，歌声出乎金石。折鹿岳岳，大义炳若日星。有《春秋》经世之志，无雕虫篆刻之风。维时天寒景短，岁暮风长。青松之枝，冬日而弥秀。鸣鸡之音，风雨而不已。即以兹晨之美，先为小集之会。嘉宾在坐，连逢掞以成云。壶觞即开，聚芳馨而成彩。白日将暮，我思古人。清风徐来，既见君子。生刍一束，其人有如玉之美。葛屦五两，履霜无坚冰之渐。金石之怀，历久而靡变。竹柏之节，至死而逾烈。《诗》曰："匪先民是程，匪大猷是经"。於乎哀哉！维今之日，不尚有旧，夫岂旧之不可尚哉？君子不以所恶废乡，风人每以答变怀旧。凡在吾党，当同此心已。

邓实《国学保存会第二年小集叙》附《国学保存会简章》（载《国粹学报》第二年第十三期）：一、本会以研究国学，保存国粹为宗旨。一、入会毋须捐金，惟需以著述（自或撰，或搜求古人遗籍，或钞寄近儒新著）见增于本会者，即为会员。一、本会志在收罗遗籍，其有古人已毁板之书，或尚有版而不多见之书，或写完未刊之书，或久佚之书，海内君子如有以上各书，皆可投寄本会，经同人审定，重版印行，汇为《国粹丛书》，即以印成之书若干部用答雅谊。……一、本会月出《国粹学报》一册，为本会机关。其有外间投赠之文字著述，当择尤先刊报内，其既经刊出者，即以原报一份还赠，每页并以一金为酬。一、本会设藏书楼一所，凡有以古今载籍捐赠者，当题名报内，以志盛谊。一、本会所设于上海四马路东惠福里《国粹学报》馆，外埠寄书增文，请投是处。

《国粹学报》第一期《发刊词》：学术所以观会通也。前哲有言：执古之道，以御今之有；睹往轨，知来辙。史公之言曰：知天人之故，通古今之变。又曰：好学深思，心知其意。班孟坚曰：函雅故通古今。盖化裁为变，推行为通，观会通以御世变，是为通儒之才。但所谓观其会通者，非断断于训故词章之末，姝姝守一先生之说也。乃综贯百家，博通今古，洞流索源，明体达用。

昔庄生作《天下篇》，荀卿作《非十二子篇》，皆明学术之源流，历叙诸家之得失。炎汉代兴，通儒辈出。马谈论六家要旨，刘、班志七略艺文，于学派源流，反复论说，尤能洞见元本。至谓修六艺之文，采诸家之言，舍短取长，可通万方之略。观古人会通之学，何其盛哉！自汉氏后，二千余年，儒林文苑，相望而起。纵其间递兴递衰，莫不有一时好尚，以成其所学之盛，然学术流别，茫乎未闻，惟近儒章氏、龚氏，崛起浙西，由《汉志》之微言，上窥官守师儒之成法，较之郑、焦，盖有进矣。无如近世以来，学鲜实用，自考据之风炽，学者祖述许、郑，以汉学相高，就其善者，确能推阐遗经，抉发闾奥，及陋者为之，则拾攟摭细微，剿袭成说，丛脞无用。而一二为宋儒学者，又复空言心性，禅寂清谭，固陋寡闻，闭聪塞明。学术湮没，谁之咎欤？

海通以来，泰西学术，输入中邦，震旦文明，不绝一线。无识陋儒，或扬西抑中，视旧籍如苴土。夫天下之理，穷则必通。士生今日，不能籍西学证明中学，而徒炫晢种之长，是犹有良田而不知辟，徒咎年凶，有甘泉而不知疏，徒虞水竭，有是理哉？嗟乎！旧籍未沦，风徽未沫，旧国旧都，望之畅然。虽百世之下，犹将感发兴起，况生于其邦，可不知尚论其人乎？夫前贤学派，各有师承，懿行嘉言，在在可法。至若阳明授徒，独称心得。习斋讲学，趋重实行。东原治经，力崇新理。椎轮笔路，用能别辟途径，启发后人。承学之士，正可师三贤之意，综百家之长，以观学术之会通，岂不懿欤！惟流俗昏迷，冥行索途，莫为之导，虽美弗彰。不揣固陋，拟刊发报章，用存国学，月出一编，颜曰《国粹》。虽夏声不振，师法式微，操钟鼓于击壤之乡，习俎豆于被发之俗，易招覆瓿之讥，安望移风之效。然钩元提要，括垢磨光，以求学术会通之旨，使东土光明，广照大千，神州旧学，不远而复，是则下士区区保种爱国存学之志也。知言君子，或亦有取于斯。

……撰社说第一。……撰政篇第二。……撰史篇第三。……撰学篇第四。……撰文篇第五。……撰丛谈第六。……撰撰录第七。

《国粹学报略例》（凡十一则）：一、本报以发明国学、保存国粹为宗旨，不存门户之见，不涉党派之私。一、本报撰述，其文体纯用国文风格，务来渊懿精实，一洗近日东瀛文体粗浅之恶习。一、本报各门皆由邃于国学者分任撰述，每门皆有精理特识。一、本报于我国学术源流派别疏通证明，原原本本，阅者得此可以知读书门径。一、本报于泰西学术其有新理精识，足以证明中学者，皆从阐发，阅者因此可通西国各种科学。……

黄节《国粹学报叙》（载《国粹学报》第一期）：吾国得谓之国矣乎？曰不国也。社会莫不始于图腾，继以宗法，而成于国家者也。吾学得谓之学矣乎？曰不学也。万汇莫不统于逻辑，阐为心理，而致诸物质者也。呜呼悲夫！四彝交侵，异族入主，然则吾国犹图腾也。科学不明，域于无知，然则吾学犹未至于逻辑也。奚以国奚以学为？呜呼悲夫！溯吾称国之始，则肇自唐、虞。蚩尤作甲兵，始伐黄帝，至于夏、殷、周，而苗祸亘千百年。然则唐、虞之称国也，吾以见民族之梦焉。呜呼悲夫！溯吾学派之衰，则源于嬴秦。始皇烧《诗》、《书》、百家语，藏书博士，窒塞民智。至于汉武立博士于学官，罢黜百家，以迄刘歆，则假借君权，窜乱经籍，贼天下后世。然则秦皇、汉武之立学也，吾以见专制之剧焉。民族之界夷，专制之统一，而不国，而不学，殆数千年。呜呼！奚至于今而始悲也！……呜呼！国界亡则无学，无学则何以有国也。吾登高西望，帕米尔高原而东，喜马拉山脉而北，滔滔黄河，悠悠大江，熙熙乎田畴都市，宅于是间者，乃不国乎？而吾巴克之族，犹足以自立，黄帝、尧、舜、禹、汤、文、武、周公、孔子之学，犹足以长存。则奈何其不国也？奈何其不学也？

悲夫痛哉！风景依然，举目有江河之异，吾中国之亡也，殆久矣乎！栖栖千年间，五胡之乱，十六州之割，两河三镇之亡，国于吾中国者，外族专制之国，而非吾民族之国也。学于吾中国者，外族专制之学，而非吾民族之学也。而吾之国之学之亡也，殆久矣乎！……国界亡而学界即亡也。持是以往，萃汉、宋儒者之家法，而蝇蝇于十三经、二十四史、诸子百家之文，罔亦该博焉，而国日蹙，而民日艰，而种族日殽，而伦理日丧乱。一睨乎泰西诸国之政之法之艺之学，则以为非先王之道，而辞而辟之。辟之而不足以胜之也，一耆乎泰西诸国之政之法之艺之学，则以为非中国所有，而貌而袭之。袭之而仍不足以敌之也，则还而质诸吾国，何以无学？吾学何以不国？而吾之国之学，何以逊于泰西之国之学？则懵然而皆莫能言。呜呼！微论泰西之国之学，果足以裨吾与否，而此懵然莫能言之故，则足以自亡其国而有余，是亦一国之人之心死也。

立乎地圜而名一国，则必有其立国之精神焉，虽震撼搀杂，而不可以灭之也。灭之则必灭其种族而后可，灭其种族则必灭其国学而后可。……学亡则亡国，国亡则亡族。吾国之国体，则外族专制之国体也；吾国之学说，则外族专制之学说也。以外族专制，自宋季以来，频繁复杂，绵三四纪，学者忘祖宗杀戮之惨，狃君臣上下之分，习而安之，为之润饰乎经术，黼黻乎史裁，数百年于兹矣。一旦海通，泰西民族麇至，以吾外族专制之黑暗，而当共和立宪之文明，相形之下，优劣之胜败立见也，则其始慕泰西。甲午创后，骇于日本，复以其同文地迩，情洽而收效为速也，日本遂夺泰西之席，而为吾之师，则其继尤慕日本。呜呼！亡吾国学者，不在泰西而在日本乎！何也？日本与吾同文而易毂也。譬之生物焉，异种者虽有复杂，无害竞争，惟同种而异类者，则虽有竞争，而往往为其所同化。泰西与吾异种者也，日本与吾同种而异类者也，是故不别日本，则不足以别泰西。然不别吾累朝外族专制之朝廷，则又何以别日本。夫吾累朝外族专制之朝廷，固皆与吾同种而异类者也，亡吾国吾学者也。……呜呼！今日黄冠草履，空山歌哭，语吾国语，文吾国文，哀声悲吟，冀感发吾同族者，盖仅仅见也。过此以往，声消响绝，虽复布福音，兴豪摩尼斯脱，习希塞洛瓦其儿之文字而矣，非吾巴克之族，黄帝、尧、舜、禹、汤、文、武、周公、孔子之学矣。悲夫！

虽然，巴克之族，黄帝、尧、舜、禹、汤、文、武、周公、孔子之学，其为布帛菽粟，而无待于他求者夥矣，其为夏鼎商彝，而无资于利用者，庸讵乏焉；则是吾学界不能无取诸日本、泰西，亦势也。……海波沸腾，宇内士夫，痛时事之日亟，以为中国之变，古未有其变，中国之学，诚不足以救中国，于是醉心欧化，举一事，革一弊，至于风俗习惯之各不相侔者，靡不惟东西之学说是依。慨谓吾国固奴隶之国，而学固奴隶之学也。呜呼！不自主其国，而奴隶于人之国，谓之国奴；不自主其学，而奴隶于人之学，谓之学奴。奴于外族之专制固奴，奴于东西之学说，亦何得而非奴也。

同人痛国之不立，而学之日亡也，于是瞻天与火，类族辨物，创为《国粹学报》一编，以告海内曰：昔者欧洲十字军东征，弛贵族之权，削封建之制，载吾东方之文物以归，于时意大利文学复兴，达泰氏以国文著述，而欧洲教育遂进文明。

昔者日本维新，归藩复幕，举国风靡，于时欧化主义，浩浩滔天，三宅雄次郎、志贺重昂等，撰杂志，倡国粹保全，而日本主义卒以成立。呜呼！学界之关系于国界也如是哉！宋之季也，其民不务国学，而好为蒙古文字语言，至名其侈辞以为美，于是而宋亡。普之败于法也，割雅丽司、来罗因以和，而其遗民眷眷故国，发为诗歌，不忘普音，于是而普兴。国界之兴亡于学界也又如是哉！夫国学者，明吾国界以定吾学界者也。痛吾国之不国，痛吾学之不学，凡欲举东西诸国之学，以为客观，而吾为主观，以研究之，期光复乎吾巴克之族，黄帝、尧、舜、禹、汤、文、武、周公、孔子之学而已。然又慕乎科学之用宏，意将以研究为实施之因，而以保存为将来之果。悬界说以定公例，而又悲乎言之无文，行而不远，意将矫象胥之失，而不苟同伊缓大卤之名，期光复乎吾巴克之族，黄帝、尧、舜、禹、汤、文、武、周公、孔子之学而已。呜呼！雄鸡鸣而天地白，晓钟动而魂梦苏。天下志士，其有哀国学之流亡者乎？庶几披涕以读而为之舞。

今案：《国粹学报》至1912年初始停刊，共出版82期。关于国学保存会与《国粹学报》的情况，详参郑师渠《晚清国粹派：文化思想研究》第一章《晚清国粹派的崛起》（北京师范大学出版社1997年版）。

## 杨守敬、熊会贞《水经注图》、《水经注要删》刊行。

杨守敬《邻苏老人年谱》：乙巳，六十七岁。刻《水经注图》成。为《水经注图》者，国初有黄子鸿，其书不传。咸丰间，汪梅村始为之图，胡文忠为刊行，顾其学未博，且未见戴氏本，多有凭臆移置左右易位者，未足为郦氏之功臣。而全、赵、戴又但凭今图以律郦书，恃其所学，略观大意，遂下雌黄。故余为此图，皆循郦氏步趋，必一一证古，以书考图，以图覆书，无不吻合，而流移变动，如指诸掌，乃知郦书细针密缕若蛛网，丝毫不乱。……

刻《水经注要删》成。以《水经注释》卷帙浩博，整写不易，而吾年已迈，恐不能上木；崮芝寒士，亦未能任此巨款，乃为《要删》八册，使海内学者知吾有此书，他日有好事者，得吾书而刊之，不至有"赵戴之争"，此刊《要删》之循意也。

## 魏源《元史新编》刊行。

魏源《拟进呈元史新编表》：……国朝康熙、乾隆间，詹事府詹事臣邵远平、臣钱大昕，皆有重修《元史》之事。钱大昕惟成《氏族表》、《经籍志》。邵远平《元史类编》，袭郑樵《通志》之重儓，以《天王》、《宰辅》、《庶官》分题，已大偭史法，且有纪、传，无表、志，于一代经制阙略未详，故钦定《四库全书》置之别史。臣源于修《海国图志》之时，知元代西域远徼，皆西北接鄂罗斯，西南接五印度，与今西洋接壤。自国朝以前，疆域未有廓于元者。而史书之芜蔓疏漏，亦未有甚于元者。爰发愤重修，采四库书中元代各家著述百余种，并旁搜《元秘史》、《元典章》、《元文类》各书，成《元史》，《本纪》十二，《列传》□□，《表》□□，《志》□□，凡□□。……

魏光焘《元史新编叙》：……近世嘉定钱氏、大兴徐氏，皆有志重修，并未卒业。先族祖默深先生，自幼力学，通究古今，期于经世致用。著述脱稿者，先后二十余种。《圣武记》、《海国图志》尤为士大夫考掌故、议边防者之资，久已刊传海内。晚复从事《元史》，创定体例，独出己裁，其所徵据，则元代官私之所纪录，明初诸臣遗老之所记载，《辽》、《金》、《宋》、《明》诸史之所出入，与夫佚事遗闻见于近人及泰西各家之说。元元本本，殚见洽闻，载于各卷所注，《凡例》所引者，可按视也。……《列传》分类相从，以祛佚名字之惑，则又列史之变例已。《本纪》自世祖而下，袭用《邵氏类编》。《艺文志》、《氏族表》，全取之钱詹事。择善而从，不必己出，固史家之常欤！其余就三十史官之辞而损益之，义归谨严，事求详核。论次略就而殁，稿落仁和龚氏，已而复入于莫君祥芝。光焘承乏新疆，闻王益吾祭酒言，亟寓书索还。……岁丁酉，始属欧阳辅之、邹改之两茂才校刊，凡八阅寒暑，徐克蒇事。……原稿系创成，有目无书者，亦不止一处。昔之良史所传，其非全书者多矣。……光绪三十一年秋七月邵阳魏光焘叙。

李思纯《元史学》第一章：《元史新编》九十五卷，凡本纪十四卷，列传四十二卷，表七卷，志三十二卷。盖自宋濂、王祎草创《元史》以后，虽有志重修者不乏其人，而皆仅成零编短著，无关全局，至源著此书成，而后第一次全体改造之规模具焉。其书有《凡例》与《语解》冠其首。《凡例》历举旧《元史》中芜漏缺失之点，与本书改善补正之点。《语解》则解释命名之原义，翻音之方法。……虽徵考繁博，纪载正确，远胜旧《元史》，终以囿于见闻之故，仍未能详尽博洽，使吾人满意。……而源之能发愤致力，全部改造，固不失为近代元史之大辂椎轮也。……

**王国维《静安文集》刊行。**

　　王国维《静安文集自序》：余之研究哲学，始于辛、壬之间。癸卯春，始读汗德之纯理批评，苦其不可解，读几半而辍。嗣读叔本华之书而大好之，自癸卯之夏以至甲辰之冬，皆与叔本华之书为伴侣之时代也。其所尤惬心者，则在叔本华之知识论，汗德之说得因之以上窥。然于其人生哲学观，其观察之精锐与议论之犀利，亦未尝不心怡神释也。后渐觉其有矛盾之处。去夏所作《红楼梦评论》，其立论虽全在叔氏之立脚地，然于第四章内已提出绝大之疑问。旋悟叔氏之说，半出于其主观的气质，而无关于客观的知识。此意于《叔本华及尼采》一文中始畅发之。今岁之春，复返而读汗德之书，嗣今以后，将以数年之力研究汗德。他日稍有所进，取前说而读之，亦一快也。故并诸杂文，刊而行之，以存此二三年间思想上之陈迹云尔。光绪三十一年秋八月，海宁王国维自序。

**刘师培《中国历史教科书》第一册由上海国学保存会刊行。第二册于次年刊行。**

　　刘师培《中国历史教科书凡例》：读中国史书有二难：上古之史多荒渺，而记事互相歧；后世之史咸浩繁，而记事多相袭。中国廿四史，既不合于教科，《通鉴》、《通典》、《通考》亦卷帙繁多。而近日所出各教科书，复简略而不适于用。欲治中史，非编一繁简适当之中国历史莫由。

　　西国史书，多区分时代，而所作文明史复多分析事类。盖区分时代近于中史编年体；而分析事类则近于中国"三通"体也。今所编各课，咸以时代区先后，即偶涉制度文物于分类之中，亦隐寓分时之意，庶观者易于了然。

　　中国史书之叙事，详于君臣而略于人民，详于事迹而略于典制，详于后代而略于古代。今所编各课，其用意则与旧史稍殊。其注意之处约有数端，试述之如左：一、历代政体之异同。二、种族分合之始末。三、制度改革之大纲。四、社会进化之阶级。五、学术进退之大势。

　　今日治史，不专赖中国典籍。西人作中国史者，详述太古事迹，颇足补中史之遗。今所编各课，于徵引中国典籍外，复参考西籍兼及宗教社会之书，庶人群进化之理可以稍明。

　　所编各课，于所采各书，必详注所出（所采取书计数百种）。于古代地理，亦注以今名。一二私见，附以自注，以供学者之参考。

各课之后，偶附年表及帝王世系表、历代大事表，而职官、地理各表及封建、井田、学校等图亦偶列焉。

今案：是书分二册，按课时分配内容，每册各三十六课。第一册为上古史；第二册为西周史。

**刘师培在《国粹学报》刊发《周末学术史序》。**

刘师培《周末学术史序总序》：昔欧西各邦，学校操于教会。及十五世纪以降，教会寝衰，学术之权始移于民庶。及证之中邦典籍，则有周一代，学权操于史官。迨周室东迁，王纲不振，民间才智之士，各本其性之所近以自成一家言，虽纯驳不同，要皆各是其所是，则学兴于下之效也。（当此之时，由官学变为私学。孔子有弟子三千，墨子有巨子十数，许行亦有弟子数十人。即段干末、颜涿父以大盗大駔皆从圣贤问学。盖当时教育之家，以教学普及为己任。而诸侯卿士亦知重学。国君分庭抗礼，卿相拥彗迎门，即阶级之制度亦因之而改革矣。）仁和龚氏不云乎，师儒之替也，源一而流百焉，其书又百其流焉，其言又百其书焉。各尊所闻，各欲措之当代之君，民则政教之末失也。虽然，亦皆出于本朝之先王。吾观《庄子·天下》篇，历叙诸子之源流，皆以为出古道术。（据《庄子·天下》篇所言，则墨翟与宋尹二派皆为墨家。彭、田、慎及关、老、庄周三派皆为道家。此出于古人道术者也。惠施一派则为名家，乃离乎古人道术而特创之学也。故不言出古道术。古道术者，即古代所谓官学也。《庄子·天下》篇云："神何由降，明何由出。圣有所生，王有所成，皆原于一。"此即《易经》天下同归而殊涂之说也。又曰："天下大乱，贤圣不明，道德不一，天下多得一察焉而自好。"此即《周易》一致而百虑之说也。）

及孟坚作《汉·艺文志》，承歆向《七略》绪余，于官师儒合一之旨深契其微。其云某官之掌，即法具于官、官守其书之义也。其云流为某家之学，即官师失职、师弟传业之义也。（此会稽章氏之说。）是则私学之源出于官学，官学之派主于合，私学之派主于分。（官学主合，即西人所谓归纳学也。私学贵分，即古人所谓演绎派也。）立言有当，夫岂强同。

又《班志》以前，有荀卿、司马谈二家，皆诠明古学，虽去取互殊，用舍不同，然寻绎周末学派，则舍此末由。特《班志》所言，先取诸子之所长，复著诸家之所短，得失互见，持论差平。若史谈《六家要旨》，先言所短，后著所长。荀卿《非十二子篇》，则舍长著短，立说稍偏，（荀卿偏于儒家，马谈偏于道家，皆一偏之见。）未足为定论矣。后世以降，诸子家言，屏诸经史之外，故治之者鲜。近世巨儒稍稍治诸子书，大抵甄明诂故，掇拾丛残，乃诸子之考证学而非诸子之义理学也。（如毕秋帆之校《墨子》、《吕氏春秋》，孙渊如之校《孙子》、《吴子》、《司马法》、《尸子》，秦敦父之校《鬼谷子》，王益吾之注《荀子》以及俞曲园《诸子平议》诸书，皆考证诸子者也。）

予束发受书，喜读周秦典籍，于学派源流反复论次，拟著一书，颜曰《周末学术史》，采集诸家之言，依类排列，较前儒学案之例稍有别矣。学案之体以人为主，兹书之体拟以学为主。义主分析，故稍变前人著作之体也。……

> 今案：是文《总序》后列十五篇序：心理学史序；伦理学史序；论理学史序；社会学史序；宗教学史序；计学史序；兵学史序；教育学史序；理科学史序；哲理学史序；术数学史序；文字学史序；工艺学史序；法律学史序；文章学史序。

## 公元 1906 年 清德宗光绪三十二年 丙午

### 王树枏著成《希腊春秋》。

王树枏《希腊春秋序》：西国之史无专书。自海岛诸国交通以来，海内文人博士，始网罗西国旧闻，广为翻译，以饷天下学者。于是古今政学兴替淳疵之故，始稍稍著名于世。余向为《希腊、罗马春秋》二书，手稿半散毁，不复完具。近复重为蒐辑，成《希腊春秋》八卷，其人名、地号，则以日本冈本监辅译本为定本，而附注其不同者，以备阅者考订。乌虖！孔子曰：其事则齐桓、晋文，其文则史。余之为是书也，亦窃自比于鲁、晋之文焉而已。丙午闰四月五日，新城王树枏识于兰州道署之澄清堂。

> 今案：是书八卷，为编年体希腊史。用中国帝王年号纪年，以小字附注西元纪年。起于唐尧五十五年（公元前2089年），终于汉景帝十三年（公元前145年）。卷首叙希腊地理、人文，然后按年叙事，纪事甚略。

## 公元 1907 年　清德宗光绪三十三年　丁未

**英国考古学家斯坦因第二次进入中国西北考察，谋取大批敦煌遗书及珍贵艺术品。**

《中国大百科全书》（第二版，第 21 册，第 99 页）：斯坦因 Stein,Aurel（1862-11-26～1943-10-26）英籍考古学家。生于匈牙利布达佩斯，卒于阿富汗喀布尔。1904 年加入英国国籍。斯坦因受业于古印度文字学权威 J.B. 比勒（1837～1898）教授，专攻古代语言、印度古代史等，后又留学于牛津大学和伦敦大学。1883 年获博士学位后，在牛津大学、不列颠博物馆继续深造。1889 年起任当时拉合尔（今属巴基斯坦）东方学院院长、旁遮普督学、印度西北边境省督学和考古调查员等职。

在英属印度政府支持下，斯坦因曾进入中国新疆、甘肃地区，先后进行三次大规模的地理测量和考古调查。1900 年 5 月至 1901 年 7 月对天山南道等处考察。1906 年 4 月至 1908 年 11 月到约特干、丹丹乌里克、米兰、楼兰、敦煌石窟等处考察。1913～1916 年前半程考察路线与第二次同，后半程考察了敦煌汉代烽燧遗址、居延烽燧遗址、黑城遗址、高昌古城遗址和墓地，以及唐北庭都护府城址等。发掘一些古代遗址，并运走大量珍贵文物，其中包括敦煌莫高窟藏经洞的大批写经和幡画。第四次因中国学术界反对未成行。……

斯坦因著述甚多。早年通过亲自考察写成《克什米尔古代地理》，作为由梵文译成英文的《克什米尔王统记》一书的附录。他对新疆、甘肃等地的三次考察成果，先后发表于《古代于阗》（1907）、《西域》（1921）、《亚洲腹地》（1928）；其历次考察概述见于《斯坦因西域考古记》（1933），1936 年译成中文。此外，还著有《西北印度西南波斯的考古调查》（1937）、《西部伊朗的古道》（1940）等。

向达《译者赘言》（载向达译《斯坦因西域考古记》，中华书局 1936 年版）：西洋自十九世纪中叶以后，探险的风气大盛，逐渐及于中亚一带。中亚地方在中古时代，为中国丝缯西去的大道，为东西方文化交通的枢轴。近数十年来，西洋学者在中亚考古探险所得的古代遗存，不惟可以看出古代当地文化水准情形，东西两方文化交光互影的梗概，并且连中国中古时代的历史，因为有这些遗物的发现，也可以呈露不少的光明，得到不少的新的解释。在考古学方面成绩最为可观的有英国的斯坦因（Sir Aurel Stein）、法国的伯希和（M.Paul Pelliot）、瑞典的斯文海定（Dr.Sven Hedin）和德国的勒柯克（Von Le Coq），日本的橘瑞超也有一部分的贡献。……

斯坦因《斯坦因西域考古记》第十二章，《千佛洞石窟寺》：在第一次中亚探险队以后几年，我便从事计画第二次的探险，并很想将这一次的探险拓展到中国西北边界上的甘肃省去。我的朋友匈牙利地质调查所所长故洛克奇教授曾同我说及敦煌东南的千佛洞佛教石窟寺，因此更大大的促进了我愿望。……

一九〇七年三月我到敦煌沙漠田后，在几日以内，第一次奉访这些石窟，便看出我的希望是完全实现了。……

一九〇七年五月二十一日，我重来圣地，那时重又回后到荒凉寂寞的景像，我于是把帐篷扎在那里，准备作长时期的担搁，我所能说的是那时我又是另一种希望浮在心头。在我初到敦煌以后不久，便听到一种模糊影响的风闻，说是几年前偶然之间在一座石窟寺里发现了隐藏在那里的很多古代写本。据报告说，那归一位道士保管，因为重修庙宇，无意中发现此物，后因官府命令，重新封锁云云。这种宝物很值得去努力侦查一番。……

同上书第十三章，《秘室中的发现》：……当时最重要的工作是把王道士对于流言的畏惧心情除去。我很谨慎的告诉他说将来我要捐一笔功德钱给庙里。……到末了我们成功了，这要归功于蒋师爷的谆谆劝谕，以及我之再三表露我对于佛教传说以及玄奘之真诚信奉。

……到最后他得到很多的马蹄银，在他忠厚的良心以及所爱的寺院的利益上，都觉得十分满足，这也足以见出我们之公平交易了。……四个月后我回到敦煌附近，他还慨允蒋师爷代我所请，送给我很多的中文同藏文写本，以供泰西学术上之需。十六个月以后，所有装满写本的二十四口箱子，另外还有五口里很仔细的装满了画绣品以及其他同样美术上的遗物，平安的安置于伦敦不列颠博物院……

……大约一年以后，法国有名的学者伯希和教授（Professor P. Pelliot）来访千佛洞。藉了他那渊博的汉学知识，他诱导王道士允许他去把剩余的许多中国卷子匆匆考查一番。努力的结果，他从混乱的堆中选出一些不是中文的写本，此外还有一些他认为在语言学上考古学上以及其他方面特别有趣的中文写本。道士显然是有了以前与我的经验，于是允许伯希和教授挟去一千五百多卷他所选出来的书籍写本之类。

一九〇九，这位学者回到巴黎，路过北京的时候，他带去许多重要中文写本的消息，传入当时中国学者的耳目，他们因此大为兴奋，后来遂由中央政府下命令，将石室全部藏书运到京城。一九一四年我率领第三次探险队重到敦煌，据所闻报告，得知京城命令实施时可痛可惨的那种特殊情状。

　　我回到那里，王道士欢迎我有如老施主一般。……我第二次巡礼此地的结果，许我带去的还足足装满五大箱，有六百卷佛经——自然，又得布施相当的数目。……

　　一九〇七年我所带走的中国材料，计有完整无缺的卷子三千卷左右，其中有许多都是很长的，此外的文件以及残篇约有六千。伯希和教授起先打算编一目录，后来放弃。一九一四年遂由小翟理斯博士（Dr. L. Giles）从事编目。……卷子的大部分都是中文佛经。……

　　此外除未知者外，关于历史地理以及其他方面中国学问的残篇，为以前所不知道的也还不少。有好几百篇文书对于当地的生活状态，寺院组织之类，可以显示若干光明，这一切的纪录，自古以来实际上就没有留给我们。就卷尾以及文书中间所纪载的正确年代，这些卷子的年代大概自第五世纪的最初以迄于第十世纪的终了。研究所得的这些年代以外，再加以伯希和教授的材料，比观互校，可知这一部大藏书室之封闭，一定在十一世纪初期左右，其时西夏人（Tanguts）征服此地，有危及当地宗教寺宇之势，因而如此。

……………

**章太炎在《民报》刊发《社会通诠商兑》。**

　　章太炎《社会通诠商兑》（载《民报》1907年第12号）：英人甄克思著《社会通诠》，侯官严复译述著录。其所言不尽关微旨，特分图腾社会、宗法社会、军国社会为三大形式而已。甄氏之意，在援据历史，得其指归。然所徵乃止赤、黑野人之近事，与欧、美、亚西古今之成迹，其自天山以东，中国、日本、蒙古、满洲之法，不及致详，盖未尽经验之能事者。严氏皮傅其说，以民族主义与宗法社会比而同之。今之政客，疾首于神州之光复，则谓排满者亦宗法社会之事，于是非固无取，于利害则断其无幸。夫学者宁不知甄氏之书，卑无高论，未极考索之智，而又非能尽排比之愚，固不足以悬断齐州之事，如严氏者，又非察于人事者耶？人心所震矜者，往往以门户标榜为准，习闻其说以为神圣，而自蔽其智能，以世俗之顶礼严氏者多，故政客得利用其说以愚天下。……观其所译泰西群籍，于中国事状有豪毛之合者，则矜喜而标识其下；乃若彼方孤证，于中土或有抵牾，则不敢容喙焉。夫不欲考迹异同则已矣，而复以甲之事蔽乙之事，历史成迹，合于彼之条例者则必实，异于彼之条例者则必虚；当来方略，合于彼之条例者则必成，异于彼之条例者则必败。抑不悟所谓条例者，就彼所涉历见闻而归纳之耳，浸假而复谛见亚东之事，则其条例又将有所更易矣。社会之学，与言质学者殊科。几何之方面，重力之形式，声光之激射，物质之化分，验于彼土者然，即验于此土者亦无不然。若夫心能流衍，人事万端，则不能据一方以为权概，断可知矣！且社会学之造端，实惟殖殄德，风流所播，不逾百年，故虽专事斯学者，亦以为未能究竟成就。盖比列往事，或有未尽，则条例必不极成。以条例之不极成，即无以推测来者。夫尽往事以测来者，犹未能得什之五也，而况其未尽耶？严氏笃信其说，又从而为之辞，并世之笃信严氏者，复冀为其后世，何其过也！今就《社会通诠》与中国事状计之，则甄氏固有未尽者；复有甄氏之所不说，而严氏附会以加断者；又有因严氏一二狂乱之辞，而政客为之变本加厉者。……

## 国史馆复纂画一列传完竣，奏请议叙。

中国第一历史档案馆藏《国史馆档案》庶务类第1068号卷，存国史馆奏底：国史馆谨奏：为复纂臣工列传书成恭呈御览事。窃臣馆纂办臣工列传，向系按季分单呈进，仍发馆中收存。因编纂非出一手，体例恐有参差，每积传至五六百篇之外，必须复行检辑，斟酌画一，以昭信史。查同治元年至光绪十六年已积传八百余篇，经臣等于光绪十六年十一月初七日奏请复纂，奉旨：依议，钦此。当经臣等督率提调、总纂、纂修、协修等官，将各传复纂画一。内有既经成传，续奉谕旨追加爵谥、荫恤，并入祀贤良等祠者，皆详为增载，其有身后削夺等事，亦一律追改。如事迹太少，酌撤归表。

嗣因续进各传又积有一百数十篇之多，复令提调等官，将光绪十七年以后、二十年以前各传一律归入此次复纂。窃原纂各传自为一册，卷帙次第未分，今俱查照历届章程，悉心归并，厘定卷次，使体例无歧，悉归画一。计成汉字《大臣传》一百五十八卷、《忠义传》六十卷、《循吏传》四卷，共汉字传二百二十卷。清字《大臣传》一百卷、《忠义传》五十二卷，共清字传一百五十二卷。均经缮写正本，装潢成帙，恭呈御览，伏候钦定。其贴黄清、汉字正本各一分，共三百七十四卷，存馆备查。其进呈正本恭候发下，即择定日期移送皇史宬尊藏，以垂久远。

臣等伏查嘉庆十七年四月钦奉谕旨：嗣后各馆纂办书籍至一百卷以上者，

准其奏请优叙。嗣于光绪二十一年三月二十日因臣馆纂办书籍,誊录等官裹足不前,臣等奏请仿照会典、方略两馆奏定章程,准其从优予以分发,奉上谕:国史馆奏誊录不敷办公,拟援案变通议叙章程以期踊跃一折,著吏部议奏。钦此。旋经吏部议准在案。今臣馆纂辑画一《臣工列传》,数已在七百卷以上,在馆各员均能踊跃从公,妥速蒇事,理合奏请议叙。除臣等总裁、总校均不敢仰邀议叙外,所有应行议叙各员,由臣等分别等第,咨部办理。其满汉提调、总纂、纂修、协修等官,均能于常行功课之外,昕夕从公,悉心编纂。其校对、收掌、繙译、誊录等官,均能校缮无误。至供事人等,亦皆在馆有年,当差勤奋。今全书一律告成,均不无微劳足录,可否仰恳天恩,俯准臣等援案将尤为出力各员择优酌保,以示鼓励之处,出自皇太后、皇上恩施。谨奏请旨。

今案:此为国史馆奏折底稿,未署上奏人姓名,亦未标明日期。但其中显示为完成同治元年至光绪二十年积累国史列传的复纂画一,则可依此查考年时。《国史馆全宗档案》庶务类第1118号卷光绪三十四年行移档内,有追述光绪三十三年八月画一臣工列传完竣时曾奏请议叙的内容,故可判定:此篇奏底,即为光绪三十三年八月奏折的底稿。

**国史馆改订史馆章程。**

中国第一历史档案馆藏《国史馆档案》编纂类第1号卷,存奏稿《酌拟国史馆改良办法》:

……顾自设馆以来,惟度支部发给纸张折价及饭银,通计一年所领不过千余金。而历年办书,有每月进呈者,如满汉《大臣列传》、《忠义传》及各志是也;有特奏编进者,如《皇清奏议》、《儒林》、《文苑》、《循吏》、《孝友》列传及臣工画一传是也。前后所成,计有数千百卷之多。其办事各员,提调总一馆之成,总纂、纂修、协修任纂辑之事,计有一百余员之众,而供事之录副、查书以供奔走者,其数尤多。乃所领公款仅此千余金,其何有济?不得已,乃取给于誊录、供事功课、到馆等费,藉资挹注,每届五年酌予议叙以酬之。沿习既久,至今未改。夫以一代宏谟焜耀千古,不上资于国币,乃下取于陋规,非所以重政体也。臣等窃谓史馆为文治所关,允宜格外维持,俾垂久远。现经公同筹画,力求撙节,拟请嗣后除度支部纸张折价及饭银照常发给外,每年赏银三万两,作为史馆办公经费。其誊录、供事功课、到馆等费一概裁革。在国家所费不多,而政体所全实大。此酌筹经费之办法也。至于史馆事宜,相沿虽久,当此朝政更新之日,必应整顿而光大之……伏乞皇太后、皇上圣鉴训示遵行。谨奏。光绪三十三年十一月二十三日奉旨：依议，钦此。

  今案：此件存于《国史馆全宗档案》，是奏议底稿，注明乃由大臣传股供事王端观、郑懋祺拟写，经提调支持、策划，而上奏仍为总裁口气。此处仅作摘录，其文已经提出几项改订国史馆章程的办法，此处从略。

中国第一历史档案馆藏《国史馆档案》编纂类第1号卷，存《改订史馆章程条例》：

  一、本馆向无办公经费，皆取给于誊录、供事到馆功课等费，殊非政体。所宜当奉总裁谕令，整顿章程，并奏请发给款项，以资办公。现奉谕旨，每年由度支部发给银三万两，按季赴部观领。除以一万两支归满股外，所有汉股之二万两，撙节支用，作为常年办公津贴，按季开造报销，呈请总裁核定。

  一、四位总裁不支津贴，应行恪遵面谕。

  一、汉提调二员，奉总裁谕，派每员月支津贴银□□两。

  一、本馆总纂、纂修、协修各员，近年来均不到馆办公。现经总裁另派十员专司笔削，每员月支津贴银五十两，派定功课，按月纂办。如所办功课不及数者，酌扣津贴，全旷者停支。十员中遇有缺出，随时请总裁于总纂、纂修内长于史裁者点派充补。所有总纂、纂修、协修各缺，仍照旧例，依次递充。

  一、笔削十员每员按月纂传一篇（忠义、大臣、蒙古王公），纂志一二卷，以二三十开为率（十四志），或纂辑传一篇复辑志一二卷为定课。以简明、详赡为主，毋取乎篇幅之长。如初纂稿未能合格，发还另纂，复辑稿未尽允当，亦发还复加斟酌。

  …………

  一、每月功课缮成副本、正本后，即送交校对官印句读圈悉心校对，以无漏无讹为要。各校对官务须随到随校，至迟以两日为率。届时派馆中茶役走取，勿得推故延宕。并于面上粘签，注明校对官某某及收到日期、校讫日期，以凭查核。

  一、校对官八员，每员月支津贴银八两，凡遇应校功课迟误、疏忽者，酌扣津贴，不校者停支。

  一、凡有津贴各员，概不发给桌饭银两，此项节省归入岁修款内报销。

  今案：此件原文未标明日期，但前一奏请既然得到旨准，且其中已有改良办法的内容，则拟定如此章程亦应很快完成，故仍系于本年之内。此处关于提调的津贴，尚为空格，等待总裁决定，则此件乃为草稿。

## 公元1908年 清德宗光绪三十四年 戊申

**法国汉学家伯希和私自购取大批珍贵的敦煌遗书，引发中国学者的高度关注。**

《中国大百科全书》（第二版，第2册，第531—532页）：伯希和（Pelliot, Paul 1878.5.28—1945.10.26）法国汉学家。生于巴黎，卒于巴黎。毕业于政治学院和国立东方学院。曾从法国汉学家E. É. 沙畹等人学习。1899年成为印度支那古迹调查会（后改为河内法国远东学院）的资助生。1900年到北京。……此后至1902年共三次来中国搜集图书、资料。1905年8月，他受法国金石铭文与文艺学院和法国中亚考察委员会的委派，进行中亚考察。1906年8月底至1908年5月，广泛考察新疆喀什地区和库车托木舒克的脱库孜萨来以及甘肃的敦煌石窟，发掘库车附近的杜勒杜尔和苏巴什佛寺遗址，运走大量珍贵文物，包括死文字文献。1908年2—5月，继英国A. 斯坦因之后，他又攫取敦煌写卷的精华部分数千卷以及幡幢、绘画等。这些文物和文献资料，现仍以《伯希和考察队丛刊》和《伯希和考察队考古学丛刊》之名陆续出版。

伯希和于1911年出任法兰西学院历史学与考古学教授，执教达34年。1921年被选为法国金石铭文与文艺学院士。1925年起，负责主编欧洲的主要汉学杂志《通报》。1935年出任法国亚细亚学会主席。1939年被聘为中国中央研究院历史语言研究所研究员。有关考古学的著作主要有《敦煌洞窟》（1922—1926）、《敦煌洞窟——伯希和笔记》（1981—1984）。

伯希和《高地亚洲3年探险记》（译自巴黎1910年1月的《法属亚洲委员会会刊》，载耿昇译《伯希和西域探险记》，云南人民出版社2001年版）：我们一行于1907年12月离开乌鲁木齐，于次年2月间的最后几天来到甘肃最西端的敦煌。从我们离开巴黎那时起，敦煌就已经被确定为我们旅行中的大站之一。……我当时就决心要对它们进行研究。实际上一直未有任何考古学家这样做过。……敦煌石窟为我们保留下了6—10世纪中国佛教艺术的最珍贵的几种文物真迹。……虽然我的同行斯坦因于我之前光顾了敦煌，但我仍保持着再获重大发现的希望。在我们一行到达敦煌之后，我便开始寻找王道士。事实上我未费多大周折就找到了此人，他已决定前来敦煌石窟。他最终为我打开了那个小龛，整个龛不足三米见方，其中塞满了二三层文书。洞中有各种各样的写本，特别是卷子，但也有单页；既有汉文的，也有藏文、回鹘文和梵文写本。……我面对的是远东历史上需要记录下来的中国最了不起的一次写本大发现。……我于是便蹲在洞子中，兴奋不已，整整三个星期。我对全部藏书都编了简目。

这样一来，在我经手的15000多个卷子中，我取走了所有那些以其时代和内容而提供了一种重要价值者，也就是近全部写本的三分之一。在这三分之一写本中，我取完了用婆罗谜文或回鹘文写成的全部写本、许多藏文写本，但主要部分还是汉文写本。对于汉学研究来说，这都是一些无法估价的财宝。当然，其中的许多写本是佛教的，但也有历史、地理、哲学、经典、纯文学、各种契约、租约、逐日所作的札记。所有这一切都要早于11世纪。1035年，入侵者自东方而来，僧侣们都匆匆忙忙地把他们的书籍和绘画堆进一个密室中，然后又将洞封闭起来，然后再于洞口上抹上一层泥。那些僧众均被入侵者屠杀或驱散，对藏经洞的记忆也随着他们的消逝而消逝。1900年，出于一次偶然，这种记忆才又被重新恢复了。非常幸运的是，在此后的八年中，没有任何一个学者前往那里实地研究这些文献并确认其重要意义。先生们，在这种重要意义方面，我在声称它们对于我们至关重要时，并未有任何夸张。古代汉文写本甚至在中国本地也很罕见，在欧洲尚根本不存在任何这样的写本。此外，我们过去只能依靠书本工作，从未曾根据明显是为公诸于众而写的文献工作过。现在汉学家们首次可以采取欧洲史的史学家们的模式，根据档案来工作了。最后，在该洞中，还有其他东西：绢画和麻布画，它们与写本是同时代的，应被列于卢浮宫收藏的至今仍寥寥无几的那一套之首；最后是某些刊本作品，即公元10世纪和甚至是8世纪的木刻刊本著作，它们均早于古登堡5—7个世纪，应为现知的世界上最古老的刊本著作。

1908年5月，我们对千佛洞的研究已告结束，于是便离开敦煌。……我们一行于1908年10月初到达郑州。……两天之后，我们达到北京，这次旅行本身已告结束。……

……在此期间，有关我们在敦煌大发现的流言蜚语在中国学者之间广泛流传。……北京的学者们也都接踵前来我的住处，以研究和拍摄我的同伴们未带走的那几卷文书。最后，他们为我举行了一次宴会，并且结成一个社，以选择我们文献中最重要者，影印发表和刊印成一大套书。他们要求我作中间调停，以便人们在巴黎能方便他们的工作。这确实是我们至少应为他们做的事。

............

陈垣《敦煌劫余录序》（载《陈垣学术论文集》第一集，中华书局1980年版）：......敦煌自汉至唐，为中西交通孔道。人文极盛。外来宗教如佛、如祆、如景、如摩尼，皆先后集其间。是时雕版尚未大兴，书皆缮写。周、隋而后，造像之风寖杀，信佛者有以写经为功德，故佛经写本之传布特多。......

清光绪二十六年四月，洞中佛龛坍塌，故书遗画暴露，稍稍流布。时人不甚措意。三十三年，匈人斯坦因、法人伯希和，相继至敦煌，载遗书遗器而西，国人始大骇悟。宣统二年，学部咨甘肃有司，将洞中残卷悉数运京移藏，部立京师图书馆，即今所著录者是也。......

**翰林院编修袁励准进呈魏源《元史新编》。**

《清德宗实录》卷五九六，光绪三十四年九月辛卯：翰林院编修袁励准，奏呈进故江南高邮州知州魏源《重修元史》。得旨：着南书房会同国史馆详阅具奏。

今案：中国第一历史档案馆所藏《国史馆全宗档案》第1号卷、第496号卷内，存有光绪三十四年九月，翰林院编修袁励准奏请将魏源《元史新编》列入正史的文件。至十二月，国史馆总裁上奏，暂任柯劭忞为国史馆"帮提调"，专门审阅《元史新编》是否合乎正史标准。实录中未言此事缘起，仅记载了九月间呈进魏源之书。

**张尔田《史微》内篇刊行。**

邓之诚《张君孟劬别传》（载《燕京学报》第30期，1945年）君名尔田，官名采田，字孟劬，一字幼莼，晚号遯堪。世为钱唐张氏。......君少以词章擅名，为文归摹六朝，诗逼似玉溪。从官直隶，以例监生入试北闱被放，旋依例为刑部主事，改官江苏试用知府。国变后，高隐不仕，专心著作，于学无所不窥。初治《说文》，通《三礼》，继遍读周秦诸子，识其指归，以间习小乘佛教经典，尝造《阿毗达摩俱舍论讲疏》，穷深研幾，并世莫及。后乃专意于史，世方重钱、王史学，以补苴考订为上，君独明体例，弘鉴裁，鸠集众事，志在纪述，欲自谢山以窥万、黄，遥接东莱、伯厚、身之之绪，以光大浙东史学。所撰行者有《史微》八卷，参章学诚之旨，求证于群经诸子，穷原竟委，合异析同，以推古作者之意，识学诚为通类知方，粲然有序。君由是显名，倭人至列为大学研文史者必读之书。又撰《玉溪生年谱》四卷。……又《列朝后妃传》二卷。……又《蒙古源流笺证》八卷，故人嘉兴沈曾植发其端绪，身后遗书零落，君发愤为之理董，是正百数十事，几以全力为之，乃自序曰校补，盖谦辞也。又《钱大昕学案》二卷。……早与同县夏曾佑议论相得，撰《孱守斋日记》一卷以记之。……晚遂与之诚同教授于燕京大学，为研究院导师。……遂以至（1945年）正月初七日卒于故都。……距生于甲戌正月二十九日，春秋七十有二。……

张尔田《史微凡例》：《史微》之为书也，盖为考镜六艺诸子学术流别而作也。夫古今言六艺诸子者夥矣，非便词巧说、破碎大道，即凭虚任臆、诋为异端，盖自汉武帝废除百家而先生官守之遗衰，自郑康成混合今古文而我孔子垂世立教之微言绝。暧暧姝姝，抱一先生之言以讫于今，虽以乾嘉诸大师考订校雠之勤，苦志尽情，头童齿豁，尚不识六艺诸子为何物，真庄生所谓"大惑终身不解"者也。往与吾友孙君益莽同谭道广平，即苦阮氏、王氏所汇刊《经解》琐屑饾饤，无关宏旨，嗣得章实斋先生《通义》，服膺之，始于周秦学术之流别稍有所窥见；久之，读《太史公书》，读班孟坚《书》，无不迎刃而解，豁然贯通，一时之所创癐，殆若有天牖焉。爰悉取六艺诸子之存于世者，理而董之，仿刘知几《史通》例，分为内、外篇，都十余万言。内篇为古人洗冤，为来学祛惑，本经立义，比次之学居多；外篇发明天人之故，政教之原，越世高谈，论断之学居多。名曰《史微》者，以六艺皆古史，而诸子又史之支与流裔也。……

张东荪《重定内篇目录叙》：右《史微》内篇，旧四卷，今析为八卷，凡篇三十八，附篇四，兄孟劬兄定稿重锓者也。兄学邃于史，观书镜大原，分肌擘理，朴属微至，往往不为训诂辞章家所熹。……成《史微》数十万言，自谓演浙东遗绪。戊申，椠内篇于沪，既山阴平毅依改本锲聚珍版，意弗惬也。……因内篇已行，勉授于荪而覆刊之。……壬子先立夏三日，东荪记。

**《经学历史》、《经学通论》作者皮锡瑞卒。**

皮名举《皮鹿门先生传略》（载《经学历史》周予同注释本附录，中华书局1959年版）：公讳锡瑞，字鹿门，一字麓云，姓皮氏，湖南善化人。颜其居曰："师伏堂"，学者因称师伏先生。……父鹤泉公，以儒术饰吏治，为浙江宣平知县。公以清道光三十年庚戌十一月十四日（公元一八五〇年十二月十七日）生于善化城南里第，为鹤泉公长子。……年十四，应童子试，补善化县学生员。越年，食廪饩。年二十四,举同治癸酉科拔贡。……年三十三,举光绪壬午科顺天乡试……尔后三应礼部试,皆报罢。公既困于甲科,遂潜心讲学著书。光绪十六年,主湖南桂阳州龙潭书院讲席。后二年,移主江西南昌经训书院。……

光绪初叶,四境多虞。……公悯乱忧时,倡屯田固边及救藩备围诸议。甲午战后,朝野倡言变法,公独以为"宜先清内乱,严惩贿赂,刻绳赃吏,实事求是。且必先改宋,明陋习,不必皆从西俗"。……

公以经学名于时。光绪五年,年三十,乃始治经。研精覃思,更三十年,著书百卷,成一家言。光绪十三年,始为《尚书大传笺》,后更名《尚书大传疏证》,越十年始成,凡七卷,以丙申秋刊于南昌。公平生学问实萃此书,自序谓:"殚精数年,易稿三次,既竭驽钝,粗得端倪。原注引郑,必析异同。辑本据陈,间加厘定。所载名物,亦详引徵。冀以扶孔门之微言,具伏学之梗概。"盖公治《尚书》,服膺伏生,宗今文说。……公少壮所作,多属诗文,有《师伏堂骈文》及《师伏堂诗草》。中年主讲江右,专治经学,尝集所作经解为《经训书院自课文》。既刊《尚书大传疏证》,复成《古文尚书疏证辩正》、《九经浅说》、《古文尚书冤词平议》、《孝经郑注疏》、《郑志疏证》、《今文尚书考证》及《圣证论补评》等书。戊戌以后,杜门著述,成《尚书中候疏证》、《驳五经异义疏证》、《发墨守》、《箴膏肓》、《释废疾疏证》、《汉碑引经考》及《王制笺》等书。晚年讲学湘垣,复撰《经学历史》、《经学通论》二书,为经学课本,今日犹为初学治经者所必读。

公瘁精学术,体力早衰,以光绪三十四年戊申二月初四日(公元一九〇八年三月六日)卒于善化南城故宅,享年五十有九。公平生著述刊印行世者,有《师伏堂丛书》及《皮氏八种》,其已刊今佚及未刊遗著尚有多种。

皮锡瑞《经学通论序》:经学不明,则孔子不尊。孔子不得位,无功业表见,晚定《六经》以教万世,尊之者以为万世师表。自天子以至于士庶,莫不读孔子之书,奉孔子之教,天子得之以治天下,士庶得之以治一身。有舍此而无以自立者,此孔子所以贤于尧、舜,为生民所未有。其功皆在删定《六经》。孟子称孔子作《春秋》,比禹与周公,为天下一治,其明证矣。汉初诸儒深识此义,以《六经》为孔子所作,且谓孔子为汉定道。太史公谓:言六艺者,折衷于孔子,可谓至圣。董仲舒奏武帝,表章六经,抑黜百家,诸不在六艺之科、孔子之术者,勿使并进。故其时上无异教,下无异学,君之诏旨,臣之章奏,无不先引经义,所用之士,必取经明行修。此汉代人才所以极盛,而治法最近古,由明经术而实行孔教之效也。后汉以降,始有异议,不尽以经为孔子作。《易》

则以为文王作卦辞,周公作爻辞。《春秋》则以凡例为出周公。《周礼》、《仪礼》皆以为周公手定。《诗》、《书》二经,亦谓孔子无删定事。于是孔子无一书传世,世之尊孔子,特名焉而已,不知所以为万世师表者安在。唐时乃尊周公为先圣,孔子为先师,配享从祀,与汉韩勅、史晨诸碑所言大异,岂非经学不明,孔子不尊之过欤?近世异说滋多,非圣无法,至欲以祖龙之一炬,施之圣经。……

锡瑞窃以为尊孔必先明经,前编《经学历史》以授生徒,犹恐语焉不详,学者未能窥治经之门径,更纂《经学通论》以备参考。大旨以为:一当知经为孔子所定,孔子以前不得有经。二当知汉初去古未远,以为孔子作经,说必有据。三当知后汉古文说出,乃尊周公,以抑孔子。四当知晋、宋以下,专信《古文尚书》、《毛诗》、《周官》、《左传》,而大义微言不彰。五当知宋、元经学虽衰,而不信古文诸书,亦有特见。六当知国朝经学复盛,乾嘉以后,治今文者尤能窥见圣经微旨。执此六义,以治诸经,乃知孔子为万世师表之尊,正以其有万世不易之经。经之大义微言,亦甚易明。治经者当先去其支离不足辨,及其琐细无大关系,而用汉人存大体、玩经文之法,勉为汉时通经致用之才,斯不至以博而寡要与迂而无用疑经矣。锡瑞思殚炳烛之明,用捄燔经之祸,钻仰既竭,不知所裁,尚冀达者,谅其僭愚,而匡所不逮,则幸甚。光绪丁未,善化皮锡瑞自序。

## 《周礼正义》、《契文举例》作者孙诒让卒。

章太炎《太炎文录》卷三,《孙诒让传》:孙诒让,字仲容,浙江瑞安人也。……年二十,中式丁卯科乡试,援例得主事,从父宦于江宁。是时德清戴望、海宁唐仁寿、仪徵刘寿曾,皆治朴学,诒让与游,学益进。以为典莫备于六宫,故疏《周礼》;行莫贤于墨翟,故次《墨子间诂》;文莫正于宗彝,故作《古籀拾遗》。其他有《名原》、《古籀余论》、《契文举例》、《九旗古义述》、《周书斠补》、《尚书骈枝》、《大戴礼记斠补》、《六历甄微》、《广韵姓氏刊误》、《经迻》、《札迻》、《述林》,又述方志为《永嘉郡记》。

初,贾公彦《周礼疏》多隐略,世儒各往往傅以今文师说,而拘牵后郑义者,皆仇王肃,又糅杂齐、鲁间学。诒让一切依古文弹正,郊社禘祫则从郑,庙制昏期则从王,益宣究子春、少赣、仲师之学,发正郑、贾凡百余事,古今言《周礼》者,莫能先也。《墨子》书多古字古言,《经》上、下尤难读,《备城门》以下诸篇,非审曲勿能治。……诒让集众说,下以己意,神旨迥明,文可讽诵。自墨学废二千岁，儒术孤行，至是较著。……自段玉裁明《说文》，其后小学益密，然说解犹有难理者。又经典相承，诸文字少半缺略，材者欲以金石款识补苴，程瑶田、阮元、钱坫往往考奇字，徵阙文，不审形声，无以下笔。龚自珍治金文，盖缪体滋多于是矣。诒让初辨彝器情伪，摈北宋人所假名者，即部居形声不可知，辄置之；即可知，审其刻画，不跌豪氂，然后傅之六书，所定文字，皆隐括就绳墨，古文由是大明。其《名原》未显于世。《札迻》者，方物王念孙《读书杂志》，每下一义，妥聇宁极，淖入凑理，书少于《诸子平议》，校雠之勤，倍《诸子平议》。诒让学术，盖笼有金榜、钱大昕、段玉裁、王念孙四家，其明大义、钩深穷高过之。

晚年尝主温州师范学校，充浙江教育会长。清廷徵主礼学馆，不起。年六十一，清光绪三十四年五月，病中风卒。……

## 公元 1909 年 清末帝宣统元年 己酉

**清廷命开馆纂修《清德宗实录》。**

《宣统政纪》卷八，宣统元年二月壬子：以恭修《德宗景皇帝实录》，派大学士世续为监修总裁官，大学士那桐、张之洞、尚书陆润庠、溥良为总裁官。侍郎唐景崇、瑞良、郭曾炘、熙彦、署侍郎王垿、内阁学士麒德为副总裁官，侍郎恩顺为蒙古总裁官。

《宣统政纪》卷一六，宣统元年六月丙午谕：恭纂《德宗景皇帝实录》稿本，著陆润庠敬谨专司勘办。

《皇朝续文献通考》卷二六一，《经籍考五》：《德宗景皇帝实录》五百九十七卷，宣统 年奉敕纂。

**《各国政艺通考》纂成。**

刘锦藻《皇朝续文献通考》卷二六五，《经籍考九》：《钦定各国政艺通考》七百七十五卷，宣统元年奉敕撰。臣谨案：宣统元年，翰林院编书处所编《各国政艺通考》全书告成，补进总目略称：光绪二十八年，大学堂奏请，由翰林院开馆，纂辑中国已译东西各国政艺书，奉旨：依议，钦此。臣等当即遴派提调、总纂、纂修、协修、总校、详校各员，分司编纂。奏明于八月十六日开馆，至三十一年九月成书及半,谨缮成样本书图二函,先呈德宗景皇帝圣鉴,并谨陈办书情形,幸蒙留览。自此次进呈之后,按月陆续缮进,至本年闰二月止,计编成各国农学一百零四卷、化学一百六十二卷、法律八十九卷、官制一百十七卷、地理四十六卷、学校五十六卷、兵政四十九卷、财政三十九卷、各国历史本末一百十三卷,合七百七十五卷。前因全书未成,次第未敢辄定,是以未能排次总目,兹特补缮《目录》三卷,装成一函,进呈御览。全书一律告成,臣等拟即将编书处裁撤,遵旨设立讲习馆,为翰林诸臣研究政学之资,由臣等另拟章程具奏。依议行。

**陈庆年《中国历史教科书》刊行。**

唐文治《茹经堂文集》三编卷八,《陈君善余墓志铭》(己巳):君姓陈氏,讳庆年,字善余。江苏丹徒县人。……君为学大旨,不分汉、宋门户,笃守孔门"博文约礼"家法。于诸经中《三礼》、《春秋》尤精,兼复旁搜遗绍,补漏匡幽,必实事求是、折衷至当而后已。其早岁所著有《古香研经室笔记》、《尔雅汉注辑述》、《祀灶书述故》。中年肄业江阴南菁书院,著有《知忘录》、《司马法校注》、《辑司马法逸文》、《汉津逸文疏证》、《补三国志儒林传》。厥后淹贯史乘掌故,又著有《宗圣志》、《润故述》、《西石城风俗志》、《石城乡人丛记》、《横山乡人丛钞》、《京口掌故丛编》、《风俗史料》、《近代史料》、《通鉴纪事本末要略》、《五代史略》、《明史详节》、《辽史讲义》、陶隐居、苏魏公、沈梦溪、杨文襄诸年谱。……

君之志,以为士不通经不足致用,然非致用亦不可谓通经,故于食货财用、兵陈策略与夫山川陼塞诸要端,靡不殚精竭思,究其源流终始。尝主修《两淮盐法志》,别为撰要。其关于农事商政者,有《丹徒农事述》、《物价研究史料》;关于地利者,有《法显行程图》、《玄奘旅行图》、《元代疆域图》;舆地新资料关于兵事者,有《京口兵事通纪》、《兵法史证》、《兵法史料口义》、《柏举战史》、《吴越战史》、《万历蜀徼》、《征播史》、《兵事丛钞》等。……

君之才,将开物而成务,以为海禁大开后,载书纷纶,必熟知彼己,深维利害,始足裕因应之方,故今日儒者,决非画封故步,所能济世而安人。爰著《外交史料》、《列国政要》。……当是时,君方佐张文襄幕府,管摄两湖学务云。其创办江南图书馆,江督端忠敏实委君主之。……又佐忠敏与日商西泽争回东沙岛。……

君以同治元年十二月十五日生,民国十八年六月三日卒,享寿六十有八。

光绪戊子科优贡生,尝选授江浦县教谕,徵辟经济特科,皆辞不就。癸卯,鄂抚端忠敏奏保内阁中书衔。其平生著书校籍,都凡千余卷,至不可胜纪,今著录者十之四五而已。……

陈庆年《中国历史教科书序》:历史之学,其文不繁,其事不散,其义不隘,而后足以为教科。三者一不备焉,皆无当也。"夫幼童而守一艺,白首而后能言。"此《汉志》言治经之弊也,而自来治史之弊固类。……虽然夫所贵乎史者,岂第以其文之约哉?……往者圣人之作《春秋》,因鲁史之文,仍编年之旧,而其事固亦散见也。圣人虑人之以是为教也,故其言曰:"属词比事,《春秋》教也。"其所以示人者如此,则圣人欲此散见之事,实使之归于系统。……夫治史而不言系统,纲纪亡矣。……虽然此犹其文事之体也。若夫史之为用,则圣人固又言之曰:"疏通知远,《书》教也。"此不第为《书》言也。史家托始于《尚书》,《书》之为教,即史之为教;以史教天下,即以"疏通知远"教天下。世之不治史者,其偷生浅知,吾无责焉。苟其治之,则穷千载、察百世、规一方、营四表,其所持以为消息者,皆史之推矣。起而视今之史家,多涂巷之人也,一出焉,一入焉,尺寸之间所知尽矣,内部之事或有周咨也,而外部必懵然,前代之事容有通览也,而当代则缺然。其于世界之思想,无所鉴观而多所障距。一遇事变,不为狂举以凶于而国,则坐视天下瓦解以去,为括囊之腐儒。……此由于历史之范围,若渠堰橐括然,造其知识者,先未广也。知识全而后国家全,历史全而后知识全。完全之历史,造完全知识之器械也。余观日本所为东洋诸史,庶几其近之欤!桑原骘藏之书,尤号佳构。所谓文不繁,事不散,义不隘者,盖皆得之。今据以为本,更令事义少近周瞻,依据或乖,亦为匡救,与夫回易数字,加足片言,俾分部得所弥缝无缺。……谨发其治史之大端,以告学者,且以自勉云。光绪癸卯孟夏之月,丹徒陈庆年。

陈庆年《中国历史教科书后序》:桑原骘藏《东洋史》,自樊炳清译本出于东方学社,其书盛行,殆遍于东南诸省。庆年在武昌时,见诸校印行者已有数本。盖自己亥以来,四五年间,以此为教者相属也。顾其为书,世界史之例耳,而于国史所应详者,尚多疏略。光绪癸卯,两湖立文高等学堂,庆年任历史课,兼教文普通学堂,欲以己意缀事,别为本邦史。念是邦学子于桑原之书诵习已久,其书于全亚国际关系最所注意,我邦经庚子之乱,甫阅数年,牖之以识世界,于义亦急,遂不复自为,略依桑原篇题,补集事实,以为此编。……甲辰之夏,编至明季,得六卷。……庆年去鄂以后,闻汉川刘氏遽付之梓,蕲供求者,非庆年所许也。学部近审定此书，多所订正，校勘一表至四百有余事，刊落增益皆有意义。爰即据依一一移改，庆年复增益其所未及，以去害滞。……宣统元年三月，陈庆年。

    今案：光绪二十九年，陈庆年依桑原骘臧《东洋史》改撰是书。后经学部审定，重加修订，列为中学堂、师范学堂教材，本年由商务印书馆出版。民国元年，又经赵玉森补订扩充，成为部颁中学历史教材。

**汪荣宝《中国历史教科书（原名本朝史讲义）》刊行。**

  章炳麟《故驻日本公使汪君墓志铭》（载《广清碑传集》卷二〇）：君讳荣宝，字衮甫，江苏元和人。清末省元和入吴，故为吴人。……弱冠选元和县拔贡生，逾年朝考，除七品小京官，签分兵部。八国联军入京师，君年二十三矣，始有济物志，赴南洋公学为师范生。旋游学日本，入早稻田大学及庆应义塾，治东西洋历史，旁逮政法。……复返官兵部，累迁民政部参议，充资政院议员。清末宪法，君属草为多。……民国元年，复被举临时参议院议员。……三年，出充驻比利时公使，兼考察宪法。……七年，徙驻瑞士公使。十一年，徙驻日本公使。……二十年春，东三省难将作，君上书告变，外交部以为妄。……遽罢君归。未一月，日本兵陷沈阳。……二十二年七月，卒于北平。……尤好扬子《法言》，以为汉儒冠冕，少即为之疏证，后凡数易稿。……

  汪荣宝《本朝史讲义绪论》：本朝史者，中国史之一部，即全史中之最近世史也。……书契以来，至于今日，历史之著述，自官定史鉴，及私家志乘，汗牛充栋，毕世不能举其业。然纪传之属，详于个人，而疏于谈群治；编年之作，便于检日月，而难于寻始终。要之，事实散漫，略无系统，可以为史料，不可以为历史。历史之要义，在于勾稽人类之陈迹，以发现其进化之次第，务令首尾相贯，因果毕呈。晚近历史之得渐成为科学者，其道由此。……日本文学士桑原骘臧，尝据中国本部之大势，参考旁近各族之盛衰，而以太古至秦一统之间为上古期；自秦一统至唐之亡，凡千余年间为中古期；自五代至本朝之兴，七百年间为近古期；自本朝之初，至于今日，三百年间为近世期。其义具详所著《东洋史要》。今姑用其说，大别国史为四部：即（第一）太古至战国之终为上古史；（第二）秦至唐为中古史；（第三）五代至明为近古史；（第四）本朝创业以来为近世史。

  学者欲知今日中国变迁之由来，及世界列国对我之大势，则研究近世史为尤要焉。迩来东西史家，常有倒叙之法，即由近世之事实，次第上溯，以至太古。此虽史篇之变体，然其用意，欲使学者先今而后古，详近而略远，以养成应变致用之知识。……今略师其意，特取本朝史（即全书第四部）为讲述之始事。又略以三百年来事势之大要，分本朝史为三大时期如左：（一）开创时期。谓自本朝创业之始，迄三藩、台湾之平定是也。……（二）全盛时期。谓自康熙中世迄乾隆末年，凡百余年是也。……（三）忧患时期。谓自嘉庆初年迄于今日，百余年间是也。……

汪荣宝《本朝史讲义》末尾题记：是书为光绪甲辰、乙巳间，余教授京师译学馆时逐日讲演之作，书凡三编二十六章。丙午秋，余以事辞职，时第二十五章犹未卒业，馆中更延杨逊斋孝廉（敏曾）足成之。故二十五章后半及二十六章并出杨君手，义例一循余书。以余浅薄寡闻，重以疲精文牍，仓卒从事，谬芜杂良所不免，雅材通学，幸辱教之。宣统元年四月初六日，元和汪荣宝题记。

今案：光绪三十年至三十一年，汪荣宝执教京师译学馆，随讲随编，积成是稿，名为《本朝史讲义》。辞职后，全稿尚缺一部分，由杨敏曾续完。宣统元年，经学部审定，作为中学堂、师范学堂教材，由商务印书馆出版，名为《中国历史教科书》（原名《本朝史讲义》）。民国二年，复经许国英增补第四编，迄于清亡，并修改全书，改题为：汪荣宝、许国英编纂《清史讲义》，仍由商务印书馆出版。

## 王先谦著成《五洲地理志略》。

王先谦《五洲地理志略序》：五洲环列，人蠹其中，饮食衣服男女同也。其异者，亚洲喜土著而畏远游，惟无俚者不然；欧人则行商徙居，莫不意轻数万里。是故世无欧人，必无美、非、澳三洲，无三洲则地球不通，故欧人者，今世界之枢纽也。亚洲礼仪之邦，中华最古。数千年来，圣君贤佐，汲汲孜孜惟以养民为务。至于本朝，统一胡汉，先衣裳而后兵革，遏寇虐而亟安怀，上下一体，中外一视。欧人则所趋在利，所尚在气，夺人地，夷人国，以殖吾民，而彼民之生计有无弗问也。……盖西人为学，以象数为体，工商为用，军旅为辅。其于文字历史近之矣，百家杂出，各以术鸣，而道之大原，或未之知也。……故乡土之念轻，仁让之意微，故争竞之情炽，非诗书不能和柔其血气，非道德无以澡雪其性天，此盖俟之千百年后者矣。臣生五洲大通之世，年方力衰，谢不能周历山川，开拓胸臆，滋用为愧。泛览诸志，叙述歧分，译音互殊，难可推究，爰综厥纲领，汇为一编。欲以祛纽弄之迷惑，资方隅之考求。于所不知，义从盖阙。后之君子，幸无执其方闻，笑此穴见也。宣统元年己酉孟夏，臣王先谦谨撰。

**议定魏源《元史新编》不宜列入正史。**

《宣统政纪》卷二〇，宣统元年八月甲辰，大学士孙家鼐等奏：前奏派学部丞参上行走柯劭忞，暂充国史馆帮提调，勘定魏源《元史新编》。兹校阅已竣，谨将原书呈缴，并附呈校勘记一册。窃谓原书入之别史，实在《宋史新编》之上，入之正史，则体例殊多未合，尚非《新唐书》、《新五代史》之比。所有编修袁励准请将《元史新编》列入正史之处，应毋庸议。得旨：依议，校勘记留览。

今案：中国第一历史档案馆所藏《国史馆全宗档案》第1号卷、第496号卷内，存有国史馆根据柯劭忞的奏报，认为《元史新编》实为未完之书，体例不合正史史法，可议之处甚多，不能列为正史。柯劭忞所任之事告竣，遂销去国史馆差使。

**《书目答问》、《劝学篇》作者张之洞卒。**

《清史列传》卷六四，《已纂未进大臣传三》：张之洞，直隶南皮人。同治二年一甲三名进士，授职编修。……六年，充浙江乡试副考官。旋命提督湖北学政。十一年，以襄办大婚典礼，赏加侍读衔。十二年，充四川乡试副考官，旋授学政。……著《輶轩语》、《书目答问》示蜀士以读书之法。……（光绪二年）十二月，充文渊阁校理。五年，晋国子司业。……六年二月，授翰林院侍讲，五月，转侍读。……六月，升授左春坊左庶子。七月，充日讲起居注官。……八月，转左庶子。……七年二月，升侍讲学士。……十一月，授山西巡抚。……十年三月，诏来京陛见。四月，命署两广总督。……七月，实授两广总督。……（十二年）六月，兼署广东巡抚。……十五年三月，调补湖广总督。……十九年，兼署湖北巡抚。二十一年，命署两江总督。二十四年，变通科举……是年刊布所著《劝学篇》，以示天下学者。二十六年二月，兼署湖北提督。……二十七年八月，会同两江总督刘坤一以整顿中法，仿行西法，条列以请。十月，赏加太子少保衔。……三十年，兼署湖北巡抚。……三十三年五月，奉旨以湖广总督协办大学士。六月，补授大学士，仍留总督任。十六日，充补体仁阁大学士。七月，授军机大臣。八月，懿旨赏西苑门内乘坐二人肩舆。旋命管理学部事务。……（三十四年）六月，命兼充督办粤汉铁路大臣。……寻命之洞兼充督办鄂境川汉铁路大臣。十一月，上御极礼成，恭上皇太后徽号，赏之洞太子太保衔、紫缰。宣统元年二月，充实录馆总裁官，命总司核定进呈讲义。……四月，奉旨免其带领引见。六月，因病请假。……八月，以病势日增，奏请开去差缺……二十一日，卒。……加恩予谥文襄，晋赠太保。

**罗振玉在《东方杂志》刊载《敦煌石室书目及发见之原始》、《莫高窟石室秘录》（二文后改为《鸣沙山石室秘录》）。**

罗振玉《敦煌石室书目及发现之原始》（载《东方杂志》第六卷第十期，1909年9月）：敦煌石室，在敦煌县东南三十里三危山下，前临小川，有三寺，曰上寺、中寺、下寺，上、中两寺皆道观，下寺乃僧刹也。寺之左近，有石室数百，唐人谓之莫高窟，俗名千佛洞。洞中皆有壁画，上截为佛像，下截为造像人画像，并记其人之姓氏籍里。惟一洞藏书满中，乃西夏兵革时所藏。壁外加以像饰，故不能知其为藏书之所。逮光绪庚子，扫治石洞，凿壁而书见，由是稍稍流落人间。丁未冬，法人伯君希和，游历迪化，谒长将军。将军曾藏石室书一卷，语其事，继谒澜公暨安西州牧某，各赠以一卷。伯君审知为唐写本，亟诣其处，购得十余箱，然仅居石室中藏书三分之一，所有四部各书及经卷之精好者，则均囊括而去矣。大半寄回法国，尚余数束未携归。昨往观，将所见及已寄回之书目，略记之于左。……

罗振玉《莫高窟石室秘录·余记第七》（载《东方杂志》第六卷第十一、十二期，1909年10、11月）：伯希和君言，英人某亦尝游窟室，购取不少，而以旁行书为多。伯君返国，拟往伦敦一观，允寄其目。……石室秘藏，此次借影者计书卷六、雕本二、石刻三、壁画五。其纸敝，故不可影者则录之。……石室之书在巴黎者，悉拟照影，已荷伯君慨然见许。异日秘籍归来，将与大雅同好，协谋雕印，以广其传。伯君惠假之雅意，与侪辈十余日奔走移录之辛勚，倘不孤乎！伯希和君以文学士任安南河内之东方考古学校教授，年才三十有一，博通东方学术，尔雅有鉴裁，吾侪之畏友也。以有关兹事，故并记之。

今案：1908年8月，罗振玉参观伯希和携带的敦煌文物后，写出《敦煌石室书目及发现之原始》一文，刊载于《东方杂志》第六卷第十期。记录了所见敦煌遗书12种和书目31种。嗣后，又在《东方杂志》第六卷十一、十二期上，刊布了《莫高窟石室秘录》一文，对前文加以补充。全文共7篇，计分书卷；雕本；石刻；经象；壁画；古器物；余记。著录遗书书目67种。后罗振玉在以上两文基础上，写成《鸣沙山石室秘录》，篇题下注明为"改定之本"，本年底由国粹学报社刊行。参阅林家平等《中国敦煌学史》（北京语言学院出版社1992年版，第4页）。

# 公元1910年 清末帝宣统二年 庚戌

### 崔适著成《史记探源》。

浙江省社会科学研究所编《浙江人物简志（下）》（浙江人民出版社1984年版）：崔适（1852—1924），字怀瑾，一字觯甫，吴兴人。曾在北京大学任教。初受业于俞樾，治校勘训诂之学。后受康有为《新学伪经考》的影响，专讲今文经学。著有《春秋复始》、《史记探原》、《五经释要》、《论语足徵记》等。

朱祖谋《史记探源序》：吾友崔觯甫所撰《史记探源》成，其书凡八卷，予读而伟之，为之叙曰：甚哉！古文学家之乱经学以乱政学，赖此书出而救正之也。古者天生民而树之君，所以保民，非为君而生民，藉以卫君也。故尧让天下如释重负，舜视天下之朝觐讼狱归己，则履天子之位而不辞。文王称王，周公摄位，其道亦由是也。古文学家主于专制政成之世，尊君如天，故不许文王称王，《礼记大传》乃有追王之说；不许周公摄王，《尚书·金縢》削其践阼之文。后世亲王、宰相卑若舆台，小民之呼吁绝无由上闻，而防川一溃，动成伏尸百万、流血千里之巨祸，此其弊也。明王记灾异不记祥瑞，所以资修省而不启骄盈也。古文学家脂韦成性，造为《嘉禾书序》，托之周公，而尧时蓂荚萐莆之说，转由是出。沈约作《宋书》，创为《符瑞志》，而宋真宗以改年号，明世宗以赏佞臣，又其弊也。五德之说，诬秦为不当五行之序，刘歆用以帝莽，班固转藉以闰新，于是正统、闰统之謷言，帝魏、帝蜀之异议，自习凿齿以下纷哓不止。不知以先朝之血胤为正统乎？秦、汉以下，力强势大者为帝耳。曹氏固为汉之逆臣，刘季非秦之乱民乎！以统一九州为正统乎？赵宋未尝一日一统而得为正统，王新一统十五年顾不得为正统，又其弊也。分野之说，以五星、二十八宿为《禹贡》九州、周家十二建国所割据，岂大九州诸国不共戴天乎？即以周之建国言之，春秋之初尚有百余国，何以十二国外皆不应星象？应星象者见凶祥，当修德以禳之，然则不应星象者遂可滔天虐民乎！且大梁为赵分野，东井为秦之分野,举周之秦、赵受封之岁岁星所临而言,然则于石赵、姚秦何与,而勒之兴、泓之亡亦应其象耶?又其弊也。是皆古文家说启之,今文无是也。是言今文,则于古今中外政理无所不通;言古文则无所不阂。太史公时未有古文,是书证其所本有,辨其所本无,岂惟有功于史学,其有功于经学、政学何如哉!为述其大略,质之天下后世之知言君子。宣统二年岁次庚戌仲冬,同邑朱祖谋。

施茂华《史记探源序》:序曰:科学日尚改良矣,若中学之先是改良,其惟经学乎!考据之学,后人必胜前人,非其才过古人也,因前人所发明而加以探索,则事半功倍也。《史记》为五经总汇,所述经师八家而已。《书》、《易》、《礼》无异师,申、辕、韩、胡母、董无异说,皆折衷于夫子而未有门户之别也。自有古文学,始与今文分门;晚出古文,复与汉古文别户。于是歧中有歧,乃有束发受经,皓首不通者。夫八师真孔学,古文伪孔学。真孔学单简,伪孔学复杂。舍简就繁,背真取伪,废有限之时,攻无用之学,岂不可惜!然作伪者既乱《五经》,复乱《史记》,通人有渐知其非者。吾友归安崔觯甫先生于是有《史记探源》之作,扬真汰伪,执简驭繁,于此求真孔学如超羊肠而迳鸟道焉。此于真孔学为返本,于伪孔学为改良,是真二千年来不可无一、不能有二之书矣。自今而后,真孔学其日昌乎!

崔适《史记探源》卷一,《序证·要略》:《史记》者,《五经》之橐籥,群史之领袖也。乃《汉书》已云其缺,于是续者纷起,见于本书者曰褚先生,见于《七略》者曰冯商,见于《后汉书·班彪传》注及《史通》者,有刘歆等十六人。案《汉书》亦有自言出自刘歆者,《艺文志》曰"录《七略》",《律历志》曰"录《三统历》"是也。乃《儒林传》言经师受授与《七略》相表里,《律历志》言六历五德与《郊祀志》、《张苍传》相牵属,《天文》、《地理志》言分野与五德相印证,皆可知其为歆作。(黄省曾《西京杂记序》谓班固《汉书》全取刘歆,则不必然。《五行志上》曰"歆治《左氏传》,其《春秋》意亦已乖矣",与《艺文志》专称《左氏传》为得《春秋》真意相反,岂歆语乎?《白虎通义》多主今文说,惟今文家所无乃取古文说补之,则《五行志》乃班固所自作明矣。《后汉书》本传曰:"固著《汉书》,自永平中始受诏,潜精积思二十余年,至建初中乃成。"岂有积思二十余年所成之书,不著一字而袭取前人者乎?当由歆、固各有《汉书》,后人杂录两家之言,遂成今之《汉书》,乃至宗旨歧出尔。)《史记》之文,有与全书乖、与此合者,亦歆所续也。至若年代悬隔,章句割裂,当是后世妄人所增,与钞胥所脱。其幸免乎此,又有误衍、误倒、误改、误解诸弊,要不若窜乱之祸为剧烈,故下文专释之。……

**清廷命官方审阅修订刘锦藻《皇朝续文献通考》一书，并予以奖励。**

《清宣统政纪》卷三二，宣统二年二月壬寅：修订法律大臣沈家本奏：候补五品京堂刘锦藻，恭纂《皇朝续文献通考》，搜采颇宏，有裨掌故，谨将原书进呈。得旨：著将所纂书籍，交南书房阅看后，再行请旨。

《清宣统政纪》卷四五，宣统二年十一月丙寅：以纂修《皇朝续文献通考》进呈，赏候补五品京堂刘锦藻内阁侍读学士衔。

《宣统政纪》卷三三，宣统二年三月丙寅：大学士南书房翰林陆润庠等奏：阅看京员恭纂书籍，校正讹舛之处，逐卷加签呈览。得旨：仍著刘锦藻按照南书房签出之处，更正妥协，再行呈进。

《皇朝续文献通考》卷一〇一，《学校考八》载：谕：前据沈家本奏进候补五品京堂刘锦藻恭纂书籍，经南书房阅看，将讹舛之处逐卷加签，当即谕令刘锦藻更正妥协，再行呈进。嗣经更正恭进，复交南书房重加校阅。兹据奏称刘锦藻所纂《皇朝续文献通考》一书，掺采甚富，持论明通，见均改正无讹等语。刘锦藻著加恩赏给内阁侍读学士，以示嘉奖。

陆润庠《皇朝续文献通考序》：……顾《通考》自贵与创作后，迨我朝高宗纯皇帝，始命馆臣采元明政典，踵事增辑。又诏自开国迄乾隆乙巳，依汇纂修成《皇朝通考》三百卷。开馆修书。集群力以蒇事，制虽近古，然视贵与诸儒成于私家者，难易固自有殊也。更世嬗变，迄今又百数十年矣，礼乐崩坏，文献无徵，学者恫焉。吴兴刘澂如学士，嗜古能文章，早岁通籍，谙历代掌故，撷拾钞纂，于是有《续皇朝文献通考》之辑。既成书，经进蒙今上温诏褒嘉，而学士顾欿然以为未备，续以近年庼疏所得，从事增纂，益厘定体例，广列部居，务蕲于至善。余故与君仍世友好，顷年偶游青岛，每过君寓斋，铅椠填委钞胥三四辈，埋首几案间，恒昕夕不休。余以是服君用力之颛，为不可及……学士是书为部三十，为目百三十有六，始乾隆丙午，迄宣统辛亥，为卷四百。网罗考订，一朝典章制度灿然大备。而于新旧蜕嬗之际，尤三致意，增立宪政诸门，详具源委，盖有深痛。世之读是书者，推阐我朝立国之本，及列圣创法之意，与夫后之因革变迁，必有憬然于治乱兴衰之故，深瞯太息而不能自已者。拨乱世而反之正，抑将有取于兹焉。乙卯春日，元和陆润庠。

**缪荃荪《续碑传集》刊行。**

缪荃荪《续碑传集序》：昔宋杜大珪撰《名臣碑传集》一百七卷，收宋代名臣碑志遗事，编次入书，以核其人之事功，以备国史之采择，意至远也。明徐纮撰《明名臣琬琰前后录》五十四卷，王元撰《续录》八卷，国朝钱仪石给谏亦成《碑传集》百六十卷，一本大珪之例。钱书成于道光间，至嘉庆朝为止，迄今又九十年，中兴伟绩，贤才荟萃，长篇短牍，记载较多。荃荪不揣梼昧，起而续之，起自光绪辛巳，迄今三十年，仅成书八十六卷，可谓陋矣。……此书体例一准前编，分卷除沈阳功臣、开国宰辅、国初功臣、明臣宰辅外，如宰辅、部院大臣、内阁九卿、翰詹、科道、曹属、督抚、监司、守令、教官、杂职、武臣、忠节、外藩、文苑、列女各目，今悉仍之。此所同也。今外藩后添客将一目，列女中又添辨通一目。分经学、理学而二，仍是道学、儒林之习，今悉改为儒林。列女所收较严。又用明《琬琰集》、《言行录》例，收集句文。前编悉收他人之作，是编荃荪所撰，间亦阑入，重其人不敢避嫌而不登载。此所异也。……又补乾嘉名人十四卷，现书局已撤，未便再请，或俟将来补刊。……宣统庚戌四月，四品卿衔翰林院编修江阴缪荃荪序。

今案：缪荃荪尚有《续碑传集补》未刊稿（载王晓秋主编《北京大学图书馆藏稿本丛书》第 22 册，天津古籍出版社 1991 年版），不分卷，辑入宰辅 7 人，部院大臣 5 人，内阁九卿 1 人，翰詹 1 人，科道 1 人，曹司 1 人，计 16 人。

**罗振玉著成《殷商贞卜文字考》。**

罗振玉《殷商贞卜文字考序》：光绪己亥，予闻河南之汤阴发见古龟甲兽骨，其上皆有刻辞，为福山王文敏公所得，恨不得遽见也。翌年，文敏殉国难，所藏悉归丹徒刘氏。又翌年，始传至江南。予一见诧为奇宝，怂恿刘君亟拓墨。为选千纸付影印，并为制序。顾行箧无藏书，第就《周礼》、《史记》所载，略加考证而已。亡友孙仲容徵君诒让亦考究其文字，以手稿见寄，惜亦未能洞析奥隐。嗣南朔奔走，五六年来，都不复寓目。去岁东友林学士泰辅始为详考，揭之《史学杂志》，且远道邮示，援据赅博，足补正予向序之疏略。然尚有怀疑不能决者，予乃以退食余晷，尽发所藏拓墨，又从估人之来自中州者，博观龟甲兽骨数千枚，选其尤殊者七百，并询知发见之地，乃在安阳县西五里之小屯，而非汤阴，其地为武乙之墟。又于刻辞中得殷帝王名谥十余，乃恍然悟此卜辞者，实为殷室王朝之遗物。其文字虽简略，然可正史家之违失，考小学之源流，求古代之卜法。爰本是三者，以三阅月之力，为考一卷。凡林君之所未达，至是乃一一剖析明白,乃亟写寄林君,且以诒当世考古之士。惜仲容墓已宿草,不及相与讨论为憾事也。宣统二年岁在庚戌仲夏,上虞罗振玉记。

## 公元 1911 年 清末帝宣统三年 辛亥

**国史馆釐定纂修书史功课新章程。**

中国第一历史档案馆藏《国史馆档案》编纂类第 470 号卷,《宣统三年釐定史馆章程》:馆中交办功课,总以节节清理为要,发交之件,尤贵持平。如功课丛集于一二人,则必多向隅之人。且其弊非积压、即草率。调取库书,往往久阁,以致后之调书者欲查考而无从。兹特拟定数则,但求切实公允,庶不致未得功课者啧有烦言也。

一、无论何项功课,初辑、复辑,必须将已领之件办完交馆,然后续领。既得专攻,亦免压搁。

一、向例协修初辑,纂修复辑,自应敬遵旧章。但必细心搜讨,详加考核,以求完备。初辑者不宜拉杂乱抄,复辑者不可敷衍了事。

一、笔削员既另有津贴,则纂修之兼笔削者,每月应除去笔削之件不计多寡,俟此件既交后,再领复辑,以充本任功课。

一、既经复辑仍须笔削者,必期斟酌尽善,方为不负厥职。

一、馆中功课有限,不能尽给所求,纂辑虽勤,实难副其所望。如无功课之时,自应暂停,以俟续办。

一、每月将所交功课,特列一表,核计总数,分注于每人名下,使阅者一览了然。庶届升补之时,免生异议。

一、釐定章程即自六月初一日为始,不得援以前办法另生枝节。

此次另订功课办法,非好更张以招谤也。前因有人积压功课竟至数月之久,及归家后,所调之书犹复屡经催讨,始得收回。惩前毖后,不得不稍加限制,愿同馆诸君谅之。 辛亥六月。

**曾廉《元书》刊行。**

《湖南省志》第三十卷,《人物志(上)》(湖南省地方志编纂委员会编,湖南人民出版社 1992 年版):曾廉,字伯隅,邵阳县人。生卒年不详。20 岁补县学生员。后选送麓山书院湘水校经堂研读。光绪十六年，在沅州府设馆课徒。二十年中举人。二十四年官国子监助教，会典馆详校。在京时兼在大学士徐桐家馆任教，成为徐桐心腹门客。时当戊戌维新时期，光绪帝采纳康有为、梁启超等意见，决心变法。曾廉借上书攻击变法……指斥康、梁"舞文诬圣，聚众行邪，假权行教"，要求杀康有为、梁启超，取缔变法维新运动，一时颇为顽固派所赏。二十六年，擢升知府。八国联军入侵时，原长江巡阅水师大臣李秉衡被清廷派到京津前线抵御，曾廉随调参李秉衡幕府。在武清河西段战败后，退至通州张家湾，李秉衡服毒自杀，曾廉随慈禧太后、光绪帝逃往西安，升陕西候补道。旋以帝国主义者要求惩办祸首，他遭罢黜。光绪二十八年，迁贵州黎平、镇远间，居锦屏之南梅屏山下，筑室名掘阅园。设馆授徒，讲学卖文凡七年。宣统元年，始归原籍长杨塘书舍。辛亥革命后，曾廉仍坚持保卫"圣道"，希望清朝复辟。……所著有《瓠庵集》（正、续）、《元书》、《禹贡九州今地考》、《牂牁客谈》等。

张舜徽《清人文集别录》卷二二，"《瓠庵集》十八卷，《续集》八卷，《续集补遗》二卷"条：邵阳曾廉撰。廉字伯隅，号瓠庵。光绪八年举人，少时肄业湘水校经堂。……后廉旅食四方，以课徒自给，尝主讲沅水校经堂。……廉始在壮岁，足迹不越湖湘，见闻僻陋。年届四十，始至京师，后又游幕四方，欲得一官以自效。益无暇问学，而学之固蔽转甚。其生平著述之大者，则有《元书》二百二卷，大氐以魏源《元史新编》为蓝本，更增以少许事实，而见书不广，搜辑多遗，非佳构也。……

曾廉《元书》卷一○二，《自序》：……廉生于黔阳安江。……三十八，始举于京兆。其岁，日本渝盟矣。廉为人上恭王笺，不见用，遂从军榆关。明年，以和亲各罢归，复授徒于县曰爱莲书院。……窃谓自汉以降，惟潜溪《元史》第勤作钞胥而已，其实未成书也。何也？太史公固言之矣。"《春秋》上明三王之道，下辨人事之纪，别嫌疑，明是非，定犹豫，善善恶恶，贤贤贱不肖，存亡国，继绝世，起弊救废，王道之大者也。"后世之史，固不敢言《春秋》，然而不通《春秋》之义，则所谓"君不君，臣不臣，父不父，子不子"者也。此四者，天下之大过也。是故天顺，君也；天历，臣也。尊天历而贬天顺何也？贬天顺于是乎污泰定，泰定不可污，则遂以倒剌沙、兀伯都剌为奸臣，而不知出于其国人及西域党类之私也。以倒剌沙、兀伯都剌为奸臣，则自宜以燕帖木儿、伯颜为佐命，此所谓不能别嫌疑，明是非，不通《春秋》之义者也。于是以征讨为反叛，以谋乱为起义，以燕帖木儿奸人之雄、乱臣之首而盛称其功绩。以马札儿台稍存人臣之节，而讳言其涂书斩使。是故泰定一朝之将相，及明宗从亡馈餐割股文武之伦，皆所弗录；并略开国之功臣，而详天历之列校，斯不亦颠倒之甚也哉？然此在当时，盖有所忌以成为此文，而潜溪仍而不之改也。

是故朔漠诸国无传，则不知国之所以开矣。蒲、鲜、张、李群雄无传，则不知国之所以辑矣。西域诸国无传，则不知国之所以拓矣。韩、徐群贼无传，则不知国之所以乱矣。若夫皇族无传，则不知三河源流分合之俗。诸王无传，则不知藩国亲疏相背之谊。前不通先代之史，则事有异议于前朝；后不习当世之见闻，则人有专美于异代。其纪取诸实录，其表取诸大典，其志取诸官书、吏牍，其传取诸家传碑铭，其成也速，故其取之也狭，其为之也促。故裨将微劳得之即编，大臣元勋不得则佚。且蒙古事迹在元不肯宣传，其舆图辽远初明亦无从考质，此其所以不能会通而贯穿之也。故曰："未成书也。"是故阙而不完，散而无纪，冗而陋，疏而肤，繁而不知其要领，简而不得其门庭。夫笔削可以徐而审，是非不可以曲而淆；义可以错而歧，条理不可以纷而舛。此固良史之法也。……

昔李延寿言南北朝，一则王道得丧，朝市贸迁，日失其真，晦明安取；二则至人高迹，达人宏规，因此无闻，可为伤叹；三则败俗巨蠹，滔天桀恶，书法不记，孰为奖劝。窃谓不止此也。元世异教盛行，天子亦执弟子之礼。昔者有周之季，诸侯放恣，处士横议，以杨、墨之无父无君，举世汶汶，信而行之。孔子之书之所不能惧，孟子辞而辟之，廓如也。有唐之世，佛、老横矣，则有韩子兴明先王之道以道之，然后天下一轨于正。夫杨、墨有隐有著，隐者犹足以害世，况于其著，张目以蔑君父者耶？故曰：能距杨、墨者，圣人之徒也。此则不揣固陋，执简以俟后世圣人君子者矣。……

曾廉《元书跋》：历史无识跋，自我为之，事有由也。始我作《元书》，亦谓当藏之名山，传之其人。而门人士璋、传锴、及晋促我出以行世，适刘理卿中散首赠我以刊赀甚厚，已而知我有所著，乐助者踵至，遂付剞劂，二载而迄功。……宣统三年八月廉跋。

今案：《元书》为纪传体史书，共一百零二卷，内本纪十五卷，志十卷，列传七十六卷，末一卷为自序。据《自序》中云："三十八，始举于京兆。其岁，日本渝盟矣。"光绪二十年时，曾廉三十八岁，则其应生于咸丰七年。

**胡思敬著成《国闻备乘》，于本年前著成《戊戌履霜录》。**

刘廷琛《胡公漱唐行状》（载《碑传集补》卷一二）：……公讳思敬，字漱唐，江西新昌人。……光绪癸巳举于乡，次年成进士，己未补殿试，选翰林院庶吉士，戊戌散馆，改吏部主事。时朝政渐失而部司清简，公肆力于学，日至书肆搜求经籍，老仆负囊从其后，无所不收，盖亦无所不读，尤精求掌故及郡国中外利病。慨然有志于天下，四方贤士多慕与之交。值新章保试御史，侍郎唐文慎公遂以公入荐。宣统元年己酉，补辽沈道监察御史，转掌广东道。……先是，端方附和新政，得派为考察宪政大臣，归国愈主张立宪。公知国必亡，于是谏之尤为切至。……公居言路，未及三年，疏四五十上，凡权奸贪吏、妖人奸党，靡不指名弹劾，一不听则再疏、三疏抗论，执政颇厌恶之。……遂乞去，未数月而武昌变作。及闻逊位诏，大恸。……乃奔走金陵、徐、兖之间，开群帅以大义，别后复寓书譬喻。丁巳夏五月，复辟，授都察院左都御史。公驰抵九江，闻变道阻而返。……公虽家居闲，岁必出游历，访遗臣故老，阴以求天下奇士。壬戌夏，复出至南昌。四月晦日，病卒，年五十有三。

公居京师，积书数屋，尽携归家，筑问影楼于东湖之滨，因假为图书馆，就刻《豫章丛书》，搜辑先哲散佚孤本书，成得一百十种，辑邑志为《盐乘》十二卷。楼下为退庐，因号"退庐居士"。……少颇以文章意气自豪，诗学太白、长吉，文有贾长沙、苏子瞻之风。状岁折节读书，于诗文不甚措意。晚遭世变，乃潜心宋五子书，以上溯六经。……所著《退庐疏稿》四卷，《驴背集》四卷，《丙午釐定管制刍论》二卷，《戊戌履霜录》四卷，《王氏读通鉴论辨》五卷，《盐乘》十二卷已梓行；犹有《国闻备乘》、《大盗窃国记》、《审国病书》、《九朝新语》、《古文辞类纂补》、《圣武记纂误》、《鲁诗六要类释》、《诗文集》，共若干卷，藏于家。……

胡思敬《国闻备乘序》：国朝自庄廷鑨、吕留良、戴名世连兴大狱，文字之禁极严，内外士夫罔敢谈国故者。予来京师，七年之间，经甲午、戊戌、庚子三大变，私叹史官失职，起居注徒戴空名。历朝纂修实录，馆阁诸臣罕载笔能言之士，但据军机档册草率成书，凡一切内廷机密要闻，当时无人纪述，后世传闻异辞，家自为说，遂失是非褒贬之公。俯仰三百年庙堂擘画之勤、将相经营之苦，慨然于弓髯乔木之感，未尝不戚戚于怀也。同时在京好谈掌故者有汪舍人穰卿、冒郎中鹤亭，询其著述，秘不肯示人。其出而问世者，多不脱小说余习，外此更无闻焉。甚矣，史才之不易也！予趋职之暇，时有所纪，久之遂成卷帙，大约见而知之者十之七八。士非忧患不能著书，不经乱世亦不能尽人情之变。予忝负言责，绠短汲深，自愧无丝毫补济，安敢自托于古人忧患著书之旨？聊存此篇，备异时史官采择，庶为恶者知所戒而好善者交勉。人情变极思迁，亦转移风气之一道也。自辛亥三月，予携此稿辞职出都，不半载而武昌乱作，欲再行赓续，而东西窜走，交游断绝，四方音问不通，遂长为山中人矣。宣统辛亥十月，胡思敬自序。

《戊戌履霜录》目录后所附识语：予自甲午通籍以后，身历四大变而国以倾，此虽少作，取其与《驴背集》、《官制刍论》皆可存一时掌故，故刻而藏之，俟后世修史者采焉。癸丑五月，退庐居士自记。

今案：《国闻备乘》四卷，记清季掌故佚事。《戊戌履霜录》四卷，卷一《政变月记》，卷二《康有为构乱始末》，卷三《应诏陈言记》，卷四《党人列传》、《内外荐举表》、《二十一省新政表》。是书刊刻于民国二年，然思敬自记称"此虽少作"，则成稿当在清覆没以前，故一并系于此。

## 《痛史》一、二、三集刊行。

谢国桢《增订晚明史籍考》卷二三：《痛史》第一集二十种、二集一种、三集四种，商务印书馆铅印本。原题：乐天居士编。《自序》云：慨自烈皇殉国，轴覆枢翻，闯逆攻都，海飞山走，痛东迁之聚散，萍水三朝，览南渡之兴亡，莺花一笑。值中邦之多难，来外族之凭陵，扬州修史，周余有垂尽之伤；江上孤城，父老昔登陴而哭。等衣冠于涂炭，易桑梓为龙荒，二百六十余年以来，谈者犹觉动容，闻者不无余痛。何怪当年，西台恸哭，人怜故主之恩；南烬再然，群奉前王之统。匹夫烈妇，蹈鼎镬而如饴，义士荩臣，奋干戈而不屈者乎！而天方授楚，谋用不臧，劫后遗民，或黄冠沦隐，结月泉汾上之盟；或石室吟哦，纂蹈海吁天之录，其志弥苦，其思也哀。今寻温睿临《逸史》之所引，与杨凤苞《秋室》之所记，综其目录，奚翅数百；而禁网久锢，散逸太半，山巅水涯，辗转匿存，仅得之于腻尘残蠹、钞胥鲁鱼之中者，能不宝若洪畴，珍逾璧简也。此类之有汇刻，《荆驼逸史》导其前，《明季稗史》踵其后，然未尽者实多。兹向收藏之家冥心搜访，得若干种，悉先民匿井之心史，亦人间未见之閟书。若夫鼎革以后，文字之狱，屡有所闻，禁制太甚，牴牾不免，凡此记载，俱甚秘密，今并刊行，俾不泯没。作者其有忧患，读者能无不平，颜曰《痛史》，称其实也。辛亥十月，乐天居士。

按：是编汇辑明季稗乘，不分时代先后，第一集汇辑《福王登极实录》、《哭庙记略》、《丁酉北闱大狱纪略》、《庄氏史案》、《研堂见闻杂记》、《思文大纪》、《海上闻见录》、《蜀记》以及《国变难臣钞》等，凡二十种。二集为《甲申朝市小记》一种。三集为《虔台逸史》等四种。乐天居士事迹不详，据其自序，编于辛亥，正当辛亥革命之际，故于清兵入关之残暴，江南屠杀之惨况，搜辑特详，读之有余痛焉。是编所收各书，如《思文大纪》、《海上见闻录》、《研堂见闻杂记》等书，保存不少珍贵资料，多为当时罕传之本，自此书刊行后，始流布于世，或编者据上海涵芬楼所藏野史稗乘，为之整理编录，辑为是篇。乐天居士，疑即孙毓修也。

**屠寄始刻《蒙兀儿史记》八册。**

支伟成《清代朴学大师列传·作史学家列传第十四》：屠寄字敬山，一字景山，江苏武进人。……工诗古文辞，尤擅长于骈偶。光绪乙酉举于乡，入都赴礼部试，不售，应东省当道聘，佐理政务。时外交方棘，三省地处俄、日之间，尤艰应付。君为折冲尊俎，措施裕如。主者故满洲世裔，茸阘庸懦；久之，议不合，辄因事欲中伤之，逃而免。短衣匹马，越蒙古草地以归。顾转得遍览山川阨塞，形势险要。取辽金元兴废之迹，证以旧史，其学益进。壬辰，成进士，改庶吉士。仍落落无所合，遂南还。适朝廷励行新政，改天下书院为学校，广陵就安定书院设仪董学堂，运使程仪洛延君任总教习。……居一载，郁郁去。晚选浙江浮安县知县，之官数月，即谢病不复出。家居锐意兴学，力谋开通风气，暇惟从事著述。入民国卒。

所著诂经之书，未闻传稿。辑《常州骈体文录》三十卷，亦止乡里徵献，无关宏旨。独《蒙兀儿史记》五十卷，参照《元秘史》及西方史料，证以身所亲历调查者，对《元史》大加补订，足可远并邵、魏，近开柯氏，惜仅本纪、列传、世系表暨地理志之一斑，其余有目无书者，尚待后人补辑耳。

孟森《蒙兀儿史记序》：《元史》自五百年来为一朝正史，然以其在汉土传祚不永，一切制度文物，又与汉土历代不甚沿袭，故在汉人不推为至隆极盛之朝。而在全球棣通之世，则泰西所震耸于东方民族者，视蒙古在汉、唐诸大朝之上。元朝之于蒙古，乃其统辖汉族之一区，全蒙统治之域，逾此甚远。汉人作《元史》，就近处所见言之，自汉族以外，蒙古本部已不求甚解，又安知其功烈之所届，视并包汉族之伟大，有倍蓰以上者耶？

夫蒙古已盛极于太祖。而元之为元，非太祖所知，抑并非太宗、定宗、宪宗历世所知。世祖欲承汉俗以御汉宇，乃始建号中统，继改至元。于至元八年，始命其国号曰元，以此号令于汉族，初不必行于蒙古本部，况乎其各自恢扩之太祖后诸大藩也。当时中原遗老，奉世祖为儒教大宗师，是其笼络之效。一时尊道学，用文儒，盖与清之顺、康、雍、乾同其作用。子孙不善继之，汉人群起亡元，光复旧物，远在欧洲被并强国之先。此亦见惟汉族之治理，尤难甚远于恒轨，而与为町畦，与为枘凿，久恃其束缚其驰骤之力也。

太祖四斡耳朵，皆置于和林。嗣是四世，四出征讨，归驻于此，然和林竟无都会之名。至世祖称开平为上都，燕为大都。此与改元建号，皆为涂饰汉人耳目。后定行省之制，和林为岭北行省，不敢以京都等名加之。而斡耳朵之设，则逮及欧洲，有金、白斡耳朵之别。追称元之朝已覆，而印度方入于蒙，又扩至金斡耳朵、白斡耳朵之外；但除漠土，奄有亚洲，又包北方之欧陆，幅员之广，尚为亘古所无。若帖木儿乘胜向明，不遽道死，明之取元未可谓莫予毒也。至明中叶，余威渐替。而小王子且中兴于蒙古本部，世世与明对峙，至于今种族不变。

仅就明修《元史》以概蒙古，岂惟掩蒙古之声续，抑亦诬元之本根矣。敬山先生修正《元史》，意本与邵阳魏氏以来，不满于旧史之草率者相同。然所见蒙古之真史材，则非昔人所及，毅然作《蒙兀儿史》，不称《元史》。蒙兀之名，取吾国著在史文之最早；蒙兀儿之名，又合之蒙人自撰《秘史》之本音，务求蒙古在历史中固有之分际，不因明代仅承受其汉族之一隅自隘，而遂隘及蒙古也。至史之为书，六代以前，史家多以一心经纬史实，以铸一代之史，唐以后惟欧阳《新五代》为然。先生此书，所得固多出于旧史，然其参订旧史以综合新材，无一字不由审订其地时日而后下笔。故叙述皆设身处地，作者心入史中，使读者亦不自谓身落史后。较之心不与全史浃，而以其翦截短钉之文诏后人，不免孟子所谓"以其昏昏，使人昭昭"矣。《元史》所修可补之全量，未逮完具。然得一篇亦为至宝，况已成此巨帙乎！若天假先生以遐龄，赓续此事，当若何为功于史学！当年助草玄之业者，为叔子正叔。先生既逝，海内犹有望于正叔。不幸正叔又早世，国人绝望，惟宝此旧已印行之十四册，计得一千二百十五叶。其中已有先印八册时所刊，后改定增刊，遂致两见者数篇。印本日稀，求者日亟，竟觅之于藏弄之家。坊肆居间索值至百余金，应者无难色。或有不可价售者，则百计以法书名画以易之，盖视等宋元秘笈矣。久之并讹傅原版已毁，故无续印之本，益坚世人觅索之念。余与先生有旧，与先生诸嗣君无一不稔，一再函问先生季子公覆，乃知公覆已于数年来整理版刻，并于先生已续刊而未印者，已写样而未刊者，已定稿而未写样者，一一补写补刊。又去其前印后印之经改而复者，尚得二千二百余叶，较之以前行世之书，略增一倍。公覆能成父兄之志，能存先生一家之学，并属为此事叙其经过以告海内。原书除自定《例言》外，并无他人片跋，知先生原不假隔膜之推许为重。惟此次举世想望几绝，而忽得此逾望之事，应为一世志幸。因稍及天下所以想望之故，非敢于先生之书轻为赞一辞也。先生早以词章名世，有自刻集，有选刻乡先辈总集。晚成此书，则非复片段之记诵，兴到之挥洒，其于史业，上继欧阳下此安足数哉！今国之人多学于欧西者，争与西方史学家讨求蒙兀故烈。读先生书，当知取材尚非今日所难，但无精思妙笔如先生者，何由沟贯而成传信之作？则是书固治蒙兀史之正鹄，而亦恐攀望而不可及焉矣。民国二十三年三月，孟森谨识。

　　今案：据屠孝寔、屠孝实《先君敬山先生年谱》(载常州地方志编纂委员会办公室、常州市档案局编《常州地方史料选编》第8辑，1983年)：屠寄，常州人。生于咸丰六年丙辰夏四月十五日，卒于民国十年辛酉八月十五日。享年六十六岁。原名庾，后改名寄，字敬山，一作静山，又字归甫，别字师虞，自号结一宧主人，晚更号无闷居士。又据余大钧《论屠寄〈蒙兀儿史记〉》(载《元史论丛》第三辑)详考，是书初刻本八册，四十八卷，六百三十六叶。其中纪七卷，传三十八卷，表二卷，志一卷，无凡例、目录。据屠氏后人说，此本刻于1911年。民国后，复经增刻。第二次增刻本十册，五十七卷，七百七十八叶，其中纪七卷，传四十七卷，表二卷，志一卷，增刻凡例、目录。第三次增刻本十四册，一千二百十五叶，约八十卷。第四次刻印由屠氏四子孝宧整理，计二十八册，二千一百六十二叶，一百六十卷，内本纪十八卷，列传一百二十九卷，表十二卷，志一卷。大都据屠氏生前最后修改稿而刻，但仍有遗漏。此即孟森所序之本。

**新疆官府通志局纂修《新疆图志》成书且排印。**

　　(宣统)《新疆图志》(《续修四库全书》本)卷首，袁大化《新疆图志序》：……惟新疆僻处西陲，元朔以来声气已通中国，舟车既至，著述斯兴，凡一千八百年间史家所记载，旅游所发明，见群书者无虑数千万言。但经旁搜远绍、择精语详，固可裒然成帙，惟未至其时则不章，不遇其人则弗集。书生退扫间轩成为一家言，犹非偶然所能幸致，矧欲濡墨放笔，举数万里、数千年之事，一一笔之于书，以为后人法戒，夫岂无自而兴哉！岁己酉，为今上龙飞伊始，振靡起弊，咸与维新。于是民政部臣有诏谕各省纂修省志之请，得旨俞允……设局三年，竟能蒇事，且共为志二十九种，计书一百一十六卷，约二百余万言。虽未能意蕴精深、规模宏远，然附于作者之数，以参稽乎得失之林，亦足为边才之宏助，夫岂始愿所及料哉！盖是役也，先后编纂者，新疆藩司新城王树枏实基其始，候选道文水王学曾实集其成。而一时协纂、分纂，亦颇有博雅淹通之士，用能不费时日，以成炳蔚之观。大化司鉴定之役，得以参酌其间，斯役生平快事焉！……

（宣统）《新疆图志》（《续修四库全书》本）卷首，《凡例》：

一、是书图、志并重，不敢偏重于志而略于图。非欲固为繁缛，因幅员广漠，延袤四百五十余万里，使无图以总揽大纲，则读者有得前忘后之弊。是用不厌求详，以豁阅者之目。

............

一、各图有所专属，眉目始可清朗。故于每图之下，则必载明属某某志，而即以是图订于是志，以后俾阅者了如指掌。至于礼俗则刁羊、诵经及一切服饰、器用，物候则草木、虫鱼及各项均当列于图品者，因事涉绘图，姑从略之。

一、各志体例不同，有用古书体例者，有不用古书体例者，各随其事实标识之所宜，以定其宗旨。不敢专摹古雅、转成深晦；亦不敢失之芜秽，不耐研寻。阅者鉴诸。

一、各志记载攸关，凡得之前书者，必详举原书，附考于下。虽采取之各府厅州县乡土志，及各项公牍者，亦必标题清晰，非仅求不掠人美，盖必如是而来历分明。近足以徵信当时，远足备后来考证也。

............

一、是书始事于己酉三月，而卒事于辛亥冬十二月。门类淆杂，卷帙繁多。而纂修、删改、雠校、排印、装订、刊误，事体至为烦重。而时期又复短促，以致在局各员，虽昕夕将勤，仍恐不无疏略。且排印较诸刊版，则失之钉饫，鲁鱼亥豕尤易滋讹，阅者谅之。

  今案：为篇幅计，本不揽入方志之书的编纂情况，但新疆地区志书，涉及清朝朝廷纂修抑或地方官府纂修的彼此消长问题，故将《新疆图志》以特例处之。

**叶德辉著成《书林清话》。**

许崇熙《郋园先生墓志铭》（载《碑传集补》卷五三）：先生姓叶氏，讳德辉，字奂份，号直山，一号郋园，长沙湘潭人。……光绪乙酉举于乡，壬辰成进士，以主事用，用政吏部，年裁三十。……戊戌政变将作，与王葵园祭酒讼言"孔子改制"之诬，几蹈不测。自是庙堂水火，举国哗然，酝酿十余年，遂有辛亥之变，先生与葵园皆于先一年，以民变案牵连削籍矣。……藏书既富，著述滋多。……故其为学博大汪洋，靡测涯际，而考订精审，从不轻下己意，一时言古学者，翕然宗之，海内外无异辞焉。所著及校刻书，凡数十百种，多以行世。以丁卯三月初十甲申遇难卒，距其生同治三年甲子岁正月十四日，春秋六十有四。……

叶德辉《书林清话叙》：书籍自唐时镂版以来，至天水一朝，号为极盛。而其间分三类：曰官刻本，曰私宅本，曰坊行本。……往者宗人鞠裳编修昌炽，撰《藏书纪事诗》七卷，于古今藏书家，上至天潢，下至方外、坊估、淮妓，搜其遗闻佚事，详注诗中。发潜德之幽光，为先贤所未有。即使诸藏书家目录有时散逸，而姓名不至灭如，甚盛德事也！顾其书限于本例，不及刻书源流与夫校勘家掌故，是固览者所亟欲补其缺略者。吾家累代楹书，足资取证。而生平购求之所获，耳目之所接，既撰《藏书十约》，挈其大纲。其有未详者，随笔书之。积久成帙，逾十二万言，编为十卷。引用诸家目录题跋，必皆注明原书。而于吾所私藏，非诸家所阙，概不阑入。盖一人独赏之物，不如千人共见之物之足徵信。……二十年前，撰《四库全书板本考》一书，已成经、史、子三部，而集久未定。以四库著录之诗文集，但次时代，不别条流，且有应收未收、不应收而收及禁毁销毁之功令，滥登不可，割爱不能，一掷云霄，几将覆瓿。然宋、元、明刻，约具此编。国朝汇刻仿雕，则有南皮张文襄《书目答问》、福山王文敏懿荣补编《汇刻书目》二书，十得七八，可备参考。吾书虽废于半途，藏书家固不患无考证也。嗟乎！五十无闻，河清难俟，书种文种，存此萌芽。当今天翻地覆之时，实有秦火胡灰之厄。语同梦呓，痴类书魔，贤者闵其癖好而纠其缪误，不亦可乎！宣统辛亥岁除，叶德辉自叙。

**王国维著成《国学丛刊序》。**

王国维《国学丛刊序》（载《观堂别集》卷四）：学之义，不明于天下久矣！今之言学者，有新旧之争，有中西之争，有有用之学与无用之学之争。余正告天下曰：学无新旧也，无中西也，无有用无用也。凡立此名者，均不学之徒，即学焉而未尝知学者也。

　　学之义广矣。古人所谓学，兼知行言之。今专以知言，则学有三大类：曰科学也，史学也，文学也。凡记述事物而求其原因、定其理法者，谓之科学。求事物变迁之迹，而明其因果者，谓之史学。至出入二者间，而兼有玩物适情之效者，谓之文学。然各科学有各科学之沿革，而史学又有史学之科学（如刘知幾《史通》之类）。若夫文学，则有文学之学（如《文心雕龙》之类）焉，有文学之史（如各史《文苑传》）焉。而科学、史学之杰作，亦即文学之杰作。故三者非斠然有疆界，而学术之蕃变，书籍之浩瀚，得以此三者括之焉。凡事物必尽其真而道理必求其是，此科学之所有事也。而欲求知识之真与道理之是者，不可不知事物道理之所以存在之由与其变迁之故，此史学之所有事也。若夫知识道理之不能表以议论，而但可表以情感者；与夫不能求诸实地，而但可求诸想象者，此则文学之所有事。古今东西之为学，均不能出此三者。……然为一学，无不有待于一切他学，亦无不有造于一切他学。故是丹而非素，主入而奴出，昔之学者或有之，今日之真知学、真为学者，可信其无是也。

　　夫然，故吾所谓学无新旧、无中西、无有用无用之说，可得而详焉。何以言学无新旧也？夫天下之事物，自科学上观之与自史学上观之，其立论各不同。自科学上观之，则事物必尽其真而道理必求其是。凡吾智之不能通而吾心之所不能安者，虽圣贤言之，有所不信焉；虽圣贤行之，有所不慊焉。何则？圣贤所以别真伪也，真伪非由圣贤出也；所以明是非也，是非非由圣贤立也。自史学上观之，则不独事理之真与是者足资研究而已，即今日所视为不真之学说、不是之制度风俗，必有所以成立之由与其所以适于一时之故，其因存于邃古而其果及于方来。故材料之足资参考者，虽至纤悉不敢弃焉。故物理学之历史，谬说居其半焉；哲学之历史，空想居其半焉；制度风俗之历史，弁髦居其半焉。而史学家弗弃也。此二学之异也。然治科学者，必有待于史学上之材料，而治史学者，亦不可无科学上之知识。今之君子非一切蔑古，即一切尚古。蔑古者出于科学上之见地，而不知有史学；尚古者出于史学上之见地，而不知有科学。即为调停之说者，亦未能知取舍之所以然。此所以有古今新旧之说也。

　　何以言学无中西也？世界学问不出科学、史学、文学。故中国之学，西国类皆有之。西国之学，我国亦类皆有之。所异者广狭疏密耳。即从俗说而姑存中学、西学之名，则夫虑西学之盛之妨中学，与虑中学之盛之妨西学者，均不根之说也。中国今日实无学之患,而非中学、西学偏重之患。京师号学问渊薮,而通达诚笃之旧学家,屈十指以计之不能满也。其治西学者不过为羔雁禽犊之资,其能贯串精博终身以之如旧学家者,更难举其一二。风会否塞,习尚荒落,非一日矣。余谓中西二学,盛则俱盛,衰则俱衰。风气既开,互相推助。居今日之世,讲今日之学,未有西学不兴而中学能兴者,亦未有中学不兴而西学能兴者。特余所谓中学,非世之君子所谓中学;所谓西学,非今日学校所授之西学而已。……故一学既兴,他学自从之,此由学问之事,本无中西。彼鳃鳃焉虑二者之不能并立者,真不知世间有学问事者矣。

顾新旧、中西之争,世之通人,率知其不然,惟有用无用之论,则比前二说为有力。余谓凡学皆无用也,皆有用也。欧洲近世农工商业之进步,固由于物理、化学之兴,然物理、化学高深普遍之部,与蒸气电信有何关系乎?动植物之学,所关于树艺畜牧者几何?天文之学,所关于航海、授时者几何?心理社会之学,其得应用于政治教育者亦鲜。以科学而犹若是,而况于史学、文学乎!然自他面言之,则一切艺术悉由一切学问出,古人所谓不学无术,非虚语也。夫天下之事物,非由全不足以知曲,非致曲不足以知全,虽一物之解释、一事之决断,非深知宇宙人生之真相者,不能为也。而欲知宇宙人生者,虽宇宙中之一现象,历史上之一事实,亦未始无所贡献。故深湛幽渺之思,学者有所不避焉;迂远繁琐之讥,学者有所不辞焉。事物无大小,无远近,苟思之得其真,纪之得其实,极其会归,皆有裨于人类之生存福祉。己不竟其绪,他人当能竟之;今不获其用,后世当能用之。此非苟且玩愒之徒所与知也!学问之所以为古今中西所崇敬者,实由于此。凡生民之先觉,政治教育之指导,利用厚生之渊源,胥由此出。非徒一国之名誉与光辉而已。世之君子可谓知有用之用,而不知无用之用者矣!

以上三说,其理至浅,其事至明。此在他国所不必言,而世之君子,犹或疑之,不意至今日而犹使余为此哓哓也。适同人将刊行《国学杂志》,敢以此言序其端,此志之刊,虽以中学为主,然不敢蹈世人之争沦。此则同人所自信,而亦不能不自白于天下者也。

**杨守敬、熊会贞《历代舆地图》刊成。**

  今案:光绪三十二年至宣统三年间,杨、熊合作,陆续刊成45个图组,始自春秋,下迄明代,与《历代舆地沿革险要图》合为34册,统称《历代舆地图》。参阅朱士嘉《杨守敬地理著述考》（载《禹贡》半月刊第四卷第一期）；李志庭《历代舆地图》（载仓修良主编《中国史学名著评介》第三卷，山东教育出版社1990年版）。

**清亡，而《清德宗实录》纂修仍继续进行。**

章梫《一山文存》卷九，《移实录馆总裁》：敬启者。昨间在陆文烈殡室晤钱、程二前辈，谈及实录稿尚少四十余卷未修，明正拟以每卷津贴银五两，属在馆诸君修成，以报先帝。当答以"修成以报先帝"之意甚善，而每卷津贴银五两，则书估买译稿以结市人之贱法，殊失大体，期期以为不可……诸臣皆治古书，不忍以君臣大义为乡曲陋儒之说，恒有在馆言及实录未就，梓宫未安，猝遭此变至流涕者。总裁倘能实情补救，四十余卷之稿，即风鹤频惊，兵火立至，诸臣亦必不匝月而告成。不成，即责梫一人修之，亦所不辞。度诸臣决不愿梫一人成美也。倘以银五两买稿一卷，此诚何事？而为谈德宗朝掌故之笑柄，景庙能无恫心？窃料诸臣万不肯橐笔入馆，自失体面。伏维亮詧，纂修官章梫谨启。

**《清德宗实录》纂成。**

《清德宗实录》卷首，逊位清帝溥仪《德宗景皇帝实录序》：我国家受天成命，景运聿开，历圣累仁，钦崇天道。用能丕承基绪，扬万世无疆之休。洪维我兼祧皇考德宗景皇帝，生而神灵，默膺眷佑……肆予冲人寅绍丕基，冀诸事有所遵循而无陨越，谨依彝宪，命儒臣恭纂实录，阅十有一年而成书，凡五百九十七卷……

《清德宗实录》卷首，《进书表》：钦惟德宗同天崇运大中至正经文纬武仁孝睿智端俭宽勤景皇帝，道秉贞恒，政成悠久。励精图治，文明继照夫重离；厚泽深仁，讴祝远腾夫万祀。……爰于宣统元年六月，特敕开馆，先后命臣世续为监修总裁官，臣陆润庠为稿本总裁官……十年脱稿，备省览于羲廷，乙夜观成，荷鉴裁于轩镜。恭成《德宗景皇帝实录》《圣训》合凡例目录共七百四十六卷，敬缮御制序文于简首，盥沐进呈。

今案：清朝灭亡后，原实录馆各级纂修官员多继续留守纂修，多历年所，终于将光绪朝实录修成首尾完具一书。但清亡后，虽然末帝溥仪享受优待条例，仍在紫禁城内以皇帝自居，但修史条件受到局限，不若先前，故《清德宗实录》仍显粗糙。

**原《清德宗实录》馆人员顺带纂修《宣统政纪》。**

嘉业堂本《明穆宗实录》章梫题识：我朝实录大例均循明制，特诸臣奏疏无如此之详。壬子修《宣统政纪》时，予拟略例，多录奏疏，与此编相似。卷中讹脱颇多，略阅一过，辄缀数语，以归翰怡京卿。甲寅春三月，章梫志于上海寓次。

《宣统政纪》卷首，《大清宣统政纪序》：……当此共和协赞，与周家实异而名符。益钦揖让无为，见虞陛风同而道一。臣等备员禁御，珥笔史成，刻石鼓而诵周京，逢金人而思汉室。太平故吏，曾者滟见开元贞观之休；沦落遗山，尚记大定明昌之事。涂生民而改清庙，敢比韩文；藏名山而副京师，愿成迁纪。此后惟天为大，永传巍焕之文章；他时候日再中，更草河汾之封禅。

今案：纂修《宣统政纪》，据章梫在嘉业堂本《明穆宗实录》之题识透露，应于壬子年即1912年始。又据《宣统政纪》卷首题名，该书稿亦由原实录馆纂修官等分工纂辑，并且经过实录馆各总裁官审读。又，中华书局影印本《清实录》之《影印说明》称："《宣统政纪》有一部大黄绫本，原由溥仪本人收藏，七十卷。现藏于辽宁省档案馆。"则其书修成后，直接进献于清末帝溥仪。